제9판

특허법 4.0

조영선

特
許
法

박영사

특허법 4.0 머리말

이번 판부터는 제 6 장을 특허권의 귀속과 내용, 제 7 장을 침해론, 제 8 장을 구제론으로 재구성하여 체계적 완성도를 높였다. 2025년 5월까지의 법 개정 사항과 주요 판례들을 검토·반영하였으며, 기존의 서술 가운데 낡아진 것들을 대폭 들어내거나 업데이트하였다. 인공지능 관련 발명, 기능적 청구항, 직무발명, 권리소진, 금지권, 부수품 판매에 관한 손해배상, 구체적 행위태양 제시의무, 자료제출명령, 특허의 무효와 특허권 양도 및 전용실시권 등 광범위한 주제에 대해 개정 및 추가서술이 이루어졌다.

이와 같은 대폭 개정의 취지에 따라 신판은 『특허법 4.0』으로 이름짓기로 하였다.

독자들의 변함 없는 성원에 감사드린다.

2025년 뜨거운 여름의 시작에　　조 영 선

특허법 3.1 머리말

새 책에는 2023년 1월까지의 법 개정 사항과 주요 판례들, 그리고 지난 2년간의 연구성과 가운데 교과서에 담기 적절한 것들을 가려 반영하였다. 개정 규모에 비추어 이번 판은 『특허법 3.1』로 이름 붙이기로 하였다.

판이 거듭되고 독자의 층이 쌓여갈수록 더욱 분발을 다짐하게 된다.

이 분야에서 현실의 변화 속도와, 앞서가는 나라들의 연구 수준을 생각하면 더욱 그렇다.

2023년 봄의 초입에서

저자 조 영 선

특허법 3.0 머리말

특허법 3.0을 내놓는다.

새 책에는 인공지능, 블록체인과 핀테크, 의료기술, 인터넷에서의 특허침해 등 4차 산업혁명 관련 특허법적 쟁점들에 대한 연구결과를 담았고, 직무발명, 출원공개, 권리소진, 침해론 등 여러 군데의 내용을 손질하거나 업데이트하였다. 2021년 1월까지의 법 개정 사항과 대법원 · 특허법원의 주요 판례들을 반영하였는데, 특히 그동안 나온 다수의 전원합의체 판결에 대한 평석들이 포함되었다. 비판적 내용이 적지 않다.

무엇보다 새 책에서 역점을 둔 것은 특허침해로 인한 손해배상 부분이다. 침해에 대한 구제수단으로 손해배상이 가지는 압도적 중요성에도 불구하고, 우리나라에서 주로 참조 · 인용되어 온 자료들은 대체로 10년 혹은 그 이전에 나온 법률실무가의 것들이다. 초기의 이런 노작(勞作)들 이후로는 그동안 국내에서 체계적이고 신뢰할 만한 해설 자료를 찾기 어려웠던 게 현실이다. 새 책에서 이 문제를 해결하기 위해 나름대로 많은 노력과 지면을 할애하였으며, 그 결과 분량과 내용이 교과서의 포맷을 넘게 되었다. 부득이하였으며, 앞으로 더 증보해 나갈 계획이다.

이런 경위들로, 책의 볼륨이 약 120면 가량 늘어났고 새로 쓰여진 부분도 많아서, 새 책을 『특허법 3.0』으로 이름 짓기로 하였다.

평소의 출간 주기보다 늦어진 책을 기다려 준 독자들에게 감사하고, 박영사 관계자들의 한결같은 노고에도 사의를 표한다.

2021년 새해 첫머리에

저자　조 영 선

특허법 2.0 머리말

『특허법』을 세상에 내 놓은 지 만 12년이 되었고 그간 다섯 번의 개정이 있었다.

이번 개정판부터는 책의 면모를 일신하여 크기를 다른 법서와 동일하게 하고 제목 또한 제6판 대신『특허법 2.0』이라고 바꾸기로 했다. 앞으로 전면 개정에 해당하는 작업을 하면『3.0』, 통상적 증보 내지 수정에 해당하는 판은『2.1』,『2.2』…와 같은 방식으로 표기해 나갈 생각이다.

책을 새 모습으로 바꾸는 만큼, 내용 또한 적지 않게 손보았다. 여러 군데 군살을 빼고 새로운 내용을 추가하였다. 제6장(특허권과 침해) 부분이 특히 그러하다. 특허취소신청이나 모인특허의 이전청구권 등 새로 도입된 제도에 대한 설명을 포함시켰음은 물론이다. 법령과 판례 또한 최신의 것으로 업데이트하였다.

4차 산업혁명이 불러 올 지적재산권법의 변화를 생각하면, 현재의 지식이 언제 낡은 것이 될지 모르는 위기감을 감출 수 없다. 그러나 지금의 지식을 확고하게 내 것으로 해 두지 않으면 그런 변화에 제대로 적응할 수 없고 변화를 이끌 수도 없을 것이다. 그런 바탕 위에 부단히 새로운 지식을 쌓아가야 함은 모두의 몫이다.

拙著에 보여주는 과분한 애정과 박영사 관계자들의 노고에 감사드린다.

2018년 봄

저자 조 영 선

머리말

근래 특허법을 포함한 지적재산권법에 대한 관심은 '폭발적'이라는 표현이 어울릴 만큼 급속히 증가하고 있습니다. 이러한 추세는 급증하는 이 분야의 법률서비스 수요라든지 세계의 선진 각국이 저마다 지적재산권의 획득과 보호에 막대한 노력을 기울이고 있는 현실을 생각하면 자연스러운 일입니다.

그러나 특허법은 기술과 법이 교차하는 영역에 존재하는 규범이어서 처음 접하는 사람이 그 개념과 체계를 손쉽게, 그리고 정확하게 이해하기가 퍽 어렵습니다. 저자는 특허법원에 근무하면서, 언젠가 힘이 닿게 되면 실무 경험을 바탕으로 특허법을 좀더 쉽게 설명한 새로운 형태의 체계서(體系書)를 직접 써 보겠다는 막연한 생각을 가지고 있었습니다. 그 뒤 법관해외연수 프로그램을 통하여 미국의 대학에서 연구하는 동안, 특허법을 '평범한 언어와 事例'를 이용하여 알기 쉽게 가르치고 배우는 그들의 강의와 결코 두껍지 않으면서도 법 전반을 이해하는 데 모자람이 없는 다양한 종류의 입문서들을 접하고 큰 자극을 받게 되었습니다.

이 책은 저자가 귀국하여 업무에 복귀한 후 2년 남짓의 기간 동안 틈틈이 처음의 생각을 실천에 옮긴 결과물입니다. 부족한 대로 그 동안 해 온 공부를 스스로 정리해 본다는 의미도 있고, 무엇보다도 '실무의 학문'인 특허법 분야에서 실제로 재판업무를 담당하는 사람이 原論書를 내는 것은 여러 면에서 의미 있는 일이라는 주위의 권유에 힘입어 출판의 용기를 내게 되었습니다.

이 책의 집필과정에서 특히 유의한 점들은 다음과 같습니다.

첫째, '선택과 집중'의 원칙에 따랐습니다. 이 책의 목적은 특허법의 모든 내용을 빠짐없이 소개하는 것이 아니라 특허법을 익히는 이들이 반드시 알아야 할 개념과 고유의 법리들, 그와 같은 개념과 법리가 생겨나게 된 이유와 그것이 현실에서 어떻게 적용되는지를 쉬운 말로, 그리고 비교적 상세하게 설명하는 데 있습니다. 따라서 예컨대 특허법 제 1 장의 '총칙'이나 기타 절차에 관한 세세한 부분처럼 단지 법조문을 정독하는 것만으로도 이해에 큰 어려움이 없는 내용들은 과감히 설명을 생략하였습니다. 이 책이 부피를 많이 줄일 수 있었던 것은 위 원칙에 힘입은 바입니다.

둘째, 새로운 서술체계를 도입하는 한편 일부 중요한 통설적 견해에 대하여 비판적 논의를 시도하였습니다. 특허명세서는 특허분쟁에서 핵심적인 비중을 차지하는 문제이므로 이를 별도의 장으로 독립시켜 앞쪽에 배치하고 특허청구범위와 발명의 상세한 설명의 유기적 관련이 드러나도록 하였습니다. 발명의 개념에 관한 고전적 도그마(Dogma)의 비판, 명세서 기재불비와 진보성 판단의 관계 및 그에 수반되는 당업자의 기술수준 인정의 문제, 구성요소완비의 원칙(All elements rule) 및 균등론에 입각한 공지기술배제설(公知技術排除說)의 비판, 특허의 무효에 따르는 민사상 법률관계의 검토 등이 새로운 논의의 대표적인 예입니다.

셋째, 판례의 적절한 소개에 힘썼습니다. 이미 우리나라도 특허법의 대부분 쟁점에 관하여 대법원과 특허법원의 판례가 폭넓게 쌓여가고 있으며, 그것이 실무와 이론에 미치는 영향은 압도적이라고 할 수 있습니다. 따라서 특허법의 중요 쟁점에 관한 판례의 입장을 이해하는 것은 실천적으로 매우 중요할 뿐 아니라 판례와 사례는 추상적 이론이 사실관계에서 구현되는 생생한 모습을 보여주므로 특허법의 내용을 올바르게 이해하는 데도 큰 도움이 됩니다.

머리말을 맺으며, 먼저 오늘의 저자가 있게 해 주신 부모님께 깊은 감사를 드립니다. 아울러 家長의 晝耕夜讀을 日常으로 이해하여 준 사랑하는 가족들에게도 미안하고 고마운 마음을 전합니다. 책을 만들어 주신 박영사 관계자 여러분의 노고 또한 잊을 수 없습니다.

모쪼록 앞서 적은 저자의 집필 목적이 읽는 이들을 통하여 달성되기를 기원합니다. 저자의 능력부족으로 인하여 있을지 모르는 오류를 너그러운 마음으로 이해해 주시기 바라며, 그에 대한 지적을 감사히 받아들여 개선의 계기로 삼겠습니다.

저자 조 영 선

차 례

제 1 장 발명과 특허

제 2 장 특허명세서

제 3 장 특허법 第29조의 특허요건

제4장 특허를 받을 수 있는 권리

제5장 특허 절차법

제6장 특허권의 귀속, 범위 및 내용

제 7 장 특허권의 침해

제8장 특허권 침해에 대한 구제

제 9 장 특허심판제도

제10장 심결취소소송

제11장 특허에 관한 국제조약과 국제출원

제 1 장

발명과 특허

Ⅰ. 특허제도의 사상적 · 헌법적 근거

특허를 포함한 지적재산권 제도는 전통적으로 두 가지 유형의 사상적 근거에 기초하고 있다. 하나는 대륙법적 사고방식으로서, 발명 등 이른바 지적재산권은 발명자(창작자)의 인격의 발현이라거나,[1] 인간의 노동의 결과물이므로 그에게 독점권이 부여되는 것은 자연법 상 당연하다는 시각이다.[2] 다른 하나는 영미법적 실용주의가 반영된 사고방식으로서, 흔히 "유인론(誘引論)"이라고 불린다. 발명을 포함한 지적재산권을 보호하는 것은 그러한 창작의 결과물에 독점권을 부여해야만 새로운 발명이나 창작의 동기부여가 지속되어 공동체의 이익이 증진되기 때문이라는 시각이다.[3]

두 접근법 모두 나름의 타당성과 한계를 가지고 있음은 물론이며, 특허제도의 근거를 어느 한쪽에서만 찾을 이유 또한 없다. 특허제도의 존재근거는 발명자의 인격권 · 재산권 보장이라는 측면과 발명의 인센티브 유지를 통해 후속 발명을 장려하는 정책적 측면에서 모두 찾을 수 있다. 다만, 특허법 제 1 조

1) 창작은 인간 자유의지의 실현이며, '제2의 자아'라고 파악하는 칸트나 헤겔의 사상에 바탕을 둔다.

2) 로크의 자연권 사상이 지적재산권에 반영된 것으로서, 흔히 'Lockean Justification'이라고 불린다.

3) 1787년 미국 연방헌법은 Art. Ⅰ. Sec. 8 Cl. 8에 "과학과 예술의 발전을 촉진하기 위하여 발명자와 저작자에게 일정기간 배타적 이익을 보장할 권한이 연방의회에 있다"고 규정하였고, 그에 따라 1790년 미국 최초의 특허법이 제정되었다.

가 "이 법은 발명을 보호 · 장려하고 그 이용을 도모함으로써 기술의 발전을 촉진하여 산업발전에 이바지함을 목적으로 한다"고 하여, 법문 상으로는 영미의 유인론적 시각을 크게 반영하고 있는 것은 사실이다.

헌법 제22조 제2항은 "저작자 · 발명가 · 과학기술자와 예술가의 권리는 법률로써 보호한다"고 하여 특허법에 관한 헌법상 근거를 직접 제공하고 있다. 그 밖에 헌법 제119조 제1항("대한민국의 경제질서는 개인과 기업의 경제상의 자유와 창의를 존중함을 기본으로 한다")과 제127조 제1항("국가는 과학기술의 혁신과 정보 및 인력의 개발을 통하여 국민경제의 발전에 노력하여야 한다") 역시 발명의 보호 · 장려 · 이용을 통해 기술과 산업의 발전을 추구하는 특허법의 근거가 된다. 국민의 재산권 보장을 천명하면서 그 내용과 한계를 법률로 정하도록 하고 재산권의 행사가 공공복리에 의해 제한될 수 있음을 규정한 헌법 제23조 역시, 특허권을 재산권으로 보장함과 동시에 발명의 원활한 이용도모 등 정책적 필요가 있는 경우 이를 제한할 수 있게 한 특허법의 내용을 뒷받침한다.

Ⅱ. 특허를 둘러싼 법률관계의 개관

1. 특허의 의의와 부여요건

특허란, 일정한 요건을 만족하는 발명을 공중(公衆)에게 공개하는 대가로 일정한 기간 동안 독점, 배타적 권리를 부여받는 국가와의 공적 계약이다. 발명에 관하여 특허를 받고자 하는 발명자 또는 그로부터 적법하게 특허를 받을 수 있는 권리를 승계한 자는 특허청에 특허출원을 하게 된다.[4] 우리나라를 포함한 전 세계 대부분의 국가는 이른바 선출원주의를 취하고 있으므로, 동일한 발명이 우연히 다른 사람에 의하여 이루어진 경우 누가 먼저 출원을 하였는가에 따라 특허의 취득 여부가 결정된다.

특허출원이 있으면 심사관은 그 출원에 대하여 특허를 부여할 것인지를

4) 한편, 발명자가 직접 영업을 하는 사람이라면 특허를 통하여 발명의 내용을 세상에 공개하는 대신 발명을 실시한 제품을 제조, 판매하면서 이를 자신만의 영업비밀로 하여 독점적 이윤창출의 기회로 삼을 수도 있고, 아니라면 자신의 발명을 제3자에게 대가를 받고 양도하여 그로 하여금 제품을 제조, 판매하게 할 수도 있다.

결정하여야 한다. 이를 위하여, 발명이 완전하게 성립하였는지(미완성 발명이 아닌지), 특허출원 명세서, 즉 출원인이 특허를 통하여 독점적 권리를 누리고자 하는 범위를 적법하게 기재하였으며 그러한 특허청구범위가 실제로 발명의 설명에 의하여 뒷받침되고 있는지 등을 먼저 심사한다. 또한, 발명에 특허를 부여하기 위해서는 출원된 발명이 출원시를 기준으로 이미 세상에 알려져 있는 것이어서는 아니 되므로 출원발명과 동일하거나 실질적으로 동일한 내용의 기술이 세상에 공개되어 있지는 않은지(신규성 유무)를 검토해야 한다. 신규성이 있는 발명이라 하더라도 특허제도의 근본 목적이 발명자로 하여금 기술발달에 공헌한 데 대한 대가를 주는 한편 그와 같은 동기부여를 통해 개척 또는 개량의 발명이 계속되도록 함으로써 사회적 부(富)를 늘려가는 데 있으므로, 비록 선행기술과 똑같지는 않다고 하더라도 그 개량의 내용이 별 의미가 없을 정도로 미미하다면 거기에 별도로 특허권을 부여할 이유가 없다. 따라서 '해당 기술분야에서 평균적 지식을 가진 기술자'라면 누구라도 쉽게 이를 수 있는 정도의 발명에는 특허가 주어지지 않게 된다(진보성의 부재). 마지막으로, 신규성 · 진보성이 있는 발명이라고 하더라도 공서양속 또는 국가 · 사회적 정책 등으로 인하여 특정한 발명에 특허를 부여하지 않는 수가 있다. 이상의 요건을 모두 충족하는 발명에 대하여는 국가는 특허를 부여하여야 한다.

2. 특허출원, 심사, 등록 및 등록 이후의 법률관계

출원에 따른 심사의 과정은 출원의 내용, 기술의 난이도, 당사자가 얼마나 신속하게 절차에 협조하는지 등에 따라 그 소요기간이 다양하다. 특허심사의 과정은 '심사'라고 하는 말이 주는 일방적인 어감과는 달리 실제로는 심사관과 출원인의 상호협력과 의사교환을 통하여 이루어지는 다분히 상보적(相補的)인 절차이다. 즉, 심사관은 심사를 통하여 발명에 특허를 거절할 만한 사유가 발견되면 출원인에게 그 사유를 통지하여 출원인으로 하여금 의견을 제출하거나 출원서의 내용을 손보거나 삭제하여(보정이라고 한다) 거절을 회피할 수 있는 기회를 부여하고, 경우에 따라서는 특허출원을 분할하도록 유도함으로써 실체가 있는 발명을 이룬 출원인이 출원과정에서의 부적절한 대응으로 인하여 특허를 받지 못하는 일이 없도록 하고 있다. 위와 같은 심사과정을 거쳐 특허

부여의 요건을 모두 만족한다고 인정되는 경우에는 특허부여결정을, 반대의 경우에는 특허거절결정을 하게 된다.

특허거절결정을 받은 출원인은 특허심판원에 불복심판을 청구할 수 있고, 특허심판원의 심결에도 불복하는 경우에는 특허법원에 심결의 취소를 구하는 소송을 제기하게 된다. 특허부여결정이 이루어지면 특허료를 납부하고 특허등록을 하게 되며 특허등록과 함께 특허권이 발생한다. 등록된 특허의 내용은 특허원부에 기재되며 특허권은 특허등록을 조건으로 출원이 있은 날로부터 20년간 존속한다.

위와 같이 특허권이 발생한 후에도 특허권은 그 배타적·독점적 속성으로 인하여 이해관계가 있는 제3자로부터 도전을 받기 쉽다. 예컨대, 甲이 어떤 물건을 만드는 방법에 관하여 특허권을 가지고 있는 경우 乙이 그와 같은 방법으로 같은 물건을 만들어 판매하고 있다면 甲은 자신의 특허권이 침해받았다는 이유로 민사상의 가처분 등을 통하여 乙의 행위를 중지시키거나, 乙의 특허침해에 관하여 손해배상청구 또는 금지청구를 하거나, 乙을 특허권침해죄로 고소하는 등의 조치를 취하게 될 것이다. 이때 乙이 취할 수 있는 방법 또한 여러 가지를 생각할 수 있는데, 甲의 특허권을 인정하는 것을 전제로 甲과의 협의에 의하여 사용권을 설정 받거나, 甲과 乙이 모두 동종 영업에 종사하는 특수한 사정에 있고 甲 또한 영업상 乙이 가지고 있는 별도의 특허에 대한 실시가 필요한 경우 Cross-License 계약을 체결하여 서로 상대방이 자신의 특허를 사용하는 것을 묵인할 수도 있다. 그러나 한편으로 乙은 甲의 특허에 정면으로 도전하여 당초부터 甲의 특허가 잘못 부여된 것임을 주장하며 그 등록무효의 심판을 청구할 수도 있다. 이에 대하여 甲은 적극적으로 자신의 특허가 유효하다고 다투는 것이 상례일 것이나 실제로 乙의 주장과 같이 그 특허가 무효의 사유를 안고 있을 수도 있다. 그 경우 甲은 특허의 무효를 피하기 위하여 특허의 정정심판을 청구하여 무효의 사유를 안고 있는 특허의 청구범위를 감축하거나 잘못을 바로잡을 수 있다.

또한, 등록된 특허의 효력범위를 판정하는 절차로서 권리범위확인심판이라는 제도가 있는데, 이는 예컨대 권리자 甲이, 乙의 실시 형태가 자신의 특허권의 권리범위에 속한다는 확인을 구하는 적극적 권리범위확인심판, 실시자

乙 스스로 자신의 실시 형태가 甲의 특허권의 권리범위에 속하지 아니한다는 확인을 구하는 소극적 권리범위확인심판으로 나뉜다. 권리범위확인심판은 어떠한 실시형태가 특허침해를 구성하는지 여부가 분쟁의 핵심이 된 경우, 전문기관인 특허청으로 하여금 특허권의 내용 및 권리의 외연을 확정하게 하는 제도이다.

Ⅲ. 발명의 개념

특허법상 발명은 '자연법칙을 이용한 기술적 사상의 창작으로서 고도한 것'으로 정의되어 있다(특허법 제2조 제1호). 이는 독일의 특허법 학자인 Kohler (1849~1919)의 "발명이란 자연력을 이용하여 자연을 극복하고 일정한 효과를 유도해 내서 인간의 수요에 도움이 되는 것에 대한 사상의 창작"이라는 표현이 그대로 법문에 답습된 것이라고 한다.[5] 한편, Kohler와 비슷한 시대를 살았던 K. Marx는 자본론에서 '노동'의 개념을 정의하면서, "노동은 인간과 자연 사이에서 이루어지는 하나의 과정이다. 이 과정에서 인간은 자신과 자연 사이의 신진대사를 자신의 행위에 의하여 규제하고 통제한다 … 인간은 이 운동을 통해 외부의 자연에 영향을 미치고 그것을 변화시키며 그렇게 함으로써 자신의 자연을 변화시킨다. 그는 자신의 잠재력을 개발하여 이 힘의 작용을 통제한다"고 기술하고 있다.[6] 이를 통해 당대의 인식이 '인간'과 '자연' 그리고 그 '이용'의 관계를 어떻게 이해하고 있었는지 엿볼 수 있다.

발명의 개념정의에 관한 각국의 태도는 통일되어 있지 않다. 미국 특허법 제101조는 '누구든지 새롭고 유용한 방법(process),[7] 기계(machine),[8] 합성물 (composition of matter),[9] 제품(manufacture)[10] 또는 그에 대한 새롭고 유용한 개선점을 발명 또는 발견한 자는 특허를 받을 수 있다'고 규정하여 특허를 받을

5) 김원준, 특허법, 박영사(2004), 92면.

6) 손철성, 헤겔 & 마르크스 : 역사를 움직이는 힘, 김영사(2008), 107~108면.

7) 특정한 결과를 달성하기 위한 일련의 단계를 의미한다.

8) 움직이는 부분(moving part)을 가지는 장치를 의미한다.

9) 각종의 화학적 조성물(chemical composition) 또는 합금과 같은 화합물 등을 의미한다.

10) 인공적으로 만든 모든 장치 중 위 기계를 제외한 모든 것들을 포괄하기 위한 개념이다.

수 있는 발명의 개념을 적극적으로 규정하는 한편, 판례는 자연법칙, 자연적 현상, 추상적인 아이디어, 단순한 수학적 알고리듬, 자연의 산물 등을 특허의 대상에서 제외하고 있다. 반면 유럽 특허협약(European Patent Convention) 제52조(2)는 '(a) 발견, 과학적 이론, 수학적 방법 (b) 미적 창조물 (c) 정신적 활동이나 게임, 사업을 수행하기 위한 계획, 규칙, 방법 그리고 컴퓨터 프로그램 (d) 단순한 정보의 공개 등은 특허의 대상이 되는 발명에서 제외한다'고 규정하여 소극적으로 발명의 개념에서 제외되는 것들을 나열하는 규정형식을 취하고 있다.

1. 발명의 개념에 대한 전통적 태도

발명은 '자연법칙을 이용한 기술적 사상의 창작으로 고도한 것'이지만 그와 같은 개념표지는 그 실체를 적극적으로 규정하기보다는 특정한 유형들을 발명의 범주에서 배제하는 소극적 기준으로 사용되는 것이 일반적이다. 자연법칙을 이용한 기술적 사상의 창작에 해당하지 않는 것으로 거론되는 대표적인 유형들로서 ① 열역학법칙, 에너지보존법칙, 만유인력의 법칙 등과 같이 '기술적 사상의 창작'이 아니라 자연계에 주어져 있는 법칙 그 자체인 것, ② 예컨대 영구기관과 같이 자연법칙에 위배됨이 분명한 것,[11] ③ '추상적 아이디어'의 영역에 있는 것들: 수학적 공식, 교수방법, 게임의 규칙처럼 인간의 순수한 정신활동의 산물이거나 인위적 약속에 불과한 것,[12] 인간 행동양식의 분석을 통해 정립된 사회과학 법칙 등, ④ 사실에 관한 정보가 담긴 데이터, 매체, 리스트와 같은 단순한 정보의 제공, ⑤ 자연계에 이미 존재하는 물건이나 법칙을 단순히 찾아낸 데 불과한 '발견', ⑥ 개인의 숙련에 의하여 달성될 수 있는 것이어서 객관적 지식으로 제3자에게 전달되기 어려운 것 등이 있다.

---

11) 대법원 1998. 9. 4. 선고 98후744 판결; 특허법원 2005. 11. 25. 선고 2005허537 판결. 한편, 자연법칙에 위배되는 것은 실시가 불가능한 발명이라는 이유로 이를 '산업상 이용가능성' 요건이 결여된 것으로 보기도 한다(특허법원 2002. 5. 23. 선고 2001허7158 판결); 특허법원 2021. 6. 17. 선고 2020허4549 판결("외부의 충전이 없이 24시간 자체에서 전력을 생산하면서 주행하는 전기자동차의 구성방법" – 에너지보존법칙 위반).

12) 대법원 2003. 5. 16. 선고 2001후3149 판결; 특허법원 2002. 1. 17. 선고 2001허3453 판결(확정, 외국어 발음표기문자의 형성방법이 인위적인 약속에 지나지 않는다는 이유로 자연법칙을 이용한 것이 아니라고 한 것) 등이 있다.

⇨ 대법원 1998. 9. 4. 선고 98후744 판결

양수조로부터 급수조로 낙하하는 물을 이용하여 수력발전기를 돌려 에너지를 얻고, 급수조에 낙하된 물은 다시 제네바 기어장치, 노즐회전관 및 복수의 공기실을 이용한 연속적인 수격작용(水擊作用)에 의하여 폐수되는 물이 없이 전량을 양수조로 끌어올려서 재순환시킴으로써 계속적인 에너지 추출이 가능하도록 하는 것을 요지로 하는 출원발명은, 일정한 위치에너지로 유지되는 수조의 물을 수격작용에 의하여 그 수조의 물의 자유표면보다 일정 높이 위에 위치한 수조로 끌어 올리는 공지된 양수펌프에서와 같이 수조로부터 낙하되는 물의 상당 부분을 폐수하고 남는 일부분의 물만을 높은 위치의 수조로 양수하는 것이 아니라 외부의 에너지 공급 없이 급수조에서 낙하하는 물 전부를 폐수되는 물이 없이 보다 높은 위치의 양수조로 끌어올린다는 것이 되어 에너지 보존 법칙에 위배되므로, 출원발명은 자연법칙에 어긋나는 발명으로서 특허법 제29조 제 1 항 본문에서 규정한 발명의 요건을 충족하지 못한다.

⇨ 대법원 2003. 5. 16. 선고 2001후3149 판결

명칭을 '생활쓰레기 재활용 종합관리방법'으로 하는 출원발명은 관할 관청, 배출자, 수거자 간의 약속 등에 의하여 이루어지는 인위적 결정이거나 이에 따른 위 관할 관청 등의 정신적 판단 또는 인위적 결정에 불과하므로 자연법칙을 이용한 것이라고 할 수 없으며, 그 각 단계가 컴퓨터의 온라인(on-line)상에서 처리되는 것이 아니라 오프라인(off-line)상에서 처리되는 것이고, 소프트웨어와 하드웨어가 연계되는 시스템이 구체적으로 실현되고 있는 것도 아니어서 이른바 비즈니스모델 발명의 범주에 속하지도 아니하므로 이를 특허법 제29조 제 1 항 본문의 산업상 이용할 수 있는 발명이라고 할 수 없다.

2. 발명 개념의 확대

그러나 발명의 개념을 성문(成文)의 틀에 가두는 것은 더 이상 불가능에 가깝다고 할 수 있으며, 특허의 대상을 '자연법칙을 이용한', '기술적 사상의 창작'이라는 요건에 억지로 끼워 맞추는 것은 현실에도 부합하지 않는 면이 있다. 예컨대, 화학분야에서의 선택발명이나 이미 알려진 물질에 대한 용도발명, 유전자공학 분야에서의 염기서열의 확정 등은 그 속성상 '발견'에 해당할 뿐 엄밀한 의미에서 '기술적 사상의 창작'이 아님에도 오래전부터 특허의 대상이 되어 오

고 있다.[13] 또한 컴퓨터 프로그램은 미국에서는 이를 어문저작물로 보는 외에 특허의 대상이 되는 발명으로도 보는 반면, 유럽에서는 이를 자연법칙의 이용에 해당하지 않는다는 이유로 명문(明文)으로 발명의 범주에서 제외하고 있는바,[14] 이는 법체계에 따라 발명의 개념이 매우 상대적이라는 점을 잘 보여준다. 나아가, BM(Business Method) 발명 역시 추상적 아이디어로서의 영업 방법을 컴퓨터 프로그램을 이용하여 구현하는 것인바, 이는 사실상 '자연법칙의 이용'과는 관계없는 '추상적 영업 아이디어'에 발명성을 인정하는 것이나 다름없다.

위와 같이 특허의 대상이 되는 발명의 개념은 더 이상 '자연법칙을 이용한 기술적 사상의 창작'이라는 고전적 틀에 매여 있지 아니할 뿐더러 굳이 이를 고수할 실익도 없다고 생각된다. 따라서 특허법상 '자연법칙의 이용'이라는 요건은 단지 '자연법칙 그 자체가 아니다'라는 정도로만 이해하면 족하다고 생각된다. 실제로 미국에서는 오래전부터 '태양 아래 인간이 창조한 것은 모두 특허의 대상이 된다'는 생각이 널리 받아들여져 오고 있는바, 이미 존재하는 그리고 앞으로 출현하게 될 다양한 형태의 '산업상 유용한 기술'을 특허의 대상으로 포섭하기 위해서는 위와 같은 개념의 유연성이 불가피할 것이다.

3. 보수적 태도로의 회귀 움직임과 그 한계

근래에는 미국을 중심으로,[15] 특허의 대상을 급격히 확대하여 온 데 대한

---

13) 한편, 유전자 관련 발명에 관하여, 실험실에서 정제된 유전자는 그 자체로 자연상태에는 존재하지 않는 '생물학적 활성물질' 또는 '화학물질'이어서 '물질특허'의 대상인 발명이라고 보기도 한다.

14) 그럼에도 유럽의 실무는 EPC상 불특허 대상인 '프로그램 그 자체'의 범위를 점차 축소하여 특허대상을 컴퓨터 프로그램까지 확대하는 방향으로 운용해 오고 있다.

15) 미국 등 다른 나라에서의 특허요건에 관한 논의가 왜 우리에게 중요한지에 관하여 의문이 있을 수 있다. 이는 특허를 포함한 지적재산권이 가지는 본질적 속성인 '국제성' 때문에 그러하다. 지적재산은 기본적으로 '정보'이기 때문에 본디 국경의 구애 없이 이동이 가능한데다가, 동일한 특허에 관하여 세계 여러 나라에 동시다발적으로 특허를 출원, 획득, 행사하는 일은 다반사에 가깝다. 그러므로 어느 나라에서(그것이 영향력이 큰 선진국일수록) 특허요건이나 침해에 관한 기준이나 법리에 변동이 생기면 그 여파는 반드시 조만간 다른 나라에 미치게 마련이다. 예컨대, 특정한 발명에 관하여 우리나라는 특허를 인정하지만 다른 나라는 특허를 인정하지 않는다면, 자국에서는 특허를 받지 못하는 그 나라의 기업이 우리나라에서 특허권을 획득하여 권리행사를 할 수 있게 된다. 반면, 우리나라의 기업은 동일한 발명에 관하여 그 다른 나라에서 특허를 받을 수 없고, 그 나라의 기업들이 당해 발명을 공지된 공중의 자산으로 자유롭게 이용할 여지도 생긴다. 국제적으로 이러한 불균형

일련의 반작용이 생겨났다. 우선 미국 연방대법원은 2010년 BM 발명에 관한 Bilski 판결[16]에서 "방법 발명이 성립하기 위해서는 그 방법이 기계장치와 연동되거나 대상에 물리적 변형을 수반하는지가(Machine or Transformation Test) 매우 중요한 기준이 된다"고 하여 BM의 발명 성립여지를 크게 축소하고 보수적 판단기준으로 회귀하는 태도를 보였다.[17]

또, 연방대법원은 2012. 3. 20. Mayo v. Prometheus 판결[18]에서, "생체에 특정한 양의 약물을 투여했을 때 특정한 대사반응이 일어나는 메커니즘은 이미 주어진 '자연법칙' 내지 '자연현상' 자체에 가까운 것이고 이를 발견한 것은 자연법칙을 응용하는 것(application)이 아니다"라고 판시하였다. 이 발명은 자가 면역질환 치료제인 6-티오퓨린의 바람직한 투약 효과를 얻을 수 있는 투여량의 상·하한 수치를 발견하여 청구항으로 구성한 것이 특징이었으며, 청구항에는 "대사반응 메커니즘을 감안하여 투여량을 결정한다"는 행위요소가 포함되어 있었다. 연방대법원은 이에 관하여, 그처럼 지극히 통상적인 행위요소를 구성으로 추가한다고 하여 발명의 핵심이 달라지지는 않으며, 당해 특허는 발명의 성립성이 없는 자연법칙 그 자체를 대상으로 하여 무효라고 판시하였다.[19]

나아가 연방대법원은 2013. 6. 13. 유전자 발명에 관한 AMP v. Myriad 사건[20]에서 "생물의 특정 DNA는 자연에 존재하는 현상에 가까운 것이어서, 인위적으로 분리되었다고 하더라도 그 자체로는 발명으로 인정받기 어렵다"는 입장을 밝히면서 위 Prometheus 판결을 상기시켰다.[21]

이 발생하면 반드시 그 평형을 회복하려는 수요가 생기게 마련이며 그렇기 때문에 다른 나라에서의 특허요건에 관한 논의는 결코 '다른 나라의 문제'에 머물지 않는 것이다. 한편, 이러한 문제의 근본적 해결을 위해서 세계적으로 통일된 특허실체법을 형성하는 것이 이상적인 방법일 수 있으며, 실제로 오래전부터 '특허실체법 조약 : SPLT(Substantive Patent Law Treaty)'의 성립을 추구하는 국제적 노력이 진행 중이다.

16) Bilski v. Kappos, 130 S. Ct. 3218(2010).

17) 이에 대한 상세는 뒤에서 따로 설명한다.

18) Mayo Collaborative Services v. Prometheus Laboratories, Inc., 132 S.Ct. 1289(2012).

19) 한편, 이러한 사고방식은 뒤에서 살펴보게 될 의약의 용도발명 및 그 특허에 대한 우리나라의 실무태도와는 크게 다르다.

20) Association for Molecular Pathology v. Myriad Genetics, Inc.(Docket No., 12-398, 569 U.S. June 13, 2013).

21) 이 사건에서 Myriad는 유방암의 발현과 관계되는 DNA 자체를 청구항으로 특허를 획득하였다. 원심인 CAFC는 분리된 위 DNA가 특허의 대상이 된다고 판단하였고, 연방대법원이

미국 연방대법원이 보이고 있는 이러한 변화는 미국이 수십 년 동안 친특허정책(Pro-Patent Policy)을 추구하고 사법부 또한 판결을 통해 이를 뒷받침 해 온 결과, 지나치게 많은 특허가 부여되고 그러한 '특허과잉'으로 인해 막대한 사회적 비용이 지출되고 있는 현실을 인식하기 시작한 것과 관계가 있다.[22]

그러나 생각건대, 앞서 본 Mayo v. Prometheus 판결처럼 치료제를 특정한 조건에 맞추어 투여함으로써 바람직한 효과를 얻어내는 일련의 과정을 두고, "치료제의 투입에 따라 일어나는 각각의 대사반응은 어차피 필연적으로 결정된 자연법칙의 발현에 불과하다"고 평가절하 하는 태도는 모든 발명이 어떤 의미에서는 주어진 자연법칙의 발현과정이라는 점을 감안하면 특허법의 본질을 도외시 한 것으로 볼 여지가 있다. 아울러, 앞서 본 것처럼 BM 발명이나 분리된 유전자의 발명 성립성을 사실상 부인해 버리는 태도는 그 이론적 당위는 차치하고라도 그것이 발명임을 전제로 형성되어 온 권리관계의 기반을 하루아침에 뒤엎어 법적 안정성을 해치는 일로서, 신중해야 할 것이다.

우리나라의 경우 대법원은 2015. 5. 21. 선고 2014후768 전원합의체 판결에서, "동일한 의약이라도 투여용법과 투여용량의 변경에 따라 약효의 향상이나 부작용의 감소 또는 복약 편의성의 증진 등과 같이 질병의 치료나 예방 등에 예상하지 못한 효과를 발휘할 수 있는데, 이와 같은 특정한 투여용법과 투여용량을 개발하는 데에도 의약의 대상 질병 또는 약효 자체의 개발 못지않게 상당한 비용 등이 소요된다. 따라서 이러한 투자의 결과로 완성되어 공공의 이익에 이바지할 수 있는 기술에 대하여 특허로서의 보호를 원천적으로 부정하는 것은 발명을 보호·장려하고 그 이용을 도모함으로써 기술의 발

2012. 3. 26. 위와 같은 취지로 원심을 파기환송하였으나 CAFC는 2012. 8. 16. 파기환송심에서 다시 종전 결론을 유지하는 판결을 하였다. 그 판결에 대해 다시 상고허가가 이루어져 2013. 6. 13. 연방대법원의 최종 판결이 선고된 것이다. 연방대법원은, 분리된 DNA 자체(BRCA)는 비록 천연상태 DNA의 다른 부분과 공유결합을 끊는 수고스러운 과정을 거쳤다 하더라도 여전히 '자연의 물질 자체'에 가까운 것이어서 발명이라 할 수 없다고 하였다. 다만, DNA가 단백질을 생성하는 과정에서 인위적 조작을 가해 얻어지는 결과물인 cDNA는 발명이 될 수 있으며, BRCA 유전자의 역할이나 위치 등 서열정보를 찾아내는 방법이 창조적인 경우나, 찾아진 서열정보를 새롭게 응용하는 것이라면 발명으로 성립할 수 있다고 판시하였다.

22) 미국 연방대법원은 진보성 판단과 관련해서는 뒤에서 보는 KSR 판결(2007)을 통해 그 인정기준을 한층 엄격하게 설정하기 시작했다.

전을 촉진하여 산업발전에 이바지한다는 특허법의 목적에 부합하지 아니한다. 의약이라는 물건의 발명에서 대상 질병 또는 약효와 함께 투여용법과 투여용량을 부가하는 경우에 이러한 투여용법과 투여용량은 의약이라는 물건이 효능을 온전하게 발휘하도록 하는 속성을 표현함으로써 의약이라는 물건에 새로운 의미를 부여하는 구성요소가 될 수 있다고 보아야 하고, 이와 같은 투여용법과 투여용량이라는 새로운 의약용도가 부가되어 신규성과 진보성 등의 특허요건을 갖춘 의약에 대해서는 새롭게 특허권이 부여될 수 있다"고 하여 Mayo v. Prometheus 판결의 미국 연방대법원과는 다른 시각을 보여주고 있다.

한편, 위와 같이 발명의 개념을 보수적으로 파악하는 미국의 재판기준은 시대변화와 마찰을 일으킬 가능성을 낳고 있다. 유전공학 분야의 많은 기술들이 자연현상의 일부로 파악되어 발명 성립성을 부정당하거나, 인공지능·핀테크(Fin-tech) 등 소프트웨어 기반의 기술들이 추상적 아이디어로 취급되어 발명의 영역에서 제외될 수 있기 때문이다. 보수적 재판기준이 야기하는 현실과 규범의 괴리는 심각한 문제로 인식되어 왔으며, 그 결과, 법 개정을 통해 발명의 성립성 문제를 현실에 맞게 규율하려는 움직임들이 대두되고 있다. 대표적 예로, 미국 상원에 2023년 '발명 성립성 재정립 법안(Patent Eligibility Restoration Act)'이 제안되어 있는바, 해당 법안은 미국 특허법 제101조를 개정하여 i) 공정·기계·제조물 또는 조성물과 결합되지 않은 수학 공식, ii) 오로지 인간의 정신에서만 수행되는 과정, iii) 변형되지 않은 채 생체 내에 존재하는 상태인 유전자 등 제한된 대상에 한해서만 발명의 성립성을 부정하는 내용을 담고 있다.[23]

23) 그 결과, 기계나 장치를 사용하지 않고는 실질적으로 수행할 수 없는 경우라면 추상적 아이디어가 아니어서 특허의 대상이 될 수 있고, 인간의 활동을 통해 단리된 유전자는 자연상태의 유전자와는 다른 것으로 취급하여 특허대상이 되는 등 소프트웨어·BM·유전공학 기술의 상당부분에 발명 성립성을 인정하게 된다.

Ⅳ. 발명의 종류

1. 물건의 발명과 방법의 발명

특허법은 발명을 물건의 발명과 방법의 발명으로 구분하고 있으며(특허법 제2조 제3호), 실무상으로는 '카테고리(Category)'라는 용어를 사용한다. 발명의 카테고리는 특허 청구항을 작성할 때 중요한 의미를 가지는데, 뒤에서 보는 어떠한 종류의 발명이라도 넓게는 물건 또는 방법의 발명으로 구분할 수 있으며 청구항 또한 물건 또는 방법의 형태로 기재하여야 한다.[24] 발명의 대상으로서의 '물건'이라 함은 기계, 기구, 장치, 재료, 화합물, 의약, 음식물, 조성물, 미생물, 식물, 동물, 시스템, 프로그램이나 데이터가 기록된 매체[25] 등을 말하고 '방법'이라 함은 일정한 목적을 달성하기 위하여 연결되는 단계적 수단을 의미하는데 구체적으로는 측정방법, 수리방법, 통신방법, 물건의 사용방법, 기계의 운전방법, 물건의 제조방법, 동·식물의 생산방법 등이 있다.

방법발명은 예컨대 (1)-(2)-(3)-(4)와 같은 단계의 나열로 이루어지기 때문에 특허를 부여받더라도 물건의 발명보다 그 권리가 약하다. 왜냐하면, 예컨대 A라는 물질을 얻기 위해서 (1)-(2)-(3)-(4)의 과정을 거친다는 것을 특허청구범위로 한다면 제3자가 그 중 (1)-(2)-(4)의 과정만을 거쳐 물질 A를 얻거나, 단계의 순서를 뒤바꾸어 (3)-(4)-(1)-(2)를 거쳐 물질 A를 얻는다면 특허권자로서는 그와 같은 행위를 특허권침해라고 주장할 수 없는 반면, 물질 A 자체를 특허청구범위로 하는 특허권자는 제3자가 어떠한 행위유형을 통하여 물질 A를 얻더라도 모두 특허 침해를 주장할 수 있기 때문이다. 따라서 보통 방법특허보다는 물건의 특허가 훨씬 더 큰 힘을 가진다.

⇨ 특허법원 2000. 12. 22. 선고 99허840 판결

일반적으로 발명에는 물(物)의 발명과 방법의 발명이 있는바, 물의 발명은 물 자체에 대한 발명이고, 방법의 발명은 일정한 목적을 향하여진 계열적으로 관련 있

---

24) 한편, 일본은 2002년 특허법 개정을 통하여 특허법 제2조 제3항에 물건의 한 종류로서 "컴퓨터 프로그램"을 포함시키고 있다.

25) 특허청, 특허·실용신안 심사기준(2019년 3월 추록), 제9부 제10장 1.2.1.(2).

는 수개의 행위 또는 현상에 의하여 성립한 발명으로서 발명의 구성상 '시간의 경과'라고 하는 요소를 요건으로 한다. 그리고, 물의 발명에 해당하는지 방법의 발명에 해당하는지 여부는 발명의 명칭이나 청구범위의 표현에 따라 결정되는 것이 아니고 발명의 실체에 의하여 정해져야 할 것이다. 따라서 특허청구의 범위가 비록 물의 제조방법 형식으로 표현되어 있다고 하여도 그 제조방법을 구체적으로 명시하지 않고 있는 경우에는 물 그 자체의 발명으로 볼 수밖에 없다.

2. 강학상 문제가 되는 발명의 형태[26)]

(1) 용도발명(New use invention)

용도발명이란, 주로 화학물질을 중심으로 그 물질이 가지는 특징이나 용도를 새로 발견하는 것을 말한다. 용도발명의 개념은 명확히 통일되어 있는 것은 아니다. 이미 알려진 물질의 알려지지 않은 유용한 속성이나 용도를 새로 발견하는 것이 용도발명의 전형이지만, 새로 발명된 물질에 대하여도 용도발명은 성립할 수 있다.[27)] 용도발명이 화학 분야에서 많이 문제되는 것은, 화학물질은 그 다면성으로 인하여 물질 자체는 이미 알려졌더라도 미처 발견되지 않았던 물질 고유의 특징이나 용도 등이 나중에 새롭게 발견될 가능성이 얼마든지 있기 때문이다.[28)] 용도발명의 전형적인 예로 들어지는 것이 DDT인데, 1875년에 DDT는 염료로 사용하기 위하여 합성되었고 1938년에 이르러 DDT에 살충제로서의 특성이 있다는 사실이 발견되어 1947년 '선행기술에 공지되어 있는 화합물(DDT)을 용제에 용해하고, 액체를 곤충과 접촉되도록 분무하는 것을 포함하는 살충방법'이라는 형태의 청구항으로 용도발명에 관한 특허출원이 이루어졌으며 출원인이 위와 같은 공지의 화합물이 곤충을 죽이는 데 탁월한 효과를 발견하였다는 것에 근거하여 활성화합물과 담체의 혼합물에

26) 아래에서 보는 발명의 유형들은 어디까지나 각 발명이 가지고 있는 특징으로 인하여 그와 같이 이름 지어진 것일 뿐, 속성에 따라 '물건' 또는 '방법' 중 어느 하나에 속하게 됨은 앞서 본 바와 같다.

27) 竹田和彦, 特許의知識 (번역본) [제 8 판], 도서출판 에이제이 디자인 기획(2011), 113~114면. 용도발명의 핵심을 차지하는 것은 의약의 용도발명이며, 설명의 편의상 제 3 장 Ⅳ. 5. (1) 용도발명의 진보성 부분에서 그 전반적 내용을 별도로 살피기로 한다.

28) 반면, 기계, 기구나 장치 등의 물건에 관하여는 새로운 용도를 나중에 발견하는 예를 상상하기 어렵다.

대한 청구항과 함께 방법의 형태로 구성된 용도발명이 특허를 받았다.[29]

이처럼 용도발명은 그 실질에 있어 물질의 속성에 대한 '발견'에 가까움에도 산업정책상 필요에 의해 발명으로 취급하여 특허의 대상으로 삼아오고 있는 것이다. 한편, 실무상 용도발명의 대부분은 기존 제약의 새로운 용도발견을 대상으로 하는 것들인데, 그 경우 특허청구항은 용도를 특정한 '물건발명'의 형태로 구성하도록 되어 있다.[30] 다만 이처럼 물건의 형태로 구성된 용도발명의 권리범위는 당연히 기존의 물질 전체에 미치는 것은 아니고 그 물질을 당해 용도로 사용하는 부분에 한하여 인정된다.[31]

⇨ 대법원 2014. 5. 16. 선고 2012후3664 판결

'이 사건 제1항 발명'은 '안지오텐신 Ⅱ 수용체 길항제인 텔미사르탄'을 유효성분으로 하고, '2형 진성 당뇨병으로 진단된 사람 또는 당뇨병 전기(prediabete)로 의심되는 사람을 치료하거나, 당뇨병을 예방하거나, 또는 혈압이 정상인 환자에게서 대사증후군 및 인슐린 내성을 치료하는 것'을 그 의약용도로 하면서, 나아가 그 특허청구범위에 '퍼옥시좀 증식 활성화 수용체 감마(PPARγ) 조절 유전자의 전사를 유도하는'이라는 약리기전도 포함하고 있다. 그런데 위 약리기전은 유효성분인 텔미사르탄에 불가분적으로 내재되어 텔미사르탄이 '당뇨병 예방 또는 치료 등'의 의약용도로 사용될 수 있도록 하는 속성에 불과하고, 텔미사르탄의 그러한 의약용도 범위를 축소 또는 변경하는 것은 아니므로, 결국 이 사건 제1항 발명은 유효성분인 텔미사르탄과 그것이 가지고 있는 의약용도인 '당뇨병 예방 또는 치료 등'으로 구성되어 있는 의약용도발명으로 파악된다.

(2) 선택발명

선택발명이란, 선행발명에 구성요건이 상위개념으로 기재되어 있고 그 상위개념에 포함되는 하위개념만을 구성요건 중의 전부 또는 일부로 하는 후행발명을 말하며, 화학이나 유전자 분야에서 많이 문제된다. 선택발명은 이론상 상위개념인 선행발명의 범주에는 속하지만, 선행발명에 구체적으로 나타나 있

29) 송영식 · 이상정 · 황종환, 지적소유권법(상) 제8판, 육법사(2003), 258면.

30) 이에 대한 상세는 발명의 진보성에 대한 해당부분 참조.

31) 현실적으로는, 용도발명 특허권자의 허락 없이 기존 약품에 당해 질병의 치료효과가 있음을 표시하여 판매하는 것을 금지하는 형태가 대표적일 것이다(中山信弘, 特許法 [第3版], 弘文堂(2016), 139면).

지 않은 하위개념 가운데 고유의 기술적 효과가 있는 것에 발명으로서의 독립적 가치를 인정하여 후속연구를 장려하는 것이다. 상위개념 화합물이 생성되었더라도 그 하위개념 화합물들이 무수히 존재할 수 있으며 상위개념 화합물의 발명자도 이를 모두 알기 어렵기 때문이다.[32] 이와 관련하여 제약 분야에서는 '거울상 이성질체'가 자주 문제된다. 거울상 이성질체는 특정 분자의 '쌍둥이 분자'로 비유될 수 있으며, 분자식 및 원자 배열 순서는 같지만 3차원 공간에서 원자의 배향이 다르기 때문에 서로 다른 화학적 특성을 보이곤 한다. 특정 화합물의 거울상 이성질체로부터, 혹은 화합물로부터 거울상 이성질체를 효과적으로 분리 · 제거해 냄으로써 탁월한 약리적 특성이나 부작용 감소 등 효과를 얻는 경우가 있기 때문에 이를 둘러싼 특허분쟁이 빈발하고 있는데, 실무상 거울상 이성질체는 많은 경우 선택발명으로 취급된다.[33]

(3) 컴퓨터 프로그램 관련 발명

컴퓨터 관련 기술의 비약적 발전과 더불어 컴퓨터프로그램 자체에 특허를 인정할 수 있는지 여부가 문제되어 왔는데, 그 논의의 핵심은 과연 컴퓨터 프로그램이 '발명'의 개념을 만족하는 '자연법칙을 이용한 기술사상'인지의 여부에 있다. 왜냐하면, 컴퓨터프로그램이란 컴퓨터로 하여금 어떠한 작업을 어떠한 방법으로 수행하라고 지시하는 명령어들의 집합에 지나지 않을 뿐이고[34] 그 자체로 어떠한 자연법칙을 이용하는 것이 아니기 때문이다.[35] 컴퓨터 프로그램이 특허법상 '발명'으로 보호받을 수 있는지를 둘러싼 미국 판례의 변화는 이에 관한 인식의 변천을 잘 반영하고 있다.

1972년 미국 연방대법원은 Gottschalk v. Benson 사건에서, '2進化 10進

32) 선택발명에 관한 보다 자세한 설명은 제 3 장 Ⅳ. 5. (2) 부분을 볼 것.

33) 대법원 2009. 10. 15. 선고 2008후736,743 판결.

34) 컴퓨터 프로그램과 소프트웨어는 엄밀하게는 구별되는바, 소프트웨어는 컴퓨터 프로그램 이외에 그것이 구체화된 수학적 과정 내지 알고리듬(algorithm) 및 흐름도(flow chart)와 프로그램 매뉴얼(manual) 등을 포함하는 더 넓은 개념이라고 설명되고 있다(오승종, 저작권법(제 3 판), 박영사(2013), 1003면). 한편, 소프트웨어산업 진흥법 제 2 조 제 1 호는 소프트웨어를 "컴퓨터 · 통신 · 자동화 등의 장비와 그 주변장치에 대하여 명령 · 제어 · 입력 · 처리 · 저장 · 출력 · 상호작용이 가능하도록 하게 하는 지시 · 명령(음성이나 영상정보 등을 포함한다)의 집합과 이를 작성하기 위하여 사용된 기술서나 그 밖의 관련 자료"로 정의하고 있다.

35) 한편, 컴퓨터프로그램은 어문저작물로서의 성질을 가지고 있기 때문에 저작권으로 보호될 수 있고, 각국의 입법 태도 또한 대부분 그와 같다.

法을 순수한 2進法으로 변환하는 프로그램'은 추상적 아이디어인 '수학적 공식'에 불과하므로 특허의 대상이 될 수 없다고 판시하였다. 그 뒤 1980년대에 들어 컴퓨터 프로그램을 이용하는 기술의 비약적 발전과 더불어 컴퓨터프로그램 자체에 특허를 인정받고자 하는 분위기가 팽배하자 1981년 미국 연방대법원은 Diamond v. Diehr 사건에서 일정한 조건하에 컴퓨터 프로그램의 특허성을 인정하기에 이르렀다. 즉, 출원된 발명은 고무를 용융시키는 프레스의 작동에 컴퓨터의 도움을 받는 것이었는데, 컴퓨터는 프레스 내부의 온도를 지속적으로 모니터하면서 프레스 안에 있는 고무를 가황(加黃)시키는 데 소요되는 시간을 아레니우스(Arrhenius) 방정식을 이용하여 자동적으로 계산하고, 필요한 시간이 경과되면 프레스를 여는 명령을 하달하도록 되어 있었다. 연방 대법원은, 위 공정에는 수학 방정식과 이를 사용하는 컴퓨터프로그램이 사용되고 있으나 그와 같은 방정식이나 추상적인 알고리듬만이 특허의 대상으로 된 것이 아니고 그것들이 프레스의 작동 공정과 불가분적으로 결합되어 있으므로 특허의 대상이 될 수 있다고 하였다. 즉, 위 판결은 컴퓨터 프로그램이 구체적인 물리적 공정에 사용되는 것이거나 물리적 변화와 직접적인 관련이 있는 것을 조건으로 프로그램의 특허성을 인정한 것이라고 할 수 있다. 그 뒤 연방순회항소법원(CAFC)[36]은 1998년 State Street Bank 판결[37]에서 한 걸음 나아가 위와 같은 물리적 조건이 반드시 필요한 것이 아니며, 유용하고 구체적이며 유형(有形)의 결과를 낳는 한 컴퓨터 프로그램도 그 자체로서 특허의 대상에서 제외되지 않는다는 판시를 하기에 이르렀다. 대부분의 컴퓨터프로그램들은 위와 같은 조건을 만족하는 것이 사실이고, 그 이후 미국 특허청은 폭넓게 컴퓨터 프로그램에 대하여 특허를 인정해 오고 있다.[38] 그런데, 최근의 발명의 성립성 인정에 관한 보수적 움직임은 컴퓨터프로그램에 대해서도 나타나고 있다. 연방대법원은 2014년 Alice 사건의 판결에서 "본질상 추상적 아이디어에 불과한 컴퓨터프로그램이 발명으로 변환되기 위해서는 '발명적 요소(inventive

36) U.S. Court of Appeals for the Federal Circuit의 약자로, 미국에서 특허소송의 항소심 전속 관할을 행사하는 법원이다.

37) State Street Bank & Trust Co. v. Signature Financial Group, 149 F.3d 1368(Fed. Cir. 1998).

38) Roger E. Schechter 외 1인 공저, *Intellectual Property the law of Copyrights, Patents and Trademarks*, Thomson West(2003), 306면.

concept)'의 추가가 필수적이며, 단지 범용 컴퓨터를 이용해 프로그램을 구동하는 정도로는 이 요건을 만족하지 못한다"고 함으로써[39] 컴퓨터프로그램 자체에 널리 발명의 성립성을 인정하던 종래의 개방적인 태도를 수정하였다.

그러나 컴퓨터프로그램의 발명 성립성에 대한 이와 같은 경직된 판단기준은 현실과 괴리를 낳을 수밖에 없고, 인공지능을 포함한 소프트웨어 산업의 비약적인 발전 방향에도 역행하는 것이어서 비판에 직면하였다. 그 결과 미국의 실무는 다시 Alice 판결의 경직성을 우회하기 위한 다양한 움직임을 보여 왔다. CAFC는 2016년 The Enfish v. Microsoft 사건 판결[40]에서 '소프트웨어나 데이터 구조라도 그것이 구체적으로 컴퓨터의 기능을 증진시키는 역할을 수행한다면 더 이상 추상적 아이디어가 아니므로 발명이 될 수 있다'고 하는 한편, 원고의 데이터베이스 구조는 컴퓨터가 메모리를 저장하고 데이터를 가져오는 과정에서 소요되는 용량을 줄이고, 검색시간을 절약하고, 구동의 유연성을 강화해 주는 등 여러 가지 기술적 효과(technical benefits)를 초래하므로 발명이라고 판시하였으며,[41] 이런 맥락의 후속 판결들이 그 뒤로도 계속 이어졌다.[42] 이는

39) Alice Corp. v. CLS Bank International, 134 S.Ct. 2347(2014). 이는 사실상 Bilski 판결에서 언급된 '기계장치와의 연동 내지 물리적 변형의 요구(Machine or Transformation)' 기준을 의미하는 것으로 생각된다.

40) Enfish, LLC v. Microsoft Corp., 822 F.3d 1327, 1330 (Fed. Cir. 2016).

41) 2008년 이미 영국 법원은 Symbian 사건(Symbian Ltd. v. Comptroller-Gen. of Patents, [2008] EWCA (Civ) 1066 (Eng.))에서 이와 똑같은 논리로, 컴퓨터의 정보처리 속도를 증가시켜 주는 소프트웨어가 그 자체로 발명으로 성립할 수 있다는 판시를 한 바 있다.

42) ① Bascom v. AT&T (827 F. 3d 1341 Fed. Cir. 2016): 소프트웨어 기반의 필터링 요소는 컴퓨터 시스템 자체의 성능을 개선하는 기술적 효과가 있으므로 발명에 해당한다고 판시; ② Amdocs v. Openet Telecom (841 F.3d 1288 Fed. Cir. 2016): 네트워크를 통한 결제과정에서 필요한 시스템 자원을 한 지점에 보관함으로써 막대한 용량의 데이터베이스가 필요하고 자원의 이동도 어려웠던 종래기술을 개선하여 시스템 요소들을 분산구조로 재배치함으로써 이런 문제를 감소시켰다면 추상적 아이디어가 아닌 발명에 해당한다고 판시; ③ Visual Memory v. Nvidia Corporation(No. 2016-2254. Fed. Cir. Aug. 15, 2017): 기술의 내용이 데이터를 단순히 카테고리 별로 저장하는데 그치지 않고, 컴퓨터 캐시 메모리 시스템을 향상시키는 데 이른다면 추상적 아이디어를 넘어 발명에 이른다고 판시; ④ Finjan v. Blue Coat Systems (2018 U.S. App. LEXIS 601. Fed. Cir. Jan. 10, 2018): 새로운 바이러스 스캐닝 방법을 내용으로 하는 보안 프로필 방식이 다수의 컴퓨터 사용자에게 액세스를 부여하고, 파일이 사용자 컴퓨터에 도달하기 전에 보안위협을 미리 차단하며, 수상한 코드를 검출하여 행동기반의 정보를 생성·활용함으로써 컴퓨터 자체의 기능을 개선해주므로 추상적 아이디어가 아닌 발명이라고 판시; ⑤ Core Wireless Licensing

Alice 기준의 보수적 태도로 인해 인공지능·핀테크·블록체인 등 소프트웨어를 기반으로 하는 첨단 기술의 특허화가 장벽에 부딪힌 현실을 판례를 통해 타개하려는 모습이기도 하다.[43] 또한, 2019년 미국 특허청(USPTO)이 개정·공표한 발명의 성립성 관련 심사 가이드라인도[44] 출원 발명이 수학적 개념이나 인간의 육체적·정신적 활동의 단계를 지칭하는 등 Alice 기준상 추상적 아이디어에 해당하는 것으로 보이더라도, 특정한 기술적 문제에 해답을 제공하는 등 '실질적 응용(practical application)'이 있는 것으로 파악되면 발명이 될 수 있음을 재확인하고 있다.[45] 명세서 기재요건 관련해서는, 해당 소프트웨어가 어떤 용도에 어떤 방법으로 구현되는지를 수학 공식이든, 문언적 서술이든, 플로우 차트이든 적절한 수단을 동원해 구체적으로 개시할수록, 그것이 비록 범용 컴퓨터에서 구동되더라도 추상적 아이디어가 아닌 특정한 목적을 가진 컴퓨터에서 특정한 목적을 위해 구동되는 수단으로 평가받기 쉽다고 한다.[46]

한편, 유럽 특허협약(European Patent Convention) §52(2)(c)는 '컴퓨터 프로그램'을 특허대상에서 명시적으로 제외하고는 있지만, 판례를 통해 점차 그 특허성이 인정되는 범위를 확대해 왔고 컴퓨터프로그램이 프로그램과 컴퓨터 사이에서 통상 일어나는 물리적 상호작용을 넘는 '기술적 특성(technical character)'을 가진다면 특허성이 있다고 한다.[47] 구체적으로 특허심사나 재판실무는 프로그램이 컴퓨터, 컴퓨터 네트워크 또는 유형의 저장매체를 이용하는 것 자체에

---

v. LG Electronics (Fed. Cir. [2016-2684, 2017-1922] January 25, 2018): 소형의 개인 모바일 장치 화면에 정보를 표시할 수 있도록 사용자 편의를 증대한 인터페이스는 그 자체로 발명의 개념을 충족한다고 판시.

43) CAFC 판결들이 Alice 판결의 '발명적 요소'를 유연하게 해석 적용하는 모습은 아래에서 보는 것처럼 유럽이 소프트웨어의 발명 성립성을 인정하기 위해 '기술적 특징'을 널리 인정하는 모습과 매우 닮아있다.

44) 이는 기존 특허심사기준(Manual of Patent Examining Procedure: MPEP)의 §2106.04(Ⅱ) 및 'USPTO's Eligibility Quick Reference Sheet Idenifying Abstract Ideas and any eligibility-related guidance issued prior to the Ninth Edition, R-08.2017, of the MPEP(published January 2018)'를 대체하는 것이다.

45) USPTO, "2019 Revised Patent Subject Matter Eligibility Guidance" <https://www.uspto.gov/sites/default/files/documents/peg_oct_2019_update.pdf>, p.10 이하.

46) USPTO "Examining Computer-Implemented Functional Claim Limitations for Compliance with 35 U.S.C. 112" <https://www.govinfo.gov/content/pkg/FR-2019-01-07/pdf/2018-28283.pdf>, pp.59~60.

47) EPO Guideline(2017), G, Chpater Ⅱ, 3.6.

기술적 특성을 인정하거나,[48] 데이터구조,[49] 일정한 요건 아래 컴퓨터가 읽을 수 있는 전자기적 신호 자체[50]에 기술적 특성을 인정하기도 한다.[51] 영업방법 역시 '기술적 수단'을 포함하면 발명의 성립성을 인정한다. 그 결과, 영업방법에 관련된 데이터가 네트워크를 통해 처리된다면 더 이상 '영업방법 자체'가 아니어서 발명이라고 한다.[52][53]

우리나라의 심사기준은 소프트웨어에 의한 정보처리가 하드웨어를 이용해 구체적으로 실현되고 있는 경우, 해당 소프트웨어와 협동해 동작하는 정보처리장치(기계),[54] 그 동작방법 및 해당 소프트웨어를 기록한 컴퓨터로 읽을 수 있는 매체는 자연법칙을 이용한 기술적 사상의 창작이라고 하면서,[55] '소프트웨어에 의한 정보처리가 하드웨어를 이용해 구체적으로 실현되고 있는 경우'란 '소프트웨어가 컴퓨터에 읽혀지는 것에 의해 소프트웨어와 하드웨어가 협동한 구체적 수단으로 사용목적에 따른 정보의 연산 또는 가공을 실현함으로써 사용목적에 부응한 특유의 정보 처리 장치(기계) 또는 그 동작 방법이 구축되는 것'이라고 설명하고 있다.[56] 이처럼 우리나라의 심사실무는 일정한 컴퓨터프로그램이 단지 범용컴퓨터에만 구동되는 경우 '정보처리가 하드웨어를 이용해 구체적으로 실현되는'이라는 요건을 충족하지 못한다고 본다.[57]

---

48) EPO Guideline(2018) G. Ⅱ. 3. 6; T258/03; T424/03; G3/08.
49) T 1194/97.
50) T 163/85.
51) 상세는 조영선, "인공지능과 특허의 법률문제", 고려법학 제90호(2018. 9), 203~204면.
52) T 384/07.
53) 이처럼 유럽에서는 소프트웨어나 영업방법의 발명 성립성을 매우 유연하게 인정하는 한편, 대체로 이를 진보성 판단의 문제와 연결지어 전체로 파악하는 특징이 있다. 해당 발명이 기술적 요소와 비기술적 요소를 모두 포함하고 있는 경우, 비기술적 요소 역시 기술적 요소와 결합하여 진보성 판단에서 함께 고려하는 것이다. 예컨대, 비기술적 요소(추상적 아이디어)인 수학적 공식이라도 그것이 기술적 요소에 해당하는, 컴퓨터 네트워크의 부하(負荷) 할당에 활용된다면 전체로 진보성이 있다는 식이다. 이런 접근의 필요성은 오래전부터 제기되어 왔거니와(Richard Hacon/Jochen Pagenberg 편, *Concise European Patent Law*, Kluwer Law International, 2007, p. 30), EPO의 심사실무 역시 같은 방향성을 띠고 있다.
54) 예컨대 '기계장치인 자동차 엔진과 연동되어 회전수를 제어하는 컴퓨터프로그램'이 대표적일 것이다.
55) 특허청, 기술분야별 심사실무가이드(2024), 제1부 3. 1. 1.
56) 특허청, 기술분야별 심사실무가이드(2024), 제1부 3. 1. 2.
57) 그러나 '하드웨어'나 '범용컴퓨터'라는 개념의 구별은 모호하고 범용컴퓨터 내에도 다양한

그런데 발명의 대상이 되는 소프트웨어를 '물리적 제어의 대상이 되는 기기' 또는 '범용컴퓨터와는 구별되는 특수한 정보처리장치'와 연동되는 것으로 한정하거나, 대상의 물리적 · 전기적 · 화학적 · 생물학적 성질에 변동을 초래하는 것으로 한정하게 되면, 네트워크에서 영업방법을 구현하는 소프트웨어를 비롯하여 산업상 유용한 많은 소프트웨어들이 발명으로 인정받기 어렵게 된다. 그래서 실무는 여기서 말하는 '하드웨어'의 개념이나 '소프트웨어에 의한 정보처리가 하드웨어를 이용하여 구체적으로 실현된다'는 의미를 극히 유연하게 해석하는 방법으로 이 문제를 해결해 오고 있다. 예를 들면, '보안성 높은 온라인 결제를 가능하게 하는 방법으로서, 결제 서버와 사용자 단말을 이용하되, 특정 코드를 수신하여 사용자를 인증하고 특정 결제 코드를 결합하여 최종 결제 코드를 생성하는 방법'에서, "특유한 목적을 달성하기 위해 특유의 정보연산 및 가공이 서버와 단말기에서 각각 실현되고 있으므로 발명의 성립성 요건이 만족된다"고 보거나,[58] "범용컴퓨터에서 구동되는 프로그램이라도 사용 목적에 따른 특유의 연산 또는 가공을 실현하기 위해 이를 특유의 컴퓨터(정보처리장치)로 구축하여 사용하는 결과가 되면 발명으로 성립한다"고 하는 식이다.[59]

➾ 대법원 2001. 11. 30. 선고 97후2507 판결

출원발명이 기본워드에 서브워드를 부가하여 명령어를 이루는 제어입력포맷을 다양하게 하고 워드의 개수에 따라 조합되는 제어명령어의 수를 증가시켜 하드웨어인 수치제어장치를 제어하는 방법에 관한 것으로서, 결국 수치제어입력포맷을 사용하여 소프트웨어인 서브워드 부가 가공프로그램을 구동시켜 하드웨어인 수치제어장치에 의하여 기계식별 · 제어 · 작동을 하게 하는 것일 뿐만 아니라, 하드웨어 외부에서의 물리적 변환을 야기하는 것이며 그 물리적 변환으로 인한 실제적 이용가능성이 명세서에 개시되어 있는 이상, 이를 자연법칙을 이용하지 않은 순수한 인간의 정신적 활동에 불과하다고 볼 수는 없다.

형태의 하드웨어들이 내장되어 있는 수가 많으므로 위와 같은 판단 기준이 반드시 명확한 것이라고는 생각되지 않는다.

58) 특허청, 특허, 실용신안 심사기준(2019년 추록) 2. 1. 2. 2(2).

59) 특허청, 특허, 실용신안 심사기준(2019년 추록) 2. 1. 3. (2) 후단; 특허법원 2013. 6. 20. 선고 2011허9078 판결 등.

위 대법원 2001. 11. 30. 선고 97후2507 판결은 일견 위 Diamond v. Diehr 사건의 취지와 유사해 보이나, 이는 판단의 전제가 되는 사실관계에 있어 가공프로그램이 하드웨어 외부에서의 물리적 변환과 연동되어 있는 것이었기 때문에 그와 같이 언급한 것일 뿐, 일반론으로서 하드웨어 외부에서의 물리적 변환을 야기하지 않는다면 프로그램이 그 자체로 발명성을 인정받을 수 없다는 취지로 이해할 것은 아니라고 생각된다.

(4) 생명공학(Biotechnology) 관련 발명

생명공학과 관련된 발명은 생물체가 가지고 있는 고유한 유전 정보와 기능을 활용하는 기술로서, 생명 현상이나 생물체의 기능을 인위적으로 조작하거나 생물체에서 유래된 물질을 원료 또는 재료로 이용하여 유용한 물질을 생산하는 것 등을 말하며,[60] 주로 동물 발명, 식물 발명, 미생물 발명 및 유전자 관련 발명의 형태로 이루어진다.

1) 동물, 미생물 발명

과거, 동물에 대한 발명은 대부분 유전자 조작을 통하여 이루어지기 때문에 생명윤리에 반한다거나 돌연변이가 일어나거나 반복가능성이 떨어지는 경우가 많다는 이유 등으로 인하여 발명으로 인정하지 않던 때도 있었다. 그러나 1980년 미국 연방대법원이 Diamond v. Chakrabarty 사건[61]에서 유전자 재조합기술로 제조된 '석유 폐기물을 먹는 미생물'에 관하여 "이는 자연의 산물이 아니라 발명자가 생산한 물건이며, 원유의 구성요소를 파괴할 수 있는 기능을 하는 것으로서 유전적으로 작동하는 박테리아는 누출된 원유의 찌꺼기를 정화하는 유용성이 있는 것이므로 특허의 대상이 된다"고 판시한[62] 이래 각국에서 미생물이나 동물에 대한 발명에 특허를 부여하는 움직임이 본격화되기에 이르렀으며 미국 특허청이 1988년 암유전자를 쥐의 수정란에 주입한 후에 어머니 쥐를 통해 육성한 유전자 재조합을 한 실험용 쥐(흔히 Harvard Mouse라고 부른다)와 그 자손 쥐에 관하여 특허를 부여함으로써 위와 같은 움직임에 가속

60) 특허청, 기술분야별 심사실무가이드(2024), 제 3 부 1.

61) Diamond v. Chakrabarty, 447 U.S. 303(1980).

62) 위 판결은 앞서 언급한 '태양 아래 인간이 만든 모든 것은 특허의 대상이 된다(anything under the sun that is made by man is the patentable subject matter)'는 유명한 구절을 포함하고 있다.

도를 붙였다. 우리나라의 경우, 종래 특정 미생물의 분리 배양방법, 변이처리 방법, 유전자 조작방법과 같이 미생물을 생산하는 방법, 미생물을 의약이나 식품에 이용하는 방법 등을 발명으로 인정하여 오고 있으며 특허법시행령 제2조 내지 제4조는 이를 전제로 미생물에 관계되는 발명에 특허출원을 함에 있어 미생물을 기탁하도록 하는 한편, 특허청구범위에 그와 관련된 사항을 기재하도록 하고 시험 또는 연구를 위하여 위와 같이 기탁된 미생물을 분양받을 수 있도록 규정하고 있다.

⇨ 대법원 2002. 11. 8. 선고 2001후2238 판결

미생물을 이용한 발명에 대하여 특허출원을 하고자 하는 자는 특허청장이 지정하는 기탁기관에 그 미생물을 기탁하고 그 기탁사실을 증명하는 서면을 출원서에 첨부하여야 하며, 다만 그 미생물이 그 발명이 속하는 기술분야에서 통상의 지식을 가진 자(당업자)가 용이하게 얻을 수 있는 때에는 기탁을 하지 아니할 수 있다고 규정하고 있는바, 이 규정의 취지는 극미의 세계에 존재하는 미생물의 성질상 그 미생물의 현실적 존재가 확인되고 이를 재차 입수할 수 있다는 보장이 없는 한 그 발명을 재현하여 산업상 이용할 수 없기 때문이라 할 것이고, 다만 최종 생성물이나 중간 생성물은 비록 그 자체가 기탁되어 있지 아니하더라도 이를 생성하는 과정에 필요한 출발 미생물들이 당업자가 용이하게 얻을 수 있는 것이고, 또 명세서에 이를 이용하여 중간 생성물이나 최종 생성물을 제조하는 과정이 당업자가 용이하게 재현할 수 있도록 기재되어 있는 경우라면 그 최종 생성물이나 중간 생성물 자체의 기탁을 요구할 것은 아니다.

2) 식물 발명

식물 발명이라 함은 식물의 유전적 소질에 개선을 가한 변종식물의 창작을 말한다. 인위적으로 육종한 식물은 더 이상 자연물로 볼 수 없다는 견해가 1920년대부터 미국을 중심으로 대두되기 시작하였고 1930년 미국이 Plant Patent Act를 제정하여 무성적(無性的)으로 반복 생식[63]이 가능한 식물변종은 그 균일성과 안정성이 인정된다는 이유로 특허를 부여하기 시작한 이래 전 세계적으로 식물신품종을 널리 특허로 보호하게 되었다. 미국은 1970년 식물변

63) 암수의 결합이 없이 삽목, 접목, 아접, 포기 나누기 등의 원예 기술적 방법으로 번식, 육성하는 것을 말한다.

종보호법(Plant Varieties Protection Act)을 제정하여 유성번식식물도 보호하고 있으며 현재는 기술 선진국의 거대기업들이 이를 21세기의 가장 유망한 사업분야의 하나로 보고 시장확보를 추구하고 있고, 급속한 발달을 이루고 있는 유전공학에 힘입어 다양한 식물 신품종들이 나날이 개발되고 있는 실정이다. 구 특허법 제31조는 '무성적으로 반복생식할 수 있는 변종식물을 발명한 자는 그 발명에 대하여 특허를 받을 수 있다'고 규정하여 무성생식의 경우만을 특허법에 의하여 보호하고 유성생식에 의하여 육성된 신품종은 특허법이 아닌 종자산업법을 통하여 따로 보호하고 있었으나 2006년 특허법 이후 그 이전에 존재하였던 제31조를 삭제하여 일반적인 특허요건을 충족하는 경우 유·무성 번식식물 여부에 관계없이 식물발명을 특허로 보호하게 되었다. 이는 국제적인 추세에 따라 식물발명의 경우에도 유·무성에 관계없이 동물발명, 미생물발명 등과 마찬가지로 특허를 획득하게 함으로써 식물분야의 기술발명을 촉진하기 위한 것이다.

한편, 위와 같이 식물분야에 특허제도 이외에 품종보호 제도가 별도로 존재하는 것은 특허제도만으로는 식물의 특수성을 모두 반영하지 못하여 신규식물의 보호에 미흡한 면이 있기 때문이다. 즉, 유성번식 식물의 신품종은 유전자 결합에 따라 다양한 변형이 일어날 수 있어 발명의 요건인 반복가능성을 충족하지 못하는 수가 많고 돌연변이로 인한 신품종은 성질상 '발견'에 해당하는 경우가 많아 특허성에 문제가 있으며, 통상적인 번식수단인 교배만으로 육성된 신품종은 진보성을 인정받기 어렵다는 점 등이 그것이다. 식물의 개량은 진보성이 있는 기술사상이라는 측면 외에도 소비자의 다양한 기호에 부응하기 위한 창작적 노력이라는 면에서도 보호의 필요성이 있기 때문에, 성질상 기술발전을 촉진하는 특허법적인 측면과 다양한 표현의 저작물을 보호하는 저작권법적인 측면을 동시에 가지고 있다.[64]

식물 품종 보호에 관한 대표적 국제규범으로는 1961년 탄생한 '식물 신품종 보호에 관한 국제협약(UPOV 협약)'이 있다. 위 협약은 1991년 개정으로 식물이 가지고 있는 위와 같은 이중적 특성을 반영하여 "체약국은 식물 신품종에 대하여 특허법과 특별법에 의한 이중의 보호가 가능하다"고 선언하였으며,

---

64) 澁谷達紀, 知的財産權法講義(Ⅰ)(第2版) 特許法·實用新案法·種苗法, 有斐閣(2006), 413면.

TRIPs 27. 3(b)은 "회원국은 특허나 특별법 또는 두 제도의 조합을 통하여 식물품종을 보호해야 한다"고 하였다.

우리나라는 종자산업법을 제정하여 1997. 12. 31. 부터 시행해 오다가, 2013년 6월부터는 식물신품종보호법을 통해 식물 신품종에 대한 출원 · 심사 · 등록 및 육성자 보호 등을 규율하고 있다. 신규성 · 구별성, 균일성, 안정성을 갖추고 품종명칭을 구비한 품종의 육성자나 그 권리의 승계인에게는 출원 · 심사 · 등록을 거쳐 품종보호권을 부여하며, 품종보호권의 존속기간은 설정등록된 날부터 20년이다(법 제55조).[65] 품종보호 출원은 농림축산식품부장관 또는 해양수산부장관에게 하지만(법 제30조) 권리 획득을 위한 절차 및 권리에 관한 실체사항은 상당부분 특허법의 그것과 흡사하다.

3) 유전자[66] 관련 발명

실험실에서 정제된 DNA는 그 자체로 자연상태에는 존재하지 않는 '생물학적 활성물질' 또는 '화학물질' 이어서 '물질특허' 의 대상인 발명으로 취급하는 것이 보통이다. 유럽 역시 인체로부터 단리되거나 다른 기술적 과정을 거쳐 얻어진 DNA라면 비록 그 구조가 자연상태의 그것과 동일하더라도 특허 대상

65) 다만, 과수와 임목의 경우에는 25년이다.

66) 유전자는 유전을 일으키는 단위로서, 컴퓨터의 소프트웨어에 해당한다. DNA는 유전자를 구성하는 물질로서 하드웨어에 비유할 수 있다. 유전자는 DNA의 복제과정을 통해 다음 세대로 전해지는데, '이중나선' 의 형태를 띠고 있는 DNA에서 이중나선이 풀렸다가 각각의 사슬이 다시 이중나선으로 합성되는 과정을 거쳐 복제가 이루어진다. 정보(소프트웨어)인 유전자는 DNA가 RNA로 복사되는 '전사(transcription)' 와 RNA가 단백질로 바뀌는 '번역(translation)' 을 통해 '발현' 됨으로써 기능을 발휘하게 되며, 유전자의 내용은 DNA의 배열에 의해 표현된다. DNA에는 아데닌(A), 구아닌(G), 타이민(T), 사이토신(C)의 4가지 염기가 있으며 이것들이 DNA 사슬에 배열되어 있는 순서(염기서열)에 따라 특정한 단백질이 만들어지게 되는 것이다. 이러한 염기서열이 mRNA를 거쳐 특정한 단백질로 발현되도록 하는 암호를 '코돈' 이라고 하며 그러한 암호화 작업인 '코딩' 을 통해 만들어진 특정 단백질들이 생체 내에서 저마다의 역할을 수행하며 생명을 지속시킨다. 한편, 널리 사용되고 있는 용어인 "게놈(genome : 유전자(gene)와 염색체(chronosome)의 합성어)"은 DNA의 집합체로서, 생물유전의 기본단위이다. 예컨대 인간의 세포 1개에는 46개(23쌍)의 염색체가 있고, 거기에는 30억 개 가량의 염기쌍이 있으며(그 중 단백질 생산에 관여하는 '유전정보' 를 가진 염기쌍은 2% 정도라고 한다), 그 안에 약 30,000~40,000개의 유전자가 존재하는 것으로 밝혀졌다. 생물은 그 세포 내의 염색체들이 하나의 단위체로서 종합적인 유전정보를 가지는바, 이를 게놈(genome)이라고 부른다. 한 개체에 있는 세포 저마다는 동일한 수의 염색체와 유전정보를 가지고 있으므로 하나의 세포만으로도 전체 게놈정보를 알 수 있다.

으로 인정해 오고 있다.[67] 유전자 관련 발명은 유전자, DNA 단편,[68] SNP,[69] 안티센스, 벡터,[70] 재조합 벡터, 형질전환체,[71] 융합세포,[72] 단백질, 재조합 단백질, 모노클로날 항체[73] 등의 발명을 말한다. 사람의 유전자와 관련해서는, 유용성과 그 기능이 규명된 인터페론,[74] 인터루킨[75] 등을 코딩(Coding)하는 인체유전자 염기서열에 대하여는 종래부터 특허가 부여되어 오고 있다. 그 밖에도 인간게놈 계획(Human Genome Project)에 의해 밝혀진 약 30억 쌍의 인간 유전자 염기서열을 기본 정보로 각종 의약품과 유전자 치료기술 등이 개발되어 특허출원이 이루어지고 있는 실정이다.

---

67) European Biotech Directive 98/44/EC Art. 5.

68) DNA 사슬 중 특정한 유전적 역할을 하는 어떤 부분을 떼어낸 것. 한편, 유전물질에 대한 조작이나 실험을 용이하게 하기 위해 검출을 원하는 DNA 단편을 증폭하는 기술을 PCR (Polymerase Chain Reaction)이라고 한다.

69) 단일염기 다형성(Single Nucleotide Polymorphism)의 약칭으로서, DNA 염기에 나타나는 '일반적 돌연변이'를 말한다. 인간의 게놈에는 약 500~1,000개의 염기 당 1개꼴로 안정적 돌연변이가 나타나며, 이로 인해 개인의 유전적 다양성이 발생하는 것으로 알려져 있다. 예컨대, DNA 사슬의 특정부위에 어떤 사람은 아데닌(A)을, 다른 사람은 사이토신(C)을 가지고 있으며 그러한 차이로 인해 각 유전자의 기능이 달라지고 사람마다 서로 다른 유전적 특성을 띠게 된다는 것이다. 이러한 이치는 질병에 대한 감수성 차이로도 나타나기 때문에 어떤 질병과 관련된 사람마다의 유전적 차이를 규명한다면 그에 대응하는 약품이나 치료방법을 찾아낼 수도 있게 된다. 그렇기 때문에 세계 각국의 연구기관이나 거대 제약회사들이 개인의 유전적 특이성을 말해주는 SNP를 발견하여 그 의미를 해석하고 활용하는 연구에 매진하고 있는 실정이다.

70) DNA를 재조합할 때, 특정 DNA 단편을 숙주가 되는 균(菌) 등에 도입·증식할 수 있게 해주는 DNA를 말하며, 클로닝 운반체(Cloning Vehicle)라고도 한다.

71) DNA 단편을 다른 생체세포에 주입함으로써 그 세포가 가지는 유전형질을 변화시키는 것을 말한다. 이를 통해 자연적인 교배에 의해서만 이동이 가능했던 유전자를 인위적으로 옮기는 것이 가능하며, 형질전환체는 원래 가지고 있지 않던 새로운 종류의 유전자, 즉 새로운 형질을 부여받게 된다.

72) 2개의 다른 종류의 세포를 인공적으로 융합시켜 잡종세포(雜種細胞)를 만드는 방법. 이 잡종세포는 1개 세포 내에 2개의 핵을 갖게 되는데, 이를 2핵세포 또는 쌍핵세포라고 한다. 세포융합은 유전공학의 핵심기술 중 하나로서, 임상진단과 암치료에서 식물의 품종개량에 이르기까지 폭넓게 응용되고 있다.

73) 특정 세포나 항원에만 특이한 반응을 보이는 항체를 말한다. 이를 투여하면 특정 항원이 있는 장소에 항체가 모이기 때문에 그 진단에 응용될 수 있고, 이 항체에 치료물질을 결합하여 투여하면 항원부위에 집중적으로 치료물질을 도달시켜 선택적으로 항원부위를 공격하는 '미사일 요법'이 가능해진다.

74) 바이러스에 감염된 동물의 세포에서 생산되는 항 바이러스성 단백질.

75) 생체 내에 들어 온 세균이나 해로운 물질을 면역계가 맞서 싸우도록 자극하는 단백질.

그런데 이처럼, 인공적으로 분리된 DNA에 발명의 성립성을 인정해 온 전통적 입장과 달리, 2013. 6. 미국 연방대법원은 AMP v. Myriad 사건에서 "생물의 DNA는 자연에 존재하는 현상에 가까운 것이어서 그 자체로는 발명으로 인정받기 어렵다"고 하여 발명의 성립성을 부정하였다. 이후 미국 연방특허청(USPTO)은 2014년 이를 반영한 심사기준을 마련하였고, 유전자 관련 발명에 Myriad 기준을 적용하여 발명의 성립성을 부정한 판결들이 잇따라 나오고 있다.[76] 이와 같은 연방대법원의 엄격한 특허 기준으로 인해 유전적 치료 분야에서 다양한 임상적 실험이나 서비스에 대한 독점을 붕괴시킴으로써 더 많은 실험실에서 더 낮은 비용으로 연구개발을 할 수 있게 되었다는 긍정적 평가도 존재하지만, 진단기술을 포함한 유전자 관련 기술분야에 막대한 불확실성을 초래하고 인센티브 위축을 가져왔다는 평가가 유력하다.[77] 실제로 앞서 본 연방대법원의 태도는 실무상 적지 않은 반발에 직면했을 뿐더러[78] 결국 연방대법원의 교조적인 태도를 의회가 입법을 통해 바로잡아야 한다는 제안으로 이어지고 있는 실정이다.

---

76) 예컨대, Ariosa Diagnostics, Inc. v. Sequenom, Inc., 788 F.3d 1371 (Fed. Cir. 2015): 이 사건에서 원고는 임신 중인 여성의 혈액에서 채취된 특정 DNA를 통해 태아의 성별이나 특정 유전질환 여부 등을 알 수 있다는 점을 발견하고 이에 대하여 특허를 받았으나, 법원은 해당 DNA가 그런 속성을 가지고 있다는 것은 자연법칙의 일부에 해당할 뿐 자연법칙을 응용한 것이 아니어서 발명의 대상이 될 수 없으며 혈액에서 해당 DNA를 추출하는 기술 자체는 이미 널리 알려진 것에 불과하다고 하여 특허를 무효로 하였다. 나아가, CAFC는, 특정 뉴클레오티드를 증폭하여 결핵균을 감지하는 방법에 관하여 '박테리아 DNA는 자연에 존재하는 현상일 뿐이고, PCR 증폭은 일상적이고 관례적 수단에 불과하므로 PCR을 통해 박테리아를 검출하는 것은 발명의 성립성을 만족하지 못한다'고 하였고(Roche Molecular Systems, Inc. v. Cepheid, 905 F.3d 1363 (Fed. Cir. 2018)), 단지 자연적으로 발생하는 단백질 수치를 기반으로 심혈관 질환 위험을 진단하는 방법 역시 발명 성립성이 인정되지 않는다고 하였다(Cleveland Clinic Foundation v. True Health Diagnostics LLC, 760 Fed. Appx. 1013 (Fed. Cir. 2019)).

77) Jeffrey A. Lefstin 외 2, "Final Report of the Berkeley Center for Law & Technology Section 101 Workshop: Addressing Patent Eligibility Challenges", *Berkeley Technology L.J.* Vol. 33(2018), pp. 582~584, 592~599.

78) 대표적으로 위 Ariosa 판결에 관여한 CAFC 법관 중 상당수가 연방대법원 기준의 법리상 문제점을 지적하면서 반대의견을 제시하였고, 예컨대 Dyk 판사는, '자연법칙에 대한 새롭고 유용한 응용이 있어야 발명으로 성립하는 것은 맞지만, 특히 바이오 기술분야에서는 그 특성상 새롭고 유용한 발견 그 자체도 발명으로 인정해야 할 필요가 있다'고 언급하고 있다.

(5) BM 발명 및 전자상거래 관련 발명

1998년 미국의 CAFC는 State Street Bank 사건에서 컴퓨터를 이용한 영업방법(Business method)에 관하여 특허성을 인정하는 획기적 판결을 하였다. 이처럼 심지어 '영업방법'에까지 특허를 부여하는 개방적인 사고방식에 대하여 유럽 등 일부에서 부정적 반응도 있어 왔으나 위 판결 이후 전 세계적으로 BM 발명이 선풍을 일으켜 수많은 출원과 등록이 이루어진 것이 사실이다. 그러나 그 뒤 BM 특허의 남발로 인한 부작용이 매우 심각해짐에 따라 BM 발명의 특허성 여부를 원점에서 재검토해야 한다는 견해가 강하게 대두되었고, 급기야 BM 특허의 개념을 최초로 만들어 낸 CAFC 스스로 2008년 In re Bilski 판결[79]을 통해 종전의 입장을 뒤집고 BM 발명의 성립성을 사실상 부인하는 등 BM 발명을 둘러싼 논의는 큰 요동을 겪고 있다.

1) BM 발명의 인정

(가) State Street Bank 사건[80]

이 특허발명은 뮤추얼 펀드의 투자구조를 정하기 위한 방법으로서, 복수의 뮤추얼 펀드들이 자신들의 자산을 파트너십으로 조직된 하나의 포트폴리오(허브)에 공동출자하여 이 허브의 운용과 관련된 재무통계를 매일 단위로 계산, 처리하는 데이터 처리시스템에 관한 것이었는데, 이 발명에 의하면 자금을 관리함에 있어 규모의 경제를 통하여 관리비용을 절감하고 파트너십에 따른 세법상의 우대를 누릴 수 있는 장점이 있었다. CAFC는 이 발명의 청구항에 기재된 수학적 알고리듬이 '유용하고 구체적이며 유형적인 결과(Useful, Concrete and Tangible Result)'를 낳는다면 특허성을 인정하여야 한다고 하는 한편, 그것이 가격, 이윤, 백분율, 비용 또는 손실과 같은 숫자형식으로 표현되어 있다고 하더라도 마찬가지라고 판시하였다.

(나) 판결의 의의와 영향

종래의 발명에 관한 일반적 정의에 따르면 '영업방법'은 자연법칙을 이용한 것이 아니라 사람이 머릿속에서 창출해 낸 경제적, 상업적 전략이나 아이디어에 불과하고 따라서 특허의 대상이 될 수 없음이 분명하였다. 위 State Street Bank 사건의 특허 역시 본질적으로는 뮤추얼 펀드에서의 자금관리를 효율적

---

79) In re Bilski, 545 F.3d 943(Fed. Cir. 2008).

80) State Street Bank & Trust Co. v. Signature Financial Group, 149 F.3d 1368(Fed. Cir. 1998).

으로 하기 위한 영업적 방법에 다름 아니며 단지 그 방법을 컴퓨터소프트웨어를 통하여 구현하고 있을 뿐인데도 법원은 그것이 '유용하고 구체적이며 유형적인 결과'를 낳는다는 이유로 특허성을 인정하였다. 위 판결 이후 미국에서는 '특정한 영업 방법을 컴퓨터 소프트웨어를 통하여 구현하는 모델'에 관하여 이른바 BM(Business Method)이라는 이름으로 수많은 특허가 출원·등록되었고,[81] 일본과 우리나라에서도 그러한 추세는 예외가 아니었다. 이후 미국, 일본, 우리나라는 모두 BM 특허에 대한 정의와 심사기준을 마련하여 시행하고 있다.[82] 당초 BM에 대한 특허성 인정에 소극적이던 유럽 특허청(EPO)도 심사기준을 통하여 BM을 '컴퓨터로 수행되는 발명(computer implemented invention)'의 하나로 취급하면서 일정한 컴퓨터프로그램을 통하여 구현되는 영업방법 역시 컴퓨터 프로그램에서와 같이 '기술적 특성(technical character)'을 가지면 발명으로 인정하는 입장을 보이고 있다.[83] 다만 유럽에서는, BM 발명은 기술적 특징이 인정되어 발명성을 인정받더라도 대부분 진보성 요건을 통과하지 못하리라는 유력한 분석이 있다.[84]

(다) 문제의 대두

2000년대 이후 BM은 특허의 한 형태로 확고하게 자리 잡았다. 나아가,

---

81) 대표적인 것으로 인터넷 서점으로 유명한 Amazon사가 '한번의 마우스클릭 만으로 웹상에서 선택한 물품을 구매할 수 있도록 도와주는 기술'인 이른바 'One Click System'에 관하여 미국에서 특허를 취득한 예, Priceline이라는 회사가 인터넷상에서의 역경매(reverse auction)의 방법으로 호텔이나 렌터카 등을 구하는 전자상거래 방법에 관하여 특허를 취득한 예 등을 들 수 있다.

82) 우리나라의 경우, 특허청은 BM 발명의 출원이 급증함에 따라 2000. 컴퓨터프로그램 관련 발명의 심사기준과 별도로 "전자상거래 관련발명의 심사지침"을 제정하였다. 여기서 전자상거래 관련 발명이란, 영업을 행하는 방법과 관련이 있고, 그 영업방법이 컴퓨터상에서 수행되도록 컴퓨터 기술에 의해 구현되며, 인터넷상의 전자상거래, 금융, 경영관리, 교육, 오락 등 다양한 분야에서 사용되는 발명에 관한 출원을 의미한다. 한편 위 지침에서 특별히 정하는 것 이외의 일반적인 사항은 "컴퓨터 관련발명의 심사기준"에 따르도록 하였다.

83) EPO Guideline(2017), G. Chapter. Ⅱ 3.5. 내지 3.6. 예컨대, 2006년 현재 이미 유럽에서도 상당수의 BM 특허가 출원·등록되어 있다고 하면서 그에 대한 실증적 분석을 싣고 있는 문헌으로, Stefan Wagner, *Business Method Patents in Europe and their Strategic Use–Evidence from Franking Device Manufacturers*, European School of Management and Technology, SFB Discussion Paper No. 386(2006): http://epub.ub.uni-muenchen.de/1265/1/Wagner_bmp.pdf).

84) Richard Hacon/Jochen Pagenberg 편, *Concise European Patent law*, 30면.

영업방법 중 반드시 컴퓨터프로그램과 결합된 것에 한해서만 특허성을 인정할 필연적 근거는 무엇이며 결국 단순한 영업방법일지라도 그것이 산업상 유용하고 구체적인 결과를 낳는다면 발명으로서 보호함으로써 그러한 아이디어의 창출을 장려해야 하는 것이 아닌가 하는 견해마저 대두하기에 이르렀다.[85] 그러나 한편, BM 특허가 폭발적으로 출원되는 과정에서 발명으로서의 보호 가치가 없는 수준의 것들 또한 범람하게 되어 오히려 기술발전을 저해할 뿐 아니라 그와 같이 부실한 BM 발명을 심사를 통해 걸러내는 데 지나치게 많은 인적·물적 비용이 지출되는 부작용이 나타나게 되었다. 따라서 BM 발명의 심사에 적합한 기준을 확립하는 한편 선행기술을 신속하고 효율적으로 찾아내는 것이 커다란 과제로 대두되었으며, 위와 같은 문제점들은 결국 자연법칙의 이용과는 아무런 관계도 없는 영업의 아이디어까지 과연 발명으로 보호해야 하는지에 대한 근본적인 회의를 계속 불러일으켰다.

2) BM 발명을 둘러싼 미국의 변화

이후 BM 발명에 관한 미국의 법률 실무는 아래와 같은 변화와 혼돈의 양상을 나타내었다.

㈎ 공동침해의 경우 BM 발명의 보호범위 축소

CAFC는 2006년 On Demand 사건[86]에서 "BM 발명의 방법 중 일부 단계가 다른 사람에 의해 행해진다는 이유로 침해책임을 면할 수는 없으며 특허발명 구성의 일부를 실시한 자도 모두 공동침해자로 볼 수 있다"고 하여 이른바 '객관적 공동관계'만 있으면 공동으로 BM 특허의 침해책임이 인정된다고 하는 등 BM 특허권자를 두텁게 보호하는 태도를 보였다. 그러나 2007년 BMC 사건[87]에서 "인터넷에서 여러 단계를 순차적으로 수행하여 일정한 결과를 얻는 BM 발명에서는 단일주체가 특허발명의 모든 구성요소를 실시해야만 특허침해가 성립한다. 침해자와 제 3 자가 단계수행을 일부씩 분담하는 경우, 침해자가 실질적으로 제 3 자를 지시 또는 감독(direct or control)하는 예외적인 때에

85) 실제로 위 State Street 사건의 판결은, "영업방법이라 해서 특허의 대상에서 제외될 필연적 이유는 없다"고 함으로써 심지어 컴퓨터 프로그램과 관계없는 순수한 영업방법에 대하여도 특허가 부여될 여지가 있음까지 암시하고 있다.

86) On Demand Machine Co. v. Ingram Industries. Inc. et al. 442 F.3d 1331 (Fed. Cir. 2006).

87) BMC Resources Inc. v. Paymentech L.P. 498 F.3d 1373(Fed. Cir. 2007).

만 이를 직접침해와 같이 취급할 수 있다. 그 결과, 침해자가 일부 단계를 지시 또는 감독하는 대신 독립한 당사자 간 계약(arms-length cooperation)을 통해 제3자에게 분담시킴으로써 침해책임을 회피할 가능성이 생기지만, 권리자는 특허청구범위를 적절히 구성함으로써 이를 사전에 예방해야 한다"고 함으로써 복수 주체가 관여된 BM 발명에 대한 침해인정 범위를 한층 축소하였다. 나아가 2015년 5월 Akamai 사건의 판결[88]에서는, "방법발명의 각 단계가 복수자에 의하여 분담되는 경우, 구성요소 완비의 원칙에 따라 특허침해가 성립하지 않는 것이 원칙이다. 다만 그 행위분담자가 주된 행위자의 대리인처럼 기능하거나, 그러한 행위분담이 계약상 의무에 기하여 이루어지거나, 양자가 공동의 사업주체로서 행동하는 때에 한하여 예외적으로 직접침해가 성립할 수 있다"고 하였다.

(나) BM의 발명 성립성 부정 : Bilski 판결과 Alice 판결

CAFC는 드디어 2008년 Bilski 사건의 판결에서,[89] "미국 특허법 제101조에 의하면, 특허의 대상이 될 수 있는 방법은 오로지 ⅰ) 특정한 기계장치와 연계되어 있는 것이거나(tied to particular machine) ⅱ) 특정 대상에 유형적 변형을 초래하는 것(transform a particular article)에 한한다. CAFC가 State Street Bank 사건에서 BM 발명에 관해 인정하였던 '유용하고 구체적이며 유형적인 결과를 낳는 것으로 족하다'는 성립요건은 이를 폐기한다. 예컨대 컴퓨터프로그램을 이용하는 방법발명이라면 1982년의 In re Abele 사건[90]에의 예에서 보듯이 '대상에 관한 추상적 데이터를 이용하여 그 대상의 물리적 형상이나 특징을 2차원 화면에 그려내는 것'처럼 유형적 결과와 밀접한 관련을 가져야만 한다. 이 사건 발명은 '상품 거래 시 위험에 대비하는 방법'으로서, 실시과정에서 변형이나 조작의 대상이 되는 것이 물리적인 실체가 아니라 법적인 의무나 관계, 사업의 위험 등에 지나지 않아 유형성(有形性)이 없다. 결국 방법의 실시를 통해 위 ⅱ)를 충족할 정도의 구체적 변형이 일어난다고 보기 어려우

88) Akamai Tech., Inc. v. Limelight Networks, Inc., No. 2009-1372, slip op. (Fed. Cir., May 13, 2015): 연방대법원의 Limelight Networks, Inc. v. Akamai Tech., Inc., 134 S.Ct. 2111(2014) 사건에 대한 파기환송심이다.

89) In re Bernard L. Bilski and Rand A. Warsaw. 545 F.3d 943(Fed. Cir. 2008).

90) In re Abele, 684 F.2d 902(Fed. Cir. 1982).

므로 이 사건 방법은 특허의 대상이 아니다"라고 판시하였다. 이로써 CAFC는 종래의 BM 특허요건인 '유용하고 구체적이며 유형적인 결과' 요건을 폐기하였다. 2010년 이 사건의 상고심 판결[91]에서 연방대법원은, 원고 Bilski의 '영업위험을 피하는 방법'은 마치 수학적 알고리듬처럼 '추상적 아이디어'에 불과하여 종래의 기준에 의하더라도 특허 대상이 되지 않기 때문에 원심인 CAFC의 판단은 결론에 있어 타당하다고 하였다. 그러는 한편, 원심의 논거처럼 '기계장치와의 연동이나 물리적 변형(Machine or Transformation)'만이 방법발명의 성립성 판단의 유일한 기준이라고는 할 수 없되, 이는 '유용하고도 중요한 판단의 단서'임에 틀림없다고 판시하였다.

나아가 연방대법원은 2014년 Alice Corp. v. CLS Bank Int'l 사건[92]에서 '당사자 간 금융거래에서 필요한 정산 협의가 가능하도록 잔고 비교를 해주는 프로그램'의 발명 성립성을 판단하면서, "범용컴퓨터에서 구동되는데 불과한 프로그램은 그 자체로는 추상적 아이디어에 가까우며 대상에 어떤 물리적 변형을 가져오는 바 없어 발명으로 볼 수 없다"고 판시 하였다. Bilski 판결을 재언급하기도 한 Alice 판결을 통해 BM 발명의 발명 성립성은 대부분 부정되었고, 컴퓨터프로그램 발명 가운데 상당수 역시 비슷한 처지에 놓인 것으로 받아들여지고 있다.

(다) 특허법 상 BM에 대한 특별한 취급

2011년 특허법 개정(America Invents Act: AIA)을 통해 지금처럼 모든 유형의 발명에 선사용권이 인정되기 이전에도 미국 특허법은 BM 발명에 대해서는 침해자에게 신사용권 항변을 인정해 오고 있었으며,[93] 현재에도 BM 특허에 대하여는 일반적 이의신청제도(Post-Grant Review)와 구분되는 별도의 이의신청 제도를 운영하는 등[94] 특별한 취급을 하고 있다. 이는 결국 BM 발명이 그 출원·등록·권리행사 과정에서 많은 문제의 소지를 안고 있다는 사법적 경험에서 비롯된 것이라 평가할 수 있다.

---

91) Bilski v. Kappos, 130 S. Ct. 3218(2010).

92) 134 S.Ct. 2347(2014).

93) 개정 전 미국 특허법 §273.

94) AIA sec. 18(a)(2)(3).

3) 상황의 변화와 BM의 재평가

2010년대에 들어 미국을 중심으로 BM의 발명 성립성이 대부분 부정되는 등 변화의 바람이 불고 있는 와중에, 현실에서는 'Fin-Tech'로 일컬어지는 '네트워크상의 전자적 금융거래' 관련 기술이 세계적으로 각광을 받게 되었다. 그런데 상당수의 'Fin-Tech'가 바로 BM 발명이거나 그와 밀접한 관련을 가지는 것이기 때문에 BM 발명의 위상과 역할은 또다시 재조명이 불가피하게 되었다. 이는 판례의 변경을 통해 BM의 발명 성립성을 사실상 부인하기 시작한 미국이나, BM 특허에 대해 전통적으로 소극적·수동적 입장을 취해 온 유럽은 물론, 우리나라와 일본 등 다른 국가에서도 마찬가지 현안이 되었다.

(6) 블록체인 핀테크 관련 발명[95)]

1) 의 의

핀테크(Fin-Tech)란 널리 금융기법에 관련된 IT 기술을 의미하며, 블록체인은 암호화된 분산원장을 네트워크에서 P2P 기반으로 생성·유지·확장해 가면서 컴퓨팅 자원을 모아 거대한 연산능력을 확보하고, 이를 기반으로 중앙 서버 없이 정보처리를 수행·검증하는 소프트웨어 플랫폼이다. 블록체인 기술은 물류, 의료, 투표, 에너지 관리, 기타 공공서비스 등으로 다양하게 활용영역이 확대되어 가고 있지만, 블록체인 기술이 적용되고 출원·등록되는 압도적인 분야는 금융기법(핀테크)이나 암호화폐 분야이다.

2) 오픈소스로서의 블록체인 기술과 특허요건의 특수한 취급 필요

블록체인의 핵심기술과 암호화폐의 개념은 2008년 사토시 나카모토라는 익명의 인물에 의해 공개된 것이다. 스마트 계약 등 다양한 분야에서 활용되는 2세대 블록체인인 '이더리움(Ethereum)' 역시 오픈소스로 제공되어 있다. 블록체인 기술이 지금처럼 급속히 확산·개발되고 있는 가장 중요한 이유는 그 원천기술이 오픈소스인 것과 무관치 않다. 이런 특수성은 블록체인 관련 발명의 명세서 기재요건이나 신규성·진보성 등 특허요건을 판단함에도 반영될 필요가 있다. 원천기술이 공개되어 있는 이상 진보성 판단기준은 보다 엄격해야 하고 권리범위는 기술적 공헌에 부합하도록 좁게 부여됨이 상당하다.

---

95) 이에 대한 상세는, 조영선, "블록체인 핀테크 발명의 특허법적 문제 - 특허요건을 중심으로 -", 산업재산권 제61권(2019), 1면 이하 참조.

블록체인 기술의 최초 개발자들이 오픈 이노베이션을 표방하면서 이를 무상으로 공개하였듯, 블록체인 및 그 개량기술을 공유기반에 둠으로써 얻어지는 장점 또한 충분히 고려되어야 한다. 특히 IT 기술이라는 핀테크 블록체인의 속성상, 특허가 쉽게 부여되는 경우 특허덤불을 형성하여 관련 기술의 발전과 공유를 해치게 될 가능성이 높다는 점도 생각할 필요가 있다.

블록체인 핀테크는 종래의 일반적 네트워크에서 구현되던 영업방법(금융기법)이 블록체인 네트워크 기술로 구현되는 영업방법(금융기법)으로 바뀐 것이다. 블록체인 핀테크에서는 안전성, 효율성 등 기술적 효과 대부분이 블록체인에 기인함을 부정할 수 없는데 그것이 공지기술인 이상, 전체 발명의 진보성을 좌우하는 것은 결국 영업방법 아이디어의 탁월성과 그 아이디어가 블록체인으로 구현되는 데서 비롯된 시너지라고 할 수 있다. 따라서 종전의 것에 비해 그다지 탁월하지 않은 영업아이디어를 단지 블록체인 기술에 접목한 발명은 진보성을 인정받기 어려울 것이다.[96]

명세서 기재요건 및 권리범위와 관련해서도, 오픈소스인 원천기술을 자유롭게 이용하여 다양한 개량이 이어지는 블록체인 분야의 특성상 매우 뛰어난 기술적 진전을 이룬 예외를 제외하면 후속발명에 넓은 권리범위를 인정하는 것은 적절치 않다. 블록체인 핀테크 특허의 압도적 다수는 영업방법이나 금융기법을 블록체인에 탑재한 응용특허들 인데다가, IT 특허의 속성상 기업들이 방어 목적으로 출원 · 등록하는 것들도 많다. 무엇보다, 4차산업 혁명의 핵심을 이루는 블록체인 기술에 넓은 권리범위를 쉽게 인정하면 자칫 후속 혁신을 저해하는 부작용이 클 수 있고, 해당 특허가 특허괴물 등에 의해 악용될 위험도 높다. 그러므로 블록체인 핀테크 발명이 독점권을 획득하려면 기존 기술을 어떻게 개량 또는 응용하였는지 구체적으로 밝혀 상응하는 권리 범위를 분명히 해 두어야 하며 나머지는 후속 발명자의 영역으로 남겨두는 것이 합당하다. 발명이 블록체인 시스템 자체를 대상으로 하는 '핵심 특허'라면 개량된

96) 물론, 이는 해당 핀테크에 범용의 블록체인 기술이 적용되는 경우를 전제로 한다. 만약 블록체인 소프트웨어 자체를 특징적으로 개량하고 그 정도가 뛰어나다면 그것이 전체 핀테크 발명의 진보성을 높이는 요소가 됨은 당연하다. 또, 예컨대 사물인터넷(IoT) 블록체인처럼 블록체인이 구체적 하드웨어와 결합하는 경우에는 핀테크와 동일한 진보성 판단 기준을 적용할 이유가 없다.

소프트웨어의 구체적 알고리듬은 물론, 필요하다면 원시코드까지 개시해야 하고, 블록체인 기술을 금융기법 등에 응용한 '응용 특허'라면 기능적 표현을 가능한 억제하고 개별 구성요소의 내용, 상호관계, 역할 분담 등을 특정하여 종래의 분산원장과 어떻게 차별되는지를 명확히 해야 할 것이다.

3) 부작용에 대한 예방조치의 확보: 산업상 이용가능성 문제

블록체인 기술은 정보처리의 신뢰성과 안전성이라는 장점을 가지지만, 암호 키에 대한 해킹, 사적 블록체인에서 콘트롤 타워의 영향력을 통한 악의적인 정보조작, 합의 하이재킹, 악성코드나 DDoS에 의한 주변 애플리케이션 공격 등 위험성도 꾸준히 제기되어 오고 있다. 핀테크 블록체인의 성격상 해킹 등을 통해 자금이 유출되거나 거짓 인증이 이루어지는 경우 그 충격과 여파는 상상하기 힘들며, 개인정보보호 문제처럼 기술이 개인의 권리와 충돌하는 경우도 생각할 수 있다. 그렇다면 블록체인 발명의 출원 시 통상의 기술 수준에서 가능한 보호수단이 확인된다면 이를 청구항의 구성요소로 포함시키도록 하고, 이것이 적절히 이행되어 있지 않으면 거절사유로 삼는 방법 등도 고려되어야 한다.[97] 요컨대, 블록체인 기술의 활용과정에서 개인의 권리침해가 수반된

97) 보기에 따라서는, 이런 대응조치는 어디까지나 기술의 영역이고 출원발명에 안전조치가 미흡하다는 이유로 특허성 자체를 문제 삼는 것이 부당해 보일 수도 있다. 그러나 이는 그렇지 않다. 가령, A라는 효과를 낳는 블록체인 기술 X에 특허가 출원되었고 통상의 기술수준에 의하면 X의 실시과정에서 개인정보누출을 방지할 수 있는 조치 Y가 가능하다고 하자. 만약 Y를 단지 사후 X의 운용과정에서 도입하면 되는 기술적 문제로 취급하여 그대로 X에 대해 특허를 부여한다면 X의 출원인은 공중에게 개인정보 침해의 위험을 야기한 대가로 특허권을 획득하는 것이 된다. 그런데 사후에 Y를 X에 적용하는 과정에 X가 실시된다면 이는 X에 대한 이용침해 문제를 낳는다. 또, 선행특허 X가 존재하는 상태에서 그 보안상 위험성을 제거할 수 있는 더 좋은 기술(Z)이 개발되는 과정에도 침해의 우려 때문에 개발 인센티브에 부정적 영향을 미칠 수 있다. 만약 X의 특허권자가 스스로 발명을 실시하고 어차피 기술의 경쟁력을 위해 자발적으로 Y를 도입하거나 Z의 개발을 시도할 입장이라면 굳이 이런 조치는 필요 없을지 모른다. 그러나 만약 X의 특허권자가 스스로 이를 실시하는 주체가 아니고 단지 특허권 X의 판매나 실시허락에만 관심을 두는 처지라거나, 심지어 특허괴물처럼 특허권 X를 주로 타인에 대한 통제 및 침해주장 수단으로 활용하는 처지라면 우려는 곧 현실이 될 것이다. 그러므로 아예 특허요건을 판단하는 단계에서 X의 안전성을 확보하는 기술인 Y를 부가하지 않으면 등록을 거절할 필요가 있으며, 그 사유는 '산업상 이용가능성'의 부재 또는 부족으로 함이 가장 합당해 보인다. 심사 단계에서 이런 거절이유를 제시함으로서 출원인이 우선권주장 출원이나 분할출원 등 신규사항추가 금지의 적용을 받지 않는 한도에서 기술을 보완하도록 적극적으로 유도할 수 있으며, 현실적으로 X에 보안기술 Y가 추가되면 그 청구항은 "X에 Y가 부가된 것"이라는 한정적 형태가 될 것이다.

다면, 이는 안전이 담보되지 않아 산업상 이용가능성이 없거나 떨어지는 기술이므로 국가는 관련법으로 직접 이를 규율하는 것과 별개로 발명의 심사와 특허등록, 그 이용단계에서 부작용을 최소화할 수 있게 제도를 운용하는 등 다각도의 노력을 기울일 필요가 있는 것이다. 다만, 이는 해당 기술에 특허를 부여함으로써 얻어지는 기술개발의 유인, 산업의 발전, 사회적 효용 등 긍정적인 면과 침해되는 권리의 내용과 성질, 침해의 정도 등 부정적인 면을 비교형량하는 외에, 통상의 기술수준에 비추어 상응하는 침해예방 조치가 현실적으로 가능한지, 가능하다면 어느 수준까지인지 등 모든 요소를 고려하여 개별적으로 처리되어야 한다.

(7) 인공지능 관련 발명[98]

1) 인공지능의 실태와 분류

인지, 학습, 추론 등 인간의 사고능력을 모방하는 인공지능 관련 기술은 자율주행 자동차, 지능형 로봇, 스마트 팩토리 등 제조업 분야나 의료, 교육, 금융 등 서비스업 분야, 재생 에너지 등 다양한 분야에서 사용되고 있다. 인공지능에 대한 분류로 가장 널리 쓰이는 것은 이른바 '약한 인공지능'과 '강한 인공지능'인데,[99] 전자는 인간으로부터 입력받은 알고리듬과 데이터, 규칙을 반복 학습함으로써 필요한 추론을 도출해 내는 메커니즘을 가지며, 특정 기술분야에서 비교적 제한된 범위의 역할을 하는 소프트웨어들로서 현재의 인공지능은 대개 이 범주 내에 있다. 후자는 분야에 관계 없이 빅 데이터를 기반으로 스스로 사고하고 결론을 낼 수 있는 단계에 이른 인공지능을 말한다. 강한 인공지능의 등장 시기에 대해서는 당연히 견해가 엇갈리지만, 미래에 반드시 등장하리라는 점에는 이견이 없는 듯하다.

2) 인공지능 발명과 특허

인공지능이 관련된 발명은, ① 인공지능 소프트웨어 자체의 발명, ② 인간의 발명에 인공지능이 활용되는 것, ③ 인공지능 스스로 이룩한 발명으로

이처럼 권리범위를 좁힌 선행특허는 제 3 자로 하여금 Y 이외에 제 3 의 우수한 보안수단을 추가로 개발하려는 의지를 꺾지 않아 후속기술의 개발이 장려되는 효과도 있다.

98) 이 주제에 대한 상세한 논의는, 조영선, "인공지능과 특허의 법률문제", 고려법학 제90호 (2018), 197면 이하 참조.

99) 미국 버클리 대학의 John Searle 교수에 의해 1980년 처음 제안된 분류 형태라고 한다.

구별될 수 있다. ③은 아직 흔한 일은 아니지만 기술적으로는 이 단계로 접근해 가는 중이며, 초보적인 형태이긴 하나 자율적으로 발명을 수행하는 인공지능이 이미 나오고 있는 실정이다.[100] 인공지능이 관련된 발명을 특허법적으로 규율하기 위해서는 다음과 같은 접근법이 필요하다.

㈎ **발명 성립성 문제**

인공지능이 관련된 발명 가운데, 지능형 사물 인터넷처럼 특정한 기술적 효과를 목표로 창작·운용되고, 소프트웨어가 특정한 목적을 가진 하드웨어와 결합되어 구동하는 것들(대체로 유형 ②: 예컨대, 인공지능이 탑재된 자율주행 자동차·드론, 사용환경을 스스로 판단하여 가장 적합한 서비스를 제공하는 생활가전, 대화형 비서, 공통 사물 인터넷 플랫폼을 기반으로 하는 스마트 홈이나 스마트 시티 등)은 인공지능이라는 소프트웨어가 사물이라는 하드웨어와 결합하여 스스로 사용환경의 데이터를 분석, 인지, 학습하여 사용자의 편의성을 개선하는 형태로 자율 동작하거나 상황에 적절한 서비스를 제공하는 컴퓨터 프로그램이기 때문에 '하드웨어 자원이 소프트웨어와 연동되어 있을 것'이라는 기존의 발명 성립성 기준을 잘 만족한다.

반면, 인공지능 발명 가운데는 하드웨어와의 연동성이 낮은 것들도 많으며 인공지능의 고도화와 함께 그 비중은 더 높아질 것이 예상된다. 인공지능 소프트웨어 자체의 발명(유형 ①)이 대표적인 예이고, 인공지능을 핀테크 관련 기술에 활용하거나 의료분야에서 빅 데이터의 비교분석을 통해 환자의 질병을 진단하는 데 활용하는 경우 등이 그러하다. 이런 유형의 인공지능 소프트웨어들은 '자연법칙 이용'이라는 발명 성립성 기준을 엄격히 적용하면 발명으로 인정받기 어렵게 된다. 그러나 이런 상황은 인공지능 기술의 발전을 위해 바람직하지 않으므로, 한층 유연한 기준을 적용하여 이 분야의 연구개발을 촉진

100) 실제로 이미 음악, 미술, 건축, 디자인 등 저작권 분야에서는 인공지능이 수행하는 창작이 흔하거니와, 오히려 인간의 능력을 압도하는 창작의 퀄리티를 선보이기도 하는 실정이다. 최근에는 인공지능 스스로 간단한 형태의 발명도 수행하기 시작하였다. Stephan Thaler라는 과학자는 'DABUS'로 명명한 인공지능으로 하여금 '내용물의 파손을 막는 프랙탈 구조의 음료 용기'와 '수신자의 주의를 효과적으로 유도하는 인명구조용 램프'를 발명토록 하였고, 2019년 이후 USPTO, EPO, 우리나라 등에 DABUS의 이름으로 각 특허출원 한 사실이 있다(위 각 특허청은 인간이 아닌 인공지능은 발명자로서의 적격이 없다는 이유로 등록을 거절).

하고 기술의 공개를 유도할 필요가 있다. 컴퓨터 프로그램 발명 부분에서 본 대로 많은 나라들이 산업상 용도가 있는 소프트웨어에 관해 여러 논리로 발명의 성립성을 인정하고 있음도 상기할 필요가 있다.

㈏ 명세서 기재요건 문제

인공지능 소프트웨어 발명(유형 ①)에는 학습용 데이터, 기계학습 알고리듬의 구성, 학습방법, 오류의 수정 방법 등 구체적 기술개시를 필요로 하는 다양한 요소들이 포함된다. 그러므로 명세서 기재요건을 비교적 너그럽게 인정하는 일반 소프트웨어 분야의 기준을 인공지능 발명에 그대로 유지하는 것은 부적절하다. 인공지능을 이용한 발명(유형 ②)의 경우, 명세서에 인공지능이 단지 '추상적 · 기능적 수단'으로 표현되는 데 그치지 않아야 하며, 인공지능에 입력되는 데이터와 출력된 결과 사이에 출원 당시 기술수준에 비추어 납득될 수 있는 상관관계가 인정되어야 하고, 해당 프로그램의 성능 또한 이를 뒷받침할 수 있을 정도여야 비로소 명세서 기재요건을 만족한다 할 것이다. 그러므로 예컨대, 막연하게 ⅰ) '인공지능에게 사람의 얼굴 형상을 표현하는 임의의 특정 수치들에 관한 다량의 데이터를 제공하여 반복 학습을 시킴으로써 개인의 얼굴 특징 수치들만으로 그의 체중과 신장을 추정해 내는 시스템'이라든지, ⅱ) X라는 특성의 물질을 만들기 위해 A 성질을 가지는 재료와 B 성질을 가지는 재료의 혼합비율 및 조건들을 다양하게 설정한 데이터를 학습시키고 시뮬레이션만으로 X의 제조방법을 추론해 내었을 뿐 실제로 물질 X의 특성을 측정 · 확인한 데이터가 없는 발명이라면, 그런 출원들은 데이터와 결과 사이에 합리적 상관관계를 납득시키지 못해 명세서 기재불비라고 해야 한다. 현재의 수준을 뛰어넘는 레벨의 인공지능을 전제로 하는 발명 역시 기재불비로 보아야 함은 물론이다. 구체적 기술내용에 대한 개시 없이 막연한 추론이나 아직 존재하지 않는 기술요소를 근거로 상위 영역의 권리를 선점하는 것이 되어 부당하기 때문이다. 결국 통상의 기술자가 ⅰ) 명세서에 실제 제시된 실험데이터나 통계적 정보를 통해 해당 상관관계를 이해할 수 있거나, ⅱ) 적어도 해당 기술분야의 일반적 지식을 통해 이를 추론할 수 있어야 명세서 기재요건이 충족된다 할 것이다.

㈐ **인공지능을 이용한 발명**(유형 ②)**의 진보성 판단 문제**

기술분야에 따라서는 발명의 과정에 인공지능의 도움을 받는 일이 빈번하게 일어나고 있으며,[101] 이런 추세는 향후 인공지능 기술의 발달에 따라 더욱 확산되고 보편화 할 것이 분명하다. 이처럼 발명의 과정에서 인공지능이 어려운 역할을 대신하는 일이 많아지고, 해당 기술분야의 통상의 기술자 역시 그런 방식을 보편적으로 채택하는 것으로 받아들여진다면 발명의 진보성 문턱은 높아지게 될 것이고 출원발명이 특허를 받기는 어려워지게 될 것이다. 문제는 해당 기술분야에서 인공지능의 개입이 얼마나 보편적으로 이루어지고 있는지와, 실제로 출원발명이 오로지 발명자 스스로의 노력으로 이루어진 것인지 인공지능의 도움을 받은 것인지를 객관적으로 확인하는데 있다. 후자의 경우, 상당수의 출원인은 인공지능의 도움으로 발명에 이르더라도 그런 사정을 자진해서 공개할 유인이 적고, 자신이 행한 발명이라고 주장함으로써 진보성 기준을 낮게 적용받으려는 시도를 할 기능성이 높기 때문이다. 이는 향후 다양한 제도적 장치의 개발을 통해 해결을 모색해 나가야 할 어려운 주제이다.

㈑ **인공지능이 주도적으로 이룩한 발명**(유형 ③)**을 둘러싼 문제**

가까운 미래에 인공지능에 의해 이룩된 발명들이 현실이 된다면 기존 특허법 패러다임과는 다른 접근법이 필요할 수 있다.

① 인공지능에 의한 발명의 권리 귀속 인공지능 기술이 고도화되어 감에 따라 발명의 과정에서 인공지능이 차지하는 비중이 점차 높아지거나 심지어 인공지능이 주도적으로 발명을 완성하는 경우, 그 결과물에 대한 권리 귀속 주체는 누가 되어야 할 것인가 문제된다.[102] 이를 둘러싸고는, 인공지능에게 발명을 지시한 인간이어야 한다거나, 인공지능 프로그램을 개발하거나 운영하는 주체여야 한다거나, 심지어 일정한 요건과 제한 아래 인공지능 스스로

---

101) 대표적으로, 제약분야에서 수많은 후보물질 가운데 특정한 화학적 성질을 가질 수 있는 것들을 인공지능을 동원한 가상의 시뮬레이션만으로 추려낸다든지, 다양한 소재연구 분야에서 인공지능을 통한 제일 원리 계산(first principles of calculation: 소재의 전자구조가 가지는 기본 물리량으로부터 직접 물리적 속성을 계산해 추론)을 하는 것 등이 그 예이다.

102) 이는 비단 발명뿐 아니라 인공지능에 의한 창작이 보편화 되어 가고 있는 저작권 분야 등에서는 이미 현실의 문제이기도 하다. 예컨대 2020년 현재 인공지능 수준에 의하면, 일정한 가사와 원하는 곡의 분위기를 지정받은 인공지능 프로그램이 이를 적용한 노래를 즉석에서 작곡해 내는 실정이다. 그렇다면 이렇게 작곡된 노래의 창작자는 누구이며 관련 권리가 누구에게 귀속되어야 하는가 라는 의문이 당장 대두된다.

에게 법적 지위를 인정해야 한다는 주장까지 제기되고 있는 실정이다.[103] 이는 법적· 정책적· 윤리적 요소가 복합된 거대 담론이어서 향후 현실의 변화를 반영한 사회적 합의를 통해 해결되어야 할 것이나, 인공지능에 의한 기술발전의 도모와, 기술의 독점으로 인해 빚어질 수 있는 부의 양극화 내지 인간 소외의 문제를 함께 염두에 두고 신중히 논의되어야 함은 분명하다.

② **특허요건 관련** 인간 주도로 이룩한 발명과 인공지능이 주도적 역할을 담당한 발명을 동일한 기준으로 취급하는 것은 부적절하다. 특허는 발명이라는 인간의 창의적 노력을 장려하여 기술의 진전과 공개를 도모하는 제도인데, 인공지능은 정보의 조합과 피드백을 통한 논리 부여, 예측, 검증과정에서의 기계적 작업을 통해 빠르고 저렴하게 그리고 다양하게 발명을 이룩할 수 있기 때문이다. 이런 발명과 인간이 수행한 발명은 경쟁력 면에서 비교가 되지 않을 것이므로 양자를 동일한 평면에 두고 특허요건을 판단하거나 보호의 정도를 같이 하는 경우 인간의 발명은 급속히 퇴출될 가능성이 있다. 그 대책으로 여러 제안들이 이루어지고 있다. 인공지능에 의한 발명은 특허요건 중 산업상 이용가능성 기준을 엄격히 하여, 이론적 가능성만으로 산출된 발명이 권리를 선점하지 못하도록 산업상 구체적 용도가 있는 것에 한해 특허를 부여하자든가,[104] 인공지능에 의한 발명은 진보성 인정기준을 한층 높게 설정하거나 다른 인공지능에 의해 진보성 판단을 하자든가,[105] 인공지능에 의한 특허발명은 존속기간을 대폭 줄여 조속히 공중의 영역에 들어가도록 하자는 것 등이다.[106]

③ **인공지능에 의한 특허침해 관련** 인공지능이 특허권의 침해에 이용되

103) 물론 이는 인공지능에 의한 권리침해가 발생하는 경우 그 책임능력을 중심으로 한 것이고, 인공지능의 활용에 수반하여 보험 등 위험담보수단이 필요하다는 논의의 연장선에 있지만, 어찌 되었든 인공지능에 독자적인 법적 지위를 인정하고자 한다는 면에서 새로운 시도인 것은 분명하다.

104) L. Vertinsky and T. Rice, "Thinking About Thinking Machines: Implications Of Machine Inventors For Patent Law" *Boston University Journal of Science & Technology Law*, Vol. 8(2002), pp. 608~609.

105) 구체적 기준은 Ryan Abott, "Everything Is Obvious", *66 UCLA L. REV. 2* (2019), pp. 39~41 참조.

106) Erica Fraser, "Computers as Inventors – Legal and Policy Implications of Artificial Intelligence on Patent Law", *SCRIPTed, A Journal of Law, Technology & Society*, Vol. 13(2016), p. 332.

는 국면에서도 새로운 접근이 필요하다. 구체적으로는 다음과 같이 범주를 나누어 생각할 수 있다.

i) 권리범위 해석의 유연화 : 인공지능에 의한 정보 인식과 분석 능력이 고도화 될수록, 발명의 설명은 하나의 데이터에 불과하고 통상의 기술자를 기준으로 한 이해와 재현 가능성은 그 중요성이 낮아질 것이다. 결국 청구범위 해석이 상대적으로 중요해 질 것인데, 특허권 침해가 인공지능에 의해 이루어진 것으로 인정되면 법원으로서는 가능한 해당 특허의 권리범위를 넓게 해석해 줄 필요가 있다. 인공지능은 권리범위를 우회할 수 있는 다양한 선택지를 동원할 것이고, 권리가 인공지능에 의해 손쉽게 우회 침해될 수 있다면 기술의 공개를 유도하는 특허제도의 기반은 더욱 약화될 것이기 때문이다.

ii) 중심한정주의 해석론의 중요성 : 침해책임의 성립에 구성요소완비 원칙을 엄격히 관철하면 인공지능이 이를 악용해 침해책임을 면하는 것을 제어하기 어렵다. 따라서 균등물의 범위를 보다 폭넓게 인정하고, 구성요소의 치환자명성 역시 통상의 기술자 대신 인공지능을 기준으로 판단함이 상당하다. 나아가 구성요소완비 원칙 아래서는 소극적일 수밖에 없는 생략침해나 불완전침해 개념 역시 인공지능에 의한 특허침해의 경우에는 적극적으로 수용할 필요도 있을 것이다. 결국 구성요소완비의 원칙에 입각한 ‘주변한정주의’ 보다 발명의 핵심적 아이디어가 동일한지 여부에 초점을 맞추는 ‘중심한정주의’가 인공지능에 의한 특허침해에는 더욱 현실적 판단기준이 될 수 있다.

iii) 이용침해의 성립범위 확대 : 이용침해와 관련해서는, 선행 특허발명의 구성을 그대로 포함하면서 새로운 구성을 추가한 유형에 대해서만 이용관계를 인정하는 실무의 태도는 수정되어야 하고, 후행 발명을 실시하는 과정에서 선행 특허발명의 실시가 불가피하다면 폭넓게 이용관계를 인정하는 것이 필요하다. 이렇게 함으로써 인공지능이 선행 특허발명을 기초로 다양하게 산출하는 개량발명에 강제적 실시나 상호 이용을 더 잘 보장할 수 있다. 인공지능이 기술적 · 경제적으로 우수한 효과가 있는 후행발명을 이룩하였다면 비록 그 실시가 선행 특허권의 침해를 구성하더라도 일정한 요건 아래 실시권을 보장함으로써 유용한 후속발명이 양산되고 사회적 후생을 증진시킬 수 있다.

iv) 무과실 책임의 인정 : 기계학습을 통해 진화되는 인공지능이 타인의 특허를 침해할 때 그 인공지능을 개발한 인간이 구체적 통제 가능성을 갖지 못하는 경우가 점차 많아질 것이다. 이를 감안하여 일종의 위험책임과 같은 무과실 책임 법리가 도입될 필요가 있고, 손해보전을 위해 강제보험에 유사한 제도적 장치 또한 고려될 여지가 있을 것이다.

④ 장기적 전망　장기적으로, 현재와 같은 모습의 특허제도는 존재 기반을 크게 위협받을 가능성이 있다. 발명은 무수한 선행기술 정보를 얼마나 잘 알고 필요한 요소를 취사선택 하는가, 그리고 시뮬레이션을 거쳐 효과적인 결과물을 도출해 낼 수 있는가에 성패의 대부분이 달려 있다. 그렇다면 선행기술에 대한 빅 데이터와 딥 러닝 그리고 다양한 시뮬레이션을 통해 발명을 완성하는 과정에서 인공지능이 인간과 비교 불가의 경쟁력을 가지리라는 점을 어렵지 않게 알 수 있다. 게다가 이런 역량이 네트워크를 통해 집단화 한다든지, 인공지능 스스로 빅 데이터를 활용하거나 구축하는 수준에 이른다면 그 파괴력은 상상하기 어렵다.[107] 이런 상황에서 결국 '통상의 기술자'라는 가공인물을 전제로 한 판단기준은 더 이상 적절치 않을 것이고 진보성 기준은 매우 높아지게 될 것이다. 아울러, 특허라는 독점권을 인센티브로 발명의 계속과 공개를 장려하는 현재 제도는 기반을 위협받을 수 있다. 그런 인센티브 없이도 인공지능은 '발명 기계'라는 스스로의 속성이나 필요에 의해 저렴한 비용으로 발명을 계속할 것이기 때문이다. 상황이 이렇게 전개된다면, 고도의 창작형 인공지능들 자체나 그들이 창작한 발명들은 공개를 통해 특허권을 획득하기보다 영업비밀로 유지될 가능성이 점점 많아질 것이다. 어차피 인공지능을 통한 발명은 출원하여도 특허를 받기가 어려워지고, 그 내용이 공개되면 또 다른 인공지능이 이를 데이터로 하여 우회 · 개량발명을 수행할 가능성이 높아지기 때문이다. 아울러, 인공지능에 의한 발명이 보편화 되는 시기가 오면, 앞서 언급된 것처럼 기술의 상류를 차지하는 특허 발명에 여러 가지 제한이 부과될 가능성이 높고, 특허권의 존속기간이 단축되는 등 장점도 많이 사라질 것이어서 더욱 그러하다.

---

107) 문제를 더욱 어렵게 하는 것은, 특정한 발명이 사실상 인공지능에 의해 이루어졌음에도 인간이 이를 감추고 자신의 발명으로서 공표하여 기존 특허제도의 틀 안에서 경쟁력을 독점하는 경우도 많을 것이라는 점이다.

(8) 유전자원(遺傳資源) 및 전통지식(傳統知識)의 특허

특허와 관련하여 오늘날 국제적 논쟁이 심각한 주제로 유전자원(遺傳資源) 및 전통지식에 관한 특허의 문제가 있다. '유전자원(遺傳資源)'이라 함은 자연계에 존재하는 모든 생명체 및 DNA, 유전체 등 생명산업 관련 자원을 의미하는 것으로 이해함이 보통이다. 오늘날 선진국들은 전 세계에 산재하는 다양한 동·식물 자원에 유전공학적 기술을 적용, 상업적 가치가 있는 개량을 이루어 특허를 획득하는 경우가 많다. 문제는 위와 같은 유전자원의 상당수가 기술능력이 없는 저개발국에서 얻어지고 있으며 저개발국의 입장에서는 자신들이 제공한 유전자원을 토대로 개발된 기술에 관하여 선진국의 특허에 구속되거나 선진국에 유전자원을 선점당하는 일이 생긴다는 점에 있다.[108] '전통지식'이라 함은 좁은 의미로는 '전통적 생활양식을 취하여 온 원주민 사회 및 현지사회의 지식, 혁신적 기술 및 관행'을 의미하는바[109] 기술선진국들이 저개발 국가들로부터 수집한 민간요법, 의약적 치료, 영양 및 미용 등에 관한 전통지식을 토대로 기술을 개발하여 특허를 얻는 경우, 유전자원에서와 마찬가지의 마찰이 생길 수 있다.

1992년 체결된 생물다양성협약(Convention on Biological Diversity)에 유전자원 및 전통지식의 보호 문제에 관한 내용이 포함됨으로써 유전자원의 보존 및 지적 재산권의 양도 등에 관한 국제 규범이 최초로 성립되었고, 그 뒤로 WIPO, WTO, TRIPs, 유엔식량농업기구(FAO) 등을 중심으로 저개발국들과 기술선진국들 사이의 이해조정을 위한 기초규범을 확립하기 위한 노력이 계속되어 왔다.

논의의 방향으로서, 유전자원에 관하여는 i) 유전자원의 보호를 위해 특허출원서에 발명에 이용한 유전물질의 원산지를 의무적으로 기재하는 한편, 그 나라가 원산지인 유전물질을 이용한 경우 법으로 규정된 접근절차를 준수

---

108) 실례로, 인도의 유명한 의약용 수목인 Neem 나무에 대하여 미국의 몬산토사가 특허를 가지고 있고, 동남아시아 지역의 우량 쌀 품종인 '비스마티'에 관하여도 미국의 Rice Tec사가 특허를 가지고 있으며, 한때 미국 국립보건원(National Institute of Health)은 다른 인종에 비하여 우월한 특정의 면역체계를 가지고 있는 것으로 알려진 파푸아뉴기니 원주민인 하가하이(Hagahai)의 줄기세포주에 관하여 특허를 얻었던 일도 있었다고 한다(서계원, "유전자원 및 전통지식의 보호에 대한 국제적 보호와 한계," 비교법연구 Vol. 8 No. 1 (2007), 동국대학교 비교법문화연구소, 243면).

109) 생물다양성 협약 제 8 조(j).

하였다는 증명서를 첨부하도록 함으로써 유전자원이 부당하게 유출되는 것을 막고,[110] ii) 특정국가에서 얻어지는 유전자원을 활용한 특허를 출원하는 경우 그 나라의 대표기관과 기술이전 및 그 특허로 인해 얻어지는 이익을 분배하기로 하였다는 합의서를 제출하도록 요구하는 방법 등이 제안되었다.[111] 전통지식에 관하여는, i) 선진국이 저개발국의 전통지식에 기반을 둔 기술로 권리를 획득하지 못하도록 저개발국에 산재하는 전통지식을 수집, 데이터베이스화하여 선행기술 시스템을 구축하는 것과, ii) 유전자원의 경우처럼 전통기술을 이용한 특허로 인해 얻어지는 이익을 이를 제공한 저개발국과 적절히 분배할 수 있는 방법을 모색하는 논의와 연구가 진행되고 있다.

한편, 이러한 국제적 노력의 결과 2010. 10. 일본 나고야에서 열린 제10차 생물다양성협약 당사국총회(COP10)에서 '유전자원 접근 및 이익 공유에 관한 나고야 의정서'가 채택되기에 이르렀다.[112] 의정서는 i) 특정 국가에서 생물 유전자원을 채집·반출한 뒤 의약품·식량·신소재 등으로 상품화하려면 자원 보유국에 미리 통보하고 승인을 받아야 한다는 것, ii) 의정서 발효 이후로는 해당 유전자원을 이용해서 얻은 이익을 그 출처가 된 나라에 상호 합의한 내용에 따라 분배하는 것 등을 중요한 내용으로 담고 있다.

110) 생물다양성협약 제15조는 '유전물질을 이용한 특허의 출원서에는 해당 유전물질의 원산지를 기재할 것'을 권고하고 있다.

111) 생물다양성협약의 각 체약 당사자는 자신의 유전자원에 대한 접근을 결정할 권리, 연구·개발의 결과와 유전자원의 상업적 이용 등으로 인해 발생하는 이익을 공평하게 공유하기 위해 상호 합의된 조건에 따라 입법적·행정적 조치를 취할 수 있는 권리를 가지고 있다.

112) 나고야 의정서는 50개국의 비준이 있은 후 90일째 되는 날부터 발효된다.

제 2 장

특허명세서

특허란, 산업상 유용한 발명을 한 자가 자신이 이룬 발명의 내용을 공개하는 대가로 일정한 기간 동안 독점적 권리를 부여받는 공적 계약의 일종이다. 특허 명세서라 함은 특허를 받으려고 하는 자가 자신이 어떠한 발명을 하였으며 그 발명에 기하여 어떠한 내용의 특허권을 부여받기를 원하는지를 밝힌 문서이고 특허의 내용은 곧 명세서의 내용이라고 할 수 있다. 특허를 받고자 하는 자는 특허출원서를 특허청장에게 제출하여야 하며 그 특허출원서에는 발명의 설명, 특허청구범위(이상을 합하여 '명세서'라고 한다)와 필요한 도면 및 요약서를 첨부하여야 한다(특허법 제42조 제2항).[1] 명세서 가운데 가장 중요한 것은 특허청구범위 및 발명의 설명이다.

매우 간단한 형태의 특허 명세서를 아래에서 예로 들어 보기로 한다.[2]

1) 다만, 특허청구범위에 관하여는 출원 후 일정 기간 제출을 유예할 수 있다(특허법 제42조의2 제1, 2항).

2) 아래의 명세서는 등록 특허공보를 토대로 하여 저자가 설명의 편의상 일부 수정을 가한 것이므로 실제 공보 내용과는 다소 차이가 있다.

I. 실제 명세서의 예

공고특허특1997-0004469

대한민국특허청(KR)

특허공보(B1)

Int. Cl.6

B26B 13/02

공고일자	1997년 03월 28일		
공고번호	특1997-0004469		
출원번호	특1988-0001327	공개번호	특1989-0012766
출원일자	1988년 02월 12일	공개일자	1989년 09월 19일
출 원 인	○○○ 일본국 군마껜 사와군 다마무라마찌 이따이 863		
발 명 자	○○○ 일본국 군마껜 사와군 다마무라마찌 이따이 863		
대 리 인	○○○		
심 사 관	○○○(책자공보 제4918호)		

가위에 착탈 가능한 봉서(封書) 개봉용 스토퍼

요 약

요약 없음

대 표 도

도1

명 세 서

[발명의 명칭]

가위에 착탈 가능한 봉서(封書) 개봉용 스토퍼

[도면의 간단한 설명]

제 1 도는 봉서 가위 전체의 사시도.

제 2 도는 봉서 가위 요부의 정면도.

제 3 도는 봉서 가위 요부의 배면도.

제 4 도는 제 2 도의 선 A-A를 따라 취한 종단면도.

제 5 도는 제 3 도의 선 B-B를 따라 취한 종단면도.

* 도면의 주요부분에 대한 부호의 설명 *

1 : 아래쪽 절단날　　3 : 고정 부분

4 : 절단부　　5 : 봉서지지 부분

6 : U자형 연결 부분　　7 : 멈춤 부분

8 : 리벳　　9 : 구멍

[발명의 상세한 설명]

본 발명은 봉서 가위에 관한 것으로, 특히 내용물이 들어 있는 봉서(封書)를 개봉할 때 착탈 가능한 스토퍼를 부착시킴으로써 봉서의 끝단부를 받아서 가위로 절단해 나갈 때 봉서의 끝단으로부터 수 밀리미터의 일정간격으로 봉서끝을 정확하게 절단함으로써 내용물을 온전한 상태로 꺼낼 수 있도록 구성된, 가위에 착탈 가능한 봉서 개봉용 스토퍼에 관한 것이다. 도면을 참조로 하여 설명하면, 본 발명의 스토퍼에는 가위의 아래쪽 절단날(1)의 외측에 체결 수단(8, 9)에 의해 고정되게 장착된 고정 부분(3)과, 봉서의 단부 부분의 지지를 위해 그 고정 부분에서 위쪽으로 연장된 부분을 절단날(1)의 절단부(4)의 위치에서 고정 부분의 외측 직각으로 절곡하여 형성시킨 봉서의 지지 부분(5)과, 고정 부분(3)의 일부분을 상하 절단날(1, 2)이 맞물린 상태일 때에 가위날의 첨단부분에서 상하 절단날의 외주를 U자형으로 에워싸도록 U자형으로 절곡한 연결 부분(6)과, 그리고 절단될 봉서의 끝부분이 일정 간격으로 절단되도록 봉서의 끝부분을 일정 위치에 제한시켜 유지하는 부분으로, 그 일부는 상기 연결 부분(6)으로부터 상측 절단날(2)의 외측면과 소정 간격으로 이격되게 연장하고 그 반대쪽 상단부는 하측 절단날(1)의 절단부(4)보다 다소 높게 형성되어 봉서의 끝부분을 접촉 정렬시키도록 구성된 멈춤 부분(7)이 일체형으로 구비되어 있다. 도면 중 제 1 도는 본 발명의 일 실시 예에 따른 스토퍼가 부착된 봉서 가위 전체의 사시도이고, 제 2 도 및 제 3 도는 제 1 도의 봉서 가위의 주요 부분에 대한 정면도 및 배면도이며, 제 4 도는 제 2 도의 A-A선을 따라 취한 단면도이고 제 5 도는 제 3 도

중에 도시한 B-B선을 따라서 취한 단면도를 나타낸다. A-A선 단면은 스토퍼가 장착된 가위의 하측 절단날(1)의 앞쪽 부분에 대한 단면을 도시하는 것으로, 스토퍼의 앞부분은 봉서의 지지 부분(5)과, 절단하고자 하는 봉서(도시 생략)의 끝을 가지런히 위치시키는 멈춤 부분(7)을 U자형으로 연결하는 본 발명의 주요 부분인 연결 부분(6)으로 되어 있다. B-B선의 단면은 대형의 폭넓은 봉투를 절단하는 경우에 절단되는 동안에 절단된 종이 조각이 차례로 아래쪽으로 빠져나갈 수 있도록 스토퍼의 앞부분을 제외한 부분의 아래쪽이 개방되어 있는 상태를 도시한 것이다. 제 1 도의 C-C선은 가위날(1)의 절단부(4)의 연장선이며, 대형 봉투를 절단하는 경우에 봉투는 절단되면서 차례로 그 방향으로 이동하도록 구성된다. 또 절단날(1)의 측면에 두부가 평평한 리벳(8)을 설치하고 고정 부분(3)에는 리벳(8)과 맞물릴 수 있는 열쇠 구멍형의 구멍(9)을 형성함으로써 리벳(8)을 구멍(9)에 끼운 후에 고정 부분(3)을 미끄럼 이동시킴으로써 스토퍼를 가위에 간단히 착탈시킬 수 있으며, 스토퍼가 분리된 경우에 보통의 가위로서 사용할 수 있도록 구성되어 있다.

전술한 바와 같이, 본 발명에서는 통상적인 가위에 분리 및 결합 가능한 스토퍼를 제공함으로써, 가위에 스토퍼를 결합한 경우에는 내용물이 손상되지 않도록 편리하게 봉서를 절단할 수 있게 되고, 가위에서 스토퍼가 분리된 경우에는 일반적인 가위의 기능을 할 수 있도록 하는 효과를 가져온다.

청구의 범위

청구항 1

가위에 작탈 가능한 봉서 개봉용 스토퍼로서, 가위의 아래쪽 절단날(1)의 외측에 체결 수단(8, 9)에 의해 착탈 가능하게 부착되는 고정 부분(3)과, 상기 고정 부분(3)의 상단에서 직각 외향으로 절곡 연장되는 봉서지지 부분(5)과, 접힌 상태의 가위의 위쪽 절단날(2)의 바깥 면과 소정 거리 만큼 이격 배치되어 절단하고자 하는 봉서의 끝부분과 접촉되는 멈춤 부분(7)과, 상기지지 부분(5)의 하단 일부분과 상기 멈춤 부분(7)의 하단 일부분을 대체로 U자형으로 연결하며, 맞물린 상태의 가위의 절단날(1, 2)의 일부의 외주를 에워싸는 연결 부분(6)으로 구성되며, 상기 봉서지지 부분(5)은 상기 아래쪽 절단날(1)의 절단부(4)과 동일한 높이로 형성되며, 상기 멈춤 부분(7)의 상단부는 상기 아래쪽 절단날(1)의 절단부(4)보다 높게 연장되는 것으로 구성된 봉서 개봉용 스토퍼.

도면 1

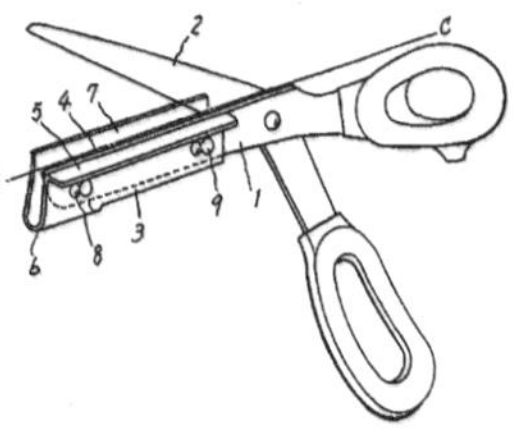

도면 2

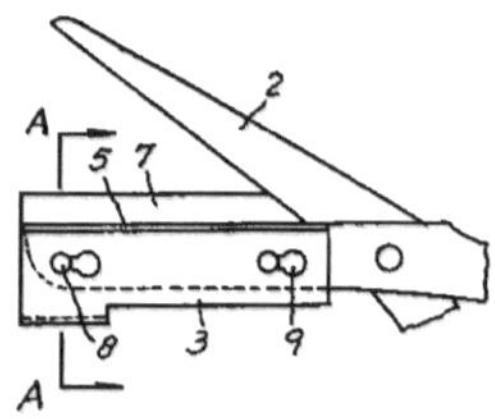

도면 3

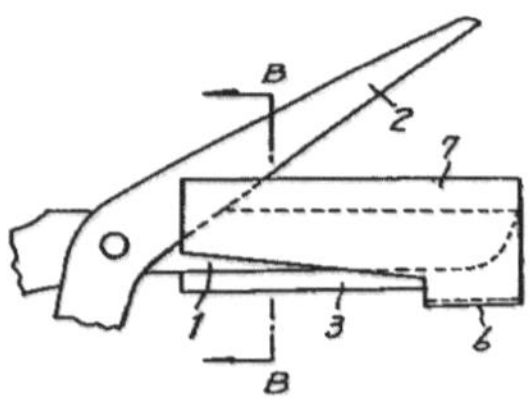

도면 4

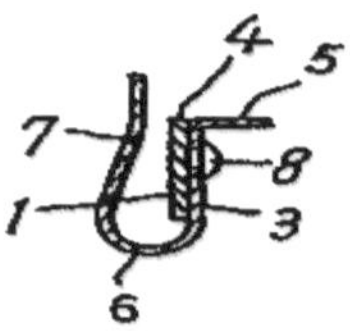

도면 5

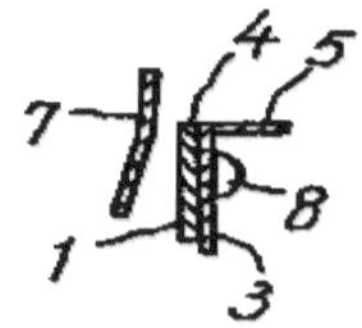

위 공보 상단의 공고번호, 공고일자, 출원번호, 출원일자, 공개번호, 공개일자, 심사관 등은 특허등록공보 발행시 기재되는 발명의 출원, 공개, 심사 및 등록에 관한 이력사항이므로 출원인이 기재하는 출원 명세서의 내용은 아니며 실제 명세서에 기재되는 사항은 공보의 '명세서'라는 행 이하의 부분이다.

1. 발명의 설명

발명의 설명은 그 발명이 속하는 기술분야에서 통상의 지식을 가진 사람이 그 발명을 쉽게 실시할 수 있도록 명확하고 상세하게 적어야 한다(특허법 제42조 제3항). 한편, 특허법시행규칙 제21조 제3항은 발명의 설명에 ① 발명의 명칭, ② 기술분야, ③ 발명의 배경이 되는 기술, ④ 해결하려는 과제, ⑤ 과제의 해결 수단, ⑥ 발명의 효과, ⑦ 도면의 간단한 설명, ⑧ 발명을 실시하기 위한 구체적 내용, ⑨ 그 밖에 그 발명이 속하는 기술분야에서 통상의 지식을 가진 자가 그 발명의 내용을 쉽게 이해하기 위하여 필요한 사항을 기재하도록 하고 있다.

위 공보에 기재된 발명의 상세한 설명을 살펴보면 다음과 같은 내용으로 이루어져 있음을 알 수 있다.

(1) 발명의 목적

'내용물이 들어 있는 봉서(封書)를 개봉할 때 착탈 가능한 스토퍼를 부착시킴으로써 봉서의 끝단부를 받아서 가위로 절단해 나갈 때 봉서의 끝단으로부터 수밀리미터의 일정간격으로 봉서끝을 정확하게 절단함으로써 내용물을 온전한 상태로 꺼낼 수 있도록 구성된, 가위에 착탈 가능한 봉서 개봉용 스토퍼를 제공하는 것'이다.

(2) 발명의 구성

위와 같은 목적을 달성하기 위하여,

① 가위의 아래쪽 절단날(1)의 외측에 체결 수단(8, 9)에 의해 착탈가능 하도록 장착된 고정부분(3),

② 봉서의 단부 부분의 지지를 위해 그 고정 부분에서 위쪽으로 연장된 부분을 절단날(1)의 절단부(4)의 위치에서 고정 부분의 외측 직각으로 절곡하여 형성시킨 봉서의 지지 부분(5),

③ 고정 부분(3)의 일부분을 상하 절단날(1, 2)이 맞물린 상태일 때에 가위날의 첨단부분에서 상하 절단날의 외주를 U자형으로 에워싸도록 U자형으로 절곡한 연결 부분(6),

④ 절단될 봉서이 끝부분이 일정 간격으로 절단되도록 봉서의 끝부분을 일정 위치에 제한시켜 유지하는 부분으로서, 그 일부는 상기 연결 부분(6)으로부터 상측 절단날(2)이 외측면과 소정 간격으로 이격되게 연장하고 그 반대쪽 상단부는 하측 절단날(1)의 절단부(4)보다 다소 높게 형성되어 봉서의 끝부분을 접촉 정렬시키도록 구성된 멈춤 부분(7)이 일체형으로 된, ① 내지 ④의 구성요소들이 유기적으로 결합되어 있다.

나아가, 상세한 설명은 위와 같은 구성요소의 기능과 실제의 작동을 알기 쉽게 설명하기 위하여 위 발명의 실시 예와 이를 표현한 도면을 유형별로 상세히 보여주고 있다.

(3) 발명의 효과

"통상적인 가위에 분리 및 결합 가능한 스토퍼를 제공함으로써, 가위에 스토퍼를 결합한 경우에는 내용물이 손상되지 않도록 편리하게 봉서를 절단할 수 있게 되고, 가위에서 스토퍼가 분리된 경우에는 일반적인 가위의 기능을 할 수 있도록 하는 효과를 가져온다"고 기재하고 있다.

2. 청구의 범위

청구항 1은 출원인이 상세한 설명을 통하여 공개한 발명의 내용을 기초로 어떠한 한도와 형태의 특허권을 청구[3]하고 있는지를 보여준다.

즉, 출원인은 ① 가위의 아래쪽 절단날의 외측에 체결 수단에 의해 착탈 가능하게 부착되는 고정 부분과, ② 상기 고정 부분의 상단에서 직각 외향으로 절곡 연장되는 봉서지지 부분과, ③ 접힌 상태의 가위의 위쪽 절단날의 바깥 면과 소정 거리만큼 이격 배치되어 절단하고자 하는 봉서의 끝부분과 접촉되는 멈춤 부분과, ④ 상기 지지 부분의 하단 일부분과 상기 멈춤 부분의 하단 일부분을 대체로 U자형으로 연결하며, 맞물린 상태의 가위의 절단날의 일부의 외주를 에워싸는 연결 부분으로 구성되며, ⑤ 상기 봉서 지지 부분은 상기 아래쪽 절단날의 절단부과 동일한 높이로 형성되며, ⑥ 상기 멈춤 부분의 상단부는 상기 아래쪽 절단날의 절단부보다 높게 연장되는 구성요소들로 이루어진 가위라면 그 구체적인 형상을 불문하고 모두 독점, 배타적 권리를 청구하고 있는 것이다. 청구항 별로 하나의 발명은 하나의 유기적 결합체로 이해되고 청구항에 기재된 모든 구성요소는 그 발명의 필요충분조건이기 때문에(구성요소완비 원칙) ① 내지 ⑥ 중 어느 하나의 구성요소라도 결여하게 되면 설사 동일하거나 같은 효과를 낸다 하더라도 위 청구범위에 속하지 않게 되는 것이 원칙이다. 즉, 청구범위에 따르면 고정부분이 절단날에 '착탈 가능하도록' 부착되어야 하기 때문에 만약 제3자가 위 봉서개봉용 가위의 나머지 구성요소를 그대로 모방하면서 고정부분이 절단날에 '상시 고정되어 있도록' 부착하였다면, 위 특허권은 특단의 사정이 없는 한 그러한 실시형태에는 미치지 않는다.

반면에, 위와 같은 문언상의 구성요건을 충족하는 이상, 그 구체적인 형상이나 모양이 상세한 설명에 나타난 도면이나 실시 예와 다르더라도 특허권의 범위에 속한다는 사실에 유의할 필요가 있다. 예컨대, ① 중 '… 외측에 체결수단에 의해 착탈 가능하게 부착'이라는 부분을 보면, 상세한 설명과 도면

3) 이는 출원의 단계에서는 '청구'이지만, 그대로 특허등록이 되면 '보호'되는 권리의 내용이 된다.

에는 그 체결수단이 '두부가 평평한 리벳(8)과 그에 대응하는 구멍(9)'으로 되어 있으나 특허청구범위에서 이를 '리벳'으로 한정하는 대신 '체결수단'이라는 폭넓은 표현을 쓰고 있기 때문에 예컨대 체결수단으로 기능을 하는 '볼트와 너트'도 위 청구범위에 속하게 된다.[4] 또한, ② 중 봉서지지 부분은 상기 고정부분의 상단에서 '직각 외향으로 절곡 연장된다'라고 기재되어 있을 뿐이므로 상세한 설명과 도면에 나타난 봉서 지지부분(5)의 형상과 달리 그 직각으로 꺾인 부분의 끝을 직선이 아닌 요철로 바꾼다 하더라도 '직각 외향으로 절곡 연장되는' 조건을 충족하는 이상 위 청구범위에 속하는 것이다.

Ⅱ. 특허청구범위

1. 특허청구범위의 성질

(1) 구성요소 완비의 원칙과 발명의 보호범위의 설정

특허발명의 보호범위는 특허청구범위에 적혀있는 사항에 의하여 정하여진다(특허법 제97조).[5] 이는 이른바 구성요소 완비의 원칙(All Elements Rule)이라고 하는 특허법의 기본원리를 선언하는 것이기도 하다. 즉, 특허청구범위에 적혀 있는 구성요소들은 그 모두가 유기적 일체로서의 발명을 이루는 필수구성요소이며 그 중 어느 하나라도 빠져 있다면 이는 특허발명과는 다른 발명으로 본다는 것이다. 특허청구범위를 설정하는 것은 마치 구체적인 형체가 없는 관념적 재산인 발명에 대하여 문언을 동원하여 가시적(可視的)인 울타리를 치는 것에 비유할 수 있으며 제 3 자가 그러한 울타리를 넘어 들어가는 경우 특허의 침해가 성립한다. 특허청구범위는 원칙적으로 발명을 설명하는 기능을 하지 않는데, 발명의 내용을 구체적으로 설명하는 것은 본디 '발명의 설명'이나 '도면'의 몫이지 특허청구범위의 몫은 아니기 때문이다. 특허청구범위에 기재된 내용

4) 위와 같이 구성요소 일부를 구체적 구성 대신 추상적 기능이나 성질을 가진 요소로 특정하는 것을 '기능적 청구항'이라고 한다. 뒤에서 상세히 본다.

5) 엄밀히 말하면 '특허청구범위'와 '청구항'은 구별되어야 한다. 특허청구범위는 '발명의 설명'에 대비되는 개념으로서 특허 '청구항' 전체를 아우르는 포괄적 개념이고, '청구항'은 특허청구범위를 이루는 개개의 조항을 의미하기 때문이다. 다만, 설명의 편의상 제 2 장 Ⅱ. 1. 부분에서 '특허청구범위'라고 지칭하는 것은 '청구항'을 의미하는 것으로 본다.

이 지극히 구체적이어서 그것만으로도 발명의 내용을 이해할 수 있는 경우도 있으나 그렇다고 하더라도 발명의 내용을 설명하는 것이 특허청구범위의 본래의 기능은 아니다. 이와 같이 특허청구범위는 그와 같은 발명의 내용을 기초로 어떠한 한도와 형태의 독점적 권리를 주장(보장)할 것인가를 좌우하는 문언인 것이다.

(2) 이율배반성

일차원적으로 생각한다면, 출원인으로서는 특허청구범위를 넓게 설정할수록 권리의 범위(독점 영역)가 넓어지기 때문에 강력한 특허권을 가지게 된다. 그러나 특허는 출원과정에서의 심사는 물론 특허로 등록된 후에도 언제든지 선행기술과의 대비를 통하여 그 유효성이 도전받을 수 있는데 그와 같은 경우 선행기술과 대비의 대상이 되는 것 또한 특허청구범위이다. 따라서 특허청구범위가 폭넓게 구성되어 있을수록 선행기술에 의하여 공격을 받을 여지 또한 넓은 것이어서 당해 특허가 등록거절되거나 무효로 될 가능성이 아울러 높아진다. 어떠한 발명의 특허청구범위가 'A+B'라면 그 발명의 특허권자는 'A+B+C'로 구성된 발명이든 'A+B+D'로 구성된 발명이든 모두 자신의 특허발명에 대한 침해형태라고 주장할 수 있다. 왜냐하면, 이는 모두 'A+B'를 전제로 하여 그 내용을 세부적으로 한정하거나 'A+B'를 이용한 것들이기 때문이다. 그러나 특허청구범위를 더욱 한정하여 'A+B+C'로 하였다면, 위 특허권자는 'A+B+D'를 상대로 침해를 주장할 수 없다. 왜냐하면, 'A+B+D'에는 C라는 필수 구성요소가 빠져 있어 'A+B+C'와 같거나 'A+B+C'를 이용하는 형태라고 할 수 없기 때문이다.[6] 이와 같이 발명을 이루는 구성요소가 적을수록 큰 발명이기 때문에 폭넓은 권리를 취득하게 된다.

반면에, 어떠한 발명의 특허청구범위가 'A+B'인 경우, 그 발명은 그보다 앞서 공지된 하위개념인 'A+B+C' 또는 'A+B+D' 모두에 의하여 신규성이 없다고 공격을 받을 수 있다. 하지만 특허청구범위가 애초에 'A+B+C'인 발명은 'A+B' 및 'A+B+D'에 의하여 신규성이 없다는 공격을 받을 여지는

6) 발명은 모든 구성요소가 필수적, 유기적으로 결합된 하나의 실체라는 점, 따라서 원칙상 발명을 이루는 구성요소 중 하나라도 빠지거나 달라진다면 이미 같은 발명이라고 할 수 없다는 점을 유의하여야 한다. 다만, 그와 같은 원칙에 관한 예외인 '균등론'이 존재하는바, 이에 관하여는 뒤에서 따로 다루기로 한다.

없고[7] 경우에 따라 진보성이 없다는 공격을 받을 가능성만 남을 뿐이다. 이처럼 발명을 이루는 구성요소가 많을수록 작은 발명이기 때문에 선행발명으로부터의 공격에서 상대적으로 안전할 수 있다.

이를 좀 더 구체적인 예로 설명하면 다음과 같다. A가 [핸들; 바퀴; 페달; 체인; 브레이크; 안장]으로 구성된 '자전거(이하 'X'라고 한다)'를 처음으로 발명하여 특허를 가지고 있다고 하자. 만약 B가 그 이후에 이를 개량하여 'X+변속기어'로 이루어진 기술을 실시한다면 B는 A의 X 특허를 침해한 것이 된다(물론, B는 자신이 이룩한 'X+변속기어'에 대하여 별도로 특허를 취득할 가능성이 있지만 이때에도 A에 대하여 X를 이용한 부분에 관한 로열티를 지급해야 한다). 그러나 A가 당초 'X+접히는 프레임'으로 특허청구범위를 구성하여 특허를 취득하였다면 B가 'X+변속기어'로 이루어진 발명을 실시하더라도 A의 특허를 침해한 것이 아니다. B의 실시에는 A 발명의 필수구성요소인 '접히는 프레임'이 빠져 있기 때문이다. 이처럼 발명을 이루는 유기적 구성요소가 적을수록 넓은 권리를 행사할 수 있는 것이 보통이다.

반면에, 특허가 선행기술에 의하여 도전받는 국면을 생각해 보자. 만약 A가 X를 발명하여 특허를 출원하였으나, 선행기술의 검색 결과 그 출원 이전에 X와 동일한 발명, 심지어 'X+헤드라이트'로 된 하위개념 발명이 이미 세상에 알려져 있는 것이 밝혀졌다면 A는 특허를 받을 수 없다. A의 발명에는 '신규성'이 없기 때문이다. 반면, A가 'X+접히는 프레임'으로 특허를 출원한 경우, 선행기술의 검색 결과 그 출원 이전에 이미 X 혹은 'X+헤드라이트'로 된 발명이 세상에 알려져 있었다고 하더라도 A의 발명은 신규성이 있다. 다만, 공지의 선행기술인 'X'에 '접히는 프레임'을 추가하거나 'X+헤드라이트'에서 '헤드라이트'를 '접히는 프레임'으로 바꾼 것에 진보성이 있는지 여부만 문제될 뿐이다. 이처럼 발명을 이루는 유기적 구성요소가 적어 넓은 권리를 가지는 발명일수록 동시에 선행기술로부터 도전을 받을 여지 또한 넓어지는 것이다.

---

7) 물론, 이 경우 뒤에서 설명하는 발명의 '실질적 동일성' 개념이 문제될 수 있으나 설명의 편의상 이를 논외로 한다. 또한 뒤에서 설명하는 바와 같이 구성요소 C가 구성요소 D의 균등물이라면 예외적으로 균등침해가 성립할 여지가 있으나, 설명의 편의상 이 역시 논외로 한다.

(3) 해석의 대상

특허청구범위는 언어로 표현되는 것인 만큼 필연적으로 해석의 여지를 가지게 된다. 특허의 침해가 문제로 된다는 것은 제3자의 행위가 특허청구범위의 울타리를 넘어 들어온 것인가를 따지는 것이기 때문에 권리자로서는 가급적 울타리의 외연을 멀리까지 넓히는 해석을 시도하는 반면, 제3자는 침해의 책임을 면하기 위하여 그 반대의 노력을 하게 되기 때문이다. 결국 특허청구범위의 해석은 종국적으로는 법관에 의하여 행하여지는 법률판단의 문제이다.[8)]

또한, 특허청구범위에 사용되는 용어는 발명의 설명에 의하여 공개된 기술구성을 표현하는 것이기 때문에 때때로 사전에는 존재하지 않는 단어가 사용되는 수가 있다. 출원인은 특허청구범위를 작성함에 있어서 필요에 따라 발명의 구성요소를 표현하는 용어를 스스로 창작하여 사용할 수 있다.[9)] 특허청구범위에 사용된 용어의 의미는 발명의 설명에서 명시적으로 정의되기도 하나 명시적 정의가 없는 경우에는 발명의 설명에서 그 용어가 어떠한 의미로 사용되고 있는가를 살피는 등, 해석을 통해 파악되기도 한다. 판례[10)] 또한 특허명세서에 기재되는 용어는 그것이 가지고 있는 보통의 의미로 사용하여야 하고 명세서 전체를 통하여 통일적으로 사용하여야 하되, 어떠한 용어를 특정한 의미로 사용하려고 하는 경우에는 그 의미를 스스로 정의하여 사용하는 것이 허용되므로 용어의 의미가 명세서에 따로 정의된 경우에는 그에 따라 해석하면 족하다고 한다.

⇨ **대법원 2009. 7. 23. 선고 2007후4977 판결**

> 이 사건 출원발명 구성 1인 '플레이어의 조작에 의해 캐릭터의 체형을 결정하는 결정수단'은 '플레이어의 조작에 의해 캐릭터의 체형을 결정하는 작용 내지 기능을 하는 모든 구성'으로 해석함이 원칙이나, 발명의 상세한 설명이나 도면 등 명세서의 다른 기재에 의하면, 캐릭터의 체형에 대해서는 캐릭터의 신장과 체중을

---

8) 미국에는 특허청구범위의 해석이 배심원에 의하여 이루어지는 사실인정의 문제가 아니라 법관의 전권에 속하는 법률문제라는 점을 천명한 Markman v. Westview Instruments, Inc., 517 U.S. 370(1996)의 연방대법원 판례가 있다.

9) 이러한 의미에서 발명자는 명세서상의 용어정의자(lexicographer)라고 불리기도 한다. Janice. M. Mueller, *Patent Law(3rd. Edit.)*, Wolters Kluwer(2009), 68면.

10) 대법원 1998. 12. 22. 선고 97후990 판결; 대법원 2009. 7. 23. 선고 2007후4977 판결 등.

의미하는 것으로 정의 또는 설명이 되어 있고 캐릭터의 체형을 결정하는 결정수단에 대해서는 '플레이어가 임의로 십자키의 조작에 의해 캐릭터를 세로 방향 및 가로 방향으로 신축시킴으로써 신장과 체중을 정하는 구성' 및 '플레이어가 캐릭터 선택 화면에서 디폴트 캐릭터의 체형을 선택하는 구성'으로 설명이 되어 있으므로, 구성 1은 위와 같이 플레이어의 조작에 의하여 캐릭터의 체형을 선택하거나 작성하여 캐릭터의 체형을 결정하는 구성을 의미하는 것으로 해석된다.

2. 특허 청구항의 종류

(1) 독립항과 종속항

특허청구범위를 이루는 청구항에는 독립항과 종속항이 있다. 독립항이라 함은 발명의 구성요소를 자족적으로 기재하고 있어 타 청구항을 인용하지 않는 청구항을 말하고, 종속항이라 함은 특정한 독립항에 종속되어 그 독립항에 나타난 구성요소를 모두 그대로 원용하면서 이를 한정하거나 부가하여 구체화하는 청구항이다(특허법시행령 제5조).

이해의 편의를 위하여 「① 청구항 1. 지우개가 달린 연필(독립항) ② 청구항 2. 제1항에 있어서, 상기 지우개에 ○○향기를 내는 ○○성분이 포함된 것(종속항)」을 상정해 볼 수 있다. 어떠한 발명에 관하여 특허를 청구하는 경우, 그 발명의 전체 내용을 아우를 수 있는 상위개념을 폭넓게 독립항으로 표현하고 그에 기초한 특징적 하위개념들을 종속항으로 표현하는 것이 보통이다. 특허의 유·무효의 판단은 각 청구항 별로 이루어지기 때문에 예컨대 앞의 예에서 '지우개가 달린 연필'이 이미 공지의 기술로 존재하고 있음이 밝혀져 청구항 1.이 무효로 되더라도 이를 한정한 '그 지우개에 ○○향기를 내는 ○○성분이 포함된 것'이라는 기술까지 공지되어 있지 않는 한 청구항 2.는 무효가 아니다. 한편, 독립항인 청구항 1.에 신규성·진보성이 있어 유효한 발명인 이상 이를 전제로 하여 그 내용을 한정하거나 세부화한 종속항인 청구항 2.는 논리적으로 당연히 신규성·진보성이 있다.[11]

한편, 독립항과 종속항의 구별은 기재 형태에 구속될 것이 아니라 각 청구항의 실질적인 내용에 기초하여 이루어져야 한다.

---

11) 대법원 2007. 11. 29. 선고 2006후2097 판결; 대법원 1995. 9. 5. 선고 94후1657 판결.

특허를 청구하는 출원인은 자신이 이룩한 발명에 관하여 충분하면서도 안전하게 권리를 취득하고 행사하기 위하여 독립항과 종속항을 적절히 '구사'할 필요가 있다. 예컨대 A가 '냉방기', '공기정화기'를 각각 처음 발명하여 위 구성을 결합하였다고 하자. 이 경우 A가 '냉방기 + 공기정화기'로 된 독립항을 청구항으로 하여 특허를 청구[12]하는 대신 '청구항 1. (독립항) 냉방기; 청구항 2. (독립항) 공기정화기; 청구항 3. (종속항) 제1항에 있어 공기정화기가 결합된 것'이라는 형태로 청구항을 구사한다면 A는 '냉방기'에 대하여도 '공기정화기'에 대하여도 모두 독점권을 가지는 한편, 만약 선행기술로 '냉방기'나 '공기정화기'가 이미 존재하는 것이 밝혀져 독립항 1. 또는 2.가 특허거절되거나 등록 후 무효로 되더라도 양자를 결합한 종속항 3.은 독자적인 발명으로 살아남을 가능성을 보유하게 된다.

⇨ 대법원 1998. 4. 10. 선고 96후1040 판결

콘크리트 건조물 벽면의 보강장치에 관한 등록고안의 청구범위 제1항과 제2항은 그 목적이나 작용효과가 명백히 서로 다르고, 그 제2항에서는 "제1항에 있어서"라는 표현을 사용하고 있기는 하나(종속항의 형태를 취하고 있기는 하나),[13] 부착시트와는 별개의 장치인 자동약액주입기에 관한 청구범위 제3항과 제4항에서도 "제1항에 있어서"라는 표현을 사용하고 있는 점, 제2항의 "제1항에 있어서"라는 표현은 제1항에서 말하는 절곡된 부착시트를 한정하는 것이 아니라 제1항의 전제 부분인 "… 건조물 벽면의 보강 장치에 있어서"까지를 의미하는 것으로 해석한다면 전체적인 의미가 명확해진다는 점을 고려하여 정의와 형평에 따라 합리적으로 해석한다면 등록고안의 청구범위 제2항은 제1항과는 다른 독립된 권리를 의미하는 독립항이다.

⇨ 대법원 1995. 9. 5. 선고 94후1657 판결

본원 특허청구범위 제2항은 일반적인 반도체장치 제조에 있어서의 도핑영역을 형성하는 방법에 관한 공지기술을 기재한 것이 아니라, 독립항인 위 특허청구범위 제1항에서의 요부인 "장벽층에의 이온주입 및 열처리공정"이 포함된 반도체

---

12) 이 경우, A 스스로 자신의 권리를 '냉방기와 공기정화기가 결합된 형태'만으로 한정했기 때문에 제3자가 '냉방기'나 '공기정화기'만을 실시한다면 각각 그에 대하여 권리를 주장할 수 없음은 앞서 본 바와 같다.

13) 괄호 부분은 저자의 註로서 판결 원문에는 없음.

> 장치의 제조방법에 있어서 그 선행단계인 도핑영역을 형성하는 여러 가지 방법 가운데 단지 이온주입방법과 확산영역의 방법에 대하여만 그 실시 태양을 지정함으로써 위 독립항을 기술적으로 한정하고 구체화한 사항을 기재한 것이라고 보이고, 위 특허청구범위 제 3 항 이하의 경우에도 마찬가지라 할 것이므로 이들은 모두 종속항에 해당한다고 보아야 할 것이다. 따라서 위 특허청구범위 제 2 항 이하는 선행되는 위 특허청구범위 제 1 항(독립항)의 전체 특징을 포함한 종속항들로서 위 독립항에 진보성이 인정되는 이상 그 종속항인 위 특허청구범위 제 2 항 이하에도 당연히 진보성이 인정된다.

(2) 개방형, 폐쇄형, 반(半) 폐쇄형 청구항

한편, 미국의 경우, 청구항은 전형적으로 전제부(preamble), 연결부(transition) 및 본체부(body)로 구성되는데, 그 가운데 연결부를 어떻게 기재하는지에 따라 개방형 청구항(open claim), 폐쇄형 청구항(closed claim) 및 반 폐쇄형 청구항(consisting essentially of)으로 구분된다.[14)]

개방형 청구항의 연결부는 '… (구성을) 포함하는' 이라는 의미의 'comprising'으로 되어 있다. 후속발명이 그와 같은 구성을 포함하고 있다면 모두 당해 청구항의 권리범위에 속하게 되는 반면, 심사 단계에서는 신규성 및 진보성이 부정될 가능성도 아울러 높아진다.

폐쇄형 청구항의 연결부는 '… (구성으로) 이루어진' 이라는 의미의 'consist of' 로 되어 있다. 후속발명이 그와 동일한 구성만으로 이루어져 있을 때에만 당해 청구항의 권리범위에 속하게 된다. 이처럼 폐쇄형 청구항은 개방형 청구항에 비하여 권리범위가 훨씬 좁기 때문에 부득이한 사유가 있는 경우에 한하여 예외적으로 사용되는 것이 보통이며, 특히 화학발명 분야에서 새로운 구성요소를 추가함으로써 발생하는 비 예측성 때문에 사용되는 수가 있다.

반 폐쇄형 청구항의 연결부는 보통 '… (구성을) 필수로 하는' 이란 의미의 'consisting essentially of' 로 되어 있으며, 이 역시 주로 화학물질분야에서의 청구항에 사용된다. 위 청구항은 기본적으로는 청구항에 기재된 구성만을 권리범위로 하지만 그 밖에 새로운 요소가 추가되더라도 청구항에 기재된 구성의 기능을 본질적으로 변화시키지 않는다면 그 또한 그 권리범위에 포함시키

14) Janice Mueller, *Patent Law(3rd. Edit.)*, 79~81면.

고자 할 때 사용된다.[15)]

이러한 미국에서의 청구항 해석방법은 우리나라에서도 사용될 수 있을 것이다. 실제로 판례는 특허발명의 청구항이 '어떤 구성요소들을 포함하는 것을 특징으로 하는 방법(물건)'이라는 형식으로 기재된 경우, 명시적으로 기재된 구성요소뿐 아니라 다른 요소를 추가하여 실시하는 경우까지도 그 특허발명의 권리범위에 속한다고 한다.[16)] 또한, 특허발명의 청구항에 '특정 성분을 포함하는 조성물의 중합결과물'이라고 기재되어 있는 이상, 그 특정 성분에 다른 성분을 추가하는 경우 역시 그 특허발명의 기술적 범위에 해당하며, 그러한 추가의 결과 특허발명이 비교대상 발명과 다를 바 없어져 진보성이 부인되는 일이 생겨도 부득이한 일이고 그를 이유로 특허발명의 청구항을 다르게 제한해석 할 수는 없다고도 한다.[17)]

그러나 우리나라에서 실무는 청구항 연결부 형식이 미국에서와 같이 엄격히 개방형, 폐쇄형 혹은 반 폐쇄형 등으로 구분되어 기재되지는 않는 것 같으며, 실제로는 '… (구성을) 특징으로 하는' 정도로 기재되어 그 성질이 모호한 청구항도 적지 않은 실정이다.

3. 특수한 청구항의 유형들

(1) 기능적 청구항[18)]

1) 의 의

기능적 청구항이란 청구항 가운데 일부 요소를 구체적 구성으로 기재하지

---

15) 예컨대, 특허권자 X가 '특히 성분 A, B, C를 필수로 하여 이루어지는 접착제(an adhesive consisting essentially of A, B, C)'로 반 폐쇄형 청구항을 구성하였다고 하자. 만약 제3자가 A, B, C, D 성분으로 이루어진 접착제를 실시하고 그 중 D 성분이 접착성분에는 변화를 가져오지 않고 다만 접착제의 색깔을 결정하는 '염료'일 뿐이라면 이는 위 반 폐쇄형 청구항의 권리범위에 속하게 된다. 그러나, 위 D 성분이 추가됨으로 인해 특허된 접착제의 고유성질이 바뀌어 예컨대 '필요에 따라 접착과 분리가 가능한 특수 접착제'로 변한다면 이는 위 반 폐쇄형 청구항의 권리범위에 속하지 않게 되는 것이다(Janice Mueller, *Patent Law(3rd. Edit.),* 81면).

16) 대법원 2006. 11. 24. 선고 2003후2089 판결.

17) 대법원 2012. 3. 29. 선고 2010후2605 판결.

18) 'means plus function claim' 또는 'step plus function claim' 또는 'functional claim'이라고 한다.

않고 일정한 기능이나 성질, 작용, 특성 등으로 추상화하여 표현한 청구항을 말한다. 예컨대, A부분과 B부분의 결합수단으로서 '못'을 특정하는 대신 'A부분과 B부분을 체결하는 기능을 하는 수단'으로 기재하는 것이 이에 해당하고, 'C부분정 D부분 사이에 완충기가 개재된 것'이라고 할 때 위 '완충기'도 기능적 표현이다. 실무상, 기능적 청구항은 컴퓨터 프로그램이나 전기관련 기술에서처럼 발명의 요소를 '구성'이나 '구조'의 형태로는 표현하기 어렵고 '기능'으로 표현하는 편이 더 적절한 때 많이 사용된다.

2) 기능적 청구항의 유효성

기능적 청구항의 유효성 여부는 당초 미국에서 판례를 통해 문제 되었다가[19] 그 뒤 1952년 특허법 개정을 통하여 명문으로 유효성이 인정되었으며, 세계 각국에서도 기능적으로 표현된 청구항을 일정한 요건과 한도 아래 유효한 것으로 인정하고 있다.

특허의 청구범위에는 발명이 명확하고 간결하게 기재되어야 하므로(특허법 제42조 제 4 항 제 2 호) 그 구성요소를 막연히 '어떠한 기능을 하는 것'이라는 형태로 불명료하게 표현함은 바람직하지 않고 '(어떠한 기능을 하는) 구체적인 무엇'으로 특정함이 원칙이다. 그러나 기술분야 또는 발명의 내용에 따라 기능적 표현으로 구성의 기재를 대신하는 것이 불가피하거나 더 효율적인 수가 있으며 이때에는 기능적 표현을 이용하여 청구항을 구성함이 허용된다. 특허법 제42조 제 6 항도 "특허청구범위에는 보호받으려는 사항을 명확히 할 수 있도록 발명을 특정하는 데 필요하다고 인정되는 구조·방법·기능·물질 또는 이들의 결합관계 등을 적어야 한다"고 하여 특허청구범위에 기능적 표현이 사용될 수 있음을 인정하고 있다.

㈎ 명세서 기재요건과의 관계

과거 대법원 판례[20]는 청구범위 기재의 명확성 요건을 들어 원칙적으로 기능적 청구항을 인정하지 않되, 기능적 청구항의 구체적 내용이 명세서에 뒷받침되거나 적어도 명세서의 기재불비에 해당하지 않을 정도로 그 내용이 명세서 전체의 기재에 비추어 통상의 기술자에게 자명한 경우에 한해 예외적으

19) 미국 연방대법원은 1946. Halliburton Oil Well Cementing Co. v. Walker 사건에서 기능적 청구항은 허용되지 않는다고 하여 처음에는 기능적 청구항의 적법성을 부정하였었다.

20) 대법원 1998. 10. 2. 선고 97후1337 판결 등.

로 이를 인정하였다. 그러나 2007년 특허법 개정을 통해 '특허청구범위에는 발명의 구성에 없어서는 아니 될 사항만을 기재하여야 한다'는 요건이 삭제되고 제42조 제6항이 신설된 이후의 판례[21]는 "특허청구범위가 기능, 효과, 성질 등에 의한 물건의 특정을 포함하는 경우, 그 발명이 속하는 기술분야에서 통상의 지식을 가진 자가 발명의 설명이나 도면 등의 기재와 출원 당시의 기술상식을 고려하여 특허청구범위에 기재된 사항으로부터 특허를 받고자 하는 발명을 명확하게 파악할 수 있다면 그 특허청구범위의 기재는 적법하다"고 하여 한결 완화된 태도를 보이고 있다.

(나) 특허요건 판단 시의 해석기준

이에 관한 판례의 태도는 통일적이기 보다 사안별로 발명의 특징이나 구체적 타당성에 좌우되는 면이 강하다. 즉, 기능적 표현이 포함된 특허청구범위를 명세서 본문과 도면의 기재를 참고하여 해석한 유형이 있는가 하면,[22] 특허청구범위에 기능적 표현이 있음에도 불구하고 발명의 설명의 기재나 실시례에 기하여 그 의미내용을 한정함이 없이 그대로 선행발명과 대비한 유형도 있다.[23] 아울러 판례[24]는 "ⅰ) 특허청구범위에 기재된 사항에 의하여 발명의 내용을 확정함이 특허청구범위 해석의 기본원칙인 이상, 특허청구범위에 기능, 효과, 성질 등의 기능적 표현이 들어 있다면 그러한 기능, 효과, 성질 등을 가지는 모든 발명이 당해 특허청구범위에 포함된다. ⅱ) 다만, 특허청구범위에 기재된 용어가 가지는 특별한 의미가 명세서의 발명의 설명이나 도면에 정의 또는 설명이 되어 있는 등 특수한 사정이 존재하면, 이를 반영하여 합리적으로 발명의 내용을 확정하여야 한다"고 하여 기능적 청구항 해석 시 발명의 설명에 의한 한정을 예외로 다루는 듯한 태도를 보이기도 한다.

➩ 대법원 2001. 6. 29. 선고 98후2252 판결

이 사건 등록고안의 요지는 연결부의 구성이라고 할 것인데, 청구범위의 기재에 의하더라도 연결부의 구성은 '구동장치를 공유하기 위한 연결부'로 한정되어 있

21) 대법원 2007. 9. 6. 선고 2005후1486 판결.
22) 대법원 2001. 6. 29. 선고 98후2252 판결; 대법원 2006. 10. 26. 선고 2004후2260 판결.
23) 대법원 2005. 4. 28. 선고 2004후1533 판결; 대법원 2007. 9. 6. 선고 2005후1486 판결.
24) 대법원 2009. 7. 23. 선고 2007후4977 판결.

으나 '연결부'의 기재는 여전히 기능적 표현이므로, 고안의 상세한 설명과 도면의 기재를 참고하여 실질적으로 그 의미 내용을 확정하여 보면(피고는 이 사건 등록고안의 청구범위에는 '연결부'라고만 기재되어 있으므로 그 문언대로 해석되어야 하고, 도면이나 상세한 설명의 기재를 참고하여 해석할 수 없다는 취지로 주장하나, 이 사건 등록고안의 청구범위에 '구동장치를 공유하기 위한 연결부'라는 의미로 기재하고 있어 막연히 연결부라고 기재한 것과는 다르고, 또 '연결부'나 '연결수단'과 같은 기능적 표현의 경우에는 명세서 본문과 도면의 기재를 참고하여 해석할 수 있는 것이어서 피고의 주장은 받아들이지 아니한다), 그 상세한 설명 및 도면에 명백히 기재되어 있는 바와 같이 연결쇠(14)(18)와 연결클립(15)으로 되는 플랜지타입이나 스크류타입, 볼트조임타입 등의 제작과 조작이 쉬운 연결요소로 구성된 사실을 알 수 있다.

➾ 대법원 2005. 4. 28. 선고 2004후1533 판결

이 사건 등록고안의 '결속구' 구성은 등록청구범위에서 어떠한 한정을 한 바 없어 이 사건 등록고안의 명세서 상의 도면에 나타난 구성에 한정되는 것이 아니므로 간행물 2 게재 고안의 '크립, 와셔 및 너트' 구성과 실질적으로 동일하며, 이 사건 등록고안의 '철판망을 철선에 부착하는' 구성은 용접 등의 방법으로 철판망과 철선을 팽팽하게 일체화시키는 것으로서 간행물 2 게재 고안의 '금망을 주철근에 장설(張設)하는' 구성에 대응되는바, 비록 간행물 2 게재 고안의 금망은 철판망이 아닌 철선망이지만 역시 용접 등으로 팽팽하게 부착하는 것이 가능하여 그 '장설'에는 이 사건 등록고안의 '부착'이 포함되는 것이므로, 이 사건 등록고안은 위 간행물 1, 2 게재 고안으로부터 이 기술분야에서 통상의 지식을 가진 자가 극히 용이하게 고안할 수 있다.

① 기능적 청구항을 선행기술과 대비하여 그 신규성·진보성을 판단할 때, 원칙상 청구항의 문언을 그대로 비교하고 임의로 발명의 설명을 참작하여 한정해석하는 것은 허용하지 않는다.[25] ② 다만, ⅰ) 청구항의 기재만으로는 그 기술적 구성을 알 수 없거나 ⅱ) 발명의 설명에서 청구항의 기능적 용어를

---

25) 대법원 2009. 7. 23. 선고 2007후4977 판결은, '특허청구범위에 기재된 사항에 의하여 발명의 내용을 확정함이 특허청구범위 해석의 기본원칙인 이상, 특허청구범위에 기능, 효과, 성질 등의 기능적 표현이 들어 있다면 그러한 기능, 효과, 성질 등을 가지는 모든 발명이 당해 특허청구범위에 포함된다. 다만, 특허청구범위에 기재된 용어가 가지는 특별한 의미가 명세서의 발명의 설명이나 도면에 정의 또는 설명이 되어 있는 등 특수한 사정이 존재하면, 이를 반영하여 합리적으로 발명의 내용을 확정하여야 한다'고 하여 기능적 청구항 해석 시 발명의 설명에 의한 한정을 예외로 다루는 듯한 태도를 보인다.

일반적인 용례와는 달리 정의하여 사용하는 등 특수한 사정이 있는 경우에는 발명의 설명을 참작하여 청구항을 해석할 수 있다고 한다.[26][27] 대다수의 하급심 판결들이 이런 법리를 전제로 사안에 따라 청구항을 한정해석함 없이 문언대로 선행기술과 비교하거나[28] 청구항을 발명의 설명을 기초로 한정해석하여 선행기술과 비교하고 있다.[29][30]

3) 기능적 청구항의 권리범위

㈎ **입 법 례**

미국 특허법 제112조는 "조합(combination) 청구항에 있어서는 구조(structure)나 재료(material), 역할(act)을 수단(means)과 기능(function)의 표현으로 갈음할 수 있다. 다만, 그와 같은 수단과 기능은 발명의 상세한 설명에 나타난 구조, 재료, 역할 또는 그와 균등의 관계에 있는 것만을 의미하는 것으로 본다"고 하여 기능적 청구항의 유효성을 명문화하는 한편, 기능적 청구항의 특허청구범위 해석 시 기능적 표현의 의미를 상세한 설명에 기재된 구체적 기재와 그 균등물로 한정하고 있다. 반면 우리 특허법에는 기능적 청구항의 해석 기준에 관한 규정이 없다.

㈏ **권리범위 한정 해석의 필요성과 범위**

특허 청구범위 해석 시 기능적 표현은 그 추상성으로 인해 특허발명의 권리범위를 불분명하게 하거나 지나치게 확대할 위험이 있기 때문에 이를 합리적인 범위 내에서 한정 해석할 필요가 있다. 출원인으로서는 특허청구범위에는 발명의 설명보다 추상적인 용어를 구사하여 좀 더 넓은 권리를 얻으려는

---

26) 대법원 2001. 6. 29. 선고 98후2252 판결; 대법원 2006. 10. 26. 선고 2004후2260 판결 등.

27) ⅰ)과 관련하여, 현실적으로도, 청구항 발명의 기재만으로는 그 기술적 구성을 특정할 수 없다면 선행기술과의 대비를 통한 신규성·진보성 판단이 불가능할 것이므로 이런 법리는 타당하다. 다만, 이는 어디까지나 발명의 설명을 참작하면 청구항의 의미가 명확히 이해될 수 있는 경우에 한하며, 만약 그렇지조차 않다면 그 자체로 명확성 요건(특허법 제42조 제4항 제1호) 내지 실시가능 요건(제42조 제3항) 위반으로 처리되어야 함에 주의를 요한다.

28) 특허법원 2022. 1. 11. 선고 2020허6989 판결; 특허법원 2021. 11. 26. 선고 2021허2724 판결; 특허법원 2017. 6. 23. 선고 2017허1502 판결; 특허법원 2017. 3. 7. 선고 2016허5118 판결; 특허법원 2016. 10. 21. 선고 2016허2478 판결 등.

29) 특허법원 2020. 12. 18. 선고 2020허1656 판결; 특허법원 2020. 12. 4. 선고 2019허8118 판결; 특허법원 2017. 11. 9. 선고 2017허3331 판결; 특허법원 2016. 8. 24. 선고 2015허8455 판결 등.

30) 조영선, 「특허소송에서 기능식 청구항의 제문제」, 법원행정처(2024), 51~61면.

속성이 있고, '기능적 청구항' 역시 그 대표적 예이기 때문이다.

학설은 미국에서처럼 청구항에 기재된 기능적 표현의 의미를 발명의 설명과 도면에 개시된 구성으로 제한하여 해석하는 것이 일반적이지만, 좀 더 구체적으로는 i) 청구항에 기재된 기능적 표현이 커버할 수 있는 권리의 범위를 가장 좁게 보아 발명의 설명에 기재된 '실시례'의 유형으로 한정하는 입장, ii) 발명의 설명과 도면에 나타난 사항까지만 권리범위를 인정하는 입장, iii) 이를 비교적 넓게 보아 통상의 기술자가 발명의 설명의 기재를 근거로 쉽게 생각이 미칠 수 있는 정도의 구성(즉 균등의 범위)까지도 청구항에 기재된 기능적 표현으로 커버할 수 있다는 입장이 가능하다.

기능적 청구항을 인정하는 본래 취지가 청구항을 포함한 명세서에 발명의 구체적 구성만을 기재하여서는 발명 본래의 성질이나 가치를 충분히 담아내지 못하는 수가 있기 때문에 부득이 상위개념에 해당하는 추상적 표현을 허락하는 것인 점, 청구항의 기능적 표현이 발명의 설명에 의해 뒷받침되지 못할 정도로 지나치게 추상적이거나 불명확하다면 이미 그 자체로 등록거절이나 무효사유가 되는 점을 고려하면, 추상성이 그 정도에 이르지 않는 기능적 청구항이라면 마땅히 실시례나 발명의 설명에 나타난 구성뿐 아니라 통상의 기술자가 그로부터 쉽게 생각해 낼 수 있는 균등의 구성에 대해서까지 권리범위를 부여함이 마땅하다. 따라서 iii)의 견해가 타당하다 할 것이다. 다만, 그 전제로서 '① 구체적 구성만으로는 발명의 기술적 사상을 명확하게 나타내기 어려운 사정이 있어 청구항을 기능적으로 표현하는 것이 불가피할 것, ② 통상의 기술자가 발명의 설명과 도면의 기재를 참작하면 기능적 표현의 의미와 내용 자체는 명확하게 확정할 수 있을 것[31]'이라는 두 가지 요건이 충족되어야 함은 물론이다.

한편, 기능적 청구항으로 된 발명의 설명과 도면은 청구범위의 기술적 구성을 한정함으로써 실질적으로 청구범위와 같은 역할을 한다. 그리하여 이 경우에는 발명의 설명과 도면에 대한 보정이나 정정이 실질적으로 청구범위에 대한 보정이나 정정에 해당하는 수가 있다.

31) 비록 기능적 표현의 '외연(外延)'에 어느 정도 유동성이 있다고 하더라도 그로 인해 '내포(內包)'까지 불분명한 정도여서는 안 된다는 의미이다.

(다) **관련 판례의 태도**

판례는 기능적 청구항의 권리범위를 판단함에 있어서는 명세서 전체의 기재와 도면을 참작하여 이를 적절히 한정하는 경향을 보인다. 특허발명의 권리범위를 판단함에 있어 특허청구범위의 용어로부터 기술적 구성의 구체적인 내용을 알 수 없는 경우에는 발명의 설명과 도면의 기재를 참작하여 그 용어가 표현하고 있는 기술적 구성을 확정하여 특허발명의 권리범위를 정하여야 한다고 한 것들이 전형적이고,[32] 청구범위를 문언 그대로 해석하는 것이 명세서의 다른 기재에 비추어 명백히 불합리한 경우, 발명의 설명을 참작하여 권리범위를 제한 해석하는 것이 가능하다고 하는 것들도 있다.[33]

청구범위에 기재된 용어의 구체적인 의미를 발명의 설명을 참작해서 확정한다는 것은 결국 발명의 청구항의 포괄적·기능적 표현을 발명의 설명에 개시된 구체적 실시유형 등으로 한정하여 해석한다는 의미에 다름 아니며, 기능적 청구항에 사용되는 용어의 대부분이 본래 포괄적·추상적일 수밖에 없음을 감안하면, 이런 한정해석은 기능적 청구항의 권리범위 해석에 대한 판례의 기본적인 태도로 보아도 무방하다. 하급심 판결들의 입장 또한 마찬가지로 분석된다.[34]

한편, 판례는 대법원 2021. 6. 30. 선고 2021다217011 판결에서, '특허발명의 보호범위는 청구범위에 적혀 있는 사항에 의하여 정해지며, …발명의 설명이나 도면 등 다른 기재에 따라 청구범위를 제한하거나 확장하여 해석하는 것은 허용되지 않는다'는 일반론을 언급하면서, 원심이 특허발명의 일부 구성요소를 발명의 설명을 기초로 한정해석하고, 그 결과 비교대상발명이 그와 구성을 달리하므로 침해가 아니라고 판단한 것은 잘못이라며 원심을 파기

32) 대법원 2007. 6. 14. 선고 2007후883 판결; 대법원 2008. 2. 28. 선고 2005다77350, 77367 판결; 대법원 2008. 7. 10. 선고 2008후57 판결 등.

33) 대법원 2009. 4. 23. 선고 2009후92 판결(기능적 표현인 '폐축산투입수단'이라는 용어를 고안의 설명과 도면 등을 참작하여 제한 해석함으로써 권리범위를 축소); 대법원 2003. 7. 11. 선고 2001후2856 판결(기능적 표현인 '트랙터의 전방으로 90° 회동시킬 수 있도록 중앙 써레판 양끝에 연결하는 수단'의 의미를 발명의 설명을 참작하여 위치에너지를 이용하는 것으로 한정하고, 유압실린더를 이용하는 모델은 제외된다고 한정해석); 대법원 2008. 10. 23. 선고 2007후2186 판결(청구항의 '색상에 의한 식별기호를 갖는 파일'의 의미를 발명의 설명을 참작하여 1개의 인쇄판에서 1가지 색을 인쇄하는 구성으로 한정해석).

34) 조영선, 「특허소송에서 기능식 청구항의 제문제」, 법원행정처(2024), 51~61면.

환송한 바 있다. 그러나 해당 판례의 판시에 의하더라도, i) 문제가 된 청구항 자체가 해당 구성의 내용을 전혀 한정하지 않고 있음은 물론 발명의 설명 어디에도 그렇게 청구항을 한정해석할 단서가 없었으며, ii) 통상의 기술자라면 청구항 구성요소와 발명의 설명에 기재된 관련 사항만으로도 발명의 기술적 의미를 이해할 수 있는 것이어서, 이 사건은 처음부터 발명의 설명을 참작한 한정해석의 여지가 없는 경우였을 뿐, 사안에 따라 침해소송에서 발명의 구체적 개시정도(실질적 가치)에 상응하는 한도로 청구범위를 한정해석할 수 있다는 종전의 일반적 태도와 다른 입장을 표명한 것으로 볼 일은 아니다.

(2) 제조방법이 기재된 물건 청구항(Product by Process Claim)

1) 의 의

'제조방법이 기재된 물건 청구항'이라 함은 물건의 청구항에 있어 하나 이상의 구성이 그것을 제조하는 방법이나 수단을 동원하여 표현된 것을 의미한다. 예컨대 화학이나 생명공학 분야에서 특정한 방법을 통하여 신규성·진보성이 있는 효과를 가지는 새로운 물건(물질)을 얻게 되었음은 분명하나 정작 그 물질의 구조적 특성은 발명자로서도 규명하지 못하는 경우가 있다. 이 경우 출원인은 부득이 '… 방법으로 얻어진 물건'의 형태로 청구범위를 작성할 수밖에 없다. 이와 같이 '제조방법이 기재된 물건 청구항'은 발명자가 발명의 '구성'을 충분히 또는 적절히 표현할 수 없다는 이유만으로 특허를 받지 못하는 것은 잘못이라는 고려에서 예외적으로 비롯된 것이나,[35] 실무에서는 구성만으로도 청구항을 표현할 수 있는 발명에서도 물건을 특정하기 위한 방편으로 '방법' 표현을 청구항에 포함시키는 경우가 적지 않게 발견된다.

2) '제조방법이 기재된 물건 청구항'을 둘러싼 법률적 문제들

(가) 특허청구범위 기재 요건의 충족 여부

특허 청구항에는 발명이 명확하고 간결하게 기재되어야 한다(특허법 제42조 제 4 항 제 2 호). 청구항은 권리의 내용을 확정하는 문언이기 때문에 가급적 명확하고 간결하게 기재되어야 차후 분쟁의 여지를 줄일 수 있으며 발명에 관한

35) 예컨대, 미국의 경우 In re Steppan, 394 F.2d 1013, 1018(C.C.P.A. 1967), In re Brown, 459 F.2d 531, 535(C.C.P.A. 1972) 등 오래 전부터 많은 판례가 그와 같은 법리를 밝혀오고 있다.

특허청구범위에 방법을 기재하는 것은 발명의 권리범위가 명확해지지 않는 결과를 초래할 우려가 있다. 따라서 '제조방법이 기재된 물건 청구항'을 무제한적으로 인정하는 것은 바람직한 일이 아니다.[36] 우리나라 심사기준은 물건을 구성으로 명료하게 특정할 수 없는 경우라면, 방법에 의해서만 물건을 특정할 수밖에 없는 등의 특별한 사정이 있다거나 그 제조방법이 물건의 구조나 성질에 어떠한 영향도 미치지 않음을 입증한 경우에 한하여 물건을 제조방법의 형태로 특정하는 것을 허용한다.[37]

(나) 신규성·진보성 판단

① 물건발명으로 취급하여 선행기술과 대비 발명이 선행기술에 비하여 신규성 또는 진보성이 있는지 여부를 판단함에 있어서 선행기술과의 대비의 대상이 되는 것은 언제나 특허청구범위이다. 따라서 '제조방법이 기재된 물건 청구항'으로 기재된 발명의 신규성·진보성을 판단함에 있어서 그 발명의 실체를 어떠한 것으로 보느냐에 따라 결론은 크게 달라질 수 있다.[38] 일반적으로 특정한 발명의 신규성·진보성을 판단하는 단계에서는 특허청구범위를 좁게 볼수록 출원인이나 권리자 입장에서는 유리하다. 특허청구범위가 폭넓게 구성되어 있을수록 선행기술에 의하여 공격을 받을 여지 또한 넓은 것이어서 당해 특허가 등록거절되거나 무효로 될 가능성이 아울러 높아지기 때문이다.[39] '제조방법이 기재된 물건 청구항'에 있어서 물건을 규정하는 '방법'에 주목한다면, 비록 선행기술에 동일한 물건이 존재한다고 하더라도 그 물건을 얻는 동일한

---

36) 예컨대, 2015년 일본 최고재판소는, 불가피한 사정이 없음에도 제조방법이 기재된 물건 형태로 작성된 청구항은 특허법 상 '청구범위 기재의 명확성 요건'을 위반한 것으로 판단하였다. 상세는 뒤에서 설명한다.

37) 특허청, 특허·실용신안 심사기준, 제 2 부 제 4 장 4. (8).

38) 이론상, 제조방법이 기재된 물건 청구항을 제법에 의해 제한을 받는 물건 청구항으로 취급하느냐 제한을 받지 않는 물건 청구항으로 취급하느냐에 따라 선출원 저촉 여부도 문제될 수 있다. 즉, 제조방법이 기재된 청구항이 출원된 상태에서 제법을 달리하고 물건이 동일한 후출원이 있는 경우, 전자라면 선원주의에 반하지 않는 것으로, 후자라면 선원주의에 반하는 것으로 취급될 여지가 있다. 그러나 현실적으로는 선출원된 제조방법이 기재된 물건 발명의 명세서 전부가 확대된 선출원으로 기능하여 후출원의 등록을 저지하는 수가 많을 것이다.

39) 반면에, 일단 특허등록을 받아 권리를 행사함에 있어서는 특허청구범위를 넓게 해석할수록 제 3 자에 대한 권리행사의 폭 또한 넓어져 권리자에게 유리함은 물론이다. 특허청구범위는 위와 같은 이율배반성을 내포하고 있는 법률개념이다.

'방법'이 공지되어 있지 않는 이상 당해 '제조방법이 기재된 물건 청구항'은 신규성이 있고 경우에 따라 진보성도 인정받을 수 있을 것이다. 그러나 '제조방법이 기재된 물건 청구항'의 본질을 '물건'이라고 본다면, 비록 당해 '제조방법이 기재된 물건 청구항'과 다른 방법에 의한 것이라도 이미 그와 같은 '물건'이 공지되어 있는 이상, 당해 '제조방법이 기재된 물건 청구항'은 신규성을 인정받을 수 없다. 세계적으로도 제조방법이 기재된 물건 청구항의 신규성 · 진보성을 판단함에 있어서는 이를 '물건'으로 파악하여 비록 그와 다른 방법으로 제조되었더라도 동일하거나 유사한 물건이 선행의 공지기술로 존재한다면 이를 기초로 신규성 · 진보성을 판단하는 것이 일반적이다.[40)]

② 대법원 판례와 문제점 대법원은 전원합의체 판결[41)]을 통해, ⅰ) 제조방법이 기재된 물건 청구항은 어디까지나 '물건의 발명'이고 특허청구범위에 기재된 제조방법은 최종 생산물인 물건의 구조나 성질 등을 특정하는 하나의 수단으로서 그 의미를 가질 뿐이다. ⅱ) 따라서 제조방법이 기재된 물건발명의 특허요건을 판단함에 있어서 그 기술적 구성을 제조방법 자체로 한정하여 파악할 것이 아니라 제조방법의 기재를 포함하여 특허청구범위의 모든 기재에 의하여 특정되는 구조나 성질 등을 가지는 물건으로 파악하여 출원 전에 공지된 선행기술과 비교하여 신규성, 진보성 등이 있는지 여부를 살펴야 한다. ⅲ) 이러한 법리는 생명공학 분야나 고분자, 혼합물, 금속 등의 화학 분

40) 미국- Matthews, Annotated Patent Digest, Thomson Reuters, 2015, §17:64.50; 유럽- Richard Hacon/Jochen Pagenberg 편, *Concise European Patent Law*, pp. 102~103; 일본- 日本特許廳, 特許審査基準(2015), 第Ⅱ部, 第 2 章, 1.5.2.(3) 및 最高裁 平27年 6. 5. 平24年(受) 第2658号 판결; 最高裁 平27. 6. 5. 平24(受) 第1204号 판결; 우리나라-특허청, 특허·실용신안 심사기준, 제 3 부 제 2 장 4.1.2.③: "제법한정 물건발명에서 제조방법이 물건의 구조나 성질 등에 영향을 주는 경우에는 제조방법에 의해 특정되는 구조나 성질 등을 가지는 물건으로 신규성을 판단한다. 반면에 물건발명 청구항 중에 제조방법에 의한 기재가 있더라도 제조방법이 제조 효율 또는 수율에만 영향을 미치는 등의 경우와 같이 물건의 구조나 성질 등에 영향을 미치지 않았다면 제조방법을 제외하고 최종적으로 얻어진 물건 자체를 신규성 판단 대상으로 해석한다. 따라서 청구항에 기재된 제조방법과 다른 방법에 의해서도 동일한 물건이 제조될 수 있고, 그 물건이 공지인 경우라면 해당 청구항에 기재된 발명의 신규성은 부정된다. 출원인이 「오로지 A의 방법에 의해 제조된 Z」와 같이 기재하여 특정한 방법에 의하여 제조된 물건만으로 청구항을 한정하려고 하는 것이 명백한 경우라도 동일하게 취급한다"

41) 대법원 2015. 1. 22. 선고 2011후927 판결.

야처럼 물건을 구조나 성질 등으로 직접적으로 특정하는 것이 불가능하거나 곤란하여 제조방법에 의해서만 물건을 특정할 수밖에 없는 경우에도 다르지 않다고 판시하였다. 나아가 위 전원합의체 판결은 제조방법에 의해서 물건을 특정할 수밖에 없는 특별한 사정이 있는 경우에는 선행기술과의 대비 시에 그 제조방법을 고려할 수 있다는 취지의 종전 판례들[42]을 모두 폐기함으로써 신규성·진보성 판단 시 이를 오로지 물건으로만 파악하는 태도를 한층 분명히 하고 있다.

그러나 위 전원합의체 판결은 그 결론의 타당성에도 불구하고 설시 중에 여러 가지 부적절한 점을 내포하고 있어 문제이다.[43] 우선, 위 전원합의체 판결은 자칫 기술분야에 관계없이 모든 물건발명은 분석화학의 방법을 통해 궁극적 구성을 파악한 뒤 오로지 구성 대 구성으로서만 선행기술과 대비해야 한다는 오해를 야기할 수 있다. 그러나 제조방법이 기재된 물건 청구항은 바로 그런 작업이 불가능한 기술분야가 존재하기 때문에 필요한 것이므로 이는 부당하다. 또한 선행판결들이 "제조방법에 의해서 물건을 특정할 수밖에 없는 특별한 사정이 있는 경우에는 선행기술과의 대비 시에 그 제조방법을 고려할 수 있다"고 한 취지는, 제조방법을 기재하는 외에 달리 물건의 구성을 특정할 도리가 없는 청구항의 신규성·진보성을 판단할 때는, 물건이 가지는 기술적 효과가 다르면 그 구성도 다르다는 경험칙을 근거로, ① 물건을 제조하는 방법이 선행기술과 다르고, ② 그 결과물의 물적 특성이 뚜렷이 다르거나 기술적 효과가 의미 있게 달라짐이 확인되면 비록 궁극적 물적 구성이 확인되지 않았더라도 양자가 서로 다름을 추정할 수 있다는 의미라고 해야 한다. 그럼에도 전원합의체 판결이 합당한 근거 없이 선행판례들의 의미를 "제조방법 자체의 진보성만으로 당해 발명의 진보성을 판단한다"는 취지라고 간주하여 모두 변경한 것은 문제이다. 전원합의체 판결의 태도는 제조방법이 기재된 물건 청구항에

42) 대법원 2006. 6. 29. 선고 2004후3416 판결; 대법원 2007. 5. 11. 선고 2007후449 판결; 대법원 2007. 9. 20. 선고 2006후1100 판결; 대법원 2008. 8. 21. 선고 2006후3472 판결; 대법원 2009. 1. 15. 선고 2007후1053 판결; 대법원 2009. 3. 26. 선고 2006후3250 판결; 대법원 2009. 9. 24. 선고 2007후4328 판결 등.

43) 이에 대한 상세한 언급은, 조영선, "제조방법이 기재된 물건 청구항의 신규성·진보성 판단 – 대법원 2015. 1. 22. 선고 2011후927 전원합의체 판결에 대한 비판적 검토 –," 저스티스 통권 제148호(2015. 6), 242면 이하 참조.

대한 일반적·국제적 법리와 실무태도에 반하는 것으로서, 출원인들로 하여금 발명의 특성에 불구하고 모든 물건발명의 청구항을 물적 구성의 형식으로만 특정하려는 무리하거나 불가능한 노력을 강요할 우려가 있다.

(다) **권리범위**

'제조방법이 기재된 물건 청구항'을 둘러싼 또 하나의 중요한 쟁점은 제 3 자의 실시형태가 '제조방법이 기재된 물건 청구항'에 대한 침해를 구성하는지 여부에 대한 판단, 즉 '제조방법이 기재된 물건 청구항'의 권리범위를 어떻게 해석할 것인지를 둘러싼 문제이다. '제조방법이 기재된 물건 청구항'의 권리범위를 청구항에 기재된 대로 특정한 '방법'을 통하여 얻은 물건으로 한정할 경우, 권리범위가 좁아지게 되어 제 3 자가 다른 방법으로 동일한 물건을 제조, 사용한다면 원칙적으로 침해를 구성하지 않는다. 반면에, 그 권리범위를 '물건' 전체에 대하여 미치는 것으로 본다면 제 3 자가 다른 방법을 통하더라도 동일한 물건을 제조, 사용하는 이상 침해를 구성한다. 미국과 일본의 판례는 엇갈린 입장을 보이고 있고, 판례는 제조방법이 기재된 물건 청구항의 권리범위는 특단의 사정이 없는 한 '물건'임을 전제로 인정되어야 한다고 한다.[44]

① 미 국 종래, 제조방법이 기재된 물건 청구항 발명은 어디까지나 방법이 아닌 물건에 대한 발명이므로, 비록 피고가 다른 방법을 동원하여 제조하였더라도 그 결과 생성된 물건이 동일한 이상 특허에 대한 침해를 구성한다는 판례[45]와, 비록 청구항 발명과 동일한 물건이라고 하더라도 다른 방법으로 제조하였다면 그 권리범위에 속하지 않는다는 판례[46]가 공존하였다. 그러다가 CAFC는 2009년의 Abbott 사건[47]에 이르러, 제조방법이 기재된 물건 청구항의 경우, 청구항에 기재된 방법은 그 특허의 권리범위를 한정하는 구성요소로 작용하므로 이와 다른 방법을 사용하는 한, 결과로서 물건이 같더라도 침해를 구성하지 않는다고 입장을 정리하였다. 이 사건에서 CAFC는 i) 만약 물건의 구성을 알 수 없다는 이유로 방법으로 한정하여 물건에 대한 특허를

44) 대법원 2015. 2. 12. 선고 2013후1726 판결.

45) 대표적으로, Scripps Clinic & Research Foundation v. Genentech, Inc., 927 F.2d. 1565 (1991).

46) 대표적으로, Atlantic Thermoplastics Co. Inc. v. Faytex Co., 970 F.2d 834(1992).

47) Abbott Laboratories v. Sandoz, Inc., 566 F.3d 1282(Fed. Cir. 2009).

획득하고 실제로도 물건으로서의 넓은 권리범위를 인정한다면, 제3자의 실시 형태가 침해를 구성하는지 여부를 판단하기 위해서도 과연 그것이 특허된 물건과 동일하거나 균등한 것인지가 확인되어야 하는 바, 이 역시 불가능한 일이 아닐 수 없고, ii) 물건 발명의 구성을 명확히 하여 권리범위의 외연을 특정하는 것은 명세서 기재에 관한 발명자의 책무인데, 이를 다하지 못한 채 '방법'의 형태로 물건의 특허청구항을 구성한 발명자를 위해 그 특정 방법 이외의 실시 형태에까지 권리범위를 인정하는 것은 법리상 타당치 않다는 등의 이유를 들고 있다.

② 일 본 일본의 판결례는 제조방법이 기재된 물건 청구항이라 하더라도 제3자가 동일한 '물건'을 제조, 사용하는 이상 특허침해를 구성한다는 입장과,[48] 물건에 관한 특허청구범위에 방법이 기재된 경우 오히려 '방법'에 의하여 권리범위가 한정되는 것이 원칙이라는 입장,[49] 제조방법이 기재된 물건 청구항을 "청구항을 물적 구성으로 기재하는 것이 불가능하거나 거의 실제적이지 않아 어쩔 수 없이 방법으로 특정한 경우(이른바, 진정 PBP)"와 "그런 부득이 함이 없음에도 제조방법으로 특정한 경우(이른바, 부진정 PBP)"로 구분한 뒤, 진정 PBP에 대하여는 물건으로서의 권리범위를 인정하고 부진정 PBP에 대하여는 제조방법에 의해 제한되는 권리범위만을 인정하는 입장[50] 등이 혼재하였다. 그런데 일본 최고재판소는 2015. 6. 5. 판결[51]을 통해, "제조방

48) 이른바 同一性說이라고 한다. 일본 최고재판소 판례로는 특정한 방법으로 제조된 물건에 관한 실용신안침해가 문제된 사안에서 물건의 동일성만을 대비하면 족하고 그 물건의 제조방법은 침해여부에서 고려될 바가 아니라고 한 것이 있다(最高裁 昭56年 6. 30. 판결, 民集 35卷 第4号 848頁). 하급심 판결들로 예컨대, 東京地裁 平12年 9. 29. 平11(ワ)8434号 판결은 "일반적으로 특허청구범위가 제조방법에 의하여 특정된 경우라고 하더라도 특허의 대상은 물건이기 때문에 그 권리범위도 그 방법에 의하여 제조된 물건에 한정된다고 해석할 필연성이 없다. 다만, 당해 특허청구항에 기재된 방법에 의하여 제조된 물건만으로 권리범위를 한정하여 보아야 할 특수한 사정이 있는 경우에는 그렇지 아니하다"고 하고 있으며 그 밖에 東京地裁 平10年 9. 11. 判タ990号 244頁; 東京高裁 平9年 7. 17. 判時1628号 101頁; 東京地裁 平11年 9. 30. 判時 1700号 143頁 등 상당수의 판결례가 같은 법리에 기초한 것으로 이해되고 있다{南條雅裕, "プロダクト・バイ・プロセス・クエームの權利解釋," パテント(2002), Vol. 55. 22면}.

49) 예컨대 東京地裁 平14年 1. 28. 平12(ワ)27714 판결.

50) 知裁高裁 平24年 1. 27. 大合議體 平22(ネ) 第10043 판결.

51) 最高裁 平27年 6. 5. 平24年(受) 第1204 판결.

법이 기재된 물건 청구항은 선행기술과 대비하여 특허요건을 판단할 때는 물론 권리범위를 판단할 때도 이를 물건발명으로 파악하여야 하며 제조방법에 의해 권리범위가 한정되지 않음이 원칙이다"라고 하는 한편, "다만, 부진정 PBP는 청구항 기재가 일본 특허법 제36조 제6항 제2호 소정의 '명확성 요건'을 갖추지 못한 것이어서 거절 내지 무효사유에 해당하므로 권리범위를 인정할 수 없다"는 취지로 판시하였다.

③ **우리나라** 판례[52]는, "제조방법이 기재된 물건발명의 특허요건 판단시 방법의 기재에 의해 제한되지 않는 '물건발명'으로 파악하는 청구범위의 해석방법은 특허침해소송이나 권리범위확인심판에서도 마찬가지로 적용되어야 한다. 다만 그러한 해석을 통해 드러나는 특허발명의 권리범위가 명세서 전체의 기재로 파악되는 발명의 실체에 비추어 지나치게 넓은 등 명백히 불합리한 사정이 있는 경우에는 그 권리범위를 특허청구범위에 기재된 제조방법의 범위 내로 한정할 수 있다"고 한다.[53]

아울러, 판례[54]는 제조방법이 기재된 물건 청구항과 확인대상 발명이 물건으로서 동일한 특징을 가지더라도 구체적 구조나 성질이 제조방법에 따라 달라지는 경우에는 제조방법을 참작하여 권리범위의 속부를 결정하는 태도를 보인다. 해당사안에서 판례는 제조방법이 기재된 물건 청구항의 실질은 '물건'이며 제조방법은 원칙상 그 권리범위의 한정수단이 될 수 없다는 법리를 재확인하면서도, "이 사건 제1항 발명과 확인대상 발명은 일정 비율과 크기

52) 대법원 2015. 2. 12. 선고 2013후1726 판결.

53) 이 사건에서 특허청구범위는 '쑥잎을 메탄올 또는 에탄올로 추출하여 얻은 쑥추출물을 탈지하고 클로로포름으로 용출시켜 소분획물을 얻은 다음 이를 다시 실리카겔 컬럼에 충전하여 용출시키는 방법에 의하여 제조한 자세오시딘(5, 7, 4'-trihydroxy-6, 3'-dimethoxy flavone)을 유효성분으로 하여 이에 약제학적으로 허용되는 물질이 첨가된 위장질환 치료제용 약학적 조성물'이었다. 대법원은, "특허청구범위에 기재되어 있는 자세오시딘의 제조방법이 최종 생산물인 자세오시딘의 구조나 성질에 영향을 미치는 것은 아니므로, 그 권리범위를 해석함에 있어서 유효성분은 '자세오시딘'이라는 단일한 물건 자체라고 해석하여야 한다"고 하였다. 나아가, "자세오시딘의 '제조방법'에 대하여는 별도의 청구항에서 특허청구하고 있을 뿐만 아니라 이 사건 특허발명의 명세서에는 자세오시딘 자체에 대하여 실험을 하여 대조군인 슈크랄페이트보다 약 30배의 위장질환 치료 효과를 나타낸다는 것을 밝힌 실시례가 기재되어 있는 점 등에 비추어 보면, 권리범위를 위와 같이 해석하더라도 그 발명의 실체에 비추어 지나치게 넓다는 등의 명백히 불합리한 사정이 있다고 할 수는 없다"고 한다.

54) 대법원 2021. 1. 28. 선고 2020후11059 판결.

를 한정한 폴라프레징크를 유효성분으로 포함하고 있다는 점에서는 동일하지만, 이 사건 제1항 발명의 제조방법(직접 타정법)과 다른 방법(습식법)으로 제조된 확인대상 발명은 그로 인해 특정되는 구조와 성질이 다른 정제라 할 것이므로 이 사건 제1항 발명의 권리범위에 속하지 않는다"고 하였다. 이는 결국 제조방법이 기재된 물건 청구항의 권리범위를 판단할 때, 제조방법의 차이로 인해 물건의 구조나 성질이 달라지는 점이 확인되면 청구항 발명과 확인대상 발명은 서로 다른 물건이라거나, 제조방법 자체가 물건의 구성을 이룬다는 법리를 통해[55] 실질적으로는 발명의 설명에 기재된 구체적 제조방법을 참작하여 그 권리범위를 제한해석하는 셈이다.

➾ 대법원 2021. 1. 28. 선고 2020후11059 판결(권리범위확인)

[사안] 청구항 1(제조방법이 기재된 물건 청구항): 유효 성분으로 입도 누적분포에서 최대 입도에 대해 90%에 해당하는 입도(d90)가 500μm 이하인 폴라프레징크를 포함하는 것을 특징으로 하는 '직타법으로 제조된' 정제(tablet).

청구항 1 발명의 '직타법'이 아닌, '습식법'으로 제조된 피고의 폴라프레징크 정제(tablet)가 청구항 1 발명의 권리범위에 속하는지가 문제되었다.

[판단의 요지] 청구범위가 전체적으로 물건으로 기재되어 있으면서 그 제조방법의 기재를 포함하고 있는 발명의 경우, 제조방법이 기재되어 있다고 하더라도 발명의 대상은 그 제조방법이 아니라 최종적으로 얻어지는 물건 자체이므로 발명의 유형 중 '물건의 발명'에 해당하고, 물건의 발명에 관한 청구범위는 발명의 대상인 물건의 구성을 특정하는 방식으로 기재되어야 하므로, 물건의 발명의 청구범위에 기재된 제조방법은 최종 생산물인 물건의 구조나 성질 등을 특정하는 하나의 수단으로서 그 의미를 가질 뿐이다. 따라서 제조방법이 기재된 물건 발명의 권리범위에 속하는지 여부를 판단함에 있어서 그 기술적 구성을 제조방법 자체로 한정하여 파악할 것이 아니라, 제조방법의 기재를 포함하여 청구범위의 모든 기재에 의하여 특정되는 구조나 성질 등을 가나는 '물건'으로 파악하여 확인대상 발명과 대비해야 한다. … 이 사건 제1항 발명과 확인대상 발명은 일정 비율과 크기를 한정한 폴라프레징크를 유효성분으로 포함하고 있다는 점에서는 동일하지만, 이 사건 제1항 발명은 직접타정법으로 제조됨으로써 특정되는

55) 이는 의약의 투여용법 · 용량 등 방법적 요소를 해당 의약의 '물적 구성'으로 파악함으로써 자연법칙 이용성 문제나 의료방법의 특허성 문제를 우회한 대법원 2015. 5. 21. 선고 2014후768 전원합의체 판결과 같은 논리 맥락에 있는 것으로 이해된다.

구조와 성질을 가진 정제인 데 반해, 확인대상 발명은 습식법으로 제조됨으로써 특정되는 구조와 성질 등을 가진 정제이므로, 확인대상 발명은 문언적으로 이 사건 제 1 항 발명의 권리범위에 속하지 않는다.

④ 사 견 ⅰ) 권리범위 판단의 일반적 원칙: 제조방법이 기재된 물건 청구항의 신규성·진보성을 판단함에 있어 그 실질을 '방법'으로 한정하지 않고 '물건'에 대한 발명으로 봄으로써 그와 동일한 물건이 선행기술로 존재하는 한 신규성·진보성이 부인된다는 전제에 서는 이상, 그와 같이 폭넓은 위험을 감수하고 특허로 등록된 발명에 대하여는 권리행사의 국면에 있어서도 이를 '물건의 발명'으로 보아 동일한 폭의 권리를 부여함이 합당하다. 유독 권리행사의 단계에서만 이를 청구항에 기재된 '방법'으로 제한되는 청구항으로 본다면 제 3 자로 하여금 청구항에 기재된 방법만 회피하면 동일한 물건을 제조, 실시하더라도 침해책임을 면할 수 있게 해 주는 것이 되어 권리자에게 가혹하다. 특히 제조방법이 기재된 물건 청구항의 연혁에서도 알 수 있듯 화학이나 생물분야의 발명은 실질적으로 물건(물질)의 발명이지만 제조방법에 의하여 이를 특정하는 것 이외에는 달리 청구항에 그 실체를 표현하는 것이 불가능하거나 부적절한 수가 많으며, 그러한 경우에는 '물건'으로서의 실체를 가지는 위 발명에 응당 그에 상응하는 권리범위를 부여해야 하기 때문이다.[56]

다만, 화학 · 유전공학 분야의 특성상, 대비 대상이 되는 물질과 제조방법이 다르고 효과 또한 다르다면, 많은 경우 제조방법의 차이로 인해 해당 물질의 구조와 성질 또한 다르리라는 경험칙 상 추단이 가능하므로 양자를 서로 다른 물질로 추정하여 신규성 · 진보성 판단을 하거나, 권리범위 속부(침해 여부)의 판단을 하는 것이 합당하다.[57]

ⅱ) 권리범위를 제한하거나 부정해야 하는 경우: 보통 기계·장치 등의 발

---

56) 화학, 생물분야에서 '제조방법이 기재된 물건 청구항'의 특허를 가지고 있는 권리자는 이를 물건의 발명으로 보아 폭넓은 특허를 가지더라도 어차피 제 3 자가 다른 방법을 통하여 제조한 물건이 자신의 특허와 '동일한 물건'임을 증명하는 것이 쉽지 않다는 점을 고려하면 더욱 그러하다.

57) 대법원 2015. 1. 22. 선고 2011후927 전원합의체 판결이, '물건의 발명의 특허청구범위에 기재된 제조방법은 최종 생산물인 물건의 구조나 성질 등을 특정하는 하나의 수단으로서 그 의미를 가진다'고 하는 것은 바로 이런 의미라고 해야 한다.

명에 있어서는 굳이 '제조방법이 기재된 물건 청구항' 형태를 취할 것 없이 구성만으로 청구항을 작성하는데 어려움이 없는 경우가 대부분이다. 그럼에도 출원인이 '제조방법이 기재된 물건 청구항' 형태를 빌렸다면(이른바, '부진정 PBP 청구항'), 이는 선행기술로 존재하는 물건에 의해 출원발명이 등록거절 되는 것을 피하기 위해, '특정한 방법으로 물건을 제조하면 고유한 기술적 효과를 누릴 수 있음'을 부각시킬 의도였던 경우가 많을 것이다. 그렇다면 이런 사정은 침해의 판단이나 권리범위의 획정에 반영되어야 하고, 이때 청구항에 기재된 방법 이외의 방법으로 물건을 제조, 사용하는 행위는 침해를 구성하지 않는다고 함이 상당하다.[58]

아울러, 제조방법을 기재하는 이외에 달리 물건의 구성을 특정할 방법이 없다는 이유로 '제조방법이 기재된 물건 청구항'이 받아들여지고, 그 과정에서 다른 방법으로 제조한 물건이 출원발명의 신규성·진보성을 탄핵하는 선행기술에서 배제된 바가 있었다면[59] 당해특허의 권리범위를 획정함에 있어서도 당연히 그러한 제조방법은 한정요소로 작용하여야 할 것이다. 이 경우 제3자가 특허발명과 다른 방법으로 물건을 제조하는 이상, 양자가 실질적으로 동일한 물건이라는 점을 권리자가 증명하지 못하는 한 침해는 인정되지 말아야 한다.

또한, 제조방법이 기재된 물건 청구항이 발명의 설명에 의해 충분히 뒷받침되지 않고, 그 정도가 지나치다면 이는 특허법 제42조 제4항 제1호에 의한 무효사유에 해당하므로 피고의 권리남용 항변에 의해 권리범위가 부정될 여지가 있다. 뒷받침의 부실이 그 정도에 이르지 않더라도 청구항에 기재된 권리범위가 명세서 전체의 기재에 의해 파악되는 발명의 실체에 비추어 지나치게 넓은 등 명백히 불합리한 사정이 인정된다면 그 권리범위를 특허청구범위에 기재된 제조방법의 범위 내로 한정해야 할 것이다.[60]

iii) 부진정 PBP를 일률적으로 기재불비로 취급하는 문제: 앞서 본 일본 최고재판소의 최근 판례처럼, 부진정 PBP는 처음부터 청구범위 기재요건을

58) 이와는 별도로, 출원과정에서 출원인이 그와 같은 사유로 인하여 청구항을 수정한 흔적이 명확히 나타난다면 균등론의 요건 가운데 하나인 출원경과금반언의 원칙에 따라 발명의 권리범위가 '방법'의 한도로 제한될 여지가 있음은 물론이다.

59) 그러나 앞서 든 2015. 1. 22. 전원합의체 판결의 영향으로 인해, 실무상 이러한 가능성은 점차 줄어들 것으로 보인다.

60) 위 대법원 2015. 2. 12. 선고 2013후1726 판결.

만족하지 못하는 것으로 취급하여 이를 등록거절 · 무효로 하거나, 등록되었더라도 권리범위를 인정하지 않는 방법도 생각해 볼 수는 있을 것이다. 이를 통해 본디 '제조방법 청구항'으로 출원되어야 할 발명이 '물건 청구항'으로 출원되어 부당하게 넓은 권리를 취득하거나 분쟁을 초래하는 것을 사전에 막고, 보정이나 정정을 통해 사후에라도 이를 제조방법 청구항으로 변경하도록 유도한다는 장점을 부인할 수 없다. 그러나 이른바 '진정 PBP'와 '부진정 PBP'의 구별이 언제나 명확한 것이 아니라는 데 근본적 어려움이 있고, 이런 시도는 자칫 분쟁의 초점을 '진정 PBP'와 '부진정 PBP'의 판단 문제로 바꾸어 놓는 데 불과할 수도 있다. 그렇다면 제조방법이 기재된 물건 청구항을 일률적으로 둘 중 어느 것으로 간주하여 권리 '전부를' 부여하거나 배제하는 일도양단(一刀兩斷)의 해결보다는, 명세서에 나타난 기술개시의 정도에 비추어 물건으로서의 넓은 권리범위를 모두 인정하는 것이 부당한 경우 발명의 설명에 의해 뒷받침되는 제조방법에 한정하여 '부분적' 권리범위만을 인정하는 편이 보다 합리적인 해결책일 것이다.[61]

(3) 젭슨(Jepson)타입 청구항[62]

청구항의 전제부는 단순히 발명이 속하는 기술분야를 특정하거나, 발명의 핵심적 특징이나 목적을 기재하거나, 발명의 출발점이 된 신행기술을 석시하거나, 종속항에서 인용의 대상이 되는 청구항을 특정하는 등 다양한 내용으로 이루어질 수 있다. 그 중 선행기술을 비탕으로 개량발명에 이른 자가 선세부에 선행기술에 해당하는 부분을 거시하고, 그에 이어서 자신의 발명이 가지는 특징을 나타내는 형태로 구성한 청구항을 실무상 '젭슨(Jepson)타입 청구항'이라고 부른다.[63] 위 청구항은 기계나 장치의 발명 등에 관한 청구항에 흔히 사용되는바, "검은색이 포함된 두 개의 렌즈와 안경테로 이루어진 선글라스에 있어

61) 이런 논의의 상세는, 조영선, "특허청구범위 해석에 관한 일원론과 이원론의 재검토", 인권과 정의, 제461호(2016. 11), 82면 이하 참조.

62) 이는 미국의 특허실무에서 유래된 청구항의 유형으로서, 오래 전 이를 처음 사용한 사람의 이름에서 유래된 것이라 한다.

63) 유럽의 경우, EPC Rule 43(1)(a)에 따르면 청구항은 '당해 발명과 가장 가까운 공지기술의 구성'과 '위 공지기술과 구별되는 당해 발명만의 특징부'의 형태로 구성하도록 되어 있다. 이를 청구항의 '2단계 구성(two-part form)'이라고 하는데, 젭슨 타입 청구항은 유럽의 '위 2단계 구성'과 유사하다고 할 수 있다.

서(전제부), 상기 두 개의 렌즈에 자외선 차단제를 도포한 선글라스(특징부)"와 같은 것이 그 대표적 예이다.

이 경우 전제부에 기재된 '검은색이 포함된 두 개의 렌즈와 안경테로 이루어진 선글라스'는 당해 발명의 특징을 이루는 요소가 되지 않고 '두 개의 렌즈에 자외선 차단제를 도포한 것'에 위 발명의 기술적 특징이 있다. 그러나 만약 젭슨 타입의 청구항에서 전제부에 포함시킨 구성이 공지기술에 불과하더라도 발명의 모든 구성요소들은 유기적으로 일체를 이루기 때문에, 제3자의 실시형태가 침해를 구성하는지 여부가 문제될 때나 당해 발명의 신규성·진보성을 판단할 때는 전제부를 포함한 청구항의 모든 구성요소를 대비의 대상으로 삼아야 하고 특징부 만을 추출하여 대비의 대상으로 삼아서는 아니 된다.[64]

한편, 젭슨 타입 청구항의 전제부에 기재된 기술이나, 그 밖에 출원인이 명세서에 기재한 '종래기술'을 곧 '공지된 선행기술'로 보아, 추가 증명 없이도 당해 발명의 신규성·진보성 부인의 자료로 삼을 수 있는지는 별도의 검토를 요하며, 이는 발명의 신규성에 대한 설명 부분에서 따로 다루기로 한다.

(4) 마쿠쉬(Markush) 청구항

Markush 청구항은 1925년 이래 미국 특허청이 화학분야를 중심으로 인정하기 시작한 청구항의 작성방식으로서, 특정한 화학 구조 중 일부 구성요소를 특정하는 대신 동일한 효과를 가져올 수 있는 '복수 개의 구성요소 그룹 중 한 가지'라는 형태로 청구항을 기재하는 것을 말한다. 예컨대 'C_2H_5-R로 이루어진 화합물 중 상기 R이 W, X, Y, Z로 이루어진 그룹 중에서 선택되는 것'과 같이 기재하는 것이 그것이다.[65] 우리나라 특허청도 Markush 청구항이 유효함을 전제로 그에 관한 심사기준을 마련해 두고 있다.[66] Markush 청구항에서 선택의 대상이 되는 구성요소의 숫자에는 제한이 없고 각 구성요소가 나머지 구성요소와 화합함으로써 동일한 효과를 나타내는 이상 그룹 내의 각 구성요소가 물리적, 화학적 성질을 서로 달리하는 것들이어도 관계가 없다. 그러나 예컨대 그 중 일부 구성요소에 대하여는 선행기술에 의하여 진보성이 부

64) 대법원 2001. 8. 21. 선고 99후2372 판결; 대법원 2001. 9. 7. 선고 99후1584 판결; 대법원 2001. 12. 24. 선고 99다31513 판결; 대법원 2003. 10. 24. 선고 2002후1102 판결 등 참조.

65) Janice M. Mueller, *Patent Law(3rd. Edit.)*, 95면.

66) 특허청, 특허·실용신안 심사기준, 제2부 제5장 7.1.

인되는 반면, 나머지 구성요소에 관하여는 그렇지 않은 경우와 같이 각 구성요소 사이의 차이가 너무도 확연하다면 뒤에서 설명하는 발명의 단일성 원칙에 반하는 경우가 생길 수 있을 것이다.[67)]

4. 특허청구범위의 기재 방법

(1) 일반적 기재 방법

특허 청구항의 기재 양식이 법규에 정해진 바는 없으나, 통상적으로 하나의 청구항은 전제부(발명의 내용을 요약하거나, 그 발명 이전에 선행기술로서 그 발명이 출발점으로 하는 것을 밝혀 두거나, 특허를 청구하는 발명이 속하는 기술분야를 표시하는 문구로 이루어진다), 특징부(발명에 관하여 특허를 청구하는 구체적 기술구성을 나열하는 문구로 이루어진다), 연결부('… 을 포함하는', '… 로 구성된' 등과 같이 특징부에서 나열한 기술구성이 특허를 청구하는 충분조건인지 필요충분조건인지 등을 알 수 있는 표현으로 이루어진다) 그리고 종결부(주로 당해 발명을 규정하는 명칭을 나타낸다)로 이루어진다. 앞서 본 명세서에서는 '가위에 착탈 가능한 봉서 개봉용 스토퍼로서'가 전제부, '가위의 아래쪽 절단날(1)의 외측에 체결 수단(8, 9)에 의해 착탈 가능하게 부착되는 고정 부분(3)과, 상기 고정 부분(3)의 상단에서 직각 외향으로 절곡 연장되는 봉서지지 부분(5)과, 접힌 상태의 가위의 위쪽 절단날(2)의 바깥 면과 소정 거리만큼 이격 배치되어 절단하고자 하는 봉서의 끝부분과 접촉되는 멈춤 부분(7)과, 상기지지 부분(5)의 하단 일부분과 상기 멈춤 부분(7)의 하단 일부분을 대체로 U자형으로 연결하며, 맞물린 상태의 가위의 절난날(1, 2)의 일부의 외주를 에워싸는 연결 부분(6)으로 구성되며, 상기 봉서지지 부분(5)은 상기 아래쪽 절단날(1)의 절단부(4)과 동일한 높이로 형성되며, 상기 멈춤 부분(7)의 상단부는 상기 아래쪽 절단날(1)의 절단부(4)보다 높게 연장되는'이 특징부, '것으로 구성된'이 연결부, '봉서 개봉용 스토퍼'가 종결부에 해당한다.

(2) 특허청구범위 기재의 필수요건

특허법 제42조 제4항은 특허청구범위의 작성 시 준수하여야 할 요건을 정하고 있으며, 위 요건을 충족하지 못할 경우 특허등록의 거절사유(특허법 제

67) Janice M. Mueller, *Patent Law(3rd. Edit.)*, 96면.

62조 제4호)나 등록된 특허의 무효사유(특허법 제133조 제1항 제1호)가 된다.

1) 발명의 설명에 의하여 뒷받침될 것(특허법 제42조 제4항 제1호)[68]

㈎ **뒷받침 요건의 제도적 기능**

특허는 발명의 내용을 공중에게 공개한 대가로 주어지는 것이기 때문에 권리의 내용이 되는 특허청구범위 또한 그 구체적 내용이 발명의 설명에 의하여 뒷받침되어야 함은 당연하다. 발명의 설명에 기재하지 않은 사항을 특허청구범위에 기재하는 것은 결국 공개되지 아니한 기술을 보호하는 것에 다름 아니기 때문이다. 나아가 특허청구범위의 기재가 발명의 설명에 기재한 발명의 범위보다 지나치게 넓은 경우에도 발명이 설명에 의하여 뒷받침되었다고 볼 수 없다.

유의할 것은 특허청구범위의 기재가 발명의 설명에 의하여 개시된 구체적 기술내용의 상위개념에 속하는 등의 사유로 인하여 설명의 기재보다 넓다는 것만으로 모두 설명에 의하여 뒷받침되지 않는 것으로 단정할 수는 없다는 점이다.[69] 이를 지나치게 강조하면 발명의 설명에 기재된 기술내용에 약간의 변형만을 가하여 권리범위를 우회하는 제3자의 행태를 막을 수 없고, 이는 발명의 인센티브를 떨어뜨려 특허제도의 근간을 훼손할 수 있기 때문이다. 또한 출원인의 입장에서는, 청구항을 포괄적으로 구성할수록 넓은 권리범위를 가지게 되는 한편, 신규성·진보성 판단 시 선행기술과의 대비 대상이 되는 것 역시 청구항이기 때문에 폭넓은 청구항을 구성할수록 그만큼 큰 위험에 노출되게 된다. 이러한 청구항의 이율배반성은 출원인에게 유용한 자기통제 수단으로 기능하기 때문에 기본적으로는 청구항이 발명의 설명에 비하여 지나치게 넓은지에 법이 굳이 간여하지 않더라도 이 문제는 이러한 '보이지 않는 손'에 의하여 어느 정도 합리적으로 해결되기 마련이다.

한편, 당해분야에서 신규성 또는 진보성을 탄핵할 만한 선행기술이 적은 개척발명일수록 출원인은 발명의 설명의 한정된 기술개시에 근거하여 매우 추상적이고 폭넓은 청구항을 획득함으로써 강력한 권리범위를 구축하려 들기 쉽

68) 이에 대한 상세한 논의는, 조영선, "상세한 설명에 의한 특허청구항의 뒷받침," 고려법학 제66호(2012), 273면 이하 참조.

69) 앞서 '가위특허'의 명세서에 대한 설명 중 특허청구범위에 대한 설명 부분 및 기능적 청구항에 대한 설명을 참고할 것. 아래에 드는 대법원 2014. 9. 4. 선고 2012후832 판결도 참조.

다. 그러나 이는 후속·개량발명자의 연구개발에 대한 인센티브를 빼앗아 기술의 지속적 발달을 저해하기 때문에 일정한 조건과 한도에서 법이 개입하여 출원인이 지나치게 넓은 권리를 획득하지 못하도록 통제할 필요가 있다. 특허법 제42조 제 4 항 제 1 호는 이처럼 양면성을 가진 규범현실을 대상으로 정책적 기능을 수행하는 규정이라 할 수 있다.

⇨ 대법원 2014. 9. 4. 선고 2012후832 판결

특허법 제42조 제 4 항 제 1 호는 특허청구범위에 보호받고자 하는 사항을 기재한 청구항이 발명의 상세한 설명에 의하여 뒷받침될 것을 규정하고 있는데, 이는 특허출원서에 첨부된 명세서의 발명의 상세한 설명에 기재되지 아니한 사항이 청구항에 기재됨으로써 출원자가 공개하지 아니한 발명에 대하여 특허권이 부여되는 부당한 결과를 막으려는 데에 취지가 있다. 따라서 특허법 제42조 제 4 항 제 1 호가 정한 위와 같은 명세서 기재요건을 충족하는지 여부는, 위 규정 취지에 맞게 특허출원 당시의 기술수준을 기준으로 하여 그 발명이 속하는 기술분야에서 통상의 지식을 가진 자(이하 '통상의 기술자'라 한다)의 입장에서 특허청구범위에 기재된 사항과 대응되는 사항이 발명의 상세한 설명에 기재되어 있는지 여부에 의하여 판단하여야 하고, 규정 취지를 달리하는 특허법 제42조 제 3 항 제 1 호가 정한 것처럼 발명의 상세한 설명에 통상의 기술자가 그 발명을 쉽게 실시할 수 있도록 명확하고 상세하게 기재되어 있는지 여부에 의하여 판단하여서는 아니 된다.

(나) 뒷받침 요건의 충족여부 판단

청구항이 발명의 설명에 의하여 뒷받침되지 않는 경우는 ⅰ) 청구항과 발명의 설명 기재에 형식상 불일치가 존재하는 유형과[70] ⅱ) 발명의 설명에 기재된 내용에 비하여 청구항이 지나치게 넓은 유형으로 나누어 볼 수 있는바,

70) ⅰ) 유형은 대체로 ⓐ 청구항에 기재된 사항과 대응되는 사항이 발명의 설명에 직접적으로 기재되어 있지 않고 암시도 되어 있지 않는 경우(예컨대, 청구항에는 초음파모터를 이용한 발명에 대해서만 기재하고 있으나 발명의 설명에는 초음파모터를 이용한 발명에 대해서는 전혀 기재되어 있지 않고 직류모터를 이용한 발명만 기재하고 있는 경우 : 특허청, 특허·실용신안 심사기준, 제 2 부 제 4 장 3.(2)), ⓑ 발명의 설명과 청구항에 기재된 발명 상호간에 용어가 통일되어 있지 않아 양자의 대응관계가 불명료한 경우, ⓒ 청구항에 기재된 사항이 특정 기능을 수행하기 위한 '수단(means)' 또는 '공정(step)'으로 기재되어 있으나 이들 수단 또는 공정에 대응하는 구체적인 구성이 발명의 설명에 기재되어 있지 않는 경우 등을 생각할 수 있다. ⅰ) 유형의 부적법성은 명세서 기재에서 분명한 경우가 대부분이다.

그 중 어려운 판단의 문제를 낳는 것은 ii) 유형이다.

특허청구범위의 기재가 발명의 설명에 의하여 뒷받침되고 있는지 여부는 통상의 기술자의 입장에서 특허청구범위에 기재된 발명과 대응되는 사항이 발명의 설명에 기재되어 있는지와, 발명의 설명에 개시된 내용을 특허청구범위에 기재된 발명의 범위까지 확장 또는 일반화할 수 있는지에 달려 있다.[71] 통상의 기술자의 기술수준이 높아서 발명의 설명에 나타난 기술개시만으로도 상당한 정도까지 그 상위개념이나 나머지 기술내용을 유추하는 것이 가능하다면 특허청구범위가 발명의 설명에 의해 뒷받침되어야 할 필요성과 정도는 낮은데 비하여 통상의 기술자의 기술수준이 낮아서 발명의 설명에 구체적으로 개시된 기술 내용 외에는 그 상위개념이나 나머지 기술내용을 유추하는 것이 곤란하다면 특허청구범위 역시 발명의 설명에 의하여 구체적으로 뒷받침된 것에 한하여 유효하다고 해야 한다.

발명의 설명에서 실시 예는 필요가 있을 때에 당해 발명의 구성이 실제로 어떻게 구체화되는지를 나타내기 위하여 기재된다. 발명의 실시 예는 특허출원인이 가장 좋은 결과라고 생각되는 것을 가능한 여러 종류를 들어서 기재하고, 필요에 따라 구체적 수치를 사용하기도 하나 특허법상 의무적 기재사항은 아니다.[72] 일반적으로 화학분야에서는 발명의 설명에 필요한 화학식을 기재하는 것 외에도 실시 예가 요구되는 경우가 많은데, 화학식은 물질의 화학반응이나 구조를 이론을 기초로 하여 기호로 표현한 것이지만, 이론적으로 가능한 화학반응이 실제에 있어서는 여러 가지 알려지지 않은 제약으로 인하여 나타나지 않는 경우도 많아서 그와 같은 발명이 현실적으로도 이루어졌음을 보여야 할 필요가 강하기 때문이다. 화학이나 제약 분야 발명에서 실시 예를 통해 확인된 효과 이외에 청구항에 상위개념으로 기재한 발명의 효과를 발명자나 출원인 스스로도 알지 못하는 것으로 보인다면 그러한 범주에까지 권리를 부여하는 것은 부당하다.[73] 아울러, 수치한정 발명이나 기존 물질에 대한 용도발명처럼 선행

---

71) 대법원 2016. 5. 26. 선고 2014후2061 판결.

72) 반면, 미국 특허법은 특허 명세서에 최적실시 예(Best Mode)를 기재하도록 요구하고 있다(35U. S. C. §112).

73) 대법원 1996. 6. 14. 선고 94후869 판결이 이를 잘 보여준다. 이 사건에서 출원인은 4개의 서로 다른 Serotype 가운데 하나의 type(종)에 해당하는 균주를 기초로 HFRSV 백신을 개발하였을 뿐임에도 위 4개의 타입 전부를 아우르는 속(Genus)인 Hantavirus를 청구항으로

기술의 내용을 '한정'하는 데 기술적 의미가 있는 발명에서 그 한정의 범위를 넘는 상위개념 전체를 권리로 하는 청구항 역시 허용되어서는 안 된다.

특허법 제42조 제 2 항은 특허출원서에는 발명의 설명, 특허청구범위를 기재한 명세서와 더불어 필요한 도면 및 요약서를 첨부하여야 한다고 규정하고 있는바, 도면은 특허출원서에 반드시 첨부되어야 하는 것은 아니고 도면만으로 발명의 설명을 대체할 수는 없는 것이지만, 도면은 실시례 등을 구체적으로 보여줌으로써 발명의 구성을 더욱 쉽게 이해할 수 있도록 해 주는 것으로서 도면이 첨부되어 있는 경우에는 도면 및 도면의 간단한 설명을 종합적으로 참작하여 발명의 설명이 청구항을 뒷받침하고 있는지 여부를 판단할 수 있다.[74]

➾ 대법원 2004. 12. 9. 선고 2003후496 판결

이 사건 특허발명의 특허청구범위 제1, 2, 4, 5항에는 모두 떡소로서 '크림'을 이용하거나 '크림'을 주입한다고만 기재되어 있을 뿐이며 이를 특별히 한정하는 기재는 없고, 이 사건 특허발명의 기술분야와 같은 떡류를 포함한 과자류에서 '크림'이라고 함은 우유에서 분리한 지방분 또는 이것을 원료로 하여 다른 재료를 배합한 식품을 의미함을 알 수 있으며, 팥소보다 수분 함량이 많은 크림은 떡소로 사용하지 않는다는 것이 그 분야의 기술상식이라고 볼 만한 사정도 없다. 그러므로 이 사건 특허발명의 특허청구범위 제1, 2, 4, 5항에 기재된 '크림'은 수분 함량과 관계없이 우유에서 분리한 지방분 또는 여기에 다른 재료를 배합한 식품이라는 의미로 그 분야의 평균적 기술자에게 명확히 이해되는 용어에 해당할 뿐, 발명의 상세한 설명을 참작하지 않으면 이해할 수 없는 용어라거나 그 기재가 오기임이 발명의 상세한 설명의 기재에 비추어 보아 명확하다고 할 수 없다. 그런데 이 사건 특허발명의 상세한 설명에서 '크림'에 관하여 기재한 내용에 의하면, 여기에서는 수분 함량이 적어도 떡(생지)보다 낮아서 떡(생지)으로 수분 이행을 초래하지 아니하는 크림만을 떡소로 하는 떡의 구성 및 효과를 설명하고 있다고 보인다. 결국 이 사건 특허발명의 특허청구범위 제1, 2, 4, 5항의 기재는 발명의 상세한 설명에 기재된 발명의 공헌도에 비추어 지나치게 넓은 경우로서 발명의 상세한 설명에 의하여 뒷받침되지 아니한다.

삼고 있다. 판례는 위 각 Serotype들은 숙주세포의 감수성, 온도안정성, 항원성 및 병원성 등에서 서로 차이가 있고, 감염방어효과도 다를 수 있음에도 상세한 설명에는 그 중 하나인 HFRSV 백신에 대한 기술개시만이 이루어져 있으므로, 청구항은 상세한 설명에 의해 충분히 뒷받침되지 않는다고 판시하였다.

74) 대법원 2006. 10. 13. 선고 2004후776 판결.

⇨ 특허법원 2008. 7. 24. 선고 2007허10224 판결

청구항 1 발명은, "가변 도메인이 CDRH1로서 도3의 H1(서열번호:1), CDRH2로서 도3의 H2'(서열번호:2) 또는 도3의 H2(서열번호:7), 또는 CDRH3으로서 도3의 H3(서열번호:3)으로 주어진 서열로 이루어진 CDR을 포함하는 중쇄를 포함하고, CDRL1로서 도3의 L1(서열번호:4), CDRL2로서 도3의 L2(서열번호:5), 또는 CDRL3으로서 도3의 L3(서열번호:6)으로 주어진 서열로 이루어진 CDR을 포함하는 경쇄를 포함하는, 인간 TNFα에 대한 특이성을 갖는 항체 분자"이다. 이처럼 청구항 1 발명은 중쇄와 경쇄의 CDR 6개 모두를 선택한 경우뿐만 아니라 중쇄와 경쇄 중 각 하나씩만 선택한 경우 등도 그 권리범위로 하고 있는데, 이 사건 출원발명의 명세서 중 발명의 상세한 설명에는 선택하지 않은 CDR로 어떤 CDR이 올 수 있는지, 그런 경우에 인간 TNFα에 대한 특이성을 갖는지 여부 등에 대하여 전혀 기재되어 있지 않아서, 이 사건 출원발명과 관련된 기술분야에서 평균적 기술 능력을 가진 사람의 입장에서 볼 때, 그 기술구성과 작용효과를 이해할 수 없다고 할 것이다. 그리고 위의 경우에는 이 사건 출원발명이 발명하여 상세한 설명에 기재한 중쇄와 경쇄의 CDR 6개 모두를 선택한 발명인 hTNF40 항체와 CDP870 항체보다 그 기술범위가 넓다고 할 것이다. 따라서, 청구항 1 발명은 발명의 상세한 설명에 의하여 그 기술구성과 작용효과를 모두 이해할 수 없을 뿐만 아니라, 발명의 상세한 설명에서 기재된 발명의 공헌도에 비추어 지나치게 넓은 경우로 발명의 상세한 설명에 의하여 뒷받침되지 않는다.

(다) 정책적 고려에 대한 최근의 논의

그 밖에 특허 침해소송 등에서 청구항의 뒷받침 요건을 판단함에 있어 근래 미국 등을 중심으로, i) 개척발명에는 청구항 뒷받침 요건을 보다 너그럽게 적용하여 강력하고 넓은 권리를 부여함으로써 '발명의 인센티브'를 확보하는 것이 바람직하다거나,[75][76] ii) 특허발명의 사후에 개량된 기술(after rising technology)이 문언 상 선행 특허의 권리범위에 속하더라도 실제로는 그 권리가 미치지 않도록 특허청구범위를 해석함으로써 후속발명의 인센티브를 유지하고 분쟁으로 인한 사회적 비용을 줄일 필요가 있다거나, iii) 특허권이 기술의 개발 촉진이라는 본래의 목적보다는 상대방을 억압하는 '경쟁의 무기'로 수집, 확보되는 경향이 있는 산업분야에서는 지나치게 권리범위가 넓고 강력한 특허

75) 유럽 특허청(EPO)의 심사기준은 이를 명시하고 있다 : EPO Guideline(2017) F. Ⅳ. 6.2.

76) 다만, 개척발명이라는 이유로 지나치게 일반화되어 넓은 권리범위를 인정하는 경우 후속발명의 의지를 좌절시키는 등의 부작용이 동시에 수반됨을 유의할 필요가 있다.

가 부여되지 않도록 청구항 뒷받침 요건을 발명의 구조·기능을 중심으로 지금보다 한층 엄격하게 요구하는 것이 바람직하다는 등 정책적 고려가 반영된 견해들이 개진되고 있다.

2) 발명이 명확하고 간결하게 기재될 것

특허청구범위는 권리의 내용을 확정하는 문언이기 때문에 가급적 명확하고 간결하게 기재되어야 차후 분쟁의 여지를 줄일 수 있게 된다. 그렇기 때문에 앞서 기능적 청구항에 관한 대법원 판례[77]에서 살펴본 바와 같이, 특허청구범위에는 발명의 구성을 불명료하게 표현하는 용어는 원칙적으로 허용되지 아니한다.

⇨ 대법원 2017. 4. 7. 선고 2014후1563 판결

이 사건 제12항 발명에 기재된 'X'가 '1 내지 20개의 탄소 원자를 갖는 기' 전체를 의미하는지, 아니면 그중에서 '분지 또는 비분지 알킬 또는 알콕시기'를 의미하는지가 반드시 명확하지는 않아 특허청구범위를 둘러싸고 분쟁이 발생할 소지가 있다. 이처럼 특허청구범위의 기재 내용이 관점에 따라 다양한 방식으로 해석될 수 있는 경우에는 특허청구범위로서 요구되는 명확성과 간결성 요건을 충족하지 못하였다고 보아야 한다. 그리고 이 사건 출원발명의 명세서 중 발명의 상세한 설명에는 이 사건 기재와 동일한 내용만이 적혀 있을 뿐이므로, 이러한 발명의 상세한 설명을 참작한다고 하더라도 'X'가 어느 것을 의미하는지가 여전히 명확하지 않다. 따라서 이 사건 기재를 포함하고 있는 이 사건 제12항 발명은 발명이 명확하게 적혀 있다고 보기 어려우므로, 특허법 제42조 제 4 항 제 2 호의 요건을 충족하지 못하였다.

(3) 특허청구범위 작성방법의 다양화

특허청구범위를 기재할 때에는 보호받고자 하는 사항을 명확히 할 수 있도록 발명을 특정하는데 필요하다고 인정되는 구조·방법·기능·물질 또는 이들의 결합관계 등을 기재하여야 한다(특허법 제42조 제 6 항). 2006년 특허법 까지는 '특허청구범위에는 발명의 구성에 없어서는 아니 되는 사항만으로 기재되어야 한다'[78]고 하여 특허청구범위를 '구성' 위주로 작성하도록 되어 있었

77) 대법원 1998. 10. 2. 선고 97후1337 판결.

78) 2006년 특허법 제42조 제 4 항 제 3 호.

다. 그러나 발명의 '구성'이라 함은 개념상 '물리적 구조'에 친한 것이어서 화학이나 유전공학 관련 발명, 컴퓨터프로그램 관련 발명, BM 발명 등과 같이 물리적인 구조를 갖지 않은 발명의 특허청구범위를 작성함에 있어서는 여러모로 부자연스럽거나 어려운 점이 많다. 아울러 판례가 특정한 구성을 기재하지 않는 '기능적 청구항'을 일정한 요건 아래 적법한 청구항 기재형태로 인정해 오고 있는 점도 고려하여 현재와 같이 특허청구범위 작성 방법이 유연하게 개정되었다.

⇨ 대법원 2007. 9. 6. 선고 2005후1486 판결

특허청구범위가 기능, 효과, 성질 등에 의한 물건의 특정을 포함하는 경우, 그 발명이 속하는 기술분야에서 통상의 지식을 가진 자가 발명의 상세한 설명이나 도면 등의 기재와 출원 당시의 기술상식을 고려하여 특허청구범위에 기재된 사항으로부터 특허를 받고자 하는 발명을 명확하게 파악할 수 있다면 그 특허청구범위의 기재는 적법하다.

한편, 과거 법이 '특허청구범위에는 발명의 구성에 없어서는 아니 되는 사항만으로 기재되어야 한다'는 규정을 두었던 것은 이른바 '구성요소 완비의 원칙(All Elements Rule)', 다시 말해서 '특허 등록 후에 청구항에 기재되어 있지 아니하였던 구성요소를 마치 기재된 것처럼 해석하거나 반대로 일부 구성요소를 필수구성요소가 아니라고 주장할 수 없다는' 청구범위 해석원칙을 뒷받침하는 법문 상 근거로도 인식되어 왔다.[79] 이런 해석원칙은 위 조항의 삭제와 관계없이 여전히 유효하다고 볼 것이다. 일본 특허법 제36조 제5항도 '각 청구항마다 특허출원인이 특허를 받고자 하는 발명을 특정하는 데 필요하다고 인정되는 사항의 모든 것을 기재하도록' 요구하고 있는바, 이는 청구항에 기재된 사항이 발명을 특정하는 필수구성요건임을 명시적으로 정의하여 특허권의 보호범위를 명확히 하기 위한 선언적 규정으로 이해되고 있다.[80]

(4) 특허청구범위 제출 유예

특허출원일은 명세서 및 필요한 도면을 첨부한 특허출원서가 특허청장에

79) 대법원 2006. 11. 24. 선고 2003후2072 판결 등.

80) 吉藤幸朔, 特許法概說(第13版) 번역판, 대광서림(2000), 313~314면.

게 도달한 날로 한다. 이 경우 명세서에 청구범위는 적지 아니할 수 있으나, 발명의 설명은 적어야 한다(특허법 제42조의 2 제 1 항). 이로써, 일단 발명의 실체가 완성되었다면 특허청구범위가 없는 상태에서도 출원일을 선점할 수 있다. 그 경우 늦어도 출원일부터[81] 1년 2개월이 지나기 전에 명세서에 청구범위를 적는 보정을 해야 하며(제42조의 2 제 2 항) 그 전이라도 스스로 심사청구를 하려면 청구범위를 적는 보정을 해야 한다(특허법 제59조 제 2 항 제 1 호). 제 3 자에 의한 심사청구가 있는 경우에는 그 통지를 받은 날부터 3개월 내에 보정을 완료해야 한다.[82] 위 각 기한 내에 청구범위를 보정하지 않으면 기한 만료 다음날에 해당 특허출원은 취하간주된다(특허법 제42조의 2 제 3 항).

특허법이 청구범위의 제출유예제도를 두고 있는 이유는 다음과 같다. 첫째, 특허청구범위는 특허 등록을 위한 심사단계에서는 선원저촉 여부, 신규성·진보성 판단을 위하여 선출원 발명이나 선행기술과 대비되는 대상이고 특허등록이 이루어진 이후에는 그 자체로서 권리의 외연을 이루므로 신중하게 기재되어야 한다. 따라서 발명자는 특허 가능성, 독점실시나 실시권의 설정 등 가능한 권리행사의 형태, 발명의 사업성 등을 종합적으로 고려하여 특허청구범위를 확정하는 것이 바람직하다. 그러나 선출원제도 아래에서는 발명자가 출원을 서두를 수밖에 없는데다가 특허청구범위를 특허출원과 동시에 제출하도록 요구하고 있는 한 발명자가 특허청구범위를 충분한 시간을 두고 고려하여 작성할 시간적 여유가 부족하다. 따라서 출원인으로 하여금 발명의 실체에 해당하는 발명의 설명만으로 출원을 가능하도록 하고 특허청구범위는 발명이 공개되어 이해관계 있는 제 3 자가 생기기 전까지 보정하면 되도록 할 필요가 있다.

둘째, 대학이나 연구기관에서 작성되는 논문이나 보고서와 같이 기술의 실체는 모두 포함하고 있으면서 특허청구범위에 대한 기재가 없는 문헌의 경우, 기술내용을 발명의 설명 형태로만 손보아 손쉽게 출원할 수 있는 길을 열어줌으로써 일선에서의 특허출원을 독려할 필요가 있다.

---

81) 단, 우선권주장 출원이 있는 경우에는 그 기초가 된 출원일이나 선출원일 등이 여기에 해당한다(상세는 특허법 제64조 제 1 항 각 호).

82) 출원인이 그 청구사실을 통지받은 날부터 3개월이 되는 날과 출원일부터 1년 2개월이 되는 날 가운데 더 빠른 날이 보정의 마감일이다(제42조의 2 제 2 항).

셋째, 비교법적으로도 미국은 특허청구범위를 생략한 출원서만 제출할 수 있는 '가출원 제도(provisional application)'[83]를 운영하고 있으며, PLT(특허법조약)에도 이와 유사한 출원일 설정제도(제5조)가 도입되었는바,[84] 위와 같은 국제적 경향에 부응할 필요도 있다.

Ⅲ. 발명의 설명

1. 발명의 설명의 기재요건

(1) 발명의 설명의 이율배반성

특허는 발명의 내용을 공중에게 공개하는 대가로 부여받는 독점권이다. 그러한 제도의 취지를 충분히 살리려면 발명의 설명에는 출원인이 알고 있는 발명의 모든 내용이 최대한 자세하고 친절하게 개시(開示)되어야 할 것이다. 그러나 발명의 실체가 자세하게 개시될수록 경쟁자가 발명을 완벽하게 이해하여 시장에 진입하거나 우회 또는 개량발명을 수행하기 쉬워지는 것도 사실이다. 대부분의 출원인은 그러한 결과를 달가워하지 않으며, 특허는 부여받으면서도 발명의 내용은 가급적 모호하게 표현하려는 유혹을 겪기 쉽다. 이러한 이율배반은 특허제도에 내재된 불가피한 속성이라고 할 수밖에 없고, 그 때문에 법이 관여하여 특허 부여를 위해 필수적으로 요구되는 발명의 개시정도와 방법에 관하여 기준을 제시하고 집행하지 않으면 안 된다. 그것이 특허법 제42조 제3항의 존재이유이다.

(2) 요구되는 개시의 정도와 방법

발명의 설명은 그 발명이 속하는 기술분야에서 통상의 지식을 가진 사람

83) 청구항의 기재 없이 발명에 관한 서면 설명서와 도면 및 발명자의 이름을 미국 특허청에 접수하면 그 접수일을 가출원일로 확보할 수 있으며, 가출원일로부터 12개월 이내에 정규 출원하면 청구항에 기재된 발명 중 가출원에 의하여 뒷받침되는 발명은 가출원일로 출원일을 소급받게 된다. 다만 가출원일로부터 12개월이 경과하면 가출원은 자동으로 포기 간주된다{35 U.S.C. §111(b)}.

84) ① 출원의 의사표시, ② 출원인의 신원표시, ③ 가명세서를 제출하면 출원일을 설정받을 수 있다. 출원일 설정을 위해서는 청구범위가 필요치 않으며 제6조에 의한 정규 출원 시 청구범위를 제출하면 된다.

이 그 발명을 쉽게 실시할 수 있도록 명확하고 상세하게 적어야 한다(특허법 제42조 제 3 항 제 1 호).[85] 발명의 설명에는 ① 발명의 명칭, ② 기술분야, ③ 발명의 배경이 되는 기술, ④ 해결하려는 과제, ⑤ 과제의 해결 수단, ⑥ 발명의 효과, ⑦ 도면의 간단한 설명, ⑧ 발명을 실시하기 위한 구체적 내용, ⑨ 그 밖에 그 발명이 속하는 기술분야에서 통상의 지식을 가진 자가 그 발명의 내용을 쉽게 이해하기 위하여 필요한 사항을 기재해야 한다(특허법시행규칙 제21조 제 3 항). 2006년 특허법 이전에는, 발명의 상세한 설명에 발명의 목적·구성·효과를 기재하게 되어 있었지만, 발명의 유형에 따라서는 이런 형식성이 부적절한 수가 있고, 이는 국제적 기준에도 맞지 않기 때문에 이런 제한이 없어지고 출원인으로서는 발명의 실질적 내용에 비중을 두어 이를 보다 적절하게 기술(記述)할 수 있게 되었다. 이처럼 발명의 설명에 대한 형식적 기준은 폐지가 되었지만, 발명의 내용을 설명함에 있어 이를 '목적·구성·효과'에 입각하여 기술하는 것이 여전히 유용하고 합리적인 경우도 많을 것이다.

실무상 특허법 제42조 제 3 항 제 1 호의 발명의 설명 기재방법을 위반한 경우를 법 제42조 제 4 항의 특허청구범위 기재방법을 위반한 경우와 함께 '명세서 기재불비'라고 부른다. 그리고 발명의 설명 기재방법을 위반한 경우를 특정하여 '발명의 설명 기재불비'라고 부르기도 한다.

⇨ 대법원 2016. 5. 26. 선고 2014후2061 판결

발명의 설명은 특허출원된 발명의 내용을 제 3 자가 명세서만으로 쉽게 알 수 있도록 공개하여 특허의 대상이 되는 기술의 내용과 범위를 명확하게 하기 위한 것이다. 구체적으로는, '물건의 발명'의 경우 발명의 '실시'란 물건을 생산, 사용하는 등의 행위를 말하므로, 물건의 발명에서 통상의 기술자가 특허출원 당시의 기술수준으로 보아 과도한 실험이나 특수한 지식을 부가하지 않고서도 발명의 상세한 설명에 기재된 사항에 의하여 물건 자체를 생산하고 사용할 수 있고, 구체적인 실험 등으로 증명이 되어 있지 않더라도 특허출원 당시의 기술수준으로 보아 통상의 기술자가 발명의 효과의 발생을 충분히 예측할 수 있다면, 위 조항에서 정한 기재요건을 충족한다.

85) 실무상, 특허법 제42조 제 3 항의 발명의 설명 기재 요건 가운데 '통상의 지식을 가진 자가 발명을 쉽게 실시할 수 있도록'을 '실시가능 요건', '명확하고 상세하게 기재'를 '기재방법 요건'이라고 부른다.

(3) 배경기술 기재의무

배경기술이라 함은 발명의 기술상 의의를 이해하는 데에 도움이 되고 선행기술 조사 및 심사에 유용하다고 생각되는 종래의 기술을 말한다.[86]

미국은 판례법상 출원인의 선행기술에 대한 정보개시의무가 인정되어 오고 있으며 특허법규칙에 성문규정이 마련되어 있다.[87] 일본 특허법 또한 출원인의 선행기술에 대한 정보개시의무를 인정하고 있고(일본 특허법 제36조 제4항 제2호) 유럽특허협약(EPC)에 따르면 심사관은 출원인에게 출원발명에 대하여 일정한 선행기술 정보의 제공을 요청할 수 있는바,[88] 특허법 제42조 제3항 제2호는 이러한 예들을 참고한 것으로 보인다.

배경기술의 기재가 부적법한 것으로 인정되는 경우에 심사관은 거절이유를 통지하고,[89] 출원인이 그에 상응하는 보정을 수행하지 아니하면 당해 출원은 등록거절에 이른다(특허법 제62조 제4호, 제42조 제3항).[90][91]

2. 미완성 발명과 발명의 설명 기재불비

(1) 의 의

미완성 발명은 발명이 특허보호의 대상이 될 만한 정도에 이르지 못하였다고 평가되는 경우로서, ① 단순한 과제 또는 착상의 제기에 그치고 그 실현방법을 모르는 것, ② 발명의 목적을 달성하기 위한 수단의 일부 또는 전부가 결여되어 발명의 목적달성이 실제로 불가능한 것, ③ 과제의 해결수단이 막연하여 구체화할 수 없는 것 또는 그 수단만 가지고는 목적을 달성할 수 없는 것, ④ 발명의 구성이 구체적으로 제시되어 있더라도 그 구성이 해결수단으로 인정되기 위해서는 실험결과 등의 구체적인 뒷받침을 필요로 함에도 불구하고

---

86) 특허청, 특허·실용신안 심사기준, 제2부 제3장 4.1.

87) 37 C.F.R. 1.56.

88) EPC Part Ⅶ Chpter Ⅰ. Art. 124.

89) 특허청, 특허·실용신안 심사기준, 제2부 제3장 4.4.와 4.5.

90) 다만, 배경기술 기재의무의 불이행은 특허등록을 무효로 하는 사유는 아니다(특허법 제133조 제1항 제1호 참조).

91) 그러나 출원인이 알고 있는 배경기술을 개시하지 않거나 충실히 개시하지 않더라도 그 고의성을 확인할 객관적 기준이 분명치 않아 제재를 가하기란 쉽지 않으며, 이를 자발적으로 유도할 인센티브도 충분치 않은 것이 현실이다. 이는 제도의 실효성에 영향을 주는 큰 문제일 것이다.

(주로 화학발명) 그 뒷받침이 없는 것을 말하며, ⑤ 미생물 관련 발명에서 통상의 기술자가 그 미생물을 용이하게 입수할 수 없음에도 발명자가 그 미생물을 지정기관에 기탁하지 않은 경우와[92] ⑥ 발명의 성질상 위험방지, 안전 확보의 수단이 불가결함에도(예컨대, 원자력 이용발명) 그것이 미해결인 상태인 경우 또한 학설상 미완성 발명으로 취급되기도 한다.[93] 과거 판례[94]는 "특허를 받을 수 있는 발명은 완성된 것이어야 하고 완성된 발명이란 그 발명이 속하는 분야에서 통상의 지식을 가진 자가 반복 실시하여 목적하는 기술적 효과를 얻을 수 있을 정도까지 구체적, 객관적으로 구성되어 있는 것"이라고 하였다.[95] 그러나 최근에는 "발명이 속하는 분야에서 통상의 기술자가 반복 실시할 수 있고, 발명이 목적하는 기술적 효과의 달성 가능성을 예상할 수 있을 정도로 구체적, 객관적으로 구성되어 있으면 발명은 완성되었다고 보아야 한다"고 하여 발명의 완성에 대한 판단기준을 다소 완화하였다.[96] 기술의 발달 속도와 고도화 추세에 비추어 심사단계에서 심사관에게 발명이 목적하는 기술적 효과의 달성 여부를 단정적으로 판단하도록 하는 것은 지나친 면이 있고, 출원인이 미완성 발명이라는 거절이유로 섣불리 보정의 기회를 박탈당하지 않도록 배려하는 것이라고 한다.[97]

⇨ 대법원 1992. 5. 8. 선고 91후1656 판결

인용발명의 명세서에 외래유전자인 인간 EPO 게놈 DNA의 취득과정과 이를 이용한 EPO의 제조과정이 상세히 기재되어 있을 뿐 외래유전자인 인간 EPO 게놈 DNA의 염기서열이 명확하지 아니하고, 외래유전자인 인간 EPO 게놈 DNA가 지정기관에 기탁도 되어 있지 아니하여 용이하게 이를 얻을 수 없다면, 인용발명은 명세서에 기재된 기술구성이 당해 발명이 속하는 분야에서 통상의 지식을

92) 대법원 1997. 3. 25. 선고 96후658 판결.

93) 단, 이 경우는 산업상 이용가능성이 없다고 하는 설, 공중위생을 해할 우려가 있는 발명이라고 해석해야 한다는 설, 발명효과의 기재에 흠이 있다는 설 등이 대립되고 있다.

94) 대법원 1994. 12. 27. 선고 93후1810 판결.

95) 아울러, 그 판단은 특허출원의 명세서에 기재된 발명의 목적, 구성 및 작용효과 등을 전체적으로 고려하여 출원 당시의 기술수준에 입각하여 판단하여야 할 것이라고 한다.

96) 대법원 2019. 1. 17. 선고 2017후523 판결.

97) 손천우, "미완성 발명의 판단기준 - 대법원 2019. 1. 17. 선고 2017후523 판결을 중심으로 -", 지식재산연구 제14권 제 4 호(2019. 12), 159~160면.

가진 자가 명세서의 기재에 의하여 반복실시하여 목적하는 기술적 효과를 얻을 수 있을 정도까지 구체적, 객관적으로 개시되어 있다고 할 수 없으므로 완성된 발명이라 할 수 없다.

⇒ 특허법원 2001. 11. 9. 선고 2001허1471 판결(확정)

이 사건 출원발명은 공중에 수직으로 뜨기만 하는 상태에서는 아래 방향으로 작용하는 무게중심과 위 방향으로 작용하는 양력중심이 일치하므로 기체의 안정이 유지될 수 있을 것으로 보이지만, 기체의 무게중심을 이동하게 되면 아래 방향으로 작용하는 무게중심과 위 방향으로 작용하는 양력중심 사이에 거리가 생기는 결과, 크기가 동등하고 서로 반대방향에 평행으로 작용하는 우력(偶力)이 발생되게 되며 그로 인하여 기체가 회전함으로써 곧 전복되어 추락하게 될 것이므로, 이 사건 출원발명은 무게중심의 이동에 의한 기체회전을 방지할 수 있는 수단이 결여되어 정상적인 비행의 목적을 달성할 수 없는 미완성 발명에 해당한다.

(2) 취　　급

'발명의 설명 기재불비'는 발명이 그 자체로는 성립하였음을 전제로 다만 발명의 설명에 그 발명의 내용에 대한 공개가 제대로 이루어지지 않은 것을 의미하는 반면, '미완성 발명'은 발명이 아예 성립에 이르지 못한 것을 의미하므로 양자는 개념상 차이가 있다. 미완성 발명인 경우에는 특허법 제29조 제1항에 의하여 등록이 거절되나 발명의 설명 기재불비는 특허법 제42조 제3항에 의하여 등록이 거절되므로 그 적용법조가 서로 다를 뿐 아니라, 기재불비의 경우에는 뒤에서 보는 바와 같이 출원의 '보정'을 통하여 하자를 치유하는 길이 열려 있는 반면 미완성 발명에는 보정을 생각할 수 없다. 왜냐하면, 전자는 이미 완성된 발명에 관하여 특허 출원절차에 문제가 있는 것에 지나지 않으나 후자는 실제로 발명을 이루지 못한 자가 우선 특허출원을 하여 유리한 절차상의 지위를 선점해 둔 뒤 나중에 발명을 완성함으로써 특허에 관한 선출원의 지위를 잠탈하는 결과를 낳을 수 있기 때문이다. 그 밖에, 미완성 발명에는 선원의 지위가 인정되지 않고, 우선권 주장과 관련하여 제1국 출원이 미완성인 때에는 제2국 출원이 완성 발명이라고 해도 우선권 주장이 인정되지 않으며, 분할출원에서는 원출원 발명이 미완성이면 출원일 소급이 인정되지 않는다. 그러나 실제에 있어서 상세한 설명의 기재가 불충분한 경우, 그것이 단순한 기재불비인지 발명 자체가 미완성이기 때문인지 여부를 판가름하는 것은 쉬운 일이 아니다. 아울러 특허법이 보정 시 신규사항 추가를 엄격히 금지하기 때문에 미완성 발명으로 출원한 출원인이 사후에 발명을 완성하고 보정을 통해 권리를 획득하는 것 또한 쉽지 않다. 심사 실무는, 명백한 경우가 아닌 한 대체로 발명의 미완성을 이유로 등록을 거절하기보다는 명세서의 기재불비를 거절이유로 삼아 출원인에게 보정의 기회를 부여하는 것을 선호하는 것 같다.[98] 미국의 경우에도 발명의 미완성을 거절이유로 하는 것이 아니라 미국 특허법 §112의 명세서 기재요건 중 Enablement 요건의 미 충족으로 처리하며, 유럽특허청(EPO) 심사기준도 이 경우 명세서 개시 불충분으로 취급하고 있다.[99] 일본 역시 1990년대 중반 이후 특허심사기준에서 '미완성 발명'의 개념을 삭제하는 대신 이를 '실시가능요건'의 문제로 다루고 있어 미완성 발명임을 이유로 한 거절은 감소추세라고 한다.[100]

(3) 판례의 태도

판례는, 의약의 용도발명에 있어 "그 출원 전에 명세서 기재의 약리효과를 나타내는 약리기전이 명확히 밝혀진 경우와 같은 특별한 사정이 있지 않은 이상, 특정 물질에 그와 같은 약리효과가 있다는 것을 약리데이터 등이 나타난 시험예로 기재하거나 또는 이에 대신할 수 있을 정도로 구체적으로 기재하여야만 비로소 발명이 완성되었다고 볼 수 있는 동시에 명세서의 기재요건을 충족하였다고 볼 수 있다"고 하거나,[101] BM 발명에 관하여 "영업방법의 각 단계들이 소프트웨어와 하드웨어의 결합을 이용한 구체적 수단을 내용으로 하고 있지 않을 뿐 아니라 사용목적에 따른 각 단계별 정보의 연산 또는 가공이 어떻게 실현되는지에 대하여 특허청구범위에 명확히 기재되어 있지도 않아, 컴퓨터상에서 소프트웨어에 대한 정보처리가 하드웨어를 이용하여 구체적으로 실현되고 있지 않으므로 전체적으로 볼 때 구 특허법 제29조 제 1 항 본문의 '산업상 이용할 수 있는 발명'이라고 할 수 없다"고 하는 등[102] 미완성 발명과

98) 특허청, 특허·실용신안 심사기준, 제 3 부 제 1 장 4. 1. 10.

99) EPO Guidelines(2017) F. Ⅲ. 3.

100) 中山信弘, 特許法[第 4 版], 弘文堂(2019), 117면.

101) 대법원 2007. 3. 30. 선고 2005후1417 판결 등.

102) 대법원 2008. 12. 11. 선고 2007후494 판결.

기재불비를 명확히 구별하지 않는 듯한 태도를 보이고 있다.[103)]

한편, 미완성 발명을 진보성 판단의 대비자료로 삼을 수 있을 것인가에 관하여는 이를 부정하여야 한다는 견해도 있으나,[104)] 판례[105)]는 거절결정이 확정된 미완성 발명도 진보성 판단의 대비자료가 될 수 있다고 함은 물론, 선행기술이 미완성 발명이거나 자료의 부족으로 표현이 불충분하더라도 통상의 기술자가 경험칙을 동원하여 기술내용을 용이하게 파악할 수 있다면 이를 발명의 신규성·진보성 판단의 자료로 삼을 수 있다고 한다.[106)] 다만, 확대된 선출원 지위에 관하여 판례는 미완성 발명의 경우에는 그러한 지위를 가질 수 없다고 한다.[107)]

➾ 대법원 1997. 8. 26. 선고 96후1514 판결

출원고안의 신규성 또는 진보성 판단에 제공되는 대비발명이나 고안은 반드시 그 기술적 구성 전체가 명확하게 표현된 것뿐만 아니라, 미완성 발명(고안) 또는 자료의 부족으로 표현이 불충분한 것이라 하더라도 그 기술분야에서 통상의 지식을 가진 자가 경험칙에 의하여 극히 용이하게 기술내용의 파악이 가능하다면 그 대상이 될 수 있는 것이고, 기록에 의하면 위 갑 제4호증에는 수장함의 외부형상만이 나타나 있고 내부구성을 알 수 없는 것이기는 하나, 그 기술분야에서 통상의 지식을 가진 자가 경험칙에 의하여 극히 용이하게 그 기술내용의 파

103) 한편, 판례는 그 뒤 대법원 2015. 4. 23. 선고 2013후730, 2015후727 판결에서 "약리효과의 기재가 요구되는 의약의 용도발명에서는 출원 전에 명세서 기재의 약리효과를 나타내는 약리기전이 명확히 밝혀진 경우와 같은 특별한 사정이 없다면 특정 물질에 그와 같은 약리효과가 있다는 것을 약리데이터 등이 나타난 시험례로 기재하거나 또는 이에 대신할 수 있을 정도로 구체적으로 기재하여야만 명세서의 기재요건을 충족하였다고 볼 수 있다"고 하여 '발명이 완성되었다고 볼 수 있는 동시에'라는 문구를 삭제하였다. 이를 두고 대법원이 의약 용도발명에서 발명의 완성 요건과 명세서 기재요건을 구분한 것으로 해석할 여지도 없지 않다. 그러나 이 판결의 재판연구관 해설에 의하더라도 '최초 명세서에 약리데이터 등이 나타난 시험례 또는 이에 대신할 수 있을 정도의 구체적인 사항의 기재가 없었다면, 이를 보완하는 보정은 「신규사항추가」로서 허용되지 않는다'고 하는 바(박태일, "의약의 용도발명에서 특허출원 명세서의 기재 정도 – 2015. 4. 23. 선고 2013후730, 2015후727 판결", 대법원판례해설 제104호(2015년 상), 313면), 결과적으로 종전 판례의 입장이 바뀌었다고 보기는 어려울 것이다.

104) 송영식 외 2, 지적소유권법(상) 제8판, 193면.

105) 대법원 1996. 10. 29. 선고 95후1302 판결.

106) 대법원 2006. 3. 24. 선고 2004후2307 판결; 대법원 2013. 2. 14. 선고 2012후146 판결.

107) 대법원 1992. 5. 8. 선고 91후1656 판결.

악이 가능하다고 보이므로 이 사건 등록고안의 신규성과 진보성 판단의 대비 대상으로 삼을 수 있다.

3. 발명의 설명의 대상이 되는 자

발명의 설명의 대상이 되는 자는 그 발명이 속하는 기술분야에서 통상의 지식을 가진 자이다. 통설과 우리나라의 특허심사기준[108]은 발명의 설명의 기재와 관련된 통상의 기술자를 '그 출원이 속하는 기술분야에서 보통 정도의 기술적 이해력을 가진 평균적 기술자'로 설명하고 있고, 판례[109] 또한 '발명이 속하는 기술분야에서 통상의 지식을 가진 자가 용이하게 실시할 수 있을 정도'라 함은 그 출원에 관한 발명이 속하는 기술분야에서 보통 정도의 기술적 이해력을 가진 자, 즉 통상의 기술자가 당해 발명을 발명의 설명 기재에 의하여 출원시의 기술수준으로 보아 특수한 지식을 부가하지 않고서도 정확하게 이해할 수 있고 동시에 재현할 수 있는 정도를 뜻하는 것이라 한다.

4. 발명의 설명의 기재와 관련된 문제들

(1) 제조의 방법과 용도

발명의 설명에는 통상의 기술자가 그 발명의 목적물을 어떻게 만들 수 있는가 뿐 아니라 어떻게 사용할 수 있는지도 개시하여야 한다. 따라서 예컨대 화학발명에 있어 특정의 화합물을 발명한 경우, 발명의 설명에는 그 화합물을 어떻게 생성하는지는 물론 그 화합물이 어떠한 용도를 가지는 지까지 개시하여야 한다.[110] 우리 특허법은 발명이 산업상 이용가능성이 있을 것을 요구하고 있기 때문에 특정한 발명이 어떠한 용도에 사용될 수 있는지를 분명히 하지 않는다면 산업상 이용가능성이 부인될 것이기 때문이다. 화학발명의 일종인 의약에 대하여는 이러한 유용성의 중요성이 한층 커서, 청구항에 질병의

108) 특허청, 특허·실용신안 심사기준, 제 2 부 제 3 장 2.1.

109) 대법원 1999. 7. 23. 선고 97후2477 판결; 대법원 2001. 11. 13. 선고 99후2396 판결; 대법원 2003. 8. 22. 선고 2002후2051 판결; 대법원 2004. 10. 14. 선고 2002후2839 판결; 대법원 2005. 11. 25. 선고 2004후3362 판결 등.

110) 미국 특허법 §112는 이와 같은 점을 명시하고 있다.

진단, 치료, 경감, 처치 또는 예방 등 용도가 기재된 것이라야 의약발명으로 취급된다.[111)]

(2) 발명의 설명과 발명의 효과[112)]

발명의 설명의 기재요건과 관련하여 효과는 특별한 의미를 가진다. 기술공개문헌인 발명의 설명을 읽는 제3자는 그 발명이 가지는 고유의 기술적 의미를 깨달을 수 있어야만 비로소 발명을 반복 재현하거나, 이를 우회 혹은 개량하는 발명을 수행하거나, 심지어 당해 발명의 신규성·진보성 등을 다투어 부당한 독점의 영역에서 축출하는 등 후속 태도를 합리적으로 결정할 수 있기 때문이다. 대부분의 기술 분야에서 출원발명의 효과는 발명의 설명에 기재된 발명의 구조·방법·기능·물질 또는 이들의 결합관계를 통해 자명하게 드러나기 때문에 발명의 설명의 기재요건 판단에서 문제를 일으키지 아니한다. 그러나 화학·제약·유전공학 등의 분야는 이와 사뭇 다른 양상을 보인다. 이 분야에서는 발명자 스스로도 자신이 수행한 발명이 어떠한 구체적 산업 상 용도를 가지는지 알지 못하거나, 이론적으로는 유용성이 추론되더라도 실제로 의도한 바와 같은 효과가 반드시 수반되는지 불명확한 경우도 허다하다. 아울러 이러한 예측곤란성은 제약분야의 '에버그리닝 전략'[113)]처럼 선행발명에 관하여 특허권 및 관련 정보와 자료를 독점하고 있는 자가 자신의 기득권을 공고히 하거나 부당하게 연장하는 방편으로 악용되기도 한다. 그렇기 때문에 이 분야에서는 발명의 설명에 출원발명의 유용성(효과)을 어느 정도까지 구체적으로 기재하도록 요구할 것인가, 나아가 그러한 유용성을 뒷받침하는 데이터의 제출을 강제할 것인가 말 것인가, 데이터의 사후 보완제출은 허용될 수 있는가, 허용된다면 그 시기는 언제까지로 보아야 할 것인가가 차례로 문제된다. 여기에

---

111) 특허청, 기술분야별 심사실무가이드(2024) 제5부 1.3.1.

112) 이에 대한 상세는, 조영선, "명세서 기재요건으로서의 발명의 효과," 인권과 정의 제427호(2012), 95면 이하 참조.

113) 특히 제약분야에서 신물질의 특허권자가 그 특허존속기간을 사실상 연장하기 위해 구사하는 전략의 통칭이다. 구체적으로는, ⅰ) 원천기술인 신약을 기초로 진보성이 없는 후속 형태의 발명들에 관하여 순차적으로 특허를 출원·등록함으로써 사실상 특허권의 존속기간을 연장해 가는 것, ⅱ) 상위개념 화합물에 관한 특허권자가 하위개념에 해당하는 화합물의 리스트를 확보해 나가면서 순차적으로 새로운 출원을 수행하는 것, ⅲ) 의약·허가 연계제도를 악용하여 복제약(Generic) 업체의 시장진입을 저지하는 것 등이 대표적 예이다.

는 이론적인 면도 물론 있지만, 세계 각국은 저마다의 법제, 심사현실, 타국의 특허권자로부터 자국의 산업을 보호하려는 정책적 필요 등을 복합적으로 고려하여 이 문제에 접근하는 경향을 보인다.

화학·제약·유전공학 등의 분야에서, 발명의 효과가 발명의 기술적 의의를 납득시킬 수 있을 만큼 자족적으로 기재되어 있다면 별도의 데이터 없이도 명세서 기재요건을 충족할 것이다. 그러나 통상의 기술자가 그 효과에 의문을 가질 사유가 있거나 효과의 기재가 충분히 구체적이지 않다면 이를 뒷받침하는 데이터가 있어야 비로소 명세서 기재요건을 충족한다고 본다. 그 데이터의 제출 시기는 심사 종료 시까지로 제한되어야 하며 그 이후 쟁송단계에서 뒷받침 데이터를 제출하는 것은 허용될 수 없다. 발명의 설명은 제 3 자를 상대로 한 '설명 문헌'으로서의 본질을 가지며, 발명의 효과는 발명의 설명의 다른 기재와 함께 제 3 자에게 발명의 내용을 공개하고 납득시키는 기능요소가 되어 명세서 기재요건을 구성하는데, 명세서 기재요건은 출원 시에 이미 갖추어져 있거나 늦어도 심사완료 전까지는 완비되어야 하고 심사종결 이후 보완하는 것은 허용되지 않기 때문이다.[114] 실무상, 신물질의 특허권자가 유용성이 충분히 확인되지 않은 유사 후속물질이나 하위개념 물질을 출원하여 특허등록 받은 뒤, 그 특허의 효과가 문제되면 비로소 그 효과의 현저성에 대한 증명을 시도하는 수가 있다. 이처럼 뒤늦게 수행되거나 제출된 데이터로 효과의 증명에 성공하거나, 심지어 후속발명의 특허성을 문제 삼는 이해관계인이 아예 나타나지 않는다면 후행발명의 특허권자는 사실상 선행특허의 존속기간 연장에 성공하게 되는 것이다. 이는 널리 알려진 '에버그리닝 전략'의 한 가지로서, 위에 언급한 법리를 통해서만 이를 근본적으로 제어할 수 있게 된다.

114) 특허법은 명세서의 변용(變容)에 대하여 확고한 내용적, 시적 기준을 가지고 있는바, '신규사항추가 금지'와 '심사종결 시'가 그것이다. 특히 신규사항 추가금지 원칙에 의하면 발명의 설명에 터 잡은 발명의 실체는 출원 시에 항정(恒定) 되며, 출원인은 자신이 일단 공개의 경로에 놓은 발명의 실체에 상응하는 권리만을 획득할 수 있을 뿐, 사후에 새로운 사항을 추가하여 일체로서의 권리를 소급획득할 수는 없다. 발명의 효과 기재와 뒷받침 데이터를 통해 발명의 기술적 의의를 제 3 자에게 알리는, 나아가 그것이 법정(法定) 수준에 부합하다는 판단을 받을 기회 역시 이 틀 안에서만 제공된다. 그렇기 때문에 출원 단계에서 이러한 발명의 설명의 기능을 충족하지 못한 하자는 사후의 데이터 제출이나 효과 기재의 보정 등을 통해 해소될 여지가 없는 것이다. 신규사항추가 금지에 대하여는 제 5 장에서 따로 다룬다.

(3) 요구되는 기재의 정도

발명의 설명이 마치 우리가 일상에서 보는 '제품 사용설명서'와 같이 발명의 구성요소를 완벽하고 일의적(一義的)으로 설명하여야 하는 것은 아니다. 따라서 통상의 기술자가 그 발명을 실시하는 과정에 어느 정도 시행착오를 필요로 한다고 해서 곧바로 그 발명의 설명이 법이 정하는 요건을 충족하지 못하였다고 할 수는 없다. 그러나 통상의 기술자가 발명의 설명에 근거하여 발명을 실시함에 있어 과도한 시행착오를 거쳐야 한다면 발명을 통상의 기술자가 용이하게 실시할 수 있는 정도로 설명하고 있다고 볼 수 없다. 한편, 발명이 속하는 기술분야마다 통상의 기술자의 기술수준은 동일하지 않기 때문에 발명의 설명을 어느 정도의 수준으로 기재하여야 법적 요건을 만족하는 것인지 판가름하는 일은 결코 쉬운 것이 아니다.

발명의 설명의 기재 정도를 판단함에 있어 가장 중요하게 고려되어야 할 것으로 당해 기술분야가 가지는 유추가능성(Predictability)을 들 수 있다. 이는 발명의 설명에서 어떠한 기술내용을 공개하였을 때 그 기술분야의 특성상 통상의 기술자가 나머지 필요한 기술내용을 스스로 유추하는 것이 얼마나 용이한지를 의미한다. 예컨대, 간단한 기계분야에서 특허청구범위에 'A와 B 및 상기 A, B를 결합하기 위한 수단'이라는 기재를 하고 발명의 설명에서 위 결합수단으로 못을 들고 있다면, 통상의 기술자라면 '결합수단'이라는 발명의 설명 기재에 근거하여 못에 갈음하는 '리벳'이나 '접착제'를 손쉽게 유추해 낼 수 있을 것이다. 이 경우 그 기술분야에서의 유추가능성은 크다 할 것이고 발명의 설명에서 요구되는 기술내용의 개시는 비교적 구체적이지 않아도 좋다. 또한, 컴퓨터 프로그래밍 분야에서는 A라는 문제를 해결하기 위해서 B라는 알고리듬을 사용하는 것이 해결책인 경우 발명자가 B 알고리듬을 구성하는 특정한 함수나 명령만을 개시하기만 하면 통상의 기술자는 그 이상의 상세한 기술개시 없이도 나머지의 기술상 문제를 해당분야에서 상용되는 기술적 논리부여를 통하여 손쉽게 추론할 수 있는 경우가 많은데, 이 경우 역시 유추가능성이 큰 예에 속한다. 그러나 반면, 생명공학이나 화학 분야에서는 분자나 화학구조에서의 미세한 차이만으로도 발명의 효과에 예측하기 어려운 차이를 가져올 수 있으므로 통상의 기술자가 발명의 설명에 구체적으로 기재하지 않은 사항에 관하여는 나머지 기술구성을 유추할 가능성이 극히 제약되어 있다. 따라서 발명의 설명은 구체적이고도 자세히 기재되어야 하고 앞서 본 바와 같은 포괄개념이나 추상적 표현은 가급적 배제되어야 한다. 이러한 경우는 유추가능성이 작은 예에 속한다. 결국, 발명이 속하는 기술분야의 특성상 유추가능성이 작은 분야일수록 발명의 설명의 기재요건은 더욱 엄격해지고 유추가능성이 큰 분야일수록 그 기재요건은 너그러워진다고 할 수 있다.

⇒ 대법원 2006. 2. 23. 선고 2004후2444 판결

약리효과의 기재가 요구되는 의약의 용도발명에서는 그 출원 전에 명세서 기재의 약리효과를 나타내는 약리기전이 명확히 밝혀진 경우와 같은 특별한 사정이 있지 않은 이상, 특정 물질에 그와 같은 약리효과가 있다는 것을 약리데이터 등이 나타난 시험예로 기재하거나 이에 대신할 수 있을 정도로 구체적으로 기재하여야만 비로소 발명이 완성되었다고 볼 수 있는 동시에 명세서의 기재요건을 충족하였다고 볼 수 있다.

⇒ 대법원 2012. 11. 29. 선고 2012후2586 판결

이 사건 특허발명의 특허청구범위 제 1 항 및 제 2 항에는 탄소성형체의 원료인 숯, 휘발분, 회분 등의 함량만 기재되어 있을 뿐이고 그 방법에 의하여 제조된 탄소성형체의 성분이나 그 함량에 관하여는 그 특허청구범위에 기재하여 놓은 바 없으므로, 이들 발명은 특정한 성분이나 함량을 갖는 탄소성형체를 발명의 대상으로 삼은 것은 아니다. 또한 출원시의 기술수준으로 보아 통상의 기술자라면 위와 같은 원료의 성분 및 함량과 명세서상의 그 처리공정에 대한 기재로부터 제조된 탄소성형체의 성분 및 그 개략적인 함량을 쉽게 유추하여 파악할 수 있고, 나아가 이 사건 제 1 항 및 제 2 항 발명의 실시를 위하여 탄소성형체 성분의 정확한 함량이 필요한 것도 아니라 할 것이다. 그렇다면 비록 발명의 상세한 설명 중 이 사건 제 1 항 및 제 2 항 발명의 제조방법에 의하여 제조된 탄소성형체 성분의 구체적인 함량에 관한 기재에 (앞서 본 바와 같은) 오류가 있다고 하더라도 이는 이 사건 제 1 항 및 제 2 항 발명의 실시를 위하여 필요한 사항 이외의 부분에 관한 것이어서 통상의 기술자라면 그 오류에도 불구하고 위와 같은 명세서 전체의 기재 및 기술상식에 기초하여 별다른 어려움 없이 이들 발명을 정확하게 이해하고 재현할 수 있다고 봄이 상당하다. 결국 이 사건 특허발명의 명세서에는 위에서 살펴본 각 사항과 관련하여 구 특허법 제42조 제 3 항을 위반한 기재불비가 없다.

(4) 발명의 설명 요건 충족 여부를 판단하는 기준 시점

청구범위에 기재된 발명을 설명으로 뒷받침하는 기준시점은 출원 시인 것이 원칙이다. 이는 출원 이후 새로운 기술내용을 발명의 설명에 추가하는 것은 원칙적으로 허용되지 않는다는 의미이기도 하다. 최초출원 시에 발명의 설명에 기재한 내용 중 불명확한 것이나 오기 등을 바로잡는 것은 가능하지만 당초 출원에는 없었던 기술내용을 사후에 보충하는 것은 이른바 '신규사항의 추가'에 해당하며 이는 실질적으로 출원 이후에 발명을 계속하는 것과 다름없으므로 인정되어서는 안 된다. 이는 출원의 보정에 관한 근본적인 문제이므로 뒤에서 자세히 설명하기로 한다.

제3장

특허법 제29조의 특허요건

모든 발명이 특허를 받을 수 있는 것은 아니다. 발명이 특허등록되기 위해서는 법에서 정한 일정한 요건을 만족하여야 하는바, 우리 특허법 제29조는 특허요건에 관하여 규정하고 있다. 아래에서 이들 특허요건에 관하여 차례로 살펴보기로 한다.

Ⅰ. 산업상 이용가능성

1. 의 의

특허법은 발명을 보호·장려하고 그 이용을 도모함으로써 기술의 발전을 촉진하여 산업발전에 이바지함을 목적으로 하므로(특허법 제1조), 발명이 특허를 받기 위해서는 당연히 산업상 이용할 수 있는 것이어야 한다. 특허법 제29조 제1항 본문의 '산업'은 가장 넓은 의미의 산업으로 해석하여야 하며 '기술을 통해 실용적인 결과를 얻는 인간의 모든 활동 영역'이라는 의미로 이해되어야 한다. 발명은 산업상 이용가능성이 있는 것이 대부분이고 현재에는 산업상 이용가능성이 희박하다고 하더라도 향후 기술의 발달에 따라 이용가능성이 생길 수 있는 발명 또한 얼마든지 있는 것이라는 점에 비추어 보면 산업상 이용가능성은 이를 소극적 요건으로 이해하여 산업상 이용가능성이 없어 특허받을 수 없는 발명의 리스트를 작성해 나가는 것이 올바른 접근 방법이라 할 것이다.

2. 산업상 이용가능성이 없는 발명의 예

(1) 실시 불가능한 발명

예컨대, 영구기관과 같이 확립된 과학의 일반법칙에 의하면 실시가 불가능함이 명백한 것은 원칙상 발명이 아닐 것이나, 실무나 판례는 이를 '산업상 이용가능성이 없는 발명'이라고 파악하기도 한다.

⇨ 특허법원 2002. 5. 23. 선고 2001허7158 판결(확정)

'빈 통(D)을 한쪽 끝에 고정시키고 호 안에 소형바퀴(C)를 고정시킨 지지대(F)를 원형의 신축성 튜브(B) 안에 도1처럼 설치하고 액체를 원통(D) 상단 이상의 높이까지 또는 튜브(B) 가득 채우고, 밀봉하여 고정도르래(A) 또는 이와 유사한 회전체 위에 올려놓아서 좌우 튜브(B) 내의 액체의 무게 차이로 회전하게 한 것을 특징으로 하는 회전력 발생 방법'을 청구항으로 한 이 사건 출원발명은 제1종 영구기관에 해당되므로 자연법칙에 위배되고, 따라서 튜브를 계속해서 회전시킨다는 목적을 달성할 수 없는 것으로서 산업상 이용 가능성이 없는 발명이어서 구 특허법 제29조 제1항 본문에 위배되므로 특허 받을 수 없다.

(2) 현실적으로 실시할 수 없는 것이 명백한 발명

이론적으로는 그 발명을 실시할 수 있을지 몰라도 현실적으로는 실시가 불가능한 것이 명백한 발명은 산업상 이용가능성이 없는 것으로 취급된다. 심사기준은 '오존층의 감소에 따른 자외선의 증가를 방지하기 위하여 지구표면 전체를 자외선 흡수 플라스틱 필름으로 둘러싸는 방법'을 그 예로 들고 있다.[1)]

(3) 안전성, 위험 방지수단이 확보되지 아니한 발명

예컨대, 원자력에 의한 에너지 발생장치와 같이 당연히 발명의 실시에 위험이 수반되는 경우, 위험방지나 안전확보의 수단이 구체적으로 명시되지 않은 이상 그 발명은 산업상 이용가능성이 없다고 보아야 한다.[2)]

---

1) 특허청, 특허·실용신안 심사기준, 제3부 제1장 5.3.

2) 일본에는 이를 '미완성 발명'이라고 하는 견해도 있다(송영식 외 2인, 지적소유권법(상) 제8판, 220면).

(4) 의료행위

우리나라의 학설과 판례는 의료행위에 관한 발명을 산업상 이용가능성이 없는 대표적인 예로 다루고 있는바, 이에 관하여 별도의 항에서 상세히 살피기로 한다.

3. 의료기술의 특허성

(1) 의료기술의 개념

의료기술의 개념에 대해 특허법상 명문의 규정은 없으나, 널리 '사람의 질병을 진단·경감·치료·처치 또는 예방하는 기술'[3]로 정의할 수 있을 것이다. 특허법적 취급과 관련해서는 이를 '광의(廣義)의 의료기술'과 '협의(狹義)의 의료기술'로 분류함이 상당하다. 전자는 널리 ① 의료기기에 대한 발명, ② 의약품에 대한 발명, ③ 의료방법에 대한 발명을 모두 포함하는 개념이고, 후자는 그 중 ③만을 의미한다. ①, ②와 달리 ③은 주로 의사를 포함한 의료인들이 개발·전수하고 환자에게 적용하는 '의학의 실천방법'이라고 할 수 있다(이하에서는 이를 '의료방법'이라고 부르기로 한다). 뒤에서 보는 대로, ①, ②는 산업상 이용가능성이 인정되어 특허대상이고, ③은 원칙상 특허의 대상에서 제외되고 있다. 우리나라에서는 의료방법은 '인간'의 질병을 예방, 진단, 치료하는 방법만을 의미하기 때문에 동물의 질병을 예방, 진단, 치료하는 방법은 특허의 대상으로 취급된다.[4]

한편, 판례[5]는 "의약의 투여용법과 투여용량은 의약물질이 가지는 특정의 약리효과라는 미시의 속성의 발견에 기초하여 새로운 쓰임새를 제공한다는 섬

3) 특허법 제96조 제2항은 '의약'을 '사람의 질병의 진단, 경감, 치료, 처치 또는 예방을 위하여 사용되는 물건'으로 칭하고 있어 위와 같은 개념을 뒷받침하고 있다.

4) 대법원 1991. 3. 12. 선고 90후250 판결: 사람의 질병을 진단, 치료, 경감하고 예방하거나 건강을 증진시키는 의료행위에 관한 발명은 산업에 이용할 수 있는 발명이라 할 수 없으므로 특허를 받을 수 없는 것이나, 동물용 의약이나 치료방법 등의 발명은 산업상 이용할 수 있는 발명으로서 특허의 대상이 될 수 있는바, 출원발명이 특허청구범위의 기재에서 동물에만 한정하여 특허청구함을 명시하고 있다면 이는 산업상 이용할 수 있는 발명으로서 특허의 대상이 된다고 판시; 특허청 심사기준 역시 동물의 질병에 대한 치료방법이 특허될 수 있음을 분명히 하고 있다(특허청, 특허·실용신안 심사기준, 제3부 제1장 5.1(2) 표 2).

5) 대법원 2015. 5. 21. 선고 2014후768 전원합의체 판결.

에서 대상 질병 또는 약효에 관한 의약용도와 본질이 같다"고 전제하고, "의약이라는 물건의 발명에서 대상 질병 또는 약효와 함께 투여용법과 투여용량을 부가하는 경우에 이러한 투여용법과 투여용량은 의료방법 그 자체가 아니라 의약이라는 물건이 효능을 온전하게 발휘하도록 하는 속성을 표현함으로써 의약이라는 물건에 새로운 의미를 부여하는 구성요소가 될 수 있다"고 하여, 이를 의료방법의 범주에서 배제하고 특허 대상이 되는 물건발명의 한 구성으로 파악하고 있다.[6]

(2) 의료방법의 특허성 유무에 대한 각국의 태도

현재까지는 대다수의 나라들이 의료방법에 특허성을 인정하지 않는 것이 현실이다.[7]

1) 특허성을 인정하지 않는 입법례

우리나라와 일본 특허법에는 의료방법의 특허성에 대한 명문 규정이 없으며 심사기준이 인간의 질병을 수술·치료·진단하는 방법은 산업상 이용가능성이 없는 것으로 취급한다.[8] 재판실무도 마찬가지이다.[9] 유럽 특허협약(EPC) 제53조 (c)에 따르면, 수술·치료를[10] 통해 인간이나 동물을 건강한 상태를 회복·유지하도록 처치하는 방법 및 인간이나 동물의 신체를 대상으로 한 진단방법은 특허의 대상이 아니다.[11]

---

6) 대법원은 아울러, '동일한 의약이라도 투여용법과 투여용량의 변경에 따라 약효의 향상이나 부작용의 감소 또는 복약 편의성의 증진 등과 같이 질병의 치료나 예방 등에 예상하지 못한 효과를 발휘할 수 있는데, 이와 같은 특정한 투여용법과 투여용량을 개발하는 데에도 의약의 대상 질병 또는 약효 자체의 개발 못지않게 상당한 비용 등이 소요된다. 따라서 이러한 투자의 결과로 완성되어 공공의 이익에 이바지할 수 있는 기술에 대하여 특허로서의 보호를 원천적으로 부정하는 것은 특허법의 목적에 부합하지 아니한다'고 설시하고 있다.

7) 실제로, 미국과 호주를 제외한 대부분 나라들이 의료방법에 특허성을 인정하지 않고 있는 것으로 파악되고 있다(K. Stenvik, *Patent Protection of Medical Methods—A Comparative Analysis of European and US Law*, Master thesis, University of Oslo(2016), p. 22).

8) 특허청, 특허·실용신안 심사기준, 제 3 부 제 1 장 5. 1. ; 日本 特許廳 特許·実用新案審査基準(2024) 第Ⅲ部 第 1 章 3. 1. 1.

9) 대표적 판례로, 대법원 2006. 8. 25. 선고 2005후1936 판결(우리나라); 東京高裁 平14年 4. 11. 判決 判時1828号 99면(일본).

10) 질병의 '예방'도 포함하는 개념으로 이해되고 있다(T 24/91).

11) 그러나 위와 같은 방법에 사용되는 물건이나 물질은 특허의 대상이 된다.

⇨ 특허법원 2005. 6. 23. 선고 2004허7142 판결[12)]

이 사건 출원발명은 온구기를 사용하여 사람의 등 부위의 경혈과 배 부위의 경혈을 자극하는 방법에 관한 것으로, 온구기의 시구 순서와 시구 시의 몸의 자세 등으로 구성되어 있는바, 이는 인간의 질병을 치료하는 방법이거나, 적어도 치료를 위한 예비적 처치방법이나 건강상태를 유지하기 위하여 처치를 하는 방법에 해당하여 산업상 이용가능성이 없으므로 특허등록의 적격이 없다.

2) 특허성을 인정하는 입법례: 미국

미국은 1996년 특허법 제287조 (c)항의 신설을 통하여, 의료방법 발명이 특허로 보호됨을 분명히 하였다. 그러나 한편으로 특허권 행사의 예외를 폭넓게 규정함으로써 실질적으로는 의료방법에 대한 특허권을 유명무실하게 만드는 다소 독특한 입법형태를 취하고 있다. 즉, 의료시술인(medical practitioner)[13)] 또는 관련 의료기관(related health care entity)[14)]이 행하는 의료행위(medical activity)에 대하여는 침해금지 및 손해배상을 목적으로 하는 특허권 행사를 제한하는 것이다. 다만 그러한 예외에 해당하지 않는 경우로 ① 특허된 기계, 장치, 합성물(composition of matter) 등에 대한 특허를 침해하는 치료행위, ② 합성물에 관한 사용방법 특허를 침해하는 치료행위, ③ 생명공학 특허(biotechnology patent)를 침해하는 치료행위를 규정하고 있다. 위 조항이 특허권 행사의 제약을 받는 '의료방법'의 개념으로부터 생명공학 분야의 특허를 침해하는 행위를 명시적으로 배제하고 있음에 특히 주목할 필요가 있다. 미국 특허법이 이처럼 광범위하게 면책의 예외를 인정하는 점을 감안하면 특허법 제287조 (c)의 의료인 면책규정은 사실상 상징적 의미뿐이라고 설명되기도 한다.[15)]

(3) 의료방법에 특허성을 부인하는 근거

의료방법에 특허를 부여하지 않는 것은, 의료방법은 동일한 상태로 모든 환자에게 반복하여 실시할 수 없기 때문이라는 견해도 있으나, 통상적으로는

12) 대법원 2006. 8. 25. 선고 2005후1936 판결로 상고기각.

13) 면허의사 또는 그의 지시에 의하여 일하는 자. 35 U.S.C. §287(c)(2)(B).

14) 병원, 대학 등 의료 시술인이 전문적인 관계를 가지고 의료행위를 행하는 곳. 35 U.S.C. §287(c)(2)(C).

15) Janice M. Mueller, *Patent Law (4th. Edit.)*, Wolters Kluwer(2013), p.390.

인간의 존엄과 가치라고 하는 인도적 목적을 그 근거로 들고 있다. 예컨대 특정한 치료방법에 특허를 인정하여 독점, 배타적 지위를 인정하게 되면 환자를 치료하는 의사는 자신이 환자를 치료하는 행위로 타인의 특허를 침해하는 것이 아닌가 하는 불안으로부터 자유로울 수 없어 환자가 적절한 시기에 적절한 방법으로 치료를 받지 못할 수 있을 뿐 아니라, 실시할 수 있다고 하더라도 고액의 실시료를 특허권자에게 지불할 필요가 생겨 이를 환자가 부담할 수 없다면 그와 같은 수술이나 치료 방법을 실시할 수 없게 되는 불합리가 발생한다. 의료인의 입장에서도 장차 특허가 가능한 의료방법이라면 이를 공지시키면 안 되기 때문에 연구결과를 자발적이고 신속하게 공표하는 것을 꺼리게 된다. 결국 이로 인해 의술의 적절한 활용이나 의학의 발전을 가로막게 되는바, 이는 인간의 생명과 존엄이라는 인도적 가치[16]에 반한다는 것이다.

(4) 원칙의 구체적 적용

1) 의료기기, 의약품의 경우: 특허대상

각종 의료기기나 의약품과 같은 물건은 특허성이 부인되지 아니한다. 의료기기나 의약품은 의학자나 의사 등에 의해 학술적 동기 아래 연구·진전되는 의료방법과는 달리 이윤추구를 주목적으로 하는 기업에 의해 생산·판매되는 경우가 대부분이기 때문에 특허라는 경제적 인센티브를 확보해 주어야만 지속적인 연구·개발이 수행될 것이고, 그를 통해 의료수준의 향상을 기대할 수 있다. 또한, 현실적으로는 위와 같은 의료기기나 의약품에 특허성을 인정하더라도 일단 의료기기가 판매된 이상 권리 소진(消盡)[17]이 일어나 특허권자는 더 이상 그 기기 등에 특허권을 주장할 수 없으며 현장의 의사 등은 침해의 우려 없이 자유롭게 이를 이용해 환자를 치료할 수 있기 때문이기도 하다. 반면, 방법특허에는 권리소진이 일어나지 않는 것이 원칙이기 때문에 순수한 의료방법에 특허를 부여하면 당해 방법을 실시할 때마다 침해 문제가 야기된다.

---

16) 이는 발명을 보호·장려하고 그 이용을 도모함으로써 기술의 발전을 촉진하여 산업발전에 이바지함이라고 하는 특허법의 목적(제 1 조)보다 우월한 헌법적 가치이다.

17) 특허품이 적법하게 생산, 판매된 경우에 그 양수인 등이 그 특허제품을 사용하거나 재판매하는 것은 특허침해를 구성하지 아니한다는 원칙으로서, 특허권자가 특허제품을 타인에게 양도함으로써 그 특허권은 정당하게 사용되어 소진되었다는 논리(First Sale Doctrine)이다. 특허제품뿐 아니라 상표권, 저작권의 적용을 받는 제품에 관해서도 일반적으로 적용되나, 저작권의 적용을 받는 물건의 경우 권리소진의 적용을 받는 범위는 상대적으로 제한적이다.

2) 순수한 의료방법의 경우: 비특허 대상

순수한 의료방법은 앞서 본 바와 같은 이유로 특허성이 부인되고, 의사는 자유로이 그와 같은 의료방법을 활용하여 진단, 치료 등을 행할 수 있다. 특허법 제96조 제2항은, '2 이상의 의약을 혼합함으로써 제조되는 의약의 발명 또는 2 이상의 의약을 혼합하는 방법에 관한 발명에 관한 특허권의 효력은 약사법에 의한 조제행위와 그 조제에 의한 의약에는 미치지 아니한다'고 규정하고 있다. 약사의 조제행위는 의사의 처방전에 따르게 되어 있는바, 의사가 그때마다 의약의 혼합방법이 특허권에 저촉되는가를 판단하는 것은 곤란하고 국민의 건강증진이라는 인도적 목적에도 반하므로 이에 관한 예외규정을 둔 것이다. 이는 비록 의약 및 의약의 혼합방법에 한정된 조문이나, 의료행위에 관하여 특허성을 인정하지 않는 특허법의 태도를 간접적으로 보여주고 있다.

3) 특허 대상인 의료방법의 영역을 확장하는 추세

의료방법에 특허성을 부인하는 나라들에서도 의료과정에서 처치란 사람이나 동물의 신체에 직접적으로 행해지는 것만을 의미하기 때문에, 진단이나 실험을 위한 혈액의 추출·저장, 세포의 분리·배양 등과 같이 체외에서 이루어지는 기술은 특허의 대상으로 보는 것이 보통이다.[18] 진단의료나 생명공학 관련 의료 부문은 시장가치가 막대하여 국부(國富) 창출에 크게 기여하므로 각국이 정책적으로 이를 특허 대상에 포함시켜 연구·개발을 촉진하고 있는 것이다.[19]

우리나라나 일본은 혈액, 소변, 세포 등 사람으로부터 유래된 것을 처리하는 방법이나 이를 분석하여 각종 데이터를 얻는 방법은 의료행위와는 분리 가능한 별개의 단계로 이루어지는 한, 산업상 이용 가능한 것으로 취급한다.[20] 마찬가지로 혈액제재, 유전자 변환제재, 백신 등 인간으로부터 채취한 것을 원재료로 하는 의약품이나, 인간으로부터 채취한 것을 원료로 인공뼈, 배양

18) Harvard/Onco-mouse[2003] OJ EPO 473, 491.

19) 예컨대, 유럽특허 No. EP3004337은 RNA에 의해 유도되는 핵산 내부 가수분해 효소(endonuclease)를 이용해 폐암 등의 면역치료에 활용되는 T 세포를 조작·생성하는 방법에 관한 것이고, 미국 특허 No. 9,290,740은 심장병, 당뇨병 또는 중증 외상의 치료를 위해 인간 피부 섬유아세포(fibroblast)를 새로운 방법으로 생육·복제하는 기술이며, 일본 특허 No. 5733894는 조혈기능 장애 등의 치료에 쓰일 수 있도록 태반세포나 지방세포를 3차원적으로 확장하는 기술에 대한 것이다.

20) 특허청, 특허·실용신안 심사기준, 제3부 제1장 5.1.(2); 日本 特許廳 特許·実用新案審査基準(2024) 第Ⅲ部 第1章 3.2.1.(4).

피부시트 등 인체 부위의 대체물 또는 그 중간단계 생성물을 제조하는 방법은 치료를 위해 환자에게 되돌리는 것을 전제로 하더라도 인간을 수술, 치료 또는 진단하는 방법으로 보지 않는다.[21] 신규한 의료기기의 발명에 병행하는 의료기기의 작동방법 또는 의료기기를 이용한 측정방법 발명에 관하여 우리나라 심사기준은, 인체에 직접적이면서 비일시적(非一時的) 영향을 주는 경우 또는 실질적 의료 행위가 포함된 경우를 제외하면 산업상 이용가능성이 있다고 한다.[22] 그러나 이는 의료기기 자체에 갖춰지는 기능을 방법으로 표현한 것이어서 인간을 수술, 치료 또는 진단하는 방법에 해당하지 않는다고 하는 것이 보다 명확하고 합리적인 설명일 것이다.[23]

유럽의 실무는 비특허 대상인 의료방법의 판단에 일관된 입장을 보이지는 않지만, 비특허 대상을 가급적 좁게 다루려는 경향이 있다.[24] 첨단기술과 의료가 융합하는 현실을 반영하여 비특허 대상인 의료방법의 범위를 제한적으로 해석하려 시도하는 사례는 유럽에서 어렵지 않게 발견된다.[25]

'진단'과 관련하여서는, 이를 ① 검사단계 : 필요한 자료나 병력을 수집하는 단계, ② 비교단계 : 수집한 자료를 일반적인 기준과 대비하는 단계, ③ 확인단계 : 위 비교의 결과 정상적인 기준이나 수치와의 의미 있는 차이점을 확인하여 특정하는 단계, ④ 진단단계: 의료 전문가(의사나 수의사)가 치료의 목적으로 위 각 단계의 결과 및 전문지식에 기초하여 판단을 내리는 단계로 각 구분하고, 그 가운데 ④가 필수적으로 포함되어야만 이를 특허의 대상에서 제외되는 '진단'으로 파악하며 단지 ① 내지 ③에만 관계되는 방법이나 기술은 특허의 대상이 된다고 한다.[26] 아울러 진단이나 실험을 위한 혈액의 추출·저

21) 특허청, 특허·실용신안 심사기준, 제 3 부 제 1 장 5. 1. (2).

22) 특허청, 특허·실용신안 심사기준, 제 3 부 제 1 장 5. 1. (2).

23) 日本 特許廳 特許·実用新案審査基準(2024) 第Ⅲ部 第 1 章 3. 2. 1. ⑵ 참조.

24) Derk Visser, *The annotated European Patent Convention (25th. Revised Edition)*, Wolters Kluwer (2017), p. 71.

25) 예컨대, 광선을 이용해 생체 샘플의 파라미터를 측정하는 방법은 특허 대상이고(T 330/03), 엑스레이 단층촬영기 내의 데이터 프로세싱 방법 역시 마찬가지이며(T 504/03), 인체에 자기파를 쏘여 필요한 부위의 체온이나 PH 도수를 측정하는 진단방법 역시 오로지 신체에서만 진단이 종료되는 것이 아니고 신체를 거쳐 얻어진 데이터가 신체 외에서 기계장치에 의해 분석, 재조합되어 진단의 자료가 산출되므로 특허대상이라고 한다(T 385/86).

26) Diagnostic methods, G01/04[2006] OJ EPO 334, 352(EBA).

장, 세포의 분리·배양 등과 같이 체외에서 이루어지는 기술은 특허의 대상이 되는 반면,[27] 혈액투석과 같이 신체 외에서 어떤 절차를 거치더라도 다시 그 대상물이 신체로 되돌려지는 경우에는 사람의 신체에 직접적으로 행하여지는 처치로 보아 특허의 대상에서 제외된다. EPC 제54조(5)에 의하면 공지의 물질을 이용하여 특정한 질병을 치료하는 방법을 발견한 경우 특허청구범위의 구성에 따라 특허성이 인정되는 경우가 있는데, 이는 의료방법 특허성에 대한 중대한 예외를 이루고 있는 것으로 받아들여지고 있다.[28]

한편, 앞서 본 바와 같이 미국 특허법 제287조 (c)는 의사 등이 의료행위를 통하여 의료특허를 침해하는 경우에도 금지청구나 손해배상청구를 하지 못하도록 하는 원칙에 대한 예외로서 '실시행위가 타인의 유전공학 특허(Biotechnology)를 침해하는 경우에는 그렇지 않다'고 하고 있다.[29] 여기서의 유전공학 특허(Biotechnology patent)는 35 U.S.C. §103(b)에서 정한 '유전공학적 방법'은 물론이고, 체외에서 세포 혹은 분자 차원에서 제조되는 유전공학적 물질의 제조나 사용 방법, 그와 같은 물질을 이용한 치료방법 등을 모두 포괄하는 개념이다.[30]

---

27) Harvard/Onco-mouse[2003] OJ EPO 473, 491.

28) 2차 약리적 사용(second medical use) : EPC 제54조(5)는 기존물질에 대해 의약품으로서의 용도를 발견한 경우에는 물질 또는 조성물의 형식으로 특허를 받을 수 있도록 하고 있는데, 이 경우 'Use of the compound X in the treatment of disease Y'와 같이 인간의 치료방법을 내용으로 하는 방법발명의 형태로 청구범위를 기재할 수는 없고 'Compound X for use in the treatment of disease Y'라는 용도한정의 화합물(조성물)로 표현하는 형식으로 청구범위를 기재하여야 한다(EPO Guidelines(2017) G. Ⅱ. 4.2; G. Ⅵ. 7.1.). 심결례로 Case G5/83 (1985)는 기존에 알려진 의약의 사용방법과 관련하여, '질병 A를 치료하기 위하여 물질 B를 사용하는 것'이라는 직접적 형태의 특허청구항은 인간의 치료방법을 내용으로 하는 것이어서 특허될 수 없지만, 특허청구항을 '질병 A를 치료할 약제를 제조하기 위하여(for manufacture of a medicament for treating of disease A) 물질 B를 사용하는 것'이라는 형태로 구성한다면 산업상 이용가능한 대상인 '물질(약제)'의 제조방법에 해당하는 것이므로 특허받을 수 있다고 판시하였으며, 이는 생명공학, 약학 관련 특허청구항 작성에 있어 매우 중요한 청구항 작성기법으로 자리잡게 되었다(실무상으로는 위와 같은 특허청구항을 'Swiss Claim'이라고 부른다).

29) 위와 같은 예외조항이 삽입된 것은 약학분야 및 유전자공학 분야 관련 업계의 강력한 요구가 반영된 것이라고 한다. House report의 요지를 포함한 미국 특허법 287조의 개정 경과에 관한 상세한 설명은 Honorable Gerald J. Mossinghoff, *Remedies Under Patents On Medical And Surgical Procedure*, Journal of the Patent and Trademark Office Society, Vol. 78.(1996), 789~801면을 참조.

30) 위와 같이 체외에서 세포 혹은 분자 차원으로 제조되는 유전공학적 물질로는 세포내, 세포외 물질 및 무세포 물질 등이 있다. 세포물질로는 배양된 미생물이나 포유류의 세포가 포

(5) 4차산업 혁명과 의료기술에 대한 특허 부여론의 재검토[31)]

1) 기존의 상황

인간의 생명·건강과 직결되는 의료방법을 특허권의 지배 아래 두는 것은 인도주의에 반하고, 그 발전은 기술개발 및 독점으로 인한 이윤창출이라는 동기보다는 의학분야 종사자의 학문적 성취욕구나 직업의식, 그리고 도제식(徒弟式) 기량의 전수와 같은 의료직역 고유의 특성에 근거해 왔기 때문에 굳이 특허제도에 편입시킬 필요가 없다는 점은 여전히 유효한 인식임에 틀림없다. 그러나 동시에, 의료방법에 관하여 일률적으로 특허성을 부인해 오던 종래의 태도는 시대의 변화에 따라 상당 부분 현실의 벽에 부딪혔다고 할 수 있다. 그 결과 각국이 유전자 의료 관련 부분, 비 임상적 진단, 의료기기의 사용방법 등 기술 의존성이 크고 연구 개발에 비용이 많이 들어가며 수익모델로서 큰 비중을 차지하는 분야를 비특허 대상인 의료행위의 범주에서 배제하는 경향을 보여오고 있음은 앞서 본바와 같다.

2) 4차산업혁명과 의료기술

4차 산업혁명 환경에서 의료분야는 비특허 대상인 의료방법과 특허 대상인 의료관련 기술 간 경계가 급격히 모호해지는 등 기존 패러다임을 유지하기가 점점 어려워지고 있다.

㈎ 특허대상과 비특허 대상 구별의 곤란·부적절

① 의료장비의 사용방법과 의료방법 종래의 의료기술은, 특히 수술의 경우, 장비보다는 의사 개인의 역량이나 숙련도 등에 그 질이 좌우되는 경우가 많았다. 그러나 현재는 진단이나 수술에 사용되는 장비의 첨단성과 그를 활용하는 의사의 능력이 함께 결정적 역할을 하고 있다. 의료분야에서 로봇의 활용방법 역시 날로 다양해지고 있고, 특정한 수술을 위한 로봇이 개발되면

함된다. 세포내 물질은 DNA나 RNA처럼 세포 내에서 얻어지는 유전물질을 포함하고, 세포외 물질에는 단백질이나 다른 분자처럼 세포로부터 분비되거나 추출되는 것들을 포함한다. 무세포 물질은 바이러스나 다른 벡터와 같이 유전물질을 전달하는 것들이 포함된다. 체외 조작은 이와 같은 물질들을 체외에서 증식, 확장, 선택, 정제화, 약리적 처리하거나 변이를 가하는 행위들을 말하며, 체외에서 유전공학적 물질을 세포 또는 분자 단위로 조작하는 과정이 포함되지 않는 의료적 처치행위에는 위와 같은 예외가 적용되지 않는다.

31) 이하 상세는, 조영선, "4차 산업혁명과 의료기술의 특허법적 문제", 법조 제68권 제2호 (2019. 4), 281면 이하 참조.

그 로봇의 작동방법 자체가 하나의 수술 기법이 되는 일이 흔하다. 그럼에도 로봇(장비)은 특허의 대상이 되지만 그것을 활용하는 방법은 특허받을 수 없다면, 우선 그런 수술방법의 개발에 대한 유인이 줄어들 것이며 이는 곧 수술용 장비의 개발 동력을 약화시킬 것이다. 따라서 고도화된 의료용 로봇을 개발하는 경우, 로봇 자체는 물론 그 특수한 활용방법까지 함께 특허를 받을 수 있도록 함으로써 산업계와 의료계의 협업을 장려하고, 그 결과 더욱 정교하고 활용성 높은 의료장비의 등장을 기대할 수 있다.

② 바이오 의료분야 예컨대 인체 이식을 전제로 한 이종(異種)장기(Bioviscera)의 육성방법의 경우, 방법 자체는 체외에서 구현되기 때문에 특허의 대상이 될 수 있다. 그러나 이처럼 육성된 이종장기를 인간에게 효과적으로 이식하는 방법은 현재의 기준에 의하면 특허받기 어렵다. 인간의 신체를 대상으로 하는 수술방법에 해당하기 때문이다. 그러나 특허와 관련하여 이처럼 양자를 분리하여 취급하는 것은 문제이다. 이종장기의 육성은 종국적으로 인체에의 이식을 목적으로 하기 때문에 그 효과적인 이식방법과 함께 연구되는 경우가 많고 실제로 그것이 합당하다. 만약 이종장기의 육성방법에만 특허를 부여하고 이식방법은 특허의 대상이 아니라고 한다면 육성과정에서 축적된 데이터와 노하우들은 영업비밀로 감추어질 것인데 이는 막대한 자원의 낭비를 초래할뿐더러, 그런 이식기술의 안전성 등을 검증할 기회를 상실하여 불필요한 위험이나 시행착오를 강요하게 될 것이다. 이런 문제점은 3D 프린팅을 이용한 유사장기(organoid)의 제작·이식이라든지 줄기세포를 활용한 질병치료 방법에 대해서도 마찬가지이다. 3D 프린팅을 이용해 의료용으로 인체조직을 제작하는 기술이나 줄기세포를 인체 외부에서 분화시켜 필요한 장기 등을 얻는 기술은 모두 종국적으로는 인체에의 이식이나 적용을 목적으로 하는바, 그런 종국적 기술에 대해 특허를 받을 수 없다면 해당 3D 프린팅이나 줄기세포 관련 기술의 개발에 대한 인센티브는 감소될 수밖에 없다.[32] 그 개발과정에서 얻은 인체 적용 관련 데이터가 영업비밀로 감추어짐에 따르는 부작용 역시 앞서 언

32) 의료기술 전체에 특허 대상성을 인정하면서, 의료인에 대해서는 면책규정을 운용하고 있는 미국에서도 비슷한 문제 제기가 이루어지고 있다. 그 결과 면책의 예외를 구성하는 '생명공학 관련 특허'의 범위를 법원이 합리적으로 획정하여 3D 프린팅 등 바이오 의료 분야의 인센티브를 확보해야 한다고 주장되기도 한다.

급한 대로이다. 아울러, 유전적 질병치료를 목적으로 유전체 편집 기술 등을 통해 비정상적인 유전자를 보완·교정하는 방법이나 이를 바이러스 등 유전자 운반체를 이용해 인간 세포 속으로 전달한다든지, 환자에게서 추출한 골수나 줄기세포에 유전자 조작을 가한 뒤 그 세포들을 다시 환자에게 주입하는 방법 등 유전자를 이용한 난치병의 치료법이 활발하게 개발되고 있다. 그런데 이런 기술들을 인간에게 적용하는 과정을 의료방법으로 취급하여 특허 영역에서 무조건 배제한다면 이 또한 해당 분야의 기술발전 동력을 크게 약화시킬 것이다.

③ **AI 등 의료용 소프트웨어** 의료분야에서 이미 AI를 비롯한 다양한 소프트웨어가 개발, 활용되고 있으며 향후 그런 경향은 크게 증가할 것이다. 이미 AI가 각종 의학 문헌과 질병에 관한 빅 데이터를 이용하여 진단 및 치료방법을 제시하기 시작하였고, 의료분야별로 고유한 소프트웨어가 의사의 치료행위에 활용되는 경우도 많다. VR을 이용하여 환자의 수술부위를 3D 가상화면으로 띄워 정교하게 수술하는 방법이라든지, 정신과에서 불안, 공포, 외상 후 스트레스장애(PTSD), 자폐 등 장애유발 환경을 체계적으로 간접체험하게 함으로써 증상을 완화시키는 '노출치료(Exposure Therapy) 방법, 통증 관리를 위해 VR 비디오게임을 활용하는 주의분산치료 등이 그 예이다.[33)]

그런데 소프트웨어가 발명의 카테고리 상 '방법'에 속한다고 보면 의료분야에서 사용되는 이런 AI나 소프트웨어는 인간의 질병을 진단·수술·치료하는 방법의 한 가지에 해당하게 되어 당장 그 특허성에 의문이 따르게 된다. 그렇기 때문에 세계 각국은 이를 '물건(의료장비)'의 하나로 파악하는 방향으로 움직이고 있다.[34)] 그러나 이처럼 의료용 소프트웨어를 물건으로 취급한다고 해서 문제가 모두 해결되는 것은 아니다. 그런 물건을 이용해서 실제로 환자를

---

33) 과학기술정보통신부, "2017 생명공학백서", 498면.

34) 유럽의회의 '의료장비에 관한 규정(Regulation (EU) 2017/745)'은 질병을 진단하거나 예후를 예측하는 의료목적 소프트웨어를 '의료장비(medical device)'라고 함으로써 의료용 AI를 의료장비로 포섭하고 있다. 아울러 2017. 12. 7. 유럽사법재판소(CJEU)는 특화된 데이터를 활용해 정확한 처방이나 투약을 돕는 소프트웨어는 의료장비로 볼 수 있다고 판시하였다(C 329/16). 미국은 2016년 12월 'the 21st Century Cures Act'를 제정하였는데, Sec. 3060에 따르면, 치료 관련 정보를 취득하거나 처리하거나 분석하여 체외에서 진행되는 진단을 위한 이미지나 신호로 제공하는 소프트웨어는 의료장비로 취급되며, 의료진의 독립된 판단을 단순 보조하는 데서 나아가 소프트웨어 스스로 상당 정도의 독자적 진단이나 처방을 내놓는 수준에 이른다면 이를 의료장비로 취급할 여지가 마련되었다.

치료하는 의사의 행위가 결합하여 전체로 의료방법을 구성하기 때문이며, 이에 대한 해결 필요는 여전히 남게 된다.

④ **원격진료 등** 사물 인터넷 및 네트워크의 발달과 더불어 다양한 형태의 원격진료가 시도되고 있다. 이런 환경에서 i) 환자의 신체 상태를 모니터링 하는 사물인터넷 장치와, ii) 이를 체계적으로 전달하는 네트워크 시스템과, iii) 그를 통해 확인된 정보를 바탕으로 진단 내지 처치를 수행하는 의사의 행위는 유기적 일체로 작동하기 마련이다. 이를 작위적으로 분리하여 i), ii)는 특허대상에 포함시키고 iii)은 비특허 대상이라고 하는 것은 비현실적이며, 자칫 원격진료 시스템의 개발 자체의 인센티브를 저하시킬 우려가 있다.

(나) 대안의 모색

앞으로 의료분야의 발전은 의료당국, 공공기관, 환자 그리고 산업 종사자 등 복수 주체가 얼마나 효과적이고도 개방적으로 협력하느냐에 좌우될 것인데, 특허는 필요한 의료관련 기술이 영업비밀로 감추어지는 불합리를 막고 명세서 기재요건을 통해 기술의 전수(傳授)를 일정 수준 강제함으로써 이런 개방적 협력에 중요한 역할을 담당할 수 있다.[35] 특히 의료기술에 대한 특허에서 명세서 기재요건은 분산된 임상자료의 통합·정리·제공자로서의 역할을 맡게 되며 이는 이 분야에서 새롭게 주목되어야 할 특허의 순기능이라는 견해도 있다.[36] 따라서 장래 의료분야에서는 지금보다 특허가 차지하는 역할이 중요해질 것이고, 어느 분야보다 막대한 자본과 노력이 투자되는 의료 분야에서 특허를 통한 기술개발과 공개의 인센티브가 적절히 보장되지 않는다면 결과적으로 그 피해는 인간에게 돌아오게 될 것이며,[37] 이런 각도에서 세계 각국이 의료기술의 특허성 문제를 보다 유연하게 접근할 필요하다는 견해가 제기되고 있다.[38] 아울러, 세계 각국이 재생의료나 유전자 치료 등 인간에 대한 적용

35) Timo Minssen, Robert M. Schwartz, "Separating Sheep From Goats: A European View on the Patent Eligibility of Biomedical Diagnostic Methods", *Journal of Law and Biosciences* Vol. 3, Issue2, p. 3.

36) Dan L. Burk, "Patents As DaTa Aggregators In Personalized Medicine", *Boston Univ. Journal of Science and Technology Law* Vol. 21(2015), pp. 242~243.

37) Rachel E. Sachs, "Innovation Law and Policy: Preserving the Future of Personalized Medicine", *U.C.D.L. Rev.* Vol. 49(2016), pp. 1936~1937.

38) Timo Minssen, Robert M. Schwartz, 위의 논문, p. 4.

직전 단계에 있는 첨단 기술에 관하여는 특허를 인정하여 극도의 개발경쟁을 벌이고 있으면서도 굳이 인간의 치료에 이를 적용하는데 대해서는 일률적으로 특허성을 부정하는 것은 기이한 일로서, 타당하지 않다는 비판도 유력하다.[39)]

결국, 이런 점들을 감안하면 앞으로 의료기술에 대한 특허성에 대해서는, 다음과 같이 새로운 접근방법을 취하는 것이 합당하다.

① 기술(technology)과 결합된 의료방법에 특허성 인정 기술적 요소란, 약품, 장치, 기계, 소프트웨어, 유전자 메커니즘 등 인간의 개별적 숙련도에 좌우되지 않고 반복적으로 예측가능한 결과 재현을 가능하게 하는 일체의 수단을 의미한다. 4차 산업혁명 시대에 의료가 '기술'과 융합하여 발전하는 특징을 감안하여, 원칙적으로, 기술이 결합된 질병의 치료방법은 산업상 이용가능성을 인정하여 특허의 영역으로 끌어들이고, 기술적 요소의 개재가 없거나 미약한 치료방법 즉, 전통적 의미의 의료방법처럼 주로 의사의 경험이나 숙련도, 직업적 지식에 기반하는 것들은 여전히 비특허의 영역에 둠이 합당하다.[40)]

기술적 요소가 포함된 의료방법을 원칙상 특허의 대상으로 함으로써, 4차 산업 환경의 의료분야에서 일어나고 있는 '다양한 기술과 의료의 결합' 내지 '물건과 의료방법의 융합'에 부응할 수 있다.[41)] 아울러, 인간을 치료하는 방법과 기술의 결합을 일체로서 특허의 대상으로 삼게 되면 영리목적으로 그런 치료방법에 사용되는 장치나 소프트웨어 등을 공급하는 제 3 자를 간접침해자로 규율할 수 있고, 이는 실질적으로 특허권자의 이해에 가장 중대한 영향을

---

39) 中山信弘, 特許法[第 4 版], 117면.

40) 예를 들어, 안과 의사가 환자의 백내장 치료를 위해 안구의 일부를 절개하는 과정에서 특정 부위를 특정한 방법으로 절개·봉합하면 시력의 감소위험을 최소화할 수 있음을 알아내고(수술기법 A) 이를 특허출원 한다고 해도 이는 특허 대상이 될 수 없다. 기술적 요소의 개재가 미약하고 의사에 의해 수행되는 수술의 효과를 극대화 시키는 방법으로서, 전통적 의미의 의료방법에 속하는 대표적 예이기 때문이다. 그러나 만약 위 백내장 수술기법을 구현하기 위해서 B라고 하는 장치가 반드시 필요하고, 장치 B를 이용하여 A와 같이 백내장 수술을 하는 방법을 전체로서 특허출원 한다면 이는 인체의 수술방법이지만 이제는 특허의 대상이 될 수 있을 것이다.

41) 즉, 바이오의료 분야에서 이종장기, 3D 프린팅이나 줄기세포 육성기술에 의해 만들어진 조직이나 장기를 환자에 효과적으로 이식하는 방법, 각종 유전자 치료를 환자에게 직접 적용하는 방법, 로봇 등 첨단 장비를 이용한 수술, AI 등 의료용 소프트웨어의 개발과 활용, 사물인터넷을 이용한 원격진료 등 4차 산업혁명 환경에서의 의료기술의 발달을 특허법적으로 포용하고 인센티브를 부여할 수 있다.

미치는 대상에 적절한 통제수단을 부여하는 효과를 가져온다.

반면, 전통적 의미의 의료방법을 특허 대상에서 제외하는 것은, 지금까지 그래 왔듯 그 진전이 특허에 기한 인센티브 보다 학문적 성취욕구나 직업의식 또는 의사 개인 간 기량의 전수와 같은 고유의 특징에 힘입는 바가 크며, 특단의 사정이 없는 한 앞으로도 그럴 것이기 때문이다. 아울러, 이런 의료방법은 특허를 인정하더라도 객관적 반복가능성을 충분히 보장하기 어렵고, 실험을 통해 효과를 확인하기가 곤란하며, 인간의 신체에 대한 침습(侵襲)을 산업으로 취급하는 것은 윤리적 거부감을 피할 수 없기 때문이기도 하다.[42]

② 의료 특허의 부작용에 대응하기 위한 방법 모색 기술이 결합된 의료 전반에 특허성을 인정함에 따라 야기될 수 있는 부작용, 즉, 환자의 효과적 치료 가능성이 과도하게 차단되거나 상류 의료기술의 독점으로 인간의 생명과 건강이 위협될 수 있는 문제에 대응하기 위해서는, ⅰ) 의료특허에 대해 적절한 강제실시권 내지 법정실시권을 보장하는 한편, 상류에 속하는 의료기술 등 인간의 생명과 건강에 필수적인 의료기술에 대해서는 마치 표준특허에서와 마찬가지로 FRAND를 특허요건으로 하거나 실시권 설정청구에 응할 의무를 부과하고, ⅱ) 독점규제법을 적극적으로 적용하여, 예컨대 유전자 치료라든지 진단 관련 필수 소프트웨어에 관한 핵심기술을 선점한 특허권자가 그와 같이 상류에 있는 특허권을 반경쟁적으로 행사하거나 후속 기술의 개발에 과도한 장애를 가져오는 방법으로 사용하거나, 해당 특허권의 행사로 의료수준의 심각한 저하 또는 환자의 생명과 건강에 중요한 장애가 예상되는 경우에는 이를 독점규제법 제117조에 따라 특허권의 부당한 행사로 취급하여 규제하고, ⅲ) 문제가 된 의료기술에 대한 특허권의 행사가 ⅰ), ⅱ)의 사유에 해당함이 명백하면 법원으로서는 강제실시권 발동이나 독점규제법에 근거한 행정처분이 있기 전이라도 그런 특허권의 행사를 권리남용으로 취급하며, ⅳ) 경우에 따라서는 법원이 특허권자의 이익 및 기술개발의 인센티브와, 공중 보건 및 환자의 생명·건강 등 상충하는 이해를 종합 고려하여 금지명령을 배제하고 손해배상만을 명함으로써[43] 강제실시권을 설정한 것과 유사한 효과를 달성하는 방

42) 東崎賢治, “医療行為及び医薬「第二特許」の特許法上の扱いについての考え方”, 『IIP研究論集 医療と特許』, 創英社(2017), 78~79면.

43) 특허법 제126조 제1항은 “특허권자는 … 침해의 금지 또는 예방을 청구할 수 있다”라고만

법 등을 생각할 수 있다.

3) 정 리

인간의 생명과 건강은 마땅히 존중되어야 할 최상의 가치임에 틀림없지만, 이를 달성하기 위해 지금처럼 모든 의료방법의 특허 대상성을 일률적으로 부인하는 것은 더는 적절하지 않다. 오히려 그런 태도는 의료 관련 기술의 발전 인센티브를 저해함으로써 궁극적으로 인간의 건강과 생명을 위협하는 역설적 결과를 낳을 수 있다. 의료방법에 특허를 부정하는 종래의 패러다임은 그 기준의 모호함으로 인해 법적 불안정성이 증가함은 물론, 첨단 의료기술의 발전 방향과 부조화도 심해지고 있으므로 4차 산업혁명 환경에서 근본적으로 재검토될 필요가 있다. 그러므로 앞으로는 의료방법이라 하더라도 '기술(technology)'과 불가분적으로 결합된 것들에는 전향적으로 특허성을 인정하되, 권리의 제한가능성을 다양하게 열어둠으로써 기술과 의료환경의 변화에 합리적·탄력적으로 대응할 수 있게 함이 상당하다. 인간의 생명과 건강이라는 가치는 법정실시권, 독점규제법, 권리남용 법리 내지 금지권 없는 손해배상 등 다른 보완책들을 통해 달성되는 것이 가능하고 또한 바람직하다.

Ⅱ. 신 규 성

1. 서 론

(1) 의의와 법률의 규정

특허법 제29조 제1항 제1, 2호는 산업상 이용할 수 있는 발명 중 특허출원 전에 국내 또는 국외에서 공지되었거나 공연히 실시된 발명, 특허출원 전에 국내 또는 국외에서 반포된 간행물에 게재되었거나 전기통신회선을 통하여 공중이 이용할 수 있었던 발명은 특허를 받을 수 없다고 규정하여, 신규성

하고 있을 뿐 침해가 인정되는 경우 금지권이 자동발령되어야 한다고 규정하지 않고 있다. 특허권은 소유권과 달리 본질적으로 그 내용과 한계가 법 목적에 의해 결정될 수 있는 권리이고 법원으로서는 침해를 둘러싼 여러 국면의 합리적 해결을 위해 금지권의 발동 시 그 내용에 합리적 재량을 발휘할 여지를 확보할 필요가 있다(이 점에 대한 상세한 검토는, 조영선, "특허침해로 인한 금지권의 상대화에 대하여", 경영법률 제25권 제4호(2015. 7), 426~429면, 440~452면).

을 특허요건의 하나로 명시하고 있다.

발명에 신규성이 없다는 것은, 그 발명과 같은 내용의 기술이 이미 존재하고 사회 일반에 공개되어 공중의 재산(Public Domain)으로 되었다는 것을 의미한다. 이미 존재하는 기술과 동일한 내용의 발명을 한 자에게 특허를 줄 아무런 이유가 없을 뿐 아니라 이는 그 기술이 자유로이 이용할 수 있는 것이라는 일반 공중의 신뢰에도 반하므로 법적 안정성을 해친다. 어떠한 유용한 기술이 특허와 같은 독점·배타적 권리나 영업비밀 등으로 보호됨이 없이 공개되어 있다면 일반 공중으로서는 그 기술을 만인이 자유로이 사용할 수 있는 것으로 받아들이는 것이 당연하기 때문이다.

(2) 신규성 개념의 상대성

일단 어떠한 발명이 공개되어 있는 이상, 그러한 사실을 알지 못하고 우연히 똑같은 발명을 하였다 하더라도 이를 특허로써 보호하지 않는다는 것은 특허법 고유의 법적 결단이다. 예컨대, 저작권법의 경우 우연의 일치로써 이미 존재하는 저작물과 동일한 저작물이 창작되었다고 하더라도 후발 창작자가 앞서의 창작물을 베낀 것이 아니라 그 스스로의 창작적 노력을 기울여 창작한 것임이 확인되는 이상 여전히 저작권으로 보호받는바, 특허법의 태도는 이와 좋은 대조를 이룬다. 빈면, 이치상으로는 공중에게 알려져 있든 아니든 발명의 완성 시를 기준으로 전 세계적으로 전무한 것(절대적 신규성)만을 신규의 발명이라 해야 할 것이나 신규성의 개념은 그와 같이 절대적인 것은 아니고 입법례에 따라 그 개념과 적용의 범위를 달리한다. 우리 특허법은 절대적 신규성의 개념 대신 i) 특허출원 전에 국내 또는 국외에서 공연히 알려지거나 공연히 실시된 것, ii) 특허출원 전에 국내 또는 국외에서 반포된 간행물에 기재되거나 전기통신회선을 통하여 공중이 이용 가능하도록 공개된 것이 아니라면 신규성이 있다고 하여 상대적 신규성 개념을 채택하고 있다.

2. 신규성의 요건

(1) 시적 기준

발명의 신규 여부는 특허출원의 시각(時刻)을 기준으로 한다.[44] 따라서,

---

44) 이는 시, 분, 초까지 고려한 자연시(自然時)를 말하며 외국에서 공지된 경우 한국의 시간

동일한 발명에 관하여 같은 날 공개와 특허출원이 이루어진 경우 특허출원이 공개의 시각(時刻)보다 앞선다면 그 발명에 관하여는 신규성을 인정받을 수 있다.[45)]

(2) 장소적 기준

기술이 출원 당시 공지·공용인지 여부는 국내·외를 불문한다(국제주의). 구 특허법은 비록 출원 전에 국외에서 공지·공용되었다고 하더라도 국내에서는 공지·공용된 상태가 아니었다면 그 발명에 신규성을 인정하는 한편, 간행물에 의하여 공지되었는지 여부는 국내, 국외를 막론하여 출원 전에 국내 또는 국외에서 반포된 간행물, 또는 일정한 요건을 갖춘 인터넷 회선을 통하여 공지된 발명은 신규성을 부인하고 있었다(절충주의). 이는 공지·공용의 경우 장소적 제약이 상대적으로 강하여 국외에서 이루어진 것은 사실상 국내에서는 알기 어려운 경우가 많은 데 비하여 간행물이나 인터넷에 게재되거나 공개된 기술은 국경의 제약을 받지 않고 알려지기 쉽다는 점에 근거한 것이었으나, 특허법은 정보통신 등의 발달로 국외에서 공지·공용된 기술을 국내에서도 쉽게 접할 수 있다는 점, 출원 전에 국내에서 뿐 아니라 국외에서 알려진 기술에 대하여도 특허가 부여되지 않도록 하여 국제적인 기술공개의 현실을 반영해야 한다는 점 등을 이유로 종래의 절충주의를 버리고 국제주의를 취하게 되었다. 따라서, 선행기술이 출원 당시 국내 또는 국외에서 공지·공용된 경우 모두 출원발명의 신규성이 부인된다.

(3) 공지(公知), 공연 실시(公然 實施)

1) 의　　의

'공지된 발명'이라 함은 아무런 비밀유지의무의 부과 없이 공사실무자들에게 발명의 도면과 샘플을 제공하는 경우[46)]와 같이 발명의 내용이 불특정 다수인이 인식할 수 있는 상태에 놓인 것을 말하고,[47)] '공연히 실시된 발명'이라

으로 환산한 시각을 말한다(특허청, 특허·실용신안 심사기준, 제3부 제2장 3.1).

45) 뒤에서 보는 선·후원(특허법 제36조), 이용저촉관계(특허법 제98조) 등을 판단하는 기준이 일(日)이라는 것과 구별하여야 한다.

46) 대법원 2002. 6. 25. 선고 2000후1306 판결.

47) 대법원 1992. 10. 27. 선고 92후377 판결; 대법원 1996. 6. 14. 선고 95후19 판결 등.

함은 예컨대 발명자가 기계가 설치된 공장을 방문하는 사람들에게 기계를 시운전하면서 제품의 생산방법을 설명하는 경우와 같이 발명의 내용이 불특정 다수인이 알 수 있는 상태에서 실시된 것을 말하는바,[48] 이를 흔히 '공용(公用)'이라고도 한다. 불특정 다수인이 인식할 수 있는 상태에서 실시되었다고 하여 반드시 그 기술의 내용까지 정확히 인식할 수 있는 것은 아니므로, 공용에 의하여 신규성이 부인되기 위해서는 다시 '당해 기술분야에서 통상의 지식을 가진 자가 그 기술사상을 보충, 또는 부가하여 발전시킴 없이 그 실시된 바에 의하여 직접 쉽게 반복하여 실시할 수 있을 정도로 공개될 것'이 요구된다.[49] 그러나 공지와 공용의 개념구별을 뚜렷이 하는 것은 쉬운 일이 아닐 뿐더러 실익도 거의 없다. 판례 또한 '공지 또는 공용'이라고 묶어서 표현하거나 양자를 엄격히 구별하지 않는 경우가 대부분이다.[50]

⇒ 대법원 2002. 6. 25. 선고 2000후1306 판결

○○ 주식회사가 서울 중구 무교동 63의 무교 3지구 재개발 신축공사에 필요한 플로어 매설용 콘센트 박스 설치공사의 하수급인으로 선정되기 위하여 콘센트 박스의 도면(인용발명 3)과 샘플을 ×× 주식회사에 제공하면서 기술설명을 한 결과 하수급인으로 선정되어 1995. 9. 5. 위 공사의 하도급계약을 체결하였고, 위 계약일 이후 명칭을 "플로어 매설용 콘센트 박스"로 하는 이 사건 특허발명의 출원일 전에 인용발명 3의 콘센트 박스를 납품 시공하였는데, 위 하도급계약의 전후에 걸쳐 인용발명 3의 도면과 샘플이 소외 ×× 주식회사의 실무자들에게 제공되는 과정에서 도면과 샘플이 비밀로 유지되지 아니하여 공사 실무자들이나 관계인들이 자유롭게 열람할 수 있는 상태에 있었고 ○○ 주식회사나 ×× 주식회사 및 관련 직원들은 인용발명 3의 구성에 대한 비밀 유지의무를 부담하고 있지도 않았으며, 비밀로 유지하는 조치를 취한 바도 없었으므로 비록 소수의 사

48) 특허법원 2000. 9. 21. 선고 99허6596 판결(확정).

49) 대법원 1996. 1. 23. 선고 94후1688 판결.

50) 한편, 이론적으로 '공지'와 '공연실시'는 각각 입법취지와 작용하는 측면이 다르며, ① '공지'란 불특정인이 알 수 있는 상태에 이른 결과에 주목하는 것이고, ② '공연실시'란 발명이나 기술이 비밀성 없이 실시된 그 자체를 의미하여 행위책임으로서의 성격이 강하며, ③ '간행물공지'는 반포에 의해 공개될 것을 목적으로 간행물에 게재된 것에 의하여 불특정인이 알 수 있는 상태에 이르게 된 것이므로 서로 구별되어야 한다는 주장도 있다 {상세는, 심준보, "공지·공연실시·간행물공지의 의의," 특허소송연구 제 4 집, 특허법원(2008), 20면 이하 참조}.

람만이 그 내용을 알았다 하더라도 인용발명 3이 이 사건 특허발명의 출원 전에 공지되었거나 공연히 실시된 발명이라고 보는 데 아무런 지장이 없다.

⇨ 대법원 1983. 2. 8. 선고 81후64 판결

주한미군부대 내 또는 주한미군클럽 내의 출입은 그 소속미군들이나 그 클럽 종업원들을 제외한 일반인에게는 엄격히 통제되어 자유로이 출입할 수 없음은 경험칙상 명백한 바이므로, 이와 같이 일반인이 자유롭게 출입할 수 없는 특정지역 내에 놓여 있는 간행물(미국 존슨패어박스 회사 발행의 "주화계산기의 안내서 및 그 부품의 가격표")을 일반인이 누구나가 마음대로 열람한다거나 그 비치된 주화계산기의 내부구조를 알아본다는 것은 극히 어려운 일이라 여겨지므로 위 간행물이나 주화계산기가 놓여있는 장소가 일반인이 자유로이 출입할 수 있는 공개된 장소인지의 여부를 구체적으로 더 심리하여 보지 않고서는 위 주화계산기가 불특정다수인이 알 수 있는 상태에 놓여 있었다고 단정하기에 미흡하다.

2) 비밀준수의무의 존재여부

발명의 공지 여부는 불특정 다수인이 그 내용을 알 수 있는 가능성의 존재 여부에 따라 결정되는 것이므로 비록 발명의 내용이 다수의 사람들에게 알려졌다고 하더라도 그 사람들이 상관습이나 계약상 그 발명의 내용에 관하여 비밀유지의무를 지고 있는 경우라면 그 발명이 공지되었다고 볼 수 없다.[51] 예컨대, A가 B에게 특정한 기계를 제작, 납품함에 있어 B로 하여금 그 기계의 구조와 작동방법을 제 3 자에게 알리지 않기로 약정하였다면, 그와 같은 약정이 없는 경우와는 달라서 그 기계의 납품만으로 위 발명이 공지되었다고 볼 수는 없다. 다만, 위 경우, B가 그와 같은 약정을 어기고 그 기계의 구조나 작동방법을 제 3 자에게 공개하였다면 그 공개 시점에 비로소 위 발명은 공지로 된다.[52]

⇨ 대법원 2005. 2. 18. 선고 2003후2218 판결

A는 1993. 12. 무렵 C와의 사이에 조립식 접속관 기술전수계약을 체결하면서 C는 기술이전과 관련된 모든 기술 및 노하우를 A의 사전 서면동의 없이 제 3 자에

51) 대법원 2005. 2. 18. 선고 2003후2218 판결; 대법원 2022. 1. 13. 선고 2021후10732 판결 등.
52) 대법원 2002. 9. 27. 선고 2001후3040 판결.

게 유출하지 아니하기로 약정한 것으로 보인다. D는 C로부터 위 조립식 접속함을 제작·납품할 것을 하청받았는데 당시 금형 제작기술을 보유하고 있지 않았으므로 E에게 위 조립식 접속함에 대한 금형제작 의뢰를 하였고, D를 포함한 위 C, E는 일의 진행 결과를 팩스 등을 통해서 서로 주고받았다. D와 E는 이 사건 조립식 접속함 제작과 관련된 C의 하청업체들로서 C의 필요한 지시에 따라야 할 위치에 있었을 뿐만 아니라, C가 시작품 제작에 관여하게 된 경위 등에 관하여 잘 알고 있었거나 알 수 있었던 상태에 있었다고 추정함이 상당하므로 적어도 C가 A에 대하여 비밀유지의무를 지고 있음을 잘 알고 있었다고 보이고, D나 E 또한 C나 D에 대하여 상관습상 이러한 비밀유지의무를 부담한다 할 것이므로, 위 기술개발자료는 비밀유지의무를 지고 있는 특정인에게만 배포된 것으로서 결국 명칭을 '통신케이블 접속용 접속관 외함'으로 하는 D의 이 사건 특허발명(특허번호 제148093호)이 출원되기 전에 공지된 것이라 할 수 없다.

(4) 반포된 간행물의 기재

간행물이란 공개를 목적으로 인쇄 기타의 기계적, 화학적 또는 전자기적 방법으로 복제된 문서, 도화, 사진 등을 말한다.[53] 인쇄기술의 발달과 각종 매체의 출현으로 인하여 간행물의 형식적 제한이 점차 사라져 가는 추세임을 고려하면 복사본이나 마이크로필름, 컴퓨터 디스크, CD-ROM, 자기필름 등 현재 개발되어 있거나 향후 개발될 매체들이 모두 간행물에 포함된다고 보아야 한다. 간행물의 예로는 국내외에서 발간된 특허공보가 가장 대표적이고 그 밖에 서적, 논문, 제품의 카탈로그 등도 실무에서 매우 흔히 인용되는 간행물들이다.

'반포(頒布)'라 함은 간행물이 불특정 다수의 일반 공중이 그 기재내용을 인식할 수 있는 상태에 놓여 있는 것을 말한다.[54] 불특정 다수인의 인식가능성이 있기만 하면 족하므로, 반포된 간행물의 숫자 등은 고려대상이 되지 않는다.[55] 특허 출원된 발명은 일정한 경우 공개공보에 게재되므로(특허법 제64조) 그와 같은 공개공보가 발행된 때에 반포된 것으로 볼 것이다. 판례[56]는, 카탈

53) 대법원 1992. 10. 27. 선고 92후377 판결.
54) 대법원 1996. 6. 14. 선고 95후19 판결.
55) 미국의 In re Hall{781 F.2d 897, 898, 899(Fed. Cir. 1986)} 사건에서는 독일 소재의 한 대학도서관에 비치된 한편의 박사학위 논문을 반포된 간행물로 보았다.
56) 대법원 2000. 12. 8. 선고 98후270 판결.

로그는 제작되었으면 반포되는 것이 사회 통념이고 제작한 카탈로그를 배부하지 않은 채 사장(死藏)하는 것은 경험칙에 반하는 것이어서 비록 카탈로그의 배부 범위, 비치 장소 등에 관하여 구체적인 증거가 없다고 하더라도 그 카탈로그가 반포된 것을 부인할 수는 없다고 한다. 반포된 간행물과 관련하여 가장 중요한 것은 반포의 시점인데, 그 시점이 특허출원일보다 앞서는지 여부에 따라서 발명의 신규성이 좌우되기 때문이다. 간행물 자체에 반포시점을 알 수 있는 기재가 없다면 결국 여러 가지 간접사실과 경험칙에 의하여 이를 인정할 수밖에 없으며 그 증명책임은 발명에 대한 특허가 부여되기 이전에는 심사를 담당하는 심사관이, 일단 발명에 관하여 특허가 부여된 이후에는 그 특허가 잘못 부여되었다고 다투는 자가 부담하게 됨은 물론이다.

⇒ 대법원 1996. 6. 14. 선고 95후19 판결

박사학위논문은 논문심사 위원회에서 심사를 받기 위하여 일정한 부수를 인쇄 내지 복제하여 대학원 당국에 제출하는 것이 관례로 되어 있다고 하더라도 이는 논문심사를 위한 필요에서 심사에 관련된 한정된 범위의 사람들에게 배포하기 위한 것에 불과하므로, 그 내용이 논문심사 전후에 공개된 장소에서 발표되었다는 등의 특별한 사정이 없는 한, 인쇄시나 대학원 당국에의 제출시 또는 논문심사 위원회에서의 인준시에 곧바로 반포된 상태에 놓이거나 논문내용이 공지된다고 보기는 어렵고, 일반적으로는 논문이 일단 논문심사에 통과된 이후에 인쇄 등의 방법으로 복제된 다음 공공도서관 또는 대학도서관 등에 입고되거나 주위의 불특정 다수인에게 배포됨으로써 비로소 일반 공중이 그 기재내용을 인식할 수 있는 반포된 상태에 놓이게 되거나 그 내용이 공지되는 것이라고 봄이 경험칙에 비추어 상당하다.

(5) 인터넷 등 전기통신회선을 이용한 공개

특허법 제29조 제1항 제2호는, 출원 전에 전기통신회선을 통하여 공중이 이용가능하게 된 발명에 신규성이 없다고 규정하고 있다. 인터넷의 발달로 다양한 정보와 지식이 국경 없이 공개, 교류되고 있는 실정을 반영한 입법이다. 2011. 12. 특허법까지는 대통령령이 정하는 일정한 유형의 전기통신회선만으로 한정되어 있었으나 2013년 3. 특허법부터 모든 전기통신회선이 여기

에 해당하게 되었다. 미국,[57] 일본[58] 및 EPO[59] 역시 인터넷을 통해 공개된 기술 일반을 공지의 선행기술로 보고 있다.

(6) 동일한 발명

1) 발명의 동일성의 의의

특허 출원된 발명에 신규성이 없다고 하기 위해서는 그 발명과 출원 전 공지된 발명이 동일한 것이어야 한다. 여기서의 동일성은 실질적 동일성을 의미하므로 특허청구범위에 기재된 기술적 사상과 문언적, 형식적으로 동일한 것에 한정되지 않고, 발명의 기본이 되는 사상에 실질적으로 영향을 미치지 않은 비본질적인 사항에만 차이가 있는 정도에 불과하다면 동일성이 있는 것으로 본다. 동일성은 출원된 발명의 특허청구범위에 기재된 사항과 출원 전에 국내외에서 공지·공용된 기술 또는 반포된 간행물에 기재된 사항을 대비하여 판단하는바, 표현 또는 기재 형식의 같거나 다름만이 아니라 출원된 발명의 특허청구범위에 내재하는 기술적 사상의 실체에 착안하여 판단한다.

2) 동일성 판단의 기본 원칙

(가) 단일한 발명 간의 대비일 것

발명의 신규성 판단을 위한 대비의 대상이 되는 공지기술은 그 자체로 '단일한' 것이어야 한다. 즉, A+B로 이루어진 발명(K)의 신규성을 판단하기 위해서는 역시 A+B로 이루어진 공지기술을 찾아내야 하는 것이지, X라는 공지기술로부터는 A라는 구성요소를, Y라는 공지기술로부터는 B라는 구성요소를 각각 찾아낸 뒤 둘을 결합함으로써 발명 K의 신규성을 부인할 수는 없다. 그와 같은 작업은 뒤에서 보는 '진보성 판단'의 몫이다.

(나) 기술분야의 불문

기술 K의 신규성을 부인하는 근거가 되는 공지기술 X는 K와 그 기술의 분야를 달리하더라도 문제가 없다. 예컨대, 어떤 발명가가 전동기(電動機) 부품으로 사용할 수 있는 '볼 베어링'을 발명하였다고 주장하면서 이를 특허출원 하였다고 할 때, 그에 앞서 그와 똑같은 구성의 볼 베어링이 필기구에 이

---

57) MPEP §2128.

58) 일본 특허법 제29조 제1항 제3호.

59) EPO Guidelines(2017) G. Ⅳ 7.5.

미 사용되고 있었다면 전동기 부품으로서의 볼 베어링은 신규성을 인정받을 수 없다. 이는 뒤에서 보는 바와 같이 발명의 진보성 판단에 있어서는 기술분야의 관련성을 고려 요소로 삼는 것과 대조를 이룬다. 이와 관련하여, '양 발명의 기술분야가 전혀 상이한 경우라면 구성이 동일하더라도 신규성이 부정되지 않을 수 있다'는 주장이 있다.[60] 그러나 이는 특허법 제29조 제1항의 법문에 반할 뿐더러, 진보성 판단에서 문제되는 '공지기술의 전용(轉用)' 개념을 신규성과 혼동하여 신규성 인정의 외연을 근거 없이 확장하는 것으로서 부당하다. 공지기술의 구성요소를 전용(轉用)한 것이 현저한 효과를 초래한다면 진보성이 인정될 여지가 있지만, 이는 어디까지나 공지기술을 다른 발명의 '구성요소'로 적용하는 경우를 의미하고, 공지된 기술 전부를 그대로 다른 산업분야에서 '단일한 실체의 발명'으로 특허출원하는 것과는 구별되어야 한다. 또한, 예컨대 '방법발명'에서 '공지의 기술을 알려진 것과 다른 용도에 사용하는 방법'으로 출원이 이루어 질 수 있지만, 이 또한 공지 기술이 출원발명인 방법발명의 '구성요소'로 되는 것이지 공지 기술 자체가 출원의 대상이 되는 것이 아님에 주의를 요한다. 요컨대, 기술이 이미 공지되어 있음에도 그와 동일한 발명에 특허를 출원하였다면 기술분야의 원근 등을 불문하고 이는 신규성 없는 발명에 지나지 않는다 할 것이다.

3) 동일성 판단의 구체적 방법

(가) 구성 대비의 원칙

발명의 동일성을 판단함에 있어서는 발명의 목적·구성·효과의 3요소를 비교하여 그 결과를 종합적으로 검토하되 그 중 구성의 동일 여부를 중심으로 하여 판단하는 것이 가장 합리적이다. 어떠한 발명을 이루는 기술적 구성요소가 동일하다면 그 발명의 효과 또한 동일할 수밖에 없으며 발명의 목적이라는 것은 발명의 효과를 발명자의 입장에서 주관적으로 재기술(再記述)한 것에 불과하다고도 볼 수 있기 때문이다.

(나) 실질적 동일성의 원칙

기술적 구성에 차이가 있더라도 그 차이가 과제 해결을 위하여 주지·관용의 기술을 부가, 삭제, 변경한 것에서 비롯될 뿐 발명의 전체적인 효과를 달리

60) 정상조·박성수 공편, 특허법주해 I, 박영사(2010), 312~313면(박성수 집필부분).

할 정도에 이르지 않는다면 양 발명은 동일한 것으로 보아야 한다.[61] 나아가 발명을 비교하였을 때 그 구성의 일부가 단순한 재료의 변환 또는 균등수단의 치환, 전환, 단순한 수치의 한정 또는 변경, 구성요소의 형상·수 또는 배열의 단순 한정이나 변경, 용도의 차이에 불과한 경우에는 양 발명은 동일한 발명으로 본다. 또한, 특허청구범위의 기재와 공지기술 사이에 사용된 용어가 일치하지 않더라도 그 분야에서 통상적 지식을 가진 기술자가 이를 동일한 것으로 이해할 수 있다면 양 발명이 동일한 것으로 볼 수 있다. 판례[62] 또한, "전후로 출원된 양 고안의 기술적 구성이 전면적으로 일치하는 경우는 물론 부분적으로 일치하는 경우라도 그 일치하는 부분을 제외한 나머지 부분만으로 별개의 고안을 이룬다거나 위 일치하는 부분의 고안이 신규의 고안과 유기적으로 연결되어 일체로서 새로운 고안이 되는 등의 특별한 사정이 없는 한, 비록 양 고안의 구성에 상이점이 있어도 그 기술분야에 통상의 지식을 가진 자가 보통으로 채용하는 정도의 변경에 지나지 않고 고안의 목적과 작용효과에 각별한 차이를 일으키지 않는 경우에는 양 고안은 동일한 고안"이라고 한다.

⇨ 대법원 2002. 5. 17. 선고 2000후2255 판결

이 사건 등록고안과 인용고안은 그 목적 및 작용효과가 동일하고, 또한 양 고안은 모두 2개의 나란한 호형 절곡부(5)(5'){접곡부(1'), 만곡부(7')}를 갖는 포대가이드통로(3){안내구(7)}를 형성한 후 이 포대가이드통로(3)와 연속하여 미싱 및 커팅수단을 순차 설치함으로써, 호형 절곡부(5)(5')를 갖는 포대가이드통로(3)를 통하여 두 번 자동적으로 접힌 포대를 미싱에 의하여 봉제한 다음 커팅수단에 의하여 자동으로 실을 절단하는 구성에 있어서 동일하고, 다만 이 사건 등록고안은 포대공급 컨베이어벨트(1) 및 포대이송 상하 컨베이어벨트 (2)(2')를 통하여

61) 대법원 2001. 6. 1. 선고 98후1013 판결; 대법원 2003. 2. 26. 선고 2001후1624 판결; 대법원 2011. 3. 24. 선고 2010후3202 판결; 대법원 2013. 2. 28. 선고 2012후726 판결: 위 각 판결들은 확대된 선출원 판단 시 발명의 동일성 판단기준에 관한 것들이나, 신규성 판단을 위한 동일성 판단기준 역시 그와 같다고 봄이 상당하다. 확대된 선출원 제도는 일정한 요건 아래 비공개인 선행기술을 근거로 출원발명의 '신규성'을 부정하는 것과 동일한 실질을 가지기 때문이다(竹田和彦, 特許의知識 [제 8 판], 215~216면; Text of the Basic Proposal for the Treaty and the Regulations as Submitted to the Diplomatic Conference for the Conclusion of a Treaty Supplementing the Paris Convention as far as Patents are Concerne(1991), Art. 13 참소.

62) 대법원 1991. 1. 15. 선고 90후1154 판결.

절곡기에 포대를 자동적으로 공급하는 방식을 사용하는 데 대하여, 인용고안은 그 명세서에 단지 "접곡기에 의해서 자동적으로 포대의 상단부, 또는 상단부와 하단부를 밀어 넣으면서 연속 봉제할 수 있게 됨으로써"라고만 기재하고 있어 이 사건 등록고안과 같이 절곡기에 포대를 컨베이어벨트 등을 통하여 자동적으로 공급하는 방식을 사용하고 있는지는 명확하지 않으나 이 사건 등록고안의 명세서의 기재 및 변론의 전 취지를 종합하면, 이송수단을 자동화하는 경우 컨베이어벨트를 사용하는 것은 그 기술분야에 통상의 지식을 가진 자가 보통으로 채용할 수 있는 정도의 주지 내지 관용기술임이 인정되므로, 이 사건 등록고안은 인용고안의 구성에 이러한 주지 내지 관용기술을 단순히 부가한 것으로서 인용고안과 실질적으로 동일한 고안이라고 보아야 한다.

(다) **상위개념**(Genus) **발명과 하위개념**(Species) **발명**

공지기술이 하위개념의 발명이고 특허 청구된 발명이 상위개념의 발명인 경우 그에 대하여 신규성을 인정할 수 없다. 예컨대, '바퀴와 안장과 짐받이로 구성된 자전거'가 공지된 기술이라면 그보다 상위개념에 속하는 '바퀴와 안장으로 구성된 자전거'는 신규성 있는 발명이 될 수 없다. 반면, 공지 기술이 상위개념의 발명이고 특허청구된 발명이 하위개념인 경우(앞의 예에서 '바퀴와 안장으로 구성된 자전거'라는 공지기술이 있는 상태에서 거기에 '짐받이'라고 하는 구성을 추가하여 '바퀴와 안장과 짐받이로 구성된 자전거')는 신규성을 인정받을 가능성이 높다.[63] 선택발명은 그 대표적인 예에 속한다. 판례[64]는 선택발명의 신규성에 관하여 선행 또는 공지의 발명에 구성요건이 상위개념으로 기재되어 있고 위 상위개념에 포함되는 하위개념만을 구성요건 중의 전부 또는 일부로 하는 이른바 선택발명의 경우에는, '선행발명이 선택발명을 구성하는 하위개념을 구체적으로 개시하고 있거나, 그 발명이 속하는 기술분야에서 통상의 지식을 가진 자가 선행문헌의 기재 내용과 출원시의 기술 상식에 기초하여 선행문헌으로부터 직접적으로 선택발명의 존재를 인식할 수 있는 경우가 아닌 이상' 그 자체로 신규성이 있다고 한다. 반면, 예컨대 선행문헌에 "A+탄성체+B"가 개시된 상태에서 "A+용수철+B"로 이루어진 발명은 신규성이 없고, 선행문헌에

63) '바퀴와 안장으로 구성된 자전거'는 공지되어 있지만, 거기에 짐받이까지 일체로 결합된 발명은 공지된 바 없으며 일반적으로 '바퀴와 안장으로 구성된 자전거'가 곧바로 거기에 짐받이까지 일체로 결합된 자전거를 인식하게 하지도 않기 때문이다.

64) 대법원 2009. 10. 15. 선고 2008후736, 743 판결.

"A + 염산 또는 초산"이 공지되어 있는 상태에서 "A + 염산"으로 이루어진 발명도 당연히 신규성이 없다. 이 경우는 모두 상위개념인 공지기술이 하위개념인 당해 발명을 포함한다는 점이 자명하기 때문이다.

⇨ 대법원 2009. 10. 15. 선고 2008후736, 743 판결

원심 판시 비교대상발명 1의 발명의 상세한 설명에서는 그 발명의 대상에 대하여, "메틸 – α – (4, 5, 6, 7-테트라하이드로 티에노(3, 2-C)-5-피리딜) – o – 클로로페닐 – 아세테이트," "이들 화합물은 한 개의 비대칭탄소(asymmetrical carbon)를 가지므로, 두 개의 광학이성질체(enantiomer)로 존재한다. 본 발명은 각각의 에난티오머 둘 다와, 그들의 혼합물에 대한 것이다"라고 기재하고 있는바, 비교대상발명 1의 발명의 대상인 "메틸 – α – (4, 5, 6, 7-테트라하이드로 티에노(3, 2-C)-5-피리딘) – o – 클로로페닐 – 아세테이트"는, 치환기의 명명 순서의 차이에 따라 그 명칭이 다를 뿐 이 사건 특허발명의 특허청구범위 제 1 항(이하 '이 사건 제 1 항 발명'이라 하고, 다른 청구항도 같은 방식으로 가리킨다)의 "메틸α – 5(4, 5, 6, 7-테트라하이드로(3, 2-C)티에노 피리딜)(2-클로로페닐) – 아세테이트"와 같은 물질이다. 그리고 비교대상발명 1에 기재된 "각각의 에난티오머"는 '우선성 광학이성질체'와 '좌선성 광학이성질체'를, 그들의 혼합물은 '라세미체'를 각 말하는 것이어서, 비교대상발명 1은 위 화합물의 우선성 광학이성질체와 좌선성 광학이성질체 및 라세미체 세 가지 모두를 발명의 대상으로 하고 있으므로, 비교대상발명 1에는 위 화합물이 우선성 광학이성질체인 이 사건 제 1 항 발명의 클로피도그렐이 개시되어 있다. 한편, 이 사건 제 2 항 발명은 이 사건 제 1 항 발명의 클로피도그렐의 "염산염"을, 이 사건 제10항 발명은 이 사건 제 1 항 발명의 클로피도그렐의 "혈소판 질환의 치료 및 예방에 유효한 약제학적 조성물"이라는 의약용도를 각 대상으로 하고 있는바, 비교대상발명 1의 발명의 상세한 설명에 위 화합물의 우선성 광학이성질체인 클로피도그렐이 개시되어 있음은 위에서 본 바와 같고, 비교대상발명 1의 실시례 1에는 위 화합물의 라세미체 염산염이 나와 있으며, 위 화합물의 라세미체 염산염과 클로피도그렐이 개시되어 있는 이상 통상의 기술자라면 출원시의 기술지식에 기초하여 어려움 없이 비교대상발명 1로부터 클로피도그렐 염산염의 존재를 쉽게 인식할 수 있고, 비교대상발명 1 또한 '위 화합물 및 약제학적으로 허용되는 담체를 함유하는 혈소판 응집 억제 활성 및 항혈전 활성을 갖는 치료 조성물'에 관한 것이므로, 비교대상발명 1에는 이 사건 제 2 항 발명의 클로피도그렐 염산염과 이 사건 제10항 발명의 클로피도그렐의 의약용도가 구체적으로 개시되어 있다고 보아야 한다. 나아가 비교대상발명 1에 클로피도그렐이 게시되어 있고, 통상의 기술자가 리세미체와 이를 이루는 우선성 광학이성질체 및 좌선성 광학이성질체를 별도의 화합물로 인식하고 있었던 이상,

> 라세미체로부터 우선성 광학이성질체를 분리하는 방법에 관한 발명이 아닌 이 사건 제1항 발명의 신규성을 부정하기 위하여 원고의 상고이유에서의 주장과 같이 비교대상발명 1에 이에 대한 분리방법 내지 분리가능성이 개시되어 있어야만 하는 것은 아니고, 그 외 원고의 상고이유에서의 주장은 독자적인 견해에서 원심을 비난하는 것이어서 받아들일 수 없다.
> 따라서 이 사건 제1, 2항, 제10항 발명의 신규성이 부정된다고 본 원심은 정당하고, 거기에 상고이유에서 주장하는 바와 같은 선택발명의 신규성 판단에 관한 법리오해 및 판례위반 등의 잘못이 없다.

㈑ **발명의 카테고리**(물건의 발명, 방법의 발명)**를 달리하는 경우**

비록 비교되는 양 발명이 다른 카테고리로 표현되어 있다고 하더라도 발명의 동일성 판단은 반드시 발명의 카테고리라든가 그 밖의 외적 표현방법에 구애되는 것이 아니라 실질적인 기술내용에 의해서 파악되는 것이므로 동일한 기술적 사상을 카테고리를 달리하여 표현한 것에 불과한 경우에는 비교되는 양 발명은 동일한 발명으로 보아야 한다. 판례[65]도 같은 취지이다.

➾ 특허법원 2005. 9. 30. 선고 2004허7005 판결

> 이 사건 제1항 발명은 로스트 왁스 주조용 폐왁스의 재생방법발명으로, 증기 가열용 해조에서의 1차 정화과정, 보온탱크에서의 2차 정화과정, 교반용해 탱크에서의 교반과정을 거친 뒤 압축여과기에 의한 필터링과정으로 구성되어 있고, 비교대상발명의 청구항 제1항은 로스트 왁스 주조용 폐왁스의 재생장치발명으로, 증기 가열 용해조, 보온탱크, 교반용해 탱크, 이송 압축펌프, 필터, 여과기, 배관라인 등의 장치로 구성되어 있는바, 이 사건 제1항 발명은 비교대상발명 제1항의 위 장치들을 사용하는 것을 시간적 경과에 따라 공정의 형식으로 표현한 것이어서, 양 발명의 실체를 살펴보면 동일한 로스트 왁스 주조용 폐왁스의 재생기술을, 이 사건 제1항 발명은 방법의 측면에서, 비교대상발명 제1항은 장치의 측면에서 각각 포착한 것에 불과한 것으로서, 그와 같은 카테고리의 차이에 따라 기술사상이 달라진다고 볼 수 없을 뿐만 아니라 양 발명의 효과도 아무런 차이가 없다고 할 것이므로, 양 발명은 그 카테고리의 차이(방법발명과 장치발명)에 불구하고 동일한 발명이라 할 것이다.

4) 문 제 점

위와 같은 구성대비 및 실질적 동일성 원칙의 적용과 관련하여 어려운 점

---

65) 대법원 1990. 2. 27. 선고 89후148 판결; 대법원 2004. 10. 14. 선고 2003후2164 판결; 대법원 2007. 1. 12. 선고 2005후3017 판결.

이 있다. 실무상으로는 발명을 복수의 구성요소로 개념상 분해하여 각각 대응하는 구성요소의 이동(異同)을 대비하는 것이 원칙인데, 발명의 실체는 구성요소들의 유기적 결합으로서, 이를 특정한 구성요소로 나누는 것은 쉬운 일이 아닐 뿐더러 특허청구범위에 기재된 문언을 일정한 의미단위로 구분하여서는 발명의 동태적 측면을 정확히 포착하기 어려운 경우도 허다하다.[66] 무엇보다도 발명의 구성요소를 어느 단위로 묶느냐에 따라 발명의 대응구성요소가 '치환' 된 것으로도 '생략' 된 것으로도 볼 수 있게 된다. 즉, 구성요소를 세부적인 부분까지 쪼개어 대비할수록 발명의 동일성은 인정하기 어려워지는 반면, 대비의 대상이 되는 구성요소들을 굵직굵직하게 묶어 비교적 넓은 관점에서 대비한다면 일부 구성요소가 생략되었다고 하더라도 그 그룹에 함께 속한 다른 구성들과의 유기적 결합에 의하여 개별적 생략의 의미는 사라지고 전체로서 구성요소의 '치환' 에 불과한 것으로 판단될 여지가 많아지는 것이다.

한편, 영미법계 국가에서는 특정한 발명이 선행기술과 동일한지 여부를 판단함에 있어 이른바 역침해 테스트(Reverse Infringement Test)를 시행하기도 한다. 이는 요컨대 A라는 발명이 그보다 선행기술인 A'와 동일한지 여부를 판단하기 위해서 '만약 A가 먼저 특허등록된 상태에서 A'라는 기술이 시행되고 있다면 그 자체로 A'가 A에 대한 특허침해(특히, 균등침해)를 구성한다고 볼 수 있겠는가를 판단하는' 방법론이다. 만약 A'가 (균등)침해를 구성한다고 볼 수 있다면 A와 A'는 실질적으로 동일한 발명이고, 그렇지 않다면 동일성이 부정된다는 논리이다. 다만, 미국에서는 역침해 테스트는 기능적 청구항의 신규성 판단에서 주로 행해지는 것이 추세라고 한다.[67]

(7) 명세서에 종래기술로 기재된 발명은 공지기술인가

1) 문제의 소재

유럽 특허협약(EPC)에는 청구항 작성 시 당해 발명과 가장 가까운 공지기술의 구성을 전제부에 포함시키도록 강제하는 규정이 있고,[68] 미국의 판례와

66) 이명규, "특허법 제36조 제 1 항에 있어서 동일한 발명의 의미," 특허소송연구 제 3 집 (2005), 59면.

67) Robert A. Matthews, Jr. 3 Annotated Patent Digest, Thomson Reuters(2017), § 17:36 ("That which infringes if later, anticipates if earlier"-Anticipation by equivalents).

68) EPC Rule 43(1)(a).

실무는 발명자가 청구항을 젭슨 타입으로 구성하면서 전제부에 특정한 기술내용을 기재하였다면, 그것이 발명자에 의하여 이룩된 경우를 제외하면 공지의 선행기술임을 자인한 것으로 본다.[69] 그와 같은 명문의 규정이나 확립된 실무가 없는 우리나라에서는 어떠한가? 이는 만약 출원인이 특허 청구항의 전제부나 발명의 설명에 특정한 기술내용을 '종래기술'이라고 표현하였다면 그것이 '공지'까지 된 기술로 보아 곧바로 당해 발명에 대한 신규성·진보성 탄핵의 자료로 삼을 수 있는가 하는 형태로 문제된다.

2) 판례의 변천

종전에 판례[70]는, 발명의 전제부에 기재된 종래기술은 특별한 사정이 없는 한 출원 발명의 신규성·진보성 판단의 자료가 되는 공지된 선행기술로 간주해야 한다고 했었다. 그러나 ⅰ) 실무상, 명세서에서 '종래기술'이라는 표현은 다양한 의도 아래 사용되어 오고 있기 때문에 명세서에 종래기술을 기재하는 출원인의 의사를 출원발명의 신규성·진보성을 증명하기 위한 것으로 단정하는 것은 부당하고, ⅱ) 발명의 신규성·진보성을 판단하기 위한 자료로서 어떠한 공지의 선행기술이 존재한다는 사실은 원칙상 심사관이나 등록 특허의 무효를 주장하는 측에서 증명하여야 할 사항이며, ⅲ) 일단 개시된 종래기술을 공지기술로까지 보아 신규성·진보성 판단의 근거로 삼는다면 출원인의 배경기술 기재 유인이 약해질 것이어서 부당하다는 비판이 제기되어 왔다.

결국 대법원은 2017년 전원합의체 판결[71]로, ⅰ) 특허발명의 구성요소가 출원 전에 공지된 것인지는 사실인정의 문제이고, 공지사실에 관한 증명책임은 신규성 또는 진보성이 부정된다고 주장하는 측에 있다는 점, ⅱ) 청구범위의 전제부 기재는 청구항의 문맥을 매끄럽게 하는 의미에서 발명을 요약하거나 기술분야를 기재하거나 발명이 적용되는 대상물품을 한정하는 등 목적이나 내용이 다양하므로, 어떠한 구성요소가 전제부에 기재되었다는 사정만으로 공지성을 인정할 근거는 되지 못한다는 점, ⅲ) 명세서에 배경기술 또는 종래기술로 기재되어 있다고 하여 곧바로 공지기술이라 단정할 근거도 없다는 점 등

---

69) Janice. M. Mueller, *Patent Law(3rd. Edit.),* 94면; Reading & Bates Constr. Co. v. Baker Energy Res. Corp., 748 F.2d 645(Fed. Cir. 1984).

70) 대법원 2005. 12. 23. 선고 2004후2031 판결 등.

71) 대법원 2017. 1. 19. 선고 2013후37 전원합의체 판결.

을 들어 종전 판례들을 변경하고, 이를 공지기술로 간주할 수는 없다고 판시하였다. 다만, 그 공지사실을 권리자가 자백하거나 법원에 현저한 사실인 때는 공지기술로 인정할 수 있고, 명세서의 전체적인 기재와 출원경과를 고려하여 출원인이 이를 공지기술이라는 취지로 청구범위의 전제부에 기재한 것으로 보이는 때에는 출원 전 공지된 것이라고 사실상 추정하되, 특별한 사정이 있는 때에는 그 추정이 번복될 수 있다고 하였다. 타당한 판례변경이라 할 것이다.

다만 위와 같은 판례변경과는 별개로, 출원인이 특정한 구성을 권리범위에서 제외할 의사로 명세서에 "공지의 … 에 있어서"라는 기재를 한 것으로 판단된다면 그 후 침해 소송이나 권리범위확인 심판에서 이를 권리의 보호범위에서 제외하는 것은 가능할 것이다. 그러나 당해 발명의 신규성·진보성을 판단함에 있어 그런 기재만으로 공지된 선행기술의 존재까지 단정할 수 없음은 앞서 본 바와 같다.

3. 공지 등이 되지 않은 발명으로 보는 경우

(1) 의의와 법률의 규정

어떠한 발명이 특허 출원과 같이 독점적인 권리를 청구하는 절차에 들어가지 않은 채 일반에게 공개되면 이는 공중의 재산(Public domain)에 내 놓은 것으로 보아 누구든지 자유롭게 이를 이용할 수 있도록 하는 것이 원칙이며 그에 대한 일반의 신뢰 또한 보호되어야 마땅하다. 따라서 위와 같이 이미 공중의 재산이 된 발명에 대하여 그 뒤에 특허출원이 이루어지더라도 특허등록은 거질되어야 한다. 그러나 그러한 원칙을 예외 없이 고수하는 것은 발명자 등에게 지나치게 가혹한 면이 있으므로 특허법은 제30조 제 1 항 각호 중 어느 하나의 사유[72]로 인하여 발명이 공개된 경우에는 일정한 요건 하에 예외적으로 공지되지 않은 것으로 보아주고 있다.

주의할 것은, 공지 예외의 혜택을 받을 수 있는 것은 발명자 또는 그로부터 특허를 받을 수 있는 권리를 정당하게 양수한 자가 특허를 출원한 경우에 한한다는 점이다.

---

72) 위 각 사유는 모두, 타인이 이미 이루어 놓은 발명 때문에 신규성 · 진보성이 부인되는 것이 아니라, 발명자가 특허출원을 한 바로 그 발명이 출원 당시 이미 공개되어 있기 때문에 신규성 · 진보성을 인정받을 수 없는 경우들이다.

또한, 공지예외 주장은 출원인이 특허출원 전에 자신의 발명이 공지된 상황을 구제하기 위해 설계된 것이므로, 특허출원 후에 해당 발명이 공개공보나 등록공보를 통해 공개된 경우에는 공지예외 주장을 허용할 이유가 없다(특허법 제30조 제1항 제1호 단서). 이를 허용하면 출원공개 이후 공지예외 주장을 하면서 후속 출원을 이어감으로써 사실상 특허권의 존속기간을 연장하는데 제도를 악용할 우려가 있기 때문이기도 하다.[73)]

(2) 공지 예외의 사유

1) 자기 공지(특허법 제30조 제1항 제1호)

특허를 받을 수 있는 권리를 가진 자에 의하여 그 발명이 출원 전에 공지 상태가 된 경우(다만 공지사유가 국내, 외에서의 출원공개나 등록공고인 경우는 제외한다)에는 그 출원발명은 공지되지 않은 것으로 본다. 연구활동의 활성화 등을 위해 자발적으로 발명의 내용을 공개하여 토론이나 검증의 대상으로 삼아야 할 경우가 있는데다가, 발명자가 자신의 발명을 시험하거나 박람회에 출품하거나 기타의 사유로 출원 전에 먼저 공개한 경우에 이미 공지된 발명이라고 하여 무작정 특허등록을 거절하는 것은 가혹하다. 또한, 권리자가 스스로 발명을 공개하였다는 이유로 특허를 받을 수 없다는 것은 특허법 규정을 잘 알지 못하는 일반인들에게는 쉽게 납득되지 않는 면도 있다. 특허법은 이런 점을 감안하여 특허를 받을 수 있는 권리를 가진 자에 의해 발명이 출원 전에 특허법 제29조 제1항 각호의 사유로 공지된 경우 일체를 공지 예외사유로 삼고 있다.

2) 의사에 반한 공개(제30조 제1항 제2호)

예컨대 협박, 사기, 산업스파이 행위 등 다른 사람의 범죄행위로 인해 이루어진 공개, 다른 사람이 비밀유지 약정을 어기고 한 공개, 권리자의 피용자 또는 대리인의 고의·과실로 이루어진 공개처럼 권리자의 의사와 무관하게 공개가 이루어진 때에는 이 규정에 의한 공지의 예외를 인정한다. 한편, 권리자가 부주의 또는 착오에 의해 스스로 공개하였다면 의사에 반한 공개가 아니라

---

73) 디자인보호법에 관한 사안이기는 하나, 공개공보 등에 의한 공지에 대해서는 공지예외 주장을 허용하지 않는 규정이 합헌이라는 헌법재판소 결정으로, 헌법재판소 2023. 7. 20. 선고 2020헌바497 전원재판부 결정 참조.

고 보는 것이 우리나라의 통설이다.[74] 따라서 예컨대 발명자가 변리사에게 자신의 발명에 대한 특허출원을 의뢰해 놓은 뒤 얼마 지나 실제로 출원이 이루어졌는지 여부를 확인해 보지 않은 채 만연히 이미 출원이 이루어졌으리라 생각하여 스스로 발명을 공개한 경우에는 의사에 반한 공개로 보기 어렵다.[75] 요컨대 의사에 반한 공지의 성립 여부는 권리자 본인이 스스로 공표할 의사 혹은 적어도 공표를 용인할 의사가 있었는지 여부에 따라 결정하면 합당할 것이다.[76]

(3) 시기상·절차상의 제한

자기공지 및 의사에 반한 공지 사유가 있는 경우 특허를 받을 수 있는 권리를 가진 자는 각 사유가 발생한 날로부터 12개월 이내에 특허출원을 해야만 공지예외의 혜택을 누릴 수 있다(특허법 제30조 제 1 항). 나아가, 특허법 제30조 제 1 항 제 1 호(자기공지)에 의한 신규성 간주의 적용을 받고자 하는 자는 특허출원서에 그와 같은 취지를 기재하여 출원하고 이를 증명할 수 있는 서류를 특허출원일로부터 30일 이내에 특허청장에게 제출하여야 한다(특허법 제30조 제 2 항). 의사에 반한 공지의 경우에는 특허출원 시 발명이 이미 공지된 사실을 출원인이 모르고 있는 수도 많으므로 이를 스스로 알고 있는 자기공지에서와 달리 추가적인 절차상 조치를 요구하지 않는 것이다.[77] 종래 판례[78]는, 공지의 예외를 주장하려는 출원인이 그러한 취지를 기재하지 않은 채 일단 특허출원을 하였다면 공지 예외의 적용을 받을 수 있는 방법은 없고, 법정 기간이 끝나기 전에 그러한 취지를 부가하는 내용의 보정을 시도하더라도 이를 받아들일 수 없다고 하는 등 공지예외 주장이 가능한 시기를 엄격히 보아 왔다.[79]

74) 송영식 외 2인, 지적소유권법(상) 제 8 판, 234면; 사법연수원, 특허법(2005), 86면.

75) 사법연수원, 앞의 책, 86면.

76) 中山信弘, 特許法, 弘文堂(2010), 124면.

77) 다만, 출원 이후 이미 자신의 발명이 제 3 자에 의하여 공지되었다는 사실을 심사관을 통해서 혹은 제 3 자의 정보제공을 통하여 알게 된 이후에는 그와 같은 공지가 자신의 의사에 반한 것이었다는 점을 소명할 '증명의 필요'가 출원인에게 넘어가게 될 것이다.

78) 대법원 2011. 6. 9. 선고 2010후2353 판결.

79) 사안에 따르면, 출원인은 2006. 5. 26. 발명의 내용을 학술대회에서 논문발표하고 2006. 6. 21. 출원하였으나, 그 출원서에 자기공지 예외 주장의 문구를 누락하였다. 출원인이 이를 발견하고 이튿날인 2006. 6. 22. 자기공지 예외를 주장하는 내용을 추가하여 출원서를 보정하였지만, 대법원은 그러한 보정을 인정할 근거가 없으므로 이를 배척함이 옳다고 판시하였다.

그러나 2015년 개정된 특허법 제30조 제3항에 따르면, 위 법 시행일인 2015. 7. 29. 이후 출원인은, 출원 시 자기공지 예외의 주장을 누락하였더라도 i) 보정이 가능한 기간(특허법 제47조 제1항) 내에, 혹은 ii) 특허등록결정을 송달받은 날부터 3개월 이내에는[80] 소정의 수수료를 내고 공지예외 주장을 할 수 있게 되었다. 이에 따라 실수 등으로 출원 시에 공지예외 주장을 하지 아니한 출원인이 사후에 이를 보완함으로써 자신의 발명으로 인해 출원 발명의 신규성·진보성을 부인당하는 일을 면할 수 있게 되었다. 다만 이러한 추완 가능성과 별개로 출원 자체는 공지일부터 12개월 내에 이루어져야 함은 물론이다.

한편, 판례[81]는 원출원 시 공지예외주장을 하지 않았더라도 분할출원이 적법하게 이루어지면 특허법 제52조 제2항 본문에 따라 원출원일에 출원한 것으로 보게 되므로, 자기공지일로부터 12개월 이내에 원출원이 이루어지고 분할출원일을 기준으로 공지예외주장의 절차 요건이 충족되어 있다면, 분할출원이 자기공지일로부터 12개월을 도과하여 이루어졌다 하더라도 분할출원에도 공지예외의 효과가 발생한다고 한다. 원출원 당시에는 청구범위가 자기공지한 내용과 무관하여 공지예외주장을 하지 않았으나 분할출원 시 청구범위가 자기공지한 내용을 포함하게 되는 경우가 있을 수 있고, 이와 같은 경우 원출원 시 공지예외주장을 하지 않았더라도 분할출원에서 공지예외주장을 하여 출원일 소급의 효력을 인정할 실질적 필요성이 있기 때문이다.

(4) 효　　과

위와 같은 실체상·절차상 요건을 만족하면, 발명자 또는 그로부터 특허를 받을 수 있는 권리를 정당하게 양수한 자가 특허를 출원하는 경우, 공지된 발명의 내용을 근거로 신규성 등이 부인되지 않는다. 한편, 출원 전에 동일한 발명이 제3자에 의하여 독립적으로 공지되었다면 공지예외의 적용 여지는 없다. 예컨대 甲이 A 발명에 관하여 2020. 5. 1. 박람회에 출품을 하고 12개월 이내인 2020. 10. 1. 공지예외 주장을 하면서 특허출원을 하였으나, 乙이 이와 독립적으로 그와 동일한 발명을 2020. 8. 1. 공지시켰다면 甲의 A 발명 출원의 신규성은 부인되는 것이다. 이때 甲은 乙이 공지시킨 발명이 A와 별개의

80) 단, 위 3개월 이내에 특허등록을 한다면 그 등록 전에.
81) 대법원 2022. 8. 31. 선고 2020후11479 판결.

것이 아니라 바로 甲 자신이 박람회에 출품한 발명을 보고 이를 전재(轉載)하거나 재현한 것임을 증명해야만 한다.[82]

한편, 공지예외 규정은 제29조 제 1 항은 물론 제 2 항에도 적용되므로(특허법 제30조 제 1 항), 자기공지나 의사에 반한 공지 후 12개월 내에 이루어진 출원에 대하여는 신규성은 물론 진보성 판단 시에도 공지의 예외를 인정한다. 구체적으로, 발명자가 공개된 발명을 개량하여 특허출원 함으로써 공개된 발명과 동일성이 상실된 때가 이에 해당한다. 그 개량의 정도가 탁월하여 아예 별개의 발명으로 진보성이 인정되는 경우라면 출원인 보호에 아무런 문제가 없을 것이므로 공지 예외를 논의할 필요가 없을 것이고, 개량의 수준이 진보성을 인정할 정도에는 이르지 않으나 그렇다고 하여 당초의 발명과 동일하다고도 볼 수 없는 경우, 공지된 발명에 기하여 출원발명의 진보성이 부인되는 것을 면할 수 있게 된다.

만약, 특허를 받을 수 있는 권리를 가진 자가 특허출원 전에 당해 발명을 여러 번에 걸쳐 공개하였다면, 각각의 공개행위별로 특허법 제30조의 적용이 있다. 다만 여러 차례의 공개가 하나의 공개행위와 밀접 불가분의 관계에 있는 경우에는 두 번째 이후의 공개에 대하여는 증명서류 제출의 생략이 가능하며, 이 경우 공지예외 주장이 가능한 12개월의 기산일은 가장 먼저 이루어진 공개일자가 된다.[83]

(5) 유의할 점

예컨대 甲이 2020. 1. 1. 자신의 발명을 박람회에 출품하여 공개한 후 공지 예외사유(특허법 제30조 제 1 항 제 1 호)를 주장하여 위 발명에 대한 특허를 출원하기 전, 우연히 같은 내용의 발명을 한 乙[84]이 2020. 4. 1. 같은 발명에 대하여 특허를 출원하고 甲이 그 뒤인 2020. 5. 1. 비로소 자신의 발명에 대

82) 특허청, 특허·실용신안 심사기준, 제 3 부 제 2 장 5.5.3(2).

83) 특허청, 특허·실용신안 심사기준, 제 3 부 제 2 장 5.5.3(1) : 그 구체적인 예로는, ⅰ) 2일 이상 소요되는 시험, ⅱ) 시험과 시험당일 배포된 설명서, ⅲ) 간행물의 초판과 중판, ⅳ) 원고집과 그 원고의 학회(구두)발표, ⅴ) 학회발표와 그 강연집, ⅵ) 학회의 순회강연, ⅶ) 박람회 출품과 그 출품물에 대한 카탈로그, ⅷ) 학술발표 및 예정된 그 후속 발표 등이 거론되고 있다.

84) 만약, 乙이 스스로 위 발명을 한 것이 아니라 甲의 발명을 모방하거나 가로챈 것이라면 모인출원에 해당하여 그에게 특허가 부여될 여지가 없다(특허법 제33조, 제34조).

하여 특허를 출원하였다면 그 법률관계는 어떻게 될 것인가? 공지 예외 규정은 어디까지나 발명의 공개 후 일정한 기간 내에 출원을 하는 것을 조건으로 이를 공지되지 않은 것으로 보아 특허등록을 해 준다는 의미에 지나지 않고, 그 발명을 처음 공개한 날짜로 특허출원일자를 소급해 주는 것이 아니다. 따라서 위 사례에서 甲은 乙보다 출원일이 늦으므로 동일한 발명에 관하여 2 이상의 출원이 있는 경우 먼저 출원한 자에게 우선권을 부여하는 선출원주의(특허법 제36조)에 따라 특허등록을 받을 수 없다. 한편, 乙 또한 그가 출원한 발명과 동일한 발명이 2020. 1. 1. 이미 공지된 바 있으므로 乙의 발명은 신규성이 없어 특허 등록될 수 없다. 결국 甲과 乙 모두 자신들의 발명에 관하여 특허등록을 받을 수 없게 되는 것이다. 甲의 입장에서 보면, 비록 자신이 공지예외의 혜택을 받을 수 있는 지위에 있다고 하더라도 가급적 빠른 시일 내에 특허출원을 하는 편이 안전한 것이다.[85)]

⑹ 공지예외주장과 제3자의 자유기술 주장

예컨대, 甲의 A 발명이 2023. 5. 1. 공지된 뒤, 2024. 1. 1. 甲이 공지예외주장을 하며 특허출원을 하여 2024. 10. 1. 특허가 등록되었다고 하자, 甲이 A 발명을 실시하고 있는 乙을 상대로 특허침해를 주장하였는데, 乙이 자신은 이미 공지 영역에 있던 기술인 A를 실시한 것일 뿐이어서 침해를 구성하지 않는다는 '자유기술의 항변'을 한다면, 이를 어떻게 취급해야 하는가가 문제될 수 있다. 이에 대해서는 특허법이 공지예외 주장 제도를 둔 것은 특정한 요건이 갖추어진 경우 예외적으로 특허등록이 가능하도록 한 것일 뿐, 해당 기술이 일단 공지의 영역에 놓였던 사실이 바뀌는 것은 아니므로, 제 3 자가 이를 원용하여 자유기술의 항변을 하는 것은 그와 별개로 보장되어야 한다는 시각도 있을 수 있다.[86)] 그러나 판례는[87)] 디자인권 침해 사건에서, '甲으로서는

---

85) 다만, 乙의 출원은 신규성이 없어 등록거절사유가 명백하고, 乙에 대한 등록거절이 확정되면 그 출원은 선출원의 지위를 소급하여 잃게 되는바(특허법 제36조 제 4 항), 甲으로서는 특허출원에 대한 정보제공(특허법 제63조의 2)을 통하여 심사관에게 乙 출원에 등록거절사유가 있음을 납득시킴으로써 乙의 출원을 먼저 등록거절 시킨 뒤 자신의 출원을 등록하는 방법을 생각해 볼 수 있다.

86) 아래 드는 대법원 2023. 2. 23. 선고 2021후10473 판결의 원심인, 특허법원 2021. 5. 7. 선고 2020허5412 판결.

87) 대법원 2023. 2. 23. 선고 2021후10473 판결.

적법하게 공지예외 주장을 하여 A에 대해 디자인권을 획득한 이상, 그것이 출원 전 공지된 바 있다는 이유로 제 3 자가 자유롭게 사용할 수 있도록 한다면 공지예외 주장 제도를 둔 취지에 반하고, 디자인보호법은 이 경우 디자인권자의 독점권을 제 3 자의 자유실시권보다 우선시 하는 결단을 한 것으로 보아야 하며, 제 3 자는 요건을 갖춘 경우 선사용권의 항변으로 보호받을 수 있고, 그것으로 충분하다'[88]고 하여 공지예외주장을 통해 등록한 권리의 실질적 보호를 위해 제 3 자의 신뢰를 제한하는 태도를 보이고 있다. 이런 법리는 특단의 사정이 없는 한 특허법 제30조가 적용되는 국면에서도 마찬가지일 것이다.

Ⅲ. 확대된 선원

1. 법률의 규정

특허법 제29조 제 3 항은, '특허출원한 발명이 다음 각 호의 요건(1. 그 특허출원일 전에 출원된 특허출원일 것, 2. 그 특허출원 후 제64조에 따라 출원공개되거나 제87조 제 3 항에 따라 등록공고된 특허출원일 것)을 모두 갖춘 다른 특허출원의 출원서에 최초로 첨부된 명세서 또는 도면에 기재된 발명과 동일한 경우에 그 발명은 제 1 항에도 불구하고 특허를 받을 수 없다. 다만, 그 특허출원의 발명자와 다른 특허출원의 발명자가 같거나 그 특허출원을 출원한 때의 출원인과 다른 특허출원의 출원인이 같은 경우에는 그러하지 아니하다'고 규정하고 있다.

2. 성질 및 선출원주의와의 비교

특허청구범위가 동일한 발명에 대하여 다른 날에 2 이상의 특허출원이 있는 때에는 오로지 먼저 특허출원한 자만이 그 발명에 대하여 특허를 받을 수 있다(특허법 제36조 제 1 항, 선출원주의). 선출원의 발명이 존재하는 한 그 선출

88) 해당 판례는 이처럼 제 3 자의 자유디자인 항변을 배척하는 논거 중 하나로서, "…디자인보호법은 …제 3 자와 디자인등록을 받을 수 있는 권리를 가진 자 사이의 이익균형을 도모하기 위하여 제36조 제 2 항에서 신규성 상실 예외 규정을 적용받아 디자인등록을 받을 수 있는 권리를 가진 자가 순수해야 할 시기적 · 절자적 요건을 정하고 있고, 신규성 상실 예외 규정을 적용받더라도 출원일 자체가 소급하지는 않는 것으로 하였다…"는 점도 들고 있다.

원 발명이 공개되었는지 여부에 관계없이 후출원 발명은 거절되는 것이고 선출원 발명자와 후출원 발명자가 동일한 경우라도 같은 발명에 관하여 이중특허를 부여하는 것은 옳지 아니하므로 후출원 발명은 특허등록이 거절된다.

선출원주의가 적용되는 것은 특허청구범위의 동일을 전제로 하기 때문에 앞서 출원한 발명의 설명이나 도면에는 들어 있으나 특허청구범위에는 들어 있지 아니한 발명을 뒤에 제3자가 특허청구범위로 삼아 출원한 경우 이를 어떻게 취급할 것인가가 문제로 된다. 그러한 경우 후출원의 특허등록을 거절하는 근거가 되는 것이 확대된 선원의 개념이다.

용어상, '확대된 선원'이라는 것은 마치 기본원칙으로서의 '선원주의'의 변형이나 예외를 규정한 것과 같은 인식을 주나, '확대된 선원'은 아래에서 보는 이유에 근거하여 특허법이 '선원주의'와 병렬적으로 마련한 또 다른 특허거절(무효)사유라고 평가함이 상당하다.

3. 확대된 선원 개념의 필요성

예컨대, 甲이 2020. 1. 1. 발명의 설명에 A와 B를, 특허청구범위에는 A만을 기재한 발명에 관하여 특허출원을 하였고 2020. 10. 1. 乙이 B를 특허청구범위로 하는 특허출원을 하였다고 가정하자(이 경우 특허청구범위가 서로 다르기 때문에 乙의 특허출원이 선출원주의에 의하여 거절될 여지는 없다). 그런데, 만약 甲의 출원에 관하여 특허심사가 신속하게 행하여져 2020. 7. 1. 특허등록이 이루어졌다면 乙의 특허출원이 있은 2020. 10. 1. 당시 乙의 발명(특허청구범위 B)는 이미 공개된 甲의 특허등록공보 중 발명의 설명(A와 B)에 들어 있는 것에 지나지 않아 신규성이 없으므로 乙에게 특허가 부여될 여지가 없다. 그러나 만약 특허청의 심사가 지연되어 2020. 10. 1. 현재 甲의 발명에 관하여 특허가 부여되지 아니하였고 그 출원의 내용이 공개된 바 없다면 乙의 발명은 신규성이 있으며 경우에 따라서는 乙이 그 특허청구범위에 관하여 먼저 특허를 취득하는 수도 있을 수 있다. 이는 오로지 특허청의 심사의 신속 여부라고 하는 우연한 사정에 따라 乙이 특허를 취득할 수도 못할 수도 있는 결과를 낳는 것이어서 합당하지 않다.[89]

---

89) 미국의 경우, 연방대법원이 Alexander Milburn Co. v. Davis-Bournonville Co. 사건(1926)에서 위와 같은 문제점을 처음으로 지적하였고, 이로 인하여 1952. 특허법 개정을 통하여

또한, 앞의 예와 같이 甲이 기술구성 A, B로 이루어진 발명을 하고 이를 발명의 설명에는 모두 기재하였으나 그 중 B의 기술에 관하여는 이를 특허청구범위에 포함시키지 아니한 채[90](B를 별도의 특허청구범위로 구성할 필요를 느끼지 않거나 차후 필요하게 되면 특허청구범위의 보정이나 분할출원 등을 통하여 이를 특허청구범위로 추가할 의도로, 혹은 실수로) A만을 특허청구범위로 구성하였다고 하자. 그 뒤 乙이 B를 특허청구범위로 한 특허출원을 하고 특허를 부여받는다면 乙로서는 객관적으로 자신이 기술진보에 기여한 바가 전혀 없음에도 권리를 부여받는 결과가 되고 이는 기술진보에 공헌한 대가로 독점권을 부여하는 특허법의 기본 원리에 부합하지 않는다. 또한, 甲의 입장에서 본다면, 甲으로서는 그와 같은 사태를 예방하기 위해서 자신이 이루어 발명의 설명에 기재한 모든 발명의 내용을 특허청구범위로 구성하여야 하는[91] 수고와 경제적 손실[92]을 감수하여야 하는바, 특허청구범위뿐만 아니라 출원서에 최초로 첨부된 명세서 또는 도면에 기재된 발명과 동일한 발명에 대하여 선출원과 유사한 지위를 보장한다면 甲으로서는 위와 같은 방어출원을 위한 출혈을 감수하지 않아도 되고 특허청의 입장에서도 방어출원으로 야기되는 가중된 심사의 고충을 덜 수 있는 장점이 있다.

심사실무와 관련하여, 선출원주의 위반을 판단할 때는 선출원 발명의 특허청구범위가 후출원 발명과 대비 대상이 되는데 특허청구범위는 사후에 보정 등을 통해서 얼마든지 달라질 수 있기 때문에 심사관으로서는 그 가능성이 소멸될 때까지 이를 근거로 후출원을 배척하기 어렵다. 따라서 후출원 발명과

제102조 (e)호에 확대된 선원에 해당하는 내용이 반영되기에 이르렀다.

90) 실무에 있어서, 발명의 내용이 고도하고 복합적인 것일수록 그 발명을 이루는 부품이나 기술 구성 중에 별도의 발명으로 삼을 수 있는 것들이 많다. 예를 들어 甲이 처음으로 자동차를 발명하였다고 하자. 그는 자신이 발명한 자동차에 관하여 특허를 받기 위해서는 발명의 설명에 자동차를 이루는 수많은 부품을 모두 개시하여야 한다. 甲은 특허청구범위에도 각종의 독립항과 종속항을 구사하여 위와 같이 자신이 부품을 포함한 모든 실체를 기재하여 이를 권리화하는 것이 바람직할 것이나 이는 현실적으로 매우 어려운 일이다. 이러한 경우, 일단 선행발명의 설명이나 도면에 발명의 내용이 나타나 있는 이상 비록 그 특허청구범위에는 포함되어 있지 않다고 하더라도 그 뒤 제 3 자가 같은 내용의 발명에 관하여 특허를 청구하여 권리를 획득할 수 없도록 제도화할 현실적 필요가 생긴다.

91) 이를 강학상 '방어출원'이라고 부른다.

92) 특허청구 및 유지에 따르는 수수료는 특허 청구항의 수에 비례한다(특허료 등의 징수규칙 제 2 조).

동일한 내용이 선출원 발명의 최초 명세서에 일단 기재되어 있으면 심사관은 그 보정 가능성 등에 구애됨 없이 이를 근거로 후출원 발명을 등록거절할 수 있어 심사의 신속과 명확성을 도모할 수 있다.

4. 확대된 선원의 범위

(1) 출원서에 최초로 첨부된 명세서 또는 도면에 기재된 발명

'명세서'이므로 특허청구범위에 한정하지 않고, 발명의 설명까지 포함함은 물론이다. 출원서에 '최초로' 첨부된 명세서에 한하므로 최초로 첨부된 명세서를 차후에 보정한 내용은 여기에 포함되지 아니한다. 따라서 예컨대 甲이 A라는 발명을 하여 2020. 1. 1. 특허청구범위와 발명의 설명이 각각 A로 이루어진 특허출원을 하고, 乙이 2020. 3. 1. A+A'로 이루어진 발명을 하여 특허청구범위가 A+A'로 된 특허의 출원을 한 뒤, 이번에는 甲이 2020. 5. 1. 당초 자신이 출원한 발명에 A'의 구성요소를 추가하여 발명의 설명을 A+A'로 보정하여 그 보정이 받아들여진 경우,[93] 원칙상 명세서의 보정에는 소급효가 있기 때문에 甲은 당초(2020. 1. 1.)부터 A+A'의 발명의 설명으로 이루어진 출원을 한 것으로 되고, 甲의 발명과 乙의 발명은 동일한 실체를 갖게 된다. 그러나 확대된 선원을 판단함에 있어서는 甲의 2020. 5. 1.자 보정 내용은 반영되지 아니하므로 乙의 출원에 대하여 확대된 선원의 지위를 갖지 아니한다.

반대로, 최초출원의 명세서에 기재되어 있던 내용이 공개된 후 나중에 보정에 의하여 삭제되더라도 여전히 확대된 선원의 지위를 가진다.[94]

(2) 당해 출원을 한 날 전에 출원되어 당해 출원을 한 후에 공개되거나 등록공고된 다른 특허출원

예컨대, 甲이 2020. 1. 1. 발명의 설명에 A와 B를, 특허청구범위에는 A만을 기재한 발명에 관하여 특허출원을 하고, 2020. 6. 1. 乙이 B를 특허청구범위로 하는 특허출원을 하였으며, 甲의 2020. 1. 1.자 출원발명에 2020. 10. 1. 공개가 이루어진 경우가[95] 그 대표적인 예인바, 여기서 乙의 2020. 6. 1.자

93) 실제로는 특허법 제47조 제2항이 정하는 '신규사항추가금지' 원칙 때문에 위와 같은 보정이 받아들여질 여지가 큰 것은 아니다.

94) 특허청, 특허·실용신안 심사기준, 제3부 제4장 3.(3).

95) 甲의 자진공개청구가 있는 경우일 것이다.

출원을 기준으로 하여 2020. 1. 1. 자 甲의 출원이 바로 '당해 출원(乙의 출원)을 한 날 전에 출원되어 당해 출원을 한 후에 공개되거나 등록공고된 다른 특허출원(甲의 출원)'에 해당한다.

(3) 동일한 발명

확대된 선원은 출원발명의 특허청구범위가 다른 출원의 최초로 첨부된 명세서 또는 도면에 기재된 발명과 실질적으로 동일한 경우에 적용이 있다. 그 동일성은 기술적 구성이 동일한가 여부에 의하여 판단하되 발명의 효과도 참작하며, 기술적 구성에 차이가 있더라도 그 차이가 과제 해결을 위한 구체적 수단에 있어서 주지 관용기술의 부가, 삭제, 변경 등으로서 새로운 효과의 발생이 없는 정도의 차이에 불과하다면 동일한 것으로 본다.[96]

한편, 판례[97]는, "확대된 선출원에서의 발명의 동일성은 진보성과는 구별되는 것으로서 두 발명의 기술적 구성이 동일한가 여부에 의하되 발명의 효과도 참작하여 판단할 것인데, 기술적 구성에 차이가 있더라도 그 차이가 과제 해결을 위한 구체적 수단에서 주지·관용기술의 부가·삭제·변경 등에 지나지 아니하여 새로운 효과가 발생하지 않는 정도의 미세한 차이에 불과하다면 두 발명은 서로 실질적으로 동일하다고 할 것이나, 두 발명의 기술적 구성의 차이가 위와 같은 정도를 벗어난다면 설사 그 차이가 해당 발명이 속하는 기술분야에서 통상의 지식을 가진 사람이 쉽게 도출할 수 있는 범위 내라고 하더라도 두 발명을 동일하다고 할 수 없다"고 하여 확대된 선원의 적용 시 요구되는 발명의 동일성 기준은 진보성 판단 기준과 다름을 밝히고 있다. 이는 판례가 선출원 위반 판단 시 이중특허를 방지하기 위해 발명의 동일성 판단기준을 사실상 진보성 판단기준과 유사하게 운영하고 있는 것[98]과 구별되며, 선출원과 확대된 선출원 사이에 서로 다른 기준이 적용됨을 분명히 한 것으로 평가된다.

96) 대법원 2001. 6. 1. 선고 98후1013 판결; 대법원 2003. 2. 26. 선고 2001후1624 판결; 대법원 2011. 3. 24. 선고 2010후3202 판결; 대법원 2013. 2. 28. 선고 2012후726 판결.

97) 대법원 2011. 4. 28. 선고 2010후2179 판결; 대법원 2021. 9. 16. 선고 2017후2369, 2376 판결.

98) 대법원 2009. 9. 24. 선고 2007후2827 판결 등.

(4) 우선권주장 출원이 개재된 경우

1) 조약우선권주장 출원

타출원이 조약우선권주장을 수반하는 출원인 경우, 어느 것을 확대된 선원을 이루는 명세서로 볼 것인지가 문제된다. 이에 관하여는, 우선권주장의 근거가 되는 제1국에의 출원명세서로 보는 입장과 제2국에 출원할 때 첨부한 출원명세서로 보는 입장이 대립하나 우리나라의 심사기준은 제1국에의 출원 명세서를 기초로 확대된 선원을 판단한다. 한편, 조약우선권 가운데 뒤에서 보게 될 '부분우선'이 성립하는 경우에는 제1국 출원명세서 등과 우리나라(제2국) 출원명세서 등에 공통으로 기재된 발명에 한하여 확대된 선원의 지위를 인정하게 된다. 예컨대, 甲이 2020. 1. 1. 제1국에서 A; B를 명세서에 기재한 발명을 출원하였고 2020. 6. 1. 乙이 우리나라에서 A; B; C를 특허청구범위로 하는 발명에 관하여 특허출원을 하였으며, 2020. 10. 1. 甲이 우리나라에서 제1국 A; B 출원에 관하여 조약우선권주장을 하며 A; C 발명에 관하여 출원을 하였다면, 제1국 출원에 기재되고 우선권주장의 대상이 된 발명 A가 확대된 선원의 지위를 가지는 데는 의문의 여지가 없으나, 제1국 출원에 기재되지 않은 발명 C는 실제 우리나라에 출원한 날이 그 출원일이므로 확대된 선원의 지위가 없고, 제1국 출원에는 기재되어 있었으나 우리나라에서의 우선권주장 출원에는 기재되지 아니한 발명 B 역시 확대된 선원으로서의 지위가 없다 할 것이다.[99] 한편 미국은 이른바 Hilmer 원칙에 따라 제2국 출원일을 기준으로 확대된 선원의 지위를 결정한다.[100]

---

99) 특허청, 특허·실용신안 심사기준, 제3부 제4장 3.(1)② 참조.

100) Hilmer 사건(359 F2d. 859,149 USPQ 480(CCPA 1966))에서, Habicht라는 출원인은 1957. 1. 24. 스위스에서 먼저 출원을 한 뒤 그에 기한 조약우선권주장을 하면서 1958. 1. 23. 미국에서 출원을 한 반면, Hilmer는 같은 발명에 대하여 1957. 7. 31. 독일에서 출원을 하고 그에 기한 조약우선권주장을 하면서 1958. 7. 25. 미국에서 출원을 하였다. 이때 Habicht의 1957. 1. 24.자 스위스 출원이 조약우선권에 따라 Hilmer의 출원(조약우선권주장에 의하여 1957. 7. 31.로 출원일 소급된 1958. 7. 25.자 미국 출원)에 대하여 확대된 선원으로서의 지위를 가질 수 있는지 여부가 문제되었다. 이에 대하여 미국 법원(CCPA)은 "35 U.S.C. §119에서 부여하는 외국 출원일의 이익은 자신의 특허를 보호하는 것을 본디의 목적으로 할 뿐, 다른 특허를 소멸시키고자 하는 것을 본디의 목적으로 하는 것이 아니기 때문에 Habicht는 1957. 1. 24.에 스위스에서 한 출원을 근거로 자신의 발명이 확대된 선원의 지위에 있다는 주장을 할 수는 없다"는 취지로 판시하였다.

2) 국내우선권주장 출원

선출원의 최초 명세서에 기재된 내용과 우선권주장 출원의 최초 명세서에 기재된 내용이 공통되는 부분에 관해서는 선출원을 확대된 선원의 기준으로 삼는다. 선출원의 최초 명세서에는 기재되어 있지 않고 우선권주장 출원의 최초 명세서에만 기재된 내용에 대하여는 우선권주장 출원의 내용이 확대된 선원의 기준이 됨은 물론이다. 반대로, 선출원의 최초 명세서에는 기재되어 있으나 우선권주장 출원의 최초 명세서에는 기재되지 아니한 내용에 대하여는 확대된 선출원이 적용될 여지가 없다. 우선권주장 출원이 있는 경우 선출원은 그 출원일부터 1년 3개월이 지나면 취하된 것으로 간주되어 출원공개 되지 않기 때문이다(특허법 제56조 제 1 항).[101]

5. 확대된 선원의 적용배제

(1) 발명자나 출원인이 동일한 경우(특허법 제29조 제 3 항 단서)

확대된 선원 제도의 주된 취지가 기술의 진보에 실질적으로 기여한 바가 없는 제 3 자가 특허를 부여받는 것을 막기 위한 것이라는 점에 비추어 보면, 그 발명을 이룬 자에게 확대된 선원의 법리를 관철하는 것은 부당하고, 실제로 발명자는 자신의 선발명의 명세서에 기재된 내용을 개량하여 후속 발명을 행하는 경우도 많기 때문에 위와 같은 예외를 둘 필요가 있다. 다만, 이 경우에도 후출원은 선출원이 공개 또는 공고가 이루어지기 이전에 행해져야 함에 유의할 필요가 있다. 왜냐하면, 자기의 선출원 발명이라고 하더라도 이미 공개된 이후에는 후출원 발명의 신규성을 부인할 수 있는 자료(특허법 제29조 제 1 항 제 2 호)가 되어버리기 때문이다.

(2) 분할출원 및 변경출원의 경우

발명의 분할출원이 있는 경우, 원출원시에 출원한 것으로 보지만(특허법 제52조 제 2 항) 확대된 선원의 지위를 적용함에 있어서는 출원일의 소급이 인정되지 않는다(특허법 제52조 제 2 항 단서 제 1 호). 분할출원의 내용은 원출원의 명세서 기재를 넘지 않는 것이 원칙이기 때문에 원출원이 공개를 통하여 확대된

101) 특허청, 특허·실용신안 심사기준, 제 3 부 제 4 장 3. (1)③ 참조.

선출원의 지위를 획득하면 굳이 분할출원 명세서에 확대된 선출원의 지위를 추가로 부여할 이유가 없다. 오히려, 분할출원의 과정에서 원칙에 반하여 최초 명세서에 기재되지 않은 사항이 분할출원의 명세서에 추가되는 일이 발생하고[102] 그것이 원출원일과 분할출원일 사이에 출원된 제 3 자의 별개 출원의 특허청구범위에 기재된 내용과 동일하다면, 제 3 자는 소급적으로 확대된 선원의 지위를 획득한 분할출원의 명세서로 인하여 불의의 타격을 입게 된다. 특허법은 이러한 불합리를 미연에 막기 위하여 아예 분할출원된 명세서에 관하여는 확대된 선원 판단의 기준시점을 원출원시로 소급하지 않고 분할출원시를 기준으로 하는 것이다(특허법 제52조 제 2 항 단서 제 1 호).

또한, 실용신안출원이 특허출원으로 변경된 경우 그 변경출원은 실용신안등록출원을 한 때에 특허출원한 것으로 보게 되는바, 특허법은 변경출원의 경우에 확대된 선출원의 지위를 인정함에 있어서도 마찬가지로 출원일의 소급을 인정하지 아니한다(특허법 제53조 제 2 항 단서 제 1 호). 그 이유는 분할출원에서와 대체로 같다.

Ⅳ. 진 보 성

1. 진보성의 의의

특허는 본질적으로 진보적 기술에 인센티브를 주어 혁신을 장려함으로써 산업의 발달을 도모하는 제도이기 때문에 비록 발명이 공지의 선행기술에 비하여 신규한 것이어도 거기에 독점적 권리를 주어 보호할 만한 진보적 의미(Inventive step)가 없다면 특허를 부여할 이유가 없다. 실무상 진보성은 등록거절, 정정, 등록무효, 권리범위확인 등 발명을 둘러싼 거의 모든 유형의 쟁송에서 가장 중요한 쟁점이 되고 있다.

특허법 제29조 제 2 항이 특허요건으로서 진보성을 규정하고 있으나 진보성 자체는 신규성과 마찬가지로 사실이 아닌 '법적 판단'의 문제로서 증명이

102) 심사관이 분할출원에 대한 적법여부 심사 시, 분할 전후의 명세서를 완벽하게 대조하여 분할출원 명세서에 원 출원을 넘는 기재가 포함되어 있는지 여부를 평가·판단하는 것은 쉬운 일이 아니다.

나 자백의 대상이 아니고[103] 오로지 이를 판단하는 근거가 되는 사실로서 선행기술의 존부·내용과 그 공지여부 등만이 증명이나 자백의 대상이 될 뿐이다.[104] 진보성을 인정하는 메커니즘은 심사관이 진보성을 '부인할' 근거가 되는 선행기술을 찾아내면[105] 이를 근거로 진보성을 부인하고 이를 찾아내지 못한다면 결과적으로 진보성이 인정되는 형태를 띤다. 요컨대 진보성이 인정되지 않는 점은 출원단계나 등록거절에 대한 불복심판에서는 심사관이, 등록 후에는 등록특허의 진보성을 부인하는 당사자가 이를 주장·증명하여야 하는 것이다.

2. 비교법적 고찰

(1) 우리나라

특허청 심사기준은[106] 진보성 판단을 위하여 ⅰ) 청구항에 기재된 발명을 특정하고, ⅱ) 선행기술을 특정하며, ⅲ) 청구항에 기재된 발명과 가장 가까운 선행기술을 대비하여 양자의 차이점을 파악하여 구성의 차이를 명확히 하고, ⅳ) 양자에 차이가 있는 경우 통상의 기술자가 선행기술로부터 청구항에 기재된 발명에 이르는 것이 용이한지 여부를 판단하고, ⅴ) 위 용이성 여부는 통상의 기술자의 입장에서 선행발명의 내용에 청구항에 기재된 발명에 이를 수 있는 동기가 부여되어 있는지, 양 발명의 차이가 통상의 기술자가 가지는 통상의 창작능력의 범주 내에 있는지를 주요 관점으로 하되 선행발명과 비교하여 더 나은 효과가 있는지를 참작하여 판단해야 한다고 한다. 나아가, 발명에 이를 수 있는 동기가 선행기술에 나타나 있는 예로는 ⅰ) 선행발명의 내용 중에 출원발명에 대한 시사(示唆)가 있는 경우, ⅱ) 양 발명의 과제가 공통되는 경우, ⅲ) 양 발명의 기능·작용이 공통되는 경우, ⅳ) 양 발명의 기술분야

---

103) 특허법원 2000. 3. 31. 선고 99허6640 판결(확정); 특허법원 1999. 2. 5. 선고 98허7622 판결(확정) 등.

104) 대법원 2006. 8. 24. 선고 2004후905 판결 참조.

105) 미국(37 C.F.R. 1.56)이나 일본(일본 특허법 제36조 제 4 항 제 2 호)은 출원인으로 하여금 자신이 알고 있는(경우에 따라서 진보성 부인의 근거가 될 수도 있는) 선행기술의 내용을 스스로 명세서에 기재하도록 강제한다. 우리나라도 2011년 5. 특허법을 통해 배경기술 기재의무를 도입하였다.

106) 특허청, 특허·실용신안 심사기준 제 3 부 제 3 장 5.~6.

의 관련성이 높은 경우를 들고 있다. 심사기준은 진보성 판단 시 사후적 고찰을 배제하여야 하고 발명이 전체로서 고찰 및 대비되어야 한다는 점도 명시하고 있다.

(2) 미 국

1) 35 U.S.C. §103(a)

미국 특허법 제103조는, "발명을 전체로 고려할 때 선행기술과의 차이가 발명 당시 그 기술분야에서 통상의 기술을 가진 자(Person Having Ordinary Skill in the Art)에 의하여 자명한(obvious) 것이라면 특허를 받을 수 없다. 발명이 이루어진 방식에 의하여 특허성이 부정되지는 아니한다"고 규정하고 있으며, 이를 흔히 비자명성(Nonobviousness)라고 부른다.

2) 일응의 비자명성과 진보성에 관련된 증명책임

미국은 특허심사 과정에 이른바 '일응의 비자명성(Prima Facie Case of Non-obviousness)'이라는 제도를 두어 심사관으로 하여금 출원된 발명의 진보성을 탄핵하도록 하는 증명책임을 부과하고 있다. 이에 따라 심사관은 출원발명이 i) 공지방법에 따라 선행요소들을 종합하여 예견가능한 결과를 낳는 경우, ii) 공지의 한 요소를 단순 대체하여 예견 가능한 결과를 낳는 경우, iii) 공지기술을 사용하여 그와 동일한 방식으로 유사한 장치를 개량한 경우, iv) 공지의 장치에 공지기술을 적용하여 예견가능한 결과를 낳는 경우, v) 합리적 성공가능성을 가지는 다수 해결책 중 하나를 선택한 경우, vi) 디자인 유인 또는 시장력에 기초한 변형에 불과한 경우에 해당한다거나, vii) 선행기술의 교시, 제안, 동기부여(TSM)로 당해 발명에 이를 수 있는 점 등을 증명하여 발명의 진보성을 부인할 수 있다.[107] 한편, 심사관이 이를 근거로 거절의견을 통지하면 출원인은 이를 반박하고 당해 발명에 진보성을 인정할 수 있는 근거를 제출하여야 한다.[108]

---

107) 이해영, 미국특허법(제3판), 한빛지적소유권센터(2010), 387~402면.

108) 이처럼 심사과정에서 심사관이 발명의 자명성에 대한 일응의 판단을 세웠을 때 그러한 판단이 등록거절로 이어지지 않도록 발명자의 입장에서 반박 자료를 제출해야 할 사실상의 필요를 미국에서는 "Burden of Production"이라고 하여 자명성에 대한 종국적 증명책임(Burden of Proof : 심사관에게 있음은 물론이다)과 구별한다 : Janice. M. Mueller, *Patent law(3rd. Edit.)*, p. 228.

3) Graham 기준

미국에서는 1966년 연방대법원이 Graham 사건[109]에서 천명한 원칙을 자명성 판단의 기준으로 삼고 있다. 위 판결은 발명의 자명성 판단을 위해서는 i) 해당 기술분야에서 통상의 기술을 가진 자의 수준을 결정하고, ii) 선행기술의 영역과 내용을 결정하며, iii) 선행기술과 당해 발명 사이의 차이점을 확인하여 당해 발명 시에 통상의 기술자의 입장에서 선행기술로부터 당해 발명에 이르는 것이 자명한지 여부를 판단하되, iv) 상업적 성공 등 2차적 고려사항을 아울러 검토하도록 하고 있다. 아울러 자명성의 판단을 위하여 i) 발명과 선행기술은 각각 전체로서(as a whole) 고려되어야 하고, ii) 자명성의 사후적 고찰(hindsight)은 지양되어야 하며, iii) 예기치 않은 결과, 상업적 성공 등 2차적 고려사항은 그것이 존재하는 이상 반드시 고려되어야 한다는 원칙도 요구되고 있다.

4) 연방대법원의 KSR 판결(2007)[110]과 자명성 판단 기준의 변화

(가) **판결의 내용**

미국 연방대법원은 이른바 TSM 기준을 적용해 진보성을 비교적 쉽게 인정해 오던 종래 실무의 관행[111]을 뒤집고 2007년 KSR 사건의 판결을 통하여 “발명의 자명성 판단 시, 비록 복수의 선행기술을 결합할 만한 동기나 암시가 선행기술문헌에 명시적으로 제시되어 있지 않더라도 당해 발명과 관련하여 시장의 수요나, 디자인 필요성, 한정된 수의 예측 가능한 해법들, 공지의 선택방법들, 예상 가능한 성공 등을 두루 고려하여 당해 기술분야에서 통상의 지식을 가진 자가 스스로 용이하게 선행 기술을 결합할 수 있다면 발명의 진보성은 부

109) Graham v. John Deere Co. 383 U.S. 1(1966).

110) KSR International Co. v. Teleflex Inc. 127 S.Ct. 1727(2007).

111) 미국에서 특허소송의 항소심 전속관할을 행사하는 CAFC는 과거에, 발명의 자명성 판단에 이른바 Teaching, Suggestion and Motivation 테스트(이를 줄여서 흔히 ‘TSM 테스트’라고 한다) 원칙을 고수해 왔는데 이는 복수의 선행기술을 결합하여 완성된 발명의 진보성을 판단함에 있어 판단자가 빠지기 쉬운 사후적 고찰(Hindsight)의 오류를 사전에 방지하기 위한 것이었다. 즉, 단일한 선행기술과 대비하여 진보성 판단을 하는 경우와 달리 당해 발명이 복수의 선행기술을 결합하여 이루어지는 경우에는 선행기술에 그와 같은 결합(Combination)에 관한 교시(Teaching), 제안(Suggestion) 또는 동기(Motivation)가 명시적이거나 암시적으로라도 포함되어 있어야만 하며, 그렇지 않은 경우에는 복수의 선행기술을 결합한 발명은 원칙상 진보성이 인정된다는 것이다. 그러나 종래 CAFC가 이러한 TSM 테스트를 지나치게 교조적(敎條的)으로 적용함으로써 복수의 선행기술을 결합한 발명은 진보성을 너무 쉽게 인정받는다는 비판이 있었다.

인될 수 있다"고 판시하였다.[112] 이로써 복수의 선행기술을 조합한 발명에 대한 진보성 판단 기준이 종래보다 한층 엄격하게 설정되었으며 미국에서는 이를 진보성 판단기준의 중대한 전환을 가져온 판결로 받아들이고 있다.[113]

(나) 판결의 배경과 영향

KSR 판결은 법원이 불필요하거나 부적절한 특허의 남발을 통해 빚어지는 사회적 비용의 증대나 기술과 과학의 진전 저해 등 전체적 해악[114]이 발명의 진보성 인정을 엄격히 함으로써 초래되는 불이익보다 훨씬 크다는 점을 인식하고 진보성 판단에 대하여 지나치게 너그러웠던 종래의 미국에서의 태도를 수정하였다는 데 근본적인 의의가 있다. 아울러 진보성 인정기준이 높아져 특허를 받기가 어려워지더라도 발명자는 ⅰ) 발명의 내용을 영업비밀로 유지하여 시장에서 사실상 독점권을 행사할 수도 있고, ⅱ) 특허 과정에서 기술을 공개하였다가 특허 획득에 실패하더라도 당해기술을 이용하여 시장에 선진입한 효과(First mover effect)로 인해 상당 정도 이윤을 확보할 수 있으며, ⅲ) 특히 BM 발명 등은 이미 구축된 네트워크나 사실상의 기술표준성으로 인하여 수요자들을 구속하는 효과(Lock & Network effect)도 거둘 수 있는 등, 적지 않은 완충 수단이 존재한다는 현실인식 또한 판결의 배경이 되었다고 한다.[115]

---

112) 아울러 위 KSR 판결은 통상의 기술자(Person Having Ordinary Skill In the Art)에 관하여도, 'PHOSITA는 통상의 창조적인 사람이고, 로봇기계는 아니며, 여러 특허의 가르침들을 퍼즐의 조각처럼 맞출 수 있는 사람'이라고 하면서 PHOSITA가 이와 같은 창조성을 가진 자인 이상, 진보성을 분석함에 있어 PHOSITA가 적용할 창조적 스텝과 추론을 고려할 수 있다고 하였다.

113) 흥미로운 점은, 위 KSR 판결이 나온 직후, 우리 대법원은 결합발명의 진보성 판단기준과 관련하여 "여러 선행기술문헌을 인용하여 특허발명의 진보성을 판단함에 있어서는 그 인용되는 기술을 조합 또는 결합하면 당해 특허발명에 이를 수 있다는 암시·동기 등이 선행기술문헌에 제시되어 있거나, 그렇지 않더라도 당해 특허발명의 출원 당시의 기술수준, 기술상식, 해당 기술분야의 기본적 과제, 발전경향, 해당 업계의 요구 등에 비추어 보아 그 기술분야에 통상의 지식을 가진 자가 용이하게 그와 같은 결합에 이를 수 있다고 인정할 수 있는 경우에는 당해 특허발명의 진보성은 부정된다"고 판시하였는바(대법원 2007. 9. 6. 선고 2005후3284 판결), 이는 KSR 판결과 거의 동일한 표현이다.

114) 특허나 발명 관련 거래비용의 증가, 특허덤불(Patent thicket)의 증가, 특허괴물(Patent troll)의 발호, 후속기술의 개발의지 좌절, 시장제한으로 인한 반 경쟁체제의 등장이 대표적 예이다.

115) KSR 판결의 배경 및 의의 분석을 담고 있는 자료로는 예컨대, Rochelle Cooper Dreyfuss, "Nonobviousness : A Comment on Three Learned Papers", *12 Lewis & Clark L. Rev. 431 (2008)* 참조.

무엇보다 KSR 판결은 "선행기술 구성요소의 결합이 통상적으로 예견 가능한 결과 이상을 낳지 못한다면 그러한 결합은 자명한 것에 지나지 않는다고 보아야 한다"[116]고 하는 한편, 비자명성 인정은 "(종래의 TSM 기준 대신) 그 결합을 통해 얻어지는 기술적 효과의 정도나 통상의 기술자가 시장 수요 등을 종합적으로 고려하여 이를 수행할 가능성이 많은지 여부 등에 따라 결정하여야 한다"고 하는바, 이는 결과적으로 뒤에서 보는 EPO·우리나라·일본 등의 진보성 판단기준에 크게 접근한 것이다.

(3) 일 본

1) 법 규정

일본 특허법 제29조는 "① 산업상 이용할 수 있는 발명을 한 자는 i) 특허출원 전에 일본국내 또는 외국에서 공연히 알려진 발명, ii) 특허출원 전에 일본국내 또는 외국에서 공연히 실시된 발명, iii) 특허출원 전에 일본국내 또는 외국에서 반포된 간행물에 기재된 발명 또는 전기통신회선을 통하여 공중에게 이용 가능하게 된 발명에 해당하지 않으면 특허를 받을 수 있다. ② 특허출원 전에 그 발명이 속한 기술의 분야에서 통상의 지식을 갖는 자가 전항 각호에 기재된 발명에 의하여 용이하게 발명을 할 수 있는 때에는 그 발명에 대하여는 동항의 규정에도 불구하고 특허를 받을 수 없다"고 하여 우리 특허법과 거의 동일하다.

2) 심사기준 및 실무

일본의 심사기준[117]에 따르면, i) 심사관은 출원발명과 인용발명 간의 상위점을 판단의 기초로 하여, 진보성 인정의 부정적 요소들(기술분야의 관련성, 과제의 공통성, 작용·기능의 공통성, 인용발명에 의한 시사)을 감안하고, 다른 인용발명의 내용 및 기술상식도 고려하여, 통상의 기술자가 인용발명으로부터 출원발명에 용이하게 이를 수 있는지에 대한 논리부여를 시도해 본다. ii) 심사관이 위 논리부여에 성공하지 못하면 진보성을 인정한다. iii) 심사관이 위 논리부여 성공하면, 그럼에도 불구하고 진보성을 긍정할 만한 요소들(출원발명의 유

---

116) "The combination of familiar elements according to known methods is likely to be obvious when it does no more than yield predictable results."

117) 日本 特許廳, 特許·実用新案審査基準(2024), 第３部 第２章 第２節 3.

리한 효과, 주된 인용발명에 부수적 인용발명을 결합하면 주된 인용발명의 목적에 반하는 결과가 초래되는 등 결합을 저해하는 사정)이 있는 지 검토한다. iv) 심사관은 위 iii)의 요소가 인정되면 출원발명의 진보성을 인정하고, 그렇지 않으면 진보성을 최종적으로 부정한다.

(4) 유 럽

1) EPC(European Patent Convention) Art. 56(진보성)

유럽특허협약(EPC) 제56조는 "발명이 선행기술과 비교하여 해당 기술분야에서 통상의 기술자에게 명백하지 아니할 때에는 진보성이 있는 것으로 본다. 제54조 제3항에 해당하는 서류가 선행기술에 속할 때에는 진보성 유무를 판단함에 이를 고려하지 아니한다"고 하여 진보성(Inventive step)에 관하여 규정하고 있다.

2) 진보성 판단의 기준

㈎ **통상의 기술자**(Person Skilled in the Art)

유럽특허청의 특허심사기준[118]에 따르면 통상의 기술자란 해당 기술분야의 일반적 지식을 모두 알고 있고, 필요에 따라 그 분야의 첨단 수준(State of the art)에 이르는 데 필요한 모든 자료, 보고서 등에의 접근이 가능하며 그에 필요한 작업이나 실험을 스스로 할 수 있는 능력을 가지고 있는 것으로 상정(想定)된 가공의 인물을 의미한다. 그러나 이러한 능력 외에 문제해결을 위한 '창의적 능력(Inventive Capability)'은 없는 인물로 상정된다.[119]

㈏ **자명성**(Obviouness)[120]

진보성 부인의 기준이 되는 '자명성'은, 출원발명이, 통상의 기술자가 선행기술에 새로운 기술(skill)이나 능력(ability)을 구현한(exercised) 결과가 아니라 단지 선행기술로부터 평이하게(plainly) 혹은 논리적으로 당연하게(logically) 도출할 수 있는 정도에 그치는 것을 의미한다.

㈐ **문제-해결 접근법**

위 심사기준은 진보성 판단의 방법론으로서 이른바 '문제-해결 접근법

118) EPO Guidelines(2024) G. Ⅶ. 3.
119) T39/93 Allied Colloids.
120) EPO Guidelines(2024) G. Ⅶ. 4.

(Problem-and-Solution Approach)'을 제안하면서[121] ⅰ) 출원발명과 가장 가까운 선행기술을 선택하는 단계, ⅱ) 출원발명이 해결하고자 하는 과제를 결정하는 단계, ⅲ) 선행기술의 내용과 그 분야의 일반적인 지식으로부터 출원발명의 청구항에 도달하는 것이 그 분야의 통상적인 지식을 가진 자에게 자명한 것인지를 검토하는 단계를 거치도록 한다. 한편 위 ⅲ)과 관련하여, 출원발명에 이르기 위해 선행기술을 응용하거나 변형한 경우, 그와 같은 동기부여가 선행기술에 강력히 내재되어 있어 통상의 기술자라면 당연히 그와 같이 할 것으로 판단되면(Would have done) 진보성을 부인하되, 단지 통상의 기술자가 그와 같이 할 가능성도 있었던 정도(Could have done)라면 그것만 가지고 진보성을 부인할 수는 없다고 한다.[122]

㈑ **효과의 고려**

위 심사기준은 비록 발명이 일견 명백해 보이더라도 효과 면에서 상당한 기술적 가치를 가지는 경우, 특히 새롭고 놀라운 기술적 장점을 선보이는 경우에는 진보성을 인정해야 하고[123] 출원발명이 공지기술의 단순한 결합(aggregation or juxtaposition)의 정도를 넘어 결합된 구성요소들 간의 상호작용으로 인하여 의미 있는 추가적 시너지 효과를 가져 오는 조합(Combination)으로 평가되는 경우에는 진보성이 있다고 한다.[124] 아울러 선행기술에 비하여 기술적 효과가 떨어지는 발명, 기능적 의미가 없는 변형, 통상의 기술자가 임의로 선택 가능한 변형에 불과한 경우 등에는 진보성을 인정할 수 없다고 한다.[125]

㈒ **그 밖의 보조적 고려사항**

출원발명이 오랜 기간 동안 해결되지 않았던 기술적 필요를 해결하는 효과를 초래한다면 이를 진보성 긍정의 보조적 근거로 삼을 수 있으며, 즉각적인 상업적 성공이 위와 같은 과제해결과 결합되어 있는 경우도 마찬가지라 하

121) EPO Guidelines(2024) G. Ⅶ. 5.

122) EPO Guidelines(2024) G. Ⅶ. 5.3 : 'Could-Would-Approach'라고 한다.

123) EPO Guidelines(2024) G. Ⅶ. 8.

124) EPO Guidelines(2024) G. Ⅶ. 7. 위 심사기준은 그 예로, 트랜지스터 개개의 기술적 효과는 단순한 전기 스위치에 지나지 않지만, 그와 같은 트랜지스터가 마이크로프로세서에 삽입·결합되면 그 시너지 효과에 의하여 데이터프로세싱을 가능하게 한다는 점을 들고 있다.

125) EPO Guidelines(2024) G. Ⅶ. 10.1.

여 미국에서의 진보성 판단과 거의 동일한 기준을 제시하고 있다.[126]

3. 진보성의 판단 방법

각국의 진보성 판단 방법은 비록 구체적 표현은 달리하나 i) 대비의 대상이 되는 적절한 선행기술(들)을 특정하는 단계, ii) 당해 기술분야에서의 통상의 기술자를 상정하는 단계, iii) 통상의 기술자가 선행기술(들)로부터 당해 발명에 이르는 것이 용이한지 여부를 판단하는 논리부여의 단계를 가지고 있다는 점에서 공통된다. 아래에서 이를 우리 특허법 제29조 제2항의 구성요건에 대응시켜 살펴본다.

(1) 시적(時的) 기준

진보성은 특허출원 시점에서 특허출원한 발명이 출원시점까지 공지된 기술로부터 용이하게 발명할 수 있는지 여부에 따라 판단된다.[127] 특허법 제29조 제2항에는 '특허출원 전에'라고 규정되어 있고 이것은 특허법 제36조와 제105조에 규정된 '출원일(日) 전후의 관계'와는 달리 그 기준이 시각(時刻)으로 파악된다. 출원 후에 반포된 간행물에 의하여 진보성을 판단하는 것은 원칙적으로 허용되지 않으나, 간행물을 인용하는 목적이 출원 후의 공지사실을 이용하여 출원 전의 공지를 주장하기 위한 것이 아니라 출원당시의 기술수준을 증명하기 위한 것이라면 예외적으로 허용된다.[128] 판례[129] 또한 "여기서 말하는 '특허출원 전'은 특허출원 전에 선행기술이 공지된 것을 의미할 뿐이고 선행기술의 공지를 증명하기 위한 증거가 특허출원 전에 작성된 것을 의미하지는 않으므로 법원은 특허출원 후에 작성된 문건들에 기초하여 어떤 발명이나 기술이 특허출원 전에 공지 또는 공연실시된 것인지 여부를 인정할 수 있다"고 한다.

(2) 발명이 속하는 기술분야의 선행기술

1) 선행기술과 당해 발명이 속하는 기술분야

특허법상 진보성은 기술분야를 불문하는 신규성과는 달리 '그 발명이 속

126) EPO Guidelines(2024) G. Ⅶ. 10.3.

127) 조약우선권주장을 수반하는 경우에는 그 우선권주장이 인정되는 제1국에서의 출원시를 기준으로 한다.

128) 吉藤幸朔, 特許法概說[제13판], 166면.

129) 대법원 2007. 4. 27. 선고 2006후2660 판결.

하는 기술분야에서 통상의 지식을 가진 사람'을 전제로 하고 있는 까닭에 대비의 대상이 되는 선행기술 역시 그 발명이 속하는 기술분야에서 통상의 지식을 가진 자가 접할 수 있는 것이어야 하고 이는 결국 양 발명이 속하는 기술분야가 동일하거나 인접한 것을 의미한다. 발명이 속하는 기술분야는 명세서에 기재된 발명의 명칭에 구애됨이 없이 발명의 목적·구성·효과에 따라 객관적으로 판단되어야 한다.[130] 기술분야를 확정하기 위하여 국제특허분류(IPC : International Patent Classification)가 하나의 기준이 될 수 있으나 이것이 절대적이라고 할 수는 없다. 판례[131] 또한, 실용신안에서의 고안은 기술적 창작이라는 무형의 소산을 대상으로 하고 있기 때문에 비록 비교대상고안의 물건과 등록고안의 물건이 국제특허분류표상 분류번호가 서로 다르다 하더라도 비교대상고안을 근거로 등록고안의 진보성을 부인하는데 문제가 없다고 한다. 범용성이 있는 발명일수록 그것이 속하는 기술분야는 넓고, 전문 분야일수록 그것이 속하는 기술분야는 좁다 할 것이다. 근래 세계적으로 진보성 판단의 근거가 되는 선행기술의 범위는 점차 넓어져 가고 있는 추세이고, 미국에서는 i) 선행문헌이 당해 발명과 동일한 기술분야에 있는지를 결정하고, ii) 만약 동일한 기술분야가 아니라면 그 분야가 발명자가 처해 있는 기술적 문제를 해결하는 데 상당히 관련된 기술분야인지를 결정하는 2단계 접근법이 사용되고 있다. 판례[132] 또한 "특허법 제29조 제2항 소정의 '그 발명이 속하는 기술분야'란 원칙적으로 당해 특허발명이 이용되는 산업분야를 말하므로 당해 특허발명이 이용되는 산업분야가 비교대상발명의 그것과 다른 경우에는 비교대상발명을 당해 특허발명의 진보성을 부정하는 선행기술로 사용하기 어렵다 하더라도, 문제로 된 비교대상발명의 기술적 구성이 특정 산업분야에만 적용될 수 있는 구성이 아니고 당해 특허발명의 산업분야에서 통상의 기술자가 특허발명의 당면한 기술적 문제를 해결하기 위하여 별다른 어려움 없이 이용할 수 있는 구성이라면 이를 당해 특허발명의 진보성을 부정하는 선행기술로 삼을 수 있다"고 판시하여 같은 입장을 보이고 있다.

---

130) 대법원 1992. 5. 12. 선고 91후1298 판결.

131) 대법원 1993. 5. 11. 선고 92후1387 판결; 특허법원 2006. 6. 21. 선고 2005허5501 판결.

132) 대법원 2008. 7. 10. 선고 2006후2059 판결; 대법원 2012. 10. 25. 선고 2012후2067 판결.

⇒ 대법원 2012. 10. 25. 선고 2012후2067 판결

비교대상고안 3 또는 5는 "위성안테나 각도자동조절장치" 또는 "위성방송수신 안테나"에 관한 기술이고, 이 사건 제1항 고안은 "표지판/도로명판 행거 고정 장치"로서 양자는 그 기술분야가 동일하지는 않다. 그러나 비교대상고안 3 또는 5는 모두 보편적으로 널리 알려진 '힌지점을 중심으로 봉을 회전시켜 각도를 조절하고 볼트로 봉을 그 자리에 고정하는 기술'을 사용한 단순한 기계장치에 관한 기술로서 그 기능과 작용 등 기술의 특성에 비추어 보면, 통상의 기술자가 이 사건 등록고안의 당면한 기술적 문제인 '행거가 지주와 직교하도록 고정되기 때문에 지주가 수직을 유지하지 못하고 기울어진 경우에는 행거도 함께 기울어지는 문제점'을 해결하기 위하여 별다른 어려움 없이 이용할 수 있는 구성이라고 할 것이다. 따라서 비교대상고안 3 또는 5는 이 사건 제1항 고안의 진보성을 부정하는 선행기술로 삼을 수 있다.

한편, 어떤 기술분야는 기술 진보의 폭이 좁기 때문에 작은 정도의 기술개량도 특허를 받는 경향이 있는 반면, 어떤 기술분야는 기술 진보의 폭이 넓어 획기적인 기술개량이 있어야만 특허를 받는 경향이 있는 수가 있다. 위와 같이 각 기술분야마다 차이가 존재하기 때문에 당해 발명이 속하는 기술분야를 특정하는 것은 매우 중요하다. 기술분야의 특정 후에는 선행기술의 검색 등을 통해 그 발명이 속하는 기술분야에서 기술진보의 폭을 확정한 뒤 통상의 기술자의 수준을 설정해야 한다.

2) 미완성 발명이 선행기술인 경우

선행기술이 미완성의 발명인 경우에도 진보성 판단의 근거로 삼을 수 있다. 판례[133] 역시 "미완성의 발명이라고 하여도 진보성 판단의 대비자료가 될 수 없는 것은 아니므로, 미완성의 발명에 대한 거절사정이 확정되었다고 하더라도 이와 대비하여 본원발명의 진보성을 부인할 수도 있다"고 하여 같은 취지이다. 또한 "출원발명의 진보성 판단에 제공되는 선행기술은 기술 구성 전체가 명확하게 표현된 것뿐만 아니라, 자료의 부족으로 표현이 불충분하거나 일부 내용에 흠결이 있다고 하더라도 그 기술분야에서 통상의 지식을 가진 자가 기술상식이나 경험칙에 의하여 쉽게 기술내용을 파악할 수 있는 범위 내에서는 대비대상이 될 수 있다"고도 한다.[134]

133) 대법원 1996. 10. 29. 선고 95후1302 판결.

134) 대법원 2013. 2. 14. 선고 2012후146 판결; 대법원 2008. 11. 27. 선고 2006후1957 판결;

⇨ 대법원 2008. 11. 27. 선고 2006후1957 판결

발명의 신규성 또는 진보성 판단에 제공되는 대비발명은 그 기술적 구성 전체가 명확하게 표현된 것뿐만 아니라, 미완성 발명 또는 자료의 부족으로 표현이 불충분하거나 일부 내용에 오류가 있다고 하더라도 그 기술분야에서 통상의 지식을 가진 자가 발명의 출원 당시 기술상식을 참작하여 기술내용을 용이하게 파악할 수 있다면 선행기술이 될 수 있다. 원심 판시의 비교대상발명 2는 자료의 부족으로 표현이 불충분하거나 일부 내용에 오류가 있음을 부정할 수 없지만, 그 발명이 속하는 기술분야에서 통상의 지식을 가진 자라면 이 사건 특허발명의 우선권주장일 당시의 기술상식을 참작하여, 비교대상발명 2에 기재된 내용으로부터 'B형 간염 표면 항원(HBsAg) 및 디프테리아(D), 파상풍(T), 백일해(P) 항원을 모두 인산알루미늄(AP)에 흡수시켜 제조한 혼합백신이 B형 간염 표면 항원의 단독백신과 비교하여 역가에서 큰 차이가 없다'는 기술내용을 용이하게 파악할 수 있으므로, 비교대상발명 2는 명칭을 "B형 간염 표면 항원 및 다른 항원을 포함하는 조합 백신"으로 하는 이 사건 특허발명(등록번호 제287083호)의 신규성과 진보성 판단에 제공되는 선행기술이 될 수 있다.

(3) 통상의 지식을 가진 사람

1) 의　　의

통상의 지식을 가진 자(통상의 기술자)를 실무는 "출원전의 해당 기술분야의 기술상식을 보유하고 있고, 출원발명의 과제와 관련되는 출원전의 기술수준에 있는 모든 것을 입수하여 자신의 지식으로 할 수 있는 자로서, 실험, 분석, 제조 등을 포함하는 연구 또는 개발을 위하여 통상의 수단을 이용할 수 있으며, 공지의 재료 중에서 적합한 재료를 선택하거나 수치범위를 최적화(最適化)하거나 균등물(均等物)로 치환하는 등 통상의 창작능력을 발휘할 수 있는 특허법상의 상상의 인물이다. 여기서 '기술수준'이란 특허법 제29조 제 1 항 각호의 1에 규정된 발명 이외에도 당해 발명이 속하는 기술분야의 기술상식 등을 포함하는 기술적 지식에 의하여 구성되는 기술의 수준을 말한다. 또한 일상적인 업무 및 실험을 위한 보통 수단 등, 청구항에 기재된 발명의 기술분야와 관련된 모든 종류의 정보에 관계되는 것이다"라고 파악하고 있다.[135]

판례는 '특별한 사정이 없는 한 공공도서관 등에 입고된 박사학위 논문은

대법원 2006. 3. 24. 선고 2004후2307 판결.

135) 특허청, 특허·실용신안 심사기준, 제 3 부 제 3 장 3. 2.

통상의 기술자가 용이하게 이해할 수 있는 공지문헌' 이라고 하는 한편,[136] 발명의 진보성 판단은 국내의 기술수준을 고려하여 국내에 있는 당해 기술분야의 전문가의 입장으로 판단해야 한다는 상고이유를 배척하면서 이를 국내기술수준만으로 판단할 것은 아니라고 한다.[137] 그러나 실제로 통상의 기술자에 관하여 중요한 것은 위와 같은 추상적 개념정의보다는 각각의 기술분야에 따라 통상의 기술자 수준을 어떤 기준에 따라 설정하고 어떻게 인정할 것인지의 문제이다.

2) 통상의 기술수준의 설정[138]

(가) 문제의 소재

진보성 판단에 있어 통상의 기술자 수준을 어떻게 설정하는지에 따라 문제가 된 발명이 선행기술로부터 용이하게 발명될 수 있는지 여부가 결정되는 이상, 진보성 판단은 결국 통상의 기술자 수준을 어떻게 설정하는지의 문제로 귀결된다 해도 과언이 아니다. 그러나 심사, 심판 및 소송실무에 있어서 통상의 기술자의 기술수준은 구체적 증명의 대상이 되기보다는 심사관이나 심판관 스스로의 기술수준 또는 변론의 전취지에 의하여 법관이 심증으로 파악한 기술수준으로 갈음될 위험성이 있다.[139] 그러나 이는 불확정개념인 통상의 기술자의 수준 인정에 관한 객관적 설득력을 떨어뜨릴 뿐 아니라, 소송법적으로는 요건사실 증명에 관한 변론주의 원칙과 어울리지 않는다.[140] 따라서 특정 기

---

136) 대법원 2006. 11. 24. 선고 2003후2072 판결.

137) 대법원 2004. 11. 12. 선고 2003후1512 판결.

138) 이하 통상의 기술자의 수준인정을 둘러싼 특허법상의 쟁점과 관련된 상세한 내용은 조영선, "특허쟁송과 통상의 기술자의 기술수준 – 두 가지의 새로운 시도 – ," 저스티스(2005년 8월호), 62~100면을 참조할 것.

139) 미국에서 통상의 기술자의 수준을 판단하기 위한 고려요소들이 판례를 통하여 제안되고 있음에도 불구하고, 소송의 실제에서는 상당수의 법관들이 그와 같은 객관적 요소에 기초하기 보다는 막연히 자신들을 통상의 기술자로 상정하여 문제를 해결하려는 경향도 있음을 지적하는 문헌으로는, Roger E. Schechter 외 1인 공저, *Intellectual Property the law of Copyrights, Patents and Trademarks*, 382면.

140) 미국에는, 선행기술들을 조합함에 있어 심사관이나 심판관이 막연히 통상의 기술자에게 널리 알려진 기술상식에 속한다는 판단하에 진보성을 부인할 수는 없고 그와 같은 판단근거는 반드시 증거에 의하여 객관적으로 뒷받침되어야 한다는 판례가 확립되어 있다 : In re Lee, 277 F3d 1338, 1341(Fed. Cir 2002) – 원심이 문제가 된 발명에 관하여 '통상의 기술자라면 다른 특별한 암시나 단서 없이도 기술적 상식에 근거하여 선행기술로부터 당해 발명에 이를 수 있으므로 진보성이 없다' 고 판시한 데 대하여, 객관적이고도 명확한

술분야에서의 통상의 기술자 수준을 인정하기 위하여 고려되어야 할 객관적 요소를 확립하는 일은 매우 중요하다. 한편, 국내에서 2000년대 중반 이래 통상의 기술자 수준을 사실인정의 문제로 파악하여 객관적 증거에 의해야 한다는 제언이 계속된 가운데,[141] 2010년대 중반부터 특허법원 판결들 사이에서 통상의 기술자 수준이나 발명의 비용이성 문제를 객관적 증거를 통해 인정하는 움직임이 본격적으로 등장하기 시작하였다.[142] 판례[143] 역시 "발명의 진보성 유무를 판단함에 있어서는, 적어도 선행기술의 범위와 내용, 진보성 판단의 대상이 된 발명과 선행기술의 차이 및 '통상의 기술자의 기술수준에 대하여 증거 등 기록에 나타난 자료에 기하여 파악한 다음', 이를 기초로 하여 통상의 기술자가 선행기술로부터 그 발명을 용이하게 발명할 수 있는지를 살펴보아야 한다"고 하여 진보성 인정을 위한 통상의 기술자 수준을 객관적 증거에 기하여 인정할 것을 명시적으로 요구하기에 이르렀다. 그러나 증거를 통해 인정하여야 할 판단 요소들이 구체적으로 무엇인지에 대해서는 여전히 모색이 필요하다.

기록상의 근거 없이 그와 같은 판단에 일방적으로 나아간 것은 절차상, 실체상으로 적법하지 않으며 위와 같이 언급한 소위 '기술적 상식'이라는 것이 구체적으로 무엇이며 무슨 근거로 그와 같이 판단되는 것인지를 밝혀야 한다고 판시하고 있다. 일본에서도 특허소송에서는 심리와 관련하여 변론주의의 적용을 받기 때문에 '기술수준'과 '기술상식'에 다툼이 있는 경우 증명의 대상이 된다는 견해가 오래 전부터 유력하다 : 中山信弘 編, 注解特許法(上) 第３版, 青林書院(2000), 242면(이하, 이 책은 "中山 編, 注解(上)"이라고만 부른다).

141) 조영선, 앞의 논문(특허쟁송과 통상의 기술자의 기술수준 – 두 가지의 새로운 시도 –), 62~100면; 조영선, "특허소송에 있어서 발명의 진보성 판단의 국제기준에 관한 비교분석" 법원행정처 연구보고서(2010), 37면 이하.

142) 예컨대, 특허법원 2015. 5. 22. 선고 2014허4210 판결은 출원발명의 용이성 판단과 관련된 요소로 몰리브덴 산화물과 산화아연 등이 주지의 대체물인지가 문제되자 전문 심리위원으로부터 그에 대한 진술을 들은 뒤, 반대증거를 종합하여 "그럼에도 불구하고 출원발명의 우선권주장일 이전에 몰리브덴 산화물이 유기 화합물과 혼합되는 재료로 사용되었거나 통상의 기술자들 사이에서 비교대상발명 2의 산화아연 등과 동등한 특성을 나타낼 것으로 인식되었다고 보기 어렵다"는 이유로 출원발명의 비용이성을 인정하였다. 또, 확대된 선출원이 문제된 사안이기는 하나, 특허법원 2015. 8. 28. 선고 2014허7325 판결은 복수의 전문가 증인을 신문하여 "특허발명의 출원일 당시 황산아연 등을 니켈도금에서 전도보조제로 사용하는 것이 통상의 기술자에게 널리 알려졌거나 사용되었다고 볼 수 없다"고 판시하였다.

143) 대법원 2015. 7. 23. 선고 2013후2620 판결; 대법원 2016. 11. 25. 선고 2014후2184 판결 등.

(나) 통상의 기술수준 판단을 위해 고려될 수 있는 요소들

이에 관하여 미국 판례는[144] 통상의 기술자의 기술수준을 심사관이나 심판관이 임의로 결정할 수 없음을 분명히 하는 한편 통상의 기술자의 기술수준을 평가하는 기준으로 ⅰ) 발명자의 교육수준(educational level of the inventor), ⅱ) 당해 기술분야에서 마주치게 되는 기술상의 문제점들(type of problems encountered in the art), ⅲ) 그와 같은 문제점들을 해결하기 위한 선행기술의 해결책(prior art solutions to those problems), ⅳ) 당해 기술분야에서 기술혁신이 이루어지고 있는 속도(rapidity with which innovations are made), ⅴ) 당해 분야 기술의 복잡성(sophistication of the technology), ⅵ) 당해 기술분야에서 활동하는 기술자가 가지는 학력의 정도(educational level active workers in the field)를 각 고려하여야 한다고 판시하였고, 상당수의 미국 법원들이 특허소송에서 기술내용과 분쟁의 종류에 따라 위 6가지 요소 전부 또는 일부를 통상의 기술자의 기술수준을 평가하는 지침으로 삼고 있다.

위와 같은 통상의 기술자 수준 판단의 고려요소들은 우리나라에도 참고할 만한 것이라고 생각된다. 아래에서 그 가운데 중요한 세 가지 요소를 설명한다.

① **학력이나 자격** '통상의 기술자' 수준을 결정하기 위해서 당해 기술분야에 종사하는 자들의 일반적 학력이나 자격을 고려하는 것은 유용한 수단이다.[145] 이때 개별 기술분야의 특성을 고려하여야 함은 물론이며, 문제해결 능력을 판단하기 위해서는 피상적인 학위나 자격증보다는 현실적인 수련기간 등에 더 초점을 맞추어야 할 것이다. 주목할 것은, 통상의 기술자 수준을 파악하기 위하여 다른 인자들을 종합적으로 고려하더라도 결국 구체적 사실인정으로서의 통상의 기술자 수준은 불가피하게 기술자의 학력, 자격 및 당해 기술분야의 종사기간 등으로 특정될 수밖에 없다는 점이다. 발명자 스스로의 학력이

---

144) Envtl. Designs, Ltd. v. Union Oil Co., 713 F.2d 693, 697(Fed. Cir. 1983).

145) 예컨대, "확성기 디자인의 기술분야의 통상의 기술자 수준은 전기공학 분야, 물리학, 기계공학, 또는 음향학 분야의 학사학위 소지자 정도이거나 나아가, 공기역학, 유체역학, 음향학에 관련된 지식이 있으며 확성기 디자인 분야에 2, 3년 종사한 사람 정도의 수준이다"라고 하고 있는 판례{Bose Corp. v. JBL Inc. 112 F. Supp. 2d 138(D. Mass. 2000)}는 그러한 예이고, 앞서 든 KSR 사건(2007)의 1심 판결도 통상의 기술자의 수준을 "기계공학의 학부 졸업 또는 차량 페달억제 시스템에 관한 업무에 종사한 경험으로 인해 학부 졸업자와 동등한 지식을 가지고 있는 정도"라고 인정하고 있다.

나 자격은 고려의 대상이 되지 않는 것이 원칙이겠지만, 미국 법원들은 통상의 기술자는 '발명가'가 아니라고 하면서도 한편으로는 통상의 기술자 수준을 결정하는 데 발명자의 학력수준을 고려하는 경우도 많다.[146]

한편, 이제는 우리나라의 재판실무에서도 통상의 기술자 수준 인정 시 해당 기술분야 기술자의 학력이나 종사기간 등을 고려하는 경향이 뚜렷하다. 특허법원 판결 가운데 통상의 기술자의 기술수준을 사실인정의 문제로 취급하면서[147] 예컨대 '학력은 학사나 석사학위, 경력은 3~5년 정도'라고 하는 등 통상의 기술자 수준을 구체적으로 인정한 것들이 발견된다.[148]

② 문제점을 해결한 선행기술의 예 기술의 진보란 결국 문제해결의 노하우(Know-How)를 축적한 것이라 할 수 있다. 특정 기술분야에서 얼마나 다양한 기술적 문제점들이 제기되었고, 선행기술들이 어떠한 적절한 방법으로 얼마나 신속하고 완벽하게 그와 같은 문제점들을 해결해 왔는지를 평가하는 것은 통상의 기술자의 기술수준을 판단하는 좋은 척도가 될 수 있으며 이는 결국 당해 기술분야에서 기술혁신이 이루어지고 있는 속도와도 불가분적 관련이 있다. 특정한 기술적 문제점이 제기된 후 오랜 기간 동안 그 문제를 해결하지 못하고 있거나 해결책으로 제시된 것들이 문제에 완벽한 답을 주지 못하여 왔다면 일단 통상의 기술자의 수준이 낮다는 추론이 가능하다. 반면, 비교적 짧은 시간에, 다양한 경로와 내용으로 활발하게 그 해결책들이 모색되고

---

146) 실제로 1983년부터 2001년 사이에 '통상의 기술자의 수준'을 언급한 미국 판례의 절반 이상이 이를 판단하는 요소로 당해 발명자가 가지는 학력의 정도를 고려하고 있다고도 한다. 당해 기술분야에서 통상의 기술자 수준을 결정함에 있어 '발명자'의 학력과 지식의 정도를 중요한 인자로 고려한 대표적 판결례로는 Daiichi Sankyo Co. v. Apotex, Inc. 501 F3d. 1254(Fed. Cir. 2007) 참조.

147) 절차상으로는 증명보다는 석명을 통해 당사자 사이에 다툼 없는 사실로 정리되는 경우가 많은 것으로 보인다.

148) '캐드 자격시험의 처리방법'이 문제된 사건에서 '컴퓨터공학 또는 전산학 분야의 학사학위 소지자로서 정보통신 관련 산업분야에서 실무경력이 3년 정도인 사람'을 통상의 기술자로 본 예(특허법원 2019. 4. 12. 선고 2018허3710 판결(확정); '가압성형기 및 이를 이용한 가압성형방법'에 관한 사건에서 '기계공학 학사학위 소지자로서 합성수지 빌렛 제조 관련 산업분야에서 3~5년 종사한 사람'을 통상의 기술자로 본 예(특허법원 2019. 8. 14. 선고 2018허4423 판결(확정); '폴리아릴렌설피드 수지의 제조방법 등'에 관한 사건에서 '화학분야 석사학위 소지자로서 고분자 제조업에서 3년 정도 종사한 사람'을 통상의 기술자로 본 예(특허법원 2019. 8. 30. 선고 2018허8944 판결(확정)) 등을 들 수 있다.

제시되어 왔다면 당해 기술분야의 통상의 기술자 수준을 높게 평가하기 쉬울 것이다. 그러나 물론, 이를 통상의 기술자의 수준과 일률적으로 연결지어 볼 수는 없다. 왜냐하면, 기술의 종류나 해결해야 할 기술적 문제의 난이도에 따라 결과는 얼마든지 달라질 수 있기 때문이며, 결국 구체적 기술분야의 상황이 아울러 고려되지 않을 수 없다. 현실적으로는 당해 기술분야에서 이루어지고 있는 특허출원 및 부여되고 있는 특허의 수, 기술의 조밀도 등이 이를 추단할 수 있는 좋은 간접사실이 될 것이다.

③ 기술의 유추가능성(Predictability)[149] 통상의 기술자의 기술수준을 평가함에 있어 특히 중요하게 고려되어야 할 것은, 기술내용이 통상의 기술자로 하여금 어느 정도의 나머지 기술사상에 대한 유추를 허용하는지(Predictable) 여부이다. 기계나 S/W 분야의 기술처럼 하나의 기술개시가 이루어지면 통상의 기술자가 이에 터잡아 상당한 정도로 나머지 기술내용을 유추해 나가는 것이 가능한 분야가 있는가 하면,[150] 화학이나 유전자 분야처럼 하나의 기술개시에 근거하여 나머지 기술내용을 유추하여 알아내기가 극히 어려운 분야도 있다.[151] 따라서, 전자의 경우에는 기술개시가 요구되는 정도나 범위가 상대적으로 높지 않은 반면, 후자의 경우에는 매우 구체적인 기술 내용까지 일일이 개시될 필요가 있다. 이를 통상의 기술자의 수준으로 환언한다면 전자는 통상의 기술자의 수준이 '높은 것'으로 평가하여 진보성 인정의 문턱을 높이고,

---

149) 이는 발명의 진보성 판단의 기준으로 통칭되는 '발명 용이성'과도, 균등 침해의 성립여부에서 문제되는 '치환자명성'과도 다른 제3의 개념이라고 해야 할 것이다.

150) 예를 들어, 간단한 기계분야에서 청구범위에 'A와 B 및 상기 A, B를 결합하기 위한 수단'이라는 기재를 하고, 명세서에서 위 결합수단으로 못을 들고 있다면, 통상의 기술자의 경우 '결합수단'이라는 문언의 기재에 근거하여 못에 갈음하는 '리벳'이나, '접착제' 등을 손쉽게 유추해 낼 수 있을 것이다. 또한, 컴퓨터 프로그래밍 분야에서는 A라는 문제를 해결하기 위해서 B라는 알고리듬을 사용하는 것이 해결책인 경우, 발명자가 B알고리듬을 구성하는 특정한 함수나 명령만을 개시하기만 하면 통상의 기술자는 그 이상의 상세한 기술개시 없이도 나머지의 기술상 문제를 해당분야에서 상용되는 기술적 논리부여를 통하여 손쉽게 추론할 수 있는 경우가 많다.

151) 생명공학이나 유기화학 분야에서는 분자나 화학구조의 미세한 차이만으로도 작용 효과에 판이한 결과를 가져올 수 있기 때문에 명세서에 구체적으로 기재되지 아니한 사항에 관하여는 통상의 기술자가 나머지 기술구성을 유추할 가능성이 극히 제약되어 있다(Joseph P. Meara, "Just who is the person having ordinary skill in the art? patent law's mysterious personage", 77 *Washington Law Review(2002)*, pp. 291~292.

후자는 통상의 기술자의 수준이 '낮은 것'으로 평가하여 조그마한 진전에도 진보성을 인정함이 상당하다. 여기서 유의할 점은, 통상의 기술자 수준이 높거나 낮다는 말이 기술개시와의 유기적 관계에서 사용되는 경우에는 당해 기술 분야의 '예측가능성'이 높거나 낮다는 의미이지, 당해 기술분야에 속한 기술자들의 실제 학력이나 경력 수준이 높거나 낮다는 의미는 아니라는 점이다.[152]

(4) 용이하게 발명할 수 있을 것

1) 원칙 : 사후적 고찰(Hind-sight)의 배제

발명의 진보성을 판단함에 있어서는 출원 시를 기준으로(당해 발명이 아직 존재하지 아니함을 전제로) 과연 통상의 기술자가 선행기술로부터 당해 발명에 이르는 것이 용이한지 여부를 판단해야지, 이미 당해 발명의 내용을 다 알고 있는 사후적 시각에 입각하여 위 용이성 여부를 판단하면 아니 된다. 특허법이 '출원 시'를 진보성 판단의 기준 시점으로 명시하고 있음은 물론이거니와, 당해 발명에 관한 지식을 얻은 후에 선행기술을 바라보면 양 발명이 서로 흡사한 것으로 보여 그 차이점을 간과하기 쉽고 그 결과 통상의 기술자가 당해 발명에 용이하게 도달할 수 있는 것으로 보기 쉽기 때문이다. 또한, 이미 완성된 발명을 여러 구성 부분으로 나누고 각각의 구성을 포함하고 있는 선행기술들을 찾아낸 뒤 이를 사후적으로 꿰어 맞추어 완성된 발명에 이르는 논리구성을 하게 되면, 이미 완성된 발명을 그와 같은 사후작업에 '로드 맵'으로 사용하는 것이 된다. 그로 인해 발명이 이룩한 여러 기술요소의 '결합'이라는 기술적 가치가 부당하게 저평가 될 우려가 있다.

판례[153] 또한 "어떤 발명의 진보성이 부정되는지 여부를 판단하기 위해서는 통상의 기술자를 기준으로 하여 그 발명의 출원 당시의 선행 공지발명으로부터 그 발명을 용이하게 할 수 있는지를 보아야 할 것이고, 진보성이 부정되는지 여부의 판단 대상이 된 발명의 명세서에 개시되어 있는 기술을 알

152) 예컨대, 유전공학 분야에 종사하는 평균적 기술자들의 학력 수준은 보통 판금성형 분야에 종사하는 평균적 기술자들의 학력 수준보다 높을 것이나, 판금 성형분야보다 기술의 예측가능성이 훨씬 떨어지기 때문에 통상의 기술자 수준이 '낮다'고 표현하는 것이다.

153) 대법원 2007. 8. 24. 선고 2006후138 판결; 대법원 2010. 7. 22. 선고 2008후3551 판결; 대법원 2016. 11. 25. 선고 2014후2184 판결; 대법원 2022. 1. 13. 선고 2019후12094 판결 등.

고 있음을 전제로 하여 사후적으로 통상의 기술자가 그 발명을 용이하게 할 수 있는지를 판단하여서는 아니 된다"고 하여 사후적 판단금지 원칙을 명시하고 있다.

➾ 대법원 2016. 11. 25. 선고 2014후2184 판결

① 이 사건 제10항 및 제17항 발명은 피부에 냉기 또는 온기를 인가하여 통증이나 불편한 느낌을 완화할 수 있는 디스펜서를 제공하는 것을 기술적 과제로 하고 있는데, 원심 판시 비교대상발명 2는 화장품이나 약품의 분자운동을 활발하게 하여 화장품이나 약품이 피부에 효과적으로 흡수될 수 있도록 하는 이온 펄스기를 제공하는 것을 기술적 과제로 하고 있으므로, 양 발명에서 해결하고자 하는 기술적 과제는 다르다. ② 이 사건 제10항 및 제17항 발명의 열 저장 팁은 열을 저장 및 전달할 수 있는 특성을 가진 금속 또는 세라믹 재질로 이루어져 있어 피부에 냉기 또는 온기를 인가하여 통증이나 불편한 느낌을 완화할 수 있게 하는 것인데, 이에 대응하는 비교대상발명 2의 헤드는 화장품이나 약품에 전류를 인가하여 화장품이나 약품이 피부에 효과적으로 흡수될 수 있게 하는 것이므로, 이들 구성은 기능이나 작용효과에서도 차이가 있다. ③ 비교대상발명 2로부터 이 사건 제10항 및 제17항 발명의 열 저장 팁을 도출하기 위해서는 비교대상발명 2에서 전류를 공급하기 위한 배터리 등과 같은 구성들을 생략하여야 하는데, 비교대상발명 2는 배터리로부터 인가된 전류가 헤드를 통해 커버로 통전되도록 하여 화장품이나 약품이 피부에 효과적으로 흡수될 수 있게 하는 것을 기술적 특징으로 하는 것이므로, 통상의 기술자가 비교대상발명 2에서 전류를 공급하기 위한 배터리 등과 같은 구성들을 생략하는 것을 쉽게 생각해내기 어렵다. 그렇다면 이 사건 특허발명의 명세서에 개시된 발명의 내용을 이미 알고 있음을 전제로 하여 사후적으로 판단하지 아니하는 한, 통상의 기술자가 비교대상발명 2로부터 이 사건 제10항 및 제17항 발명의 열 저장 팁을 쉽게 도출할 수 없다고 할 것인데, 그러한 사후적 판단은 허용되지 아니하므로 결국 이 사건 제10항 및 제17항 발명의 진보성이 부정된다고 할 수 없다.

2) 선행기술과 출원발명의 요소비교를 통한 용이성 판단

당해 발명이 선행기술(들)로부터 '용이하게' 발명될 수 있는 근거로는 선행기술에 당해 발명에 이를 수 있는 동기가 내재되어 있거나 선행기술들을 결합할 수 있는 동기가 내재되어 있는 경우가 가장 직접적일 것이다. 앞서 본 미국에서의 TSM(Teaching, Suggestion and Motivation) 테스트와 EPO 심사기준 중 Would-Could approach가 그러한 의미이며 우리나라와 일본의 심사기준 역시

명시적으로 발명에 이를 수 있는 동기가 선행기술에 내재되어 있는 경우에 진보성이 부인된다고 하고 있다.

그러나 현실적으로는 위와 같은 선행기술에 내재된 동기에 기하여 발명 용이성이 직접적으로 판단되는 경우보다는 선행기술과 당해 발명의 목적·구성·효과를 대비하여 간접적인 방법으로 발명의 용이성을 추단하는 일이 압도적으로 많다. 양 발명의 구성의 차이가 크다면 통상의 기술자로서는 선행발명에 기하여 당해 발명에 이르는 것이 용이하지 않으리라는 추단이 가능하고 당해 발명의 효과가 선행기술에 비하여 현저히 우수한 이상, 당해 발명에 이르는 것이 용이하였다면 통상의 기술자가 이를 행하지 않았을 리가 없다는 역추정에 의하여 당해 발명이 용이하지 않다는 논리부여를 행하는 것이다.

㈎ 비교의 대상

① 출원발명의 특허청구범위와 선행기술 선행기술과 비교의 대상이 되는 것은 출원발명의 특허청구범위이다. 따라서 출원발명의 설명에는 하위개념인 구체적 기술구성이 나타나 있다고 하더라도 특허청구범위를 그보다 폭넓은 상위개념으로 설정하고 있다면 그 상위개념과 선행기술을 대비하여 통상의 기술자가 그 상위개념으로서의 발명에 이르는 것이 용이한지 여부를 살펴야 하며 '발명의 설명 참작'이라는 명분하에 섣불리 발명적 기여를 넘는 폭넓은 특허청구범위에 관하여 진보성을 인정해서는 안 된다. 판례[154] 또한, 발명의 신규성·진보성 판단에 있어 비교대상발명과 대비의 대상이 되는 것은 발명의 청구범위의 기재이며 청구범위의 기재가 명확히 이해될 수 있고 누가 보더라도 그 기재가 오기임이 발명의 설명 기재에 비추어 보아 명확하다고 할 수 없는 경우에는 등록의 유·무효 판단을 위한 등록발명의 기술 내용을 확정함에 있어서 청구범위의 기재를 기초로 하여야 할 뿐, 발명의 설명 기재에 의하여 이를 보완 해석할 수는 없다고 한다.

② 목적·구성·효과 2007년 이후 특허법은 다양한 발명을 유연하고 효율적으로 기술(記述)하도록 하기 위해 발명의 설명을 발명의 '목적·구성·효과'라고 하는 틀에 얽매이지 않고 기재하도록 하였다. 그러나 한편, 특정한 발명을 선행기술과 대비할 때 목적·구성·효과 등 발명을 특징짓는 추상적 요소들

154) 대법원 2004. 12. 9. 선고 2003후496 판결 등.

가운데 공통점을 추출하여 비교하는 것이 가장 효과적인 방법임에는 변함이 없고, 그 중에서도 특히 발명의 구성과 효과를 중심으로 대비하는 것이 가장 효과적이다.[155] 구체적으로는 양 기술의 구성 대 구성이 '먼저' 대비의 대상이 되는 것은 자연스러운 일이지만 판례와 실무는 구성의 대비만으로 진보성을 판단하는 법은 거의 없고,[156] 구성의 차이 외에 반드시 그로 인한 효과의 이동(異同)과 그 현저성을 종합적으로 살펴 진보성을 판단하고 있다. 진보성을 특허요건으로 한 목적이 종래기술보다 우수한 효과를 가지는 기술에 독점권을 부여하려는 것임을 상기하면 이는 지극히 당연한 일이다. 위에서 본 바와 같이 선행기술과 대비의 대상이 되는 것은 출원발명의 특허청구범위이고, 특허청구범위에 발명의 효과가 기재되는 일은 드물지만 실무와 판례는 특허청구범위에 기재된 구성으로부터 초래되는 발명의 효과를 아울러 파악하여[157] 구성과 함께 선행기술과의 대비대상으로 삼고 있는 것이다.

(나) 비교의 내용 : 구성의 차이 및 효과의 현저성

대비의 대상이 되는 발명들의 구성과 효과를 동시에 고려할 경우, 다음과 같은 논리 조합이 가능하다.

유 형	구성의 차이	효과의 우수성	진보성
①	大	大	○
②	大	小	△
③	小	大	○
④	小	小	×

155) 발명의 '목적'이라는 것은 대개 발명의 객관적 요소인 '효과'를 주관적으로 재기술한 것에 불과하여 독자적인 요소로서 의미를 갖지 않는 경우가 많기 때문이다.

156) 구성과 구성이 실질적으로 동일하다면 그 자체로 '신규성'이 없는 것으로 판단될 것이다.

157) 발명의 효과는 명세서에 기재된 것에 기초함이 원칙이나, 명세서에 명시적으로 기재되어 있지 않다고 하더라도 통상의 기술자라면 그와 같은 기술구성으로부터 어떠한 효과를 예견할 수 있음이 인정된다면 이를 당해 발명의 효과로서 고려하고 있다(대법원 2002. 8. 23. 선고 2000후3234 판결 참조).

① **유형** : 구성의 차이가 크고 효과도 현저히 우수한 경우

당해 발명이 선행기술에 비하여 구성을 크게 달리하고 그로 인한 효과 또한 현저히 우수하다면 그러한 발명은 통상의 기술자가 용이하게 발명하기 어려운 것으로 인정될 가능성이 매우 높다.

② **유형** : 효과의 차이는 크지 않으나 구성은 현저히 다른 경우

구성과 효과는 발명의 분야와 성질에 따라 그 고려의 중심 기준이 달라지는바 실무상, 예컨대 기계·전기·전자 등의 분야에서는 주로 구성에, 화학·유전자 등의 분야에서는 효과에 각 무게를 두어 발명의 진보성을 판단하는 것이 보통이다. 당해 발명이 선행기술에 비하여 구성을 크게 달리하나 그로 인한 효과의 차이가 그다지 크지 않은 경우의 용이성 판단은 구체적 사안에 따라 다르다. 현실적으로 이러한 경우는 효과상 장·단점이 혼재하는 경우에 많이 일어나는바, 당해 발명과 선행기술을 대비한 결과 출원발명이 모든 점에 있어 우월한 효과를 가져야만 진보성이 인정되는 것은 아니며 효과의 장·단점이 혼재하는 경우 그 전체적 현저성을 종합적으로 고려하여야 함은 물론이다. 발명의 진보성 판단에 있어 구성을 중시하는 입장에 선다면 비록 발명에 장·단점이 혼재하여 효과의 현저성이 떨어진다 고 하더라도 그와 같은 발명은 '기술의 다양화'에 공헌하고 있으므로 진보성을 인정하게 될 것이다. 적어도 논리적으로는 발명의 구성이 다르면 효과도 다른 것이 원칙이고 발명의 효과라는 것이 모든 경우에 명확하게 계량되는 것도 아니라는 점을 고려하면 위와 같은 입장은 수긍할 수 있다. 그러나 한편 실무상으로는 발명의 효과에 장·단점이 있고 그 비중이 엇비슷한 경우, "당해 기술분야에서 통상의 지식을 가진 자가 구체적 상황과 필요에 따라 그 장단점을 고려하여 임의로 선택할 수 있는 구성에 지나지 않는다"고 하여 진보성을 부인하는 경우도 많다.

③ **유형** : 구성의 차이는 크지 않으나 효과는 현저히 우수한 경우

특허된 기술의 구성이 선행기술과 차이가 있을 뿐 아니라 그 작용효과에 있어서 선행기술에 비하여 현저하게 향상 진보된 것인 때에는 기술의 진보발전을 도모하는 특허제도의 목적에 비추어 특허발명의 진보성을 인정해야 한다.[158] 수많은 판례가 같은 판시를 반복하고 있고[159] 복수의 공지의 선행기술을 단순

158) 대법원 2002. 8. 23. 선고 2000후3234 판결.

159) 대법원 2016. 11. 25. 선고 2014후2184 판결; 대법원 2015. 7. 23. 선고 2013후2620 판

결합 한 것에 불과하여 구성의 차이가 크지 않더라도 그로 인하여 현저한 시너지효과가 생기는 경우 발명의 진보성을 인정하는 일반 원칙도 마찬가지 사고에 입각한 것이다.

④ **유형** : 구성의 차이도 크지 않고 효과도 현저히 우수하지 않은 경우

당해 발명이 선행기술에 비하여 구성의 차이도 뚜렷하지 않은데다가 예측을 뛰어넘는 효과도 초래하지 않는다면 통상의 기술자가 발명에 이르는 것이 용이하다고 보는 것이 보통이다. 위 유형으로 분류할 수 있는 것 중에 실무상 주로 문제되는 것들을 아래에서 살펴본다.

㉮ 공지기술의 구성요소의 치환과 전용(轉用) 치환은 공지의 기술적 구성 중 특정 요소를 다른 요소로 대체하는 것을 의미하고, 전용(轉用)은 어떤 분야에 알려져 있는 방법, 장치, 화합물 등을 본질적인 변경을 가하지 않고 다른 분야에서 발명의 구성요소로 적용하는 경우를 말한다.[160] 치환의 경우, 그로 인한 작용, 효과의 차이가 현저하게 크면 진보성이 있다고 판단될 수 있지만[161] 그 치환에 의한 효과가 단순히 치환된 재료가 본래 가지는 성질의 차이

결; 대법원 2013. 7. 25. 선고 2011후1814 판결; 대법원 2011. 10. 13. 선고 2009후4322 판결; 대법원 2007. 8. 24. 선고 2006후138 판결; 대법원 2003. 1. 10. 선고 2001후2269 판결; 대법원 2002. 8. 23. 선고 2000후3234 판결; 대법원 2002. 10. 22. 선고 2001후3255 판결; 대법원 2001. 9. 7. 선고 99후734 판결; 대법원 2001. 7. 13. 선고 99후1522 판결; 대법원 1998. 12. 22. 선고 97후990 판결; 대법원 1998. 12. 11. 선고 97후846 판결; 대법원 1997. 11. 28. 선고 97후341 판결; 대법원 1997. 5. 30. 선고 96후221 판결; 대법원 1996. 11. 26. 선고 95후1517 판결; 대법원 1996. 9. 20. 선고 96후30 판결; 대법원 1986. 6. 10. 선고 83후2 판결 등.

160) 예컨대 판례(대법원 1993. 5. 11. 선고 92후1387 판결)는 "본건고안은 그 탄성재의 신축흡수링(패킹)의 적용대상이 고층건물 등 배수관의 집수조인트인 데 대하여 인용고안은 일반적인 연결관체라는 점에서 차이가 있으나 이 역시 관체의 연결부위에서 온도 차이에 의하여 파생되는 관의 신축으로 인한 집중응력에 대응토록 하는 동종의 기술수단인 인용고안의 탄성재 패킹의 결착수단을 단순히 본건고안에 전용하는 정도의 것으로 그 전용에 각별한 곤란성이 있다고도 볼 수 없으므로 본건고안이 속하는 기술분야에서 통상의 지식을 가진 자라면 그 출원 전에 공지된 인용고안으로부터 극히 용이하게 고안할 수 있는 정도에 불과하다"고 하였다. 전용(轉用)의 문제를 다루고 있는 일본 판결례로는, '비자성 금속(非磁性 金屬)으로 된 전관(電管)에 철분이 배합된 도료를 발라 자성을 띠게 하는 기술'이 공지된 상태에서 이러한 기술사상을 문구용 '칠판'에 적용하여 '철분이 배합된 도료를 칠판에 발라 자성을 띠게 한' 출원발명이 진보성 없는 공지기술의 '전용(轉用)'에 불과하다고 한 예(東京高裁 昭44年 11. 11. 판결)가 있다.

161) 대법원 2002. 10. 22. 선고 2001후3255 판결; 대법원 1986. 6. 10. 선고 83후2 판결.

에 불과한 경우에는 통상의 기술자에게 용이한 것으로 평가된다. 전용의 경우에는 어떤 한 분야에서 다른 분야로 적용하는 것을 생각해 내는 것이 얼마나 어려운가, 그 과정에서 기술적 구성에 어떠한 내용의 변경이 이루어졌는가를 살펴야 하며, 양 기술분야에 친근성이 있고 그 전용에 의하여 얻은 효과에 현저함이 없다면 통상의 기술자에게 용이한 것으로 평가된다.

㈏ 주지·관용기술의 부가에 지나지 않는 경우　　주지기술이란, 그 기술에 관하여 상당히 다수의 문헌이 존재하거나 예시할 필요가 없을 정도로 그 기술분야에서 일반적으로 알려진 기술을 말하며, 관용기술(慣用技術)은 주지기술 중 자주 사용되고 있는 기술을 말한다. 선행기술을 그대로 이용하거나 복수의 선행기술들을 결합하면서 위와 같은 주지·관용기술을 단순히 부가한 것에 지나지 않는 경우 통상의 기술자에게 용이한 것으로 평가된다.[162] 주지기술은 거절이유 중에 별도로 인용되어 있지 않더라도 심결 및 이후의 소송에 있어 판단의 자료가 될 수 있다. 진보성의 판단은 선행기술과의 대비에 의하여 행하여지는 것이므로 그 배경에는 많은 주지기술이 존재하고 있고, 어떤 의미에서는 주지기술의 총체가 평균적 기술수준을 형성하는 것이라 할 수도 있다.

㈐ 공지기술의 단순결합에 지나지 않는 경우　　두 가지 이상의 요소를 결합하여 발명을 완성한 경우, 실무상 그 발명이 원래의 요소들의 효과를 단순히 더한 것에 지나지 않는 때에는 이를 단순결합(aggregation)으로, 그로 인하여 단순결합을 뛰어넘는 특수한 효과를 초래하는 경우를 결합(combination)으로 구분하여 부르기도 하나, 후자에 한하여 진보성을 인정한다.[163] 위와 같이 복수의 기술 요소를 조합한 발명의 진보성을 그로 인한 상승효과가 있는지 여부와 그 정도에 근거하여 판단하는 것은 세계적으로 보편 타당한 기준으로 받아들여지고 있는바, 앞서 본바와 같이 EPO 심사기준은 "출원발명이 공지기술의 단순한 결합(aggregation or juxtaposition)의 정도를 넘어 결합된 구성요소들간의 상

162) 대법원 2011. 10. 13. 선고 2009후4322 판결; 대법원 2005. 1. 28. 선고 2003후175 판결; 대법원 2004. 12. 10. 선고 2003후2829 판결 등.

163) 대법원 2003. 1. 10. 선고 2001후2269 판결; 대법원 1998. 12. 22. 선고 97후990 판결; 대법원 1998. 12. 11. 선고 97후846 판결; 대법원 1997. 11. 28. 선고 97후341 판결; 대법원 1997. 5. 30. 선고 96후221 판결; 대법원 1996. 11. 26. 선고 95후1517 판결; 대법원 1996. 9. 20. 선고 96후30 판결 등.

호작용으로 인하여 의미 있는 추가적 시너지 효과를 가져오는 조합(combination)으로 평가되는 경우에는 진보성이 있다"고 하여 이를 명확히 하고 있으며, 미 연방대법원의 KSR 판결 및 이를 반영하여 개정된 미국 특허상표청(USPTO) 심사기준에도 같은 내용이 포함되어 있다.

㉣ 통상의 창작능력의 발휘에 불과한 경우 일정한 목적달성을 위하여 행하는, 가장 적합한 재료의 선택, 수치범위의 최적화(最適化) 또는 호적화(好適化), 균등물에 의한 치환, 기술의 구체적 적용에 따른 설계변경 일부 구성요소의 생략, 단순한 용도의 변경·한정 등이 이에 해당한다.[164]

3) 명세서에 기재가 없는 효과의 고려

① **명세서에 요구되는 효과의 기재 정도** 명세서에 발명의 효과를 기재하는 경우 당해 발명의 기술적 가치와 의의를 당해 기술분야에서 통상의 지식을 가진 자가 이해할 수 있도록 하는 정도이면 족한 것이 일반적이지만,[165] 의약의 용도발명처럼 발명의 효과에 대한 객관적 인식과 검증이 매우 중요한 의미를 가지는 기술분야에서는 효과의 기재가 명세서 기재요건 충족 여부를 결정하는 중요한 요소가 된다.[166] 발명의 설명에 기재되는 효과는 통상의 기술자로 하여금 발명의 반복재현, 우회, 개량, 도전 등 합리적 행동선택을 가능케 하는 근거가 된다. 따라서 출원발명의 설명에는 적어도 통상의 기술자에게 발명 고유의 기술적 의의를 인식시킬 수 있는 정도로 효과가 기재되어 있어야 하고, 필요하다면 이를 뒷받침할 수 있는 최소한의 데이터가 등록 전에 제출되어야 한다.

② **진보성 판단과 효과의 증명** 이처럼 출원 시에 발명의 설명 기재요건을 충족할 만큼 효과를 기재하였다면, 그 효과를 둘러싸고 진보성이 문제되는 국면에서 당사자는 명세서에 기재된 효과의 현저함을 뒷받침하는 데이터를 사

164) 특허청, 특허·실용신안 심사기준, 제 3 부 제 3 장 6.2.

165) 대법원 1996. 7. 30. 선고 95후1326 판결 등.

166) 판례는 "그 출원 전에 명세서 기재의 약리효과를 나타내는 약리기전이 명확히 밝혀진 경우와 같은 특수한 사정이 없는 한, 특정물질에 그와 같은 약리효과가 있다는 것을 약리데이터 등이 나타난 시험예로 기재하거나 이에 대신할 수 있을 정도로 구체적으로 기재하여야만 비로소 명세서 기재요건을 충족한다"고 일관되게 판시하고 있다(대법원 2015. 4. 23. 선고 2013후730, 2015후727 판결; 대법원 2007. 7. 26. 선고 2006후2523 판결; 대법원 2007. 3. 30. 선고 2005후1417 판결; 대법원 2006. 2. 23. 선고 2004후2444 판결; 대법원 2004. 12. 23. 선고 2003후1550 판결 등).

후에 수집·제출할 수 있다.[167] 진보성을 판단하는 심사관이나 법관은 이와 함께 발명의 출원 시로 돌아가, 그러한 효과를 가지는 당해 발명에 이르는 것이 통상의 기술자에게 용이하였는지 여부를 판단하면 족하다. 특허청 심사실무도 명세서에 발명의 유리한 효과가 기재되어 있다면(또한 유리한 효과가 명시적으로 기재되어 있지 않더라도 발명의 목적 또는 구성에 관한 기재로부터 통상의 기술자가 그 효과를 쉽게 인식할 수 있는 예외적인 경우에는) 출원인이 제출하는 효과에 관한 주장 및 증명(실험결과 또는 실험성적서 등)을 참작하여 진보성을 판단한다.[168] 미국의 판례[169]도 출원인은 심사단계에서 발명자의 선서 진술서나 실험성적 증명서 등의 제출에 의하여 그 효과의 현저함 등을 증명함으로써 진보성의 인정을 받을 수 있도록 하고 있으며, 유럽 역시 효과의 현저성을 증명하는 데이터가 반드시 최초 명세서에 포함되어 있을 것을 요구하지 않고 출원 이후에 제출되는 자료에 기해서도 진보성을 인정하고 있다.[170]

③ 진보성 판단과 명세서에 기재가 없는 효과의 고려 발명의 진보성 판단에 있어서 명세서에 기재되지 아니한 효과는 이를 고려하지 않는 것이 원칙이라는 견해가 있고, 판례 중에 같은 입장을 밝힌 것도 있다.[171] 그러나 당해 기술분야에서 통상의 지식을 가진 자가 발명의 구성에 근거하여 객관적으로 인식할 수 있는 효과는 비록 명세서에 명시되지 않았다고 하더라도 이를 인정하는 것이 상당하다는 판례[172]도 있으며, 심사실무 역시 그런 기준으로 운영되고 있다.[173] 다만 화학·제약 등의 분야처럼 발명의 효과에 대한 인식과 개

167) 대법원 2003. 4. 25. 선고 2001후2740 판결; 대법원 2003. 10. 10. 선고 2002후2846 판결 등.

168) 특허청, 특허·실용신안 심사기준, 제 3 부 제 3 장 6.3.

169) In re Zenitz 333 F.2d 924, 142 U.S.P.Q. (BNA) 158(C.C.P.A. 1964); In re Saunders 444 F.2d 599, 170 U.S.P.Q. (BNA) 213(C.C.P.A. 1971). 상세는 Irah H. Donner, "Combating Obviousness Rejections Under 35 U.S.C. section 103", *Albany Law Journal of Science and Technology 159*(1996), 217~218면 참조.

170) T 0001/80, 06-04-1981 "비탄소 복사지" 사건에서 출원인이 심사국의 출원거절에 대한 불복심판을 청구한 후에 당해 출원발명의 효과의 우수성을 정량적으로 나타내는 비교실험 결과를 제출하자 유럽 특허청 항고심판소는 이에 근거하여 출원발명의 진보성을 인정한 바 있다.

171) 대법원 1997. 5. 30. 선고 96후221 판결.

172) 대법원 2002. 8. 23. 선고 2000후3234 판결.

173) 특허청, 특허·실용신안 심사기준, 제 3 부 제 3 장 6.3.

시가 핵심적 의미를 갖는 경우에는, 진보성 판단시 명세서에 기재되지 않은 효과를 고려할 수 없는 경우가 많으며, 그러한 입장을 밝힌 판례들이 상당수 있다.[174] 이 경우 명세서 기재요건 또한 충족하지 못하게 됨은 앞서 본 바와 같다.

⇒ 대법원 2002. 8. 23. 선고 2000후3234 판결

이 사건 특허발명은 절개부(5)에 있어서 노치부(5a)가 형성된 데 비하여 인용고안 1, 2는 노치부가 형성되지 않고, 그로 인하여 절곡의 방법이 다른 차이만 있고 나머지 구성은 모두 동일하지만, 이 사건 특허발명은 노치부가 있음으로 인하여 코너부(7)는 제외된 채 가로 세로 플랜지(2)(4)만이 절곡선(3a)을 따라 깨끗하게 절곡되기 때문에 금속패널을 프레스로 절곡 벤딩시킬 때 플랜지의 가로방향과 세로방향에 있어서 모서리를 향하여 강제로 밀리어 생길 수 있는 주름(웨이브)이 흡수 소멸되는 효과를 가져와 금속패널의 표면에 피복된 피복층의 손상 없이 평탄도가 유지되고, 가로 세로 플랜지와 코너부가 분리되어 절곡되기 때문에 코너부만을 따로 용이하게 절곡 벤딩하며, 부드러운 만곡면을 이루게 하는 효과가 있는…(중략)…이 사건 특허발명의 명세서에 위와 같은 노치부의 작용효과가 구체적으로 기재되어 있지는 않지만 이와 같은 효과는 명세서의 전체 기재로부터 쉽게 알 수 있다고 한 다음 이 사건 특허발명은 당업자가 용이하게 생각해 내기 어려운 노치부라는 신규한 구성을 통하여 보다 향상된 작용효과를 가져온 것이어서 인용고안 1 및 2에 비하여 진보성이 인정된다는 취지로 판단한 원심은 정당하다.

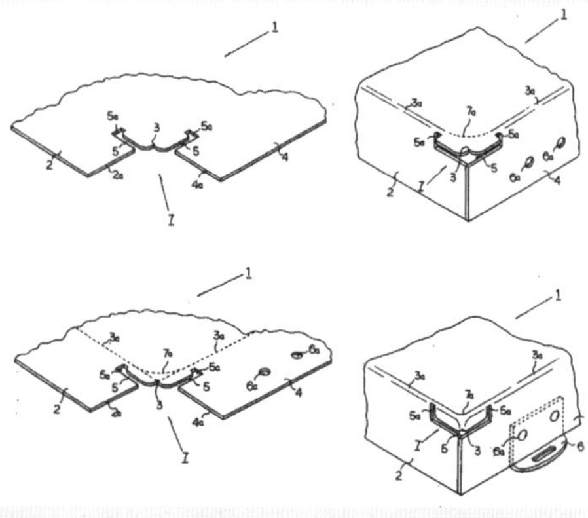

174) 대법원 2009. 10. 15. 선고 2008후736, 743 판결; 대법원 2011. 7. 14. 선고 2010후2872 판결; 대법원 2011. 7. 14. 선고 2010후2865 판결; 대법원 2011. 9. 8. 선고 2010후3554 판결 등.

⇒ 대법원 2011. 7. 14. 선고 2010후2865 판결

동일한 화합물이 여러 결정 형태를 가질 수 있고 결정 형태에 따라서 용해도, 안정성 등의 약제학적 특성이 다를 수 있다는 것은 의약화합물 기술분야에서 널리 알려져 있어 의약화합물의 제제설계를 위하여 결정다형의 존재를 검토하는 것은 통상 행해지는 일이므로, 의약화합물 분야에서 선행발명에 공지된 화합물과 결정 형태만을 달리하는 특정 결정형의 화합물을 특허청구범위로 하는 이른바 '결정형 발명'은 특별한 사정이 없는 한 선행발명에 공지된 화합물이 갖는 효과와 질적으로 다른 효과를 갖고 있거나 질적인 차이가 없더라도 양적으로 현저한 차이가 있는 경우에 한하여 진보성이 부정되지 않고, 이때 결정형 발명의 상세한 설명에는 선행발명과의 비교실험자료까지는 아니라고 하더라도 위와 같은 효과가 있다는 것이 명확히 기재되어 있어야만 진보성 판단에 고려될 수 있으며, 만일 그 효과가 의심스러울 때에는 출원일 이후에 출원인 또는 특허권자가 신뢰할 수 있는 비교실험자료를 제출하는 등의 방법에 의하여 효과를 구체적으로 주장 · 증명하여야 한다.

4) 선행기술에 제안·동기가 내재되어 있는 경우와 용이성 판단

선행기술을 결합 또는 변형하는 데 필요한 가르침, 제안이나 동기가 선행기술에 명시되어 있거나 암시되어 있고 당해 기술분야에서 통상의 지식을 가진 자의 기술수준에 비추어 성공에 대한 합리적 가능성이 있는 경우라면 발명 용이성이 인정된다.[175] 판례상 '단순한 설계의 변경' 혹은 '단순한 재료와 형태의 변경'으로 평가되는 것들이 대부분 여기에 속한다.[176] 둘 이상의 선행기술에서 각각의 가르침이 서로 충돌하는 경우, 심사관은 한 가지의 선행기술의 가르침이 다른 선행기술의 그것을 배척할 수 있는 정도를 고려하여야 한다.[177] 선행기술과 당해 발명의 과제가 공통되는 점 또한 당해 기술분야에서 통상의 지식을 가진 자가 선행기술로부터 당해 발명에 이르는 것이 용이하다고 볼 수 있는 유력한 근거가 된다. 선행기술의 변형이나 결합에 의하여 동작원리가 바뀐다면 선행기술에 비추어 진보성이 없다고 단정하여서는 아니 된다.[178] 미국

175) 대법원 2007. 9. 6. 선고 2005후3284 판결.

176) 대법원 2002. 11. 8. 선고 2001후1747 판결; 대법원 2002. 9. 24. 선고 2000후2088 판결; 대법원 1998. 9. 8. 선고 98후812 판결; 대법원 1997. 3. 11. 선고 96후1033 판결; 대법원 1982. 10. 26. 선고 80후76 판결 등.

177) In re Young, 927, F. 2d 588, 18 USPQ 2d 1089(Fed. Cir. 1991).

178) 조영선, "발명의 진보성 판단에 관한 연구," 사법논집 제37집(2003), 125면.

의 'TSM 테스트'는 선행기술이 복수인 경우를 전제로 하여 복수의 선행기술을 '결합하는데' 필요한 교시(Teaching), 제안(Suggestion), 동기(Motivation)가 존재하는 경우에만 진보성이 부정된다는 의미로 사용되고 있으나[179] 우리나라의 심사 실무에서는 선행기술이 복수인 경우는 물론 단일한 경우에도, i) 선행발명의 내용 중에 출원발명에 대한 시사(示唆)가 있는 경우, ii) 양 발명의 과제가 공통되는 경우, iii) 양 발명의 기능·작용이 공통되는 경우, iv) 양 발명의 기술분야의 관련성이 있는 경우에는 당해 발명에 이르는 동기가 내재되어 있다고 하여 발명 용이성을 인정하는 차이가 있다.[180]

➾ 대법원 2015. 7. 23. 선고 2013후2620 판결

> 여러 선행기술문헌을 인용하여 발명의 진보성이 부정된다고 하기 위해서는 그 인용되는 기술을 조합 또는 결합하면 해당 발명에 이를 수 있다는 암시, 동기 등이 선행기술문헌에 제시되어 있거나 그렇지 않더라도 해당 발명의 출원 당시의 기술수준, 기술상식, 해당 기술분야의 기본적 과제, 발전경향, 해당 업계의 요구 등에 비추어 보아 통상의 기술자가 용이하게 그와 같은 결합에 이를 수 있다고 인정할 수 있는 경우이어야 한다.

5) 비교대상이 되는 선행기술의 수(數)와 발명 용이성 판단

진보성을 부인하기 위해 인용해야 하는 선행기술의 개수가 많을수록, 다시 말해 통상의 기술자가 여러 개의 선행기술을 조합해야만 비로소 당해 발명에 이를 수 있다면, 그 자체로 이미 통상의 기술자가 당해 발명에 이르는 것이 용이하지 않음이 경험칙상 추단될 수 있다. 다만 그러한 추단을 가능하게 하는 선행기술의 숫자는 기술분야의 특성 등 여러 개별 요건에 따라 달라질 수 있음은 물론이다.

한편, 여러 선행 기술문헌을 인용하여 특허발명의 진보성을 판단할 때는 그 인용되는 기술을 조합 또는 결합하면 당해 특허발명에 이를 수 있다는 암시, 동기 등이 선행 기술문헌에 제시되어 있거나 그렇지 않더라도 당해 특허발명의 출원 당시의 기술수준, 기술상식, 해당 기술분야의 기본적 과제, 발전

179) Al-Site Corp. v. VSI Int'l. Inc. 174 F3d. 1308(Fed. Cir. 1999).
180) 특허청, 특허·실용신안 심사기준, 제3부 제3장 6.1.

경향, 해당 업계의 요구 등에 비추어 보아 통상의 기술자가 용이하게 그와 같은 결합에 이를 수 있다고 인정할 수 있어야 비로소 진보성이 부정된다.[181)]

6) 2차적 고려사항과 발명 용이성 판단

(가) 진보성 판단의 간접적·객관적 지표들[182)]

미국의 Graham 판결[183)]은 진보성 판단 시 i) 당해 발명이 상업적 성공을 거두었거나, ii) 오랜 기간 당해 발명이 필요하였음에도 그 기술적 해결책이 제시되지 않고 있었거나, iii) 타인이 당해 발명에 관하여 실패를 거듭한 사실이 있거나, iv) 기타 당해 발명의 비자명성을 추단케 할만한 객관적 사실이 있다면 이를 고려해야 한다고 판시하였다. 그 뒤 위 "기타" 요소는 이후 일련의 판례들을 통해 다양하게 발전되어 왔는데, i) 제 3 자가 당해 특허에 실시권을 부여받은 사정,[184)] ii) 당해 발명에 관하여 그 분야의 기술자들 사이에 회의적 시각이 일반적이었다거나(Skepticism),[185)] 거꾸로 당해 발명이 완성된 후 그 분야의 기술자들이 이를 높이 평가하는 태도를 보인 점(Acclamation),[186)] iii) 제 3 자에 의한 당해 발명의 모방 혹은 침해,[187)] iv) 거의 비슷한 시기에 동일·유사한 발명이 타인에 의하여 이루어진 점(Simultaneous Invention) 등이 그것이다.[188)] 위 i) 내지 iii)은 당해 발명의 진보성 인정에 유리한 간접사실로, iv)는 불리한 간접사실로 각 사용된다. 유럽에서도 대체로 비슷한 요소들이 진보성 판단의 간접적 기준으로 활용되고 있다.[189)]

181) 대법원 2018. 12. 13. 선고 2016후1529 판결.

182) 이와 관련된 여러 문제와 최근의 세계적 동향을 상세히 다루고 있는 문헌으로는, 조영선, "객관적 지표(Objective Indicia)에 기한 발명의 진보성 판단론," 안암법학 통권 제33호(2010. 9.호), 395면 이하 참조.

183) Graham v. John Deere Co. 383 U.S. 1(1966).

184) Minn. Mining & Mfg. Co. v. Johnson & Johnson Orthopedics, Inc. 976 F2d. 1559, 1575 (Fed. Cir. 1992).

185) Metabolite Labs., Inc. v. Lab. Corp. of Am. Holdings, 370 F.3d 1354, 1368 (Fed. Cir. 2004).

186) Vulcan Eng'g Co. v. Fata Aluminium, Inc., 278 F.3d 1366, 1373(Fed. Cir. 2002).

187) Akamai Techs., Inc. v. Cable & Wireless Servs., Inc., 344 F.3d 1186, 1196 (Fed. Cir. 2003).

188) Ecolochem, Inc. v. S. Cal. Edison Co., 227 F.3d 1361, 1379(Fed. Cir. 2000).

189) EPO Guidelines(2017) G.Ⅶ. 10. 3.; Lionel Bently, *Intellectual Property Law(3rd. Edit), Oxford Univ. press(2009)*, pp.503-506; Richard Hacon/Jochen Pagenberg 편, *Concise European Patent Law*, p.56.

㈏ 상업적 성공

발명을 구현한 물건이나 방법이 시장에서 상업적인 성공(Commercial Success)을 초래하였다는 점은 발명의 진보성을 추단케 하는 요소들 가운데 가장 보편적으로 활용되어 온 지표이지만,190) ⅰ) 상업적 성공이 마케팅, 광고, 시장제한성 등 다른 요소가 아니라 발명의 기술적 장점에 기인한 것이어야 하고, ⅱ) 당해 발명에 성공하면 시장에서 상당한 수익을 창출하리라는 점이 다른 사람들에게도 사전에 예견가능 했어야 하는 등 발명의 진보성 추단 근거로 되기 위해서 추가로 만족되어야 하는 조건들이 있다.

㈐ 그 밖의 2차적 고려사항191)

그 밖에도, 미국의 판례를 중심으로 다음과 같은 간접사실들이 발명의 진보성 판단 근거로 거론되고 있다.

① **오랜 기간의 필요와 실패**(long felt need-failure of others) 당해 발명 또는 그와 같은 문제의 해법이 오랫동안 당해 분야에서 요구되었음에도 실제로 제공되지 않아 왔다면 이는 그와 같은 해법이 통상의 기술자에게 자명하지 아니하였고, 당해 발명에 이르는 것이 용이하지 않았음을 추단하게 하는 유력한 간접사실이 될 수 있다.

② **실시허락**(license)**과 경업자의 묵인**(acquiescence) 만약 당해 발명에 진보성이 인정되지 않는다면 경업자들로서는 경제적 출혈을 감수하고 발명자로부터 실시허락을 받기보다는 당해 발명의 특허성을 다투었을 가능성이 크므로 위와 같은 사실도 당해 발명의 진보성을 추단하게 하는 근거가 된다. 다만, 실시허락에 따른 실시료가 극히 적은 액수여서, 경업자의 입장에서 소송비용을 들여 특허성을 다투는 것보다 차라리 실시료를 지급하고 시행하는 것이 낫다고 판단되는 경우라면 예외가 될 것이다.

---

190) Graham V. John Deere. Co.(1966) 사건에서 연방대법원이 '발명이 거둔 상업적 성공이 진보성 판단의 2차적 근거가 될 수도 있다'고 판시한 이래, 근래의 미국 연방항소법원들은 위와 같은 '상업적 성공'의 인자를 진보성 판단을 위한 매우 중요한 요소로 고려해 오고 있어, 더는 '2차적' 고려사항이라고 할 수 없는 정도에 이르렀다는 견해가 있다(Janice M. Mueller, *Patent law(3rd. Edit.)*, p.214).

191) Donald S. Chisum 외 4인, *Principles of Patent Law(3rd. Edition)*, Thomson West(2004), 625~635면; Daralyn J. Durie, & Mark A. Lemley, "A realistic approach to the obviousness of inventions", *William and Mary L. Rev. Vol. 50(2008)*, 990면 이하 참조.

③ **침해자들의 모방과 칭찬의 언동** 진보성이 인정되지 않는다면, 경업자들은 스스로 이를 개발했거나 선행기술을 변형하여 직접 기술을 개발, 사용하였을 것이므로 경업자들이 당해 발명을 모방한 것이 객관적으로 명백하다든지, 직·간접적으로 당해 발명의 우수성을 칭찬하는 언동이 있었다면 이는 진보성 인정의 근거로 될 수 있다.

④ **부정적 교시**(Teaching Away) 이는 선행기술 또는 통상의 기술자들이 '당해기술이 택한 방법으로는 기술적 과제를 해결할 수 없으리라' 는 부정적 교시를 남기는 것을 말한다. 그럼에도 이를 뒤집고 오히려 그 방법으로 기술적 과제를 해결해 내었다면 진보성을 인정받기 쉽다.[192] 전문가의 회의적 태도(Skepticism) 역시 이 범주에 포함시킬 수 있다.

⑤ **거의 동시에 이루어진 동일·유사 발명**(Simultaneous Invention) 당해 발명과 거의 동시에 독립적으로 제 3 자가 동일하거나 유사한 발명을 완성하였다는 사실은 당해 발명이 그렇게 어려운 일이 아니라는 점을 잘 뒷받침하며, 당해 발명의 완성은 진보성 있는 노력의 결과라기보다 시장 수요나 외적 환경의 성숙 때문이라는 추론이 가능하기 때문이다.

㈑ 판례의 태도

우리나라 판례는 진보성 판단의 2차적 고려사항으로서 '상업적 성공' 만을 거의 유일한 요소로 다루어 오고 있는 실정이다.[193] 이에 관한 판례의 태도는, ⅰ) 기술적 사항에 기초하여 진보성이 없다고 판단한 뒤 '상업적 성공만으로는 이러한 판단을 뒤집을 수 없다' 고 한 유형,[194] ⅱ) 상업적 성공을 기술적 사항에 기초한 진보성 판단의 뒷받침으로 열거한 유형[195]으로 분류할 수 있다. 판례가 비록 '상업적 성공 등의 사정을 진보성 인정의 참고자료로 사용할 수 있다' 는 표현을 쓰고 있지만, 지금까지의 판례는 상업적 성공 등 객관적 지표는

192) Daralyn J. Durie, & Mark A. Lemley, 위의 글, 1007면.

193) 다만, 대법원 2008. 5. 29. 선고 2006후3052 판결은 "이 사건 특허발명의 제품이 상업적으로 성공을 하였거나 이 사건 특허발명의 출원 전에 오랫동안 실시했던 사람이 없었다 하더라도 이러한 사정만으로는 이 사건 특허발명의 진보성을 인정할 수는 없다"고 하여 '상업적 성공' 이외의 지표에 관하여 언급하고 있다.

194) 대법원 2010. 1. 28. 선고 2007후3752 판결; 대법원 2008. 5. 29. 선고 2006후3052 판결; 대법원 2007. 9. 6. 선고 2005후3284 판결; 대법원 2005. 11. 10. 선고 2004후3546 판결; 대법원 2004. 11. 12. 선고 2003후1512 판결; 대법원 2003. 10. 10. 선고 2002후2846 판결.

195) 대법원 1996. 10. 11. 선고 96후559 판결; 대법원 1995. 11. 28. 선고 94후1817 판결.

독립적인 의미가 없다고 보는 것으로 이해된다. 판례의 태도처럼 2차적 고려사항의 존부와 관계없이 기술적 사항에 기한 진보성 판단이 항상 선행하고, 2차적 고려사항은 위 결론을 '뒷받침할' 뿐 '뒤집을 수' 없다면 그 독자적 존재의의 또한 인정하기 어렵기 때문이다. 이는 앞서 본 판례들 가운데 기술적 요소에 의한 진보성 판단이 '모호하여' 상업적 성공 등 객관적 지표를 참작함으로써 전제적인 진보성 유무의 결론을 내린 유형이 전혀 없다는 점에서 분명해진다. 만약 그런 경우라면 '기술적 사항의 진보성'이 확정되지 아니한 경우가 존재하여야 할 것이지만, 위 각 판례들에서 '기술적 사상의 진보성'은 언제나 이미 존재하거나 존재하지 않는 것으로 확정되어 있을 뿐이다.

➾ 대법원 1996. 10. 11. 선고 96후559 판결

> 이 사건 특허발명(특허청 1991. 2. 1. 등록 제39536호, "우황청심액의 제조방법," 이하 본건 발명이라고 한다.)은 산약, 감초, 인삼 등 우황청심원의 재료들인 생약재로 구성되어 있고, 이들 약재 중 우황, 사향 및 용뇌는 미세분말화하고, 이들을 제외한 나머지 생약재들은 물 또는 알코올로 침출하거나 미세분말화하는 전처리공정 및 이들 전처리한 생약재를 혼합하고 물을 가하여 균질화시키는 후처리공정(독립항)과 이들에 방향제, 감미제 등의 보조제를 첨가하는 방법(종속항)으로 구성되어 있는바, 본건 발명은 종래의 우황청심환제를 액제로 조제함으로써 구급환자나 유아, 소아가 간편하게 복용할 수 있고, 또한 약효가 신속하게 나타나도록 하려고 함에 그 목적이 있고, 위 기술적 구성요소들 각각은 그 출원 전에 공지되어 있는 것들이기는 하나 위 각 구성요소들을 결합하여 우황청심액제를 제조하는 구성 자체는 공지된 것이라고 볼 자료가 없으며, 복용의 간편함과 효과의 신속성 등의 작용효과는 우황청심환제 자체가 가지는 작용효과와는 다른 것이라 할 것이고, 더욱이 액제로 된 본건 발명이 환제에 대하여 상업적으로 성공을 거두고 있는 것으로 인정된다.
> 그렇다면 본건 발명은 공지된 선행기술로부터 예측되는 효과 이상의 현저하게 향상·진보된 새로운 작용효과가 있는 것으로 인정되어 그 발명이 속하는 기술의 분야에서 통상의 지식을 가진 자가 용이하게 발명할 수 없는 것으로서 진보성이 인정된다고 할 것이다.

➾ 대법원 2008. 5. 29. 선고 2006후3052 판결

> 특허발명의 제품이 상업적으로 성공을 하였거나 특허발명의 출원 전에 오랫동안

실시했던 사람이 없었던 점 등의 사정은 진보성을 인정하는 하나의 자료로 참고할 수 있지만, 이러한 사정만으로 진보성이 인정된다고 할 수는 없고, 특허발명의 진보성에 대한 판단은 우선적으로 명세서에 기재된 내용, 즉 발명의 목적, 구성 및 효과를 토대로 선행 기술에 기하여 당해 기술분야에서 통상의 지식을 가진 자가 이를 용이하게 발명할 수 있는지 여부에 따라 판단되어야 하는 것이므로 이러한 사정이 있다는 이유만으로 발명의 진보성을 인정할 수 없다.

㈐ 2차적 고려사항의 중요성에 대한 재조명[196)]

발명의 진보성 판단에서 가장 중요한 일은 판단자의 자의(恣意)를 억제하고 객관성을 담보하는 일이다. 그러나 출원시를 기준으로 하는 통상의 기술자를 상정하고, 위 통상의 기술자가 출원 전에 공지된 선행기술로부터 당해 발명에 이르는 것이 용이한지 여부를 따져 진보성을 판단하는 방법론에는 본질적인 한계가 있다.

즉, ⅰ) 당해 발명의 진보성이 문제되는 사후 시점에서 과거인 출원 당시 당해 기술분야의 통상의 기술자 수준이 어떠했는지를 정확히 알아내는 것은 극히 곤란하고, ⅱ) 하물며 그러한 통상의 기술자의 입장에서 당해 발명에 이르는 것이 용이했는지까지 파악한다는 것은 더욱 어려운 일이며, ⅲ) 이러한 논리부여의 작업과정에서 판단자(심사관, 심판관, 법관)가 이미 당해 발명의 내용, 즉 선행기술이 안고 있는 기술적 과제와 그 해결책을 모두 알고 있음에도 짐짓 그러한 내용을 모르는 양 판단작용에 나아간다는 것은 인식론적으로 허구에 가깝다.[197)] 결국 이는 종래의 진보성 판단 메커니즘을 따르는 한 사후적 고찰(Hindsight)을 피하는 것이 극히 곤란함을 상하게 시사한다.

근래에는 그 해결책으로서 종래 '2차적 고려사항'으로 평가되어 왔던 '객관적 지표'들의 위상을 재조명하려는 동향이 나타나고 있다.[198)] 즉, 출원 당시

196) 이에 관하여 상세는 조영선, 앞의 글(객관적 지표에 기한 발명의 진보성 판단론), 408면 이하 참조.

197) 이는 마치 수학문제의 풀이과정과 정답을 모두 알아버린 사람과 이를 모르는 사람이 문제에 대하여 느끼는 난이도의 차이와 비슷하다. 또한 그처럼 정답과 풀이과정을 알고 있는 사람이 '마치 이를 모르는 양 하며' 문제를 푼다고 해서 실제로 이를 모르는 사람이 문제를 푸는 것과 결코 같을 수는 없을 것이다.

198) 미국에서는 KSR 판결로 종래 판단자의 주관성을 배제하는 역할을 해 온 선행기술의 교시(Teaching), 제안(Suggestion) 또는 동기(Motivation)라는 지표를 더 이상 사용할 수 없게 된 대신, 상식(Common sense), 창의성(Creativity), 직관(Instinct), 논리(Logic), 추론

통상의 기술자를 가정하고 그의 시각에서 발명이 용이하였는지를 추측하는 사후적·소급적 태도 대신, 혹은 이에 더하여, 당해 발명을 둘러싸고 실제로 현실에서 이미 벌어졌거나 앞으로 벌어질 것으로 예상되는 각종의 객관적 사실들을 판단지표로서 확정하고 그러한 지표들의 내용과 함의(含意)를 종합하여 당해 발명의 진보성을 추론해내는 방법이 그것이다. 그러한 객관적 사실 지표로서 근래 중요성이 재평가되고 있는 것들로 '타인의 실패', '오랜 기간의 필요', '부정적 교시의 존재와 극복', '거의 동시에 이루어진 동일·유사 발명' 등을 들 수 있다. 그 밖에 '특정한 기술이 시장에서 수익을 낳을 가능성(수요적 측면)'과 '특정한 기술의 객관적인 창출 가능성(공급적 측면)' 그리고 '발명의 실제 출현 시점(timing)'을 종합적으로 고려하여 당해 발명의 진보성을 추론해 내는 시도,[199] 등록 발명에 독점권을 부여함으로 인해 사회가 지불하는 비용과 그를 통해 유용한 발명의 공개를 유도하고 사회가 이를 이용함으로써 얻는 이익을 계량하되, 등록발명을 대체할 수 있는 독립적인 기술이 사회에 출현하는 시점과 등록 특허의 잔여 존속기간을 계량의 매개변수로 삼는 시도[200] 등 다양한 노력이 이루어지고 있다.

이와 아울러 발명의 '효과' 역시 진보성 판단의 근거가 되는 중요한 객관적 지표로 위상을 부여받을 필요가 있다.[201] 왜냐하면, ⅰ) '기술적으로 우수한 효과를 달성한 발명'에 보상을 부여함으로써 산업의 발달을 도모하는 것이 특허제도의 궁극적 목적이고, ⅱ) '발명의 효과'는 '구성의 곤란성'처럼 막연하고 주관적인 판단기준이 아니라 객관적으로 확인 가능한 '사실'로서의 성격이 강하며,[202] ⅲ) 대부분 출원명세서와 선행기술의 문헌 대비로 수행되는 심사

(Inference)과 같은 추상적이고 주관적인 지표를 따라야 하게 되자, 과연 비자명성 판단 시 어떻게 법적 안정성과 예측가능성을 확보할 것인지가 당면 과제로 대두하였다. 학자들은 KSR 판결이 2차적 고려사항에 관하여 명시적으로 더 큰 비중을 부여한 바는 없지만 학설은 KSR 판결 이후 2차적 고려사항 등 객관적 지표(Objective Indicia)의 역할이 한층 중요해 졌다는 점에 대체로 인식을 같이하고 있다.

199) 예컨대 John F. Duffy, "A Timing Approach to Patentability", *Lewis & Clark L. Rev. Vol. 12 : 2(2008).*

200) 예컨대 Tun-Jen Chiang, "A Cost-Benefit Approach to Patent Obviousness", *St. John's Law Review : Vol. 82 : Iss. 1, Article 2(2008).*

201) 상세는 조영선, 앞의 논문(객관적 지표에 의한 발명의 진보성 판단론), 413~420면 참조.

202) 실제로, 발명의 '용이성'을 판단하는 준거로서 구성의 '곤란성'을 사용한다는 것은 추상

단계에서는 심사관이 출원발명의 효과 유무나 정도를 규명하는 데 한계가 있는 반면, 등록무효나 침해소송 단계에서는 당사자의 증명이나 탄핵 작업을 통해 발명의 효과를 변증법적으로 규명할 수 있기 때문에 효과는 심사 이외의 단계에서 우수한 진보성 평가지표가 될 수 있고, ⅳ) 당해 발명을 둘러싸고 현실에서 이미 벌어진 사실들을 기초로 진보성을 추론해 내는 새로운 방법론 하에서도 발명이 초래한 효과는 핵심적 척도이기 때문이다.

4. 진보성과 발명의 설명

(1) 진보성 판단과 발명의 설명에서의 '통상의 기술자'

진보성 판단의 기준이 되는 통상의 기술자와 발명의 설명 기재 요건 충족의 기준이 되는 통상의 기술자를 일원적(一元的)으로 파악할지, 이원적(二元的)으로 파악할 지가 문제된다. 미국과 독일, 영국 등은 발명의 개시요건과 진보성 판단의 기준이 되는 통상의 기술자를 동일한 가상의 인물로 보고 있으며,[203] 유럽특허 심사기준은 이 점을 명시하고 있고,[204] 일본 특허청의 심사기준도 양자를 동일하게 설명한다.[205] 한편, 우리나라의 심사기준은 발명의 설명 기재요건에서의 통상의 기술자와 진보성 판단에서의 통상의 기술자를 서로 다르게 서술하고 있다.[206] 판례는 발명의 설명과 진보성에 관한 통상의 기술자 수준

적 개념을 통해 추상적 개념을 인정하는 것이어서 '질문에 질문으로 답하는' 순환논리에 다름 아니다.

203) Richard Hacon/Jochen Pagenberg 편, *Concise European Patent Law*, 49, 97면; Lionel Bently, *Intellectual Property Law(3rd. Edit)*, 509면 참조. 미국 법원들 역시 뒤에서 보는 바와 같이 이를 전제로 하여 판례를 형성해 오고 있다.

204) EPO Guidelines(2024) G. Ⅶ. 3.

205) 日本 特許廳, 特許·実用新案審査基準(2024), 第Ⅱ部 第1章 第1節 2.⑵(발명의 설명), 第Ⅲ部 第2章 第2節 2.(진보성).

206) 발명의 설명이 기준이 되는 통상의 기술자 : 그 출원이 속하는 기술분야에서 보통 정도의 기술적 이해력을 가진 평균적 기술자를 의미한다(특허청, 특허·실용신안 심사기준, 제2부 제3장 2.1).
진보성 판단의 기준이 되는 통상의 기술자 : 출원 전의 해당 기술분야의 기술상식을 보유하고 있고, 출원 발명의 과제와 관련되는 출원 전의 기술수준에 있는 모든 것을 입수하여 자신의 지식으로 할 수 있는 자로서 실험, 분석, 제조 등을 포함하는 연구 또는 개발을 위하여 통상의 수단을 이용할 수 있으며, 공지의 재료 중에서 적합한 재료를 선택하거나 수치범위를 최적화하거나 균등물로 치환하는 등 통상의 창작능력을 발휘할 수 있는 자이다(특허청, 특허·실용신안 심사기준, 제3부 제3장 3.2).

에 대하여 심사기준과 같은 취지로 각각 판시하는 반면[207] 진보성 판단의 기준이 되는 통상의 기술자 수준이 발명의 설명 판단 시의 그것과 같아야 하는지에 대해서는 침묵하고 있다. 그러나 ① 특허법이 진보성 판단과 명세서의 기재 요건의 해당 규정에서 각각 '발명이 속하는 기술분야에서 통상의 지식을 가진 자'라는 동일한 표현을 사용하고 있는 점, ② 진보성 판단의 전제로 '해당 분야의 선행기술에 대하여는 공지된 모든 기술정보를 알고 있는 전문가'를 상정하는 것은 어디까지나 출원 발명에 앞서 공지된 선행기술이라면 이를 모두 진보성 판단의 자료로 삼아야 한다는 의미일 뿐이므로 진보성 판단 시 고려하여야 하는 자료의 '범위'와 그 자료를 근거로 출원발명에 용이하게 이를 수 있는지를 판단하기 위한 기술자의 '수준'을 혼동하여 후자를 전자에 수렴시켜서는 안 된다는 점,[208] ③ 진보성 판단의 기준이 되는 통상의 기술자의 기술수준과 명세서 기재요건을 판단하는 통상의 기술자의 기술수준을 이원적으로 본

207) 대법원 1999. 7. 23. 선고 97후2477 판결; 대법원 2007. 9. 6. 선고 2005후3338 판결(발명의 설명: "그 발명이 속하는 기술분야에서 통상의 지식을 가진 자가 용이하게 실시할 수 있을 정도라 함은 그 출원에 관한 발명이 속하는 기술분야에서 보통 정도의 기술적 이해력을 가진 자, 즉 통상의 기술자가 당해 발명을 명세서 기재에 의하여 출원시의 기술수준으로 보아 특수한 지식을 부가하지 않고서도 정확하게 이해할 수 있고 동시에 재현할 수 있는 정도를 뜻한다"); 특허법원 2010. 3. 19. 선고 2008허8150 판결(진보성: "통상의 기술자란 특허발명의 출원 시를 기준으로 국내외를 막론하고, 출원 시 당해 기술분야에 관한 기술수준에 있는 모든 것을 입수하여 자신의 지식으로 할 수 있으며, 연구개발을 위하여 통상의 수단 및 능력을 자유롭게 구사할 수 있다고 가정한 자연인을 말하는 것이다").

208) 참고로, 미국의 판례는, 통상의 기술자(person having ordinary skill in the art)는 당해 기술분야나 유사 기술분야에 대하여 적절한(relevant) 기술내용을 알고 있는 가상의 사람으로서(Standard Oil Co. v. Am. Cyanamid Co., 774 F.2d 448, 454(Fed. Cir. 1985)), 판사도 문외한도 다른 기술분야에까지 지식이 미치는 사람도 천재적 재능을 가진 사람도 아니고(Envtl. Designs, Ltd. v. Union Oil Co., 713 F.2d 693, 697(Fed. Cir. 1983)), 나아가 발명가도 아니며 기술에 관하여 혁신을 모색하기보다는 기존의 행동양식을 따르는 사람에 가깝다(위 Standard Oil Co. v. Am. Cyanamid Co. 판결)고 정의하는 한편, "통상의 기술자란 관련 있는 기술분야의 모든 선행기술을 알고 있는 것으로 가정되는 상상의 인물을 말한다"(Custom Accessories, Inc. v. Jeffrey-Allan Industries, Inc. 807 F.2d 955, 962 (Fed. Cir. 1986))거나 "진보성 판단의 기준이 되는 자는 공지된 모든 자료에 접근할 수 있는 상상의 인물이다"(Kimberly Clark Corp. v. Johnson & Johnson Co., 745 F.2d 1437, 1453-54(Fed. Cir. 1984))고 한다.

아울러, 통상의 기술자의 '수준(Level)'은 평균적(ordinary)인 것이어야 하지만 그가 가지고 있는 지식(Knowledge)의 '범위(Breadth)'는 관련 기술 전부에 미치는 완벽한 것으로 상정한다(Donald S. Chisum 외 4인, *Principles of Patent Law(3rd. Edit.)*, 622면).

다면, 한편으로는 통상의 기술자의 수준을 낮게 보아 진보성을 인정받고, 명세서의 기재와 관련해서는 통상의 기술자의 수준을 높게 보아 추상적이고 폭넓은 기재를 용인하는 일이 가능해져 불합리하다는 점, ④ 아래에서 보는 바와 같이 통상의 기술자 수준은 명세서 기재요건 충족과 진보성 판단의 유기성(有機性)을 담보하는 연결고리 역할을 한다는 점 등을 고려하면 통상의 기술자 수준은 명세서 기재요건 판단 시와 진보성 판단시에 '일원적으로' 파악되어야만 한다.

(2) 진보성과 명세서 기재요건의 상호관계

발명에 독점, 배타적 권리가 부여되기 위해서는 특허청구범위와 이를 뒷받침하는 발명의 설명 사이에 합리적인 연관성이 갖추어져야 한다. 즉 발명자에게 그가 공개한 기술내용 이상의 권리가 주어진다면 이는 기술의 공개에 대한 대가로 특허라는 독점적 권리를 부여하는 제도의 기본취지에 반할 뿐 아니라 그 발명을 개량하려는 후속발명자들의 의지를 좌절시켜 결국은 일반 공중의 불이익이 초래된다. 한편, 발명자에게 그가 이룬 발명의 구체적, 말단 부분까지 발명의 설명에 개시하도록 하고 그와 같이 개시된 문언에 한정된 범위에서만 권리를 인정한다면 그 발명을 침해하는 자들로 하여금 다소간의 회피설계 등을 통해 얼마든지 책임을 면할 길을 열어 주는 것이 되어 발명자의 발명의지를 좌절시키는 결과를 낳는다. 이러한 이해대립의 국면에서 '통상의 기술자의 기술수준'은 핵심적 역할을 하며, 진보성과 발명의 설명은 '통상의 기술자의 기술수준'이라는 무게중심을 가운데 두고 일종의 트레이드오프(trade off) 관계를 이룬다. 즉, 발명의 설명의 기재 정도를 정함에 있어 통상의 기술자 수준을 낮추어 본다는 것[209]은 그만큼 낮은 예측가능성을 가진 통상의 기술자들이 과도한 시행착오 없이 발명을 시행할 수 있을 정도로 기술내용을 개시하여야 함을 의미하므로 발명의 설명은 가급적 추상적 상위개념을 배제하고 기술내용의 구체적인 부분까지 세부적으로 기재되어야 한다. 이는 결국 권리범위가 그만큼 좁아지는 결과를 낳는다. 한편으로, 이처럼 통상의 기술자 수준을

209) 주의할 것은, 이하에서 통상의 기술자 수준이 '낮다'거나 '높다'는 것은 그 기술분야에 속하는 개별 기술자들의 학력이나 기술적 능력이 낮거나 높다는 의미라기보다, 당해 기술분야의 속성으로서의 '예측가능성(Predictability)'이 낮거나 높다는 의미에 가깝다는 점이다.

낮게 보아 발명자의 권리를 좁게 설정하는 마당이라면 필연적으로 진보성은 너그럽게 인정하여 비교적 사소한 수준의 기술 진보에라도 권리를 부여하는 것이 상당하며 그렇게 함으로써 작은 기술에 관하여 용이하게 그러나 작은 권리만을 부여한다는 목적이 달성될 수 있다.

반대로, 통상의 기술자의 기술수준이 높은 분야에서는 진보성 관문을 통과하기가 어려운 반면 일단 진보성을 인정받는 마당인 이상, 발명의 설명을 통한 기술개시는 상위개념을 동원하여 다소 추상적이고 폭넓게 하더라도 좋다. 왜냐하면 그 기술분야의 통상의 기술자들은 상당한 예측가능성을 가지고 있기 때문에 굳이 세세한 부분까지 기술 내용의 개시를 하지 않더라도 큰 시행착오 없이 발명을 시행하는 데 어려움이 없을 것이기 때문이다. 이는 결국, 권리범위가 그만큼 넓어지는 결과를 낳으며, 이를 통해 큰 기술에 관하여 어렵게, 그러나 폭넓은 권리를 부여한다는 목적이 달성될 수 있다.

미국의 In re Wands 판례[210]는 발명의 개시의무의 범위를 결정하는 인자를 ① 통상의 기술자가 당해 발명을 실시하기 위하여 불가피하게 행하여야 하는 시도의 횟수, ② 발명에 실제로 개시된 지침과 설명의 양, ③ 실시 예의 존재 여부, ④ 발명 스스로가 가지는 속성, ⑤ 선행기술의 수준, ⑥ 인접분야의 기술의 수준, ⑦ 당해기술의 예견가능성(predictability), ⑧ 특허청구범위의 광협(廣狹)이라고 하여 위와 같은 법리를 분명히 하고 있다.

(3) 정책적 관점

1) 불확실성에 대한 보상으로서의 진보성

통상의 기술자의 수준을 중심으로 발명의 설명과 진보성 판단 기준을 이율배반적으로 파악하는 것은 정책적 관점에서도 중요한 의미를 가진다. 미국에서는 발명의 진보성은 '성공에 대한 불확실성(uncertainty)'의 문제로 파악되어야 하고 국가의 산업발달을 위하여, 불확실성이 높은 기술분야의 특허 인정기준을 낮추어 줌으로써 발명자로 하여금 실패의 위험이 보상받도록 배려할 필요가 있다는 생각이 오래 전부터 유력하게 받아들여져 오고 있다.[211] 이 견

---

210) 858 F.2d 731(Fed. Cir. 1988).

211) 이러한 시각을 주창한 대표적 문헌으로 Robert P. Merges, "Uncertainty and the Standard of Patentability", *7 High Tech L.J.(1992),* 1면 이하 참조.

해는 연구개발에 종사하는 개개 연구자나 투자자의 한계적(marginal) 행동 속성에 착안하여, 특정 기술분야에서 진보성의 문턱을 낮추거나 높임으로써 불확실성(uncertainty)이 높은 기술에 대한 연구개발투자를 활성화하고 더 효율적인 자원배분을 실현할 수 있다고 한다. 즉, 진보성을 비교적 쉽게 인정받아 특허획득에 성공할 가능성이 높은 기술은 기업의 입장에서 보면 연구개발에 성공하여 투하자본을 회수할 확률 또한 높기 때문에 굳이 국가가 특허의 부여라는 유인책을 쓰지 않더라도 자발적인 연구개발투자가 이루어지는 데 비하여, 진보성을 인정받기 까다로운 기술은 일단 특허획득에 성공한다면 큰 독점적 이익을 보장받겠지만 특허획득에 실패할 가능성이 커 독점 이익을 확보하거나 투하자본을 회수할 확률이 낮기 때문에 기업의 입장에서 연구개발에 대한 투자를 주저한다는 것이다.[212] 이처럼 국가로서는 성공의 불확실성이 높은, 그러나 계속적인 연구개발이 이루어져야 하는 기술분야에 특별한 유인을 부여하기 위하여 진보성 문턱을 낮추는 대신 권리범위를 좁게 설정함으로써 연구자나 투자자에게 '보상의 규모는 작더라도 투하자본의 회수가 확실한' 수익모델을 제공할 필요가 있다.

2) 대표적인 예 : 생명공학 발명과 소프트웨어 발명

위와 같은 메커니즘을 가장 잘 드러내는 대조적 분야가 생명공학과 소프트웨어 분야이다. 미국의 판례는 생명공학 분야에서는 분자나 화학구조에서의 미세한 차이만으로도 발명의 효과에 예측하기 어려운 차이를 가져올 수 있으므로 발명의 설명은 구체적이고도 자세히 기재되어야 하고 포괄개념이나 추상직 표현은 가급직 배제되어야 한다고 본다. 이러한 태도는 발명의 설명의 기재 요건에 관한 일련의 판례들에 의하여 구체화되어 왔으며, CAFC는 유전자 관련 발명에서 발명의 설명으로 명확히 뒷받침 되지 않는 포괄적 염기서열을

212) 위험혐오를 전제로 한 기업의 행동성향을 경제 수학적으로 분석·설명하고 있는 것으로 Merges, 앞의 글, 43~55면 참조; 예컨대 A라는 사업에 성공 확률이 100%이고 그로 인하여 얻는 수익 규모가 100만 불인 한편, B라는 사업에 성공과 실패의 확률이 각 50%이고, 성공의 경우 얻는 수익 규모는 210만 불, 실패의 경우 감수해야 할 손해의 규모가 5만 불인 경우, 산술적으로는 B 사업의 수익 규모가 1,025,000불{=(2,100,000×1/2)−(50,000× 1/2)}로서 더 크지만, 실제로는 100%의 성공확률을 가지는 A산업에 투자하는 경우가 많다고 한다. 아울러 이러한 위험혐오의 성향은 투자의 규모가 커질수록 함께 증대하는 경향이 있다고도 한다(Karen I. Boyd, "Nonobviousness and the biotechnology industry : A proposal for a Doctrine of economic nonobviousness", *12 Berkeley Technology Law Journal(1997),* 316~317면).

특허청구범위로 하는 것을 금지하고 구체적인 염기서열을 발명의 설명에 개시할 것과 그와 같이 개시된 한정적인 범위 안에서만 좁은 권리범위의 특허를 취득할 수 있음을 반복적으로 천명해 왔다.[213] 아울러 CAFC는 생명공학 관련 발명에서의 진보성 문제를 발명의 설명 기재요건과 논리적·유기적 관계에 있는 것으로도 판단한다. 즉, 선행기술이 특허를 얻기 위하여 구체적이고도 한정적인 기술개시를 요구받고, 그에 따라 좁은 권리만을 누리고 있다면 이를 기초로 하는 후행 발명 역시 선행기술로부터 제공받을 수 있는 정보의 폭이 제한되어 있는 경우가 많아 다소 간의 개량만으로도 고유의 진보성을 인정받기 쉽다는 것이다.[214] 우리나라 심사기준 역시 유전자의 염기서열을 특허청구범위로 하는 경우 발명의 설명에 유전자의 특정 요건, 특정의 근거로 된 구체적 예(서열, cDNA, RNA 등), 기원이나 유래, 사용하는 벡터의 입수 수단, 사용효소, 처리조건, 채취 및 정제 공정, 확인수단, 기능 등을 명확히 할 것을 요구하고 있다.[215]

이와 대조적으로, 미국 법원들은 전통적으로 소프트웨어 분야는 어떤 기술적 특징을 실현시키는 알고리듬에 대한 핵심적 아이디어만 제공되면 이를 구현하는 나머지 기술적 수단들은 기술자들이 통상의 프로그래밍 기법을 동원하여 유추해 낼 수 있는 가능성이 매우 높다고 보아 왔다. 그 결과 CAFC 판례들은 소프트웨어 발명의 경우 목적코드(Object code), 플로우차트 혹은 프로그램에 대한 자세한 설명이 없이 다소 추상적이고 고차원적인 해당 함수의 설명만으로도 상세한 설명의 기재요건(실시가능성 : Enablement와 최적실시례 : Best

---

213) Amgen Inc. v. Chugai Pharmaceutical Co. 927 F.2d 1200(Fed. Cir. 1991), cert. denied. 502 US 856; Regents of the University of California v. Eli Lilly, 119 F.3d 1559(Fed. Cir. 1997); In re Wallach 378 F.3d 1330(Fed. Cir. 2004). 특히 CAFC는 Fiers v. Revel, 984 F.2d 1164(Fed. Cir. 1993) 사건에서 '베타 인터페론'을 코딩하는데 사용되는 DNA 염기서열을 단리하는 방법(그리고 그러한 용도에 사용될 수 있도록 RNA 메신저를 단리하는 방법)만을 발명의 설명에 개시한 것을 두고, "이 경우 개시요건을 충족하기 위해서는 추상적으로 해당 DNA의 단리 방법만을 개시하는데 그칠 것이 아니라 문제가 된 DNA 염기서열 그 자체를 밝혀야만 한다"고 하였다.

214) Dan L. Burk & Mark A. Lemley, "Is patent law technology-specific?", *17 Berkeley Technology Law Journal(2002)*, 1168, 1181면.

215) 예컨대, 현행 특허·실용신안 심사기준으로 통합 편성되기 이전의 특허청 산업부문별 심사실무가이드, 생명공학분야(2011), 제 2 장 1.2.

Mode)요건을 충족한다고 본 예가 많았다.[216] 그 결과 1980년대부터 1990년대 초반을 거치면서 소프트웨어 발명의 명세서에는 기능적 청구항이 매우 흔한 기재형태가 된 한편, 통상의 기술자가 프로그래밍 기법을 통해 선행 발명을 개량한 후발 프로그램을 개발하기가 다른 분야에 비해 용이하다는 인식도 실무상 상당한 비중을 차지하게 되었다.[217]

5. 특수한 유형의 발명과 진보성

(1) 용도발명

1) 일 반 론

용도발명이란 물건이 갖는 어떤 특정한 용도를 새로이 찾아내고 거기에 현저한 기술적 의미가 인정될 때 특허를 부여하는 것이다. 이는 대부분 '기술적 사상의 창작'이라기보다는 '발견'에 가까운 것이나 특허를 부여하여 보호하는 것이 각국의 오랜 실무이다. 용도라는 발명의 카테고리가 독립적으로 존재하지 않으므로 특허청구범위는 물건, 방법, 제조방법 등의 형태로 표현된다. 용도발명에 있어서는 명세서에 용도를 뒷받침하기 위한 기재가 없다면 당해 기술분야에서 통상의 지식을 가진 자가 용도발명이 실제로 사용 가능한 것인지 여부를 이해할 수 없기 때문에 일반적으로는 그 용도를 뒷받침하는 실시례의 기재가 필요하다. 실무상, 용도발명으로 대표적인 것은 의약품의 약리효과에 관한 발명인데, 의약발명은 특정 물질이 가지는 속성의 발견에 기초하여 해당 물질의 의약으로서의 용도를 규명하는 것으로서, 물건발명의 형태로 특허가 부여된다. 판례[218]는, "의약용도발명은 해당 의약물질 자체와는 별개로 물건의 발명으로서 새롭게 특허의 대상이 될 수 있다. 의약용도발명에서는 '의약물질'과 그것이 가지고 있는 '의약용도'가 발명을 구성하는 것이고, 여기서의

---

216) 예컨대 Northern Telecom Inc. v. Datapoint Corp. 908F.2d. 931(Fed. Cir. 1990); Dan L. Burk & Mark A. Lemley, 앞의 글, 1162면.

217) 그러한 취지에서 특허를 무효로 본 대표적인 판례로는 Lockwood v. American Airlines 107 F.3d. 1565(Fed. Cir. 1997); Amazon. com v. Barnes & Noble. 239 F.3d. 1343 (Fed. Cir. 2001). 진보성 인정기준에 대한 연방대법원의 KSR 판결(2007) 이후 소프트웨어 분야에서 통상의 기술자 수준을 언급하면서 진보성 인정의 문턱을 높인 판례들로는, Muniauction, Inc. v. Thomson, , 532 F.3d 1318(Fed. Cir. 2008); W. Union Co. v. Moneygram Payment Systems, Inc., 626 F.3d 1361(Fed. Cir. 2010) 등.

218) 대법원 2015. 5. 21. 선고 2014후768 전원합의체 판결.

의약용도는 의약이라는 물건이 효능을 발휘하는 속성을 표현함으로써 의약이라는 물건에 새로운 의미를 부여할 수 있는 발명의 구성요소가 된다"고 한다.

2) 의료방법의 비특허성과의 관계

이처럼 화합물(A)의 의약적 용도(B)에 관한 특허가 출원된 이후에도 A의 새로운 용도가 찾아지면 지속적으로 A를 활성성분으로 하는 의약 용도발명이 출원되는 것은 물론이고, A를 동일한 용도인 B에 사용하면서도 제형을 달리하거나, 투여량이나 투여경로(경구, 주사, 흡입 등), 투여시점 등을 새롭게 한정하여 특허출원이 이어지는 경우도 많다.[219)][220)] 이는 엄밀히 말하면 의약의 새로운 용도를 발명한 것과는 다르나, 그 자체로 유용한 기술적 사상으로서 관련 기업이 막대한 투자를 하는 분야이므로 의약용도 발명의 특수한 유형으로 보호·장려할 필요와 움직임이 있다.[221)] 그런데 이론적으로 이처럼 제약용도를 가지는 기존의 물질을 질병의 치료나 예방 등 목적에 보다 효과적으로 활용할 수 있는 방법들은 그 성질상 '협의의 의료방법'에 해당하기 때문에 특허로 보호될 수 없는 문제가 생긴다.[222)] 실제로 판례는 "이 사건 특허발명의 특징적 구성은 의약 물질을 인간 등에게 투여하는 방법이고, 이는 '의약을 사용

219) 조명선, "투여주기와 단위투여량에 특징이 있는 의약발명의 진보성 판단," 특허판례연구(개정판), 박영사(2012), 200면.

220) 판례에서 찾을 수 있는 그러한 형태의 청구항으로는, "제 9 항. 약제학적 유효량의 비스포스포네이트 및 약제학적으로 허용되는 담체를 함유하고, 상기 비스포스포네이트는 매 3일마다 1회 내지 매 16일마다 1회의 주기성을 갖는 연속 일정에 따라 단위 투여량으로 경구투여 되는 것인, 포유동물에서 골흡수 억제에 유용한 제약조성물로, 비스포스포네이트의 단위 투여량이 알렌드론산 활성을 기준으로 약 8.75 내지 약 140mg을 함유하는 제약조성물"을 들 수 있다. 이는 공지의 물질(비스포스포네이트)의 공지의 용도(골흡수 억제)를 기초로 하면서 그 투여주기, 방법, 투여량을 새롭게 한정한 것을 기술적 특징으로 하는 청구항이다.

221) 기존의 의약 용도발명에 새로운 투여용법, 용량 등을 제시하여 뛰어난 효과를 달성하는 경우 물건발명의 형태로서 새로운 의약 용도발명으로 보호하는 일본 의약분야 심사기준(2009)이 대표적인 예이고, 유럽 특허청(EPO) 확대심판부의 심결 가운데도 같은 취지의 것이 있다. 미국은 앞서본 대로 의료방법에 대하여도 원칙상 특허를 부여하므로 그러한 문제가 발생하지 않는다(조명선, 앞의 글, 201~203면). 한편, 앞서 언급한 것처럼 미국 연방대법원이 2012. 3. 의 Mayo v. Prometheus 사건을 통해 질병의 진단방법 등에 대한 발명의 성립성을 크게 제한한 것을 이 법리와 관련지어 생각해 볼 필요가 있다.

222) 다만, 기존의 의약에 대한 용도발명 가운데, 제형이나 단위투여량 등은 물건의 구성으로 포섭될 수도 있기 때문에 달리 볼 여지가 있다.

한 의료행위'여서 특허 받을 수 없으므로 그러한 구성은 이 사건 특허발명의 진보성 판단 시 고려될 수 없다"고 한 일도 있다.[223] 그러나 앞서 언급한대로 대법원은 2015. 5. 21. 전원합의체 판결을 통해 의약의 투여용법이나 투여용량이 특허의 대상이 되는 '물건발명'의 '구성'이 될 수 있다고 함으로써 이를 인간의 질병에 대한 치료방법으로 바라보는 시각을 수정하고 발명의 인센티브 부여를 보다 중시하는 입장을 취하였다.

3) 명세서 기재요건

판례는 2001. 11. 30. 선고 2000후2958 판결 이후 일관하여 "의약의 용도발명에 있어서는 특정 물질이 가지고 있는 의약의 용도가 발명의 구성요건에 해당하므로, 발명의 특허청구범위에는 특정 물질의 의약용도를 대상 질병 또는 약효로 명확히 기재하여야 하고, 의약의 용도발명에 있어서는 그 출원 전에 명세서 기재의 약리효과를 나타내는 약리기전이 명확히 밝혀진 경우와 같은 특별한 사정이 있지 않은 이상 특정 물질에 그와 같은 약리효과가 있다는 것을 약리데이터 등이 나타난 시험 예로 기재하거나 또는 이에 대신할 수 있을 정도로 구체적으로 기재하여야만 비로소 명세서 기재요건을 충족하였다고 볼 수 있다"고 한다.[224]

4) 신규성, 진보성

의약 용도발명은 '물질(활성성분)'과 그 물질의 '의약적 용도'로 구성되며, 보통 '화합물 A를 유효성분으로 하는 B질병 치료용 약학 조성물'과 같은 물건발명의 형태로 청구항이 구성된다.[225] 그렇기 때문에 의약 용도발명의 신규성·진보성을 판단하는 요소 역시 '물질(A)'과 그 '용도(B)'이다.[226] 따라서 물질

223) 대법원 2009. 5. 28. 선고 2007후2926 판결. 이 사건에서 발명의 특징적 구성은 공지의 의약물질에 대한 '투여주기'와 '단위투여량'이었고, 판례는 앞서 본 이유로 위 요소들 및 그로 인해 야기되는 효과를 배제한 채 나머지 구성만을 공지의 선행기술과 대비하여 당해 발명의 진보성을 부인하고 있다.

224) 대법원 2007. 7. 26. 선고 2006후2523 판결; 대법원 2007. 3. 30. 선고 2005후1417 판결; 대법원 2006. 2. 23. 선고 2004후2444 판결; 대법원 2004. 12. 23. 선고 2003후1550 판결; 대법원 2003. 10. 10. 선고 2002후2846 판결; 대법원 2001. 11. 30. 선고 2001후65 판결 등.

225) 특허청, 기술분야별 심사실무가이드(2024) 제 5 부 2. 2. 1. 1.

226) 신규물질이나, 공지의 물질이 가지는 의약적 용도를 최초로 발견하는 것을 강학상 '제1 의약용도 발명', 공지의 물질이 가지고 있는 기존의 용도 외에 새로운 용도를 찾아내는 것을 '제2 의약용도 발명'이라고 부른다.

(A)을 새로 발명하여 그 의약적 용도(B)를 규명한 경우는 물론, 선행발명(A)과 다른 물질(X)을 기초로 같은 용도(B)를 규명하였다면 신규성이 인정될 것이고, 선행발명(A)과 같은 물질을 기초로 하더라도 전혀 다른 의약적 용도(C)를 발견하면 역시 신규성이 인정될 것이다.[227)]

의약의 용도발명에 있어서 약리효과가 출원 당시의 기술수준으로 보아 알려진 유효 활성물질의 화학구조나 조성물의 조성 성분상으로부터 용이하게 유추할 수 없는 정도이거나 선행기술에 기재된 약리기전으로부터 통상의 기술자가 용이하게 추론할 수 없는 정도의 현저한 효과가 있는 경우에는 진보성이 있다.[228)] 만약 선행발명과 물질 및 용도가 모두 같다면 이처럼 현저한 효과가 있을 때 진보성이 인정될 여지가 있고, 이때 신규성도 함께 인정된다고 본다. 이 경우 아래와 같이 현저한 효과를 초래하는 새로운 구성요소가 청구항에 포함되는 것이 보통이다.

5) 침해 문제

기존 제약에 관하여 새로운 질병의 치료 용도나 투여용법·용량 등에 특허가 부여된 경우, 어떤 행위가 그 특허의 침해를 구성하게 되는지가 문제된다. 해당 용도나 투여용법·용량을 물건발명의 기술적 구성으로 파악하는 이상, 기존의 물질을 해당 용도나 용법·용량으로 사용하기 위해 생산·양도하거나 실제로 그렇게 사용하는 행위가 여기 해당할 것이다. 그러나 일반 소비자는 대개 업으로서 특허발명을 실시하는 자가 아니고, 의사에 대한 침해주장 역시 복잡한 법리상·윤리상 문제를 낳기 때문에[229)] 보통은 해당 제약을 제조·판매하

227) 특허청, 기술분야별 심사실무가이드(2024) 제5부 3.3.1.

228) 특허청, 기술분야별 심사실무가이드(2024) 제5부 3.4.1.1.

229) 우선, 의사의 처방이나 복약 지시 등이 그 자체로 실시에 해당하는지 의문이 있을 수 있다. 실제로 우리나라 하급심 판결은 '의사의 처방행위가 특허침해 행위인 물건을 생산·양도·대여 또는 수입하거나 그 물건의 양도 또는 대여의 청약을 하는 행위에 해당한다고 보기는 어렵다'고 판시한 바 있다(서울중앙지방법원 2017. 6. 30. 선고 2016가합517156 판결). 만약 의사가 직접 특허받은 용량이나 용법대로 의약을 환자에게 투약한다면 물건발명의 사용에 해당하여 침해를 구성하고, 현행법에는 그런 경우에 의사를 면책시키는 일반적 규정은 없다. 그러나 예컨대, 특허법은 '둘 이상의 의약이 혼합되어 제조되는 의약의 발명 또는 둘 이상의 의약을 혼합하여 의약을 제조하는 방법의 발명에 관한 특허권의 효력은 약사법에 따른 조제행위와 그 조제에 의한 의약에는 미치지 아니한다'고 규정하여(제96조 제2항) 일정한 경우 의료과정에서 이루어지는 실시에 대해 특허권의 효력을 제한함으로써 국민의 건강과 복리증진을 특허권에 앞세우는 태도를 보이고 있다.

는 업체를 대상으로 침해주장을 하는 경우가 많다. 이때 침해를 구성하는 행위는 제품설명서에 허락 없이 특허권의 대상인 용도나 투여용법·용량 등을 기재하여 판매하는 것이 대표적이다.[230] 제품설명서에는 해당 용도 등이 기재되어 있지 않더라도 다른 경로를 통해 해당 용도 등에 의한 사용이 가능하다는 정보를 제공하고 있다면 마찬가지로 볼 수 있을 것이다.

(2) 선택발명

선택발명이란, 선행발명에 구성요건이 상위개념으로 기재되어 있는 상태에서, 위 상위개념에 포함되는 하위개념을 구성요건의 전부 또는 일부로 하는 발명을 말하며, 대부분 화학발명의 경우에 문제로 된다. 선택발명은 기초발명의 활용과 개선을 촉진하여 산업의 발달과 공익의 증진을 도모할 목적으로 상위개념인 선행발명이 특별히 인식하지 못한 우수한 효과를 가진 하위개념 발명에 한하여 예외적으로 특허를 부여하는 것이다.

1) 선택발명의 명세서 기재요건

선택발명에서는 선행발명이 미처 인식하지 못한 각별하고 현저한 효과를 명확히 인식하고 있는지 여부가 명세서에 명확히 드러나야만 그 기재요건을 만족한 것으로 본다. 판례[231]도 "선택발명의 설명에는 선행발명에 비하여 질적으로 다른 효과를 갖고 있거나, 질적인 차이가 없더라도 양적으로 현저한 차이가 있음을 명확히 기재하여야 하며, 위와 같은 효과가 명확히 기재되어 있다고 하기 위해서는 발명의 설명에 질적인 차이를 확인할 수 있는 구체적인 내용이나, 양적으로 현저한 차이가 있음을 확인할 수 있는 정량적 기재가 있어야 한다"고 한다.[232] 아울러 판례 가운데는 "이 사건 특허발명의 상세한 설

230) 中山信弘, 特許法[第 4 版], 147면(일본에서는 이를 이른바 '라벨 이론'이라고 한다).

231) 대법원 2009. 10. 15. 선고 2008후736,743 판결; 대법원 2012. 8. 23. 선고 2010후3424 판결 등.

232) 대법원 2014. 5. 16. 선고 2012후3664 판결; 대법원 2017. 5. 11. 선고 2014후1631 판결 등. 일반적으로 발명의 명세서에 기재되는 발명의 효과는 해당 발명의 구성에 따라 인과적으로 나타나는 결과를 개시하는 것으로 족하고, 특히 화학물질발명은 그 속성상 물질 자체가 발명의 구성에 해당하고 그 물질을 실제로 제조하였다는 것이 발명의 효과에 해당하는 경우가 많으며, 발명자가 실시례나 원소분석치, 융점, 굴절률 등을 통해 그와 같은 구성을 가진 물질을 실제로 제조할 수 있다는 점을 보이기만 하면 명세서 기재요건으로서의 발명의 효과기재가 있는 것으로 봄이 보통임을 고려하면(특허법원 2005. 11. 3. 선고 2004허6521 판결 참조), 판례가 위와 같이 명세서 기재 요건을 한층 엄격히 요구하고 있

명에는 이 사건 특허발명이 테스토스테론-5α -환원효소 억제 효과를 가진 선행발명인 비교대상발명에 비하여 '매우 우수하다'는 점만을 대비하여 기재하고 있을 뿐임을 알 수 있는바, 이와 같은 기재만으로는 통상의 기술자가 이 사건 발명이 비교대상발명에 비하여 질적으로 다른 또는 양적으로 현저한 효과를 가진다는 사실을 이해할 수 있을 정도로 명확하고 충분하게 기재하였다고 할 수 없다"고 하여 선택발명에서 요구되는 명세서의 기재 정도에 관하여 보다 구체적인 판단 기준을 제시한 예가 있다.[233][234]

한편 선택발명에 대한 출원 당시, 발명자가 그 발명이 선행발명과 대비되는 이질적이거나 양적으로 현저한 효과가 있다는 점을 구체적으로 인식하는 한편 이를 명세서에 명확히 표현하여 해당 기술분야에서 통상의 지식을 가진 자로 하여금 그 선택발명의 기술적 의의를 알 수 있게 한다는 것과, 선택발명을 포함한 물질발명에 있어 발명의 진보성이 문제되는 경우 발명자가 출원 이후에 자신의 선택발명의 효과를 뒷받침하는 실험데이터를 사후에 수집, 제출함으로써 발명의 진보성을 증명할 수 있다는 것은 개념상 명확히 구분되어야 함은 물론이다.[235]

2) 선택발명의 신규성·진보성

선택발명은, ⅰ) 선행발명이 선택발명을 구성하는 하위개념을 구체적으로 개시하지 않고 있으면서, ⅱ) 선택발명에 포함되는 하위개념들 모두가 선행발

다는 것 자체가 선택발명의 특수성을 반영하고 있는 것이다.

233) 대법원 2007. 9. 6. 선고 2005후3338 판결. 다만 위 판결은, 출원인이 출원당시 선택발명임을 인지하고 있었음이 드러날 경우에는 선택발명으로서의 '엄격한' 명세서 기재요건을 요구하되, 선택발명임을 인지하였다고 보기 어려운 경우에는 일반적인 발명의 기술적 사상에 의해 출원된 것이므로 선택발명으로서의 명세서 기재요건을 요구하지 않고 신규성 및 진보성 판단의 문제로 나아가야 한다는 입장을 전제로 하고 있다.

234) 특허법원 판결례 가운데 "통상의 기술자로서는 선택발명이 목적으로 하는 수개의 효과 중 어느 하나라도 특별하고도 현저한 효과를 가지면 선행발명 대신에 선택발명을 선택하여 실시할 것이고 또 다른 효과의 기재가 불명확하다고 하여 선택발명의 실시를 포기하지 않을 것이어서 실시가능성을 충족하며, 명세서 기재요건을 갖춘 어느 하나의 효과만으로도 특허를 부여할 가치가 충분하다면 명세서 기재요건을 갖추지 못한 다른 효과까지 주장한다고 하여 발명의 가치가 떨어지는 것이 아니므로 특허를 부여하지 않는 것은 불합리하다"고 한 것도 있다(특허법원 2008. 1. 18. 선고 2006허6303, 8330 판결).

235) 위 대법원 2007. 9. 6. 선고 2005후3338 판결의 원심인 특허법원 2005. 11. 3. 선고 2004허6521 판결 참조.

명이 갖는 효과와 질적으로 다른 효과를 갖고 있거나 질적인 차이가 없더라도 양적으로 현저한 차이가 있을 것이 필요한데, ⅰ)을 신규성 요건, ⅱ)를 진보성 요건으로 보는 견해와,[236] ⅰ) ⅱ)를 모두 충족하여야 신규성 및 진보성의 요건을 동시에 충족한다는 입장[237]이 있다. 첫 번째 견해는 새로운 영역을 선택한다는 것 자체가 새로운 기술사상이므로 신규성을 인정하여야 한다는 것이고, 두 번째 견해는 새로운 영역을 선택하였다고 하더라도 그 작용·효과가 현저하지 아니하면 결국 종래기술과 동일한 발명의 일부영역을 선택한 것에 불과하므로, 제 2 요건까지 충족시켜야만 비로소 새로운 기술사상으로 신규성을 인정할 수 있다는 것을 논거로 한다. 판례[238]는 선택발명의 신규성에 관하여, "선행발명이 선택발명을 구성하는 하위개념을 구체적으로 개시하고 있거나 그 발명이 속하는 기술분야에서 통상의 지식을 가진 자가 선행문헌의 기재 내용과 출원시의 기술 상식에 기초하여 선행문헌으로부터 직접적으로 선택발명의 존재를 인식할 수 있는 경우가 아닌 이상, 그 자체로 신규성이 있다"고 하여 첫 번째 입장임을 분명히 하였다.

선택발명은 선택발명에 포함되는 하위개념들 모두가 선행발명이 갖는 효과와 질적으로 다른 효과를 갖고 있거나, 질적인 차이가 없더라도 양적으로 현저한 차이가 있다면 진보성이 인정된다.[239] 다만, 판례는[240] 선택발명의 진보성 판단이 '오로지' 효과에 근거해서만 이루어지는 것은 아니라고 하면서, 예컨대 선행기술이 마쿠쉬 청구항으로 기재되어 있고 그 화학식과 치환기의 범위에 이론상 포함되는 화합물의 개수가 매우 많다면 통상의 기술자가 그 가운데 특정 화합물이나 치환기를 선택하여 해당 발명에 이르는 것 자체가 '구성의 곤란성'을 의미할 수도 있으므로, 선행발명에 그런 선택을 할 동기나 암시가 있는지, 선행발명과 선택발명 화합물의 구조적 유사성이 어느 정도인지 등을

236) 増井和夫, "진보성의 인정(1) – 선택발명," 특허판례백선(제 3 판), 박영사(2006), 98면. 일본특허청 심사기준도 같은 입장이라고 한다.

237) 예컨대 東京高裁 昭56年 11. 5. 昭和54年 (行ケ) 第107号 판결.

238) 대법원 2009. 10. 15. 선고 2008후736, 743 판결.

239) 대법원 2003. 4. 25. 선고 2001후2740 판결; 대법원 2007. 9. 6. 선고 2005후3338 판결; 대법원 2010. 3. 25. 선고 2008후3469, 3476 판결; 대법원 2014. 5. 16. 선고 2012후3664 판결 등.

240) 대법원 2021. 4. 8. 선고 2019후10609 판결.

종합적으로 고려해야 하며, 발명의 효과는 그 과정에서 선택의 동기를 추단하게 하는 중요한 표지로 고려될 수 있다고 하였다.[241] 아울러 효과의 현저성은 구성의 곤란성 여부가 불분명한 경우에 여전히 선택발명의 진보성을 판단하는 가장 유력한 근거가 됨도 재확인 하였다.

아울러 판례[242]는, 특정한 결정형의 화합물을 청구범위로 하는 이른바 결정형 발명의 진보성을 판단할 때에도, 다양한 결정형태 가운데서 특히 해당 결정형을 취하는 것 자체에 구성의 곤란성이 있는지가 판단되어야 하지만, 이 경우 구성만으로 효과의 예측이 쉽지 않으므로 구성의 곤란성을 판단할 때 발명의 효과를 참작할 필요가 있고, 발명의 효과가 선행발명에 비하여 현저하다면 구성의 곤란성을 추론하는 유력한 자료가 될 수 있다고 한다.

이처럼, 선택발명에서 상위개념의 화합물군으로부터 특정 화합물이나 치환기를 선택하는 것(이른바 '구성의 곤란성')은 어디까지나 그를 통해 달성되는 '효과'에 종속되는 요건일 뿐, 선택발명의 진보성 판단에서 독립 변수는 될 수 없음을 유의할 필요가 있다. 결국 실천적으로 판례의 태도는 선택발명의 진보성 인정을 위해서는 효과의 현저성이 가장 중요한 기준이 되지만, 만약 효과의 현저성이 다소 떨어지더라도 다양한 결정형태 가운데서 특히 해당 결정형을 취하는 것이 특히 쉽지 않았다는 점(구성의 곤란성)이 인정되는 사안이라면, 양자를 종합하여 전체로서 진보성이 인정될 여지도 있다는 정도로 이해됨이 상당하다고 판단된다.[243]

선택발명이 갖추어야 하는 현저한 효과에 의심이 있는 경우에는 구체적인 비교실험데이터 등 그 효과를 뒷받침하는 자료를 출원 후에 제출하여 진보성

---

241) 선행발명에 이론적으로 포함되는 수많은 화합물 중 특정한 화합물을 선택한 경우, 그럼에도 불구하고 특별한 효과가 없다면 그런 선택은 의미 없는 '임의의 선택'에 불과하여 선택(구성)의 곤란성을 낮추어 보게 하는 근거가 되고, 반대로 특별하고 현저한 효과가 인정된다면 그 자체가 선택(구성)의 곤란성을 추단하게 하는 근거로 작용하기 때문이다.

242) 대법원 2022. 3. 31. 선고 2018후10923 판결.

243) 한편 현실적으로는, 선택발명이 주로 문제되는 제약분야에서, 수많은 상위개념 화합물군에서 특정한 성질을 만족하는 하위개념 화합물이나 결정형을 골라내는 작업(screening)이 인공지능을 동원한 시뮬레이션을 통해 수행되는 일이 이미 적지 않으므로 '구성의 곤란성'이라는 개념의 입지가 급격히 줄어들고 있다는 점, 그렇기 때문에 그런 이론적 시뮬레이션의 결과보다는 현실적으로 수행하여 축적된 효과 데이터가 중요하고 명세서 기재요건을 만족하기 위한 핵심요인이 되고 있음도 상기해야 한다.

을 증명하는 것이 허용된다.[244] 또한, 판례는 선택발명의 경우, 공지된 화합물이 갖는 효과와 질적으로 다르거나 양적으로 현저한 효과의 차이가 있다는 점이 발명의 설명에 명확히 기재되어 있어야만 비로소 이를 기초로 진보성 판단을 할 수 있다고 함으로써 발명의 설명 기재요건과 진보성 판단의 문제를 연결 짓고 있다.[245] 진보성 판단 시 발명의 발명의 설명에 기재되지 아니한 효과는 고려할 수 없는 것이 원칙이고, 통상의 기술자가 선택발명 등 화학발명의 특성상 발명의 설명에 기재되지 않은 효과를 추론하기는 어렵다는 것이 그 이유이다.[246]

한편, 선택발명의 진보성을 인정하기 위하여 그 효과를 판단함에 있어서는 선행문헌 중에 개시된 것 내에서 가장 우수한 실시 태양의 효과와 하위개념에 속하는 실시 태양의 효과 중에서 가장 효과가 낮은 것을 비교하여 판단하는 것이 이론적으로는 타당하다. 그러나 선행문헌 중에 개시된 것 내에서 가장 우수한 실시 태양이 무엇인가라는 점을 결정하기 위해서는 선행기술에 개시된

244) 대법원 2003. 4. 25. 선고 2001후2740 판결.

245) 대법원 2011. 7. 14. 선고 2010후2872 판결; 대법원 2011. 9. 8. 선고 2010후3554 판결. 또한 예컨대, "이 사건 제1항 발명은 비교대상발명에 개시된 '레닌-안지오텐신 시스템 차단제의 당뇨병 예방 또는 치료 효과'에 포함되는 하위개념인 '텔미사르탄의 당뇨병 예방 또는 치료 효과'를 그 발명의 일부로 하고 있으므로 그 부분은 비교대상발명과의 관계에서 선택발명에 해당한다. 그러나 이 사건 출원발명의 명세서 중 발명의 상세한 설명에는 텔미사르탄이 레닌-안지오텐신 시스템 차단제에 속하는 다른 화합물들 중 일부에 불과한 '로사르탄' 및 '이르베사르탄'에 비해 높은 강도로 퍼옥시좀 증식 활성화 수용체 감마 조절 유전자의 전사를 유도한다(필자 주: 이는 단지 '약리기전'에 대한 설명일 뿐인바, 약리기전은 특정 물질에 불가분적으로 내재된 속성으로서 특정 물질과 의약용도와의 결합을 도출해내는 계기에 불과하고, 특정 물질이 가지고 있는 의약용도를 특정하는 한도 내에서만 발명의 구성요소로서 의미를 가질 뿐, 청구항에 기재되더라도 그 자체로 특허청구범위를 한정하는 기능을 하지 못한다고 판시하고 있다)는 점이 나타나 있을 뿐, 나아가 텔미사르탄이 당뇨병 예방 또는 치료라는 의약용도와 관련하여 레닌-안지오텐신 시스템 차단제에 속하는 화합물 일반과 비교하여 양적으로 현저한 효과상의 차이가 있다는 점을 확인할 수 있는 기재는 없고, 달리 이 점을 알 수 있는 자료도 없다. 따라서 이 사건 제1항 발명은 당뇨병 예방 또는 치료라는 의약용도와 관련하여 비교대상발명과의 관계에서 선택발명에 해당하면서도 양적으로 현저한 효과가 있다고 인정되지 아니하는 부분을 포함하고 있고 이 부분은 비교대상발명에 의하여 그 진보성이 부정된다"(대법원 2014. 5. 16. 선고 2012후3664 판결).

246) 박정희, "선택발명의 신규성을 부정하기 위한 요건 등," 「대법원판례해설」 통권 제82호, 법원행정처(2010), 514~517면; 대법원 2011. 7. 14. 선고 2010후2872 판결.

실시 태양 모두에 대한 검증 작업이 필요할 것인데, 실무적으로 이러한 증명을 완벽히 요구하는 것은 불가능하기 때문에 어느 정도의 실험 결과가 뒷받침되어야 하는가 하는 점이 문제될 수 있다. 결국, 선행기술의 전체적인 기재 내지는 당해 기술분야에서 통상의 지식을 가진 자의 기술적 상식으로 보아 선택발명과 대비하기에 가장 적절한 것을 비교 대상 샘플로 선택하여야 할 것인바, 이는 사안에 따라 결정될 문제이다. 한편, 선택발명이 복수의 효과를 가지는 특수한 경우에 대하여 판례[247]는 "선택발명에 여러 종류의 효과가 있는 경우, 그 중 일부라도 선행발명에 비하여 이질적이거나 양적으로 현저한 효과를 갖는다면 충분하다"고 한다.

⇨ 대법원 2014. 5. 16. 선고 2012후3664 판결

이 사건 제1항 발명은 비교대상발명에 개시된 '레닌-안지오텐신 시스템 차단제의 당뇨병 예방 또는 치료 효과'에 포함되는 하위개념인 '텔미사르탄의 당뇨병 예방 또는 치료 효과'를 그 발명의 일부로 하고 있으므로 그 부분은 비교대상발명과의 관계에서 선택발명에 해당한다. 그러나 이 사건 출원발명의 명세서 중 발명의 상세한 설명에는 시험관 내 실험결과 텔미사르탄이 레닌-안지오텐신 시스템 차단제에 속하는 다른 화합물들 중 일부에 불과한 로사르탄 및 이르베사르탄에 비해 높은 강도로 퍼옥시좀 증식 활성화 수용체 감마 조절 유전자의 전사를 유도한다는 점이 나타나 있을 뿐, 나아가 텔미사르탄이 당뇨병 예방 또는 치료라는 의약용도와 관련하여 레닌-안지오텐신 시스템 차단제에 속하는 화합물 일반과 비교하여 양적으로 현저한 효과상의 차이가 있다는 점을 확인할 수 있는 기재는 없고, 달리 이 점을 알 수 있는 자료도 없다. 따라서 이 사건 제1항 발명은 당뇨병 예방 또는 치료라는 의약용도와 관련하여 비교대상발명과의 관계에서 선택발명에 해당하면서도 양적으로 현저한 효과가 있다고 인정되지 아니하는 부분을 포함하고 있고 이 부분은 비교대상발명에 의하여 그 진보성이 부정된다.

⇨ 대법원 2012. 8. 23. 선고 2010후3424 판결

이 사건 제2항 발명(올란자핀)은 비교대상발명 1의 선택발명에 해당한다. 따라서 이 사건 제2항 발명은 그 선행발명인 비교대상발명 1과 비교하여 이질적이거나 양적으로 현저한 효과를 가져야 그 진보성이 부정되지 않을 것인데, 이 사건에

247) 대법원 2003. 10. 24. 선고 2002후1935 판결; 대법원 2012. 8. 23. 선고 2010후3424 판결; 대법원 2017. 8. 29. 선고 2014후2696 판결 등.

> 서는 특히 비교대상발명 1에 구체적으로 개시된 화합물들 중 올란자핀과 가장 유사한 화학구조를 가지는 2-에틸-10-(4-메틸-1-피페라지닐)-4H-티에노[2, 3-b] [1, 5] 벤조디아제핀[이하 '에틸올란자핀(Ethyl Olanzapine)'이라고 한다]과 비교하여 위와 같은 효과를 갖는지 살펴보아야 한다… 올란자핀이 에틸올란자핀에 비하여 현저히 우수한 '정신병 치료 효과'를 갖는다고 단정하기 어렵다… 이들 화합물 사이에 추체외로 '부작용 감소'와 관련한 현저한 효과의 차이가 있다고 보기도 어렵다… 선택발명에 여러 효과가 있는 경우에 선행발명에 비하여 이질적이거나 양적으로 현저한 효과를 갖는다고 하기 위해서는 선택발명의 모든 종류의 효과가 아니라 그 중 일부라도 선행발명에 비하여 그러한 효과를 갖는다고 인정되면 충분하다. 그런데 위에서 살펴본 바와 같이, 올란자핀은 그 여러 효과들 중에서 에틸올란자핀과 비교하여 '콜레스테롤 증가 부작용 감소'라는 이질적인 효과를 갖고 있음이 인정되므로, 결국 이 사건 제2항 발명은 비교대상발명 1에 의하여 그 진보성이 부정되지 아니한다.

(3) 수치한정발명

1) 수치한정발명의 신규성·진보성

발명의 구성요건 중 예컨대 온도나 배합비율과 같이 일정한 범위를 가지는 구성요소의 수치를 한정한 발명을 수치한정발명이라고 하는바,[248] 실무상 수치한정발명의 신규성·진보성 판단은 일반적인 발명과 비교하여 특수성을 가진다.

출원발명과 선행발명이 모두 동일한 구성요소를 채택하면서 그 한정 수치만을 달리하는 경우, 출원발명의 수치범위가 선행발명의 수치범위를 모두 포함하면[249] 출원발명은 신규성이 없다. 반면, 출원발명의 수치범위가 선행발명의 수치범위에 포함된다면[250] 출원발명의 수치한정이 임계적 의의를 가지는

248) 한편, 수치한정발명을 ⅰ) 공지된 발명의 연장선상에 있고 단지 수치를 한정하였는지 여부에서만 차이가 있는 경우, ⅱ) 공지된 발명과 수치범위가 중복되지 않고 과제가 다르며 유리한 효과가 이질적인 경우 및 ⅲ) 공지된 발명에 진보성을 인정할 수 있는 새로운 구성요소를 부가한 것이며 수치한정은 단지 보충적인데 불과한 경우로 나누어 설명하는 견해가 있으나(吉藤幸朔, 特許法概說[제 13 판], 158~161면), ⅲ) 유형은 별도로 수치한정발명의 개념을 부여하여 다룰 실익이 적다고 본다. 이 책에서 수치한정 발명은 ⅰ), ⅱ)만을 지칭한다.

249) 선행발명이 하위개념, 출원발명이 상위개념인 경우에 해당한다.

250) 선행발명이 상위개념, 출원발명이 하위개념인 경우에 해당한다.

때, 즉 한정치를 전·후하여 발명의 작용효과에 현저하거나 이질적인 차이가 발생하는 때에 한하여 신규성이 인정되며, 심사실무는 이때 발명의 진보성까지 함께 인정하는 것으로 보인다.[251] 일반적인 발명의 신규성 판단 시 상위개념인 'A + B' 발명에 하위개념인 'A + B + C'가 당연히 포함되는 것이 아닌데 비하여, 수치한정발명인 '용매의 온도가 50℃~90℃인 것'에는 당연히 '용매의 온도가 70℃~75℃인' 하위개념이 포함되는 특징이 있기 때문이다. 따라서 상위개념인 '50℃~90℃' 중 용매 온도가 특히 70℃~75℃인 때 통상의 기술자가 예견치 못한 현저한 작용효과가 있음을 출원발명이 제시하고 있다면 그러한 하위개념발명은 비로소 신규성을 획득하고 나아가 진보성까지 인정받을 가능성이 커진다. 한편 출원발명이 한정한 70℃~75℃에 그러한 임계적 의의가 인정되지 않는다면 출원발명은 어차피 선행기술에 이미 포함되어 있는 수치범위를 반복한 것에 지나지 않아 신규성을 인정받을 수 없는 것이다.

판례의 태도도 대체로 이러한 것으로 이해된다. 즉, 판례는 수치한정발명의 신규성, 진보성과 관련하여, '특허된 발명이 공지된 발명의 구성요건을 이루는 요소들의 수치를 특정함으로써 수량적으로 표현한 것인 경우, 그것이 그 기술분야에서 통상의 지식을 가진 자가 적절히 선택하여 실시할 수 있는 정도의 단순한 한정에 불과하고 그러한 한정된 수치범위 내외에서 이질적(異質的)이거나 현저한 작용효과의 차이가 생기지 않거나 특별히 기술적 의의를 지니지 않는 것이라면 진보성이 없다'고 한다.[252] 아울러 '특허된 발명이 여러 개의 선행기술에 나타난 기술 내용을 수치한정하여 구성한 것이 아니라 하나의 선행기술에 나타난 구성만을 수치한정한 경우에 그 수치한정에 아무런 임계적 의의가 없어 실질적으로 선행기술과 동일한 발명에 불과하다면 진보성에 앞서 신규성이 없다'거나,[253] "한정된 수치범위가 공지발명에 구체적으로 개시되어 있거나, 그렇지 않더라도 수치한정이 통상의 기술자가 적절히 선택할 수 있는 주지·관용기술에 불과하고 이에 따른 새로운 효과도 발생하지 않는다면 신규

251) 특허청, 특허·실용신안 심사기준, 제3부 제2장 4.3.1.(2); 제3부 제3장 6.4.2.

252) 대법원 2007. 11. 16. 선고 2007후1299 판결; 대법원 2005. 1. 28. 선고 2003후1000 판결; 대법원 2001. 7. 13. 선고 99후1522 판결; 대법원 1993. 2. 12. 선고 92다40563 판결; 대법원 1989. 10. 24. 선고 87후105 판결 등.

253) 대법원 2000. 11. 10. 선고 2000후1283 판결 참조.

성이 부정된다"고 한다.[254]

2) 수치한정발명의 명세서 기재요건

명세서 기재요건과 관련하여 판례[255]는 "수치한정발명에 대하여 특허를 출원하는 자는 수치한정을 통하여 얻고자 하는 현저한 작용효과를 명세서에 명확하게 기재하여야 하며, 그 출원발명이 공지된 발명과 과제가 공통되고 수치한정의 유무에서만 차이가 있는 경우에는 그 출원발명의 명세서에 한정된 수치를 채용함에 따른 현저한 효과 등이 기재되어 있지 않다면 그와 같이 한정한 수치범위 내외에서 현저한 효과의 차이가 생긴다고 보기 어렵다"고 하였다. 이처럼 수치한정의 기술적 의의가 명확히 기재되어야 비로소 명세서 기재요건을 충족하는 점을 감안하면[256] 결과적으로 명세서에 기재된 임계적 효과는 발명 전체의 진보성을 인정받을 수 있을 정도여야 한다.

아울러, 그러한 수치한정발명이 가지는 고유의 효과는 실험데이터 등에 의하여 명백히 인식할 수 있는 정도로 기재되어야 하고, 단지 '현저한 효과나 이질적인 효과가 있다'는 정도의 기재만으로는 명세서 기재요건을 충족하였다고 보기 어렵다.[257] 이는 앞서 본 선택발명의 명세서 기재요건과 마찬가지이다.

⇨ 대법원 2005. 4. 15. 선고 2004후448 판결

원심은 그 각 채용증거에 의하여 인정되는 사실과 이 기술분야에서 널리 알려진 기술 등을 종합하여, 이 사건 특허발명(특허번호 제303049호)의 구성성분이나 성형방법은 모두 그 출원 전에 공개된 원심판시의 인용발명(이하 '선행발명'이라 한다) 1, 3에 그대로 나와 있거나 실질적으로 동일성 있는 물질들로 구성된 것이고, 이 사건 특허발명이 수치로 한정하여 특정하고 있는 그 성분의 조성비율이나 성형원료의 조성비, 압력범위, 온도범위, 냉각온도, 냉각시간 및 건조시간들은 선행발명 1, 3에서 특정한 범위와 일부 차이가 있으나, 이 사건 특허발명의 상세한 설명에서 그 임계적(臨界的) 의의에 대한 기재를 찾을 수 없어 이 기술분야에서 통상의 지식을 가진 자가 적의 선택하여 실시할 수 있는 단순한 수치한정에

254) 대법원 2013. 5. 24. 선고 2011후2015 판결.
255) 대법원 1994. 5. 13. 선고 93후657 판결; 대법원 2005. 4. 15. 선고 2004후448 판결 등.
256) 대법원 2007. 11. 16. 선고 2007후1299 판결 참조.
257) 박정희, "수치한정 발명과 명세서에의 효과의 기재," 특허판례연구(개정판), 박영사(2012), 393면.

> 불과할 뿐 특별히 기술적 의의를 갖는다고 할 수 없고, 이 사건 특허발명의 목적 및 효과도 선행발명 1, 3으로부터 예측 가능한 정도로서 현저하다고 볼 수 없으므로, 이 사건 특허발명은 그 출원 전에 공지된 선행발명 1, 3과 주지 기술에 의하여 이 기술분야에서 통상의 지식을 가진 자가 용이하게 발명할 수 있는 것으로서 진보성이 없다는 취지로 판단하였다. 위 법리에 비추어 기록을 살펴보면, 이 사건 특허발명의 명세서에는 "종전의 염화비닐수지 등의 성형재료의 비적합한 배합으로 성형된 고무신의 계절별 온도차에 의한 강도변화로 제 사용을 다하지 못한 문제점을 개선하기 위하여 필수 구성요소를 소정량 혼합하여 고무신을 성형한다"는 정도의 기재만이 있는바, 이 정도의 기재만으로는 이 사건 특허발명의 수치한정과 작용효과 사이에 어느 정도 인과관계가 있음을 추정할 수 있을 뿐 그 수치한정한 범위 전체에서 구성의 곤란성 및 효과의 각별한 현저성이 있다고 보기 어렵다고 할 것이므로, 원심이 이 사건 특허발명은 그 수치한정에 임계적 의의가 없어 그 진보성이 인정되지 아니한다고 한 판단은 정당하다.

(4) 파라미터 발명의 진보성

1) 의의와 성질

파라미터(parameter) 발명이란 새롭게 창출한 물리적, 화학적, 생물학적 특성값을 이용하거나 복수의 변수 사이의 상관관계를 이용하여 발명의 구성요소를 특정한 발명으로서[258] 다양한 기술 분야에서 발명을 표현하는 수단으로 널리 사용되고 있다.[259] 성질상 파라미터발명 청구항은 기능적 청구항의 한 모습으로 분류할 수 있으며,[260] 명세서 기재요건 판단 시에도 원칙상 기능적 청

258) 대법원 2021. 12. 30. 선고 2017후1298 판결.

259) 파라미터 발명의 예로는, "상기 봉입된 인광체 입자는 피복되지 않은 인광체 입자의 초기 전기발광 명도와 같거나 그 명도의 약 50% 이상인 초기 전기발광 명도를 가지며, 상대습도 95% 이상의 환경에서 100시간 작동시킨 후 보유되는 발광 명도의 백분율이, 작동온도, 전압 및 진동수가 거의 같은 상태에서 100시간 작동시킨 후 보유되는 고유한 명도의 약 70% 이상인 것을 특징으로 하는 봉입된 전기발광성 인광체 입자"(대법원 2004. 4. 28. 선고 2001후2207 사건의 특허청구범위); 취성재료 미립자를 가스 중에 분사시킨 에어로졸을 기재에 충돌시켜 형성되는 막 형상 구조물에 관한 발명에서, 제막 영역의 경계 부근 및 기재의 단부 부근에 가해지는 응력을 완화하여 막 형상 구조물의 박리와 붕괴 및 기재의 붕괴를 방지하는 과제를 해결하기 위해 '평균 막 두께'와 '단부와 최외부 사이의 거리'라는 개념을 도입한 뒤, 단부와 최외부 사이의 거리를 '평균 막 두께의 10배 이상 10,000배 이하인 배율 관계'로 한정한 구성(대법원 2021. 12. 30. 선고 2017후1298 판결 참조) 등을 들 수 있다.

260) 中山信弘·小泉直樹 編, 新注解 特許法(第2版)(上), 青林書院(2017), 721~724면.

구항에 적용되는 법리가 적용되어야 할 것이다. 이런 면에서, 물질의 구조만으로는 발명을 적절히 표현하기 어렵거나 종래기술과 구별하기 어려운 경우에는 파라미터 발명 형식을 취하여 그 물질의 물리·화학적 성질로 특정하지 아니하면 청구항을 작성하는 것이 사실상 불가능하기 때문에 파라미터 발명의 형태로 기재된 명세서의 적법성을 인정할 필요가 있다. 아울러, 파라미터가 i) 표준적인 측정방법에 의해 정량적으로 정해질 수 있는 것이거나, ii) 당해 기술 분야에서 통상의 기술자에게 널리 사용되고 있는 것이거나, iii) 그렇지 않다 하더라도 그 정의나 시험·측정방법이 통상의 기술자에게 별다른 어려움 없이 이해될 수 있는 것이라면, 파라미터로 특정하고 있는 구체적인 물질 또는 제조방법의 외연이 불명확하다고 할 수 없으므로 이러한 파라미터 발명은 명세서 기재요건을 충족하여 적법하다.[261)]

⇒ 대법원 2022. 1. 27. 선고 2019다277751 판결

(기재 표면에 세라믹 또는 반금속과 같은 취성 재료로 된 구조물이 형성된 복합구조물에 관한 파라미터 청구항[262)]의 명확성이 문제된 사안)

비록 명세서에 예를 들고 있을 뿐 측정장치나 방법을 한정하고 있지는 않지만 ①「평균 막 두께」는 말 그대로 막 형상 구조물 전체의 두께 평균값을 의미함이 명확한 점, 출원 당시 기술 수준에 비추어 통상의 기술자는 위의 예시들을 참고하여 적절한 측정방법으로 평균 막 두께를 산정할 수 있는 점 및 어떤 측정장치나 방법을 사용하는지에 따라 평균 막 두께의 결과 값에 차이가 생겨 그에 따라 확정된 보호범위에도 오차가 존재할 수 있으나, 이는 평균값의 측정을 수반하는 대부분의 경우에 발생하는 문제로, 침해대상제품이 위와 같이

261) 최성준, "성질 또는 특성 등에 의하여 물건을 특정하는 발명," Law & technology 제 3 권 제 1 호(2007년 1월호), 113면.

262) 청구항 1.에서 문제가 된 파라미터는 다음과 같다. "기재와, 세라믹스의 취성 재료 미립자를 가스 중에 분산시킨 에어로졸을 상기 기재에 충돌시켜서 상기 기재의 표면에 형성되고, 상기 충돌에 의해 형성되는 상기 취성 재료 미립자의 구성 재료를 포함하는 막 형상 구조물을 구비하고, 상기 막 형상 구조물의 단부로서 상기 표면에 존재하는 단부와, 상기 막 형상 구조물의 막 두께가 그 평균 막 두께와 같아지는 부분 중에서 상기 단부에 가장 가까운 최외부 사이의 거리로서, 상기 표면에 대하여 수직으로 보았을 때의 상기 단부와 상기 최외부 사이의 거리는 상기 평균 막 두께의 10배 이상 10000배 이하인 것을 특징으로 하는 복합구조물"이고, 위 구성요소 중 배율에 관한 부분을 식으로 표현하면 '$10 \leq D1/t \leq 10,000$'과 같다.

산정된 결과에 따라 확정된 특허발명의 보호범위에 속하는지에 관한 증명의 문제로 연결될 뿐인 점에서, ② 「최외부」는 하나의 단부가 무수히 많은 단면을 가진다고 하더라도 '그중 막 형상 구조물의 막 두께가 평균 막 두께와 같아지는 부분 중에서 단부에 가장 가까운 부분'이 최외부임이 명확하고 '평균 막 두께의 10배 이상 10,000배 이하'의 범위에 들어오는지에 따라 특허발명의 보호범위에 속하는지 여부가 확정될 수 있는 점에서 청구항의 의미가 명확하다.

⇨ 대법원 2024. 1. 11. 선고 2020후10292 판결

이 사건 제1항 발명은 이 사건 특허발명의 명세서 기재를 통해 새롭게 정의된 이 사건 아르키메데스 수와 충전수준의 상관관계를 이용하여 발명의 구성요소를 특정한 파라미터 발명에 해당한다.

이 사건 제1항 발명은 지멘스 반응 중 서로 밀접한 영향을 주고받는 각 공정변수의 연동된 조절을 통해 반응기 내 유동조건인 이 사건 아르키메데스 수가 정해진 범위 내에 존재하도록 공정을 수행함으로써 반응기 내 실리콘 증착 공정이 최적화되는 효과를 나타내는 것을 기술적 특징으로 하므로, 반응 중 공정변수의 값이 이 사건 제1항 발명의 실시에 중요한 기술적 의미를 가진다.

그런데 이 사건 특허발명의 명세서에는 충전수준을 결정하는 공정변수인 봉의 부피(Vrod)와 이 사건 아르키메데스 수를 결정하는 공정변수인 반응기 벽의 온도(Twall), 체적 유량(Q)의 각 측정 방법이 기재되어 있지 않다. 이 사건에서 제출된 자료만으로는 통상의 기술자가 이 사건 특허발명의 우선권 주장일(이하 '우선일'이라 한다) 당시의 기술수준에서 지멘스 반응기와 관련한 위 각 공정변수의 측정 방법이나 값을 쉽게 알 수 있다고 보기 어렵다.

따라서 통상의 기술자가 우선일 당시의 기술수준으로 보아 과도한 실험이나 특수한 지식을 부가하지 않고서는 발명의 설명에 기재된 사항에 의하여 파라미터로 특정된 생산 방법을 사용할 수 없으므로, 이 사건 특허발명 명세서의 발명의 설명은 이 사건 제1항 발명을 쉽게 실시할 수 있도록 명확하고 상세하게 기재되었다고 볼 수 없다.

2) 신규성 · 진보성

파라미터의 기재가 독자적 의미를 내포하는 대신 단지 선행의 공지기술에 나타난 사항을 달리 표현하고 있는 것에 불과하다면 신규성이 부정되어야 한

다.[263] 판례[264]는 '파라미터 발명의 청구범위에 기재된 성질 또는 특성이 다른 정의 또는 시험·측정방법으로 환산해 본 결과 선행발명의 대응되는 것과 동일하거나 또는 특허발명의 명세서의 상세한 설명에 기재된 실시형태와 선행발명의 구체적 실시형태가 동일한 경우에는, 달리 특별한 사정이 없는 한 양 발명은 발명에 대한 기술적인 표현만 달리할 뿐 실질적으로는 동일하여 신규성이 없다'고 한다.

도입된 파라미터가 공지된 발명과는 상이한 과제를 해결하기 위한 기술수단으로서의 의의를 가지고, 그로 인해 특유한 효과를 갖는다고 인정되는 경우에는 진보성까지 인정된다. 나아가 파라미터의 도입 자체에 대하여는 위와 같은 기술적 의의를 인정할 수 없더라도 발명이 새롭게 도입한 파라미터를 수치로 한정하는 형태를 취하고 있는 경우에는 수치한정발명으로 취급하여, 한정된 수치범위 내외에서 현저한 효과의 차이가 생기거나 그 수치한정이 공지된 발명과는 상이한 과제를 달성하기 위한 기술수단으로서의 의의를 가지고 그 효과도 이질적인 경우라면 진보성이 인정된다는 것이 판례이다.[265]

한편, 특정 물질의 제조방법과 관련된 선행의 공지발명에 출원발명과 동일하거나 환산의 여지가 있는 파라미터가 기재되어 있지 않은 상태에서 출원발명이 새로운 파리미터를 도입하였더라도, 양 발명의 실시형태가 실질적으로 동일하거나 극히 유사하다면 제조방법이 동일한 이상 동일한 목적물이 얻어지기는 것이 당연하기 때문에 출원발명의 진보성은 부정되어야 한다.[266] 나아가, 출원인이 자신의 발명을 특정 파라미터를 선택한 동기는 이론적으로 규명하기 곤란한 경우가 많기 때문에 파라미터 자체의 의미 유무만으로 진보성을 부인하는데 어려움이 따른다는 지적이 있지만,[267] 선행의 공지발명과 대비한 결과 파라미터를 제외한 나머지 구성이 동일·유사하고 나아가 양 발명의 과제해결의 원

263) 특허청 특허·실용신안 심사기준 제 3 부 제 2 장 4.3.2.

264) 대법원 2021. 12. 30. 선고 2017후1298 판결.

265) 대법원 2021. 12. 30. 선고 2017후1298 판결.

266) 대법원 2002. 6. 28. 선고 2001후2658 판결도, "특허발명의 명세서의 상세한 설명에 기재된 실시형태와 비교대상발명의 구체적 실시형태가 동일·유사한 경우에는 양 발명은 발명에 대한 기술적인 표현만 달리할 뿐 실질적으로는 동일·유사한 것으로 보아야 할 것이므로 신규성 및 진보성을 인정하기 어렵다"고 하고 있다.

267) 飯村敏明 외 1, 知的財産關係訴訟, 437면.

리 내지 작용효과가 동일·유사한 경우에는 파라미터 한정이 기술적으로 아무런 의미가 없는 것으로 보아 진보성을 부인할 수 있다는 견해도 있다.[268]

⇨ 대법원 2004. 4. 28. 선고 2001후2207 판결

비교대상발명에는 이에 직접 해당하는 구성이 나타나 있지 아니할 뿐만 아니라, 달리 이 사건 제1항 발명의 제2구성과 동일·유사한 것으로 환산할 수 있는 성질 또는 특성이나 이 사건 출원발명의 상세한 설명에 기재된 실시례와 동일·유사한 구체적 실시 형태가 기재되어 있지도 아니하여, 그 제2구성과 실질적으로 동일·유사하다고 볼 수 있는 사항이 없다. 나아가 두 발명의 작용효과를 보더라도, 비교대상발명의 명세서에는 피복된 인광체 입자를 사용한 형광램프가 피복되지 않은 인광체 입자를 사용한 것에 비하여 사용시간이 대폭 늘어난 효과가 있다는 점이 기재되어 있을 뿐, 비교대상발명이 습도가 높은 조건에서 전기발광성 인광체 입자의 발광 명도의 감쇠 속도를 억제하는 등의 이 사건 제1항 발명과 같은 효과를 거둘 수 있다고 볼 만한 사항은 나타나 있지 않다. 그렇다면 이 사건 제1항 발명은 전체적으로 볼 때 비교대상발명과 기술적 구성 및 작용효과가 상이하므로, 비교대상발명에 비하여 진보성이 있다.

(5) 컴퓨터프로그램 발명의 진보성

컴퓨터프로그램 발명에 관한 심사실무에 의하면 i) '의료정보 검색시스템'이라는 선행기술이 존재하는 상태에서 이를 '상품정보 검색시스템'에 적용하는 예과 같이 선행기술의 시스템을 단순히 다른 분야에 전용(轉用)하는 데 그치는 경우, ii) 숫자코드의 입력을 위하여 키보드 대신 마우스나 바코드를 사용하는 예와 같이 선행기술에 주지·관용 수단을 부가하는 데 불과한 경우, iii) 하드웨어인 '코드 비교회로'로 실행하고 있는 코드비교 작업을 소프트웨어를 통해 행하는 예와 같이 컴퓨터프로그램 자체가 해당 기술분야의 통상의 기술자의 일반적인 창작능력 범주 내에 있는 경우, iv) 종래 잡지에 독자의 구독신청 정보를 게재하던 것을 단순히 잡지사의 인터넷 홈페이지에 독자 스스로 게재하도록 시스템화하는 예와 같이 이미 인간이 하고 있는 업무를 그대로 컴퓨터프로그램을 동원해 시스템화한 데 불과한 경우, v) '테니스 게임장치'에서 바운드된 이후의 볼의 속도를 하드코트에서의 속도가 점토코트에서보

268) 최성준, 앞의 글, 115면.

다 빠르게 되도록 설정하는 예와 같이 현실에서 일어날 수 있는 변화를 단순한 수학적 계산을 통하여 컴퓨터에서 그대로 재현하는 경우 등에는 진보성이 없다고 한다. 특히, '인공지능 또는 퍼지 이론에 의해 판단을 고도화 하는 것'이라든지 'GUI에 의해 입력을 용이화 하는 것' 등은 컴퓨터 프로그램 분야에서는 일반적 과제이고, '업무의 신속한 처리', '대량의 데이터 처리', '균일한 결과의 획득' 등은 시스템화를 통해 얻을 수 있는 일반적 효과라는 점을 염두에 두고 진보성 판단이 이루어져야 한다.[269]

그러나 위와 같은 예시적 기준에도 불구하고 특정한 컴퓨터프로그램이 '단순한 수학적 알고리듬을 범용컴퓨터에서 구현하는 것'을 넘어섬으로써 발명의 성립성 기준을 통과하고, 그로 인하여 현저한 '산업상의 효과'를 가져오는 것이 분명하다면 진보성을 인정할 수 있음은 물론이다. 결국 컴퓨터프로그램 발명의 진보성 판단에서 사실상 가장 문제되는 것은 '현저한 효과'라 할 것이고 거기에 앞서 본 '예측가능성', 즉 통상의 기술자가 선행기술로 개시된 특정의 알고리듬으로부터 당해 발명의 알고리듬을 유추해 내는 것이 얼마나 곤란한지 여부가 함께 고려되어야 한다.

(6) BM(Business Method) 발명의 진보성

'영업' 혹은 '영업방법'이라는 분야에 '당해 기술분야에서 통상의 지식을 가진 자' 혹은 '사고(기술) 수준'을 상정하거나 발명 용이성 여부를 판단할 수 있는 기준을 설정한다는 것은 극히 어려운 일이다. 따라서 영업방법의 진보성을 인정하는 것 역시 쉬운 일은 아니나, 일응 '최소비용의 투하를 통하여 최대이윤을 산출한다'라는 경제원칙이 중요한 잣대가 될 수 있을 것이다.

생각건대, '영업방법'과 '컴퓨터소프트웨어'의 결합이라는 BM의 특성과 관련하여, ⅰ) 진보성 있는 영업방법을 진보성 있는 소프트웨어로 구현하는 경우에는 당연히 진보성이 인정되고, ⅱ) 진보성 없는 영업방법을 진보성 없는 소프트웨어로 구현하는 경우에는 당연히 진보성이 부인된다. 한편, ⅲ) 진보성 있는 영업방법을 진보성 없는 소프트웨어로 구현하거나, ⅳ) 진보성 없는 영업방법을 진보성 있는 소프트웨어로 구현하는 경우에는 BM 발명 전체의 진보성을 판단하는 것은 쉽지 않다. BM 발명의 본질은 어디까지나 컴퓨터프

269) 특허청, 기술분야별 심사실무가이드(2024), 기타(구 기술분야별 심사기준) 제10장 2.2.1.

로그램 발명이라는 점을 고려하면 프로그램 자체에 대하여 진보성이 인정되는 iv)의 경우에 한하여 진보성을 인정할 것이지만, iii)의 경우에도 영업방법의 진보성이 특히 뛰어난 경우에는 이를 구현하는 소프트웨어의 진보성이 다소 떨어지더라도 전체로서의 발명의 진보성을 인정하는 것이 합리적일 것이다. 근래 판례[270] 또한 "영업방법 발명의 특성에 비추어 영업방법 발명의 진보성 여부 판단은 영업방법의 요소와 이를 구현하는 기술적 요소 모두를 종합적으로 고려하여야 한다"는 언급을 하고 있는 바, 위 입장을 수용한 것으로 이해된다.

(7) 생명공학 관련 발명의 진보성

아래와 같이 실무는 이 분야에서 발명의 '효과'를 진보성 판단의 주요한 기준으로 삼고 있음을 알 수 있다.[271]

1) 유 전 자

특정 단백질이 신규성과 진보성을 갖는 경우, 그 단백질을 코딩(coding)하는 유전자에 관련된 발명은 진보성이 있고 아미노산 서열이 밝혀진 공지의 특정 단백질을 코딩하는 유전자에 관련된 발명은 진보성이 없다. 단, 그 유전자가 특정의 염기서열로 기재되어 있고, 그 단백질을 코딩하는 다른 유전자와 비교하여 예측할 수 없을 정도의 현저한 효과를 발휘하는 경우에는 진보성이 있는 것으로 본다.

아미노산 서열이 밝혀지지 않은 공지의 단백질을 코딩하는 유전자에 관한 발명은, 그 단백질의 아미노산 서열을 출원 시에 해당 분야의 통상의 지식을 가진 자가 용이하게 결정할 수 있었던 경우에는 진보성이 없는 것으로 본다. 단, 위 유전자가 특정의 염기서열로 기재되어 있으며 그 단백질을 코딩하는 다른 염기서열을 갖는 유전자와 비교하여 예측할 수 없을 정도로 현저한 효과를 발휘하는 경우에는 진보성이 있다.

공지의 구조 유전자와 동종 유래이고, 동일한 성질 및 기능을 갖는 자연에 존재하는 변이체의 구조 유전자에 관련된 발명은 진보성이 없는 것으로 본다. 다만, 공지의 구조유전자와 비교하여 예측할 수 없을 정도로 현저한 효과

270) 대법원 2018. 3. 29. 선고 2017후1885 판결.

271) 상세는, 특허청, 기술분야별 심사실무가이드(2024), 제3부 2.2.1. 및 현행기준으로 재편되기 이전의 특허청 산업부문별 심사실무가이드, 생명공학분야(2011), 제2장 2.2 참조.

를 발휘하는 경우에는 진보성이 있다.

전장 cDNA의 발명에 있어서, 공지의 D/B를 이용한 상동성 검색 결과를 통해 특정 단백질의 유전자임을 규명한 경우에는 진보성이 없는 것으로 본다. 단, cDNA 취득과정의 곤란성 등의 특별한 사정이 있는 경우에는 진보성이 있는 것으로 보고, DNA 단편은 그 용도나 유용성에 대한 효과에 근거하여 진보성을 판단한다. 특정유전자와 특정질병과의 관련성이 이미 알려져 있는 경우, 그 유전자의 일부로 구성되는 특정질병 진단 또는 치료용 DNA 단편은 진보성이 없는 것으로 본다. 단, 특정유전자와 특정질병과의 관련성이 이미 알려져 있는 경우라도, 그 DNA 단편이 특정질병의 진단 또는 치료에 현저한 효과가 있는 경우에는 진보성이 있는 것으로 본다.

2) 벡 터

공지의 벡터에 공지의 유전자를 도입하여 만들어진 재조합벡터에 관련된 발명은, 이들의 특정한 조합에 의하여 만들어진 재조합벡터가 예측할 수 없을 정도로 현저한 효과를 발휘하는 경우 진보성을 갖는 것으로 본다.

3) 형질전환체

공지의 숙주에 공지의 유전자를 도입하여 만들어진 형질전환체에 관련된 발명은, 이들의 특정한 조합에 의하여 만들어진 형질전환체가 예측할 수 없을 정도로 현저한 효과를 발하는 경우 진보성을 갖는 것으로 본다.

4) 단 백 질

단백질을 암호화하는 유전자가 진보성을 가지는 경우, 그 단백질도 진보성을 가진다. 생물학적 활성이 알려져 있고 단리(單離)되지 않았던 단백질의 경우에도 이를 분리·정제하여 서열 등으로 특정한 것만으로는 진보성이 없는 것으로 본다. 단, 분리·정제과정의 곤란성, 순도 또는 기능 등에 현저한 효과가 있는 경우에는 진보성이 있는 것으로 본다. 공지 단백질에서 일부 아미노산이 결실, 부가 또는 치환되었음에도 불구하고 공지 단백질과 동일한 기능을 가지는 단백질관련 발명은 진보성이 없는 것으로 본다. 단, 활성, 부작용, 흡수력 또는 안정성 등에 현저한 효과가 있는 경우에는 진보성이 있는 것으로 본다. 공지의 단백질과 동일한 성질 및 기능을 갖는 자연에 존재하는 변이체 단백질에 관련된 발명은 진보성이 없는 것으로 본다. 단, 공지의 단백질과 비교하여 현저한 효과가 있거나, 그 분리 또는 선별방법의 각별한 곤란성이 인정되는 경우에는 진보성이 있는 것으로 본다.

5) 융합세포

공지인 두 모세포를 융합하여 얻어진 융합세포에 관련된 발명은, 융합세포가 예측할 수 없을 정도로 현저한 효과를 발휘하는 경우 진보성을 갖는 것으로 본다.

6) 미생물

미생물 자체의 발명은 미생물의 균학적 성질, 이용상의 효과 또는 그 외의 다른 특성에 의하여 진보성을 판단한다. 공지의 미생물과 균학적 성질에 있어서 현저한 차이가 있는 것은 진보성이 있는 것으로 본다. 공지의 미생물과 균학적 성질에 있어서 차이가 없는 경우라도 이용상 효과 등이 존재하는 것은 진보성이 있는 것으로 본다.

7) 융합단백질

공지된 2 이상의 단백질이 융합된 단백질은 진보성이 없는 것으로 본다. 단, 융합답백질이 현저한 효과를 나타내는 경우에는 진보성이 있는 것으로 본다.

8) 모노클로날 항체

신규한 항원에 대한 모노클로날 항체는 원칙적으로 진보성을 갖는다. 공지된 항원에 대한 모노클로날 항체는 다른 기술적 특징으로 특정되거나 현저한 효과를 나타내는 경우에는 진보성이 있는 것으로 본다. 공지의 폴리클로날 항체를 모노클로날 항체로 대체한 것 이외에는 특별한 차이가 없는 발명은 진보성이 없는 것으로 본다.

9) 안티센스 뉴클레오티드

공지의 유전자에 대한 안티센스 뉴클레오티드, siRNA, miRNA는 원칙적으로 진보성이 없는 것으로 본다. 단, 당해 기술분야에서 통상의 지식을 가진 자가 예측할 수 없는 현저한 효과를 나타내는 경우에는 진보성이 있는 것으로 본다.

6. 진보성과 중복특허금지의 문제

예컨대, 甲이 A 발명에 관하여 등록특허를 가지고 있는 상태에서 이를 개량한 A' 발명에 대하여 새로운 특허를 출원하는 경우 A 발명에 비하여 진보성이 없다는 이유로 등록이 거절되는 수가 있다. 동일한 발명자의 후행발명이 그 스스로 행한 선행 발명에 기하여 특허가 거절되는 결과가 얼핏 기이하게 생각될 수도 있다. 그러나 그와 같이 보지 않는다면, 甲은 이미 등록된 A 발명과 유사할 뿐 실질적으로 기술적 진보가 없는 후속발명들을 계속하여 특허등록함으로써 사실상 A특허에 대한 존속기간을 연장하는 효과를 얻을 수 있는데다가 실질적으로 동일한 발명에 대하여 다수의 특허를 취득함으로써 이를 제 3 자에게 이중으로 양도하여 이익을 취하고 그로 인하여 특허를 둘러싼 분쟁의 가능성을 양산할 우려가 있다. 무엇보다 이는 기술적 진보에 기여한 대가로 독점적 권리를 부여하는 특허법의 근본 취지에도 반한다. 영미법에서는 이를 'Double Patent'라고 하여 금지하고 있다.[272)]

272) 이에 관하여는 아래 '선출원주의 – 발명의 동일성' 부분에서 자세히 설명하기로 한다.

제4장 특허를 받을 수 있는 권리

I. 특허를 받을 수 있는 권리

1. 권리의 주체

(1) 발 명 자

1) 발명자주의

발명을 한 사람은 특허를 받을 수 있는 권리를 가지며(특허법 제33조 제1항 : 발명자주의) 2인 이상이 공동으로 발명한 때에는 특허를 받을 수 있는 권리는 공유로 한다(특허법 제33조 제2항). 여기서의 발명자는 실제로 발명을 수행한 자연인만을 의미하는 것으로 이해되나, 법인도 발명의 주체가 될 수 있는지에 관하여 논의가 있다. 특허법 제42조 제1항은 특허출원서에 특허출원인과 발명자의 명칭을 각각 기재할 것을 요구하고 있는데, 출원인에 관하여는 법인이 출원인이 되는 경우를 상정하여 '특허출원인의 성명 및 주소(법인인 경우에는 그 명칭 및 영업소의 소재지)'를 기재하도록 하는(특허법 제42조 제1항 제1호) 반면, 발명자에 관하여는 '발명자의 명칭 및 주소'만 기재하도록 되어 있어(같은 항 제4호) 오로지 자연인만이 발명의 주체가 될 수 있음을 암시하고 있다. 결국 법인은 자연인인 발명자로부터 특허를 받을 수 있는 권리를 승계할 수 있을 따름이며, 스스로 발명자가 될 수는 없다 할 것이다.[1]

그 밖에 근래에 들어 인공지능이 주도적으로 관여한 발명에 관해 발명자

1) 같은 취지의 판결례로 특허법원 2003. 7. 11. 선고 2002허4811 판결 참조.

를 누구로 할 것인가를 두고 담론이 일고 있지만, 아직까지는 인간이 아닌 인공지능 자체를 발명자로 인정할 수는 없다는 것이 세계적 추세이다.[2] 이런 판단에는 대체로 적어도 현재의 기술수준으로는 인간의 개입이 전혀 없는 인공지능만에 의한 발명은 불가능하므로 결국 인공지능은 인간 발명의 '도구'로서 위상만을 가진다는 기술적 평가와, 가령 해당 발명이 '공동발명'의 수준까지 인정된다고 해도 권리주체인 인간만을 발명자로 하여 특허를 출원하면 특허법상 권리보호의 공백은 없다는 인식이 바탕을 이루고 있다.

2) 누구를 발명자로 볼 것인가

발명이 특허에 의하여 보호받을 수 있는 실질적 이유가 종래기술로는 해결하지 못했던 과제를 해결하였다는 점에 있는 이상, 당해 발명의 구성 가운데 종전 기술적 과제의 해결수단에 현실적으로 기여한 자를 발명자로 보아야 함이 원칙이다. 이에 관하여는 두 가지의 접근방법이 가능한바, 첫째, 진정한 발명자로 평가할 수 없는 행위자를 유형화하여 제외해 나가는 방법이 있다.[3] 이에 따르면 ⅰ) 구체적 착상을 제시함이 없이 단지 연구 주제를 부여하거나 발명의 과정에서 일반적 지도만을 수행하거나 과제해결을 위한 추상적 조언만을 행하는 등 발명자에 대하여 일반적 관리를 수행한 데 불과한 단순 관리자, ⅱ) 발명자의 지시에 따라 발명을 보조한 데 불과한 단순 보조자, ⅲ) 발명자에게 자금을 제공하거나 설비이용 상의 편의만을 제공할 뿐 당해 발명에 창작적으로 관여한 바 없는 단순 원조자는 발명자에 해당하지 않는다.[4] 둘째, 위와 반대로 일반적으로 발명이 '착상'과 그 '구체화'의 2단계 과정을 거쳐 이루어지는 점에 착안하여 진정한 발명자로 평가할 수 있는 자를 유형화해 나가는 방법이 있다.[5] 이에 따르면, 착상 자체가 새로운 것이라면 그 착상을 한

---

2) 이른바 'DABUS'라는 인공지능이 자율적으로 수행하였다고 하는 발명을 대상으로 2019년 이후 미국, 유럽, 일본, 독일 우리나라 등 세계 주요국에 DABUS의 이름으로 각 특허출원이 이루어진 사실이 있으나, 각 특허청은 인간이 아닌 인공지능은 발명자로서의 적격이 없다는 등의 이유로 등록을 거절하였고, 이후 각 사법당국 역시 그 불복소송들에서 대체로 마찬가지 재판결과를 내 놓은 바 있다.

3) 飯村敏明외 1, 知的財産關係訴訟, 347면.

4) 東京地裁 平17年 9. 13. 平成16(ワ)14321 판결은, 원고가 피고 의약회사의 製劑 연구실장으로서 일반적인 지도를 행하는 데 그쳤을 뿐이라는 이유로 발명자로서의 지위를 인정하지 않고 있다.

5) 이는 발명의 완성을 착상(Conception)과 구체화(Reduction to practice)의 단계로 이해하는

자가 진정한 발명자이고, 새로운 착상을 구체화한 자 역시 그 구체화가 통상의 기술자에게 자명한 것이 아닌 이상 발명자로 평가하여 공동발명자로 취급하되, 위 착상은 상당한 정도로 구체적인 것이어야 하며 추상적으로 기술적 문제점을 해결하는 '방향성'만을 제시한 정도로는 발명에 창작적으로 관여한 것으로 평가할 수 없다. 아울러, 위 첫째와 둘째의 접근법은 상호 모순되는 것이 아니며 양자를 병용하여 창작적 기여의 유무를 판단하는 데 사용할 수 있음은 물론이다.[6] 일본의 하급심 판결례들은 대체적으로 '통상의 기술자가 실시 가능한 정도로 문제해결의 수단을 포함하는 아이디어를 형성한 자'를 발명자의 핵심적인 요건으로 보고 있으며,[7] 연구업무의 일반적 관리지도를 담당한 자, 단지 기본적 과제나 아이디어를 제공한 데 불과한 자,[8] 연구자의 지시에 따라 데이터를 수집하고 실험을 행한 보조자는 발명자로 보지 않고 있다. 우리 판례[9] 또한 '발명을 한 자란 진실로 발명을 이룬 자연인, 즉 해당 발명의 창작행위에 현실로 가담한 자만을 가리키고, 단순한 보조자, 조언자, 자금의 제공자 혹은 사용자로서 피용자에게 단순히 창작을 할 것을 지시한 사람은 발명자라고 할 수 없다. 이 사건 특허발명은 기존의 댐퍼 패널이 갖는 문제점을 해결할 수 있는 새로운 아이디어를 구체화하고 이를 도면으로 작성하여 실제 생산이 가능할 수 있도록 한 A와, A의 도면을 토대로 실물을 제작한 후 실험을 통하여 세부적인 문제점들을 개선하여 이 사건 특허의 청구범위 기재와 같은 기술 구성을 최종적으로 완성한 B가 공동으로 창작하여 이룬 것이고, 비록 원고가 B에게 기술개발에 관한 일반적인 지시를 하고 보고를 받았다거나 A에게 도면제작 등에 따른 비용을 지불하였다고 하더라도 그와 같은 사정만으로는 원고가 이 사건 특허발명의 창작행위라는 사실행위에 현실로 가담한 사람이라고 할 수는 없어 공동발명자가 아니다'라고 한 원심의 법리설시 및 사실인정을 수긍한 바 있다.

한편, 발명이 속하는 기술분야의 성격에 따라 발명자로 평가될 수 있는

미국 특허법의 방법론에 영향을 받은 견해로 보인다.

6) 飯村敏明 외 1, 知的財産關係訴訟, 348면.

7) 東京地裁 平18年 3. 9. 平成16(ワ)27028 판결.

8) 東京高裁 平3年 12. 24. 판결(判時 1417号 108頁).

9) 대법원 2005. 3. 25. 선고 2003후373 판결.

기준이 달라질 수 있는데, 일반적으로 기계나 전자분야에서는 '착상'의 중요도가 높아 새로운 기술적 착상을 한 자가 발명의 완성자로 평가되기 쉬운 반면, 화학이나 유전자 분야에서는 착상만으로는 발명의 성공 여부를 알 수 없고 구체화를 위한 시행착오 과정을 거쳐야만 발명이 완성되는 수가 많아 그 과정에 실질적이고 창작적 관여를 행한 자를 발명자로 보아야 하는 수가 많다. 아울러, 특정한 기술에 관련된 '발명'의 판단은 특허청구범위를 기준으로 하여야 하는 것이 원칙이지만[10] 등록 특허의 특허청구범위는 최초 출원 이후에 보정이나 정정 등을 거쳐 감축 내지 변경되는 수도 얼마든지 있으므로 단순히 등록된 특허청구범위만을 기준으로 할 것이 아니라 보정 등의 경과를 전체적으로 감안하여 당해 발명의 특징적 부분을 파악한 뒤 위와 같은 특징적 부분의 창작에 관여한 자를 발명자로 인정하는 것이 합당하다.[11]

3) 공동발명자

발명자의 확정과 관련하여 현실적으로 주로 문제를 일으키는 것은 공동발명자의 문제이다. 공동발명자는 특허를 받을 수 있는 권리를 공유하고(특허법 제33조 제2항), 특허출원은 권리의 공유자 전원이 공동으로 하여야 하기 때문이다(법 제44조).[12]

앞서 본 발명자 인정의 기준은 모두 공동발명자의 확정에 적용될 수 있음은 물론, 이는 공동발명자 여부를 확정하기 위해 생겨난 기준이라고도 할 수 있다. 공동발명이 성립하기 위해서 그와 같은 객관적 공동관계 이외에 발명자 사이에 공동발명의 주관적 의사도 필요한가? 생각건대 공동저작자가 되기 위해서 공동창작의 주관적 의사가 필요한 것처럼, 원칙으로는 공동발명자가 되기 위해서도 공동발명의 의사가 필요하며, 이러한 상호 협력의 의사 없이 단순히 후자가 전자의 발명을 개량한 경우 양자를 공동발명자로 취급할 수는 없다고 본다. 판례[13] 역시 "공동발명자가 되기 위해서는 발명의 완성을 위하여 실질적으로 상호 협력하는 관계가 있어야 하므로…"라고 하여 같은 취지를 밝히고 있다.

---

10) 東京地裁 平18年 1. 26. 판결(判時 1943号 85頁).

11) 飯村敏明 외 1, 知的財産關係訴訟, 351면.

12) 그런 이유로 공동발명자의 확정은 뒤에서 보는 모인출원의 문제와도 직결된다.

13) 대법원 2011. 7. 28. 선고 2009다75178 판결.

⇨ 대법원 2011. 7. 28. 선고 2009다75178 판결

> 공동발명자가 되기 위해서는 발명의 완성을 위하여 실질적으로 상호 협력하는 관계가 있어야 하므로, 단순히 발명에 대한 기본적인 과제와 아이디어만을 제공하였거나, 연구자를 일반적으로 관리하였거나, 연구자의 지시로 데이터의 정리와 실험만을 하였거나, 자금 · 설비 등을 제공하여 발명의 완성을 후원 · 위탁하였을 뿐인 정도 등에 그치지 않고, 발명의 기술적 과제를 해결하기 위한 구체적인 착상을 새롭게 제시 · 부가 · 보완하거나, 실험 등을 통하여 새로운 착상을 구체화하거나, 발명의 목적 및 효과를 달성하기 위한 구체적인 수단과 방법의 제공 또는 구체적인 조언 · 지도를 통하여 발명을 가능하게 한 경우 등과 같이 기술적 사상의 창작행위에 실질적으로 기여하기에 이르러야 공동발명자에 해당한다. 한편 이른바 실험의 과학이라고 하는 화학발명의 경우에는 당해 발명 내용과 기술수준에 따라 차이가 있을 수는 있지만 예측가능성 내지 실현가능성이 현저히 부족하여 실험데이터가 제시된 실험예가 없으면 완성된 발명으로 보기 어려운 경우가 많이 있는데, 그와 같은 경우에는 실제 실험을 통하여 발명을 구체화하고 완성하는 데 실질적으로 기여하였는지의 관점에서 공동발명자인지를 결정해야 한다.

(2) 승 계 인

발명을 한 사람 또는 그 승계인은 특허를 받을 수 있는 권리를 가진다(특허법 제33조 제1항 : 발명자주의). 특허를 받을 수 있는 권리는 발명자에게 원시적으로 귀속되는 법정 재산권이므로 이전할 수 있으며(특허법 제37조), 적법한 승계인은 자신의 이름으로 특허를 출원할 수 있다(특허법 제33조 제1항, 제42조 제1항 제1호).

예컨대 발명자 A로부터 특허를 받을 권리를 승계한 B가 특허출원 시에 발명자를 A로 표시하는 대신 B 자신을 발명자로 표시하였다면 이를 어떻게 다룰 것인가. 이는 B가 A로부터 적법하게 특허를 받을 권리를 양수하였으며 단지 출원서의 발명자란 기재를 사실과 다르게 하였을 뿐이라는 점에서, 특허를 받을 권리를 정당하게 승계하지 않은 자가 자신의 이름으로 출원하는 경우(뒤에서 보는 모인출원에 해당한다)와 구별된다. 발명자는 특허에 관련된 공적(公的) 문서에 자신을 발명자로 표시할 수 있는 일종의 인격적 권리를 가지므로[14] 특

14) 파리협약 제4조의3 : The inventor shall have the right to be mentioned as such in the patent.

허가 출원단계에 있는 한은 출원인을 상대로 출원서상 발명자 명의를 진정한 발명자로 보정해 줄 것을 요구할 권리가 있고, 이에 불응 시에는 출원인을 상대로 그러한 내용의 소 또는 자신이 진정한 발명자임의 확인을 구하는 소를 제기할 수 있다 할 것이다.[15] 다만, 등록이 완료된 이후에는 발명자 명의의 변경은 법에 정한 정정사유(특허법 제136조)가 아니므로 그러한 소구(訴求)는 허용되지 않으며, 불법행위로 인한 손해배상의 여지만 남을 것이다.

2. 특허를 받을 수 있는 권리의 공유

특허를 받을 수 있는 권리의 공유는 공동발명(제33조 제 2 항), 상속, 특허를 받을 수 있는 권리의 지분권 양도 등에 의해 발생한다. 특허를 받을 수 있는 권리가 공유인 경우 각 공유자는 다른 공유자 모두의 동의가 있어야 지분을 이전할 수 있다(제37조 제 3 항). 특허를 받을 수 있는 권리가 공유인 경우에는 공유자 모두가 공동으로 특허출원을 하여야 하고(제44조), 공유자 중 일부에 의해서만 출원이 이루어진 것은 등록거절 사유이자(제62조 제 1 호, 제44조) 등록무효 사유이다(제133조 제 1 항 제 2 호).

3. 특허를 받을 수 있는 권리의 이전

(1) 특허를 받을 수 있는 권리의 성질과 이전 가능성

특허를 받을 수 있는 권리는 발명의 완성과 함께 발생한다. 특허를 받을 수 있는 권리는 장차 특허를 출원하여 등록을 구할 수 있는 절차적 기대권이지만, 재산권으로서의 성질도 함께 가진다고 봄이 통설이다.[16] 특허를 받을 수 있는 권리는 이전할 수 있지만(특허법 제37조 제 1 항), 질권을 설정할 수는 없다(특허법 제37조 제 2 항).[17] 그 이유로는, 장차 권리화에 성공할지 여부가 불

15) 실제로 일본에서 그러한 訴의 적법성을 인정한 예로 大阪地裁 平14年 5. 23. 平成11年(ワ)第12699号 판결이 있다.

16) 한편, 특허를 받을 수 있는 권리의 재산권적 측면은, 영업비밀이나 노하우에 대한 이용과 보호, 출원 공개 후 보상금청구권(특허법 제65조) 보장 등을 통해 간접적으로 파악될 뿐 적어도 우리 현행법상으로는 독립적 실체가 없다고 볼 여지도 있다(상세는, 조영선, "특허를 받을 수 있는 권리(발명자권)의 위상검토와 제언", 고려법학 제63호(2011), 73면 이하 참조).

17) 동산 · 채권 등의 담보에 관한 법률 상 "지식재산권담보권"은 해당 법률이 질권설정을 허용하고, 그에 따라 등록이 된 경우에 한해 인정된다(법 제 2 조 제 4 호).

투명할 뿐더러 가치의 평가도 어려워 담보로서 적당치 아니하며, 오히려 그 때문에 경제적 약자인 담보제공자에게 불리할 수 있고, 마땅한 공시방법이 없으며, 경매 등을 통한 집행 과정에서 발명의 내용이 제 3 자에게 공개될 우려가 있다는 점 등이 거론된다.

(2) 특허를 받을 수 있는 권리이전의 효력

1) 특허출원 전에 권리가 이전된 경우

특허출원 전에 이루어진 특허를 받을 수 있는 권리의 승계는 그 승계인이 특허출원을 하여야 제3자에게 대항할 수 있다(특허법 제38조 제 1 항).

(가) 제도의 취지

특허를 받을 수 있는 권리는 재산권의 일종이므로, 양도인과 양수인 사이에서 양도계약만으로 승계가 이루어진다(처분행위).[18] 이는 출원 후의 특별승계가 출원인 명의변경 시 효력이 발생하는 것(제 4 항)과 대조된다. 그럼에도 승계인은 특허출원을 해야 비로소 제 3 자에게 대항할 수 있다. 특허출원 전에 특허를 받을 수 있는 권리가 이전되더라도 대외적으로 아무런 공시방법이 없으므로 이중양도 등 제 3 자의 지위를 불안케 하는 상황이 발생할 수 있다. 특허법은 이에 대비해 승계인의 특허출원을 제 3 자에 대한 대항요건으로 규정한 것이다.[19] 특허를 받을 권리(A)의 보유자 甲이 해당 권리를 乙에게 양도한 뒤, 다시 丙에게 이중양도한 경우를 상정해 보자. 권리(A)가 乙에게 이미 양도되었다면, 동일한 권리(A)가 丙에게 다시 양도될 수는 없고, 그런 의미에서 丙은 엄밀히 말하자면 특허를 받을 권리를 가질 수 없어 그 명의로 적법한 출원을 할 여지도 없다고 해야 한다. 특허를 받을 수 있는 권리를 양도하겠다는 채권계약이야 이중으로도 유효하게 성립할 수 있겠지만, 적어도 단일한 권리를 타인에게 양도하는 처분행위는 법리상 두 번 이상 존재할 수 없기 때문이다.

---

18) 이는 특허를 받을 수 있는 권리 자체를 양수인에게 이전하고, 더이상 이행의 문제를 남기지 않는 내용의 처분행위로서, 장차 특허를 받을 수 있는 권리를 이전해 주기로 하는 채권계약과 구별된다. 다만, 특허를 받을 권리의 양도가 이중양도에 해당하고 그것이 이중양수인의 적극 가담을 통해 배임적으로 이루어진 경우라면 양도계약 자체가 무효로 될 수 있으나(대법원 2014. 11. 13. 선고 2011다77313, 77320(병합) 판결 등), 이는 별개의 문제이다.

19) 이는 지명채권 양도의 경우, 양수인이 확정일자 있는 대항요건(채무자에 대한 통지나 채무자의 승낙)을 갖추어야 제3자에게 대항할 수 있도록 한 민법 제450조와 유사한 법리구조를 갖는다.

결국 특허법 제38조 제 1 항은 이런 경우에도 丙이 그 명의로 먼저 출원을 한다면 그 출원을 특허를 받을 권리를 가진 자의 출원으로 취급해 준다는 '제도적 결단'인 셈이다.

(나) 내용과 적용 범위

'제 3 자'란 특허를 받을 수 있는 권리에 대해 양립할 수 없는 법률상 지위를 취득한 자를 말한다. 권리의 이중 양수인이 전형적이나, 압류채권자나 담보권자, 파산채권자 등도 여기에 해당한다고 본다. 해당 권리에 대해 거래상 혹은 그에 준하는 사유로 법률상 지위를 취득한 주체가 아닌 모인출원자나 불법행위자는 제 3 자로 취급해 대항력 문제를 검토할 필요가 없다.[20]

특허를 받을 권리의 양도인은 '승계인'이 아니고, 그 포괄승계인도 마찬가지라고 해야 할 것이다. 따라서 만일 甲이 특허를 받을 수 있는 권리를 乙에게 양도한 뒤 승계인인 乙이 출원하기 전에 자신의 이름으로 특허출원을 하였다면, 甲은 제38조 제 1 항의 적용을 받을 여지가 없는 모인출원자에 불과하다.[21]

'대항'이란 해당 권리를 두고 법률적으로 양립할 수 없는 자와의 사이에서 우월한 지위를 인정받는다는 의미이다. 따라서 특허를 받을 권리를 두고 양립할 수 없는 법적 지위를 취득한 제 3 자가 있다면 그 지위 취득의 선후를 불문하고 특허를 먼저 출원한 자만이 특허를 받을 권리의 보유자로 취급된다.

(다) 이중 승계인의 동일자 출원 처리

동일한 자로부터 특허를 받을 수 있는 권리를 이중으로 승계한 승계인들이 같은 날에 특허를 출원한 때에는 협의를 통해 출원인을 결정하여야 하고, 협의가 성립하지 않으면 모두 적법한 출원인이 아닌 것으로 처리된다(같은 조 제 2 항, 제 7 항, 제36조 제 6 항).

2) 특허출원 후에 권리가 이전된 경우

특허출원 후에 특허를 받을 수 있는 권리가 이전된 경우, 특허출원인의

20) 中山信弘 · 小泉直樹 編, 新 · 注解 特許法 [第 2 版](上), 青林書院(2017), 517면.

21) 대법원 2020. 5. 14. 선고 2020후 10087 판결 참조(해당 사안에서는 甲이 그런 출원에 근거하여 특허등록을 받은 뒤 특허권을 원고에게 양도하였고, 원고는 특허를 받을 권리의 최초 승계인이었던 피고를 상대로 제38조 제 1 항을 근거로 甲 혹은 자신의 대항력을 주장하였다. 대법원은 甲이나, 그로부터 무효사유(모인출원)가 있는 특허권을 양수한 원고가 제38조 제 1 항의 대항력을 원용할 수 없다고 하면서 원고의 주장을 배척하고 있다).

명의변경신고를 하여야만 비로소 그 이전의 효력이 발생한다(특허법 제38조 제4항, 효력발생요건). 다만, 권리의 상속 기타 일반승계가 있는 경우에는 명의변경신고가 없더라도 즉시 이전의 효력이 발생하나, 승계인은 지체 없이 그와 같은 승계가 일어난 사실을 특허청장에게 신고하여야 한다(특허법 제38조 제5항). 동일한 자로부터 특허를 받을 수 있는 권리를 이중으로 승계한 승계인들이 같은 날에 출원인변경신고를 한 때에도 협의를 통해 변경된 출원인을 결정하여야 하고, 협의가 성립하지 않으면 모두 적법한 변경 출원인이 아닌 것으로 처리된다(같은 조 제6항, 제7항, 제36조 제6항).

4. 특허를 받을 수 있는 권리의 소멸

특허를 받을 수 있는 권리는 특허권의 설정등록, 거절결정의 확정, 권리자의 사망과 상속인의 부존재, 권리자의 권리능력 상실 및 권리의 포기 등으로 인해 소멸한다.[22]

Ⅱ. 모인출원(冒認出願)

1. 모인출원의 의의

특허를 받을 수 있는 정당한 권리자 이외의 자가 특허출원인의 외관을 가지고 있는 경우를 통틀어 강학 상 모인출원이라고 부른다. 특허의 모인출원에 해당하는 모습으로는 i) 정당한 권리자 모르게 제3자가 무단으로 출원하는 경우, ii) 공동발명에 있어 공동발명자 일부를 누락한 채 나머지 공동발명자의 명의로 출원하는 경우, iii) 정당한 권리자의 출원 이후에 제3자가 서류를 위조하는 등 무단으로 출원인 명의변경을 하는 경우, iv) 정당한 권리자와 승계인 사이의 출원인 명의변경 약정에 하자가 있어 특허를 받을 수 있는 권리를 승계한 자의 출원이 결과적으로 무권리자에 의한 출원으로 되는 경우, v) 발명자 등이 특허를 받을 수 있는 권리를 타인에게 이미 양도하고도 스스로 특허를 출원한 경우 등을 생각할 수 있다. 현실에서는 앞서 본 모인출원 중

---

22) 中山信弘, 特許法[第4版], 182면.

ⅰ), ⅱ) 유형이 많이 문제된다. 그 가운데서도, 발명자가 독자적으로 완성시킨 온전한 발명을 제 3 자가 그대로 가로채 자신의 명의로 출원하는 경우보다는 어떤 형태로든 동일한 발명을 둘러싼 복수 주체의 노력이 경합되어 있는 상태에서 그 중 일부 주체만의 명의로 출원이 이루어짐으로써 모인출원이 문제되는 일이 많다. 구체적으로는, A가 제안한 발명의 추상적 아이디어를 B가 구체화하여 B만의 이름으로 특허출원한 경우, A, B가 발명과정에서 일정한 역할을 분담하였음에도 그 중 A를 배제한 채 B만의 이름으로 특허출원 된 경우 등을 들 수 있다.

이러한 문제를 해결하기 위해서는 앞에서 살펴본 발명의 성립시기, 발명자 혹은 공동발명자로 인정되기 위한 요건이 우선 면밀히 검토되어야 하며, 그 연후에 발명자 혹은 공동발명자로 인정된 자의 구제방법으로 어떠한 것이 가능한지가 문제된다.

2. 모인출원의 효과

모인출원은 특허등록의 거절사유이고(특허법 제62조 제 2 호, 제33조 제 1 항, 제62조 제 1 호, 제44조), 등록되더라도 무효사유이다(특허법 제133조 제 1 항 제 2 호, 제33조 제 1 항, 제44조). 아울러, '특허를 받을 수 있는 권리'는 재산권이기 때문에 모인출원의 형태로 위 재산권을 침해하면 당연히 민법상 불법행위를 구성하여 금전배상 책임(민법 750조)이 성립한다.[23)]

3. 모인출원에 대한 정당한 권리자의 구제

특허법은 모인출원에 대하여 정당한 권리자의 구제를 위해 다음과 같은 규정을 두고 있다.

---

23) 판례(대법원 2008. 12. 24. 선고 2007다37370 판결)는, "A, B가 공동발명을 하였음에도 B가 단독으로 특허출원하여 등록을 받은 경우, B는 공동발명자인 A의 특허를 받을 권리를 침해하여, 등록무효심판 등을 거치지 아니하고는 발명에 대한 특허권을 취득·행사하지 못하도록 하였으므로 그와 같은 불법행위로 A가 입은 재산상 손해를 배상할 의무가 있다"고 한 원심의 법리 판단을 수긍하였나. 나아가, 이는 모인출원이 성립하는지 여부를 법원이 손해배상 사건의 재판 전제로서 독자 판단할 수 있음을 암시한다.

(1) 정당한 권리자의 출원과 절차상 특례

모인출원이 있는 경우 정당한 권리자가 스스로 자신의 발명을 특허출원할 수 있음은 물론이다. 그 경우, ① 모인출원에는 선출원의 지위를 인정하지 아니하여 정당한 권리자의 후출원을 보호하고(특허법 제36조 제5항), ② 모인출원이 그 이유로 등록거절되면 모인출원 이후의 정당한 권리자의 출원은 소급하여 모인출원 시에 출원한 것으로 보며(특허법 제34조 본문),[24] ③ 모인출원에 기한 특허등록이 이루어졌더라도 그 이유로 인해 등록무효가 확정되면 모인출원 이후의 정당한 권리자의 출원은 소급하여 모인출원 시에 출원한 것으로 보아준다(특허법 제35조 본문).[25] 특허법은 이처럼 정당한 권리자의 사후 출원에 법적 지위를 보장하는 한편, 만약 모인출원과 정당한 권리자의 출원 사이에 제3자가 발명을 공지시키거나 제3자의 출원이 개재되더라도 출원일 소급을 통해 정당한 권리자의 출원이 신규성·진보성이 부정되거나 후출원으로 떨어지지 않게 배려하고 있다.

(2) 특허권의 이전청구권(특허법 제99조의 2)

1) 도입의 경위

종래, 모인출원에 기해 특허등록이 이루어진 경우 정당한 권리자가 일종의 부당이득반환으로 그 등록명의의 이전까지 청구할 여지가 있다는 논의가 있어 왔으며, 실제로 이를 인정하는 입법례도 존재한다.[26] 판례는, 모인출원

---

24) 단, 모인출원에 대한 등록거절이 확정된 날부터 30일이 지나기 전에 정당한 권리자의 출원이 있어야 한다(특허법 제34조 단서).

25) 단, 등록무효 심결이 확정된 날부터 30일이 지나기 전에 정당한 권리자의 출원이 있어야 한다(특허법 제35조 단서).

26) 이전청구권을 인정하는 입법례로는, 독일(특허법 제8조), 일본(특허법 제74조), 영국(특허법 제8조, 제37조), 프랑스(지적재산법 L611조 8) 등이 있다. 독일 특허법 제8조는, "발명에 관하여 모인출원이 이루어진 경우 진정한 권리자는 모인출원자에 대하여 특허를 받을 지위의 양도를 청구할 수 있고, 모인출원에 의해 이미 특허등록이 이루어진 때에는 특허권자에게 당해 특허의 양도를 청구할 수 있다. 그러한 청구는 특허부여 공고 후 2년 이내에 소(訴)로서 할 수 있으며, 피해자가 모인출원을 이유로 특허부여에 이의신청을 한 경우에는 이의신청에 대한 최종 결과가 있은 날로부터 1년 이내에 소(訴)를 제기할 수 있다"고 되어 있다. 일본은 2011. 6. 특허법 개정을 통해 특허를 받을 권리를 가지는 자는 모인출원에 기한 특허권자에 대하여 당해 특허권의 이전청구를 할 수 있다고 하는 한편, 그러한 이전등록이 이루어지면 당해 특허권은 처음부터 정당한 권리자에게 귀속하였던 것으로 보아 소급효를 인정한다(일본 특허법 제74조).

에 기한 특허등록이 이루어진 경우 정당한 권리자라면 그를 이유로 무효심판을 청구하여(특허법 제133조 제 1 항 제 2 호) 특허법 제35조에서 정한 절차에 따른 구제를 받아야 하고 무권리자를 상대로 직접 특허권의 이전을 구할 수는 없음이 원칙이라고 하는 한편,[27] 출원인이 특허를 받을 수 있는 권리를 제 3 자에게 양도하였으나 그 양도가 무효여서 결과적으로 모인출원이 되거나,[28] 공동발명자 중 일부가 누락되어 모인출원에 해당하는 등 일정한 경우에 한하여 이전청구를 인정하고 있었다.[29] 그러나 2017년 특허법은 정당한 권리자에 대한 강력한 보호를 이유로 앞서 본 절차상 특례에 더하여 특허등록명의 자체를 이전청구할 수 있는 권리까지 전면적으로 부여하기에 이르렀다.

2) 이전청구권의 주체

특허를 받을 권리의 정당한 보유자(발명자 또는 권리의 승계인)는 타인이 동일한 발명에 대하여 모인출원에 기해 특허권을 보유한 경우 그를 상대로 특허권 이전청구권을 행사할 수 있고, 특허를 받을 권리의 공유자는 자신을 누락시킨 출원에 기해 특허권을 보유한 자를 상대로 자신의 지분에 상응하는 지분이전청구권을 행사할 수 있다(특허법 제99조의2 제 1 항).

3) 발명의 동일성 문제

모인출원을 이유로 등록특허 자체를 이전받기 위해서는 피모인 발명과 등록발명이 서로 동일한 것이어야 한다. 그렇지 않다면 이전등록을 통해 다른 사람의 발명적 잉여를 차지하는 또 다른 의미의 부당이득이 성립하기 때문이

---

27) 대법원 2014. 5. 16. 선고 2012다11310 판결.

28) 대법원 2004. 1. 16. 선고 2003다47218 판결(양도계약이 통정허위표시로서 무효); 대법원 2014. 11. 13. 선고 2011다77313 판결(양수인이 양도인의 이중양도라는 배임행위에 적극가담하는 등 공서양속에 반하는 법률행위로서 무효)

29) 서울중앙지방법원 2010. 8. 11. 선고 2009가합136153 판결; 서울고등법원 2010. 12. 16. 선고 2010나87230 판결(확정) 등. 공동발명자에게 지분의 이전청구권을 인정해야 할 필요는 다음의 경우 잘 드러난다. 예컨대, 공동발명자(A, B) 가운데 일부인 B가 단독으로 특허출원과 등록을 하면 A와의 관계에서 모인출원에 해당하여 등록무효 사유를 구성한다(특허법 제133조 제 1 항 제 2 호, 제44조). 그러나 A가 그런 이유로 B명의 특허를 등록무효로 하더라도 여전히 A의 출원만으로는 공동발명자 전원이 출원한 것이 아니어서 부적법하다. 결국 A는 B의 협조를 받아 공동출원하지 않는 이상 특허를 획득할 여지가 없고 오로지 B 단독의 특허를 저지하는 것으로 만족해야 한다. 이런 결과는 매우 불합리하므로 이 경우에는 제반사정을 고려하여 B에게 A의 발명 기여분에 상응한 특허권 지분을 이전하도록 함이 상당하다.

다. 여기서의 동일성 기준과 관련하여 판례[30]는, 무권리자가 타인의 발명의 구성을 일부 변경하여 특허를 출원하더라도 그것이 그 기술분야에서 통상의 지식을 가진 사람이 보통으로 채용하는 정도의 기술적 구성의 부가·삭제·변경에 지나지 않고 그로 인하여 발명의 작용효과에 특별한 차이를 일으키지 않는 등 기술적 사상의 창작에 실질적으로 기여하지 않은 것으로 평가되면 여전히 모인출원이라고 한다.[31] 이에 따르면, 예컨대 甲의 발명 A을 乙이 임의로 가공하여 A' 형태의 발명으로 변형한 뒤 자신의 이름으로 출원하였다고 할 때, A'가 A에 비하여 진보성이 없는 정도의 변형에 그쳤다면 乙의 출원은 여전히 甲의 A 발명에 대한 모인출원에 불과한 반면, A'가 A에 비하여 진보성이 인정될 정도라면 더 이상 모인출원이 아닌 乙의 또 다른 발명으로 취급된다. 물론 이때 乙이 甲과의 관계에서 임의로 A 부분을 이용한 데 대한 부당이득이나 불법행위 책임을 부담하게 됨은 별개의 문제이다. 한편, 이런 경우 甲이 발명 A'에 관하여 자신이 "공동발명자"라고 주장하면서 乙 단독 명의의 출원이 그런 의미에서 모인출원이라고 주장할 수 있는가? 앞서 본 것처럼 본디 공동발명이 되기 위해서는 상호간 공동발명의 주관적 의사를 필요로 하기 때문에 甲으로서는 공동발명자임을 주장할 수 없는 것이 원칙이다. 그러나 甲의 구제를 위해 전체 발명에서 A 부분에 상응하는 만큼 甲에게 지분을 인정해 주는 편이 합리적일 수도 있다. 2017년 개정된 특허법은 특허를 받을 수 있는 권리가 공유였음에도 모인출원을 당한 경우는 지분이전을 청구할 수 있도록 하였다(특허법 제99조의2 제1항 괄호부분). 이는 공동발명자 중 일부가 누락된 채 특허가 출원·등록된 경우를 주로 염두에 둔 것으로 보이나, 앞서 본 예와 같은 경우라면 이를 공동발명에 '준하는' 것으로 보아 지분이전청구권을 인정해도 좋을 것이다.[32]

30) 대법원 2011. 9. 29. 선고 2009후2463 판결.

31) 판례의 표현상, 정당한 권리자의 발명에 비추어 진보성이 없는 정도의 모방이라면 모인출원에 해당한다는 의미로 읽히는 점이 주목된다.

32) 독일에서는 주관적 협력 의사 없이도 발명의 완성에 객관적인 공동관계가 존재했다면 공동발명이 성립할 수 있다는 입장이 주류이다. 따라서 위와 같은 경우에 甲은 乙에 대하여 공동발명자의 한사람으로서 모인출원을 주장하여 자신의 공헌도에 상응한 지분의 이전을 청구할 수 있다고 한다.

4) 이전등록의 소급효

적법한 이전청구권의 행사에 기해 특허권이 이전등록된 경우에는 해당 특허권, 출원공개에 기한 보상금 청구권 등은 모인특허등록시로 소급하여 정당한 권리자에 귀속되는 것으로 본다(특허법 제99조의 2 제 2 항). 또한 이전등록청구권의 행사에 기한 특허권 지분이전에는 다른 공유자의 동의를 요하지 아니한다(특허법 제99조의 2 제 3 항).

특허법은 이처럼 이전등록에 소급효를 인정함으로 인해 생기는 선의의 제 3 자의 지위불안에 대비하여 일정한 요건 아래 통상실시권을 인정하고 있다. 즉, 이전등록된 특허권의 원(原)특허권자,[33] 이전등록 당시의 전용실시권자, 위 특허권이나 전용실시권에 대하여 등록된 통상실시권이나 법정실시권을 가지고 있는 자가 모인출원의 사정을 알지 못하고 국내에서 해당발명의 실시를 하거나 실시사업의 준비를 하고 있는 경우에는 특허권이 정당한 권리자에게 이전등록되더라도 그 사업목적의 범위 내에서 통상실시권을 가진다(제103조의 2 제 1 항). 다만, 그에 대하여는 특허권자에게 상당한 대가를 지급해야 한다(같은 조 제 2 항).

한편, 위와 같은 통상실시권의 범위에 대하여는 검토가 필요하다. 즉, 위 통상실시권이 이전등록 이후 장래에 향하여 종전의 사업을 계속할 수 있다는 의미에 그치는 것인지, 이전등록 전 이미 이루어진 실시행위나 모인자와의 사이에 형성된 법률관계 전체가 통상실시권에 기한 것으로 평가되어 위법하지 않은 것으로 되는지가 그것이다. 일본의 다수 견해는 이를 후자로 해석한다.[34]

33) 특허법 제103조의 2 제 1 항 제 1 호는 “이전등록된 특허의 원(原) 특허권자”라고 하여, 모인출원을 통해 등록된 최초의 특허권자만을 통상실시권의 대상인 것처럼 표현하고 있지만, 이는 입법상 오류인 것으로 보인다. 오히려 원 특허권자는 고의에 의한 모인자인 경우가 많아 위 규정의 적용 대상이 될 여지가 적은 반면, 그로부터 특허권을 양수한 전득자(轉得者) 가운데 보호받아야 할 선의자가 많을 것임에도 현행 규정은 정작 이를 제외하고 있기 때문이다. 따라서 이는 “특허권자”라고 규정하여 전득자도 포함시킴이 상당할 것이다. 우리 특허법 제103조의 2에 상응하는 일본 특허법 제79조의 2 역시 “특허권자”라고 규정하고 있다.

34) 中山信弘, 特許法[第3版], 350~351면; 金子敏哉, “移轉登錄前の冒認出願人の實施による特許權侵害と眞の權利者の損害賠償請求權”, 特許研究 No. 58(2014. 9), 42면; 駒田泰土, “特許權の取戻しと善意の第三者の保護”, 同志社大學知的財産法研究會, 知的財産法の挑戰, 弘文堂(2013), 148~149면; 武生昌士, “特許法79條の２の意義に關する一考察”, 小泉直樹 · 田村善之 編, はばたき－２１世紀の知的財産法, 弘文堂(2015), 366~369면.

생각건대, 특허법 제99조의 2 제 1 항의 "이전 등록 전에 선의로 사업을 하고 있는 경우에…통상실시권을 가진다"라는 문언을 "이전등록이 되면 장래에 한해서(만) 비로소 통상실시권이 발생한다"는 의미로 좁게 해석할 필연성은 없다. 또, 모인특허가 유효한 것으로 믿고 법률관계를 형성한 선의의 제 3 자를 보호해 줄 필요성이라는 면에서 보면 선의의 제 3 자가 동일한 신뢰에 기하여 한 계약이나 실시행위가 이전등록시점 이전의 것은 소급하여 위법하게 되고, 그 이후에는 보호된다고 하는 것은 부당하다. 따라서 이전 등록 이전에 선의로 형성된 법률관계나 실시행위 역시 제103조의 2의 통상실시권에 기해 이루어진 것으로 봄이 상당하다. 그로 인해서 선의의 실시권자 등이 모인자에게 이미 실시료 등을 지급하였다면 이로써 정당한 권리자에게 대항할 수 있을 것이지만, 모인자는 자신이 수령한 실시료 등을 정당한 권리자에게 부당이득으로 반환해야 하는 경우가 많을 것이다.[35)]

5) 심사단계에서의 이전청구권의 문제

특허법 제99조의 2는 등록이 완료된 특허에 대해서만 적용이 있고, 아직 특허등록이 이루어지기 전 심사단계에서의 정당한 권리자의 구제에 대해서는 규정하지 않고 있다. 일본에서는 이 경우 정당한 권리자가 특허를 받을 권리의 확인판결을 받아 단독으로 출원인 명의변경신청을 할 수 있다는 것이 하급심 판례와 실무이고, 그 밖에 학설로는 출원인을 상대로 이행판결을 받아 출원인 명의변경 신청을 할 수도 있다는 견해도 있다.[36)] 우리의 경우에도 모인출원자의 자발적 협조가 없다면 정당한 권리자는 모인출원자를 상대로 '정당한 권리자 지위의 확인을 구하는' 소나 '출원인 명의변경 소'를 제기한 뒤 그 승소판결을 근거로 특허청에 단독으로 출원인 명의변경신청을 할 수 있다고 본다.[37)]

---

35) 이 점에 대한 구체적 논의는, 조영선, "모인특허권에 대한 이전청구의 법률문제", 사법 제39호(2017. 3), 374면 이하.

36) 상세는 中山信弘 · 小泉直樹 編, 新 注解特許法[上], 青林書院, 2011(이하 이 책은 '中山信弘 · 小泉直樹 編, 新 注解(上)'이라고 약칭한다) 422~428면.

37) 궁극적으로는 이 역시 입법을 통해 해결하는 것이 바람직할 것이다. 정당한 권리자의 구제를 위해 특허등록이 완료를 기다려 등록명의 이전만을 허용할 필연성은 없고, 어차피 법관의 판단을 통해 실체상 권리를 가린다는 점에서는 등록 이전이나 이후를 구별할 이유가 없으므로 정당한 권리자는 등록 전 심사 단계에서도 모인출원인을 상대로 명의변경을 구하는 소(공동발명 등의 경우에는 지분이전을 명하는 소)를 제기할 수 있도록 법을 개정함이 상당하다.

4. 관련문제 : 미국 특허법에서의 "Derivation"

과거 미국에서는 실제로 발명을 한 자 만이 특허출원인 적격이 있고 이에 위반하면 거절 및 무효사유였으나, 2011년 개정된 특허법(America Invents Act, AIA)은 선출원주의를 도입하면서 발명자는 물론 발명자로부터 특허를 받을 수 있는 권리를 양수한 자도 발명자를 대신하여 특허출원할 수 있게 하였다(제118조).[38] 아울러, 선출원 발명의 내용이 후출원 발명의 내용을 모인(derive)한 것임을 주장하는 후출원자는 출원발명이 최초로 공개(publication)된 날로부터 1년이 지나기 전까지 미국특허청 항고심판부에 모인심판 청구를 할 수 있다(제135조(a)항 (1),(2)). 심리 결과 청구가 이유 있는 경우 항고심판부는 선출원에 대해 등록거절을 하거나(제135조(d)) 선출원의 발명자 명의를 후출원의 진정한 발명자로 변경할 수 있다(제135조(b)). 이는 실질적으로 모인출원에 대하여 출원인 명의변경 절차를 인정하는 것과 유사한 효과를 낳는다.

아울러 AIA 제291조(a)는 동일발명에 대하여 타인이 모인출원으로 선출원하여 특허등록을 받은 경우 후출원 특허권자는 선출원 특허의 공고일로부터 1년이 지나기 전까지 선출원 특허권자를 상대로 민사소송을 통한 구제를 받을 수 있다고 규정하고 있다. 한편, 미국 판례들은 오래 전부터 모인출원에 대한 정당한 권리자의 구제를 위해 형평법에 따라 특허등록 명의의 이전을 명해 오고 있다.[39]

Ⅲ. 직무발명

1. 의의와 법적 규율

직무발명이라 함은, 종업원·법인의 임원 또는 공무원이 그 직무에 관하여

---

38) 이렇게 이해당사자가 발명자를 대신해 출원한 발명에 대하여 특허를 부여할 때는 그 출원인을 특허권자로 하고, 발명자로 평가되는 자에게는 그 사실을 통지하게 된다.

39) Becher v. Contoure Laboratories, 279 U.S. 388, 49 S.Ct. 356, U.S., 1929; Saco-Lowell Shops v. Reynolds, 141 F.2d 587, C.A.4 1944; Richardson v. Suzuki Motor Co., Ltd. 868 F.2d 1226, C.A.Fed. (Cal.), 1989.

발명한 것이 성질상 사용자·법인 또는 국가나 지방자치단체의 업무범위에 속하고 그 발명을 하게 된 행위가 종업원 등의 현재 또는 과거의 직무에 속하는 발명을 말한다(발명진흥법 제2조 제2호). 그 외의 발명은 '개인발명'이라 칭한다(발명진흥법 제2조 제3호 참조).

특허법은 발명자주의를 취하므로 특허를 받을 수 있는 권리는 원시적으로 발명자에게 귀속한다. 그러나 발명진흥법은 직무발명에 관하여 사용자 등에게 법정의 통상실시권을 인정함과 아울러 특허를 받을 수 있는 권리를 사용자 등이 승계받기로 하는 사전 약정을 유효한 것으로 하고 있다(발명진흥법 제10조, 제13조).

근래의 발명은 기업의 주도하에 이루어지는 연구개발의 결과물인 경우가 대부분이고, 구체적으로는 기업에 소속된 종업원, 임원, 대학이나 국가 연구기관 등에 소속된 직원이 각 기업이나 국가, 지방자치단체와의 고용관계나 재정적 지원에 기하여 발명을 수행하거나 그와 같은 고용 및 지원관계가 존속되는 과정에서 발명에 이르는 경우가 많다. 따라서 위와 같은 경우 그 발명의 성과를 누구에게 귀속시키고 발명으로 얻어지는 이익을 어떻게 적절하게 분배할 것인가 하는 문제가 발생한다.

우리나라는 발명진흥법이 직무발명의 성립요건, 직무발명의 완성사실 및 승계의 통지, 공동발명에 대한 권리의 승계, 보상기준, 직무발명 심의기구, 분쟁조정, 직무발명에 관한 비밀유지의무 등 제반사항을 규율하고 있다.

한편, 발명진흥법은 발명이나 고안은 물론, 디자인에 대해서도 적용되기 때문에(발명진흥법 제2조 제1호 참조) 아래에서 설명하는 직무발명관련 규율은 특단의 사정이 없는 한 종업원이 한 디자인에 대해서도 마찬가지이다.[40]

---

40) 한편, 저작권법은 종업원이 한 업무상 저작물에 대하여 별도의 규율을 하고 있는바, 그 가운데 가장 특징적인 것은 업무상 저작물의 저작권이 사용자에게 원시귀속된다는 점과(저작권법 제9조), 그 경우 종업원에 대한 보상규정이 별도로 마련되어 있지 않다는 점이다. 이와 관련해서 특히 소프트웨어나 응용미술처럼 직무발명과 업무상 저작의 경계가 불분명하거나 중첩되는 분야를 중심으로 법리상·정책상 문제가 지적되기도 한다(이에 대한 상세는, 조영선, "현행 업무상 저작물제도의 문제점과 입법적 제언", 계간저작권 제103호(2013), 34면 이하).

2. 직무발명의 성립요건

(1) 발명이 사용자의 업무범위에 속할 것

일반적으로 사용자의 업무범위는, 개인일 경우 그 개인이 추구하는 현실적인 사업내용을 중심으로 파악해야 하며, 법인의 경우에도 정관의 기재 등에 구애됨이 없이 사용자가 현실적으로 행하고 있거나 장래 행할 구체적 예정이 있는 업무를 포함한다. 정관에 기재된 회사의 목적은 주로 주주의 보호나 거래상 권리능력 판단 등의 기준이 되는 것으로서, 직무발명 해당여부의 기준으로 삼기에는 적절치 않기 때문이다. 사용자의 업무범위는 비교적 폭넓게 해석되며 널리 영업 방침에 부합하는 범주에서 행해진 발명은 사용자의 업무범위에 속하는 것으로 보아도 무방하다. 국가의 경우에는 발명을 한 공무원이 속하는 기관별로 그 기관의 고유 업무범위에 속하는지 여부를 통해 업무성을 판단하면 좋을 것이다.[41] 실무상 직무발명의 해당여부에서 주로 문제되는 것은 아래에서 보는 종업원의 직무해당성 문제이다.

(2) 종업원 등(종업원, 법인의 임원[42] 또는 공무원)이 그 직무에 관하여 한 발명일 것

1) 종업원의 개념

종업원이란 사용자와의 고용계약 등에 기하여 타인의 사무에 종사하는 피용자를 말하며, 정식의 고용계약에 의한 종업원은 물론 사실상 사용자에게 고용되어 노무를 제공하는 지위에 있으면 사용자와 종업원의 관계가 성립한다. 임시적으로 고용된 자, 고문이나 기능습득 중인 양성공 및 수습공을 포괄하며, 상근·비상근·보수지급 유무 등을 불문하고 사용자와 고용관계에 있는 한 종업원이다. 파견 근로자(파견근로자보호 등에 관한 법률 제 2 조)에 대해서는 일반적으로 파견사업주와 파견근로자 사이에 급여의 지급을 포함한 근로관계가 유지되고 사용사업주와 파견근로자 사이에는 사용자와 종업원 관계가 없는 것이 보통이나, 직무발명에서의 사용자는 당해 발명을 행한 종업원이 누구의 지휘,

41) 中山 編, 注解(上), 338～339면.

42) 법인의 대표이사·이사·임시이사·감사, 주식회사의 이사·감사, 합자회사의 무한책임사원 등이 포함된다.

명령, 감독 하에 누구의 설비 등을 이용하여 기술적 사상의 창작에 이르렀는지에 따라 결정될 문제이기 때문에 파견사업주가 아닌 사용사업주와의 사이에서 직무발명관계가 성립할 여지도 얼마든지 있다.[43] 직무발명제도는 발명에 관하여 인적, 물적 기반을 제공한 사용자와 기술적 사상을 제공한 종업원 사이의 이해를 조정하기 위하여 마련된 것이기 때문에 민법의 고용계약이나 근로기준법상 근로관계를 결정하는 기준과는 달리 임금의 지급 외에도 누가 당해 발명에 관하여 자금, 자재, 연구비, 연구재료, 보조인력 등 연구의 편의를 제공하였는지 등의 요소를 종합적으로 고려함이 마땅하다. 그로 인해 복수의 주체가 사용자로 평가되어 저마다 법정의 통상실시권을 취득하거나 특허를 받을 권리를 공동으로 양수할 가능성도 있다.

2) 대학교수의 발명

대학교수의 발명이 직무발명에 해당하는지 여부에 관하여는, 연구와 교육이라는 대학교수의 본분과 학문의 자유라는 측면에서 일반 종업원발명과 같이 볼 수 없음을 이유로 원칙적으로 직무발명성을 부인하는 견해도 있으나[44] 대학의 교수나 연구팀이 기업의 지원을 받아 연구를 수행하는 일이 크게 증가하고 있고 국·공립 대학의 경우에는 '전담기구', 사립대학의 경우에는 '산학협력단' 등이 주체가 되어 대학 구성원이 한 발명에 관한 권리를 양도받아 통합관리하면서 적정한 대가와 방식으로 산업계에 이전하는 한편 그 이익의 일부를 대학에 환원시키는 일이 보편적으로 된 현실에 비추어 더 이상 교수의 발명을 일률적으로 자유발명이라고 평가할 수만은 없다.[45]

대학교수의 직무발명에 대한 법적 취급은 다음과 같이 유형화하여 고찰하는 견해가 타당하다 할 것이다.[46]

첫째, 교수가 대학으로부터 특정연구비를 지원받았거나 특별한 연구목적

43) 竹田 稔, 知的財産權侵害要論(特許 · 意匠 · 商標編) [第 5 版], 發明協會(2007), 476면.

44) 정상조, "대학교수의 특허권," 법조 통권 제524호(2000년 5월호), 96~97면.

45) 일본과 독일에서도 종래 대학교수의 발명을 원칙적으로 폭넓게 자유발명이라고 보아 오고 있었으나 독일에서는 2002년 2월 「종업원발명법」의 개정을 통해 대학교수의 발명에 대하여 폭넓게 직무발명성을 인정하는 방향으로 입법 태도를 바꾸었고, 일본 또한 2004년 4월부터의 국립대학 법인 제도의 도입에 의해서 대학교원의 직무발명에 관한 기관 귀속 원칙을 일반화시켰다.

46) 구대환, "직무발명의 귀속과 보상," 법학 제46권 3호(2005년 9월호), 서울대학교 법학연구소, 177~178면.

을 위해 설치된 설비나 인원을 이용한 발명은 직무발명에 해당한다. 그러나 국립대학교수의 발명은 전담조직이 권리를 승계하고, 사립대학은 근무규칙 또는 산학협력단과의 산학협력계약에 의거하여 대학이 권리를 예약승계할 수 있으며 위와 같은 경우 특허를 받을 수 있는 권리는 대학에 귀속하게 된다.

둘째, 연구과제의 특정이나 연구비의 지원이 없이 전공분야에 관하여 완성한 발명은 비록 자신이 속한 전공에 관한 것이고 교수가 대학으로부터 그 전공에 대한 일반적 연구와 교육의 대가로 급여를 받고 있다 하더라도 원칙적으로 자유발명에 해당한다. 한편, 일본의 유력설 가운데는, "헌법상 보장된 연구의 자유는 연구성과의 귀속에까지 대학교원의 권리를 보장하는 의미는 아니다. 분명 대학교원은 발명을 의무로 행하는 것이 아니고 연구과제를 자유로 선택할 수 있지만, 스스로 결정한 연구테마를 수행하는 것은 결국 직무상의 의무를 수행하는 것에 다름 아니다. 따라서 이를 대학교원의 '직무'로 보는데 아무런 지장이 없다"고 하는 견해도 있다.[47]

셋째, 외부 기업체로 부터 연구과제를 부여받고 연구비를 지급받아 완성한 발명은 대학교수와 연구개발을 의뢰한 외부 기업 간의 계약내용에 따라 처리될 사안으로서 원칙적으로는 자유발명이라고 보아야 할 것이다. 다만, 대학의 연구시설 등을 이용한 경우 대학은 연구계약·학칙·직무발명규정 등에 따라 이를 직무발명으로 간주하거나 그에 상응하는 권리를 발명에 관하여 주장할 수 있다.

넷째, 교수가 대학으로부터 연구비를 지원받지 않고 대학의 연구시설도 이용하지 않은 채 완성한 발명은 완전한 자유발명으로서 발명에 관련된 모든 권리가 전적으로 교수 개인에게 귀속된다.

아울러, 대학교수의 발명과 관련하여서는, ① 대학교수의 발명이 직무발명으로 대학에 그 권리가 승계되더라도 대학교수가 연구를 계속하기 위하여 필요한 한도에서 이를 무상으로 실시할 필요가 있다는 점, ② 비판과 토론을 통한 검증 등의 학문적 이유에 의하여 연구성과를 공표할 필요와 연구성과를 특허 등을 통해 권리화에 성공할 때까지 공지시키지 말아야 할 대학의 이해관

---

47) 玉井克哉·宮田由紀夫 編著 '日本の産學連携', 玉川大學出版部(2007) 가운데 玉井克哉 교수가 집필한 "産學連携と學問の自由-ドイツの職務發明制度改革から見る大學の將來像[第4章]" 부분.

계를 어떻게 조화시킬 것인지 등도 문제된다.[48]

3) 공무원의 발명

'공무원'은 국가공무원법에 의한 국가공무원 및 지방공무원법에 의한 지방자치단체 소속 공무원을 모두 포함한다. 발명진흥법 제10조 제2항은, "공무원 또는 국가나 지방자치단체에 소속되어 있으나 공무원이 아닌 자의 직무발명에 대한 권리는 국가나 지방자치단체가 승계할 수 있으며,[49] 국가나 지방자치단체가 승계한 공무원등의 직무발명에 대한 특허권등은 국유나 공유로 한다. 다만, 「고등교육법」 제3조에 따른 국·공립학교 교직원의 직무발명에 대한 권리는 「기술의 이전 및 사업화 촉진에 관한 법률」 제11조 제1항 후단에 따른 전담조직이 승계할 수 있으며, 전담조직이 승계한 국·공립학교 교직원의 직무발명에 대한 특허권등은 그 전담조직의 소유로 한다."고 규정하고 있다. 공무원의 직무발명에 대한 특허권의 귀속과 보상규정으로서 「국가공무원등 직무발명의 처분·관리 및 보상 등에 관한 규정」(대통령령) 및 그 시행규칙이 있으며, 지방공무원의 직무발명에 대해서는 각급 지방자치단체에서 조례나 규칙

48) 독일의 종업원발명법은 대학교원의 발명을 원칙상 직무발명으로 보는 대신, 그 특수성을 감안해 제42조에 특칙을 두고 있다. 이 규정에 따르면, ①과 관련하여 종업원인 교원은 교육·연구활동의 범위 내에서 직무발명을 자유롭게 이용할 수 있으며, 학문의 자유에 따라 발명의 내용을 공표하기 원하지 않는 경우 사용자인 대학에 대한 직무발명 통지의무를 면해준다. ②와 관련해서는, 교원이 자신의 발명 내용을 공개하기 위해서는 사전에 사용자인 대학 측에 그 의사를 통지하도록 요구하고 있다. 독일 종업원 발명법에 따르면 사용자는 원칙상 직무발명을 승계해 특허출원할 의무를 지는바(제13조), 이는 종업원인 교원과의 관계에도 적용되며, 대학이 해당 직무발명을 활용하여 수익을 얻는 경우 발명자인 교원은 그 30%까지 이익의 배분을 받을 수 있다(Sanna Wolk·Kacper Szkalej, *Employee's Intellectual Property Rights—AIPPI Law Series*, *2nd Edit.*, 2018, 179~180면).

49) 종래 동 규정은 '승계한다'라고 하여 마치 공무원의 직무발명은 국가나 지자체에 자동승계되는 것처럼 표현하고 있었던 반면, 관련 대통령령(공무원 직무발명의 처분·관리 및 보상 등에 관한 규정) 제6조는, "① 제5조 및 제8조 제2항에 따라 신고를 받은 발명기관의 장은 그 발명이 직무발명에 속하는지 여부와 해당 직무발명에 대한 국가승계 여부를 결정하여야 하며, 특별한 사유가 없으면 신고를 받은 날부터 4개월 이내에 그 결과를 해당 공무원에게 서면으로 통지하여야 한다. ② 발명기관의 장으로부터 국가승계 결정의 통지를 받은 발명자는 지체 없이 그 직무발명에 대하여 특허를 받을 수 있는 권리 또는 특허권을 국가에 양도하여야 한다"고 하여 별도의 승계절차가 필요함을 분명히 하고 있었다. 필자는 이와 같은 모순을 지적하면서 규정의 상충을 제거하기 위한 입법적 조치가 필요하다고 해왔는바, 2021년 개정된 발명진흥법(법률 제18405호)은 공무원 등의 직무발명을 '임의 승계'로 개정함으로써 이를 해결하였다.

으로 '공무원 직무발명 보상규정'에 준하여 보상요령을 정하고 있다.

(3) 발명을 하게 된 행위가 종업원 등의 현재 또는 과거의 직무에 속할 것

'발명을 하게 된 행위'라 함은 발명을 착상하고 구체화하여 완성을 하기까지의 행위 일체로서, 정신적 활동뿐만 아니라 여기에 부수되는 구체적 모든 행위를 말하며, '종업원의 현재 또는 과거의 직무에 속하는 것'이란 고용관계에 있는 동안 종업원 등에게 부여된 소관업무 가운데 당해 발명과 관계있는 것 일체를 말한다. 담당하는 직무내용과 책임범위로 보아 발명을 꾀하고 이를 수행하는 것이 당연히 예정되거나 기대되는 경우는 물론,[50] 사용자 등이 처음부터 발명목적으로 고용하지는 않았지만 회사사정에 따라 어떤 구체적인 발명을 하도록 명령하거나 과제를 부여한 경우를 포함한다. 종업원의 지위는 특허출원시점이 아니라 발명이 완성된 시점을 기준으로 판단되어야 하므로 종업원이 퇴직 전에 완성한 발명을 숨기고 있다가 퇴직 후에 특허출원을 하더라도 직무발명에 해당한다.[51] 퇴직 후에 완성한 발명에 관하여는 고용관계가 종료된 후에 발명한 것이라면 비록 재직 중의 직무에 관한 것이라 하더라도 직무발명으로 볼 수는 없다. 다만, 종업원이 발명의 완성 직전에 퇴직하였다든지, 재직기간에 체득한 지식과 경험이 발명을 완성하는 데 결정적 역할을 한 경우 등 특별한 사정이 있는 경우에는 '퇴직 후'라도 과거의 '직무'에 속한다고 볼 여지가 있다. 사용자로서는 연구일지[52] 작성의 의무화 및 주밀한 점검과 같은

---

50) 대법원 1991. 12. 27. 선고 91후1113 판결.

51) 다만, 그 현실적인 증명에는 상당한 어려움이 따를 것이고, 이를 추단케 하는 간접사실들을 종합하여 사실인정을 하는 수밖에 없을 것이다.

52) 연구의 진실성·연속성 확보는 물론, 연구주체의 확정 및 연구에의 기여도 평가를 통해 향후의 분쟁에 대비하도록 하는 연구노트의 중요성이 강조되고 있다. 연구노트는 연구·개발의 일련 과정을 기재하는 일종의 장부로서, 서면으로 작성되기도 하지만 전자파일의 형태로 작성되는 예도 많다. 미국이나 유럽 등 선진국에서는 오래 전부터 일정한 보안시스템을 갖춘 전자 연구노트 등 공신력 있는 연구노트가 특허분쟁에서 유력한 증거로 활용되어 오고 있다. 우리나라에서도 교육과학기술부가 2007. 12. 국가연구개발사업 연구노트 관리 지침(교과부 훈령)을 제정하여 연구노트의 요건과 작성방법의 가이드라인을 제시한 바 있다. 이에 따르면 연구노트는 위·변조 없이 객관적인 사실만을 기록하고 연구수행 과정 및 결과를 제 3 자가 재현할 수 있도록 하며, 수정·삭제·추가 시 서명과 날짜 표시를 해야 한다. 연구자는 연구과제가 종료 또는 중단되면 작성한 연구노트를 소속 연구기관의 장이 지정한 부서에 제출해야 하며, 퇴직, 휴직 및 참여 변경 등의 사유가 있을 경우 해당 시점까지 작성한 연구노트를 소속 연구기관에 반납해야 한다. 연구기관의 장은 작성일부터 30년 동안 연

연구관리를 통하여 퇴직 직원의 발명행위에 관해 발생할 수 있는 직무발명 논란에 대비할 수 있을 것이다. 퇴직 후 일정 기간 안에 이루어진 발명은 전 사용자가 승계한다는 내용의 고용계약규정, 이른바 추적조항(Trailing clause)은 사용자가 강자로서의 지위를 남용하여 부당하게 강요하는 등 민법의 일반원칙(공서양속)에 반하지 않는 한 유효하다고 볼 것이다.[53] 퇴직 종업원이 특허출원과정에서 영업비밀을 공개하거나 어떤 발명의 실시가 영업비밀의 사용에 해당하는 경우 부정경쟁방지 및 영업비밀보호에 관한 법률 위반이 될 수 있으며, 발명진흥법 제19조(비밀유지의무)에도 저촉된다.

⇨ **대법원 1991. 12. 27. 선고 91후1113 판결**

악기 회사의 공작과 지능직사원으로 입사하여 회사를 퇴직할 때까지 공작과 내 여러 부서에 숙련공으로 근무하면서 금형제작, 센터핀 압입기 제작, 치공구개발 등의 업무에 종사한 자가 피아노 부품의 하나인 플랜지의 구멍에 붓싱을 효과적으로 감입하는 장치를 고안한 경우, 위 근무기간 중 위와 같은 고안을 시도하여 완성하려고 노력하는 것이 일반적으로 기대되므로 위 고안이 직무발명에 해당한다.

3. 직무발명의 효과

(1) 권리의 귀속

1) 일반 원칙

자유발명에 기한 권리가 발명자에게 원시귀속되는 것은 말할 것도 없고, 직무발명에 해당하더라도 당해 발명으로 인한 특허를 받을 수 있는 권리는 발명자인 종업원에게 귀속되는 것이 원칙이다(발명진흥법 제10조 제1항). 다만, 이에 대한 예외로서 공무원의 직무발명에 대한 권리는 국가 또는 지방자치단체가 승계할 수 있으며, 국가 또는 지방자치단체가 승계한 공무원의 직무발명

구노트를 보관하고, 열람과 관리대장을 구비하는 등 일정한 절차와 기구를 통하여 이를 관리하여야 한다. 또한, 2011. 10.에는 연구노트 작성과 관리에 관한 지침확립을 위해 국가과학기술위원회 훈령 19호(연구노트지침)가 제정되었고, 2013. 7.에는 연구노트의 활용 촉진을 내용으로 하는 발명진흥법에 제9조의2가 신설되었다. 아울러 연구노트 작성의 확산과 정착을 위한 공적(公的) 기구로서 연구노트지원 확산본부가 구성·운영되고 있는 실정이다.

53) 송영식 외 2, 지적소유권법(상) 제8판, 277～278면.

에 대한 특허권 등은 국유 또는 공유로 하고, 고등교육법 제 3 조에 따른 국·공립학교 교직원의 직무발명에 대한 권리는 기술의 이전 및 사업화 촉진에 관한 법률 제11조 제 1 항 후단에 따른 전담조직이 승계할 수 있고, 전담조직이 승계한 국·공립학교 교직원의 직무발명에 대한 특허권 등은 그 전담조직의 소유로 한다는 점은 앞서 본 바와 같다.

2) 권리의 승계

종업원 등은 직무발명에 대하여 특허를 받을 수 있는 권리 등을 계약 또는 근무규칙에 의하여 사용자 등으로 하여금 승계하게 하거나 전용실시권을 설정할 수도 있으며(예약승계의 유효), 실제로 직무발명에 관하여 위와 같은 사전승계 약정이 활용되고 있는 경우가 적지 않다. 사용자가 종업원과의 사이에 직무발명으로 특허를 받을 권리에 대해 예약승계 약정을 한 경우에는 특허를 받을 수 있는 권리는 직무발명이 완성된 때부터 사용자에게 승계된다(2024. 2. 4. 개정된 발명진흥법[54] 제13조 제 1 항). 구 발명진흥법 제13조는 사전 승계약정에도 불구하고 사용자의 승계의사표시를 승계효력 발생의 정지조건으로 삼고 있었고, 판례[55] 또한 같은 취지였으나, 법 개정으로 승계시점이 위와 같이 변동되었다. 다만, 사전에 승계약정이 있는 경우에도 사용자는 대통령령으로 정하는 기간 내에 승계를 거절하는 의사를 표시할 수 있으며(제13조 제 1 항 단서), 이 경우 특허를 받을 수 있는 권리는 종업원에게 귀속된다.[56]

개정 발명진흥법이 직무발명에 대해 사전 승계약정이 있는 경우 사용자의 승계의사 통지가 있으면 발명 완성 시에 소급하여 사용자에게 권리승계의 효

54) 법률 제20197호(2024. 8. 7. 시행).

55) 대법원 2012. 11. 15. 선고 2012도6676 판결: 乙은 회사 甲의 이사로서 그 종업원이다. 乙은 甲과의 사이에 '乙이 甲 회사에 재직하는 기간 중 독자적으로 또는 타인과 함께 개발한 모든 발명은 발명 즉시 甲에게 서면으로 공개하여야 하고, 그 발명에 대한 일체의 권리는 甲에게 독점적 · 배타적으로 귀속되는 것으로 한다'고 약정하였다. …(중략) 직무발명에 대한 사전승계 약정에 따라 甲이 법정 기간 내에 승계 의사 통지를 함으로써 직무발명에 대한 권리는 비로소 甲에게 승계된다고 판시.

56) 구 발명진흥법의 구조로는, ① 사전 승계 약정이 있더라도 사용자가 승계의사표시를 한 때에 비로소 승계의 효력이 발생하고(제13조 제 2 항), ② 사용자가 소정의 기한 내에 의사표시를 하지 않으면 승계권이 포기된 것으로 취급(제13조 제 3 항)하였던 데 비하여, 개정 발명진흥법은 ① 사전 승계약정이 있으면 발명 완성 시에 즉시 사용자에게 승계효과가 발생하지만, ② 사용자는 소정의 기한 내에 승계를 일방적으로 포기할 수 있도록 한 것이다(제13조 제1, 2항).

력이 발생하는 것으로 규정한 것은, 종전 규정에 의하면 종업원이 사전 승계 약정에도 불구하고 직무발명으로 인한 특허를 받을 수 있는 권리를 제3자에게 이중양도하는 경우 사용자에게 별도의 대항력이 없어 불리하였던 점을 개선하기 위한 것으로 알려져 있다.[57] 그러나 개정법에 의하더라도 사용자는 특허를 받을 수 있는 권리를 소급하여 '승계' 하는데 불과하므로, 만약 이중양수인이 먼저 출원하면 여전히 그에게 대항하지 못한다는 점(특허법 제38조 제1항)에는 변함이 없다.

한편, 발명진흥법 제10조 제1항 단서에 따르면 사용자가 대기업인 경우에는, 직무발명에 관하여 종업원으로부터 특허를 받을 권리나 특허권을 승계하든지 전용실시권을 설정받기로 하는 계약이나 근무규정을 마련해야만 뒤에서 보는 사용자의 통상실시권을 인정받을 수 있다.[58] 이는, 스스로 직무발명을 실시하는 사용자의 입장에서는 굳이 보상을 하고 권리를 승계하지 않더라도 자신에게 보장되는 무상의 통상실시권을 활용하는 것만으로 충분한 경우가 많고, 그 결과 실시능력이 없는 종업원은 직무발명의 대가를 보장받기 어려움을 고려한 입법이다.[59] 이 규정을 통해 대기업에 대하여는 직무발명의 승계가 일정 부분 강제되는 효과가 생길 것으로 보인다.

직무발명을 제외한 자유발명에 대하여 미리 사용자 등에게 특허를 받을 수 있는 권리 등을 승계시키거나 전용실시권을 설정하도록 하는 계약이나 근무규정의 조항은 이를 무효로 한다(발명진흥법 제10조 제3항). 근로계약의 체결단계에서 종업원 등이 상대적으로 약한 지위에 있음을 악용하여 직무와 관련

---

57) 국회의안정보 발명진흥법 일부개정법률안(의안번호 제2126229호) 개정이유 부분.

58) 발명진흥법 제10조 제1항 : 직무발명에 대하여 종업원등이 특허등록을 … 받으면 사용자등은 그 특허권에 대하여 통상실시권(通常實施權)을 가진다. 다만, 사용자등이 「중소기업기본법」 제2조에 따른 중소기업이 아닌 기업인 경우, 종업원등과의 협의를 거쳐 미리 다음 각 호의 어느 하나에 해당하는 계약 또는 근무규정을 체결 또는 작성하지 아니한 경우에는 그러하지 아니하다.

1. 종업원등의 직무발명에 대하여 사용자등에게 특허등을 받을 수 있는 권리나 특허권 등을 승계시키는 계약 또는 근무규정
2. 종업원등의 직무발명에 대하여 사용자등을 위하여 전용실시권을 설정하도록 하는 계약 또는 근무규정

59) 종업원이 자신의 직무발명 특허권을 제3자에게 양도하려 하더라도, 사용자는 여전히 양수인에게 통상실시권으로 대항할 수 있기 때문에, 제3자가 특허권의 양수를 꺼리기 쉽고, 가사 양수하더라도 대금의 감액이 불가피한 경우가 대부분이다.

없이 이루어진 종업원의 개인발명까지 사용자가 승계할 수 있도록 함으로써 종업원 등에게 일방적으로 불리한 근로조건을 강요하는 것을 방지하기 위함이다. 그렇지만, 자유발명을 포함하여 기업의 업무범위에 있는 발명에 관하여 제 3 자에게 이를 승계시키는 거래를 하기 전에 종업원으로 하여금 사용자와의 사이에 우선적으로 승계협의를 하기로 계약이나 근무규칙으로 정하는 것까지 무효라고 새길 필요는 없다. 또한 계약이나 근무규칙 가운데 자유발명에 관하여 사전승계를 강제하는 부분이 포함되어 있다면 자유발명에 관한 부분만 일부무효라고 보면 족하고, 그 밖에 직무발명과 관련된 계약이나 근무규칙 전체를 무효로 볼 이유는 없다.[60]

한편, 판례[61]는 직무발명에 관하여 종업원의 정당한 권익을 보호하고자 하는 법 취지에 비추어 보면, 종업원의 의사가 명시적으로 표시되거나 혹은 묵시적 의사를 추인할 수 있는 명백한 사정이 인정되는 경우 이외에는 특허를 받을 수 있는 권리나 특허권을 사용자에게 승계시키는 합의가 성립되었다고 쉽게 인정해서는 안 된다고 한다.[62]

예컨대, 사용자가 직무발명에 관해 종업원으로부터 권리를 적법하게 승계하지 않은 채 자신의 이름으로 특허등록하고 해당 특허발명을 실시한 경우, 직무발명자인 종업원이 입은 손해를 산정함에 있어 침해로 인한 손해배상액 산정 규정(예컨대 특허법 제128조 제 2 항, 제 4 항)을 유추적용할 수 있는지가 문제된다. 판례는 이를 특허를 받을 수 있는 권리의 침해 문제로 파악하는 한편, 종업원이 입은 손해는 정당한 보상금 상당액이고 그 금액은 직무발명제도와 그 보상에 관한 법령의 취지, 당사자들 사이의 관계, 특허를 받을 수 있는 권리를 침해하게 된 경위, 발명의 객관적인 기술적 가치, 유사한 대체기술의 존재 여부, 발명에 의해 회사가 얻을 이익과 사용자 공헌도, 회사의 과거 직무발명에 대한 보상금 지급례, 특허의 이용 형태 등 관련된 모든 간접사실들을 종합하여 정함이 상당하며, 만연히 특허법 제128조 제 2 항을 유추적용하여 사

60) 中山 編, 注解(上), 345면; 대법원 2014. 11. 13. 선고 2011다77313, 77320 판결.

61) 대법원 2011. 7. 28. 선고 2010도12834 판결.

62) 그러나 앞서 본 대로 발명진흥법 제10조 제 1 항 단서는 대기업으로 하여금 가급적 직무발명을 승계하도록 강제하고 있는바, 위와 같은 판례의 태도는 이제 법 규정과 어울리지 않는 면이 있다. 앞으로 재고될 여지가 있을 것이다.

용자가 실시로 인해 얻은 이익을 종업원의 손해로 보아서는 안 된다고 한다.[63]

3) 공동발명의 경우

종업원 등의 직무발명이 제3자와 공동으로 행하여진 경우 계약이나 근무규칙에 따라 사용자 등이 그 발명에 대한 권리를 승계하면 사용자 등은 그 발명에 대하여 종업원 등이 가지는 권리의 지분을 갖는바(발명진흥법 제14조), 이는 "특허를 받을 수 있는 권리가 공유인 경우에는 각 공유자는 다른 공유자의 동의를 얻지 아니하면 그 지분을 양도할 수 없다"는 특허법 제37조 제3항에 대한 예외를 이룬다.[64]

4) 직무발명에 관한 권리의 이중양도 문제

직무발명에 대해 특허를 받을 권리는 종업원에게 원시 귀속되고, 사용자는 이를 승계해야 특허출원인의 적격을 가진다. 2024년 개정 발명진흥법은 사전 승계약정이 있는 경우 직무발명의 완성 시에 특허를 받을 수 있는 권리가 사용자에게 승계되는 것으로 하였지만(법 제13조 제1항), 사용자가 특허를 받을 수 있는 권리를 '원시취득'하는 것이 아닌 이상,[65] 개정 법에 의하더라도 사용자는 여전히 권리의 '승계인'에 불과하기 때문에 특허를 받을 권리의 이중양도가 이루어진다면 해당 이중양수인과의 사이에서 먼저 출원하는 자가 대항력을 갖게 된다는 점에는 변함이 없다(특허법 제38조 제1항). 이처럼 사용자와 사전승계 약정을 한 종업원이 약정을 어기고 특허를 받을 권리를 제3자에게 양도하는 일이 생기는 경우, 그를 둘러싼 법률관계의 해결이 필요해지는 바, 이에 대해서는 다음과 같이 여러 각도에서 접근이 필요하다.

(가) 특허법적 측면

甲(종업원)이 직무발명에 대해 특허를 받을 수 있는 권리를 乙(사용자)과 丙(제3자)에게 이중양도 하였더라도 출원 전인 乙로서는 우선권을 주장할 여

63) 대법원 2008. 12. 24. 선고 2007다37370 판결. 생각건대, 이론적으로는 위 판시가 타당하나 현실적으로는 특허법 제128조 제2항이나 제4항에 의해 산정된 손해액이 그런 제반사정을 모두 반영한 기준금액으로 기능하는 수도 많을 것이다. 특히 실시료 상당 손해액(제128조 제5항)은 대개 종업원 보상의 기초가 되는 사용자의 초과이익에 수렴하는 게 보통이다.

64) 대법원 2012. 11. 15. 선고 2012도6676 판결도 같은 취지를 판시하고 있다.

65) 만약, 사전승계에 기해 사용자가 특허를 받을 권리를 원시취득 한다면 이후 제3자의 이중양수 및 이에 기한 출원은 모인출원에 불과하고, 출원의 대항력 문제는 발생하지 않게 된다. 실제로 일본 특허법 제35조 제3항은 그와 같이 규정하여 이 문제를 해결하고 있다.

지가 없고 만약 丙이 특허를 먼저 출원한다면 특허법 제38조에 따라 그가 적법한 승계인으로서 특허절차를 진행할 수 있게 된다.

다만, 甲이 乙과의 사전승계약정을 어기고 권리를 이중양도하는 행위에 丙이 적극적으로 개입하였다면 위와 같은 甲, 丙 간의 이중양도계약은 반사회질서 법률행위로서 무효이다.[66] 이 경우, 丙의 출원은 권리 없는 자에 의한 모인출원이므로 乙은 정당한 권리자로서 자신의 이름으로 특허출원을 한 뒤 특허법 제34조 혹은 제35에 따른 절차상 구제를 받거나, 丙 앞으로 특허등록이 이루어진 이후라면 등록 명의에 대한 이전청구권을 행사할 수 있다(특허법 제99조의 2).

⑷ 민사법적 측면

乙로서는 승계약정을 어긴 甲에게 채무불이행 책임을 물을 수 있음은 물론이다. 한편 뒤에서 보는 바와 같이 직무발명에 대한 이중양도는 특단의 사정이 없는 한 배임이므로 이때 甲의 행위는 불법행위 요건을 만족하게 된다. 만약 丙이 甲과 공모하여 이중양도의 배임행위를 하게 하였다면 甲, 丙이 공동불법행위 책임을 진다. 문제는, 그로 인한 손해의 내용이 단지 乙이 장차 특허권을 획득하여 활용할 수 있었을 가능성의 상실일 뿐이라는 점이다. 생각건대, 이 경우 "영업비밀을 부정취득한 자는 그 취득한 영업비밀을 실제 사용하였는지 여부에 관계없이 부정취득행위 그 자체만으로 영업비밀의 경제적 가치를 손상시킴으로써 영업비밀 보유자의 영업상 이익을 침해하여 손해를 입힌다고 봄이 상당하다"는 판례[67]의 취지를 유추함이 상당하다. 그 결과 특허를 받을 수 있는 권리의 침해로 인한 손해 역시 권리의 '경제적 가치에 대한 손상'으로 파악하여 추상적으로 평가해야 할 것이다. 현실적으로는 해당 직무발명의 특허 가능 정도, 발명의 기술적·경제적 가치, 경쟁기술·대체기술의 존재 여부, 유사한 특허발명이 거래되거나 실시허락이 이루어진 일이 있다면 그 거래 대금 및 실시료의 규모 등을 종합적으로 고려하여 손해액을 산정하게 된다.

---

66) 대법원 2014. 11. 13. 선고 2011다77313, 2011다77320(병합) 판결 역시 '직무발명 사전승계 약정 등의 적용을 받는 종업원 등이 직무발명을 완성하고도 그 사실을 사용자 등에게 알리지 아니한 채 그 발명에 대한 특허를 받을 수 있는 권리를 제3자의 적극 가담 아래 이중으로 양도하는 행위는 민법 제103조에서 정한 반사회질서의 법률행위로서 무효'라고 판시하였다.

67) 대법원 2011. 7. 14. 선고 2009다12528 판결.

㈐ **형사법적 측면**

판례[68]는 사용자와의 사이에 직무발명의 승계약정을 한 종업원이 그 발명의 내용에 관한 비밀을 유지한 채 사용자 등의 특허권 등 권리의 취득에 협력하여야 할 의무는 자기 사무의 처리라는 측면과 아울러 상대방의 재산보전에 협력하는 타인 사무의 처리라는 성격을 동시에 가지고, 이러한 경우 그 종업원 등은 배임죄의 주체인 '타인의 사무를 처리하는 자'의 지위에 있으므로, 종업원이 그 임무를 위반하여 특허를 받을 수 있는 권리를 제 3 자에게 이중으로 양도하고 제 3 자의 특허권 등록을 통해 발명의 내용이 공개되도록 하였다면, 이는 사용자 등에게 손해를 가하는 행위로서 배임죄를 구성한다고 한다.

㈑ **부정경쟁방지법 측면(영업비밀 침해)**

한편, 사용자와 종업원 사이에 직무발명이 완성되는 경우 비밀을 유지하기로 하는 약정이 이루어지는 경우는 매우 흔하다. 그런데 종업원이 이를 어기고 직무발명의 내용을 제 3 자에게 공개하는 경우가 문제 되며, 제 3 자에게 특허받을 권리를 이중양도함으로써 결과적으로 발명의 내용이 공개되는 것도 그 하나의 예이다. 그런데 판례[69]는 이와 관련하여 '종업원이 특허받을 권리의 귀속주체인 한, 그에 대한 영업비밀의 보유자이기도 하므로 종업원이 비밀유지 약정을 어기고 비밀을 누설하더라도 사용자가 직무발명 승계 전이라면 영업비밀 침해가 아니라고 한다(부정경쟁방지법 제 2 조 제 3 호 라.목 적용을 배제). 그러면서 이를 업무상 배임으로 규제하는 한편, 발명진흥법상 비밀유지의무(발명진흥법 제19조, 제58조)나 직무발명에 포함된 사용자의 개개 영업비밀에 대한 침해책임을 묻는 것으로 족하다고 한다.

그러나 이에 대해서는 다음과 같은 비판이 가능하다.[70] 즉, ⅰ) 직무발명에 대해 특허를 받을 수 있는 권리가 누구에게 귀속되는지와 그 직무발명의 내용을 영업비밀로 유지하고 공개와 사용을 거부할 수 있는 주체가 누구인지는 법리상 별개의 문제이며, 직무발명에 관한 권리를 사용자가 승계하지 않더라도 사용자로서는 종업원과의 사이에서 그 내용을 비밀로 유지하기로 약정할 수 있

---

68) 대법원 2012. 11. 15. 선고 2012도6676 판결.

69) 대법원 2012. 11. 15. 선고 2012도6676 판결.

70) 이 문제에 대한 상세한 논의는, 조영선, "종업원에 의한 직무발명의 사용·공개와 영업비밀 침해", 인권과정의 통권 제483호(2019), 101면 이하 참조.

고, 그런 계약은 공서양속에 반하지 않는 이상 효력을 부정할 이유가 없으며 사용자는 영업비밀의 귀속주체가 될 수 있다는 점, ⅱ) 판례처럼 업무상 배임으로 이 문제를 해결하는 것은 '임무의 위배'나 '사무의 타인성'을 둘러싼 이론적 의문을 초래하고 부정경쟁방지법이 제 2 조 제 3 호 라. 목 위반 영업비밀 침해죄의 법정형을 형법상 업무상 배임보다 높여 놓은[71] 취지를 몰각하며, 부정경쟁방지법이 영업비밀 침해의 대응책으로 마련한 여러 제도적 장치들을 이용할 수 없게 한다는 점, ⅲ) 발명진흥법상 비밀유지의무는 그 본래의 취지에 비추어 부정경쟁방지법 제 2 조 제 3 호 라. 목을 대체하기 부족하다는 점,[72] ⅳ) 직무발명에 내재된 사용자의 영업비밀을 개별적으로 특정하여 침해로 다룰 수 있다는 인식은 현실성이 떨어진다는 점 등이다.[73] 결국, 비밀유지의무가 부과된 종업원의 직무발명은 사용자의 영업비밀이고, 종업원이 이를 사용자의 의사에 반해 공개하는 것은 영업비밀 침해를 구성한다고 보아야 할 것이다.

㈑ **입법론**

이상과 같이 직무발명으로 인한 권리의 이중양도로 복잡한 법률관계가 형성되는 것은 우리 발명진흥법이 직무발명으로 인한 권리를 종업원에게 일괄적으로 원시귀속시키는 한편, 사전승계 약정이 있는 경우에도 사용자에게 소급적 귀속을 인정하지 않기 때문이다. 이는 비교법적으로 이례에 속하고 제도적

71) ⅰ) 부정경쟁방지법 제 2 조 제 3 호 라. 목 위반의 영업비밀침해죄 : 10년 이하의 징역 또는 5억원 이하의 벌금(외국에서 사용될 것을 알면서 행한 경우에는 15년 이하의 징역 또는 15억원 이하의 벌금). ⅱ) 업무상배임: 10년 이하의 징역 또는 3천만원 이하의 벌금(형법 356조). ⅲ) 직무발명 공개죄(발명진흥법 제58조) : 3년 이하의 징역 또는 3,000만원 이하의 벌금(친고죄).

72) 본디 발명진흥법상 비밀유지의무 규정은 사용자가 특허출원 하기 전에 종업원이 그 내용을 공개함으로써 신규성 상실 등을 초래하여 사용자의 권리승계를 무의미하게 만드는 것을 방지하기 위한 것이며 그 자체로 사용자와 종업원 사이에 별도로 존재하는 영업비밀 준수약정의 효력을 배제하는 효력이 있다고 해석할 근거가 없다. 오히려 위 규정은 사용자와 종업원 사이에 별도로 비밀준수 약정이 없는 직무발명에 대해 존재의의를 가진다.

73) 많은 직무발명에서 사용자로부터 유래한 기술적 정보와 종업원이 비로소 창작한 기술적 정보, 그리고 공지기술은 유기적으로 결합되어 그중 사용자의 영업비밀에 대한 개별적 특정이 곤란하고, 직무발명에 매몰되어 별도로 공개 여부를 단정하기 어렵다. 예컨대, 물질개발과정에서 실패한 데이터에 대해 사용자는 영업비밀 침해를 주장할 수 없다. 종업원의 권리에 속하는 직무발명에 내재되어 독립적·개별적 위상이 없고, 특정할 수도 집행할 수도 없기 때문이다. 판례의 태도에 의하면 실패의 데이터는 사용자의 영업비밀임에도 종업원이나 그로부터 직무발명의 내용을 전수받은 경쟁자가 임의로 활용할 수 있다는 결과가 된다.

측면에서도 장점보다 단점이 많다. 따라서 사전승계 약정이 있고 사용자가 승계 의사표시를 한 경우에는 직무발명 완성시점에 소급하여 사용자에게 특허를 받을 권리가 원시귀속되는 것으로 향후 제도의 변환을 모색해 볼 필요가 있을 것이다.

(2) 사용자 등의 권리(통상실시권)

직무발명에 대하여 종업원 등이 특허등록을 받은 경우에 사용자 등은 그 특허권에 대하여 통상실시권을 가진다(발명진흥법 제10조 제1항). 이는 일종의 법정 통상실시권으로서, 등록하지 않더라도 그 이후에 특허권을 양수한 자에 대하여 대항할 수 있다고 해석되며(특허법 제118조 제2항 참조), 무상의 통상실시권이라고 보아야 한다. 사용자의 법정 통상실시권은 발명자 등으로부터 특허권을 양수한 자가 사용자에게 특허권을 행사할 때 사용자의 항변으로 유용하게 활용될 수 있다. 또한, 사용자가 직무발명에 대하여 법정의 통상실시권을 취득한 이상, 직무발명의 내용을 그대로 실시하는 경우는 물론이고, 이를 개량 실시하더라도 무방하며 그 과정에서 직무발명과 이용관계를 형성하더라도 관계가 없다 할 것이다.

직무발명에 대한 통상실시권은 사용자에게 법이 인정하는 최소한의 보장책이므로 종업원은 사용자의 의사에 반하여 실시권을 소멸시키거나 훼손하는 행위를 하여서는 아니 된다. 종업원이 특허권을 포기하거나 정정심판을 청구하는 경우에는 사용자의 동의를 받아야 하는 것(특허법 제119조 제1항, 제136조 제7항)이 그 구체적 예이다.

사용자의 통상실시권도 일반적인 통상실시권의 경우처럼 제3자에게 양도할 수 있는가? 이를 달리 취급할 명문상의 근거가 없는 이상 실시사업과 같이 이전하는 경우 또는 상속 기타 일반승계의 경우에는 동의 없이, 그 외에는 특허권자의 동의를 얻어 이를 제3자에게 이전할 수 있다 할 것이며(특허법 제102조 제5항), 사용자의 통상실시권의 이전, 변경, 소멸, 질권설정 등은 등록해야만 제3자에게 대항할 수 있다(특허법 제118조 제3항).[74]

직무발명에 관한 통상실시권을 취득하게 되는 사용자는 그 피용자나 종업원이 직무발명을 완성할 당시의 사용자이고, 그에 따른 특허권의 등록이 그

---

74) 中山 編, 注解(上), 342면.

이후에 이루어졌다고 하여 등록 당시의 사용자가 그 통상실시권을 취득하는 것은 아니다.[75] 따라서 A가 사용자 B의 종업원으로 있으면서 직무발명을 완성하고 새로운 사용자 C의 기업으로 이직한 뒤 자신의 명의로 특허등록을 하였다면, 그 직무발명 특허에 대하여 통상실시권을 취득하는 것은 등록당시의 사용자인 C가 아니라 발명 당시의 사용자인 B이다.

직무발명에 대한 통상실시권이 발생하는 시기는 언제인가? 발명진흥법이 종업원 등이나 특허받을 권리의 승계인이 특허를 받으면 사용자는 그 특허권에 대하여 통상실시권을 갖는다고 규정하고 있으므로(발명진흥법 제10조 제1항), 종업원이나 승계인이 특허등록을 한 때 사용자의 통상실시권도 발생한다고 보아야 한다. 따라서 예컨대 종업원 A가 직무발명을 완성한 뒤 자신의 명의로 특허를 획득한 경우는 물론, 사용자 B에 대한 승계약정에 위반하여 이를 제3자 C에게 양도하고, C가 그 명의로 특허를 출원하여 등록받았다면(특허법 제38조 제1항 참조), C 명의의 특허등록이 이루어지는 때 B는 통상실시권을 획득하여 C에게 대항할 수 있게 된다.

사용자가 특허를 받을 수 있는 권리를 승계하였다가 이를 종업원에게 반환하거나 제3자에게 양도한 경우 여전히 통상실시권을 가지는지가 문제될 수 있다. 이론적으로는 사용자가 특허를 받을 권리를 취득하는 순간 통상실시권은 혼동에 의해 소멸한다고 볼 것이다. 현실적으로도 특허를 받을 권리를 반환하거나 제3자에게 양도한 사용자에게 또다시 통상실시권을 인정하는 것은 사용자의 과잉보호 인데다가 거래의 안전도 해치므로 부당하다.[76]

(3) 종업원 등의 권리(정당한 보상청구권)

1) 법률의 규정

종업원 등은 직무발명에 대하여 계약 또는 근무규정에 의하여 특허권 등을 사용자 등으로 하여금 승계하게 하거나 전용실시권을 설정한 때에는 정당한 보상을 받을 권리를 가진다(발명진흥법 제15조 제1항). 한편, 발명진흥법 제15조는 직무발명에 대하여 정당한 보상을 확보해 주기 위한 절차보장을 강화하고 있다. 즉, i) 사용자는 보상형태와 보상액 결정기준, 지급방법 등이 명

75) 대법원 1997. 6. 27. 선고 97도516 판결.

76) 中山信弘, 特許法[第4版], 67면.

시된 보상규정을 작성하여 종업원에게 문서로 알려야 하고, 그에 의해 결정된 보상액 등 구체적 사항도 종업원에게 문서로 알려야 하며(발명진흥법 제15조 제2항, 제4항), ii) 보상규정의 작성이나 변경에 관하여 대통령령이 정하는 바에 따라 종업원과 협의하되, 이를 종업원등에게 불리하게 변경하는 경우에는 종업원 과반수의 동의를 받아야 한다(같은 조 제3항, 제5항). iii) 위와 같은 제반 절차를 준수하여 보상이 이루어진 경우에는 정당한 보상이 이루어진 것으로 본다(제6항 본문). 근래 발명의 대다수가 직무발명에 해당하는 바, 사용자의 입장에서 직무발명에 관해 종업원과의 사이에 정당한 보상이 이루어졌는지에 관해 제한 없이 분쟁을 겪어야 한다면 그로 인한 영업상 부담이 너무 커져 불합리하다는 고려가 반영된 것이다.[77)]

한편, 위 절차를 준수하지 않은 직무발명 보상규정에 기해 보상이 이루어졌거나, 그 보상액이 직무발명으로 사용자가 얻을 이익, 발명에 대한 사용자와 종업원의 공헌도를 고려하지 않고 결정된 때에는 정당한 보상으로 보지 않는다(같은 조 제6항 단서). 발명진흥법 제15조 제6항을 위와 같이 규정한 것은 같은 조 제2 내지 5항에 따라 종업원이 정당한 보장을 받을 수 있게 절차적 정당성을 강화하는 외에, 보상액 산정 시 사용자의 이익과 종업원의 공헌도를 적정히 고려하는 등 실체적 정당성 또한 보장하기 위한 것이라고 설명된다.[78)] 보상금액이 정당하지 않다고 여기는 종업원은 사용자를 상대로 법원에 정당한 보상금의 지급을 구하는 소를 제기할 수 있고, 종국적으로는 직무발명 보상금의 적정 여부가 법관에 의해 다시 판단 받게 된다.

사용자 등이 직무발명에 대한 권리를 승계한 후 출원하지 않거나 출원을

---

77) 일본은 2004년 종업원발명 규정의 개정을 통해, 사용자와 종업원 사이에 직무발명 보상에 관한 근무규칙이 협의, 개시(開示) 및 의견청취 등 충분한 절차적 보장 아래 정해지고, 그에 기해 보상이 이루어졌다면 정당한 보상으로 보게 되었다(제35조). 위 법개정은 정당한 보상을 둘러싼 종업원과의 제한 없는 분쟁으로 사용자가 겪는 법적 지위의 불안 등 산업계의 어려움을 덜어주기 위한 것으로 알려져 있다(中山信弘, 特許法[第4版], 78~79면).

78) 특허청, 개정 직무발명보상제도 해설 및 편람(2013), 108면. 그런데 제6항 단서는 사용자가 얻을 이익, 발명에 대한 사용자와 종업원의 공헌도를 "고려하지 않고" 결정된 때에는 정당한 보상으로 보지 않는다고 하고 있는 바, 자칫 위 각 요소를 "전혀 고려함 없이" 보상액이 결정된 경우에 한해 정당한 보상이 아닌 것이 되고, 위 요소를 고려·반영은 하였으되 그 금액이 상당하지 않은 경우에는 법관의 개입 여지가 없는 것으로 잘못 읽힐 여지가 있다. 이는 불필요한 오해를 낳는 것이어서 입법기술상 올바르다고 보기 어렵다.

포기 또는 취하하는 경우에도 발명을 한 종업원 등에게 정당한 보상을 하여야 한다. 발명을 출원하여 특허등록하지 않고 단지 영업비밀로 유지하기로 한 경우에도 사용자 등으로 하여금 종업원 등에게 그에 상당한 보상을 해 주도록 하는 것이다. 이 경우 그 발명에 대한 보상액을 결정함에 있어서는 그 발명이 산업재산권으로 보호되었더라면 종업원 등이 받을 수 있었던 경제적 이익을 고려하여야 한다(같은 법 제16조). 직무발명이 특허요건을 갖추지 못한 경우에도 보상을 받을 수 있는지가 문제될 수 있다. 특허요건을 갖추지 못한 직무발명에까지 보상이라는 인센티브를 줄 필요는 없다는 입론도 가능할 것이나, 직무발명이 언제나 특허를 받을 수 있는 정도에 이르러야만 보상받을 수 있다는 법문상 근거는 없다. 따라서 이 역시 정당한 보상의 대상이 될 것이며, 그런 사정은 보상액 산정에 참고하면 된다.

공무원의 직무발명에 대하여 제10조 제 2 항의 규정에 따라 국가 또는 지방자치단체가 그 권리를 승계한 경우에는 대통령령이나 조례로 정한 바에 따라 정당한 보상을 하여야 한다(같은 법 제15조 제 7 항).

2) 정당한 보상액 산정의 문제

상당 수 기업이 근무규정에서 직무발명에 대한 예약승계 및 그에 관한 대가보상 약정을 두고 있으며, 직무발명에 대한 대가보상은 아이디어의 내부적 제안에 대하여 지급하는 제안보상, 출원 시에 지급하는 출원보상, 특허등록 시에 지급하는 등록보상, 그리고 제 3 자에게 실시권을 부여하거나 사용자가 스스로 당해 직무발명을 실시하여 얻는 판매실적 등에 따라 지급하는 실시보상 등 단계적으로 이루어지는 것이 보통이다. 그러나 직무발명에 대한 정당한 보상의 문제는 발명에 이르게 된 경위, 직무발명의 가치, 직무발명이 실제로 특허를 획득하였는지, 무효사유를 안고 있지는 않은지, 직무발명을 사용자가 직접 실시하고 있는지 제 3 자에게 실시권을 부여하였는지, 실시권 부여의 형태가 다수의 특허를 대상으로 한 포괄 실시권 계약인 경우 그 가운데 당해 직무발명이 차지하는 비중을 어떻게 평가할 것인지 등 수많은 변수를 포함하고 있는 것이어서 매우 어려운 문제에 속한다. 직무발명과 관련해서는 법 제15조 제 1 항에서 정한 '정당한 보상'의 실체는 무엇이며 이를 어떤 기준에 따라 산정할 것인가, 법 제15조 제 6 항에서 정한 '직무발명에 의하여 사용자 등이 얻을 이익', '직무발명의 완성에 사용자 등 및 종업원 등이 공헌한 정도'를 어떻게 평가할 것인가 등이 차례로 문제된다.

(가) 사용자가 얻을 이익의 평가 기준시점

법 조문상으로는 '사용자가 얻을 이익'이라고 규정되어 있어 승계시점에 있어서 장래의 수익 등을 예상한 추상적인 가액을 산정하는 것을 예정하고 있는 것으로 보이지만, 실제로는 직무발명이 사후에 실제로 특허를 획득할 수 있는지 여부도 불투명하고 그 구체적인 시장가치나 성공여부도 알 수 없는 경우가 많으며 위와 같은 위험부담은 고스란히 사용자가 부담하여야 하는 경우가 대부분이어서 승계시점에 그 발명의 승계로 인하여 사용자가 얻을 이익을 객관적으로 산정하는 것은 극히 곤란하다. 따라서 사용자가 얻을 이익을 평가함에 있어서는 승계 이후 실제로 사용자가 거둔 실시료 수입 등 사용자가 실제로 얻은 이익을 참고자료로 하여 이를 사후적으로 산정하는 것이 합리적이라 할 것이다. 우리나라의 하급심 판결들은 같은 전제에 서 있고[79] 일본의 하급심 법원도 대체로 마찬가지이다.[80]

(나) 초과이익으로서의 성질

① 무상의 동상실시권과의 관계 위와 같이 사용자가 스스로 실시하여 획득한 이익이나 제3자로부터 취득한 실시료 등 현실로 얻은 이익을 참작하더라도, 사용자가 특허발명의 실시에 의해 받은 이익의 전부가 '사용자가 받을 이익'이 되는 것은 아니다. 사용자는 특허를 승계하지 않더라도 어차피 직무발명에 관하여 발명진흥법 제10조에 의하여 무상의 통상실시권을 가지기 때문에, 사용자가 특허를 승계함으로써 비로소 얻게 되는 추가적인 이익은 '타인의 실시를 배제하고 이를 독점적으로 사용하거나 사용권을 설정함으로써 얻게 되는 이익'으로 한정해야 하기 때문이다.[81] 결국 '발명에 의해 사용자가 얻을 이익'은 사용자의 발명에 대한 통상실시권을 넘는 독점권에 기한 이익이고, 구체적으로는 실시권 계약을 통하여 얻는 실시료 수입이나, 제3자를 배

---

79) 예컨대 서울고등법원 2010. 2. 11. 선고 2008나106190 판결; 서울고등법원 2009. 8. 20. 선고 2008나119134 판결 등.

80) 예컨대 東京地裁 平18年 1. 26. 판결(判時1943号 85頁).

81) 같은 취지의 설시로, 대법원 2011. 9. 8. 선고 2009다91507 판결; 대법원 2017. 1. 25. 선고 2014다220347 판결 등.

제한 채 독점적으로 발명을 실시함으로써 얻게 되는 초과이익(제 3 자에게도 실시권을 부여한 상태에서의 사용자의 매상에 기한 이익과의 차액) 등이다.

한편, 사용자가 직무발명 특허를 제 3 자에게 양도한 대가 역시 독점권에 기한 이익으로서 보상금 산정의 기초가 됨은 물론이지만, 이때에도 그 양도대금에서 앞서 본 법정실시권의 대가에 상응하는 금액을 뺀 잔액을 기준으로 해야 한다. 사용자에게 보장되는 법정실시권도 원칙상 유상양도의 대상이 되는 바, 사용자가 받은 특허권 양도대금에는 위와 같은 통상실시권의 양도대금이 포함·혼동(混同)되어 있으며, 따라서 양도 대금 전액을 기초로 보상금을 산정하는 것은 부당하기 때문이다.[82]

② '독점권 기여율'의 반영 이처럼, 직무발명으로 인해 사용자가 얻은 이익 가운데 무상의 통상실시권에 기해 어차피 얻을 수 있었던 부분을 공제하고 순수하게 직무발명 특허권(독점권)이 공헌한 비율을 실무상 '독점권 기여율'이라고 부르며, 이를 적용한 부분만을 직무발명 보상의 근거가 되는 매출액이나 사용자 이익액으로 삼게 된다.

독점권 기여 정도를 판단할 때 실무는, 사용자의 실시여부,[83] 경쟁자들의 대체기술 보유여부,[84] 특허의 무효사유 유무와 정도,[85] 사용자가 실시권을 실제로 설정한 일이 있는지 여부[86] 등을 주로 검토하는 것으로 파악된다. 판례[87]는 사용자가 제조·판매하고 있는 제품이 직무발명의 권리범위에 포함되지 않더라도 그것이 직무발명 실시제품의 수요를 대체할 수 있는 제품으로서 사용자가 직무발명에 대한 특허권에 기해 경쟁회사로 하여금 직무발명을 실시

82) 같은 취지. 中山信弘·小泉直樹 編, 新 注解(上), 551면. 한편, 우리 판례(대법원 2010. 11. 11. 선고 2010다26769 판결)는 "사용자가 직무발명을 양도한 경우에는 특별한 사정이 없는 한 그 양도대금을 포함하여 양도 시까지 사용자가 얻은 이익액만을 참작하여 양도인인 사용자가 종업원에게 지급해야 할 직무발명 보상금을 산정해야 한다"고 판시하고 있으나, 이 사건에서 주된 쟁점은 특허권의 양수인이 직무발명에 기하여 얻은 이익액도 정당한 보상액의 산정 기준에 포함되는지 여부였기 때문에 이 판례만으로 우리 대법원이 이와 다른 입장을 가지고 있다고 단정키는 어렵다.

83) 서울중앙지방법원 2017. 7. 21. 선고 2015가합3186 판결; 서울중앙지방법원 2019. 12. 13. 선고 2015가합523659 판결 등.

84) 특허법원 2018. 6. 22. 선고 2018나1176 판결 등.

85) 서울중앙지방법원 2017. 7. 21. 선고 2015가합3186 판결 등.

86) 서울중앙지방법원 2019. 12. 13. 선고 2015가합523659 판결 등.

87) 대법원 2011. 7. 28. 선고 2009다75178 판결; 대법원 2017. 1. 25. 선고 2014다220347 판결.

할 수 없게 함으로써 매출이 증가하였다면, 그로 인한 이익을 직무발명에 의한 사용자의 이익으로 평가할 수 있다고도 한다. 한편, 독점권 기여율을 높이는 구체적 인자로는, i) 유사한 기술적 역량을 가진 경업자들이 다수 존재하는 것,[88] ii) 해당발명의 권리범위가 넓고 뚜렷한 점(개척발명, 원천기술인 경우), iii) 특허기술이라는 것 자체가 매출신장에 긍정적인 점[89] 등을 생각할 수 있다. 반면에, 사용자의 시장 점유율이 이미 높다거나, 직무발명 특허가 개량발명에 불과하거나, 이미 비침해 경쟁기술이 다수 존재하거나, 직무발명 특허의 권리범위가 좁거나 불명확하거나 무효가능성이 있다면 독점권 기여율은 낮게 평가될 것이다.[90]

③ 독점권 기여율과 직무발명 기여도의 구별 한편, 독점권 기여율과 개념상 구분되어야 하는 것으로서, '직무발명 기여도'가 있다. 독점권 기여율이 '법적 배타성'이 매출에 기여하는 정도를 의미하는데 비하여, 직무발명 기여도는 권리가 아닌 '기술 자체'가 매출에 기여하는 정도를 의미한다. 이는 해당 기술이 특허권자의 입장에서 사용되지 않고 단지 실시권자의 입장에서 사용되었다고 하더라도 여전히 매출을 유인할 수 있는 정도라고 표현할 수도 있다. 구체적으로는 i) 전체제품에서 해당 기술이 차지하는 비중, ii) 수요자 흡인력, iii) 기술자체의 혁신성이나 수명, iv) 원가절감 효과, v) 시장에서 사실상 독점인 네트워크 효과나 잠금효과(Locking Effect)를 초래하는 정도, vi) 타인의 선행특허에 대한 우회능력, vii) 사용자의 신용, 기업 규모, 홍보, 마

---

88) 사용자를 포함한 경업자들이 모두 비 배타적으로 경쟁한다면 시장의 분점(分占) 효과가 강하여 무상의 통상실시권이 사용자 매출에 미치는 영향은 작을 것이다. 환언하면, 이 경우 사용자로서는 특허권이라는 독점·배타권을 통해 경쟁자들을 시장에서 배제함으로써 높은 매출을 기대할 수 있으며, 그런 의미에서 독점권의 기여 정도가 크다고 할 수 있다. 예컨대, 다수의 제네릭(복제약) 기업들이 경쟁하는 제약분야에서 특허권을 보유하는 경우와 실시권만을 가진 경우를 상정하면 이를 뚜렷이 이해할 수 있다.

89) 예컨대 직무발명이 해당 분야에서 표준특허에 해당하는 경우, 사용자로서는 단순 실시권에 기해 실시하는 경우보다 훨씬 높은 매출을 기대할 수 있다. 또한, 해당 시장에서 소비자들이 '특허받은 제품'에 대한 선호가 그렇지 않은 제품에 비해 큰 성향을 보인다면 이 또한 독점권 기여율을 높이는 인자로 파악할 수 있다. 제품에 대해 특허를 보유하고 있음을 마케팅에 활용하여 매출을 신장하거나, 특허제품이라는 이유로 거래처 납품에 성공한 경우 등이 여기에 해당한다.

90) 이상의 점에 대한 상세는, 조영선, "직무발명 보상금 산정의 법적 문제들에 대한 검토와 제언", 사법 제58호(2021), 551~553면.

케팅, 일반적 기술력, 가격경쟁력 등 기술적 가치 외에 매출에 영향을 주는 요소의 크기 등을 들 수 있다. 이론상, 직무발명 기여도는 직무발명 특허의 배타권과 무관한 것으로서 사용자가 무상의 통상실시권만을 통해 제품을 생산·판매하는 경우에도 마찬가지 역할을 하므로 직무발명 보상액 산정시 직접 반영될 것은 아니고, 다만 그와 같은 장점들이 시장에서의 가격경쟁력 보장 등을 통해 사실상 독점력을 확보하는데 기여한 점이 인정되면 비로소 고려의 대상이 되어야 한다. 지금까지의 실무는 이를 독점권 기여율과 명확히 구분하지 않은 채 혼용해 오고 있는 실정이지만,[91] 양자를 구분하는 하급심 판결도 발견되기 시작하였다.[92]

㈐ **구체적 이익액의 산정**

특허를 받을 지위의 승계로 인하여 사용자가 얻는 이익은 그 발명이 가지는 객관적·경제적 가치이고, 이는 현실적으로 그 발명을 제 3 자에게 양도하거나 실시허락을 하는 대가로서 계량 평가되는 일이 많을 것이다. 근래 특허기술을 담보제공하거나 양도함에 있어 그 가치를 평가하기 위하여 소득(이익) 접근법, 비용 접근법, 시장사례 접근법, 실물옵션 접근법 등을 이용하여 특허기술의 가치를 계량적으로 평가하거나 적정 로열티를 산정하는 방법이 다양하게 실시되고 있는바, 소송과정에서 감정절차를 통하여 혹은 당사자 일방이 감정기관에 의뢰한 결과를 서증으로 제출하는 형식을 통해 해당특허의 객관적 가치평가에 관한 자료를 수집하는 것이 필수적이라 할 것이다.[93] 한편, 사용자가 승계한 특허발명을 직접 실시하는지 제 3 자에게 실시권을 부여하는지, 혹은 스스로도 실시하고 제 3 자에게도 실시권을 부여하는지, 실시권 부여의 형태가 포괄적 실시권계약인지 아닌지, 그리고 이른바 크로스라이센스 계약에

91) 특허법원 2021. 2. 3. 선고 2020나1155 판결; 특허법원 2020. 2. 14. 선고 2018나1725 판결; 서울고등법원 2014. 3. 20. 선고 2013나34640 판결; 서울중앙지방법원 2012. 11. 23. 선고 2010가합41527 판결 등. 이에 대한 비판으로는, 조영선, "직무발명 보상금 산정의 법적 문제들에 대한 검토와 제언", 사법 제58호(2021), 553~556면.

92) 서울중앙지방법원 2021. 7. 16. 선고 2019가합54220 판결(직무발명 기술이 제조원가 절감에 기여한 예).

93) 기술의 이전 및 사업화 촉진에 관한 법률에 따르면 정부는 신뢰성 있는 기술평가를 할 수 있는 기관과 인력을 육성하는 등 필요한 시책을 마련하여야 하고(법 제32조), 객관적이고 전문적인 기술평가시장을 조성하기 위하여 기술진흥원 등으로 하여금 기술평가 기법을 개발하게 하여야 한다(법 제34조 제 1 항).

따라 상대방과의 사이에 상호 교차하여 복수의 발명에 대한 실시권을 주고 받는 경우, 그 가운데 해당 직무발명이 차지하는 비중을 어떻게 평가하는지에 따라 사용자가 얻을 수 있는 구체적 이익의 산정기준을 달리 보는 것이 합당하다.

㈑ 사용자의 공헌도 참작

직무발명은 그 본질적인 성격상 종업원이 사용자가 제공하는 인적, 물적 기반에 의존하여 이루어지는 경우가 대부분이기 때문에 직무발명에 있어 사용자의 공헌도를 반드시 참작해야 한다. 또한, 기업은 계속적인 연구개발 활동을 행하여 축적된 기술정보를 활용하고, 방향성을 정하여 과제해결을 시도하며, 많은 연구개발 비용을 투하하기 마련이지만 그 결실이 그대로 나타나지 않는 경우도 허다하고 무엇보다 그로 인한 위험을 고스란히 기업이 부담하는 반면 종업원은 위험을 부담하지 않는다는 점도 반드시 고려되어야 한다. 참고적으로 우리나라와 법제가 유사한 일본의 하급심 판결들은 직무보상액의 산정결과 직무발명자에게 지급될 금액이 큰 경우, 사업자의 공헌도를 높게 평가하여 이를 사실상 감액하는 경향을 보이고 있다.[94)]

㈒ 종업원 간 기여분 반영

많은 경우 직무발명은 복수의 종업원에 의해 공동발명의 형태로 이루어진다. 따라서 그중 일부 종업원이 정당한 보상금을 청구하였다면, 최종적으로는 전체 직무발명 가운데 해당 종업원의 기여분을 판정하여, 그만큼만 보상금에 반영하게 된다.

3) 사용자 이익액 산정의 유형별 검토

정당한 보상금 산정의 기초가 되는 사용자의 이익액은 ⅰ) 사용자가 스스로 발명을 실시하는 경우, ⅱ) 사용자가 스스로는 실시를 하지 않고 제3자에게 실시권을 설정하는 경우, ⅲ) 사용자 스스로도 발명을 실시하는 한편 제3자에게 실시권도 설정하는 경우, ⅳ) 사용자 스스로도 발명을 실시하지 않고 실시권 설정도 하지 않은 채 발명을 방기하는 경우로 나누어 고찰할 필요가 있다.

---

94) 2007년 이전 10년간 직무발명이 문제된 일본의 하급심 판결(東京地裁 및 東京高裁) 13건 가운데 사용자 공헌도로 인정된 수치는, 95~97.5%가 7건, 90~94%가 3건, 80%와 70%가 각 1건씩, 50%가 1건으로 확인되고 있다(출처 : 飯村敏明 외 1, 知的財産關係訴訟, 342면).

(가) 사용자가 스스로 발명을 실시하는 경우

일반적으로 직무발명에 대한 정당한 보상액의 산정은 「사용자의 매출액 × 독점권 기여율 × 가상 실시료율(바람직하게는 사용자 이익률) × 종업원 공헌도(=(1-사용자 공헌도)) × 종업원 기여분」의 산식에 따라 산출된다.

① 보상금 산정의 기초가 되는 이익(A)의 산정

㉮ 'A=사용자 매출액 × 독점권 기여율 × 가상 실시료율' 방식 사용자가 직무발명을 실시하여 올린 총 매상고 가운데 사용자에게 보장된 무상의 통상실시권에 기한 실시분을 초과하는, 독점·배타적 실시권에 기한 매상고(이를 실무상 '독점권 기여분'이라고 부르는 경우가 많다)만을 확정한 뒤 거기에 가상의 실시료율을 곱한 금액을 보상금 산정의 기초가 되는 이익으로 삼는 방법으로서, 우리나라와 일본의 재판 실무에서 널리 받아들여지고 있다.[95] 그러나 현실적으로 사용자의 총 매상고 가운데 독점권 기여분을 구별해 내는 것은 쉬운 일이 아니다. 이는 결국, 사용자가 당해 직무발명에 힘입어 확보하고 있는 시장점유율, 달리 표현하자면 경쟁업자들에게도 실시권이 설정되었다면 그들에게 돌아갔을 매상고를 사용자의 총 매상고에서 뺀 금액과 유사한 개념이다. 실제 이러한 방식을 취하는 판결례들은, ⅰ) 전체 시장의 규모와 동향, ⅱ) 선행기술의 내용과 대체기술의 존부, ⅲ) 사용자의 기술력·영업력, ⅳ) 경쟁업자와의 시장 분할 현황 ⅴ) 당해 발명이 실시권 설정계약을 유인할 만한 시장성 등 다양한 간접사실들을 인정한 뒤, '… 이상의 점들을 종합하면 독점권 기여율은 … % 정도라고 봄이 상당하다'는 설시형태를 취함이 일반적이다.[96]

---

95) 이러한 태도를 보이는 우리나라의 판결례로 예컨대, 서울고등법원 2009. 8. 20. 선고 2008나119134 판결; 부산지방법원 2010. 12. 23. 선고 2009가합10983 판결; 서울고등법원 2014. 4. 24. 선고 2012나53644 판결; 특허법원 2017. 2. 17. 선고 2016나1554 판결; 특허법원 2020. 2. 6. 선고 2019나1258 판결 등. 대표적인 일본 판결례로는 東京地裁 平18年 12. 27. 판결(判時2025号 118頁); 大阪地裁 平19年 10. 30. 平17(ワ)1238号 판결; 知財高裁 平20年 7. 17. 平19(ネ)10099号 판결 등. 이 방식을 일본에서의 최근 경향이라고 소개하는 문헌으로는 高部眞規子 編, 特許訴訟の實務[第2版], 商事法務(2016), 531면.

96) 우리나라에서는 서울고등법원 2014. 3. 20. 선고 2013나34640 판결; 특허법원 2017. 2. 17. 선고 2016나1554 판결; 특허법원 2020. 2. 6. 선고 2019나1258 판결; 특허법원 2020. 2. 14. 선고 2018나1725 판결 등. 그러한 설시의 문례를 볼 수 있는 일본 판결의 전형적 예로 東京地裁 平20年 3. 31. 平成18年 (ワ) 第11664号; 知財高裁 平21年 2. 26. 平19(ネ)10021号 판결; 知財高裁 平21年 6. 25. 平19(ネ)10056号판결 등.

인정되는 독점권 기여율은 사안에 따라 다를 수밖에 없고 구체적인 산정근거까지 밝히고 있는 경우는 드물며, 이는 어느 정도 부득이한 일로 생각된다.[97]

㈏ 'A=사용자 매출액 × 독점권 기여율 × 사용자 이익률' 방식　　한편, A를 구하기 위하여 사용자의 초과 매상고에 ㉮처럼 '가상의 실시료율'을 곱하는 것은 일종의 편법에 불과하며 소송에서 '사용자의 이익률'이 확인된다면 마땅히 '가상의 실시료율'이 아닌 '사용자 이익률'을 곱해 A를 산출해야 한다는 입장이 있다.[98] 사실 보상금 산정의 기초가 되는 이익을 산출하기 위해 사용자의 초과 매상고에 '가상의 실시료율'을 곱하는 것은 필연적 근거가 있다고 하기 어려우며 정확히 하자면 '사용자의 이익률'을 곱하는 것이 합당하다. 위와 같은 판단 관행이 생겨난 것은, 실제 소송에서 ⅰ) 종업원이 '사용자의 이익률'을 주장·증명하는 것이 매우 곤란한 점, ⅱ) 발명의 가상 실시료율은 당해 발명의 실시로 인한 이익률보다 낮은 것이 보통이라는 점[99]을 감안하면, 법원으로서는 종업원이 '사용자의 이익률'을 주장·증명하지 못하는 경우에 대비하여 종업원에게 불리한 차선책인 실시료율이라도 적용해 주는 편이 마땅하다는 현실적 고려를 하는 것에 가깝다.[100] 私見으로, 이는 특허법 제128조 제1 내지 5항의 관계에 비교할 수 있다. 동 조항이 특허침해로 인하여 권리자가 입은 전 손해액 배상을 담보하는 외에, 일종의 기본배상(default)로서 '합리적 실시료 상당액'을 보장하되 권리자가 이를 넘는 범위의 손해증명에 성공하면 그 차액 또한 배상받을 수 있도록 한다는 점에서 양자는 유사한 논리구조를 가지고 있다. 그러나 법이 직무발명에 기한 정당한 보상액의 산정에 특허법 제128조와 같은 명문의 규정을 두고 있지 않은 이상, 언제나 가상의 실시료 상당 기본보상(default)이 보장되는 것은 아니며 경우에 따라 '사용자의 이

---

97) 田村善之, "使用者が職務發明を自己實施している場合の'使用者等が受けるべき利益の額'の算定手法について—實施許諾を併用している場合の處理—," 知的財産法政策學研究 Vol. 27(2010), 9면.

98) 우리나라 판결례 가운데, 통상실시료율을 1~5%로 파악하고도 이를 따르는 대신 별도의 '이익률'을 적용한 사례로, 서울중앙지방법원 2011. 10. 27. 선고 2010가합105100 판결. 일본에서는, 사용자가 통상실시료율(5%)을 곱하여 보상금의 기초이익을 산정해야 한다는 주장을 배척하고 사용자 이익률(10%)을 곱하여 기초이익을 산정한 예로 東京地裁 平19年 6. 27. 平17(ワ)2997号 판결 등.

99) 당해 발명을 실시하여 얻는 이익률보다 실시허락을 받고 지급해야 하는 실시료율이 더 높다면, 대개 시장에서 실시계약은 성립되지 않을 것이다.

100) 東京地裁 平16年 1. 30. 平成13年 (ワ) 第17772 판결 참조.

익률'이 매우 낮거나 0에 이른다면 결과적으로 종업원에게 돌아가는 보상금이 적거나 아예 없을 수도 있다.[101] 다만 그와 같이 '가상의 실시료율 > 사용자 이익률'이라는 사정은 사용자가 주장·증명해야 한다.

② 산정의 대상 기간 종업원은 직무발명에 대하여 특허를 받을 수 있는 권리나 특허권을 계약이나 근무규정에 따라 사용자에게 승계하게 하거나 전용실시권을 설정한 경우에 정당한 보상을 받을 권리를 가지기 때문에(발명진흥법 제15조 제1항), 권리의 승계가 일어나는 시점에 평가된 권리의 가치 외에도 당해 특허권의 존속기간 만료 시까지 당해 특허로 인하여 사용자가 얻게 되는 이익 전부를 대상으로 정당한 보상을 받을 권리가 있다. 장래에 취득할 이익의 규모는 결국 증명의 문제로 돌아가겠지만, 일본의 하급심 판결들은 대체로 장래에는 당해 특허발명이 기술로서 진부화(陳腐化)하거나 경쟁기술이 등장하리라는 점, 혹은 단지 장래이익은 변론 종결 시 미확정 상태라는 점 등을 이유로 확정된 과거 이익 규모에 비하여 일정 비율 감액하는 경향이 있다.[102] 그런가 하면, 사용자가 장래에 얻게 될 이익에 관한 보상금 청구는 성질상 '장래이행의 소'에 해당하는데, 장래이행의 소가 적법하기 위해서는 대상이 되는 급부의 내용이 변론종결 시에 확정적일 필요가 있음에도 사용자가 장래에 얻게 될 이익이 예측 곤란하다는 이유로 소의 이익을 부인한 예도 있다.[103] 우리나라 하급심 판결들 가운데는 이미 확정된 보상금 액을 기초로 장래 이익액을 추단한 예들이 눈에 띈다.[104]

생각건대, 직무발명을 실시하는 사용자는 특허의 존속기간이 끝날 때까지 직무발명에 기하여 일정한 초과이익을 얻는 수가 많고 종업원의 입장에서 그와 같은 장래이익의 규모를 구체적으로 주장·증명함이 곤란하다는 점을 감안하면, 인정되는 과거의 이익을 기준으로 장래이익을 산정하여 보상을 명하는

---

101) 사용자 이익률이 '0'으로 되는 수도 있다는 같은 취지로 田村善之, 앞의 글, 8면 참조.

102) 이에 관한 상세는 吉田廣志, "職務發明關連訴訟における新たな動向–使用者が受けるべき利益を中心に–," 知的財産法政策學研究 Vol. 27(2010), 39~41면 참조.

103) 같은 취지의 일본 판결례로, 東京地裁 平19年 4. 18. 平17(ワ)11007号 판결 참조.

104) 서울고등법원 2014. 7. 17. 선고 2013나2016228 판결; 서울고등법원 2014. 4. 24. 선고 2012나53644 판결; 서울고등법원 2013. 1. 10. 선고 2011나100994 판결; 서울고등법원 2010. 2. 11. 선고 2008나106190 판결; 서울고등법원 2009. 8. 20. 선고 2008나119134 판결 등.

것 자체는 타당한 태도이다.[105] 그러나 한편, 특허발명은 기술의 진전에 따라 진부화하여 시장에서 경쟁력을 잃어 가는 것 또한 보통이고, 시장 상황에 따라 장래에 사용자가 당해 기술을 실시하지 않을 특수한 사정도 얼마든지 있을 수 있으므로 사용자가 이러한 사정을 주장·증명한다면 그에 상응하여 장래이익의 규모를 감액하는 것 역시 마땅하다. 또 다른 방법론으로서 일정한 금액을 미리 삭감한 뒤, 종업원이 그러한 사실상의 추정을 뒤집을 수 있는 특수한 사정을 주장·증명하면 이를 반영하는 것도 가능하다고 생각된다.

③ 특수문제: 특허등록되지 않은 나라에서 직무발명에 관한 매출이 일어나는 경우 예컨대, 사용자가 국내에서 직무발명에 대해 특허를 받고, 그 발명에 기한 특허권을 받지 못한 외국에서 직무발명에 관한 매출이 발생한 경우, 그 외국에서의 이익도 직무발명 보상액 산정 대상금액에 포함될 수 있는지가 문제된다. 과거 하급심 판결 가운데 그 외국에서 발생한 매출은 특허권의 독점 · 배타권에 기한 것이 아니라는 이유로 이를 부정한 것이 있다.[106] 한편, 이후에 나온 일련의 특허법원 판결들은 해당 직무발명 제품이 특허권이 있는 국내에서 일단 생산된 뒤 특허권이 없는 외국에 수출되어 판매된 사안에서, i) 국내의 경쟁사들이 동일제품을 국내에서 생산하여 해외에 수출하지 못하도록 함으로써 국내 생산 과정에서 직무발명 특허권의 독점 · 배타성이 발휘된 바 있고, ii) 이로써 해외에서의 매출 확보에 해당 특허권이 역할을 하였다고 인정된다고 하면서도, iii) 사안의 특수성을 감안하면 해외매출에 대한 독점권 기여는 간접적이라는 이유로 기여율을 한층 낮게 책정하고 있다.[107] 다만, 위 특허법원 판결들은 모두 해외 판매품이 국내에서 생산되어 수출된 것이므로 해당 직무발명 특허권의 독점 · 배타권이 발동될 여지가 있었고, 그것이 결과적으로 해외에서의 매출이나 경쟁자 배제에도 영향을 준 사안이므로, 해외매출이 일어난 사안 전부에 대해 그런 결론을 일반화 하는 것은 타당치 않다.

---

105) 아울러, 종업원이 전소(前訴)에서 장래의 이익을 주장하지 않았다면 특단의 사정이 없는 한 이를 '일부 청구'인 것으로 보아 후소(後訴)에서 장래이익에 대한 보상을 청구할 수 있도록 해 주는 것이 직무발명제도의 취지에 비추어 합당할 것이다.

106) 수원지방법원 2010. 11. 4. 선고 2009가합2746 판결.

107) 특허법원 2020. 2. 14. 선고 2018나1725 판결; 특허법원 2021. 11. 25. 선고 2020나1650 판결; 특허법원 2021. 2. 3. 선고 2020나1155 판결 등.

생각건대, ⅰ) 해외에서의 매출이 이루어지는 과정에 등록 특허권의 배타적 효력이 간접적으로라도 영향을 미친 경우에는 위 특허법원 판결들처럼 그 매출을 보상액 산정에 포함시키되 독점권 기여가 간접적·우회적이었음을 감안하여 기여율을 사안에 따라 낮추어 적용해야 할 것이다. 반면, ⅱ) 예컨대 특허 비등록국에서 OEM 등으로 제품을 생산·판매하는 경우처럼 해당국가에서의 매출에 직무발명에 대한 특허권이 개입될 여지가 전혀 없었다면, 이는 특허권의 승계 없이 무상의 통상실시권에 기해 실시하는 것과 다르지 않으므로(만약 해당 외국에서 동일한 제품을 판매하는 제 3 자가 있다 해도 그것이 특허 비등록국이라면 사용자로서는 어차피 이를 제어할 수단이 없이 자유경쟁 상태에 있음을 상기할 것) 직무발명 특허권에 기한 초과이익은 발생하지 않으며, 그 매출을 직무발명 보상의 대상으로 삼을 여지도 없다고 해야 한다.

(나) 사용자가 발명을 실시하지 않는 경우

① 제 3 자에게 단순 실시허락을 하는 경우 사용자가 직무발명에 관하여 자기실시를 하는 대신 전용실시권 혹은 통상실시권을 설정하였다면, 설정대금, 실시료는 모두 사용자가 직무발명에 기하여 거둔 초과이익에 해당하고,[108] 여기에 종업원의 공헌도를 곱한 금액이 정당한 보상액이 된다.[109] 이 경우에는 사용자의 법정실시권에 기한 발명의 활용 가능성을 고려할 여지가 없기 때문이다.[110]

이처럼 제 3 자에게 실시허락을 하고 실제로 받은 실시료 수입이 확인되지

---

108) 다만, 직무발명이 실시권 설정의 대상이 된 전체 기술 가운데 일부라면 전체 실시료에 직무발명이 차지하는 비율을 곱한 금액만이 직무발명과 상당인과관계 있는 초과이익임은 당연하다.

109) 中山信弘·小泉直樹 編, 新 注解(上), 547면, 551면.

110) 예컨대 서울고등법원 2004. 11. 16. 선고 2003나52410 판결(확정)은, ⅰ) 사용자 회사가 경쟁업체에게 위 직무발명에 대한 전용실시권을 양도하여 받게 된 대가 가운데 초회 계약금 및 실시권 허여 대가 6,805,800,000원, 2000. 9.부터 2004. 6.까지의 실시료 수령액 2,417,206,451원, 2004. 7.부터 변론종결일에 가까운 2004. 9.까지의 실시료 예상액 54,173,429원, 2004. 10.부터 계약기간 만료일에 가까운 2020. 3.경까지 호프만식 계산법에 의한 추정 실시료 2,463,279,803원을 합산한 11,740,459,683원을 직무발명으로 인하여 사용자가 얻을 수입액으로 산정한 뒤, ⅱ) 위 실시료 수입액의 50%인 5,870,229,841원이 실시계약에 따른 사용자의 수입액 중 직무발명과 상당인과관계 있는 범위라고 보고, ⅲ) 직무발명에 대한 종업원 공헌도를 10%, ⅳ) 공동 발명자 가운데 종업원의 기여율을 30%로 보아 이를 곱한 176,106,895원을 보상금으로 산정하고 있다.

않는 경우에는 '받을 수 있을 것으로 판단되는' 실시료 상당액을 초과이익으로 보게 된다. 대체로는「실시권자인 제3자의 매출액 × 거래계에서 인정되는 실시료율」의 산식을 통해 계산될 것이다.

② **특허권을 방치하는 경우** 이는 정당한 보상의 근거가 되는 특허권 승계의 법적 성질을 어떻게 보는지에 따라 달라진다. 사용자가 직무발명에 기한 특허권을 승계한다는 것은 그에 화체된 '추상적 가치'를 승계함을 의미한다고 보는 입장에서는 승계 이후 존속기간 만료까지 사이에 사용자가 당해 발명을 방치한 사실은 종업원에게 지급할 정당한 보상액의 산정 기초에 영향을 미치지 않는다고 한다.[111] 반면, 사용자가 종업원에게 직무발명을 보상하는 근거가 그 발명의 '사후적·현실적 가치'에 있다고 보는 입장에서는[112] 실제로 사용자가 당해 직무발명을 통해 얻은 현실적 이익이 없음이 명백함에도 종업원에게 보상을 명하는 것은 부당하다고 한다.

사견으로는 직무발명에 대한 특허권 승계가 있는 이상, 사용자는 종업원에게 정당한 보상을 지급할 의무를 지지만, 승계 이후 시장상황이 변화하여 실시로 인한 이익이 그에 수반되는 비용을 넘지 못하는 등의 특수한 사정이 존재하고 사용자가 이를 주장·증명하는데 성공한다면 그 한도에서는 보상금 지급을 면함이 상당할 것으로 생각된다. 판례[113] 역시 "사용자가 얻을 이익은 직무발명 자체에 의하여 얻을 이익을 의미하는 것이지 수익·비용의 정산 이후에 남는 영업이익 등 회계 상 이익을 의미하는 것은 아니므로 수익·비용 정산 결과와 관계없이 직무발명 자체에 의한 이익이 있다면 사용자가 얻을 이익이 있는 것이다"라고 하여,[114] 특허권의 승계가 있는 이상 그에 대한 보상금 지

111) 이런 입장을 취하는 일본의 판결례로는 知財高裁 平18年 11. 21. 平17(ネ)10125号 판결; 知財高裁 平21年 6. 25. 平19(ネ)10056号 판결 등.

112) 실제로 사용자가 직무발명에 관하여 특허출원을 하더라도 과연 특허등록에 성공할 수 있는지도 불분명하고, 설사 등록되었더라도 그 시장가치 등은 불확정적이기 때문에 '승계 시에 평가되는 직무발명의 추상적 가치'를 상정하는 것은 비현실적임을 주된 논거로 한다. 이러한 입장을 취하는 일본의 판결례로는 大阪地裁 平19年 7. 26. 平18(ワ)7073 판결; 知財高裁 平20年 5. 30. 平19(ネ)10077 판결 등.

113) 대법원 2011. 7. 28. 선고 2009다75178 판결.

114) 이 사건에서, 원, 피고 간 직무발명보상 규정에 따르면 보상금은 제품출시 연도의 다음 회계 연도 1년 동안 영업실적을 평가하여 지급하도록 되어 있고 기록상 그러한 영업실적에 대한 자료는 없었다. 그러나 원심은 사용자가 직무발명에 기하여 얻을 수 있는 이익액을

급의무는 발생함이 원칙임을 보여주고 있다.

구체적으로 직무발명의 승계 이후 사용자가 해당 직무발명을 실시하지 않고 있는 기간 동안의 보상금의 산정방식으로는 i) 사용자가 제 3 자에게 직무발명에 대한 사용을 허락하였다고 가정할 때 얻을 수 있는 실시료 상당액을 기준으로 삼는 것과, ii) 사용자가 제 3 자에 실시허락을 하였을 때 예상되는 감소된 매출액과 비교하여 그것을 상회하는 매출액(초과 매출액)을 기준으로 삼는 것을 생각할 수 있다.[115)]

㈐ 사용자가 스스로 발명을 실시하는 한편, 제 3 자에게 실시권을 설정하기도 한 경우

이는 사용자가 자기실시를 통하여 이익을 얻는 한편, 당해 특허발명을 제 3 자에게 실시허락까지 하여 별도로 실시료 수입을 얻었을 때, 실시료 수입 외에 자기실시로 인한 수입의 어느 정도까지를 초과이익에 포함시킬 수 있는가 하는 문제이다. 실시료 수입은 특허권이 가져다 준 초과이익임에 의문이 없지만, 동시에 사용자가 제 3 자에게 실시허락을 하여 경쟁을 허용한 상태에서 자기실시를 하였다면, 그러한 자기실시는 독점권과 무관한 '무상의 통상실시권'에 기초하여 한 실시와 마찬가지인 면이 있기 때문이다.

결국 이는 사용자가 실시권 설정을 통해 어느 정도로 자신의 시장에서의 독점권을 포기하였는지에 관한 사실인정의 문제로 돌아간다. 예컨대, 사용자가 실시권을 원하는 제 3 자에게는 누구라도 실시권을 설정하는 개방적 정책을 취하고 있다면 실질적으로 독점권은 포기된 것이나 마찬가지이고, 그러한 여건 아래서 한 자기실시의 이익은 사용자의 '무상의 통상실시권'에 기한 이익에 가까울 것이나.

반면, 사용자가 실시권 설정 시에 자기실시에 기한 수익을 염두에 두고 경합지역, 고객층, 실시권자의 제조·판매 수량 등에 제약을 가하는 등 제한적 정책을 취하였다면 그 이후 자기실시를 통해 얻은 수익에는 여전히 독점권에 기한 초과이익이 포함되어 있을 것이다. 일본의 판례 가운데 실시권을 설정한

동종 제품에 대한 예상 총매출액의 1/4로 보고, 관련제품의 실시료율 3%를 직무발명의 실시료율로 보아 사용자 이익액을 계산하였으며, 대법원은 이러한 원심의 판단을 지지하고 있다.

115) 후자의 방법을 기초로 보상액을 산정한 예로, 특허법원 2017. 2. 17. 선고 2016나1554 판결.

사용자가 자기실시를 한 경우에는 실시료만을 초과이익으로 본 것들도 있지만[116] 최근의 판결 추세는 대체로 사용자가 취한 실시권 정책이나 실시권자와 사용자 사이에서의 시장 분점 현실 등 구체적 사정들을 고려하여 사용자의 자기실시로 인한 수익 가운데 일정 비율을 초과이익에 포함시키며, 이를 배척할 만한 특수한 사정은 당사자의 증명 문제로 돌리고 있다고 한다.[117]

㈑ **특수한 형태의 실시허락과 관계되는 경우**

① 포괄적 라이선스의 경우 단순 라이선스를 넘어 복수의 당사자가 포괄적 라이선스를 행하고 그 가운데 직무발명이 포함되어 있는 경우에는 사용자가 직무발명의 실시허락을 통해 얻은 이익(X)을 어떻게 산정할 것인가가 문제된다. 포괄적 라이선스는 상호 기술을 활용하면서 실시료 지급의무를 상계(相計)하는 형태이기 때문에 현실적으로 X는 교차 실시허락으로 '지불을 면하게 된 금액'이라는 의미에 더 가까울 것이다.

사용자(甲)와 상대방(乙)이 직무발명(A)를 포함하는 기술들에 포괄적 라이선스 관계에 있다고 할 때 기본적으로, [X = (甲이 乙의 전체 특허발명 실시에 대해 지불해야 하는 실시료 총액) × (乙이 A의 실시에 대해 지불해야 하는 실시료액 / 乙이 甲의 전체 특허발명이 실시에 대해 지불해야 하는 실시료 총액)]의 산식으로 계산함이 합당하다. 이는 결국 甲이 포괄적 라이선스를 통해 乙의 기술들을 사용한 대가를, 乙이 포괄적 라이선스를 통해 실시한 甲의 기술들 가운데 직무발명(A)가 차지하는 비중(기여도)으로 할인한 금액에 해당한다. 포괄적 라이선스의 대상이 된 전체 기술들 중에서 A가 차지하는 비중이 클수록 결과적으로 甲이 지급을 면하는 실시료(직무발명 A를 포괄적 라이선스에 활용함으로 얻게 되는 이익)도 커질 것이다.

근래 하급심 판결 가운데 이런 입장을 취하는 것이 발견된다.[118] 해당 사건에서 사용자는 상대방과 포괄적 라이선스 계약을 체결하였고, 포괄적 라이선스 대상이 된 기술 가운데 직무발명 기술(A)이 포함되어 있었다. 상대방은

116) 東京高裁 平16年 4. 27. 平15(ネ)4867号 판결; 大阪地裁 平17年 9. 26. 平16(ワ)10584号 판결.

117) 知財高裁 平20年 2. 21. 平19(ネ)10061 판결; 知財高裁 平21年 6. 25. 平19(ネ)10056号 판결 등; 상세는 田村善之, 앞의 글, 13~17면.

118) 특허법원 2021. 11. 25. 선고 2020나1650 판결.

A 기술을 무상으로 사용하는 대신 '특허침해 책임 면제의 대가'로 50만 달러를 사용자에게 지급하기로 하였다. 법원은 위 책임면제 대가금이 사실상 실시료에 다름 아니므로 보상금 산정에 고려해야 한다고 보는 한편, 라이선스 계약 체결 당시 이 사건 직무발명 특허가 대표 특허 중 하나로 제시되었고, 종래 문제를 해결하는 데 중요한 역할을 하며, 제품에 계속 적용되어 온 점 등을 참작하여 직무발명의 기여도를 30%로 인정하고 '이 사건 크로스 라이선스 계약에 따라 이 사건 각 발명의 실시허락으로 인한 피고의 이익액은 [위 50만 달러 × 30%(포괄적 라이선스 조건에서 이 사건 각 발명의 기여도)]'라고 하였다.

⇨ **특허법원 2021. 11. 25. 선고 2020나1650 판결**

사용자가 승계한 어떤 직무발명에 대하여 타사와 크로스 라이선스 계약을 체결하고 있는 경우, 사용자는 라이선스 상대방으로 하여금 자사의 직무발명을 실시할 수 있도록 하면서, 또한 라이선스 상대방이 보유하는 특허발명을 실시할 수 있게 된다. 즉 크로스 라이선스 계약의 체결로써 계약 당사자는 자신의 특허발명 등을 상대방에게 실시하게 하고 그에 대응하여 상대방의 특허발명을 더 이상의 금원 지급 없이 자유롭게 실시할 수 있게 되는 이익을 얻게 되는바, 이는 곧 상대방의 특허발명을 실시하더라도 특허침해 책임이 면제된다는 것을 의미한다. 그렇다면 위와 같은 책임면제의 이익(상대방으로부터 침해책임면제 대가 명목으로 받게 된 50만 달러) 역시 계약 당사자가 자신의 특허발명을 상대방에게 실시하게 한 대가로 얻게 되는 이익으로서, 자신의 특허발명에 대한 실시료에 다름 아니거나 그에 준하는 것으로 볼 수 있다.

…(중략) 한편, 사용자가 직무발명을 포함한 다수의 권리에 대해 실시허락을 하는 대가로 실시료를 받는 경우, 그 실시료에는 당해 직무발명 이외의 권리에 대한 대가도 포함되어 있으므로, 그 직무발명의 기여도를 고려하여 사용자의 이익을 산정함이 타당하다. …(중략) 이 사건 크로스 라이선스 계약에 따라 이 사건 각 발명의 실시허락으로 인한 피고의 이익액은 [위 50만 달러 × 30%(이 사건 각 발명의 기여도)]라고 보아야 한다.

② **표준기술에 FRAND 선언이 있는 경우** 직무발명이 표준특허에 해당하는 경우, 사용자가 FRAND 선언으로 인해 제 3 자에 대한 배타권 행사에 사실상 제약을 받게 되므로 배타적 · 독점적 이익을 얻기 어렵다고 볼 여지도 생

긴다. 그러나 사용자가 표준특허권자로서 경쟁자와 크로스라이선스를 체결하거나 특허 풀의 일원이 됨으로써 실시료 지급을 감면받는 등 사실상 이익을 얻는다면 이는 해당 직무발명 특허의 독점·배타적 성격에 기인하는 것이므로 독점적 이익으로 파악되어야 할 것이다.[119)]

4) 보상청구권의 소멸시효

직무발명에 대한 권리가 사용자에게 승계되는 경우 종업원은 정당한 보상금 청구권을 갖지만(발명진흥법 제15조 제1항), 현실에서는 보상금 청구권이 상당한 기간 행사되지 않아 소멸시효의 완성 여부가 문제되는 일이 발생한다. 종업원이 보상금 청구를 하지 않는 것은 사용자와의 약정 등 법률적 사유에 기한 경우도 있지만, 청구권 행사를 가능하게 하는 조건이 만족된 사실을 모르거나, 알고도 현실적 이유 때문에 행사하지 못하거나, 정당한 보상금의 규모가 당초 약정하거나 평가되었던 것보다 크다는 점이 오랜 뒤에야 확인되는 등 다양한 사유에 기인할 수 있다.

㈎ 시효기간의 문제[120)]

이는 정당한 보상금 청구권의 법적 성질을 어떻게 보느냐에 따라 달라진다. 사용자가 회사 등 상인이라면[121)] 직무발명의 승계행위는 보조적 상행위(상법 제47조)에 해당한다고 볼 수 있다. 비록 일방적 상행위 또는 보조적 상행위라 하더라도 그로 인해 발생한 채권은 상사소멸시효에 걸리므로,[122)] 이에 따르면 직무발명의 승계로 인해 종업원이 가지는 보상금 청구권에도 5년의 상사소멸시효가 적용된다고 볼 것이다.[123)] 반면, 정당한 보상금 청구권을 발명

119) 같은 취지의 재판례로, 서울중앙지방법원 2017. 2. 9. 선고 2016가합503454판결; 서울중앙지방법원 2021. 7. 2. 선고 2017가합542241 판결 등.

120) 이에 대한 상세한 논의는, 조영선, "직무발명 보상금 청구권의 소멸시효에 관한 법률문제", 경영법률 제30권 제2호(2020), 227면 이하 참조.

121) 실제로는 이런 경우가 압도적으로 많을 것이다(상법 제4조, 제5조).

122) 대법원 2000. 8. 22. 선고 2000다19922 판결 등 참조. 실제로 판례는 "근로계약이나 단체협약은 보조적 상행위에 해당하므로 단체협약에 기한 근로자 유족들의 회사에 대한 위로금 채권은 5년의 상사소멸시효 기간이 적용된다"고 하고 있다(대법원 2006. 4. 27. 선고 2006다1381 판결).

123) 일본에도 이런 입장을 취하는 유력한 견해가 있다. 예컨대, 澁谷達紀, 知的財産法講義 I, 169면; 中山信弘·小泉直樹 編, 新 注解(上), 568~569면(飯塚卓也·田中浩之 집필부분)도 이에 동조하는 취지.

자인 종업원을 보호하기 위해 법이 보장하는 일종의 법정채권으로 파악하면 상사소멸시효가 아닌 민법상 금전채권의 소멸시효가 적용된다.[124] 판례는 직무발명으로 인한 보상청구권의 소멸시효가 10년이라고 하는바,[125] 이를 법정채권으로 파악하고 있는 것으로 보인다.

살피건대, 직무발명 보상금에 대한 계약은 사용자와 종업원 간의 사적 계약이며 그 정산은 반복적·정형적으로 이루어져야 하는 상사업무의 성질을 가진다. 발명진흥법 제15조가 종업원 보호를 위해 직무발명에 대한 정당한 보상청구권을 보장하고 있다고 해서 보상청구권의 본질이 약정채권으로부터 법정채권으로 바뀌는 것은 아니며 어디까지나 국가가 정책적 목적을 위해 사인(私人)간 계약의 내용을 '수정하는 것'이라고 해야 한다. 따라서 직무발명 보상금 청구권은 상사채권이고 소멸시효 기간은 원칙상 5년으로 봄이 상당하다. 다만, 종업원 보호를 위해 그 기산일을 구체적 타당성에 맞게 해석하는 것은 별개의 문제이고, 사용자가 소멸시효의 완성을 주장하는 것이 신의칙에 반하는 경우 시효의 원용을 허락하지 않아야 할 때도 있을 것이다.[126]

㈏ **소멸시효의 기산점**

판례는, 위와 같이 보상금 청구권의 소멸시효 기간을 10년으로 보는 한편, 보상금 청구권 소멸시효는 일반적으로 사용자가 직무발명에 대한 특허를 받을 권리를 종업원으로부터 승계한 때부터 진행되나, 회사의 근무규칙 등에 직무발명보상금의 지급시기를 정하고 있는 경우에는 그 시기가 도래할 때까지 보상금 청구권의 행사에 법률상의 장애가 있으므로 그 지급시기가 된 때 소멸시효가 기산된다고 한다.[127]

그러나 직무발명 보상금의 소멸시효와 관련하여서는 다음과 같은 문제가 있다. 즉 채권액이 확정되어 있는 일반적인 금전채권과는 달리 직무발명 보상금 채권은 '정당한 액'이 사후에 재판을 통해 비로소 가려지는 경우가 대부분이기 때문에 이미 지급받은 보상금액을 초과하는 금액이 사후에 정당한 보상

124) 일본에서는 이러한 법정채권설이 통설이자 판례의 주류적 태도라고 한다(中山信弘·小泉直樹 編, 新 注解(上), 568면; 그러한 입장에 선 최근의 대표적 판례로는, 知財高裁 平21年 6. 25. 平19(ネ)10056号 판결).

125) 대법원 2011. 7. 28. 선고 2009다75178 판결.

126) 구체적 내용은 조영선, 위 논문, 251면 이하.

127) 대법원 2011. 7. 28. 선고 2009다75178 판결.

액으로 판정되더라도 이미 소멸시효가 완성되어 있는 경우가 많다는 점, 직무발명의 특징상 근로관계가 계속되고 있는 동안에는 종업원이 사용자를 상대로 직무발명 보상금 청구를 하기가 사실상 어렵고 퇴직 후에 권리행사를 하는 경우가 흔한데, 이때 이미 정당한 보상금에 관한 소멸시효가 완성되어 있는 수가 많다는 점 등이 그것이다.[128)]

생각건대, 출원·등록·실시·처분 등에 관한 정보가 모두 사용자에게 편재되어 있고, 구체적 보상규모가 발명의 실시나 처분, 실시허락 등을 거쳐 사후적으로 구체화되는 것이 보통임을 감안하면, 종업원이 소멸시효 진행을 개시시키는 사정을 알았거나 알 수 있었는지를 묻지 않고 객관적 사유가 생긴 때 기계적으로 시효를 기산시키는 것은 종업원 보호에 공백을 초래하여 부당하다. 사용자에 의해 직무발명의 활용이 비밀에 부쳐지거나 개량발명의 형태로 이루어져 사실상 은폐되는 경우라면 문제는 한층 심각해진다. 이를 감안하면, 소멸시효는 종업원이 스스로 보상금을 청구할 수 있다는 사실을 알았거나 알 수 있었을 때 진행을 시작한다고 해석함이 합당하다. 판례 역시 권리자가 권리의 발생 여부를 알기 어려운 객관적 사정이 있고 그것을 알지 못한 때 과실이 없는 경우에는 예외적으로 소멸시효의 기산을 인정하지 않기도 하는바,[129)]

128) 이를 이유로 직무발명 보상금의 기산일을 일반적인 경우와 달리 보아야 한다는 견해로는 美勢克彦, "職務發明の要件と效果について," 知的財産法の理論と實務[1], 新日本法規(2007), 329~330면.

129) 예컨대, "보험사고가 발생한 것인지의 여부가 객관적으로 분명하지 아니하여 보험금청구권자가 과실 없이 보험사고의 발생을 알 수 없었던 경우에도 보험사고가 발생한 때로부터 보험금청구권의 소멸시효가 진행한다고 해석하는 것은, 보험금 청구권자에게 너무 가혹하여 사회정의와 형평의 이념에 반할 뿐만 아니라 소멸시효제도의 존재이유에 부합된다고 볼 수도 없으므로 이와 같이 객관적으로 보아 보험사고가 발생한 사실을 확인할 수 없는 사정이 있는 경우에는 보험금 청구권자가 보험사고의 발생을 알았거나 알 수 있었던 때로부터 보험금액 청구권의 소멸시효가 진행한다"거나(대법원 2001. 4. 27. 선고 2000다31168 판결), "법인의 이사회결의가 부존재함에 따라 발생하는 제3자의 부당이득반환청구권처럼 법인이나 회사의 내부적인 법률관계가 개입되어 있어 청구권자가 권리의 발생 여부를 객관적으로 알기 어려운 상황에 있고 청구권자가 과실 없이 이를 알지 못한 경우에도 청구권이 성립한 때부터 바로 소멸시효가 진행한다고 보는 것은 정의와 형평에 맞지 않을 뿐만 아니라 소멸시효제도의 존재이유에도 부합한다고 볼 수 없으므로, 이러한 경우에는 이사회 결의 부존재 확인 판결의 확정과 같이 객관적으로 청구권의 발생을 알 수 있게 된 때로부터 소멸시효가 진행된다"고 한다(대법원 2003. 2. 11. 선고 99다66427, 73371 판결).

이 경우 같은 법리를 적용할 수 있을 것이다. 직무발명 보상금의 소멸시효를 3~5년으로 단기화하면서 그 기산일을 종업원의 주관적 인식 가능성에 연결시키는 것은 국제적 경향에도 부합한다.[130] 아울러, 상사소멸시효의 적용을 통해 사용자의 지위 불안정을 감소시키되, 그 기산시점을 종업원의 주관적 인식 가능성에 매어 둠으로써 사용자로 하여금 직무발명 보상 청구에 필요한 정보를 종업원에게 적시에 제공하도록 강제하고 종업원이 사후에 소멸시효 완성이라는 예상치 못한 불이익을 입지 않도록 하는 효과도 얻을 수 있다.

(4) 종업원 및 사용자의 의무

1) 종업원의 직무발명 완성사실 통지의무

종업원 등이 직무발명을 완성한 경우에는 지체 없이 그 사실을 사용자 등에게 문서로 통지하여야 하며, 2인 이상의 종업원 등이 공동으로 직무발명을 완성한 경우에는 공동으로 통지하여야 한다(발명진흥법 제12조).

2) 사용자의 승계 여부 통지 의무

계약이나 근무규정을 통하여 권리의 승계를 주장할 권리가 있는 사용자 등(국가 또는 지방자치단체를 제외한다)은 종업원 등으로부터 위 통지를 받은 이후 대통령령이 정하는 기간인 4개월 이내에(발명진흥법시행령 제 7 조) 그 발명에 대한 권리를 승계할 것인지 여부를 문서로 통지하여야 하며, 위와 같은 통지가 적법하게 이루어지면 그때부터 그 발명에 대한 권리는 사용자 등에게 승계된 것으로 본다(같은 법 제13조 제 1, 2 항).

사용자 등이 위 기간 이내에 승계 여부를 통지하지 아니한 경우에는 그

130) 시효기간에 관해서 예컨대, 프랑스의 경우 직무발명 보상금은 3년의 소멸시효에 걸리고, 독일, 일본은 민법에 따라 보상금 채권의 발생을 안 날로부터 각각 3년, 5년의 소멸시효가 적용된다(조영선, 앞의 글, 229~231면). 시효기산일에 관해서, ① 독일에서는 '사용자가 직무발명에 관한 권리를 양수한 때'가 아니라 실제로 사용자가 해당 직무발명을 이용함으로써 보상금 산정의 기초가 되는 발명의 가치 확인이 가능해지고, 종업원이 그런 구체적 사정을 알게 되었을 때를 소멸시효 기산일로 보는 한편, 종업원이 사용자에게 정당한 보상액을 산정·청구하기 위한 정보제공을 요청할 수 있고, 사용자가 정당한 사유 없이 이 의무를 이행하지 않는 경우, 결과적으로 소멸시효의 진행이 이루어지지 않도록 한다. ② 프랑스에서도 종업원이 보상금의 구체적 산정에 필요한 모든 정보를 입수하지 않은 이상 소멸시효는 진행되지 않는다고 한다. ③ 일본 역시 2019년 민법 개정을 통해, 권리자가 권리를 행사할 수 있음을 안 때부터 5년이 경과하면 소멸시효가 완성하는 것으로 하였다(조영선, 앞의 글, 240~242면).

발명에 대한 권리의 승계를 포기한 것으로 보며, 이 경우 그 발명을 한 종업원 등의 동의를 받지 않고는 통상실시권을 가질 수 없다(같은 조 제3항).

3) 종업원 등의 비밀유지 의무

종업원 등은 사용자 등이 직무발명을 출원할 때까지 그 발명의 내용에 관한 비밀을 유지하여야 한다. 다만, 사용자 등이 승계하지 않기로 확정된 때에는 그러하지 않다(같은 법 제19조). 여기서의 종업원의 비밀유지의무는, 종업원이 해당 발명의 내용을 공지시켜버림으로써 권리를 승계한 사용자가 신규성 · 진보성 부재 등을 이유로 특허를 획득하지 못하게 되는 일을 막기 위한 것이기도 하다.

(5) 관련문제

1) 직무발명 특허에 무효사유가 있는 경우[131]

직무발명이 특허무효사유를 안고 있는 경우, 그처럼 하자 있는 직무발명을 승계한 사용자는 무효사유를 이유로 보상금 지급의무를 면할 수 있는지가 문제된다. 이는 다시, ① 무효심결이 확정되기 전에 사용자가 무효사유를 들어 미지급 보상금의 지급을 거절하는 경우, ② 무효심결이 확정된 후 미지급 보상금의 지급을 거절하거나 이미 지급한 보상금의 반환을 요구하는 경우로 나눌 수 있을 것이다.

(가) 무효심결이 확정되기 전

① 긍정설[132] 무효심결이 확정되기 전이라도 사용자는 승계한 직무발명 특허에 무효사유가 존재함을 들어 보상금의 지급을 거절할 수 있다는 입장이다. 그 논거로서, 종업원이 약정에 따른 보상금 외에 정당한 보상금과의 차액 지급을 사용자에게 소구(訴求)할 수 있는 이상, 사용자도 승계한 직무발명 특허에 무효사유가 있음을 들어 보상금 지급을 거절할 수 있어야 균형이 맞는다는 점, 보상의 근거가 되는 사용자의 이익은 어디까지나 법적 · 배타적 이익

131) 이에 대한 상세한 논의는 조영선, "직무발명에 대한 정당한 보상과 특허의 무효," 저스티스 통권 제129호(2012. 4), 164면 이하 참조.

132) 田村善之, "職務発明にかかる補償金請求訴訟における無効理由斟酌の可否について" 知財管理, Vol. 60, No. 2(2010), 172면 이하; 島竝良, "職務發明の承繼對價と使用者の利益-2009年に下された2つの知財高裁判決によせて", ジュリスト, No. 1394 (2010. 2. 15), 47면 이하 등.

인데 사용자는 무효사유가 있는 특허권에 기해서는 그런 이익을 누릴 수 없다는 점 등이 거론된다.

② **부정설** 사용자는 승계한 직무발명 특허에 무효사유가 존재함을 들어 보상금의 지급을 거절할 수 없다는 입장이다. 논거로는, 직무발명에 대한 근로자의 보호 내지 발명의 인센티브 유지, 사용자는 승계한 직무발명에 대하여 특허권자로서 사실상 이익을 얻는다는 점, 사용자가 심사과정에서는 직무발명이 특허적격이 있다고 주장하여 특허를 획득한 뒤 그에 대한 보상금 지급 국면에서는 다시 특허의 무효를 내세우는 것은 금반언 원칙에 반한다는 점 등이 거론된다.[133]

③ **제한적 부정설**[134] 사용자는 특허가 무효로 될 때까지는 사실상 배타적 이익을 누리므로 무효사유가 있다는 점만으로 보상금 지급을 면할 수 없는 것이 원칙이되, 무효사유가 명백하여 자유기술에 해당하는 정도라면 특허권에 배타성이 없으므로 보상금 지급을 거절할 수 있고, 그 밖에 무효사유가 객관적으로 알려짐으로써 배타성이 사실상 소멸되면 그 때부터 보상금의 감액 또는 면제주장이 가능하다는 입장이다.

일본의 재판실무는 대체로 부정설 또는 제한적 부정설의 입장을 취하는 것으로 파악된다.[135] 특히 知財高裁 平21年 6. 25. 平19年(ネ)第10056号 판결은, 등록무효 심결이 확정되기 전까지 특허권자는 사실상 독점배타적 지위에 있으므로 종업원에 대한 보상금지급 의무가 있다고 하는 한편, 직무발명에 대한 보상액은 어디까지나 '상당한' 금액의 지급을 산정하는 것이므로 특허의 무효사유가 있는 점이 보상액 산정의 '잠작사유'가 될 수 있다고 한다.

④ **판 례** 우리 판례 역시 제한적 부정설에 가깝다. 즉, 직무발명 특허가 자유기술에 불과한 정도의 등록무효 사유가 있고 경쟁관계에 있는 제 3 자도 그러한 사정을 용이하게 알 수 있었으면 사용자인 특허권자에게 독점적·

---

133) 帖佐 隆, "職務発明対価請求訴訟と特許無効理由", パテント, Vol. 63, No. 7(2010), 73면 이하.

134) 田村善之 · 山本敬三, 職務發明, 有斐閣, 2005, 85~86면(吉田廣志 집필부분); 飯村敏明 외 1, 知的財産關係訴訟, 333면.

135) 東京高裁 平13年 5. 22. 平11(ネ)第3208号 판결; 東京地裁 平18年 1. 26. 平14年(ワ)第8496号 판결; 東京地裁 平 19年 4. 18. 平17年(ワ)第11007号 판결; 大阪知裁, 平21年 1. 27. 平18(ワ)第7529 판결 등.

배타적 이익의 여지가 없으므로 보상금 지급의무가 없다고 하는 한편,[136] 단지 직무발명 특허에 무효사유가 있다는 사정만으로는 곧바로 보상금의 지급을 면할 수는 없고, 이러한 무효사유는 특허권으로 인한 독점적·배타적 이익을 산정할 때 참작요소로 고려할 수 있다고 한다.[137]

(나) 무효심결이 확정된 이후

승계된 특허에 무효심결이 확정된 이후에는 배타적 이익이 발생할 여지가 없으므로 보상금이 발생할 여지 또한 없어진다 할 것이다.[138] 무효심결이 확정된 이후라면 권리의 승계와 그 대가로서의 보상금 지급이라는 약정의 기초에 중대한 변경이 생겼으므로 사용자가 미지급 보상금의 지급을 거절할 수 있다고도 법리구성 할 수 있을 것이다.[139]

한편, 직무발명과 관련한 종업원의 보호를 위해 이미 지급한 보상금에 대해서는 특허의 무효와 관계없이 반환을 구할 수 없도록 한다든지, 이미 약정한 보상금에 관해 특허의 무효를 주장하여 지급을 거절할 수 없도록 규정하는 것은 입법적 선택으로 고려해 볼 수 있을 것이나, 이는 별개의 문제이다.

2) 영업비밀 보호를 위한 종업원의 전직(轉職) 금지 등의 문제

직무발명의 내용이 영업비밀로서의 성질을 가지고 있는 경우, 발명에 관여한 종업원이 퇴직 후 다른 기업에 취업하거나 스스로 창업을 함으로써 영업비밀이 공개되거나 부당하게 사용되는 수가 있다. 이를 방지하기 위하여 퇴직한 종업원을 상대로 전직(轉職)이나 경업 금지를 청구할 수 있는지가 문제되며, 실무상 주로 금지를 명하는 가처분의 형태로 다루어진다. 이는 종업원의 직업선택의 자유와 사용자의 재산권으로서의 영업비밀 보호라는 가치가 충돌하는 국면에 해당하며 구체적으로는 ⅰ) 사용자와 종업원 사이에 전업(경업) 금지의 약

136) 대법원 2011. 9. 8. 선고 2009다91507 판결.

137) 대법원 2017. 1. 25. 선고 2014다220347 판결.

138) 田村善之 · 山本敬三, 앞의 책, 84면 참조.

139) 한편, 이미 지급된 보상금의 반환 여부에 대하여, 공무원 직무발명의 처분 · 관리 및 보상 등에 관한 규정(대통령령 제24439호) 제20조는 "발명자 또는 그 상속인이 받은 등록보상금은 특허가 취소되거나 무효로 된 경우에도 반환하지 아니한다. 다만, 특허법 제133조 제1항 제2호에 따른 사유로 해당 특허가 무효로 된 경우에는 그러하지 아니하다"고 하여 모인출원으로 인한 무효를 제외하고는 이미 지급된 보상금의 반환을 허용하지 않는다.

정이 있는 경우와 ii) 그와 같은 약정이 없는 경우로 나눌 수 있다. i)과 관련하여 판례[140]는 "경업금지약정은 직업선택의 자유와 근로자의 권리 등을 제한하는 의미가 있으므로, 근로자가 사용자와의 약정에 의하여 경업금지기간을 정한 경우에도, 보호할 가치 있는 사용자의 이익, 근로자의 퇴직 전 지위, 퇴직 경위, 근로자에 대한 대상(代償) 제공 여부 등 제반 사정을 고려하여 약정한 경업금지기간이 과도하게 장기라고 인정될 때에는 적당한 범위로 경업금지기간을 제한할 수 있다"고 하여 전직금지 약정이 일정한 요건과 범위 내에서 유효함을 분명히 하고 있다. ii)와 관련하여 판례[141]는 "전직금지의 명시적 약정이 없는 경우에도 전직(경업) 금지 이외에는 회사의 영업비밀을 보호할 수 없다고 인정되는 경우에는 부정경쟁방지법 소정의 영업비밀 침해행위의 금지 또는 예방을 위해 필요한 조치의 일환으로 전직(경업) 금지청구를 할 수 있다"고 한다. 이때에도 앞서 든 '보호할 가치 있는 사용자의 이익, 근로자의 퇴직 전 지위, 퇴직 경위, 근로자에 대한 대상(代償) 제공 여부 등 제반 사정'이 고려되어야 함은 당연하다. 어느 경우이든 전업(경업)이 금지되는 기간은 쌍방의 이해를 포함한 제반 사정을 종합하여 합리적으로 결정되어야 할 것이다. 직무발명자인 종업원을 스카웃 한 경쟁자에게 부과되는 경업금지 기간을, 경쟁자가 독자적으로 당해 기술을 개발하거나 정당한 역설계(reverse engineering)를 통해 기술내용을 알아내는데 필요한 기간으로 보는 것이 그 예이다.

3) 직무발명에 관하여 외국에서 특허를 받는 경우의 법률문제

직무발명에 따라서는 이를 승계한 사용자가 국내에서 특허를 취득함을 물론 이를 외국에 출원하여 특허를 받는 경우도 생길 수 있다. 한편, 특허는 속지주의를 원칙으로 하는데, 특허를 받을 수 있는 권리의 성립과 귀속에 관한 실체적, 절차적 요건이 나라마다 다르고 직무발명에 대한 취급 또한 나라마다 다르기 때문에 비록 직무발명이라고 하더라도 외국에서 특허를 취득하는 이상 그 나라의 특허법에 따라 직무발명의 문제를 해결해야 하는 것이 아닌가 하는 문제가 발생한다.

우선, 직무발명을 통해 외국에 특허를 출원한 이상, 특허를 받을 수 있는 권리가 누구에게 귀속되는지의 문제는 결국 출원을 받은 나라가 속지주의에

140) 대법원 2007. 3. 29.자 2006마1303 결정.

141) 대법원 2003. 7. 16.자 2002마4380 결정.

따라 그 나라의 법으로 평가, 판단할 문제라는 것이 판례이다.[142] 사용자와 종업원 사이에 근무규칙 등으로 직무발명에 관하여 외국에서 특허받을 권리도 사용자가 승계취득하기로 정하는 경우가 있으며, 그와 같은 약정 역시 유효하다고 보아야 한다. 한편, 나라에 따라서는 미국처럼 당사자가 출원 전에 특허를 받을 수 있는 권리의 이전계약을 체결하더라도 오로지 발명자 명의로만 출원이 가능한 경우가 있다. 그 경우 사용자가 특허를 받을 권리를 양수하였다고 하여 그 이름으로 특허출원을 할 수는 없지만(속지주의), 사용자의 비용·종업원의 이름으로 출원을 하고, 종업원은 출원 중의 권리 또는 특허권을 사용자에게 이전해 줄 채권적 의무를 부담한다고 보아야 한다.[143]

문제는 외국에 출원하여 특허등록된 발명에 관하여 종업원에게 직무발명의 대가를 보상함에 있어 발명진흥법이 정하는 보상액 산정기준을 따를 수 있는 것인지, 직무발명에 대한 보상 역시 당해 외국의 관계법을 따라야 하는지와 그 이론적 근거에 있다. 이에 관하여 일본을 중심으로, ⅰ) 이를 넓은 의미에서 당해 외국에서의 특허권 성립의 문제로 보아 속지주의를 적용해야 한다는 입장, ⅱ) 직무발명에 대한 대가보상의 문제는 특허의 성립과는 관계가 없고 노무공급계약, 즉 고용관계를 둘러싼 문제이기 때문에 국제사법상 노무공급지의 법을 준거법으로 삼아야 한다는 입장, ⅲ) 직무발명에 대한 대가보상의 문제는 재산권인 특허권의 양도라고 하는 법률관계에서 발생하는 것이며, 마치 물권변동이나 채권양도의 준거법을 정하는 것과 마찬가지로 양도의 객체인 권리와 그 대가를 수수하는 채권관계를 구분하여야 하므로 직무발명의 대가에 관한 문제는 후자에 속하여 그에 따라 준거법을 결정하여야 한다는 입장으로 견해가 나뉘고 있다.[144] 이에 관하여 우리 판례[145]는 ⅱ)의 입장에서, 직무발명에서 특허를 받을 권리의 귀속과 승계, 사용자의 통상실시권의 취득

142) 대법원 2011. 4. 28. 선고 2009다19093 판결; 대법원 2015. 1. 15. 선고 2012다4763 판결. 이를 언급하고 있는 일본의 판례들도 대체로 특허권의 '성립' 요건이 속지주의 원칙에 따르듯 그 성립에 따른 특허권의 '귀속' 또한 속지주의에 따른다는 논리를 취하고 있다(日本 最高裁 平9年 7. 1. 平7(オ)1988 판결; 平14年 9. 26. 平12(受)580 판결; 平18年 10. 17. 平16(受)781 판결 등).

143) 中山 編, 注解(上), 353면.

144) 判例タイムズ 1225号(平19年 2月), 190면.

145) 대법원 2015. 1. 15. 선고 2012다4763 판결.

및 종업원의 보상금 청구권에 관한 사항은 사용자와 종업원 사이의 고용관계를 기초로 한 권리의무 관계에 해당하며, 그 준거법은 근로관계의 준거법이라고 한다.[146] 반면, 일본의 최고재판소 판례[147]는 위 iii)의 입장을 분명히 하는 한편, 당해 사건에서는 당사자 사이에 일본법을 준거법으로 하기로 하는 묵시적 합의가 있었다고 본 것이 있다.

4) 특허부여 전의 권리관계 등

발명진흥법 제10조는 직무발명에 관하여 특허가 이루어진 경우를 전제로 규정하고 있으나, 그 기본 이념이 발명에 관하여 인적, 물적 기반을 제공한 사용자와 기술적 사상을 제공한 종업원 사이의 이해 조정에 있다는 점에서 직무발명에 관하여 아직 특허가 이루어지지 않은 경우에도 이를 달리 취급할 이유는 없다. 따라서 직무발명에 관하여 특허가 이루어지기 전에도 사용자는 무상으로 이를 실시할 수 있으며, 나중에 특허가 되더라도 출원공개 후의 보상금청구(특허법 제65조)를 당하지 아니한다고 새겨야 한다. 또한 아예 직무발명에 관하여 특허출원을 하는 대신 이를 영업비밀 내지 노하우로 유지하기로 하는 수도 많은데, 이에 대하여도 마찬가지로 사용자는 무상의 실시권을 취득하고 직무발명을 한 종업원은 정당한 보상을 받을 권리를 취득한다고 보아야 한다.[148] "사용자등은 직무발명에 대한 권리를 승계한 후 출원(出願)하지 아니하거나 출원을 포기 또는 취하하는 경우에도 제15조에 따라 정당한 보상을 하여야 한다. 이 경우 그 발명에 대한 보상액을 결정할 때에는 그 발명이 산업재산권으로 보호되었더라면 종업원등이 받을 수 있었던 경제적 이익을 고려하여야 한다"고 하여 출원하지 않는 발명에 대해서도 보상의무를 정하고 있는 발명진흥법 제16조 역시 이를 뒷받침한다. 다만, 이 경우에도 해당 직무발명에 대해 사용자가 무상의 통상실시권의 행사를 넘는 사실상의 독점적 이익을 얻은 사정이 인정되어야 함은 물론이다.

146) 나아가, 당사자들의 합리적인 의사 등에 비추어 보면, 원고와 피고는 그 근로계약 체결에 관하여 대한민국 법률을 준거법으로 하려는 묵시적인 의사가 있다고 보아야 하고, 설령 그렇지 않더라도 피고가 일상적으로 노무를 제공한 곳이 대한민국이므로 원·피고 사이의 근로계약에 관한 준거법은 국제사법 제28조 제 1 항 또는 제 2 항에 따라 대한민국 법률로 보아야 한다고 판시하였다.

147) 最高裁 平18年 10. 17. 平16(受)781 판결.

148) 中山 編, 注解(上), 344면.

제5장

특허 절차법

Ⅰ. 개 설

발명은 출원, 심사, 등록결정의 단계를 밟아 권리로서 완성된다. 특허출원이 이루어지면 특허청은 그 출원에 대하여 특허를 부여할 것인지를 심사하게 되는데, 특허심사의 과정은 '심사'라고 하는 말이 주는 일방적인 어감과는 달리 실제로는 심사관과 출원인의 상호협력과 의사교환을 통하여 이루어지는 다분히 상보적(相補的)인 절차로 운영되고 있다. 다시 말해서, 심사관은 심사를 통하여 발명에 특허를 거절할 만한 사유가 발견되면 출원인에게 그와 같은 사유를 통지하여 출원인으로 하여금 그에 대한 자신의 의견을 제출하거나 명세서의 내용(대개 특허청구범위이다)을 손보거나 삭제하여 거절을 회피할 수 있는 기회를 부여하고, 경우에 따라서는 특허출원을 분할하도록 유도함으로써 실체가 있는 발명을 이룬 출원인이 출원과정에서의 부적절한 대응으로 인하여 특허를 받지 못하는 일이 없도록 하고 있다. 물론, 심사의 본질적 속성상 그와 같은 의견제출 기회의 부여 및 출원인의 보정이 무제한 허용되는 것은 아니고, 이에는 일정한 시간상, 내용상의 제약이 따른다(특허법 제47조 이하).

특허청은 위와 같은 심사과정을 거쳐 특허부여의 요건을 모두 만족한다고 인정되는 경우에는 특허부여결정을, 반대의 경우에는 특허거절결정을 하게 된다.

특허거절결정을 받은 출원인은 특허심판원에 불복심판을 청구할 수 있고,

특허심판원의 심결에도 불복하는 경우에는 특허법원에 심결의 취소를 구하는 소송을 제기하게 된다.

아래에서는 특허의 출원으로부터 등록여부 결정에 이르기까지의 절차와 관련된 중요한 쟁점들을 살펴보기로 한다.

Ⅱ. 출 원

1. 의의와 법적 효과

특허의 출원이라 함은 특허를 받을 권리를 가진 자가 특허청장에게 법령에서 정한 서류를 제출함으로써 특허의 부여를 신청하는 행위를 말한다.

특허 출원서가 법령에 정한 방식에 위반하고 보정조차도 불가능할 정도로 그 위반의 정도가 심한 경우(그 구체적인 사유는 특허법시행규칙 제11조에 열거되어 있다)에는 특허청에 의하여 불수리(不受理)처분을 받게 되며, 그 경우 출원 자체가 없었던 것으로 된다.

한편, 특허 출원에 대한 수리가 이루어지면 ① 출원일이 확정되어 그 날을 기준으로 선출원의 지위가 확정되고(특허법 제36조), ② 특허권 존속기간의 기산일이 시작된다(특허법 제88조 : 특허권의 존속기간은 특허권의 설정등록이 있는 날부터 '특허출원일' 후 20년이 되는 날까지이다). ③ 특허출원은 원칙적으로 출원일부터 1년 6개월이 지나면 강제로 공개되며(특허법 제64조), ④ 특허출원은 심사청구가 있는 때에 한하여 심사를 하는바, 특허출원이 있은 날부터 3년이 지나도록 심사청구가 없는 경우에는 그 특허출원은 취하된 것으로 간주된다(특허법 제59조). ⑤ 원칙상 신규성·진보성을 포함한 특허요건을 판단하는 기준시 또한 특허의 출원시이다.

2. 1발명 1출원주의

(1) 의 의

특허법은 하나의 발명에 관하여 하나의 특허출원을 하여야 함을 원칙으로 정하고 있다(특허법 제45조 제1항 본문). 그와 같이 규정한 이유는 하나의 특허출원이 여러 개의 발명을 포함하고 있다면 등록여부를 심사함에 있어 담당 심사관의 기술분야가 갈리게 되어 심사의 곤란이 초래되고 선행기술 등에 관한 자료의 검색이 복잡해지는 등의 문제가 있기 때문이다. 위와 같이 1발명 1출원주의는 발명의 특허성과는 본질적 관련이 없는, 다분히 절차상의 편의를 도모하기 위한 규정이라 할 수 있다.

(2) 1발명 1출원주의의 예외(1群의 발명)

그러나 기술이 발달하고 복잡해짐에 따라 하나의 출원으로 해야 할 '하나의 발명'의 개념을 엄격히 유지하는 것이 점차 어렵게 되었고, 복수의 발명이라고 하더라도 산업상 이용분야 및 해결과제가 동일하거나 발명의 구성요소 주요부가 동일한 경우가 많으므로 이를 '1群의 발명'이라고 하여 하나의 특허로 묶어서 출원할 수 있는 길이 열려 있다(특허법 제45조 제1항 단서).

2003. 6. 13. 대통령령 제17995호로 개정되기 이전의 특허법 시행령 제6조는, ① 물건에 관한 1 독립항을 기재한 경우에 i) 그 물건을 생산하는 방법, ii) 그 물건을 사용하는 방법, iii) 그 물건을 취급하는 방법, iv) 그 물건을 생산하는 기계·기구·장치 기타의 물건, v) 그 물건의 특정 성질만을 이용하는 물건, vi) 그 물건을 취급하는 물건에 관한 각 독립항, ② 방법에 관한 1 독립항을 기재한 경우에 그 방법의 실시에 직접 사용하는 기계·기구·장치 기타의 물건에 관한 독립항 등이 서로 1군의 발명을 이룰 수 있음을 열거하고 있었으나, 위 시행령이 개정된 이후에는 위와 같은 열거를 삭제하는 대신 i) 청구된 발명 간에 기술적 상호관련성이 있을 것, ii) 청구된 발명들이 동일하거나 상응하는 기술적 특징을 가지고 있을 것, 이 경우 기술적 특징은 발명 전체로 보아 선행기술에 비하여 개선된 것이어야 한다는 내용의 포괄적 규정만을 두고 있다. 위와 같이 현행 특허법시행령에 의하면 1군의 발명으로 인정될 수 있는 발명의 범위가 넓어진 것이 사실이나, 한편, 앞서 본 종전의 열거사항은 여전히 1군의 발명의 구체적 내용을 이해하는 중요한 지침이 될 수 있다.

(3) 위반의 효과

1발명 1출원주의 원칙에 위반된 출원은 등록거절이유에 해당한다(특허법 제62조 제4호, 제45조). 그러나 이를 간과하고 일단 특허등록이 이루어지면 이를 이유로 등록무효를 청구할 수는 없다(특허법 제133조 제 1 항).

3. 선출원주의(先出願主義)

(1) 의 의

동일한 발명에 대하여 다른 날에 2 이상의 출원이 있는 때에는 먼저 출원한 자만이 그 발명에 대하여 특허를 받을 수 있다(특허법 제36조 제 1 항). 이와 같이 동일한 발명에 대하여 특허출원이 경합되는 경우 '먼저 출원한 자'에게 특허를 부여하는 것을 선출원주의라고 한다. '먼저 발명을 한 자'와 '먼저 출원한 자' 가운데 누구에게 특허를 부여할 것인가는 다분히 연혁적·입법정책적 문제에 속하는데 우리나라를 포함하여 세계의 압도적 입법례는 선출원주의를 취하고 있으며, 전통적으로 선발명주의를 고수해 오고 있던 미국도 2011. 9. 특허법 개정(America Invents Act of 2011)을 통해 선출원주의를 도입하기에 이르렀다. 선출원주의는 과연 누구에 의하여 먼저 발명이 이루어진 것인지를 확정하는 곤란한 문제를 피하는 한편 절차의 명확화를 꾀할 수 있고, 일단 이루어진 발명에 대하여 출원을 장려하여 발명의 공개를 촉진할 수 있는 장점이 있는 반면, 발명자가 출원을 서두르게 되어 발명을 충분히 검토하거나 개량할 여유가 부족하여 명세서 기재가 부족한 경우가 많고, 이로 인하여 일단 출원을 한 후 보정을 행하는 일이 빈번하여 심사절차가 복잡해지는 폐단이 있다.

(2) 선출원주의의 적용 요건

1) 특허청구범위의 동일성

특정한 발명이 다른 발명과의 관계에서 선출원 발명에 해당하기 위해서는 그 다른 발명과 동일한 것이어야 함은 당연한바, 두 발명이 서로 동일한 발명인지 여부는 대비되는 두 발명의 실체를 파악하여 따져보아야 할 것이지 표현양식에 따라 판단할 것은 아니므로, 대비되는 두 발명이 각각 물건의 발명과 방법의 발명으로 서로 발명의 범주가 다르다고 하여 곧바로 동일한 발명이 아니라고 단정할 수 없다.[1] 출원일이 앞서는 것이기만 하면, 그 선출원된 발명이 공개 또는 등록되었는지 여부는 묻지 아니한다. 다만, 선·후출원 발명의 동

---

1) 대법원 2007. 1. 12. 선고 2005후3017 판결.

일성 여부는 특허청구범위만을 대비하여 결정되며[2] 특허청구범위가 서로 동일하지 않다면 선출원주의에 반하는 일은 일어나지 않는다. 따라서, 실무상으로는 선출원된 발명이기만 하면 특허청구범위는 물론 최초의 명세서 또는 도면에 기재된 사항 모두를 이용할 수 있고, 발명이 공개 또는 등록공고된 이후이기만 하면 그 뒤 출원이 취하, 무효, 포기, 거절되더라도 여전히 후출원된 발명의 특허적격을 공격할 수 있는 확대된 선원(제29조 제3항) 규정이 선출원(제36조) 규정에 비하여 더욱 빈번하게 사용되고 있는 실정이다.

우리나라의 통설[3]은 청구항에 기재된 발명의 구성이 형식상 차이가 있더라도 ① 그 차이가 주지·관용기술의 부가·삭제·전환 등의 차이에 불과하여 새로운 효과를 발생하지 않거나, ② 하위개념으로 표현된 선출원의 기술사항에 대하여 후출원은 이를 상위개념으로 표현한 것에 지나지 않거나, ③ 단지 발명의 카테고리를 달리하는 데 지나지 않는 경우에는 실질적 동일성의 범주 내에 있다고 한다. 일본의 유력설[4]은 양 발명의 특허청구범위가 실질적으로 동일한 것인지 여부는 특허청구범위의 문언에만 엄격히 얽매일 것이 아니라 비록 양 발명의 특허청구범위에 차이가 존재한다고 하더라도 ① 단순한 표현의 차이에 불과한 경우, ② 양 발명이 단순히 효과에 대한 인식이나 목적의 차이 정도만을 나타내고 있는 경우, ③ 구성의 차이가 있더라도, i) 단순한 관용수단(慣用手段)의 전환·한정·부가·삭제, ii) 단순한 재료의 한정이나 균등재료의 치환, iii) 형상·수·배열의 한정, iv) 단순한 수치한정, v) 택일적으로 기재된 균등한 복수 수단 중 하나를 선택하는 것 등은 실질적 동일성의 범주에 있는 것이라고 한다. 우리 판례[5]도 "선원주의 하에서 … 비록 양 발명의 구성에 상이점이 있어도 그 기술분야에 통상의 지식을 가진 자가 보통으로 채용하는 정도의 변경에 지나지 아니하고 발명의 목적과 작용효과에 특별한 차이를 일으키지 아니하는 경우에는 양 발명은 동일한 발명이다"라고 하여 같은 취지이다.

이와 같이 선출원주의에서 제시하는 발명의 동일성판단 기준은 발명의 동

2) 특허청, 특허, 실용신안 심사기준 제3부 제5장 3.1.
3) 송영식 외 2, 지적소유권법(상) 제8판, 565면.
4) 吉藤幸朔, 特許法概說[제13판], 242~246면.
5) 대법원 2009. 9. 24. 선고 2007후2797 판결 등.

일성 여부가 문제되는 특허법상의 다른 어떤 장면보다도 유연하여 '동일성 판단'이라는 이름 아래 사실상 '진보성 판단'까지도 하고 있는 것이나 다름이 없는바, 그 이유는 다음과 같이 이해된다. 즉, 우리나라나 일본은 선출원이 공개되기 이전에 동일인이 같거나 유사한 발명을 이중으로 출원하여 복수의 특허를 유지하는 것을 방지하는 근거 규정으로 선출원주의만을 가지고 있기 때문에, 예컨대 甲이 이미 발명을 특허출원한 상태에서 위 발명과 동일하지는 않지만 그렇다고 그에 비하여 진보성도 없는 발명에 관하여 제 2 의 출원을 하고, 위 각 출원이 모두 등록될 수 있다면[6] 결국 甲은 선행발명과 유사한 발명을 계속 출원함으로써 하나의 발명을 기초로 진보성 없는 후행발명들에 대해서까지 복수의 특허권을 획득할 수 있으며, 한편으로 사실상 선행출원 발명의 존속기간을 연속적으로 연장시켜 나갈 수 있게 되어 불합리하다. 이와 같은 부조리를 막기 위해서는 결국 사실상 '진보성이 없는' 후속발명에 대하여 '선출원 발명과 실질적으로 동일한 발명'이라는 개념을 차용하여 선출원주의 위반을 이유로 등록을 거절해야 할 필요가 생기는 것이다.

한편, 미국에서는 동일인에 대한 이중특허(Double patent)를 금지하는 근거로서, 선행발명과 후행발명의 특허청구범위가 동일한 경우에는 미국 특허법 제101조가 "신규하고 유용한 방법 … 을 발명 또는 발견한 자는 '하나의' 특허를 받을 수 있다"[7]고 하고 있음을 실정법적 근거로 후출원을 거절하는 한편, 확립된 판례법[8]을 통하여, 동일인이 선행발명에 비추어 진보성이 없는 정도를 기술내용으로 하는 특허청구범위에 관하여 추가로 출원한 경우에는 특허를 거절하되, 다만 출원인이 선행특허의 존속기간이 만료되면 후행특허의 존속기간 또한 동시에 만료되는 것으로 한다는 존속기간 포기서(terminal disclaimer)를 제출하면 예외적으로 등록을 인정하여 위와 같은 문제를 해결하고 있다.[9] 이

6) 선행출원이 공개되기 전이므로 이를 근거로 신규성·진보성 판단을 받을 여지는 없고 발명자나 출원인이 동일한 경우에는 확대된 선출원의 적용도 없음(특허법 제29조 제 3 항 단서)을 상기할 것.

7) … may obtain a patent … 로 되어 있다.

8) 대표적으로 In re Zickendraht, 319 F. 2d 225, 232(CCPA, 1963); In re Vogel, 422 F. 2d. 438(CCPA, 1970).

9) 35 U. S. C. §253. 아울러, 37 C. F. R. §1, 321(c)(3)은 존속기간 포기를 통해 이중으로 취득되는 특허권들은 존속기간 동안 오로지 단일한 주체에 의해서만 행사되도록 강제한다. 이중특허가 부여된 뒤 복수의 제 3 자에게 각각 특허권이 양도되거나 실시권이 설정되면 권

를 통해, 선행발명에 대한 개량의 의욕을 꺾지 않는 한편, 혹시 있을 수 있는 존속기간의 사실상 연장 시도를 막을 수 있다는 점에서 제도적으로 우리나라에서도 참고할 만한 것이 아닌가 한다.

⇨ 대법원 2009. 9. 24. 선고 2007후2827 판결

전후로 출원된 양 발명이 동일하다고 함은 그 기술적 구성이 전면적으로 일치하는 경우는 물론 그 범위에 차이가 있을 뿐 부분적으로 일치하는 경우라도 특별한 사정이 없는 한, 양 발명은 동일하고, 비록 양 발명의 구성에 상이점이 있어도 그 기술분야에 통상의 지식을 가진 자가 보통으로 채용하는 정도의 변경에 지나지 아니하고 발명의 목적과 작용효과에 특별한 차이를 일으키지 아니하는 경우에는 양 발명은 역시 동일한 발명이다(중략) … 두 발명을 그 기술사상의 실체를 파악하여 이에 터잡아 대비하여 보면, 이들 발명은 암로디핀 염기와 벤젠설폰산의 반응에 의하여 생성되는 암로디핀의 베실레이트염을 내용으로 하는 점에서 동일하고, 비록 이들 발명에 다소 상이한 부분이 있더라도 이는 단순한 범주의 차이에 불과하거나 통상의 기술자가 보통으로 채용할 수 있는 정도의 변경에 지나지 아니하고 발명의 작용효과에 특별한 차이를 일으킨다고 할 수 없으므로, 이 사건 제 1 항 발명과 이 사건 선출원 제 1 항 발명은 서로 동일한 발명이라고 봄이 옳다. 그리고 이 사건 선출원발명이 출원될 당시에 시행되던 구 특허법(1986. 12. 31. 법률 제3891호로 개정되기 전의 것) 제 3 조에 특허를 받을 수 없는 발명으로 "화학방법에 의하여 제조될 수 있는 물질의 발명"이 규정되어 있어서, 피고가 그 당시 '암로디핀의 베실레이트염'이라는 물건의 발명으로 특허를 출원할 수 없었다고 하더라도, 그러한 사정은 이 사건 제 1 항 발명과 이 사건 선출원 제 1 항 발명의 동일성 여부를 판단함에 있어 아무런 영향을 미치지 못한다. 나아가 이 사건 제 2 항 내지 제11항 발명은 이 사건 제 1 항 발명을 직접 또는 간접으로 인용하고 있는 종속항들로서 이 사건 특허발명의 출원 전에 약제학 교과서 등에 기재되고 일반적으로 사용되던 주지관용의 제조기술을 단순 부가한 것에 불과하여 이 사건 제 1 항 발명과 동일하다고 할 것이므로, 이 사건 제 1 항 발명에서 본 바와 같은 이유로 이 사건 제 2 항 내지 제11항 발명과 이 사건 선출원 제 1 항 발명은 서로 동일한 발명에 해당한다.

리관계를 복잡하게 하고 단일한 침해자가 복수의 권리자로부터 침해주장을 당하는 일이 생길 수 있음을 염두에 둔 조치이다.

⇨ 대법원 2009. 9. 24. 선고 2007후2797 판결

이 사건 특허발명(특허번호 제91020호, 출원일 1987. 8. 5.)의 청구범위 제 1 항(이하 '이 사건 제 1 항 발명'이라 하고, 나머지 청구항도 같은 방법으로 부른다)은 "암로디핀의 베실레이트염"이고, 이 사건 선출원발명(특허번호 제90479호, 출원일 1987. 4. 4., 공개일 1987. 11. 30.)의 청구범위 제 1 항(이하 '이 사건 선출원 제 1 항 발명'이라 한다)은 "암로디핀 염기를 불활성 용매 중에서 벤젠설폰산 또는 그의 암모늄염의 용액과 반응시킨 후 암로디핀의 베실레이트염을 회수함을 특징으로 하여 암로디핀의 베실레이트염을 제조하는 방법"임을 알 수 있다. 그리고 두 발명은 발명의 상세한 설명이 서로 동일하다. 기록에 비추어 두 발명을 대비하여 보면, 두 발명은 암로디핀 염기와 벤젠설폰산의 반응에 의하여 생성되는 암로디핀의 베실레이트염을 내용으로 하는 점에서 동일한 반면에, 이 사건 제 1 항 발명은 물건의 발명이고 이 사건 선출원 제 1 항 발명은 방법의 발명인 점, 이 사건 선출원 제 1 항 발명은 이 사건 제 1 항 발명에 비하여 '불활성 용매 중'이라는 반응 조건과 '베실레이트염을 회수함'이라는 반응 후 조치가 부가되어 있는 점에서 일응 상이하다. 이 사건 제 1 항 발명과 이 사건 선출원 제 1 항 발명의 상이점들에 관하여 살펴보건대, 이 사건 제 1 항 발명과 이 사건 선출원 제 1 항 발명이 물건의 발명과 방법의 발명으로 발명의 범주가 다르기는 하나, 그와 같이 발명의 범주가 다르다고 하여 곧바로 두 발명이 동일한 발명이 아니라고 단정할 수 없다.

2) 선출원발명으로서의 적격이 없는 것

특허출원이 무효[10]로 되거나, 포기되거나, 취하되거나, 특허출원에 대하여 등록거절이 확정된 때(특허법 제36조 제 4 항), 특허출원이 당초 권리 없는 자에 의하여 이루어진 모인출원인 때(특허법 제36조 제 5 항)에는 처음부터 출원이 없었던 것으로 보기 때문에 이는 선출원발명으로서의 적격이 없다. 선출원이 절차무효이거나 이미 거절확정되거나 취하되었다면 보호할 가치가 없는데다가, 심사처리기간 단축으로 출원공개 전에 거절결정이 확정되는 출원이 많아지고 있는 한편 거절결정이 확정되거나 취하, 포기된 출원은 공개되지 않는데, 그러한 특허출원에까지 선출원의 지위를 인정한다면 제 3 자가 추후에 선의로 동일한 발명을 하더라도 끝내 공개되지도 않는 선행의 기술내용에 의하여 특허받지 못하는 일이 생기게 되어 부당하기 때문이다. 나아가 출원공개 전에 거절 또는

10) 등록이 무효로 된 것이 아니라 '출원'이 '절차무효'로 된 경우를 의미함에 유의하여야 한다.

포기되어 공개되지 아니한 발명은 당사자로 하여금 이를 보완하여 재출원할 수 있도록 기회를 주는 것이 합당하기 때문이기도 하다. 다만, 등록거절 되는 이유가 동일한 발명에 관하여 같은 날 2 이상의 출원이 있고, 법에서 요구하는 당사자 사이의 협의가 이루어지지 않아서인 경우에는 그 출원이 소급하여 없었던 것으로 보지 않는다(특허법 제36조 제4항 단서, 제2항, 제3항).

(3) 동일한 발명에 대하여 같은 날에 출원이 있는 경우의 처리

1) 출원인이 서로 다른 경우

동일한 발명에 대하여 같은 날에 2 이상의 특허출원이 있는 때에는 특허출원인의 협의에 의하여 정하여진 하나의 특허출원인만이 그 발명에 대하여 특허를 받을 수 있다. 협의가 성립하지 않거나 협의를 할 수 없는 때에는 어느 특허출원인도 그 발명에 대하여 특허를 받을 수 없다(특허법 제36조 제2항). '같은 날'에 2 이상의 출원이 있는 경우 위 조항이 적용되므로, 같은 날이기만 하면 비록 그 중 어느 하나가 시(時)에서 앞서더라도 그 출원이 우선하는 것은 아니다.

2) 출원인이 서로 같은 경우

특허법 제36조 제2항은 문언상 같은 날에 서로 다른 사람이 특허출원을 한 경우를 상정하고 있는 것으로 해석되는데, 같은 날 같은 출원인이 동일한 발명에 대하여 2 이상의 특허출원을 한 경우[11]에는 어떻게 처리할 것인가가 문제된다. 학설로는, 중복특허금지의 원칙에 따라 선원주의가 동일하게 적용되므로 먼저 한 출원에 대하여만 특허를 부여하여야 한다는 견해가 있고,[12] 특허청의 실무는 출원인으로 하여금 중복 출원 가운데 하나만을 선택하여 출원을 유지하도록 유도하며 그에 응하지 않은 경우 출원 모두에 대하여 거절결정을 하고 있는 것으로 보인다. 판례는[13] 동일인의 동일한 발명에 관하여 경합출원이 있고 그 중 하나에 대한 등록을 포기한 사안에서 "제36조 제3항 등의 적용에 있어 특허권이나 실용신안권의 포기에 의하여 경합출원의 하자가 치유

11) 동일인에 의한 이중출원은 착오에 기인하는 수도 있고 출원인 스스로는 별개의 출원이라고 생각하여 각각 출원하였으나 명세서에 대한 평가 결과 양 발명이 실질적으로 동일한 것으로 파악되는 경우에도 있을 수 있다.

12) 송영식 외 2, 지적소유권법(상) 제8판, 564면.

13) 대법원 2007. 1. 12. 선고 2005후3017 판결.

되어 제 3 자에 대한 관계에서 특허권의 효력을 주장할 수 있다고 보는 것은 명문의 근거가 없을 뿐만 아니라 권리자가 포기의 대상과 시기를 임의로 선택할 수 있어 권리관계가 불확정한 상태에 놓이게 되는 등 법적 안정성을 해칠 우려가 있는 점, 특허권이나 실용신안권의 포기는 그 출원의 포기와는 달리 소급효가 없음에도 결과적으로 그 포기에 소급효를 인정하는 셈이 되어 부당하며, 나아가 특허권 등의 포기는 등록만으로 이루어져 대외적인 공시방법으로는 충분하지 아니한 점 등을 종합하여 보면, 출원이 경합된 상태에서 등록된 특허권이나 실용신안권 중 어느 하나에 대하여 사후 권리자가 그 권리를 포기하였다고 하더라도 경합출원으로 인한 하자가 치유된다고 보기는 어렵다"고 하면서 포기되지 않은 나머지 등록특허 역시 특허법 제36조에 따라 무효라고 판시하였다.

(4) 효 과

선출원주의에 위반된 특허출원은 등록거절 사유에 해당하고(특허법 제62조 제 1 호), 일단 등록되더라도 등록무효의 사유에 해당한다(특허법 제133조 제 1 항 제 1 호).

Ⅲ. 명세서와 도면의 보정

1. 개 설

보정을 포함한 출원 및 심사의 전 과정을 통하여 법이 가장 중요하게 고려하는 것은 최초 명세서에 기재한 발명의 내용이며, 이처럼 기준이 되는 시점에 어떤 실체를 가지는 발명이 존재하는지를 중시하는 것은 특허법 전체를 일관하는 법의 태도이다. 아래에서 보게 될 보정에 대한 규제를 통해 법이 출원인의 자유를 상당히 제약하는 것으로 느껴질 수도 있지만, 특허법의 근본 입장은 소정의 실체를 가진 발명을 한 자에게 가급적 그에 상응하는 권리를 부여하는 것이다. 출원발명의 실체가 일단 발명의 설명에 기재된 이상, 제 3 자가 동일한 내용을 청구범위로 하는 독립적인 출원을 하더라도 확대된 선원제도를 통해 원출원인을 보호하는 것이 그렇고, 실체 있는 발명을 하였음에도 보정의 한계로 인해 권리 획득에 절차상 제약을 받는 출원인을 위해 국내우선권 제도 및 분할출원 제도 등을 마련하여 적절한 특허의 포트폴리오를 형성할 수 있게 배려하는 점을 보면 이를 잘 알 수 있다.

2. 보정의 의의

특허법상 보정이라 함은, 출원인이 특허청에서의 절차가 잘못되었거나 명세서 또는 도면 등에 흠이 있는 경우 그것을 보충하거나 바로잡는 것을 의미한다. 특허법은 특허의 등록 여부에 대한 결정이 이루어지기 전에 명세서 또는 도면 등을 바로잡는 것을 '보정'이라 하여 특허법 제47조 이하에서, 특허가 등록된 이후에 명세서 또는 도면 등을 바로잡는 것을 '정정'이라 하여 특허법 제133조의2 및 제136조 등에서 그 요건과 절차 등에 관하여 별도로 규율하고 있다. 명세서 또는 도면의 '정정'은 해당부분에서 따로 보기로 하고, 아래에서는 '보정'에 한하여 설명한다.

3. 보정의 허용 및 규제의 필요성

(1) 허용의 필요성

특허의 출원이 이루어질 당시에 발명이 명세서 기재요건을 충족함은 물론 신규성·진보성 등 특허요건까지 모두 갖춘다면 가장 바람직할 것이나, 현실적으로 출원 당시 그와 같이 완전한 형태를 갖춘 발명은 오히려 드물다고 해도 과언이 아니다. 이는, 선출원주의 하에서는 출원인들이 일단 출원을 서둘러 우선적 지위를 확보하려 하는 경향을 가지고 있기 때문이기도 하고, 특허출원이 명세서 기재요건을 갖추지 못하였다거나 발명의 신규성 또는 진보성을 부인할 만한 선행의 공지기술이 존재한다는 점은 어차피 심사를 담당한 특허청 심사관이 지적, 증명하여야 하는 것인 이상 출원인으로서는 일단 자신의 판단 하에 특허출원을 하고, 심사관의 지적이 있는 경우에 비로소 그에 상응하는 조치를 취함으로써 흠결을 바로잡아 특허를 획득하는 것이 사리에 부합하는 면도 있기 때문이다. 무엇보다도 특허의 출원과 심사라는 제도는 기술적 실체를 가진 발명을 행한 출원인으로 하여금 그의 공헌에 상응하는 보상(합당한 권리범위를 가지는 특허의 부여)이 이루어질 수 있도록 국가와 출원인이 상호 협력하여 진행하는 일련의 절차로 이루어져 있다는 점을 고려하면, 그와 같은 목적을 효과적으로 달성하기 위하여 심사과정에 있는 출원인이 일정한 한도 내에서 명세서나 도면을 보정할 수 있도록 하는 제도를 보장하는 것은 필연적이라고 할 수 있다.

(2) 규제의 필요성

그러나 한편, 위와 같은 명세서나 도면의 보정을 제한 없이 인정할 경우, 출원인이 무르익지 아니한 발명에 관하여 일단 출원을 하여 유리한 지위를 선점하여 둔 뒤, 그 심사과정에서 자진하여 또는 심사관의 지적을 받아 보정을 반복해 나가면서 사실상 사후에 발명을 완성하거나, 발명의 실질에 비하여 터무니없이 넓은 권리범위를 청구하여 두고 심사관이 그 특허청구범위에 저촉하는 선행의 공지기술을 발견하여 거절이유를 통지하면 그에 상응하여 특허청구범위를 그때그때 필요한 만큼만 감축함으로써 종국에는 자신이 이룩한 발명의 실질보다 더 넓은 권리범위를 획득하게 되는 부당한 결과를 막을 수 없을 뿐더러, 그 과정에서 심사기간이 길어지고 심사관의 업무가 부당하게 과중해지게 된다. 무엇보다도 보정은 소급효를 가지는데,[14] 일단 출원이 이루어진 발명에 대하여 일응의 기준도 없이 사후에 함부로 그 내용을 보정하는 것을 허용하게 되면 최초출원 명세서나 도면에 기재된 내용을 전제로 그것이 특허되었을 때 가지게 될 권리범위를 상정하여 이와 중복되지 않는 한도에서 후속발명에 착수하거나, 이를 침범하지 않는 한도에서 관련기술을 실시하는 제 3 자에게 불의의 타격을 줄 수도 있고, 제 3 자는 이를 피하기 위해서는 심사기간 내내 그 최초출원된 명세서나 도면이 나중에 보정을 통하여 소급적으로 변경되지는 않았는지 살펴보아야만 하는 불편이 있다.

따라서 명세서나 도면의 보정에는 일정한 한도의 제한이 가해지지 않을 수 없다. 특허법은 위와 같이 출원에 대한 등록 여부 결정이 이루어지기 전까지 명세서의 보정이 가능함을 선언하는 한편, 내용적 측면과 시기적 측면으로 나누어 보정을 제한하고 있다.

---

14) 보정이 소급효를 가진다는 점에 관하여 법문상의 규정은 없으나, 그와 같이 해석하지 않는 한 보정제도의 의미가 없으므로 이는 법리상 당연한 것으로 이해되고 있다{송영식 외 2, 지적소유권법(상) 제 8 판, 547면; 中山 編, 注解(上), 458면}.

4. 보정에 대한 제한

(1) 신규사항추가 금지

과거(2001. 2. 3. 법률 제6411호로 개정되기 전 특허법)에는 보정이 최초 출원의 '요지를 변경하는 것이 아니면' 비교적 폭넓게 허용되던 때도 있었다. 그러나 2001년 이후부터는 신규사항추가 금지 원칙이 도입되어 현재에 이르고 있다. 이는 보정의 적법 여부 심사기준을 엄격히 객관화하여 출원의 신속, 적정한 처리를 꾀하는 한편 국제적 경향[15]에도 부합하기 위한 것이다.[16]

신규사항추가 금지는 뒤에서 보는 자진보정, 최초거절이유통지에 따른 보정, 최후거절이유통지에 따른 보정을 불문하고 공통적으로 적용되는 등록거절의 사유(특허법 제62조, 제47조 제2항)이므로 이에 관하여 먼저 설명한다.

1) 의의와 법률의 규정

명세서 또는 도면의 보정은 특허출원서에 최초로 첨부된 명세서 또는 도면에 기재된 사항의 범위 안에서 이를 할 수 있다(특허법 제47조 제2항). 이는 이른바 '신규사항추가의 금지' 원칙을 천명한 것이다. '신규사항의 추가'라 함은 출원서에 최초로 첨부된 명세서나 도면에 명시적으로 들어있거나, 비록 명시적으로는 들어 있지 않더라도 통상의 기술자라면 '직접적이고도 명확하

---

15) 35 U.S.C. §132, §251; EPC Art.123(2); 일본 특허법(平6년) 제17조의2 등 참조.

16) 이러한 요지변경이나 신규사항추가금지의 원칙은 '사고(思考)의 틀'이라는 면에서 보면 특허청구범위의 작성원칙인 '단항제' 및 '다항제'와도 연관이 있다고 할 수 있다. 즉, '단항제'하에서는 출원인은 자신이 발명을 하나의 청구항에 표현하여야 하므로 그 구체적 기술사상을 빠짐없이 기재하기가 어려울 수밖에 없다. 따라서, '단항제'하에서는 이른바 '중심한정주의'를 채택하여, 발명의 내용을 파악하거나 특허의 권리범위를 설정함에 있어 '발명의 요지' 또는 '핵심적인 기술사상'이라고 하는 추상적 기준을 사용하기가 쉬우며 비록 명세서에 명확히 나타나 있지 않더라도 위와 같은 발명의 요지에 포함되는 기술구성에는 권리범위를 인정할 여지가 많아진다. 반면, '다항제'하에서는 출원인은 자신의 발명을 복수의 독립항 및 종속항을 구사하여 얼마든지 세부적이고 구체적으로 표현할 수 있는 것이므로 굳이 '발명의 요지' 또는 '핵심적인 기술사상'이라고 하는 추상적 개념을 동원할 필요가 없고 명세서의 기재에 부여되는 규범적 의미도 한결 엄격해져서 명세서, 특히 특허청구범위에 나타나지 아니한 사항에 관하여는 원칙적으로 권리를 인정하지 않는 '주변한정주의'의 경향을 띠게 된다. 요컨대, '단항제-중심한정주의-발명의 요지 중시-요지변경 금지'를 하나의 사고의 틀로 묶을 수 있다면, '다항제-주변한정주의-명세서의 객관적 기재사항 중시-신규사항추가 금지'를 그와 대비되는 또 다른 사고의 틀로 묶을 수 있을 것이다.

게'[17] 그러한 내용이 들어있음을 알 수 있는 것을 제외한 사항 일체를 말한다. 이는 곧, 사소한 것이라도 출원인이 최초출원 이후에 발명의 내용을 개량하거나 추완한다면 그와 같이 개량되거나 추완된 발명에 대하여 출원시점을 최초출원 당시로 소급하여 주지 않겠다는 것이다. 즉, 발명의 실체는 출원 시에 항정(恒定)되며 그 이후 변경이 가능한 것은 특허 청구범위뿐이라는 태도이다. 다만, 명세서의 기재 중 명백히 잘못된 것을 바로잡거나 분명하지 아니한 사항을 명백히 하는 정도에 그치는 것은 신규사항 추가에 해당하지 아니한다. 한편으로, 최초 명세서에 이미 포함되어 있는 구성이어서 신규사항이 아니라면 보정을 통해 이를 청구항에 포함시키는 것이 가능하며, 그 결과 청구범위가 확장되거나 축소되는 일이 일어날 수도 있다.[18]

⇒ 대법원 2007. 2. 8. 선고 2005후3130 판결

명칭을 "전철기용 텅레일부 융설장치"로 하는 이 사건 특허발명(특허번호 제358407호)의 특허출원서에 최초로 첨부된 명세서에는 눈 감지 센서와 관련하여 '텅레일과 고정레일 사이에 존재하는 눈을 감지할 수 있는 센서(또는 눈을 감지하기 위한 인디케이터)'라는 기재만이 있을 뿐이었다가 최후 보정에 이르러 '눈감지센서는 리액턴스 방식으로 작동되는 센서로서 한 쌍의 금속성판 사이에 눈이 존재하면 유전율의 변화로 한 쌍의 금속성판으로 형성된 평행판 축전기의 정전용량이 변하게 되고, 이에 따른 교류회로의 전류변화 값을 측정하는 것'이라는 취지의 기재가 추가되었는데, 이는 특허출원서에 최초로 첨부된 명세서에 기재된 범위를 벗어난 것으로서 신규사항의 추가에 해당하여 특허법 제47조 제 2 항에 위배된다.

2) 구체적인 예[19]

(가) 신규사항 추가에 해당하는 경우

예컨대, 출원인이 아래와 같은 내용의 최초출원 명세서와 도면으로 이루어진 '보강파이프의 제조방법'에 관하여 특허를 출원하였는데, 심사 과정에서 심사관이 i) 철제의 봉 위에 합성수지 파이프를 입혀서 내관(內管)으로 삼고,

---

17) '일의적(一義的)으로' 또는 '자명하게' 등의 용어가 사용되기도 한다.

18) 다만, 뒤에서 보는 대로 그러한 보정은 시기와 사유에 따라 제한이 수반되는 수가 있다.

19) 아래의 예들은 설명의 편의를 위하여 특허청, 특허·실용신안 심사기준(2004년판)의 보정에 관한 설명부분에서 뽑아 인용한 것이다.

ii) 그 위에 합성직물을 굵게 편직하여 만든 편성시이트(sheet)를 감아서 보강층으로 하며, iii) 다시 그 위에 합성수지파이프를 입혀 외관(外管)으로 삼고, 접착제를 사이에 도포하여 붙인 후, iv) 마지막으로 위 철제의 봉을 뽑아내는 보강파이프의 제조방법의 모든 구성요소를 갖춘 선행기술이 이미 존재하여 위 출원에 신규성이 없다는 이유로 등록거절이유를 통지하였다 하자. 출원인은 위와 같은 거절이유를 극복하기 위하여, 추상적으로 '합성직물로 만든 시이트를 감는' 것에 그치지 않고 '합성수지로 만든 보강선(補强線)을 나선 형태로 감으면' 보강기능 이외에도 관이 '휘기 쉽도록' 하는 새로운 효과를 얻을 수 있음을 내세우면서, 당초의 명세서를 아래와 같이 보정하였다.

[보정 전의 명세서]

• 특허청구범위 : 철제의 봉 위에 합성수지 파이프를 입혀서 내관(內管)으로 삼고, 그 위에 합성직물을 굵게 편직하여 만든 편성시트(sheet)를 감아서 보강층으로 하며, 다시 그 위에 합성수지파이프를 입혀 외관(外管)으로 삼고, 접착제를 사이에 도포하여 붙인 후 마지막으로 위 철제의 봉을 뽑아내는 보강파이프의 제조방법.

• 발명의 상세한 설명 : … 보강층을 마련하였으므로 내압에 견디는 힘이 큰 파이프가 얻어진다 ….

• 도 면

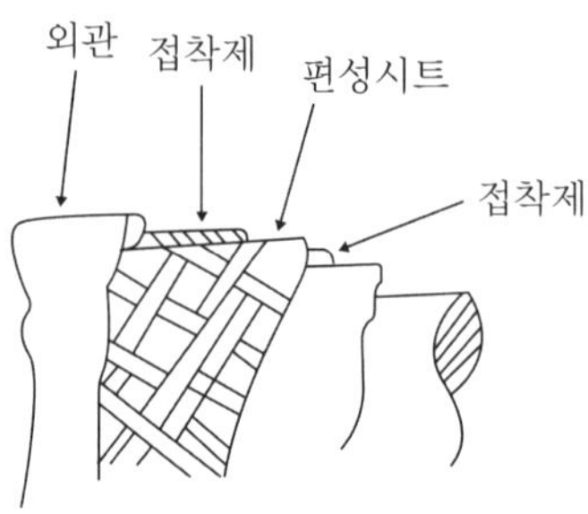

[보정 후의 명세서]

• 특허청구범위 : 철제의 봉 위에 합성수지 파이프를 입혀서 내관(內管)으로 삼고, 그 위에 합성수지로 만든 <u>보강선을 나선형으로 감아서</u> 보강층으로 하며, 다시 그 위에 합성수지파이프를 입혀 외관(外管)으로 삼고, 접착제를 사이에 도포하여 붙인 후 마지막으로 위 철제의 봉을 뽑아내는 보강파이프의 제조방법.

• 발명의 상세한 설명 : … 내압에 견디는 힘이 큰 파이프를 얻을 수 있는 외에, 위와 같이 보강선을 나선형을 감음으로 인하여 '관을 필요에 따라 자유로이 휠 수 있는' 효과가 있다.

• 도 면

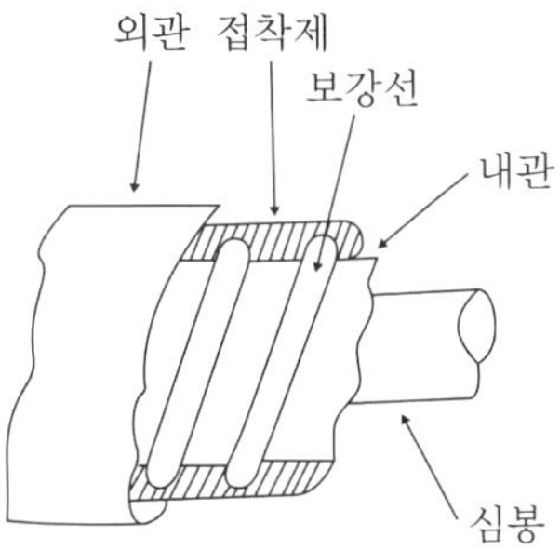

[평 가]

위와 같이 '합성수지로 만든 보강선을 나선형으로 감아서 보강층으로 한다'는 기술구성은 최초출원 명세서나 도면 어디에도 없었고, 통상의 기술자라면 최초 출원 명세서에 기재된 '합성직물을 굵게 편직하여 만든 편성시트(sheet)를 감는다'는 기재가 곧 '합성수지로 만든 보강선을 나선형으로 감는다'는 구성을 의미하는 것으로 직접적이고도 명확하게(자명하게) 이해할 수 있다고 볼 수도 없다('내관 둘레에 직물을 단순히 감는 것'과 '합성수지로 만든 선을 내관을 따라 나선형으로 감는 것'이 동일하다거나, 전자가 당연히 후자의 내용을 포함하는 것으로 이해될 수는 없다). 따라서 위와 같은 내용의 보정은 명세서 및 도면에 신규사항이 추가된 것이어서 적법한 보정의 범위를 넘는 것이다.

(나) 신규사항추가에 해당하지 않는 경우

① 특허청구범위가 변경되었으나, 최초출원 명세서에 이미 그와 같은 기재가 있었던 경우

[보정 전의 명세서]

• 특허청구범위 : 감광유제를 가진 지지체를 빛에 노출시키고, 이어서 현상정착제(現像定着濟)를 도포하고, 수상층을 중첩시키고 확산전사하여 음화상을 얻는 방법

• 발명의 상세한 설명
〈발명의 실시 예〉 … 에 CMC(풀) … 을 가하여 현상정착제를 제조하고, 이를 …
• 도 면

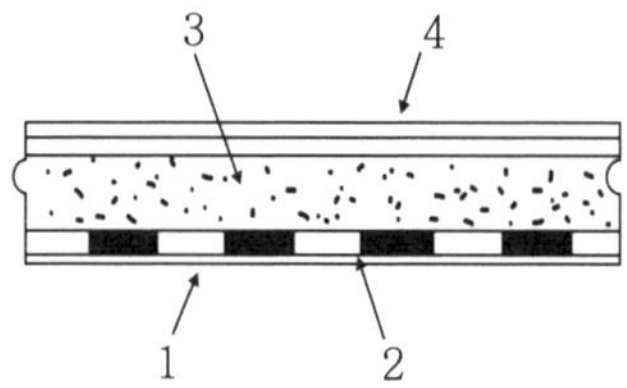

(1) 지지체, (2) 감광유제, (3) 현상정착제, (4) 수상층

[보정 후의 명세서]
• 특허청구범위 : 감광유제를 가진 지지체를 빛에 노출시키고, 이어서 풀 성분을 함유하는 현상정착제(現像定着濟)를 도포하고, 수상층을 중첩시키고 확산전사하여 음화상을 얻는 방법
• 발명의 상세한 설명 : … 풀성분을 함유하는 현상정착제는 페이스트 모양이므로 층을 두껍게 할 수 있다. 따라서 화상(畵像)의 농도를 충분하게 할 수 있다.
• 도면 : 보정 전의 명세서와 같다.

[평 가]

최초출원 명세서의 특허청구범위에는 '현상정착제'라고만 기재되어 있었으나, 발명의 설명에 이미 '정착제에 풀을 가한다'는 내용이 기재되어 있었으므로 보정된 명세서의 특허청구범위가 풀 성분을 함유하는 현상정착제(現像定着濟)로 변경되었다 하더라도 이는 이미 발명의 설명에 들어 있었던 기술내용을 특허청구범위로 끌어 올린 것[20]에 불과하여 특허청구범위에 신규사항이 추가된 것이라고 볼 수 없다. 또한, 풀을 함유하는 조성물은 일반적으로 페이스트의 성질을 나타내는 것이므로 보정된 명세서 발명의 설명에 '현상정착제

20) 예컨대 'ⅰ) 감광유제를 가진 지지체를 빛에 노출시키고, ⅱ) 단순한 현상정착제(現像定着濟)를 도포하고, ⅲ) 수상층을 중첩시키고 확산전사하여 음화상을 얻는 방법'이 이미 공지되어 있어 출원이 신규성이 없다는 이유로 등록거절될 처지에 있다면, 출원인으로서는 ⅱ) 과정에서 도포되는 현상정착제가 단순한 현상정착제가 아니라 '풀 성분을 함유한 현상정착제'라는 것에 출원 발명만의 특징이 있음을 내세우고, 그와 같은 내용으로 특허청구범위를 손질(감축)함으로써 등록거절을 면하려 할 수 있을 것이다.

는 페이스트 모양이므로 층을 두껍게 할 수 있다. 따라서 화상(畵像)의 농도를 충분하게 할 수 있다'는 효과의 기재가 추가되었다 하더라도 이는 종래의 발명의 설명에 기재된 기술구성 고유의 성질을 부가적으로 표현한 것에 불과하여 발명의 설명에도 신규사항이 추가되었다고 볼 수 없다.

② 명백히 잘못된 표현을 바로잡거나 분명하지 아니한 사항을 명백히 하는 경우

[보정 전의 명세서]

• 특허청구범위 : 합성수지판을 용융온도 이상으로 가열한 뒤, 이를 표면에 경질유리를 바른 암 거푸집 위에 놓고 위로부터 숫 거푸집으로 눌러 성형하는 그릇의 제조방법

• 발명의 상세한 설명

용융온도 이상으로 가열하여 연화시킨 판을 가압 성형하여 그릇을 만드는 데 있어서, 표면에 경질유리를 바른 암 거푸집을 사용하므로 그릇의 겉면이 매끄러워지고…

[보정 후의 명세서]

• 특허청구범위 : 합성수지판을 연화온도(軟化溫度) 이상으로 가열한 뒤, 이를 표면에 경질유리를 바른 암 거푸집 위에 놓고 위로부터 숫 거푸집으로 눌러 성형하는 그릇의 제조방법.

• 발명의 상세한 설명

연화온도(軟化溫度) 이상으로 가열하여 연화시킨 판을 가압 성형하여 그릇을 만드는 데 있어서, 표면에 경질유리를 바른 암 거푸집을 사용하므로 그릇의 겉면이 매끄러워지고….

[평　　가]

통상적으로 '용융온도(물질이 완전히 녹는 온도)' 이상에서는 합성수지는 그 고체로서의 성질을 완전히 잃게 되므로 고형의 물체를 가압 성형하여 그릇을 만든다는 이 발명의 목적에 맞지 않게 된다. 합성수지판을 가압 성형하는 이상 판의 형태를 유지하여야 하고 그와 같은 사정은 출원명세서의 취지에 비추어 통상의 기술자에게 자명하므로 '용융온도'를 '연화온도(딱딱한 물질이 고온으

로 인하여 물렁물렁해지기 시작하는 온도)'로 보정한 것은 명백히 잘못된 표현을 바로잡는 것에 불과하다고 평가할 수 있다. 따라서 이는 신규사항 추가에 해당하지 아니한다.

(2) 시기적 측면의 제한

1) 최초거절이유 통지와 최후거절이유 통지

심사관은 출원에 등록거절사유가 있을 때에는 등록거절결정을 하기 전에 반드시 출원인에게 거절이유를 통지하고 기간을 정하여 의견을 제출할 수 있는 기회를 부여하여야 한다(특허법 제63조 제1항). '최초거절이유(특허법 제47조 제1항 제1호)'라 함은 심사관이 어떤 출원에 관하여 통지하는 처음의 거절이유를 의미한다. '최후거절이유(특허법 제47조 제1항 제2호)'는 '최초거절이유를 통지받은 출원인이 명세서의 보정을 통하여 이를 해소하는 과정에서 그와 같은 보정으로 인하여 생기게 된 새로운 거절이유'를 의미한다. 예컨대, 심사관이 출원 A에 대하여 명세서 기재불비에 해당함을 들어 거절이유를 통지하였다면 그것이 '최초거절이유'이다. 출원인이 이에 따라 출원 명세서의 기재내용을 명확히 하여 명세서를 보정하였고, 그로 인하여 당초의 명세서 기재불비라는 거절이유는 해소되었지만 보정된 명세서의 내용에 비추어 본즉, 예컨대 선행기술에 비하여 진보성이 없는 것으로 밝혀지는 수가 있다. 이때 심사관은 다시 '진보성 결여'를 이유로 거절이유를 통지할 수 있는데, 이를 '최후거절이유'라고 한다. '최후'라는 용어를 사용하는 이유는, 이후 그에 응하여 보정[21]을 할 수 있는 기회는 원칙상 한번뿐이고, 출원인이 그 보정을 통하여 최후거절이유를 해소하지 못하거나, 해소하더라도 다시 새로운 거절이유를 안고 있는 때에는 보정각하를 거쳐 결국 등록거절결정을 받게 되기 때문이다. 또 다른 예를 들자면, (a+b)의 구성요소로 이루어진 출원 A가 신규성이 없다는 이유로 심사관이 거절이유를 통지하자, 출원인이 (a+b+c)의 구성요소로 이루어진 출원 A'로 보정하였다고 하자. 위와 같은 보정은 앞서 본 신규사항추가(새로운 구성요소 c가 추가되었으므로)에 해당하여 등록거절의 대상이 된다(특허법 제62조 제5호, 제47조 제2항). 이때 만약 최후거절이유에 의한 제약이 없이 위와 같은 보정

---

21) 뒤에서 보는 바와 같이 최후거절이유 통지에 따른 보정은 내용에 있어서도 한층 엄격한 제한이 부가된다.

A'에 관한 거절이유통지에 관하여 출원인이 다시 보정을 할 수 있다고 하고, 출원인이 이번에는 (a+b+c+d)로 이루어진 보정을 한다면 그와 같은 보정은 또 다른 신규사항추가(구성요소 d)에 해당하여 또 다른 거절이유를 낳게 된다. 결국, 위와 같은 사정이 반복되는 한, 출원인이 계속 신규사항을 추가하면 이론상 매번 그에 대한 거절이유를 통지하여야 하는 불합리가 생기게 된다. 아울러, 최후거절이유에 의한 보정의 제한이 없다면 출원인은 가능한 최대의 청구항을 유지하면서 심사관이 발견하여 통지하는 거절이유에 응하는 부분만큼만 단계적으로 감축 보정하는 등 심사관과의 '계속된 숨바꼭질'을 통해 제도를 악용하려 들 가능성도 있다. 특허법은 이러한 폐단을 방지하기 위하여 앞서 본 바와 같이 출원 A에 대하여 한 '신규성 결여'의 거절이유를 '최초거절이유'로, 출원인이 위 신규성 거절이유를 극복하기 위하여 한 보정 A'로 인하여 생기게 된 거절이유(또 다른 신규사항 추가)를 '최후거절이유'로 삼는 한편, 출원인이 최후거절이유를 극복하는 보정을 하지 못하는 한, 등록거절 하도록 하고 있는 것이다.

한편, 위와 같이 최초거절이유에 대한 보정으로 인하여 생긴 거절이유가 아니라 그와 별도로 발하여지는 새로운 거절이유는 언제든지 '최초거절이유'에 해당함을 유의하여야 한다. 예컨대, 앞의 예에서 심사관이 최후거절이유인 '공지기술 A로부터의 진보성 결여'를 이유로 거절이유를 통지한 후, 별도로 출원발명에 '공지기술 B로부터의 신규성 결여'를 들어 추가로 거절이유를 통지하였다면, 이는 종전의 거절이유와는 관련이 없는 별개 독립의 거절이유에 불과하므로 그 거절이유통지의 순서상으로는 세 번째에 해당하지만 여전히 그 자체로 '최초거절이유'가 되는 것이다.[22)]

22) 심사관이 "발명이 명확하고 간결하게 기재되지 아니하여 특허법 제42조 제 4 항 제 2 호의 명세서 기재요건을 구비하지 못한 기재불비가 있다"는 거절이유를 통지함에 따라 이를 해소하기 위한 보정이 이루어졌는데, 보정 이후 발명에 대한 심사 결과 신규성이나 진보성 부정의 거절이유가 발견된다고 하더라도, 그러한 거절이유는 보정으로 청구항이 신설되거나 실질적으로 신설에 준하는 정도로 변경됨에 따라 비로소 발생한 경우와 같은 특별한 사정이 없는 한 보정으로 새롭게 발생한 것이라고 할 수 없으므로, 심사관으로서는 보정에 대한 각하결정을 하여서는 아니 되고, 위와 같은 신규성이나 진보성 부정의 거절이유를 출원인에게 통지하여 의견제출 및 보정의 기회를 부여하여야 한다(대법원 2014. 7. 10. 선고 2012후3121 판결).

2) 보정의 시기와 횟수

㈎ **자진보정의 경우**

심사관의 거절이유 통지에 응한 보정이 아니라, 출원인 스스로 하는 보정을 자진보정이라고 하는데, 출원인은 특허법 제66조에 의한 등록여부의 결정 등본을 송달받기 전에는 시기의 제한 없이 언제든 명세서를 보정할 수 있다. 다만, 특허청구범위를 적지 않은 출원을 한 때에는 원칙상 출원일부터 1년 2개월 내에 청구범위를 적는 보정을 해야 함(특허법 제42조의2)은 앞서 설명하였다.

㈏ **거절이유 통지가 있은 경우**

출원인의 자진보정에 대한 응답으로든, 직권으로든 일단 심사관으로부터 출원에 대한 거절이유 통지가 있으면(최초거절이유의 통지가 있으면) 출원인은 그 통지에 의한 의견서 제출기간 내에 한하여 보정을 할 수 있다. 나아가, 최후 거절이유통지를 받은 출원인은 최후거절이유 통지에 의한 의견서 제출기간에 한하여 보정을 할 수 있다.

㈐ **거절결정이 있은 경우**

특허출원인은 그 특허출원에 관하여 거절결정등본을 송달받은 날부터 3개월 이내에 그 특허출원의 특허출원서에 첨부된 명세서 또는 도면을 보정하여 해당 특허출원에 관하여 재심사를 청구할 수 있다(법 제67조의2 제1항 본문). 재심사의 청구가 있으면 종전의 거절결정은 취소된 것으로 보고(특허법 제67조의2 제3항), 심사관은 재심사를 통하여 최초의 거절결정을 번복하거나, 번복사유가 없는 경우에는 최종적인 거절결정을 하게 되며, 출원인은 최종적인 거절결정에 불복하는 경우 거절결정불복심판청구를 할 수 있다.

(3) 내용적 측면의 제한

특허법은 보정에 관하여 신규사항 추가를 금지하는 이외에, 최후거절이유에 응한 보정 및 재심사 청구 시 하는 특허청구범위에 대한 보정은 다음과 같은 때에만 허용한다(법 제47조 제3항).

1) 청구항을 한정 또는 삭제하거나 청구항에 부가하여 청구범위를 감축하는 경우 (법 제47조 제3항 제1호)

예컨대, 청구항 1. 원주형 나무의 중심을 따라 흑연이 삽입되어 있는 연필(독립항). 청구항 2. 제1항에 있어서 위 연필의 한 쪽 끝에 지우개가 결합된 것(종속항)으로 당초의 청구항이 구성되어 있었다 하자. 심사과정에서 청구항 1. 이 이미 공지된 기술임이 밝혀져 심사관이 거절이유를 통지하였다면, 출원인은 특허청구범위를 '원주형 나무의 중심을 따라 흑연이 삽입되어 있는 공지의 연필에 있어서, 위 연필의 한 쪽 끝에 지우개가 결합된 것'으로 보정함으로써, 하나의 독립항과 하나의 종속항으로 되어 있었던 종래의 특허청구범위를 하나의 독립항만으로 바꾸면서 종래의 청구항 1. 은 새로운 청구항에 있어 전제부로 삼고, 자신이 실제로 기술적 진보에 공헌한 부분인 '연필 한 쪽 끝에 지우개를 결합하는 것'에 관해서만 특허를 청구하여 거절을 면할 수 있을 것이다. 이러한 경우가 특허청구범위의 감축에 해당하는 예이다.

그 밖에 특허법 제47조 제 3 항 제 1 호의 유형에 해당하는 것으로는, ⅰ) 수치범위의 축소[23] ⅱ) 상위개념으로부터 하위개념으로의 변경,[24] ⅲ) 택일적으로 기재된 요소의 삭제,[25] ⅳ) 다수의 항을 인용하는 종속항에서 인용되는 항의 수를 줄이는 경우 등을 들 수 있다.

2) 잘못 기재된 사항의 정정(법 제47조 제 3 항 제 2 호)

정정 전의 기재내용과 정정 후의 기재내용이 객관적으로 동일하고, 특허청구범위의 기재가 오기라는 점이 명세서의 기재 내용 혹은 경험칙 등에 비추어 명확한 경우에 이를 바로 잡는 것을 말한다.

3) 분명하지 아니하게 기재된 사항을 명확하게 하는 경우(법 제47조 제 3 항 제 3 호)

'분명하지 않은 기재'란 ⅰ) 청구항 기재의 문언상 의미가 불명료한 것, ⅱ) 청구항의 기재 내용이 다른 기재와의 관계에 있어서 불합리한 것 ⅲ) 청구항 자체의 기재는 명료하지만 청구항에 기재한 발명이 기술적으로 정확하게 특정되지 않고 불명료한 것 등을 말한다. 발명의 실체를 달리하지 않으면서 청구항을 전반적으로 다시 기재하는 보정은 다른 사정이 없는 한 분명하지 아니한 기재를 명확하게 하는 경우로 취급한다.[26]

4) 신규사항 추가 이전의 청구범위로 돌아가는 보정(법 제47조 제 3 항 제 4 호)

보정 단계에서 신규사항 추가가 이루어진 경우 이를 바로잡아 신규사항

---

23) 예컨대 청구항에 기재된 온도의 범위를 '10~30℃'에서 '15~20℃'로 바꾸는 경우.

24) 예컨대 청구항에 기재된 구성요소 '탄성체'를 '스프링'으로 바꾸는 경우.

25) 예컨대 청구항에 'A 또는 B'로 되어 있는 것을 A만으로 바꾸는 경우.

26) 특허청, 특허·실용신안 심사기준, 제 4 부 제 2 장 2. 4.

추가 이전으로 되돌리는 특허청구범위의 보정은 결과적으로 청구범위 확장을 초래하지만 허용된다. 이를 허용하지 않으면, 거절이유를 해소하기 위해 신규사항을 삭제하는 보정을 하더라도 법 제47조 제3항(특히 같은 항 제1호)에 위배되어[27] 보정각하를 거쳐 거절결정으로 이어질 것이므로 출원인에게 가혹하기 때문이다.[28] 나아가, 이처럼 신규사항이 추가되기 이전의 특허청구범위로 되돌아가면서 '청구항을 한정 또는 삭제하거나 청구항에 부가하여 특허청구범위를 감축하는 경우', '잘못된 기재를 정정하는 경우', '분명하지 아니한 기재를 명확하게 하는 경우' 역시 허용의 범주에 포함된다.

5. 부적법한 보정에 대한 취급

(1) 특허등록 이전(以前)

최후거절이유통지에 대한 보정(특허법 제47조 제1항 제2호에 의한 보정)과 재심사청구에 수반한 보정(특허법 제47조 제1항 제3호, 제67조의2)이 ① 신규사항추가에 해당하거나, ② ㉠ 청구항을 한정 또는 삭제하거나 청구항에 부가하여 특허청구범위를 감축하는 경우, ㉡ 잘못된 기재를 정정하는 경우, ㉢ 분명하지 아니한 기재를 명확하게 하는 경우, ㉣ 신규사항추가에 해당하는 보정에 대하여 신규사항이 추가되기 전의 특허청구범위로 되돌아가거나, 되돌아가면서 특허청구범위를 위 ㉠ 내지 ㉢과 같은 내용으로 보정하는 경우 가운데 어느 하나에도 해당하지 않거나, ③ 그 보정[29]으로 인해 새로운 거절이유를 초래하는 경우에 심사관은 보정각하 결정을 한다(특허법 제51조 제1항). 다만, 직권 보정(특허법 제66조의2)이나, 직권 재심사(특허법 제66조의3)나, 재심사 청구(특허법 제67조의2)가 있는 경우 그 전에 한 보정에 대하여는 그러하지 않다(특허법 제51조 제1항 단서).[30] 보정이 각하되면 그 보정은 무시되고 심사관은 보정 전 명세서를 기준으로 특허의 등록여부를 결정하게 되는바, 결국 등록거절

27) 구성요소인 신규사항의 삭제는 많은 경우 청구범위의 '확장'을 초래한다는 점을 상기할 것.

28) 특허청, 특허·실용신안 심사기준, 제4부 제2장 2.5.

29) 단, 위 ②의 ㉠과 ㉣에 따른 보정 가운데 청구항을 삭제하는 보정은 제외된다(특허법 제51조 제1항).

30) 위 각 보정이 원래 보정각하 대상이었음에도 불구하고 일단 간과되었다면 이후의 과정에서 새삼 보정각하의 대상으로는 삼지 않는다(특허청, 특허·실용신안 심사기준, 제4부 제3장 2.(2) 참조).

로 귀결되는 경우가 대부분이다. 보정각하결정에 대하여는 별도로 불복할 수 없고, 등록거절결정에 대한 불복심판을 제기한 후 그 절차에서 함께 다툴 수 있다(특허법 제51조 제 3 항). 재심사청구가 가능한 경우에는 최후거절이유에 대하여 재심사청구에 수반한 보정으로 대응할 수 있을 것이다.

(2) 특허등록 이후(以後)

명세서 또는 도면의 보정이 신규사항 추가금지에 해당함에도 이를 적법하다고 보아 특허가 부여된 경우에는 특허등록무효의 이유로 된다(특허법 제133조 제 1 항 제 6 호, 제47조 제 2 항 전단). 그러나 최후거절이유 통지에 응한 보정이 신규사항 추가금지 외의 다른 제한을 벗어난 경우, 즉 특허법 제47조 제 3 항에 위반한 것을 간과하고 일단 특허등록이 이루어지면 이를 독립된 등록무효의 사유로 삼을 수 없다. 특허법 제47조 제 3 항의 보정요건은 본질적으로 보정의 절차신속과 효율화를 도모하기 위한 규정에 지나지 않고, 발명이나 특허의 실체와는 직접적인 관련이 없는 것이어서 그러한 사유로 이미 등록이 된 특허를 무효로 한다면 특허권자에게 지나치게 가혹하기 때문이다.

6. 직권에 의한 보정(특허법 제66조의 2)

심사관은 심사결과 명세서, 도면 또는 요약서에 적힌 사항이 명백히 잘못된 것으로 판단되는 경우에는 직권으로 이를 보정하면서 특허결정을 할 수 있다(특허법 제66조의 2 제 1 항). 직권보정은 신규사항 추가금지 원칙(특허법 제47조 제 2 항)을 어기지 않는 한도에서만 가능하며, 이를 어긴 직권보정은 효력이 없다(특허법 제66조의 2 제 1 항 후단, 제 6 항). 심사관이 직권보정을 하려면 제67조 제 2 항에 따른 특허결정의 등본 송달과 함께 그 직권보정 사항을 특허출원인에게 알려야 한다(같은 조 제 2 항). 특허출원인이 직권보정 내용을 받아들인다면 직권보정과 특허결정은 유지된다. 한편, 직권보정의 일부 또는 전부를 받아들이지 않을 수도 있으며, 그런 출원인은 특허료를 납부할 때까지 의견서를 특허청장에게 제출해야 한다(같은 조 제 3 항). 그 경우, 불복된 직권보정은 처음부터 없었던 것이 되는 한편, 특허결정 역시 취소된 것으로 보고(같은 조 제 4 항 본문) 심사를 계속한다.[31] 다만, 요약서에 관한 직권보정에 불복이 있는

31) 이는 결과적으로 당사자의 직권보정 부동의를 '해제조건'으로 하는 등록결정과 유사하다.

경우에는 직권보정만 없었던 것으로 되고 특허결정까지 취소된 것으로는 보지 않는다(같은 항 단서).

7. 정 리

이상에서 살펴본 보정의 내용을 도표로 정리하면 다음과 같다.

<table>
<tr><th></th><th>자진보정의 경우</th><th>최초거절이유
통지를 받은 경우</th><th>최후거절이유
통지를 받은 경우</th><th>재심사 청구를 하는
경우</th></tr>
<tr><td>시기적
제한</td><td>심사관이 거절
여부 결정을
송달하기 전까지
언제든지 가능
(제47조 제1항)</td><td>지정된 의견서
제출기간 내에
보정가능(제47조
제1항 제1호)</td><td>지정된 의견서
제출기간 내에
보정가능(제47조
제1항 제2호)</td><td>재심사 청구와
동시에</td></tr>
<tr><td>내용적
제한</td><td colspan="2">신규사항추가 금지
(제47조 제2항)</td><td colspan="2">① 신규사항추가 금지(제47조 제2항)
② ㉠ 청구항을 한정 또는 삭제하거나 청구항에 부가하여 특허청구범위를 감축하는 것이거나,
㉡ 잘못된 기재를 정정하는 것이거나,
㉢ 분명하지 아니한 기재를 명확하게 하는 것이거나,
㉣ 신규사항추가에 해당하는 보정에 대하여 신규사항이 추가되기 전의 특허청구범위로 되돌아가거나, 되돌아가면서 특허청구범위를 위 ㉠ 내지 ㉢과 같은 내용으로 보정하는 것일 것(이상 제47조 제3항)
③ 보정으로 인하여 새로운 거절이유가 생기지 않을 것</td></tr>
<tr><td>부적절한
보정</td><td colspan="2">보정각하 제도 없음
① 자진보정의 경우 : 최초거절이유 통지
② 보정으로 최초거절이유 극복 못한 경우 : 등록거절
③ 보정으로 최초거절이유 극복하였으나 그로 인하여 새로운 거절이유가 생긴 때 : 최후거절이유통지</td><td colspan="2">보정각하(제51조 제1항).
보정 전 명세서로 심사</td></tr>
</table>

8. 보정의 효과

보정이 적법한 것으로 받아들여지면, 최초 특허출원 시에 보정된 내용대로 출원이 이루어졌던 것으로 간주된다(보정의 소급효). 따라서 명세서 보정의 적법 여부를 심리하지 않고 보정 이전의 출원발명만을 심판대상으로 삼아 판단하는 것은 그 자체로 위법하다.[32]

Ⅳ. 우선권제도

1. 개 설

국제적인 특허출원에 있어서는, 예컨대, 甲이 어떤 발명에 관하여 A국에 특허출원을 한 이후 같은 발명에 관하여 B국에도 특허출원을 하려고 하는 경우, 출원서류의 작성이나 시장분석 등을 위하여 시간이 소요되는 수가 많다. 그런데 甲이 위와 같이 B국에서의 출원을 준비하는 동안 乙이 B국에 동일한 발명을 출원하거나 그와 동일한 기술내용이 공지되어 버리는 일이 있을 수 있다. 이러한 경우 甲이 A국에서 최초 출원한 시점에 마치 B국에서도 출원한 것처럼 다루어 준다면 선발명자인 甲의 보호에 유리할 뿐 아니라 국제적인 특허출원에서 발생할 수 있는 앞서의 문제점을 해소할 수 있을 것이다. 일찍이 '공업소유권의 보호를 위한 파리협약(1883)'은 국제적인 특허출원을 원활히 할 목적으로 '조약우선권제도'를 두어 동맹국 중 하나에 대하여 출원을 하면 동일한 발명에 관하여는 일정한 요건 아래 다른 나라에서도 같은 날 출원한 것으로 간주해 주는 '출원일 소급효' 제도를 마련하였다. 이로써 국제출원 과정에서 생기는 시차의 문제를 해결할 수 있을 뿐 아니라, 뒤에 설명할 부분우선 및 복합우선 개념을 통하여 후속의 개량발명을 원출원(原出願)에 통합하여 포괄적으로 권리를 취득, 관리할 수 있는 길이 열리게 되었다.

기술개발의 속도가 빨라지고 내용이 복잡해지는 현실에 따라 기본 발명을 기초로 하는 개량발명이나 추가발명이 이루어지는 일이 매우 흔하지만 국내출원의 경우, 이러한 기술개발의 성과를 포괄적이고도 누락 없이 보호받는 것은 별도의 제도적 장치 없이는 쉬운 일이 아니다. 예컨대, 개량발명된 내용을 실시 예로 추가하여(특히 화학발명의 경우에는 실시 예의 추가가 권리범위의 광협과 관련하여 중요한 의미를 가지는 경우가 많다) 원출원에 보충하는 내용으로 보정을 한다

32) 대법원 1992. 6. 26. 선고 91후1823 판결.

면 신규사항추가에 해당하여 받아들여지지 않을 우려가 있다. 이를 근거로 새로운 출원을 한다면 자기의 원출원 발명과 동일한 발명이나 실질적으로 동일한 발명 또는 진보성이 없는 발명이라 하여 등록이 거절될 우려가 있다.[33] 그렇다고 기본발명을 출원한 후 이와 관련된 복합발명을 함께 권리로 취득하기 위하여 원출원을 취하하고 새로운 출원을 한다면, 그 사이에 타인의 출원이 끼어들어 졸지에 후출원자로 전락하게 될 우려도 있다. 이러한 점을 고려하여 파리협약상의 조약우선권제도의 효과를 국내출원에도 도입한 것이 국내우선권제도이다. 국내우선권제도는 자국에 출원한 기본적인 발명을 출발점으로 하여 그 후의 개량발명, 추가발명 등을 포함시킴으로써 보다 완전한 내용을 가지는 출원으로 발전시켜 앞서 본 문제를 해결함과 동시에 관련 발명에 관한 권리를 누락 없이 취득할 수 있는 길을 열어 놓음으로써 출원인의 계속된 발명을 유도하여 기술개발을 장려하는 제도인 것이다.

아래에서 위와 같은 조약우선권 제도와 국내우선권 제도를 차례로 살펴본다.

2. 조약우선권 제도

(1) 의 의

조약우선권제도는 '공업소유권의 보호를 위한 파리협약(1883)' 제 4 조를 통하여 최초로 도입되었다. 출원인이 동맹국의 제 1 국에 최초로 정규의 특허(또는 실용신안)출원을 하면, 그 출원인 또는 승계인이 일정한 기간 내에 동맹국의 제 2 국에 동일한 내용의 출원을 하는 경우 신규성·진보성 및 선출원 등의 판단을 함에 있어서 제 1 국에 대한 최초 출원시를 기준으로 삼는 것을 내용으로 한다. 발명자가 여러 나라에서 동시에 보호받기 위해서는 특허출원도 각국에 동시에 하여야 하나, 그렇게 하면 매우 번거롭기 때문에 한 나라(특허自國)에서 일단 출원을 하고 일정한 기간 내에 다른 나라에 출원을 하면 신규성·진보성, 선출원 여부 등을 판단함에 있어 최초의 출원일에 출원한 것으로

33) 원출원이 공개된 이후라면 위와 같이 신규성이나 진보성 부재로 거절될 위험이 있고, 원출원이 공개되기 이전이라면 특허법 제36조 선출원주의에 따라 후출원이 거절될 수 있다(선, 후출원의 실질적 동일성을 판단하는 기준을 언급한 판례로는 대법원 1985. 8. 20. 선고 84후30 판결 참조).

출원일의 소급효를 인정해 주는 것이다. 한편, 조약우선권제도에 의하더라도 특허독립의 원칙상 각 나라의 특허법 절차에 따라 각각 출원을 하여야 하는 번거로움이 남는바, 여러 나라에서 한꺼번에 특허를 출원·취득할 수 있는 편리한 제도로는 뒤에서 설명하는 국제특허협력조약(PCT)이 있다.

(2) 조약우선권 적용의 요건

1) 당 사 자

조약에 의하여 우리나라 국민에게 우선권을 인정하는 나라의 국민이거나, 비조약동맹국 국민으로서 어느 동맹국 내에 주소 또는 영업소를 가진 자이어야 하며[34](특허법 제54조 제 1 항), 제 2 국의 출원인은 제 1 국의 최초의 출원인 또는 그 승계인으로서 제 2 국에 출원할 권리를 가진 자이어야 한다.

2) 출원의 내용이 동일할 것

예컨대, 제 2 국에서 출원을 하면서 제 1 국에서의 출원으로 우선권주장을 하기 위해서는 제 1 국에서 출원한 발명과 제 2 국에서 출원한 발명의 내용이 동일해야 한다. 즉, 제 2 국에서 출원한 발명(우선권 주장 발명)의 내용이 제 1 국에서 출원된 발명(우선권 주장의 기초가 된 발명)의 최초 명세서 등에 명시적으로 기재되어 있거나 통상의 기술자가 우선권 주장 당시의 기술상식에 비추어 제 2 국의 출원 발명 내용이 제 1 국 출원의 최초 명세서 등에 기재되어 있는 것과 마찬가지라고 이해할 수 있어야 한다.[35] 한편, 여기서 발명이 동일하다는 것은 명세서와 도면 또는 특허청구범위가 완전히 일치하여야 한다는 의미는 아니며, 발명의 내용이 실질적으로 동일하면 족하다.[36] 따라서, 예컨대 제 1 국에서는 화학특허에 관하여 물질과 방법 모두에 관하여 특허를 부여하나, 제 2 국에서는 방법에 관해서만 특허를 부여하기 때문에 제 1 국에서 화학물질로 특허출원한 자가 제 2 국에서는 그 물질의 제조방법에 관해서만 특허출원을

34) "비동맹국 국민으로서 어느 동맹국의 영역 내에 주소 또는 진정하고 실효적인 산업상 또는 상업상 영업소를 가진 자는 동맹국 국민과 같이 취급한다"는 파리조약 제 3 조에 의하여, 조약 당사국은 물론 비당사국 국민(무국적자 포함)도 당사국에 거소나 영업소 등을 가지면 우리나라에서 우선권주장을 할 수 있다. 특허청, 특허·실용신안 심사기준, 제 6 부 제 3 장 3. 1.

35) 대법원 2021. 2. 25. 선고 2019후10265 판결.

36) 각국에 따라 명세서 기재 방법과 정도가 통일되어 있지 않기 때문에 위와 같이 융통성 있는 해석을 함이 불가피한 면이 있다.

하게 되는 경우, 제 1 국에서의 출원명세서에 제조방법에 관한 기재가 있는 이상 양 명세서의 내용은 실질적으로 동일하다고 할 수 있으므로 출원인은 제 2 국에서의 출원에 관하여 제 1 국에서의 출원으로 우선권을 주장할 수 있다.

우선권주장의 기초가 되는 제 1 국의 출원은 최선(最先)의 정규적 출원이어야 하고, 그 출원이 적법한 것이 아니거나 최선(最先)의 출원이 아닌 때에는 우선권주장을 할 수 없다.[37] 최선(最先)의 정규출원인 이상 우선권의 기초가 되는 최초출원이 계속 중인지 여부는 우선권 효력에 영향을 미치지 않으며 최초출원이 무효·취하·포기 또는 거절되더라도 이를 기초로 하여 우선권을 주장할 수 있다.[38]

3) 우선기간 준수 및 우선권주장의 신청

특허출원을 기초로 조약우선권을 주장하고자 하는 자는 우선권주장의 기초가 되는 최초의 출원일부터 1년 이내에 특허출원을 하여야 하고(특허법 제54조 제 2 항), 특허출원 시 특허출원서에 그 취지, 최초로 출원한 나라의 이름 및 그 출원 연월일을 기재하여야 한다(특허법 제54조 제 3 항). 심사관은 조약우선권 주장이 수반된 출원의 심사에 필요한 경우, 출원인에게 우선권주장의 기초가 된 출원국에서의 심사결과 자료를 제출하도록 명할 수 있다(특허법 제63조의 3).

(3) 부분우선과 복합우선

동일하지 아니한 발명 사이에서는 우선권주장이 이루어질 수 없으나, 발명은 언제나 개량을 그 고유의 속성으로 하기 때문에, 단일성을 잃지 않는 범위 내에서 발명의 내용(특히 청구항)이 추가되는 경우가 얼마든지 있다. 예컨대

37) 즉, 제 1 국 출원이 최초출원이거나 최초출원으로 인정될 수 있는 출원이어야 한다. 예를 들어 영국에 2016. 3. 1.에 한 출원을 기초로 조약우선권을 주장하며 미국에 2016. 5. 1. 출원하고, 우리나라에 2017. 4. 1. 출원하고자 하는 경우, 영국 출원으로부터 12개월이 지났으므로 영국 출원을 기초로 조약 우선권 주장을 할 수 없음은 당연하고 미국 출원으로부터는 12개월이 지나지 않았지만 미국 출원은 동일한 발명에 대한 '최초출원'이 아니므로 위 출원을 기초로 우선권 주장을 할 수 없게 된다(특허청, 특허·실용신안 심사기준, 제 6 부 제 3 장 3.3.(3) 참조). 이는 조약우선권에 대하여 누적적 우선권 주장을 봉쇄하는 효과를 낳는다. 뒤에서 보는 것처럼 국내우선권 주장의 경우, 개량되어 나가는 발명에 반복적으로 우선권 주장을 허용하되, 그 중 중첩·누적되는 부분을 우선권 주장의 대상에서 걸러내는 방법을 취한다. 이에 비하여 조약우선권은 아예 '최초출원'을 기초로 해서만 허용되므로 누적적 우선권 주장 자체를 어렵게 하는 특징이 있다.

38) 특허청, 특허·실용신안 심사기준, 제 6 부 제 3 장 3.3.(2).

A가 제 1 국에는 특정한 물건에 관해서만 특허출원(2020. 1. 1)하였고, 그 뒤 이를 발전시켜 그 물건을 생산하는 장치를 완성한 뒤 제 2 국에서 물건에 관한 발명과 함께 특허출원(2020. 10. 1)하였다면(각 청구항은 달리하게 된다), A로서는 제 2 국에서의 출원 가운데 물건에 관하여는 제 1 국에서 특허출원한 2020. 1. 1. 을 기준으로, 장치에 관하여는 2020. 10. 1. 을 기준으로[39] 특허요건을 심사받거나 등록 후 권리행사를 하게 된다.[40] 이를 '부분우선' 이라 한다.

나아가, A가 제 1 국에서 특정한 물건에 관해서만 특허출원(2020. 1. 1)하고, 그 뒤 그 물건을 생산하는 장치를 완성하여 제 2 국에 특허출원(2020. 10. 1)한 뒤, 제 3 국에서 물건과 그 물건을 생산하는 장치를 묶어 하나의 출원을 하는 경우(2020. 11. 1), A는 제 3 국에서, 물건에 관하여는 제 1 국에서의 출원일인 2020. 1. 1. 을 기준으로, 그 물건을 생산하는 장치에 관하여는 제 2 국에서의 출원일인 2020. 10. 1. 을 기준으로 각 우선권을 주장할 수 있는바, 이를 '복합우선' 이라고 한다.[41]

(4) 조약우선권 적용의 효과

대한민국(제 2 국)에서의 특허요건으로서의 신규성, 확대된 선원, 진보성, 선출원 여부 등을 판단함에 있어 당사국(제 1 국)에 출원한 날을 대한민국에 출원한 날로 본다(출원일의 소급). 따라서 예컨대 甲이 어떠한 발명에 관하여 제 1 국에서 특허 출원을 하고 아직 제 2 국에 출원하기 이전에 제 2 국에서 동일한 발명이 乙에 의하여 출원되있을 경우, 조약우선권 제도가 없다면 甲이 제 2 국에 한 출원은 乙의 출원일에 뒤지게 되나, 조약우선권 제도로 인하여 甲이 제 1 국에 출원한 날을 제 2 국에 한 출원일자로 보기 때문에 결국 제 2 국에서 甲의 출원은 乙의 출원에 앞서게 된다.

부분우선 내지 복합우선과 관련해서는, 만약 甲이 2020. 1. 1. X발명에

---

39) 특허의 신규성·진보성, 선출원 등 특허적격 유무는 청구항별로 판단됨을 상기할 것.

40) (이 사건 우선권 주장 출원발명의 청구항 제 3 항과 제 5 항에 기재된) '항-CD20 항체의 500 내지 1,500mg/m²의 용량' 은 선출원의 최초 명세서 등에 기재되어 있다고 볼 수 없다. 따라서 이 사건 제 3 항 발명과 제 5 항 발명 모두 우선권 주장의 기초가 된 발명의 최초 명세서에 기재된 것과 동일한 발명이 아니다. 따라서 이 사건 제 3 항과 제 5 항 발명의 특허요건의 판단일은 우선권 주장일이 아니라 출원일(1999. 11. 9.)이 되어야 하고, 선행발명 5에 의해 진보성이 부정된다: 대법원 2021. 2. 25. 선고 2019후10265 판결.

41) 엄밀히 말하면 복합우선은 부분우선의 한 유형이라고 할 수도 있을 것이다.

관하여 A국에 출원하고, 추후에 이와 단일성의 범주에 있는 Y발명을 한 뒤 2020. 10. 1. B국에서 조약우선권주장을 하며 X와 Y발명을 단일출원으로 출원하였는데, 마침 乙이 독자적으로 Y발명을 2020. 6. 1. B국에서 공지시킨 바 있다면, 甲의 2020. 10. 1.자 B국 출원 가운데 X는 신규성이 있으나, Y는 신규성이 없게 된다.

어쨌든 甲으로서는 조약우선권제도를 활용하면 미리 해 둔 원출원 X를 근간으로 하여 원출원 지위를 유지해 가면서 사후에 개량, 추가되는 발명 Y, Z 등을 포괄하여 그때그때 하나의 권리형태로 계속 출원해 나갈 수 있는 것이다.[42]

3. 국내우선권 제도

(1) 의 의

국내우선권이라 함은 선출원한 특허발명[43]의 내용을 포함하는 포괄적 발명을 나중에 출원하는 경우, 일정한 요건 하에 그 포괄적 발명의 내용 가운데 당초의 명세서 및 도면에 포함되어 있던 내용에 관하여 선출원시로 출원일을 소급해 주는 제도이다(특허법 제55조).

(2) 제도의 의미

1) 후속발명의 태양

발명에 대한 출원이 있은 이후 후속 연구로 인해 다음과 같은 일이 생길 수 있다.[44] ① 실시례의 보충 : 예컨대, '염산'을 실시례로 하여 그보다 상위개념인 '무기산'을 특허청구범위로 하였으나, 그와 같은 실시례만으로는 상위개념인 특허청구범위가 유지되기 어려운 상태였던바, 추후 실험을 통하여 '질산'을 추가적 실시례로 찾아낸 경우, ② 상위개념의 추출 : 예컨대, 제 1 출원에서 실시례로 '염산'을 기재하고 청구범위도 '염산'으로 하였으며, 제 2 출원에서 실시례로 '질산'을 기재하고 청구범위도 '질산'으로 하였는데, 그 뒤 '초산'까지 실시례로 성공함으로써 결국 위와 같은 실시례 전부를 아우르는 상위개념인

42) 그러나 이는 무한정 가능한 것은 아니고, 앞서 본 바와 같이 우선권주장의 시한이 정해져 있음을 유의하여야 한다.

43) 실용신안의 경우에는 고안.

44) 이하에 드는 예는 竹田和彦, 特許の知識 [제 8 판], 305~306면에서 인용한 것이다.

'산(酸)'을 특허청구범위로 삼아야 할 필요가 생긴 경우, ③ 개량발명 : ⅰ) A라는 기술구성을 발명의 설명에 기재하고 A를 특허청구범위로 하여 출원한 뒤, A+B라는 기술구성을 통하여 더 개량된 효과를 가지는 후속발명을 추가로 하였거나, ⅱ) '물건'을 청구범위로 하는 출원을 한 뒤 그와 단일성 범주에 있는 '그 물건을 생산하는 방법'을 추가 발명한 때가 그것이다.

2) 예상가능한 문제점

위와 같은 경우 후속발명들을 보정절차를 통하여 소급적으로 선출원에 통합시키려 한다면 어느 경우나 '신규사항 추가'에 해당하여 그 자체로 받아들여지기 어려울 것이다. 우리나라 심사기준은 신규사항의 구체적인 예로 수치한정의 범위를 변경하는 보정, 발명의 구성요소를 상위개념 또는 하위개념으로 변경하는 보정, 실시례를 추가하는 보정 등을 예시하고 있으며,[45] 일본의 심사기준 역시 "선출원 발명의 명세서에 기재된 사항과 비교하여 신규사항이 도입된 경우에는 우선권 주장의 효과가 인정되지 않는다. 선출원 명세서의 기재된 사항의 의미는 통상의 기술자의 입장에서 해당 명세서 전체의 기재를 종합하여 판단한다"고 명시하고 있다.[46]

나아가, 후속발명에 대하여 새로운 출원을 하더라도, 원 발명이 공개되기 이전이면 특허법 제36조에 따라 자신의 선출원과 실질적으로 동일하다는 이유로 등록이 거절될 수 있다. 원 발명이 공개된 이후에는, 새로운 출원의 청구항이 선행의 출원 내용과 동일하거나 그 상위개념에 해당하면 신규성이 없다는 이유로, 신규성 관문을 통과하더라도 개량의 정도가 크지 않은 이상 원 발명에 비해 진보성이 없다는 이유로 각 등록이 거절될 수 있다.

그러한 위험들을 피하기 위하여 앞선 출원들을 취하하게 되면 새로운 출원과의 사이에 다른 출원이나 공지사유가 끼어들어 새로운 출원의 목적을 전혀 달성하지 못하게 될 우려가 생긴다.

3) 국내우선권제도의 존재 의의

후속발명을 이룬 출원인으로 하여금 위와 같은 어려움을 면하고 후속발명에 대하여 포괄적이고 안정적인 권리 취득을 가능하게 해 주기 위하여 도입된

45) 특허청, 특허·실용신안 심사기준, 제 4 부 제 2 장 1.2: 단, 보정된 사항이 최초명세서 기재로부터 자명한 경우는 예외이다.

46) 日本 特許廳 特許·実用新案審査基準(2024) 第Ⅴ部 第 2 章 3.1.3.(1).

것이 국내우선권제도이다.[47] 즉, 출원인이 선출원의 명세서 및 도면에 최초로 기재된 사항과 동일한 내용을 후출원의 특허청구범위에 포함시켜 우선권주장을 하면 마치 조약우선권주장에서처럼 그 내용에 관하여 선원저촉 여부나 신규성·진보성 판단 시 선출원의 출원 시에 출원한 것으로 취급받을 수 있다. 나아가 국내우선권제도를 이용하면 후속발명 중 신규사항 추가에 해당하는 사항이 있는 경우, 그 부분에까지 출원일 소급의 혜택을 누릴 수는 없지만, 원출원을 존속시켜 그 절차적 위상을 그대로 확보해 둔 채, 또한 자신의 원출원에 기하여 선출원, 신규성·진보성의 저촉을 받지 않으면서 개량된 후속발명을 권리화하는 것이 가능해지며[48] 그로 인하여 포괄적인 권리의 취득이 가능하고 출원·등록절차 및 특허권의 관리·처분에 간편을 도모할 수 있게 된다. 특히 특허법 제56조, 제64조에 의하면 국내우선권주장의 기초가 된 선출원은 그 출원일로부터 1년 3개월을 경과하면 취하된 것으로 보기 때문에 마지막의 후출원만 남게 되어 절차상으로 동일한 발명에 대하여 중복심사, 중복공개를 하거나 중복특허가 부여될 가능성을 차단하는 효과도 있다.

이제 위 설례로 돌아가 살펴보면, ① 실시례로 기존의 '염산'에 새로이 찾아낸 '질산'을 더하여 명세서를 작성한 뒤 종전처럼 '무기산'을 특허청구범위로 하는 새로운 출원을 하면서 선출원에 기한 우선권주장을 하면 심사과정에서 특허청구범위인 '무기산'이 유지될 가능성이 더욱 커질 것이고,[49] ② '산(酸)'이라는 상위개념을 특허청구범위로 하여 후출원을 하면서 앞서 한 2개의 선출원(염산, 질산)에 대하여 우선권주장(개념상 '복합우선'에 해당한다)을 하면, 2개의 선

47) 국제출원인은 조약우선권 제도의 부분우선과 복합우선 개념에 따라, 선출원의 지위를 유지하면서 자유로이 후속발명에 대한 추가출원을 해 나갈 수 있는 데 비하여 국내출원인은 앞서 본 바와 같은 제약에 묶이게 되어 형평에도 맞지 않는다.

48) 뒤에서 보는 바와 같이 국내우선권주장은 선출원으로부터 1년 이내에 하여야 하고, 이는 국내우선권주장의 기초가 되는 선출원 내용의 강제공개(1년 6개월) 시점보다 앞서기 때문에 선출원의 내용이 국내우선권주장 출원에 대한 신규성, 진보성 탄핵 자료로 사용될 여지가 거의 없다.

49) 다만, 이와 관련하여 주의할 점이 있다. 즉, 그와 같이 새로운 실시례를 보충하더라도 국내우선권주장을 하면 일반적인 보정에서처럼 그것이 "신규사항추가"로 배척되지 않는다는 의미일 뿐이지, 국내우선권 적용의 결과 보충된 실시례에 관해서까지 출원일 소급효가 인정된다는 것은 아니다. 이에 관하여는 아래의 국내우선권의 효과를 설명하는 부분에서 상세히 언급하기로 한다.

출원의 이익은 그대로 유지하면서 추후 '산(酸)'이라는 포괄적인 권리의 취득이 가능해지며, ③ A를 특허청구범위로 하는 발명을 확보해 둔 채로 추후 A와 아울러 A+B를 각 특허청구범위로 하는 출원도 가능해지는 것이다.[50)]

(3) 국내우선권 적용의 요건

1) 일반적 요건

i) 후출원의 출원 시, 선·후출원인이 동일인이거나 후출원인이 선출원인의 적법한 승계인이어야 하며, 특허를 받을 수 있는 권리를 가진 자이어야 한다.

ii) 국내우선권의 기초가 되는 선출원이 특허청에 적법하게 계속 중이어야 한다. 따라서 선출원이 후출원의 출원 시에 포기, 무효, 취하되거나, 설정등록되었거나 특허거절결정, 실용신안등록거절결정 또는 거절한다는 취지의 심결이 확정된 상태가 아니어야 한다(특허법 제55조 제 1 항 제 3, 4 호).

iii) 국내우선권주장을 하는 후출원은 우선권주장의 기초가 되는 선출원일로부터 1년을 경과하지 않아야 한다(특허법 제55조 제 1 항 제 1 호).

2) 특수한 요건

㈎ **누적적 우선권주장이 아닐 것**(중복 소급효의 불인정)

예컨대 발명이 A→A'→A''로 개량되어 가고 있다고 가정할 때, 다른 사정이 없다면 A''출원 시 A'출원에 기초하여 우선권주장을 할 수 있음은 물론이나, A'출원이 이미 A출원에 기한 우선권주장을 하고 있는 상태라면 A''출원은 A출원의 명세서나 도면에 기재된 발명의 내용에 관해서는 우선권주장을 할 수 없다(특허법 제55조 제 5 항 제 1 호, 누적적 우선권주장의 금지). 왜냐하면, 우선권은 선, 후발명 사이의 시간적 간극에 관계없이 무제한 주장될 수 있는 것이 아니고, 선출원의 출원일부터 1년 이내로 그 행사의 기간이 한정되어 있는데(특허법 제54조 제 2 항, 제55조 제 1 항 제 1 호), 위와 같이 누적적 우선권주장을 인정하면 A 출원발명과 개량발명인 A'' 사이에 A'출원을 매개로 하여 2년까지의 간극이 존재하게 되어, 우선권주장의 기한을 기초가 된 선출원일로부터 1년으로

50) 竹田和彦, 特許의知識 [제 8 판], 311~312면은 국내우선권 제도의 활용 예로, "미생물을 발효시켜 유용한 2차 대사 산물을 얻는 연구에 있어서 연구자는 생성물의 물성치(物性値)를 검토하여 신규물질이라고 확신하면 바로 특허출원을 하고, 거듭되는 물성 데이터, 구조식, 용도, 제조법 등을 취득하기 위한 생산균의 결정 데이터 등은 최초 출원일부터 1년 이내에 출원하면 된다"는 점을 들고 있다.

제한하는 입법 취지에 반하기 때문이다.[51)]

(나) **선출원이 분할출원, 분리출원이나 변경출원이 아닐 것**(제55조 제1항 제2호)

분할·분리·변경 출원일은 원출원일(原出願日)로 소급하는데, 분할출원, 분리출원 또는 변경출원은 통상 원출원일부터 상당한 시간이 경과된 뒤에 이루어지므로, 분할·분리·변경출원을 우선권주장의 기초가 되는 선출원으로 삼는다면 결과적으로 선출원일부터 1년 이내에 국내우선권주장을 할 수 있는 경우는 많지 않다. 아울러, 분할출원, 분리출원이나 변경출원이 있는 경우 그 발명 내용이 원출원 명세서에 기재된 발명과 동일한지를 판단하여야 하는바, 거기에 국내우선권의 인용 여부에 필요한 발명의 동일성까지 추가로 심사하여야 한다면 심사절차가 지나치게 복잡해지기 때문에 위와 같은 제한을 두고 있는 것이다.[52)]

(4) 국내우선권 적용의 범위와 효과

1) 출원일 소급효의 적용범위

우선권주장을 수반한 후출원의 명세서 및 도면에 기재되어 있는 발명 중 출원일의 소급이 인정되는 것은 선출원의 최초 명세서에 기재되어 있는 발명과 동일한 발명에 한한다(특허법 제55조 제1항). 따라서, 후출원이 신규사항의 추가에 해당하면 소급효가 인정되지 않아 그 부분은 출원일 소급의 이익을 누리지 못하고, 경우에 따라 통상적인 별개의 출원으로 취급하게 된다.

예컨대, 앞서의 실시례 보충형에서, 甲이 2020. 2. 1.에 실시례 '염산', 특허청구범위 '무기산(상위개념)'으로 하는 선출원을 하였고, 乙이 2020. 5. 1.에 실시례 '질산', 특허청구범위 '질산'으로 하는 별개의 출원을 하였다고 하자. 甲이 선출원의 실시례인 '염산'이 특허청구범위인 '무기산'을 뒷받침하기에 불충분하다는 이유로 거절이유를 통지받자 연구를 계속하여 그 후인 2020. 8. 1.에 실시례를 '염산'과 '질산'으로, 특허청구범위를 '무기산'으로 하는 국내우선권주장 출원을 한다면, 甲으로서는 선출원의 최초명세서에 포함되지 않았던 신규사항인 '질산'에 대하여 출원일 소급효를 누리지 못하고, 乙과의 관계에서 후출원의 지위에 놓이게 된다. 구체적으로, 이러한 경우 나중에 이

51) 또한, 위와 같이 누적적 우선권 주장을 제한함으로써 매번 원출원과 국내우선권 주장 출원 사이에서 동일성 및 신규사항을 대비·판단해야 하는 수고와 위험을 덜 수 있다는 실무상 필요 또한 있었을 것이다.

52) 특허청, 특허·실용신안 심사기준, 제6부 제4장 3.3.

루어진 국내우선권주장의 특허청구범위의 운명이 어떻게 되는지가 문제로 된다. 학설은 막연히 "특허청구범위 중 추가된 실시례에 해당하는 부분은 출원일 소급효를 누리지 못한다"는 취지로만 설명하고 있으나[53] 이는 추상적인 설명으로서, 국내우선권을 전제로 선출원, 확대된 선출원, 신규성, 진보성 판단을 할 때 동일한 특허청구범위를 실시례의 유형에 따라 쪼개어 출원일 소급효를 인정하거나 부인할 도리는 없다. 국내우선권주장은 어디까지나 단일한 특허청구범위 전체를 대상으로 하기 때문이다.

일본의 하급심 판결례[54]는 甲이 A(특허청구범위)－a1(실시례)로 이루어진 선출원을 한 이후, 乙이 A'(특허청구범위)－a2(실시례)로 이루어진 별개의 출원을 하고, 그 후 甲이 A(특허청구범위)－a1(실시례), a2(실시례)로 한 국내우선권주장 출원을 한 사안에서, 국내우선권주장출원 청구범위 A 전부(실시례에 따라 a1과 a2를 구분하지 않고)에 관하여 乙의 a2 실시례를 근거로 확대된 선출원 위반으로 판단하여 등록거절하고 있다.

생각건대, 위와 같은 해결은 부득이하며,[55] 선출원인으로서는 그러한 불이익을 피하기 위해서 선출원 이후 실시례 추가형 국내우선권주장을 하기 이전에 제 3 자에 의하여 동일한 실시례에 기한 별도 출원이 있거나, 동일한 실시례가 공지되었는지를 살펴, 만약 그렇다면 선출원의 실시례에 상응하는 특허청구범위 이외의 청구범위는 삭제하는 등의 조치를 취해야 할 것이다.[56]

또한, 앞서의 상위개념 추출형에서, '염산(하위개념)'에 관하여 선출원을 해둔 A가 뒤에 이를 기초로 '산(酸: 상위개념)'으로 우선권주장 출원을 한다면 상위개념인 '산(酸)'은 신규사항에 해당하여 그에 대하여 소급효가 미치지 않을 것이지만, A가 "청구항 1(독립항). 산(酸) …/청구항 2(종속항). 제 1 항에 있어서 산(酸)이 염산인 것 …"으로 청구항을 구성하여 우선권주장 출원을 한다면, A는 원출원의 최초명세서에 포함되어 있던 염산에 관하여는 출원일의 소급효를 누리

53) 예컨대, 吉藤幸朔, 特許法概說[제 13 판], 409~410면.

54) 東京高裁 平15年 10. 8. 平14(行ケ)539号 판결.

55) 이 판결을 소개하면서 '(사안에 따라) 실시례 추가로 인해 결과적으로 선행출원의 청구항 전부에 대해 우선권 주장의 이익이 부정되어 특허성이 부정되는 수도 있다'고 설명하는 예로는, 中山信弘·小泉直樹 編, 新 注解 特許法[第2版](上), 青林書院(2017), 849면.

56) 高瀨彌平, "實施例補充型の國內優先權主張出願の優先權の效果," パテント(2007), Vol. 60. No. 10, 92면 이하.

면서 그 상위개념인 산(酸)에 대하여도 장래를 향하여 권리를 획득하게 된다.[57)]

마지막으로, 앞서의 개량발명형에서, 발명 A에 관하여 선출원을 해 둔 뒤에, 그와 발명의 단일성 관계에 있는 개량발명 A+B에 대하여 우선권주장 출원을 한다면 A에 관하여는 선출원일로, A+B에 관하여는 우선권주장 출원일로 각 출원일을 인정받을 수 있음은 물론이다.

2) 출원일 소급효의 내용

국내출원을 기초로 우선권을 주장하여 그 요건에 해당함이 인정되는 후출원은 우선권주장의 기초가 된 선출원의 명세서에 기재된 발명에 관하여 신규성(특허법 제29조 제1항), 진보성(같은 조 제2항), 확대된 선원(같은 조 제3항, 제4항), 공지의 예외(특허법 제30조 제1항), 선출원 여부(특허법 제36조 제1 내지 3항), 특허출원 당시부터 국내에 있는 물건에 대한 특허권의 효력(특허법 제96조 제1항 제3호), 이용·저촉관계(특허법 제98조), 선사용권의 유무(특허법 제103조), 디자인권 존속만료 후의 통상실시권(특허법 제105조 제1, 2항), 침해 시 생산방법의 추정(특허법 제129조), 정정요건(특허법 제136조 제5항) 등에 관하여 선출원을 한 때에 출원한 것으로 본다(특허법 제55조 제3항).

3) 그 밖의 절차상 효과

우선권주장의 기초가 된 선출원은 그 출원일부터 1년 3개월이 지난 때에 취하된 것으로 보며(특허법 제56조 제1항),[58)] 우선권주장을 수반하는 특허출원의 출원인은 선출원의 출원일부터 1년 3개월이 지난 후에는 그 우선권주장을 취하할 수 없다(같은 조 제2항). 이 1년 3개월의 기간은 우선권주장을 유지할

---

57) 한편, 이처럼 독립항과 종속항으로 구별하여 청구항을 작성하지 않고 하나의 상위개념만을 청구항으로 하면서 국내우선권주장을 한 경우에 그 상위개념에 포함되는 하위개념에 관하여 분리, 독립적으로 출원일 소급효가 미칠수 있는지가 문제된다. 이에 관하여는, 우선권주장의 후출원 청구항이 선출원의 청구항을 선택지(選擇肢) 형태로 포함하고 있거나(예 : 선출원의 청구항이 A, 후출원 청구항이 'A 또는 B'인 경우), 선출원의 청구항 수치가 우선권주장의 후출원 청구항의 수치범위에 포함되기 때문에 발명을 세분하는 것이 가능한 때에 한하여 예외적으로 단일 청구항의 일부에 관하여 우선권의 효력이 미친다는 입장이 있다. 이런 입장에 서더라도 예컨대 '산(酸)'처럼 후출원에 기재된 상위개념을 '유기산' 또는 '무기산'과 같은 하위개념으로 분리하여 일부에 관해 독립적으로 우선권효력을 인정하는 것은 허용되지 아니한다.

58) 다만, 해당 선출원이 1. 포기, 무효 또는 취하된 경우, 2. 설정등록되었거나 특허거절결정, 실용신안등록 거절결정 또는 거절한다는 취지의 심결이 확정된 경우, 3. 해당 선출원을 기초로 한 우선권 주장이 취하된 경우는 제외(특허법 제56조 제1항 단서).

것인지를 점검할 수 있는 기간이며, 그 기간 내에 우선권주장을 취하하면 선출원은 그대로 유지되고 우선권주장 출원은 통상의 출원으로 된다. 우선권주장을 수반하는 특허출원이 위 기간 내에 취하된 때에는 그 우선권주장도 동시에 취하된 것으로 본다(같은 조 제 3 항). 우선권 주장의 기초가 된 선출원은 해당 선출원을 기초로 한 우선권 주장이 취하되지 않는 한 제79조에 따른 설정등록을 받을 수 없다(특허법 제55조 제 8 항). 선출원에 대한 소급효를 가질 수 있는 우선권 주장이 유지되고 있는 중에 선출원이 독립하여 등록되는 것은 부적절하기 때문이다.

출원 후에는 신규사항을 추가하는 보정이 이루어지면 종국적으로는 등록거절 사유가 될 뿐 아니라(특허법 제62조 제 5 호) 등록되더라도 특허의 무효사유가 된다(특허법 제133조 제 1 항 제 6 호). 그러나 국내우선권을 주장하여 출원을 한다면 결과적으로 하나의 절차에서 신규사항이 추가된 특허를 얻을 수 있게 된다. 아울러, 국내우선권 제도를 활용하면 앞서 본 메커니즘에 의하여 실질적으로 특허의 존속기간 말일을 1년 늦추는 효과를 얻을 수도 있다.

Ⅴ. 분할출원

1. 의의와 성질

분할출원이라 함은, 복수의 실체를 가지는 발명에 관하여 하나의 출원을 한 자가 그 특허출원의 출원서에 최초로 첨부된 명세서 또는 도면의 범위에 속하는 일부 발명에 관하여 별도의 출원을 하는 것을 말한다(특허법 제52조 제 1항).

2. 분할출원제도의 필요성

첫째, 최초출원의 특허청구범위가 '1군의 발명'에 해당하지 않을 정도로 상호 관련성이 없음에도 이를 하나의 출원으로 하여 1발명 1출원주의에 위반하면 등록거절사유가 된다(특허법 제62조 제 4 호, 제45조). 그러나 발명의 보호를 목적으로 하는 특허제도의 취지로 보아 위와 같은 형식적 하자를 이유로 발명의 보호를 막는 것은 출원인에게 지나치게 가혹하므로 출원인으로 하여금 분할출원을 통하여 1군의 발명에 속하지 않는 특허청구범위를 2 이상으로 분할하여 거절을 피할 수 있도록 할 필요가 있다.[59]

둘째, 그 밖에 출원인이 스스로 최초의 1출원을 복수의 출원으로 분할하는 것이 특허관리상 더 적절하다고 판단하는 경우에 그와 같은 의사를 존중해 줄 필요가 있다. 즉, 복수의 청구항으로 이루어진 특허청구범위 가운데 일부에 대하여는 거절이유가 있고, 나머지는 거절이유가 없는 경우 거절이유가 없는 청구항은 분할출원을 통해 먼저 특허등록을 받고 나머지에 대하여는 별도로 다투어 보려는 경우, 복수의 실체를 가지는 단일 출원의 발명에 대하여 향후 권리처분의 편의성 등을 위해 분리하는 것이 유리하다는 판단을 하는 경우 등이 그 예이다.

셋째, 일정한 발명의 내용이 최초출원 명세서 가운데 발명의 설명에는 기재되어 있으나 특허청구범위에는 기재되지 아니하였던 경우, 앞서 본 보정의 내용상 제한 때문에 이를 특허청구범위로 끌어올려 보정할 기회를 놓친 출원인으로 하여금 분할을 통하여 별개 출원의 대상으로 삼도록 함으로써 자신이 공개한 발명의 내용에 관하여 특허로 보호받도록 해 줄 필요가 있다.[60]

3. 분할출원의 요건

(1) 시기상의 요건

분할출원을 위해서는 원출원이 특허청에 계속 중이어야 하며 원출원이 취하, 포기, 무효 또는 특허여부 결정이 확정된 때에는 분할출원을 할 수 없다. 특허법 제52조 제 1 항에 따라 분할 출원이 가능한 기간은 ① 제47조 제 1 항에 따라 보정을 할 수 있는 기간, 즉 i) 심사관이 특허 허부의 결정을 송달하기 전까지, ii) 거절이유 통지에 따른 의견서제출기간 내, iii) 재심사 청구를 하는 경우에는 거절결정으로 인한 재심사청구시까지, ② 특허거절 결정등본을

59) 유사한 입법과 실무로서, 미국 특허법 §121은 "2개 이상의 독립적인 발명에 관하여 하나의 출원이 이루어진 경우 특허청장(Director)은 출원을 하나의 발명으로 제한할 것을 요구할 수 있다"고 규정하고 있으며 위와 같은 제한명령(Restriction Requirement)에 대한 대응책으로 출원인은 분할출원(Divisional Application)을 하는 경우가 대부분이다.

60) 보정은 최후 거절이유를 통지 받은 후에는 특허청구범위의 한정적 감축이라는 제한을 받지만(특허법 제47조 제 3 항), 분할출원에는 그와 같은 제약이 없다는 점이 보정과 대비되는 분할출원의 특징이다.

송달받은 날부터 3개월, 그리고 ③ 특허결정 또는 특허거절결정 취소심결(특허등록을 결정한 심결에 한정하되, 재심심결을 포함한다)의 등본을 송달받은 날부터 3개월 이내이다.[61] ③은 2015. 1. 특허법 제52조 제1항 제3호로 신설된 것이며 이로써 출원인은 특허결정된 이후라도 등록 전이라면 발명을 분할하여 권리화하는 등 전략적으로 포트폴리오를 구성할 수 있는 가능성을 한층 더 보장받게 되었다.

(2) 최초 명세서 및 도면의 범위 내일 것

분할의 대상이 되는 발명의 특허청구범위가 최초의 명세서 또는 도면에 기재된 것을 내용으로 하여야 한다. 분할 출원에는 소급효가 인정되기 때문에 분할된 발명의 특허청구범위가 당초의 명세서에는 기재되지 아니하였던 내용을 포함하고 있다면 그와 같은 분할출원에까지 소급효를 인정해 주는 것은 부당하기 때문이다. 이 경우 그 동일성 여부의 판단은 특허청구범위에 기재된 양 발명의 기술적 구성이 동일한가 여부에 의하여 판단하되 그 효과도 참작하여야 할 것인바, 기술적 구성에 차이가 있더라도 그 차이가 주지 관용기술의 부가, 삭제, 변경 등으로 새로운 효과의 발생이 없는 정도에 불과하다면 양 발명은 서로 동일하다고 하여야 한다.[62] 한편, 특허청 심사기준은 분할(변경)출원의 적법 요건이 되는 발명의 동일성 심사기준을 보정에 있어 신규사항추가 여부 판단 기준과 동일한 것으로 정하고 있다.[63]

4 분할출원의 절차

분할출원을 하고자 하는 자는 분할출원서에 그 취지 및 분할의 기초가 된 특허출원(원출원)의 표시를 하고(특허법 제52조 제3항), 명세서, 요약서 및 도면 각 1통과 기타서류를 첨부하여 특허청장에게 제출하여야 한다.

아울러 분할출원이 적법하기 위해서 분할출원 시에 원출원이 특허청에 계속 중이어야 함은 앞서 본 바와 같지만, 일단 분할출원이 적법하게 이루어진 이후에는 분할출원의 독립적 성질 때문에 원출원에 무효, 취하, 포기, 거절이

61) 다만, 제79조에 따른 설정등록을 받으려는 날이 3개월보다 짧은 경우에는 그 날까지의 기간을 말한다.

62) 대법원 2004. 3. 12. 선고 2002후2778 판결.

63) 특허청, 특허·실용신안 심사기준, 제6부 제1장 3.3.

나 특허결정이 확정되더라도 분할출원은 영향을 받지 아니한다.

분할출원으로 인하여 원출원의 내용을 보정할 필요가 생기는 경우에는 일반적으로 분할출원과 동시에 원출원에 첨부된 명세서 등을 보정하게 된다. 다만, 분할출원의 청구항에 기재된 발명이 원출원의 발명의 설명이나 도면에만 기재되어 있고 청구범위에는 기재되어 있지 않았다면 보정하지 않아도 된다.[64]

분할의 기초가 된 특허출원(원출원)이 조약우선권(제54조) 또는 국내우선권(제55조)을 주장한 출원인 경우에는 분할출원을 한 때에 그 분할출원에 대해서도 우선권 주장을 한 것으로 보며, 분할의 기초가 된 특허출원에 대하여 조약우선권 주장 시 제출된 서류 또는 서면(제54조 제4항)이 있는 경우에는 분할출원에 대해서도 해당 서류 또는 서면이 제출된 것으로 본다(특허법 제52조 제4항).[65] 분할출원 시 조약우선권을 주장하는 자가 조약우선권 주장 서류(제54조 제4항)를 같은 조 제5항에 따른 기간 내에 제출하지 않았더라도 분할출원일부터 3개월 이내에 특허청장에게 제출하면 되고(제52조 제6항), 특허출원서에 최초로 첨부한 명세서에 청구범위를 적지 아니한 분할출원에 관하여는 그 청구범위 완성제출 기한(제42조의2 제2항)이 지난 후에도 분할출원을 한 날부터 30일이 되는 날까지는 명세서에 청구범위를 적는 보정을 할 수 있다(제52조 제8항).[66]

5. 분할출원의 효과

(1) 출원일의 소급효

분할이 적법한 경우에는 분할출원은 원출원 시에 출원한 것으로 본다(특허법 제52조 제2항 본문). 따라서, 분할출원된 발명에 관한 신규성·진보성, 선출원, 출원공개의 시기,[67] 존속기간의 기산점과 선사용권의 요건 등을 원출원한 때를 기준으로 판단한다.

---

64) 특허청, 특허·실용신안 심사기준, 제6부 제1장 4.(2).

65) 종래에는 원출원에서 공지예외주장 또는 우선권주장에 대한 절차를 밟았다 하더라도 분할출원이 이러한 효력을 누리기 위해서는 다시 절차를 밟아야 했으나, 2021. 10. 19 개정 특허법(법률 제18505호)은 이를 위와 같이 변경하여 출원인의 편의를 도모하고 있다.

66) 위 각 규정들 역시 2021. 10. 19 개정 특허법을 통해 출원인에게 유리하도록 변경된 것들이다.

67) 따라서 원출원이 공개되기 이전에 분할출원이 이루어지면 원출원일부터 1년 6개월이 되는 시점에 분할출원된 내용이 공개되고, 원출원일부터 1년 6월 이후에 분할출원이 이루어지면 분할출원은 즉시 공개된다(특허청, 특허·실용신안 심사기준, 제5부 제1장 4.2).

(2) 소급효의 예외

1) 확대된 선원 규정의 적용 시

분할출원의 내용은 원출원의 명세서 기재를 넘지 않는 것이 원칙이기 때문에 원출원이 공개를 통하여 확대된 선출원의 지위를 획득하면 굳이 분할출원 명세서에 확대된 선출원의 지위를 추가로 부여할 이유가 없다. 오히려, 분할출원의 과정에서 원칙에 반하여 최초 명세서에 기재되지 않은 사항이 분할출원의 명세서에 추가되는 일이 발생하고 그것이 원출원일과 분할출원일 사이에 출원된 제 3 자의 별개 출원의 특허청구범위에 기재된 내용과 동일하다면, 제 3 자는 소급적으로 확대된 선원의 지위를 획득한 분할출원의 명세서로 인하여 불의의 타격을 입게 된다. 특허법은 이러한 불합리를 막기 위하여 아예 분할출원된 명세서에 관하여는 확대된 선원 판단의 기준시점을 원출원 시로 소급하지 않고 분할출원 시를 기준으로 한다(특허법 제52조 제 2 항 제 1 호).

2) 공지예외 주장 또는 각 증명서류 제출기간

원출원 시 공지예외 주장을 하였더라도 분할출원은 원출원과는 별개의 출원인 이상 그와 별도로 공지예외 주장을 하여야 한다.[68] 분할출원에 관하여 자기공지에 의한 공지예외 적용을 받기 위한 서류제출기간(특허법 제30조 제 2 항, 제 1 항 제 1 호)은 분할출원일을 기준으로 삼는다(특허법 제52조 제 2 항). 공지예외 사유의 증명서류 제출처럼 시한이 정해져 있는 경우에는 분할출원일이 원출원일로 소급하면 이미 그 시한이 지나있는 경우가 많으므로 출원일의 불소급을 인정할 필요가 있기 때문이다. 공지예외 주장을 하는 경우에는 분할출원서에 그 취지를 기재하여 출원하고 30일 이내에 증명서를 제출하여야 한나(특허법 제30조 제 2 항) 분할출원에 대하여 제출하여야 할 증명서류의 내용이 원출원에 대하여 이미 제출된 증명서류의 내용과 동일하여 이를 원용하고자 하는 경우에는 해당 서식의 첨부서류란에 그 취지를 명기함으로써 그 증명서류에 갈음할 수 있다.[69]

한편, 판례[70]는 원출원 시 공지예외주장을 하지 않았더라도 분할출원이 적법하게 이루어지면 특허법 제52조 제 2 항 본문에 따라 원출원일로 출원일

68) 특허청, 특허·실용신안 심사기준, 제 6 부 제 1 장 4.

69) 특허법시행규칙 제10조 제 2 항.

70) 대법원 2022. 8. 31. 선고 2020후11479 판결.

일 소급하므로, 자기공지일로부터 12개월 이내에 원출원이 이루어지고, 분할출원일을 기준으로 공지예외주장의 절차 요건이 충족되어 있다면, 분할출원이 자기공지일로부터 12개월을 도과하여 이루어졌다 하더라도 분할출원에도 공지예외의 효과가 발생한다고 한다. 원출원 당시에는 청구범위가 자기공지한 내용과 무관하여 공지예외주장을 하지 않았으나, 분할출원 시 청구범위가 자기공지한 내용을 포함하게 되는 경우가 있을 수 있고, 이와 같은 경우 원출원 시 공지예외주장을 하지 않았더라도 분할출원에서 공지예외주장을 하여 출원일 소급의 효력을 인정할 실질적 필요성이 있기 때문이라는 것이다.

3) 우선권주장

원출원시 우선권주장을 했다면 분할출원에 대해서도 분할출원한 때에 우선권주장을 한 것으로 인정되고, 원출원에 대해 우선권주장에 필요한 증명서류가 제출된 경우에는 분할출원에 대해서도 해당 증명서류가 제출된 것으로 인정된다(특허법 제52조 제4항).[71]

4) 심사청구시기

심사청구는 출원일부터 3년 이내에 할 수 있는바(특허법 제59조 제2항), 만약 위 심사청구기간의 만료가 임박하여 분할출원이 이루어진 경우 출원일 소급효가 적용된다면 분할출원에 대하여 심사청구기간이 이미 만료되어 버린 수가 생기게 된다. 특허법은 이러한 불합리를 해소하기 위하여 원출원으로부터 3년이 경과된 후라도 분할출원을 한 날부터 30일 이내에는 심사청구를 할 수 있도록 하고 있다(특허법 제59조 제3항).

➾ 대법원 2004. 3. 12. 선고 2002후2778 판결

[1] 분할출원이란 단일발명, 단일출원의 원칙 아래 2 이상의 발명을 1 출원으로 한 경우 이를 2 이상의 출원으로 분할하는 것으로서 2 이상의 발명을 1 출원으로 한 경우란 2 이상의 발명이 반드시 특허청구의 범위에 기재된 경우뿐만 아니라 발명의 상세한 설명이나 도면에 기재되어 출원된 경우까지 포함하는 것이므로, 분할출원을 하면서 원출원 당시 제출한 발명의 상세한 설명이나 도면을 다시 사용할 수도 있다.

[2] 원출원 중 일부 발명이 실시례 등의 상세한 설명에 기재된 것으로서 원출원

71) 특허법 부칙에 따라, 2022. 4. 20. 이후의 분할출원부터 여기 해당한다.

> 발명과 다른 하나의 발명으로 볼 수 있는 경우에는 그 일부를 분할출원할 수 있으며, 이 경우 그 동일성 여부의 판단은 특허청구범위에 기재된 양 발명의 기술적 구성이 동일한가 여부에 의하여 판단하되 그 효과도 참작하여야 할 것인바, 기술적 구성에 차이가 있더라도 그 차이가 주지 관용기술의 부가, 삭제, 변경 등으로 새로운 효과의 발생이 없는 정도에 불과하다면 양 발명은 서로 동일하다고 하여야 한다.

Ⅵ. 분리출원

특허거절결정을 받고 거절결정불복 심판청구가 기각된 출원인은 그 심결 등본을 송달받은 날부터 30일 이내에 출원서에 최초로 첨부된 명세서 또는 도면에 기재된 사항의 범위에서 그 특허출원의 일부를 새로운 특허출원으로 분리할 수 있다(제52조의2 제 1 항). 특허거절결정에 대해 심판에서도 불복이 받아들여지지 않은 출원인이 이후 특허법원에 소를 제기하는 기간에도 분할출원과 유사한 절차상 조치를 취할 수 있도록 해 주기 위해 2021년 개정 특허법(법률 제18505호)에 신설된 것이다.

다만, 분리출원은 다음과 같은 청구항에 대해서만 허용된다(제52조의2 제 1 항 제 1~제 4 호). ① 그 심판청구의 대상이 되는 특허거절결정에서 거절 대상이 되지 않은 청구항, ② 거절된 청구항 중 그 특허거절결정의 기초가 된 선택적 기재사항을 삭제한 청구항, ③ 위 ①, ②청구항을 제47조 제 3 항 제 1·2·3 호 중 어느 하나에 해당하도록 적은 청구항,[72] ④ 위 ①~③ 중 어느 하나의 청구항에서 그 특허출원의 출원서에 최초로 첨부된 명세서 또는 도면에 기재된 사항의 범위를 벗어난 부분을 삭제한 청구항

분리출원에 대해서는 특허법 제52조 제 2 항부터 제 5 항까지의 규정을 준용함으로써, 기본적으로 분할출원과 동일한 법적 효력을 인정한다(제52조의2 제 2 항). 따라서 이에 대해서는 Ⅴ. 5. 의 설명을 참조하면 될 것이다. 다만, 분리출원의 경우에는 특허출원서에 최초로 첨부한 명세서에 청구범위를 적지 아

72) 1. 청구항을 한정 또는 삭제하거나 청구항에 부가하여 청구범위를 감축하는 경우, 2. 잘못 기재된 사항을 정정하는 경우, 3. 분명하지 아니하게 기재된 사항을 명확하게 하는 경우

니하거나 명세서 및 도면(도면 중 설명부분에 한정한다)을 국어가 아닌 언어로 적을 수 없고(제52조의2 제3항), 분리출원은 새로운 분리출원, 분할출원 또는 「실용신안법」 제10조에 따른 변경출원의 기초가 될 수 없다(제52조의2 제4항).

분리출원의 경우, 분리출원일부터 30일 이내에 심사청구를 할 수 있고(제59조 제3항), 앞서 든 분리출원의 범위를 위반한 출원은 거절(제62조 제6호) 및 등록무효(제133조 제1항 제7호)의 사유가 된다.

Ⅶ. 변경출원

1. 의 의

실용신안등록 출원인은 그 실용신안등록 출원의 출원서에 최초로 첨부된 명세서 또는 도면에 기재된 사항의 범위 안에서 그 실용신안등록출원을 특허출원으로 변경할 수 있다(특허법 제53조 제1항). 한편, 특허등록출원인은 그 특허등록 출원서에 최초로 첨부된 명세서 또는 도면에 기재된 사항의 범위 내에서 그 특허등록출원을 실용신안등록출원으로 변경할 수도 있다(실용신안법 제10조). 다만, 그 실용신안등록출원에 관하여 최초의 거절결정등본을 송달받은 날부터 3개월이 경과한 때에는 특허출원으로 변경출원할 수 없고(특허법 제53조 제1항 단서), 그 특허출원에 관하여 최초의 거절결정등본을 송달받은 날부터 3개월이 경과한 때에는 실용신안등록출원으로 변경출원할 수 없다(실용신안법 제10조 제1항 단서). 변경출원이 적법하게 이루어지면 처음부터 변경된 출원의 내용대로 출원된 것으로 본다(특허법 제53조 제2항).

2. 입법배경

과거의 이중출원제도[73]는 실용신안의 출원인으로 하여금 실용신안권 설

73) 2006. 3. 3. 법률 제7869호로 개정되기 전의 특허법 제53조는,
① 실용신안등록출원을 한 자는 그 실용신안등록출원을 한 날부터 실용신안권의 설정등록후 1년이 되는 날까지 그 실용신안등록출원의 출원서에 최초로 첨부된 명세서의 실용신안등록청구범위에 기재된 사항의 범위 안에서 특허출원(이하 '이중출원'이라 한다)을 할 수 있다.
② 제1항의 규정에 의하여 이중출원을 하는 자는 특허출원시 특허출원서에 그 취지 및 이중출원의 기초가 된 실용신안등록출원의 표시를 하여야 한다.

정등록 후 1년이 되는 날까지 그 실용신안등록출원의 출원서에 최초로 첨부된 명세서의 실용신안등록청구범위에 기재된 사항의 범위 안에서 특허를 출원할 수 있도록 하고 있었다. 특허는 심사에 소요되는 기간이 긴 반면, 종래 실용신안은 무심사등록주의를 취하여 출원 이후 짧은 시간 안에 등록이 이루어지므로 출원인으로 하여금 일단 동일한 발명에 관하여 실용신안과 특허를 이중으로 출원함으로써 실용신안의 등록을 통하여 권리를 확보해 둔 뒤, 나중에 특허등록결정이 나면 실용신안등록을 포기하고 종국적으로 특허등록을 할 수 있도록 한 것이다.

그러나 현행 실용신안법에서는 무심사 등록제도가 심사 후 등록제도로 전환됨에 따라 적어도 출원으로부터 등록에 이르기까지의 절차에 있어 특허와 실용신안의 차이가 거의 없어져 앞서 본 바와 같은 이중출원을 통한 조기 권리확보의 장점이 사라지게 되었고, 이중출원 제도 하에서는 특허출원과 실용신안등록출원을 이중출원한 후 이들 각 출원인의 지위를 서로 다른 제 3 자에게 양도하여 이중으로 부당이득을 획득하는 수단으로 악용될 수 있으며, 이러한 경우 양도받은 제 3 자는 다른 양수인보다 늦게 권리가 등록될 경우 권리를 취득하지 못하게 될 수도 있었다(구 특허법 제87조 제 2 항 단서 및 제133조 제 1 항 제 5 호). 2006년 이래 특허법은 이러한 점들을 고려하여 이중출원제도를 폐지하고 변경출원제도를 도입하게 된 것이다.

3. 요 건

(1) 시기상의 요건

원출원이 있은 후 최초의 거절결정등본을 송달받은 날부터 3개월이 지나기 전까지 변경출원을 할 수 있다(특허법 제53조 제 1 항). 변경출원이 이루어질 당시 당초의 실용신안등록출원이 적법하게 특허청에 계속 중이어야 하고, 실용신안등록 출원이 취하 또는 포기되거나 무효로 된 경우 또는 이미 실용신안등록이 이루어진 경우에는 변경출원을 할 수 없다.[74] 일본의 경우 실용신안등

③ 제 1 항의 규정에 의한 이중출원이 있는 경우에 그 특허출원은 실용신안등록출원을 한 때에 출원된 것으로 본다. 다만, 그 특허출원에 대하여 다음 각호의 규정을 적용함에 있어서는 낭해 이중출원시에 출원한 섯으로 본나(이하 생략)고 규정하고 있었나.

74) 특허청, 특허·실용신안 심사기준, 제 6 부 제 2 장 3. 2.

록출원일로부터 3년이 경과하면 변경출원을 할 수 없다는 제한을 두고 있으나[75] 우리 특허법에는 위와 같은 기간상의 제한이 없음은 물론, 분할출원처럼 특허출원의 명세서 및 도면의 보정을 할 수 있는 기간 내에 이루어져야 한다는 제한도 없다.

(2) 최초 명세서 또는 도면의 범위 내일 것

변경출원에 소급효가 인정되기 때문에 변경출원된 특허청구범위가 당초의 명세서에는 기재되지 아니하였던 내용을 포함하고 있다면 그와 같은 변경출원에까지 소급효를 인정해 주는 것은 부당하기 때문이다. 변경출원된 발명이 원출원의 명세서 또는 도면에 포함되는지 여부를 판단할 때, 변경출원된 발명이 원출원에 최초로 첨부된 명세서 또는 도면에 명시적으로 기재되어 있는 사항인지, 혹은 명시적인 기재는 없더라도 기재되어 있다고 자명하게 이해할 수 있는 사항인지 여부를 살핀다는 점은 분할출원의 경우와 마찬가지이다.

4. 절　　차

변경출원을 하고자 하는 자는 변경출원서에 그 취지 및 변경출원의 기초가 된 실용신안등록출원의 표시를 하여야 하고(특허법 제53조 제 3 항), 변경출원에 있어서 조약우선권(특허법 제54조)을 주장하는 자는 변경출원을 한 날부터 3개월 이내에 우선권서류를 특허청장에게 제출하여야 한다(특허법 제53조 제 6 항).

5. 변경출원의 효과

변경출원이 적법한 경우에는 그 변경출원은 실용신안등록출원을 한 때에 특허출원한 것으로 본다(특허법 제53조 제 2 항). 따라서 변경출원된 발명에 관한 신규성·진보성, 선출원, 출원공개의 시기, 존속기간의 기산점과 선사용권의 요건 등은 원 실용신안등록 출원의 출원시를 기준으로 판단한다.

그 밖에 확대된 선원, 공지예외규정 또는 우선권 적용의 주장 및 증명서류 제출과 관련된 소급효 인정의 예외(특허법 제53조 제 2 항 제 1 내지 4 호), 심사청구시기의 특례(특허법 제59조 제 3 항)에 관하여는 앞서 분할출원과 같은 법리

75) 일본 특허법 제46조 제 1 항.

를 따르므로 그 부분의 설명을 참조할 것.

변경출원이 있는 경우, 그 원출원은 취하된 것으로 본다(특허법 제53조 제 4 항, 실용신안법 제10조 제 4 항). 동일한 발명이나 고안에 대한 중복특허(실용신안)를 방지하기 위함이다.

Ⅷ. 심사절차

특허출원의 심사라 함은 특정의 출원에 대하여 그 방식과 내용을 검토하여 특허를 부여할 것인지 여부를 결정하는 심사관의 행위이다. 출원 건수가 비약적으로 증가하고 기술내용이 갈수록 고도·복잡화하는 까닭에 심사의 지연은 전 세계적으로 피할 수 없는 추세이지만, 심사의 지연으로 인하여 특허의 허부에 대한 결정이 늦어지면 제 3 자의 모방을 금지하기 어렵고 그 사이에 발명의 기술적 가치가 없어져 버릴 수도 있다. 또한, 동일 기술에 대한 중복연구와 중복투자가 많아져 당해 기업은 물론 국민 경제상의 손실도 크다. 이러한 폐단을 극복하기 위한 노력이 각국에서 행하여지고 있는데, 그 대표적인 것이 출원공개, 심사청구, 우선심사제도이다.

1. 출원공개제도

(1) 제도의 취지

특허법은 특허청장으로 하여금 특허출원 후 일정한 기간이 경과하면 특허출원의 심사 유무에 관계없이 출원 내용을 공개하도록 함으로써 제 3 자에게 그와 같은 내용의 특허출원이 이미 존재함을 알려 중복연구, 중복투자의 위험을 줄이도록 하였다.[76]

---

76) 이른바 잠수함 특허(Submarine patent) : 미국에는 특허제도를 교묘하게 이용하여 특허업계를 혼란에 빠뜨리는 예로 속칭 '잠수함 특허(Submarine Patent)'라는 것이 있다. 이는 출원인이 특허출원 후 시장이 성숙할 때까지 장기간 특허심사를 고의로 지연시키고 있다가, 어느날 갑자기 특허를 등록시켜 특허권을 행사하는 것으로서, 마치 물속에 숨어 물위의 시장이 활성화되기를 기다리다가, 여건이 갖추어지면 특허발명을 어뢰처럼 발사시켜 권리를 행사하는 것이 잠수함과 비슷하다고 하여 붙여진 이름이다. 이러한 잠수함 특허의 문제는 본질적으로 미국의 특허출원 비공개제도에 기인하였다. 즉, 미국은 전통적으로 선

(2) 출원공개의 시기와 방법

출원공개는 출원일[77]로부터 1년 6개월이 지난 때, 또는 그 이전이라도 출원인의 신청이 있는 때에 행하여진다(특허법 제64조 제1항). 다만 청구범위가 기재되어 있지 않거나(특허법 제42조의2), 외국어 특허출원임에도 필요한 국어 번역문이 제출되어 있지 않거나(특허법 제42조의3 제2항), 강제공개 시기가 도래하기 전에 심사가 끝나 등록이 완료된 출원(특허법 제87조 제3항)은 공개하지 아니한다(특허법 제64조 제2항).

위 1년 6개월의 기간 내에 출원의 취하, 포기가 있거나 출원이 무효로 된 경우에는 결과적으로 출원이 없는 상태이므로 출원공개의 여지는 없다. 출원에 대한 심사가 일찍 이루어져 위 기간 안에 거절결정이 확정된 경우에도 마찬가지이다.

출원의 공개는 특허공보에 게재하는 방법으로 하며, 비밀로 취급하여야 하는 발명은 비밀취급의 해제 시까지 출원공개를 보류한다(특허법 제64조 제3항, 제87조 제4항).

발명주의를 택하면서 출원 중에 있는 모든 특허출원의 내용을 비밀로 유지하도록 하였었고, 특허권의 존속기간 또한 특허심사에 걸린 기간과 상관없이 특허등록일로부터 17년이었다. 따라서 출원인이 악의적으로 장기간 특허출원을 계속시키고 있다가 시장이 성숙한 때 등록을 진행시켜 침해소송에서 막대한 로열티를 받아 내는 것이 가능하였다. 잠수함 특허로 유명한 발명자로는 Jerome H. Lemelson을 들 수 있는데, 그의 이름을 본 따 "Lemelson Patent"라고도 한다.

한편, 미국은 1999년 특허법 개정을 통하여 모든 특허출원은 출원일로부터 18개월이 경과하면 강제공개하고 출원인의 신청이 있으면 그 이전에 조기공개도 가능하게 되었으므로 잠수함 특허의 문제점은 많이 해소되었다. 다만 일정한 경우 즉, 당해 발명이 오로지 미국내에서만 출원되었고, 앞으로도 외국에 출원할 계획이 없다는 점을 소명한 경우(§122(b)(2)(B)(ⅰ))에는 출원공개를 하지 않는 예외가 여전히 남아 있어 잠수함 특허의 위험성이 완전히 사라진 것은 아니다. 한편 미국의 판례는 잠수함 특허와 같이 발명자가 출원과정에서 절차를 의도적으로 지연하는 경우에는 나중에 특허를 획득하여 권리를 행사하더라도 상대방이 형평법상 실효(Laches)의 항변을 하여 특허권을 무력화할 수 있다고 하여 잠수함특허의 폐단에 대응하고 있다(Symbol Technologies v. Lemelson Medical, Education, and Research Foundation, 277 F.3d. 1361 (Fed. Cir. 2002)).

77) 그 밖에 ⅰ) 조약우선권주장을 수반하는 출원은 그 우선권주장의 기초가 된 출원일, ⅱ) 국내우선권주장을 수반하는 출원은 선출원의 출원일, ⅲ) 조약우선권이나 국내우선권에 관하여 2 이상의 우선권주장을 수반하는 출원은 해당 우선권주장의 기초가 된 출원일중 가장 빠른 출원일을 기준으로 한다(특허법 제64조 제1항 제1 내지 3호).

(3) 출원공개의 효과

1) 출원발명을 실시한 자에 대한 서면경고

특허출원인은 출원공개가 있은 후 그 특허출원된 발명을 업으로써 실시한 자에게 그 발명이 이미 특허출원된 상태라는 것을 서면으로 경고할 수 있다(특허법 제65조 제 1 항). 서면경고는 사후에 이어지는 보상금지급청구권 행사를 위한 전제가 된다.

2) 보상금지급청구권

(가) 발생요건과 법적 성질

특허출원인은 당해 특허에 관하여 특허권 설정등록을 받고 나면, 위와 같이 서면경고를 받거나 경고를 받지 않더라도 출원공개된 발명이라는 것을 알면서도 업으로써 그 발명을 실시한 제 3 자를 상대로 그 특허발명의 실시에 대하여 합리적으로 받을 수 있는 금액에 상당하는 보상금의 지급을 청구할 수 있다(특허법 제65조 제 2 항, 제 3 항).

보상금 청구권의 법적 성질에 대하여는 이를 불법행위에 기한 손해배상청구권으로 보는 견해와, 특허권은 등록을 통해 비로소 성립하는 권리이므로 아직 등록되기 전의 발명의 내용을 제 3 자가 실시하는 행위는 위법하지 않음을 전제로, 특허법이 출원인 보호를 위해 특별히 인정한 법정채권이라는 견해가 있는바, 후자가 통설이다.[78] 생각건대, ⅰ) 아직 등록 전의 출원발명이라 하더라도 이는 타인이 자본과 노력을 투하해 창작한 기술적 정보로서, 보호받을 가치가 있는 법적 이익이기 때문에 그 침해에 따른 보상금 청구권의 본질은 손해배상청구권으로 봄이 상당하다. 특허법이 보상금 청구권이라는 용어를 사용하고 있다거나, 그 보상금의 액수를 합리적 실시료 상당액으로 제한하고 있다고 하여 청구권의 본질을 법정채권으로 이해할 필연성이 생기는 것은 아니다. 또한, 특허법이 공개된 발명의 실시에 대하여 과실을 추정하는 대신 민법의 일반원칙에 맡기고 있는 점, 민법의 불법행위 규정 가운데 공동불법행위 및 소멸시효에 관한 규정을 준용하고 있는 점 등은 보상금 청구권의 성질을 불법행위에 기한 손해배상청구권으로 파악하는 근거가 된다. 아울러, 이를 불법행위책임(침해책임)으로 이해해야 특허법 제128조나 침해소송에서 증명을

78) 송영식 외 6, 지적소유권법 [제 2 판], 육법사(2013), 795면; 윤선희, 특허법 [제 5 판], 법문사(2012), 543면; 정상조·박성수 공편, 특허법주해 Ⅰ, 824면 등.

용이하게 하는 다른 절차규정들을 유추적용 하기 쉬워져 출원 중인 권리자의 보호를 더 두텁게 할 수 있고, 뒤에서 보는 대로 권리소진의 문제를 보다 합리적으로 해결할 수 있다.

보상금 산정의 대상이 되는 기간은 실시자가 경고를 받거나 출원공개된 발명이라는 것을 안 시점으로부터 특허권 설정등록 시까지이다.[79] 특허권 설정등록 이후에는 발명을 업으로써 실시한다면 특허권 침해를 구성하므로 합리적 실시료 상당액이 아닌 실손해에 대한 손해배상청구권이 발생한다.

(나) 보상금지급청구권과 특허권의 관계

보상금 청구권의 행사는 특허권의 행사에 영향을 미치지 않는다(특허법 제65조 제4항). 출원공개된 타인의 발명을 임의로 실시한 제3자가 등록 전까지의 실시분에 대하여 보상금을 지급하였다고 해서 등록 후에도 이를 자유롭게 실시할 수 없음은 물론이고, 특허권자는 이에 대하여 특허권을 행사할 수 있다. 그런 의미에서라면 위 조항은 당연한 사리를 언급한 것에 가깝다. 오히려 실질적인 문제는 예컨대 특허권자가 그 출원 기간 동안의 '생산'에 대하여 보상을 받았다면, 그 이후에는 당해 물품의 '판매'나 '사용' 등 추가적 실시행위에는 등록 이후에도 더 이상 침해주장을 할 수 없는 것인지, 새로운 유형의 실시행위에 대하여는 여전히 침해를 주장할 수 있는지의 문제를 두고 발생한다. 이는 결국 보상금 청구권 행사의 효과로 권리소진이 발생하는지의 문제라고 할 수 있다. 이에 대하여는 i) 법에 따라 보상금 지급을 완료하면 마치 대상 기간 동안 실시계약이 성립된 것과 유사한 상태가 되므로, 실시계약에 기해 생산된 물건에 권리소진이 발생하는 것과 마찬가지 법리가 적용되어야 한다는 견해와[80] ii) 보상금 청구권은 법이 출원인(권리자)을 위해 출원공개 시부터 등록 시까지 한정적 기간 동안의 발명의 실시에 관하여 금전보상을 보장하는 것 이상의 의미가 아니므로, 보상금을 지급받은 부분에 대하여 권리소진이 일어난다거나 달리 등록 이후의 특허권 행사에 영향을 받지 않는다는 견

79) 그렇기 때문에, 보상금청구권의 성질을 불법행위로 파악하더라도 고의·과실 요건을 충족하는데 별다른 문제가 없다.

80) 中山信弘, 特許法[第4版], 230~231면. 반면, 방법발명에는 권리소진이 일어날 여지가 없기 때문에 보상금 지급이 완료되더라도 등록 이후에 그 발명을 실시하는 행위는 침해를 구성한다고 한다.

해[81] 등이 대립하고 있다.

살피건대, i) 권리소진은 특허물건의 적법한 판매·양도를 전제로 할 뿐 침해에 대한 배상에는 적용되지 않는바, 앞서 본 대로 보상금지급 청구권의 본질을 손해배상 채권으로 파악하는 이상, 보상금 청구권이 행사되었다고 하여 권리소진이 일어날 여지는 없다.[82] ii) 또한, 권리소진은 물건발명에 관한 것이고 방법발명에 대하여는 적용되지 않음이 원칙인데, 그렇다면 이 규정은 방법발명에 대하여는 당연한 사리를 언급한 것에 불과하게 된다. iii) 무엇보다, 물건 발명에 대해 보상금 청구권에 기한 권리소진이 일어난다고 하면 다음과 같은 불합리가 발생한다. 예컨대 甲(출원인)과 乙(실시자)이 시장에서 경쟁하는 관계인데 乙이 甲의 출원공개된 발명 A를 유사시 실시료 상당 보상금 지급만 감수하면 된다는 계산 아래 대량 생산해 둔 뒤 甲의 특허권 취득 후 판매한다고 하자. 甲으로서는 만약 乙의 생산분에 대해 실시료 상당 보상금청구권을 행사하게 되면 이후 乙의 판매분에 대해 영업이익에 근거한 손해배상을 청구할 수 없어지므로(乙의 권리소진 주장) 사실상 보상금청구권 행사를 포기해야 하는바, 이는 출원공개 후 실시에 대해 독자적으로 보상금 청구를 보장하는 법규정의 취지에 반한다. 결국, 보상금을 지급받은 부분에 대하여 권리소진이 일어난다거나 달리 등록 이후의 특허권 행사에 영향을 받지 않는다고 봄이 합당하다.

(다) 보상금지급청구권이 발생하지 않는 경우

보상금지급청구권은 특허출원이 공개된 후에 그 출원이 포기되거나, 무효 또는 취하된 때, 특허거절결정이 확정된 때, 특허취소결정이 확정되거나 특허를 무효로 한다는 심결이 확정된 때{다만, 특허권자가 특허법 제25조(외국인의 권리능력)에 의하여 특허권을 향유할 수 없는 자로 되거나 그 특허가 조약에 위반된 것이 무효사유인 경우는 제외한다}에는 처음부터 발생하지 않은 것으로 본다(특허법 제65조 제6항). 앞서 든 각 사유에 소급효가 있으므로 그와 같이 규정한 것이다.

81) 吉藤幸朔, 特許法概説[제 13 판], 465면; 日本特許廳, 工業所有權法(産業財産權法)逐條解說 第19版, 發明推進協會(2012), 215면 등. 한편, 기본적으로 이러한 입장을 지지하면서 특허권자가 받은 보상금의 액수나 성질이 한정기간 동안의 실시료의 의미를 넘는 경우에는 소진이 발생할 여지도 있다는 견해로는, 中山信弘 · 小泉直樹 編, 新 注解(上), 973면.

82) 반면, 이를 법정채권으로 파악하는 입장에서는 권리소진을 인정할 여지가 넓어지게 된다.

㈑ 준용규정

보상금지급청구권에 대하여는 간접침해(특허법 제127조), 생산방법의 추정(제129조), 서류의 제출(제132조)과 민법상 공동불법행위의 규정(민법 제760조) 및 소멸시효(민법 제766조)가 준용된다(특허법 제65조 제 5 항).

3) 선원범위의 확대

확대된 선원의 법리에 따라, 출원이 공개된 후에는 그 명세서 또는 도면에 기재된 내용과 특허청구범위가 동일한 후출원은 그것이 비록 출원발명의 공개 전에 출원되었더라도 등록이 거절된다.[83] 즉, 후출원의 특허청구범위와 비교되는 대상의 범위가 선출원의 특허청구범위는 물론 발명의 설명 및 도면으로까지 확장되어(특허법 제29조 제 3 항) 실질적으로 선출원의 범위가 확대되는 효과를 갖는 것이다.

2. 심사청구, 우선심사제도

(1) 제도의 취지

특허청에 출원된 특허 가운데는, 발명의 라이프 사이클이 짧아 권리화를 극력 서둘 필요가 있는 것이 있는가 하면, 그 스스로는 특허를 받을 의사나 기대가 없으면서도 경쟁업자가 유사한 발명을 통하여 특허를 획득하는 것을 미연에 막기 위하여 방어적으로 출원한 것, 일단 등록을 목적으로 정상적으로 출원하였으나 사후에 사정의 변경으로 인하여 출원을 지속시킬 필요나 열의가 상실된 것 등 출원의 목적과 발명의 가치, 그리고 출원 이후의 출원인의 사정에 따라 권리화의 필요 여부 및 긴요성이 각양각색이므로 이를 구별하지 않은 채 출원된 모든 발명에 대하여 일률적으로 심사를 하도록 하는 것은 불합리하다. 이에 따라 특허법은 심사청구제도를 두어 일단 특허출원이 있더라도 출원인으로부터 별도의 심사청구가 있는 때에 한하여 심사절차를 개시하고 일정한 기간이 지나도록 심사청구가 없으면 출원이 취하된 것으로 간주하는 한편(심사청구제도), 일정한 요건을 갖춘 출원에 대하여는 다른 출원에 비하여 우선심사를 하도록 하였다(우선심사제도).

83) 공개 후에 출원된 발명은 당연히 신규성 위반으로 거절될 것이다.

(2) 심사청구제도

1) 청구기간

심사청구를 할 수 있는 기간은 출원일로부터 기산하여 3년 이내이다(특허법 제59조 제2항). 청구범위의 기재 없이 출원한 경우에는 심사청구를 하기 전에 청구범위를 적는 보정을 해야 한다(특허법 제59조 제2항 단서 제1호). 분할출원, 분리출원 또는 변경출원이 있는 때에는 3년의 기간이 경과한 후라도 분할출원, 분리출원 또는 변경출원을 한 날부터 30일 이내에 심사청구를 할 수 있다(특허법 제59조 제3항). 분할출원, 분리출원이나 변경출원은 원출원일로 소급되기 때문에 분할, 분리 또는 변경출원일부터 원출원일 사이에는 3년이 지나 있는 경우가 있을 수 있기 때문이다. 정당한 출원인이 특허법 제34조나 제35조에 따라 모인출원을 등록거절시키거나 등록무효시킨 뒤 그 출원절차를 소급승계하는 경우에도 같은 문제가 발생할 수 있다. 특허법 제59조 제3항은 이를 반영하여, 그 경우 정당한 권리자가 출원일 30일 이내에 심사청구를 할 수 있도록 하고 있다. 심사청구기간 내에 청구가 없는 때에는 그 특허출원은 취하한 것으로 본다(특허법 제59조 제5항).[84]

2) 청 구 인

출원된 발명에 관하여는 누구든지 심사청구를 할 수 있으므로 출원인은 물론 제3자라도 심사청구를 할 수 있다. 제3자라도 이미 동일 또는 유사한 기술을 실시하고 있는 자 또는 실시하려고 하는 자인 경우에는 발명의 등록유무에 관심이나 이해관계를 가질 수 있고, 제3자가 심사청구를 하더라도 출원인에게 특별히 불이익할 것이 없으므로 특허법은 청구인 적격에 제한을 두고 있지 않다.

3) 청구절차

청구인은 소정의 사항을 기재한 청구서를 제출하고(특허법 제60조), 심사청구료를 납부하여야 한다(특허법 제82조).

4) 청구의 공고

특허청장은 출원공개 이전에 심사청구가 있으면 출원공개 시에, 출원공개

84) 다만, 출원인이 책임질 수 없는 사유로 심사청구 기간을 지키지 못한 경우, 그 사유가 소멸한 날부터 2개월 이내에는 구제가 가능하다(단, 기간 만료일부터 1년이 지나기 전에 한하여). 거절결정에 대한 재심사청구에 대하여도 같다(특허법 제67조의3).

후에 심사청구가 있는 때에는 지체 없이 그 취지를 특허공보에 게재하여야 한다(특허법 제60조 제2항).

5) 청구의 효과

심사청구가 있으면, 우선심사의 경우를 제외하고는 심사의 청구순위에 의하여 심사를 받게 된다. 다만, 심사청구된 특허출원을 법 제52조에 따라 분할출원하여 심사청구한 경우 또는 심사청구된 실용신안등록출원을 법 제53조에 따라 특허출원으로 변경출원하여 심사청구한 경우에는 원출원의 심사청구 순위에 따라 심사한다(특허법시행규칙 제38조).

(3) 우선심사제도

특허청장은 출원공개 후 제3자가 출원발명을 실시하고 있어 향후 권리분쟁의 소지가 있거나, 특허법시행령에 정한 일정한 유형의 특허출원으로서 긴급처리가 필요하거나, 특허법시행령에 정한 특허출원으로서 재난의 예방·대응·복구 등에 필요한 때에는 심사관에게 우선심사를 명할 수 있다(특허법 제61조). 구체적으로는, ① 출원공개 후 특허출원인 아닌 자가 업으로서 특허출원된 발명을 실시하고 있다고 인정되는 경우(특허법 제61조 제1호), ② 대통령령으로 정하는 특허출원으로서 긴급하게 처리할 필요가 있다고 인정되는 경우(특허법 제61조 제21호),[85] ③ 대통령령으로 정하는 특허출원으로서 재난의 예방·대응·복구 등에 필요하다고 인정되는 경우(특허법 제61조 제3호)[86]이다.

85) 특허법 시행령(대통령령 제34808호, 2024. 8. 7. 시행) 제9조 제1항은, ⅰ) 방위산업분야의 특허출원, ⅱ) 기후위기 대응을 위한 탄소중립·녹색성장 기본법에 따른 녹색기술과 직접 관련된 특허출원, ⅱ)-2 인공지능 또는 사물인터넷 등 4차 산업혁명과 관련된 기술을 활용한 특허출원, ⅱ)-3 반도체 등 국민경제 및 국가경쟁력 강화에 중요한 첨단기술과 관련된 특허출원 ⅲ) 수출촉진에 직접 관련된 특허출원, ⅳ) 국가 또는 지방자치단체의 직무에 관한 특허출원, ⅴ) 벤처기업육성에 관한 특별조치법 제25조에 따른 벤처기업의 확인을 받은 기업의 특허출원, ⅴ-2) 중소기업기술혁신 촉진법 제15조에 따라 기술혁신형 중소기업으로 선정된 기업의 특허출원, ⅴ-3) 발명진흥법 제11조의2에 따라 직무발명보상 우수기업으로 선정된 기업의 특허출원, ⅴ-4) 발명진흥법 제24조의2에 따라 지식재산 경영인증을 받은 중소기업의 특허출원, ⅵ) 국가연구개발혁신법 제2조 제1호에 따른 국가연구개발사업의 결과물에 관한 특허출원, ⅶ) 조약에 의한 우선권주장의 기초가 되는 특허출원 ⅶ)-2 특허청이 PCT에 따른 국제조사기관으로서 국제조사 및 국제예비심사를 수행한 국제특허출원, ⅷ) 특허출원인이 특허출원된 발명을 실시하고 있거나 실시준비 중인 특허출원, ⅹ) 특허청장이 외국특허청장과 우선심사하기로 합의한 특허출원을 들고 있다.

86) 특허법 시행령(대통령령 제34808호, 2024. 8. 7. 시행) 제9조 제2항은, ⅰ) 「감염병의

우선심사를 신청하는 자는 신청서를 특허청장에게 제출하여야 하고(특허법시행령 제10조 제 1 항), 특허청장은 신청이 있는 경우 우선심사 여부를 결정하여야 한다(특허법시행령 제10조 제 2 항).

3. 특허여부의 결정

(1) 청구항별 심사와 거절이유 통지

종래 심사 실무의 관행은 복수의 청구항으로 이루어진 출원발명에 대하여 하나의 청구항이라도 거절이유가 있는 경우에는 그 출원을 전부 거절하여 왔고, 판례[87] 또한 이러한 심사관행을 승인해 오고 있다. 이는 우리 특허법이 다항제와 보정제도를 채택한 이상, 특허출원된 청구항 중 일부의 항에 대하여 거절 이유가 있는 경우, 보정 등을 통하여 이를 삭제하거나 감축할 기회가 주어짐에도 이를 이행하지 아니한 출원인을 보호할 필요가 적고, 일부 거절, 일부 등록으로 인하여 빚어지는 심사 및 등록절차의 번잡을 피하기 위한 것이다.

⇒ 대법원 1993. 9. 14. 선고 92후1615 판결

특허청구범위를 다항으로 기재한 경우 하나의 항이라도 거절이유가 있는 경우에는 그 출원은 거절되어야 할 것인바, 출원발명의 특허청구범위 제 2 항에 공지의 기술이 포함되어 있어서 위 제 2 항이 거절사정되어야 하는 이상, 출원발명은 그 전부가 거절사정되어야 한다.

심사관은 특허거절결정을 하려는 경우 출원인에게 거절이유를 통지하고 기간을 정해 의견서를 제출할 수 있는 기회를 주어야 한다(특허법 제63조 제 1 항 제 1 호).

한편, 실무는 이에 따라 거절이유가 있는 모든 청구항에 대해 구체적으로

예방 및 관리에 관한 법률」 제 2 조 제21호에 따른 의료 · 방역 물품과 직접 관련된 특허출원 중 특허청장이 정하여 고시하는 것, ii) 「재난안전산업 진흥법」 제16조에 따라 인증을 받은 재난안전제품과 직접 관련된 특허출원 중 특허청장이 정하여 고시하는 것, iii) 재난으로 인한 긴급한 상황에 대응하기 위해 특허청장이 우선심사 신청 기간을 정해 공고한 대상에 해당하는 특허출원을 들고 있다.

87) 대법원 1997. 3. 18. 선고 96후603 판결; 대법원 1995. 12. 26. 선고 94후203 판결; 대법원 2009. 12. 10. 선고 2007후3820 판결 등.

거절이유를 지적하는 대신 거절이 용이한 청구항 위주로 거절이유를 통지하여 왔다. 그러나 이러한 관행으로 인하여 출원인으로서는 자신의 출원이 전체로서 어떠한 문제를 안고 있는지를 알기 어려웠으며 일부 청구항에 대한 권리를 포기·보완하는 등의 조치를 통해 나머지 부분에 대한 특허권을 획득할 수 있는 기회를 충분히 보장받지 못했다. 특허법은 이러한 문제점을 보완하기 위해 특허청구범위에 2 이상의 청구항이 있는 특허출원에 대하여 심사관이 거절이유를 통지할 때에는 그 통지서에 거절되는 청구항을 명시하고 그 청구항 별로 거절이유를 구체적으로 적도록 하고 있다(특허법 제63조 제2항). 특허청구범위를 여러 항으로 기재한 경우 하나의 항에라도 거절이유가 있는 경우에는 그 출원 전체를 거절하는 심사관행을 일시에 바꿀 수는 없다고 하더라도, 심사관으로 하여금 거절이유가 있는 모든 청구항에 대해 명확하고 구체적으로 거절이유를 통지하도록 의무화함으로써 출원인에게 충분한 정보를 제공하여 효과적 대응이 가능하도록 하려는 고려가 입법에 반영된 것이다.

(2) 특허여부의 결정

1) 최초의 결정

심사관은 특허출원에 대하여 거절이유를 발견할 수 없으면 특허결정을 하여야 한다(특허법 제66조). 거절이유가 존재하고 출원인이 보정 등을 통해 이를 해소하지도 못한 경우에는 특허거절결정을 하게 됨은 물론이다. 특허결정 및 특허거절결정은 서면으로 하여야 하며, 그 이유를 붙여야 한다. 특허청장은 특허여부 결정이 있는 경우에는 그 결정의 등본을 출원인에게 송달하여야 한다(특허법 제67조 제2항). 거절결정에 불복이 있는 출원인은 결정등본을 송달받은 날부터 3개월 이내에 특허심판원에 거절결정취소심판을 청구할 수 있다(특허법 제132조의17).

2) 특허 거절사유(특허법 제62조)

심사관은 특허출원이 다음 각 호의 어느 하나의 거절이유에 해당하는 경우에는 특허거절결정을 하여야 한다.

① 권리능력 없는 외국인이 특허를 출원한 경우(특허법 제25조)·신규성, 진보성, 산업상 이용가능성이 없거나 확대된 선원 규정에 위반된 발명에 관하여 특허가 출원된 경우(특허법 제29조)·공서양속에 반하는 발명에 특허가 출원된

경우(특허법 제32조)·선원주의에 위반하여 특허가 출원된 경우(특허법 제36조 제1항~제3항)·공동발명이어서 특허를 받을 수 있는 권리가 공유임에도 공유자 전원의 명의로 출원하지 않은 경우(특허법 제44조)

② 발명을 한 자 또는 그 정당한 승계인이 아님에도 특허를 출원한 경우(특허법 제33조 제1본문), 특허청 직원 또는 특허심판원 직원이 상속 또는 유증의 경우가 아님에도 재직 중에 특허를 출원한 경우(특허법 제33조 제 1항 단서)

③ 조약을 위반한 경우

④ 명세서 기재불비에 해당하는 경우(특허법 제42조 제3, 4, 8항), 1발명 1출원주의에 위반한 경우(제45조)

⑤ 신규사항추가금지에 반하는 보정인 경우 등(특허법 제47조 제2항)

⑥ 제52조 제1항에 따른 범위를 벗어난 분할출원 또는 제52조의2 제1항에 따른 범위를 벗어난 분리출원인 경우

⑦ 최초 출원서에 첨부된 명세서나 도면에 기재되지 아니한 신규사항을 내용으로 한 변경출원인 경우(제53조 제1항)

3) 재심사 청구

한편, 거절결정을 받은 출원인은 거절결정 등본을 송달받은 날부터 3개월 이내에 그 특허출원의 특허출원서에 첨부된 명세서 또는 도면을 보정하여 해당특허출원에 관하여 재심사를 청구할 수도 있다(특허법 제67조의2 제1항).[88] 이 경우 출원인은 재심사청구와 함께 의견서를 제출할 수 있다(특허법 제67조의2 제2항). 재심사의 청구가 있으면 해당 특허출원에 대하여 종전에 이루어진 특허결정이나 특허거절결정은 취소된 것으로 보며(특허법 제67조의2 제3항), 일단 행한 재심사 청구는 취하할 수 없다(같은 조 제4항). 재심사청구 시 이루어진 보정이 적법한 경우, 보정된 내용을 전제로 다시 한 번 특허여부를 판단하여야 한다. 재심사를 통해서도 등록이 거절되면 불복이 있는 출원인은 역시 특허심판원에 거절결정취소심판을 청구할 수 있다. 분리출원(제52조의2)은 재심사의 대상이 아니다(제67조의2 제1항 제3호).

4) 직권 재심사

심사관이 특허결정 이후 명백한 거절이유를 발견하면 직권으로 특허결정

88) 다만, 재심사 청구시에 이미 재심사에 따른 특허여부의 결정이 있거나, 거절결정불복심판이 청구된 경우에는 그렇지 않다(제67조의2 제1항 단서).

을 취소하고 재심사할 수도 있다(특허법 제66조의3 제1항). 다만, 배경기술기재의무 위반(특허법 제42조 제3항 제2호), 1발명 1출원주의 위반(특허법 제45조), 특허출원서 상 청구항 기재요령 위반(특허법 제42조 제8항, 제2항, 특허법 시행령 제5조)은 취소 이유가 될 수 없다(특허법 제66조의3 제1항 제1호). 또한, 직권재심사를 위한 특허결정 취소는 특허권 설정등록이 이루어지기 전까지만 할 수 있고,[89] 출원이 취하되거나 포기된 경우에도 당연히 할 수 없다(특허법 제66조의3 제1항 제2, 3호). 심사관은 직권 재심사를 통해 특허결정을 취소한 뒤 당초 통지했던 거절이유를 다시 들어 거절결정을 하려면 그에 대하여 출원인에게 다시 의견서 제출의 기회를 주어야 한다(특허법 제63조 제1항 제2호).

(3) 특허출원에 대한 정보제공

특허출원이 있는 때에는 누구든지 그 특허출원에 거절이유가 있다는 정보를 증거와 함께 특허청장에게 제출할 수 있다. 단, 거절이유가 배경기술기재 누락(특허법 제42조 제3항 제2호), 청구범위의 기재방법위반(같은 조 제8항), 1발명 1출원주의 위반(특허법 제45조)인 경우에는 그렇지 아니하다(특허법 제63조의2).

Ⅸ. 특허취소신청

2016년 개정된 특허법(법률 제14035호, 2017. 3. 1. 시행)을 통해 특허취소신청 제도가 도입되었다. 이는 특허등록 이후 공중(公衆)이 소정의 근거를 들어 그 등록의 부당함을 주장하면 특허심판원이 이를 재검토함으로써 잘못 등록된 특허를 조기에 제거하기 위한 것이다.

1. 신청의 주체와 기간(특허법 제132조의2 제1항)

누구든지 신청의 주체가 될 수 있다. 이는 특허무효심판이 이해관계인과

89) 직권 재심사를 하려면 특허결정에 대한 취소를 출원인에게 통지해야 하며(특허법 제66조의3 제2항), 그 통지를 이미 받은 출원인이 그 뒤 특허등록을 하더라도 취소결정에 영향이 없다(같은 조 제3항, 제1항 제2호).

심사관에 의해서만 청구될 수 있는 것과 구별된다.[90] 취소신청이 가능한 기간은 특허권의 설정등록일부터 등록공고일 후 6개월이 되는 날까지이다.

2. 신청사유

해당 특허가 신규성 · 진보성이 없거나 확대된 선출원 · 선출원 규정에 위반하여 등록되었다는 점만을 이유로 할 수 있다. 신규성 · 진보성 위반의 자료로는 출원 전 간행물이나 전기통신회선을 통해 공지된 내용만이 이용될 수 있다(특허법 제132조의 2 제 1 항 제 1, 2 호).

3. 심리의 주체와 절차

취소신청은 특허심판원의 심판관 합의체에서 심리한다(특허법 제132조의 7). 심리는 서면으로 진행되며(특허법 제132조의 8 제 1 항), 동일한 특허에 대하여 복수의 취소신청이 있는 경우 병합하여 심리 · 결정한다(특허법 제132조의 11). 심판관은 취소신청 된 청구항에 한해서만 심리할 권한이 있지만(특허법 제132조의 10 제 2 항), 일단 심리의 대상이 된 청구항에 대해서는 취소신청인, 특허권자 또는 참가인이 제출하지 않은 이유에 대해서도 직권으로 심리할 수 있다(같은 조 제 1 항). 심리결과 취소결정을 하려는 때에는 심판장은 특허권자 및 참가인에게 기간을 정해 의견제출의 기회를 주어야 한다(특허법 제132조의 13 제 2 항). 특허취소신청 절차에서도 정정청구가 가능하다(특허법 제132조의 3).

4. 결정과 그 효력

신청이 이유 있는 경우에는 특허취소의 결정을 하고(특허법 제132조의 13 제 1 항) 취소결정이 확정되면 그 특허권은 처음부터 없던 것으로 본다(같은 조 제 3 항), 취소결정에 불복하는 특허권자나 참가인은 특허청장을 피고로 특허법원에 불복소송을 제기할 수 있지만(특허법 제186조 제 1 항), 신청인은 신청을 기각하는 결정에 대하여 불복할 수 없다(특허법 제132조의 13 제 5 항).

---

90) 2016년 특허법까지는 제133조 제 1 항에서 등록공고일부터 3개월까지는 누구라도 무효심판을 청구할 수 있도록 하여 일정부분 특허취소신청과 유사한 기능을 하였으나, 2017년 특허법을 통해 취소신청 제도가 전면 도입됨에 따라 위 제도는 폐지되었다.

제6장

특허권의 귀속, 범위 및 내용

Ⅰ. 특허권의 발생과 귀속

1. 특허권의 취득과 존속기간

특허출원 이후 심사를 거쳐 등록에 이르면 출원인 혹은 특허받을 권리의 적법한 승계인에게 특허권이 발생하며, 특허권은 출원일 후 20년이 되는 날까지 존속한다(특허법 제88조 제1항).[1] 한편, 특허법은 출원인의 책임 없이 심사가 지연되고 그 결과 일정 기간 이상 특허등록이 지연되면, 지연된 기간만큼 존속기간을 연장 받을 수 있게 하고 있다(특허법 제92조의2 내지 제92조의5 참조).[2] 아울러, 일단 등록된 특허라도 권리로서 존속하기 위해서는 매년 소정의 특허료를 납부해야 하며(특허법 제79조 제1항)[3], 법령에 따른 특허료 납부가 이루어지지 않으면 특허권이 소멸한다.

1) 정당한 권리자가 특허법 제34조 또는 제35조에 따라 모인출원을 등록거절시키거나 그에 기한 특허등록을 무효시킨 후 모인출원인의 출원을 소급승계하여 특허받은 경우, 존속기간은 무권리자의 특허출원일 다음날부터 기산한다(같은 조 제2항).

2) 종래부터 특허법 제89조는, 제약 등 일부 발명은 특허를 받더라도 당국으로부터 시판허가를 받는 기간만큼 사실상 특허를 실시할 수 없는 수가 있기 때문에 이를 벌충해 주기 위해 5년의 기간 내에서 존속기간 연장이 가능토록 하고 있다. 특허법 제92조의2 내지 제92조의5는 특허권 존속기간 연장의 적용범위를 일정한 요건 아래 발명 전반으로 확대한 것이다.

3) 특허료를 수 년분 씩 묶어 내거나 일괄하여 내는 것도 가능하다(특허법 제79조 제2, 3항).

2. 특허권의 공유[4)]

(1) 공유특허권의 발생

특허발명이 공동으로 이루어진 경우에는 특허를 받을 수 있는 권리는 공유이고(특허법 제33조 제2항), 특허출원 역시 공동으로 해야 하며(특허법 제44조). 이를 통해 등록된 특허권은 공유이다. 그 밖에 단일 특허권에 대한 일부 지분의 양도, 공동상속 등에 의해서도 특허권의 공유가 발생할 수 있다.

(2) 공유특허권의 성질

특허법 제99조 제2항 이하는 공유특허권에 대하여 규정하고 있으며, 이는 민법 공동소유 규정의 특칙에 해당하여 민법보다 우선 적용된다.[5)] 한편, 종래 특허법 상 공유특허권의 성질을 둘러싸고 '공유설'과 '합유설'의 대립이 있어 왔다. 이는 공유특허에 관한 법률문제가 특허법 제99조만으로 해결되지 않는 경우, 보충적으로 민법 상 공유 규정을 적용할 것인지 합유 규정을 적용할 것인지와 관계된다. 판례는 과거 합유설의 입장을 취하였으나,[6)] 최근 판례[7)]는 "특허권이 공유인 경우에 … 일반적으로는 특허권의 공유자들이 반드시 공동목적이나 동업관계를 기초로 조합체를 형성하여 특허권을 보유한다고 볼 수 없을 뿐만 아니라 특허법에 특허권의 공유를 합유관계로 본다는 등의 명문의 규정도 없는 이상, 특허법의 다른 규정이나 특허의 본질에 반하는 등의 특별한 사정이 없는 한 공유에 관한 민법의 일반규정이 특허권의 공유에도 적용된다"고 하여 공유설의 입장을 분명히 하였다.

생각건대, 아래에서 보는 바와 같이 특허법이 공유특허권의 행사에 여러

---

4) 이 문제에 대한 상세한 논의는, 조영선, "특허권 공유의 법률관계 – 특허법 제99조의 해석론과 입법론 –", 법조, 통권 제654호(2011), 43면 이하 참조.

5) 민법 제278조(준공동소유) "본 절의 규정은 소유권 이외의 재산권에 준용한다. 그러나 다른 법률에 특별한 규정이 있으면 그에 의한다."

6) 특허권을 공유하는 경우에 각 공유자는 다른 공유자의 동의를 얻지 아니하면 그 지분을 양도하거나 그 지분을 목적으로 하는 질권을 설정할 수 없고, 그 특허권에 대하여 전용실시권을 설정하거나 통상실시권을 허락할 수 없다는 이유(대법원 1999. 3. 26. 선고 97다41295 판결), 혹은 공유특허에 관련된 심판이 고유필수적 공동심판이라는 이유(대법원 1987. 12. 8. 선고 87후111 판결) 등이 거론되었다.

7) 대법원 2014. 8. 20. 선고 2013다41578 판결.

제한을 가하거나 공유특허에 관한 심판이나 불복소송을 필수적 공동소송으로 하는 것은 어디까지나 특허권 고유의 성질이나 심판·판결의 합일확정 필요에 기인한 것이지, 특허권 공유가 반드시 조합에 유사한 인적 결합관계를 전제로 하기 때문이 아니다. 따라서 공유특허의 법률관계 역시 본질적으로는 특허라는 재산권의 공유로 파악함이 상당하고, 다만 공유자 상호간에 조합 또는 그와 유사한 인적관계가 인정되는 예외적인 경우에만 이를 합유로 다루면 될 것이다.

(3) 공유특허권의 효력(특허법 제99조)

1) 자유로운 자기실시

공유 특허권자는 별도의 약정이 없는 한, 다른 공유자의 동의 없이도 특허발명 전부를 스스로 실시할 수 있다(특허법 제99조 제3항). 이는 민법상 공유자가 공유물을 '지분의 비율로만' 사용·수익할 수 있는 것(민법 제263조)과 구별된다. 발명은 물건과 달리 정보(비 경쟁재)의 속성을 가지므로 공유자 일부가 그 전부를 이용하더라도 다른 공유자의 이용 자체는 방해받지 않기 때문이다.[8] 또한, 저작권법이 공동저작물의 저작재산권은 공유자 전원의 합의에 의해서만 행사하고 그 이익을 지분 비율로 배분토록 하고 있는 것(저작권법 제48조)과 달리, 공유 특허권자는 특허발명 전부를 스스로 실시해 얻은 이익을 다른 공유자에게 배분할 의무도 없다.

2) 지분양도·질권설정 및 실시허락에 대한 제한

공유특허권자가 그 지분을 양도하거나 질권을 설정할 때는 다른 공유자 모두의 동의가 필요하고(특허법 제99조 제2항) 이는 전용실시권을 설정하거나 통상실시권을 허락할 때도 마찬가지이다(같은 조 제4항). 그와 같이 규정한 이유는 특허권 공유자 사이에 인적 유대를 존중한다는 의미도 있지만, 공유자 이외의 제3자가 특허권 지분을 양도받거나 그에 관한 실시권을 설정받을 경우 제3자가 투입하는 자본의 규모·기술 및 능력 등에 따라 경제적 효과가 현저하게 달라지게 되어 다른 공유자 지분의 경제적 가치에도 상당한 변동을 가져올 수 있는 특수성을 고려한 것이다.[9]

---

8) 물론, 공유자 일부가 발명 전부를 실시함으로 인해 다른 공유자의 시장기회를 잠식하는 일이 생기고, 이는 다른 공유자에게 중요한 이해(利害)가 걸린 일이다. 그러나 이는 공유대상 자체의 이용이 제약되느냐 와는 다른 문제이다.

9) 대법원 2014. 8. 20. 선고 2013다41578 판결.

3) 현행 특허법 제99조의 문제점

근래 대학이나 연구소 등이 산학협력의 형태로 발명에 관여하는 일이 많은 현실을 감안하면, 현행 특허법 제99조는 지나치게 기업 등 실시능력을 가진 공유자에게만 유리하게 되어 불합리하다는 비판을 면하기 어렵다. 현행법에 따르면 아무리 적은 지분을 가진 공유자라도 발명 전부를 스스로 실시하여 이익 전부를 취할 수 있고 이익배분 의무도 없는 반면, 발명을 스스로 실시할 능력이 없는 대학이나 연구소 등은 지분의 크기와 관계없이 실시이익에 관여할 여지가 없고, 나머지 지분권자가 동의하지 않는 한 자기 지분을 제 3 자에게 처분하거나 실시허락하여 투하자본이나 이윤을 회수할 가능성마저 봉쇄되어 있기 때문이다. 향후 법 개정을 통해 이런 불균형을 합리적으로 개선하는 노력이 필요할 것으로 생각된다.[10)]

4) 공유지분권자의 분할청구권

한편, 특허권 공유의 성질에 관하여 공유설을 따르는 이상, 분권자가 특허발명에 대하여 공유물분할 청구권을 행사할 수 있음은 당연하다(민법 제268조). 다만 특허권이 무체재산권의 성질을 가지는 점을 감안하면 현물분할은 곤란하고, 가액배상을 하거나 이를 매각하여 대금을 분할하는 방법이 상당하다. 판례[11)]도 같은 취지이다. 또한 특허권 공유관계에서 상대적으로 불리한 위치에 있는 비실시 지분권자는 실시 지분권자와의 관계에서 분할청구권을 유용한 자구책으로 활용할 수도 있게 된다.

5) 침해자에 대한 권리행사

공유 특허권에 대한 침해가 있는 경우, 공유자는 전체 손해액 가운데 지분비율에 따라 손해배상을 청구할 수 있고 부당이득반환청구에 대해서도 마찬가지이다. 한편, 특허권 침해금지는 공유물 전체에 대한 보존행위로서 저마다 할 수 있다.

(4) 공유특허권과 심판 및 심결취소소송

공유 특허권에 대하여 일부 지분만의 무효심판을 청구하는 것은 허용되지

10) 물론, 특허법 제99조 전부를 임의규정으로 보아 계약으로 달리 정하면 된다고 할 수도 있겠지만, 산업계의 현실이나 당사자 간 협상력의 차이 등을 감안하면 이를 전적으로 당사자의 계약에 맡겨 두고 입법적 개선을 외면하는 것은 바람직하지 않다.

11) 대법원 2014. 8. 20. 선고 2013다41578 판결.

않는다. 특허처분은 하나의 특허출원에 대하여 하나의 특허권을 부여하는 단일한 행정행위이므로 그 결과 공유 특허권이 부여되었다고 하더라도 그 무효는 행정행위 전체에 대해서만 청구할 수 있기 때문이다.[12)]

공유 특허권에 대하여 심판을 청구할 때는 공유자 전원을 상대로 해야 하고(특허법 제139조 제2항), 공유 특허권자 스스로 심판을 청구할 때는 전원이 공동으로 청구해야 한다(같은 조 제3항). 한편, 공유특허권에 관한 심판에 불복하여 제기하는 심결취소소송에 관해서는 논의가 있다. 이를 '고유필수적 공동소송'으로 보는 견해도 있으나 이 경우 공유자 일부라도 취소소송의 제기에 협조하지 않으면 소는 부적법하고 공유자 전부에 심결이 확정되어 버려 불합리하다. 공유특허권의 실질을 민법상 공유로 이해하는 이상, 심결취소소송은 보존행위의 일환으로 일부 공유자도 제기할 수 있다고 해야 한다. 다만 소송상으로는 합일확정의 필요가 있기 때문에 '유사필수적 공동소송'으로 다루어지게 된다. 그 결과 소제기에 참여하지 않은 공유자에 대하여는 심결이 확정되지 않고 나머지 제소 공유자에 의한 취소소송의 결과에 따라 합일확정에 이르게 된다.[13)] 판례 역시 유사필수적 공동소송설을 취한다.[14)]

Ⅱ. 특허권의 효력범위

특허권을 행사함에 있어 그 효력이 미치는 범위를 어디까지로 볼 것인가는 실천적으로 매우 중요하다. 이는 특허권자의 입장에서 보면 권리의 외연을 설정하는 문제이고, 동시에 제3자의 입장에서는 자신의 실시형태가 등록특허의 침해를 구성하는지 여부에 대한 문제이기 때문이다. 특허권의 효력범위를 결정하는 핵심적인 기준이 특허청구범위임은 두말할 나위가 없으며 이는 곧

12) 대법원 2015. 1. 15. 선고 2012후2432 판결.

13) 소송결과, 심결이 취소되면 다시 계속되는 심판절차에서 공동심판청구인의 지위가 유지되고, 청구기각이 확정되면 제소기간 도과의 효과가 비로소 나타나 나머지 공유자들과 함께 심결이 확정된다(유사필수적 공동소송의 경우 공유자 중 일부가 제기한 심결취소소송이 확정되기 전에는 다른 공유자에 대해서도 심결은 확정되지 않는다는 대법원 2009. 5. 28. 선고 2007후1510 판결도 참조).

14) 대법원 2004. 12. 9. 선고 2002후567 판결.

특허청구범위 해석의 문제로 귀결된다.

1. 주변한정주의와 중심한정주의

특허청구범위의 본질을 이해하는 근본적인 태도로서 중심한정주의와 주변한정주의라는 서로 다른 입장이 존재한다.

(1) 의 의

중심한정주의(Central definition)는 대륙법 계통의 직권주의적 성격이 강조된 해석방식으로서, 특허청구범위에 기재된 것은 발명의 추상적 사상이므로 특허청구범위에 기재된 구체적 문언은 물론, 해석을 통하여 그와 실질적으로 기술사상을 같이하는 범위에까지 발명의 보호범위를 확장할 수 있다고 한다. 중심한정주의는 특허청구범위의 해석 여지를 폭넓게 인정하기 때문에 권리자에게 유리하고, 발명자가 출원을 서두르기 쉽기 때문에 최초 출원 시에 특허청구범위를 완벽하게 기재하기 곤란한 선출원주의와 어울리기 쉬운 반면, 일반 공중으로서는 특허권의 범위를 명확히 알 수 없어 지위가 불안정해지고 특허청구범위의 해석을 둘러싼 분쟁의 여지가 많은 단점이 있다. 독일은 전통적으로 중심한정주의를 운용해 온 대표적인 예에 속한다. 1970년대 후반 이후 주변한정주의를 취하는 유럽 여러 나라들과의 조화를 도모하기 위해 특허법 개정으로 다항제를 도입하고 실무 역시 주변한정주의에 입각하여 이끌어오고 있지만, 한편으로는 특허청구범위 해석 시 '발명의 실질적 가치'를 중시하거나 균등론을 매우 폭넓게 적용하는 등 여전히 중심한정주의적 태도도 병용하고 있는 것으로 평가되고 있다.[15] 우리나라도 1980년대 초까지 특허법 상 단항제와 중심한정주의를 받아들이고 있었다.

주변한정주의(Peripheral Definition)는 영미법 계통에서 발달된 해석방식으로서, 특허청구범위는 곧 발명자 스스로 자신의 권리의 외연을 설정한 것에 다름 아니므로 발명자는 발명의 모든 구성요소를 특허청구범위에 기재하여야 하고(이른바 All Elements Rule), 특허청구범위의 문언이 의미하는 내용에 따라 보호범위가 결정되는 것을 원칙으로 하며 특허청구범위에 기재되지 아니한 사항

15) Dan L. Burk & Mark A. Lemley, "Fence Posts or Sign Posts? Rethinking Patent Claim Construction", *University of Pennsylvania L.R. Vol.157(2009)*, 1746, 1776~1777면.

은 보호범위에서 배제된다는 것이다. 주변한정주의는 특허청구범위의 해석 여지를 좁게 인정하기 때문에 권리자에게 불리한 반면, 일반 공중으로서는 특허권의 범위를 명확히 알 수 있어 지위가 안정적인 장점이 있다. 이러한 장점으로 인해 주변한정주의는 오늘날 세계적으로 보편화 된 청구항의 작성 및 해석 원리로 받아들여지고 있다.

(2) 단항제, 다항제와의 관계

중심한정주의나 주변한정주의는 특허청구범위의 작성방법과 관련된 단항제 혹은 다항제와도 관련이 있다. 즉, '단항제' 하에서는 출원인은 발명을 실시례 혹은 선행기술과 대비되는 특징을 위주로 하나의 청구항에 표현하여야 한다. 따라서 그 구체적 기술사상을 빠짐없이 기재하기가 어려울 수밖에 없고, 발명의 내용을 파악하거나 특허의 권리범위를 설정함에 있어서도 '중심한정주의' 에 따라 '발명의 요지' 또는 '핵심적인 기술사상' 이라고 하는 추상적 기준을 먼저 추출한 후 그것이 동일한지, 전체 발명에서 차지하는 비중이 어떠한지 여부를 살피게 되는 반면, '다항제' 하에서는 출원인은 자신의 발명을 복수의 독립항 및 종속항을 구사하여 세부적이고 구체적으로 표현할 수 있는 것이므로 굳이 '발명의 요지' 또는 '핵심적인 기술사상' 이라고 하는 추상적 개념을 동원할 필요가 없고 명세서의 기재에 부여되는 규범적 의미도 한결 엄격해져서 명세서, 특히 특허청구범위에 나타나지 아니한 사항에 관하여는 원칙적으로 권리를 인정하지 않는 '주변한정주의' 의 경향을 띠게 된다.

(3) 구성요소완비의 원칙(All Elements Rule)

구성요소 완비의 원칙이란, 특허청구범위를 기재함에 있어서는 모든 구성요소를 필수적으로 기재하여야 하고, 따라서 발명에 대한 침해 여부를 판단함에 있어서는 특허청구범위에 기재된 요소는 모두 필수구성요소이며 그 중 일부를 임의로 생략한다거나 특허청구범위에 기재되지 아니한 내용을 포함시켜 특허청구범위를 이해할 수는 없다는 원칙이다. 이는 앞서 본 '주변한정주의' 및 뒤에서 살펴보게 될 '균등론' 과 논리적으로 불가분의 관계에 있으며, 특허청구범위의 기재 및 해석과 관련된 미국 판례법의 확고한 원칙이다. 균등론에 관한 대표적 판례인 Warner-Jenkinson Co. V. Hilton Davis Chem Co. 사건

(1997)에서 미국 연방대법원은, "특허청구범위에 포함된 모든 구성요소는 그 특허청구범위의 한계를 설정하는 개별적 구성요소로서 각각 작용하는 것이고, 균등론 또한 그러한 기반 위에서 적용되어야 하며, 발명의 실체를 '전체로서(invention as a whole)'로서 파악하여 그 권리범위를 획정하여서는 아니 된다"고 판시하여 구성요소완비의 원칙과 균등론의 관계를 잘 보여주고 있다.

2. 특허청구범위와 특허권

특허발명의 보호범위는 특허청구범위에 기재된 사항에 의하여 정해지는데(특허법 제97조), 청구범위에 기재된 발명의 카테고리가 무엇인지에 따라 그 보호범위 또한 달라지게 된다. 특허권자는 업으로서 발명을 '실시'할 권리를 독점하는데(특허법 제94조), 그 실시의 내용, 다시 말해서 독점권의 내용이 발명의 카테고리마다 다르기 때문이다. 즉, 특허법 제 2 조 제 3 호에 따르면 i) 물건발명 특허의 독점권은 그 물건을 생산·사용·양도·대여·수출[16] 또는 수입하거나 그 물건의 양도 또는 대여의 청약(양도 또는 대여를 위한 전시를 포함한다. 이하 같다)을 하는 행위에 미치고, ii) 방법발명 특허의 독점권은 그 방법을 사용하는 행위 및 그 방법의 사용을 청약하는 행위에 미치며, iii) 물건을 생산하는 방법의 발명에 대한 특허의 독점권은 그 방법을 사용하는 행위 및 그 방법의 사용을 청약하는 행위와 그 방법에 의하여 생산한 물건을 사용·양도·대여·수출[17] 또는 수입하거나 그 물건의 양도 또는 대여의 청약을 하는 행위에 미치는 것이다. 따라서 예컨대, 甲이 화합물 A가 B 질병 치료제로서의 용도가 있음을 근거로 특허출원을 하는 경우를 상정하면 '이론 상' 특허출원 시 청구항을, i) 물질 A로 되는 의약, ii) 물질 A로 되는 B 질병 치료제, iii) B 질병 치료제의 제조를 위한 물질 A의 사용방법, iv) 공정 a~d로 되는, 물질 A를 유효성분으로 하는 B 질병치료제의 제조방법 등 다양한 형태로 구성할 수 있다.[18] 甲이 어떤 형태로 청구항을 구성하는지에 따라 독점권이 미

16) 2025. 1. 21. 개정 특허법(법률 제20700호, 2025. 7. 22.부터 시행)으로 추가된 실시유형이다.

17) 2025. 1. 21. 개정 특허법(법률 제20700호, 2025. 7. 22.부터 시행)으로 추가된 실시유형이다.

18) 김상은, "물건을 생산하는 방법발명의 효력범위," 특허판례연구(개정판), 박영사(2012), 470면. 이 글은 가능한 청구항의 유형을 이렇게 적고 있으나, 우리나라의 심사기준은 의

치는 행위태양이 달라지게 되며, 甲은 출원하는 나라의 특허제도와 실무, 선행기술의 상황,[19] 후속발명의 계획이나 시장에서의 경쟁 등을 고려하여 이를 전략적으로 선택하게 된다.

한편, 이처럼 발명의 카테고리에 따라 구체적 독점권의 내용이 달라지는 것과는 대조적으로, 발명의 신규성이나 선·후출원은 카테고리와 관계없이 '기술적 사상의 동일성'만을 기준으로 판단됨에 주의를 요한다. 예컨대, 위 ⅰ) 내지 ⅳ) 발명이 상호간에 '공지기술과 출원발명' 혹은 '선·후원 관계'에 있어 신규성, 선출원 등이 문제되는 상황이라면 대부분 서로가 '실질적으로 동일한 발명'으로 취급되어 신규성이 부인되거나 선출원 위반에 해당할 것이다.

3. 특허청구범위의 해석원칙

특허청구범위는 언어로 표현되는 것인 만큼 필연적으로 해석의 대상이 되는바, 특허청구범위를 넓게 또는 좁게 해석함에 따라 침해의 성립 여부가 좌우되는 등 권리자와 제3자의 이해가 첨예하게 대립한다. 특허청구범위의 해석은 법률판단의 문제로서 일정한 원칙에 따라 일관성 있게 이루어져야 한다. 현실적으로 제3자에 의한 특허발명의 실시는 매우 다양한 양상을 띠므로 각 실시 형태에 따라 침해를 구성하는지 여부를 검토함에 있어 일정한 예측가능성이 담보될 필요가 있으며, 침해의 태양을 유형화하여 구성요건과 법적 효과를 살펴보는 이유가 여기에 있다.

(1) 특허청구범위 해석에 관한 이원적 기준 여부[20]

1) 논의의 실태

특허청구범위는 그것이 넓을수록 폭넓게 독점권을 행사할 수 있는 반면에, 특허를 획득하기 위한 심사나 무효심판 등을 통하여 특허의 적격성이 도

약발명의 경우 청구항을 ⅱ) 유형처럼 작성할 것을 요구하고 있다(특허청, 산업부문별 심사실무가이드, 의약·화장품 분야(2011), 제2장 2.2). 그러나 나라마다 의약발명에 대하여 허용되는 청구항의 방식이 다르므로, 어느 나라에 출원하느냐에 따라 앞서 언급한 청구항 유형들은 여전히 가능한 선택지(選擇肢)라 할 수 있다.

19) 특허청구범위가 넓어질수록 선행기술로부터의 공격받을 여지 또한 커진다는 청구범위의 이율배반성을 상기할 것.

20) 이 점에 대한 상세한 논의는, 조영선, "특허 청구범위 해석에 관한 일원론과 이원론의 재검토", 인권과 정의 제461호(2016), 63면 이하 참조.

전받는 단계에서는 그만큼 선행기술로부터 도전을 받게 될 가능성 또한 넓어진다는 의미에서 이율배반성을 가진다. 그런 성질을 가지는 특허청구범위를 해석함에 있어 특허요건 판단 단계에서의 해석기준과 권리범위 판단 단계에서의 해석기준이 서로 달라야 하는지에 대해 논의가 있다. 이에 대해 국내에서는 양 단계에서의 청구항 해석기준이 같아야 한다는 일원론적 태도와[21] 이를 달리 보아야 한다는 이원론적 태도가[22] 공존한다.

미국에서는 오래 전부터 출원발명에 대한 심사단계와 등록 후 침해소송에서의 특허청구범위 해석은 당연히 서로 다른 원칙에 입각하는 것으로 받아들여져 왔다.[23] 심사단계에서 출원된 특허청구범위는 통상의 기술자가 그 문언의 의미내용으로서 받아들일 수 있는 가장 합리적이고 넓은 개념으로 해석되고, 불명확한 경우 상세한 설명을 참작할 수 있지만, 원칙상 출원 명세서 이외의 자료를 특허청구범위 해석의 수단으로 이용함은 자제되어야 한다는 것이다. 이처럼 청구범위를 넓게 해석함으로 인해 발생되는 선행기술과의 저촉 가능성은 출원인 스스로 감축 보정 등의 절차상 수단을 이용하여 회피하여야 하며 이를 'Broadest Reasonable Construction'이라 부른다.[24] 반면, 침해소송에서는 이와 달리 법원은 특허청구범위의 해석을 위하여 명세서 이외에 사전

---

21) 강경태, "청구범위해석의 체계-이원적 청구범위 해석론의 재검토를 중심으로-"「특별법연구」 제11권, 사법발전재단(2014), 580면 이하; 권태복, "발명의 요지인정과 보호범위 확정을 위한 청구범위 해석론"「지식재산연구」 제 9 권 제 3 호, (2014. 9), 48면 이하 ; 장안호, "청구범위 해석의 이중성에 관한 고찰"「특허법원 개원 10주년 기념논문집」, 특허법원(2008), 340, 342면 등.

22) 박성수, "특허청구범위의 해석에 관한 소고"「사법논집」 제39집, 법원도서관(2004), 606면; 박길채, "특허청구범위의 해석에 관한 소고-보호범위의 특정을 중심으로"「지식재산21」 통권 제92호(2005. 9), 140면; 한규현, "발명의 요지와 보호범위의 판단방법"「특허소송연구」 제 4 집, 특허법원(2008), 101면; 윤태식, 「판례중심 특허법」, 진원사(2013), 442면; 조현래, "특허청구범위 해석에 있어서 일원론과 이원론에 대한 타당성 검토"「산업재산권」 제43호(2014. 4), 26면 이하 등.

23) 이를 천명하고 있는 대표적인 판례로는 In re Morris, 127 F.3d 1048, 1054 (Fed. Cir. 1997); 관련 논점을 상세히 다루고 있는 문헌으로는, Janet A. Gongola, "Annealing steel : The USPTO's application of the broadest reasonable interpretation standard for claim derivation", *976 PLI(Patent Law Institute) Pat 147(July, 2009)* 참조.

24) Phillips v. AWH Corp., 415 F.3d 1303, 75 USPQ2d 1321(Fed. Cir. 2005); 이는 미국 특허청 심사기준에도 반영되어 있다(MPEP §2111). 이런 법리를 지지하고 있는 연방대법원 판례로는, Cuozzo Speed Technologies, LLC v. Lee, U.S. Sct., Case No. 15-446 (2016).

(辭典)이나 문헌 등 외부자료(extrinsic evidence), 외부 전문가의 증언, 당해 발명에 대한 출원경과 등을 다양하게 참작할 수 있을뿐더러 위와 같은 수단을 모두 동원하고도 여전히 특허청구범위에 불명확한 부분이 있는 경우에는 가급적 특허의 유효성을 유지하는 방향으로 청구범위를 해석하는 원칙(maxim of claim interpretation to preserve validity)이 통용되고 있다.[25)]

일본에서는 전통적으로 이원설이 통설이며,[26)] ① 출원 및 심사단계에서는 출원인은 특허청구범위에 자신이 특허를 받고자 하는 발명을 특정하기 위하여 필요한 사항의 전부를 기재하게 되어 있고, 무엇보다 심사 과정에서 보정을 통해 스스로 특허청구범위의 불명확한 부분 등을 바로잡을 수 있는 길이 열려 있으므로 특허청구범위의 내용[27)]을 문언적 기재에 충실하게 해석하여 특허성 여부를 심사할 일이며 심사관이 임의로 발명의 설명 등을 참작하여 그 내용을 확대 혹은 축소 해석하는 것은 엄격히 자제되어야 하는 반면,[28)] ② 일단 등록된 특허를 행사하는 과정(침해소송)에서 특허청구범위의 내용[29)]을 해석함에 있어서는 심사 단계에서 확인되지 아니하였던 선행기술의 존부나 공지기술이 특허발명에서 차지하는 비중 등을 살펴 등록된 특허발명이 과연 어느 정도의 보호를 받는 것이 적절한지를 규범적·개별적으로 재평가 한 뒤 발명의 실질적 가치에 따라 보호의 광협(廣狹)을 결정함이 합리적이라는 것이다. 한편, 특허의 무효판단과 침해판단에 관하여 관할집중이 이루어져 동일 소송에서 발명의

---

25) 대표적으로 ACS Hosp. Sys., Inc. v. Montefiore Hosp., 732 F.2d 1572, 1577(Fed. Cir. 1984); Phillips v. AWH Corp. 415 F.3d 1303, C.A. Fed.(Colo. 2005); Lucent Techs., Inc. v. Gateway, Inc., 525 F.3d 1200, 1215 (Fed. Cir. 2008). 이런 이원적 실태를 언급하는 문헌으로 예컨대, Dolak, Lisa, "Whose Rules Rule? Federal Circuit Review of Divergent USPTO and District Court Decisions". *Syracuse University College of Law Faculty Scholarship. Paper 61*, 2011, p.3; Peter S. Menell, Matthew D. Powers, Steven C. Carlson, "Patent Claim Construction: A Modern Synthesis and Structured Framework", *25 Berkeley Tech. L.J. 711*, 2010, p.718.

26) 牧野利秋, "特許請求範圍의 解釋에 대하여"「특허소송연구」제1집, 특허법원, 1999, 92면; 竹田 稔, 知的財産權侵害要論(特許 · 意匠 ·商標編) [第5版], 51면; 中山信弘·小泉直樹 編, 新注解 特許法[第2版](中), 青林書院(2017), 1212면.

27) 이를 일본에서는 '발명의 요지'라고 부른다.

28) 그와 같은 원칙을 천명한 대표적인 판례로는 日本最高裁 平3年 3. 8. 昭62(行ツ) 3号 '리파아제 사건' 판례가 있다.

29) 이를 일본에서는 '발명의 기술적 범위'라고 불러 '발명의 요지'와 구별한다.

요지와 기술적 범위가 동시에 판단되는 일이 생기게 된 이상, 양 국면에서의 특허청구범위 해석원리는 동일해야 한다는 견해들과[30] 그런 태도에 입각한 판결들도 있다.[31] 이는 주로 특허요건 판단 국면에서 일본 최고재판소의 '리파아제 판결'[32]이 '청구항을 발명의 설명 참작 없이 문언 그대로 매우 엄격하게 해석하여 선행기술과 대비해야 한다'는 원칙을 천명한데 대한 반발과 연결되어 있다. 그러나 실무에서는 여전히 이원적 해석원리가 적용되는 경향이 강하며,[33] 특히 권리범위를 판단함에 있어 출원당시의 기술수준과 발명의 설명을 적극적으로 참작하여 청구항을 한정해석하는 것은 학설과 재판실무의 확고한 태도라고 할 수 있다.[34]

2) 판　례

(가) 두 가지 유형

2010년대 이후 특허청구범위 해석에 대한 법리를 언급하는 판례들은 대체로 아래 두 가지 중 하나의 유형에 속한다. 유형 ①은 주로 등록거절·등록무

---

30) 時井 眞, "クレーム解釋の現況-限定解釋の採否を中心に", 「知的財産法政策學研究」 Vol. 40(2012), 19면; 岩坪哲, "機能的 クレームとサポート要件", パテント2018, Vol. 71 No. 11(別冊 No. 20), 76, 87면 등.

31) 東京高裁 平8. 6. 19. 平6 (行ケ) 第167号; 東京地裁 平16. 12. 28. 平15(ワ) 第19733号; 知財高裁 平23. 2. 24. 平22 (行ケ) 第10162号 판결 등.

32) 日本最高裁 平3年 3. 8. 昭62(行ツ) 3号.

33) 飯村敏明, "發明の要旨の認定と技術的範圍の解釋, さらに均等論の活用" 「パテント」 Vol. 64, No. 14(2011), 64면; 東海林 保, "公知部分の除外-液體燃料 燃燒裝置 事件: 最高裁 昭39. 8. 4. 昭37(オ) 第871号"「특허판례백선(제 4 판, 번역본)」, 박영사(2014), 391면; 塩月秀平, "発明の要旨認定と技術的範囲確定－リパーゼ判決を振り返る"「パテント」 Vol. 66, No. 10(2013), 110~111면 등.

34) 학설로는, 中山信弘·小泉直樹 編, 新注解 特許法[第2版](中), 青林書院(2017), 1207~1208면; 青柳 昤子, "「抽象的 · 機能的に表現されたクレームの解釈」 について", パテント 2011, Vol. 64 No. 7, 72면; 牧野利秋 外, 知的財産の理論と實務(1), 新日本法規(2007), 135면(設樂隆一, "機能的クレームの解釈について"); 中山信弘, 「特許法(第五版)」, 弘文堂(2023), 514면. 판결례로는, 東京高裁 昭53. 12. 20. 昭51(ネ)第783号; 東京地裁 平10. 12. 22. 平8 (ワ) 第22124号; 東京地裁 平14. 5. 29. 平12 (ワ) 第11906号; 東京地裁 平22. 12. 24. 平21 (ワ) 第34337号; 知財高裁 平24. 11. 29. 平24 (ネ) 第10023号; 東京地裁 平25. 10. 31. 平24 (ワ) 第3817号; 知財高裁 平17. 12. 28. 平17 (ネ) 第10103号; 知財高裁 平25. 6. 25. 平24 (ネ) 第10084号; 東京地裁 平26. 6. 4. 平24 (ワ) 第16647号; 이를 실무의 일반적 경향이라고 설명하는 것으로, 竹田 稔 외 1, 知的財産權訴訟要論(特許編), 發明推進協會(2017), 15면.

효 사건 또는 침해소송에서 특허를 무효로 판단한 사건들로서,[35] 많은 경우 "특허발명의 보호범위는 청구범위에 기재된 사항에 의하여 정하여지는 것이 원칙이고, 다만 그 기재만으로 특허발명의 기술적 구성을 알 수 없거나 알 수는 있더라도 기술적 범위를 확정할 수 없는 경우에는 명세서의 다른 기재에 의한 보충을 할 수는 있으나, 그 경우에도 명세서의 다른 기재에 의하여 청구범위의 확장 해석은 허용되지 아니함은 물론 청구범위의 기재만으로 기술적 범위가 명백한 경우에는 명세서의 다른 기재에 의하여 청구범위의 기재를 제한 해석할 수 없다"는 표현을 쓴다. 유형 ②는 주로 권리범위가 문제된 사건들로서,[36] 많은 경우 "특허발명의 보호범위는 청구범위에 적혀 있는 사항에 의하여 정하여지고 발명의 설명이나 도면 등에 의하여 보호범위를 제한하거나 확장하는 것은 원칙적으로 허용되지 않지만, 청구항에 적혀 있는 사항은 발명의 설명이나 도면 등을 참작하여야 기술적인 의미를 정확하게 이해할 수 있으므로, 청구범위에 적혀 있는 사항의 해석은 문언의 일반적인 의미 내용을 기초로 하면서도 발명의 설명이나 도면 등을 참작하여 문언에 의하여 표현하고자 하는 기술적 의의를 고찰한 다음 객관적 · 합리적으로 하여야 한다"는 표현을 사용한다.[37] ①, ② 유형 모두 "청구범위에 기재된 사항의 기술적 의미를

35) 대법원 2020. 4. 9. 선고 2018후12202 판결(무효, 진보성 부정); 대법원 2016. 8. 24. 선고 2015후1188 판결(등록무효. 진보성 부정); 대법원 2015. 11. 27. 선고 2013후3326 판결(등록무효. 진보성 부정); 대법원 2014. 1. 16. 선고 2013후785 판결(등록무효. 진보성 부정); 대법원 2012. 12. 27. 선고 2011후3230 판결(거절. 신규성 부정); 대법원 2012. 3. 29. 선고 2010후2605 판결(거절. 진보성 부정); 대법원 2012. 3. 15. 선고 2010다63133 판결(침해금지. 진보성 부정, 무효사유 명백함 이유로 권리남용항변 수용); 대법원 2011. 8. 25. 선고 2010후3639 판결(거절. 진보성 부정); 대법원 2011. 7. 14. 선고 2010후1107 판결(등록무효. 진보성 부정); 대법원 2011. 2. 10. 선고 2010후2377 판결(거절. 진보성 부정); 대법원 2010. 6. 24. 선고 2008후4202 판결(거절. 진보성 부정); 대법원 2010. 1. 28. 선고 2007후3752 판결(등록무효. 진보성 부정).

36) 대법원 2019. 10. 17. 선고 2019다222782, 222799 판결(특허권침해금지 등); 대법원 2015. 2. 12. 선고 2013후1726 판결(권리범위확인); 대법원 2015. 5. 14. 선고 2014후2788 판결(권리범위확인); 대법원 2014. 5. 29. 선고 2012후498 판결(권리범위확인); 대법원 2013. 4. 25. 선고 2012후85 판결(권리범위확인); 대법원 2011. 5. 26. 선고 2010다75839 판결(특허권 침해금지).

37) 한편, 등록무효 사건에서 청구범위를 해석하면서 ②와 같은 표현을 사용한 판례도 일부 발견되지만{대법원 2014. 7. 24. 선고 2012후917 판결(등록무효. 신규성, 진보성 인정); 대법원 2012. 7. 26. 선고 2012후948 판결(등록무효. 진보성 부정)}, 분류상 이례에 속한다.

명확히 알 수 없는 경우 발명의 설명을 참작할 수 있다"는 원칙을 선언하는 점은 공통된다. 그러나 한편, ①은 "그 밖의 경우 명세서 기재에 의해 청구범위를 제한해석 할 수 없다"는 원칙을 강조하고 있고, ②는 경우에 따라 "발명의 설명을 참작하여 청구범위를 합리적으로 해석할 수 있다"는 취지에 강세가 주어져 있음을 알 수 있다.

(나) 침해나 권리범위확인 사건 특유의 해석론

한편, 판례는 오래전부터 청구범위가 상세한 설명의 기재에 비해 지나치게 넓을 때, 그 권리범위를 상세한 설명에 의해 뒷받침되는 한도로 제한해석 하는 입장을 보여 오고 있다. "특허청구범위의 기재가 발명의 상세한 설명에 기재된 발명의 공헌도에 비추어 지나치게 넓은 경우에는 그러한 기재는 부적법하고, 그러한 하자가 있는 채로 특허된 경우에도 그 기술적 범위의 해석에 있어서는 특허청구범위에 기재된 발명의 상세한 설명에 의하여 뒷받침되는 부분에 한정하여야 한다"거나,[38] "청구범위를 문언 그대로 해석하는 것이 명세서의 다른 기재에 비추어 보아 명백히 불합리한 때에는 출원된 기술사상의 내용과 명세서의 다른 기재 및 출원인의 의사와 제 3 자에 대한 법적 안정성을 두루 참작하여 특허권의 권리범위를 제한해석 하는 것이 가능하다"는 것들이 그 예이다.[39]

(다) 정 리

앞서 본 판례의 태도를 정리하면, 판례는 ① 특허의 특허요건 판단 시와 권리범위의 판단 시 공히 '청구범위에 기재된 내용의 의미가 모호한 경우에는 발명의 설명을 참작하여 그 의미내용을 확정' 하되(발명의 설명 참작 원칙), ② 거절 · 무효 사건에서는 거기서 나아가 청구범위를 가급적 한정 해석하지 않는 반면, ③ 권리범위 · 침해 사건에서는 그보다 유연한 태도에 입각하여, 필요시 청구범위를 한정해석 하는 등 거절 · 무효 사건과는 다른 원리에 입각하고 있

38) 대법원 1998. 5. 22. 선고 96후1088 판결.

39) 대법원 2003. 7. 11. 선고 2001후 2856 판결, 대법원 2008. 10. 23. 선고 2007후 2186 판결, 대법원 2009. 4. 23. 선고 2009후92 판결, 대법원 2009. 9. 10. 선고 2007후4151 판결 등. 기능적 청구항에 대하여 상세한 설명을 참작하여 권리범위를 제한한 것들로는, 대법원 2002. 6. 28. 선고 2000후2583 판결, 대법원 2007. 6. 14. 선고 2007후883 판결, 대법원 2008. 2. 28. 선고 2005다77350, 77367 판결, 대법원 2008. 7. 10. 선고 2008후57 판결; 대법원 2015. 2. 12. 선고 2013후1726 판결 등.

음을 알 수 있다. 하급심 판결들 또한 이런 판단 준칙에 따라, 특허요건이 문제되는 국면에서는 청구항을 한정해석함 없이 문언대로 선행기술과 비교하거나[40] 청구항 기재의 기술적 의미가 불명확한 때에 한해 청구항을 발명의 설명 등을 기초로 한정해석하여 선행기술과 비교하고 있는 반면,[41] 침해소송이나 권리범위확인 소송에서는 대체로 발명의 설명을 참작하여 청구항을 한정해석하며, 발명의 설명을 참작하지 않고 권리범위를 인정한 경우는 예외에 속함이 확인된다.[42]

3) 사　견

살피건대, ⅰ) 심사단계에서 출원인이 그 책임 아래 심사관에게 특허청구범위에 관한 의견을 제시하거나 보정을 할 기회가 보장되어 있음에도 심사관이 이러한 조치를 통해 청구범위의 외연을 명확히 하는 대신 선불리 해석을 통해 특허청구범위의 외연을 정하는 것은 적절치 않다는 점, ⅱ) 반면에 침해소송에서 특허청구범위를 해석하는 것은 이미 확정되어 공시된 특허권의 효력범위를 구체적 사안에서 합리적으로 획정하는 '규범형성 작업'이라는 점, ⅲ), 특히 이때는 통상의 기술자 입장에서 바라보는 명세서의 의미내용 이외에도 균등론, 출원경과 금반언 원칙 등이 적용될 수 있고, 비록 특허청구범위의 기재가 문언상으로는 명확하다고 하더라도 문언 그대로 권리를 부여하면 발명의 공헌보다 지나치게 넓은 권리가 주어져 부당한 수가 있다는 점 등이 고려되어야 한다.

결국, 발명의 특허요건 판단 단계에서의 특허청구범위 해석의 기준과 등

40) 특허법원 2022. 1. 11. 선고 2020허6989 판결; 특허법원 2021. 11. 26. 선고 2021허2724 판결; 특허법원 2017. 6. 23. 선고 2017허1502 판결; 특허법원 2017. 3. 7. 선고 2016허5118 판결; 특허법원 2016. 10. 21. 선고 2016허2478 판결 등.

41) 특허법원 2020. 12. 18. 선고 2020허1656 판결; 특허법원 2020. 12. 4. 선고 2019허8118 판결; 특허법원 2017. 11. 9. 선고 2017허3331 판결; 특허법원 2016. 8. 24. 선고 2015허8455 판결 등[하급심 판결들에 대한 구체적 실증조사 및 분석으로는, 조영선, 「특허소송에서 기능식 청구항의 제문제」, 법원행정처(2024), 34~46면].

42) 특허법원 2022. 1. 21. 선고 2021나1374 판결; 특허법원 2021. 4. 21. 선고 2020허5399 판결; 특허법원 2021. 1. 15. 선고 2019나1906 판결; 특허법원 2019. 5. 24. 선고 2018허7811 판결; 특허법원 2019. 4. 11. 선고 2018허8289 판결; 특허법원 2018. 11. 2. 선고 2018허4577 판결; 특허법원 2017. 7. 20. 선고 2017허202 판결 등 다수(하급심 판결들에 대한 구체적 실증조사 및 분석으로는, 조영선, 앞의 글, 50~65면).

록 특허의 권리범위를 파악하는 단계에서의 특허청구범위 해석 기준은 이를 달리 보는 것이 합당하다. 즉, 특허요건 판단 시 청구범위는 발명의 설명을 참작하되 가급적 청구항 문언 중심으로 넓게 해석함으로써, 거절이나 무효를 면하려는 출원인(특허권자)이 보정이나 정정을 통해 합당한 크기의 권리를 획득하도록 유도해야 한다. 한편, 권리범위 판단 시에는 해당 특허의 기술적 공헌도, 발명의 설명에 의한 청구항의 뒷받침 정도, 출원경과, 해당 산업분야의 경쟁 상황, 후속발명에 대한 인센티브 등 구체적 타당성과 정책적 고려 등을 반영하여 필요시 이를 좁게 해석할 수 있어야 한다.[43)]

(2) 문언(文言) 해석의 원칙

특허법은, 특허발명의 보호범위는 특허청구범위에 기재된 사항에 의하여 결정된다고 하여(특허법 제97조), 문언해석 원칙의 규범적 근거를 제시하고 있다.

문언해석의 원칙은 두 가지의 의미를 가진다. 첫째, 특허청구범위는 대세적으로 발명의 보호범위를 설정하는 것이므로 그 해석에 있어서도 객관적이고도 예측가능한 방법이 사용되어야 하며, 이를 위하여 가장 바람직한 방법은 특허청구범위에 사용된 용어 그대로 문언이 가지는 보편적 의미에 좇아 해석하는 것이다. 물론, 이 경우 기준이 되는 것은 해당 기술분야에서 통상의 지식을 가진 기술자라 할 것이며 그들의 기술상식에 비추어 특허청구범위에 표현된 문언이 일반적, 객관적으로 어떠한 의미를 나타내는지를 살펴야 한다. 둘째, 특허발명은 특허청구범위에 '기재된' 사항에 의하여 보호범위가 결정되므로 비록 발명의 설명이나 도면에 나타난 것이라고 하더라도 특허청구범위에 기재되지 아니한 사항은 원칙적으로 보호범위에서 제외된다.

이처럼, 특허청구범위의 해석에 있어 무엇보다도 그 문언 기재의 내용을 중심으로 하여야 한다는 태도를 '문언 중심의 원칙' 또는 '용어책임론(用語責任論)'이라고 한다. 이에 따르면, 출원인은 명세서를 작성함에 있어 용어의 선택을 신중하게 하여야 할 책임을 부담하며, 특허청구범위에 구성요소를 기재하지 않거나, 부적절하거나 명확하지 않은 용어를 사용함으로써 말미암은 불

43) 이에 대한 상세한 근거와, 일본을 중심으로 한 근래의 청구범위의 일원적 해석론에 대한 비판은, 조영선, 앞의 논문("특허 청구범위 해석에 관한 일원론과 이원론의 재검토"), 74면 이하 참조.

이익은 원칙적으로 출원인에게 돌아가게 된다.

한편, 판례[44]는 "특허청구범위의 기재만으로 기술적 범위가 명백한 경우에는 원칙적으로 명세서의 다른 기재에 의하여 청구범위의 기재를 제한 해석할 수 없지만, 청구범위에 포함되는 것으로 문언적으로 해석되는 것 중 일부가 발명의 설명의 기재에 의하여 뒷받침되고 있지 않거나 출원인이 그 중 일부를 특허권의 권리범위에서 의식적으로 제외하고 있다고 보이는 경우 등과 같이 청구범위를 문언 그대로 해석하는 것이 명세서의 다른 기재에 비추어 보아 명백히 불합리할 때에는, 출원된 기술사상의 내용과 명세서의 다른 기재 및 출원인의 의사와 제 3 자에 대한 법적 안정성을 두루 참작하여 특허권의 권리범위를 제한 해석하는 것이 가능하다"고 하여, 특허청구범위가 문언 상 넓은 권리범위를 커버하고 있는 경우라도 특별한 사정이 있는 때에는 이를 제한적으로 해석할 수 있다는 입장을 취하기도 한다.

(3) 발명의 설명 참작의 원칙

1) 용어정의자

특허청구범위에 사용되는 용어는 발명의 설명에 의하여 공개된 기술구성을 표현하는 것이기 때문에 때때로 사전에는 존재하지 않는 단어가 사용되는 수가 있다. 발명자나 출원인은 특허청구범위를 작성함에 있어서 그와 같이 필요에 따라 발명의 구성요소를 표현하는 용어를 스스로 창작하여 사용할 수 있는 것이다.[45] 특허청구범위에 사용된 특정 용어의 정의는 발명의 설명에서 이를 명시적으로 설명할 수도 있고, 명시적 설명이 없는 경우에는 발명의 설명에서 그 용어가 어떠한 의미로 일관하여 사용되고 있는가를 살펴 해석을 통해 결정되기도 한다. 특허청구범위에 사용된 용어의 의미를 파악하기 위하여 발명의 설명 전체의 내용이 참작되어야 하는 경우가 있다.

44) 대법원 2003. 7. 11. 선고 2001후2856 판결; 대법원 2008. 10. 23. 선고 2007후2186 판결; 대법원 2009. 4. 23. 선고 2009후92 판결.

45) 이러한 의미에서 발명자는 명세서상의 용어정의자(lexicographer)라고 불리기도 한다. Janice. M. Mueller, *Patent Law(3rd. Edit.)*, 68면.

⇒ 대법원 2009. 7. 23. 선고 2007후4977 판결

구성 1인 '플레이어의 조작에 의해 캐릭터의 체형(體型)을 결정하는 결정수단'은 기능, 성질 등에 의한 용어가 포함되어 있는 구성으로서 '플레이어의 조작에 의해 캐릭터의 체형을 결정하는 작용 내지 기능을 하는 모든 구성'으로 해석함이 원칙이나, 발명의 상세한 설명이나 도면 등 명세서의 다른 기재에 의하면, 캐릭터의 체형에 대해서는 캐릭터의 신장과 체중을 의미하는 것으로 정의 또는 설명이 되어 있고 캐릭터의 체형을 결정하는 결정수단에 대해서는 '플레이어가 임의로 십자키의 조작에 의해 캐릭터를 세로 방향 및 가로 방향으로 신축시킴으로써 신장과 체중을 정하는 구성' 및 '플레이어가 캐릭터 선택 화면에서 디폴트 캐릭터의 체형을 선택하는 구성'으로 설명이 되어 있으므로, 구성 1은 위와 같이 플레이어의 조작에 의하여 캐릭터의 체형을 선택하거나 작성하여 캐릭터의 체형을 결정하는 구성을 의미하는 것으로 해석된다.

2) 불분명한 청구범위와 발명의 설명 참작

발명의 설명이나 도면 등 명세서의 다른 기재부분을 보충하여 청구범위에 화체된 발명의 요지나 권리의 범위를 확정하여야 하는 수가 있다. 판례 역시 "특허청구범위에 기재된 사항은 발명의 설명이나 도면 등을 참작하여야 그 기술적인 의미를 정확하게 이해할 수 있으므로, 특허청구범위에 기재된 사항은 그 문언의 일반적인 의미를 기초로 하면서도 발명의 설명 및 도면 등을 참작하여 그 문언에 의하여 표현하고자 하는 기술적 의의를 고찰한 다음 객관적·합리적으로 해석하여야 한다"고 하여 그것이 가능하고 필요한 일임을 분명히 하고 있다.[46] 예컨대, 청구범위에 "폐쇄형 와셔"라는 구성이 기재되어 있고, 통상의 기술자의 시각에서도 청구항의 기재만으로는 그 의미를 확정하기 어렵다고 하자. 이때 발명의 설명과 도면에 그런 기능을 하는 구체적인 와셔의 형

46) 대법원 2010. 1. 28. 선고 2008후26 판결; 대법원 2007. 10. 25. 선고 2006후3625 판결; 대법원 2009. 10. 15. 선고 2009다19925 판결; 대법원 2008. 7. 10. 선고 2008후64 판결; 대법원 2008. 2. 28. 선고 2005다77350, 77367(병합) 판결; 대법원 2007. 10. 25. 선고 2006후3625 판결; 대법원 2007. 9. 21. 선고 2005후520 판결; 대법원 1995. 10. 13. 선고 94후944 판결; 대법원 1991. 11. 26. 선고 90후1499 판결 등.
다만, 이 경우 특허청구범위의 불분명의 정도가 심각하고 발명의 설명을 참작하더라도 그 객관적 의미나 권리의 범위를 명확히 하기 어렵다면 그와 같은 특허청구범위에 기하여는 권리보호를 받을 수 없음은 물론, 특허 자체가 명세서 기재불비에 해당하여 등록 무효로 될 수 있다.

상이 도시되어 있고, 이를 참작하면 왜 그것을 "폐쇄형"이라고 부르는지를 알 수 있다면 청구항의 "폐쇄형 와셔"를 그와 같은 구체적 특징을 가지는 부품을 의미하는 것으로 해석할 수 있다.

3) 발명의 설명의 참작의 한계(특히, 특허요건 판단 시)

한편, 이처럼 청구범위에 '기재되었으나 그 구체적 내용이 불명확한 것'과 '기재되지 아니한 것'은 엄연히 다르다. 따라서 전자의 경우에는 발명의 설명을 참작하여 청구범위의 객관적 의미와 보호범위를 해석·확정할 수 있지만, 후자의 경우에는 발명의 설명을 참작하여 청구범위를 해석할 수 없다. 많은 판례들이 "특허청구범위의 기재가 명확히 이해될 수 있고 누가 보더라도 그 기재가 오기임이 발명의 설명에 비추어 명확하다고 할 수 없는 경우에는 특허청구범위의 기재를 기초로 하여야 할 뿐, 발명의 설명의 기재에 의하여 보완해석할 수는 없다"고 하는 바,[47] 이는 발명의 설명 참작의 한계를 설시한 것이다. 예컨대, 청구항에 "탄성체"라는 구성이 기재되어 있고 기술적으로 탄성체의 의미에 불명확한 점이 없는 상태에서 공지의 선행기술로 "용수철"이라는 하위개념이 찾아졌다면 출원발명은 신규성이 부정되어야 한다. 이때 발명의 설명에 실시예로 "스펀지"가 기재되어 있음을 이유로, 이를 청구항으로 읽어 들여 청구항의 탄성체는 "스펀지"를 의미하는 것이라고 제한해석하게 되면 이제는 "용수철"과 비교하여 신규성이 인정될 수 있게 되어 부당하기 때문이다. 실무상, 넓은 특허청구범위를 가지고 있는 특허권자가 등록무효의 심판이나 소송에 이르러, 자신의 특허청구범위는 발명의 설명에 기재된 구체적인 하위개념을 의미하는 것으로 좁게 해석되어야 하며, 따라서 공지의 선행기술과 중첩되지 아니한다고 주장하면서 발명의 설명 참작의 원칙을 원용하는 경우가 있다. 그러나 이는 동일한 특허청구범위를 두고 권리를 행사할 때는 이를 넓

47) 대법원 2016. 8. 24. 선고 2015후1188 판결; 대법원 2015. 11. 27. 선고 2013후3326 판결; 대법원 2014. 1. 16. 선고 2013후785 판결; 대법원 2012. 12. 27. 선고 2011후3230 판결; 대법원 2012. 3. 29. 선고 2010후2605 판결; 대법원 2012. 3. 15. 선고 2010다63133 판결; 대법원 2011. 8. 25. 선고 2010후3639 판결; 대법원 2011. 7. 14. 선고 2010후1107 판결; 대법원 2011. 2. 10. 선고 2010후2377 판결; 대법원 2010. 1. 28. 선고 2007후3752 판결; 대법원 2006. 10. 13. 선고 2004후776 판결; 대법원 2005. 11. 24. 선고 2003후2515 판결; 대법원 2005. 11. 10. 선고 2004후3546 판결; 대법원 2004. 12. 9. 선고 2003후496 판결; 대법원 2001. 9. 7. 선고 99후734 판결 등.

게 해석하여 이익을 향유하고, 도전을 받을 때에는 이를 좁게 해석하여 무효를 피해가는 결과를 초래하게 되므로 받아들여질 수 없다.

⇒ 대법원 2005. 11. 10. 선고 2004후3546 판결

> 원심은 그 채용 증거를 종합하여, 이 사건 등록고안의 청구범위 제 1 항 내지 제 5 항은 각 그 판시의 이유에 의하여 이 사건 비교대상고안 1 내지 3으로부터 이 기술분야에서 통상의 지식을 가진 자가 극히 용이하게 고안할 수 있는 것이어서 진보성이 없다고 판시하였는바, 비록 이 사건 등록고안의 명세서 도면에 의하면 이 사건 등록고안이 내부구조에 있어서 4극성 방식을 취하고 있으며 조립순서에 있어서 측면덮개판에 대한 용접을 마친 후에 자극부재 사이에 영구자석을 삽입시켜서 제작하는 방식을 취하는 것으로 유추할 수 있다고 하더라도, 이 사건 등록고안의 청구범위를 위와 같은 구성을 추가로 가지는 것으로 해석하는 것은 청구범위 그 자체의 기재만으로 명확하게 이해될 수 있는 등록고안의 권리범위를 도면에 의하여 보완하여 제한 해석하는 것으로 허용될 수 없는 것이므로, 원심의 위와 같은 판단은 위 법리를 전제로 하는 것으로서, 기록에 비추어 보아 원심이 그 인정 사실을 기초로 이 사건 등록고안에 진보성을 인정할 수 없다고 판단하는 과정에 법리오해나 심리미진의 위법을 발견할 수 없다.

4) 발명의 설명에 비하여 과도하게 넓은 특허청구범위와 발명의 설명 참작 (특히, 권리범위 판단 시)

발명의 설명에 비하여 과도하게 넓은 청구항은 그 자체로 특허법 제42조 제 4 항 제 1 호에 반하여 무효일 것이다.[48] 그러나 권리행사를 위한 특허청구범위 해석의 국면에서는 권리범위 전부를 부인하기 보다는 권리범위를 발명의 설명에 기재된 실시례나 통상의 기술자가 발명의 설명에 기하여 인식할 수 있는 한도까지만[49] 인정하는 것이 합리적인 경우도 있다. 앞서 본 기능적 청구항의 권리범위 문제 역시 그러한 논의의 한 측면이며, 그 밖에 청구범위가 발명의 설명 기재에 비해 지나치게 넓을 때, 그 권리범위를 발명의 설명에 의해 뒷받침되는 한도로 제한해석하는 판례들은 많다. 일찍이 대법원 1998. 5. 22.

---

48) 특허법 제133조 제 1 항 제 1 호. 그러한 무효사유가 명백한 특허에 기초한 권리행사는 뒤에서 보는 바와 같이 권리남용 항변의 사유가 된다.

49) 구체적으로는, 통상의 기술자가 당해 발명의 기술적 과제의 해결수단으로 인식할 수 있는 것들의 외연을 의미한다(中山信弘 · 小泉直樹 編, 新 注解(上), 662~663면).

선고 96후1088 판결이 "특허청구범위의 기재가 발명의 설명에 기재된 발명의 공헌도에 비추어 지나치게 넓은 경우에는 그러한 기재는 구 특허법 제8조 제4항에 위배되어 부적법하고, 그러한 하자가 있는 채로 특허된 경우에도 그 기술적 범위의 해석에 있어서는 특허청구범위에 기재된 발명의 설명에 의하여 뒷받침 되는 부분에 한정하여야 한다"고 판시하였고, 그 뒤에도 "청구범위를 문언 그대로 해석하는 것이 명세서의 다른 기재에 비추어 보아 명백히 불합리한 때에는 출원된 기술사상의 내용과 명세서의 다른 기재 및 출원인의 의사와 제3자에 대한 법적 안정성을 두루 참작하여 특허권의 권리범위를 제한해석하는 것이 가능하다"고 한 유형의 판례들이 있다.[50] 특히, 대법원은 제조방법이 기재된 물건 청구항의 권리범위에 관한 2015. 2. 12. 선고 2013후1726 판결에서 "특허발명의 권리범위가 명세서의 전체적인 기재에 의하여 파악되는 발명의 실체에 비추어 지나치게 넓다는 등의 명백히 불합리한 사정이 있는 경우에는 그 권리범위를 특허청구범위에 기재된 제조방법의 범위 내로 한정할 수 있다"고 하여 위와 같은 한정해석의 법리를 재확인하였다.

➾ 대법원 2003. 7. 11. 선고 2001후2856 판결

특허권의 권리범위는 특허출원서에 첨부한 명세서의 특허청구범위에 기재된 사항에 의하여 정하여지고, 청구범위의 기재만으로 기술적 범위가 명백한 경우에는 원칙적으로 명세서의 다른 기재에 의하여 청구범위의 기재를 제한 해석할 수 없지만, 청구범위에 포함되는 것으로 문언적으로 해석되는 것 중 일부가 발명의 상세한 설명의 기재에 의하여 뒷받침되고 있지 않거나 출원인이 그 중 일부를 특허권의 권리범위에서 의식적으로 제외하고 있다고 보이는 경우 등과 같이 청구범위를 문언 그대로 해석하는 것이 명세서의 다른 기재에 비추어 보아 명백히 불합리할 때에는, 출원된 기술사상의 내용과 명세서의 다른 기재 및 출원인의 의사와 제3자에 대한 법적 안정성을 두루 참작하여 특허권의 권리범위를 제한 해석하는 것이 가능하다. …이 사건 특허발명의 상세한 설명에 기재된 목적, 실시례, 효과를 참작하면, 제1항 발명의 "트랙터의 전방으로 90°회동시킬 수 있

50) 대법원 2003. 7. 11. 선고 2001후 2856 판결; 대법원 2008. 10. 23. 선고 2007후 2186 판결; 대법원 2009. 4. 23. 선고 2009후92 판결; 대법원 2009. 9. 10. 선고 2007후4151 판결 등. 기능적 청구항에 대하여 발명의 설명을 참작하여 권리범위를 제한한 것들로는, 대법원 2007. 6. 14. 선고 2007후883 판결; 대법원 2002. 6. 28. 선고 2000후2583 판결; 대법원 2008. 2. 28. 선고 2005다77350, 77367 판결; 대법원 2008. 7. 10. 선고 2008후57 판결 등.

도록 중앙써레판 양끝에 연결하는 수단"은 "위치에너지를 이용하여 접고 펴는 것이 가능하도록 중앙써레판과 외측써레판을 연결하는 구성"으로 제한하여 해석함이 상당하다. 반면, (가)호 발명은 써레 본체에 연결된 유압실린더를 이용하여 써레판을 접고 펴는 기술내용이어서 결과적으로 이 사건 제 1 항 발명의 권리범위에 속하지 않는다고 보아야 한다.

5) 청구범위 해석에 발명의 설명 이외의 외부 자료를 참작할 수 있는가

종래 우리나라에서는 이 점에 관한 논의가 많지 않지만, 미국에서는 특허청구범위 해석에 있어, 발명의 설명·출원과정에서 검토된 선행기술·출원경과와 같은 내부적 자료(Intrinsic evidence) 이외에 사전(辭典)·기술문헌·외부전문가의 증언 등 외부적 자료(Extrinsic evidence)의 도움을 받는 것이 허용되는지와 그 한계가 심각하게 다루어져 오고 있다.

생각건대 이 또한 특허청구범위 해석이 필요한 국면 따라 달라질 수 있는 문제이다. 즉, 선행기술과의 대비를 통하여 특허요건의 충족 여부를 살피는 국면에서는 청구범위에 사용된 용어를 통상의 기술자가 받아들일 수 있는 객관적이고 넓은 의미로 파악함이 원칙이며, 그 과정에서 부득이한 경우 발명의 설명의 기재나 관련문헌 등 외부자료를 참작할 수 있다고 본다. 한편 '출원경과 금반언' 원칙이 적용되는 권리행사 국면에서는 내부적 자료(Intrinsic evidence)로부터 파악되는 발명자의 주관적 의사가 청구범위 해석에서 적지 않은 비중을 차지할 것이며, 청구범위의 의미 내용을 제 3 자외의 관계에서 시후적으로 획정하기 위해 관련문헌, 전문가 증언 등 외부자료를 참작해야 하는 경우도 많을 것이다. 결국 앞서 본 두 가지의 태도는 반드시 상호 배타적이여야 할 이유는 없고, 어디까지나 '비중'의 문제로서 보완적으로 활용됨이 바람직하다. 미국 판례의 태도도 이와 같은 것으로 이해된다.

한편, 우리나라에서 이러한 법리의 적용을 잘 보여주는 예로 아래 판례를 들 수 있는바, 이 사건에서는 청구범위에 사용된 용어의 사전적 의미(외부자료)에도 불구하고 발명의 설명(내부자료)의 전체 취지에 근거하여 청구범위를 한정해석하고 있다.[51]

---

51) 권리범위확인 심판 사건에서 특허청구범위에 기재된 용어의 사전적 의미를 상세한 설명에 비추어 축소해석한 또 다른 예로는 대법원 2013. 4. 25. 선고 2012후85 판결도 참조.

⇨ 대법원 2006. 12. 22. 선고 2006후2240 판결

이 사건 등록고안(등록번호 제223717호)의 실용신안등록 청구범위 제1항에는 '탄성스프링'의 설치와 관련하여 그 실용신안등록 청구범위에 '연결부재에 삽입 구비되어 있어…'라고 기재되어 있고, '삽입'의 사전적 내지 보통의 의미는 '틈이나 구멍 사이에 다른 물체를 끼워 넣음'이라 할 것인데, 문리적으로는 '탄성스프링'이 연결부재 내부에 삽입되는 것으로 이해될 여지도 있으나 외주에 끼워 넣는 것에 대하여도 삽입이라는 표현이 사용되기도 하므로, 그 실용신안등록 청구범위에 기재된 문언의 기재 내용만으로는 이 사건 등록고안의 '탄성스프링'이 연결부재 내부에 삽입 · 구비되는 것인지, 연결부재 외주에 삽입 · 구비되는 것인지, 아니면 양자를 포괄하는 것인지 그 의미가 명확하지 않으며, 명세서의 설명 및 도면에는 '탄성스프링'을 연결부재의 외주에 삽입 설치하는 구성을 개시하고 있을 뿐 연결부재 내부에 '탄성스프링'이 삽입 구비될 수 있다는 기재를 찾아볼 수 없고, 이 사건 등록고안의 '탄성스프링'은 연결부재 상단과 슬라이딩부재 사이 또는 슬라이딩부재와 고정판 사이에서 압축 · 팽창을 하여 슬라이딩부재가 연결부재의 외부에서 승 · 하강을 가능하도록 하는 것인데, 만약 '탄성스프링'이 연결부재 내부에 삽입 구비되는 경우에는 '탄성스프링'은 연결부재 상단과 연결부재 외부에 있는 슬라이딩부재 사이 또는 슬라이딩부재와 고정판 사이에서 압축 · 팽창을 제대로 할 수 없어 별도의 추가적인 구성이 없이는 그 실시가 불가능하여 고안의 목적을 달성할 수 없고, 명세서의 어디에도 그러한 추가적인 구성에 대한 기재 내지 암시가 없으므로 이 사건 등록고안의 '탄성스프링'은 연결부재의 외주에 삽입 · 구비되는 것으로 보아야 할 것이고, 따라서 '탄성스프링'이 연결부재 내부에 삽입 · 구비되는 확인대상고안은 이 사건 등록고안과는 그 구성이 다르다고 할 것이다.

6) 진보성이 의심되는 발명에 대한 권리범위 제한과 발명의 설명 참작

특허발명의 보호범위는 특허청구범위의 기재에 의하여 정하여지는 것이기 때문에, 앞서 본 바와 같이 특허청구의 범위의 기재만으로는 기술적 범위를 확정할 수 없어 발명의 설명을 참작하는 예외적인 경우를 제외하고는 사후에 선행의 공지기술 등이 발견되었다는 등의 이유로 특허청구범위를 확대 또는 축소해석하는 것은 허용되지 않는 것이 원칙이다.[52]

---

52) 미국 특허법상으로도 특허청구범위의 해석은 ⅰ) 특허청구범위의 문언 그 자체(Claim), ⅱ) 명세서 기재, ⅲ) 출원경과 서류의 세 가지 내부적 자료(intrinsic evidence)에 기초하여 행하는 것이 원칙이고, 사전이나 전문가 증언 등의 자료는 어디까지나 외부적 자료(extrinsic evidence)로 보충적 근거가 될 뿐이라고 한다(Phillips v. AWH Corp., 75U.S.P.Q. 2d. 1321,

그러나, 일본에서는 특허청구범위가 해석에 따라서는 넓게도 혹은 좁게도 이해될 수 있는 경우, 침해소송에서 당해 특허의 진보성을 의심하게 할 만한 선행기술이 제시되었다면, 위와 같이 진보성이 떨어지는 발명에 대하여는 그 실질적 가치에 상응하는 작은 보호만을 주는 것이 타당하다는 이유로 특허청구범위를 발명의 설명에 기재되어 있는 기술내용으로 한정해석할 수 있다는 입장이 실무상 널리 지지되어 왔다.[53] 자세한 것은 아래에서 본다.

(4) 공지기술 참작의 원칙

모든 특허발명은 큰 발명이든 작은 발명이든 출원 당시의 기술수준을 반영하기 마련이고, 명세서 역시 출원 시의 기술수준에 입각하여 작성되므로 특허청구범위의 해석을 위해서도 출원 시의 기술수준, 즉 공지기술이 참작되어야 함은 당연하다. 즉, 특허청구범위에 사용된 어떤 용어의 의미가 문언 상 분명하지 아니할 때 그와 같은 용어를 사용하고 있는 공지기술이 존재하고 그 기술이 통상의 기술자 사이에 널리 알려져 있는 상태라면 일단 그 용어를 공지기술에서와 같은 의미로 이해할 수 있을 것이다. 이러한 의미에 한한다면 굳이 '공지기술 참작의 원칙'이라는 용어를 쓸 것도 없이 이는 특허청구범위의 해석에 있어 지극히 자연스러운 일에 지나지 않는다.

오히려 '공지기술의 참작'이라는 개념은 특허발명이 공지기술에 비추어 신규성 또는 진보성이 없거나 미약함으로 인하여 그 권리범위를 부인하거나 제한해야 할 현실적인 필요가 있는 경우, 침해소송 등에서 특허의 등록 무효 없이도 사실상 동일한 목적을 달성하기 위한 법적 도구로 등장하고 발전되어 왔다.[54]

Fed. Cir. 2005).

53) 設樂隆一, "特許發明の技術的範圍の解釋と公知技術について," 知的財産法の理論と實務[Ⅰ], 新日本法規(2007), 125~126면.

54) 경우에 따라 특허발명에 신규성이 없어 권리범위를 부인하는 해석론을 '공지기술 배제의 원칙'으로, 진보성이 없거나 미약하여 권리범위를 부인하거나 제한하는 해석론을 '공지기술 참작의 원칙'으로 구별하여 부르기도 하나, 위 각 용어가 의미상 뚜렷이 구분되는 것도 아니고 어느 경우이든 특허청구범위를 해석함에 있어 일정한 목적 하에 공지기술을 '참작'한다는 면에서는 같으므로 아래에서는 이를 구분하지 않고 널리 '공지기술 참작'의 원칙으로 부르기로 한다.

1) 공지기술 참작의 원칙의 의의와 등장 배경

등록된 특허발명의 권리범위를 판단함에 있어서[55] 특허발명이 ① 단일한 전체로서 이미 공지된 기술구성이거나,[56] ② 특허청구범위가 일정한 상위개념으로 이루어져 있는 상태에서 그 출원 전에 이미 하위개념이 공지되어 있는 상태이거나,[57] ③ 유기적 일체를 이루는 복수의 구성 가운데 일부 구성요소가 공지된 기술인 경우(구성요소 공지) 등이 있을 수 있는데, 위 ①, ②의 경우에는 사실상 특허발명에 신규성이 없어 특허적격이 없고, ③의 경우에는 전체 발명에서 공지기술이 차지하는 비중이 클수록 발명의 진보성이 없어 특허적격이 없거나 진보성이 미미하여 기술적 가치가 희박하게 된다. 한편 특허의 침해여부나 권리범위를 판단하는 법원의 입장에서는, 특허가 무효심판을 거쳐 확정적으로 무효로 되지 아니하였다고 하여 위와 같이 흠결이 있는 특허를 그렇지 않은 특허와 동일하게 취급하는 것은 구체적 타당성에 반하기 때문에 법원으로서는 특허청구범위의 해석이라는 도구를 이용하여 위와 같이 흠결이 있는 특허의 권리범위를 부인하거나 이를 제한하려는 노력을 기울이게 되었다.[58]

---

55) 이론상 특허 등록 여부를 결정하기 위한 '특허성 심사'의 단계에서도 문제될 수는 있을 것이나 주로 침해(권리범위 판단)에서 대두되는 문제이므로 이에 한정하여 설명하기로 한다.

56) 이른바 '전부 공지'라고 한다.

57) 이른바 '일부 공지'라고 하며, 특허청구범위에는 '酸과 반응시킨다'고 되어 있는데 이미 '염산(鹽酸)과 반응시키는' 기술이 공지되어 있는 경우가 대표적인 예로 거시된다(성기문, "공지부분이 포함된 특허 및 의장을 둘러싼 실무상의 제문제," 특허소송연구 제2집, 특허법원(2001), 207면). 그러나, 이러한 경우는 '일부 공지'보다는 '하위개념 공지'라고 부르는 것이 더 적절하다고 생각된다. '일부 공지'라는 용어는 예컨대 화학발명에서 특허청구범위에 일반식의 치환기 X가 A1~A5인 화합물이 기재되어 있는데 공지된 선행기술에 동일한 일반식의 치환기 X가 A5~A10인 화합물이 존재하여 A5가 공통되는 경우와 같은 경우에 사용할 수 있을 것이다.

한편, 하위개념이 공지되어 있는 이상 그 상위개념에 해당하는 발명은 신규성이 없는 것에 지나지 않는다. 결국 이는 '전부 공지'와 마찬가지로 신규성 없는 발명에 권리범위를 인정할 것인지의 문제로 귀착될 따름이므로 결과적으로 '전부 공지'와 구별하여 논할 실익이 있는지 의문이다.

58) 일본에서 昭和 30년대 이래 판례와 학설을 통하여 위와 같은 해석론이 발전되어 왔으며, 우리나라에도 주변한정주의적 태도와 균등론이 자리잡은 2000년대 이전에 나온 판례들 가운데는 위와 같은 해석론을 취한 것들이 상당수 있다. 위와 같은 일본의 판례·학설과 우리나라의 판례를 유형별로 상세하게 소개하고 있는 문헌으로는 성기문, 앞의 글, 204~259면 참조.

2) 공지기술 참작의 구체적 형태

㈎ 특허발명에 신규성이 없는 경우 : 전부 공지, 하위개념 공지

특허발명이 유기적 단일체로 전부 공지되어 신규성이 없는 경우에는 과거 독일과 일본을 중심으로, 특허청구범위의 내용을 공지기술 이외의 것만을 의미하는 것으로 한정하거나[59] 특허청구범위를 극히 좁게 해석함으로써 침해 성립을 봉쇄하는 입장,[60] 신규성이 없어 등록무효의 사유가 있음에도 특허권을 행사하는 것은 권리남용이라고 보는 입장, 침해자의 실시형태는 공지된 자유기술을 실시하는 것일 뿐 특허침해와는 무관하다고 보는 입장 등 가급적 등록된 특허의 효력 자체를 정면으로 부인하지는 않으면서 그 권리범위를 극도로 제한하여 침해의 성립을 부정하는 태도가 주류이었다. 반면에 우리 대법원은 일찍부터 그러한 경우 당해 특허발명에 '권리범위가 없다'고 하여[61] 정면으로 특허권의 효력을 부인하는 태도를 취해 오고 있다.

한편, 하위개념이 이미 공지된 바 있는 특허발명과 그에 상응하는 해석론으로는, 예컨대 상위개념인 'A(酸)와 B를 반응시키는 구성'이 특허청구범위로 되어 있는 상태에서 하위개념인 'a(염산)와 B를 반응시키는 구성'이 이미 공지되어 있다면 사후에 제 3 자가 'a+B'를 실시하더라도 이는 특허청구범위 'A+B'의 권리범위에 속하지 않는다고 해석하는 것을 들 수 있다.

---

59) 最高裁 昭39年 8. 4. 昭37(オ)871 판결은, 등록실용신안의 청구범위에 기재된 구성 모두가 유기적 일체로서 공지된 것임이 밝혀지자, 청구범위에는 없으나 상세한 설명과 도면에는 기재되어 있는 제 3 의 구성요소를 그 발명의 핵심적 구성이라고 평가하여 등록고안이 신규성 결여로 무효라는 판단을 회피한 뒤, 확인대상고안은 위와 같은 등록고안의 특징적 구성을 갖추고 있지 않아 그 권리범위에 속하지 않는다는 고육책(苦肉策)을 동원하고 있다.

60) 最高裁 昭37年 12. 7. 昭36(オ)464 판결(炭車 脫線防止裝置事件)에서, "등록된 특허의 청구범위에 '충분한 유동간극(遊動間隙)'이라고 기재되어 있고, 이는 '炭車의 탈선 방지를 위하여 車軸을 車體에 고정시키는 대신 비교적 자유로이 움직일 수 있는 상태로 차바퀴에 부착함으로써, 차축이 저마다 부착된 위치에 마련된 일정한 공간 내에서 遊動할 수 있도록 하는 것'을 의미하지만, 위와 같은 기술구성은 이미 공지된 것이다. 따라서 공지의 기술을 참작하면 위 '충분한 유동간극(遊動間隙)'이라는 특허청구범위의 문언은 '단지 일정한 공간 내에서 車軸이 상하로 쉽게 이동하는 것' 정도를 의미하는 것이 아니라 車軸의 상하좌우의 각 방향에서 가해지는 힘에 대하여 車軸과 車體의 관계적 이동을 원활하고 용이하게 보장할 수 있는 정도로 '상당한 크기'를 갖춘 특수한 구조만을 의미하는 것으로 해석되어야 한다"고 하면서 "확인대상 발명은 위와 같은 특허발명의 특수한 구조를 갖추고 있지는 않으므로 그 권리범위에 속하지 않는다"는 취지로 판시한 것을 들 수 있다.

61) 대법원 1983. 7. 26. 선고 81후56 전원합의체 판결 외 다수.

나아가 다음과 같은 예를 생각해 볼 수도 있다. 즉, 특허청구범위에 '자연석을 합성수지에 혼입하여서 된 혼합재'라고 하는 기재가 있고, 제3자의 실시 형태가 '착색된 자연석을 합성수지에 혼입하여 된 혼합재'인 경우, 특허청구범위에 기재된 '자연석'의 권리범위가 '착색된 자연석'에까지 미치는가가 문제로 될 수 있다. 일반적인 경우라면 '자연석'은 거기에 한정을 부가한 하위개념인 '착색된 자연석'의 상위개념이므로 당연히 '착색된 자연석'은 '자연석'의 권리범위에 속한다. 그런데 당해 특허의 출원 이전에 '회색의 자연석을 합성수지에 혼입하여 된 혼합재'가 이미 선행기술로 존재하고 있었음이 밝혀졌다면, 상위개념인 당해 특허청구범위의 '자연석'이라는 기술구성은 이미 그 하위 개념인 '회색의 자연석'에 의하여 공지된 것이어서 사실상 신규성이 없으므로 그 권리범위를 인정하는 것은 타당하지 않다.[62] 따라서 이때에는 위와 같은 공지기술을 참작하여 '자연석'의 의미를 '착색된 자연석'을 아우르는 상위개념으로서의 자연석이 아니라 문언 그대로 '아무런 색깔도 입히지 않은 자연 상태의 돌'로 좁게 해석함으로써 '착색된 자연석을 합성수지에 혼입하여 된 혼합재'는 당해 특허의 권리범위에 속하지 않는 것으로 해석하는 것이 그것이다.[63]

(나) 특허발명의 진보성이 없는 경우

2012년 대법원이 전원합의체 판결[64]을 통해 "특허발명에 대한 무효심결이 확정되기 전이라고 하더라도 특허발명의 진보성이 부정되어 그 특허가 특허무효심판에 의하여 무효로 될 것임이 명백한 경우에는 그 특허권에 기초한 침해금지 또는 손해배상 등의 청구는 특별한 사정이 없는 한 권리남용에 해당하여 허용되지 아니한다고 보아야 하고, 특허권침해소송을 담당하는 법원으로서도 특허권자의 그러한 청구가 권리남용에 해당한다는 항변이 있는 경우 그 당부를 살피기 위한 전제로서 특허발명의 진보성 여부에 대하여 심리·판단할 수 있다"고 한 이상, 신규성이 없는 특허발명에서와 마찬가지로 정면으로 권리범

62) 선례에서 이해관계인이 위 '회색의 자연석을 합성수지재에 혼입하여 된 혼합재'에 대한 선행기술이 존재한다는 이유로 등록특허의 무효심판청구를 한다면 그 등록이 무효로 될 여지가 충분히 있다.

63) 江口裕之, 解說特許法, 經濟産業調査會(2005), 287면.

64) 대법원 2012. 1. 19. 선고 2010다95390 판결.

위를 부인하면 되고, 굳이 진보성이 없는 특허발명의 권리범위를 사실상 부정하기 위해 청구범위해석이라는 우회적 방법을 통할 필요는 없어지게 되었다.

㈐ 특허발명의 진보성은 존재하나 실질적 가치가 다른 경우

위 전원합의체 판결과 관계없이, 진보성 자체는 인정되어 권리범위를 부인할 수는 없지만 그 진보성의 정도가 떨어지는 발명이나 그 반대의 경우는 여전히 존재한다. 따라서 이 문제를 합리적으로 해결하기 위한 청구범위해석 원리 또한 여전히 필요하다.

① 실무의 태도 특허발명의 진보성이 문제로 되는 것은 '구성요소 공지'에 해당하는 경우가 대부분이다. 과거에 우리나라와 일본의 학설들은[65] 위와 같이 유기적 일체로서의 발명 가운데 공지의 구성요소가 포함되어 그 비중에 따라 결과적으로 발명 전체의 진보성 유무와 강약이 좌우되는 경우에 있어서, 선행기술에 비추어 새로운 구성요소를 발명의 본질적 부분으로 인정하고 공지의 구성요소는 비본질적인 부분으로 간주하며, 특허청구범위를 해석하여 권리범위를 확정할 때 전자에 무게를 두고 후자는 비중을 두지 않거나 배제하는 의미로 이해함이 타당하다고 해 왔고, 판례도 여러 사건에서 그런 결론을 내리면서 "특허의 일부에 그 특허의 기술적 효과발생과 유기적으로 결합된 것으로 볼 수 없는 공지사유가 포함되어 있는 경우에는 그 공지부분에까지 권리범위가 확장되는 것은 아니다"라고 한 경우가 많았다.[66] 그러나 특허청구범위에 관하여 구성요소완비의 원칙이 적용되는 이상 청구범위 구성이 공지기술이라 해도 '유기적으로 결합되지 않은' 구성은 있을 수 없으므로 이런 논리는 타당하다고 보기 어렵다. 결국 판례[67]는 그 뒤 태도를 바꾸어 '이 사건 발명은 그 중 일부 구성이 공지되기는 하였으나 각 구성요소가 독립하여 별개의 발명이 되는 것이 아니라 그 구성요소들이 결합된 전체로서 하나의 발명이 되

65) 竹田和彦, 特許의知識 [제 8 판], 540~541면; 中山 編, 注解(上), 754~758면; 성기문, 앞의 글, 224면; 취지에 있어 마찬가지인 것으로 읽히는 문헌으로는, 송영식 외 2, 지적소유권법(상) 제 8 판, 630면; 석창목, "특허침해소송과 공지기술," 인권과 정의 제279호(1999년 11월호), 82면, 92면 등.

66) 대법원 1983. 7. 26. 선고 81후56 전원합의체 판결 이래, 대법원 1990. 10. 26. 선고 89후2045 판결; 대법원 1991. 9. 24. 선고 90후2409 판결; 대법원 1991. 12. 27. 선고 90후1857 판결; 대법원 1992. 2. 25. 선고 91후1649 판결; 대법원 1997. 7. 22. 선고 96후1989 판결; 대법원 1998. 12. 22. 선고 97후1016, 1023, 1030 판결 등.

67) 대법원 2001. 6. 15. 선고 2000후617 판결

는 것이고, 또한 여기에서 이들 구성요소를 분리하게 되면 그 발명의 목적달성은 불가능하게 되며 이러한 공지의 구성요소가 나머지 신규의 구성요소들과 유기적 결합관계를 이루고 있다고 하지 않을 수 없으므로, 확인대상 발명이 이 사건 특허발명의 권리범위에 속하는지 여부를 판단하는 데에도 이 부분을 제외해서는 아니 된다' 고 하여 주변한정주의 및 구성요소완비 원칙을 분명히 하였다. 그 뒤 특허의 기술적 효과발생과 유기적으로 결합된 것으로 볼 수 없는 공지기술에는 권리범위가 미치지 않는다고 하는 예는 보이지 않는다.

② 검 토 구성요소완비 원칙 아래에서, 발명의 기술구성은 그것이 공지된 것이든 아니든 모두 필수구성요소라는 전제에서 양 발명은 구성요소 대 구성요소로 전체 대비되어야 한다. 그러므로 A+B로 구성된 발명 X가 있다고 할 때 A+B'가 X의 특허청구범위에 포함되는지가 문제된다면 A+B'는 구성요소완비의 원칙에 따라 A+B의 권리범위에 속하지 않는다. 다만, X의 특허청구범위 해석을 통해 B'가 B의 "균등물"[68]로 포섭된다면 결과는 달라진다. 따라서 개별 특허발명의 진보적 가치와 기술적 공헌에 상응하는 권리범위 부여 문제는 아래와 같이 진보적 가치가 높은 발명은 균등범위를 넓게, 반대의 경우에는 균등범위를 좁게 청구범위를 해석함으로써 해결함이 합당하다.

예컨대, 甲의 특허발명 K가 「A(이동장치) + 초음파 거리측정 센서」로 이루어져 있는 상태에서, 乙이 구성 A(이동장치)를 그대로 이용하면서 "적외선 거리측정 센서"로 한 제품을 생산 · 판매하고, "적외선 센서"가 "초음파 센서"의 균등물인지가 문제되었다고 하자. 이 때 만약 A(이동장치)가 전체 발명에서 차지하는 비중이 매우 높음에도 이미 공지 기술에 불과하고, 그 결과 甲이 K 발명을 통해 기술진전에 공헌한 바는 오로지 공지 기술 A에 "초음파 센서"를 적용한 것에 불과하다면, 비록 발명 K는 그 자체로는 신규성 · 진보성이 인정되어 유효한 특허라 하더라도 전체 발명 K에 강한 권리를 인정하여 균등침해를 쉽게 인정하는 것은 부적절하다.[69] 따라서 乙의 실시형태와 비교할 때도

---

68) 그 법적 개념과 성립요건 · 효과 등에 관하여는 뒤에서 보는 침해의 유형 가운데 '균등침해' 부분을 참조할 것.

69) 균등침해가 성립하기 위해서는 특허청구범위에 기재된 발명이 '자유기술'이 아니어야 한다. 이는 곧 특허청구범위에 기재된 발명이 공지기술에 가까울수록 이를 기초로 균등침해를 주장할 수 있는 여지는 좁아지며, 당해 특허청구범위의 해석은 명세서에 기재된 문언대로 엄격하게 행하여져야 함을 의미한다.

“초음파”와 “적외선”의 차이에 비중을 두는 것이 상당하고 결과적으로 乙의 균등침해를 까다롭게 인정하는 방향으로 청구범위를 해석함이 합당하다. 반면에, 위 설례에서 甲이 A(이동장치)를 직접 개발하였거나, 기존의 이동장치를 뛰어나게 개량한 것이라면 甲이 K 발명을 통해 기술진전에 공헌한 바는 본질적으로 발명 A에 있고, 심지어 거기에 “초음파 센서”를 적용한 것이므로 전체 발명 K에 강한 권리를 인정함이 상당하다. 따라서 乙이 「A+ 적외선 센서」를 실시하는 것은 문언침해를 구성하지 않지만(구성요소완비의 원칙), 乙이 발명의 핵심적 부분인 A를 그대로 모방한 이상, 나머지 “적외선 센서”와 “초음파 센서”라는 차이는 균등물로 포섭해 甲의 권리를 강하게 보호해 주어야 할 필요가 높은 것이다.[70] 대법원 또한 일련의 판례를 통해 같은 법리를 설시하기 시작했다. 즉, “특허발명의 과제 해결원리를 파악할 때 발명의 상세한 설명의 기재뿐만 아니라 출원 당시의 공지기술 등까지 참작하는 것은 전체 선행기술과의 관계에서 특허발명이 기술발전에 기여한 정도에 따라 특허발명의 실질적 가치를 객관적으로 파악하여 그에 합당한 보호를 하기 위한 것이다. 따라서 이러한 선행기술을 참작하여 특허발명이 기술발전에 기여한 정도에 따라 특허발명의 과제 해결원리를 얼마나 넓게 또는 좁게 파악할지를 결정하여야 한다”는 것,[71] “특허발명에 특유한 해결수단이 기초하고 있는 기술사상의 핵심이 침해제품 등에서도 구현되어 있다면 작용효과가 실질적으로 동일하다고 보는 것이 원칙이지만, 위와 같은 기술사상의 핵심이 특허발명의 출원 당시에 이미 공지되었거나 그와 다름없는 것에 불과한 경우에는 이러한 기술사상의 핵심이 특허발명에 특유하다고 볼 수 없고, 특허발명이 선행기술에서 해결되지 않았던 기술과제를 해결하였다고 말할 수도 없다. 이러한 때에는 특허발명의 기술사상의 핵심이 침해제품 등에서 구현되어 있는지를 가지고 작용효과가 실질적으로 동일한지 여부를 판단할 수 없고, 균등 여부가 문제되는 구성요소의 개별적 기능이나 역할 등을 비교하여 판단하여야 한다”는 것 등이 그 예이다.[72]

70) 조영선, 앞의 논문(“특허 청구범위 해석에 관한 일원론과 이원론의 재검토”), 81면.

71) 대법원 2019. 1. 31.자 2016마5698 결정.

72) 대법원 2019. 1. 31. 선고 2018다267252 판결; 대법원 2019. 2. 14. 선고 2015후2327 판결.

⇨ 대법원 2019. 1. 31.자 2016마5698 결정

(기술사상의 핵심이 공지기술이 아니므로 균등여부 판단에 중요하게 고려되어야 하고, 그러한 핵심적 기술사상을 그대로 가지고 있는 실시형태는 나머지 구성의 차이에도 불구하고 균등침해를 구성한다고 본 예)

이 사건 제1항 발명에 특유한 해결수단이 기초하고 있는 기술사상의 핵심은 '절단된 각각의 적층 김들이 하강하면서 가이드케이스의 하부에 고정 배치되는 격자형 부품의 외측 경사면을 따라 서로 사이가 벌어지도록 유도'하는 데에 있다.

원심 판시 선출원고안은 이 사건 특허발명의 출원 당시에 공지된 기술이 아니고, 그 밖에 위와 같은 기술사상의 핵심이 이 사건 특허발명의 출원 당시에 공지되었다고 볼 만한 사정은 보이지 않는다. …(중략) 이 사건 실시제품도 경사면을 구비한 '격자형 박스' 구성에 의해 '절단된 각각의 적층 김들이 하강하면서 격자형 박스의 외측 경사면을 따라 서로 사이가 벌어지도록 유도'하고 있다.

따라서 이 사건 실시제품은 위와 같은 구성의 차이에도 불구하고 기술사상의 핵심에서 이 사건 제1항 발명과 같으므로 과제 해결원리가 동일하다.

⇨ 대법원 2019. 1. 31. 선고 2018다267252 판결

(기술사상의 핵심이 공지이기 때문에 나머지 구성부분의 다른 점이 균등여부 판단에 중요한 역할을 한다고 본 예: 균등침해 부정)

(1) 이 사건 특허발명(특허등록번호 생략)은 '직접 가압식 용탕 단조장치'라는 명칭의 발명이다.

(2) 회생채무자 주식회사 알로드가 실시하고 있는 원심 판시 피고 제품에는 이 사건 특허발명의 특허청구범위 제1항(이하 '이 사건 제1항 발명'이라고 한다)의 '사이드 홀더에 있는 보온용 전기 가열장치(원심 판시 구성 5-5)'를 제외한 모든 구성들이 포함되어 있다.

(3) 피고 제품은 위 '보온용 전기 가열장치' 대신 사이드 케이싱 외부에 '가스 가열장치'를 두고 있다.

(4) 이 사건 특허발명의 발명의 상세한 설명에는 이 사건 제1항 발명과 관련하여, '본 발명의 직접 가압식 용탕 단조공정은 상부 금형이 하강하여 하부 금형에 주입된 용탕 전체 표면에 걸쳐 직접 강압, 예비성형 및 고압단조하고 재차 하부 금형에 의해 고압으로 가압함으로써 단순히 금형 온도에 크게 의존하는 종래 간접방식에 비해 단조효과가 월등히 우수할 뿐만 아니라, 응고에 따른 국부적인 체적변화에 대응하는 노크 아웃 실린더가 하부에 장착되어 고압으로 작동

하기 때문에 그 단조효과를 더해 주며'라고 기재되어 있다.

(5) 그러나 위와 같이 발명의 상세한 설명에서 파악되는 '상 · 하부 양방향에서 가압하여 단조효과를 향상시킨다'는 기술사상은 이 사건 제 1 항 발명의 출원 당시에 공지된 을 제 7 호증에 나타나 있다.

(6) 위 '상 · 하부 양방향에서 가압하여 단조효과를 향상시킨다'는 기술사상이 특허발명에 특유하다고 볼 수 없고, 이 사건 제 1 항 발명이 선행기술에서 해결되지 않았던 기술과제를 해결하였다고 말할 수도 없으므로, 작용효과가 실질적으로 동일한지 여부는 위 기술사상을 구현하는지를 기준으로 삼을 수는 없고, 이 사건 제 1 항 발명의 '보온용 전기 가열장치'와 피고 제품의 '가스 가열장치'의 개별적인 기능이나 역할 등을 비교하여 결정하여야 한다. 위 두 구성은 금형의 온도를 조절하는 기능이나 착탈 여부 등에서 차이가 나므로 그 실질적 작용효과가 동일하다고 볼 수 없다.

(7) 따라서 피고 제품은 이 사건 제 1 항 발명의 '보온용 전기 가열장치'와 균등한 요소를 포함하고 있지 않으므로 이 사건 제 1 항 발명을 침해한다고 할 수 없다.

(5) 출원경과 금반언의 원칙

특허출원인이 출원과정에서 선행기술에 의하여 특허가 거절될 위기에 처하자 거절을 면하기 위하여 의도적으로 특정한 기술내용을 특허청구범위의 범주에서 배제하거나, 특허청구범위를 제한적으로 해석하여야 한다고 주장하는 경우가 있고, 나아가 명시적으로 그와 같은 의사를 표현하지는 않았더라도 출원 당시의 객관적 정황에 비추어 출원인의 그와 같은 의도가 주단되는 수도 있다. 이와 같이 특정한 사항에 대하여 제한적 권리범위를 주장하여 특허를 등록받은 특허권자가 사후에 그 특허를 행사함에 있어서 반대로 자신의 특허권리범위를 폭넓게 해석하여 제 3 자의 실시형태가 자신이 제한하였던 특허청구범위에 포함된다고 주장하는 것은 신의칙에 반하여 허용되어서는 아니 된다. 위와 같이 특허청구범위를 해석함에 있어서 구체적 타당성을 위하여 당해 특허의 출원 경과[73]를 반영하는 것을 출원경과 금반언의 원칙이라고 한다. 출원경과 금반언은 영미법상 금반언(Estopel) 원칙이 특허법에 반영된 것으로서

73) 특허출원, 특허취소신청, 심판 등에 관한 증명, 서류의 등본 또는 초본의 발급, 특허원부 및 서류의 열람 또는 복사가 필요한 자는 특허청장 또는 특허심판원장에게 서류의 열람 등의 허가를 신청할 수 있다(특허법 제216조 제 1 항).

균등론 적용의 소극적 요건에 해당하므로 뒤에서 더 자세히 설명하기로 한다.

⇨ 대법원 2004. 11. 26. 선고 2002후2105 판결

> 원고 실시 발명이 이 사건 특허발명의 권리범위에 속한다고 할 수 있기 위하여서는 이 사건 특허발명의 각 구성요소와 구성요소 간의 유기적 결합관계가 원고 실시 발명에 그대로 포함되어 있어야 할 것인데, 기록에 비추어 살펴보면, 원고 실시 발명의 제1구동부의 구성과 이 사건 제1항 발명의 제1구동부의 구성은 동일성이 없으므로 이 사건 제1항 발명의 제1구동부의 구성요소가 원고 실시 발명에 그대로 포함되어 있다고 보기 어렵고, 다만 원고 실시 발명의 제1구동부의 구성은 이 사건 제1항 발명의 제1구동부의 구성과 균등관계에 있다고 볼 수 있기는 하지만, 이 사건 제1항 발명의 정정 전의 제1구동부의 구성은 간행물 4 게재 발명의 받침대를 회전시키는 구성, 원고 실시 발명의 제1구동부의 구성, 정정 후의 이 사건 제1항 발명의 제1구동부의 구성을 모두 포함하는 개념이었는데 피고 ○○○이 이 사건 특허발명에 대한 무효심판절차에서 공지기술로 제시된 간행물 4 게재 발명의 받침대를 회전시키는 구성과 이 사건 제1항 발명의 제1구동부의 구성을 차별화하기 위하여 이 사건 제1항 발명의 구성을 정정에 의하여 위에서 본 바와 같은 구성으로 구체적으로 특정하였고, 원고 실시 발명의 제1구동부의 구성은 위와 같은 정정절차에 의하여 제외된 구동장치에 속하는 것이므로, 피고 ○○○이 위 정정이 있은 후에 원고 실시 발명의 제1구동부의 구성이 정정된 이 사건 제1항 발명의 제1구동부의 구성과 균등관계에 있다는 이유로 원고 실시 발명이 이 사건 제1항 발명의 권리범위에 속한다고 주장하는 것은 금반언의 법리에 의하여 허용되지 아니한다.

(6) 인식한도론(認識限度論)

1) 의 의

특허출원에 있어 출원인은 명세서를 제출하여야 하고, 심사관은 위 명세서에 기초하여 심사를 하여 등록거절의 사유가 발견되면 거절이유통지를 한다. 출원인은 그에 대하여 의견서를 제출하거나 명세서 또는 도면을 보정할 수 있으며, 등록거절이 있으면 거절결정에 대한 불복심판을 제기할 수도 있다. 위와 같이 특허출원인이 출원 및 심사과정에서 스스로 발명의 내용으로 이해하고 인식한 부분은 관련 서류에 여실히 나타나게 되며 그 과정에서 제출, 교환되는 자료들은 특허의 등록이 있은 후에는 일반인이 열람할 수도 있

다. 이처럼 출원의 경과에 비추어 알 수 있는 당사자의 발명에 대한 인식 내지 의사를 특허청구범위를 해석함에 있어서 고려하는 것을 인식한도론(認識限度論)이라고 하며, 이를 인정할 것인지 여부를 둘러싸고 학설의 대립이 있다.

2) 학 설[74]

(가) 긍 정 설

마치 입법의 과정이 법령해석에 참작되는 것과 마찬가지로 당연히 특허등록이 이루어지기까지의 과정 또한 등록된 특허청구범위의 해석에 참작되어야 한다거나, 특허청구범위라는 것 자체가 출원인이 스스로 인식하고 있는 발명의 실체에 근거하여 보호받기를 원하는 권리의 외연을 나타내는 것이므로 특허청구범위를 해석함에 있어서도 당연히 출원 경과에 의하여 파악되는 출원인의 기술내용에 대한 인식이나 보호를 구하는 범위에 대한 출원인의 의사를 넘지 말아야 하며, 출원인이 이에 반하여 특허청구범위를 폭넓게 주장하는 것은 허용되지 않는다고 한다.[75] 일본에서의 다수설, 다수 판례의 입장이라고 한다.[76] 다만, 여기서의 '인식'이란 출원인의 주관적 인식이기 보다는 출원 명세서에 의해 객관적으로 파악되는 것에 가깝다고 하는 바,[77] 그렇다면 이 견해와 아래에서 보는 부정설 사이에 실천적인 차이는 크지 않을 것으로 보인다.

(나) 부 정 설

특허의 출원과 등록이라는 과정은 출원인과 특허심사관 사이에서 벌어지는 절차로서 마치 계약 당사자 사이의 관계에 견줄 수 있는 것인데, 계약에 있어서의 의사해석은 당사자 사이에서 상대적 효력이 있을 뿐이고, 수변한정주의를 따르는 이상 일단 적법하게 등록된 특허청구범위는 당사자의 주관적 의사와는 관계없이 그 객관적인 의미내용에 따라 객관적으로 해석됨이 원칙이라는 것을 근거로 한다.[78] 우리나라에도 같은 전제하에, 발명자가 미처 인식

---

74) 竹田 稔, 知的財産權侵害要論(特許·意匠·商標編) [第 5 版], 71～76면 참조.

75) 출원경과 금반언의 의미를 넓게 본다면, 인식한도론 역시 출원인이 출원과정에서 나타낸 태도(인식)에 반하는 사후의 주장을 배척하는 것이므로 출원경과 금반언이 적용되는 하나의 경우라고 할 수도 있을 것이다.

76) 竹田 稔, 知的財産權侵害要論(特許·意匠·商標編) [第 5 版], 77~78면.

77) 中山信弘 · 小泉直樹 編, 新 注解 特許法(上), 1239면.

78) 三宅正雄, "特許法 第70條の法意," 特許判例百選 第 1 版, 有斐閣, 142면.

하지 못한 발명의 효과가 있는 경우 그것이 제3자에 의하여 별도의 용도발명의 대상이 될 수 있음은 별론으로 하고, 출원 당시 당사자가 이를 인식하지 못하였다는 사정만으로 권리범위로서 주장할 수 없다고 하는 것은 부당하다는 견해가 있다.[79]

Ⅲ. 특허권의 내용

1. 특허권의 본질에 대한 논의

특허법은 등록된 특허에 관하여 독점적 '실시권'과 '배타권'을 부여하고 있다. 전자는 특허권자가 타인의 방해를 받음이 없이 스스로 특허발명을 실시하거나 제3자에게 전용실시권 또는 통상실시권을 부여할 수 있는 권능으로 구체화되고, 후자는 제3자가 특허권자의 허락 없이 특허를 실시하였을 경우 이를 금지하거나 그로 인한 손해배상을 청구할 수 있는 등의 권능으로 구체화된다.

종래 특허권의 본질이 '실시권'인지 '배타권'인지에 대한 논의가 있어 왔다. 이를 '실시권'이라고 보는 견해는 특허법 제94조가 '특허권자는 업으로서 그 특허발명을 실시할 권리를 독점한다'고 규정하고 있음을 주된 근거로 든다. 나아가 이 견해는 특허권자는 본디 자신의 특허발명을 실시할 권리를 가지기 때문에, 특허법 제98조가 '이용발명의 특허권자는 선출원 특허발명자의 동의 없이는 자신의 발명을 실시할 수 없도록 한 것'은 특허권의 본질에 반하는 '예외규정'으로 이해한다. 아울러 이러한 예외로 명시되지 아니한 특허의 '저촉'이 발생하는 때에는 특허권자는 자신의 특허가 등록무효로 되기 전까지는 당연히 침해의 성립 없이 자신의 발명을 실시할 수 있다고도 한다.

반면, 특허의 본질을 '배타권'으로 보는 견해는, 발명자가 자신의 발명을 스스로 실시할 수 있다는 것은 굳이 특허라는 제도가 없이도 당연한 권리이므로 특허권의 본질을 '실시권'으로 보는 것은 적절치 않고 오히려 특허는 발명자로 하여금 다른 사람이 자신의 특허발명을 허락 없이 실시하지 못하도록

79) 사법연수원, 특허법, 383면.

하는 배타성에 그 본질이 있다고 한다.[80] 이 견해에 따르면 비록 B가 개량발명에 관하여 특허권을 취득하였다 하더라도 그 발명이 A의 선출원 특허발명을 이용하는 관계에 있다면 B발명의 실시는 A특허발명의 '배타성'으로 인해 A특허의 침해를 구성함은 당연하고, A 역시 B의 허락 없이는 B특허를 실시할 수 없으므로 결국 특허법 제98조는 당연한 사리를 규정한 것에 불과하다고 본다.

살피건대, 특허법 제94조의 '특허권자는 업으로서 그 특허발명을 실시할 권리를 독점한다'는 문언을 "실시할 권리를"이라는 부분에 중점을 두어 읽으면 '실시권설'의 논거를 얻을 수 있지만, "독점한다"는 문언은 '(실시에 관하여) 타인을 배제할 권리가 있다'는 의미에 다름 아니므로 '배타권설'의 논거와 연결된다. 결국 특허법 제94조를 들어 특허권의 본질이 '실시권'이라고 단정하는 것은 논리의 비약이라 할 것이다. 또한 특허권이 대부분 타인의 임의 실시를 금지할 수 있는 독점·배타권이라는 것은 분명하지만, 특허권자는 금지권으로서의 배타권 이외에 특허를 통해 제 3 자에게 실시권을 부여할 수 있는 권리를 부여받는 것 또한 사실이므로 특허권의 본질을 오로지 '배타권'이라고만 이해하는 것도 타당하다고 할 수 없다. 아울러, 뒤의 이용발명 부분에서 언급한 바와 같이 특허법 제98조의 해석 장면에서 선·후원의 특허발명이 '저촉관계'에 있는 경우 '실시권 설'이 아닌 '배타권 설'을 따르더라도 후출원 특허권자의 실시가 선출원 특허권의 침해를 구성하지는 않는다는 결론을 도출할 수도 있다. 즉, 저촉관계에 있는 선·후원 특허권의 배타권이 충돌하면 그 가운데 어느 특허의 배타권만이 우선한다고 볼 수 없다는 점은, 저촉관계에 있는 선·후원 특허권의 실시권이 충돌할 때 그 가운데 어느 특허의 실시권이 우선한다고 볼 수 없다는 점과 다르지 않기 때문이다.

요컨대, 특허권의 본질을 둘러싼 논의는 실익이 거의 없다 할 것이며 특허권은 기본적으로 배타권이면서 실시권으로서의 성격도 겸유한다고 본다.[81] 특허법 제98조 등의 해석은 특허권의 본질론과 필연적으로 연관되는 것이 아니므로 그와 관계없이 가장 합리적 결론을 도출할 수 있는 독자적 해석론을

80) 비교법적으로도 미국, 영국, 독일 및 TRIPs 협정 제28조 또한 특허권의 본질을 배타권으로 보고 있음을 소개하는 문헌으로는, 竹田和彦, 特許의知識 [제 8 판], 444~447면 참조.

81) 유사한 취지, 中山信弘, 特許法[第 二 版], 311면.

궁구(窮究)하면 족할 것이다.

2. 실시권

(1) 스스로 실시할 수 있는 권리

특허권자는 업으로서 그 특허발명을 실시할 권리를 독점한다(특허법 제94조 전단). 여기에서의 '실시'라 함은 ① 물건의 발명인 경우에는 그 물건을 생산·사용·양도·대여·수출 또는 수입하거나 그 물건의 양도 또는 대여의 청약(양도 또는 대여를 위한 전시를 포함한다)을 하는 행위, ② 방법의 발명인 경우에는 그 방법을 사용하는 행위 또는 그 방법의 사용을 청약하는 행위, ③ 물건을 생산하는 방법의 발명인 경우에는 그 방법을 사용하는 행위 외에 그 방법에 의하여 생산한 물건을 사용·양도·대여·수출 또는 수입하거나 그 물건의 양도 또는 대여의 청약을 하는 행위를 의미한다(특허법 제2조 제3호).

(2) 실시권을 설정할 수 있는 권리

한편, 특허권자는 스스로 위와 같은 실시행위를 할 수도 있으나, 제3자로 하여금 위와 같은 실시 태양의 전부 또는 일부를 행하도록 허락할 수도 있는 바, 특허법은 특허권자가 제3자에게 독점, 배타적인 실시권을 물권적으로 설정하는 전용실시권 제도와, 소극적으로 제3자의 특허실시를 용인할 부작위의무를 부담하는 것을 주된 내용으로 하는 통상실시권 제도를 마련해 두고 있다. 그러나 현실적으로는 전용실시권보다는 통상실시권을 설정하는 예가 훨씬 많다. 실시권설정 계약은 단순히 특허기술의 실시허락 및 이에 대한 대금지급 약정만으로 이루어지는 것이 아니라 발명의 실시에 필요한 기술, 노하우 및 영업비밀의 이전, 개량발명이 이루어진 경우의 처리, 원재료나 부품의 구입, 경쟁품의 취급제한, 최혜대우(最惠待遇)의 조건, 영업비밀의 보장, 수출조항 등 다양한 약정의 집합으로 이루어져 있는 것이 보통이며, 실시권자로서는 설정계약을 통하여 특허기술을 실시할 수 있는 권리 이외에도 앞서 본 다양한 경제적 이익을 누리고 그에 상응하는 의무를 부담하게 된다.

1) 전용실시권

(가) 의의와 성질

특허권자는 그 특허권에 대하여 타인에게 전용실시권을 설정할 수 있고(특허법 제100조 제 1 항), 전용실시권을 설정받은 자는 그 설정행위로 정한 범위 안에서 업으로서 그 특허발명을 실시할 권리를 독점한다.[82)]

전용실시권은 물권적 권리이어서 설정계약에서 정한 범위 내에서의 특허권은 전용실시권자에게 독점되므로 특허권자는 같은 내용의 권리를 제 3 자에게 중복적으로 설정해 줄 수 없으며, 특약이 없는 한 특허권자 스스로도 그와 같은 내용의 권리를 행사할 수 없다. 다만, 제 3 자의 침해행위가 있는 경우, 전용실시권자가 스스로 금지청구권을 행사할 수 있는 것과 별도로 특허권자도 금지청구권은 행사할 수 있다고 본다. 그렇게 보더라도 전용실시권자의 이익에 반하지 않을뿐더러, 침해를 방치하면 시장에 악영향을 미쳐 향후 전용실시권이 종료된 경우 특허권자에게도 해로울 수 있기 때문이다.

㈏ 발 생

전용실시권은 설정계약과 등록에 의하여 발생한다(특허법 제101조 제 1 항 제 2 호). 전용실시권은 설정뿐만 아니라 그 이전(상속 기타 일반승계의 경우는 제외), 변경, 소멸 또는 처분의 제한도 등록을 하지 아니하면 효력이 발생하지 아니한다(특허법 제101조 제 1 항 제 2 호).

㈐ 효 력

전용실시권은 설정행위에서 정한 범위 안에서 당해 특허발명을 독점·배타적으로 사용 수익할 수 있는 물권적 권리이다. 전용실시권을 설정한 특허권자는 그 전용실시권의 설정등록에 관하여 전용실시권자에게 협력할 의무가 있기 때문에 설정등록을 받을 수 없는 전용실시권 설정계약자는 특허권자의 등록협력의무의 불이행을 이유로 들어 계약을 해제하고 그로 인한 손해가 생긴 경우에는 그 손해의 배상을 청구할 수 있다.

전용실시권을 설정받은 자는 자기의 권리를 침해한 자 또는 침해할 우려가 있는 자에 대하여 자기의 이름으로 그 침해의 금지 또는 예방을 청구할 수 있고, 손해가 있는 경우에는 그 배상을 청구할 수 있다(특허법 제128조 제 1 항). 특허법은 전용실시권자의 권리보호를 특허권자의 그것과 동일하게 규정하고

---

82) 전용실시권 설정계약은 급부의 내용이 대세적 독점·배타권의 설정이라는 점에서 대세적 독점·배타권의 양도와 유사하며, 기간과 조건 등이 한정된 특허권 양도와 같은 실질을 가진다. 특허법이 특허권의 효력에 관한 모든 규정에서 "특허권자 또는 전용실시권자는"이라고 양자를 묶어 표현하면서 동일한 권리와 의무를 부여하고 있음은 이를 잘 보여준다.

있으며(특허법 제126조 내지 제132조), 전용실시권자도 독립적으로 권리범위확인 심판을 청구할 수 있도록 하고 있다(특허법 제135조 제 1 항).

전용실시권자는 특허권자의 동의를 얻지 아니하면 그 전용실시권을 타인에게 이전하거나, 스스로 통상실시권을 설정하거나, 이를 목적으로 하는 질권을 설정할 수 없다(특허법 제100조 제 3, 4 항). 특허권자와 전용실시권자 사이에는 강한 신뢰관계가 형성되어 있는 경우가 보통이고 특허권자로서는 누가 자신의 특허를 독점적으로 실시하는가에 따라 영업상의 이해관계에 영향을 받게 될 가능성도 많기 때문이다.

2) 통상실시권

(가) 의의와 성질

통상실시권은, 특허권자가 실시권자의 특허 실시를 묵인하는 부작위의무를 부담하기로 약정함으로써 발생하는 실시권의 형태이다. 통상실시권은 그 본질이 채권이라는 점에 사실상 이견(異見)이 없고, 이는 특허법이 전용실시권과 통상실시권을 명문으로 준별하고 있는 태도에 비추어 당연한 것이다. 다만 채권인 통상실시권의 구체적 내용에 관하여는, ⅰ) 특허권자는 통상실시권자의 실시행위에 관하여 침해주장을 하지 않을 소극적 용인의무만을 부담하는 부작위 채무라는 점을 강조하는 입장과 ⅱ) 특허권자는 소극적인 용인의무를 부담하는 외에 침해배제, 기술지도, 노하우 제공 등 발명의 실시를 실질적으로 완전하게 할 수 있도록 하는 작위의무도 당연히 부담한다고 하는 입장이 있다.[83] 그러나 실무상 통상실시권 설정계약 당사자들은 계약 시 소극적 용인의무 외에도 설정등록의무, 노하우 제공 및 기술지도, 비밀 준수, 제 3 자의 침해배제, 불가쟁 의무, 최혜조건 대우 등을 포함시킬지의 문제도 약정하는 것이 보통이어서, 개별적 통상실시권의 내용이나 성질은 당사자 의사에 따라 결정되는 수가 많다.[84]

한편, 특허법은 통상실시권의 위와 같은 채권적 성질로 인한 취약점을 보

---

83) 渋谷達紀, 知的財産法講義(Ⅰ) [第 2 版], 373면(이 견해는 소극적 부작위의무 외에 특허권자의 부수적 의무로서 존속기간 내에 특허를 유지할 의무를 들고 있다). 일본의 판결례로는 大阪地裁 昭39年 12. 26. 판결이 있으며, 독일에서는 위와 같은 형태가 오히려 비독점적 실시권의 일반적 성질로 받아들여지고 있다.

84) 한편, 일본은 2011. 특허법 개정을 통해 통상실시권을 등록 없이도 제 3 자에 대항 가능하도록 함으로써 이를 사실상 준(準) 물권화하고 있다.

완하기 위하여 통상실시권을 등록하면 그 등록 이후에 특허권에 관하여 배타적 지위를 취득한 자, 즉 특허권의 양수인이나 전용실시권자라도 등록된 통상실시권자에게 배타적 권리를 행사할 수 없도록 규정하고 있다(특허법 제118조 제 1 항). 이를 '등록에 의한 대항'이라고 하는바, '대항'이라 함은 동일한 대상에 관하여 양립 불가능한 권리가 상충할 경우 일정한 요건을 갖춘 당사자가 그 대상에 대한 다른 권리자의 권리행사를 배제할 수 있음을 의미한다.

(나) 종류와 발생원인

특허법은 실시권을 단지 전용실시권과 통상실시권으로 구분하고 있을 뿐임에도 학설은 오래전부터 통상실시권을 이른바 '독점적 통상실시권'과 '비독점적 통상실시권'으로 나누고, 전자를 다시 ① 제 3 자에게 중복하여 실시허락을 하지 않기로 하는 경우(불완전 독점적 통상실시권), ② 제 3 자는 물론 특허권자 자신도 실시하지 않기로 하는 경우(완전 독점적 통상실시권)로 세분하여 별도로 취급해 오고 있다.

통상실시권은 ① 당사자간의 계약에 의하여 설정될 수 있음은 물론이고(특허법 제102조 제 1 항), ② 특허법의 규정에 의하여 일정한 경우에 당연히 발생하거나, ③ 행정청의 결정에 의하여 강제로 설정하는 경우도 있다. 강학상 ①을 허락실시권, ②를 법정실시권, ③을 강제실시권으로 불러 구별한다. 앞서 본 바와 같이 어느 경우이든 전용실시권과는 달리 등록은 권리의 발생요건이 아니다.

(다) 비독점적 통상실시권의 효력[85]

비독점적 통상실시권은 동일한 발명에 대하여 복수의 주체가 특허권자로부터 중복적으로 실시권을 설정받을 수 있다는 것을 핵심적 특징으로 한다. 따라서 제 3 자가 무단으로 특허발명을 실시하더라도 이로써 비독점적 통상실시권자의 실시권을 침해하는 것이 아니며, 실시권자는 그에 기한 손해배상청구나 금지청구를 할 수 없다 할 것이다.[86] 특허권자로서는 제 3 자의 무단 침

85) 이에 관한 보다 상세한 논의는 조영선, "특허실시권자의 손해배상 및 금지청구권," 저스티스(2009년 4월호), 83면 이하 참조.

86) 같은 취지의 우리나라 하급심 판결례로 수원지방법원 성남지원 2006. 11. 24. 선고 2005가합5573 판결; 서울중앙지방법원 2007. 6. 14. 선고 2006가합34553 판결 참조(서비스표에 관한 사안).

해를 묵인할 자유가 있으며, 그 경우 마치 침해자에게 중복적으로 무상의 통상실시권을 설정해 주는 것과 마찬가지이기 때문이다. 비독점적 통상실시권자는 스스로는 물론, 특허권자를 대위해서도 제3자에 대한 침해배제를 청구할 수 없다. 채권자대위를 위해서는 대위의 근거가 되는 피보전 채권이 존재하여야 하나, 비독점적 통상실시권자는 특허권자에게 제3자의 무단침해를 배제하여 줄 것을 요구할 채권이 없기 때문이다. 독일에서도 비배타적 실시권(nicht ausschließliche Lizenz)을 특허권자에게 발명의 완전한 실시에 필요한 여러 가지 협조를 요구할 수 있는 '적극적 권한부여'로 이해하면서도 제3자의 침해에 대한 배제청구권은 비배타적 실시권의 본질에 반한다는 이유로 이를 인정하지 않는 것이 일본에서의 통설이다.[87]

㈑ 독점적 통상실시권의 효력

① 손해배상청구권

㉮ 제3자에 의한 채권침해 　　독점적 통상실시권은 두 가지 형태의 부작위 청구권, 즉 실시권자가 특허권자에게 ⅰ) 자신의 실시행위를 용인하여 침해주장을 하지 않을 부작위와 ⅱ) 자신 이외의 제3자에게 중복하여 실시권을 허락하지 않을 부작위를 청구할 수 있는 권리로 이루어져 있으며, 그 결과 실시권자는 당해 발명에 관하여 경쟁자 없이 발명을 실시할 수 있는 경제적 이익을 누리게 된다. 그런데 제3자가 권원 없이 당해 발명을 실시함으로써 위와 같은 이익을 해한다면 '제3자에 의한 채권침해'라는 형태의 불법행위가 성립할 여지가 있다. 판례[88] 역시 甲에게 제품을 제조·납품하는 乙이 甲과

---

87) 松井和彦, "通常實施權の本質と實施許諾者の侵害排除義務," 金澤大學法學部, 金沢法学(2007), 296면.

88) 대법원 2003. 3. 14. 선고 2000다32437 판결 : 위 사건의 사실관계는 다음과 같다 : 피고가 甲회사의 주문에 따라 甲회사의 상표가 부착된 자동차 유리를 제작·납품하기로 하는 계약을 체결하면서 위 유리는 甲에게만 납품하고 제3자에게는 일체 유출하지 않기로 약정하였다. 한편 甲회사는 원고에게 위 자동차 유리의 독점판매권을 부여하였고, 원고는 그에 따라 판매망을 구축하고 영업준비를 마쳤다. 피고는 원고가 위와 같이 甲회사와 사이에 위 독점판매계약을 체결한 사정을 잘 알면서도 甲회사와의 위 독점공급 약정을 어기고 甲회사의 상표가 부착된 자동차 유리를 제3자에게 지속적으로 유출하였고 원고와 甲회사가 함께 피고에게 여러 차례에 걸쳐 유출행위를 중단하여 줄 것을 요청하였으나 이에 응하지 않다가 甲회사로부터 상표권 침해로 고소를 당하자 마지못해 유출행위를 중단하였다. 대법원은, "피고가 제3자에게 자동차 유리를 제조, 유출한 행위는 甲회사에 대한 계약상의 의무를 위반하는 것임과 동시에 원고가 甲회사로부터 부여받은 독점판매인으로서의 지위 내지

丙 사이에 위 물품에 대한 독점판매 대리점 계약이 존재함을 알면서도 甲에게 전량 납품해야 할 물건의 일부를 제 3 의 판매업자에게 공급함으로써 丙의 독점 대리점주로서의 이익을 해친 사안에서 구체적 사정과 공급자의 악의 등 주관적 요소를 고려하여 乙에게 丙과의 관계에서 제 3 자에 의한 채권침해 책임을 인정한 바 있다. 이후 특허의 독점적 통상실시권자를 해하는 사정을 알면서도 법규를 위반하거나 공서양속에 반하는 위법행위로 실시권자의 이익을 해한 경우 불법행위 책임을 인정한 특허법원 판결례가 있다.[89]

요컨대 i) 침해되는 채권의 내용, 침해행위의 태양, 거래자유 보장의 필요성, 경제·사회정책적 요인을 포함한 공공의 이익, 당사자 사이의 이익균형 등을 종합적으로 고려하여 그와 같은 침해행위가 법규에 위반하거나 선량한 풍속 또는 사회질서에 위반한다고 볼 수 있고, ii) 특허권자의 '경고' 등을 통하여 자신의 행위로 인해 독점적 통상실시권자가 고유의 이익을 침해받는다는 점을 명확히 알면서도 침해에 나아가는 등 '해의(害意)'에 가까운 높은 주관적 위법성을 갖춘다면[90] 제 3 자에 의한 채권침해의 한 형태로서 독점적 통상실시권 침해로 인한 불법행위가 성립하여 손해배상청구권이 발생할 수 있을 것이다.

㈏ 과실추정 규정(특허법 제130조)의 유추적용 여부 독점적 통상실시권 침해의 경우에도 특허권이나 전용실시권 침해에 과실을 추정하는 특허법 제130조의 규정을 유추적용할 수 있는지의 문제가 있다. 제 3 자에 의한 채권침해의 한 유형인 독점적 통상실시권 침해가 성립하기 위해서는 침해자가 독점적 통상실시권의 존재 및 자신의 실시로 인하여 실시권자가 손해를 입는다는 사정을 알고 있어야 한다. 그런데 '등록된 특허의 권리범위에 속하는 기술

이익을 직접 침해하는 결과가 되어, 그 행위가 위법한 것으로 인정되는 한 원고에 대하여 불법행위가 된다. 피고는 늦어도 원고가 독점판매권을 취득했다는 점을 알게 된 시점부터는 자신의 행위로 인해 원고가 독점판매권자로서의 지위 내지 이익을 침해받게 됨도 알았을 것인바, 자신의 이익을 유지하기 위하여 상표법에 위반하면서까지 불법유출을 계속한 피고의 행위는 상업거래의 공정성과 건전성을 해하고 사회통념상 요구되는 경제적 질서에 반하는 위법한 행위로 평가된다"고 판시하였다.

89) 특허법원 2018. 2. 8. 선고 2017나2332 판결 등.

90) 예컨대, 35 U.S.C. §287(a)에 따르면 물건을 생산하는 특허권자는 당해 물건에 특허물품임을 미리 표시해 두거나, 침해자에게 침해사실을 '경고'하지 않으면 침해로 인한 손해배상을 받을 수 없다.

을 허락 없이 실시하고 있다'는 인식은 특허권 침해의 고의는 될지언정 독점적 통상실시권 침해를 구성하는 '위법한 고의'의 내용이 아니며, 그와 같은 고의마저도 없는 '과실'에 의한 독점적 통상실시권 침해나 과실의 '추정'은 있을 수 없다. 따라서 독점적 통상실시권의 침해에 특허법 제130조를 유추적용할 여지는 없다 할 것이다.

㉰ 특허법 제128조 손해추정 규정의 유추적용 여부 등 독점적 통상실시권에 대한 침해는 민법 제750조의 불법행위를 구성하므로 침해와 인과관계 있는 손해에 대하여 금전배상청구권이 발생함은 물론이다. 문제는 이 경우 특허법 제128조의 손해추정규정을 유추적용 할 수 있는 가인데, 앞서 본 요건을 모두 충족하여 독점적 통상실시권 침해가 성립하는 경우에는 특허법 제128조를 유추적용하여 실시권자에게 손해증명의 부담을 경감시켜 주더라도 무방할 것이다.[91] 다만, 독점적 통상실시권자가 스스로 생산·판매 등 실시행위를 하는 경우 제128조 제2 내지 4항을 유추적용할 수 있는 것과 달리, 실시권자는 임의로 제3자에게 실시권 설정을 할 수 없음을 감안하면 실시료 상당액의 배상을 인정하는 제128조 제5항을 적용하는 것은 부적절하다.

② **금지청구권의 유무** 계약 당사자가 아닌 제3자에 대한 금지청구는 물권적 청구권이나 특허법 제126조, 부정경쟁방지법 제4조 제1항과 같이 실체법상 금지청구권이 인정된 경우 혹은 인격권 등 절대권 침해의 경우에 인정[92]되는 것이 원칙이다. 판례[93]는 일정한 요건 아래 불법행위의 효과로서 금지청구권을 인정하기도 하지만, 특허는 권리관계가 안정적인 물권과 달리 언제든지 무효로 될 소지가 있는 한편, 실시권에 기한 금지청구권의 행사를 통해 조성한 물건이나 설비의 폐기, 제거 등을 명받거나 발명의 실시 금지를 명받은 제3자는 투하한 자본과 생산물 등 사업 전반에 막대한 타격을 입어 회복이 불가능하게 될 수 있다. 여기에 근래의 추세가 특허권에 기한 금지권을 신중하게 허용하려는 입장을 보이고 있는 점을 아울러 고려하면 '제3자에 의

91) 中山 編, 注解(上), 836면; 田村善之, 知的財産法[第4版], 有斐閣(2006), 318~319면; 서울중앙지방법원 2004. 2. 13. 선고 2002가합30683 판결; 일본에서도 이런 견해가 통설·주류적 판결례라고 한다(中山信弘·小泉直樹 編, 新 注解(下), 1567 및 1624면).

92) 대법원 1996. 4. 12. 선고 93다40614 판결 등.

93) 대법원 2010. 8. 25.자 2008마1541 결정.

한 채권침해'라는 불법행위의 효과로서 독점적 통상실시권자에게 직접 금지청구권을 인정하여서는 아니 될 것이다.

⇨ 대법원 2010. 8. 25.자 2008마1541 결정

채무자의 위와 같은 광고행위는 인터넷을 이용한 광고영업 분야에서 서로 경쟁자의 관계에 있는 채권자가 상당한 노력과 투자에 의하여 구축한 네이버를 상도덕이나 공정한 경쟁질서에 반하여 자신의 영업을 위하여 무단으로 이용함으로써, 채권자의 노력과 투자에 편승하여 부당하게 이익을 얻는 한편, 앞서 본 바와 같이 법률상 보호할 가치가 있는 이익인 네이버를 통한 채권자의 광고영업 이익을 침해하는 부정한 경쟁행위로서 민법상 불법행위에 해당한다고 할 것이다.
한편 원심이 적법하게 인정한 사실들에 의하면, 채무자의 위와 같은 광고행위가 일회적인 것이 아니라 이 사건 프로그램을 설치한 인터넷 사용자들이 네이버에 접속할 때마다 계속적으로 반복되는 것임을 알 수 있다. 나아가 이 사건 프로그램에 의한 광고행위의 성질상 채권자가 인터넷 사용자들의 이 사건 프로그램의 설치현황 및 그로 인한 네이버에서의 채무자의 광고현황 등을 일일이 파악하여 대응하기가 매우 곤란할 것으로 보이는 점과 채무자의 광고내용에 따라서는 채권자의 신용, 명성 등 무형적인 가치까지도 손상시킬 수 있을 것으로 보이는 점 등을 고려할 때 채무자에게 금전배상을 명하는 것만으로는 채권자 구제의 실효성을 기대하기 어렵다고 할 것이다. 나아가 채무자의 이 사건 프로그램에 의한 네이버에서의 광고행위를 그대로 방치하는 경우 결국 네이버에서의 광고영업을 그 수익모델로 삼고 있는 채권자 회사의 존립 자체를 위협할 수 있다는 점에서 채무자의 위와 같은 광고행위를 금지함으로써 보호되는 채권자의 이익이 그로 인한 채무자의 영업의 자유에 대한 손실보다 더 크다고 할 것이다. 따라서 채권자는 채무자에 대하여, 네이버에 접속한 인터넷 사용자들의 모니터에서 이 사건 프로그램을 이용한 광고행위를 하는 것의 금지 또는 예방을 청구할 수 있다고 봄이 상당하다.

③ 특허권자의 금지청구권에 대한 대위행사 판례는 일정한 경우 특정채권의 보전을 위한 채권자 대위권 행사를 인정해 오고 있으며,[94] 근래 그 요건을 비교적 유연하게 적용하고 있다.[95] 독점적 통상실시권자는 특허권자를 상대로 자신 이외의 자에게 중복하여 실시권을 허락하지 않을 것을 청구할 수 있기 때문에 제 3 자의 침해 시에는 이를 배제해 달라고 요구할 수 있다. 한

94) 대법원 1966. 1. 18. 선고 65다1313 판결; 대법원 1962. 1. 25. 선고 4294 민상 607 등.
95) 대법원 2007. 5. 10. 선고 2006다82700, 82717 판결.

편, 특허권자로서는 스스로 발명을 실시하여 시장에 참여하지 않는 이상, 제3자의 침해에 대하여 실시권자와 같은 직접적 이해(利害)가 없고, 제3자에게 섣불리 침해를 주장하여 금지청구권을 행사했다가 오히려 특허의 등록무효 심판청구를 제기당할 우려도 있으므로 금지청구권을 행사를 꺼릴 가능성이 있다.[96] 따라서 독점적 통상실시권자는 특허권자에 대한 침해배제청구권을 피보전 채권으로 하여 특허권자의 침해금지청구권(특허법 제126조)을 대위행사 할 수 있다고 볼 것이다.

판례[97] 역시 저작권 침해 사안에서 "저작권자가 스스로 침해정지청구권을 행사하지 않은 때에는 독점적인 이용권자로서는 이를 대위하여 행사하지 아니하면 달리 자신의 권리를 보전할 방법이 없을 뿐만 아니라, 저작권법이 보호하는 이용허락의 대상이 되는 권리들은 일신전속적인 권리도 아니어서 독점적인 이용권자는 자신의 권리를 보전하기 위하여 필요한 범위 내에서 권리자를 대위하여 저작권법 제91조에 기한 침해정지청구권을 행사할 수 있다"고 하였다. 위와 같은 법리는 독자적인 침해금지청구권이 인정되지 않는 독점적 통상실시권자에게도 그대로 적용될 수 있다.

⑶ 실시와 관련하여 특허표시를 할 수 있는 권리

특허권자와 실시권자는 특허 물건이나 그 용기 또는 포장에 산업통상자원부령이 정하는 방법으로 특허표시를 할 수 있다(특허법 제223조).

3. 배타권

특허권의 배타권으로서의 성질은 제3자에 의한 침해와 불가분의 관계에 있으며, 침해에 대한 구제를 통해 구체화된다. 특허권자·전용실시권자에게 부여되는 대표적 구제수단은 금지청구권과 손해배상청구권이며, 이는 제8장에서 별도로 다룬다.

---

96) 단, 독점적 통상실시권자에게 침해배제청구권이 있다고 보는 이상, 실시권자에 대하여 채무불이행 책임을 질 수 있음은 물론이다.

97) 대법원 2007. 1. 25. 선고 2005다11626 판결. 저작권법은 '배타적 발행권' 제도를 두어, 배타적 발행권자에게는 일정부분 특허권의 전용실시권자와 유사한 권리를 부여하고 있으므로 그에 기하여 직접 금지청구권을 행사하는 것이 가능하다(저작권법 제123조).

제 7 장

특허권의 침해

Ⅰ. 특허권 침해의 성립과 유형

1. 침해의 성립

(1) 특허발명의 실시와 구성요소 완비의 원칙

1) 업으로서

특허권자는 '업으로서' 그 특허발명을 '실시'할 권리를 독점한다(특허법 제94조). '업으로서'의 의미에 관해서는 종래 ① 가정이나 개인적인 실시를 제외한 실시 일체를 의미한다는 설, ② 널리 사업으로 반복·계속적인 실시를 의미한다는 설, ③ 직·간접적으로 불특정인의 수요 또는 편의 제공을 목적으로 하는 실시를 의미한다는 설, ④ 계속적 의사로서 행하는 경제활동을 의미한다는 설 등이 있으나, 산업의 발전이라는 특허법의 목적에 따라 단순히 개인적 또는 가정적인 실시를 제외한 모든 실시를 포함한다고 파악하는 것이 통설로 받아들여지고 있다.[1)] 따라서 영리를 목적으로 하지 않은 공공사업 등도 업으로서의 실시에 포함되고, 단 1회의 실시라도 업으로서의 실시에 해당할 수 있다. 한편, 근래 디지털·네트워크 환경에서 특허의 대상인 소프트웨어를 불특정 다수인이 개인적·비영리적 용도로 사용하거나, 개인적·비영리적 목적으로 전송한 결과 불특정 다수인이 사용하게 되어 특허권자의 이익을 해치는 일이 자주 발생한다.[2)] 이런 점을 감안하면, 디지털·네트워크 환경에서의 가정·개

1) 中山信弘, 特許法[第 4 版], 338면; 송영식 외 6, 지적소유권법[제 2 판](상), 517면.

2) 업으로서 전송하는 경우라면 아래에서 보는 '방법의 사용을 청약하는 행위'로 침해를 구성

인적 이용 여부는 다른 분야에서와 달리 사안별로 엄격하게 인정되어야 할 필요가 있다.[3)]

2) 실 시

발명의 '실시'란 ① 물건의 발명인 경우에는 그 물건을 생산·사용·양도·대여·수출 또는 수입하거나 그 물건의 양도 또는 대여의 청약(양도 또는 대여를 위한 전시를 포함한다)을 하는 행위 ② 방법의 발명인 경우에는 그 방법을 사용하는 행위 또는 그 방법의 사용을 청약하는 행위 ③ 물건을 생산하는 방법의 발명인 경우에는 위 ②의 행위 외에 그 방법에 의하여 생산한 물건을 사용·양도·대여·수출 또는 수입하거나 그 물건의 양도 또는 대여의 청약을 하는 행위를 말하고(특허법 제2조 제3호), 특허권자가 아닌 자가 업으로써 위 '실시' 행위를 하는 경우에 '침해'를 구성하게 된다(특허법 제94조의 반대해석).

당초 방법발명의 실시는 '그 방법을 사용하는 행위'로만 되어 있었으나, 2019. 12. 10. 개정 특허법(법률 제16804호)부터 '그 방법의 사용을 청약하는 행위'가 실시태양에 추가되었다. 이처럼 '방법의 사용을 청약하는 행위'를 실시로 규정한 이유는, 제3자가 업으로서 인터넷 상에서 해적판 소프트웨어나 침해에 사용될 수 있는 모듈 등을 전송하고 다수의 사용자들이 이를 기기에 다운로드받아 사용하는 일이 빈번한 데 대한 대응책이다. 인터넷에서 소프트웨어나 모듈 등을 전송하는 행위를 '방법의 사용을 청약하는 행위'라고 하여 방법발명인 소프트웨어 특허의 실시로 인정함으로써, 업으로써 발명을 실시하는 것이 아닌 개별 사용자들이 직접침해 책임을 지지 않더라도 불법 소프트웨어나 모듈의 인터넷 공급자를 침해자로 규제하려는 것이다. 다만 소프트웨어 산업에 미치는 위축효과를 방지하기 위해서, 이 경우 특허권의 효력은 '특허권 또는 전용실시권을 침해한다는 것을 알면서' 그 방법의 사용을 청약하는 행위에만 미치는 것으로 하였다(제94조 제2항).

3) 구성요소 완비의 원칙

한편, 대부분의 특허청구범위는 복수의 기술구성요소로 이루어져 있는바, 발명은 모든 구성요소가 유기적 일체로 이루어진 것이므로 특허의 침해는 침해자가 특허청구범위의 모든 구성요소를 사용하는 경우에만 성립하고, 그 중 일

할 것이다.

3) 中山信弘, 特許法[第4版], 339면.

부만을 실시하는 행위는 원칙적으로 침해를 구성하지 않는다(All Elements Rule). 다만, 복수의 주체가 구성요소 가운데 일부씩을 수행함으로써 공동침해자로 결과 전체에 책임을 지거나 간접침해가 성립하는 수가 있으며, 이는 형식상 구성요소 완비 원칙의 예외를 이룬다. 상세는 뒤에서 따로 설명한다.

(2) 침해의 성립과 불법행위의 관계

특허침해의 성립이 곧 불법행위를 의미하는 것은 아니다. 특허의 '침해'는 제 3 자가 특허권자의 허락 없이 실시행위나 특허법 제127조에 의하여 침해로 보는 행위(간접침해)를 하면 즉시 성립하며, 그 효과로서 특허권자는 침해자의 고의·과실 등 주관적 요건이나 손해의 발생 여부에 구애받지 않고 금지청구권을 행사할 수 있다.[4] 한편, 위와 같은 침해행위 가운데 침해자의 고의·과실, 위법성, 책임능력, 손해, 침해와 손해와의 사이의 인과관계 등 요건이 추가로 갖추어진 것들이[5] 불법행위를 구성하여 손해배상청구권을 발생시킨다. 한편, 복수인이 민법상 불법행위 요건까지 충족하는 침해행위를 하는 경우 이는 민법 제760조 제 1 항의 협의의 공동불법행위 또는 같은 조 제 3 항의 교사·방조에 포섭될 것이다. 요컨대, 특허법 상 침해의 성립은 불법행위 구성을 위한 필수적 전제로서 그 상위개념에 해당하는 것이다.

2. 침해의 유형

(1) 문언침해

문언침해는, 특허청구범위의 문언해석에 의하여 특정된 당해 특허발명의 구성요소를 모두 그대로 사용하는 경우에 성립하는 것으로서, 가장 기본적인 침해형태라고 할 수 있다. 따라서, 복수의 구성요소로 이루어진 특허청구범위에 대하여는 그 구성요소 전부를 그대로 이용하고 있어야 문언침해에 해당하

4) 中山信弘, 特許法[第二版], 48면은, "특허법은 불법행위법의 연장이 아니고, 권리부여법으로서의 입법이며, 그 권리의 첫 번째 효과로서 금지청구권이 인정되는 것이다. 이는 물권적 청구권으로 해석되며, 고의·과실과 같은 주관적 요건을 필요로 하지 않고, 객관적 권리침해 행위가 있으면 곧 청구할 수 있다"고 한다.

5) 특허법은 위와 같은 손해배상청구권의 행사를 용이하게 하기 위한 특칙을 마련해 두고 있는바, 권리자로 하여금 손해배상청구권 행사에 따르는 인과관계 증명 등의 어려움을 덜어주기 위하여 마련된 특칙인 특허법 제128조와 침해자의 과실을 추정하는 법 제130조 등이 그것이다.

고, 그 중 하나라도 결여하고 있는 실시형태는 적어도 문언침해는 구성하지 않는다. 판례[6]는 특허발명의 청구항이 복수의 구성요소로 되어 있는 경우에는 그 각 구성요소가 유기적으로 결합된 전체로서의 기술사상이 보호되는 것이지 각 구성요소가 독립하여 보호되는 것은 아니므로, 특허발명과 대비되는 확인대상발명이 특허발명의 청구항에 기재된 필수적 구성요소들 중의 일부만을 갖추고 있고 나머지 구성요소가 결여된 경우에는 원칙적으로 그 확인대상발명은 특허발명의 권리범위에 속하지 아니한다고 판시하고 있다.

(2) 균등론(균등침해)

1) 의 의

균등론(Doctrine of Equivalence)이라 함은, 침해대상물의 구성요소의 일부가 특허발명의 대응되는 구성요소와 문언상으로는 동일하지 않더라도 서로 등가관계에 있다면 특허발명의 침해에 해당한다고 보는 것을 말하고, 그와 같은 침해의 형태를 균등침해라고 부른다. 균등론은 제3자에게 불의의 타격을 주지 않는 범위 내에서 특허의 실질적 가치를 보호하기 위하여 보호범위를 그 문언 이외의 사항에까지 넓히는 이론이며, 나라마다 그 요건과 범위 등에 약간의 차이는 있지만 널리 인정되고 있는 불문(不文)의 법리이다.

2) 균등론의 인정 필요와 문제점

특허청구범위의 문언적 해석만을 관철하게 되면, 침해자는 특허청구범위의 구성요소 가운데 기술적 중요도가 떨어지는 사소한 구성을 다른 것으로 치환하는 것만으로 손쉽게 침해책임을 우회할 수 있어 특허권이 형해화(形骸化)할 수 있다. 또한, 당해 기술분야에서 선례가 없는 개척발명일수록 그 발명을 특허청구항에 적절히 표현할 수 있는 수단이 제한되어 있는 경우도 많다. 이러한 경우 자연히 청구범위의 문언은 일정한 한계를 가질 수밖에 없으므로, 이를 보완할 수 있는 해석론이 필요하다.

그러나 한편, 특허청구범위는 발명에 대한 독점권의 한계를 대외적으로 공시하여 제3자에게 침해 성립에 대한 예측가능성을 제공하는바, 문언에 의

6) 대법원 2001. 12. 24. 선고 99다31513 판결; 대법원 2001. 9. 7. 선고 99후1584 판결; 대법원 2001. 8. 21. 선고 99후2372 판결; 대법원 2001. 6. 15. 선고 2000후617 판결; 대법원 2001. 6. 1. 선고 98후2856 판결; 대법원 2000. 11. 14. 선고 98후2351 판결 등.

하여 공시되지 아니한 실시형태가 사후에 '균등물'이라는 명분아래 침해를 구성하는 것으로 해석된다면 특허청구범위의 공시기능 및 제 3 자의 법적 안정성을 해하게 됨 또한 자명하다.

3) 균등론과 중심한정주의, 주변한정주의의 관계

중심한정주의에서는 특허청구범위에 기재된 것은 어디까지나 발명의 추상적 사상에 불과하고, 특허청구범위에 기재된 구체적 문언은 물론, 해석을 통하여 그와 실질적으로 기술사상을 같이하는 범위에까지 발명의 보호범위를 확장할 수 있다고 하므로 어떤 의미에서는 중심한정주의 자체가 이미 균등론을 당연한 전제로 내포하고 있다고도 볼 수 있다. 주변한정주의를 기반으로 균등론을 탄생시킨 미국 역시, 1870년의 특허법 개정 이전에는 청구항 해석에 관하여 중심한정주의(Central Claiming Regime)를 택하고 있었는데, 출원인은 적절한 실시형태 하나를 특허청구항에 기재하고, 그와 실질적으로 유사한 실시형태들(substantial copies) 모두는 그 특허청구범위에 속하는 것으로 제도가 운영되었다. 이는 명백히 특허청구항 해석에 있어 균등론적인 사고방식을 기반으로 하는 것이다.[7]

한편, 주변한정주의에서는 발명자가 발명의 모든 구성요소를 특허청구범위에 기재할 것을 요구하고(All Elements Rule), 특허청구범위의 문언이 의미하는 내용에 따라 보호범위가 결정되며, 특허청구범위에 기재되지 아니한 사항은 원칙적으로 보호범위에서 배제된다는 것이므로, 특허청구범위의 문언에 기재된 것과 문언적으로 다른 구성요소에까지 권리범위를 확장하는 것은 어울리지 않는다. 그러나 침해자는 특허청구범위의 구성요건을 그대로 모방하여 침해하는 경우보다 발명의 구성요소 중 비교적 경미한 부분에 변환을 가하여 실시함으로써 침해의 책임을 회피하면서도 실질적으로 특허발명과 동일한 기술적 효과를 노리는 경우가 대부분인데, 출원인이 그와 같은 모든 가능한 변환을 포괄할 수 있도록 특허청구범위를 기재하는 것은 어렵거나 불가능하고, 위와 같은 경우에까지 주변한정주의의 문언 중심의 원칙을 관철한다면 발명의 실질적 보호는 불가능에 가까워진다.

따라서, 주변한정주의 하에서도 발명의 실질적 사상을 고려하여 그 우회

---

7) Janice Mueller, *Patent Law(3rd. Edit.)*, 351면.

적 침해를 방지하려는 시도는 어느 정도 불가피할 수밖에 없고, 오히려 주변 한정주의 하에서 균등론은 그 존재의의를 더욱 가진다 할 것이다.

4) 미국과 일본에서의 균등론

(가) 미 국

균등론은 1950년 미국 연방대법원의 Graver Tank & Mfg. Co. v. Linde Air Products Co. 339 U.S. 605, 85 U.S.P.Q. 328(1950) 판결을 통하여 확립된 것으로 일반적으로 알려져 있다. 이 사건에서 연방대법원은, '균등 영역에서의 모방을 규제하지 않는다면 특허는 공허한 권리로 전락할 우려가 많다'고 하면서, 비록 원고 Linde Air의 특허청구범위가 전기 용접에 사용되는 용제 조성물로서 '알칼리 토류금속 규산염의 조성물'로 되어 있고, 피고 Graver Tank는 문언상 그 범주에 속하지 않는 Mn을 사용하여 용제조성물을 제조하고 있으나, Mn과 Mg가 전기 용접용 용제로 널리 알려진 대체물이며 실질적으로 동일한 기능(function)을 가지고 실질적으로 동일한 방법(way)으로 실질적으로 동일한 결과(result)를 가져오는 것이어서 균등침해를 구성한다고 판시하여 균등침해의 일반적 성립요건을 제시하였다.[8)]

그 후 연방대법원은 1997 Warner-Jenkinson Co., Inc. v. Hilton Davis Chemical Co. 사건[9)]에서 특허청구범위의 확장해석론으로서의 균등론의 유효성을 재확인하는 한편 출원경과 금반언 원칙의 적용요건 및 그 적용범위 등에 관하여 상세한 기준을 설정한 바 있다. 또한, 균등론의 방만한 확장을 제어하기 위한 수단으로서 "특허발명의 균등침해를 구성하는지 판단하기 위해서는 발명과 실시형태가 만연히 추상적인 전체(as a whole)로서 대비되어서는 아니 되고, 구성요소 완비의 원칙 아래 '구성 대 구성(limitation by limitation bases)'으로 대비되어야만 한다"고 천명하였다. 나아가 위 판결은, "종래의 '실질적으로 동일한 방법(Way), 기능(Function) 및 결과(Result)' 요건은 균등침해 인정의 절대적 기준이 아니고, 각 기술분야의 특징에 따라 개별적·구체적 판단 아래

---

8) 위와 같이 균등침해 요건으로서 Way, Function, Result를 처음 제시한 것은 사실 1929. 연방대법원의 Sanitary Refrigerator Co. v. Winters(280 U.S. 30) 사건이었으며, Graver Tank 사건은 위 요건을 구체화하여 적용의 가이드라인을 확립한 것이라고 한다(Janice Muller, *Patent Law(3rd. Edit.)*, 358면).

9) 520 U.S. 17(1997).

달리 변용될 수도 있다"고도 판시하였다. 결과적으로 Warner-Jenkinson 사건은 전 세계적으로 균등론의 확대에 큰 영향을 끼치는 계기가 되었다.

㈏ 일　본

일본에서는 최고재판소가 1998. 2. 24. 선고 平6オ1083 판결(볼스플라인 사건)에서 최초로 균등론의 성립요건을 명확하게 제시하면서, 특허청구범위에 기재된 구성 중 침해제품과 다른 부분이 있더라도 ① 그 다른 부분이 특허발명의 본질적 부분이 아니고, ② 그 부분을 침해제품의 것으로 치환하더라도 특허발명의 목적을 달성할 수 있고 동일한 작용효과를 가지며, ③ 당해 발명이 속하는 기술분야에서 통상의 지식을 가진 자가 침해제품의 제조시점에서 그와 같은 치환을 용이하게 생각할 수 있고, ④ 침해제품이 특허발명의 출원시에 있어서 공지기술과 동일하거나 당해 기술분야에서 통상의 지식을 가진 자가 그로부터 출원시에 용이하게 발명할 수 있는 것이 아니며, ⑤ 침해제품이 특허발명의 특허출원절차에서 특허청구범위로부터 의식적으로 제외되는 등의 특단의 사정이 없을 때에는 균등침해가 성립한다고 하였다.

5) 균등침해의 성립요건

㈎ 개　관

우리나라에서는 대법원 2000. 7. 28. 선고 97후2200 판결이 균등침해의 성립요건을 명시한 최초의 판례이다. 위 판결은 균등침해의 성립요건으로, 확인대상발명에서 구성요소의 치환 내지 변경이 있더라도, ① 양 발명에서 과제의 해결원리가 동일하고, ② 그러한 치환에 의하더라도 특허발명에서와 같은 목적을 달성할 수 있고 실질적으로 동일한 작용효과를 나타내며, ③ 그와 같이 치환하는 것을 그 발명이 속하는 기술분야에서 통상의 지식을 가진 자가 용이하게 생각해 낼 수 있을 정도로 자명하다면, ④ 확인대상발명이 특허발명의 출원 시에 이미 공지된 기술 내지 공지기술로부터 통상의 기술자가 용이하게 발명할 수 있었던 기술에 해당하거나, ⑤ 특허발명의 출원절차를 통하여 확인대상발명의 치환된 구성요소가 특허청구범위로부터 의식적으로 제외된 것에 해당하는 등의 특별한 사정이 없는 한, 확인대상발명의 치환된 구성요소는 특허발명의 대응되는 구성요소와 균등관계에 있는 것으로 보아 확인대상발명은 여전히 특허발명의 권리범위에 속한다고 하며, 그 이후 균등침해를 인정한 다수의 대법원 판례들이 나오고 있다.[10] 앞서 본 대법원 2000. 7. 28. 선고 97후2200 판결의 판시사항 중 ①, ②, ③은 균등론 인정의 적극적 요건이고, ④는 공지기술배제의 원칙, ⑤는 출원경과 금반언(file wrapper estoppel) 원칙이라고 일컬어지는 균등론 적용의 소극적 요건이다. 균등침해가 성립되기 위해서는 ①, ②, ③의 적극적 요건 모두가 충족되어야 하고, ④ 또는 ⑤ 중 어느 하나에라도 해당하면 균등침해가 성립하지 아니한다.

(나) 적극적 요건

① 과제해결원리의 동일성 "과제의 해결 원리"란 다소 추상적 개념이므로 그 동일성이 균등침해의 요건으로서 구체적으로 어떠한 의미를 가지는 것인지는 더 논의가 되어야 하겠지만, 균등론의 요건을 최초로 제시한 대법원 2000. 7. 28. 선고 97후2200 판결이 "양 발명은 다 같이 종전의 항균제보다 탁월한 항균작용을 가지는 항균제를 얻기 위하여 동일한 출발물질에 반응물질을 반응시켜 동일한 목적물질인 사이프로플루옥사신을 제조하는 방법에 관한 발명이라는 점에서 그 기술적 사상 또는 과제의 해결원리가 동일하다"고 설시하고 있는 점에 비추어 볼 때, 기술적 사상 또는 과제의 해결원리가 동일하다는 것은 결국 양 발명의 전체적 목적과 효과가 동일하고 구성의 중요 부분이 동일하다는 것을 의미한다고 볼 수 있다. 한편, 판례는 "특허발명과 그 과제의 해결원리가 동일하다는 것은 대상제품에서 치환된 구성이 특허발명의 비본질적인 부분이어서 대상제품이 특허발명의 특징적 구성을 가지는 것을 의미한다"고 하여 구성의 측면을 강조하는가 하면,[11] "과제의 해결원리가 동일한지 여부를 가릴 때에는 특허청구범위에 기재된 구성의 일부를 형식적으로 추출할 것이 아니라, 특허발명에 특유한 해결수단이 기초하고 있는 기술사상의 핵심이 무엇인가를 실질적으로 탐구하여 판단하여야 한다"고 하면서, 비록 구성에 어느 정도 차이가 있더라도 중요한 기술적 효과를 모방하는 경우에는 '기술사상의 핵심'이라는 개념 아래 이를 균등물로 포섭하는 등[12] 개별 사안에 따라

10) 대법원 2001. 8. 21. 선고 98후522 판결; 대법원 2001. 9. 7. 선고 2001후393 판결; 대법원 2002. 9. 6. 선고 2001후171 판결; 대법원 2005. 2. 25. 선고 2004다29194 판결; 대법원 2009. 5. 14. 선고 2007후5116 판결; 대법원 2010. 9. 30.자 2010마183 결정 등.

11) 대법원 2009. 6. 25. 선고 2007후3806 판결; 대법원 2009. 12. 24. 선고 2007다66422 판결; 대법원 2011. 5. 26. 선고 2010다75839 판결; 대법원 2014. 5. 29. 선고 2012후498 판결.

12) 대법원 2014. 7. 24. 선고 2012후1132 판결; 대법원 2015. 5. 14. 선고 2014후2788 판결.

조금씩 다른 입장을 제시하고 있다.

⇨ 대법원 2005. 2. 25. 선고 2004다29194 판결

이 사건 특허발명의 특허청구범위 제 3 항과 피고의 제조방법은 떡(생지) 층과 떡소 층을 이루는 원료물질과 구성비 및 그 제조공정 등에 일부 차이가 있으나, 양 발명은 모두 초콜릿 외피 층, 떡(생지) 층, 떡소 층이라는 3층 구조로 이루어진 떡의 제조방법에 관한 기술로서 수분 함량이 낮은 물질로 떡소 층을 만들어 떡(생지) 층으로 수분이 이행되는 것을 최소화하고 떡의 거죽에 초콜릿을 입혀 수분 증발을 방지함으로써 떡이 딱딱해지는 것과 상하는 것을 장기간 방지하는 효과를 거둘 수 있다는 기본적인 구성요소들 사이의 유기적 결합관계와 과제의 해결원리 및 작용효과가 동일하며, 피고의 제조방법에서 떡소의 구성성분은 식물성 유지(쇼트닝, 코코아버터, 아몬드페이스트), 당류(백설탕, 포도당), 분말크림(유청분말, 분말유크림), 유화제(레시틴) 및 기타 첨가제(아몬드 향)이고, 그 수분 함량이 2% 이내인데, 특허발명의 특허청구범위 제 3 항의 떡소인 땅콩크림도 그 발명의 상세한 설명의 기재에 의하면 식물성 유지(쇼트닝, 땅콩버터), 당류(분당, 포도당), 분말크림(크리마-1), 유화제(레시틴) 및 기타 첨가제(바닐라 향)이고, 수분 함량은 2% 이내로서, 양 발명의 떡소는 물리적 상태와 주된 구성성분이 동일성을 유지하면서 동일한 작용효과를 달성하는 물질로서 그 배합비율에서의 다소간의 차이는 그 분야의 평균적 기술자가 통상적으로 쉽게 조절할 수 있는 정도에 해당하며, 떡(생지)의 일부 재료로 사용하는 찰옥수수전분(피고의 제조방법)은 찹쌀과 멥쌀의 차이와 마찬가지로 옥수수전분(특허발명의 특허청구범위 제 3 항)에 비하여 아밀로펙틴의 함량이 많아 점성이 크다는 특징이 있을 뿐이며 두 재료 모두 그 기술분야에서 떡의 주성분인 미분(米粉)의 일부를 대용하기 위하여 통상적으로 사용하는 식품이므로 그 분야의 평균적 기술자가 옥수수전분을 찰옥수수전분으로 바꿔 사용하는 것에 어려움이 없고 그로 인하여 떡의 보존기간 등에 관한 작용효과에도 특별한 차이가 없으므로, 결국 양 발명의 대응되는 구성요소들은 모두 동일하거나 균등관계에 있다.

⇨ 대법원 2009. 6. 25. 선고 2007후3806 판결

확인대상발명의 구성 중 '오존포집관에 의해 포집된 오존과 펌프에 의해 압송되는 물을 혼합하여 반응탱크로 공급하는 벤투리 인젝터 및 혼합기'와 '벤투리 인젝터 및 혼합기에 의하여 오존이 혼합된 물이 자외선램프가 설치된 공간으로 이동할 수 있도록 하는 물공급관을 구비한 반응탱크의 외벽'은, 발명의 명칭을 "다수의 자외선램프를 구비하는 수처리장치"로 하는 원고의 이 사건 특허발명

> (특허번호 제419828호)의 특허청구범위 제1항(이하 '이 사건 제1항 발명'이라 한다)에 기재된 구성 중 '수처리장치 내에 연장되어 처리해야 할 물과 제3파이프에 의하여 수집된 오존을 수처리장치 내로 공급하는 제1파이프'와 '제1파이프가 설치된 공간 및 다수의 자외선램프가 설치된 공간 사이를 구획하되 제1파이프를 통하여 도입된 물이 자외선램프가 설치된 공간으로 이동할 수 있도록 하는 통로를 구비한 제1벽'을 각 치환하거나 변경한 것으로서 서로 동일한 구성으로 볼 수 없다. 나아가, 이 사건 제1항 발명의 위 구성요소들은 명세서 전체의 기재와 출원 당시의 공지기술 등을 참작하여 선행기술과 대비하여 볼 때, 대규모의 수조나 정화조에 저장된 물을 효율적으로 살균 및 정화 처리할 수 있는 수처리장치를 제공하려는 과제를 해결하기 위하여, 수처리장치의 내부를 벽에 의하여 각 공간으로 구획하고 처리해야 할 물이 벽에 형성된 통로를 통하여 각 공간 사이를 이동하도록 한 해결원리에 기초한 것으로서, 이는 물과 오존이 혼합되는 방식으로 '디퓨저(Diffuser) 방식'을 채용함에 따라 선택된 특유의 해결수단인 반면, 확인대상발명의 위와 같이 치환된 구성요소들은 반응탱크의 외부에서 별도로 물과 오존이 혼합되도록 하는 '벤투리 인젝터(Venturi Injector) 방식'을 채용함에 따른 것이므로, 확인대상발명은 이 사건 제1항 발명의 특징적 구성을 그대로 가지고 있지 아니하여 이 사건 제1항 발명과는 과제의 해결원리가 동일하다고 할 수 없다. 또 양 발명의 작용효과가 실질적으로 동일하다고 인정할 수 있으려면 그러한 치환에 의하더라도 확인대상발명이 이 사건 제1항 발명의 본질적 작용효과인 수처리효율 및 살균효과의 면에서 이 사건 제1항 발명과 현저한 차이가 없어야 할 것인데, 을 제6호증(등록특허공보 제207095호)의 기재내용 등 기록에 의하면 벤투리 인젝터 방식이 디퓨저 방식에 비하여 현저히 우수한 살균효과가 있다는 점을 알 수 있으므로 양 발명의 작용효과가 실질적으로 동일하다고 단정할 수 없다. 따라서 확인대상발명은 이 사건 제1항 발명과 균등한 발명으로 볼 수도 없다.

한편, 앞서 청구범위해석 원칙 가운데 '공지기술 참작 원칙' 부분에서도 언급하였듯이, 특허발명의 주요부분이 공지기술인지 아닌지는 해당 청구항의 권리범위에 큰 영향을 미치게 되고, 이는 주로 확인대상발명이 균등침해를 구성하는지의 문제로 귀결된다. 최근 대법원은 이를 과제해결 원리의 동일성 여부와 연결 지어 파악하고 있다. 즉, "특허발명의 과제 해결원리를 파악할 때 발명의 상세한 설명의 기재뿐만 아니라 출원 당시의 공지기술 등까지 참작하는 것은 전체 선행기술과의 관계에서 특허발명이 기술발전에 기여한 정도에 따라 특허발명의 실질적 가치를 객관적으로 파악하여 그에 합당한 보호를 하기 위한 것이다. 따라서 이러한 선행기술을 참작하여 특허발명이 기술발전에 기여한 정도에 따라 특허발명의 과제 해결원리를 얼마나 넓게 또는 좁게 파악할지를 결정하여야 한다"고 하거나,[13] "특허발명에 특유한 해결수단이 기초하고 있는 기술사상의 핵심이 침해제품 등에서도 구현되어 있다면 작용효과가 실질적으로 동일하다고 보는 것이 원칙이지만, 위와 같은 기술사상의 핵심이 특허발명의 출원 당시에 이미 공지되었거나 그와 다름없는 것에 불과한 경우에는 이러한 기술사상의 핵심이 특허발명에 특유하다고 볼 수 없고, 특허발명이 선행기술에서 해결되지 않았던 기술과제를 해결하였다고 말할 수도 없다. 이러한 때에는 특허발명의 기술사상의 핵심이 침해제품 등에서 구현되어 있는지를 가지고 작용효과가 실질적으로 동일한지 여부를 판단할 수 없고, 균등 여부가 문제 되는 구성요소의 개별적 기능이나 역할 등을 비교하여 판단하여야 한다"는 것이 그 예이다.[14]

⇨대법원 2019. 1. 31.자 2016마5698 결정

(기술사상의 핵심이 공지기술이 아니므로 균등여부 판단에 중요하게 고려되어야 하고, 그러한 핵심적 기술사상을 그대로 가지고 있는 실시형태는 나머지 구성의 차이에도 불구하고 균등침해를 구성한다고 본 예)

이 사건 제1항 발명에 특유한 해결수단이 기초하고 있는 기술사상의 핵심은 '절단된 각각의 적층 김들이 하강하면서 가이드케이스의 하부에 고정 배치되는 격자형 부품의 외측 경사면을 따라 서로 사이가 벌어지도록 유도'하는 데에 있다.

원심 판시 선출원고안은 이 사건 특허발명의 출원 당시에 공지된 기술이 아니고, 그 밖에 위와 같은 기술사상의 핵심이 이 사건 특허발명의 출원 당시에 공지되었다고 볼 만한 사정은 보이지 않는다. …(중략) 이 사건 실시제품도 경사면을 구비한 '격자형 박스' 구성에 의해 '절단된 각각의 적층 김들이 하강하면서 격자형 박스의 외측 경사면을 따라 서로 사이가 벌어지도록 유도'하고 있다.

따라서 이 사건 실시제품은 위와 같은 구성의 차이에도 불구하고 기술사상의 핵심에서 이 사건 제1항 발명과 같으므로 과제 해결원리가 동일하다.

---

13) 대법원 2019. 1. 31. 자 2016마5698 결정.

14) 대법원 2019. 1. 31. 선고 2018다267252 판결; 대법원 2019. 2. 14. 선고 2015후2327 판결; 대법원 2020. 3. 11. 선고 2019다237302 판결.

① 특허발명의 구성

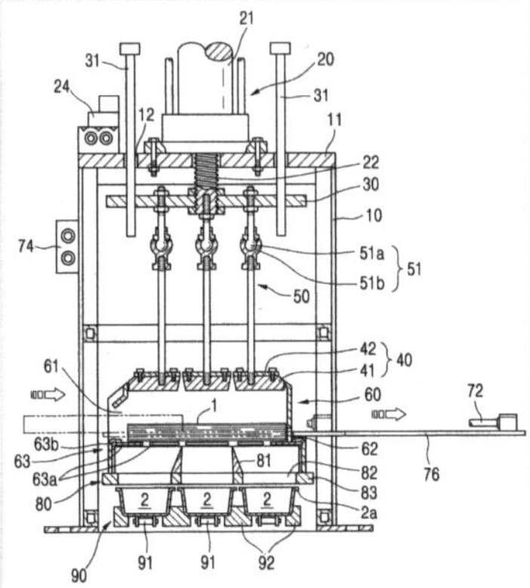

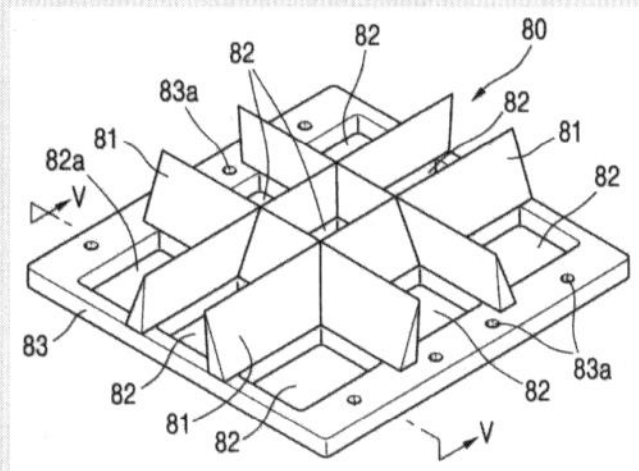

② 확인대상발명의 구성

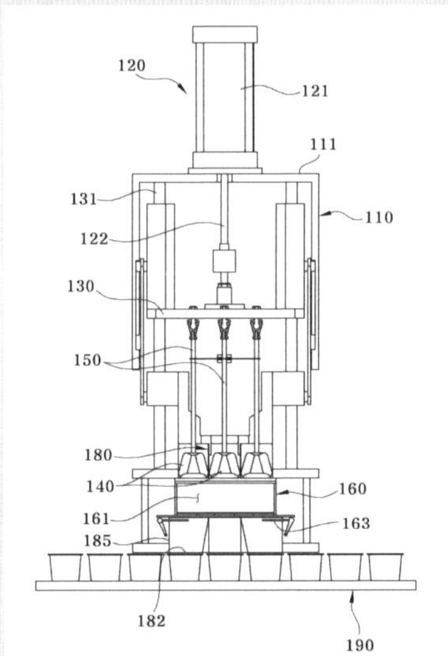

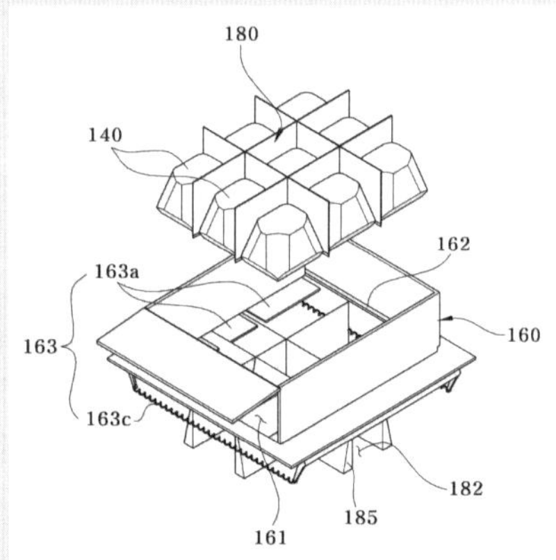

⇒대법원 2019. 2. 14. 선고 2015후2327 판결

> 발명의 상세한 설명의 기재와 출원 당시의 공지기술 등을 참작하여 파악되는 특허발명에 특유한 해결수단이 기초하고 있는 기술사상의 핵심이 침해제품 등에서도 구현되어 있다면 작용효과가 실질적으로 동일하다고 보는 것이 원칙이다. 다만 위와 같은 기술사상의 핵심이 특허발명의 출원 당시에 이미 공지되었거나 그와 다름없는 것에 불과한 경우에는 특허발명의 기술사상의 핵심이 침해제품 등에서 구현되어 있는지를 가지고 작용효과가 실질적으로 동일한지 여부를 판단할 수 없고, 균등 여부가 문제되는 구성요소의 개별적 기능이나 역할 등을 비교하여 판단하여야 한다. …(중략) 이 사건 특허발명에 특유한 해결수단이 기초하고 있는 기술사상의 핵심은 '스페이서 몸체와 결합하였을 때 쉽게 빠지지 않는 형상의 스페이서 헤드로 두 개의 스페이서 몸체를 연결하고, 이 스페이서 헤드를 트러스거더의 하부에 구비된 각 하현재와 용접 결합할 수 있도록 함으로써 수직하중에 대한 충분한 지지력 내지는 매립력을 확보'하는 데에 있다. …(중략) 그런데 공지기술에는 그와 같은 이 사건 특허발명의 핵심적 기술사상이 나타나 있지 않다.
>
> 확인대상 발명도 '몸체부(스페이서 몸체)와 결합하였을 때 쉽게 빠지지 않는 형상의 받침부(스페이서 헤드)로 두 개의 몸체부를 연결하고, 이 받침부를 트러스거더의 하부에 구비된 각 하현재와 용접 결합할 수 있도록 함으로써 수직하중에 대한 충분한 지지력 내지는 매립력을 확보'하고 있으므로, 기술사상의 핵심에서 이 사건 제1항 발명과 차이가 없어 이 사건 제1항 발명과 과제 해결원리가 동일하다.
>
> 확인대상 발명의 구성요소 3 대응구성이 트러스거더와 결합할 때 용접되는 부위의 수 등에서 차이가 난다고 해도 이로 인하여 확인대상 발명이 이 사건 제1항 발명의 기술사상의 핵심을 구현하지 못한다고 볼 수는 없으므로 구성요소 3과 그 작용효과는 실질적으로 동일하다.
>
> 그런데도 원심은 용접되는 부위의 수 등에서의 차이를 이유로 확인대상 발명은 이 사건 제1항 발명과 실질적으로 동일한 작용효과를 나타내지 않는다고 판단하였다. 이러한 원심의 판단에는 상고이유 주장과 같이 특허발명의 보호범위 판단에 관한 법리를 오해하는 등으로 판결 결과에 영향을 미친 잘못이 있다.

② **치환가능성** 균등론 적용의 두 번째 적극적 요건은 그러한 치환에 의하더라도 특허발명에서와 같은 목적을 달성할 수 있고 실질적으로 동일한 작용효과를 나타내야 한다는 것이다. 균등침해에 해당하기 위하여는 변환되는 구성요소가 서로 등가관계(等價關係)에 있어야 하는 것이므로 이는 당연한 요

건이다. 학설상으로는 위 ①과 ②의 요건을 굳이 구별할 필요 없이 하나로 통합하여 이해하여도 좋다고 하는 견해도 있는바, 실제로도 위 두 요건을 합하면 미국의 판례가 들고 있는 균등물 성립요건으로서의 '실질적으로 동일한 기능(Function)과 방식(Way)으로 실질적으로 동일한 결과(Result)를 얻는 것'과 내용에 있어 다르지 않다고 생각된다.

③ **치환자명성** 균등론 적용의 세 번째 적극적 요건은 그와 같은 구성의 변환이 그 발명이 속하는 기술분야에서 통상의 지식을 가진 자라면 누구라도 용이하게 생각해 낼 수 있을 정도로 자명하여야 한다는 것이다. 이와 같은 치환자명성은, 명세서의 보정이 신규사항 추가에 해당하는지 여부를 판단하는 기준이 되는 '출원서에 최초로 첨부된 명세서나 도면에 명시적으로 들어 있지 않더라도 통상의 기술자라면 직접적이고도 명확하게 그러한 내용이 들어 있었던 것으로 알 수 있는지', 또는 발명의 진보성 판단의 기준이 되는 '통상의 기술자가 선행기술로부터 용이하게 발명할 수 있는지'와는 다른 제3의 판단기준이라고 해야 할 것이며, 개념상으로는 전자와 후자의 중간쯤에 해당하는 것이라고 생각된다.

치환자명성의 요건과 관련하여 중요한 것은 그 판단의 기준시점이다. 그와 관련해서 출원시설과 침해시설이 있는바, 치환자명성 여부를 침해가 이루어질 당시의 기술수준을 기준으로 하여 판단하는 경우, 일정한 발명에 대한 특허출원이 이루어지고 난 뒤 실제 그 기술에 대한 침해가 일어날 때까지는 통상의 기술자의 기술수준이나 노하우가 출원당시보다 향상되어 있는 것이 보통이기 때문에 출원시설에 의할 때보다 통상의 기술자의 치환자명성이 인정되기 쉽다. 따라서 이는 균등침해의 성립가능성을 한층 높여 특허권자의 보호를 두텁게 하는 해석론이다. 앞서 본 일본의 1998. 2. 24. 선고 平6オ1083 판결(볼스플라인 사건)은 명시적으로 침해시설을 채택하고 있고, 미국의 판례[15] 역시 침해시설의 입장에 있다.

우리 판례[16] 역시, "… 균등침해 인정의 취지를 고려하면, 특허발명의 출

---

15) American Hosp. Supply Corp. v. Travenol Labs., Inc., 745 F.2d 1, 9, 223 USPQ 577, 583(Fed. Cir. 1984); Atlas Powder Co. v. E.I. du Pont De Nemours & Co. 750 F.2d 1569(Fed. Cir. 1984).

16) 대법원 2023. 2. 2. 선고 2022후10210 판결.

원 이후 침해 시까지 사이에 공지된 자료라도 구성 변경의 용이성 판단에 이를 참작할 수 있다고 봄이 타당하다"고 한다. 명시적으로 치환 자명성을 '침해시의 통상의 기술자 수준에 입각해 판단해야 한다'는 표현은 사용하고 있지 않지만, 출원 이후 침해 시까지 공지된 자료는 결국 침해 시 통상의 기술자 수준에 영향을 미치는 것임을 감안하면, 침해 시설 입장을 취했다고 보아도 무방할 것이다.[17]

㈐ **소극적 요건**

① **공지기술 배제의 원칙** 이는 이른바 '자유기술의 항변'이 가능하다는 것을 말한다. '자유기술의 항변'이란 비록 어떠한 기술의 실시형태가 외형상 특허발명의 구성과 동일하거나 그 균등의 범주에 속한다 하더라도, 그것이 당해 특허발명 이외에 이미 존재하는 공지의 자유기술을 실시하는 것인 때에는 특허발명에 대한 침해를 구성하지 않는다는 것이다. 예컨대 특허권자 甲이 乙을 상대로 하여 그가 자신의 A특허를 침해하였다고 주장하면서 금지청구권이나 손해배상청구권을 행사하는 경우, 이미 A특허의 모든 구성요소를 동일하게 가지고 있는 선행기술 X가 존재하거나, 선행기술 Y와 Z의 결합에 의하여 용이하게 A발명에 이를 수 있는 상태였다면, 乙로서는 이를 근거로 적극적으로 A특허에 대한 등록무효심판을 청구하여 A특허 자체를 소멸시킬 수도 있을 것이나, 그 대신 소극적으로 자신은 A특허를 실시한 것이 아니라 각 자유기술인 X를 실시하거나 Y와 Z를 결합하여 실시한 것이어서 자신은 A특허의 침해와 무관하다고 주장할 수도 있는바, 이를 '자유기술의 항변'이라고 한다. 乙의 자유기술의 항변이 성립하는 이상, 그의 실시형태는 문언상 또는 균등론상 A특허의 청구범위에 속한다고 하더라도 침해를 구성하지 아니한다.

종전부터 판례는 특허발명과 대비되는 확인대상발명이 공지의 기술만으로 이루어진 경우에는 특허발명과의 동일·유사 여부를 판단할 대상조차 가지지 않게 되어 그 확인대상발명은 특허발명의 권리범위 유무 및 특허발명과의 유사 여부에 관계없이 특허발명의 권리범위에 속하지 않는다고 하고, 확인대상발명이 공지의 기술로부터 진보성이 없는 경우에도 역시 특허발명의 침해가

17) 나아가 위 판결은, 권리범위확인 심판에서 균등물인 실시형태가 특허발명의 권리범위에 속하는지 여부를 판단할 때도 마찬가지라고 한다.

되지 않는다고 판시하여 왔으며,[18] 이러한 태도는 균등론에 관한 대법원 판결 이후에도 그대로 유지되고 있다.[19] 특허법원 역시 확인대상발명이 자유기술과 대비하여 신규성이 없는 경우 및 진보성이 없는 경우에는 등록된 특허발명과 대비할 필요도 없이 그 권리범위에 속하지 않는다고 판시해 오고 있다.[20]

미국 CAFC는 "특허권자는 이미 공지된 것이어서 스스로 특허를 취득할 수 없었던 기술에 관하여는 균등침해 주장도 할 수 없으며, 단지 공지기술을 시행하고 있을 뿐인 제3자는 균등침해조차 구성할 여지가 없다"는 판시를 반복함으로써 공지기술 배제를 균등침해의 소극적 성립요건으로 다루어 오고 있었다.[21]

또한 독일의 학설들은 오래전부터 등록특허의 균등침해자 혹은 불완전이용침해자로 지목된 자는 자신이 등록특허와는 무관한 '자유기술을 구사하는 데 불과하다는 항변(Einwand des Freien Standes der Technik)'이 가능하다고 주장해 왔는데, 1986년 연방대법원이 이를 받아들임으로써 판례로서 확립되었다.[22] 우리 판례가 요구하는 균등론의 소극적 요건인 공지기술 배제의 원칙은 이와도 궤를 같이한다. 한편, 독일에서 자유기술의 항변은 특허의 균등침해 주장에 대한 항변으로만 가능할 뿐, 등록특허의 청구항을 문언 그대로 침해하고 있는 자는 자신이 '자유기술을 사용하고 있을 따름'이라는 항변을 할 수는 없다. 이때에는 특허무효소송을 통해 당해 특허의 유, 무효에 관한 대세적 판단을 받아야 하며, 행정행위인 특허부여의 공정력으로 인해 침해법원이 재판의 전제로서 당해 특허의 무효를 선언할 수는 없는 것이 원칙이다.[23]

---

18) 대법원 1997. 11. 11. 선고 96후1750 판결; 대법원 2003. 12. 12. 선고 2002후2181 판결.

19) 대법원 2001. 10. 30. 선고 99후710 판결; 대법원 2004. 9. 23. 선고 2002다60610 판결; 대법원 2006. 5. 25. 선고 2005도4341 판결.

20) 특허법원 1998. 11. 6. 선고 98허2726 판결(확정); 특허법원 2000. 2. 10. 선고 99허5289 판결(확정).

21) 대표적으로 Wilson Sporting Goods Co. v. David Geoffrey & Assocs., 904 F.2d 677, 683 (Fed. Cir. 1990); Tate Access Floors, Inc. v. Interface Arch. Res., Inc., 279 F3d. 1357, 1365-1366(Fed. Cir. 2002).

22) BGH GRUR, 1986, 803 "Formstein".

23) 단, 독일의 판례는 오래전부터 특허발명이 선행기술에 의하여 '신규성'이 없는 것이 분명한 때에는 당해 특허청구범위를 극도로 제한하여 해석함으로써 사실상 무효사유를 안고 있는 특허권이 행사되는 것을 저지해 오고 있다: BGH GRUR, 1964, 132 "Klappenverschlus"; BGH GRUR, 1979, 624 "Umlegbare Schiesscheibe." 이는 일본에 받아들여져 특허청구범위 해석론 중 '공지기술 제외설'의 근간이 된 것으로 보인다.

⇨ 대법원 2004. 9. 23. 선고 2002다60610 판결

주바퀴와 이동바퀴(이하 '구성요소 1'이라 한다), 진입발판과 연결발판(이하 '구성요소 2'라 한다), 회전축과 스크류회전축으로 구성되는 기계식 높이 조절장치(이하 '구성요소 3'이라 한다) 및 지게차 포크삽입용 요홈(이하 '구성요소 4'라 한다)으로 구성된 피고 제품의 구성요소 1은 선행발명 2의 플레이트 하단에 설치된 바퀴 및 대차 하부에 설치된 바퀴와 그 구성 및 작용효과가 동일하고, 구성요소 2는 선행발명 1의 지상부(리프팅부)와 플랩의 구성과 대응되며, 다만 피고 제품의 진입발판과 연결발판은 두 개로 분할되어 있음에 반해 선행발명 1의 지상부와 플랩은 일체형으로 구성된 미세한 차이가 있으나, 이러한 차이는 작용효과에 영향이 없는 단순한 형상변경에 불과하고, 구성요소 3은 선행발명 2의 핸들손잡이, 스크류회전축 및 스크류너트 구성으로 이루어진 승하강수단과 그 구성 및 작용효과가 동일하며, 구성요소 4는 선행발명 1, 2에는 그에 상응하는 구성이 나타나 있지는 않으나 바퀴가 달린 이동식 도크를 이동시킨다는 것은 도크를 밀거나 당기는 것을 의미한다 할 것이고 그와 같은 외력을 전달하기 위해 도크 본체에 돌기, 환형의 고리 또는 피고 제품과 같은 요홈을 형성하는 구성 등은 그 기술분야에서의 주지관용수단에 불과하므로, 피고 제품의 구성요소들은 선행발명 1, 2의 구성들을 단순히 한데 모아 놓은 것에 지나지 아니할 뿐만 아니라 그 작용효과에 있어서도 현저한 효과가 있다고 할 수 없어, 그 기술분야에서 통상의 지식을 가진 자가 선행발명 1, 2로부터 용이하게 발명할 수 있는 정도이므로, 피고 제품은 이 사건 특허발명과 대비할 필요도 없이 이 사건 특허발명의 권리범위에 속하지 아니한다.

② 출원경과 금반언의 원칙

㉮ 의의와 인정근거 　출원경과 금반인의 원칙이란, 특허소송에서 출원인이 출원 심사과정에서 본인이 보인 태도와 모순되는 주장을 하는 것을 금지하는 원칙으로서, 영미 형평법(Equity)상의 금반언(Estoppel) 개념이 특허법에 수용된 것이다. 특허출원인이 출원과정에서 선행기술에 의하여 특허가 거절될 위기에 처하자 거절을 면하기 위하여 의도적으로 특정한 기술내용을 특허청구범위의 범주에서 배제하거나, 특허청구범위를 제한적으로 해석하여야 한다고 주장하거나, 출원당시의 객관적 정황에 비추어 출원인의 그와 같은 의도가 추단되는 수가 있는바, 이와 같이 특정한 사항에 대하여 제한적 권리범위를 주장하여 특허를 등록받은 특허권자가 사후에 그 특허를 행사함

에 있어서 반대로 자신의 특허 권리범위를 폭넓게 해석하여 제3자의 실시형태가 자신이 제한하였던 특허청구범위에 포함된다고 주장하는 것은 신의칙에 반하여 허용되어서는 아니 된다. 통상적으로 특허권자가 그와 같이 제3자의 실시형태를 자신의 특허청구범위에 포함시키는 근거로 균등론을 내세우는 경우가 많기 때문에 출원경과 금반언의 원칙이 균등론의 소극적 요건으로 자리잡게 된 것이다.

㉯ 출원경과 금반언 원칙의 적용범위

㉠ 보정의 이유에 대한 고려 공지기술에 의한 등록거절을 피하기 위한 목적 등으로 특허청구범위를 감축보정하거나 또는 좁게 해석하여야 한다고 주장함으로써 특허를 받은 경우, 나중에 출원 중에 포기한 보호범위를 균등론에 의하여 회복하는 것은 허용되지 않는다. 그러나 한편, 출원단계에서의 보정이 특허성의 획득과는 무관한 이유로 이루어진 경우도 있을 수 있는바, 미국 연방대법원은 1997. 3. 3. Warner-Jenkinson 사건[24]에서 출원단계에서 출원인이 행한 모든 감축보정은 특허성을 구비하기 위한 것으로 추정되며, 그와 같은 감축보정이 특허성 구비와 무관하게 이루어진 것이어서 보정된 내용과 달리 특허청구범위를 확장해석할 수 있다는 점은 출원인이 증명하여야 한다고 하여 균등론에 대한 법적 제한장치로서의 출원경과 금반언 사유가 추정된다고 하였다. 한편, 미국 연방 대법원은 2002. 5. 28. Festo 사건[25]의 판결에서, 선행기술을 회피하기 위한 경우뿐 아니라 기재불비를 극복하기 위하여 특허청구범위를 축소한 것에도 금반언 원칙은 적용된다고 하면서, 다만 이는 침해인정의 절대적 장애사유(absolute bar approach)가 아니라 상대적 장애사유(flexible bar approach)이므로, 예컨대 출원인이 보정 당시에 균등물을 예측할 수 없었다든가 보정을 한 이유가 균등물과 아주 미미한 관련성만을 갖는 경우와 같이 그 보정이 특정한 균등물을 포기하려고 한 것이라고 볼 수 없는 때에는 금반언의 원칙이 적용되지 않는다고 판시하였다.

---

24) Warner-Jenkinson Company, Inc., Et Al., Petitioner v. Hilton Davis Chemical Co.(520 U.S. 17(1997)).

25) Festo Corporation v. Shoketsu Kinzoku Kogyo Kabushiki Co. LTD., ET AL.(535 U.S. 722(2002)).

㉡ 금반언원칙이 적용되는 구체적 유형

i) 선행기술에 대하여 특허성을 확보하기 위한 보정 출원과정에서 선행기술과의 관계에서 신규성 등을 상실하는 것을 회피하기 위하여 특허청구범위를 제한적으로 보정하거나 그러한 해석에 관한 주장을 한 경우 금반언의 원칙이 적용된다는 점에는 이론의 여지가 없다. 금반언의 원칙을 이유로 등록특허의 권리범위를 제한하여 해석함으로써 균등침해의 성립을 부정하는 대법원 판결 및 하급심 판결들이 다수 있다.[26]

➾ 대법원 2003. 12. 12. 선고 2002후2181 판결

원심판결 이유에 의하면, 원심은 그 채용증거들을 종합하여 그 판시와 같은 사실을 인정한 후 그 인정 사실들을 종합하여 보면, 이 사건 특허발명과 ㈎호 발명은, 부직포의 재료인 합성사의 굵기, 부직포를 열 압착 구성하는 수단, 부직포에 폭과 간격이 동일하게 엠보싱 처리를 하는 구성이 동일하고, 부직포 두께에 있어서 이 사건 특허발명은 '약 0.8~1.5mm 정도'인데 ㈎호 발명은 0.1~0.79mm로서 미세한 차이가 있으나 이는 부직포의 제조과정에서 나타날 수 있는 오차 범위 내에 해당하며, 다만 엠보싱 형성 위치에 있어서 이 사건 특허발명은 부직포의 표면과 이면의 동일한 위치에 형성하는 반면, ㈎호 발명은 그 일면에만 형성하는 점에서 차이가 있으나, 피고가 이 사건 특허발명의 출원시에 단순히 '엠보싱 가공을 한 부직포'를 그 특허청구범위로 기재하였다가 특허청으로부터 '부직포의 일면 또는 양면에 엠보싱을 하는 기술'이 이미 공지되었다는 이유로 거절이유 통지를 받자 '부직포에 처리되는 엠보싱을 표면과 이면의 '양측 동일한 위치에 형성되게 하는 구성'만을 특허청구범위로 기재한 보정서를 제출하여 이 사건 특허를 받은 것이므로, 이 사건 특허발명의 권리범위는 위와 같이 한정된다고 할 것이어서, 출원경과 금반언의 원칙상 부직포 일면에만 엠보싱을 형성한 ㈎호 발명에 대하여는 이 사건 특허발명의 권리범위를 주장할 수 없다는 취지로 판단하였다. 기록에 비추어 살펴보면, 원심의 위와 같은 판단도 정당하고, 거기에 상고이유에서 주장하는 바와 같은 심리미진의 위법이 없다.

➾ 대법원 2002. 9. 6. 선고 2001후171 판결(출원경과 금반언 부정)

특허발명의 출원과정에서 어떤 구성이 특허청구범위로부터 의식적으로 제외된

26) 대법원 2003. 12. 12. 선고 2002후2181 판결; 대법원 2006. 6. 30. 선고 2004다51771 판결; 대법원 2007. 2. 23. 선고 2005도4210 판결; 특허법원 2002. 8. 30. 선고 2002허635 판결(확정); 특허법원 2007. 10. 5. 선고 2007허647 판결 등.

것인지 여부는 명세서뿐만 아니라 출원에서부터 특허될 때까지 특허청심사관이 제시한 견해 및 출원인이 심사과정에서 제출한 보정서와 의견서 등에 나타난 출원인의 의도 등을 참작하여 판단하여야 하고, 특허청구의 범위가 수 개의 항으로 이루어진 발명에 있어서는 특별한 사정이 없는 한 각 청구항의 출원경과를 개별적으로 살펴서 어떤 구성이 각 청구항의 권리범위에서 의식적으로 제외된 것인지를 확정하여야 한다. 기록과 위 법리에 비추어 살펴보면, 이 사건 특허발명의 특허청구범위 제1항의 보정은 위 청구항이 인용발명에 비하여 신규성과 진보성이 없다는 피고의 이의신청에 대응하여 행하여진 것으로서 원고가 그 보정과 함께 제출한 특허이의답변서에서 인용발명에는 염기서열이 전혀 기재되어 있지 않으므로 염기서열의 기재를 추가한 정정 후의 제1항은 신규성과 진보성이 있고, 삭제 전의 특허청구범위 제2항의 내용을 제1항에 결합시킴으로써 EPO를 제조하는 방법을 DNA 서열로써 더욱 특정한 것이라는 취지로 진술하고 있는 사실 및 실제로 인용발명에는 보정에 의하여 추가된 DNA 서열과 직접 연관지을 만한 내용이 나타나 있지도 않은 사실이 인정되므로 원고가 특허청구범위 제1항에 DNA 서열의 기재를 추가하여 보정을 함에 있어서 추가된 DNA 서열과 균등관계에 있는 것을 자신의 권리범위에서 제외할 의도였다고 단정하기는 어렵고 달리 이와 같이 인정할 만한 자료가 없음에도 불구하고, 원심이 정정된 특허청구범위 제1항이 삭제된 특허청구범위 제2항의 내용을 포함시킴에 있어 제2항의 기재 내용 중 "일부"를 제외하였다는 사정만을 내세워 그 판시와 같은 이유로 (가)호 발명이 이 사건 특허발명의 특허청구범위 제1항과 균등관계에 있음에도 불구하고 그 권리범위에 속하지 않는다고 판단한 것은 균등물과 출원경과금반언의 관계에 관한 법리를 오해하거나 심리를 다하지 아니하여 판결에 영향을 미친 위법이 있고 이에 관한 상고이유의 주장은 이유 있다.

ii) 기재불비 등의 문제를 해결하기 위한 보정 등　　출원 과정에서의 특허청구범위의 보정 등이 선행기술과의 관계에서 신규성·진보성을 부정당하지 않기 위한 목적으로 이루어진 것이 아니라, 기재불비 등 특허법이 정하는 다른 거절이유를 회피하기 위한 목적으로 이루어진 경우에도 금반언의 원칙이 적용될 수 있는가가 문제 된다.

생각건대, 명세서를 보정하는 목적은 대체로 발명의 신규성·진보성의 결여 또는 기재불비 등의 거절이유를 극복하기 위한 것이므로 어느 경우라도 출원인은 그 감축된 부분에 관하여는 특허받을 의사를 포기한 것이라고 볼 여지가 있다. 그런 것이 아니라면 출원인은 명세서의 보정에 나아가지 않고 거절결정을 기다려 불복심판으로 다투든지, 적어도 명세서의 기재를 삭제 또는 감축할 것이 아니라 기재불비를 해소할 수 있는 명확한 표현 등으로 대체하였을 것이기 때문이다. 또한, 제 3 자로서는 이와 같은 출원경과에 기초하여, 출원인에 의해 의식적으로 제외된 것으로 보이는 부분은 자신이 자유롭게 사용할 수 있는 기술구성으로 이해할 것이라는 점도 고려되어야 한다. 따라서 특허청구범위를 감축, 삭제하는 보정은 그것이 오기를 바로잡거나 불명료한 부분을 명확히 하기 위한 것임이 명백한 경우를 제외하면, 원칙적으로 출원경과 금반언 원칙의 적용대상이 되어 균등론의 적용이 제한되어야 할 것이다.[27] 그러나 실무는 의식적 제외 여부의 판단에 대해 사안의 개별 특수성을 많이 반영하는 것으로 보인다.[28]

판례[29]는 심사관이 기재불비와 진보성 흠결을 모두 거절이유로 삼자 거절을 피하기 위해 청구범위를 한정하는 보정 및 그에 기한 분할출원을 한 사안에서, 나중에 그 한정 이외의 부분에 관하여 균등침해 주장을 하는 것은 금반언의 원칙에 반한다고 한다.

iii) 분할출원의 경우　　앞서 본 바와 같이 판례[30]는 "특허출원인이 특허청 심사관으로부터 기재불비 및 진보성 흠결을 이유로 한 거절이유통지를 받고 거절결정을 피하기 위하여 원출원의 특허청구범위를 한정하는 보정을 하면서 원출원발명 중 일부를 별개의 발명으로 분할출원한 경우 위 분할출원된 부분은 특별한 사정이 없는 한 보정된 발명의 보호범위로부터 의식적으로 제외된 것이라고 보아야 할 것"이라고 한다.

---

27) 같은 취지, 강기중, 대법원판례해설(제43호 2002년 하반기), 법원도서관, 498면 이하.

28) 예컨대 판례(대법원 2023. 2. 2. 선고 2022후10210 판결)는 제약발명의 출원인이 최초출원의 청구항을 '~의 구조를 갖는 화합물 또는 …「그의 프로드러그 에스테르」' 라고 적었다가 심사관으로부터 「프로드러그 에스테르」라는 표현이 구조나 성분 등으로 특정되지 않아 의미가 불명확하다는 이유로 청구항 기재불비(특허법 제42조 제 4 항 제 2 호)의 거절이유를 통지받자 이를 삭제하는 보정을 한 사안에서, 출원 경과에 나타난 제반 사정을 감안하면 이와 같은 삭제보정으로 출원인이 모든 프로드러그 에스테르를 포기한 것으로 볼 것이 아니라 '구조나 성분 등으로 특정될 수 있는 프로드러그 에스테르'에 대해서는 여전히 권리범위가 인정된다고 하면서, 피고가 실시하는 '다파글리클로진 포메이트'는 이 사건 제 1 항 발명 화합물의 「프로드러그 에스테르」에 대한 균등물로서 그 권리범위에 속한다고 한 원심을 지지하고 있다.

29) 대법원 2008. 4. 10. 선고 2006다35308 판결.

30) 대법원 2008. 4. 10. 선고 2006다35308 판결.

iv) 출원인의 의견제출서에 포함된 내용 특허청구범위의 감축은 물론, 출원인이 심사관의 거절이유 통지 등에 대한 의견 제출서에서 표명한 의사 역시 그것이 출원경과의 일부임이 분명한 이상 원칙적으로 금반언의 효과를 야기한다고 봄이 상당하다. 판례[31] 역시 “어떤 구성이 청구범위에서 의식적으로 제외된 것인지 여부는 명세서뿐만 아니라 출원에서부터 특허될 때까지 특허청 심사관이 제시한 견해 및 출원인이 출원과정에서 제출한 보정서와 의견서 등에 나타난 출원인의 의도, 보정이유 등을 참작하여 판단해야 한다…이러한 법리는 청구범위의 감축 없이 의견서 제출 등을 통한 의견진술이 있었던 경우에도 마찬가지”라고 한다.[32] 미국의 판례도 그러하다. 즉, 심사관이 특허거절의 근거로 제시한 선행기술에 관하여 출원인이 자신의 출원발명과 선행기술의 특징적 차이를 설명하면서 그 과정에서 명시적이고 의도적으로 출원발명의 기술적 범위를 한정한 경우(clear and unmistakable surrender of subject matter)에는 사후에 위와 같은 한정을 넘는 부분에까지 균등침해를 주장할 수는 없다. 단, 이 경우 특허청구범위 감축에 의한 금반언과는 달리, 출원인이 한정한 기술요소와 균등관계에 있는 모두에 관하여 심사관에게 포기의 의사를 표명한 것으로 추정되지는 않는다.[33]

6) 역균등론(Reverse Doctrine of Equivalents)

균등론이 특허청구범위의 문언적 범위를 실질적으로 확장하는 이론이라면, 역균등론은 이를 축소하여 구체적 타당성을 확보하려는 논의이다. 균등론의 시초가 된 미국 연방대법원의 위 Graver Tank 사건에서, 법원이 ‘균등론은 특허권자에게 유리하게도, 불리하게도 적용될 수 있음’을 언급한 것이 역균등론의 시초가 되었다. 역균등론은, 침해를 구성하는 물건이나 방법이 비록 문언상으로는 특허청구범위의 침해를 구성하더라도 그것이 등록특허와 ‘명백히 다른 원리(So far changed in principle)’에 입각하여 실시되거나, ‘실질적으로 다른 방법(Substantially different way)’에 의하여 실시되는 경우에는 이를 침해로

31) 대법원 2017. 4. 26. 선고 2014후638 판결.

32) 이를 청구범위 감축에 기한 금반언인 “amendment based prosecution history estoppel”에 대응하여 통상 “argument based prosecution history estoppel”이라고 부른다.

33) Conoco Inc. v. Energy & Env. Int'l, L.C., 460 F.3d 1349, 1364(Fed. Cir. 2006); Pharmacia & Upjohn Co. v. Mylan Pharms., Inc. 170 F.3d 1373, 1377(Fed. Cir. 1999).

보지 않는다는 것이다. 기술발달의 속도가 빠른 첨단 기술분야를 중심으로, 특허청구범위의 문언을 작성할 당시 발명자가 도저히 예측할 수 없었던 후속 발명의 내용에 관해서까지 특허의 문언에 근거하여 권리를 주장하는 것은 특허권의 부당한 확장에 해당한다는 이유로 역균등론을 적극적으로 도입하여야 한다는 주장도 유력하다.[34] 다만, 미국의 재판실무에서 역균등론을 정면에서 받아들인 판례는 많지 않으며 이를 수용하는 태도와[35] 배척하는 태도가[36] 공존한다.

한편, 우리나라에서는 발명의 설명에 기재된 발명의 내용에 비하여 청구범위가 지나치게 넓은 경우에는 이를 명세서 기재불비로 파악함이 판례임은 앞에서 본 바와 같은바, 명세서 기재불비로 인한 무효사유를 안고 있는 특허권에 기하여 침해주장을 하더라도 권리남용을 이유로 배척된다면 결과적으로 '역균등론'을 적용하여 침해를 부정하는 것과 유사하게 된다.

7) 진보성 판단과 균등론

어떤 발명이 특허로서 권리범위를 가지고 있는 선행발명에 비추어 진보성이 인정되지 않는다면, 그 사실만으로 곧바로 그와 같이 진보성 없는 발명이 선행발명을 침해하는 것으로(권리범위에 속하는 것으로) 볼 수 있는지, 그렇지 않다면, 선행발명에 비하여 진보성은 없되 실질적으로 동일하지도 않은(균등이 아닌) 발명의 영역을 인정할 수 있는지의 문제가 있다. 이는 다시 말해서 발명에 있어 권리의 성립요건(진보성)과 보호요건(균등침해) 사이에 통일적 판단기준을 정립할 수 있는가 하는 문제라고도 할 수 있다.[37] 실제로 이러한 문제는 예컨대 A가 어떤 발명에 대하여 특허출원을 하였다가 이미 특허 등록된 선행기술 B에 비하여 진보성이 없다는 이유로 등록거절이 되고 나서도 발명을 계속 실시하는 경우, A발명에 진보성이 없다는 위 판단이 곧 A발명이 B발명에

34) Roger E. Schechter 외 1인 공저, *Intellectual Property the law of Copyrights, Patents and Trademarks*, 497면.

35) Ciena Corp. v. Corvis Corp., 334 F. Supp. 2d 598, 604 (D. Del. 2004); Amgen, Inc. v. Hoechst Marion Roussel, Inc., 339 F. Supp. 2d 202, 286-87 (D. Mass. 2004).

36) Tate Access Floors v. Interface Architectural Research, 279 F.3d 1357, 1368 (Fed. Cir. 2002); Depuy Spine, Inc. v. Medtronic Sofamor Danek, Inc., 567 F.3d 1314, 1338 (Fed. Cir. 2009).

37) 바꾸어 말하면 균등론에 있어 치환의 용이추고성이 진보성 판단에 있어서의 발명 용이성와 동일한 것인가의 문제라고도 할 수 있다.

대한 균등침해를 구성한다고 보는 근거가 될 수 있는가의 형태로 나타난다.

이론상, 모든 발명은 공지의 선행기술과의 관계에서 다음 스펙트럼 가운데 어느 하나에 속한다. 즉, ⅰ) 공지기술 : 당해 발명과 문언적으로 완전히 일치하는 선행의 기술이 있는 경우로서, 당해 발명은 공지 기술과 동일하다고 평가되어 발명이 신규성이 부인되고 당해 발명의 실시는 선행기술에 대하여 침해를 구성하는 경우, ⅱ) 준(準)공지기술 : 당해 발명과 문언적으로 완전히 동일하지는 않지만 실질적으로 동일(균등)한 선행기술이 있는 경우로서, 당해 발명의 신규성은 부인되고, 당해 발명의 실시는 선행기술에 대한 균등침해를 구성하는 경우, ⅲ) 극히 용이한 기술 : 당해 발명과 문언적으로도 실질적으로도 동일하다고는 볼 수 없으나, 당해 발명이 그 선행기술로부터 극히 용이하게 추고될 수 있는 경우로서, 당해 발명이 신규성은 인정되나 진보성 부인되어 실용신안조차 성립되지 않는 경우,[38] ⅳ) 극히 용이하지는 아니한 기술 : 당해 발명과 문언적으로도 실질적으로도 동일하다 볼 수 없으며, 당해 발명이 그 선행기술로부터 극히 용이하게 추고될 수도 없어 신규성, 실용신안으로서의 진보성까지 인정되는 경우(발명의 실시가 선행기술의 침해를 구성하지 아니한다), ⅴ) 용이하지 아니한 기술 : 당해 발명과 문언적으로도 실질적으로도 동일하다 볼 수 없으며, 당해 발명이 그 선행기술로부터 용이하게 생각해 낼 수도 없어 신규성은 물론 진보성까지 인정되어 특허가 성립될 수 있고, 당해 발명의 실시가 선행기술에 대한 침해를 구성하지 않는 경우가 그것이다. 위와 같이 선행기술과 당해 발명의 외연이 서로 저촉하는 유형 중 가장 문제가 되는 것은 위 ⅲ)의 경우라 할 것이다.

통설은, 균등론에서 말하는 치환용이성은 진보성에서 말하는 발명의 용이추고성보다 더 용이한 것, 즉 기술적으로 더 낮은 수준의 것이라고 하면서 어떤 발명이 주지기술 등 다른 기술로부터 용이하게 추고할 수 있는 것이라 할 때, 그 추측이 발명적 숙고에까지는 이르지 않더라도 어느 정도의 시도와 결과추적을 거쳐야 하는 것이라면 진보성이 결여되었다고 판단할 일이고, 당해 발명으로부터 보아 특단의 시도와 결과추적조차도 거칠 필요 없이 평균적 전문가라면 누구나 쉽게 추측할 수 있는 정도의 용이성이라면 균등에 해당하는 치

38) 실용신안법 제4조 제2항은 진보성이 부인되는 요건으로 당해 고안이 선행기술로부터 '극히' 용이하게 고안할 수 있을 것을 들고 있다.

환용이성이 있다고 한다.[39)]

살피건대, 발명의 실질적 동일성과 진보성을 같은 기준으로 평가하는 것은 우리의 특허법체계와 어울리지 아니하고, 발명의 동일성의 범주에는 속하지 않지만 그렇다고 진보성을 인정할 정도에는 이르지 않는 영역은 현실적으로 얼마든지 존재 가능한 것이며, 발명자는 이 영역에서 제 3 자의 침해행위가 있는 경우 이를 막을 수는 없지만, 제 3 자가 그와 같은 침해형태를 독립된 발명으로 스스로 권리화 하려 할 때, 진보성을 부인하여 이를 저지할 수 있는 것이므로 위와 같은 회색의 영역(Gray zone)을 설정하는 것은 특허법적으로 독자적인 의미도 있다. 따라서 통설의 입장이 정당하다고 생각된다.

(3) 이용침해

'이용발명'은 선행의 특허발명을 기초로 거기에 새로운 '기술적 잉여'를 더한 후행발명을 말한다. 이용발명은 그 자체로 특허성을 가지는 이상 독립적으로 특허의 대상이 됨은 물론이지만, 비록 특허된 이용발명의 실시라도 선행특허의 기술적 범위에 속하는 한도에서는 침해를 구성한다(특허법 제98조). 특허법은 선행특허권자의 침해주장으로 기술적·경제적으로 의미 있는 이용발명이 사장(死藏)되는 것을 막고, 양자의 합리적 이해조절을 위해 일정한 요건 아래 통상실시권이 설정을 강제하는 제도를 마련하고 있다(특허법 제138조).

1) 이용관계와 이용침해

㈎ **이용관계**

'이용관계'는 특허법 제98조를 거쳐 제138조가 적용되는 국면을 전제로 하는 개념이다. 그 구체적 요건에 대해서는 견해의 대립이 있다.

① 학　설

㉮ 사상 상 이용설　　후행발명이 선행발명에 '구성요소 부가'의 개량을 한 것이 '이용관계'이며, 그 결과 후행발명의 내용에 선행발명의 구성이 포함되어 있어야 한다고 본다. 예컨대 A+B로 이루어진 특허발명에 C라는 구성요소를 부가하여 A+B+C라는 형태의 발명을 완성·실시하는 것이 대표적 모습이다. 전통적으로는 후행발명에 선행발명의 기술적 사상(A+B)이 동일하게 포

39) 서태환, "특허소송에서의 균등론의 역할," 사법논집 제30집(1999년 12월), 법원행정처, 400면; 유영일, "특허소송에서의 균등론의 체계적 발전방향," 특허소송연구 제 2 집, 특허법원(2001), 287면 참조.

함되어 있다는 이유로 '사상(思想) 상 이용'이라고 불리어 왔으나, 차라리 '구성요소 부가'라는 표현이 더 정확할 것이다. 후행발명에 선행발명이 '포함되어 있다'는 구체적 의미를 두고 선행발명의 주요부가 들어 있어야 한다는 입장(주요부 설), 선행발명과 요지가 공통되면 족하다는 입장(요지공통설 혹은 그대로설) 등으로 나뉜다. 사상이용설은 우리나라와 일본에서 과거의 다수설이었다.[40]

㈏ 실시 상 이용설 우수한 후행 개량발명이 선행발명의 과도한 권리행사에 의해 사장(死藏)되지 않기 위해서는 특허법 제138조(통상실시권 허락심판) 등 강제실시의 여지를 충분히 확보하는 것이 특허법 본래의 취지에 부합한다는 사고 아래, 이용관계의 개념을 넓게 파악하는 입장이다.

㉠ 실시불가피설 : 특허법 제98조의 이용관계는 후행발명에 선행발명의 구성이 포함된 경우는 물론,[41] 그렇지 않더라도 후행발명의 실시를 위해 불가피하게 선행발명의 실시가 수반되는 경우 전반을 이용관계로 파악해야 한다는 견해이다. 실시불가피의 예로는, ⅰ) 선행발명이 물건(A)이고, 후행발명은 A를 생산하는 방법인 경우, ⅱ) 선행발명이 물질 A이고, 후행발명은 물질 A를 출발물질로 하는 별개의 화합물 B인 경우,[42] ⅲ) 선행발명이 방법 A이고, 후행발명은 방법 A를 구현하는 장치(B)인 경우 등을 들 수 있다. 일본의 유력설들도 일본 특허법 제72조(우리 특허법 제98조에 해당한다)의 이용개념에 관해 실시불가피설을 취하고 있다.[43]

㉡ 침해불가피설 : 실시불가피설에서 한 걸음 나아가, 후행발명의 실시가 직접 선행발명의 실시를 구성하지 않지만 결과적으로 침해를 수반하는 경우까지로 이용관계의 범위를 확대하여 강제실시의 여지를 확보하려는 입론이다.

---

40) 우리나라에 관한 설명으로는 송영식 외 6 공저, 지적소유권법 제2판(상), 2013, 육법사, 612면; 일본에 대한 설명으로는, 中山信弘 · 小泉直樹 編, 新 注解 [第2版](中), 青林書院, 2017, 1370~1372면.

41) 구성요소 부가의 이용발명을 실시하게 되면 자연히 선행발명의 실시가 수반되므로, 일반적으로 '실시 불가피 이용'은 '구성요소 부가 이용'의 상위개념에 해당한다고 볼 수 있다.

42) 화학분야의 특성상, A를 출발물질로 사용하는 행위는 선행발명의 실시이기는 하나, 그 결과물로 별개의 성질을 가지는 B가 생산되더라도 B에는 A의 구성이 일체성을 유지한 채 남아 있지 않은 경우도 많은바, 이는 '사상 상 이용'이나 '구성요소 부가'의 형태가 아니다.

43) 中山信弘, 特許法(第4版), 356면; 吉藤幸朔, 特許法概説[제13판], 509면; 竹田和彦, 特許의知識 [제8판], 553면; 竹田 稔, 松任谷 優子, 知的財産權訴訟要論(特許編), 發明推進協會(2017), 86면; 中山信弘 · 小泉直樹 編, 新 注解 [第2版](中), 1370면 등.

예컨대, ⅰ) 선행발명이 물건 A이고, B가 그 전용부품, 후행발명 C는 B의 생산방법일 때, C 방법의 실시 결과 직접 특허물건 A의 생산이 이루어지지는 않지만, 그 간접침해품인 B가 생산되어 결과적으로 A의 (간접) 침해가 수반된다.[44] ⅱ) 선행발명이 '화학물질(A)의 용도(X)발명'이고 후행발명이 'A의 제조방법'인 경우, 후행발명 방법으로 제조된 A의 용도 역시 오로지 X 뿐이라면 후행발명은 선행발명과 '실시불가피'의 관계에 있지는 않지만[45] 후행발명 방법으로 제조된 A가 용도 X에 사용되면 용도발명 특허에 대한 간접침해를 구성하게 된다.[46]

침해불가피설은 위 각 설례의 후행발명들에도 선행특허와 이용관계를 인정하자는 것이다.

② 판 례 판례[47]는 일관되게, '이용관계가 성립하기 위해서 후행발명이 선행발명의 구성요소를 일체성을 유지한 채 그대로 포함하고 있어야 한다'고 함으로써, 일견 사상 이용설(그중에서 '요지공통설')의 입장에 선 것으로 읽힌다. 판례의 태도를 종합하면, 이용관계의 성립 요건은 ⅰ) 선행발명의 구성요건(요지)을 그대로 포함할 것, ⅱ) 선행발명에 별도의 기술적 요소의 부가가 있을 것, ⅲ) 이용발명에 선행발명이 일체성을 가진 형태로 존재할 것, ⅳ) 후행발명이 특허를 받았을 것으로 정리할 수 있다. 선행발명의 일체성이 파괴된 경우에는 이용관계를 인정할 수 없게 되며, 선행발명의 요지를 그대로 포함한다는 것은 물리적인 측면만을 의미하는게 아니라 구성요건의 기술적 사상이 일체성을 유지하면서 그대로 포함된다는 뜻으로 받아들여지고 있다. 이용관계가 인정되면 후행발명은 이용발명이 되고, 비록 특허받은 발명이더라도 선행 특허발명의 권리범위에 속하며 그 실시는 침해를 구성한다.[48] 과거 판례 중에는, 후행발명이 특허를 받지 않은 경우에도 '이용관계' 내지 '이용발명'

---

44) 中山信弘 · 小泉直樹 編, 新 注解 [第2版](中), 1369면.

45) 물질 A와는 실시불가피에 관계에 있음은 물론이다.

46) 中山信弘, 特許法[第 3 版], 弘文堂(2015), 339면; 竹田和彦, 特許의知識 [제 8 판], 131면.

47) 대법원 2019. 10. 17. 선고 2019다222782, 222799 판결; 대법원 2015. 5. 14. 선고 2014후2788 판결; 대법원 2001. 8. 21. 선고 98후522 판결; 대법원 1995. 12. 5. 선고 92후1660 판결; 대법원 1991. 11. 26. 선고 90후1499 판결 등.

48) 대법원 1991. 11. 26. 선고 90후1499 판결; 대법원 2002. 6. 28. 선고 99후2433 판결; 대법원 2016. 4. 28. 선고 2015후161 판결 등.

이라는 표현을 사용한 것도 있으나,[49] 예외에 속한다.

그러나 한편, 지금까지의 판례들은 제98조의 이용관계를 침해성립 내지 권리범위 속부의 판단과정에 원용한 것들일 뿐, 제138조의 적용 여지를 판단한 사안들이 아니라는 점에 주목할 필요가 있다. 우리 판례 가운데 실시 상 이용이 제98조의 이용관계를 구성하는지 여부를 판단한 것은 아직 발견되지 않는다. 현재까지 판례의 입장은 단지 '후행발명이 선행발명의 기술적 사상의 요지를 일체성을 유지한 채 그대로 포함하고 있다면 이용관계가 성립하여 그 권리범위에 속한다'는 것일 뿐이다.

③ 검 토 특허법 제98조와 제138조의 본래 취지는 후행발명이 특허를 획득하였더라도 그 실시가 선행발명의 침해를 구성하는 이상, 그 허락 없이는 실시할 수 없도록 하되(제98조), 그 과정에서 경제적·기술적 가치를 가진 후행발명이 적절한 실시허락을 받지 못해 사장(死藏)되는 일이 없도록 제도 보장을 해 주는데 있다(제138조). 그렇다면, 이 규정의 적용을 받을 수 있게 하는 이용관계를 선행발명의 구성요소 전부가 그대로 후행발명의 구성에 포함되어 있는 경우로 한정할 필요는 없고, 널리 후행발명의 실시과정에서 불가피하게 선행발명의 침해가 수반되는 경우이면 이용관계가 성립한다고 봄이 상당하다. 요컨대, 이용관계는 후행발명이 선행발명과의 관계에서 실시불가피에 해당할 때 인정되는 개념이라고 해야 한다. 침해불가피설은 실시불가피설의 외연을 극단까지 확장한 것으로서, 이론적으로는 우수하나 선행발명 특허권자에게 지나치게 불리한 결과를 초래할 수 있어서 지지하기 곤란하며 이용관계는 실시불가피로 충분하다고 본다.

아울러 판례는 후행발명이 선행발명을 사상 상 이용하는 경우에만 그 권리범위에 속한다고 하고 있으나, 선행발명을 실시 상 이용하는 경우에도 마찬가지라고 보아야 할 것이다. 어떤 발명이 타 특허발명의 권리범위에 속한다는 것은 그 실시형태가 해당 특허의 침해를 구성한다는 의미와 다르지 않고, '침해를 구성하지만 권리범위에 속하지 않는다'는 개념은 성립할 수 없기 때문이다. 판례는 특허권의 간접침해품이 해당 특허의 권리범위에 속한다고 하는 바,[50] 간접침해품은 그 사용을 통해 선행 특허의 침해를 불가피하게 수반하는

49) 대법원 2005. 7. 14. 선고 2003후1451 판결.

50) 대법원 2005. 7. 15. 선고 2003후1109 판결 등.

실시상 이용일 뿐, 선행발명의 구성요건을 그대로 포함하고 거기에 별도의 기술적 요소를 부가하는 사상 상 이용이 아님이 명백하다. 이를 통해, 권리범위의 속부와 침해의 성부(成否)를 암묵적으로 동일시하는 판례의 태도를 엿볼 수 있다. 다만, 위와 같은 실시 상 이용관계는 후행발명의 구체적 실시형태에 따라 성립하거나 성립하지 않게 됨에 주의를 요한다. 예컨대, 선행발명이 방법(A)이고 후행발명이 그 방법을 실시하는 장치(B)인 경우, B는 그 자체로는 A의 권리범위에 속하는 것이 아니며, 이를 생산하거나 양도하는 행위는 침해를 구성하지 않지만, B를 사용하는 실시형태는 불가피하게 A의 실시를 수반하게 되므로 A의 권리범위에 속하고 그 침해를 구성하는 것이다.

(나) 이용침해의 개념과 필요성

① 불요설 이용침해라는 개념을 별도로 상정할 필요가 없다는 입장이다. 후행발명에 의한 선행발명의 강제실시 상황을 전제로 하는 이용관계(특허법 제98조 및 제138조)와 달리, 침해의 국면에서는 이용침해라는 개념을 별도로 인정할 필요 없이 단지 후행발명이 선행발명의 기술적 범위에 속하는지만 판단하면 족하다는 것이다.[51] 즉, ⅰ) 선행발명이 (A+B) 구성으로 이루어지고, 후행발명이 (A+B)+C 구성인 구성요소 부가형 이용의 경우에는 후행발명이 선행발명의 구성요소 모두를 포함하므로 이를 문언 혹은 균등침해로 다루면 되고,[52] ⅱ) 만약 선행발명이 물건 X이고, 후행발명이 X'를 제조하는 새로운 방법(Z: 실시상 이용)이라면, Z 자체는 X의 권리범위에 들지 않으며, 다만 Z를 통해 생산된 물건(X')이 선행발명의 권리범위에 속하는지만 문제 삼으면 된다고 한다.[53] 일본에서는 이 입장이 과거의 통설이다.[54]

우리 판례도 명시적으로 '이용침해'라는 표현을 사용한 것이 발견되지 않는 점에 비추어 보면 이 입장을 전제로 한 것으로 볼 여지가 있다.[55]

---

51) 中山信弘 · 小泉直樹 編, 新 注解 [第 2 版](中), 1379면.

52) 이런 취지로는, 竹田和彦, 特許의知識 [제 8 판], 553면; 김승조, "이용관계에 대한 판단", 특허판례연구[제3판], 박영사(2017), 437~438면.

53) 中山信弘 · 小泉直樹 編, 新 注解 [第 2 版](中), 1379면.

54) 中山信弘, 特許法[第 3 版], 弘文堂(2015), 338면; 竹田和彦, 特許의 知識[第 8 版(번역판), 에이제이디자인기획(2011), 554면 등.

55) 예컨대 최근에 이르기까지 판례는, " …(중략) …(피고) 제품은 이 사건 제 1 항 발명의 요지를 전부 포함하고 이를 그대로 이용하면서 그 일체성을 유지하는 경우에 해당하므로, 이 사건 제 1 항 발명에 대한 침해가 성립한다"고 할 뿐, 별도로 '이용침해가 성립한다'고 표

② **이용침해 개념의 필요성** 그러나 '이용침해'라는 개념은 별도로 인정됨이 상당하다. 이유는 다음과 같다.

첫째, 이용침해는 예컨대, 선행 물질발명에 대한 새로운 용도발명·선택발명이나, 선행 물건발명을 생산하는 개량된 방법발명, 선행 방법에 사용되는 장치발명처럼 선행발명의 청구항 문언과 후행발명의 구성이 일대일로 대응하지는 않지만 결과적으로 침해를 야기하는 다양한 사례들을 포섭하는 침해개념으로서 필요하다.

둘째, 이용관계에 있는 후행발명을 선행발명 특허권자의 허락 없이 실시하면 문언 혹은 균등침해가 발생하는 것은 사실이다. 그러나 그 침해는 특허법 제138조의 요건을 충족하면 통상실시권이 성립될 수 있는 특수한 형태의 문언침해 혹은 균등침해이며, 이는 이용침해라는 독자적 침해유형을 구축하기 충분한 개념표지이다.

셋째, 이용관계가 성립하는 경우, 침해국면에서도 고유의 효과가 발생한다. 이용관계인 후행발명에 특허법 제138조가 적용될 여지를 감안하여, 침해판단 시 권리남용이나 금지권의 제한 등 일반적 침해와 다른 취급이 필요할 수 있기 때문이다.[56] 불요설은 이를 도외시한 채, 이용관계와 침해국면을 서로 무관계한 것으로 취급하고 있다. 그러나 이는 부당하며, 특허법이 '이용관계'라는 개념을 상정하고 있는 이상, 그에 상응하는 '이용침해'의 개념을 인정하는 것이 자연스럽다.

넷째, 실무상 자주 문제가 되는 불완전 이용침해나 생략침해는 모두 이용침해 개념을 전제로 했을 때 잘 설명될 수 있다. 균등침해와 관련해서도, 선행발명의 일부 구성요소를 치환 내지 부가한 경우, 변경부분이 균등물이면 균등침해로, 균등범위를 넘으면 이용침해로 구분함으로써 침해 판단에 대한 설득력 있는 이유 구성이 가능하다.[57]

현하지는 않는다(대법원 2019. 10. 17. 선고 2019다222782, 2019다222799(병합) 판결).

56) 후원발명에 대해 특허법 제138조의 강제실시권 허락의 사유가 명백함에도 선원발명의 특허권자가 금지청구 등을 강행하는 경우 이를 권리남용으로 파악하거나 금지권 없는 손해배상으로 만족하게 함이 상당하다는 입론으로는 조영선, "특허권 남용법리의 재구성", 저스티스 통권 제135호(2013. 4), 150면 참조.

57) 안원모, "특허의 이용침해와 이용관계-대법원 2015. 5. 14. 선고2014후2788 판결을 중심으로-", 산업재산권 제51호(2016. 12), 34면. 한편, 위 견해는 후행발명이 특허가 되어 있

㈐ **정리: '이용관계'와 '이용침해'의 관계**

이런 점들을 고려하면, 현행 특허법에 의하더라도 이용관계가 성립하면 후행발명은 이용침해라는 특수한 형태의 침해를 구성한다고 보아야 한다.[58] 요컨대, 이용침해는(후행발명의 특허 여부나 후행발명이 선행발명의 구성요소 전부를 그대로 가지고 있는지 여부를 묻지 않고) 그 실시 과정에서 불가피하게 선행발명의 직접 침해가 수반되는 경우 전반을 일컫는 말이고, 이용관계는 (후행발명이 선행발명의 구성요소 전부를 그대로 가지고 있는지 여부를 묻지 않고) 이용침해가 성립되는 것들 중 후행발명이 특허를 획득하여 특허법 제98조 및 제138조가 적용될 수 있는 경우 모두를 지칭한다고 보아야 한다.

2) 이용침해와 관련된 문제들

㈎ **화학분야 등에서의 특수 취급**

예컨대 화학분야에서는 A+B에 C를 더함으로써 전혀 다른 성질과 기술적 효과를 가지는 결과물질이 생성되는 수가 있다. 이 경우 형식적으로는 선행발명인 A+B 구성이 이용되고 있기는 하지만 앞서 본 어느 유형의 이용침해에도 속하지 않는다고 보아야 한다. 후행발명을 통해 A+B를 '생산'하는 일은 일어나지 않으며, A+B를 단지 출발물질로 사용하였다는 이유만으로 화학반응을 통해 그 일체성이 상실되는 경우까지 모두 특허의 '실시(사용)'로 인정하여 이용침해를 인정하면 특허권자에게 지나치게 넓은 권리를 부여하게 되어 기술진보에 심각한 타격을 주고 분쟁을 양산하기 때문이다. 판례[59] 역시 같은 취지이다.[60] 일본의 판결례 역시 "화학방법의 특허에 있어서는 출발물, 조작

는지 여부, 출원되어 있는지 여부, 출원되면 특허를 받을 수 있는지 여부, 선행특허에 대한 침해를 구성하는지 여부 등을 묻지 않고, 후행 발명의 실시가 선행 특허발명을 이용하는 방법으로 그 권리범위에 속하게 되는 모든 경우를 '이용관계'로, 그 가운데 선행 특허발명의 침해가 성립하는 경우를 '이용침해로', 특히 후행 발명이 특허등록된 경우를 '이용발명'으로 부르자고 제안한다(위 논문 10~11면).

58) 나아가, 해석론이나 입법론으로서는 후행 발명이 비특허 기술인 경우에도 일정한 경우 이용침해로 보아 이용관계에서와 유사한 법적 취급을 해야 할 때가 있다. 이 문제는 별도로 언급한다.

59) 대법원 2001. 8. 21. 선고 98후522 판결 등.

60) 같은 이유로, 'A에 B를 반응시켜 물질 X를 제조하는 방법'이라는 선원발명에 대하여 'A에 B와 C를 반응시켜 물질 Y를 제조하는 방법'이라는 발명은 A가 B에 반응하여 X가 제조되고 다시 이것에 C가 반응하여 Y가 제조되는 경우가 아니라면 이용관계에 있다고 보기 어려울 것이다.

(처리)수단, 목적물의 유기적 일체성이 특허의 요지를 구성하며 그 일체관계가 발명의 사상이다"라고 한다.[61]

반대로, 화학반응에서 촉매라 함은 반응에 관여하여 반응속도 내지 수율 등에 영향을 줄 뿐 반응 후에는 그대로 남아 있고 목적물질의 화학적 구조에는 기여를 하지 않는 것이므로, 화학물질 제조방법의 발명에서 촉매를 부가함에 의하여 그 제조방법 발명의 기술적 구성의 일체성, 즉 출발물질에 반응물질을 가하여 특정한 목적물질을 생성하는 일련의 유기적 결합관계의 일체성이 상실된다고 볼 수는 없으며, 촉매의 부가로 수율에 현저한 상승을 가져오더라도, 특별한 사정이 없는 한 이용발명에 해당한다는 것이 판례이다.[62]

㈏ **균등물과 이용관계**

판례[63]는 이용관계는 후행발명이 선행발명의 구성을 그대로 이용하는 경우는 물론, 그중 일부 구성을 균등물로 치환하여 이용하는 경우에도 성립한다고 한다. 이는 사상 상 이용 관계를 전제로 한 것이지만, 앞서 본 대로 실시상 이용 역시 이용관계 및 이용침해를 구성한다고 보는 이상, 후행발명의 실시 과정에서 선행발명의 일부 구성을 균등물로 치환하여 실시가 이루어지는 경우에도 이용관계는 성립한다고 볼 것이다.

㈐ **이용침해 성립에 논란이 있는 경우 : 선택발명, 수치한정발명, 용도발명**

이용침해를 둘러싸고 선택발명, 수치한정발명[64] 및 용도발명은 다소 특수한 지위를 가진다. 위 발명들은 대체로 선행발명을 기초로 하되, 선행발명이 알지 못하는 뛰어난 효과의 하위개념 발명을 제시하거나 새로운 용도를 규명해 냄으로써 고유의 발명으로 성립한다는 특징이 있다.[65] 개념상 이러한 발명은

---

61) 大阪地裁 昭42年 10. 24. 판결(判時521号 24頁).

62) 대법원 2001. 8. 21. 선고 98후522 판결.

63) 대법원 2001. 9. 7. 선고 2001후393 판결; 대법원 2015. 5. 14. 선고 2014후2788 판결.

64) 협의의 선택발명 이외에, 개념상 상위개념인 선원발명의 범주에 속하나 선원발명과는 이질적이거나 양적으로 현저한 효과를 가지는 점에 특징이 인정되어 별도의 발명으로 성립하는 후원발명 일반을 '광의의 선택발명'이라고 부를 수 있으며, 수치한정발명이 여기에 포함된다. 유럽에서는 실제로 협의의 선택발명과 수치한정발명을 아울러 선택발명(Selection Invention)이라고 부른다(Richard Hacon/Jochen Pagenberg, *Concise European Patent Law*, p. 43).

65) 비교법적으로, 일본, 미국, 유럽(EPO), 독일 등에서 선택발명, 수치한정발명 및 용도발명에 신규성, 진보성을 인정하는 근거와 기준은 우리나라와 크게 다르지 않다. 다만, 독

모두 이용발명에 해당할 것이지만, 앞서 본 특징 때문에 그 실시가 이용침해까지 구성한다고 보는지 여부에 대하여는 나라마다 입장이 통일되어 있지 않다.

미국에서는 종발명(Species)이 속발명(Genus)에 대하여 신규성과 비자명성을 갖고 있어도 선택발명이 속발명(Genus)의 범위 내에 있는 한, 그 실시는 당연히 속발명(Genus)에 대한 침해를 구성한다고 보아 왔다.[66] 그러나 한편으로 2000년대 이후 판례는 화학분야나 유전공학 분야, 식물특허 분야 등에서 속발명인 선행발명이 명세서에 개시된 구체적 실시례 등에 비추어 넓은 권리범위를 가지고 있다면, 선행발명의 명세서에 명확히 개시되지 않은 하위개념의 실시에 대하여 침해를 인정하는데 신중해지고 있다.[67] 아울러, 미국에서는 이런 분야에서 개량발명의 활용을 보장하기 위해 강제실시권(compulsory license)을

일의 경우, 수치한정 발명은 선행기술의 수치범위 내에서 가능한 모든 기술적 가치와 부분집합들이 다 개시된 것으로 보아 원칙상 신규성을 인정하지 않는다(BGH, 12.05. 1992, GRUR 1992, 842, 845- Chrom-Nickel-Legierung; BGH 07.12. 1999, GRUR 2000, 591, 593-594- Inkrustierungsinhibitoren). 미국은, 용도발명의 경우 선행기술과 동일한 물질인 이상, 물건의 형태로 청구항을 작성하면 신규성을 인정받지 못하는 것이 원칙이고, 'New Use of Known Matter'라는 방법(process)의 형태로 청구항을 작성하면 신규성을 인정받을 수 있다. 미국은 원칙상 의료기술에도 특허적격성을 인정하기 때문에 의약의 용도발명을 이처럼 방법의 형태로 구성하더라도 문제가 적은 반면, 유럽은 미국과 달리 의료방법에 특허를 부여하지 않기 때문에 의약에 대하여는 용도발명을 방법이 아닌 물건으로 하는 것이 허용된다(南条雅裕, "用途發明を巡る新規性の確立についての一考察," 知的財産政策學研究 Vol. 24(2009), 122면, 123면, 128면). 우리나라에서도 의약의 용도발명은 용도로 한정된 '물건'의 형태로 기재하는 것을 원칙으로 한다. 일본 역시 의약이나 기타 분야를 불문하고 기존 물질이 새로운 용도에 대하여는 물건(物) 청구항으로 특허청구가 가능하며 선행특허와 용도를 달리하면 신규성을 인정받을 수 있다(南条雅裕, 앞의 글, 122면).

66) 竹田和彦, 特許의知識 [제 8 판], 557면.

67) Sitrick v. Dreamworks, LLC, 516 F.3d 993(Fed. Cir. 2008); Auto. Techs. Int'l, Inc. v. BMW of N. Am., Inc., 501 F.3d 1274(Fed. Cir. 2007); Liebel-Flarsheim Co. v. Medrad, Inc., 481 F.3d 1371(Fed. Cir. 2007); Lizardtech, Inc. v. Earth Res. Mapping, Inc., 424 F.3d 1336(Fed. Cir. 2005); Chiron Corp. v. Genentech, Inc., 363 F.3d 1247(Fed. Cir. 2004); Plant Genetic Sys. N.V. v. DeKalb Genetics Corp., 315 F.3d 1335(Fed. Cir. 2003) 등. 이는 선원발명이 그 개시에 비하여 지나치게 넓은 권리범위를 가짐으로써 후행발명의 의지를 좌절시키는 부작용 때문이다. 아울러 이러한 경향은 CAFC가 2000년대 이후 유지해 오고 있는 판단의 기조, 즉 성공의 불확실성이 높은, 그러나 계속적인 연구개발이 이루어져야 하는 기술분야에 특별한 유인을 부여하기 위해 진보성 문턱을 낮추는 대신 권리범위를 좁게 설정함으로써 연구자나 투자자에게 '보상의 규모는 작더라도 투하자본의 회수가 확실한' 수익모델을 제공하는 입장과도 통한다.

인정하기 보다는 선행특허가 애초에 후행발명의 내용을 충분히 아우를 정도로 뒷받침요건이나 실시가능요건 등 명세서 기재요건을 갖추었는지를 따지고, 그 과정에서 명세서 기재요건 위반을 이유로 선행의 속(Genus) 발명 특허가 무효로 되는 일이 흔하다고 한다.[68)]

유럽에서는 선택발명, 용도발명 등 후행 특허발명의 실시 과정에서 불가피하게 선행 특허발명의 침해가 일어나는 경우를 통틀어 '종속발명(Dependent patent)'이라고 칭하여 침해의 성립을 인정하되, 우리 특허법 제98조와 유사한 취지의 강제실시권 제도를 통해 이용발명의 합리적 활용을 보장하는 것이 보통이다.[69)]

일본에서는, 후행발명이 용도발명인 경우에는 그 실시 과정에서 물건인 선행특허의 실시를 반드시 수반하기 때문에 당연히 침해를 구성한다고 보는 것이 통설이다.[70)] 선택발명에 대해서는 이를 선행발명에 대한 이용발명으로 보아 침해를 인정하는 입장, 별개의 발명으로 보아 침해를 구성하지 않는다고 보는 입장 및 발명자의 인식한도를 기준으로 개별판단 해야 한다는 입장이 공존하며,[71)] 수치한정발명에 대하여도 선택발명과 같은 취급을 하는 견해가 있다.[72)]

㈃ 이용발명과 저촉발명

특허법 제98조는 특허발명이 선출원 특허발명을 '이용'하는 것이 원칙상 침해에 해당함을 규정하고 있을 뿐, 후출원 특허발명이 선출원 특허발명과 '저촉'되는 경우, 예컨대 선·후 출원 특허발명의 특허청구범위가 동일한 이중특허(Double Patent)에서 후출원 특허발명을 실시하는 것이 선출원 특허발명의 침해에 해당하는지에 관하여는 침묵하고 있다. 이에 관하여는, 일본을 중심으로 침해설[73)]과 비 침해설[74)]이 있다. 침해설의 주된 논거는 선출원 특허발명을

68) Dmitry Karshtedt, Mark A. Lemley, Sean B. Seymore, The Death fo the Genus Claim, Harvard Journal of Law & Technology, Vol. 35, No. 1 (2021), pp. 22~46.

69) Ullrich, Hanns, Patent Dependency Under European and European Union Patent Law – A Regulatory Gap (January 27, 2023), p. 1.

70) 中山信弘 · 小泉直樹 編, 新 注解 [第 2 版](中), 1413면.

71) 中山信弘 · 小泉直樹 編, 新 注解 [第 2 版](中), 1410면.

72) 수치한정발명을 선택발명의 한 유형으로 명시하여 논의를 전개하고 있는 문헌으로는, 佐藤富德, "先願特許發明と後願特許發明との利用抵觸關係について," パテント Vol. 52(1999) 참조.

73) 竹田和彦, 特許의知識 [제 8 판], 444면; 中山信弘, 特許法[第 二 版], 328~329면.

74) 光石士郎, 特許法詳說, [新版], きようせい(1987), 259면.

단지 이용하는 데 불과한 후출원 특허발명이 침해를 구성하는 점을 고려하면 선출원 특허발명과 동일하여 무효사유가 분명한 후출원 특허발명을 허락 없이 실시함은 당연히 침해를 구성한다고 보아야 한다는 것이다. 반면 비침해설은 특허법 제98조는 선·후 출원 특허가 저촉하는 경우를 제외하고 있는바,[75] 이는 후출원 특허발명에 대한 등록무효를 통해 문제를 해결할 것을 상정하는 한편, 후출원 발명이 등록무효되기 전까지는 그 실시는 침해를 구성하지 않는다는 것이 입법자의 의도라고 주장한다.

살피건대, i) 특허법 제98조의 태도에 비추어 법이 규정하지 아니한 '저촉'에까지 침해를 인정하는 것은 무리라는 점, ii) 후출원 특허권이 등록무효로 된 경우, 무효심판 등록 전에 선의로 사업을 하거나 준비 중인 후출원 특허권자는 사업 목적 내에서 법정 통상실시권(중용권: 특허법 제104조)을 취득하는바, 침해설을 따른다면 동일한 사실관계에서 후출원 특허가 등록무효 되기 전에는 침해를 구성하였다가 등록무효로 된 이후에는 중용권에 기해 침해를 구성하지 않게 되어 논리에 어긋나는 점, iii) 등록특허 사이의 적극적 권리범위확인 심판 청구는 등록무효심판 없이 등록특허의 권리범위를 부인하는 것이어서 적법하지 않으며, 다만 이용발명이 문제되는 때에 한해 그러한 청구가 적법하다고 하는 판례의 태도를[76] 아울러 고려하면, 특허법 제98조는, 특허의 실시는 타 특허와의 사이에 이용관계에 있을 때 한해 침해를 구성할 여지가 있고, 그 밖에 특허 사이에서 저촉을 이유로는 침해가 성립하지는 않는다는 원칙을 천명한 것으로 봄이 상당하다.[77]

---

75) 반면, 제98조 후단은 후출원 특허권이 선출원 디자인권 또는 상표권과 '저촉'하는 경우에는 침해를 구성한다는 취지로 규정하고 있다.

76) 대법원 1986. 3. 25. 선고 84후6 판결; 대법원 1985. 5. 28. 선고 84후5 판결; 대법원 2002. 6. 28. 선고 99후2433 판결; 대법원 2007. 10. 11. 선고 2007후2766 판결 등.

77) 한편, 竹田和彦, 特許의知識 [제 8 판], 443~449면은, 비 침해설은 특허권의 본질을 '배타권'이 아닌 '실시권'으로 이해한 과거 일본의 학설들에 의하여 주장된 것이라고 설명한다. 즉, 그들에 따르면 특허권은 본질적으로 '실시권'이기 때문에, 후출원 특허권에 기하여 다른 특허발명과의 사이에 이용이나 저촉관계가 발생하더라도 후출원 특허권자는 자신의 특허가 유효한 이상 적법하게 '실시'할 수 있으며, '이용침해'는 이에 대한 예외를 천명한 규정이라는 것이다. 아울러 竹田和彦은 특허권의 본질은 어디까지나 '배타권'이며, 이용발명의 침해 성립을 규정한 일본 특허법 제72조(우리 특허법 제98조에 해당한다)는 통상실시권 설정의 재정 제도에 관한 일본 특허법 제92조(우리 특허법 제138조)의 근거를 부여하는 의미만을 가질 뿐, 법이 특허권의 본질을 '실시권'으로 이해한 것은 아니라고 한다. 그러

그런데, 최근 판례는[78] 선출원주의 위반인 후출원 등록상표의 사용이 선출원 등록상표권의 침해인지가 문제된 사안에서 이를 긍정하면서, 같은 결론이 특허, 디자인 사건 등에도 적용된다고 하여 침해설의 입장을 취하였다.[79]

그러나 ㉠ 현행 특허법 제98조에 '저촉'이 없는 것은 입법상의 실수 등으로 누락된 것이 아니라, 과거 특허법이 '이용'과 '저촉'의 경우 모두에 특허권자의 동의를 요구하였다가,[80] 이후 법 개정(1986. 12. 31. 법률 제3891호)을 통해 의도적으로 '저촉'을 삭제하고 '이용'만을 남겨둔 것인바, 그럼에도 새삼 제98조에 '저촉'이 들어있다고 보는 것은 입법론이라면 몰라도 해석의 한계를 넘는 점, ㉡ 위 전원합의체 판결이 '특허 사이의 적극적 권리범위확인 심판청구는 무효심판 없이 후원 특허의 권리범위를 부인하는 것이어서 부적법하고 오로지 후원 발명이 이용관계에 있는 경우에만 가능하다'는 기존판례의 일관된 태도와의 모순을 해명하지 못하고 있는 점, ㉢ 선원주의 위반 등 무효사유가 명백한 특허권의 행사를 권리남용으로 보아 단순히 저지하는 것[81]과, 선출원 위반의 무효사유가 있는 특허라는 이유로 그에 기한 실시를 선원 특허에 대한 침해행위로 보아 제재를 가하는 것[82]은 전혀 다른 차원의 문제로서, 특히 판례는 등록의 정당성을 믿고 실시하였던 당사자에 대해 선의의 항변을 사실상 받아들이지 않고 있는바,[83] 국가기관의 과책으로 이중 특허를 부여하고

나, 이중 특허로 빚어진 '저촉관계'에서 하나의 특허가 등록무효 되기 전까지 각 특허권자는 저마다 침해를 구성함이 없이 각자의 특허발명을 실시할 수 있다는 논리를 취한다 하여 반드시 특허의 본질을 '실시권'으로 이해할 필연성은 없다. 왜냐하면 이중특허를 '실시권'과 '실시권'이 충돌하는 장면이 아니라 '배타권'과 '배타권'이 충돌하는 장면으로 보더라도 같은 결론에 이를 수 있기 때문이다. 앞서 본 대로 특허법 제96조나 제98조의 해석을 위하여 반드시 특허권의 본질을 '배타권' 혹은 '실시권' 중 어느 하나로 정립해야 하는 것도 아니다. 요컨대 특허권은 두 가지 성질을 모두 가지고 있는 권리라 할 것이다.

78) 대법원 2021. 3. 28. 선고 2018다253444 전원합의체 판결.

79) 위 전원합의체 판결 중 대법관 이기택, 대법관 노태악의 보충의견.

80) 구 특허법(1986. 12. 31. 법률 제3891호로 개정되기 전의 것) 제45조 제3항.

81) 대법원 2012. 1. 19. 선고 2010다95390 전원합의체 판결 및 그 이후의 확고한 실무.

82) 이때는 심지어 권리남용 국면에서와 같은 '명백성' 요건 조차도 요구하지 않고 있다.

83) 예컨대 대법원 2009. 1. 30, 선고 2007다65245호 판결: "비록 피고가 원고의 기술과 동일한 기술을 실용신안 등록받았더라도 무효심결로 그 실용신안권은 처음부터 없었던 것이 되었고, 피고가 침해품을 자신의 실용신안권에 기해 제작하는 것이라고 믿었더라도 그것만으로는 자신의 실시행위가 원고의 등록고안의 권리범위에 속하지 않는다고 믿었던 점을 정당화할 수 없다"고 하면서 손해배상책임을 인정.

도 당사자에게 결과책임을 묻는 게 됨을 생각하면, 위 전원합의체 판결의 결론에는 동의하기 어렵다.

(마) **이용침해와 금지권 · 손해배상**

① **금지권 관련** 침해품의 일부 구성이나 부품에 불과한 특허발명을 근거로 권리자가 물건 전체에 금지청구권을 행사하는 경우가 문제된다. 위와 같은 금지권의 행사가 상대방에 대한 해의(害意) 등 민법상 권리남용 요건을 충족할 정도라면 그에 따르게 될 것이나, 그렇지 않더라도 금지권의 행사로 상대방이 감수해야 하는 손실이 지나치게 과도하다거나 초래되는 사회적·경제적 불이익 등 제반사정을 감안해 '금지권의 상대화'를 법 해석이나 입법으로 도입하자는 제안도 이루어지고 있다.[84] 특허법 제126조가 금지명령을 필수적 발령의 형태로 규정하지 않은 점과, 특허권에 기한 금지청구권은 소유권에 기한 방해배제청구권과 본디 성질이 다르다는 점 등이 그 근거로 제시된다. 이처럼 일정한 요건 아래 특허권자에게 금지권을 인정하는 대신 손해배상청구권 행사를 통한 구제만을 부여하여야 한다는 논의는 당초 특허괴물(Patent Troll)의 예처럼 금지권을 부당한 이익 추구의 수단으로 악용하는 것을 규제하기 위해 시작되었지만, 근래에는 여기에 그치지 않고 이용발명에 있어 선원발명이 이른바 장애발명(Blocking Patent)으로 작용하는 경우에까지 논의의 외연이 확장되고 있는 중이다. 금지권을 '배제'하는 것 외에 일정한 한도로 '제한'하는 것도 그 방법에 포함됨은 물론이다.

② **손해배상 관련** 이용침해의 상당 부분은 선행발명이 후행발명의 일부 구성을 이루는 형태로 나타나는데, 이는 실무상 '기여율' 문제로 취급되는 경우가 많으며 대표적인 손해액 감액사유의 하나이다.[85] 구체적으로는 후행발

---

84) 이상의 점에 대한 상세한 논의는, 조영선, "특허침해로 인한 금지권의 상대화(相對化)에 대하여", 경영법률 제25집 제 4 호(2015), 425면 이하 참조.

85) 특허법원 2019. 11. 1. 선고 2018나2063판결; 특허법원 2019. 8. 29. 선고 2018나1893판결; 특허법원 2018. 11. 8. 선고 2018나1275(본소), 2018나1282(반소) 판결; 특허법원 2017. 11. 24. 선고 2017나1346(본소), 2017나1353(반소); 특허법원 2017. 4. 24. 선고 2016나1745 판결; 광주지방법원 2016. 7. 21. 선고 2014가합1616 판결; 서울중앙지방법원 2012. 8. 31. 선고 2011가합13369 판결; 서울중앙지방법원 2009. 10. 14. 선고 2007가합63206 판결 등. 그러나 기여율 요소들이 여기에 한정되는 것은 아니고, 침해자의 시장개발 노력, 광고 선전, 브랜드 가치, 침해품의 우수성이나 가격 경쟁력, 원가절감 효과 능도 넓은 의미에서 기여율 참작 요소가 된다(특허법원 2018. 11. 8. 선고 2018나1275(본소),

명(침해품)의 판매수량이나 그 실시로 침해자가 얻은 이익을 근거로 손해액을 산정할 때, 선행발명이 기여한 만큼만 배상의 대상으로 보고, 산출된 수량이나 손해액에 해당 기여율을 곱해 최종 손해액을 산출하게 된다. 이에 대한 상세는 특허법 제128조(특허침해로 인한 손해배상) 부분을 참조할 것이나, 특허법 제128조 제 2 항의 적용 시에는 기여율이 '권리자가 침해행위 이외의 사유로 판매할 수 없었던 수량'과 개념상 구별되는 별도의 감액사유로, 제 4 항의 적용 국면에서는 추정복멸 사유의 하나로 각 취급되며, 제 5 항 적용 국면에서는 기여율을 합리적 실시료 산정 시 실시료율에 반영하게 된다.

㈓ **이용침해 범주의 확장 여지**

① **비특허 후행 발명에도 이용관계를 인정** 특허법 제98조는 문언상 특허발명과 특허발명 사이에 이용관계가 있는 경우를 전제로 한다.[86] 그러나 개량발명을 둘러싼 당사자 사이의 이해조절이나 기술진전의 도모라는 법 목적에 비추어 보면, 이를 엄격하게 '특허발명' 대 '특허발명' 간의 문제로만 한정할 필연성은 없다. 오히려 아직 특허등록되지는 않은 발명이라도 그 연구·개발이나 실시과정에서 타인의 특허발명을 불가피하게 실시하게 되고, 그러한 이용발명이 현저한 기술적 진보성을 가져 향후 특허등록될 가능성이 크다면 특허법 제98조의 적용을 거쳐 법 제138조의 적용을 받을 수 있도록 법을 정비함이 상당하다고 본다.

② **리서치 툴(Research Tool)로 확장** 일정한 기술분야, 특히 생명공학이나 화학분야에 있어서는 특허발명이 기술분야의 상류(上流)에 위치하고 후속 연구나 발명을 위해서는 그 기술을 연구·개발의 수단으로 이용해야만 하는 경우가 있다(리서치 툴).[87] 그런데 리서치 툴 자체가 특허발명에 해당하여 특허권자가 그 사용을 금지하거나 사용 대가로 지나치게 높은 실시료를 요구하는 경우, 후속발명이 방해받아 결과적으로 기술개발이 저해되는 부작용을 낳을 수도 있다. 이 때문에 각국에서는 그와 같은 리서치 툴의 사용이 '연구 또는 시

2018나1282(반소) 판결 등. 상세는 특허법 제128조의 해당 부분 참조).

86) 특허법 제98조: "특허권자·전용실시권자 또는 통상실시권자는 특허발명이 그 특허발명의 특허출원일 전에 출원된 타인의 특허발명·등록실용신안 또는 등록디자인이나 그 디자인과 유사한 디자인을 이용하거나…"

87) 유전자 변이를 일으킨 실험용 동물, PCR(Polymerase Chain Reaction) 등의 실험장치나 기구, 스크리닝 방법, 유전자 관련 발명의 데이터베이스나 소프트웨어 등이 대표적 예이다.

험을 하기 위한 특허발명의 실시'에 해당하여 특허권 효력의 배제사유에 해당하는지에 관하여 활발한 논의가 이루어지고 있으며, 일정한 요건 하에 강제실시권의 설정을 인정하여야 한다거나, 경쟁법적 측면에서 통제해야 한다거나, 정부의 자금원조를 받아 이루어진 리서치 툴 발명을 중심으로 향후의 실시권 설정의무를 약속하는 계약법적 통제를 해야 한다는 등 다양한 접근이 이루어지고 있다.[88] 그렇다면 그 한 가지 방안으로서 특허법 제138조의 통상실시권 허락심판절차를 통한 강제실시권 부여를 고려해 볼 수도 있다.[89] 특허법 제98조의 이용 개념에 '실시상 이용'은 물론 리서치 툴과 같은 '불가결한 도구로서의 이용' 또한 포함시키는 것이 가능할 것이기 때문이다.

(4) 선택침해

1) 의의와 문제점

선행발명의 특허청구범위가 상위개념으로 구성되어 있을 경우, 개념상 그 특허청구범위에 속하는 하위개념을 택하여 실시한다면, 이는 당연히 선행발명의 침해를 구성한다. 예컨대, '모터에 의하여 구동되는 바퀴를 가진 운행수단'에 관하여 특허등록이 되어 있는 상태에서 '20마력의 모터에 의하여 구동되며 2개의 바퀴를 가진 운행수단인 오토바이'를 실시하고 있다면 그와 같은 실시형태는 위 특허의 침해를 구성하는 것이다.

그러나 특히 화학분야와 같이 추상적, 이론적 가능성보다 실험에 의한 구체적 실시가 더 큰 기술적 의미를 가지고, 구체적 실시형태가 축적될수록 기술발달에 공헌하는 측면이 강한 기술분야에서는, 비록 선행문헌에 포괄적 상위개념이 나타나 있다고 하더라도, ⅰ) 선행발명에 선택발명을 구성하는 하위개념이 구체적으로 개시되어 있지 않고, ⅱ) 그 하위개념들 모두가 선행발명에 의하여 이미 개시된 효과와 질적으로 다르거나, 양적으로 현저한 차이가 있는 경우에는, 그것이 공지된 선행발명의 하위개념임에도 불구하고 예외적으로 독립된 발명으로 취급되어 특허를 받을 수 있는바,[90] 이를 강학상 선택발명이라고 한다. 이와 같이 특허법에 존재하지 않는 발명의 형태를 인정하여

88) 상세는, 조영선, "연구·시험을 위한 특허발명의 실시와 특허권의 효력", 저스티스 통권 제116호(2010), 55면 이하 참조.

89) 조영선, 앞의 글("연구·시험을 위한 특허발명의 실시와 특허권의 효력"), 61면 이하.

90) 대법원 2003. 4. 25. 선고 2001후2740 판결.

특허를 부여하는 것은, 기술분야에 따라서는 선행발명에 구체적으로 개시되어 있지 아니한 유익한 하위개념의 발명에 특허권을 부여하여 후속연구를 장려하는 것이 산업의 발달과 공공의 이익에 합치하는 수가 있기 때문이다.

선택발명의 개념을 인정할 경우, 선택발명의 실시가 여전히 원 특허의 침해를 구성한다고 볼 것인지, 선택발명을 독립된 특허로 인정한 이상, 그 실시는 원 특허의 침해조차도 구성하지 않는 것으로 볼 것인지가 문제로 된다. 이에 관한 미국, 유럽, 독일에서의 동향은 앞서 본 바와 같은바, 종래 일본에서는 이 문제에 대하여 다소 특수한 논의가 진행되어 왔고, 우리의 실무 역시 일정 부분 그 영향을 받은 것으로 보인다. 이를 살펴본다.

2) 학 설

(가) 침해 긍정설

선택발명은 특허발명의 구성요소를 모두 가지고 있기 때문에 문언침해를 구성하는 동시에 요소를 한정하여 선택함으로써 특허성을 취득하게 되는 경우이므로 이용침해에 해당하고, 다만, 기본발명과는 실질적으로 전혀 다른 방식으로 과제를 해결하거나 전혀 이질적인 결과를 초래하여 기본발명의 기술적 사상을 이용하고 있는 것으로 볼 수 없을 때에 예외적으로 특허침해를 부정할 수 있다거나,[91] 상위개념 발명이 예기치 못했던 현저한 효과라는 것 자체가 상위개념의 종전 발명에 새로운 기술적 사상을 부가한 것과 다를 바 없으므로 일종의 이용발명과 유사하게 보아야 한다는 것이 여기 속한다.[92] 비록 선택발명이 성립하더라도 상위개념에 해당하는 원 발명과 하위개념의 선택발명 사이에 이용관계까지 부인되는 것은 아니라는 일본의 하급심 판결들 또한 침해 긍정설의 입장에 선 것으로 이해된다.[93]

---

91) 이수완, "특허청구범위의 해석," 특허소송연구 제 2 집, 특허법원(2001), 174면.

92) 酒井正之, "侵害訴訟と利用關係等," 裁判實務大系(青林書院) 9巻, 109면 이하.

93) 東京高裁 昭38年 10. 31. 판결(行集14巻 10号 1844頁)은, "본건 출원발명의 살충제가 함유된 화합물은, 선행발명의 특허명세서에 일반식으로 표시된 상위개념에 포함되지만, 그 명세서에 구체적으로 명기되지는 않았던 것이므로 독립의 기술적 과제를 해결한 별개의 발명이라고 해석하여야 할 것이다. 본건발명과 인용 특허발명 사이에는 특허법 제72조에서 말하는 이용관계는 성립한다고 해도, 동일발명에 대한 이중특허의 우려가 있다 할 수는 없다"고 판시하여 선택발명의 성립이 긍정되더라도 이용관계의 성립은 부인할 수 없다는 취지를 암시하고 있고, 京都地裁 平11年 9. 9. 平8(ワ)1597 판결은 전형적인 선택발명에 관한 사건은 아니지만, "선택발명으로서 특허성이 있는지 여부의 문제와 선택발명이 선원발명의 기술적 범위에 속하

㈏ **침해 부정설**

특허발명과 그 선택발명은 개념상 독립된 별개의 발명이고, 선택발명이 성립한 부분은 특허발명에 처음부터 포함되어 있지 않았다거나,[94] 선원발명자가 출원 당시에 인식하지 못했던 구성요소의 선택과 그에 의하여 선원발명이 예측하지 못하던 새로운 또는 놀랄 만한 작용효과를 발휘하는 기술사상에 대해서까지 특허발명의 권리범위가 확장될 수 없음은 명백하므로 양자는 원칙적으로 별개의 것이고 이용침해도 존재하지 않는다는 견해가 있다.[95]

㈐ **개별판단설**

① 화학분야에서 선택발명을 통해 완전히 이질적인 효과를 가지는 물질이 생성된다면 이는 이용관계가 아니지만, "동질의 효과+이질의 효과"가 동시에 발생하거나, "동질의 효과+동질의 현저한 효과"가 동시에 발생하는 경우에는 이용관계라는 견해,[96] ② 선택발명의 선행발명에 대한 침해여부는 일률적으로 정할 것이 아니라 개별 침해사건에서 선택발명의 실시형태가 선원특허의 기술적 범위에 속하는지 여부로 판단하면 족하다는 견해[97]가 여기에 속한다.

㈑ **효과내용 구별설**

이 견해는 ⅰ) 선택발명이 선원 특허발명의 명세서에 기재되지 아니한 현저한 효과를 달성하고 그 효과가 이질적이기까지 하다면 이용관계를 부인하고, ⅱ) 선원 특허발명이 물질발명으로서 그 명세서의 실시례에 동일 물질이 개시되어 있다면 비록 후행발명이 이질적 효과를 찾아냈다고 하더라도 이는 일종의 '용도발명'에 유사하여 이용관계를 긍정해야 하며, ⅲ) 후행발명이 찾아낸 하위개념 물질이 선행발명의 물질과 동질이라면 비록 현저히 우수한 효과를 가진다고 해도 이용관계로 보아야 한다고 한다.[98]

는지 여부의 문제는 별개로서, 선택발명으로서 특허된 이상 선원발명의 기술적 범위에 속하지 않는다고 할 수는 없다"고 판시하였으며, 大阪地裁 昭50年 1. 24. 昭48年(ワ)3834 판결은 "이른바 선택발명이 성립할 수 있다고 해도, 본건 특허발명과의 관계에 있어서는 이용관계(종속관계)가 인정되므로 본건 특허권리자의 승낙을 얻었다는 점에 대해서 주장·증명이 없는 본 건에 있어서는 피고는 그 선택발명을 실시할 수 없다"고 판시하고 있다.

94) 일본에서의 통칭인 '穴あき說'을 직역하여 '구멍설'이라고도 부른다.

95) 강동세, "이용발명에 관한 연구," 특허소송연구 제 1 집, 특허법원(1999), 59면.

96) 吉藤幸朔, 特許法概說 [제 13 판], 514면.

97) 竹田和彦, 特許의知識 [제 8 판], 556~557면.

98) 中山信弘·小泉直樹 編, 新 注解(上), 1199면.

3) 판 례

판례는 다음과 같이 선택발명에 해당하는 후행발명은 기본발명의 권리범위에 속하지 않는다고 함으로써 기본발명에 대한 침해를 부정하는 것으로 보고 있다.

➾ 대법원 1991. 11. 12. 선고 90후960 판결

㈎호 발명에서 위 출발물질에 작용하는 1-하이드록시 벤조트리아졸을 갖는 1-[a-syn-메톡시이미노-a-(2-아미노-티아졸-4-일)-아세틸]-벤조트아졸-3옥사이드의 DMF용매화합물[위 ㈎호 아실화제]이 이 사건 특허청구범위에 기된 2-(2-아미노(또는 보호된 아미노)-티아졸-4-일)-2-syn-메톡시이미노초산의 반응성유도체의 하나로서 ㈎호 발명이 이 사건 특허청구범위에 기재된 상위개념에 포함되는 것이라 하더라도 원심결 이유 및 기록에 의하면 이 사건 특허의 명세서에는 위 ㈎호 아실화제를 사용하는 것에 관한 기술이 전혀 없는 반면에 ㈎호 발명에서는 그 명세서에 위 ㈎호 아실화제를 특정하여 이를 제조 사용함으로써 이 사건 특허에서 예상되지 아니한 것으로 보이는 위 원심인정과 같은 작용효과를 나타내고 있다고 명기되어 있음을 알 수 있는바, ㈎호 발명에 있어서 이 사건 특허에 비하여 위 원심인정과 같이 제조공정, 반응온도, 아실화수율 등에 차이가 있다면 이는 ㈎호 발명이 이 사건 특허에 존재하지 않는 현저히 향상된 작용효과를 드러내고 있다고 할 것이므로 화학물질의 제조방법에 관한 발명에 해당하는 이 사건의 경우에 원심이 ㈎호 발명과 이 사건 특허가 서로 다른 발명이라고 판단한 것은 이를 수긍할 수 있고 거기에 소론이 주장하는 특허권의 권리범위 등에 관한 법리오해 등의 위법이 없다.

4) 사 견

특허법 제98조의 이용관계 및 이용침해를 통일적으로 '실시불가피설'의 입장에서 이해하는 이상, 유독 선택발명에 관하여서만 이를 달리 이해할 합리적 근거는 없다고 생각된다. 즉, 선행발명자가 선택의 대상이 된 하위개념을 인식하였든 하지 못했든, 하위개념의 후행발명이 선행발명에 비해 이질적이거나 현저히 우수한 효과를 달성하든 아니하든 후행발명의 실시과정에서 불가피하게 선행발명의 물건(물질)이 생산되거나 방법이 사용되는 이상, 선행 특허발명에 대한 이용침해를 구성한다. 그러한 우수한 효과를 가지는 선택발명에 대하여는 별도로 특허권을 부여하는 한편, 선원 특허권자와의 사이에서의 합리

적 활용과 이해조절은 이용발명에 대한 통상실시권 설정(특허법 제138조)의 문제로 해결함이 상당하다.

아울러, 선원 특허발명보다 현저히 우수한 효과를 가지는 후행 발명이 등장하였음에도 그것이 선원 특허발명의 청구범위에 속한다는 것은, 역설적으로 당초 선원 특허발명의 특허청구범위가 발명의 설명이나 실시례 등 공개된 발명의 실체에 비하여 지나치게 넓었다는 것을 의미할 수도 있다. 그렇다면 선원 특허발명에 '청구범위가 발명의 설명에 의해 뒷받침 되지 않는' 무효사유가 존재함을 이유로 그에 기한 침해주장에 권리남용의 항변을 인정하거나, 선원 특허발명의 권리범위를 발명의 설명에 의해 뒷받침되는 정도(공개를 통해 실질적으로 기술발전에 공헌한 정도)로만 제한하여 인정할 수도 있을 것이다. 우리 판례가 특허청구범위를 이런 관점에서 해석하는 입장은 기능적 청구항이나[99] 제조방법이 기재된 물건 청구항에서[100] 이미 어렵지 않게 발견되고 있다.

(5) 생략침해 및 불완전이용침해

1) 의 의

생략침해란, 등록발명의 특허청구범위에 기재된 구성요소 가운데 비교적 중요성이 낮은 일부 구성요소를 생략하여 실시함으로써 등록발명의 작용효과보다 열악하거나 동일한 효과를 얻는 것을 말하고, 불완전이용침해는 이러한 생략발명에 새로운 구성요소가 추가된 실시형태를 말한다.[101] 불완전이용침해는 생략발명이 침해를 구성한다는 것을 전제로, 그 생략발명에 새로운 구성요소를 부가하는 것이 본 발명에 대한 이용발명에 해당한다는 논리 아래 성립한다.[102] 생략발명이나 불완전이용발명이 특허의 침해를 구성하는지는 실무상

99) 대법원 2002. 6. 28. 선고 2000후2583 판결; 대법원 2008. 2. 28. 선고 2005다77350, 77367 판결; 대법원 2008. 7. 10. 선고 2008후57 판결 등.

100) 대법원 2015. 2. 12. 선고 2013후1726 판결.

101) 견해에 따라서는, 특허청구범위에 기재된 구성요소 가운데 발명의 목적을 달성하기 위하여 반드시 필수불가결하다고 할 수 없는 부가적인 구성요건을 생략해서 실시하는 형태 일반을 널리 '불완전이용'이라고 하며, 불완전실시, 개악실시, 개악발명, 생략발명과 동일한 개념으로 설명하기도 한다(성기문, "특허발명의 보호범위와 제 침해에 관한 실무적 고찰," 사법논집 제41집(2005), 법원행정처, 505면; 竹田 稔, 知的財産權侵害要論(特許·意匠·商標編) [第 5 版], 176면).

102) 예컨대, 특허발명이 'a+b+c'인 상태에서 기술적 중요도가 떨어지는 c를 생략한 'a+b'가 '생략침해'를 구성하고, 다시 'a+b'에 새로운 구성인 d를 결합한 'a+b+d'는 'a+b'에

자주 문제된다. 문언침해가 성립하기 위해서는 실시형태가 등록발명의 구성요소를 모두 포함하고 있을 것이 필요하므로 구성요소 가운데 일부를 결여한 생략침해나 불완전이용침해가 문언침해에는 해당하지 않는다. 또한 생략된 요소의 기능, 방식 및 효과를 다른 구성요소를 통하여 실질적으로 동일하게 수행하고 있다면 이는 구성요소의 치환 내지 변경에 해당하므로 균등침해가 성립될 수 있으나 일부 구성요소가 아예 결여되어 있을 뿐더러 그에 상응하는 치환, 변경된 구성요소조차 존재하지 않는다면 균등침해 역시 성립하지 아니한다. 그럼에도 불구하고 생략침해나 불완전이용침해가 자주 논의되는 이유는, 현실적으로 등록발명의 모방을 시도하는 자는 등록발명을 문언 그대로 실시하거나 일부 구성요소의 단순치환을 시도하는 것보다는, 다소간 효과상의 불리를 감수하고라도 구성요소의 일부를 생략하여 실시하거나 구성요소 일부를 생략한 대신 새로운 구성요소를 추가하여 마치 등록발명과는 전혀 다른 발명인 양 가장함으로써 침해의 비난을 회피하려는 경향이 강하기 때문이다.

2) 생략침해 및 불완전이용침해의 인정 여부

(개) 학 설

① 긍 정 설 발명에 있어 본질적으로 중요하지 않은 구성요소만 생략한 채 그 특허발명의 기술적 사상을 그대로 이용하는 경우에 특허침해를 인정하지 않는다면 특허권의 보호가 유명무실해지므로 침해를 긍정하여야 한다는 견해로서,[103] 일본에서의 통설이라고 한다.[104] 이 입장에 선 일본의 유력설은, 이를 균등침해에서 치환가능성의 문제로 다루면서, 출원인이 가능한 실시형태를 모두 특허청구범위로 포섭하기 어려운 점을 감안하여 균등침해를 인정하는 이상, 침해자가 발명의 핵심적인 부분을 그대로 이용하는 한편 기술적으로 중요하지 않은 부가적 구성을 생략하는 행위는 실질적으로 균등침해와 유

대한 이용발명에 해당하여 결과적으로 특허발명에 대한 이용침해를 구성한다는 논리이다 : 中山信弘 · 小泉直樹 編, 新 注解(上), 1179면.

103) 당초, 불완전이용 침해라는 개념은, 독일 특허법의 '독립요소 보호'라는 개념에서 비롯되었다고 한다. 이는, 예컨대 A+B+C로 이루어진 특허발명 가운데 A+B가 신규한 구성이고 C는 본질적으로 중요하지 않은 구성이라면, 특허청구항에 A+B+C로 기재되어 있지만 실질적으로는 'A+B' 발명과 'A+B+C'라는 2개의 발명이 존재한다고 보는 것이다. 이에 따르면 A+B와 같은 생략형태는 A+B+C 특허권에 대한 침해를 구성하게 된다(竹田和彦, 特許의知識 [제 8 판], 550면).

104) 竹田 稔, 松任谷 優子, 知的財産權訴訟要論(特許編), 88면.

사하게 취급해도 좋다고 주장한다.[105] 생략침해 및 불완전이용침해가 성립하기 위한 구체적 요건은 학설에 따라 조금씩 차이를 보이고 있으나, 대표적인 학설은 i) 특허발명과 동일한 기술사상에 관한 것으로서 특허청구범위 가운데 비교적 중요도가 낮은 요소가 생략될 것, ii) 그 구성요소가 이미 공지되어 있어 생략하는 것이 매우 용이할 것, iii) 생략에 의하여 특허발명보다 효과가 열등한 것이 명백하며, 기술적 완전성을 추구하는 한 그와 같은 생략을 할 이유가 없다고 추인될 것, iv) 생략에 의해서도 종래 기술에 비해서는 작용효과가 뛰어날 것을 요건으로 제시하고 있다.[106]

② **부 정 설** 특허청구범위에 기재된 구성요소는 모두 필수적 구성요소로 보아야 하는데, 이들 구성요소를 다시 중요한 요소와 중요하지 않은 요소로 나누어 특허침해를 판단하는 것은 특허청구범위에 관한 기본 원칙에 맞지 않고 법적 안정성을 저해하는 결과가 된다는 이유로 특허침해를 부정하는 견해이다.[107]

(나) 판 례

① **우리나라** 종전 판례 가운데 당해 기술분야에서 통상의 지식을 가진 자가 용이하게 구성요소를 생략할 수 있는 것이고, 그러한 생략에도 불구하고 작용효과에 별다른 차이가 없다는 이유로, 양 발명을 "동일성이 있는 발명"으로 보아 특허침해가 된다고 한 것이 있으나,[108] 이는 엄밀한 의미에서 생략침해의 법리와는 다르다. 앞서 본 바와 같이 대법원 판례들은 "특허발명의 청구항이 복수의 구성요소로 되어 있는 경우에는 그 각 구성요소가 유기적으로 결합된 전체로서의 기술사상이 보호되는 것이지, 각 구성요소가 독립하여 보호되는 것은 아니므로, 특허발명과 대비되는 확인대상발명이 특허발명의 청구항에 기재된 필수적 구성요소들 중의 일부만을 갖추고 있고 나머지 구성요소가

105) 中山信弘, 特許法[第 二 版], 437면.

106) 吉藤幸朔, 特許法概說[제 13 판], 604면 참조, 그 밖에 균등침해의 경우와 마찬가지로 구체적 공평과 발명의 실질적 보호를 위하여 불완전이용침해의 개념을 받아들여야 한다는 것으로는 中山 編, 注解(上), 731면.

107) 竹田 稔, 松任谷 優子, 知的財産權訴訟要論(特許編), 89면; 오승종, "특허청구범위의 해석," 사법논집 제28집(1997), 법원행정처, 270면; 홍광식, "特許權等 侵害의 諸類型," 지적소유권에 관한 제문제(상), 재판자료 제56집(1992), 법원행정처, 297면. 그 밖에 일본에서의 부정설의 입장을 소개한 것으로는 中山 編, 注解(上), 731면.

108) 대법원 1998. 1. 23. 선고 97후2330 판결; 대법원 1997. 4. 11. 선고 96후146 판결.

결여된 경우에는 원칙적으로 그 확인대상발명은 특허발명의 권리범위에 속하지 않는다"거나,[109] "등록고안의 등록청구범위의 청구항에 기재된 구성요소는 모두 그 등록고안의 구성에 없어서는 아니 되는 필수적 구성요소로 보아야 하므로(실용신안법 제9조 제4항 제3호, 실용신안법 제42조, 특허법 제97조), 구성요소 중 일부를 권리행사의 단계에서 등록고안에서 비교적 중요하지 않은 사항이라고 하여 무시하는 것은 사실상 등록청구범위의 확장적 변경을 사후에 인정하는 것이 되어 허용될 수 없다"고 판시하고 있다.[110] 이는 결국 특허발명의 모든 구성요소는 필수구성요소이므로 침해가 성립하려면 특허발명의 모든 구성요소를 실시하여야 한다는 구성요소 완비의 원칙(All Elements Rule)을 천명하는 것이고, 결국 대법원 판례의 태도에 따르면 생략침해나 불완전이용침해는 특허침해로 인정되기 어려울 것으로 보인다. 특허법원 판결례 가운데는 일정한 요건 하에 불완전이용침해가 성립 가능함을 전제로 한 판결례[111]와 아예 불완전이용침해의 개념 자체를 부정하는 판결례[112]가 있다. 다만, 전자도 그러한 법리만을 언급한 것일 뿐, 실제로 불완전이용침해 성립(권리범위에 속함)을 인정한 사안은 아니다.

⇒ 특허법원 1998. 11. 26. 선고 98허1747 판결

특허의 구성요건의 일부를 결여하고 있는 어느 발명이 특허의 권리범위를 벗어나기 위하여 그 구성요소의 일부를 의도적으로 생략한 것에 불과하여 특허의 권리범위에 속하는 것으로 보는 이른바 생략발명 또는 불완전이용발명에 해당한다고 하려면, 특허와 동일한 기술사상을 가지고 있으면서 특허청구범위 중 비교적

109) 대법원 2001. 9. 7. 선고 99후1584 판결; 대법원 2001. 8. 21. 선고 99후2372 판결; 대법원 2001. 6. 15. 선고 2000후617 판결; 대법원 2001. 6. 1. 선고 98후2856 판결; 대법원 2000. 11. 14. 선고 98후2351 판결.

110) 대법원 2005. 9. 30. 선고 2004후3553 판결; 대법원 2020. 7. 23. 선고 2019도9547 판결.

111) 특허법원 1998. 11. 26. 선고 98허1747 판결(확정); 특허법원 1999. 5. 13. 선고 98허9918 판결; 특허법원 1998. 12. 18. 선고 98허5312 판결; 특허법원 1999. 3. 5. 선고 98허4883 판결; 특허법원 2000. 6. 23. 선고 99허2419 판결; 특허법원 2004. 9. 23. 선고 2004허1236 판결; 특허법원 2013. 5. 15. 선고 2013허402 판결 등.

112) 특허법원 2000. 9. 1. 선고 2000허860 판결; 특허법원 2000. 9. 7. 선고 99허9755 판결; 특허법원 2000. 11. 10. 선고 2000허1672 판결; 특허법원 2004. 11. 19. 선고 2003허6012 판결; 특허법원 2014. 2. 26. 선고 2013허5483 판결 등.

중요하지 않은 구성요소를 생략한 경우에 그와 같은 생략에 의하여서도 당해 특허가 목적으로 하는 특별한 작용효과를 발휘할 수 있는 경우라야 하고, 특허의 중요한 필수적 구성요소를 결여함으로써 특허가 목적으로 하는 주된 작용효과를 발휘할 수 없는 경우에는 이에 해당하지 않는다.

② 일 본 일본의 하급심의 판례 가운데는 생략침해나 불완전이용침해의 성립을 명시적으로 인정한 것도 있지만[113] 대다수의 하급심 판결은 불완전이용침해의 개념 인정에 부정적 태도를 보이고 있다.[114] 특히, "출원인 스스로 발명의 필수적 구성요소라고 하여 특허청구범위에 기재한 사항에 관하여 막상 권리행사의 단계에서는 그 중 일부가 중요사항이 아니어서 배제되어도 무방하다고 주장하는 것은 결과적으로 특허청구범위를 확장하는 것을 허용하는 것이 되어 타당하지 않고, 특허청구범위와 실시형태와의 대비에 있어 특허청구범위에 기재된 일부 구성요소를 중요하지 않은 것이라는 이유로 배제하는 것은 발명의 유기적 일체성을 임의로 해치는 것이어서 허용될 수 없다. 따라서, 생략된 구성요소의 중요성의 정도, 당해 사항의 생략의 난이도, 생략의 의도 등과는 관계없이 불완전이용론은 특허법상 채택될 수 없는 것이다"라고 하여 부정적 입장을 분명히 한 것이 있다.[115]

(다) **실무상의 문제점**

생략침해나 불완전이용침해는 구성요소가 '생략'된 경우에 대한 것이고, 균등침해는 구성요소가 '치환' 내지 '변경'된 경우에 대한 것이므로, 일응 구성요소의 치환 내지 변경에는 구성요소의 '생략'은 포함되지 않는다. 따라서 구성요소의 '치환'이냐 '생략'이냐를 가리는 것이 중요한 문제로 되는데, 실

113) 大阪地裁 昭43年 5. 17. 판결(判タ225号 208頁)은 "제 3 자가 실용신안의 고안의 작용효과를 저하시키는 이외에 다른 우수한 작용효과를 수반하지 않고, 전적으로 권리침해의 책임을 면하기 위하여 비교적 중요성이 적은 사항을 생략한 기술을 사용하여 등록실용신안의 실시품에 유사한 것을 제조할 때에는 그 행위는 고안의 구성요건에 오히려 유해적 사항을 부가하여 그 기술사상을 사용하고 있는 것에 지나지 않고, 고안의 보호범위를 침해하는 것으로 봄이 상당하다"라고 하여 특허침해를 긍정한 바 있다.

114) 東京地裁 昭50年 5. 28. 昭46(ワ)4758 판결; 大阪地裁 昭55年 7. 25. 昭52(ワ)5768 판결; 東京地裁 昭58年 5. 25. 昭55(ワ)1971 판결 등. 일본의 판결례 중 부정설이 다수라고 소개하는 최근 문헌으로는, 中山信弘・小泉直樹 編, 新 注解 特許法[第 2 版](中), 青林書院(2017), 1388면.

115) 東京地裁 昭58年 5. 25. 昭55(ワ)1971 판결.

무상 특허발명과 침해의 실시형태(확인대상발명이라고 부른다)를 대비함에 있어서는 편의상 특허청구범위를 이루고 있는 여러 구성요소들을 기능과 특징 등에 입각하여 몇 묶음으로 묶어(Grouping) 확인대상발명의 대응 구성요소와 각각 대비하는 수밖에 없다. 그런데 위와 같이 구성요소를 어느 단위로 묶느냐에 따라 확인대상발명의 대응 구성요소가 '치환'된 것으로도 '생략'된 것으로도 볼 수 있게 된다. 즉, 구성요소를 세부적인 부분까지 쪼개어 대비할수록 일부 구성요소가 '생략'된 것으로 판단될 여지가 많은 반면, 대비의 대상이 되는 구성요소들을 굵직굵직하게 묶어 비교적 넓은 관점에서 대비한다면 일부 구성이 생략되었다고 하더라도 그 그룹에 함께 속한 다른 구성들과의 유기적 결합에 의하여 개별적 생략의 의미는 사라지고 전체로서 구성요소의 '치환'에 불과한 것으로 판단될 여지가 많아지는 것이다.

(6) 간접침해

1) 법률의 규정과 의의

특허법 제127조는, ① 특허가 물건의 발명인 경우에는 그 물건의 생산에만 사용하는 물건을 생산·양도·대여·수출[116] 또는 수입하거나 그 물건의 양도 또는 대여의 청약을 하는 행위, ② 특허가 방법의 발명인 경우에는 그 방법의 실시에만 사용하는 물건을 생산·양도·대여·수출[117] 또는 수입하거나 그 물건의 양도 또는 대여의 청약을 하는 행위를 각 특허권에 대한 간접침해를 구성하는 행위로 간주하고 있다.

간접침해이론은 미국 판례법상 기여침해(Contributory Infringement)[118]의 한 태양이 특허법에 도입된 것을 다시 우리 특허법에 수용한 것이다. 예컨대, 특허발명이 복수의 구성요소로 이루어진 결합발명인 경우, 그 일부 구성요소만을 제조·판매하는 것은 원칙상 일체로서의 특허청구범위를 침해하는 것이 아니다. 그러나 그 일부의 요소가 당해 특허발명의 실시에만 사용될 뿐 다른 용도가 존재하지 않는 경우에는, 이는 결국 최종적인 직접침해의 수행에 도움을 주고, 또 그것을 위해서만 이루어지는 것이므로, 그 일부구성요소를 제

116) 2025. 1. 21. 개정 특허법(법률 제20700호, 2025. 7. 22. 시행)으로 추가되었다.

117) 2025. 1. 21. 개정 특허법(법률 제20700호, 2025. 7. 22. 시행)으로 추가되었다.

118) Common Law상 'Contributory Infringement'는 다른 사람의 침해행위에 기여하거나 이를 방조한 자가 그 침해자와 공동의 불법행위책임을 지는 것을 말한다.

조·판매하는 행위도 특허권을 침해하는 것으로 볼 현실적인 필요가 있다.[119)]또, 방법발명의 경우 예컨대, A가 특정한 성분의 제초제를 특정한 방법에 따라 작물에 살포하여 살충효과를 얻는 것을 내용으로 하는 방법특허를 가지고 있는 경우(제초제에 관해서는 특허등록이 되어 있지 않다고 하자), B가 오로지 위와 같은 A의 방법에만 사용되는 제초제를 생산하여 농부들에게 판매한다면 B의 위와 같은 행위는 A의 방법특허에 대하여 간접침해를 구성한다고 보아야 한다.[120)]

2) 간접침해의 본질

우리 특허법은 '특허권자는 업으로써 그 특허발명을 실시할 권리를 독점한다(법 제94조)' 고 하는 외에 '실시' 의 태양을 다양하게 규정하고 있다(법 제 2 조 제 3 호 각목). 따라서 위와 같이 특허권자의 허락 없이 발명을 업으로써 실시하는 자는 특허의 직접침해자이다. 특허법은 직접침해의 성립을 가능하게 하는 행위 유형 가운데 ① 특허 물건의 생산에만 사용하는 물건(專用品)을 생산·양도·대여·수출 또는 수입하거나 그 물건의 양도 또는 대여의 청약을 하는 행위(특허가 물건의 발명인 경우), ② 특허 방법의 실시에만 사용하는 물건(專用品)을 생산·양도·대여·수출 또는 수입하거나 그 물건의 양도 또는 대여의 청약을 하는 행위(특허가 방법의 발명인 경우)에 한하여 이를 '간접침해' 라는 이름 아래 침해의 한 형태로 간주하여 권리자에게 특허법 고유의 구제수단을 부여하고 있다. 따라서 간접침해 책임의 본질은 방조책임이며, 그 중에서도 '물적' 방조책임이다. 또한 특허법 제127조 제 1 호는 발명의 모든 구성요소를 가진 물건을 실시한 것이 아니고 그 전 단계에 있는 행위를 하였더라도 발명의 모든 구성요소를 가진 물건을 실시하게 될 개연성이 큰 경우에 장래의 특허권 침해에 대한 권리 구제의 실효성을 높이기 위하여 일정한 요건 아래 이를 특허권의 침해로 간주하더라도 특허권이 부당하게 확장되지 않는다고 보는 것이다.[121)]

3) 미국과 일본의 특허법 상 간접침해

(가) 미 국

미국 특허법은 특허침해의 유형으로, i) 직접침해(Direct Infringement; 35

---

119) 35 U.S.C. §271(c) 참조.

120) Dawson Chemical Co. v. Rohm and Haas Co., 448 U.S. 176(1980).

121) 대법원 2009. 9. 10. 선고 2007후3356 판결.

U.S.C. §271 a), ii) 유도침해(Inducing Infringement; 35 U.S.C. §271 b), iii) 기여침해(Contributory Infringement; 35 U.S.C. §271 c) 등을 규정하고 있다. i) '직접침해'는 동일 주체가 발명의 전 구성요소(all elements)를 직접 실시함으로써 침해책임을 부담하는 것이고, ii) '유도침해'는 우리의 불법행위법상 교사·방조처럼 직접침해의 성립사실을 알면서 타인의 직접침해를 돕거나(Aid) 사주함으로써(Abet) 성립한다. iii) '기여침해'는 우리 특허법의 간접침해에 해당하는 것으로서, 특허 침해 이외에 다른 용도로는 쓰이지 않는(non-staple goods) 특허의 구성 물품(component of claimed invention)을 공급함으로써 직접침해가 가능하게 만드는 행위를 의미한다.

35 U.S.C. §271 (b), (c), (f), (g)를 통틀어 직접침해(Direct Infringement) 규정인 같은 조 (a)와 대비하여 '간접침해(Indirect Infringement)'로 부르는 수가 있으나 이는 우리 특허법의 간접침해보다 넓은 개념이어서 혼동을 일으킬 수 있으므로 주의를 요한다.

한편, 미국에서는 간접침해가 성립하기 위해서는 당연히 그 전제로서 직접침해가 성립하여야 하는 것으로 받아들여지고 있다.[122)]

㈏ 일 본

일본 특허법 상 간접침해에 관한 규정은 제101조이며, 제1호는 앞서 본 우리 특허법 제127조 제1호(물건의 발명에 관한 간접침해)와, 제4호는 우리 특허법 제127조 제2호(방법의 발명에 관한 간접침해)와 거의 동일하다.

그런데 일본은 2002. 특허법 개정을 통해 제101조 제2호와 5호를 신설하였다.[123)] 이에 따르면, 오로지 특허발명의 생산(방법발명의 경우에는 그 방법의 실시)에만 사용되는 전용물(專用物)이 아니라, 비특허물건의 생산이나 비특허방법의 실시에도 사용될 수 있는 물건이더라도, 그것이 특허발명의 과제해결에

122) Janice Mueller, *Patent Law(3rd. Eidt)*, 388면.

123) 그 내용인즉, 물건에 대한 특허의 경우, i) 그 물건의 생산에 사용될 뿐 아니라 ii) 발명의 과제해결에 불가결하면서, iii) 일본 내에서 일반적으로 유통되는 것이 아닌 물건을 iv) 특허발명의 실시에 사용된다는 점을 알면서 업으로서 생산, 양도, 수입 혹은 양도신청하는 행위는 간접침해를 구성하고(제2호), 방법에 대한 특허의 경우, i) 그 방법의 행사에 사용될 뿐 아니라 ii) 발명의 과제해결에 불가결하면서, iii) 일본 내에서 일반적으로 유통되는 것이 아닌 물건을 iv) 특허발명의 실시에 사용된다는 점을 알면서 업으로서 생산, 양도, 수입 혹은 양도신청하는 행위(제5호) 역시 간접침해를 구성한다는 것이다.

필수불가결한 기능을 하고 일본 국내에서 널리 유통되는 정도의 범용품이 아니며(객관적 요건), 당사자가 그 물건이 특허된 발명의 실시에 사용된다는 사정을 알면서(주관적 요건) 업으로서 이를 공급한다면 이 역시 간접침해를 구성하게 된다. 이처럼 일본 특허법은 전통적인 간접침해의 유형 외에 주관적 요건 아래 일정한 범용성을 가지는 물건에 관해서도 간접침해를 널리 인정하는 입법적 특징을 가지고 있다.

4) 간접침해의 성립요건

앞서 본 바와 같이 간접침해는 '특허물건의 생산에만' 사용하는 물건이거나 '특허방법의 실시에만' 사용하는 물건을 통해서만 성립한다. 이와 관련하여 물건의 생산에만 사용하는 물건, 방법의 실시에만 사용하는 물건의 의미를 어떻게 이해할 것인지를 살펴볼 필요가 있다.

㈎ 물건의 '생산'

물건을 '생산하는 데 사용하는 물건'이라고 하면 보통은 물건을 생산하는 수단으로서의 기계장치 등을 떠올리기가 쉽다. 그러나 특허법상 간접침해의 구성요건인 '생산'은 그보다 넓은 개념으로서, 오히려 특정한 부품(물건)이 결합됨으로써 특허물품이 전체로서 '완성'되는 경우를 지칭하는 경우가 많다. 판례[124] 또한 여기서 말하는 '생산'이란 발명의 구성요소 일부를 결여한 물건을 사용하여 발명의 모든 구성요소를 가진 물건을 새로 만들어내는 모든 행위를 의미하므로, 공업적 생산에 한하지 않고 가공, 조립 등의 행위도 포함된다고 한다.

아울러 이는 실제에 있어 '수리(repair)'와 '생산(reconstruction)'의 경계를 어떻게 설정할 것인지의 문제로 나타나는 수가 많다. 이유인즉, 통상적으로 특허물품을 정상적으로 구매한 자에게는 특허권의 권리소진이 일어나므로 특허권자는 그 구매자가 이를 수리하는 행위를 포함하여 어떠한 형태로 이를 사용하든 간섭할 수 없는 것이 원칙이다(First Sale Doctrine). 다만, 그 행위의 정도가 단순한 '수리'를 넘어 특허물품의 '재생산' 정도에 이른다면 권리소진원칙이 적용되는 대신 특허권에 대한 직접침해가 성립할 수 있고 따라서 위와 같은 재생산 행위를 하는 데 필요한 부품 등을 공급하는 자는 간접침해자가 될 수

124) 대법원 2002. 11. 8. 선고 2000다27602 판결; 대법원 2009. 9. 10. 선고 2007후3356 판결.

있다. 결국 어느 정도까지의 행위를 '수리'로 볼 것인지가 문제되는데, 이를 다룬 미국의 대표적 판례가 있다.[125] 이 사건에서 A는 지붕을 직물 덮개로 개폐할 수 있는 승용차의 상부구조(top assembly : 자동개폐장치와 지지대, 직물 덮개, 방수기밀장치 등으로 이루어져 있다) 일체에 관한 특허권자로서, 승용차 제조·판매회사에게 실시허락을 한 상태였다. B가 위 자동차에 사용되는 사양의 직물 덮개를 임의로 만들어 자동차 소유자들에게 판매하자 A는 B를 상대로 특허권의 간접침해를 주장하였다. 연방대법원은, 승용차의 구매자들이 승용차를 사용하는 과정에서 직물 덮개가 낡아지면 스스로 직물 덮개만을 구입하여 교체하는 행위는 정당하고 사적인 '수리(repair)'에 지나지 않아 원고 특허에 대한 직접침해를 구성하지 않고, 따라서 B의 행위 또한 간접침해에 해당하지 않는다고 판시하였다. 한편, 우리나라의 판례[126]는, 사용함에 따라 마모되거나 소진되어 자주 교체해 주어야 하는 소모부품일지라도, 특허발명의 본질적인 구성요소에 해당하고 다른 용도로는 사용되지 아니하며 일반적으로 쉽게 구할 수 없는 물품으로서 당해 발명품의 구입 시에 이미 교체가 예정되어 있었고 특허권자측이 그 부품을 따로 제조 · 판매하고 있다면, 그 부품을 교체하는 행위는 전체로서의 특허물품을 '생산'하는 행위이고, 따라서 그 부품은 '특허물건의 생산에만 사용되는 물건'이라는 논리를 펴고 있다.

한편, 판례[127]는, 속지주의 원칙상 특허권의 효력은 그 특허가 등록된 나라에만 미치는 점을 감안하면, 특허법 제127조 제1호의 '그 물건의 생산에만 사용하는 물건'에서 말하는 '생산'이란 국내에서의 생산을 의미한다고 하였다. 따라서 이러한 생산이 국외에서 일어나는 경우에는 그 전 단계의 행위가 국내에서 이루어지더라도 간접침해가 성립할 수 없다고 하는 바, 이는 뒤에서 보는 미국 특허법 제271(f)와 달라 대조적이다. 다만 판례는, 국내에서 특허발명의 실시를 위한 부품 또는 구성 전부가 생산되거나 대부분의 생산단

---

125) Aro Mfg. Co. v. Convertable Top Replacement Co., 365 U.S. 336(1961).

126) 대법원 1996. 11. 27.자 96마365 결정; 대법원 2001. 1. 30. 선고 98후2580 판결.

127) 대법원 2015. 7. 23. 선고 2014다42110 판결. 사안에서 원고의 특허는 상부와 하부로 구성된 양방향 멀티슬라이드 휴대단말기였는데, 피고는 국내에서 하부본체 하단의 숫자키패드가 결여된 반제품을 생산하여 다수 국가에 수출, 해당 국가에서 적합한 키패드를 조립하여 완성품으로 판매하였다. 원고는 피고가 국내에서 원고 특허 침해 전용(專用)의 반제품을 제조하는 행위는 간접침해에 해당한다고 주장하였다.

계를 마쳐 주요 구성을 모두 갖춘 반제품이 생산되고, 이것이 하나의 주체에게 수출되어 마지막 단계의 가공·조립이 이루어질 것이 예정되어 있으며, 그와 같은 가공·조립이 극히 사소하거나 간단하여 위와 같은 부품 전체의 생산 또는 반제품의 생산만으로도 특허발명의 각 구성요소가 유기적으로 결합한 일체로서 가지는 작용효과를 구현할 수 있는 상태에 이르렀다면, 특허권의 실질적 보호를 위해 예외적으로 국내에서 특허발명의 실시제품이 생산된 것과 같이 본다.[128)]

⇨ 대법원 2001. 1. 30. 선고 98후2580 판결

㈎호 발명의 감광드럼카트리지는 전체적으로 이 사건 특허발명을 채택한 레이저 프린터에 꼭 맞는 구성을 취하고 있고, 현재 ㈎호 발명의 감광드럼카트리지는 전량 이 사건 특허발명을 채택한 레이저 프린터에만 사용되고 있으며, 이 사건 특허발명을 채택하지 아니한 레이저 프린터 중 ㈎호 발명의 감광드럼카트리지를 사용할 수 있는 것은 없는 사실, 레이저 프린터에 있어서 인쇄되는 종이를 기준으로 할 때 레이저 프린터 자체의 수명은 약 300,000장이나, 그 중 토너카트리지는 약 3,000장, 감광드럼은 약 15,000장, 현상기는 약 50,000장의 수명을 가지고 있어 그 이후에는 새로운 것으로 교체해 주어야 하고, 이 사건 특허발명을 실시하고 있는 피고는 이 사건 특허발명을 채택한 레이저 프린터에 사용되는 각 부품을 별도로 생산하여 판매하고 있는 사실을 인정한 다음, 위 감광드럼카트리지는, 이 사건 특허발명의 본질적인 구성요소이고, 다른 용도로는 사용되지도 아니하며, 일반적으로 널리 쉽게 구입할 수도 없는 물품일 뿐만 아니라, 레이저 프린터의 구입시에 그 교체가 예정되어 있었고, 특허권자인 피고측에서 그러한 감광드럼카트리지를 따로 제조·판매하고 있으므로, 결국 ㈎호 발명의 감광드럼카트리지는 이 사건 특허발명의 물건의 생산에만 사용하는 물건에 해당하며, 원고의 주장과 같이 ㈎호 발명의 기술사상을 채택하되 설계변경에 의하여 ㈎호 발명과 다른 제품을 만드는 경우에 그것이 이 사건 특허발명의 실시물건 이외의 물건에 사용될 가능성이 있다는 것만으로는, ㈎호 발명이 이 사건 특허발명의 권리범위를 벗어날 수는 없다.

⇨ 대법원 2015. 7. 23. 선고 2014다42110 판결

간접침해 제도는 어디까지나 특허권이 부당하게 확장되지 아니하는 범위에서 그

128) 대법원 2019. 10. 17. 선고 2019다222782, 222799 판결.

실효성을 확보하고자 하는 것이다. 그런데 특허권의 속지주의 원칙상 물건의 발명에 관한 특허권자가 그 물건에 대하여 가지는 독점적인 생산·사용·양도·대여 또는 수입 등의 특허실시에 관한 권리는 특허권이 등록된 국가의 영역 내에서만 그 효력이 미치는 점을 고려하면, 특허법 제127조 제1호의 '그 물건의 생산에만 사용하는 물건'에서 말하는 '생산'이란 국내에서의 생산을 의미한다고 봄이 타당하다. 따라서 이러한 생산이 국외에서 일어나는 경우에는 그 전 단계의 행위가 국내에서 이루어지더라도 간접침해가 성립할 수 없다. 위 법리와 기록에 비추어 원심판결 이유를 살펴보면, 원심이, 피고가 국내에서 생산하여 수출한 N95와 N96의 각 반제품은 모두 국외에서 완성품으로 생산되었으므로 이 사건 제1항 및 제2항 발명의 각 특허권에 대하여 특허법 제127조 제1호에 정한 간접침해 제품에 해당하지 아니한다고 판단한 것은 정당하고, 거기에 상고이유 주장과 같이 특허발명의 청구범위 해석과 간접침해의 성립요건에 관한 법리를 오해하고 필요한 심리를 다하지 아니하여 판결에 영향을 미친 잘못이 없다.

㈏ **전용품(專用品)**

물건의 발명이든 방법의 발명이든, 이에 제공된 물건은 일반적으로 그 발명 이외의 용도로 전용(轉用)하는 것이 가능한 경우가 많은바, 제127조 제1호, 제2호의 '그 물건의 생산에만' 및 '그 발명의 실시에만' 사용하는 물건의 개념을 문자 그대로 당해 특허발명의 실시의 용도 이외에 전혀 사용할 수 없는 물건으로 해석하면 간접침해가 성립할 여지는 지극히 좁아지고 특허권의 보호가 불충분해진다. 반면, 다른 용도에 사용되지만 당해 특허발명의 용도에도 사용될 수 있으면 족한 물건으로 해석하면 특허권의 효력을 부당하게 확장할 우려가 있다. 그렇기 때문에 간접침해의 성립요건으로서 '… 에만'이 무엇을 의미하는지가 검토될 필요가 있다. 판례[129]는 "특허 물건의 생산에만 사용하는 물건에 해당하기 위해서는 사회통념상 통용되고 승인될 수 있는 경제적, 상업적 내지 실용적인 다른 용도가 없어야 하고, 이와 달리 단순히 특허 물건 이외의 물건에 사용될 이론적, 실험적 또는 일시적인 사용가능성이 있는 정도에 불과한 경우에는 간접침해의 성립을 부정할 만한 다른 용도가 아니다"라고 한다.

일본의 통설과 다수의 판례 역시, '다른 용도에 사용될 수 없는 물건'의 개념을 '비록 물리적으로 특허발명의 실시용 이외에도 사용하려면 할 수는 있지

129) 대법원 2009. 9. 10. 선고 2007후3356 판결.

만, 상업적·경제적 실용성에 비추어 보면 특허발명의 실시용으로만 사용되는 것으로 보이는 물건'으로 해석하고 있다.[130][131] 일본에서는 2002년 특허법 제101조 제2, 5호의 신설로 간접침해와 관련된 전용품 요건의 해석이 크게 달라지게 되었음은 앞서 본 바와 같다.

한편, 전용품(專用品)의 공급행위만이 특허법상 침해로 간주되는 이상, 비전용품(非專用品)을 공급하는 자는 간접침해 책임을 지지 않음은 물론, 그를 통해 직접침해가 가능해졌다고 하더라도 원칙상으로는 민법상 공동불법행위 책임(직접침해의 방조)도 지지 않는다고 해야 한다.[132] 간접침해 규정은 특허권

---

130) 竹田 稔, 知的財産權侵害要論,(特許·意匠·商標編) [第5版], 249면.

131) 일본의 하급심 판결례들이지만, 간접침해의 성립을 둘러싼 관점의 대립을 잘 보여주는 구체적 사례로 다음과 같은 것들이 있다.

① 전용품의 의미를 엄격히 보아 간접침해의 성립을 부정한 예(東京地裁 昭56年 2. 25. 昭50(ワ)9647 판결): A는 카메라에 장착되는 기존의 렌즈체를 개량하여, 특정한 기능을 가지는 레버를 렌즈체에 부가한 뒤 개량된 렌즈체를 포함한 카메라 전체에 대하여 특허를 취득하였다. 이처럼 '레버가 부착된 렌즈체(a)'는 물론 특허된 A 카메라에 부착되면 특정 기능을 발휘하면서 가장 적절하게 사용될 수 있으나, A의 특허된 신형 카메라가 아닌 A의 구형 카메라에도 장착되어 렌즈체로서는 사용될 수 있었다. 다만, 그 경우 레버부분은 무용지물이 되어 (a)만이 가지는 나머지 특정 기능은 사용될 수 없었다. 이 경우 B가 A의 허락 없이 (a)를 제조, 판매하는 행위가 A 특허에 대한 간접침해를 구성하는지가 문제된 사안에서, 일본 법원은 "(a)를 A 카메라 이외의 다른 카메라에도 장착 가능하고, 그 경우 비록 (a)의 고유한 특정 기능을 쓸 수는 없지만 여전히 카메라 렌즈로서의 기능을 수행할 수 있다면 (a)에 사회통념상 경제적, 상업적 또는 실용적으로 다른 용도가 없다고는 할 수 없기 때문에 이는 A 특허의 생산에만 사용되는 물건이 아니다. 따라서 B가 이를 제조, 판매하더라도 A 특허에 대한 간접침해를 구성하지 않는다"고 판단하였다.

② 전용품의 의미를 유연하게 보아 간접침해의 성립을 인정한 예(大阪地裁 平12年 10. 24. 平8(ワ)12109 판결): A는 방법특허로서 제빵과정에서 '타이머를 이용하여', '빵을 굽는 것(燒成)'을 특허 청구범위의 구성요소로 하고 있었다. 제빵기업자인 B가 '타이머'와 '굽는 장치'가 함께 구비된 제빵기를 제조·판매한 행위가 A 방법특허의 실시에만 사용되는 물건을 공급하는 것으로 간접침해를 구성하는지가 문제된 사안에서, 일본 법원은 타이머가 구비된 제빵기라 하더라도 타이머 기능을 이용하지 않은 채 굽는 장치만을 사용하거나 별도의 타이머를 이용하여 시간을 측정함으로써 A의 방법특허를 침해하지 않는 형태로 사용하는 것도 이론적으로는 가능하겠지만 이러한 일은 현실적으로 이례에 속하며, 결과적으로 B가 제조, 판매하는 제빵기는 사용자로 하여금 타이머와 굽는 장치를 함께 이용함으로써 A의 방법특허를 침해하는 데 사용하도록 할 고도의 개연성을 제공한다. 따라서 B의 제빵기는 경제적, 상업적 또는 실질적 의미에서 특허침해 이외에 '다른 용도는 없는 것'으로 평가될 수 있어 간접침해품에 해당한다고 판단하였다.

132) 다만, 객관적으로 직접침해의 성립이 명백하고, 주관적으로 특정한 침해에 가공(加功)한

자를 두텁게 보호하기 위한 것인 동시에 특허와 관련된 물건의 제조 · 유통에 관여하는 제 3 자에게는 허용되는 행위의 기준을 제공하는 의미도 가지기 때문이다. 특허발명과 별개로 고유의 시장을 가지는 비전용품의 거래자유 역시 특허권자의 보호 못지않게 중요한 데, 만약 비전용품의 공급에 대하여 일반적으로 민법상 불법행위가 성립할 수 있다고 하면, 특허권자가 시장에서 그런 물건을 판매하는 자를 상대로 방조책임을 경고하고, 그 이후에는 고의·과실을 들어 손해배상 청구를 하거나 이를 위협함으로써 비전용품의 거래자유를 위축시킬 수 있어 부당하다. 미국과 독일에서도 비전용품의 공급행위에 대해서는 별도로 민사상 방조책임을 묻지 않는 것이 일반적이다.[133)]

⇨ 대법원 2009. 9. 10. 선고 2007후3356 판결

원고가 소극적 권리범위확인을 구하는 확인대상발명은 이 사건 특허발명의 특허청구범위 제1, 2, 4, 6, 11, 16, 18, 19항(이하 '이 사건 특허'라 한다)과 대비하여 볼 때, 이 사건 특허의 구성 중 대형유동채널 및 균일한 고체 중합체 시트와 동일한 구성을 가지면서 소형유동채널이 결여되어 있고 마이크로 홀이 부가되어 있는 점에서 차이가 있다. 그러나 확인대상발명의 물건을 공급받은 사람이 연마패드를 사용하여 화학적 기계적 평탄화(chemical mechanical planarization. 통상 'CMP'로 약칭된다) 공정을 수행하는 때에는 다수의 다이아몬드입자가 부착된 컨디셔너로 연마패드의 표면을 압착하여 문지르는 브레이크 인(break-in) 및 컨디셔닝(conditioning) 공정(이하 '컨디셔닝 공정'이라 약칭한다)이 필수적으로 부가되고, 이러한 컨디셔닝 공정을 수행하는 경우에 확인대상발명의 연마패드에는 이 사건 특허의 소형유동채널의 수치범위 내에 있는 폭과 길이 및 밀도를 가지고서 연마슬러리를 이동시키는 통로로 작용함으로써 이 사건 특허의 소형유동채널과 동일한 구조와 기능을 하는 원심 판시 줄무늬 홈이 반드시 형성된다. 그러므로 확인대상발명의 물건은 이 사건 특허 물건의 생산에만 사용되는 것이어서 원고가 업으로서 확인대상발명의 물건을 생산 · 판매한 행위는 이 사건 권리범위확인심판의 심결시를 기준으로 하여 이 사건 특허권에 대한 간접침해에 해당된다고 할 것이다.

다는 구체적 인식 아래 물품을 제공하는 예외적인 경우라면 방조책임을 인정할 수 있을 것이다.

133) 이상의 점에 대한 상세한 논의는, 조영선, "특허권 간접침해로 인한 손해배상", 사법 제 1 권 제36호(2016. 6), 337면 이하 참조.

5) 직접침해의 성립 요부 : 독립설과 종속설의 대립

간접침해와 직접침해와의 관계를 어떻게 볼 것인지에 대하여 독립설과 종속설이 대립한다. 독립설은 특허법 제127조 각 호의 요건을 만족시키는 행위가 이루어진 때에는 독립적으로 특허권침해가 성립하고, 직접침해의 유무를 묻지 않는다고 한다.[134] 종속설은 법리상 당연히 직접침해의 존재가 간접침해의 성립의 전제가 되며, 직접침해가 성립하지 않을 때에는 특허법 제127조 각 호의 요건을 만족시키는 행위가 이루어져도 간접침해는 성립하지 않는다고 본다.[135] 우리나라에서는 독립설이 통설이다.[136] 실제로도 현실에서 많은 비중을 차지하는 것이 아래 ㈎처럼 발명을 업으로서 실시하지 않는 개인들에게 전용품을 판매하여 이익을 취하는 경우인데, 그를 통제하는 법리로는 독립설이 효과적이고 앞서 든 감광드럼 · 카트리지 사건의 판례[137] 역시 그런 사실관계에 입각하고 있으므로 판례의 기본적 태도는 독립설로 이해될 수 있다. 그러나 독립설 혹은 종속설에 따르더라도 저마다 불합리한 면을 모두 피할 수는 없으며, 그 이론적 장단점이 서로 교차한다. 일본의 학설들은 대체로 어느 입장을 엄격히 관철하기보다는 유형별로 특허권자과 간접침해자의 이익을 형평에 맞게 비교 형량하여 합리적인 해결책을 모색하는 방향으로 나아가고 있다고 한다.[138]

현실적으로 종속설을 취하는지, 독립설을 취하는지에 따라 결론이 달라질 수 있는 사안의 유형은 대체로 다음과 같다.

㈎ 직접행위자가 일반 소비자인 경우

특허의 침해는 '업으로써' 발명을 실시하는 경우에 한하여 성립하기 때문에(특허법 제94조), 발명제품을 구입하여 사용하는 대부분의 일반소비자는 발명을 업으로써 실시하는 것이 아니어서 직접침해를 구성하지 않는다. 예컨대 몇

134) 吉藤幸朔, 特許法概説[제 13 판], 524면.

135) 羽柴隆, '間接侵害について(その1)', 特許管理 26巻 11號, 1115면 이하; 高林龍, 標準特許法(第 2 版), 有斐閣(2005), 157면; 정상조·박성수 공편, 특허법주해(Ⅱ), 박영사(2010), 106~107면(곽민섭 집필부분). 단, 이 견해는 직접침해가 반드시 현실적으로 존재하지 않더라도 그 개연성이 있으면 족하다고 한다.

136) 송영식 외 2인, 지적소유권법(상) 제 8 판, 444면.

137) 대법원 2001. 1. 30. 선고 98후2580 판결 등.

138) 牧野利秋 등 編, 知的財産法の理論と實務 特許法[1], 新日本法規(2007), 206면.

개의 부품이나 요소로 구성되는 발명에 대하여 경쟁자가 이들 부품을 한 세트로 제조하여 고객에게 특허발명품처럼 되도록 조립하는 방법을 알려주며 판매하는 경우를 생각할 수 있는데, 이때 최종 소비자가 그것을 실제로 조립하는 행위는 대부분 '업으로' 하는 것이 아니라 '개인적인 사용을 위하여' 하는 것이므로 직접침해를 구성하지 않게 된다. 위와 같은 유형에 대하여 독립설을 취하면 간접침해 성립을 인정하는 데 문제가 없으나, 종속설을 관철하면 이 경우 침해의 성립이 부인되어 문제이다. 따라서 종속설을 취하는 입장에서도 이 경우 간접침해의 성립을 인정하는 수가 많다. 그 논거로는, ⅰ) 발명이 업으로써 실시되지 않는 경우에 특허권의 효력이 미치지 않는 것은 개인의 기호충족 등을 위하여 사적(私的)으로 실시되는 경우에까지 법으로 규율하는 것이 지나치다는 소극적 배려에 기인하는데, 이와 달리 영업적 목적으로 대량 침해가 가능하도록 하는 행위(예컨대 위에서 세트로 된 부품을 제조·판매하는 행위)는 위와 같은 배려의 대상이 될 여지가 없다거나, ⅱ) 위와 같은 행위는 간접침해의 범주에 속한다기 보다는 '침해를 야기할 우려가 있는' 일종의 '직접침해행위'로 보아야 한다는 것 등이다.[139]

㈏ **직접 침해자가 시험·연구를 위하여 발명을 실시하는 경우**

시험·연구를 위하여 발명을 실시하는 경우에는 특허법 제96조 제1항 제1호에 따라 특허권의 효력이 미치지 아니하여 침해를 구성하지 않는다. 이 경우 독립설에서는 직접침해의 불성립에 관계없이 간접침해책임을 인정하고, 종속설은 산업발전을 위하여 시험·연구를 위한 특허실시에 대하여 특허침해를 인정하지 않는 법규의 취지에 비추어 시험·연구에 소요되는 재료나 부품을 공급하는 행위 역시 마땅히 침해책임으로부터 면제되어야 한다는 이유로 간접침해를 부인하게 된다. 그러나 독립설을 취하면서도 산업발전을 위하여 시험·연구를 위한 특허실시에 대하여 특허침해를 인정하지 않는 법규의 기능을 보장하기 위해서는 시험·연구를 위한 경우에는 간접침해도 성립하지 않는다고 보는 견해가 있는가 하면, 반대로 종속설을 취하면서도 실질적 형평 등을 이유로 간접침해의 성립을 인정하는 견해도 있다.[140]

139) 견해의 상세에 대하여는 飯村敏明 외1, 知的財産關係訴訟, 114~116면 참조.
140) 飯村敏明 외 1, 知的財産關係訴訟, 115면 각주 25) 참조.

(다) 직접침해자가 권리자로부터 실시허락을 받은 경우

예컨대 특허권자 A가 B에게 통상실시권을 설정한 상태에서, B가 실시에 필요한 부품을 공급업자 C로부터 공급받는 경우에, A가 C를 상대로 특허권자의 지위에서 간접침해 주장을 할 수 있는가의 문제이다. 실제로는 A가 실시허락을 하면서 B로 하여금 필요한 부품을 특허권자가 지정하는 주체로부터만 조달받도록 계약한 경우에 주로 이러한 문제가 생길 수 있다. 이 경우 독립설에 의하면 간접침해가 성립하고, 종속설에 의하면 간접침해가 성립하지 않게 될 것이지만, 일본에서의 다수설은 i) 이러한 경우에까지 간접침해를 인정하면 통상실시권의 내용에 부당한 제약을 가하게 되고, ii) 특허권자는 이미 실시계약을 통해 당해 특허의 가치에 상응하는 이윤을 회수하고 있으므로 제3자가 실시권자에 부품공급을 한다고 하여 새로이 독점적 이익이 침해되는 것도 아니며, iii) 가사 특허권자와 실시권자 사이에 부품 공급주체에 관한 특약이 있음에도 실시권자가 이를 어기고 제3자로부터 부품을 공급받는다 해도 이는 어디까지나 실시권자의 채무불이행 책임의 문제로 해결하면 족하고 반드시 간접침해의 문제로 귀결되는 것은 아니라고 한다.[141]

6) 간접침해에 대한 구제

(가) 금지청구권

간접침해의 요건이 갖추어지면 특허권자는 간접침해자를 상대로 금지청구권을 행사할 수 있으며(특허법 제126조), 이때 간접침해자의 고의·과실은 묻지 아니한다. 한편, 간접침해의 요건이 갖추어지지 아니한 단순 교사·방조행위에 대하여는 특허법 상 금지청구권의 행사가 불가능할 것이지만,[142] 불법행위의 효과로서 일정한 요건이 갖추어지면 금전배상 이외에 금지청구도 인정하는 판례 태도[143]에 따르면 일반 불법행위의 효과로서 금지청구가 가능할 여지도 있을 것이다. 아울러, 판례 가운데는 저작권 침해의 방조행위에 대하여 금지청

141) 牧野利秋 등 編, 知的財産法の理論と實務 特許法[1], 209면; 飯村敏明 외 1, 知的財産關係訴訟, 116면.

142) 中山信弘, 特許法[第二版], 417면.

143) 대법원 2010. 8. 25. 자 2008마1541 결정 : "… 불법행위의 효과로서 금전배상을 명하는 것만으로는 피해자 구제의 실효성을 기대하기 어렵고 금지로 인하여 보호되는 피해자의 이익과 그로 인한 가해자의 불이익을 비교·교량할 때 피해자의 이익이 더 큰 경우에는 그 행위의 금지 또는 예방을 청구할 수 있다 …".

구권을 인정한 예가 있다.[144)]

(나) **손해배상청구권**

간접침해가 민법상 불법행위의 요건을 갖추면 손해배상청구가 가능함은 물론이다. 이때 침해자의 과실은 추정된다(특허법 제130조). 나아가 손해액 추정규정(우리나라의 경우, 특허법 제128조)이 간접침해에 대하여도 적용될 수 있는지가 문제된다. 이에 대하여 부정적으로 보는 일본의 견해가 있고,[145)] 국내에도 같은 언급을 하는 예가 있으나,[146)] 일본의 다수설과 하급심 판례는 간접침해에도 특허법의 손해액 추정규정이 적용될 수 있다고 한다.[147)]

생각건대, 특허법 제127조가 간접침해 유형을 '침해로 보는 행위'로 규정하고 있는 이상, 침해에 대한 구제 규정인 제128조 역시 간접침해에도 적용된다고 봄이 조문의 구조상 타당하고 간접침해에 대하여 금지청구권(특허법 제126조)을 인정하는 것과도 균형이 맞는다. 또한, 간접침해는 본질적으로 침해에 대한 방조책임이며 방조를 통한 공동불법행위자는 직접침해자와 손해 전부에 대하여 부진정연대책임을 지는 것이 원칙인바, 권리자의 손해액 증명부담을 덜어주기 위한 특허법 제128조를 공동불법행위자인 간접침해자에 대하여만 배제할 합리적 이유는 없어 보인다. 그리고 간접침해자에 대하여 그 가담 정도와 경위, 침해의 고의·과실의 정도 등을 고려하여 특허법의 배상액 재량 감경규정을 적극적으로 활용함으로써 배상책임 분담의 구체적 타당성을 도모함이 바람직할 것인데, 이를 위해서도 특허법 제128조의 적용이 있다고 해야 한다. 다만, 이상과 같이 간접침해에 대한 손해배상청구에 대하여 특허법 제128조를 적용할 때에도 그 구체적 산정방법과 기준은 특허권자 혹은 직접침해자가 실제로 특허물품을 생산·판매하는지 여부에 따라 달리 보는 것이 합당하다. 구체적으로는 ⅰ) 권리자와 직접침해자가 모두 특허품의 생산·판매를 하는 경우, ⅱ) 권리자만 특허발명 전부를 실시하고 간접침해자가 전용품을 판매하는 경우, ⅲ) 권리자와 간접침해자가 전용품을 두고 경합하는 경우, ⅳ) 권리자

144) 대법원 2007. 1. 25. 선고 2005다11626 판결(소리바다 사건).

145) 中山 編, 注解(上), 970면은, 일본 특허법 제102조(우리 특허법 제128조에 해당한다)는 직접침해를 전제로 한 것이어서 간접침해에 기한 손해배상에 적용할 근거가 없다고 한다.

146) 정상조·박성수 공편, 특허법주해 Ⅱ, 119면(곽민섭 집필부분).

147) 中山信弘·小泉直樹 編, 新 注解 特許法(下), 青林書院(2011), 1499면(이하, 이 책은 "中山信弘·小泉直樹 編, 新 注解(下)"라고 한다).

는 생산·판매를 하지 않고 직접침해자만 전체 물품의 생산·판매를 하는 경우, ⅴ) 권리자도 직접침해자도 생산·판매를 하지 않는 경우로 유형화하여 개별적으로 산정하는 것이다. 이에 대하여는 특허권 침해로 인한 손해배상을 설명할 때 별도의 항을 두어 다루기로 한다.

㈐ 형 사 벌

특허권의 간접침해도 특허침해죄[148]를 구성하는가? 판례[149]는 "확장해석을 금하는 죄형법정주의의 원칙이나, 특허권 침해의 미수범에 대한 처벌규정이 없음을 고려하면 직접침해의 예비단계행위에 불과한 간접침해행위를 처벌할 수는 없다"고 한다. 그러나 특허법 제127조 소정의 각 행위가 언제나 직접침해의 예비행위만인 것은 아니고 직접침해의 방조를 구성하는 경우도 있을 수 있으므로 그 가벌성을 일률적으로 부정하기 보다는 사안별로 해결하는 편이 합당하다. 다만, 이때 직접침해의 요부에 관한 독립설은 적용될 여지가 없고 종범으로서의 형사책임을 지우기 위해서는 정범인 직접침해의 성립이 필요하다고 본다. 입법론으로는 명시적으로 특허의 간접침해죄를 인정하되, 직접침해보다 법정형을 낮추어 규정하는 일본 특허법[150]의 예를 참고할 수 있을 것이다.

㈑ 간접침해를 이유로 한 권리범위확인심판

특허발명의 실시에만 전용(專用)되는 물건이 특허발명의 권리범위에 속하거나 속하지 않음을 전제로 그것을 대상으로 한 권리범위확인심판이 가능한가의 문제가 있다. 이에 대하여는, 간접침해는 전용품을 생산·양도 하는 등의 '행위'가 간접침해를 구성할 뿐이지 그 물건 자체가 특허발명의 권리범위에 속하는 것이 아니라는 취지의 부정설도 있으나, 판례[151]는 "… 특허권자 또는 이해관계인은 그 방법의 실시에만 사용하는 물건과 대비되는 물건을 심판청구의 대상이 되는 발명으로 특정하여 특허권의 보호범위에 속하는지 여부의 확인을 구할 수 있다"고 하여 이를 긍정한다.

---

148) 제225조(침해죄) ① 특허권 또는 전용실시권을 침해한 자는 7년 이하의 징역 또는 1억원 이하의 벌금에 처한다.

149) 대법원 1993. 2. 23. 선고 92도3350 판결.

150) 일본 특허법 제196조의2.

151) 대법원 2005. 7. 15. 선고 2003후1109 판결 등.

7) 기타 : 특허법의 역외적용(域外適用)과 간접침해(미국)

미국 특허법상 기여침해의 요건으로는 ① 부품이 특허발명의 주요한 부분으로 특허침해의 용도로 제작되거나 변형되었을 것, ② 그 부품이 특허침해가 아닌 용도로도 사용될 수 있는 범용품이 아닐 것, ③ 실시자가 특허발명 및 부품이 특허침해에 사용된다는 사실을 알고 있을 것이 필요하다고 설명된다.[152)]

또한 앞서 본 바와 같이 미국에서는 간접침해가 인정되기 위해서는 반드시 직접침해가 전제되어야 하는 것으로 이해되고 있다.[153)] 그런데, 특허권의 대상이 된 물건의 부품을 미국에서 제조하여 외국에 수출하고 이를 외국에서 조립·완성한다면, '구성요소 완비의 원칙'에 따라 미국 내에서는 특허 구성요소 전부를 실시하는 생산 행위가 없어 직접침해가 일어나지 않고, 특허법의 속지주의 원칙상 외국에서의 조립·완성 행위를 미국 특허권의 침해라고 할 수도 없다. 따라서 특허권의 대상이 된 물건의 부품만을 미국에서 제조하는 행위는 그 전제로서의 미국 내에서 직접침해의 발생 여지가 없기 때문에 간접침해로 되지 않아 특허권자는 이를 적절히 통제할 수단이 없게 된다. 미국은 그와 같은 불합리를 피하기 위해 특허법 제271(f)조를 신설하여, 비록 직접침해 행위가 미국 내에서는 발생하지 않지만 외국에서 침해적인 실시를 미국에서 유도하는 행위, 또는 외국에서 조립·완성됨으로써 침해적인 실시를 완성하는 물건의 전용 부품(專用 部品 : non-staple component)을 미국에서 제조하는 행위 등에 간접침해 책임[154)]을 물을 수 있게 하였다.[155)] 이는 특허의 간접침해에

152) Roger Schechter, John Thomas, *Principles of Patent Law*, Thomson West (2004), 293면.

153) 연방대법원은 미국연방특허법이 1952년에 개정되어 간접침해에 관한 명시적인 법규정이 신설되었다고 하더라도, 간접침해는 직접침해를 전제로 한다고 하는 기본원칙은 바뀔 수 없다고 판시한 바 있다 : Aro Manufacturing Co., Inc., et al. v. Convertible Top Replacement Co., Inc., 377 U.S. 476(1964) 등 다수.

154) 여기서의 '간접침해'는 앞서 본 광의의 간접침해(Indirect Infringement)를 뜻하며, 구체적으로는 외국에서의 실시를 유도하는 유도침해, 외국에서의 실시에 사용되는 부품을 공급하는 기여침해(협의의 간접침해 : Contributory Infringement)를 포괄하는 개념이다.

155) 위와 같은 법 개정의 계기가 된 것은 Deepsouth Packing Co. v. Laitram Corp. 사건의 연방대법원 판결(406 U.S. 518(1972))이었다. 이 사건에서 Laitram Corp.는 새우의 박피기계에 관한 미국 특허권자였는데, Deepsouth Packing Co.는 특허 침해책임을 회피하기 위하여 특허물품인 박피기계를 미국에서 생산, 조립하여 수출하는 대신 그 부품을 생산하여 브라질로 수출한 뒤 현지인 브라질에서 이를 조립하였다. 위와 같은 행위가 특허침해를 구성하는지에 관하여 연방대법원은 "미국 특허법상 특허침해를 구성하는 '생산'은 특허물품을 전

관하여 종속설을 택하는 미국 판례법의 입장을 입법을 통해 제한적으로나마 수정한 것인데다가, 미국 특허법 제271(f)를 적용하게 되면 결과적으로 미국 특허법이 적용되지 않는 외국에서의 행위에 관하여 미국 특허권에 대한 직접 침해를 인정한 것과 동일한 효과를 가져오기 때문에 이를 '특허법의 역외적용(Extra-territorialism)' 조항이라고 부르기도 한다.

(7) 인터넷을 통한 특허침해[156)]

IT 기술의 발달과 더불어 인터넷에서 이루어지는 특허 침해 또한 다양해지고 있다. 타인의 특허 침해에 사용되는 필수 어플리케이션이나 모듈 등을 인터넷을 통해 공급하거나, 3D 프린팅으로 타인의 특허물건을 그대로 복제·생산할 수 있도록 CAD(Computer Aided Design) 파일로 만든 뒤 온라인에서 제공하는 행위, 인터넷 서비스 제공자(ISP)가 특허침해에 사용되는 컨텐츠의 유통 플랫폼 역할을 하게 되는 것 등이 대표적 예이다. 이들은 대부분 소프트웨어 특허를 직접 침해하는 일반 사용자들에게 인터넷을 통해 그 침해수단을 제공하는 모습을 띤다. 그로 인해 간접침해와 유사한 실질을 가지지만 간접침해 규정을 적용할 수 없거나 민법상 공동불법행위에 대한 법적 기준을 그대로 적용하는 것이 부적절한 경우가 많다는 특징이 있다. 아울러 특허권자의 보호와 온라인 비즈니스 시스템 보장 사이의 균형을 위한 정책적 고려도 필요하다.

1) 침해 소프트웨어를 인터넷에서 제공하는 행위에 대한 법적 처리

(가) 소프트웨어를 물건으로 볼 것인가

일본은, 2002년 특허법 개정을 통해 컴퓨터프로그램을 물건의 일종으로 간주하고 인터넷에서의 전송행위 또한 실시의 한 태양으로 명문화하였다(일본 특허법 제 2 조 제 3 항 제 1 호).

미국의 경우, 2014. 4. 9. 국제무역위원회(ITC)는, Digital Models 사

체로서 완성하는 행위만을 의미하기 때문에 미국 내에서 부품을 제조하는 것만으로는 특허침해가 성립하지 않는다. 브라질에서 제품을 조립·완성하는 행위에는 미국의 특허권이 미치지 않기 때문에 위와 같은 행위가 직접침해에 해당함을 전제로, 미국에서의 부품 생산이 간접침해라고 한다면, 결과적으로 근거 없이 미국 특허법의 역외적용을 인정하는 것이 되어 부당하다"고 판시하였다. 그 뒤 미국 의회는 특허권자의 이익을 보호하기 위하여 1984년 앞서 본 바와 같은 내용으로 미국 특허법 271(f)조를 신설하기에 이른 것이다.

156) 이에 대한 상세는, 조영선, "인터넷을 통한 특허권의 침해유형과 그 책임", 정보법학 제22권 제 2 호(2018. 9), 1면 이하 참조.

건[157]에서, ① 특허침해 용으로 변환한 데이터를 미국에 있는 서버에 업로드(전송)하는 행위는 특허침해 물건의 수입에 해당하므로 미국 관세법 제337조에 따라 ITC의 관할에 속하는 행위이고,[158] ② 위와 같이 서버를 제공하여 타인의 특허침해 물건 수입을 가능하게 하는 행위는 그 자체로 특허권에 대한 기여침해를 구성한다고 판단하였다. 그러나 CAFC는 2015. 11. 10. 위 판결에 대한 불복소송[159]에서, 디지털 콘텐츠는 물건으로 해석될 수 없다는 이유로 ITC의 판결을 파기하면서, 디지털 콘텐츠를 미국으로 전송하는 것은 물건의 수입이 아니므로 ITC에게 재판관할이 없다고 하였다.

우리나라에서는 2015년에는 소프트웨어를 특허법 상 물건으로 취급한 듯한 하급심 판결이 등장하기도 하였다.[160] 그러나 과연 명문의 근거 없이 소프

---

157) INV. No. 337-TA833, USITC Pub. 4555. 이 사건에서 Align Tech Inc.는 환자맞춤 형 치과치료 장치에 대한 미국 내 특허권자였다. 미국에 있는 ClearCorrect Operating LLC. (CC US)가 환자의 치아 모양을 디지털 스캔하여 서버에 올려두면 파키스탄에 있는 ClearCorrect Pakistan(CC PK)가 스캔된 데이터를 가져간 뒤 3D 모델링 프로그램을 이용하여 환자 맞춤형 치과치료 장치의 제조가 가능한 데이터로 변환하여 서버에 올려두고, CC US가 서버에서 이를 다운받아 3D 프린터로 출력하는 방법으로 해당 장치를 제조함으로써 Align의 특허를 침해하였다.

158) 미국 관세법 제337조는, "미국 국제무역위원회(US ITC)는 물건의 미국 내 수입이나 그 이후의 판매와 관련하여 부정한 경쟁행위가 존재하는지 여부를 판단할 권한이 있으며, 수입품이 미국 특허권이나 저작권이나, 등록 상표권이나 반도체마스크에 관한 권리를 침해하는 경우가 그 예에 해당한다"고 규정하고 있다.

159) ClearCorrection LLC v. International Trade Commission, 810 F. 3d 1283(Fed. Cir).

160) 서울고등법원 2015. 10. 8. 선고 2015나2014387 판결(확정): 해당 사건에서, ① 원고는 메신저 서비스용 주소록 재편성 기능을 갖는 '이동통신 단말'이라는 물건 청구항(제1, 4, 5, 6항)과 이동통신 단말을 이용한 '주소록 재편성 방법'이라는 방법 청구항(제7, 10, 11항)의 특허권자였다. ② 피고는 해외에 서버를 두고 원고의 허락 없이 이동통신 단말에서 주소록 재편성을 가능하게 하는 애플리케이션(바이버 앱)을 인터넷으로 국내에 전송하였고, 불특정 다수의 소비자들이 이를 설치하여 사용했는데, 이처럼 바이버 앱을 사용하는 것은 원고 방법 청구항의 권리범위에 속하였다. ③ 원고는 피고를 상대로 물건 청구항에 대한 간접침해와, 방법 청구항에 대한 직접침해를 주장하면서 침해금지청구의 소를 제기하였다. 법원은 이 사건에서 물건 청구항에 대한 간접침해 여부의 판단을 하면서, '① 특정과제를 해결하기 위한 매체에 저장된 컴퓨터프로그램 청구항은 물건 청구항이다. 피고의 바이버 앱은 매체에 저장된 컴퓨터프로그램이므로 물건에 해당한다고 볼 수 있다. ② 한편, 이 사건 제1, 4, 5, 6항 청구항의 물건은 '이동통신 단말'인바, 피고의 바이버 앱은 '이동통신 단말'은 물론 '무선통신 단말' 등 다른 물건에도 쓰일 수 있는 것이어서 특허법 제127조에서 말하는 '특허받은 물건의 생산에만 사용되는 물건'이 아니다. ③ 따라서 피고가 인터넷을 통해 바이버 앱을 공급하여 원고의 물건 청구항 발명의 생산이 가능해지더라도 간접침해는 성립하지 않는다'고 하였다.

트웨어를 물건으로 취급할 수 있는지는 말할 것도 없고, 해당 판결의 논리를 따르더라도 문제가 된 앱은 이동 단말기이든 무선 통신기이든 일단 설치가 완료된 이후라야 비로소 '매체에 저장된 프로그램'이 되어서 '물건'이 되는 것인데,[161] 아직 매체에 저장되기 이전인 프로그램을 물건으로 취급하여 간접침해의 전용품 여부를 언급한 것은 모순이라는 비판이 있었다.[162]

(나) 특허 침해를 가능하게 하는 프로그램 등의 제공행위에 대한 평가

① 일본: 간접침해 인정[163] 원고가 '개인용 컴퓨터 화면에 아이콘의 기능설명이 표시되는 정보처리장치'를 청구항으로 특허권을 획득하였는데, 피고가 제조·판매한 소프트웨어를 구동하면 화면 상단 툴박스에 각종 기능별 아이콘들이 나타나고 '헬프'를 클릭하면 아이콘에 대한 설명이 표시되는 사건에서, 법원은, 개인용 컴퓨터가 '화면에 아이콘들의 기능설명이 표시될 수 있는 정보처리장치'에 해당하고, 피고의 위 각 소프트웨어가 컴퓨터에 설치됨으로써 실제로 그런 기능을 가지는 정보처리장치가 '생산되는' 것이므로 결국 피고의 소프트웨어는 특허물건의 생산에 사용되는 간접침해 물건이라고 판단하였다.[164][165]

② 미국: 간접침해 부정 미국에서는 소프트웨어를 물건으로 보지 않으므로 특허법 §271(c)에 의한 전용물 공급의 간접침해로 다룰 여지는 없고, 연방대법원은 소프트웨어 관련 특허의 구성이 복수주체에 의해 분담실시 되는 경우, 단일 주체에 의한 직접침해가 있는 것으로 평가되지 않는 한, 그에 대한 간접침해도 성립하지 않는다고 한다.[166] 이처럼 특허법 §271에 대한 연방

161) 한편, 이를 인터넷을 통해 전송하는 행위가 특허 받은 물건의 생산에만 사용되는 물건을 양도하는 행위도 아님은 물론이다.

162) 조영선, 앞의 논문("인터넷을 통한 특허권의 침해유형과 그 책임"), 6면.

163) 知財高裁 平17年 9月 30日 平成17年(ネ) 第10040号 사건.

164) 위 판결에 대한 분석과 비판을 담고 있는 평석문헌으로는, 花井美雪, "文書・図形作成ソフトウェアの製造・譲渡等の行為について間接侵害の成否を論じた事例(知財高裁 平成17. 9. 30判決)", 特許研究 通巻 第41号(2006. 3), 57면 이하.

165) 이 사건에서 소비자들이 피고의 소프트웨어를 인터넷에서 다운로드 받은 것이 아니라 소비자들에게 CD롬 형태로 판매된 것이기는 하나, 일본 특허법이 소프트웨어 자체를 물건으로 규정하고 소프트웨어를 인터넷에서 제공하는 행위도 실시의 하나로 규정하고 있으므로 결국 특허발명의 생산에만 사용되는 소프트웨어를 소비자들에게 다운로드 시키는 방법으로 제공하더라도 위 판결의 취지와 마찬가지 결론에 이를 것이다.

166) Limelight Networks, Inc. v. Akamai Techs., Inc., 134 S. Ct. 2111 (2014). 한편, CAFC

대법원의 엄격한 해석이 간접침해의 성립 여지를 크게 축소함으로써 인터넷에서 복수주체에 의한 특허 침해의 규율이 어려워지자, 보통법의 방조책임 법리를 특허법에도 반영하여 제3자의 의도적 방조행위가 있는 이상, 단일주체에 의한 전(全)구성 침해에 구애됨 없이 특허침해라는 결과에 방조책임을 인정하는 내용으로 특허법을 개정해야 한다는 제안도 이루어지고 있다.[167] 이는 독일이 특허권 간접침해에 관하여 제한적 요건 아래 일반 불법행위법 상 방조침해 책임을 인정하거나, 우리나라에서 간접침해행위에 전용물성을 완화하는 내용으로 법 개정이 필요하다는 제안이 이루어져 온 것과도[168] 궤를 같이한다.

③ **우리나라: 재판례와 입법을 통한 해결**(2019년 특허법 개정) 제3자가 해적판 소프트웨어를 디스크나 USB 등 유형의 매체에 담아 유통시키는 경우에는 매체에 고정된 소프트웨어가 물건에 해당하므로 물건 특허권의 침해(양도·대여)로 규율하면 되지만, 인터넷에서 소프트웨어 자체를 전송하는 행위에 대해서는 침해로 볼 마땅한 근거 규정이 없었다. 앞서 본 서울고등법원 2015. 10. 8. 선고 2015나2014387 판결은 방법 청구항에 대해서는 직접침해를 인정하면서 '피고가 복수로 이루어진 주소록 재편성 방법의 전부 또는 일부를 의도적으로 생략한 채 그런 의도를 모르는 스마트폰 사용자들로 하여금 그 단계의 전부 또는 일부를 사용하게 함으로써 그들을 마치 도구처럼 이용한 이상, 실제로 원고의 방법 청구항의 구성을 전부 실시한 것은 피고라고 봄이 상당하므로 피고는 위 방법특허에 대한 직접침해자이다'라고 하였다. 이는 이른바 지배·관리형 직접침해의 성립 가능성[169]을 재확인한 것이다.

는 이 사건에 대한 연방대법원의 파기환송 이후 해당 사건을 재차 전원합의체에 회부한 뒤 2015. 8. 13. 판결(Akamai Techs., Inc. v. Limelight Networks, Inc., -- F.3d -- (Fed. Cir. 2015) (en banc))에서 이번에는 직접침해 문제로 접근하였다. 그 결과, 복수주체가 방법특허의 일부씩을 분담하여 실시하는 경우, 방법특허의 일부를 실시하는 주체 사이에 i) 지시·통제관계가 있거나, ii) 공동의 영업주체인 관계가 인정된다면 대위책임의 법리에 따라 하나의 직접침해책임을 물을 수 있다고 판시하면서, Limelight가 고객들이 실시하는 방법의 각 단계를 지시 또는 통제했으므로 직접침해 책임이 인정된다고 판단하였다.

167) Nathanial Grow, "Resolving the Divided Patent Infringement Dilemma", *U. Mich. J.L. Reform, Vol. 50(2016)*, p. 40.

168) 사단법인 한국지식재산학회, "주요국 특허법상 간접침해 해석기준 비교분석을 통한 국내 간접 침해 제도 개정 방안", 특허청, 2016, 186~188면.

169) 서울고등법원 2003. 2. 10. 선고 2001나42518 판결 및 그 상고심인 대법원 2006. 4. 27. 선고 2003다15006 판결.

한편, 2019. 12. 10. 개정 특허법(법률 제16804호)은 방법발명의 '실시' 개념에 '그 방법의 사용을 청약하는 행위'를 추가함으로써 이 문제를 해결하였다.[170] 오래 전부터 우리나라에서도 일본의 예에 따라 소프트웨어를 '물건'으로 취급하고 이를 인터넷에서 전송하는 행위를 '실시'로 규정하려는 시도가 있었다. 이로써 소프트웨어 전송을 직접침해로 처리하거나, 특허 물건(소프트웨어)의 생산 혹은 방법의 사용에만 사용되는 물건(소프트웨어나 모듈)을 직접침해자(최종 사용자)에게 제공하는 것으로 만들어 간접침해로 규율하려는 것이었지만, 이런 입법 시도는 다양한 이해의 대립으로 성공하지 못했다. 결국, 개정 특허법은 타협적 방편으로 이 문제를 해결하게 되었는데, 방법발명 소프트웨어 특허가 존재하는 상태에서 제 3 자가 해당 소프트웨어를 인터넷에서 전송하고 사용자들이 이를 다운로드 받아 기기에서 구동한다면, 해당 소프트웨어의 사용은 방법특허의 침해가 되고, 그런 사정을 알면서 인터넷에서 그 소프트웨어를 제공(전송)하는 행위 역시 바로 그 '방법의 사용을 청약하는' 행위가 되어 침해를 구성한다는 논리를 취한 것이다. 또, 특허 방법인 소프트웨어의 실시에 필요한 모듈이나 부속 소프트웨어를 전송하는 행위 역시 특허 방법 소프트웨어의 사용을 청약하는 행위의 한 모습으로 파악할 수 있게 되었다.

2) 인터넷을 통한 특허침해와 ISP 책임

(가) 외국에서의 논의

① 독 일 특허권 침해의 경우, 독일 특허법 제10조의 간접침해 규정과는 별개로, 직접침해를 가능하거나 용이하게 하는 방조행위가 고의 또는 과실로 이루어졌다면 민법상 불법행위 책임도 물을 수 있다는 것이 연방대법원의 판례[171]이다. 이런 관점에서 특허 침해품의 운송행위나,[172] 침해 물품이 결국 독일로 수입될 것을 알면서 역외국에서 해당물품을 수출업자에게 공급하는 행위[173]가 특허권 침해의 방조로 인정되었다. 이론적으로는 특허권의 직접침해를 가능하게 하는 ISP 역시 불법행위 요건을 갖춘다면 책임을 부담할 수

170) 다만, 그 경우 특허권의 효력은 그 방법의 사용이 특허권 또는 전용실시권을 침해한다는 것을 알면서 그 방법의 사용을 청약하는 행위에만 미친다(제94조 제 2 항).

171) BGH GRUR 1999, 977 - Räumschild; GRUR 2002, 599 - Funkuhr I; GRUR 2007, 313, 314 - Funkuhr Ⅱ; GRUR 2009, 1142 - MP3-Player-Import.

172) BGH GRUR 2009, 1142 - MP3-Player-Import.

173) GRUR 2002, 599 - Funkuhr Ⅰ; GRUR 2007, 313, 314- Funkuhr Ⅱ.

있으며,[174] ISP가 권리자로부터 경고를 받은 후에도 여전히 자신의 웹사이트를 통한 특허침해 물품의 판매를 방치하면 방조책임이 성립한다고 본다.[175]

② 미 국 2015. 11. 3. 워싱턴 서부지방법원(United States District Court, W.D. Washington, at Seattle)은 Milo & Gabby, LLC v. Amazon.com 사건[176]에서 Amazon이 특허침해품을 웹페이지에 올려두는 정도는 특허침해품의 '판매를 제안(offer to sell)'한 것으로 볼 수 없다고 하면서[177] 청구를 기각하였다. 그러면서도 법원은 인터넷 플랫폼을 통해 수많은 거래가 이루어지고 있는 현실과 그 과정에서 ISP의 역할, 그를 통해 특허권 침해물건이 판매될 가능성 등을 감안하면 ISP의 책임을 전혀 물을 수 없는 것은 부당하므로 향후 입법을 통해 이 문제가 해결되는 것이 바람직하다는 의견을 덧붙이고 있다.[178]

③ 중 국 중국은 2015년 12월 공표한 제4차 특허법 개정안 제63조에, 인터넷 플랫폼을 경유하여 특허침해가 이루어지는 경우 ISP가 그런 사정을 알게 되고도 적절한 시기에 침해를 방지할 수 있는 상당한 조치를 취하지 않으면 직접침해자와 함께 책임을 부담하도록 하는 규정을 마련한 적이 있었다.

(나) 특허침해와 ISP 책임론

특허침해를 둘러싼 ISP 책임 문제는 향후 입법 수요에 따라 법 개정을 통해 해결될 필요가 있을 것이며, 대체로 저작권법 제102조 및 103조 소정 온라인서비스제공자의 책임 및 그 제한에 관한 내용을 참작하여 '침해고지 및 서비스중단'의 틀 안에서 해결함이 상당할 것이다.[179] 아울러 이런 입법이 이루어지기 전까지, 혹은 입법 후에도 침해방조 행위가 일반 불법행위로 다루어지는 경우에는 판례가 저작권 침해[180] 혹은 상표권 침해[181]시 플랫폼 운영자의

174) Haedicke/Timmann, *Handbuch des Patentrechts*, C.H. Beck, 2012, §8, 143.

175) LG Düsseldorf NJOZ 2007, 2100, 2135-MPEG Ⅱ-Standard; Haedicke/Timmann, *Handbuch des Patentrechts*, §8, 169.

176) 144 F.Supp.3d 1251 (2015).

177) 이는 '판매 제안(offer to sell)'의 의미에 관한 CAFC의 전통적 시각이기도 하다(Rotec Indus., Inc. v. Mitsubishi Corp., 215 F.3d 1246, 1254-55 (Fed. Cir. 2000)).

178) 이 판결은 CAFC에 항소되었으나, 2017. 5. 23. 항소기각으로 확정되었다.

179) Deven R. Desai & Gerard N. Magliocca, "Patents, Meet Napster: 3D Printing and the Digitization of Things", *Georgetwon L. J. Vol. 102(2014)*, p. 1718.

180) 대법원 2010. 3. 11. 선고 2009다4343 판결.

181) 대법원 2012. 12. 4.자 2010마817 결정.

부작위에 의한 방조책임 요건으로 제시하는 내용들은 의미 있는 기준이 될 수 있다. 즉, ⅰ) 게시물의 특허침해에 관한 불법성이 명백할 것(객관적 불법성), ⅱ) 서비스제공자가 위와 같은 게시물로 인하여 특허권을 침해당한 피해자로부터 구체적·개별적인 게시물의 삭제 및 차단요구를 받거나, 그렇지 않더라도 그 게시물이 게시된 사정을 구체적으로 인식하고 있었거나 그 게시물의 존재를 인식할 수 있었음이 외관상 명백할 것(주관적 인식), ⅲ) 기술적, 경제적으로 그 게시물에 대한 관리·통제가 가능할 것(기술적 통제가능성)이다. 다만, 이때 특허침해로 인한 방조 책임은 면책요건을 더 완화할 필요가 있다. 왜냐하면 특허는 상표나 저작권과 달리 권리범위 해석 등 침해의 성립 여부를 판단하기가 한층 까다로워 ⅰ)의 요건을 충족하기 어려운 수가 많기 때문이다.

3) CAD 제공자의 책임

3D 프린팅 기술의 발달로 특허물건을 제 3 자가 3D프린터를 이용해 손쉽게, 다량으로 복제할 수 있게 됨에 따라 3D 프린팅과 특허권 침해에 관한 논의가 활발하게 이루어지고 있다. 인터넷에서 3D 프린팅이 특허침해를 야기하는 문제는 특히 3차원 특허물건을 CAD(Computer Aided Design) 작업을 통해 디지털 데이터화 하고 3D 프린터가 이를 받아 출력하는 메커니즘을 둘러싸고 일어난다. 그중에서도 ① 특허물건을 CAD로 디지털화 하여 제공함으로써 3D 출력이 가능하게 하는 행위가 특허권의 간접침해 내지 침해 방조행위를 구성하는가, ② 인터넷에서 전송되는 CAD 파일을 이용해 위와 같은 특허물건의 생산이 이루어지는 경우 ISP가 그에 대하여 침해방조의 책임을 지는가가 특히 문제된다.

㈎ CAD의 제작·공급이 간접침해를 구성하는가

전용물의 공급만을 간접침해로 다루는 우리 특허법 제127조의 적용을 위해서는 CAD 파일을 '물건'으로 파악할 수 있어야 하나, 일본처럼 입법을 통해 해결하지 않는 한 석상 이를 물건으로 보기는 어려울 것이다.[182] 미국에서는 특허물건의 3D 프린팅에 사용되는 CAD 파일을 미국 특허법 §271(c)가 규

182) 이 점을 언급하는 국내 문헌들도 대체로 같은 입장을 보인다(지선구, 한덕원, "3D 프린팅과 특허발명의 법적 보호", 지식재산연구 제11권 제 1 호(2016. 3), 47면; 김원오, "3D 프린팅의 보편화시대에 대응하는 지식재산 보호체제의 재검토", 산업재산권 제53호(2017. 8), 183면 등.

정한 특허발명의 필수적 부품(component)으로 볼 수 있는지에 대하여 이를 부정하는 견해,[183] 긍정하는 견해[184]가 모두 있으나, CAD 파일은 물건이 아니라거나,[185] 침해품 전체의 생산을 가능하게 하는 디지털 자료이지 침해품의 일부를 이루는 것이 아니어서 간접침해품이 아니라는 견해가 우세한 것으로 보인다.[186]

(나) CAD의 제작·공급자의 침해방조책임

한편, 디지털 데이터에 불과하여 '물건'의 요건을 만족하지 않는 CAD 파일을 제작·공급하는 행위가 3D 프린팅을 통한 직접침해를 가능하게 하는 방조행위로 파악될 수 있음은 별개의 문제이다. CAD 파일을 그것이 3D 프린팅을 통해 특허권 침해(생산)에 사용되리라는 점을 알면서 제작·공급한 경우라면 적어도 특허권 침해라는 불법행위의 방조책임을 면할 이유는 없기 때문이다. 미국에서도 3D 데이터 파일이 특허제품을 표현한다는 것에 대한 실질적인 인식이 있으면서도 3D 데이터를 제작·공급한 자는 미국 특허법 §271(b)의 유인침해 책임을 진다는 견해가 있는 바,[187] 같은 맥락이다. 아울러, 일본 특허법의 간접침해 규정(제101조 제2호)이 발명의 과제의 해결에 불가결한 물건을 그 발명의 실시에 이용될 것임을 알면서 공급하는 행위를 간접침해로 다루고 있는 점 또한 이런 결론을 도출하는데 참고가 될 수 있다.

(다) CAD의 유통과 관련된 ISP 책임

이는 넓게는 인터넷을 통한 특허침해에 대한 ISP 책임의 범주에 속하는

---

183) Daniel Harris Brean, "Asserting Patents to Combat Infringement via 3D Printing: It's No Use", *Fordham Intell. Prop, Media & Ent. L. J. Vol. 23(2013)*, pp. 796~800; Timothy R. Holbrook & Lucas S. Osborn, "Digital Patent Infringement in an Era of 3D Printing", *U.C.D. L. Rev. Vol. 48(2015)*, pp. 1347, 1353.

184) William R. Thornewell, "Patent Infringement Prevention and the Advancement of Technology: Application of 35 U.S.C. § 271(f) to Software and "Virtual Components," *Fordham L. Rev. Vol. 73(2005)* pp. 2833~2843; Tabrez Y. Ebrahim, "3D Printing: Digital Infringement & Digital Regulation", *Nw. J. Tech. & Intell. Prop. Vol. 14(2016)*, p. 64.

185) 앞서 든 ClearCorrection LLC v. International Trade Commission, 810 F.3d 1283 판결.

186) Timothy R. Holbrook & Lucas S. Osborn, "Digital Patent Infringement in an Era of 3D Printing", p. 1353.

187) Daniel Harris Brean, "Asserting Patents to Combat Infringement via 3D Printing: It's No Use", p. 799.

것이지만, 미국을 중심으로 특히 CAD 파일의 유통에 관여된 ISP의 책임 성립 및 면책 요건에 관한 논의와 제안이 활발히 이루어지고 있다. 그 대체적 결론은 CAD 파일이 인터넷 플랫폼을 통해 개별 사용자들에게 널리 유포되어 특허권 침해를 야기하는 문제가 심각하므로 ISP에 대하여 특허권 침해의 기여책임(contributory liability)을 물어야 한다는 것, 동시에 그런 과정에서 ISP의 역할을 위축시키지 않기 위해서 저작권에서 ISP의 침해 책임과 면책 요건을 정한 DMCA와 유사한 규정을 특허법에도 마련해야 한다는 내용이 주를 이룬다.[188] 우리나라에도 대체로 이와 유사한 제안들이 이루어지고 있다.[189]

4) 정 리

현실에서 특허침해에 관여된 복수 주체들 사이의 인적 관계는 다양하다. 지배·관리관계 아래 다른 사람을 도구처럼 이용함으로서 결과적으로는 발명 전부를 스스로 실시하는 효과를 누리는 경우라면 그에게, 그 정도는 아니더라도 침해에 관계된 사람들이 공모 공동과 같은 주관적 의사공동 아래 행위를 분담하였다면 공동으로 직접침해책임을 물으면 될 것이다. 또한, 2019년 특허법 개정을 통해서, 소프트웨어가 방법 청구항으로 되어 있을 때 인터넷에서 해당 특허침해를 가능하게 하는 수단을 전송하는 행위 대부분은 '방법에 대한 사용의 청약'이라는 개념을 매개로 직접침해(실시)를 구성하게 될 것이다. 그러나 이로써 문제가 모두 해결된 것은 아니어서, 소프트웨어가 물건 청구항으로 되어 있다면 사정이 다르다. 甲(특허권자)이 매체 청구항 형태로 소프트웨어 특허를 가지고 있는 상태에서 乙이 인터넷을 통해 해당 소프트웨어를 전송하고 丙이 이를 다운로드 받아 매체에 고정하는 경우, 丙이 매체 청구항인 물건을 생산하는 것에 해당하겠지만, 乙은 적어도 현행 특허법 제127조의 간접침해자로 되지 않는다. 해당 소프트웨어는 물건이 아니어서 전용물(專用物) 요건을 갖추지 못할 뿐 아니라 소프트웨어를 전송하는 행위 역시

188) Timothy R. Holbrook & Lucas S. Osborn, "Digital Patent Infringement in an Era of 3D Printing", p. 1377; Tabrez Y. Ebrahim, "3D Printing: Digital Infringement & Digital Regulation", pp. 67~68; Darlene Tzou, "Liability of Internet Service Provider Under Section 337". *56 IDEA 163(2016)*, p. 205.

189) 김원오, "3D 프린팅의 보편화시대에 대응하는 지식재산 보호체제의 재검토", 200면; 지선구·한덕원, "3D 프린팅과 특허발명의 법적 보호", 62~63면; 김동준, "디지털 환경에서의 특허요건 및 침해에 대한 연구", 특허청, 2017, 392면.

특허발명의 실시유형이 아니기 때문이다. 같은 논리는 CAD 파일을 인터넷에서 제공하고 이를 근거로 3D 프린팅을 통해 특허물건을 복사(생산)해 내는 때에도 적용된다. 결국, 어느 경우에나 특허침해에 대한 일반 방조책임으로 해결해야 할 것이다.[190)]

다른 한편, 인터넷을 통한 소프트웨어 특허침해 판단 시 적극적 의사의 공동이 없이 단지 하나의 특허침해에 복수 주체의 행위가 객관적으로 공동되어 있을 뿐인 경우에는 섣불리 공동 침해책임을 물으면 곤란하다. 이는 자칫 온라인 비즈니스 시스템이나 거래 안전을 위협하는 위축효과를 초래할 수 있기 때문이다. 입법이나 해석을 통해 인터넷 상 소프트웨어 특허의 직·간접 침해책임 가능성을 구축하는 것 못지않게, 이에 대해서는 신중한 접근과 배려가 필요할 것이다. 이런 기준은 특히 CAD 및 3D 프린팅을 통한 특허침해에 유용한 판단 준거가 될 수 있다. 아울러 향후 저작권 침해나 상표권 침해에 관한 ISP 책임의 예를 감안한 사법실무 또는 입법으로 특허침해에 대한 ISP의 책임 및 그 면책 요건도 마련해야 할 수도 있다.

Ⅱ. 침해주장에 대응한 항변

특허 침해자로 지목된 제3자는 자신의 실시형태가 등록특허의 권리범위에 속하지 아니한다는 주장 이외에도 각종의 실시권, 특허의 무효, 특허권의 행사가 권리남용에 해당한다는 점, 자신의 실시형태는 특허권 침해가 아니라 이미 공공의 재산(public domain)에 해당하는 자유기술을 구사하는 것에 지나지 않는다는 점 등 다양한 형태의 항쟁을 할 수 있다.

1. 실시권 성립의 항변

특허권에 대하여 앞서 살펴본 약정실시권(전용·통상실시권)이 성립하여 있다면, 실시권자가 이를 주장하여 침해의 책임을 면할 수 있음은 물론이다. 나아가, 특허법은 일정한 요건을 갖춘 경우에 법률상 당연히 통상실시권이 발생

190) 다만, 직접침해자가 업으로써 해당 특허발명을 실시하는 자가 아니라면, 주된 침해 없이 방조침해 성립을 인정하는 법리의 구성이 필요해진다.

하도록 하거나 권리자로 하여금 제 3 자에게 통상실시권을 설정하도록 강제하기도 하므로 침해자는 위와 같은 항변사실을 주장·증명하여 침해의 책임을 면할 수도 있다. 다만, 어느 경우에나 약정의 내용 또는 법률의 규정에 따라 설정된 실시권의 한도를 넘는 부분에 대하여는 침해가 성립함은 물론이다.

아래에서 특허법상의 법정실시권 및 강제실시권에 관하여 설명한다.

(1) 법정실시권

법정 통상실시권은 특허권자의 의사에 관계없이 제 3 자의 지위에 관한 공평의 원칙과 국가의 산업정책적 측면을 고려하여 일정한 요건이 충족되면 당연히 성립하는 실시권이다.

1) **선사용에 의한 통상실시권**(특허법 제103조)

㈎ **규정과 그 취지**

어떤 발명에 관하여 특허출원이 있을 당시, 그러한 사정을 알지 못한 채 별개로 동일한 내용의 발명을 한 자 또는 그와 같은 별개 발명을 한 사람으로부터 알게 된 제 3 자가 이미 국내에서 그 발명의 실시사업을 하거나 사업의 준비를 하고 있는 때에는 그 실시 또는 준비를 하고 있는 발명 및 사업의 목적 범위 안에서 그 특허출원된 발명에 대한 특허권에 대하여 통상실시권을 가진다. 선출원주의를 취하고 있는 특허법 아래에서 선발명자의 보호가 도외시되는 점을 보완하고 공평을 도모하기 위하여 마련한 제도적 장치이다. 한편, 대부분 선사용자는 발명을 공중에게 공개함으로써 사회의 기술수준을 향상시키고자 하는 특허법위 취지를 따르는 대신 발명의 내용을 '영업비밀'로 독점하려고 한 주체라는 점을 고려하면, 특허법의 체계 내에서 그러한 선사용권자의 이익을 어디까지 보호해 주는 것이 마땅한지가 문제된다. 이는 결국 선사용권 성립의 요건과 효과를 얼마나 엄격하게 해석할 것인지의 태도와 연결된다. 출원발명에 특허가 부여되더라도 사후에 출원인이 미처 알지 못한 선행기술 등으로 인해 얼마든지 무효로 될 수 있으며 현실적으로 등록특허의 무효 비율 역시 무시 못 할 정도인 것이 사실이다. 이 경우 출원인으로서는 출원을 통해 발명을 공중에게 공개만 하고 결과적으로 얻는 게 없게 되므로 특허출원 대신 발명의 내용을 영업비밀로 유지할지를 고려하는 것은 어떤 면에서 자연스러운 일이며, 특허법이 이러한 전략적 선택을 무조건 백안시(白眼視)만 하는 것은

비현실적이다.[191)]

(나) **성립요건**

① **선의의 이중 발명** 특허출원이 있을 당시, 그러한 사정을 알지 못한 채 별개로 동일한 내용의 발명을 하거나 그와 같은 별개 발명의 내용을 정당하게 전수받았을 것이 필요하므로, 법문상 선사용권은 동일한 발명에 관하여 서로 독립적으로 '이중의 발명'이 이루어진 때에만 성립할 수 있다. 그러나 일본의 학설들 가운데 상당수는 이중발명 이외에 동일 계통 발명에 대하여 특허가 존재하는 경우에도 선사용권의 성립을 인정해야 한다고 해석한다. 그러한 동일 계통 발명의 구체적 예로는 ⅰ) 단일한 발명에 대하여 모인출원에 기한 특허등록이 이루어진 경우 정당한 권리자인 발명자, ⅱ) 발명자가 특허를 받을 수 있는 권리를 양도한 이후 그 발명을 실시하고 있는 경우,[192)] ⅲ) 특허된 발명이 공지기술에 불과한 경우 그 공지기술을 실시하고 있는 실시자가 거론되고 있으며 이는 모두 제3자가 선의로 동일한 발명을 독립적으로 완성한 경우에 해당하지 아니한다. 학설 가운데는 위 ⅰ) ⅱ) ⅲ) 모두에 선사용권을 인정해야 한다는 견해,[193)] ⅰ) ⅲ)에 선사용권을 인정해야 한다는 견해,[194)] ⅰ) ⅱ)에 선사용권을 인정해야 한다는 견해[195)] 등이 있다. 특히 일본의 유력설은, ⅰ)의 경우 당사자 간 계약에 의한 해결의 여지가 있고, ⅱ)의 경우 모

191) 아울러 근래 미국에서의 경험분석에 따르면, 특허를 둘러싼 분쟁 가운데 상당수는 침해자가 특허권자의 발명을 실제로 모방한 것이 아니라 침해자 역시 모방의 의도 없이 자신의 역량으로 우연히 동일한 발명에 이르렀거나 심지어 특허발명에 앞서서 그러한 발명을 완수한 뒤 영업비밀로 보유하고 있었던 경우라고 한다. 이는 특히 발명의 조밀도가 높고 경쟁기업 간 기술수준의 격차가 작은 IT나 소프트웨어 분야에서 더욱 그러하며, 특허소송 남발로 많은 문제가 일어나고 있는 이런 분야에서 선사용권 제도를 적극 활용하면 분쟁으로 지출되는 사회적 비용을 한결 줄일 수 있다는 학자들의 분석도 유력하게 대두되고 있는 실정이다. 상세는, 조영선, "특허법상 선사용권 제도의 운용에 대한 검토," 인권과 정의 제421호(2011), 60~61면 참조.

192) 당사자 간 계약에 의하여 양도인이 실시권을 유보하였음에도 묵시적 계약이어서 그 권원의 증명이 곤란한 경우를 말한다.

193) 中山信弘, 特許法[第4版], 575~576면.

194) 中山信弘, 小泉直樹 編, 新 注解 特許法[第2版](上), 靑林書院(2017), 1477면(森崎=岡田 집필부분).

195) 吉藤幸朔, 特許法概說[제13판], 655~656면: 이를 스스로 "條理說"이라 칭하는 한편, 일본 특허법 제79조가 '선의'를 규정하고 있는 것은 선사용권 성립 유형에 대한 하나의 '예시'에 불과하다고 주장한다.

인출원이 발생한 경우 이전청구권의 행사 등 정당한 권리자를 구제하기 위한 특허법 고유의 규정이 있으며, iii)의 경우 특허무효심판 청구 등의 해결방안이 존재하는 것은 사실이나, 그러한 사정이 있다고 하여 발명자에 대한 선사용권이 논리 필연적으로 부인되는 것은 아니며 실체법적 권리의 귀속이나 계약 상황 등 입증에 어려움이 따르는 수도 있으므로 이러한 '동일계통'의 발명에 대하여도 선사용권을 인정함이 타당하다고 한다.[196] 일본의 판결례 가운데 모인출원의 경우 진정한 권리자 혹은 그로부터 발명의 내용을 알게 된 자에게 선사용권을 인정한 것들이 있다.[197] 반면, 우리 판례는 식물신품종보호법 상 선사용권[198]이 문제된 사안에서, "특별한 사정이 없는 한 선사용에 의한 통상실시권을 취득할 수 있는 선사용자는 품종보호 출원된 보호품종의 육성자와는 기원을 달리하는 별개의 육성자이거나 이러한 별개의 육성자로부터 보호품종을 알게 된 자를 의미한다고 보는 것이 타당하다"고 하면서 비록 피고들이 품종보호권자인 원고로부터 출원 전부터 묘목을 구입하고 그 지도에 따라 육성·판매하는 사업을 해 왔다 하더라도 이는 선사용권 요건을 충족하지 않는다고 판시하였다.[199]

② **출원 시 국내에서 실시사업이나 그 준비를 하고 있을 것** 후행 발명의 특허출원 시에 이미 국내에서 선발명을 실시하는 사업을 하고 있거나 그 사업의 준비에 착수한 상태여야 한다. '실시사업의 준비'는 일반적으로는 당해 발명을 즉시 실시할 의사를 가지고, 즉시 실시가 가능할 정도의 객관적 여건을 갖춘 정도를 말하지만 구체적으로는 당해 발명이 속한 기술분야나 발명의 성실 등에 따라 탄력적으로 판단하여야 할 것이다.

실무상, 과연 선사용권을 주장하는 자가 특허발명의 출원 당시 당해 발명에 관한 사업 혹은 사업의 준비를 하고 있었는지를 증명하는 일은 매우 어렵

196) 中山信弘, 特許法 [第 4 版], 576면.

197) 大阪地裁 昭52. 3. 11. 昭50ワ) 453号·昭47 ワ) 3297号 판결; 東京地裁 平13. 1. 30. 平11(ワ) 9226号 판결.

198) 第64조(선사용에 의한 통상실시권) 품종보호 출원 시에 그 품종보호 출원된 보호품종의 내용을 알지 못하고 그 보호품종을 육성하거나 육성한 자로부터 알게 되어 국내에서 그 보호품종의 실시사업을 하거나 그 사업을 준비하고 있는 자는 그 실시 또는 준비를 하고 있는 사업의 목적 범위에서 그 품종보호 출원된 품종보호권에 대하여 통상실시권을 가진다.

199) 대법원 2015. 6. 11. 선고 2014다79488 판결.

다. 왜냐하면 그 경우 대상 발명은 영업비밀로 관리되는 경우가 많기 때문에, 특정 시점에 그러한 영업비밀이 과연 완성된 형태로 존재하였는지를 확인하는 것이 어렵기 때문이다. 그런데 최근 우리나라에도 '기술자료 임치제도'[200]나 '영업비밀 원본증명' 서비스[201] 등 사후에 영업비밀의 내용이 된 발명의 성립 시기가 문제될 때를 대비하여 영업비밀의 실체정보를 제공하지 않고도 그 시점을 공적으로 확인받을 수 있는 제도가 도입되어 시행 중이다. 이를 활용하면 선사용권을 둘러싼 분쟁에서 가장 핵심적이면서도 곤란한 사실인정의 문제를 해결할 수 있다.

③ 특허발명의 실시 여기서 특허발명을 실시한다는 것은 선발명의 실시형태가 후행 특허청구범위의 전부 또는 일부에 속함을 의미한다. 따라서 후행 특허발명의 청구항 구성요소와 그대로 일치하는 선발명은 물론이고, 예컨대 甲이 하위개념(x+y+z)의 구성으로 이루어진 선발명 a를 실시하고 있는 상태에서 乙이 그 상위개념(x+y)으로 이루어진 후발명 A에 대하여 특허를 취득하였다면 甲은 그 실시형태인 a에 대하여 선사용권을 취득한다.

선사용권은 엄격하게 후행 특허발명의 출원 당시에 존재하였던 실시나 실시준비 형태 그대로에만 인정되는가, 사후에 실시형태가 다소간 변경되더라도 여전히 인정될 수 있는가가 문제된다. 일본에서는 한 때 전자의 입장(실시형식설)도 있었으나, 현재 일본의 통설과 판례[202]는 후자(발명사상설)의 입장을 취한다. 생각건대, 제도의 취지를 살리고 선사용권자를 실질적으로 보호하기 위하여, 선사용 실시형태를 기초로 특허출원이 이루어졌다고 가상하여 그 가상특허의 균등범위의 실시형태까지는 여전히 선사용권을 인정하여도 좋을 것이다. 이는 후행 특허권자의 예측가능성을 크게 해하지 않고 후행 특허권의 범위가 균등물에까지 미치는 것을 감안하면 형평에도 부합한다.

---

200) 대·중소기업 상생협력 촉진에 관한 법률 제24조의2에 근거하여 중소기업청이 2009년부터 수행하고 있다. 이는 중소기업청 산하 대·중소기업 협력재단과의 사이에 기술임치계약을 체결한 당사자가 발명의 내용 등 영업활동에 유용한 기술상 경영상의 정보를 제출하면, 기술임치센터가 확정일자를 부여한 뒤 임치물을 봉인·보관하여 향후 증명 등의 필요에 활용할 수 있도록 하는 제도이다.

201) 특허청이 산하 한국 특허정보원을 통해 제공하는 서비스로서, 개인이나 기업이 영업비밀의 실체 자료는 그대로 보관하면서 전자문서로부터 추출된 전자지문만 특허정보원에 제공함으로써 영업비밀의 존재 시점 및 원본 여부를 증명 받을 수 있도록 하는 제도이다.

202) 日本最高裁 昭61. 10. 3. 昭61(オ)454 판결.

법문에 의하면 원칙상, 선사용권은 '실시 또는 준비하고 있는 사업의 목적 범위 내'에서만 유효하지만, 예컨대 특허물건의 '생산'에 관한 선사용권자가 그 뒤 특허물건을 '판매' 하더라도 조리(條理)상 이는 당초의 '생산'이라고 하는 사업목적을 벗어나지 않아 여전히 선사용권이 미친다고 봄이 타당하다.[203] 반면에 당초의 실시형태가 '사용'이나 '양도'였던 선사용권자를 위해 향후 '생산'에까지 선사용권을 인정할 수는 없을 것이다. 일단 적법하게 선사용권이 성립한 이상, 선사용권자가 사업의 규모를 확장하는 것은 선사용권의 정당한 행사라고 볼 것이다. 일본의 통설[204]과 판례[205]도 같다.

(다) 효 과

선사용에 의한 통상실시권자는 대가를 지불하지 않아도 되며,[206] 등록이 없어도 특허권자, 전용실시권자 등에게 대항할 수 있다(특허법 제118조 제 2 항). 그러나 선사용권 자체의 양도에 대하여는 특별 규정이 없기 때문에 선사용권도 상속 등 일반승계 혹은 실시사업과 함께 이전하는 경우 이외에는 특허권자의 동의 없이는 이전할 수 없다(특허법 제102조 제 5 항).

(라) 선사용권을 원용할 수 있는 인적 범위

후행 특허발명과 동일한 선발명에 기하여 직접 사업이나 사업의 준비를 하는 당사자는 물론, 예컨대, 甲이 발명 A의 제조에 관하여 선사용권을 취득한 뒤 A를 스스로 제조하지 않고 乙에게 도급주어 제조하게 할 때, 乙이 그 제조물품을 전량 甲에게만 납품하는 관계라면 乙은 A의 제조에 관하여 특허침해 책임을 지지 않는다.[207] 아울러, 선사용권자 甲이 선사용권에 기하여 A 물건을 제조하여 乙에게 판매하고 乙이 이를 다시 소비자에게 판매하는 경우, 비록 乙은 선사용권자가 아니나 A의 판매행위에 대하여 침해책임을 지지 아니한다고 본다.[208] 그렇지 않으면 乙이 甲으로부터 A를 구매하여 판매하려 하지

203) 같은 취지. 中山信弘, 特許法[第二版], 496면; 中山信弘 · 小泉直樹 編, 新 注解(上), 1273면.

204) 中山信弘, 特許法[第二版], 494면.

205) 東京高裁 昭41. 9. 29. 昭36(ネ)2881 판결.

206) 특허법 제104조 제 2 항, 제105조 제 3 항 등이 실시권에 대하여 '상당한 대가의 지급'을 명하고 있는 것과 대조적으로 특허법 제103조는 실시권의 대가에 대하여 아무런 언급이 없어, 현행법 상 선사용권자는 무상의 통상실시권을 가지는 것으로 해석된다.

207) 中山信弘 · 小泉直樹 編, 新 注解(上), 1274면.

208) 東京地裁 平19. 7. 26. 平17(ワ)10223 판결.

않을 것이어서 결과적으로 甲의 A에 대한 선사용권이 형해화(形骸化)하기 때문이다.

2) 특허권의 이전청구에 따른 이전등록 전의 실시에 의한 통상실시권(특허법 제103조의 2)

특허법 제99조의 2가 모인특허권자를 상대로 한 정당한 권리자의 이전등록 청구권을 인정하고 이전등록에 소급효를 인정함으로 인해 선의의 제 3 자의 지위가 불안해 질 우려가 생기게 되었다. 특허법은 그에 대비하여 일정한 요건 아래 통상실시권을 인정하고 있다. 즉, 이전등록된 특허권의 원(原)특허권자,[209] 이전등록 당시의 전용실시권자, 위 특허권이나 전용실시권에 대하여 등록된 통상실시권이나 법정실시권을 가지고 있는 자가 모인출원의 사정을 알지 못하고 국내에서 해당발명의 실시를 하거나 실시사업의 준비를 하고 있는 경우에는 특허권이 정당한 권리자에게 이전등록되더라도 그 사업목적의 범위 내에서 통상실시권을 가진다(제103조의 2 제 1 항). 다만, 그에 대하여는 특허권자에게 상당한 대가를 지급해야 한다(같은 조 제 2 항). 기타, 이 통상실시권의 적용범위 등 해석상의 논점들에 대해서는 모인 특허권의 이전청구에 대한 앞서의 설명부분을 참조.

3) 무효등록심판청구 등록 전의 실시에 의한 통상실시권(특허법 제104조)[210]

동일한 발명에 대하여 i) 이중으로 특허가 부여되었다는 이유로 그 중 하나를 무효로 하거나, ii) 등록특허를 무효로 하고 동일한 발명에 관하여 정당한 권리자에게 특허를 한 경우, 무효심판 청구의 등록 전에 무효사유가 있음을 알지 못한 채 국내에서 발명의 실시사업을 하거나 그 사업의 준비를 하고 있는 특허권자 또는 그로부터 실시권을 취득하고 등록을 마친 자는 그 발명

209) 특허법 제103조의 2 제 1 항 제 1 호는 "이전등록된 특허의 원(原) 특허권자"라고 하여, 마치 모인출원을 통해 등록된 최초의 특허권자만을 통상실시권의 대상인 것처럼 표현하고 있지만, 이는 적절한 용어 선택이 아니다. 오히려 원 특허권자는 고의에 의한 모인자인 경우가 많아 위 규정의 적용 대상이 될 여지가 적은 반면, 그로부터 특허권을 양수한 전득자(轉得者) 가운데 보호받아야 할 선의자가 많을 것이기 때문이다. 따라서 여기서의 원 특허권자에는 전득자도 포함된다고 해석함이 상당하다. 우리 특허법 제103조의 2에 상응하는 일본 특허법 제79조의 2는 "특허권자"라고 규정하고 있다.

210) 강학상 '중용권(中用權)'이라고 하며, 특허법 제104조 제 1 항 제 2, 4 호는 특허와 실용신안이 상호 관련된 경우의 중용권에 대하여도 규정하고 있으나, 편의상 특허만을 예로 하여 설명하기로 한다.

및 사업의 목적의 범위 안에서 통상실시권을 가진다. ⅰ)은 예컨대 동일한 발명에 대한 이중 출원이 간과되어 모두 특허등록되었다가 후출원 특허가 선출원주의에 기하여 무효로 되는 경우를 생각할 수 있고, ⅱ)는 특허를 신규성 부재, 확대된 선출원 위반을 이유로 등록 무효로 하고 그 무효 판단의 근거가 된 타인의 동일한 발명을 특허등록 하거나, 모인출원[211]을 이유로 특허등록을 무효로 하고 정당한 권리자에게 새로운 특허를 부여하는 경우가 그 예이다.

동일한 발명에 관하여 무효사유가 있었음에도 특허청이 이를 간과하여 특허를 부여한 경우, 국가기관의 공적 처분을 신뢰하고 그 특허에 기한 사업이나 사업준비를 하던 원 특허권자 등은 나중에 자신의 특허가 무효로 되고 새로운 특허권자가 권리행사를 하여 사업이 봉쇄되면 불의의 타격을 입게 된다. 중용권은 이처럼 특허에 관한 자신의 권리가 적법하다는 점을 신뢰하여 사업을 하거나 그 준비를 마친 선의의 자를 보호하기 위한 제도이다.

중용권자는 상당한 대가를 특허권자나 전용실시권자에게 지급하여야 한다(특허법 제104조 제2항).

4) 디자인권 존속기간 만료 후의 통상실시권(특허법 제105조)

특허출원일 전 또는 특허출원일과 같은 날에 출원되어 등록된 디자인권이라면, 그 디자인권자는 비록 자신의 디자인권이 특허권과 저촉된다 하더라도 아무 문제없이 사업을 영위할 수 있지만, 디자인권의 보호기간이 만료되어 버린 이후부터는 특허권의 침해를 구성하게 된다. 그와 같은 경우 종래 유효한 디자인권에 근거하여 사업을 영위해 오던 디자인권자에게 가혹한 결과가 초래되므로 특허법은 그와 같은 불합리를 막기 위하여 디자인권의 존속기간이 만료되는 때 그 디자인권의 범위 안에서 통상실시권이 생기는 것으로 하고 있다.

이 경우 디자인권자는 무상으로 실시할 수 있으나, 디자인에 대한 전용실시권자 또는 통상실시권자는 특허권자 또는 그 특허권에 대한 전용실시권자에게 상당한 대가를 지급하여야 한다(특허법 제105조 제3항).

---

211) 이 경우, '선의'의 요건과 관련하여 통상적인 악의의 모인출원자보다는, 특허를 받을 권리의 양수·양도계약이 무효로 되어 소급적으로 그 권리를 상실함으로써 모인출원자의 지위에 놓이게 되는 경우를 주로 생각할 수 있을 것이다(앞서의 모인출원 부분에 관한 설명 참조).

5) 재심에 의하여 회복한 특허권에 대한 선사용권자의 통상실시권(특허법 제182조)

예컨대 특허취소결정이나 등록무효심결이 확정되면 그 발명의 내용에 대한 독점적 효력이 없어져 제3자는 자유로이 이를 실시할 수 있는데, 나중에 다시 재심을 통하여 그 등록무효의 결론이 번복된다면 위와 같은 확정 심결의 결과를 믿고 사업을 실시한 제3자는 타인의 특허권을 침해한 것이 되어 불의의 타격을 입을 수 있다.[212] 위와 같은 경우를 대비하여 특허법 제181조는 선의의 제3자의 일정한 실시형태에 대하여는 재심에 의해 회복된 특허권의 효력이 미치지 않는 것으로 하는 한편, 특허법 제182조는 특허취소결정이나 등록무효 심결이 확정된 후 재심청구의 등록 전에 선의로 국내에서 그 발명의 실시사업을 하거나 그 준비를 하고 있는 자는 그 실시 또는 준비하고 있는 발명 및 사업의 목적 범위 안에서 통상실시권을 가지는 것으로 규정하고 있다.

6) 기 타

특허법은 그 밖에 질권행사나 공유특허 분할로 인한 특허권의 이전에 따른 통상실시권(특허법 제122조), 재심에 의하여 통상실시권을 상실한 원권리자의 통상실시권(특허법 제183조), 특허권의 효력제한기간 중 선의의 실시에 의한 통상실시권(특허법 제81조의3 제5항) 등을 규정하고 있다. 그 밖에 직무발명에 있어 사용자 등이 취득하는 법정의 통상실시권에 대하여는 해당부분에서의 설명을 참조할 것.

(2) 강제 실시권

특허권은 개인의 사적 재산권으로서의 성질을 가지고 있으므로, 특허권자가 제3자로 하여금 그 발명을 실시하도록 허락할지 여부 또한 특허권자의 자유의사에 달려 있음이 원칙이다. 그러나 국가 산업발전의 도모라고 하는 특허제도의 근본적 목적과 공익을 위하여 불가결한 경우에 특허권자의 의사에 관계없이 국가 또는 제3자에 의한 실시를 허락하도록 강제하여야 할 경우가 있다. 이를 강학상 강제실시권이라고 부르며, 파리조약 제5조A(2)는 '각 동

212) 특허법 제181조 제1항은 그 밖에, 확정된 권리범위확인심판의 결론이 재심으로 번복된 경우와 등록거절결정의 결론이 재심으로 번복된 경우 등도 규정하고 있으나, 편의상 무효심판에 대해서만 설명한다.

맹국은 특허의 불실시 등 특허에 의해 주어지는 배타적 권리의 남용을 방지하기 위하여 강제실시권을 부여하는 입법조치를 취할 수 있다'고 규정하여 일정한 경우에 특허를 강제로 실시할 수 있는 길을 열어 두었다. 또한, TRIPs 협정은 제30조에 특허권에 대한 일반 예외조항을 두어 회원국들이 특허권에 대한 제한을 가할 수 있다고 하면서, 다만 그러한 특허권 제한은 특허권의 통상적인 활용과 모순되어서는 아니 되고 특허권자의 이익과 제 3 자의 이익을 합리적으로 조절해야 함을 명시하고 있다. 나아가, 협정 제31조는 국가의 긴급사태나 극도의 위기상황, 공적·비상업적 사용 등을 강제실시의 요건으로 규정하고 있다.[213] 특허법은 다음의 세 가지 형태의 강제실시권을 규정하고 있다. 어느 경우이든 상당한 대가를 특허권자에게 지급하여야 한다.

1) 특허권의 수용(특허법 제106조)

정부는 특허발명이 전시, 사변 또는 이에 준하는 비상시에 있어서 국방상 필요한 때에는 특허권을 수용할 수 있다(특허법 제106조 제 1 항).[214] 특허권이 수용되는 때에는 그 특허발명에 관한 특허권 이외의 권리는 소멸되며(같은 조 제 2 항), 정부는 특허권 수용에 따라 특허권자 및 실시권자에 대하여 정당한 보상금을 지급하여야 한다(같은 조 제 3 항). 특허권의 수용은 주무부장관의 신청에 의하여 특허청장이 행한다(특허권의 수용·실시 등에 관한 규정 제 2 조 제 1 항).

2) 정부 등에 의한 특허발명의 실시(특허법 제106조의 2)

정부는 특허발명이 국가 비상사태, 극도의 긴급 상황 또는 공공의 이익을 위하여 비상업적으로 실시할 필요가 있다고 인정하는 경우에는 그 특허발명을 실시하거나 정부 외의 자로 하여금 실시하게 할 수 있다(특허법 제106조의 2 제 1 항).[215] 위와 같이 강제로 특허발명을 실시하는 정부나 정부 이외의 자는

213) 그 밖의 강제실시권의 발동 요건에 관한 상세는 TRIPs 협정 제31조 (a) 내지 (l)항에 상세히 규정되어 있으므로 참조할 것.

214) 한편, 국가는 전시, 사변 또는 이에 준하는 비상시에 있어서 국방상 필요한 때에는 '특허를 받을 권리' 또한 수용할 수 있다(특허법 제41조 제 2 항).

215) 2010년 특허법 전까지는 ⅰ) 특허권의 '수용(收用)'과 '정부에 의한 강제실시'가 하나의 조문(제106조)에 포함되어 있었고, ⅱ) 그 발동을 위해서는 '전시·사변 또는 이에 준하는 비상시'일 것과 '국방상 필요하거나 공공의 이익을 위하여 비상업적 실시가 필요한 때'라는 요건 모두를 만족해야만 하였다. 그러나 2010년 특허법부터는, ⅰ) 특허권의 '수용'과 '정부에 의한 강제실시'는 특허권 및 전용실시권 등에 미치는 효력에 차이가 있음을 고려하여 이를 특허법 제106조(수용)와 제106조의 2(정부에 의한 강제실시)로 분리하여 규정

특허권자 및 실시권자에게 정당한 보상금을 지급하여야 한다(특허법 제106조의 2 제3항).

3) 통상실시권 설정의 재정(裁定)(특허법 제107조)

(가) **법 규정의 골자**

제3자가 다음 중 어느 하나에 해당하는 사유로 인하여 특허발명을 실시할 필요가 있고, 그와 같은 실시를 위하여 특허권자 또는 전용실시권자와 합리적인 조건하에 협의를 시도하였음에도 통상실시권 설정계약이 이루어지지 않는 경우, 또는 그와 같은 협의를 할 수 없는 경우, 그 제3자는 특허청장에게 통상실시권 설정에 관한 재정을 청구할 수 있다.[216)]

① 특허발명이 천재·지변 기타 불가항력 또는 대통령령이 정하는 정당한 이유 없이 계속하여 3년 이상 국내에서 실시되고 있지 아니한 경우.

② 특허발명이 정당한 이유 없이 계속하여 3년 이상 국내에서 상당한 영업적 규모로 실시되지 않거나 적당한 정도와 조건으로 국내수요를 충족시키지 못한 경우.

③ 특허발명의 실시가 공공의 이익을 위하여 특히 필요한 경우.

④ 사법적 절차 또는 행정적 절차에 의하여 불공정거래행위로 판정된 사항을 시정하기 위하여 특허발명을 실시할 필요가 있는 경우.

⑤ 자국민 다수의 보건을 위협하는 질병을 치료하기 위하여 의약품(의약품 생산에 필요한 유효성분, 의약품 사용에 필요한 진단키트를 포함한다)을 수입하려는 국가에 그 의약품을 수출할 수 있도록 특허발명을 실시할 필요가 있는 경우.

다만, ①, ②의 사유의 경우에는 특허출원일부터 4년이 지나기 전까지는 통상실시권 설정의 재정이 허용되지 않고, 특허청장은 재정을 함에 있어 상당

하고, ⅱ) 정부에 의한 강제실시의 요건으로 '비상시(非常時)'와 '공공의 이익'을 동시에 요구하는 것은 TRIPs 협정이 정한 강제실시권의 발동요건보다 지나치게 까다로우므로 그 발동요건을 '국가 비상사태, 극도의 긴급상황 또는 공공의 이익을 위하여 비상업적으로 실시할 필요가 있다고 인정하는 경우'로 하여 협정에 부합하는 수준으로 완화하였다. 정부 등에 의한 특허발명의 실시 결정 역시 주무부장관의 신청에 의하여 특허청장이 행한다(특허권의 수용·실시 등에 관한 규정 제2조 제1항).

216) 다만, 공공의 이익을 위하여 비상업적으로 발명을 실시하고자 하는 경우와, 사법적 절차 또는 행정적 절차에 의하여 불공정거래행위로 판명된 사항을 시정하기 위하여 발명을 실시할 필요가 있는 경우에는 협의를 거치지 않고도 재정을 청구할 수 있다(특허법 제107조 제1항 단서).

한 대가가 지급될 수 있도록 하여야 한다(특허법 제107조 제 2 항, 제 5 항).

㈏ **의약에 관한 특허의 강제실시**

특허법 제107조의 강제실시가 반드시 의약발명에만 관한 것이 아님은 물론이다. 그러나 현실적으로 불공정거래행위의 시정을 위한 경우를 제외한다면 특허의 강제실시가 가장 문제되는 것은 의약에 관한 특허분야이며, 실제로 각국 간 의약기술의 편차로 인한 특허 독점이 저개발국 국민의 보건에 큰 위협이 되고 있다는 문제의식이 TRIPs 협정과 도하선언 등 특허의 강제실시에 관한 국제규범의 형성에 중요한 배경이 되어 오고 있다.

① 의약 특허의 특징과 문제점 의약은 인류 전체의 보건과 직결되어 있는 발명이라는 점에서 높은 공공성을 가지는 한편, 신약의 개발은 대개 막대한 비용과 노력이 필요한 고도의 자본 및 기술 집약성을 띤다.[217] 또한 의약발명은 다른 기술분야와는 달리 물질특허의 특성상 회피수단이나 개량발명의 여지가 적어 일단 특허를 획득한 기업은 존속기간 동안 세계적으로 시장을 독점할 가능성이 많고 약가(藥價)의 산정과 관련하여 독점규제와의 긴장관계에 놓이기 쉬운 특징이 있다. 특히, 고가의 특허의약품을 구매할 수 없는 저개발국 국민들로서는 필수의약품에 대한 접근이 사실상 차단되어 심지어 "특허에 의한 살인"이라는 극단적인 비유까지 나오고 있는 실정이다.

이와 같은 높은 약가 책정은 물질특허의 획득과정에 소요되는 막대한 비용을 회수하기 위하여 불가피한 측면이 있는 한편, 특허의약의 성분을 역 분석하여 그대로 모방하는 값싼 복제의약(이른바, Generic drug)이 제조·판매된다면 특허권자는 가격경쟁력에서 크게 뒤져 막대한 피해를 입게 되는 문제가 있다.[218] 이처럼 의약특허의 강제실시는 인류의 보건이라고 하는 가치와 발명의 인센티브를 유지하여 더욱 향상된 의약개발을 계속할 수 있도록 할 정책적 필

---

217) 실제로 제약분야에서 신물질 탐색에서 시작하여 신약 개발로 이어지는 성공의 확률은 다른 기술분야에 비하여 매우 낮은 편이고, 신약개발에 소요되는 기간 또한 10년 이상이 걸리는 경우가 허다하다. 반면, 일단 신약의 개발에 성공하면 특허 획득에 성공하는 비율은 다른 산업에 비하여 압도적으로 높으며, 이윤회수율 또한 상대적으로 매우 높다.

218) 실제로 인도 등 몇몇 국가는 제약을 비롯한 화학분야의 특허기준을 매우 엄격히 하거나 심지어 특허를 인정하지 않은 채 자국기업으로 하여금 자국영역 내에서 선진국의 특허의약에 대한 복제의약을 제조·판매 혹은 수출할 수 있도록 하는 정책을 취하여 오고 있었으며, 이로 인하여 선진국들과의 사이에 큰 통상문제를 낳았다.

요가 상호 충돌하는 매우 예민하고도 어려운 국면에 자리하고 있다.

② 의약의 강제실시에 관한 국제규범 앞서 본 파리조약 및 TRIPs 협정 외에 2001. 11. WTO의 각료회의는 카타르 도하(Doha)에서 'TRIPs 협정과 공중의 건강에 대한 선언'을 채택하여 특허의 강제실시를 부여할 권리와 그 조건을 결정할 주권이 각 회원국에 있음을 천명함으로써 의약특허에 관하여 각국이 자주적 판단 아래 강제실시권을 발동할 수 있음을 재확인하였고, 2003. 8. 도하선언문의 이행에 관한 최종결정문의 채택을 통하여 강제실시권의 효과적인 이용을 위해 의약분야에서 생산시설이 없거나 부족한 회원국들을 위하여 그와 같은 생산시설을 갖춘 국가는 수입국의 주문량만큼 의약품을 생산·수출할 수 있도록 TRIPs 협정상의 특허권의 강제실시에 관한 규정의 일부를 개정하였다. 우리 특허법 제107조 제1항 제5호, 제4항, 제7항, 제8항은 위와 같은 취지를 반영하고 있는 규정이다.[219)]

---

219) (제4항) 특허청장은 제1항 제1호 내지 제3호 또는 제5호의 규정에 따른 재정을 함에 있어서 재정을 받는 자에게 다음 각 호의 조건을 부과하여야 한다.

i) 제1항 제1호 내지 제3호의 규정에 따른 재정의 경우에는 통상실시권을 국내수요 충족을 위한 공급을 주목적으로 실시할 것

ii) 제1항 제5호의 규정에 따른 재정의 경우에는 생산된 의약품 전량을 수입국에 수출할 것

(제5항) 특허청장은 재정을 함에 있어서 상당한 대가가 지급될 수 있도록 하여야 한다. 이 경우 제1항 제4호 또는 제5호의 규정에 따른 재정을 함에 있어서는 다음 각 호의 사항을 대가 결정에 참작할 수 있다.

i) 제1항 제4호의 규정에 따른 재정의 경우에는 불공정거래행위를 시정하기 위한 취지

ii) 제1항 제5호의 규정에 따른 재정의 경우에는 당해 특허발명을 실시함으로써 발생하는 수입국에서의 경제적 가치

(제7항) 수입국은 세계무역기구회원국 중 세계무역기구에 다음 각 호의 사항을 통지한 국가 또는 세계무역기구회원국이 아닌 국가 중 대통령령이 정하는 국가로서 다음 각 호의 사항을 대한민국정부에 통지한 국가에 한한다.

i) 수입국이 필요로 하는 의약품의 명칭과 수량

ii) 국제연합 총회의 결의에 따른 최빈 개발도상국이 아닌 경우 당해 의약품의 생산을 위한 제조능력이 없거나 부족하다는 수입국의 확인

iii) 수입국에서 당해 의약품이 특허된 경우 강제적인 실시를 허락하였거나 허락할 의사가 있다는 그 국가의 확인

(제8항) 제1항 제5호의 규정에 따른 의약품은 다음 각 호의 어느 하나에 해당하는 것을 말한다.

i) 특허된 의약품

ii) 특허된 제조방법으로 생산된 의약품

③ **특허법 제107조 제 1 항 제 3 호** 의약 특허의 강제실시와 관련되는 근거규정은 주로 특허법 제107조 제 1 항 제 3 호이다. 구성요건 자체가 '특허발명의 실시가 공공의 이익을 위하여 특히 필요한 경우'로 극히 추상적으로 되어 있기 때문에 '공공의 이익'이라고 하는 불확정개념을 어떻게 이해하고 그 충족여부를 판단할 것인지의 어려운 문제가 남는다. 이는 결국 앞서 본 바와 같이 발명에 독점권을 보장하여 기술개발을 장려함으로써 얻어지는 이익과 국민의 보건확보라는 이익, 나아가 국제적 통상에 미치는 거시적 영향 등을 두루 고려하여 정책적으로 획정(劃定)될 문제이다.[220] 한편, 특허법 제107조에 관하여 필요한 사항을 규정하고 있는 대통령령인 특허의 수용·실시 등에 관한 규정 제 2 조의2는, 의약품수입을 위한 재정청구의 요건으로, 법 제107조 제 1 항

iii) 의약품 생산에 필요한 특허된 유효성분

iv) 의약품 사용에 필요한 특허된 진단키트

220) 우리나라에서의 강제실시권 관련 주요 사례들

가. 글리벡 사건 : 만성골수성 백혈병(CML) 치료제인 글리벡의 특허권자인 노바티스사가 우리 정부의 고시가격과 보험적용을 거부하고 당초 제안한 높은 가격을 고수함에 따라 시민단체로 구성된 청구인단이 2002. 1. 30. 특허청장을 상대로 특허법 제107조 제 1 항 제 3 호에 의한 강제실시의 재정을 청구한 일이 있었다. 2003년 2월 특허청은 강제실시권 부여의 재정신청을 기각하면서 그 이유로, "1) 글리벡을 저가로 수입할 경우 글리벡을 복용하지 않으면 안 될 절박한 상황에 있는 환자측의 경제적 부담을 많이 완화해 줄 수 있기는 하나, 만성골수성백혈병의 경우처럼 전염성이나 급박한 국가적, 사회적 위험이 적음에도 불구하고 발명품이 고가임을 이유로 강제실시를 허용할 경우 발명자에게 독점적 이익을 인정하여 일반 공중의 발명의식을 고취하고 기술개발과 산업발전을 촉진하고자 마련된 특허제도의 기본취지를 크게 훼손할 수 있는 만큼 강제실시권 인정여부는 이러한 두 가지 상충되는 이익을 비교형량하여 신중히 결정해야 하고, 2) 모든 만성골수백혈병환자(만성기 포함)에게 보험이 적용되며, 이 경우 환자의 실제부담액은 보건복지부가 책정 고시한 약가의 10% 수준인 점, 글리벡의 공급이 정상적으로 이루어지고 있는 점, 대외무역법 제14조 및 대외무역관리규정 제 7 조의 규정에 의한 자기치료목적의 수입이 가능한 점 등 글리벡의 공급실태와 관련된 상황적 측면을 종합적으로 고려하여 특허법 제107조 제 1 항 제 3 호의 규정에 의한 통상실시권 설정을 인정할 정도의 공공의 이익이 있다고 보기 어렵다"고 하였다.

나. AIDS 치료제 "푸제온" 사건 : AIDS 환자 단체 및 시민단체는 AIDS 치료제인 "푸제온"에 관하여 보건당국과 특허권자인 스위스 '로슈'사 사이에 약가 협상이 결렬되어 4년가량 푸제온의 국내공급이 이루어지지 않자 2008년 특허청장을 상대로 '푸제온'에 대한 통상실시권 설정의 재정청구를 하였다. 특허청장은 2009년 "강제적으로 통상실시권의 설정을 인정할 정도로 공공의 이익을 위해서 특히 필요한 경우에 해당된다고 보기 어렵고, 로슈사에서 생산원료 및 생산방법을 독점하고 있기 때문에 실시권 설정의 재정을 하더라도 국내에서 생산할 수 없어 재정의 실익도 없다"는 이유로 신청을 기각하였다.

제3호의 규정에 따라 다수인의 보건을 위협하는 질병을 치료하기 위하여 특허발명에 대한 강제적인 실시를 통하여 생산된 의약품을 수입하고자 재정을 청구하는 경우에는 i) 국내에 그 의약품의 생산시설이 없거나 부족할 것, ii) 전시·사변 또는 이에 준하는 비상시이거나, 재난 및 안전관리기본법 제36조의 규정에 따른 재난사태가 선포된 때라는 두 가지 요건을 충족할 것을 요구하는 등 기준의 일부를 제시하고 있다.

④ **재정신청과 관련된 절차** 재정을 청구하는 자는 그 이유와 통상실시권의 범위·기간·대가·지급방법·시기 등을 명시한 재정청구서를 특허청장에게 서면으로 제출하여야 한다(특허법 제107조 제9항, 특허권의 수용·실시 등에 관한 규정 제3조 참조). 특허청장은 매 청구별로 통상실시권 설정의 필요성을 검토하여야 하며(법 제107조 제3항), 재정을 함에 있어 상당한 대가가 지급될 수 있도록 하여야 한다(법 제107조 제5항). 특허청장은 통상실시권의 범위와 기간, 대가와 그 지급방법, 시기 등을 명시한 서면으로 재정을 하며 처분의 결정을 한 때에는 그 결정서의 등본을 신청인, 특허출원인 또는 특허권자, 전용실시권자, 통상실시권자, 질권자에게 각각 송달하고 그 결정의 요지를 특허공보에 공고하여야 한다(위 규정 제8조). 특허청장의 재정은 그 성질이 행정처분이라 할 것이므로 이에 대한 불복은 행정소송의 방법에 따라야 할 것이다.

4) 통상실시권 허락의 심판(특허법 제138조)

특허발명이 다른 사람이 선출원한 특허발명, 등록실용신안, 등록디자인을 이용하는 관계에 있거나 선출원한 다른 사람의 디자인권 또는 상표권과 저촉되는 관계에 있는 경우, 후출원 특허권자가 선출원자의 허락 없이 후출원 특허발명을 실시하면 선출원 특허권 등을 침해하는 것이 된다(특허법 제98조). 그러나 이를 관철하면 후출원 특허발명이 사장(死藏)될 우려가 있고, 경우에 따라서는 거꾸로 선출원의 특허권자 등이 후출원 특허권을 이용할 필요가 있는 경우도 있으므로, 특허법은 그와 같은 문제를 적절히 해결하기 위하여 통상실시권 허락의 심판제도를 두고 있다.

특허법 제98조에 따라 자신의 특허를 실시할 수 없는 후출원 특허권자는 선출원의 특허권자 등이 정당한 이유 없이 실시권 설정을 허락하지 않거나 그 허락을 받을 수 없는 경우, 자기의 특허발명을 실시하는데 필요한 범위 안에서 특허심판원에 통상실시권 허락의 심판을 청구할 수 있고(특허법 제138조 제1항), 특허심판원은 후출원 특허발명이 선출원의 특허발명 등에 비하여 상당한 경제적 가치가 있는 중요한 기술적 진보를 가져오는 것으로 판단되는 경우에 한하여 통상실시권을 설정하는 심판을 하게 된다(특허법 제138조 제2항).

한편, 통상실시권 허락이 이루어지고 난 뒤, 거꾸로 선출원의 특허권자 등이 후출원 특허권의 실시를 필요로 함에도 후출원 특허권자가 실시를 허락하지 않거나 실시의 허락을 받을 수 없는 경우에는 선출원 특허권자가 후출원 특허권자를 상대로 필요한 범위 내에서 통상실시권 허락의 심판청구를 할 수도 있다(이른바 Cross-Licensing, 특허법 제138조 제3항).

어느 경우이든, 통상실시권을 허락받는 자는 상대방에 대하여 대가를 지급하여야 하고 책임질 수 없는 사유로 지급할 수 없을 때에는 공탁하여야 실시를 할 수 있다(특허법 제138조 제4항).

2. 특허권의 효력이 미치지 않는 경우(특허법 제96조)

(1) 연구 또는 시험을 하기 위한 특허발명의 실시(특허법 제96조 제1항 제1호)

1) 규정의 의의와 적용범위

특정한 발명을 대상으로 하는 연구 및 시험을 위한 실시는 그 발명의 실효성 여부를 검증하거나 개량발명을 가능하게 하여 산업의 발달에 이바지하므로 그 자유로운 수행을 법적으로 보장할 필요가 있다.

⇨ 특허법원 2017. 11. 16. 선고 2016나1455 판결

> 피고가 원고 특허의 권리범위에 속하는 마찰교반용접기를 사용하여 수행한 연구·시험은 원고의 특허발명을 드라이브 샤프트 생산에 적용하는 경우 드라이브 샤프트가 필요로 하는 강도, 피로 내구성 등을 갖출 수 있는지를 확인하기 위한 것으로 보이는바, 이는 특허발명의 효과나 유용성을 확인하거나 특정 분양에 적용될 수 있는지를 시험하고 특허발명을 개량하기 위한 것으로 보일 뿐, 이 사건 특허발명을 다른 발명을 위한 도구·수단으로만 이용했다고 보기 어렵다. 위와 같은 연구·시험의 결과물이 시장에 시제품 또는 제품의 형태로 출시되는 등 위 연구·시험이 특허권자의 이익을 해쳤거나 특허권자에게 손해를 입혔다고 볼만한 사정을 발견하기 어렵다. 오히려 위 연구·시험을 통하여 이 사건 특허발명이 드라이브 샤프트 생산에 적용 가능하다는 결론을 얻는다면, 기술의 발전에 기여할

수 있다. 또한 위와 같은 연구 · 시험의 결과를 상업적으로 이용하기 위해서는 특허권자와 실시계약을 맺는 등 특허권자의 허락을 받아야 하므로 연구 · 시험의 허용이 특허권자의 이익에 부합하는 측면도 있다. 따라서 피고에 의한 원고 특허발명품의 사용은 특허법 제96조 제1항 제1호에 따라 적법하다.

연구 또는 시험을 위한 실시는 구체적으로 특허발명의 신규성·진보성 등을 조사하기 위하여 혹은 특허발명이 발명의 설명에 기재된 바대로 실제로 실시 가능한지 여부를 검사하기 위하여 이루어지는 경우가 있고[221] 당해 특허발명을 기초로 개량발명을 이루기 위하여 이루어지는 경우도 있다. 어느 것이나 연구 또는 시험을 하기 위한 특허발명의 실시로 볼 것이지만, 발명의 개량을 목적으로 하기 보다는 특허권 존속기간 내에 동일한 발명품을 제조하여 시장에 진입하기 위해 하는 연구·시험 등 특허권자에게 보장된 독점적 이익을 침해할 목적으로 하는 실시행위에는 특허권의 효력이 미친다. 특허발명품의 시장성이나 경제성을 조사하기 위한 시험·연구 또한 원칙상 침해적 실시에 해당한다고 보며,[222] 연구·시험의 목적으로 제조한 물건이라도 이를 업으로써 판매한다면 원칙적으로 특허침해를 구성함은 당연하다.

2) 각국의 입법 태도

유럽의 공동체 특허조약(CPC : Community Patent Convention)은 제27조(b)에서 '특허발명의 주제에 관한 시험을 목적으로 한 행위에는 권리가 미치지 않는다'고 하여 연구 또는 시험을 위한 실시에 특허권의 효력이 미치지 않음을 명시하여 유럽의 여러 나라들이 이를 모범으로 각국의 특허법에 유사한 조문을 마련하고 있으며,[223] 일본 특허법 제69조 제1항도 '특허권의 효력은 시험 또는 연구를 위한 특허발명의 실시에는 미치지 아니한다'고 규정하고 있다. 미국의 경우, 이에 관한 일반적 규정은 없었고, Common law상 발명에 대한 '시험적 사용(Experimental Use)'에는 특허권의 효력이 미치지 않는다는 원칙이 발달되어 왔으나, 위와 같이 특허권이 배제되는 예외적 사유와 범위는 매우

221) 현실적으로는 경쟁업자가 특허무효심판을 청구하거나 침해소송에 대한 대비책으로서 그와 같은 작업을 수행하는 경우가 많을 것이다.

222) 中山 編, 注解(上), 679면.

223) 유럽 각국의 해당 입법상황에 대하여는 조영선, "연구·시험을 위한 특허발명의 실시와 특허권의 효력," 저스티스(2010. 4. 호), 48면 이하 참조.

엄격하게 해석되어 왔다.[224)]

3) 제약분야에서의 문제

(가) 제약분야에서의 예외 인정의 필요성

연구 또는 시험을 위한 특허발명의 실시의 문제가 가장 두드러지는 분야는 제약분야이다. 제약의 경우 그 특성상 실제로 이를 시중에 판매하기 위해서는 필요한 안전성 실험이나 임상실험 등을 거쳐 보건당국의 승인을 받아야 하는 것이 보통인바, 위와 같이 후발 제약업체가 선행특허의 물질을 제조하거나 판매승인을 받기 위하여 연구·시험을 하는 행위가 선행 특허에 대한 침해를 구성하는지 여부가 쟁점이 되어 왔다.

특허법 제96조 제1항 제1호는, '연구 또는 시험(약사법에 따른 의약품의 품목허가·품목신고 및 농약관리법에 따른 농약의 등록을 위한 연구 또는 시험을 포함한다)을 하기 위한 특허발명의 실시에는 특허권의 효력이 미치지 아니한다'고 규정하여, 제약에 관하여 품목허가·신고를 받을 목적으로 하는 연구·시험에는 원칙상 특허권의 효력이 미치지 않음을 분명히 하고 있다. 그렇지만 제약분야의 실태 상 '품목허가·신고를 받을 목적으로 하는 연구·시험'에도 여러 양상이 존재하기 때문에 구체적으로 특허권의 효력이 미치지 않는 범위를 설정하는 것은 이해 당사자 사이에서 첨예하게 이해가 대립하는 문제이다.

이를 언급하고 있는 우리 대법원 판례는 없고, 일본의 판례들은 이를 후발업체가 하는 연구·시험의 목적과 규모를 종합적으로 고려하여 판단하면서 ① 후발업체가 선행특허의 존속기간 내에 독자적으로 동일한 물질을 제조·판매할 목적으로[225)] 보건당국으로부터 승인을 얻기 위하여 연구·시험을 하는 경우에는 발명의 개량을 목적으로 하는 것이 아니므로 이를 침해라고 보는 반면,[226)] ② 후발업체가 선행특허의 존속기간 후에 동일한 물질을 제조·판매할 목적으로 보건당국으로부터 승인을 얻기 위하여 연구·시험을 하는 경우에는, 이를 침해로 보아 금지한다면 후발업체로서는 선행특허가 존속기간 만료로 소멸하

224) Roche Prods. Inc. v. Bolar Pharmaceutical Co., 733 F.2d 858(Fed. Cir 1984); Embrex Inc. v. Service Eng'g Corp., 216 F.3d 1343(Fed. Cir. 2000).

225) 이 경우 후발 업체는 통상 자신의 실시행위가 선행특허의 권리범위에 속하지 않는다는 주장을 하는 것이 보통일 것이다.

226) 東京地裁 昭62年 7. 10. 昭60(ワ)7463 판결; 東京地裁 平9年 8. 29. 平8(ワ)11205 판결.

기를 기다려 비로소 시험에 착수해야만 하므로 거기에 소요되는 기간만큼 시장진입이 지연되고 이는 선행특허권자로 하여금 특허에 기한 독점권을 행사할 수 있는 기간을 사실상 연장시켜 주는 것이 되는 결과가 되어 불합리하다는 등의 이유로 이를 침해가 아니라고 하는 한편,[227] ③ 후발업체가 선행특허의 존속기간 후에 판매할 목적으로, 필요한 연구·시험의 정도를 넘어 특허제약을 미리 제조하여 저장(Stock)해 두는 정도라면 당연히 침해를 구성한다고 보고 있다.[228]

미국 특허법은 이 문제에 관하여 §271(e)(1)을 두어 '후발 제약업체가 선행특허의약품에 대한 복제약품(Generic version drug)을 제조·판매하기로 하고 FDA의 승인을 받기 위해 연구와 시험을 하는 행위는 선행특허에 대한 침해를 구성하지 않는다'는 취지로 규정함으로써 일정한 요건 하에서 후발 업체가 제약시장에 적법하게 진입하기 위하여 필요한 연구와 시험, 약품의 제조를 하는 것을 허용하는 한편, 같은 법 §271(e)(2)는 '후발 제약업체가 선행 특허의약품에 대한 특허존속기간이 만료되기 전에 이를 상업적으로 제조하거나 사용하거나 판매하기 위하여 FDA에 승인을 요청하면 그 자체로 침해를 구성하며 특허권자는 일정한 기간 내에 침해소송을 제기할 수 있다'고 하여 특허권 존속기간의 만료 전에 특허권자가 정당한 이익을 잠식당하지 않도록 배려하고 있다.

(나) 제약분야에서의 특허-허가 연계제도

① 품목허가 신청사실의 통지 및 판매금지 원칙 상 보건당국이 특정한 제약의 제조, 판매에 대한 승인여부를 결정하는 것과 그러한 제조, 판매 행위가 특허권을 침해하는지 여부는 보호의 대상이 되는 법익과 판단주체가 서로 달라 별개의 문제이다. 제약분야에서의 '특허-허가 연계제도'는 그럼에도 양자를 연계시켜 특허권 침해의 문제가 해결되거나 적어도 이를 법적으로 해결하기 위한 쟁송절차가 개시될 것을 조건으로 보건당국이 복제약(generic drug)의 제조, 판매에 대한 승인을 해 주는 시스템을 말한다.[229] 우리나라도 한·미

227) 東京地裁 平9年 7. 18. 平8(ワ)7430 판결; 東京高裁 平10年 9. 24. 平成9(ネ)3894 판결; 日本最高裁 平11年 4. 16. 판결.

228) 위 日本最高裁 平11年 4. 16. 平成10(受)153 판결.

229) 미국은 오래 전부터 특허-허가 연계제도를 도입하여 시행해 오고 있다. 관계 법규(Hatch-Waxman법이라고 통칭되는 Drug Price Competition and Patent Term Restoration Act, 1984)에 따르면 후발 제약업자가 FDA에 복제약 판매허가 신청을 하는 경우, 복제약 제약

FTA 제18. 9. 조 5항 나. 호에 따라 이를 도입하게 되었고, 이를 반영한 개정 약사법이 2015. 3. 15. 부터 시행되고 있다. 개정 약사법에 따르면, ⅰ) 보건 당국(식약처장)은 의약품 특허록을 작성, 유지해야 하고(약사법 제50조의 2), ⅱ) 특허목록에 등재된 의약품의 특허권 존속기간 내에 그 복제약[230]을 판매할 의사로 품목허가를 신청하는 자는 의무적으로 특허권자에게 이 사실을 통지해야 한다(특허에 대한 침해 내지 도전 의사의 고지 : 약사법 제50조의 4). ⅲ) 이 경우, 특허권자는 45일 안에 침해금지의 소나 권리범위확인 심판을 청구한 후 식약처장에게 그 복제약에 대한 판매금지 청구를 할 수 있으며(약사법 제50조의 5), ⅳ) 식약처장은 특단의 사정이 없는 한 시판허가 후 9개월 동안 복제약의 판매 금지를 명해야 한다(약사법 제50조의 6).[231] 이로 인해 특허권자는 일단 9개

업자는 4개의 확인서 가운데 하나, 즉, ⅰ) 관련된 특허가 존재하지 않는다는 사실(Paragraph Ⅰ), ⅱ) 관련된 특허가 이미 존속기간 만료되었다는 사실(Paragraph Ⅱ), ⅲ) 관련된 특허가 있으나, 자신은 그 존속기간이 만료된 후에 복제약품을 판매할 예정이라는 사실(Paragraph Ⅲ), ⅳ) 관련된 특허가 있지만 위 특허는 무효이거나, 자신이 판매하려고 하는 복제약은 그 권리범위에 속하지 않아 복제약의 제조·판매가 침해를 구성하지 않는다는 사실(Paragraph Ⅳ) 중 하나를 기재하여 제출해야 한다. 그런데 위 ⅳ)에 관한 기재를 하는 것은 특허의 존속기간 만료 전에 그 권리범위를 부인하면서 복제약을 제조·판매하겠다는 의사표시에 해당하기 때문에 특허권자에게는 곧 특허에 대한 도전을 의미한다. 따라서 이 경우 FDA는 허가절차를 중단하고, 그러한 허가신청이 있는 사실을 특허권자에게 즉시 통지하며, 특허권자는 위 통지를 받은 날부터 45일 이내에 침해소송을 제기하여야 한다. 위 불변기간 동안에 특허권자가 침해소송을 제기하면 FDA의 허가절차는 침해의 여부에 대한 판단이 나올 때까지 중지되며, 30개월이 지나도 판결이 나오지 않으면 FDA는 다시 허가절차를 진행하게 된다.

Hatch-Waxman 법의 또 다른 중요한 특징은, 복제약 업자들이 기존 제약의 특허성에 도전하도록 강한 유인책을 보장한다는 점이다. 위 법에 의하면, 가장 먼저 특허제약에 Paragraph Ⅳ 사유를 주장하여 도전하면서 복제약 판매허가 신청을 한 후발 제약업자는 시장에서 180일간 독점적으로 복제약을 판매할 수 있는 권리를 부여받는다. 그러한 복제약 업자는 특허권자와의 사이에서 침해소송비용의 지출과 금지청구 등으로 인한 영업의 위험을 부담하게 되는바, 이러한 불이익을 상쇄할 수 있는 유인을 제도적으로 보장함으로써 문제가 있는 제약 특허에 대한 도전을 장려하는 것이다.

230) 약사법은 이를 "등재의약품의 안전성 · 유효성에 관한 자료를 근거로 품목허가를 신청하거나 효능 · 효과에 관한 변경허가를 신청한 의약품"이라고 표현하나, 아래에서는 편의상 부득이, 흔히 사용되는 "복제약"이라는 용어를 사용하기로 한다.

231) 위 판매금지의 효력은 복제약이 해당 특허의 권리범위에 속하지 않거나, 침해를 구성하지 않거나, 해당 특허가 무효라는 판결이나 심결 등이 확정되면 소멸된다(약사법 제50조의 6 제 3 항).

월 간 복제약의 시장 진입을 저지할 수 있고, 침해금지 청구 등의 결과에 따라 후속 조치를 하는 것이 가능해진다.

② 우선판매 품목허가 한편, 개정 약사법은 미국과 마찬가지로 제약특허권의 유효성에 도전하여 성공한 복제약 업자에게 일정한 보상을 부여하는 제도를 아울러 마련하고 있는바, 복제약의 우선판매 품목허가가 그것이다. 즉, 복제약 업체 중, 등록 특허권에 최초로 도전하여 무효심판이나 권리범위에 속하지 않는다는 확인심판 등을 받아 낸 자에게는 당해 복제약에 대하여 9개월간 다른 복제약 업체들에 우선하여 시판할 권리를 부여한다(약사법 제50조의7 내지 9). 이는 위험과 불이익을 무릅쓰고 당해 특허에 도전하여 무효 등을 이끌어 낸 복제약 업자에게 보상을 부여함으로써 무효의 여지가 있는 특허를 시장에서 효과적으로 퇴출시키기 위한 인센티브로 기능한다.

이처럼 특허-허가 연계제도는 존속기간이 아직 끝나지 아니한 특허신약에 관하여 임의로 복제약을 제조, 시판할 가능성을 사전에 봉쇄한다는 점에서 권리자 보호에 유리하지만, 복제약의 시판 이전에 미리 침해 쟁송이 시작되고 특허권자는 거기에 소요되는 상당한 기간 동안 복제약의 시장진입을 제어할 수 있어 사실상 독점적 지위를 부당하게 연장하는 부작용이 생길 가능성도 있다.

4) 관련 문제 : 이른바 리서치 툴(Research Tool)의 사용

일정한 기술분야, 특히 생명공학이나 화학분야에 있어서는 특정한 특허발명이 기술분야의 상류(上流)에 위치하여 후속 연구나 발명을 위해서는 그러한 상류의 기술을 연구·시험의 수단으로 이용하지 않을 수 없는 경우가 있다. 대표적인 예로는 유전자 변이를 일으킨 실험용 동물, PCR(Polymerase Chain Reaction) 등의 실험장치나 기구, 스크리닝 방법, 유전자 관련 발명의 데이터베이스나 소프트웨어 등을 들 수 있으며, 이를 통상 리서치 툴(Research Tool)이라고 부른다.[232] 그런데 리서치 툴 자체가 특허발명에 해당하여 특허권자가 그 사용을 금지하거나 사용 대가로 지나치게 높은 실시료를 요구하는 경우, 후속발명이 방해받아 결과적으로 기술개발이 저해되는 부작용을 낳을 수 있다. 이 때문에 각국에서는 그와 같은 리서치 툴의 사용이 '연구 또는 시험을 하기 위한 특허발명의 실시'에 해당하여 특허권 효력의 배제사유에 해당하는

232) 飯村敏明 외 1, 知的財産關係訴訟, 158면(古河謙一 집필부분).

지에 관하여 활발한 논의가 이루어지고 있으며, 일정한 요건 하에 강제실시권의 설정을 인정하여야 한다거나, 경쟁법적 측면에서 통제해야 한다거나, 정부의 자금원조를 받아 이루어진 리서치 툴 발명을 중심으로 향후의 실시권 설정 의무를 약속하는 계약법적 접근을 해야 한다는 등의 다양한 접근이 이루어지고 있다.[233] 실제로 유럽에는 그와 같은 내용의 입법례들이 발견된다.[234]

이처럼 특히 기술개발의 상류(Upper Stream)에 속하는 리서치 툴에 대하여 특허권의 효력을 배제하거나 경우에 따라 강제로 실시권을 부여하는 태도는 후속연구의 편의와 국가 정책적 측면에서 유용한 면이 있지만, 한편으로 자칫 리서치 툴 자체에 대한 연구의욕을 좌절시켜 기술발전을 저해하는 또 다른 부작용을 낳을 수 있어 조심스러운 접근이 필요하다.[235]

사견으로서, 다음과 같이 완화된 접근법을 생각해 볼 수 있다. 즉, 리서치 툴에 대한 이용을 곧바로 특허법 제96조 제 1 항 제 1 호 소정의 '연구·시험을 위한 특허발명의 실시'로 보아 특허권의 효력을 배제하기보다는, 후속 연구의 도구로서 타인의 특허발명을 이용할 필요가 있음에도 특허권자가 과도한 실시료를 요구하거나 다른 이유로 인하여 실시권 설정을 거부한다면 앞서 본 특허법 제138조의 통상실시권 허여심판절차를 통해 강제로 실시권을 부여받도록 하는 해석론이 그것이다.[236] 특허법 제138조에 의하여 강제 실시권 부여의 형태를 취하는 것은 다음과 같은 여러 장점을 가진다. 즉, ⅰ) 특허법 제96조가 적용되면 권리자의 입장에서는 권리의 전부(全部)가 아니면 전무(全無)로 귀결될 위험이 있는 반면, 강제 실시권은 특허권의 효력을 인정하는 전제에서 그

---

233) 상세는, 조영선, 앞의 글("연구·시험을 위한 특허발명의 실시와 특허권의 효력"), 55면 이하 참조.

234) 예컨대 벨기에는 2005. 특허법 개정을 통하여 특허발명을 대상으로 한(Research "on" the patented invention) 연구·시험은 물론, 특허발명을 수단으로 한(Research "with" the patented invention) 연구·시험 역시 예외로 인정하여 리서치 툴의 사용에 특허효력을 배제하는 선구적 입법을 하였다. 아울러, 스위스는 2007. 6. 22. 의회에 의하여 승인된 수정 특허법 제40b조에서 'F. 연구도구 : 특허된 생명공학 기술의 발명을 연구의 도구 또는 수단으로 사용하고자 하는 자는, 비 배타적 실시권을 부여받을 수 있다'고 하여 생명공학 분야에서 일정한 경우 특허발명인 리서치 툴을 후속연구에 사용하기 위하여 일종의 강제실시권이 허여될 수 있음을 명시하고 있다.

235) 상세는 飯村明敏 외1, 知的財産關係訴訟, 159면 참조.

236) 조영선, 앞의 글("연구·시험을 위한 특허발명의 실시와 특허권의 효력"), 61면 이하.

이용 및 대가관계의 조율을 추구하게 되어 쌍방의 이해에 합리적으로 부합한다. ⅱ) 리서치 툴을 이용하는 후행발명은 상당한 경제적 가치가 있는 기술적 진보를 가져오는 경우에 한하여 통상실시권 허여의 대상이 된다는 명문의 구속을 받으므로 사용허락의 남발을 제어할 수 있다(같은 조 제2항). ⅲ) 리서치 툴에 대한 실시권 설정 시 대가 지급 의무가 명문화되어 있으며(같은 조 제4, 5항) 리서치 툴의 제공자가 나중에 이를 통해 개량된 후행발명을 이용할 필요가 있는 때에는 소위 크로스 라이센싱에 해당하는 반대의 실시권 설정청구를 할 수도 있다(같은 조 제3항).

한편, 특허법 제98조의 "이용발명"이란 이용대상이 되는 특허발명의 구성요소나 기술적 요지를 모두 그대로 가지고 있으면서 여기에 새로운 구성요소를 부가한 발명을 말한다는 것이 판례이다.[237] 그러나 특허법 제98조는 '특허권자는 특허발명이 타인의 특허발명을 이용하는 경우에는 그 특허권자의 허락 없이는 자기의 특허발명을 업으로서 실시할 수 없다'고 하고 있을 뿐, 특허법 어디에도 '이용'의 개념을 위와 같이 타인 특허의 구성요소 전부가 후행발명의 구성요소에 포함되는 형태, 즉 후행발명이 선행발명 자체의 개량발명에 해당하는 경우만으로 제한하는 규정은 없다. 그렇다면, 자신의 발명을 수행하는 과정에서 타인의 선행특허를 연구나 시험을 위한 '수단' 내지 '도구'로 사용하는 행위 역시 특허법 제98조의 타인의 특허를 '이용하는 유형'에서 제외되어야 할 합리적 이유가 없다.

또한, 특허법 제138조의 적용대상이 되는 법 제98조는 문언상 '특허발명'과 '특허발명' 사이에 이용관계가 있는 경우를 전제로 하고 있지만, 개량발명을 둘러싼 당사자 사이의 이해조절이나 기술진전의 도모라는 법 목적에 비추어 보면, 이를 엄격하게 '특허발명' 대 '특허발명' 간의 문제로만 한정할 이유가 있는지 의문이다. 오히려 '리서치 툴' 형태의 이용관계가 성립하는 경우라면, 아직 특허등록되지는 아니한 발명이라도 그 연구·개발의 과정에서 타인의 특허발명을 불가피하게 실시하게 되고, 그러한 이용발명이 현저한 기술적 진보성을 가져 향후 특허등록될 가능성이 큰 이상, 특허법 제98조의 적용을 거쳐 법 제138조의 적용을 받을 수 있도록 해석함이 상당하다고 본다. 이처럼

237) 대법원 1995. 12. 5. 선고 92후1660 판결 등.

특허법 제138조의 해석을 통하여 리서치 툴에 강제실시권을 인정한다면 별도의 특허법 개정이 없이도 앞서 본 스위스 등의 입법례와 동일한 입법적 효과를 누릴 수 있다.

(2) 국내를 통과하는 데 불과한 선박, 항공기, 차량 또는 이에 사용되는 기계, 기구, 장치 그 밖의 물건(특허법 제96조 제 1 항 제 2 호)

파리협약 제 5 조의3에 따라 특허법에 마련된 규정이다. 오로지 국내 통과라는 목적만을 가진 선박, 항공기, 차량(우리나라의 경우, 지리적 특성상 국내를 통과하는 차량은 쉽게 생각하기 어렵다. 아마도 육상을 통한 국경의 통과가 빈번한 유럽 등지에서 자주 문제가 될 것이다)에까지 특허권의 효력이 미친다고 하는 것은 특허법 본래의 취지에도 맞지 않고 결과적으로 원활한 국제적 운송이나 교통의 방해가 초래될 염려가 있기 때문에 마련된 규정이다.

(3) 특허출원을 한 때부터 국내에 있는 물건(특허법 제96조 제 1 항 제 3 호)

특허출원시부터 특허의 대상과 동일한 물건이 국내에 존재하였고 그 물건이 공지·공용되었다면 특허는 신규성 상실로 인하여 등록거절이나 등록무효의 대상이 될 것이고, 침해자로서는 적극적으로 특허등록의 무효에까지 나아가지 않는다고 하더라도 침해소송에서 당해 특허가 신규성이 없는 것이어서 권리범위를 가지지 않는다는 항변을 통하여 침해책임을 면할 수 있을 것이다. 또한, 그 물건이 공지·공용되지 않았더라도 특허출원 전에 국내에 존재한 물건을 이용하여 특허발명의 실시사업을 하거나 그 준비를 하고 있었던 침해자라면 특허법 제103조의 선사용에 의한 통상실시권 주장을 하여 역시 침해책임을 면할 수 있다.

하지만, 앞서의 어느 경우에도 해당하지 않는 경우, 즉 특허 출원 당시 당해 물건이 국내에 존재하였으나 이를 비밀로 소지하고, 그 물건을 이용하여 발명의 실시 또는 실시의 준비도 하지 않은 자는 특허법 제96조 제 1 항 제 3 호를 주장하여 침해책임을 면할 수 있을 것이다.

(4) 의약의 조제(특허법 제96조 제 2 항)

2 이상의 의약(사람의 질병의 진단, 경감, 치료, 처치 또는 예방을 위하여 사용되는 물건)을 혼합함으로써 제조되는 의약의 발명 또는 2 이상의 의약을 혼합하여

의약을 제조하는 방법의 발명에 관한 특허권의 효력은 약사법에 의한 조제행위와[238] 그 조제에 의한 의약에는 미치지 아니한다.

단일한 의약 자체 또는 의약의 제조방법에 대한 특허는 주로 의약을 제조·판매하는 업자가 가지는 경우가 많고 일반적으로서 의약의 판매에 의하여 권리가 소진되는 것이 보통이지만, 2 이상의 의약을 혼합함으로써 새로운 효능을 가지게 되는 경우, 위와 같이 혼합 제조된 의약이나 그 혼합방법에 별도의 특허가 성립하는 수가 있다. 그러나 약사 등이 기존 의약을 이용하여 행하는 적법한 조제행위는 넓은 의미에서 의료행위의 범주에 속하므로 거기에까지 특허권의 효력을 미치게 하는 것은 문제가 있다. 즉, 이는 자유로운 의료행위를 저해하여 국민의 건강과 복지 증진이라는 가치에 반할 뿐더러 궁극적으로 의료비용을 증가시키는 부작용을 낳게 되기 때문이다. 특허법이 의약의 조제행위에 대하여 특허침해에 대한 예외조항을 마련해 두고 있는 이유가 여기에 있다.

다만, 위와 같은 가치보호의 범주 밖에 있는 행위, 즉 약사법상 허용된 적법한 조제가 아닌 행위에 대하여는 원칙대로 특허권의 효력이 미치고, 그와 같은 행위가 특허 침해를 구성함은 물론이다.

(5) 특허료의 추가납부 또는 보전에 의한 특허출원과 특허권의 회복(특허법 제81조의 3)

특허법은, 특허권의 설정등록을 받고자 하는 자 또는 특허권자가 정해진 기간 내에 특허료를 납부하지 않으면 특허출원이 포기된 것으로 보거나, 특허권이 소멸된 것으로 본다(특허법 제79조, 제81조). 그러나 한편으로, 특허출원인 및 특허권자를 두텁게 보호하기 위하여 책임질 수 없는 사유로 인하여 위 기간을 넘긴 것이거나, 그렇지 않다고 하더라도 2배까지의 특허료를 추납하는 것을 조건으로 소멸한 권리의 회복신청을 할 수 있도록 하는 규정을 아울러

238) 약사법 제2조 제11호는, "조제"란 일정한 처방에 따라서 두 가지 이상의 의약품을 배합하거나 한 가지 의약품을 그대로 일정한 분량으로 나누어서 특정한 용법에 따라 특정인의 특정된 질병을 치료하거나 예방하는 등의 목적으로 사용하도록 약제를 만드는 것을 말한다고 정의하고, 같은 법 제23조는, ① 약사 및 한약사가 아니면 의약품을 조제할 수 없으며, 약사 및 한약사는 각각 면허의 범위 안에서 의약품을 조제하여야 한다(중략), ③ 의사 또는 치과의사는 전문의약품과 일반의약품을 처방할 수 있고, 약사는 의사 또는 치과의사의 처방전에 의하여 전문의약품과 일반의약품을 조제하여야 한다고 규정하고 있다.

마련해 두고 있으며 그에 따른 추납이 완료되면 소멸되었던 권리는 계속하여 존속하고 있던 것으로 본다(특허법 제81조의 2, 제81조의 3 제 1 내지 3 항).

한편, 위와 같이 일단 소멸되었던 특허권이 특허료의 추납으로 인하여 계속하여 존속하고 있던 것으로 취급된 경우, 그 사이에 특허가 소멸한 것으로 믿고 특허권에 저촉되는 행위를 한 제 3 자는 불의의 피해를 입게 될 것이다. 따라서 특허법은 위 기간 동안에 다른 사람이 특허발명을 실시한 행위에 대하여는 특허권의 효력이 미치지 않도록 하고(특허법 제81조의 3 제 4 항), 선의로 특허발명의 실시사업에 착수하거나 그 준비를 하고 있는 자는 그 사업의 목적범위 안에서 특허권에 대하여 통상실시권을 취득하는 것으로 규정하고 있다(특허법 제81조의 3 제 5 항). 이로 인한 통상실시권은 유상의 통상실시권이다(같은 조 제 6 항).

(6) 재심에 의하여 회복한 특허권의 효력의 제한(특허법 제181조)

특허취소결정이나 확정 심결의 효력을 믿고 특허권에 저촉되는 행위를 한 제 3 자가 있는 경우, 그 특허취소나 확정 심결이 재심으로 번복된다면 그와 같은 제 3 자의 행위는 뒤늦게 특허권의 침해를 구성하게 되어 제 3 자의 지위가 불안정해진다. 이와 같은 불합리를 막기 위하여 특허법은 재심에 의하여 회복된 특허권의 효력이 특허취소결정이나 심결 확정 후 재심청구의 등록 전에 선의로 수출[239] 또는 수입하거나 국내에서 생산 또는 취득한 물건에, 또는 위 기간 내에 이루어진 발명의 선의의 실시 등에 미치지 않는 것으로 규정하고 있다(특허법 제181조).

나아가, 위와 같이 특허취소결정이나 확정 심결이 재심에 의해 번복되는 경우, 취소결정이나 심결 확정 후 재심청구의 등록 전에 선의로 국내에서 그 발명의 실시사업을 하고 있거나 그 준비를 하고 있는 자는 사업의 목적범위 안에서 당해 특허권에 대하여 통상실시권을 취득한다(특허법 제182조).

3. 특허의 무효 항변

(1) 문제의 소재

특허란, 전문기관인 특허청의 엄격한 심사에 따른 등록처분에 의하여 성

239) 2025. 1. 21. 개정 특허법(법률 제20700호, 2025. 7. 22. 시행)으로 추가되었다.

립하는 것이고, 일단 등록이 이루어지면 그 등록에 무효사유가 있다고 하더라도 준사법적 절차에 따라 이루어지는 특허등록무효심판 절차에 의해서만 등록을 무효로 할 수 있는바, 그와 같은 절차를 거치지 아니한 채로 특허침해 분쟁에서 법원이 등록 특허가 무효임을 스스로 판단하고 그것이 무효임을 전제로 판단에 나아갈 수 있는지가 문제로 된다.

예컨대, 미국의 경우에는 특허의 무효심판이나 무효소송제도가 별도로 마련되어 있지 않을 뿐더러, 미국 특허법이 '특허를 부여받은 발명은 유효한 것으로 법률상 추정되고, 침해소송[240]의 피고는 항변을 통해 위와 같은 추정을 깨고 특허가 무효임을 주장·증명할 수 있다'고 명문으로 규정하고 있으므로[241] 특허침해소송단계에서 항변이나 반소의 형태로 당해 특허의 무효를 주장할 수 있다.[242]

반대로 독일에서는, 특허등록은 행정행위로서 공정력(公定力)이 있으므로 전속관할을 가지는 연방 특허법원의 확정된 무효판결로만 그 효력을 부인할 수 있고, 보전처분 등 예외적인 경우를 제외하면 침해소송 법원이 특허의 유, 무효를 판단하지 못하는 것이 원칙으로 되어 있다.

한편, 별도의 등록무효심판 및 그에 대한 불복소송제도를 갖추고 있는 우리나라와 일본에서는 위와 같이 특허청과 법원의 권한을 분배한 제도의 취지, 제도 운영상의 효율성 등을 둘러싸고 개별적인 침해소송 등(보전처분이나 형사소송의 경우를 포함한다)에서 법원이 스스로 등록특허의 무효여부를 판단하여 재판의 전제로 삼을 수 있는지, 있다면 그 범위는 어디까지인지에 관하여 논의가 계속되어 왔다. 이는 소송법적 측면에서 본다면 특허 무효의 항변이 적법한 항변으로 성립하는지, 그와 같은 항변 사유를 인정할 수 있는 범위는 어디까지인지의 문제로 귀착된다.

---

240) 35 U.S.C. §281는, '특허권자는 민사소송을 통하여 침해의 구제를 받을 수 있다'고 규정하고 있는바, 미국에서는 특허권의 침해가 형사상 가벌적인 행위를 구성하지는 않는다 (Janice M. Mueller, *Patent Law(3rd. Edit)*, 326면).

241) 35 U.S.C. §282.

242) 특허의 무효를 다툴 이해관계에 있는 자는 연방지방법원(Federal district court)에 특허의 무효, 침해의 불성립 등에 관한 확인을 구하는 소송(Declaratory judgement)을 제기할 수도 있으며(28 U.S.C. §2201) 침해소송의 피고가 될 지위에 있는 당사자가 관할의 이익 등을 도모하기 위하여 드물게 위와 같은 소송기법을 사용하기도 한다.

(2) 판 례

1) 종래의 입장 및 변화된 태도

대법원은 1983. 7. 26. 선고 81후56 전원합의체 판결 이래로, 특허침해의 성립 여부가 다투어지고 있는 당해 발명에 '신규성'이 없는 경우에는 특허침해소송을 담당하는 법원은 당해 특허가 무효임을 전제로 한 판단을 할 수 있다고 하여 왔고,[243] 그 밖에 당해 발명에 '명세서 기재불비'의 사유가 있어 그 기술적 범위를 특정할 수 없는 경우[244] 및 당해 특허의 실시가 불가능한 경우,[245] 특허발명이 선원주의에 위반하는 경우[246]에도 특허침해소송을 담당하는 법원이 당해 특허가 무효임을 전제로 한 판단을 할 수 있다고 한다. 한편, 진보성 결여로 인한 등록무효 사유에 대하여는 침해법원이 등록특허의 진보성 유무까지도 스스로 판단할 수 있음을 전제로 한 일부 판례도 없지 않았으나[247] 대법원은 일반론으로서 "특허법은 특허가 일정한 사유에 해당하는 경우에 별도로 마련한 특허의 무효심판절차를 거쳐 무효로 할 수 있도록 규정하고 있으므로, 특허는 일단 등록이 된 이상 이와 같은 심판에 의하여 특허를 무효로 한다는 심결이 확정되지 않는 한 유효한 것이며, 법원은 위와 같은 특허를 무효로 할 수 있는 사유가 있더라도 다른 소송절차에서 그 전제로서 특허가 당연무효라고 판단할 수 없다"라거나, "등록실용신안의 일부 또는 전부가 출원 당시 공지공용의 것인 경우에는 실용신안등록무효의 심결 유무에 관계없이 그 권리범위를 인정할 수 없으나, 이는 등록실용신안의 일부 또는 전부가 출원 당시 공지공용의 기술에 비추어 새로운 것이 아니어서 이른바 신규성이 없는 경우 그렇다는 것이지, 신규성은 있으나 그 분야에서 통상의 지식을 가진 자가 선행기술에 의하여 극히 용이하게 발명할 수 있는 것이어서 이른바 진보성이 없는 경우까지 다른 절차에서 당연히 권리범위를 부정할 수는

243) 대법원 1987. 6. 23. 선고 86도2670 판결; 대법원 2000. 11. 10. 선고 2000후1283 판결; 대법원 2003. 1. 10. 선고 2002도5514 판결; 대법원 2004. 6. 11. 선고 2002도3151 판결 등.

244) 대법원 1983. 1. 18. 선고 82후36 판결; 대법원 1989. 3. 28. 선고 85후109 판결; 대법원 2002. 6. 14. 선고 2000후235 판결 등.

245) 대법원 2001. 12. 27. 선고 99후1973 판결.

246) 대법원 2009. 9. 24. 선고 2007후2827 판결.

247) 대법원 1991. 10. 25. 선고 90후2225 판결; 대법원 1997. 7. 22. 선고 96후1699 판결; 대법원 1998. 2. 13. 선고 97후686 판결 등.

없다고 할 것이다"[248]고 하는 등 이를 부정하는 판시가 주류를 이루고 있었다.[249] 그러던 중 대법원은 2004. 10. 28. 선고 2000다69194 판결에서 "특허의 무효심결이 확정되기 이전이라고 하더라도 특허권침해소송을 심리하는 법원은 특허에 무효사유가 있는 것이 명백한지 여부에 대하여 판단할 수 있고, 심리한 결과 당해 특허에 무효사유가 있는 것이 분명한 때에는 그 특허권에 기초한 금지와 손해배상 등의 청구는 특별한 사정이 없는 한 권리남용에 해당하여 허용되지 아니한다"고 판시함으로써 새로운 태도를 나타내었다.[250] 이후 많은 침해소송의 하급심 판결들이 위 판례의 취지에 따라 원고의 특허가 신규성 또는 진보성이 없어 무효라고 하는 피고의 권리남용의 항변을 받아들여 적극적으로 당해 특허의 무효를 판단하여 왔고,[251] 대법원은 2012. 1. 19. 전원합의체 판결[252]로 위와 같은 법리 재확인하면서 이에 저촉되는 선행판례들을 폐기함으로써 이 문제를 정리하기에 이르렀다.

이와 같이 특허침해소송에서 침해법원이 특허의 무효를 정면으로 판단하여 무효인 특허에 기한 권리행사를 배척할 수 있다면, 사실상 특허무효 항변과 유사한 효과를 가져 왔던 자유기술의 항변은 그 독자적인 존재의의가 반감

---

248) 대법원 2001. 3. 23. 선고 98다7209 판결 등.

249) 대법원 1992. 6. 2.자 91마540 결정; 대법원 1998. 10. 27. 선고 97후2095 판결; 대법원 1998. 12. 22. 선고 97후1016, 1023, 1030 판결; 대법원 2001. 3. 23. 선고 98다7209 판결; 대법원 2004. 2. 27. 선고 2003도6283 판결 등.

250) 일본에서는, 最高裁 平12年 4. 11. 선고 キルビ 사건의 판결을 통하여 "특허의 무효심결이 확정되기 이전이라도 특허권 침해소송을 심리하는 재판소는 특허에 무효이유가 존재하는 것이 명백한지 여부에 관하여 판단할 수 있고, 심리 결과 당해 특허에 무효이유가 존재하는 것이 명백한 때에는 그 특허권에 기초한 금지, 손해배상 등의 청구는 특단의 사정이 없는 한 권리남용에 해당하여 허용되지 않는다"는 판결이 있었고, 그 뒤 특허법 제104조의3을 신설하여, 특허권이 심판을 통하여 무효로 될 것이라고 인정되는 때에는 특허권자 등은 침해소송에서 침해가 성립한다는 주장을 할 수 없도록 함으로써, 법원이 침해소송에서 특허무효사유의 유무를 판단할 수 있도록 하는 명문의 규정을 두기에 이르렀다.

251) 서울고등법원 2005. 1. 25. 선고 2003나8802 판결; 서울중앙지방법원 2007. 11. 21. 선고 2007가합5620 판결; 서울중앙지방법원 2007. 12. 27. 선고 2004가합104106 판결; 대구지방법원 2008. 1. 22. 선고 2006가합14466 판결; 서울고등법원 2008. 2. 12.자 2007라997 결정; 서울중앙지방법원 2008. 4. 17. 선고 2007가합91423 판결; 서울남부지방법원 2008. 4. 18. 선고 2004가합2596 판결; 서울중앙지방법원 2008. 6. 20. 선고 2007가합56031 판결; 서울중앙지방법원 2008. 7. 11. 선고 2006가합67744 판결; 서울중앙지방법원 2009. 1. 16. 선고 2008가합24277 판결; 서울고등법원 2008. 12. 3. 선고 2007나23335 판결 등.

252) 대법원 2012. 1. 19. 선고 2010다95390 판결.

하게 된다. 아울러, 신규성 또는 진보성이 없는 특허에 기한 침해소송에서 특허의 등록 무효 없이도 사실상 등록무효가 이루어진 것과 같은 효과를 달성하기 위하여 '공지기술 참작의 원칙'을 통해 특허청구범위를 축소 해석할 필요 또한 거의 없어지게 될 것이다.

⇛ 대법원 1983. 7. 26. 선고 81후56 전원합의체 판결

등록된 특허의 일부에 그 발명의 기술적 효과발생에 유기적으로 결합된 것이 아닌 공지사유가 포함되어 있는 경우 그 공지부분에까지 권리범위가 확장되는 것이 아닌 이상 그 등록된 특허발명의 전부가 출원 당시 공지공용의 것이었다면 그러한 경우에도 특허무효의 심결의 유무에 관계없이 그 권리범위를 인정할 근거가 상실된다는 것은 논리상 당연한 이치라고 보지 않을 수 없다.

⇛ 대법원 2002. 6. 14. 선고 2000후235 판결

이 사건 특허발명에서 면삭기의 면삭물 파지부의 개수나 면삭대상물이 단추인지 버클인지 및 면삭대상물의 형태나 조각의 난이도 등에 관한 아무런 특정을 하지 아니한 채 단순히 면삭기 회전수를 분당 60 내지 80으로 한정하고 있는 것만으로는 당업자가 그 수치로부터 물소뿔 재료에 대한 면삭공정시 물소뿔이 타지 않는 적절한 면삭기 바이트 회전수를 선택하여 실시할 수 있을 정도로 기재한 것으로 볼 수 없다. 또한, (중략) 이 사건 특허발명에서 위와 같이 분당생산량만을 특정하는 것만으로는 당업자가 용이하게 이 사건 특허발명을 실시할 수 있을 정도로 명세서를 기재한 것으로 볼 수 없다. 따라서 이 사건 특허발명의 명세서에는 그 중요한 특징적 구성인 면삭기의 회전수에 대한 기재가 불명료하여 그 기재만으로는 당업자가 용이하게 실시할 수 없는 경우에 해당한다. 그렇다면 이 사건 특허발명에서의 면삭공정에 관한 명세서의 기재는 그 기술적 구성에 관한 기재가 불분명하여, 이 사건 특허발명은 발명 자체의 기술적 범위를 특정할 수 없으므로 그 권리범위를 인정할 수 없다.

⇛ 대법원 2001. 12. 27. 선고 99후1973 판결

이 사건 등록고안에 대한 명세서의 등록청구범위에 데이터수신표시부(LED6)에 관하여 '어드레스 디코더(1)와 신호제어부(6)를 잇는 입·출력선상에 연결되어서 데이터를 수신중임을 표시하는 데이터수신표시부(LED6)'라고 기재되어 있고, 명세서의 상세한 설명에도 '제 2 도에 도시된 바와 같이 상기 데이터수신표시부

(LED6)는 어드레스 디코더(1)와 신호제어부(6)를 잇는 출력선에 연결되고' 라고 기재되어 있으며, 도면 제 2 도에도 그와 같이 표시되어 있는바, 어드레스 디코더(1)는 컴퓨터 본체(110)에 접속되는 구성요소로서 번지 지정부에 해당하는 슬롯(Slot)에 연결되어 번지를 지정하는 역할을 수행하므로, 어드레스 디코더(1)는 컴퓨터가 모뎀의 번지를 찾을 수 있도록 하여 주는 번지 지정자일 뿐이고, 어드레스 디코더(1)에서 모뎀의 데이터 입·출력은 전혀 이루어지지 않아, 데이터수신표시부가 데이터를 수신하고 있는 중임을 표시하는 기능을 수행하려면 어드레스 디코더(1)와 신호제어부(6)를 잇는 입·출력선상에 연결되어서는 아니 되고, 모뎀에 관련된 각종 기능을 제어하는 신호제어부(6)와 신호변·복조부(7)를 잇는 입·출력선상에 연결되어야만 하기 때문에, 이 사건 등록고안의 데이터수신표시부(LED6)는 전혀 작동을 할 수가 없음을 알 수 있는바, 이 사건 등록고안은 실시가 불가능한 고안에 해당하여 구 실용신안법 제 8 조 제 3 항에 위반하여 등록된 것으로서 그 권리범위를 인정할 수 없으므로, ㈎호 고안은 이 사건 등록고안의 권리범위에 속할 여지가 없다.

➾ 대법원 2012. 1. 19. 선고 2010다95390 전원합의체 판결

특허법은 특허가 일정한 사유에 해당하는 경우에 별도로 마련한 특허의 무효심판절차를 거쳐 무효로 할 수 있도록 규정하고 있으므로, 특허는 일단 등록된 이상 비록 진보성이 없어 무효사유가 존재한다고 하더라도 이와 같은 심판에 의하여 무효로 한다는 심결이 확정되지 않는 한 대세적으로 무효로 되는 것은 아니다. 그런데 특허법은 제 1 조에서 발명을 보호·장려하고 그 이용을 도모함으로써 기술의 발전을 촉진하여 산업발전에 이바지함을 목적으로 한다고 규정하여 발명자뿐만 아니라 그 이용자의 이익도 아울러 보호하여 궁극적으로 산업발전에 기여함을 입법목적으로 하고 있는 한편 제29조 제 2 항에서 그 발명이 속하는 기술분야에서 통상의 지식을 가진 자(이하 '통상의 기술자'라 한다)가 특허출원 전에 공지된 선행기술에 의하여 용이하게 발명할 수 있는 것에 대하여는 특허를 받을 수 없다고 규정함으로써 사회의 기술발전에 기여하지 못하는 진보성 없는 발명은 누구나 자유롭게 이용할 수 있는 이른바 공공영역에 두고 있다. 따라서 진보성이 없어 본래 공중에게 개방되어야 하는 기술에 대하여 잘못하여 특허등록이 이루어져 있음에도 별다른 제한 없이 그 기술을 당해 특허권자에게 독점시킨다면 공공의 이익을 부당하게 훼손할 뿐만 아니라 위에서 본 바와 같은 특허법의 입법목적에도 정면으로 배치된다. 또한 특허권도 사적 재산권의 하나인 이상 그 특허발명의 실질적 가치에 부응하여 정의와 공평의 이념에 맞게 행사되어야 할 것인데, 진보성이 없어 보호할 가치가 없는 발명에 대하여 형식적으로 특허등록

> 이 되어 있음을 기화로 그 발명을 실시하는 자를 상대로 침해금지 또는 손해배상 등을 청구할 수 있도록 용인하는 것은 특허권자에게 부당한 이익을 주고 그 발명을 실시하는 자에게는 불합리한 고통이나 손해를 줄 뿐이므로 실질적 정의와 당사자들 사이의 형평에도 어긋난다. 이러한 점들에 비추어 보면, 특허발명에 대한 무효심결이 확정되기 전이라고 하더라도 특허발명의 진보성이 부정되어 그 특허가 특허무효심판에 의하여 무효로 될 것임이 명백한 경우에는 그 특허권에 기초한 침해금지 또는 손해배상 등의 청구는 특별한 사정이 없는 한 권리남용에 해당하여 허용되지 아니한다고 보아야 하고, 특허권침해소송을 담당하는 법원으로서도 특허권자의 그러한 청구가 권리남용에 해당한다는 항변이 있는 경우 그 당부를 살피기 위한 전제로서 특허발명의 진보성 여부에 대하여 심리·판단할 수 있다고 할 것이다.

2) 바람직한 실무 운용의 방향

침해법원에 의한 독자적 특허무효 판단은 특허청과 일반법원과의 권한분배에 관한 입법자의 의도, 권리남용 법리의 적용 외연, 분쟁의 일회적 해결 가능성 등 여러 가지를 복합적으로 고려해야 하는 어려운 문제이다. 그러나 현실적으로는 과연 침해소송 법원이 독자적으로 발명의 진보성 판단을 해도 좋을 정도로 충분하고도 객관적인 기술적 조력을 얻을 가능성이 있는지를 가장 중요하게 고려하여야 할 것이다.[253] 생각건대, 우리나라는 침해소송과 별도로 특허의 유·무효를 종국적으로 판단하는 특허무효심판 제도를 가지고 있고, 특허심판원의 실무 또한 침해나 가처분 소송이 계속되어 권리범위의 확정이 선결문제로 된 경우에는 당해 권리범위확인심판을 우선 처리하여 오고 있으므로 그 제도적 장점을 적절히 활용하는 것이 바람직하다. 침해법원으로서는 실용신안사건 등과 같이 비교적 간단하여 진보성 판단이 용이한 사건에 대하여는 독자적으로 특허성 판단을 하여 사건의 일회적이고 신속한 처리를 도

253) 기술내용의 부적절하거나 불충분한 이해에 기초한 판단으로 인한 피해는 고스란히 주권자인 국민의 몫일 뿐 아니라, 특허관련 소송에서의 금지청구권이나 손해배상은 그 결과적 가혹함에 있어 일반 민사소송에 비길 바가 아니기 때문이다.
다만, 민사소송법 제164조의2 이하는 필요한 경우 전문심리위원을 활용하여 전문적인 지식을 필요로 하는 소송절차에서 설명 또는 의견을 기재한 서면을 제출하거나 기일에 출석하여 설명이나 의견을 진술할 수 있도록 하고 있는바, 전문심리위원 제도를 침해소송에서 적절히 활용하여 전문적인 기술내용의 이해에 조력을 얻는다면 침해소송에서의 특허무효 판단에 따른 위험은 한층 감소될 것으로 생각된다.

모하되, 전문적이고 복잡한 기술내용에 진보성 등이 문제되는 경우에는 사건의 신속을 다소 양보하더라도 특허심판원 및 특허법원에서 행해지는 특허 무효심판의 판단 결과를 기다려 후속 절차를 신중히 진행하는 편이 타당하다 할 것이다.

아울러, 권리남용을 판단함에 있어서는, 심리 당시 특허에 무효사유가 존재하더라도 장차 정정심판 등을 통해 그 무효사유가 해소될 여지가 있다면 권리남용이라 하여 특허권 행사를 저지하는데 신중해야 한다. 위 전원합의체 판결이 특허가 '특허무효심판에 의하여 무효로 될 것임이 명백하고', '특별한 사정이 없는 경우'에 한하여 권리남용을 인정하는 것 역시 그러한 맥락이라 할 것이다.[254)]

3) 관련문제 : 권리범위확인심판에서의 진보성 부재를 이유로 한 무효항변의 가능 여부

침해소송에서의 무효항변과 관련하여, 사실상 침해소송과 유사한 역할을 하는 권리범위확인 심판에서도 침해자가 당해 특허의 진보성 부재를 들어 다툴 수 있는지 문제된다. 최근 대법원은 전원합의체 판결[255)]을 통하여 침해소송에서와는 달리 권리범위확인 심판에서는 진보성 부재를 이유로 등록특허의 권리범위를 부정할 수 없다고 판시하였다. 이에 대한 상세는 권리범위확인 심판에 대한 설명부분을 참조할 것.

4. 자유기술의 항변

(1) 의 의

침해소송에서의 특허무효의 항변을 인정할 것인지 여부와는 별도로 실무상 확립된 법리로서 '자유기술의 항변'[256)]이 있다. 이는 특허의 침해자 또는

---

254) 실제로, 동일한 내용을 담고 있는 일본 특허법 제104조의3의 뜻도 그처럼 받아들여지고 있다(中山信弘, 特許法[第二版], 342면; 우리나라에서의 그러한 해석론으로는, 예컨대, 안원모, "무효사유가 존재하는 특허권의 행사와 권리남용의 항변," 산업재산권 제27호(2008. 12), 246면).

255) 대법원 2014. 3. 20. 선고 2012후4162 전원합의체 판결.

256) 자유기술의 항변은 실질적으로는 무권리(Nichtrecht)임에도 형식상 유효한 권리로 취급되는 誤認特許의 권리행사를 저지하는 대항권(Gegenrecht)의 개념으로 독일에서 발전되어 나온 것으로서, 독일 연방대법원(BGH)이 1986년 Formstein 사건에서 이러한 유형의 항변을 일정 조건하에서 인정하면서 받아들여지게 되었다. 일본에서는 앞서 본 最高裁 平12年 4. 11. 선고 キルビ 사

등록특허의 권리범위확인의 대상이 된 실시자가, 자신은 등록된 특허발명을 실시하는 것이 아니라 그 특허발명의 출원 이전에 공지되어 누구나 자유로이 실시할 수 있는 영역에 속하는 기술을 실시하고 있는 것에 불과하므로 침해를 구성하거나 특허발명의 권리범위에 속하지 않는다고 주장하는 것이며, 자유기술의 항변이 받아들여질 경우 침해의 성립이나 권리범위 주장은 배척된다. 판례는 자유기술의 항변을 유효한 것으로 인정해 오고 있으며,[257] 대법원은 무효항변의 가능성을 전면적으로 인정한 이후에도, 여전히 자유기술의 항변 또한 받아들이고 있다.[258]

(2) 인정범위

1) 실질적으로 신규성 · 진보성 부재 모두를 주장할 수 있음

침해자는 자신의 실시형태가 자유기술과 동일하다는 점은 물론, 자유기술과 동일하지는 않지만 자유기술로부터 용이하게 생각해 낼 수 있는 것이라는 주장까지도 할 수 있다.[259] 이 경우 침해법원이 자유기술 항변에 기초하여 대비 판단하는 것은 '실시형태 : 공지기술' 이지 '특허발명 : 공지기술' 이 아니기 때문에 형식적으로는 침해법원이 특허발명의 유효성 여부를 심사하는 것이 아니지만, 실질적으로는 특허발명이 그 출원 전의 공지기술과 동일하다거나 출원 전의 공지기술로부터 용이하게 생각해 낼 수 있는 것이라는 주장 및 그에 대한 판단을 하는 것과 별 차이가 없다. 따라서 자유기술 주장이 유효한 항변수단으로 인정되는 한, 침해법원은 자유기술에 대한 판단을 통하여 특허발명의 신규성·진보성 유무를 스스로 판단할 수 있는 것이나 다름없게 된다. 또한, 앞서 언급하였듯, 자유기술의 항변 개념을 처음 만들어 낸 독일에서는 이를 특허의 문언침해에는 받아들이지 아니하고 오로지 균등침해에 대한 항변으

전의 판결 및 이에 따른 특허법 제104조의3 신설 이전에도 자유기술의 항변을 통하여 실질적으로 침해법원이 특허의 무효여부를 판단하여 무효임이 분명한 특허의 특허권자가 유효하게 등록이 유지되고 있음을 기화로 권리를 행사하는 불합리를 막으려는 학설·판례의 입장이 존재하였다고 한다(竹田和彦, 特許의 知識[제 8 판], 543, 544면).

257) 대법원 2001. 10. 30. 선고 99후710 판결; 대법원 2002. 12. 26. 선고 2001후2375 판결; 대법원 2004. 9. 23. 선고 2002다60610 판결 등.

258) 예컨대, 대법원 2013. 9. 12. 선고 2012다36326 판결.

259) 대법원 2003. 12. 12. 선고 2002후2181 판결; 대법원 2004. 9. 23. 선고 2002다60610 판결; 대법원 2011. 1. 27. 선고 2009후832 판결; 대법원 2017. 11. 14. 선고 2016후366 판결 등.

로만 인정하는데 비하여, 우리나라에서는 그러한 제한 없이 문언침해에 대하여까지 유효한 항변사유로 인정해 오고 있는 특징이 있다.[260] 한편, 실무상으로는 예컨대 甲의 특허 A에 대한 공지의 선행기술로 a, b가 있는 경우, 침해자 乙이 특허 A가 선행기술 a, b에 비추어 진보성이 없다는 이유로 등록무효심판을 청구한다면 침해법원으로서는 위 등록무효심판의 확정을 기다려 그 결과를 전제로 침해의 성립 여부를 판단할 수 있는 반면에, 침해자 乙이 자신의 실시형태는 '자유기술인 a와 b를 단순결합한 것에 지나지 않는다'는 취지의 자유기술 항변을 한다면 부득이 스스로 a, b로부터 乙의 실시형태에 이르는 것이 통상의 기술자에게 진보성 있는 행위인지 아닌지 여부를 판단해야 하는 어려움에 처하게 되는 수가 있다.

예컨대 甲의 발명이 출원 전 공지되고, 乙이 그 발명이 자유기술인 것으로 믿은 채 발명을 실시하였으나 그 뒤 甲이 공지예외 주장 출원을 하여 특허를 등록받은 뒤 乙을 상대로 특허침해를 주장한다고 하자. 이때, 乙은 자신이 공지기술을 실시한데 불과하다는 이유로 자유기술의 항변을 할 수 있을 것인가. 생각건대, 이를 허용하면 공지예외 주장을 통해 등록 받은 특허의 권리범위가 사실상 부정되어 제도의 취지가 몰각되므로 허용되어서는 안 될 것이다.[261] 우리나라 하급심 판결 가운데도 같은 결론을 내린 예가 있다.[262] 결국은 乙에게 선사용권을 인정할 수 있는지의 문제로 귀결될 것인데, 결론만 언급하자면, 선의의 이중발명이 아닌 동일출처의 발명을 실시하는 자에게 선사용권을 인정하는 것은 명문에 반한다. 판례 역시 부정적인 태도임은 선사용권에 대한 설명 부분에서 본 바와 같다.

2) 권리범위확인심판에서 자유기술 항변으로 진보성을 다투는 것도 허용함

판례는, 권리범위확인심판에서의 진보성 부재를 이유로 해당 특허발명이 권리범위를 갖지 않는다는 판단을 하는 것은 사실상 권리범위확인심판이 무효심판의 역할을 하는 것이 되어 심판 간 권한분장에 맞지 않으므로 허용되지 않는다고 하였다.[263] 그러면서도, 그 이후의 판례는 특허권 침해소송에서는

260) 대법원 2017. 11. 14. 선고 2016후366 판결.
261) 특히, 자기공지가 아닌 의사에 반한 공개라면 출원인에게 한층 가혹하다.
262) 서울중앙지방법원 2018. 12. 13. 선고 2016가합502475 판결.
263) 대법원 2014. 3. 20. 선고 2012후4162 전원합의체 판결.

물론, 권리범위확인심판에서도 피고가 자신의 실시형태가 선행의 자유기술로부터 용이하게 실시할 수 있는 것이어서 원고 특허발명의 권리범위에 속하지 않는다고 다투는 것이 허용된다고 하였다.[264] 앞서 본 대로 이런 항변은 결국 해당 발명에 진보성 부재로 인한 무효사유가 있다는 항변과 다를 바 없기 때문에, 권리범위확인심판에서 진보성 부재를 이유로 한 무효여부를 판단할 수 없다고 한 위 전원합의체 판결은 그 입지가 극히 좁아지게 되었다.[265]

(3) 판단 방법

자유기술 해당 여부의 구체적인 판단방법에 관하여 판례[266]는 “권리범위확인의 대상이 되는 발명이 자유기술에 불과한지 여부를 판단할 때에는, 확인대상발명 가운데 등록발명의 청구범위에 기재된 구성과 대응되는 구성만 추출하여 공지기술과 대비할 것은 아니고 확인대상발명의 구성 전체를 대상으로 공지기술과 대비함으로써 자유기술 해당 여부를 판단하여야 한다”고 한다. 예컨대, 특허발명 A(a+b+c), 실시발명 B(a+b+c+d), 공지기술 C(a+b+c)인 경우를 상정해 보자. A가 B를 상대로 침해소송(혹은 적극적 권리범위확인심판)을 제기하고 B가 C를 들어 A가 무효라고 주장하는 대신, B에서 추출한 구성요소(a+b+c)는 공지기술인 C(a+b+c)와 같다는 ‘자유기술의 항변’을 한다면 이는 허용되는가? 만약 B의 구성요소 가운데 추가된 d가 주지·관용기술이거나 C(a+b+c)에 d를 부가하는 것이 진보성이 없는 정도에 그친다면 그러한 자유기술의 항변을 수용하더라도 문제는 없을 것이다. 그러나 만약 C(a+b+c)에 d를 부가한 것이 별도의 진보성을 가지는 정도라면 그러한 B(a+b+c+d)는 이미 ‘자유기술’이 아니라고 해야 하며, 유기적 일체인 B의 구성요소를 임의로 해체한 뒤 특허발명의 구성요소와 상응하는 일부 구성요소(a+b+c)만을 추출하여 C와 대비하는 것은 ‘자유기술’이나 ‘자유기술 항변’의 본래 뜻에 어긋난다. 따라서 일반론으로 이러한 판단 방법은 허용되어서는 안 되며, 위 판례의 취

264) 대법원 2017. 11. 14. 선고 2016후366 판결.

265) 특허의 권리범위를 부정하는 당사자로서는 권리범위확인심판에서 진보성 부재를 이유로 한 무효를 주장하는 대신 자유기술의 항변을 하는 것만으로 같은 효과를 달성할 수 있기 때문이다. 이처럼 종전 전원합의체 판결의 결론이 부당하다는 점은 권리범위확인 심판에 대한 설명부분에서 상세히 다룬다.

266) 대법원 2008. 7. 10. 선고 2008후64 판결.

지 역시 이러한 면에서 이해될 수 있다. 결국 이러한 경우, A가 공지기술 C에 의하여 신규성이나 진보성이 없어 무효라는 항변만이 허용되어야 할 것이다.

➩ 대법원 2001. 10. 30. 선고 99후710 판결

어느 발명이 특허발명의 권리범위에 속하는지를 판단함에 있어서 특허발명과 대비되는 발명이 공지의 기술만으로 이루어지거나 당업자가 공지기술로부터 용이하게 실시할 수 있는 경우에는 특허발명과 대비할 필요 없이 특허발명의 권리범위에 속하지 않게 된다(대법원 1990. 10. 16. 선고 89후568 판결, 1997. 11. 11. 선고 96후1750 판결 등 참조). 원심은, ㈎호 발명이 인용발명들과 대비하여 볼 때, 목적의 특이성을 인정하기 어렵고, 멸균소독기의 멸균소독과정의 기본적인 구성도 제1과정인 저수탱크의 수위 판별 과정부터 제8과정인 과열 여부 확인 과정까지 순차로 이루어지며, 이러한 일련의 과정이 마이크로프로세서를 이용하여 자동적으로 수행할 수 있도록 하는 방법에 의하여 행하여진다는 점에서 동일하며, 다만 제1과정에서의 저수탱크 수위 판별방법, 제7과정에서의 건조시간 표시방법, 제8과정에서의 과열 여부 확인방법 및 현재 작동진행단계표시방법 등 4가지의 구성에 있어서 인용발명들과 약간의 차이가 있으나, 이는 인용발명들과 동일한 정도의 것 또는 인용발명들을 수집 · 종합한 것에 불과한 기술로서 선행기술인 인용발명들을 수집 · 종합하는 데 있어 각별한 어려움이 있다거나 이로 인한 작용효과가 공지된 위 선행기술로부터 예측되는 효과 이상의 새로운 상승효과가 있다고 보여지지 아니하고, 또 당업자가 위 선행기술에 의하여 용이하게 발명할 수 없다고도 보여지지 아니하므로 ㈎호 발명은 이 사건 특허발명과 대비할 필요도 없이 이 사건 특허발명의 권리범위에 속하지 아니한다고 판단하였는바, 위와 같은 원심의 판단은 옳다.

➩ 대법원 2008. 7. 10. 선고 2008후64 판결

원심이 (확인대상 고안이 공지기술과는 달리 '가위식 링크수단'을 추가로 가지고 있으나, 이는 어차피 권리범위확인을 구하는 등록고안과 무관한 구성이므로 자유기술 여부를 판단하기 위하여 확인대상고안을 공지기술과 대비할 때도 '가위식 링크수단'을 제외한 채 통상의 기술자가 공지기술로부터 극히 용이하게 확인대상고안에 이를 수 있는지를 판단해야 한다는 당사자의 주장을 배척하면서) '링크수단'에 관한 구성을 포함하는 것으로 특정된 확인대상고안을 원심 판시의 비교대상고안 1, 2, 3 등의 공지기술과 대비한 다음, 이러한 공지기술에는 확인대상고안의 '링크수단'에 관한 구성이 나타나 있지 아니하여 확인대상고안은 공지기술로부터 극히 용이하게 실시할 수 있는 고안에 해당하지 않는다는 취지로 판단하였음은 옳고, 거기에 상고이유의 주장

과 같은 확인대상고안의 기술적 구성 파악과 자유실시기술 여부 판단에 관한 법리오해의 위법이 있다고 할 수 없다. ※ 괄호 부분은 판례의 이해를 돕기 위해 필자가 추가한 부분이고 판례 원문에는 없는 내용이다.

5. 특허권의 남용 항변[267)]

침해소송의 피고는 해당 특허권의 행사가 권리남용에 해당하는 점을 들어 항변할 수 있다.

(1) 문제의 소재

추상적으로는 특허권이 그 권리를 부여한 법의 근본목적에 반하는 내용으로 행사되는 경우 특허권 남용이 성립할 것이다. 그 판단기준은 가급적 개별 법조문에 근거를 갖는 것이 바람직하고 판례의 태도와도 조화되어야 한다. 아울러 특허권도 사권(私權)의 일종인 이상 그 행사가 민법상 권리남용에 해당하는 수도 있으므로 이 또한 아우를 수 있어야 한다. 이러한 점을 고려하면 특허권 남용을 특허법에 근거한 권리남용, 독점규제법에 근거한 권리남용 및 민법에 근거한 권리남용(협의의 권리남용)으로 유형화하여 규율하는 것이 합리적이다.[268)]

(2) 특허권 남용의 유형

특허권이 그 권리를 부여한 법의 근본목직에 반하는 내용으로 행사되는 경우를 현실적으로 다음과 같이 유형화 할 수 있다.

1) 특허법에 근거한 권리남용

특허법에 이미 일정한 유형의 특허권 행사를 제한하는 규정이 마련되어 있다면 그에 반하는 특허권의 행사는 그 자체로 권리남용이라 할 수 있다. 침해자가 특허법에 기하여 당해 특허권의 존립을 부인하거나 행사를 저지할 권

267) 이에 대한 상세한 논의는 조영선, "특허권 남용 법리의 재구성," 저스티스 (2013년 4월호), 137면 이하를 참조.

268) 특허법이나 독점규제법 모두 특별사법(特別私法)의 성격을 가지기 때문에 이론 상 두 법에 기한 권리남용이 성립한다 해도 결국 그 성문법적 규제근거는 민법 제 2 조 제 2 항일 것이다. 민법 제 2 조 제 2 항이 적용되는 권리남용 행위라고 하여 반드시 그 속성이 모두 같아야 하는 것은 아니며, 위와 같이 성격을 달리하는 권리남용 유형을 위 조항으로 포섭하는 것도 가능한 일이라고 본다.

리를 가지며 특허권자가 이에 응해야 할 위치에 있음이 명백하다면, 아예 특허권의 행사 단계에서 법이 협조하지 않는 편이 합리적이기 때문이다. 이는 다시 두 가지 유형으로 나눌 수 있다.

㈎ **특허에 무효사유가 명백한 경우**(특허법 제133조)

무효사유가 명백하여 본래 공중에게 개방되어야 하는 기술에 대하여 잘못하여 특허등록이 이루어져 있음에도 별다른 제한 없이 그 기술을 당해 특허권자에게 독점시킨다면 공공의 이익을 부당하게 훼손할 뿐만 아니라 특허법의 입법목적에 정면으로 반한다.[269] 나아가 등록 특허에 대하여 무효심결이 확정되면 당해 특허는 처음부터 없었던 것으로 보며(같은 조 제3항) 무효인 특허권을 행사하여 제3자의 영업을 방해하거나 손해배상을 받게 되면 불법행위를 구성하거나 그로 인한 이익을 부당이득으로 반환해야 한다. 그렇다면, 이러한 특허권의 행사는 권리남용으로 보아 사전에 통제함이 바람직하다. 판례가 무효사유가 명백한 특허권의 행사를 권리남용이라고 해 오고 있는 것은 이 점에서 당연한 사리를 확인한 것이다. 이 점에 관한 상세는 3.에서 살펴본 바와 같다.

㈏ **통상실시권을 설정해 주어야 하는 경우**(특허법 제138조)

통상실시권 허여심판 제도는 기술적 가치가 높은 이용발명이 선행 특허 때문에 활용되지 못하는 폐단을 막고, 원천기술을 획득한 선행 특허권자가 이를 빌미로 과도한 이익을 획책하거나 경쟁기업의 기술개량을 방해하는 것을 통제하는 등, 발명을 보호·장려하고 이용을 도모함으로써 기술의 발전을 촉진한다는 특허법의 기본목적(법 제1조)에 봉사하기 위한 장치이다. 이러한 통상실시권 허여의 사유가 존재함이 명백함에도 선행 특허권자가 후속 이용발명자에게 특허권을 행사하여 금지청구 등을 시도한다면 이 또한 권리남용으로 사전에 통제되는 것이 타당하다. 그때 후행 발명자는 상응하는 실시료를 선행 특허권자에게 지급해야 하며(법 제138조 제5항), 특허권자는 실시료에 상응하는 보상으로 만족하는 한편 후행발명에 대한 금지청구를 할 수 없게 된다.

2) 독점규제법에 근거한 권리남용

앞서 본 바와 같이 특허권도 독점규제법 제117조를 매개로 독점규제법의

269) 대법원 2012. 1. 19. 선고 2010다95390 전원합의체 판결.

적용 대상이 되고, '부당한' 특허권의 행사는 독점규제법에 저촉된다는 의미에서 위법하다. 그러한 '위법한' 권리의 행사에 대하여는 권리남용을 근거로 협조하지 않을 수 있다. 또한 독점규제법 상 부당한 특허권의 행사로 타인에게 손해를 가한 사업자는 손해배상 의무가 있으며(독점규제법 제109조), 법원은 공정거래위원회의 심사절차와 별개로 이 손해배상청구권의 존부를 판단할 수 있다.[270] 이처럼 부당한 특허권 행사에 대한 사후적 구제수단까지 법정되어 있는 마당이라면 사전에 그러한 특허권의 행사를 권리남용으로 판단하여 허용하지 않는 것은 법리상 당연하다.[271] 국내의 하급심 판결들 가운데도 이러한 법리를 수용한 것들이 있다.[272]

3) 민법에 근거한 권리남용

특허권이 사권(私權)으로서의 본질을 가지는 이상, 그 행사가 전형적인 민법상 권리남용 요건을 충족한다면 그 항변이 가능함은 물론이다. 민법상 권리남용의 성립에는 권리자와 상대방 및 사회일반 사이의 '이익 형량' 또는 '권리 본래의 사회적 목적' 등 객관적 요건과, 권리행사를 통한 '가해목적' 혹은 '부당한 이익을 취득할 목적'이라는 주관적 요건이 문제된다. 그런데, i) 특허권은 소유권에 유사한 대세적 권리이므로 권리남용 요건도 일반적으로 그 경우처럼 엄격하게 봄이 상당한 점, ii) 특허권의 행사를 권리남용으로 쉽게 제한하면 필연적으로 특허출원과 공개의 인센티브에 악영향을 주어 결과적으로 특허법의 목적에 반하게 되는 점, iii) 근래 기업들이 특허를 경쟁의 무기로 사용하면서 서로 복잡하게 얽힌 특허권을 교차 보유하는 일이 잦고 침해소송에서 특허권 남용 주장이 흔히 전략적으로 활용되고 있어 이를 선불리 수용하는 것은 부적절 하다는 점, iv) 특허권에 대하여는 청구범위의 해석에 따라 권리남

270) 임영철, 공정거래법, 법문사(2007), 503면 이하.

271) 미국은 오래 전부터 특허권 행사에 대하여 반 독점법(Sherman Act) 위반의 반소(counterclaim)가 인정되어 오고 있고, 특허권자가 특허권을 악용하여 그 밖의 경쟁 제한적 행위를 하는 경우에는 특허권 남용(Patent Misuse)의 형평법 상 항변을 허용하고 있다. 한편, 우리와 같은 대륙법계 국가인 독일과 일본 등에서도 특허권의 행사가 독점규제법에 위반하여 부당하다는 항변을 받아들인 판례들이 오래 전부터 있어 왔다(독일의 Standard-Spundfaß 사건(2004); Orange Book Standard 사건(2009); 일본의 東京地裁 平18年 3. 24. 판결 등).

272) 서울중앙지방법원 2011. 9. 14.자 2011카합709 결정; 서울중앙지방법원 2012. 8. 24. 선고 2011가합39552 판결.

용의 인정 기준도 달라질 수 있어 자의적 판단의 위험이 다른 재산권에 비하여 현저히 높은 점, v) 특허권의 속성상 존속기간 동안 동일한 특허권에 대하여 서로 다른 판단자가 수시로 권리남용을 판단할 수 있어 판단의 모순 발생 여지가 큰 점 등이 고려되어야 한다. 따라서 민법상 권리남용으로서의 특허권 남용은 엄격한 요건 아래 제한적으로만 인정되어야 하고, 함부로 그 인정기준을 완화하는 것은 부당하다.

결국 특허권의 행사가 민법상 권리남용에 해당하기 위해서는 소유권 등 대세적 권리처럼, 객관적으로 그 권리행사가 사회질서에 위반된다고 볼 수 있어야 하고 주관적으로 특허권자가 스스로 이익을 얻기보다 주로 실시자에게 손해를 입히고 고통을 주려는 의도이거나, 경쟁자를 시장에서 축출하거나 사업에 타격을 주려는 의도이거나, 권리 행사를 빙자하여 법이 허용할 수 없는 부당한 이익을 얻으려는 목적이 인정되어야 한다. 그 결과, 특허발명의 실시가 공중의 이익에 막대한 영향을 미친다거나, 특허권의 행사로 인해 침해자가 입는 손해와 무단 실시로 인해 특허권자가 입는 손해를 비교하여 전자가 후자보다 훨씬 크다거나, 비 실시자인 특허권자가 스스로 실시할 의사가 없음에도 고액의 실시료나 특허권 양도대가를 요구한다는 등의 객관적 요건만으로 쉽사리 권리남용이라 해서는 안 될 것이다.

6. 권리소진

침해소송의 피고는 해당 특허권이 권리소진의 법리에 의해 행사에 제한을 받는다는 점을 들어 항변할 수 있는바, 권리소진을 둘러싸고는 다음과 같이 다양한 쟁점이 존재한다.

(1) 국내적 권리소진

1) 권리소진의 개념과 근거

(가) 개 념

특허권자는 업으로써 그 특허발명을 실시할 권리를 독점한다. 특허의 실시는 물건의 발명의 경우, 그 물건을 생산·사용·양도·대여·수출 또는 수입하는 행위를 포함하며, 특허권자의 허락 없이 위와 같은 실시행위를 하는 것은 특허침해를 구성한다. 그런데, 예컨대 특허물품을 매수 등의 방법으로 적법하게 양도받은 자가 이를 사용하는 과정이나 재판매하는 방법으로 양도나 대여를 하는 경우에도 특허권이 효력이 여전히 미쳐 그때마다 특허권자의 허락을 얻어야 한다면 물건의 자유로운 거래를 해치고 경우에 따라서는 특허권자에게 이중의 이익을 부여할 수도 있어 부당하다. 이런 경우 특허권이 미치는 범위를 일정한 한도에서 제한할 필요가 있다는데 이론(異論)이 없으며, 이를 특허권의 소진이라고 한다.

⑷ **이론적 근거**

특허권 소진의 이론적 근거로는 크게 3가지가 거론되고 있다.

① **소유권설**: 대상 물건에 대한 소유권이 특허권에 우선한다는 점에서 권리소진의 근거를 찾으며, 적법한 소유물의 사용·수익·처분에 저촉되는 특허권 행사는 저지되어야 한다는 것이다. 따라서 위 각 권능을 넘어 특허 물건의 '생산'에 이르게 되면 권리소진은 작동할 여지가 없다.

② **묵시적 계약설**: 특허권자가 특허물건을 양도하거나 방법의 실시를 허락하는 행위에는 그 이후에 적법한 경로로 이루어지는 물건이나 방법에 대한 제 3 자의 실시행위에 특허권을 행사하지 않기로 하는 묵시적 허락이 있는 것으로 본다. 영미(英美)에서 권리소진은 특허권자의 최초판매 행위에 포함된 묵시적 허락에서 근거를 찾는 것이 보통이다.

③ **신의칙 위반 내지 권리남용설**: 특허물건이나 방법을 둘러싼 거래안전, 특허권자가 최초의 거래과정에서 이익을 회수할 기회를 가진 점 등을 감안하여 특허권 행사와 관련된 신의칙 위반 혹은 권리남용을 정형화한 것이 권리소진 개념이라는 것이다. 독일과 일본에서의 통설·판례로 평가되고 있다.

위 각 논거들은 상호 배타적이라기보다 모두 저마다 일면의 타당성을 가지고 있다. 다만, 어느 입장에 설 때 소진이 필요한 상황을 보다 넓게, 그리고 이론적 문제없이 해결할 수 있는가가 문제될 뿐이다. 살피건대, 소유권설(①)은 특허물건이 양도되어 소유권의 대상이 된 경우에 명확히 들어맞고, '생산'과 '수리'의 구별을 통해 권리소진을 파악할 때 유용한 도구가 되지만, 특허물건이 대여의 방법으로 유통되는 경우나 방법발명의 실시허락과 관련해서는 한계를 가진다. 계약설(②)은 사안별로 당사자의 의사해석에 좌우되는 면이 크고, 만약 특허권자가 최초 판매 시 권리소진을 명시적으로 부정하는 의사를 표하면

소진 인정에 어려움이 생기는 등 이론적 근거로 삼기에 무리가 따른다. 결국 신의칙설(③)이 보다 합리적이라고 볼 것이다. 다만, 그 구체적 논거 가운데 '이중이익 금지'와 '거래안전' 중 어느 것을 취하는지에 따라서 i) 특허권자의 자발적 거래행위에 기인하지 않은 채 유통에 놓인 특허물품을 제3자가 입수·사용하는 행위나, ii) 실시권자가 특허권자로부터 허락 받은 범위나 조건을 위반하여 특허물건을 시중에 유통시켰을 때 법적 평가가 달라질 수 있다. 이중이익 금지설에 따르면 특허권자의 적법한 이윤회수가 없는 한 권리소진도 발생할 여지가 없게 되지만,[273] 거래 안전설에 따르면 제3자가 특허물건에 관하여 선의취득 등의 사유로 적법한 권리를 획득하면 그 사용·수익 행위에 대하여 특허권 행사가 제한된다고 보게 된다.[274] 허락의 범위를 넘은 실시권자의 실시에 대해서도 이중이익 금지설은 권리소진을 부정하기 쉽고 거래 안전설은 인정하기 쉬워진다. 이처럼 특허권 소진의 근거를 '신의칙의 정형화'로 이해한다는 것은 결국, 구체적 사안에서 특허권자의 이익과 거래 안전, 특허제도의 목적 등을 종합적으로 고려한 해결을 모색한다는 의미이다.

2) 생산 접근법과 소진 접근법

다음과 같은 경우 권리소진을 이유로 특허권 침해를 부정할 수 있는지가 문제된다. 예컨대, ① 특허제품이 파손·마모 등으로 인하여 물리적으로 사용이 불가능하거나 수명이 다한 후에 이를 수리하여 사용하는 행위, ② 특허물품 가운데 핵심적이거나 본질적인 부품을 가공하거나 교환하여 특허물품 전체의 사용수명을 연장하는 행위, ③ 1회 사용 후 폐기하도록 되어 있는 주사기나 의료기구 등을 소독 하는 등의 방법으로 재활용하는 것과 같이 사용 횟수나 기한이 정해져 있는 특허물건을 그 횟수나 기간의 경과 후에 재사용하는 행위가 그것이다. 이런 문제를 해결하는 방법론으로 이른바 '생산 접근법'과 '소진

273) 이런 입장으로는, 中山信弘, 特許法[第4版], 440면.

274) 저작물에 관한 예이기는 하나, 우리 저작권법 제20조(배포권)는, '저작물의 원본이나 그 복제물이 해당 저작재산권자의 허락을 받아 판매 등의 방법으로 거래에 제공된 경우에는 저작권자가 더 이상 배포권을 행사할 수 없다'고 하여 권리소진에 관해 이중이익 금지설에 가까운 입법태도를 보여준다. 반면, 일본 저작권법 제113조의2는 영화저작물을 제외한 저작물의 원본이나 복제물의 경우, 그것이 저작권자의 동의 없이 양도되었더라도 선의·무과실인 채로 취득한 자는 이를 공중에게 판매하더라도 양도권 침해가 아니라고 하여 거래안전을 중시하는 입법태도를 보인다.

접근법' 이 있다. 전자는 특허발명에 대한 소진은 어디까지나 '사용' 이나 '양도' 에 관해서만 일어날 수 있는 것이고 특허물품의 '생산' 에 대하여는 있을 수 없기 때문에 어떤 행위가 특허물건의 '생산' 에 해당하는 것으로 평가되는 경우에는 특허권의 효력이 미치는 반면, 그것이 '수리' 에 불과하다고 평가되면 이는 소유권의 내용인 '사용' 의 모습이므로 여전히 소진에 따라 특허권이 미치지 않는다고 설명하는 입장이다.[275] 후자는 소진이라는 것은 규범적 개념으로서 사회통념상 '정당한 범위 내의 사용' 에만 미치는 것이어서 그를 넘는 행위에 대하여는 특허권의 효력이 미친다고 설명하는 입장[276]이다. 위의 예 가운데 ①, ②에 대하여는 어느 입장에 따르든 소진을 부정하는 데 차이가 없을 것이나 ③에 관하여는 '생산 접근법' 을 따른다면 '생산' 에는 해당하지 않아 여전히 권리소진이 있다고 볼 것이지만,[277] '소진 접근법' 에 따르면 더 이상 권리소진이 인정되지 않고 특허권이 미친다고 본다.[278] 또한, ②유형에 대한 설명에 있어서도 소진 접근법은 이를 정당한 범위를 넘는 사용으로 보는 반면, 생산 접근법은 그 자체로 규범적 의미에서 '생산' 에 해당하는 것으로 설명하게 된다.[279]

3) 관련 판례

대법원 판례[280]는 앞서 간접침해의 설명에서 본 바와 같이 "감광드럼카트리지는 이 사건 특허발명인 레이저프린터의 본질적인 구성요소이고 다른 용도로는 사용되지 아니하며 일반적으로 쉽게 구입할 수도 없는 물품일 뿐만 아니라, 레이저프린터의 구입시에 그 교체가 예정되어 있었고 특허권자인 피고측에서 그러한 감광드럼카트리지를 따로 제조 · 판매하고 있으므로, 결국 ㈎호 발명의 감광드럼 카트리지는 이 사건 특허발명의 물건의 생산에만 사용하는 물건에 해당하여 그 권리범위에 속한다"고 하고 있는바, 이는 결국 특허물품의 핵심부품을 교체하는 행위는 특허물품 전체의 '생산' 에 해당하여 권리소진의 예외에 해당한다는 판단이고, 이를 통해 대법원이 이른바 '생산 어프로치'

275) 中山信弘, 特許法[第 4 版], 442~445면.
276) 玉井克哉, 新 · 裁判實務大系(4)-知的財産關係訴訟法, 青林書院(2000), 252면.
277) 中山信弘, 特許法[第 4 版], 445면.
278) 飯村敏明 외 1, 知的財産關係訴訟, 181면.
279) 飯村敏明 외 1, 知的財産關係訴訟, 183면.
280) 대법원 2001. 1. 30. 선고 98후2580 판결.

의 입장을 보이고 있음을 엿볼 수 있다.

한편, 미국의 판례는 대체로 판매의 방법으로 양도된 물건의 계속 사용을 위하여 하는 행위에 관하여는 '수리'의 개념을 너그럽게 보아 권리소진을 인정하는 경향이 있고[281] 대부분의 구성부품을 교환하더라도 이를 순차로 행하는 이상 '수리'라고 하며,[282] 나아가 1회용으로 폐기처분하도록 설계된 잉크 카트리지를 재사용할 수 있도록 개조하여 판매하는 행위 역시 '수리'에 가까워 권리소진을 주장할 수 있다고 본 예가 있다.[283]

반면, 일본의 재판례 가운데는, 내장된 필름을 꺼내기 위해서 본체의 일부를 파괴하지 않으면 안 되는 구조로 이루어진 1회용 카메라의 경우, 사용이 끝난 제품의 본체 부분을 조작하여 필름과 전지를 재장치하는 것은 권리자인 원고가 당해 실시품을 시장에 두었을 때 예상한 범위를 초월하는 실시 형태로서 권리소진을 주장할 수 없다고 한 것이 있고,[284] i) 당해 특허제품이 제품으로서의 본래의 효용기간을 경과하여 그 효용을 다한 후에 재사용 또는 재생이용된 경우 ii) 당해 특허제품에 대하여 제3자에 의하여 특허제품 중 특허발명의 본질적 부분을 구성하는 부품의 전부 또는 일부에 있어서 가공 또는 교환이 이루어진 경우에는 특허권이 소진하지 않는다는 일반론을 펴면서, 잉크젯프린터 가운데 잉크탱크 본체의 내부를 세정하여 고착화된 잉크를 씻어낸 다음 잉크를 재충전하는 행위는 발명의 본질적 부분을 구성하는 부품의 일부인 압접부의 경계 기능을 회복시킴과 동시에 공기의 이동을 막는 장벽형성이라는 발명의 목적달성에 불가결한 행위로서 특허제품 중 발명의 본질적 부분을 구성하는 부품의 일부에 대한 가공 또는 교환에 해당하므로 권리소진이 일어나지 않고 침해를 구성한다고 판시한 것이 있다.[285]

---

281) Donald Chisum 著, 竹中俊子 譯, アメリカ特許法とその手續(第2版), 雄松堂出版(2000), 446면.

282) FMC Corp. v. Up-Right, Inc. 30.U.S.P.Q.2d 1361(Fed. Cir. 1994).

283) Hewlett-Packard Co. v. Repeat-O-Type Stencil Mfg. Corp. Inc., 123 F.3d 1445, 1452 (Fed. Cir. 1997).

284) 東京地決 平12年 6. 6. 判時1712号 175頁.

285) 知財高裁 平18年 1. 31. 平成17(ネ)10021 판결(한편, 위 판결의 상고심인 日本 最高裁 平19年 11. 8. 平成18(受)826 판결은 원심이 거론한 '특허제품 중 발명의 본질적 부분을 구성하는 부품의 일부에 대한 가공 또는 교환'을 특허권 소진에 대한 장애요소 가운데 하나로 인정하면서도, 그 밖의 사정들을 종합적으로 고려하여 실시제품과 특허제품 사이에 전

4) 방법발명 특허에 대한 권리소진

(가) 일반적인 경우

단순한 방법의 발명에 대해서는 특허권자가 방법 자체를 유통시키는 것이 아니기 때문에 원칙상 권리소진이 발생할 여지가 없고,[286] 가령 1회의 실시허락 이후 특허권의 행사가 제한받는 일이 생기더라도 이는 보통 당사자 간 계약해석의 문제로 귀착된다.

(나) 물건을 생산하는 방법의 경우

해당 방법에 의해 생산된 물건을 사용, 양도 하는 등의 행위는 '실시(침해)'에 해당하기 때문에(특허법 제2조 제3호 다.목) 특허 방법으로 생산된 물건이 일단 권리자에 의해 양도되었다면 물건 특허와 마찬가지로 권리소진을 인정해야만 특허권자의 이중이익을 방지하고 유통의 안정을 보장할 수 있다. 그렇게 보지 않는다면, 특허권자는 물건발명의 특허청구항에 해당 물건을 제조하는 방법을 추가함으로써(실제로 이런 청구항은 흔하다) 해당 방법으로 제조된 물건이 적법하게 유통된 이후에도 해당 물건을 사용하거나 양도하는 행위 등을 방법특허의 침해로 통제할 수 있게 되는바, 이는 물건발명 특허의 권리소진을 우회하는 수단이 되어 부당하다. 미국 연방대법원은 2008년 Quanta Computer Inc. v. LG Electronics Inc. 사건[287]에서, 방법특허에 관하여 권리소진을 인정하지 아니한 CAFC 판결을 파기하면서 '특허된 방법의 핵심적인 특징이 물건에 구현된 바 있다면, 그 물건의 판매로 인하여 방법특허에 대한 권리소진이 일어난다'고 하였다.

(다) 특허방법의 실시에 사용되는 물건의 경우

특허권자가 방법발명에 특허를 가지고 있는 상태에서 그 방법의 실시에 사용되는 물건을 판매한 경우[288] 방법특허의 권리소진이 문제된다. 판매된 물건을 사용하는 행위는 곧 방법특허의 실시를 수반하기 때문이다.

종래 하급심 판결 가운데 甲이 방법발명(오수의 처리방법)에 특허를 가지고

체로서 '동일성'이 인정되면 권리소진이 유효하고, 동일성이 상실된 정도라면 새로운 생산에 해당하여 권리소진의 여지가 없다고 보고 있다).

286) 中山信弘, 特許法[第4版], 440면.

287) 553 U.S. 617(2008).

288) 특허권자 스스로 판매한 경우는 물론, 통상실시권자 등 특허권자의 허락을 받은 제3자가 판매한 경우도 마찬가지이다.

있는 상태에서 그 방법의 실시에만 사용되는 물건(오수처리 장치)을 판매한 경우, 그 물건을 이용하여 방법을 실시하는 행위에 대하여도 묵시적 허락이 있었다고 보아 특허권 행사를 불허한 것이 있었다.[289]

그 후 판례[290]는, '마찰이동 용접방법'이라는 방법발명(A)의 특허권자(甲)가 乙에게 A 발명을 실시하는데 사용되는 장비(마찰교반 용접기)의 제조·판매를 허락하였고, 그 뒤 丙이 乙로부터 해당 마찰교반 용접기를 구입·사용하였는데, 甲이 丙을 상대로 방법발명(A)에 대한 특허침해를 주장한 사건에서, ⅰ) 丙이 사용한 마찰교반 용접기는 방법발명(A)의 실시에만 사용되는 전용품이고 그 기술사상의 핵심 구성요소를 모두 포함하고 있어 A를 실질적으로 구현한 물건이며, ⅱ) 乙이 丙에게 마찰교반 용접기를 판매한 것은 특허권자인 甲의 허락 아래 이루어진 적법한 양도이다. ⅲ) 이처럼 丙이 적법하게 용접기의 소유권을 취득한 이상 甲의 A 특허는 소진되어 丙의 용접기 사용행위는 침해를 구성하지 않는다고 판시하였다.[291] 그 근거로는, 방법발명이 실질적으로 구현된 물건을 특허권자 등으로부터 적법하게 양수한 양수인 등이 그 물건을 이용하여 방법발명을 실시할 때마다 특허권자 등의 허락을 받아야 한다면, 그 물건의 자유로운 유통 및 거래안전을 저해할 수 있다는 점, 특허권자는 양수인 등이 그 물건으로 방법발명을 사용할 것을 예상하여 그 물건의 양도가액 등을 결정할 수 있으므로, 특허발명의 실시 대가를 확보할 수 있는 기회도 주어져 있다는 점, 물건발명과 방법발명은 실질적으로 동일한 발명일

---

289) 이런 법리를 전제로 한 것으로 보이는 하급심 판결들로는, 서울고등법원 2000. 5. 2. 선고 99나59391 판결(심리불속행 상고기각); 서울중앙지방법원 2008. 1. 31. 선고 2006가합58313 판결 등.

290) 대법원 2019. 1. 31. 선고 2017다289903 판결.

291) 이처럼 권리소진의 주장 주체를 "양수인이나 전득자"라고 전제하는 점, 사안에서 丙이 방법발명 A의 실시에만 사용되는 전용품의 소유권을 적법하게 취득하였으므로 권리소진이 성립한다고 하는 점 등에 비추어 대상판결은 대상판결은 소유권설을 기본 입장으로 삼은 것으로 보인다. 그러나 권리소진의 근거를 소유권에서 찾으면 권리소진의 성립범위가 지나치게 제한되는 부당함이 있다. 예컨대 사안에서 乙이 방법 A의 실시에만 사용되는 용접기를 생산하여 丙에게 '대여'한 경우라도 丙은 이를 양수한 경우와 똑같이 甲에게 권리소진을 주장할 수 있어야 하기 때문이다. 방법발명의 실시에 사용되는 물건 가운데 규모가 큰 설비(플랜트)처럼 생산·판매 대신 '대여'의 대상이 되는 것도 많음을 감안하면 더욱 그러하다. 따라서 특허권의 소진은 소유권 취득보다는 '신의칙 위반' 또는 '묵시적 계약'에서 근거를 찾는 편이 합당하다.

경우가 적지 않은데, 방법발명을 일률적으로 특허권 소진 대상에서 제외한다면 특허권자는 특허청구항에 방법발명을 삽입함으로써 특허권 소진을 손쉽게 회피할 수 있다는 점 등을 들고 있다. 아울러 방법발명을 실질적으로 구현한 물건인지 여부를 판단할 때는 '㉠ 해당 물건이 방법발명의 전용품인지, ㉡ 그 물건에 방법발명의 핵심적 기술요소가 모두 들어 있는지, ㉢ 그 물건을 사용하는 공정이 전체 공정에서 차지하는 비중은 어느 정도인지'가 기준이 된다고도 한다.

생각건대, 이는 특허권자가 방법발명에 특허를 가지고 있는 상태에서 권리자가 그 방법의 실시에 사용되는 물건을 판매한 경우 방법발명에 권리소진이 발생하는 요건에 관한 것이다. 그런데 방법발명의 전용물이라도 방법특허 전체의 실시에 기여하는 정도는 다를 수 있으므로 특허권자가 전용물의 유통을 양해했다고 해서 언제나 해당 방법 전체에 대한 권리소진이 생긴다고 단정할 수는 없다. 예컨대, A-B-C-D 단계로 이루어진 방법발명 특허가 존재하고 물건 b가 오로지 B 단계의 수행에만 사용되는 전용물인 경우, 특허권자가 수요자에게 물건 b를 판매했다고 해서 언제나 무상으로 'A-B-C-D 방법 전체'를 실시해도 좋다는 의미라고 단정할 수는 없기 때문이다. 다만, 방법발명과 물건의 상관관계가 '① 해당 물건의 사용이 곧 해당 발명의 실시를 의미할 정도로 완전한 전용품 관계인 경우, ② 해당 물건에 다른 용도도 있지만 그 물건의 사용은 언제나 해당 발명의 실시를 수반하는 경우, ③ 해당 물건의 사용만으로는 방법의 실시가 완성되지 않지만 여전히 그에 불가결한 요소인 경우'에 한해 권리소진이 발생한다고 볼 것이다. 위 설시 가운데 ㉠은 ①상황을, ㉡은 ②상황을, ㉢은 ③상황을 의미하거나 전제로 한다. 그 결과, ①, ②의 경우에는 특허권자의 의사에 기해 물건이 유통에 놓인 이상 방법발명에 권리소진을 인정해도 무리가 없고, ③의 경우에는 객관적으로 파악되는 특허권자의 의사와 신의칙을 감안하여 개별적으로 권리소진 여부를 판단해야 할 것이다. 전자의 물건에는 방법발명의 내용이 100% 구현되어 있는 반면, 후자의 물건에는 그렇지 않아서 물건의 유통을 승낙한 특허권자의 의사를 단언하기 어렵기 때문이다.

5) 특허권자의 의사에 반한 특허품의 유통과 권리소진[292)]

㈎ 문제점

현실에서 특허품이 특허권자의 의사에 반해 유통되는 구체적인 모습은, i) 아예 처음부터 특허물건이 권원 없는 자에 의해 제조·유통되는 경우, ii) 특허권자 스스로 특허물건을 판매하면서 상대방과의 사이에 특약을 하였음에도 그에 반하는 내용으로 이후 유통이 이루어진 경우, iii) 특허권자가 실시허락을 하면서 특허물건의 제조·유통에 관해 제한약정을 하였음에도, 실시권자가 그와 다른 내용으로 제조·유통행위를 한 경우 등으로 유형화 할 수 있다. 그런데, ① 이런 특허물건에 대해 특허권자의 이익만을 고려하여 일절 권리소진을 인정하지 않으면 거래안전을 해쳐 사회적 편익이 감소하는 반면, ② 특허권자에게 해당 특허품에 근거한 이윤회수의 기회가 충분히 보장되지 않았음에도 권리소진을 인정하면 특허권자 보호가 미흡해지고 결과적으로 특허권의 효력을 약화시켜 기술발전을 저해하는 문제를 낳는다. 특허권자의 이익과 거래안전 중 어느 것에 비중을 두느냐에 따라, 특허권자의 의사에 반해 유통에 놓인 특허품을 제3자가 입수·사용·재판매하는 행위나, 실시권자가 실시계약의 조건을 위반하여 시중에 유통시킨 특허품에 대한 법적 취급이 달라질 수 있다. 특허권자의 이익을 중시하면 권리소진의 성립 여지는 좁아지게 되지만, 거래안전을 중시하면 권리소진의 성립 여지는 넓어지게 된다.

㈏ 주요 외국의 상황

대륙법계 국가인 독일과 일본에서는 특허권자의 의사에 반한 특허품 유통을 특허침해를 구성하는 것과 단순한 채무불이행에 불과한 것으로 구분 취급하고 있다. ① 침해로 보는 것들로는 예컨대 i) 특허권자가 실시허락 시 제품의 유통 지역·기간·생산이나 유통량·용도 등에 대해 제한을 두었음에도 이를 어기고 생산·유통이 이루어진 경우, ii) 생산만을 허락받은 실시권자가 판매까지 한 경우처럼 실시의 형태를 어긴 경우, iii) 계약 기간이 종료된 이후에 생산·판매된 경우 등이 거론된다.[293)] ② 채무불이행으로 보는 것들로는, 단순

292) 이 주제에 대한 상세한 검토는, 조영선, “특허권 소진의 성립범위에 대한 검토 –특허권자 의사에 반해 유통된 특허품을 중심으로–”, 법조 통권 제760호(2023. 8), 346면 이하를 참조할 것.

293) 상세는, 조영선, “특허권 소진의 성립범위에 대한 검토 –특허권자 의사에 반해 유통된 특

한 실시료 지급의무 위반, 판매가격 약정 위반, 판매조건 약정 위반, 최저 생산수량에 대한 약정위반, 원료공급선에 대한 약정위반, 제품규격 · 판매처 · 표지의 사용에 관한 약정 위반 등, 제품자체가 아닌 거래상 부수적 약정들에 대한 위반들이 거론된다.[294] 침해로 보는 경우 특허권자는 대세적으로 이후의 거래당사자 누구에 대해서도 침해를 주장할 수 있는 반면, 단순 채무불이행인 경우에는 특허침해는 문제되지 않고 그 법적 효력이 당사자 사이에서 상대적으로만 미치므로, 이후의 거래 당사자는 원칙상 권리소진을 주장할 수 있게 된다.

한편, 영국에서는 보통법(Common Law) 원칙에 따라, 특허권자가 특허품을 판매하면 해당 특허품의 실시 · 이용에 대해 묵시적 허락을 한 것으로 취급하며(Implied License Doctrine), 이후의 특허품 거래 당사자는 원칙 상 자유롭게 실시행위를 할 수 있고 침해가 성립하지 않는다고 본다.[295] 미국에서는 2017년 연방대법원이 Impression v. Lexmark 판결[296]을 통해, ⅰ) 특허권자가 특허품을 일단 판매하였다면, 해당 판매에 어떤 조건을 부과하였든 판매 즉시 특허권은 소진하여 침해문제는 발생하지 않지만, ⅱ) 실시권자가 특허권자와의 계약조건을 위반하여 제 3 자에게 특허품을 판매하면 침해를 구성하고, 거래상대방인 제 3 자가 이를 알면서 구매하였다면 실시권자의 침해행위에 대한 가담자로서 침해책임을 부담하며 권리소진은 발생하지 않는다고 하였다.

㈐ 우리나라의 상황

국내의 논의로는, 전용실시권 설정계약에서 정한 범위를 넘는 실시에 대해, 특허권의 침해는 아니고 채무불이행에 불과하다고 한 것과[297] 특허침해를 구성한다고 한 것[298]이 모두 있고, 근래에는 앞서 본 독일 · 일본의 기준에 유사하게 침해와 채무불이행을 구분하는 입장도 나오고 있다.[299] 재판례로는 사

허품을 중심으로-", 350면.

294) 상세는, 조영선, 위의 논문, 351~353면.

295) 다만, 특허권자가 별도의 조건을 명시하고 거래 당사자가 구매 시점에 이를 안 경우에는 묵시적 허락은 성립하지 않는다(Lionel Bently · Brad Sherman, Intellectual Property Law (4th Edition), Oxford Univ. Press(2014), p.616).

296) Impression Products v. Lexmark International, 137 S.Ct. 1523 (2017).

297) 송영식 외 6인, 『송영식 지적소유권법(상)[제2판]』, 육법사(2013), 473면.

298) 윤선희, 『특허법(제5판)』, 법문사(2012), 675면; 정상조·박성수 공편, 『특허법 주해 I』, 박영사(2010), 1230~1231면.

299) 송재섭, "지식재산권 라이선스와 권리소진의 원칙", 지식재산연구 제12권 제3호(2017. 9),

안에 따라 실시권자의 계약위반에 대해 침해를 인정한 것과 인정하지 않은 것들이 혼재한다.[300] 그러나 이상의 논의나 판결례들 모두 이후의 거래 당사자들과의 관계에서 권리소진 인정 여부와 범위, 그 요건 등을 염두에 두고 있지는 않다.

㈑ **검　토**

① 거래안전 보호의 우선

특허권자의 의사에 반해 유통된 특허품에 대해서는 선의의 제3자 내지 거래안전을 우선하고 특허권자의 정당한 이익 보호는 어디까지나 그 제한 요소로 파악하되, 특허권자의 이익에도 여러 층위가 있을 수 있으므로 보호 범위를 상대화하는 것이 합당하다.[301] 이유는 다음과 같다.

㉮ 소진이론의 본질　　특허소진은 본디 거래안전 보호를 위해 만들어진 법 개념이다. 특허권자나 그의 허락을 받은 실시권자 등이 그 의사에 기해 특허품을 판매한 이후에도 해당 제품의 유통과정에 다시 개입하여 침해를 주장할 수 있다면 거래안전을 해치게 되고, 특허권자는 최초 판매 과정에서 해당 제품에 관해 이윤을 이미 회수하였으므로 이후 추가적으로 권리행사를 하는 것은 다중이득이어서 부당하다는 것이다. 따라서 특허품이 일단 유통에 놓였다면 권리소진을 인정하되, 그 과정에서 특허권자의 정당한 이윤회수가 보장되지 않은 사정이 인정되면 그 사유와 유형에 따라 권리소진을 부정해야 한다. 이처럼 권리소진의 인정 여부를 둘러싼 거래안전 보호와 특허권자 보호는 '원칙과 예외'의 틀에서 파악되어야 하며, 특허권자의 의사에 반한 특허품 유통에 대해 자동적으로 권리소진을 부정하고 유통에 관여한 당사자들을 일률적으로 침해자라고 하는 것은 본말이 전도된 일이다.

㉯ 현실적 필요성　　'특허권자와 실시권자' 혹은 '특허권자와 최초

49면.

300) 특허사건에서 침해를 인정한 것으로 파악되는 예로, 대법원 1983. 7. 26. 선고 83도1411 판결; 대법원 2013. 1. 24. 선고 2011도4645 판결; 특허법원 2006. 7. 14. 선고 2005허10695 판결; 특허법원 2009. 12. 18. 선고 2008허13299 판결 등이 있다. 한편, 저작권 사건에서 침해를 인정한 것으로 대법원 2023. 12. 7. 선고 2020도17863 판결, 상표권 사건에서 침해를 부정한 것으로, 대법원 2020. 1. 30. 선고 2018도14446 판결도 있다.

301) 상세는, 조영선, "특허권 소진의 성립범위에 대한 검토 -특허권자 의사에 반해 유통된 특허품을 중심으로-", 359~367면.

구매자' 사이의 약정이나 거래 조건을 알 수 없던 이후의 거래 당사자들이 졸지에 침해자로 취급되는 것을 제한없이 방치하면 거래 안전이 크게 위협받게 된다. 특히 근래에는 하나의 제품이 수많은 부품들로 이루어진 경우가 대부분이고, 그런 복합제품에서 일부 부품에 침해가 있다고 하여 특허권자가 제한없이 금지청구권 등을 행사하게 되면 전체 제품의 판매나 유통이 저지되는 등 불합리가 발생할 수 있다.

㉰ 특허권자 보호 필요의 상대성 거래안전을 위해 권리소진을 제한하더라도 특허권자의 정당한 이익을 해치는 내용이 되어서는 안 되는 것 또한 분명하다. 특허권자의 정당한 이익이란 '특허권에 기한 이윤회수의 기회'라고 할 수도 있고, '특허품이 과연 특허권자의 의사에 기해 시장에 유통되었는지'라고 표현할 수도 있다. 그런데 이런 면에서 보면, 특허권자 보호의 당위성에 다음과 같은 스펙트럼이 존재하고, 권리소진의 인정 필요도 그와 연동되어 있음을 알 수 있다. 구체적으로는 다음과 같다.

i) 특허권자의 의사와 전적으로 무관한 유통인 경우: 제 3 자가 임의로 특허품을 제조 · 판매하여 그 침해품이 시장에 유통되는 경우가 대표적이다. 특허권자는 특허품을 직접 판매한 바도, 제 3 자에게 실시허락을 한 바도 없기 때문에 온전히 침해가 성립할 뿐이며, 설사 거래 당사자들이 그런 사정을 모르고 해당 침해품을 구매하였다고 하더라도 거래안전 보호를 명분으로 권리소진을 인정하여 특허권자를 희생시킬 수는 없다. 이 경우 특허권자는 직접 침해자는 물론, 그 이후의 거래 당사자들 모두를 상대로 침해를 주장할 수 있으며, 권리소진은 기본적으로 인정되어선 안 된다.

ii) 특허권자가 직접 상대방에게 특허품을 판매한 경우: 특허권자는 직접 특허품의 최초 판매자이기 때문에 그 유통 상 제한이나 조건을 제품에 표시하는 방법으로 공시할 수 있다. 또한, 근래 IoT 환경에서는 QR 코드 등을 이용하여 제품의 거래조건을 공시하거나 블록체인을 통해 제품의 유통과정 및 이용형태를 추적하고 사후에 개별적으로 권리행사를 할 수 있는 경우가 많아지고 있다. 이런 여건에도 불구하고 특허권자가 자신의 권리를 보호하기 위해 적절한 조치를 취하지 않았다면 공시의 불이행으로 야기된 거래상 신뢰는 보호되어야 하는 반면 특허권자에 대한 보호의 필요성은 감소할 것이다. 그 결과 권리소진을 인정할 가능성은 높아진다. 또한, 특허권자는 특허품을 시장에 둠으로써 약정 위반에 기인한 침해의 가능성을 스스로 야기한 당사자이므로, 이후 거래 과정에서 선의의 제3자와 보호의 필요성을 형량할 때 후자보다 두터운 보호를 누리는 것은 문제가 있다. 아울러, 특허권자는 거래 상대방인 최초의 구매자와의 사이에서, 계약 위반이 있는 경우 손해배상이나 제품회수 등 자신의 이익을 확보할 수 있는 대응책을 강구할 수 있다. 이런 의미에서 특허권자에게 '이익회수의 기회'는 보장되었던 것이고, 적어도 i)의 단순침해와는 구별되는 위치에 있다고 해야 한다. 그 결과 권리소진은 강하게 인정될 필요가 있다.

iii) 실시권자가 실시계약을 위반하여 유통시킨 경우: 대개 제품의 생산·판매주체는 실시권자이므로 특허권자가 대상 물품에 직접 조건을 표시하기 어려운 경우가 대부분일 것이다. 또 특허권자 스스로 IoT나 블록체인 기술을 활용해 제품의 유통에 관여할 여지도 많지 않을 것이다. 그러나 특허권자는 실시계약을 통해 특허품을 시장에 유통시킨 주체이므로 실시계약의 불이행으로 인해 발생한 불이익 또한 스스로 감수해야 할 필요가 더 높고, 실시계약에 위약에 대한 제재 내지 손해 보전에 관한 내용을 미리 규정해 두는 것이 보통이라는 점에서 이에 상응하는 ii)에서의 논거는 여기에도 그대로 타당하다. 따라서 특허권자 보호의 비중은 선의의 제3자에 비해 작아야 하며, 권리소진은 상당한 정도로 인정될 필요가 있다.

㉣ 제3자의 보호 필요의 상대성 　특허권자와의 약정을 위반한 상대방이나 실시권자와 거래한 제3자의 책임과 관련해서는, i) 제3자가 선의·무과실인 경우라면 보호됨이 상당하므로 권리소진이 인정되어야 한다. ii) 선의·과실인 경우에는 사안에 따라 특허권자의 보호와 제3자 보호의 필요성을 형량하여 결론을 내는 것이 상당하며 권리소진 또한 상대적으로 인정될 여지가 있다. iii) 제3자가 악의로 상대방의 약정위반 행위에 가담한 경우라면, 침해되는 특허권의 내용, 가담 행위의 양태, 제3자의 주관적 의사에 따라 제3자의 채권침해라는 불법행위가 성립할 수 있으며, 판례 또한 그러하다.[302] 이처럼 제3자가 악의로 개입한 경우 상대방은 계약위반, 제3자는 불법행위로 취급되어야 하며 특허권자의 보호가 전면에 등장하고 권리소진은 인정될

302) 대법원 2003. 3. 14. 선고 2000다32437 판결; 대법원 2021. 6. 30. 선고 2016다10827 판결; 특허법원 2017. 11. 16. 선고 2016나1455 판결 등.

여지가 없다.

② 약정 위반을 침해가 아닌 계약위반(채무불이행)으로 취급

기본적으로 특허권자와 거래한 상대방이나 실시권자의 약정위반은 이를 특허권 침해가 아닌 채무불이행으로 파악함이 상당하다.

㉮ 침해와 계약위반 구별의 모호성 특허권자의 의사에 반한 특허품 유통을 '본질적 위반(특허침해)'과 '비본질적 위반(단순 채무불이행)'으로 분류하는 것은 합리적이지 않다. 본질적·비본질적 위반이라는 기준 자체가 본디 매우 모호한 것이어서 법적 안정성이나 예측가능성에 반하기 때문이다. 특허의 실시에 관한 '주된' 약정과 '부수적' 약정이라는 것 역시 상대적 개념이고 사안별로 판단이 달라질 수 있는 것이며, 양자 간에 본질적 차이는 없다고 해야 한다.[303)]

㉯ 특허권자와의 약정 위반을 침해로 보는 경우의 문제점 최초의 거래를 일단 '침해'로 보게 되면, 이후 해당 침해품의 유통과정에서 특허품을 사용·양도하는 제 3 자들 모두 권원없는 침해자에 해당한다. 선의자 보호규정이 따로 없는 우리 특허법에서 특허권자는 그들의 고의·과실에 구애됨 없이 금지청구를 할 수 있다(특허법 제126조). 손해배상에 관해서는 경과실 감액규정

303) 예를 들면 다음과 같다. ① 특허품의 판매기간에 대한 약정은 대표적인 주된 약정이라고 하므로 실시권자가 약정된 판매기간을 넘겨 판매한 특허품은 침해품이 된다. 그러나 만약 실시권자가 특허권자로부터 총 10,000개에 대해 1년 동안 판매허락을 받았는데, 그 기간 동안 자연재해나 팬데믹 등 불가항력으로 상당기간 판매를 할 수 없어 재고가 축적되었다고 하자. 실시권자가 이후 재고품 소진 과정에서 약정기간을 넘겨 판매를 하였다면 이 기간동안에 판매된 특허품을 침해제품이라고 하여 이후의 거래자들을 모두 침해자로 취급하는 것은 합당한가? ② 부쟁의무 위반이나, 실시료를 미지급한 상태에서 생산·판매하는 것은 부수적 의무위반에 불과하므로 침해가 아닌 채무불이행이라고 한다. 그런데 만약 실시권자가 단순히 실시료 지급을 지체하는 것을 넘어, 해당 특허가 무효라고 주장하면서 실시료 지급을 거절한 채 제품을 생산·판매하고 있다면 어떠한가? 이런 경위로 생산·판매된 특허품은 침해품인가 여전히 채무불이행의 결과에 불과한가? ③ 특허품에 특허권자의 상표 등을 표기할 의무 위반은 단순한 채무불이행이라고 하는바, 특허권자 상표의 표기를 단지 누락한 것이 아니라 적극적으로 실시권자 자신 혹은 제3자의 상표를 표기하여 판매하였다면 이제는 침해인가? 그렇다고 한다면 설득력 있는 근거는 무엇인가? ④ 특허품의 판매지역 위반의 경우, 독일에서는 이를 침해사유로(Benkard, Patentgesetz: PatG12(Auflage 2023), C.H. Beck(2023), A. §15, Rn.73), 일본에서는 이를 단순 채무불이행으로 분류한다(田村善之 外 2,『プラクティス 知的財産法 I 特許法』, 信山社(2020), 72면). 과연 이 가운데 어떤 기준이 더 타당하다고 단언할 수 있는지 의문이다.

이 있기는 하지만(특허법 제128조 제6항 후단) 실무상 형해화 되어 있음은 널리 알려진 바이다.[304] 이로써 거래의 안전이 심각하게 위협받게 됨은 자명하다.

㉰ 특허권자와의 약정 위반을 계약위반으로 보는 경우의 장점 특허권자와의 최초 거래상 약정위반을 기본적으로 계약책임으로 취급하면 '침해-계약위반 구별론'의 모호성을 배제할 수 있고, 최초 당사자가 채무불이행 책임을 지더라도 이후의 거래 당사자는 침해책임이 없으며 그가 악의로 채무불이행에 가담한 경우에 한해 불법행위 책임을 지게 되므로 제3자 보호를 합리적으로 도모할 수 있다.[305] 특허권자가 자신의 거래 상대방에 대해 계약책임을 묻는 것으로 구제를 한정하는 것이 특허권자에게 크게 불리하다고 할 수도 없다. 계약 내용이 이미 조건(수량, 지역, 시기, 용도 등) 위반 행위를 금지하는 것으로 이루어져 있으므로 계약을 근거로 상대방에게 금지청구를 할 수 있고, 위약 시 손해의 보전 또한 계약으로 정하는 것이 보통이기 때문이다. 우리 민법이 불법행위로 인한 손해배상에 관해 채무불이행의 해당 조항(민법 제393조 등)을 준용하는 등 양자에 동일한 기준을 적용하고 있음을 감안하면(민법 제763조), 역으로 채무불이행으로 인한 손해액 산정 시 불법행위로 인한 손해배상액 산정의 특칙인 특허법 제128조를 유추적용하는 것도 가능할 것이다.

(마) 정 리

특허권자의 의사에 반한 특허품의 유통 과정에서 특허권자의 역할이나 귀책을 감안하면 그 보호필요성에는 여러 층위(layer)가 존재하는데, ① 특허권자의 의사와 전적으로 무관한 유통인 경우, ② 실시권자가 실시계약을 위반하여

304) 대법원 2006. 4. 27. 선고 2003다15006 판결; 대법원 2009. 1. 30. 선고 2007다65245 판결 등; 조영선, "특허침해 시 과실추정의 한계와 배상액 감액에 대한 시론(試論)", 저스티스 통권 제163호(2017. 12), 317면, 326면.

305) 얼핏 보면, 특허권자와 약정 위반 당사자 사이의 법률관계는 채무불이행과 불법행위 책임의 관계 문제로 보이기도 한다. 민법상 채무불이행과 불법행위는 성립요건과 효과가 서로 다르고 위법성의 실질도 다르므로 양 청구권은 경합한다는 것이 판례이다(대법원 2021. 6. 24. 선고 2016다210474 판결 등). 그러나 이는 동일한 사실관계가 채무불이행의 요건과 불법행위의 요건을 모두 충족하는 때 적용될 수 있는 논리이지, 이 주제처럼 동일한 사실관계를 채무불이행으로 보아야 할지 불법행위(침해)로 보아야 할지 '선택'이 필요한 국면에서 작동하는 논리는 아니다. 오히려 이 국면에서는 양자를 일반법(불법행위)와 특별법(채무불이행)의 관계로 파악하여 채무불이행 책임이 우선한다고 파악하는 입장(법조경합설 내지 청구권규범 경합설)에서 보다 합리적 시사를 얻을 수 있다.

유통시킨 경우, ③ 특허권자의 거래 상대방이 판매 조건을 위반하여 유통시킨 경우가 그것이다. 대체로 특허권자의 보호 필요성은 ① > ② > ③이라고 할 수 있으며 근래 IoT와 블록체인 기술의 발달로 특허권자가 특허품 유통의 조건이나 제한을 효과적으로 공시하거나 그 위반을 추적할 수 있는 수단이 증가하고 있음도 고려되어야 한다. 그렇다면, ①은 침해로 보아 특허권자의 절대적 보호를 보장하고, 특허권자가 계약 당사자인 ②, ③의 경우에는 채무불이행으로 파악하여 이후 거래자의 귀책에 따른 상대적 보호만을 부여함이 상당하다. 이와 같은 법리의 구축을 통해 특허품 유통과정에서 거래안전을 보호하는 한편, 특허권자의 정당한 이익을 합당한 수준에서 보호하고 특허품의 비정상적 유통에 악의로 관여한 제 3 자를 보호에서 배제하여 소진제도의 취지를 합리적으로 살릴 수 있다.

㈓ **소송상 취급**

이상의 점을 소송상 주장 · 증명책임 분배에 반영하면 다음과 같다. 원고(특허권자)는 자신의 특허권 및 그 권리범위에 속하는 피고의 실시를 청구원인 사실로 주장 · 증명해야 한다. 피고는 자신이 이를 정상적으로 구매하였으므로 특허권이 소진되었다고 항변할 수 있다. 원고는 다시 해당 판매가 자신의 의사에 반하는 것이라는 재항변 사유(예컨대 제 3 자에 의한 무단 실시라든지, 실시권자가 실시계약을 위반하여 판매한 것이라는 점)를 주장 · 증명하여 권리소진의 효과를 저지할 수 있다. 그 과정에서 만약 특허품의 최초 판매가 계약에 의해 이루어진 것으로 인정되면 권리소진은 여전히 유효하겠지만, 원고는 다시 해당 거래의 상대방이 계약위반 사실을 알면서도 거래에 가담하였음을 주장 · 증명하여 책임을 물을 수 있게 된다.

(2) 병행수입과 국제적 권리소진

1) 병행수입의 의의

예컨대, A라는 국가에서 특정 약품에 관한 특허를 가지고 있는 甲이 있다고 가정하자. 甲은 위 약품을 B라는 개발도상국에는 1알 당 500원에, 자국(A)에서는 1알 당 1,000원에 판매하고 있다. 그와 같은 가격차별을 두는 이유는 개발도상국인 B국에 대하여는 B국의 저소득층 국민들도 손쉽게 약품의 혜택을 볼 수 있도록 하기 위한 인도적 고려에서이고, 자국(A)에 대하여는 그 약품에 대한 수요, 구매력, 원재료 구입시의 환율 등을 감안하여 상업적으로 최대의 이윤을 낼 수 있는 적정가격이기 때문이다. 그런데 국제무역상인 乙이 위와 같이 헐값에 B국에 판매된 약품을 1알당 500원씩에 사들인 뒤 이를 A국에 역수입하여 1알 당 800원에 판매한다면 甲의 위와 같은 가격차별에 의한 시장전략은 교란되고 그 피해는 모두 甲에게 귀착될 것이다. 그와 같은 乙의 행위가 병행수입(Parallel Imports) 행위의 예 가운데 하나이며, 병행수입을 통하여 형성된 시장을 Gray Market[306]이라고 통칭한다.

2) 국제적 권리소진

어떠한 특허의 대상이 된 물품이라도 그것이 정상적으로 판매된 이후에는 특허권자는 더 이상 그 물건에 대하여 특허권을 행사할 수 없는 것이 원칙이다. 그 물건에 대한 권리는 그 물건의 판매가격에 이미 반영되어 지급됨으로써 특허권자에 대한 보상 또한 완료되었다고 보기 때문이다. 따라서 정상적인 판매를 거친 물품은 제 3 자도 이를 자유로이 사용하거나 양도할 수 있다. 이를 권리소진의 원칙(First Sale Doctrine)이라고 한다. 권리소진에 관하여는 병행수입과 관련하여 문제가 되는 '국제적 권리소진'과 앞서 살펴본 '국내적 권리소진'이 있다.

3) 문제의 소재

권리소진의 원칙이 국내에서 적용된다는 점에 대하여는 이론(異論)이 없다. 그러나 특허물품이 국외에서 판매된 경우에까지 권리소진의 원칙이 적용되는가에 관하여는 이를 둘러싼 이해대립의 주체에 따라 입장이 다르다. 즉, 설례에서 특허권자인 甲의 입장에서는 특허약품을 B국에 1알당 500원에 판매한 것을 통하여 자신의 권리가 그 판매가격에 적절하게 반영되어 보상되었다고는 볼 수 없기 때문에 B국에 위 약품을 판매한 행위로 인해서는 권리소진이 일어나지 아니하고, 따라서 B국에 판매된 약품에 대하여는 여전히 특허권이 살아 있으며, 乙이 이를 A국으로 역수입하는 행위는 자신의 특허권을 침해하는 것이라고 주장한다. 또한 반드시 위와 같은 경우가 아니더라도, 국제적 거래에 있어 서로 다른 나라를 상대로 서로 다른 가격정책을 사용하여 이윤을

306) 특허법에 저촉되지 않는 정당한 물품에 의하여 형성된 시장을 'White market', 복제, 모조 등 특허침해의 물품으로 형성된 시장을 'Black market'이라고 상정하고, 진정상품이어서 복제, 모조 등의 특허침해품은 아니지만 현실적으로 권리자의 이익을 침해하는 물품으로 형성된 시장이라는 의미에서 그 중간에 해당하는 'Gray market'이라고 통칭하는 것이다.

극대화하는 것은 특허권자에게 보장되어야 할 고유의 상업적 권리이므로 이를 사실상 무력화시키는 국제적 소진이론은 인정되어서는 아니 된다고도 주장한다. 아울러, 그와 같은 주장에 대한 또 다른 법리상의 근거로 '특허의 속지주의 원칙'이 거론되기도 한다. 즉, 비록 동일한 발명에 대한 것이더라도 특허의 성립·효력·이전 등은 각 나라마다의 특허법이 독립적으로 적용되는 것인바, 비록 甲이 특허물품을 B국에 수출하였다 하더라도, 그 특허물품이 A국으로 '수입'되는 순간 A국 특허법의 적용을 받게 되며, 甲이 A국에 특허등록을 해 둔 이상, 그 물품을 A국에 '수입'하는 행위는 A국에서 甲의 특허를 침해하는 별개의 실시형태라는 것이다.

반면에, 국제거래의 주체인 기업이나, 소비자그룹(설례에서는 A국의 국민일 수 있다), 또는 일군의 경제학자들은, 권리소진의 원칙이 국제적인 경우에도 마찬가지로 일어난다고 보아야 하며 일단 甲이 해당 약품을 판매한 이상, 이를 다시 매수하여 제 3 국에 팔거나 자국에 수입하는 행위는 경제논리에 따른 자유로운 거래행위의 일환일 뿐 특허침해를 구성하지 않고, 거기에 여전히 특허권의 효력이 미치도록 하는 것은 권리자를 중복 보호하는 것이라고 주장한다.

현실적으로는 주로 특허물품을 제조하여 외국에 판매하는 입장에 있는 선진국들은 국제적 권리소진을 부인(병행수입의 적법성을 부인)하는 입장에, 그 반대에 있는 개발도상국들은 국제적 권리소진을 찬성(병행수입의 적법성을 찬성)하는 입장에 있다.

4) 병행수입에 관한 국제적 동향

GATT 우루과이라운드 교섭에 있어 병행수입을 허용하여야 한다는 개발도상국들의 주장과 병행수입에 반대하는 선진국들의 견해가 대립되어 해결을 보지 못하였고, 1995. 1. 1. 발효된 WTO의 TRIPs협정의 성립과정에서 그 타협안으로서 권리소진에 관한 문제는 WTO의 분쟁해결절차에서 다루지 않기로 하였으며(제 6 조), 아직까지 이에 대한 국제조약은 성립되어 있지 않으므로 병행수입의 문제는 결국 각국의 특허법의 해석문제로 되어 있다.

미국의 판례는, 일찍이 1890년 연방대법원이 Boesch V. Graff 판결[307]에서 병행수입이 허용되지 않는다는 취지의 판시를 한 이래 위 판결의 선례적

307) 133 U. S. 697(1890).

의미가 수긍되어 오는 입장이었고, 2001년 Jazz Photo Corp. v. U. S. Int'l Trade Commission 사건[308]에서 CAFC는 "미국의 특허는 국외에서 발생한 사유로 인하여 소멸되지 아니함이 원칙이며 외국에서 정상적으로 구입한 물품이라는 사유만으로 그 물품의 수입이 당연히 미국 내 특허권자의 권리 행사를 방해하는 것은 아니다"라고 하여 이를 지지하는 태도를 보인 바 있다. 그러나 2017. 5. 30. 연방대법원은 Impression Products, Inc. v. Lexmark Int'l, Inc. 사건[309]에서 국내는 물론 해외에서 일어난 권리소진도 미국 내에서 유효하게 주장할 수 있다고 하여 병행수입의 적법성을 인정하는 것으로 입장을 변경하였다.

일본의 最高裁判所는 1997. 7. 1. 판결(일명 BBS 사건)[310]에서, 특허의 국제소진이론을 논거로 드는 대신 병행수입에 대한 묵시적 승낙이 존재한다는 근거를 들어 진정상품의 병행수입이 특허권침해를 구성하지 않는다고 판시한 바 있다.

5) 국내의 학설·판례

특허권에 관한 병행수입에 대하여 우리나라에서 역시 허용설과 부정설이 대립되어 있는데, 국제적 소진론을 근거로 들면서, 특허권을 이용한 세계시장의 분할과 내외가격차를 이용한 이윤확보를 보호할 필요가 없으므로 병행수입은 허용되어야 한다고 설명하는 허용설이 다수설이다. 우리 대법원 판례 가운데 특허에 있어서 진정상품의 병행수입이 적법한지 여부를 언급한 것은 발견되지 않고, 상표에 관하여는 대법원은 진정상품의 병행수입 그 자체는 위법성이 없는 정당한 행위로서 상표권 침해를 구성하지 않으며, 상표의 기능은 출처표시기능과 품질보증기능이 주된 것이므로 이러한 기능을 훼손하지 않고 일반 수요자들에게 상품출처와 품질에 관한 오인, 혼동을 일으키지만 않는다면 병행수입업자가 상표를 사용한 광고, 선전행위를 하는 것도 허용된다고 판시한 바 있다.[311]

---

308) 264 F. 3d 1094(Fed. Cir. 2001).

309) Impression Products, Inc. v. Lexmark Int'l, Inc., 581 U.S. 1523 (2017).

310) 最高裁 平成 9 年 7 月 1 日 平7(オ)1988 판결.

311) 대법원 2002. 9. 24. 선고 99다42322 판결.

제8장

특허권 침해에 대한 구제

Ⅰ. 금지권

1. 일반론

특허권자 또는 전용실시권자는 자기의 권리를 침해한 자나 침해할 우려가 있는 자에 대하여 그 침해의 금지 또는 예방을 청구할 수 있으며(특허법 제126조 제1항), 특허권자 또는 전용실시권자가 위 금지청구권을 행사할 때는 침해행위를 조성한 물건 등의 폐기, 침해행위에 제공된 설비의 제거 기타 침해의 예방에 필요한 행위를 청구할 수도 있다(특허법 제126조 제2항). 특히 금지권은 손해배상청구와는 달리 침해자의 고의나 과실을 묻지 아니하므로 특허권자는 선의, 무과실로 특허권을 침해한 자에 대하여도 침해금지청구권을 행사할 수 있다.[1] 위와 같이 금지권은 물권과 유사한 독점, 배타권으로서의 특허권의 성질을 가장 극명하게 나타내며, 그 내용에 있어서도 매우 막강한 대세적 영향력을 가지고 있다. 나아가, 특허권의 위와 같은 금지권이 특허침해금지가처분이라는 형태로 보전처분에 반영되면 특허권자는 피보전권리로서의 특허권에 관한 소명만으로도 사실상 경업자의 영업활동에 제동을 거는 효과를 얻기도 한다.

그러나 한편, 특허권에 의한 침해의 금지, 특히 침해행위를 통하여 조성한 물건이나 설비의 폐기, 제거 등을 명받거나 가처분을 통하여 발명의 실시

1) 中山信弘, 特許法[第二版], 348면.

금지를 명받은 제3자는 투하한 자본과 생산물 등 사업 전반에 막대한 타격을 입는 경우가 허다한데, 만약 무효의 사유를 안고 있는 특허권의 행사로 인하여 제3자가 위와 같은 손해를 입게 된다면 이는 매우 부당한 결과가 아닐 수 없다. 따라서 그러한 소지를 안고 있는 특허권자가 함부로 권리를 행사함으로써 제3자에게 돌이키기 어려운 손해를 끼치는 일이 없도록 사전·사후적 통제를 해야 할 필요성 또한 상존한다. 판례[2]는, 가압류나 가처분 등 보전처분은 법원의 재판에 의하여 집행되는 것이기는 하나, 실체상 청구권이 있는지 여부는 본안소송에 맡기고 단지 소명에 의하여 채권자의 집행 하에 하는 것이므로, 그 집행 후에 집행채권자가 본안소송에서 패소확정되었다면 그 보전처분의 집행으로 인하여 채무자가 입은 손해에 대하여는 특별한 반증이 없는 한 집행채권자에게 고의 또는 과실이 있다고 추정되고, 따라서 그 부당한 집행으로 인한 손해를 배상할 책임이 있다고 한다. 해당사안에서, ① 실용신안의 전용실시권자(피고)가 전용실시권을 획득하여 가압류신청을 할 때까지 약 7년간 전용실시권을 유지하면서 물품을 제조, 판매한 점, ② 피고가 수차례에 걸친 동종업체와의 실용신안 분쟁에서 승소하였고, 원고도 전용실시권이 피고에게 있음을 전제로 한 합의를 한 점, ③ 피고가 변리사로부터 원고의 행위가 피고의 전용실시권을 침해하는 것이라는 조언을 얻은 점, ④ 원고의 대리점 대표가 피고의 전용실시권을 침해하지 않겠다는 각서를 쓰고 일간지에 사과문까지 게재한 점, ⑤ 검사 역시 원고를 실용신안법 위반 혐의로 기소한 점만으로는 위와 같은 집행채권자인 피고의 과실 추정을 번복하기에 부족하다고 하였다. 한편 판례는 개별적인 사정을 종합하여 불법행위를 성립시키는 고의·과실이 없다고 보기도 한다.[3]

판례는 위와 같이 보전처분에 관하여 사후에 피보전권리인 특허가 무효로 되는 경우 채권자에게 엄격한 불법행위책임을 묻는 것과 대조적으로, 권리자가 본안소송을 제기하였다가 패소한 경우에는 일정한 요건 아래에서만 제소로 인한 불법행위 책임을 인정하는 태도를 보이고 있다. 이는 보전처분이 소명 만에 의하여 비교적 신속하게 발령되고 대부분 금지명령을 수반하기 때문에 채

2) 대법원 2002. 9. 24. 선고 2000다46184 판결.

3) 반면, 특허권자가 가처분 이후 본안에서 패소하였음에도 개별적 사정을 고려하여 불법행위 책임을 인정하지 아니한 사안으로는 대법원 2007. 4. 12. 선고 2006다46360 판결 참조.

무자에게 가혹하여 그 청구에 신중을 기하도록 사전 통제할 필요성이 큰 반면, 본안 소의 제기는 위와 같은 위험이 상대적으로 적은데다가 패소당사자에게 불법행위책임을 너무 손쉽게 인정하면 국민의 재판을 받을 권리를 부당히 위축시키는 결과가 초래될 수 있기 때문이다.

2. 금지청구 대상의 특정

특허침해소송에서 법원으로부터 현실적으로 금지명령을 받아내기 위해서는 소장에 피고의 특허침해 태양을 구체적으로 적시해야 한다. 침해태양의 구체적 기재와 관련해서 우리나라와 일본의 실무는 대체로 청구취지에서의 특정과 청구원인에서의 특정을 구분하고 있다. 이는 근본적으로는 피고의 실시태양을 ㉠ 피고 제품의 거래상 명칭, 형식번호 등과 같이 현물(現物) 위주로 특정할 것이냐(현물형), ㉡ 특허청구범위의 개별 구성요소를 기준으로 피고의 실시형태 또한 그에 상응하는 문장 형태로 기재할 것이냐(문장형)와 관련된다. 우선, 현물형(㉠)은 판결 주문(主文)이 되어 확정되면 그 대상이 구체적이고 명확하여 집행이나 기판력에 문제를 일으킬 여지가 적지만, 피고가 해당 제품의 명칭이나 형식번호 등을 바꾸어 침해를 계속하는 등 판결 효력의 면탈을 시도하면 권리자에게 어려움이 따른다.[4] 문장형(㉡)은 현물형(㉠)과 장단점이 서로 뒤바뀐 것으로 볼 수 있다. 판결 주문에 나타난 피고 실시형태의 구성들이 청구항 구성과 맞먹을 정도로 추상적이라면 판결의 집행이나 기판력 인정 과정에서 그 범위에 대한 다툼과 판단이 또 다시 수반되어야 하기 때문이다.

그럼에도 불구하고 문장형으로 실시형태를 기재할 수밖에 없는 경우가 있는데, 청구원인에서 실시형태를 기재하는 경우와, 해당 특허가 방법특허인 경우이다. 비록 청구취지에는 금지의 대상이 되는 물건을 현물형으로 구체적으로 기재한다 해도, 청구원인에는 그런 물건에 대해 왜 특허침해가 성립하는지를 드러내야 하고 이를 위해서는 해당 물건의 어느 구성이 청구범위의 어느 구성과 대응하여 전체로서 구성요소 완비원칙을 충족하는지를 문장으로 설명하는 것이 불가피하기 때문이다. 아울러, 방법특허에는 물건특허와 달리 현물

---

4) 이에 대해서는 별도의 금지가처분을 신청하여 피고가 실시하는 태양이 실질적으로 선행 판결의 주문에 표시된 것과 동일하다는 점을 소명하는 방법이 제안되고 있다[高部 眞規子 編, 特許訴訟實務[第2版], 商事法務(2017), 53면].

형으로 기재할 품명이나 형식번호 등이 아예 존재하지 않는다.

이런 상황을 반영하여 우리 실무도 금지청구의 경우, ① 청구취지는 금지대상 물건을 상품명·형식번호 등에 의해 특정한 뒤 구체적인 기술구성을 별지 목록화 하여 소장 말미에 첨부하면서 이를 인용하는 것이 일반적이고,[5] ② 청구원인은 피고 실시형태를 설명서나 도면으로 특정하면서 「청구범위의 구성요소별로 대응하는 구성의 존재여부」와 「양 대응 구성의 동일 또는 상이 여부」를 판단할 수 있을 정도로 기재하는 방법이 사용되고 있다.[6][7] 피고 실시태양의 특정은 구체적인 물건이나 방법을 대상으로 하는 것이지만, 그 물건이나 방법 자체를 표현하는 것이 아니고 물건이나 방법에 구체화된 기술적 사상을 특허발명의 구성요건과 대비하여 차이점을 판단할 수 있도록 기재하는 것이므로, 실시제품의 사진이나 사용설명서를 첨부하는 것만으로는 부족하다고 하거나,[8] 가급적 특허발명의 구성요소 명칭과 구별되는 중립적 표현을 사용하도록 권장하기도 한다.[9] 특허침해로 인한 손해배상 소송에서는 청구취지에서 침해행위 특정은 있을 수 없고, 청구원인에서는 금지청구에서와 마찬가지로 특허침해태양의 특정이 필요하다.

3. 금지권의 상대화

일정한 상황에서는, 특허침해가 있더라도 금지권 대신 손해배상을 통한 구제만을 인정하는 것도 가능하다고 해야 한다. 당초 이러한 논의는 특허괴물(Patent Troll)의 예처럼 금지권을 부당한 이익 추구의 수단으로 악용하는 것을 규제하기 위해 시작되었다. 그러나 여기에 그치지 아니하고 i) 사회 공공의 이익을 위하여 특허의 실시가 필요함에도 적절한 실시권 설정계약이 이루어지지 않는 경우, ii) 실시품의 일부 부품만이 특허침해를 구성함에도 특허권자

5) 특허법원 지적재산소송 실무연구회, 지적재산소송실무(제4판), 박영사(2019), 168면; 일본의 실무도 유사하다고 한다(高部 眞規子, 앞의 책, 51~52면).

6) 특허법원 지적재산소송 실무연구회, 앞의 책, 423~424면.

7) 일본도 동일하다는 점에 대해서는, 高部 眞規子 編, 앞의 책, 28, 35면.

8) 오충진, "권리범위확인심판에서 확인대상발명의 특정", 특허소송연구 제4집, 특허법원(2008), 264면.

9) 권택수, "특허권 침해금지 청구소송에 있어서의 실무상 제문제(피고제품 및 피고방법의 특정, 특허청구범위의 해석과 관련하여)", 민형사실무연구, 서울북부지방법원 승격기념 논문집(2004), 372~373면.

가 물건 전체에 대하여 금지청구권을 행사하는 경우, iii) 금지권의 행사가 불공정한 거래행위의 수단으로 이용되는 경우, iv) 무효의 가능성이 농후한 특허를 빌미로 실시자에게 금지권을 행사하는 경우, v) 특허침해가 선의로 발생하고, 기술분야의 특성상 실시의 금지를 명하는 것이 가혹한 경우[10] 등에서 문제를 해결하고 특허발명을 사회가 적절히 활용할 수 있기 위해서는 법 해석이나 입법 작업을 통해 '금지권 없는 특허권'의 개념을 도입할 필요가 있다는 제안도 이루어지고 있다. 이러한 현상은 특허권의 효력으로서의 금지권이 안고 있는 위험성과 그 행사가 적절히 통제되어야 할 필요성을 여실히 반영하고 있다.

이러한 논의들은 특허권의 본질에 대한 재검토를 그 배경으로 하고 있다. 비록 현행법이 특허발명에 물권적 청구권에 유사한 대세권을 부여하고 있기는 하지만, 이를 근거로 당연히 특허권의 본질이 소유권과 같은 절대권이라고 단정하는 것은 부적절하다. 오히려 특허권의 구체적 내용은 발명의 보호·장려·이용의 촉진이라고 하는 법 목적(특허법 제 1 조 참조)에 응하여 '정책적으로' 결정될 수 있는 성질의 것이며, 필요에 따라 특허 침해에 대하여 손해배상 청구권만을 부여하고 금지청구를 허용하지 않거나, 일정한 기간 동안만 금지청구권을 인정하거나, 손해배상 청구권이나 금지청구권 행사에 조건을 붙일 수 있도록 제도를 설계하더라도 특허권의 본질에 반하는 것이 아니다.

특허법 제126조(권리침해에 대한 금지청구권 등)는 '특허권자등은 침해자에 대하여 그 침해의 금지나 예방을 청구할 수 있다'고만 하고 있을 뿐, 금지명령을 필수로 규정하고 있지는 않다. 그런데도 실무는 관행적으로 금지청구사건에서 침해가 인정되면 으레 금지명령을 내리며 그 발동의 여부나 범위에 재량을 발휘하지는 않고 있는바, 앞서 든 여러 문제들을 고려하면 이러한 실무의 태도는 재고(再考)될 여지가 있다. 나아가 궁극적으로는 특허법 제126조를 개정하여 특허침해로 인한 금지명령 자체를 아예 법관의 합리적 재량판단 사

10) 우리나라에서도 IT, 반도체, 소프트웨어, 전기 · 전자 등 분야에서 나타나는 분쟁의 실태를 보면, 침해소송의 피고가 실제로 원고의 특허발명을 모방한 경우 외에도 독자적 기술로 이미 발명을 완수한 이후 전략적 목적으로 출원하지 않고 있는 경우 또한 적지 않다. 그럼에도 선출원 특허의 청구범위와 피고의 실시형태만을 비교하여 단순히 침해 혹은 비침해로 결론짓고 금지권까지 무조건 보장하는 것은 과잉출원 및 전략적 침해소송의 남발을 유도하여 사회적 비용을 증가시킬 위험이 있다.

항으로 명문화 하는 것도 고려할 필요가 있을 것이다.[11] 실제로 2021년 개정된 독일 특허법 제139조 제1항은 특허침해에 대한 구제로 금지권을 인정하는 한편, '개별 사안의 특징이나 신의칙을 감안할 때 금지권의 행사로 침해자나 제3자가 비례성에 반하거나 정당화 되기 어려운 불이익을 입는 경우에는 예외로 하며, 그 경우 권리자는 합당한 손해배상을 받을 수 있다'고 규정하고 있다.

이처럼 사안에 따라 금지권이 없이 손해배상만으로 만족하게 하는 구제가 이루어진다면, 실질적으로 해당 특허에 대해 강제실시권을 설정하여 실시료를 매기는 것과 같은 효과가 된다.

⇨ 대법원 1999. 4. 13. 선고 98다52513 판결

법적 분쟁의 당사자가 법원에 대하여 당해 분쟁의 종국적인 해결을 구하는 것은 법치국가의 근간에 관계되는 중요한 일이므로 재판을 받을 권리는 최대한 존중되어야 하고, 제소행위나 응소행위가 불법행위가 되는가를 판단함에 있어서는 적어도 재판제도의 이용을 부당하게 제한하는 결과가 되지 아니하도록 신중하게 배려하여야 할 것인바, 따라서 법적 분쟁의 해결을 구하기 위하여 소를 제기하는 것은 원칙적으로 정당한 행위이고, 단지 제소자가 패소의 판결을 받아 확정되었다는 것만으로 바로 그 소의 제기가 불법행위였다고 단정할 수는 없으나, 반면 소를 제기당한 사람 쪽에서 보면, 응소를 강요당하고 어쩔 수 없이 그를 위하여 변호사 비용을 지출하는 등의 경제적 · 정신적 부담을 지게 되는 까닭에 응소자에게 부당한 부담을 강요하는 결과를 가져오는 소의 제기는 위법하게 되는 경우가 있을 수 있으므로, 민사소송을 제기한 사람이 패소판결을 받아 확정된 경우에 그와 같은 소의 제기가 상대방에 대하여 위법한 행위가 되는 것은 당해 소송에 있어서 제소자가 주장한 권리 또는 법률관계가 사실적 · 법률적 근거가 없고, 제소자가 그와 같은 점을 알면서, 혹은 통상인이라면 그 점을 용이하게 알 수 있음에도 불구하고 소를 제기하는 등 소의 제기가 재판제도의 취지와 목적에 비추어 현저하게 상당성을 잃었다고 인정되는 경우에 한한다.

---

11) 이상의 점에 대한 상세한 논의는, 조영선, "특허침해로 인한 금지권의 상대화(相對化)에 대하여", 경영법률 제25집 제4호(2015), 425면 이하 참조.

Ⅱ. 특허침해로 인한 손해배상 일반론

특허권의 침해행위는 민사상 불법행위를 구성하며, 특허권자는 민법 제750조에 따라 침해자의 고의·과실을 증명하여 불법행위에 기한 손해배상청구를 할 수 있다. 한편, 특허법은 제128조 제 1 항에서 "특허권자 또는 전용실시권자는 고의 또는 과실로 자기의 특허권 또는 전용실시권을 침해한 자에 대하여 침해로 인하여 입은 손해의 배상을 청구할 수 있다"고 하여 특허 침해의 불법행위로서의 성질을 밝히고 있다.

1. 배상해야 하는 손해의 종류

배상의 대상이 되는 손해는 ① 그 불법행위가 없었다면 얻을 수 있었을 것이나 불법행위로 인하여 얻지 못하게 된 금액에 상당하는 손해(소극적 손해), ② 불법행위로 인하여 입게 된 기존재산의 감소로서의 손해(적극적 손해), ③ 불법행위로 인하여 입게 된 정신적 손해가 있다(손해 3분설). 특허권 침해로 인한 소극적 손해(①)로는, ㉠ 침해자가 시장에서 경쟁함으로 인하여 특허권자의 거래이익이 줄어든 손해, ㉡ 침해품으로 인해 시장에서 공급물량이 증가함에 따라 제품의 가격이 하락하였거나, 침해품의 염가정책을 방어하기 위해 특허권자 역시 가격을 인하함에 따라 생긴 손해(price erosion), ㉢ 침해자가 아무 대가도 지급하지 않은 채 특허발명을 실시함으로 인해 실시료 상당액을 지급 받지 못한 손해, ㉣ 제 3 자에게 러닝로열티 약정의 실시권을 설정해 둔 상태인데 침해로 인해 실시권자의 매출이 감소하고 그에 상응하여 러닝로열티가 감소한 손해 등을 생각할 수 있다. 적극적 손해로는 특허권자 스스로 손해를 제거하거나 방지하기 위하여 지출한 비용, 침해조사 비용 등이 있다. 변호사비용도 경우에 따라 여기에 해당할 수 있다. 판례[12]에 따르면, 일반적으로 타인의 불법행위에 의하여 재산권이 침해된 경우에는 그 재산적 손해의 배상에 의하여

12) 대법원 1992. 5. 26. 선고 91다38334 판결, 대법원 1995. 5. 12. 선고 94다25551 판결, 대법원 1996. 11. 26. 선고 96다31574 판결, 대법원 1997. 2. 14. 선고 96다36159 판결, 대법원 2004. 3. 18. 선고 2001다82507 전원합의체 판결, 대법원 2004. 4. 28. 선고 2004다4386 판결 등.

정신적 고통도 회복된다고 보아야 할 것이나, 재산적 손해의 배상에 의해 회복할 수 없는 정신적 손해가 발생하였다면 특별한 사정으로 인한 손해로서 가해자가 그러한 사정을 알았거나 알 수 있었을 경우에 한하여 그 손해에 대한 위자료를 청구할 수 있다.

2. 특허법 제128조의 성질

(1) 민법 제750조의 특칙

특허법 제128조는 민법 제750조의 특칙이다. 민법 제750조에 의해 특허권자 또는 전용실시권자(이하 '권리자'라고 한다)가 얻을 수 있었던 판매이익을 일실이익으로 청구하는 경우에는 침해가 없었다면 권리자가 판매할 수 있었던 수량을 증명하여야 하나, 현실적으로 이를 증명하는 것은 매우 어려우므로 특허법 제128조 제2항은 '권리자가 판매할 수 있었던 수량' 대신에 '침해자의 판매수량'에 기초하여 일실이익 손해 산정을 가능하도록 하고 있다. 특허법 제128조 제4항 역시 침해자가 침해로 얻은 이익을 권리자의 손해로 추정함으로써 각 인과관계 요건을 완화하는 한편, 어느 정도는 침해로 얻은 이익을 몰수한다는 제재적 목적 또한 도모하고 있다. 한편, 특허법 제128조 제5항은 권리자가 특허발명을 실제로 실시하지 않아 판매 감소 등의 일실이익이 발생하지 않더라도 일정 금액의 손해배상을 보장함으로써 인과관계의 요건 완화와는 또 다른 면에서 권리자 보호를 도모하는 규정으로 이해되고 있다.[13)]

(2) 특허법 제128조와 민법 제750조에 의한 손해배상의 관계

특허권 침해가 민법상 불법행위에 해당하는 이상, 모든 침해 유형에 대해 기본적으로 민법 제750조에 기한 손해배상 청구가 가능함은 물론이다. 다만, 그중에는 특허법 제128조의 직접적용이나 유추적용이 가능한 경우가 있는가 하면, 제128조의 적용대상이 아니어서 민법 제750조의 적용만 가능한 경우도 있다.

1) 특허법 제128조의 직접적용이 가능한 경우

위 1. 에서 본 손해 가운데 ① - ㉠, ㉢의 배상에 대해서는 특허법 제128조에 특칙이 마련되어 있고, 실무상 대부분 그에 의해 해결되므로 별도로 민

13) 안원모, 특허권의 침해와 손해배상, 세창출판사(2005), 29면.

법 제750조에 의한 손해액 산정에 대해 논의할 실익이 거의 없다.

한편, 침해품으로 인해 시장에서 공급물량이 증가함에 따라 제품 가격이 하락하였거나, 침해품의 염가정책을 방어하기 위해 특허권자 역시 가격을 인하함에 따라 생긴 손해(① ㉡)가 문제된다. 이에 대해서는, 침해행위가 없었다면 본래 유지 가능했을 판매가격(가격인하 전 판매가격)을 기준으로 단위수량 당 이익액을 산정하는 것이 가능하다는 견해가 있다.[14] 그러나 이처럼 염가정책에 의해 인하된 판매가격과의 차액은 제128조 제 2 항이나 제 4 항이 적용될 때는 원칙상 고려해서는 안 된다고 본다. 제128조 제 2 항이 적용되는 경우, 침해자의 염가정책은 대부분 판매수량의 증대와 연결되기 마련인데 특허권자는 그처럼 증대된 침해자의 판매수량에 자신의 단위당 이익[15]을 곱해 손해액을 산정 받으므로, 가격 인하로 야기된 일실이익을 별도로 배상받는다면 이중배상의 우려가 있기 때문이다.[16][17] 침해자의 이익을 권리자의 손해로 추정하는 경우에도 마찬가지 논리를 적용할 수 있다. 따라서 염가정책으로 부득이 인하된 판매가격 상당 손해는 민법 제750조에 기한 청구일 때만 고려될 수 있을 것이다.[18]

---

14) 안원모, 특허권의 침해와 손해배상, 171면.

15) 대부분 판매가격의 인하로 인해 단위당 이익 또한 축소될 것이다.

16) 침해 후 특허권자의 판매수량이 있고 거기에 인하된 가격이 적용되었다면 그만큼 손해가 있는 것으로 보일 수도 있지만, 이때에도 동반 가격인하가 대개 특허물건의 판매 수량증가에도 기여함을 상기해야 한다.

17) 특허법원 2018. 2. 8. 선고 2017나2332 판결. 제약특허의 독점실시권자(甲)는 세악을 독점 판매하는 중에 乙이 복제약(침해품)을 시판함으로써 약가(藥價)가 인하되고, 그 결과 甲 또한 인하된 가격으로 특허제약을 판매하게 되어 정상가와의 차액 만큼 손해를 입었다고 주장하였다. 乙은 '甲 또한 인하된 가격으로 약을 판매함으로써 판매량이 증가하였을 것이므로 결과적으로 약가 인하로 인한 손해가 없다'고 다투었다. 법원은 판결에서 "국민건강보험제도 하에서는 본인부담금을 제외한 나머지 부분을 보험자가 부담하므로 소비자가 약제의 가격에 민감하지 않고, 원고 제품과 같이 의사의 처방이 필요한 정신분열병 및 양극성장애 치료제의 경우 지속적인 치료·처방이 필요하므로 가격 인하가 바로 제품에 대한 수요 증가로 연결되기도 어렵다. 실제로도 약가 인하 이후 원고 제품의 판매량은 전년도와 대비하여 오히려 감소하였다"고 하면서 이를 배척하였다. 법원이 피고의 주장을 경험칙 상 근거 없는 것으로 취급하지 않고, 제약이라는 해당 사건의 특수성을 이유로 배척하고 있음을 주목할 만하다.

18) 침해품의 공급으로 인해 원고가 제품을 부득이 염가로 납품하게 됨에 따라 입은 정상가와의 차액 손해에 대해 민법상 배상책임을 인정한 예로 특허법원 2017. 10. 13. 선고 2017나1292 판결.

2) 특허법 제128조의 유추적용이 가능한 경우

1. 의 ①-㉣이 여기에 해당한다. 특허법 제128조 제2항을 유추적용할 수 있다는 것이 우리나라와[19] 일본에서의 다수 견해[20]이며, 실시권이 설정된 '침해품의 판매수량 × 실시권자의 판매가격 × 러닝로열티율'을 일실이익의 계산식으로 할 수 있다. '침해품의 판매수량 = 실시권자의 일실 판매수량'으로 보며 '실시권자의 판매가격 × 러닝로열티율'은 '특허권자의 단위당 이익'에 상응하는 것이 된다. 그 밖에 침해품의 판매수량은 실시권자의 가동능력을 한도로만 고려의 대상이 되어야 함(제128조 제2항 제1호)도 물론이다. 특허법원 판결례로, 특허권자인 제약회사(A)가 B에게 실시권을 설정하여 특허 제약을 판매하도록 하고 매출에 상응하는 러닝로열티를 지급받던 중, C가 특허권을 침해한 제약을 판매하여 B의 매출이 줄어듦에 따라 결과적으로 A가 B로부터 받을 러닝로열티도 감소하게 된 것을 이유로 그 감소분에 대한 손해배상 청구를 한 사건에서 1심이 인정한 손해액을 인용한 것이 있다.[21]

3) 민법 제750조의 적용만 가능한 경우

한편, 1. 의 ②(적극적 손해)와 ③(정신적 손해)의 배상에 대해서는 특허법 제128조에 규정이 없기 때문에 여전히 민법 제750조에 의해 해결되어야 한다. 변호사비용은, 민사소송법 제109조에 따라 소송비용의 일부로 취급되고 '변호사보수의 소송비용 산입에 관한 규칙(대법원규칙 제2779호)'에 의해 정해지는 금액에 따르므로 원칙상 손해배상청구를 통해 별도로 지급받을 수는 없으며, 판례[22]는 우리나라가 변호사 강제주의를 취하지 않는 이상, 변호사비용은 불법행위와 상당인과관계 있는 손해가 아니라고 한다. 그러면서도 판례는 개별 사건에서 변호사비용의 지출 경위 및 지급내역, 소송물 가액 및 위임업무의 성격과 난이도 등을 고려하여 실제 지출한 변호사 비용 중 상당하다고 인정되는 범위를 침해행위와 직접 인과관계 있는 손해로 인정하기도 한다.[23] 특허침

19) 전효숙, "특허권 침해로 인한 손해배상", 저스티스 통권 제43호, 1997, 23면; 권택수, "특허권 침해로 인한 손해배상", 민사재판의 제문제 제11권(한국사법행정학회), 2002, 554면; 안원모, 특허권의 침해와 손해배상, 144면; 김기영·김병국, 특허와 침해, 육법사, 2012, 126면 등.

20) 中山信弘 · 小泉直樹 編, 新 · 注解[第2版](中), 1789~1791면.

21) 특허법원 2018. 2. 8. 선고 2017나2332 판결.

22) 대법원 2010. 6. 10. 선고 2010다15363, 15370 판결 등.

23) 대법원 2005. 5. 27. 선고 2004다60584 판결(피고들이 수차에 걸쳐 상표권침해 행위를 하

해소송 과정에 지출된 변리사 자문비용에 관해서 실무는 민사소송법 제109조 제 2 항을 이유로 별도의 적극적 손해로 취급하지 않는 것으로 보인다.[24)]

3. 특허법 제128조와 변론주의

(1) 특허침해 소송의 소송물과 특허법 제128조

특허 침해소송의 소송물은 침해라는 불법행위에 기한 손해배상 청구권이다. 특허법 제128조는 그 손해액의 인정을 용이하게 하기 위한 특칙일 뿐, 제128조 각 항에 따라 별개의 청구권이 성립하는 것이 아니다.[25)] 따라서 하나의 사실관계로서 특허권 침해에 대해 손해배상 청구가 이루어진 이상, 제128조의 다른 항을 근거로 새로 소를 제기하면 중복제소에 해당하고, 선행 판결이 확정되었다면 기판력이 미친다. 침해소송에서 원고는 제 2 항 내지 제 8 항의 손해액 산정방법을 주위적·예비적·선택적으로 '주장'할 수 있을 뿐이다. 소송법적으로, 특허침해에 기한 손해배상 청구는 본안의 '신청'이고, 특허법 제128조 제 2, 4, 5, 8 항에 따라 손해액의 산정을 구하면서 해당 자료들을 제출하는 것은 신청을 뒷받침하는 '주장(그중에서도 사실의 주장)'[26)] 이라고 해야 한다. 이처럼 특허법 제128조와 그 각항의 소송법적 위상을 명확히 해 두는 것은, 침해소송에서 법원이 당사자의 주장 없이 제128조 제 2, 4, 5, 8 항을 임의로 적용할 수 있는지 여부를 따질 때 중요한 기준이 된다.

(2) 특허법 제128조 제 2, 4, 5, 8 항의 임의 적용 가부

특허법 제128조 제 2 내지 제 5 항이 특허침해로 인한 손해액 산정 방법에 관한 것이라는 점을 근거로 법원이 당사자의 주장에 구애됨 없이 그중 임의의 항을 택해 손해액을 산정할 수 있다는 견해들이 있으나,[27)] 부당하다. 특허법

지 않겠다는 각서와 사과문을 작성 · 교부하고도 침해행위를 계속하자 원고가 침해금지 가처분신청을 하면서 변호사비용으로 29,798,484원을 지출한 사건에서 그중 300만원을 피고들의 상표권 침해와 상당인과관계 있는 손해라고 인정).

24) 특허법원 지적재산소송실무 연구회, 지적재산소송실무(제 4 판), 박영사, 2019, 548면.

25) 高部 眞規子, 實務詳說 特許關係訴訟[第 3 版], 金融財政事情硏究會, 2016, 252~253면.

26) 정동윤 · 유병현 · 김경욱, 민사소송법(제 7 판), 법문사, 2019, 453~455면.

27) 정희장, "특허권 등 침해로 인한 손해배상청구, 부당이득반환청구권", 재판자료 제56집(법원행정처), 1992, 435면; 이상경, 지적재산권소송법, 육법사, 1998, 311면; 전효숙, 앞의 글("특허권 침해로 인한 손해배상"), 41면; 권택수, 앞의 글("특허권 침해로 인한 손해배

제128조 제2 내지 제5항 중 어느 항에 근거하여 손해액이 산정되는지는 당사자에게 중요한 이해관계를 가지는 것이어서 법원이 이를 임의로 정하면 판결의 예측가능성을 해친다. 제128조 제2 내지 제5항을 이루는 요소들(침해자의 양도수량, 권리자의 단위당 이익, 침해자 이익액, 실시료 상당액 등)은 하나하나가 준 주요사실(準 主要事實)로서 변론주의의 적용을 받는다고 해야 한다. 특허법 제128조 제2항, 제4항, 제5항은 각각 침해로 인한 구체적 손해액을 산출하기 위한 방법적 선택지와 그에 필요한 요소들을 법정하고 있는 것이지, 단순히 '손해'라는 주요사실의 존재를 경험칙 상 추단하게 하는 간접사실들을 나열하고 있는 것이 아니기 때문이다. 특허침해로 인한 손해배상 소송에서 피고의 양도수량, 침해로 인한 이익액, 실시료 상당액 등은 구속력 있는 자백의 대상이라 할 것인데[28] 이는 위 각 사실들이 단순한 간접사실과는 다르다는 점을 보여준다.[29] 뒤에서 보는 것처럼, 판례가 특허법 제128조 제7항의 적용국면에서 "법원은 손해액 산정의 근거가 되는 간접사실들의 탐색에 최선의 노력을 다해야 하고, 손해액에 관한 당사자의 주장과 증명이 미흡하더라도 적극적으로 석명권을 행사하여 증명을 촉구해야 하며, 경우에 따라서는 직권으로라도 손해액을 심리 · 판단하여야 한다"고 하지만,[30] 이는 어디까지나 변론주의에 기한 당사자의 노력에도 불구하고 손해의 인정이 곤란하여 법원이 제7항에 따라 예외적·보충적으로 개입하는 경우를 전제로 한 것이지, 처음부터 법원이 당사자의 의사에 불구하고 제2 내지 제5항 중 어느 하나를 택해 손해배상액을 산정할 수 있다는 의미는 아니다. 요컨대, 제128조 제2항이 "… 손해액으로 할 수 있다"고 한 것은 원고가 '손해액으로 주장할 수 있다'는 의미이지 법원이 원고의 주장과 관계없이 '손해액으로 인정할 수 있다'는 의미는 아니라고 해야 한다. 판례[31] 역시 원고가 당초에는 특허법 제128조 제4항[32]

상"), 576~577면; 윤선희, "특허권침해에 있어 손해배상액의 산정: 특허법 제128조 제1항의 이해", 저스티스 통권 제80호, 2004, 113~114면 등.

28) 판례는 상표침해소송에서 피고의 이익액에 대한 자백의 구속력을 인정하고 있다(대법원 1992. 2. 25. 선고 91다23776 판결).

29) 소송상 간접사실의 자백은 구속력이 없다(대법원 1992. 11. 24. 선고 92다21135 판결 등).

30) 대법원 2016. 11. 24. 선고 2014다81528 판결.

31) 대법원 2014. 5. 29. 선고 2013다208098 판결.

32) 해당 판결에는 개정 전 법에 따라 제2항으로 표기되어 있다. 이하 편의상 현행법의 항 번호로 고쳐 표기한다.

에 따른 손해액 산정을 주장하였다가 나중에 제 2 항에 따라 손해액을 산정할 것을 주장하였음에도 원심이 이를 간과한 채 제 4 항에 따른 손해액을 인정할 증거가 없다고 하면서 제 7 항에 의해 변론 전취지로 손해액을 인정한 사안에서, "원심은 마땅히 원고의 주장대로 제 2 항에 기한 손해액 산정이 가능한지를 먼저 살폈어야 한다"고 판시하고 있다.[33]

(3) 제128조 제 5 항의 보충적 적용

특허법 제124조 각 항의 관계와 연관되는 문제로서, 원고가 제 2 항(양도수량에 근거한 손해) 또는 제 4 항(침해자 이익액에 근거한 손해)의 사유를 주장하였다가 전부 또는 일부가 받아들여지지 않는 경우 보충적으로 제 5 항(실시료 상당 손해액)을 주장하는 것이 가능한지에 대한 논의가 있어 왔다. 상세는 아래의 해당 부분에서 살펴보겠거니와, 2020년 6월 특허법 제128조 제 2 항 개정을 통해 가능한 것으로 정리되었다.

Ⅲ. 침해품 양도수량에 근거한 손해산정(제128조 제 2 항)

1. 침해품의 양도수량 × 권리자가 판매할 수 있었던 물건의 단위수량 당 이익액(제128조 제 2 항 제 1 호)

권리자가 제 1 항에 기한 손해의 배상을 청구하는 경우, 당해 권리를 침해한 자가 그 침해행위를 하게 한 물건을 양도한 때에는 그 물건의 양도수량에 권리자가 당해 침해행위가 없었다면 판매할 수 있었던 물건의 단위수량 당 이익액을 곱한 금액을 권리자의 손해액으로 할 수 있다. 이는 특허권 침해가 '특허물건의 양도'라는 형태로 이루어지는 경우에 대비한 규정이다. 원칙상 권리자로서는 침해행위가 없었더라면 자신이 판매할 수 있었던 수량을 증명하고, 그 수량에 단위수량 당 이익을 곱한 금액을 손해배상액으로 청구해야 한다. 그러나 침해 이전의 판매수량과 침해 이후의 판매수량의 차이가 곧 '침해행위가 없었더라면 권리자가 판매할 수 있었던 수량'이 되는 것은 아니다. 해당 기간 동안 비침해 대체품에 의한 수요 잠식, 경제상황의 악화에 따른 일반

33) 상표사건에서 같은 취지를 표한 판결례로, 특허법원 2020. 5. 22. 선고 2019나1821 판결.

적 수요 감소, 침해품의 우수성이나 침해자의 판매역량에 기해 침해품 판매가 월등하였던 사정 등 다양한 변수가 존재할 수 있기 때문이다. 따라서 권리자가 '침해행위가 없었더라면 판매할 수 있었던 수량'을 객관적으로 증명하는 것은 매우 어렵다. 이 규정은 침해자의 양도수량이 곧 권리자의 상실된 판매수량이라고 보고, 침해자의 양도수량에 권리자 제품의 단위당 이익액을 곱한 액을 손해액으로 인정한다.

(1) 침해행위를 하게 한 물건의 양도 수량

이는 침해자가 특허의 권리범위에 속하는 물건에 관하여 '양도'라는 실시행위(침해행위)를 한 경우를 의미한다. 특허발명의 문언침해·균등침해는 물론이고, 특허발명을 이용하거나 개량하는 것 역시 침해의 중요한 모습이므로 그런 물건 또한 '침해행위를 하게 한 물건'에 해당한다. 침해자의 양도란 유·무상의 양도 모두를 의미한다. 무상양도나 대여가 이루어지는 시장이 권리자의 판매시장과 달라 전자의 양도 수량만큼 후자의 판매 감소가 이루어지지는 않는 사정이 있다면, 이는 침해자의 주장·증명을 통해 배상액 산정에서 공제될 수 있을 것이다.

대여 또한 양도에 포함되는지에 관해서는 명문의 근거가 없다는 이유로 이를 부정하는 예가 많으나,[34] 포함된다고 유추해석 함이 상당하다. 어느 경우이든 권리자의 판매 수량을 잠식하는 결과를 초래하기 때문이다.[35] 특허법원 판결례 가운데, 피고(침해자)가 침해품인 기계장치 2대를 제작하여 스스로 사용한 사안에서 그것이 특허품의 판매 감소로 이어진다는 이유로 제128조 제2항(구 특허법 제1항)을 적용한 예가 있다.[36] 또한, 일본의 판결례[37]는, 예컨

34) 양창수, "특허권 침해로 인한 손해배상 시론 – 특허법 제128조 제1항의 입법취지와 해석론", 법조 통권 제588호(2005), 58면; 정상조·박성수 공편, 특허법주해 Ⅱ, 188면; 특허법원, 지적재산소송실무(제4판), 555면.

35) 같은 취지, 高部 眞規子, 特許關係訴訟[第3版], 254면.

36) 특허법원 2018. 11. 30. 선고 2017나1315 판결: "침해행위를 하게 한 물건의 '양도'가 반드시 유상의 판매를 의미하지는 아니하고, 특허권자의 제품 판매수량이 감소함으로써 손해가 발생하게 되는 행위에 따른 물건의 수량은 곧 같은 항이 정한 '양도수량'에 포함된다고 할 것이므로, 비록 피고가 위 도금설비를 스스로 설치.사용하였을 뿐 이를 양도한 사실은 없기는 하나 피고의 자체 제작행위는 원고의 판매수량의 감소로 이어질 것임은 충분히 추단되므로, 위 제작행위의 수량인 2개를 같은 항의 양도수량으로 보아 손해배상액을 산정하기로 한다."

37) 知裁高裁 平27年 11. 19. 平25(ネ) 第10051号.

대 수치한정에 특징이 있는 원고의 특허 내용대로 기성품을 가공[38]해 주는 영업을 한 피고의 행위에 대해, 비록 양도는 일어나지 않지만 피고의 가공행위만큼 특허품의 양도기회가 상실된다는 이유로 우리 특허법 제128조 제 2 항에 상응하는 일본 특허법 제102조 제 1 항을 적용하고 있다.

일단 침해품의 양도가 이루어져 특허품의 판매에 영향을 주는 손해를 가한 이상, 그 뒤 침해품이 다시 침해자에게 반품되거나 침해자가 환매하는 등의 사정이 있었다 해도 손해액 산정 시 반영할 수 없다는 것이 일본의 재판실무라고 하나,[39] 침해품을 매수한 소비자가 이를 계속 보유하여 향후 특허품의 구매 가능성이 사라진 경우와, 이를 반품함으로써 특허품의 구매 가능성이 다시 생겨난 경우를 손해평가의 면에서 동일하게 취급할 수는 없을 것이다.

권리자의 허락 없이 생산하거나, 수입하거나, 대여한 물건을 양도하거나 이미 양도된 물건을 재차 양도하는 행위 역시 '침해행위를 하게 한 물건'의 양도에 해당한다. 따라서 침해품을 임의로 생산·판매하는 1차적 침해자는 물론, 침해품의 유통에 관여하는 2차적 침해자에 대해서도 규정의 적용이 있다. 방법발명의 침해에 대해서는 특허법 제128조 제 2 항이 적용될 여지가 없으나[40] 물건을 생산하는 방법에 의해 생산된 물건에 대해서는 방법특허권이 미치므로 그 물건의 판매에 관해서는 제 2 항이 적용될 수 있다.

(2) 침해가 없었더라면 판매할 수 있었던 물건

제128조 제 2 항이 적용되기 위해서는 '침해가 없었더라면 권리자가 판매할 수 있었던 물건'이 존재해야 한다. 이는 침해품의 판매(증가)와 권리자 물품의 판매 감소 사이에 상관관계가 존재한다는 것으로서 결국 '손해의 발생'을 의미한다. 침해품의 판매로 인해 권리자의 매출에 영향이 생기는 모습은, ⅰ) 침해품이 직접 권리자와 시장에서 경쟁함으로써 권리자의 판매수량을 감소시키는 경우, ⅱ) 특허품이 부품으로 사용되는 상황에서, 침해자가 이를 권리자로부터 구매하는 대신 스스로 제조하거나 납품받아 사용함으로써 권리자가 기대할 수 있었던 매출을 올리지 못하는 경우 등을 생각할 수 있다. 어느

38) 이는 특허법적으로는 생산으로 평가된다(대법원 2009. 9. 10. 선고 2007후3356 판결 참조).

39) 中山信弘·小泉直樹 編, 新·注解[第２版](中), 1867면

40) 다만, 합리적 실시료 산정 시 방법특허를 침해하여 제조된 물품의 양도수량이 로열티 베이스로는 활용될 수 있을 것이다.

경우이든 특허법 제128조 제 2 항의 적용이 가능하다.

1) 권리자가 판매의 주체일 것

권리자가 스스로 판매행위를 하는 주체여야 한다. 이는 제 1 항이 '판매할 수 있었던 물건'의 단위수량 당 이익액을 요소로 함에 비추어 자명하다.

2) 권리자가 대체품을 판매하는 경우

㈎ **입장의 대립**

그런데, 만약 권리자가 특허품을 판매하는 대신 그 대체품을 판매하는 경우 특허법 제128조 제 2 항의 적용 가능성이 문제된다. 이에 대해서는, ⅰ) 권리자의 판매물건이 특허품이어야 한다거나,[41] 적어도 그 대체품은 특허품과 목적·효과가 동일한 것이어야 한다는 입장,[42] ⅱ) 권리자의 판매물건이 침해품과 동일할 필요는 없고 대체품이어도 시장에서 실제 판매되고 있으면 된다는 입장,[43] ⅲ) 권리자의 판매물건은 침해품과 대체가능성이 있는 제품으로서 권리자가 판매할 용의나 예정이 있는 것이면 족하며, 대체가능성이란 침해물건으로부터 조금이라도 권리자의 제품에 수요가 돌아가는 성질이면 된다는 입장,[44] ⅳ) 권리자의 판매물건은 침해품과 동일성은 물론, 대체 가능성도 필요 없다는 입장[45] 등이 있다.

㈏ **검 토**

살피건대, ⅰ)은 특허법 제128조 제 2 항이 '그 침해행위가 없었더라면 판매할 수 있었던 물건'이라고만 할 뿐, 이를 특허물건으로 한정하지는 않고 있는 점, 침해로 인해 권리자에게 비록 우회적이기는 하나 인과관계 있는 판매량 감소의 손해가 발생하는 점 등을 고려하면 부당하다. ⅲ), ⅳ)는 이른바 '시장

41) 예컨대 우리나라에서는, 윤선희, 앞의 글("특허권침해에 있어 손해배상액의 산정 : 특허법 제128조 제 1 항의 이해"), 114면(정확히는, 권리자의 판매물건과 침해품이 "동일·유사할 것"을 요구한다).

42) 中山信弘, 特許法[第 4 版], 399면.

43) 일본에서의 다수설이라 하고(中山信弘·小泉直樹 編, 新·注解[第 2 版](中), 1831면), 知裁高裁의 최근 판결들도 그런 태도를 보인다(知裁高裁 平26年 12. 4. 平成25年(ネ) 第10103号; 平27年 11. 19. 平成 25年(ネ)第10051号).

44) 양창수, 앞의 글("특허권 침해로 인한 손해배상 시론 – 특허법 제128조 제 1 항의 입법취지와 해석론"), 58면. 특허법원, 지적재산소송실무(제 4 판) 556~557면도 이를 지지하는 취지로 보인다.

45) 정상조·박성수 공편, 특허법주해 Ⅱ, 189~190면.

기회 상실설' 이나 '기술독점 훼손설' 을 취하는 입장으로서 권리자가 물건을 판매하지 않고 있더라도 앞으로 판매할 용의가 있으면 제128조 제 2 항을 적용한 손해액 산정이 가능하고, 그에 반하는 점은 모두 침해자가 번복해야 할 사항으로 돌리고 있으며, 이를 뒷받침하기 위해 특허침해가 있으면 손해의 발생이 규범적으로 성립한다는 논리를 취한다.[46] 그러나 우리 특허법 제128조가 특허침해에 관해 위와 같은 추상적·규범적 손해개념을 받아들인 것으로 단정할 근거는 없다. 특허법 제128조 제 2 항이 '침해자의 양도수량' 을 '권리자의 일실 판매수량' 으로 보는 것은, 시장에서 둘 사이에 납득할 수 있는 대응관계가 존재하는 상황(손해의 발생)이 확인됨을 전제로, 손해의 범위를 정할 때 요구되는 인과관계의 증명을 완화한 것이지, 침해품과 권리자의 제품에 아주 사소한 대체성만 있거나(iii), 심지어 전혀 대체성이 없더라도(iv) '침해가 없었더라면 판매할 수 있었던 물건' 으로 보아 손해의 발생을 인정하고, 침해자의 양도수량 전부를 권리자의 일실 판매 수량으로 보아 손해액을 산정하겠다는 의미로 받아들일 수는 없다.[47]

46) 양창수, 앞의 글("특허권 침해로 인한 손해배상 시론 – 특허법 제128조 제1항의 입법취지와 해석론"), 56면.

47) 이 점을 예를 들어 설명하면 다음과 같다. 甲의 특허가 '텅스텐 재질로 만든 A 제품' 이고, 甲이 ⅰ) 자신의 특허대로 A(텅스텐)을 제조·판매하는 경우와, ⅱ) 성능은 떨어지지만 원가가 싼 A(구리: 비특허 대체품)을 제조·판매하는 경우를 상정해 보자.
㉠ 만약 乙이 甲의 허락 없이 침해품인 A(텅스텐)을 제조·판매한다면, 그것은 특단의 사정이 없는 한 甲의 A(텅스텐)의 판매 감소로 이어질 것이다. 그리고 시장에서 실제로 A(구리)가 같은 용도로 팔리고 있었다면 乙의 A(텅스텐) 제조·판매로 甲의 A(구리) 판매 또한 잠식될 것이므로 결국 甲의 A(텅스텐), A(구리)는 모두 '침해가 없었더라면 판매할 수 있었을 물건' 이다. 그러나 아직 시장에서 A(구리)가 판매된 바가 없다면 과연 그것이 실제로 A(텅스텐)의 수요를 대체할 수 있을지, 한다면 어느 정도나 대체하는지 알 수 없기 때문에 A(구리)를 두고 '침해가 없었다면 판매할 수 있었을 물건' 이라고 단언하는 것은 부적절하다. 더군다나 A(구리)의 단위당 판매이익은 아직 존재하지도 않는다. 따라서 원칙상 이 경우 A(구리)를 대상으로 제128조 제 2 항을 적용할 여지는 없다고 해야 하며, 이를 적용하기 위해서는, 그럼에도 불구하고 A(구리)도 '침해행위가 없었다면 판매할 수 있었던 물건' 이라는 사정과, 예상되는 단위당 판매이익을 甲이 구체적으로 주장·증명해야 한다.
㉡ 이런 문제는 다음 경우에 더욱 분명해진다. 만약 甲이 자신의 특허대로 A(텅스텐)을 제조·판매하는데 乙이 스스로 만들거나 제 3 자로부터 구매한 A(텅스텐)를 부품으로 사용하여 물건을 제조·판매한다고 하자. 甲으로서는 乙의 침해가 없었다면 乙에게 A(텅스텐)을 부품으로 판매할 수 있을 터인데 그러지 못하게 되므로 甲의 A(텅스텐)은 '침해가 없

이처럼 iii), iv)의 사고방식은 제128조 제2항의 법문에 반할뿐더러, 권리자가 실제로 판매하고 있는 물건이 없는 상태라면 단위당 판매이익을 생각할 수 없기 때문에 현실적으로도 부당하다. 판례 역시 침해로 인해 손해의 발생 자체가 추정되지 않으며 원칙상 권리자에게 증명책임이 있음을 분명히 하고 있다.[48]

이상의 점을 종합하면 ii)의 입장이 타당하다. 요컨대, 권리자는 특허품이나 대체품을 실제로 판매하고 있어야 하고, 대체품을 판매하는 경우 실제로 침해품의 판매로 인해 그 매출에 영향을 받을 수 있는 정도의 상관관계가 존재해야 비로소 '침해가 없었더라면 판매할 수 있었던 물건'이 되며 손해의 발생이 확인되는 것이다. 한편, 시장에 대체품의 공급자가 다수인 경우에도 위 요건이 충족되는 한 제128조 제2항은 적용될 수 있다. 이때 침해자는 '침해행위 외의 사유로 판매할 수 없었던 사정'의 내용으로 침해품 수요의 전부 또는 일부가 권리자의 제품이 아니라 제3자가 판매하는 대체품으로 흡수되는 사정을 주장·증명해야 한다.

었다면 판매할 수 있었을 물건'이다. 그러나 甲이 A(구리)만을 제조·판매하고 있던 상황에서 같은 일이 벌어진다면, 甲은 A(텅스텐) 대신 A(구리)도 乙 제품에 부품으로 역할을 할 수 있으며 실제로 乙이 A(텅스텐)을 사용하지 않았다면 A(구리)를 사용하였을 것이라는 사정을 증명해야 비로소 A(구리)는 '침해행위가 없었다면 판매할 수 있었을 물건'이 된다. 그런데 甲의 A(구리)가 아직 실제로 제조·판매된 적조차 없다면, A(구리)가 보장하는 현실적 성능, 가격 경쟁력, 乙 제품에의 정합성 등을 일절 알 수 없는 상태여서, 乙이 A(구리)를 구매할 것인지를 말하는 것은 비현실적이고 당연히 그 단위당 판매이익은 존재하지도 않는다. 따라서 이 경우 A(구리)를 '침해행위가 없었다면 판매할 수 있었던 물건'이라고 하여 제128조 제2항을 적용하는 것은 부당하다.

한편, 실제로 甲의 A(구리)가 대체품으로 판매되고 있었기 때문에 결국 제128조 제2항이 적용되는 경우에는, 乙은 「자신이 A(텅스텐)을 제조·판매한 수량 = 甲이 A(텅스텐)이나 A(구리)를 판매하지 못한 수량」으로 취급해서는 안 되는 사정들을 주장·증명함으로써 배상해야 하는 '손해액의 범위'를 감축하거나 심지어 0으로 만들 수 있다. 그러나 이는 甲이 특허법 제128조 제2항을 적용받기 위해 '乙의 A(텅스텐) 판매로 자신의 A(텅스텐)이나 A(구리) 매출 감소가 발생하는 관계라는 점', 즉 '손해의 발생'이 존재한다는 사실을 먼저 주장·증명해야 하는 것과는 구분되어야 한다.

48) 대법원 2006. 10. 12. 선고 2006다1831 판결. 이 판결이 손해의 발생에 관한 주장·증명책임을 어떻게 제시하고 있는지에 대한 분석은 제128조 제4항에서 상세히 다루기로 한다. 아울러 판례는 손해의 발생은 원고가 주장·증명해야 하는 요건사실이지만 경업관계 등의 증명을 통해 손해 발생이 개연적으로 인정될 수 있다고 한다. 그러나 만약 권리자가 부품 판매자이고, 침해자가 부품을 이용한 제품의 제조·판매자인 경우처럼 경업관계가 아닌 때는 이런 사실상 추정의 여지도 없으며, 여전히 권리자가 손해의 발생을 주장·증명해야 함을 상기할 필요가 있다.

3) 부수품이나 부수적 서비스의 판매가 개재된 경우[49)]

㈎ 문제의 소재

특허품의 부수품은 일체인 제품의 특허 부품과 달리, 특허품과 독립적으로 존재하고 거래되는 특징을 가진다. 구체적으로는 특허품의 구매 시 함께 구매되는 액세서리나 관련물품으로서 비특허 제품인 것(예: 특허품인 헬멧에 사용되는 고글, 특허품인 통신기기에 사용되는 분배기 등), 특허품의 사용과정에서 소모되어 교체가 예정되어 있는 비특허 제품(예; 특허품인 프린터에 사용되는 토너, 특허품인 면도기에 사용되는 면도날 등), 특허품의 판매에 수반되거나 이후에 제공되는 유상의 서비스(예: 특허품의 판매에 수반되는 시공 서비스, 특허품의 판매 이후 이루어지는 유료 AS 서비스 등)를 생각할 수 있다. 특허침해로 인해 특허품 외에 특허권자의 부수품 판매도 감소하거나 부수적 서비스의 기회가 상실된 경우, 이를 손해배상 국면에서 어떻게 다루어야 하는지는 현실적으로 중요한 문제이다.

㈏ 각국의 상황

미국의 판례와 실무는 특허침해 이후 특허권자가 판매하고 있는 대체품이나 특허물건의 수요와 불가분적으로 관계되는 부수품 혹은 부수적 서비스의 판매가 감소하였고, 침해와 그 감소 사이에 상당 인과관계[50)]가 인정되면 원칙상 이 또한 모두 일실이익으로 취급한다.[51)]

독일에서는 특허침해로 인한 손해배상[52)] 시, 침해자가 침해품의 부수품이나 필수적으로 수반되는 서비스 제공으로 얻은 이익을 환수하거나,[53)] 실시료 상당 배상액 산정 시 부수품이나 부수적 서비스의 매출을 실시료액(로열티 베이

---

49) 이하 상세한 논의는, 조영선, "특허침해소송에서 부수품 판매와 관련된 손해액 산정", 지식재산연구 제19권 제 3 호(2024. 9.), 1면 이하.

50) 'functional association'이라고 불리며. 그 실질은 침해자의 예견가능성에 근거한 상당인과관계이다.

51) 이른바, 전체 시장가치 원칙(Entire Market Value Rule): Rite-Hite Corporation v. Kelley Company, Inc., 56 F.3d 1538 (Fed. Cir. 1995, en banc). 인과관계를 수긍하여 부수품 판매감소를 손해로 인정한 예로는, Golden Blount, Inc. v. Robert H. Peterson Co., 438 F.3d 1354(Fed. Cir, 2006); Carborundum Co. v. Molten Metal Equip. Innovations, Inc., 72 F.3d 872(Fed. Cir. 1995); Leesona Corp. v. United States, 220 Ct.Cl. 234(1979) 등.

52) 독일에서 특허침해로 인한 손해배상은 ① 권리자의 일실이익 배상, ② 침해자의 이익 환수, ③ 실시료 상당액 배상의 3가지 유형으로 대별된다.

53) BGH, 21.09.2006 - I ZR 6/04-Steckverbindergehäuse.

스나 로열티율)에 반영한다.

일본에서는 종래 이를 부정하는 학설이 다수이기는 하였으나[54] 하급심 판결 가운데 부수적 서비스의 기회상실분에 대해 디자인권 침해나 저작권 침해로 인한 손해액 산정규정을 적용한 것들이 있어 왔다.[55] 근래에 들어서는 부수품 판매 감소나 부수적 서비스 기회의 상실 또한 특허침해로 인한 손해로 파악하여 특허법의 손해액 산정특칙을 적용해야 한다는 견해들이 유력해지고 있다.[56]

우리 판례는[57] 디자인에 관한 사건이기는 하나, "의장권자가 등록의장의 대상물품인 천정 흡음판을 제조 · 판매하면서 구매자로부터 천정 흡음판의 설치공사까지도 수급받는 것이 일반적이었기 때문에 침해자의 의장권 침해행위가 없었더라면 천정 흡음판을 더 판매할 수 있었고 그에 따라 천정 흡음판의 설치공사까지 더 수급하였을 것으로 보인다고 하더라도, 천정 흡음판의 설치공사 대금을 천정 흡음판의 판매가액이라고는 할 수 없으므로, 천정 흡음판에 관한 의장권의 침해로 인한 손해액을 구 의장법 제64조 제1항에 의하여 추정함에 있어서 같은 항 본문의 '단위수량당 이익액'에 천정 흡음판의 설치공사에 따른 노무이익을 포함하여 손해액을 산정할 수 없다"고 하여 부정적인 태도를 보인다.[58]

㈐ **검 토**

① **제128조 제2항의 적용 가능성** 권리자가 부수품의 판매 감소나 부

54) 中山信弘 · 小泉直樹 編, 新 · 注解[第2版](中), 青林書院(2017), 1840면(대체로 민법상 불법행위 문제로 처리하면 족하다는 간단한 언급들이다).

55) 大阪地裁 24. 3. 15. 平22(ワ)805号 判決; 知財高判平成28 年1 月19 日 平成26 年 (ネ) 10038 号 判決 등.

56) 金子敏哉, "「置き換え可能に構成した」フレーム構造に係る特許権の侵害と付随品等への特許法102条 2 項の適用の可否 (ベッド等におけるフレーム構造事件)", 知的財産法政策学研究 Vol. 63(2022), 314~315면; 上田 卓哉, "プラットオーム型ビジネスに係る特許權侵害による損害額の算定", 知的財産紛争の最前線 No. 7 (Law & technology 別冊)(2021), 62~63면 등.

57) 대법원 2006. 10. 13. 선고 2005다36830 판결.

58) 특허법원 2018. 11. 30. 선고 2017나1315 판결 역시 "피고 실시 제품의 제작 당시 원고가 제1항 발명을 실시한 플렉시블 플랫케이블 도금용 전극을 부품으로 한 도금설비를 제작할 뿐만 아니라, 이를 사용하여 도금을 하는 영업을 병행하고 있었다고 하더라도, 제1항 발명을 실시한 도금용 전극을 사용한 영업이익까지 위 도금용 전극의 판매가액이라고는 할 수 없다.… 설사 원고가 피고의 침해행위가 없었더라면 플렉시블 플랫케이블을 더 도금하여 판매할 수 있었다고 하더라도, 그 증가하는 영업이익까지 포함하여 구 특허법 제128조 제1항의 '단위수량당 이익액'으로 볼 수는 없다"고 하여 같은 판지를 반복하고 있다.

수적 서비스 기회 상실과 특허권 침해와의 사이에 인과관계를 증명하여 민법 제750조에 따른 손해를 배상받을 수 있음은 당연하다. 문제는, 특허법 제128조의 해당규정 또한 적용할 수 있는지인데, 다음과 같은 이유로 이를 긍정함이 상당하다.

첫째, 특허권자(원고)가 특허품 대신 비특허 대체품을 생산·판매하는 경우 특허침해 이후 원고의 대체품 판매가 상실되었다면 제128조에 의한 손해액 산정이 가능함은 앞서 본 바와 같은데, 이처럼 비특허 '대체품' 판매가 감소한 손해가 제128조에 의해 배상될 수 있다면, 같은 논리로 비특허 '부수품' 판매가 감소한 손해 역시 제128조에 의해 배상받지 못할 이유가 없다.

둘째, 뒤에서 보는 대로 복합제품을 이루는 일부분만이 특허품인 경우 배상액 산정 시, 복합제품 전체의 단위당 이익이나 판매량을 기준으로 특허법 제128조를 적용해 일단 손해액을 산정한 뒤, 그 복합제품에서 특허부분이 차지하는 기여율을 곱하는 방법으로 감액하여 최종 배상액을 산출하게 되는데, 이처럼 단일 제품(복합제품) 전체를 대상으로 손해액 산정을 시작한다는 것은 결국 특허품 판매와 밀접 불가분의 관계를 가지는 비특허 '부품(部品)'의 판매를 일체로서 고려한다는 의미인 바, 그렇다면 특허품 판매와 밀접 불가분의 관계를 가지는 비특허 '부수품(付隨品)'의 판매를 일체로 고려하여 손해액을 산정하지 못할 이유 또한 없다.[59]

셋째, 특허품 판매와 밀접 불가분의 관계를 가지는 비특허 부수품의 판매에 제128조를 적용하지 않고 민법 상 불법행위 규정을 적용하는 것은 권리자 구제에 흠결을 초래한다. 예컨대, 프린터 특허에 대한 침해품 판매로 프린터 외에 부수품인 토너의 매출 감소 손해까지 문제되는 경우, 제128조가 적용된다면 특허권자는 ⅰ) ㉠ '특허품 프린터의 평균수명과, 그 기간 동안 소요되는 부수품인 토너는 ~개 정도' 등 특허품과 부수품 매출 사이의 사실상 인과관계와 ㉡ 제128조 적용에 필요한 나머지 요건사실들을 증명하면 족하며 ⅱ)

59) 만약 비특허 부수품이 특허품과 동시에 판매되는 제품이라면 그것이 과연 ⅰ) 단일 제품(복합제품)의 비특허 부품인지, ⅱ) 단순한 특허제품의 비특허 부수품에 불과한 것인지 언제나 분명한 것은 아니라는 점도 고려되어야 한다. 예컨대 특허품인 면도기 본체에 삽입되어 최초판매 시 함께 판매되지만, 사후 추가 구매의 대상이 되는 '면도날'은 ⅰ)에 해당할 수도 ⅱ)에 해당할 수도 있을 것이다.

특허품 내지 부수품의 시장점유율, 비침해 대체품의 존재, 기타 원고제품의 판매 불가능 사정 등 피고의 침해품 판매와 원고의 특허품 내지 부수품 판매 감소 사이의 인과관계를 부정하는 사유는 피고가 주장·증명해야 한다. 반면, 민법 상 불법행위 규정이 적용된다면 원고는 i)㉠은 물론, ii) 사유의 부존재를 포함한 침해와 손해 사이의 인과관계를 모두 증명해야 하는 바, 이는 권리자에게 지나치게 가혹하여 부당하다.

② 적용의 구체적 모습 i) 원고가 <특허품 + 부수품(부수적 서비스를 포함한다. 이하 같다)>을 판매하는 상태에서 피고가 특허품을 판매하는 경우, 원고의 <특허품 + 부수품> 매출의 단위당 이익을 파악하여 피고의 침해품 판매수량을 곱하고,[60] ii) 원고가 <특허품 + 부수품>을 판매하는 상태에서 피고가 <침해품 + 부수품>을 판매한 경우에도, [<특허품 + 부수품>에 대한 원고의 단위당 이익 × 피고의 침해품 판매수량 = 손해액]의 산식에 따라 손해액을 산정하면 되며, iii) 원고가 특허품만을 판매하는 상태에서 피고가 <침해품 + 부수품>을 판매한 경우, [원고의 특허품 단위당 이익 × 피고의 침해품 판매수량 = 손해액]의 산식이 적용될 것이다. iv) 마지막으로, 원고가 특허품을 판매하지 않는 상태에서 피고가 <침해품 + 부수품>을 판매한 경우에는, 원고가 실시주체가 아닌 이상 특허권자의 실시를 전제로 하는 특허법 제128조 제2항이나 제4항이 적용될 여지는 없고 합리적 실시료 배상인 제128조 제5항의 적용만이 문제되며, 이때 피고가 침해품 판매에 수반하여 부수품 판매로 인한 이익도 얻을 수 있었던 사정은 합리적 실시료를 산정할 때 상향요소로 작용하게 될 것이다.

어느 경우이든 피고는 특허품 내지 부수품의 시장점유율, 비침해 대체품의 존재, 기타 원고제품의 판매 불가능 사정 등을 주장·증명하여 손해액 감액을 시도할 수 있다.

---

60) 만약 피고가 침해품을 판매하고 원, 피고의 제품 중 일부에만 특허가 개재된 경우라면, [원고 전체제품의 단위당 이익 × 특허 기여율]을 통해 원고의 단위당 이익을 먼저 산정하고 거기에 [침해품 양도수량]을 곱하는 것이 논리적으로 타당하다. 이를 위 논의에 적용하면, 피고의 침해로 원고의 <특허품 + 부수품>의 매출이 감소된 이상, 당연히 [<특허품 + 부수품>에 대한 원고의 단위당 이익]을 결정한 뒤 거기에 [침해품 양도수량]을 곱해 손해액을 산정해야 할 것이다.

(3) 단위수량 당 이익액

1) 한계이익

여기서의 단위수량 당 이익은 한계이익(제품의 판매가격에서 제조원가 및 제품의 판매수량에 따라 증가하는 변동비용만을 공제하여 계산한 1개 당 금액)을 의미한다고 보아야 한다. 판례도 같은 입장을 밝히고 있으며,[61] 하급심 판결례들 역시 근래 한계이익설을 명시적으로 언급하고 있다.[62] 변동경비는 원재료 구매, 제조, 외주 가공, 포장, 보관, 운송, 판매 등의 비용 중 침해제품의 제조·판매만을 위해 직접 필요한 것으로서 '변동 제조원가'와 '변동 판매관리비'로 구성되는 것이 보통이다.[63] 생각건대, 권리자의 입장에서 연구개발비나 일반관리비 등 고정비용은 침해와 무관하게 어차피 지출되는 것이며, 침해가 없었다면 생산·판매할 수 있었을 물량에 관련되는 비용은 원자재 비용이나 추가 고용 인건비 등 '변동비용'일 뿐이다. 따라서 단위당 일실이익을 구할 때는 매출액에서 변동비용만을 공제해 평균값을 구해야지 거기에 이미 지출된 고정비용까지 이중으로 공제하여 평균값을 구하는 것은 부당하다. 이처럼 기본적으로는 한계이익설이 타당하지만, 문제는 고정비용과 변동비용의 구분이 언제나 명확한 것은 아니라는데 있다. 결국 이는 개별 사건에 따라 유연하게 판단될 문제이며 광고비나 일반 관리비처럼 원칙상 고정비용에 해당하는 항목이라도 그것이 제품의 추가 판매와 직접적으로 관련되어 증가했으면 변동경비로 보아야 것이다.[64] 또한 투자설비비 역시 대표적인 고정비용이나, 제품의 추가 생

61) 대법원 2006. 10. 13. 선고 2005다36830 판결: "구 의장법 제64조 제 1 항 본문…에서 말하는 단위수량당 이익액은 침해가 없었다면 의장권자가 판매할 수 있었을 것으로 보이는 의장권자 제품의 단위당 판매가액에서 그 증가되는 제품의 판매를 위하여 추가로 지출하였을 것으로 보이는 제품 단위당 비용을 공제한 금액을 말하는 것이다."

62) 서울동부지방법원 2011. 4. 20. 선고 2010가합14023 판결; 특허법원 2017. 2. 17. 선고 2016나1271판결; 특허법원 2017. 4. 28. 선고 2016나1424 판결 등.

63) 특허법원, 지적재산소송실무(제 4 판), 558면.

64) 서울중앙지방법원 2009. 10. 14. 선고 2007가합63206 판결 : "피고의 광고선전비 및 인건비를 변동비로 보아야 한다는 주장에 관하여 보건대, 이 법원의 한영회계법인에 대한 2009. 8. 7.자 사실조회결과 및 이 법원의 신우회계법인에 대한 사실조회결과에 변론 전체의 취지를 종합하면, 변동비와 고정비의 구분은 해당 기업, 업종, 제품에 따라 달라질 수 있어 해당기업의 과거 수년간의 광고선전비, 인건비 등의 지출형태를 파악한 뒤 판단하여야 하는데, 원고의 경우, 광고선전비는 조업도를 유지하는 것과는 관계없이 경영진의 전략적 의사결정에 따라 1년에 한번 사업계획의 수립시 결정된 예산의 범위내에서 집행되고 있

산을 위해 설비의 증설이 불가피한 사정이 있었던 경우라면 예외적으로 이를 변동경비에 포함시킬 수도 있을 것이다.[65]

2) 적용되는 권리자 제품 가격의 기준시점

침해품이 시장에서 염가로 판매됨으로써 권리자 역시 그에 맞추어 판매가를 인하하였다면 권리자의 단위수량당 이익액을 산정할 때 인하 이전의 정상가를 적용할 것인가 침해 이후 인하된 가격을 적용할 것인가가 문제 된다. 앞에서 언급한 대로, 침해자의 염가 판매는 특단의 사정이 없는 한 양도수량을 증가시키게 되고, 그와 같이 증가된 양도수량에 권리자의 단위당 이익을 곱해 손해액을 산정하는 것이 제128조 제2항이므로, 침해자의 양도수량에 권리자의 가격인하 이전 정상가격을 적용하면 과잉배상의 가능성이 생긴다. 따라서 침해 이후의 인하된 가격을 적용해 손해액을 계산함이 상당하다. 한편, 침해에 따라 권리자가 부득이 가격을 인하하여 입게 된 손해를 이런 특칙이 아닌 민법 제750조에 의해 배상청구 할 수 있음도 앞서 본 대로이다.

3) 권리자 제품의 일부에만 특허부분이 관계된 경우

예컨대 권리자 판매품이 「a+b+c」 부품들로 이루어진 상태에서 그중 c 부품만 특허대상인 경우라면, 「a+b+c」 전체제품의 판매 단위당 이익을 침해품 양도수량에 곱하는 것은 과잉배상을 낳을 수 있다. 따라서 이 경우에는 권리자 제품 단위당 이익에서 c가 차지하는 비율(기여율)만큼을 인정한 뒤, 침해품 판매수량에 곱해야 할 것이다.[66]

을 뿐 조업도나 매출의 증감에 따라 연동되지 아니하는 점, 감정인 소외인의 감정결과에 의하더라도 원고의 매출원가에 포함된 인건비 중 조업도에 따라 변동이 가능한 아웃소싱비용은 모두 변동비로 처리된 점, 원고의 경우 직원에게 지급되는 인센티브나 상여는 광고선전비와 마찬가지로 사업계획의 수립시 정량금액을 확정한 뒤 각 조직별로 배분하고 나서 개인에게 지급되는 것이지 매출에 연동하여 추가로 지급되는 것이 아닌 점 등에 비추어 보면, 광고선전비 및 대부분의 인건비를 고정비로 분류한 것은 타당하다고 인정되므로 광고선전비 및 인건비를 변동비로 보아야 한다는 피고의 주장은 받아들이지 아니한다."

65) 中山信弘, 特許法[第4版], 401면.

66) 일본에서는 이런 방식으로 침해품 양도수량에 기한 손해액을 산정하는 입장도 유력하다(知財高裁 令2年 2. 23. 平31(ネ) 10003号 判決 등). 다만, 침해품 또한 「a+b+c」 구성이라면 침해품 양도수량을 산정하거나 전체손해액을 산출하는 과정에서 c 부분을 기여율로 다시 반영하는 것은 이중 공제가 되어 부당하므로 양자 가운데 어느 한쪽에만 반영함이 상당할 것이다.

4) 재 판 례

국내의 재판례 가운데 순전히 특허법 제128조 제 2 항을 적용한 예들도 있지만, 제128조 제 2 항의 방법에 따라 손해액을 산정하면서도 나머지 요소를 인정할 증거가 부족하다는 등의 이유로 결국은 제128조 제 7 항에 의존한 경우가 많다. 제128조 제 2 항이 적용되는 경우, 한계이익으로서 권리자가 판매할 수 있었던 물건의 '단위당 이익'을 산정하는 방식이 주로 문제되며 구체적 모습은 사안에 따라 다양하다. 대표적 예들을 제시해 보면 다음과 같다.

사 건	적용법조(제128조 제 2 항)
특허법원 2022. 2. 17. 선고 2020나2011	침해품 : 냉매관 절단장치 피고의 침해행위가 없었다면 원고가 판매할 수 있었던 냉매관 절단장치의 단위수량당 이익액 [(판매가액) - (재료비, 외주가공비, 운반비, 여비교통비, 가스수도료, 전력비, 소모품비, 지급수수료) = 32,120,400원] × 피고의 침해품 양도수량 51개
특허법원 2018. 11. 30. 선고 2017나1315	침해품 : 플렉시블 플랫케이블 도금용 전극 ① 특허품 단위 당 판매가액 : 350,000,000원 ② 특허품 1대의 제조비용(변동비) : 173,112,379원 ③ 손해액: 특허품 단위당 한계이익(①-②) × 2(피고가 직접 제조하여 사용한 수량)
특허법원 2017. 10. 27. 선고 2016나2014	침해품 : 식판세척기용 식판분리가이드 ① 특허품 단위당 한계이익 : 원고의 판매단가(180,000원) × 침해시점에 가까운 달(月)의 원고의 '당기 영업이익률' (22.75%) ② 피고의 판매수량 : 135개 ③ 손해액 = ① × ② [특기 사항] 매출액 대비 총이익(매출 총 이익률 : 매출단가의 35.28%)에 따라 이익을 산정하면 판매량 증가에 따라 당연히 증가하였을 재료비, 운송비, 보관비 등의 변동경비가 공제되지 않아 부당함을 설시
특허법원 2017. 2. 17. 선고 2016나1271	침해품 : 이단 피목 로프제품 ① 특허품 단위당 한계이익 ㉠ 원고의 판매단가 : 170만원 ㉡ 제품 1개 추가 생산에 드는 재료비(69,637원), 인건비(150,000원), 기타경비(기준경비율에 의해 판매 단가의 13.7%로 추산) 단위수량 당 한계이익(㉠-㉡) = 1,247,463원 ② 피고의 판매수량 : 확인불가 [특기 사항] 침해품의 양도수량을 구체적으로 확정할 증거가 부족함을 이유로 제128조 제7항으로 손해액 산정

서울동부지방법원 2011. 4. 20. 선고 2010가합14023	디자인권 침해사건 ① 침해품의 양도수량 × ② 특허품 단위당 한계이익으로 손해액을 산정 ②는 특허품 1개의 「도매가 – 제조원가(변동비: 재료구입비, 인건비, 운송비 등)」로 산정. 연구개발비·홍보비·시장조사비·본사관리부문의 인건비·설비비·임대료 등은 고정비(일반관리비)로 보아 공제대상에서 제외
서울중앙지방법원 2011. 5. 13. 선고 2010가합79935	① 침해품의 제조·설치수량 × ② 특허품 단위당 한계이익으로 손해액을 산정 ②는 「특허품 단가 × 이익율」을 통해 구하되, 이익률은 「(권리자의 누적수익 – 누적원가)/ 누적수익」의 방법으로 산출

(4) 권리자의 손해액으로 할 수 있다

이로써 권리자는 침해자의 양도수량에 근거하여 계산된 손해액을 주장·증명하면 되고, 침해자가 권리자로서는 그 양도수량 전부에 상응하는 판매를 할 수 없었던 사정을 주장·증명하여 그 금액만큼을 손해액에서 공제받을 수 있다는 의미로 이해된다.[67] 다만, 이 규정이 '추정된다' 대신 '손해액으로 할 수 있다'는 표현을 쓴 이유를 두고는, 일반적으로 법률상 추정이 반대사실에 의해 복멸되는 경우에는 그 추정 전부가 깨지는 것이고 일부만이 복멸 대상이 될 수는 없는 것인데, 입법 취지상 그처럼 전부·전무(All or Nothing)의 구조를 유지하는 것은 불합리하므로 이를 '일부 복멸(감액)'이 가능한 특수한 추정으로 취급하기 위해서라거나,[68] 이 방법으로 계산된 손해는 소송법 상 '잠정적 진실'에 유사한 것이라고 보는 견해가 있다.[69]

(5) 제한사유

1) 권리자의 생산 능력

㈎ **규정의 의의와 증명책임**

손해액은 권리자가 생산할 수 있었던 물건의 수량에서 실제 판매한 물건

67) 일본에서의 통설이다. 中山信弘 · 小泉直樹 編, 新 · 注解 特許法[第 2 版](中), 靑林書院, 2017, 1815면; 田村善之, 知的財産權と損害賠償(新版), 弘文堂(2004), 311면; 古城春實, 損害 1-特許法 102條 1項に基づく請求について, 牧野利秋 외 編, 知的財産の理論と實務 2, 新日本法規(2007), 254면; 竹田 稔 · 松任谷 優子, 知的財産權訴訟要論[特許編], 發明推進協會(2017), 346~347면 등.

68) 中山信弘 · 小泉直樹 編, 新 · 注解 特許法[第 2 版](中), 靑林書院, 2017, 1818면.

69) 田村善之, 知的財産權と損害賠償(新版), 弘文堂(2004), 311면.

의 수량을 뺀 수량에 단위수량당 이익액을 곱한 금액을 한도로 한다. 침해자의 양도수량을 손해액 산정의 기초로 하더라도, 당초 권리자의 생산능력을 넘는 수량까지 손해액 산정에 포함시키는 것은 부당하고, 침해 후에도 권리자가 실제 판매한 수량 역시 손해와 무관하기 때문에 배제되어야 한다. 국내의 학설은 권리자 생산능력이 권리자측에서 보다 쉽게 증명될 수 있다고 하거나,[70] 조문의 구조 등을 근거로[71] 권리자에게 생산능력의 주장·증명책임이 있다고 한다.[72] 그러나 i) 권리자가 생산능력을 최대 가동하더라도 침해품의 양도수량만큼 생산할 수 없었다는 것은, 그 본질이 '침해행위 외의 사유로 판매할 수 없었던 사정(수량)'의 한 모습이라 할 것인데, 후자는 확고하게 침해자가 주장·증명해야 하는 사유로 받아들여져 오고 있는 점, ii) 현행 특허법 제128조 제 2 항 제 1 호는 단지 "물건의 양도수량(특허권자 또는 전용실시권자가 그 침해행위 외의 사유로 판매할 수 없었던 사정이 있는 경우에는 그 침해행위 외의 사유로 판매할 수 없었던 수량을 뺀 수량) 중 특허권자 또는 전용실시권자가 생산할 수 있었던 물건의 수량에서 실제 판매한 물건의 수량을 뺀 수량을 넘지 않는 수량"이라고 하고 있을 뿐이어서, 법률요건 분류설에 의하더라도 권리자에게 증명책임을 부과하는 형태의 조문 구조가 아닌 점, iii) 유독 특허법 제128조 제 2 항 제 1 호에 대해서만 증거와의 거리에 기해 증명책임을 분배하는 것에 합리적 근거를 발견하기 어렵다는 점, iv) 현실에서 생산능력은 중요한 영업비밀인 경우가 대부분인바, 특허침해로 손해를 입은 권리자가 제128조 제 2 항의 구제를 받기 위해서는 스스로 자신의 영업비밀을 공개해야만 한다고 보는 것은 비현실적이고 권리자의 보호가 목적인 특허법 제128조의 입법취지에도 맞지 않는 점 등을 감안하면, 위 주장들은 타당하다고 보기 어렵다. 따라서 권리자 제품이 실제로 생산·판매되고 있는 이상, 침해품에 의해 잠식된 물량 역시 권리자 스스로 생산할 수 있는 능력을 가지고 있었다고 추정한 뒤, 침해자인 피

70) 양창수, "특허권 침해로 인한 손해배상 시론 - 특허법 제128조 제 1 항의 입법취지와 해석론", 법조 통권 제588호(2005), 64면.

71) 안원모, 특허권의 침해와 손해배상, 174면; 정상조·박성수 공편, 특허법 주해 Ⅱ, 200면.

72) 이는 대체로, 권리자의 생산능력과 판매불가능 사정이 본문과 단서로 구분되어 있던 시절의 일본의 통설(澁谷達紀, 知的財産權講義 I 特許法·實用新案法·種苗法 有斐閣(2004), 204면; 田村善之, 知的財産權と損害賠償(新版), 弘文堂(2004), 316면 등)을 그대로 원용한 것들이다.

고로 하여금 권리자의 생산능력이 그 정도까지는 이르지 않기 때문에 침해가 아니었더라도 침해품 수량만큼의 생산·판매는 이루어질 수 없었으리라는 반대사실을 주장·증명하게 함이 상당하다. 아래에서 보는 대로 권리자 생산능력이 추상적·잠재적인 것으로도 충분하다고 보는 이상, 가급적 그것이 손해배상에 장애물이 되지 않도록 실무가 운용되는 것이 바람직한 것이다.[73] 국내의 재판실무도 권리자 생산능력에 대해 실제 그런 입장인 것으로 실증조사된 바 있다.[74]

㈏ **적용 범위**

① **잠재적 생산가능성** 권리자의 생산 가능성은 구체적·현실적으로 존재해야 할 필요는 없고, 잠재적으로 존재하는 것으로 족하다. 즉, 당장은 해당 수량의 생산 가능성이 없더라도 사업의 확장 등을 통해 그런 생산 가능성을 갖출 여력이 있다면 제 2 항의 적용이 가능하다. 위 증명책임과 연결 지으면, 침해자는 권리자의 잠재적 생산능력이 총동원되더라도 자신의 양도수량에는 미칠 수 없었다는 사정을 증명해야 제128조 제 2 항의 적용을 저지할 수 있을 것이다.

② **생산가능성의 존재시기** 잠재적 생산가능성이 존재하는 시기와 관련하여, 침해품이 시장에서 유통됨으로써 실제로 특허품의 매출에 영향을 미치게 되는 기간만을 대상으로 하는 것이 이론적으로는 합당하겠지만,[75] 문제는 한번 판매된 침해품이 재고품으로 보관되었다가 수시로 판매되거나 최종 소비자에게 판매된 침해품이 계속 사용되면서 특허품의 매출을 저지하는 경우도 많다는 데 있다. 결국 특허권의 존속기간 이내인 이상, 잠재적 생산 가능성이 존재만 한다면 그 시기를 이유로 제 2 항의 적용을 거부하기는 현실적으로 어려울 것이다.

③ **생산 주체의 확장 문제** 권리자 스스로 특허품을 생산하는 경우는 물론, 제 3 자에게 하청을 주어 제품을 생산하는 경우도 스스로 생산하는 것과

---

73) 조영선, "손해액 복합산정을 둘러싼 특허법 제128조 제 2 항의 문제 검토", 고려법학 제107호(2022. 12), 108~109면.

74) 조영선, 「특허침해로 인한 손해액 산정시 기여율 고려에 관한 제문제」, 법원행정처(2021), 46~48면.

75) 같은 취지, 정상조·박성수 공편, 특허법주해 Ⅱ, 202면.

달리 볼 이유는 없다.[76] 통상실시권자는 권리자와 독립된 경제적 주체이므로 그가 생산·판매하는 수량을 권리자의 생산 가능수량으로 보는 것은 부적절하다.[77]

2) 권리자가 판매할 수 없었던 사정

손해액 산정 시 권리자가 침해행위 외의 사유로 판매할 수 없었던 사정이 있으면 그 침해행위 외의 사유로 판매할 수 없었던 수량에 따른 금액을 빼야 한다(제 2 항 제 1 호 괄호). 그 사정과 구체적 금액에 대한 증명책임은 침해자에게 있다.

침해행위와 권리자의 매출 감소 사이의 인과관계를 단절시키는 사유 가운데 ㉠ 특허품 생산에 불가결한 부품 공급의 차질, ㉡ 특허권자에 의한 실시가 법적으로 금지된 사정,[78] ㉢ 신기술의 개발로 특허발명이 진부화(陳腐化)하여 시장성이 한계를 보인 점, ㉣ 권리자 제품과 침해품의 시장(市場)이 서로 완연히 다른 점,[79] ㉤ 특허품에 대한 대체품의 존재 및 시장점유율 등을 들 수 있다. 이는 침해품의 매출이나 침해방법의 실시에 특허발명이 100% 공헌한 것은 맞지만, 위와 같은 사정을 감안하면 금액 전부를 권리자에게 귀속시키는 것이 부당하므로 해당 사유에 상응하는 만큼 공제되어야 한다는 점, 그 공제된 부분에 대해 적어도 실시료 상당의 금액은 배상되어야 마땅하다는 점이 공통된다.[80]

---

76) 같은 취지, 정상조 · 박성수 공편, 특허법주해 Ⅱ, 203면. 高部 眞規子, 特許關係訴訟[第3版], 257면. 다만, 하청을 통한 생산은 실제로 존재한 것만 인정해야지, 장차 누군가에게 하청을 주어 생산할 수도 있다는 추상적 가능성마저 생산능력으로 보게 되면 '잠재적 생산가능성'이 이연이 끝없이 넓어져 부당하다.

77) 같은 취지, 안원모, 특허권의 침해와 손해배상, 178면; 정상조·박성수 공편, 특허법주해 Ⅱ, 203면.

78) 예컨대, 특허권자가 행정적 제재 등으로 인해 일정 기간 특허발명을 실시할 수 없었던 경우를 생각할 수 있을 것이다.

79) 예컨대, 권리자는 그 발명을 이용하여 TV를 제조·판매하는 반면, 침해자는 그 발명을 이용하여 라디오를 제조·판매하는 경우(中山信弘, 特許法[第 4 版], 400면).

80) [예 1] 침해자 乙이 甲의 특허 침해품 100개를 판매하였는데, 甲은 위 기간 동안 어차피 영업제한의 행정처분으로 인해 자신의 제품을 30개 밖에 제조·판매할 수 없었다. 이 경우, 乙의 판매수량 100개 전부에 甲의 특허 100%가 공헌하였지만, 甲의 영업정지로 인해 70개는 어차피 甲이 판매할 수 없었던 수량이어서 인과관계 있는 일실이익이 아니다. 다만, 이 경우 乙이 실시료 지급 없이 70개를 생산, 판매한 것 또한 사실이므로 적어도 그에 대해 甲에게 합리적 실시료 상당액은 배상해야 한다.

[예 2] 침해자 乙이 甲의 특허 침해품 100개를 판매하였으나, 본디 해당 시장에는 甲의

3) 기여율

(가) 개　념

특허침해 소송에서 기여율이라 함은, 침해로 인한 권리자의 손해나 침해자의 이익액 가운데 특허발명과 관계된 부분의 비율을 말하며, 이는 결국 '침해품의 전체 매출 또는 침해방법의 실시 일부에만 특허발명이 공헌한 것'을 의미한다.[81] 국내 문헌 가운데도 같은 문맥으로 이 용어를 쓰는 예가 많다.[82] 넓은 의미에서 이 또한 침해와 손해 사이의 인과관계 단절 사유의 하나이며, 구체적으로는 ㉠ 침해품 판매가 침해자의 시장개발 노력, 광고·선전, 브랜드 가치에 힘입은 사정, ㉡ 침해품 판매가 침해품 품질의 우수성이나 가격 경쟁력에 힘입은 사정, ㉢ 침해품 판매가 특허발명 이외에 다른 구성을 갖춘 것에 힘입은 사정 등을 생각할 수 있다(이상은 엄밀히 말하면 '비 기여율' 요소라 할 수 있다). 이는 침해품의 매출이나 방법의 실시 일부 (~%) 에만 특허발명이 공헌한 것이고, 나머지는 ㉠, ㉡, ㉢ 등의 공헌이라는 점, 그 부분에 대해서는 결과적으로 해당 특허발명이 이용된 것이 아닌 셈이어서 실시료 상당의 배상도 불가능하다는 점이 공통된다.[83] 그 밖에 기여율 판단 시 고려요소로는, i)

특허품(A) 외에도 丙의 비침해 대체품(A')이 6:4로 시장을 점유하고 있는 상태였다. 이 경우 乙의 판매수량 100개 전부에 甲의 특허 100%가 공헌하였지만, 그것이 甲의 시장점유분 60개, 丙의 시장점유분 A' 40개를 잠식한 것이므로 甲과의 관계에서 40개(100-60)개는 어차피 甲이 판매할 수 없었던 수량이어서 일실이익이 아니다. 다만, 이 경우 乙이 실시료 지급 없이 40개를 생산, 판매한 것은 사실이므로 적어도 그에 대해 甲에게 합리적 실시료 상당액은 배상해야 한다(다만, 시장점유율은 뒤에서 보는 대로 판매불가능 사유로서의 성격과 기여율의 성격을 겸유하는 특징이 있어 최종 실시료 배상액은 그보다 줄어들 가능성이 있다).

81) 현실에서, 침해자의 이익이나 권리자의 손해 전부가 오로지 해당 특허에만 기인한 경우는 오히려 드물고, 어떤 형태로든 거기에는 다른 요소들이 개재되어 있는 것이 보통이다. 그렇다면 사실 기여율은 정도의 차이가 있을 뿐 거의 모든 특허침해 소송에서 문제가 된다고 해도 과언이 아니다.

82) 정상조·박성수 공편, 특허법주해 Ⅱ, 235면; 권택수, 앞의 글("특허권 침해로 인한 손해배상"); 565~566면; 안원모, 특허권의 침해와 손해배상, 228면.

83) [예 1] 침해자가 침해품(A)을 월 100개 판매하였으나, A에는 특허구성(a) 외에도 비침해구성인 b;c도 포함되어 있고, 본래 b;c만으로도 월 70개는 판매할 수 있었다면 전체 침해품 판매 수량에서 특허가 기여한 수량은 30개(기여율 30%)이며, 나머지 70개는 특허침해와 무관한 수량으로 볼 수 있다. 이처럼 특허와 무관한 수량의 생산·판매에 대해 합리적 실시료 배상이 이루어질 이유는 없다.

[예 2] 침해자가 침해품(A)을 월 100개 판매하였으나, 이는 특허구성의 기술적 특징 외에

전체 상품의 가격에서 침해부분이 차지하는 가격비율, ii) 전체상품의 제조원가 대비 침해부분의 원가, iii) 침해부분이 포함된 물품과 그렇지 않은 대체품과의 차별성 정도, iv) 침해부분이 포함된 것을 광고 등을 통해 특징으로 내세우고 있는지 여부, v) 특허발명 자체의 기술적 가치 등이 거론된다.[84)]

(나) 판매불가능 사정과 기여율의 관계

종래에는 판매불가능 사정과 기여율을 특별히 구별하지 않은 채, 산정된 손해액에 해당 비율을 곱해 감액하는 것이 보통이었으며,[85)] 그러더라도 현실적으로 별다른 문제가 생기지 않았다. 그러나 특허법 제128조 제 2 항 제 2 호

도 침해자의 적극적 광고와 공격적 마케팅이 추가로 작용한 결과이고, 그러한 광고와 마케팅이 없이는 A는 30개만 판매될 수 있었다면 전체 침해품 판매 수량에서 특허가 기여한 수량은 30개(기여율 30%)이며, 나머지 70개는 특허침해와 무관한 수량으로 볼 수 있다. 특허와 무관한 수량의 생산·판매에 대해 합리적 실시료 배상이 이루어질 이유는 없다.

[예 3] 건설업체인 乙이 甲의 '계단 콘크리트 타설방법 특허'를 침해하면서 건물 전체의 건설공사를 수주·시행하였고, 그로 인해 10억원의 이익을 얻었으며, 건물 전체 공사 가운데 계단 콘크리트 타설이 차지하는 기술적 비중이 5%라면 乙의 전체 이익(10억원) 가운데 5%만이 해당 특허의 기여율이며 나머지 95%는 특허침해와 무관한 금액이다. 특허와 무관한 공정 부분에 대해 합리적 실시료 배상이 이루어질 이유는 당연히 없다.

84) 中山信弘·小泉直樹 編, 新·注解(下), 1602면.

85) 판례는, "의장권 등의 침해로 인한 손해액의 추정에 관한 구 의장법 제64조 제 1 항 단서의 사유는 침해자의 시장개발 노력·판매망, 침해자의 상표, 광고·선전, 침해제품의 품질의 우수성 등으로 인하여 의장권의 침해와 무관한 판매수량이 있는 경우를 말하는 것으로서, 의장권을 침해하지 않으면서 의장권자의 제품과 시장에서 경쟁하는 경합제품이 있다는 사정이나 침해제품에 실용신안권이 실시되고 있다는 사정 등이 포함될 수 있다"고 하고(대법원 2006. 10. 13. 선고 2005다36830 판결), 하급심 판결들도 앞서 분류한 판매불가능 사정과 기여율 사정을 혼용하면서 '기여율'이라는 용어를 사용하기도 한다(서울중앙지방법원 2009. 10. 14. 선고 2007가합63206 판결; 특허법원 2018. 11. 8. 선고 2018나1275(본소), 2018나1282(반소) 판결; 특허법원 2019. 8. 29. 선고 2018나1893 판결). 아울러 실무에서는, ① 침해자의 시장개발노력·판매망, 침해자의 상표, 광고·선전, 침해제품 품질의 우수성 등으로 인하여 특허권 침해와 무관한 판매량이 있는 경우, ② 특허권자 제품과 시장에서 경쟁하는 비침해 대체품이 있다는 사정이나 침해제품에 다른 산업재산권이 실시되었다는 사정, ③ 침해제품이 저렴하다는 사정, ④ 침해자의 매출액 중에 특허발명의 실시에 기인하기 보다 침해제품의 다른 특징으로 인한 부분이 존재한다는 사정, ⑤ 시장의 분점 등 경합제품으로 인해 침해자의 매출액 전부가 특허제품으로 향하지 않았으리라는 사정 등이 언급되고 있으며, 권리자가 스스로 특허제품을 생산, 판매하는 한편으로 통상실시권도 설정한 경우 침해행위가 없었더라면 통상실시권자가 생산, 판매할 수 있었을 것으로 보이는 수량 역시 이에 해당한다고 설명되고 있다(특허법원 지적재산소송실무 연구회, 지적재산소송실무(제 4 판), 박영사, 2019, 565~566면).

의 도입으로, 판매 불가능 사정으로 공제된 수량에 대해서는 합리적 실시료 배상이 추가될 수 있게 되었고, 피침해 특허의 비 기여분으로 공제된 수량에 대해서는 그런 여지가 없으므로 앞으로 양자는 명확한 기준에 따라 구별되고 처리되어야 한다.

판매불가능 사정과 기여율 반영 사유의 관계는 다음 표와 같이 정리될 수 있다.86)

<table>
<tr><th colspan="2"></th><th colspan="2">사 유</th><th>비 고</th><th>복합
산정</th></tr>
<tr><td rowspan="4">인과
관계

단절
사유</td><td>판매
불가능
사유</td><td colspan="2">① 특허품 생산에 불가결한 부품 공급의 차질
② 특허실시가 법적으로 금지된 사정
③ 신기술의 개발로 특허발명이 진부화(陳腐化) 하여 시장성에 한계 발생
④ 특허품과 침해품의 시장이 서로 다른 사정 등</td><td>침해품의 매출발생이나 방법의 실시에 특허발명이 100% 공헌.
다만, ①~⑤사유로 권리자가 어차피 이익 전부를 획득할 수 없었음</td><td rowspan="2">○</td></tr>
<tr><td></td><td colspan="2">⑤ 특허품에 대한 대체품 · 경합품의 존재, 시장점유율</td><td>시장점유율은 판매불가능 사정과 기여율의 성격을 겸유함</td></tr>
<tr><td rowspan="2">기여율</td><td>고유
장점형</td><td>⑥ 침해자의 시장개발 노력, 광고 · 선전, 브랜드 가치
⑦ 침해품의 우수성이나 가격경쟁력 등</td><td rowspan="2">침해품의 매출발생이나 방법의 실시 일부 (~%)에만 특허발명의 공헌.
나머지는 ⑥, ⑦, ⑧의 공헌</td><td rowspan="2">×</td></tr>
<tr><td>일부
구성형</td><td>⑧ 특허발명이 침해품의 일부 구성에 불과한 점</td></tr>
</table>

㈐ 시장점유율의 특수성

한편, 판매불가능 사유 가운데 시장점유율은 약간 특수한 성질을 가진다.

이는 주로 '대체품의 존재'와 관련되는데, 예컨대, 시장에서 특허품의 점유율이 50%, 제3자(대체품 판매자·실시권자 혹은 또 다른 침해자일 수도 있다)의 점유율이 30%, 침해품의 점유율이 20%인 상태에서 권리자가 침해품의 양도수

86) 조영선, 「특허침해로 인한 손해액 산정시 기여율 고려에 관한 제문제」, 법원행정처(2021), 108면.

량을 기초로 손해배상 청구를 한다면, 권리자는 침해가 없더라도 어차피 침해품의 양도수량 전부를 판매수량으로 가져갈 수 없고, 그중 권리자의 시장점유율이 반영된 62.5%{=50/(50+30)}만을 일실 판매수량으로 파악해야 할 것이다.[87] 결국 그 나머지는 '판매불가능 사정'을 구성하며, 이를 달리 표현하면 판매된 침해품 전체 중 일부는 권리자 제품의 판매 감소에, 일부는 다른 시장점유자 제품(대체품)의 판매 감소에 활용되었음을 의미하는 것이다.

그런데 예컨대 甲(권리자)과 乙(비침해 대체품 판매자)이 시장을 6:4로 분점하고 있는 상태에서 丙(침해자)이 100개의 침해품을 판매하여 그 판매량이나 수익에 기초한 손해배상이 문제되었다고 할 때, 만약 침해품이 甲 제품에 대한 100% 모방품에 그칠 뿐 다른 기여 요소가 전혀 없다면, 丙 제품은 乙제품 판매보다는 대개 그와 동일한 성질과 조건을 갖춘 甲 제품의 판매를 잠식하게 될 것이다(시장에서 종래의 甲 제품과 동일한 성질과 조건을 가졌을 뿐 새로운 구매유인은 없는 침해품이 판매된다면 乙제품의 수요가 새삼스럽게 침해품 쪽으로 유도될 가능성은 낮기 때문이다). 요컨대, '침해품의 전체 판매수량이 기존의 시장 점유율에 따라 분할되어야 한다'는 주장은, 침해품이 고유의 특장점(특허의 비 기여율)으로 인해 '제3의 선택지'가 되어 권리자 제품과 경쟁품의 수요에 모두 영향을 줄 수 있는 제품임을 전제로 하고 있다는 것이다. 그렇다면, 결국 시장점유율 항변은 당연히 기여율 항변도 내재적으로 포함하고 있는 셈이며, 그 당부 또한 이를 전제로 판단되어야 한다.

그러므로, 권리자(원고)가 침해자(피고)의 양도수량을 근거로 제128조 제2항의 손해배상을 구할 때, 피고가 '원고의 해당 시장에서 시장점유율이 A%이며, (100-A)%에 상응하는 수량은 원고에게는 판매불가능 수량이었다'고 주장한다면, 이는 A%에 상응하는 수량에 대해서도 침해품 고유의 특징으로 인한 특허의 비 기여율 부분이 존재하므로 이 또한 감액 반영해야 한다는 의미로도 이해할 여지가 있는 것이다.

87) 같은 논리를 적용한 예로, 미국의 State Indust., Inc. v. Mor-Flow., Inc. 883 F2d. 1573 (Fed. Cir. 1989); 東京地判 平12年 6. 23. 平8(ワ) 第17460号(특허품의 시장점유율이 권리자 63.2%, 침해자 11.6%, 타 회사 25.2%였음을 참작하여 침해자 양도수량의 25.2/(25.2+63.2)에 해당하는 수량은 피고의 침해가 없었더라도 타 회사가 판매하고 있어, 원고가 특허품을 판매할 수 없었던 사정이 인정된다고 하고 있다).

㈑ 권리자 제품의 일부에만 특허가 관계된 경우

앞서의 설명은 대개 권리자가 「특허제품 (c)」를 생산·판매하는 상황에서 침해자가 「c+D」제품을 판매하는 '일부 구성형'을 상정한 것들이다. 그러나 예컨대 권리자 판매품이 「a+b+c」부품들로 이루어진 상태에서 그중 c 부품만 특허대상인 경우, 「a+b+c」전체제품의 판매 단위당 이익을 침해품 양도수량에 곱하는 것은 과잉배상을 낳을 수 있다. 따라서 이 경우에는 권리자 제품(「a+b+c」)의 단위당 이익 중 c가 차지하는 비율(기여율)만큼만 산정한 뒤 침해품 판매수량에 곱해야 할 것이다.[88] 이때, 침해품 또한 「a+b+c」구성이라면 침해품 양도수량을 산정하거나 전체손해액을 산출하는 과정에서 c 부분을 기여율로 다시 반영한다면 이중 공제가 되어 권리자에게 불리하므로 기여율은 양자 가운데 어느 한쪽에만 반영함이 상당하다. 다만, 현실에서는 특허가 c에만 존재하는 상태에서, 권리자 제품은 「a+b+c」, 침해품은 「a+X+c」 혹은 「X+Y+c」처럼 기여율 고려요인이 양쪽에 혼재하는 경우도 흔하다. 이런 때에는 부득이 권리자 제품 단위당 이익에 c 기여율을 반영하고, 침해품 양도수량에서도 c 기여율을 적절한 비율로 축소하여 다시 반영하거나, 아예 전체 손해액을 먼저 계산한 뒤 양자의 사정을 모두 감안한 기여율을 한꺼번에 반영하는 수밖에 없을 것이다.

2. 합리적 실시료의 복합산정(제128조 제 2 항 제 2 호)

(1) 법 개정

2020. 6. 개정 특허법은 제128조 제 2 항 제 2 호를 통해, 제128조 제 2 항 제 1 호에 의한 손해액 산정 과정에서 권리자의 생산능력을 넘는 수량이나 침해가 없었더라도 판매할 수 없던 수량에 해당하여 공제되는 부분이 생긴 때에는 그에 대해 합리적 실시료에 해당하는 금액을 배상받을 수 있다고 규정하였다(이처럼 제128조 제 2 항 제 1 호 혹은 제 4 항에 기한 손해액과 제 5 항에 기한 손해액이 복합적으로 산정되는 점을 감안하여, 이하에서는 이를 '복합산정'이라고 부르기로 한다). 다만, 애초에 권리자가 전용실시권의 설정 또는 통상실시권의 허락을 할 수 없었던 수량은 복합산정 대상에서 제외된다.

---

88) 일본에서는 이런 방식으로 침해품 양도수량에 기한 손해액을 산정하는 입장도 유력하다(知財高裁 令2年 2. 23. 平31(ネ) 10003号 判決 등).

(2) 복합산정 규정을 둘러싼 해석상 문제들

1) 제128조 제 2 항 제 1 호의 손해액 산정 방법과 복합산정

특허법 제128조 제 2 항[89] 관련, 침해품 양도수량(a), 침해행위 외의 사유로 판매할 수 없었던 수량(b), 권리자 생산능력 한도수량(c), 침해 후 권리자 판매수량(d)일 때, (a-b) ≦ (c-d)인 경우에는 (c-d)까지 수량을 인정하고, (a-b) ≧ (c-d)인 경우에는 (c-d)한도에서 수량을 인정한 뒤 각 권리자 단위당 판매이익을 곱해 손해액을 산정하자는 예가 있다(상한선 방식).[90] 이는 일본의 구 특허법 해당 조항에 대한 일부 해석론이 국내에 건너와 부적절하게 자리 잡은 것으로서, 정작 일본에서는 2019년 특허법 개정을 통해 극복된 내용이다. 상한선 방식은 손해배상 인과관계의 기본원리에 반하고 새로 도입된 복합산정 체계 아래에서 과잉배상 및 중복배상을 초래하게 되어 부당하다.[91] 특허법 제128조 제 2 항은 인과관계 및 손해증명에 대한 권리자의 어려움을 덜어주기 위해 「침해품의 양도수량 = 권리자의 판매상실수량」 관계를 전제한 것이다. 따라서 이런 인과관계가 단절된 것이 명백하다면 그 수량을 손해배상액 산정의 근거 수량에서 제외해야 함은 당연하다. 그렇기 때문에 ① 침해품의

89) ② 제1항에 따라 손해배상을 청구하는 경우 그 권리를 침해한 자가 그 침해행위를 하게 한 물건을 양도하였을 때에는 다음 각 호에 해당하는 금액의 합계액을 특허권자 또는 전용실시권자가 입은 손해액으로 할 수 있다.

1. 그 물건의 양도수량(특허권자 또는 전용실시권자가 그 침해행위 외의 사유로 판매할 수 없었던 사정이 있는 경우에는 그 침해행위 외의 사유로 판매할 수 없었던 수량을 뺀 수량) 중 특허권자 또는 전용실시권자가 생산할 수 있었던 물건의 수량에서 실제 판매한 물건의 수량을 뺀 수량을 넘지 않는 수량에 특허권자 또는 전용실시권자가 그 침해행위가 없었다면 판매할 수 있었던 물건의 단위수량당 이익액을 곱한 금액

2. 그 물건의 양도수량 중 특허권자 또는 전용실시권자가 생산할 수 있었던 물건의 수량에서 실제 판매한 물건의 수량을 뺀 수량을 넘는 수량 또는 그 침해행위 외의 사유로 판매할 수 없었던 수량이 있는 경우 이들 수량(특허권자 또는 전용실시권자가 그 특허권자의 특허권에 대한 전용실시권의 설정, 통상실시권의 허락 또는 그 전용실시권자의 전용실시권에 대한 통상실시권의 허락을 할 수 있었다고 인정되지 않는 경우에는 해당 수량을 뺀 수량)에 대해서는 특허발명의 실시에 대하여 합리적으로 받을 수 있는 금액

90) 예컨대, 정차호 외 2, "특허법에서의 손해배상액 복합산정 법리", 산업재산권 제72호(2022. 8), 51면 이하.

91) 위 내용을 포함, 상한선 방식의 손해액 계산에 대한 엄밀한 분석과 비판, 합당한 계산방식에 대한 설명은 조영선, "손해액 복합산정을 둘러싼 특허법 제128조 제 2 항의 문제 검토", 고려법학 제107호(2022. 12), 89면 이하를 참조할 것.

생산·판매 이후에도 여전히 권리자가 시장에서 판매한 수량은 어차피 배상 대상으로 논의될 여지가 없고, ② 침해가 아니었더라도 판매할 수 없었던 수량은 침해자가 증명에 성공하면 이를 배상대상 수량에서 공제해야 한다. 아울러 ③ 침해품 양도수량 가운데 어차피 권리자로서는 생산능력 밖이어서 생산할 수 없었던 수량 역시 손해와 인과관계가 끊어진 수량임이 자명하므로('생산'할 수 없었다면 '판매'도 불가. 이는 ②보다 훨씬 더 명백한 인과관계 단절 사유라고 해야 한다) 이를 손해액 산정의 근거가 되는 '침해품의 양도수량'에서 공제하고 계산에 나아가야 한다. 따라서 이를 침해품의 양도수량에서 공제하는 대신 손해액 산정의 '상한선'으로 취급하는 것은 특허법 제128조 제 2 항의 본질에 반한다. 상한선 방식에 따르면, 권리자 판매불가능 수량(b)의 공제분만큼을 권리자가 어차피 생산할 수도 없었던 영역에서 가져다가 권리자 단위당 이익을 곱해 손해액으로 탈바꿈시키는 것이어서 과잉배상인데다가, 복합산정 체계 아래서는 (b) 수량만큼 다시 합리적 실시료 배상까지 받을 수 있게 되어 중복배상을 낳는다.[92)93)]

---

92) 예컨대, [**침해품 양도수량(A): 100 / 권리자의 판매불가수량(B): 30 / 권리자 생산능력(C): 70 / 침해 후 권리자 판매수량(D): 0**]이라고 할 때, [A-B]를 통해 A에서 공제된 30개의 수량(B)만큼을, 침해품 양도수량(A) 중 권리자 생산능력(C)을 넘는 영역(A-C)에서 가져다가(K:30) 생산능력(C)에 이를 때까지 '권리자 단위당 이익액'을 곱하는 수량에 편입시키는 결과(총 70개)가 된다. 그런데 (K:30)는 어차피 권리자가 생산할 수 없었던 수량으로서, 만약 B가 0이었다면 단위당 이익의 배상대상 수량이 될 수 없음에도, B 수량이 존재한다는 이유로 단위당 이익의 배상대상 수량으로 탈바꿈하게 되는 것이다. 그러나 이런 구조를 동원해 권리자의 배상액을 증가시키는 것은 합리적 근거가 없고, 불법행위법의 기본 원리인 인과관계율을 파괴하면서까지 권리자를 보호하는 것이어서 지나치다(과잉배상). 게다가 권리자는 B에 대해 복합산정을 통해 합리적 실시료 배상까지 받게 되므로(제128조 제 2 항 제 2 호) 결과적으로 B 수량에 대해 '단위당 이익을 곱한 배상 + 합리적 실시료 배상'을 받게 되는 셈이다(중복배상).

93) 또, [**침해품 양도수량(A): 100 / 권리자의 판매불가수량(B): 30 /권리자 생산능력(C): 80 / 침해 후 권리자 판매수량(D): 40**]이라고 할 때, 판매불가 수량으로 공제된 30개만큼을 침해자 양도수량 중 권리자 생산능력(C)을 넘는 영역에서 가져다가(K:30) '권리자 제품 단위당 이익액'을 곱하는 수량에 편입시키는 결과 과잉배상과 중복배상이 일어나는 점은 여기서도 마찬가지다. 아울러, D(40)로 인해, 시장에서 경합·판매된 「권리자 제품 수량 + 침해품 수량」(A')은 140개(A+D)가 된다{140(A')-40(D)=100(침해품 양도수량)}. 한편, 권리자 생산능력(C)은 80이기 때문에 (A'-C)는 60개가 되며, 상한선 방식에 의하면 권리자는 위 (A'-C) 60개 가운데 K(30)를 제외하고 남는 수량 Y(30)에 대해서도 복합산정을 통해 합리적 실시료의 중복배상을 받게 된다. Y(30)는 제128조 제 2 항 제 2 호에 따

이상의 점을 감안하면, 특허법 제128조 제 2 항은 [침해품 양도수량 – 권리자 생산능력 초과수량 – 권리자가 판매할 수 없었던 수량] × [권리자 단위당 이익액]으로 손해액을 산정하고(제 1 호), 위와 같이 공제된 「생산능력 초과수량」과 「권리자가 판매할 수 없었던 수량」에 대해서는 합리적 실시료 배상을 인정하는 것으로(제 2 호) 합목적적으로 해석·운용됨이 상당하다(공제 방식). 「생산능력 초과수량」과 「권리자가 판매할 수 없었던 수량」은 모두 침해품 양도에 기한 손해와 인과관계가 없는 수량임이 분명하므로 이를 공제하여 침해와 손해 사이의 인과관계율을 유지하고 상한선 방식과 같은 과잉배상·중복배상을 방지할 수 있다. 제 2 호의 복합산정 규정은 「생산능력 초과수량」과 「권리자가 판매할 수 없었던 수량」처럼 해당 특허발명이 침해자에 의해 실시되었으되 인과관계 단절로 단위당 이익 배상의 대상이 되지 않는 수량에 대해 실시료 상당의 손해를 보충적으로 인정하자는 것이므로, 공제 방식을 통해 제 1 호와 제 2호 사이에 유기적 정합성을 확보할 수 있다.[94] 나아가 궁극적으로는 지나치게 난삽하고 해석상 분란의 소지가 있는 현행 특허법 제128조 제 2 항을 공제 방식에 따라 간명하게 개정함이 상당할 것이다.[95] 일본 역시 2019년 특허법

라, [A'-D-B] 중 [C-D]를 넘는 수량에 해당하기 때문이다. 결과적으로, 침해 후 권리자 양도수량이 많이 존재하여 권리자 생산능력(고정값)과의 차이가 줄어들수록(C-D가 작아질수록) Y값은 커져 복합산정 금액 역시 증가하게 되는 것이다.

94) 공제 방식에 따를 경우, [침해품 양도수량(A): 100 / 권리자의 판매불가수량(B): 30 /권리자 생산능력(C): 80 / 침해 후 권리자 판매수량(D): 20]이라고 할 때 제128조 제 2 항 제 1 호에 기해 권리자 단위당 이익액을 곱할 수량은, 100(A: 120-20) - 30(B) - 40(-120-80(C)) 으로서 30개가 되고, 공제된 30개 + 40개는 제 2 호에 따라 각 합리적 실시료 배상의 대상으로 된다.

95) 개정 제안은 다음과 같다(조영선, 「특허권 침해에 대한 합리적 실시료 산정방법에 관한 연구」, 특허청 연구용역, 2020, 249~250면):

제128조 ② 제1항에 따라 손해배상을 청구하는 경우 그 권리를 침해한 자가 그 침해행위를 하게 한 물건을 양도하였을 때에는 다음 각호에 해당하는 금액의 합계액을 특허권자 또는 전용실시권자의 손해액으로 할 수 있다.

1. 그 물건의 양도수량에, 침해가 없었다면 특허권자 또는 전용실시권자가 판매할 수 있었을 물건의 단위수량 당 이익액을 곱한 금액. 다만, 다음 각 목은 위 양도수량에서 공제한다.
   가. 특허권자 또는 전용실시권자가 생산할 수 없었던 수량
   나. 그 밖에 특허권자 전용실시권자가 그 침해행위가 없었더라도 판매할 수 없었던 수량
2. 그 물건의 양도수량 중 제1호 가. 나. 목에 의해 공제된 수량의 실시에 대해 합리적으로 받을 수 있는 금액. 다만, 특허권자 또는 전용실시권자가 해당 특허권에 기해 전용실

개정으로 복합산정 제도를 도입하면서 관련 규정인 특허법 제102조 제2항을 공제 방식에 따라 개정한 바 있다.[96)]

2) 복합산정의 제외사유: 통상실시권 설정이 불가능했던 수량

개정 특허법 제128조 제2항 제2호는 '특허권자 또는 전용실시권자가 그 특허권자의 특허권에 대한 전용실시권의 설정, 통상실시권의 허락 또는 그 전용실시권자의 전용실시권에 대한 통상실시권의 허락을 할 수 있었다고 인정되지 않는 경우에는 해당 수량을 뺀 수량'에 대해서만 복합산정에 의한 합리적 실시료 배상이 가능하다고 한다. 이는 권리자가 통상실시권을 설정할 수 있는 법적 지위에 있지 않아서 '실시권 설정 기회의 상실'이라는 일실이익이 존재할 수 없는 경우를 염두에 둔 규정이다. 소송법적으로는 침해자가 권리자의 복합산정 주장에 대해 제출할 수 있는 항변 사유에 해당할 것이다. 구체적으로는 ① 특허권자가 전용실시권을 설정하거나 통상실시권을 허락할 수 없는 사정이 있었던 경우, ② 전용실시권자가 그 전용실시권에 기해 통상실시권을 허락할 수 없는 사정이 있었던 경우로 구성되어 있다. ①의 예로는 특허권자가 이미 제3자에게 전용실시권을 설정해 주었거나, 특허권이 공유인 경우 등을 생각할 수 있다. 특허권자는 선행 전용실시권에 저촉되는 전용실시권이나 통상실시권을 제3자에게 설정해 줄 수 없고, 공유 특허권에 기해서는 다른 공유자의 전원의 동의가 없는 한 제3자에게 통상실시권을 설정해 줄 수 없기 때문이다.[97)] ②의 예로는 전용실시권자가 제3자에 대한 통상실시권 설정에 특허권자의 동의를 얻지 못한 경우를 들 수 있다.[98)]

그렇기 때문에 예컨대, ① 스스로도 특허발명을 실시하는 특허권자 甲이

시권이나 통상실시권을 설정할 수 없었던 경우에는 그러하지 아니하다.

96) 상세는 조영선, 「특허침해로 인한 손해액 산정 시 기여율 고려에 관한 제 문제」, 법원행정처 연구용역, 2021, 95면.

97) 한편, 독점적 통상실시권이 설정된 경우라면 약간 사정이 다르다. 독점적 통상실시권을 설정한 특허권자라도 대외적으로는 실시권이나 실시허락권을 상실하지 않기 때문에 스스로 침해자를 상대로 실시료 배상을 청구할 수도 있지만, 만약 독점적 통상실시권 설정계약에 특허권자 스스로도 발명을 실시하지 않기로 하는 약정이 포함되어 있다면(이른바 완전 독점적 통상실시권), 이는 실질적으로 전용실시권이 설정된 것과 마찬가지로 취급하여 특허권자에게 실시료 상당 배상청구권을 인정하지 않는 편이 합당할 것이다.

98) 전용실시권자는 특허권자의 허락을 받아야만 그 전용실시권에 기한 통상실시권을 허락할 수 있다(특허법 제100조 제4항).

(생산능력 한도 월 300개) 월 100개의 물량에 관해 乙에게 전용실시권을 설정해 준 상태에서 丙이 침해를 통해 500개의 특허품을 제조, 판매하였다면, 甲은 丙의 침해량 중 자신의 생산능력을 넘는 200개(500-300)에 대해서는 복합산정에 의해 합리적 실시료를 청구할 수 있을 것이나,[99] 이때 丙은 다시 그중 100개에 관하여 전용실시권자 乙이 존재하여 甲이 그 물량만큼 어차피 실시허락을 할 가능성이 없었다는 이유로 공제 주장을 할 수 있게 된다. 또, ②와 관련하여 전용실시권자 甲이(생산능력 한도 월 300개) 500개의 침해물품을 제조, 판매한 乙을 상대로 손해배상을 청구할 때 생산능력을 넘는 200개에 대해서는 복합산정을 통해 합리적 실시료를 청구할 수 있으나, 만약 특허권자와 甲 사이의 전용실시권 계약 상 甲이 월 100개까지만 제 3 자에게 특허물건의 제조·판매에 관한 통상실시권을 설정할 수 있었다면, 나머지 100개(200-100)에 대해서는 어차피 甲이 실시허락을 할 수 없는 처지였으므로 위 복합산정 대상 수량에서 공제되어야 한다.

특허권이 공유인 경우, 공유 지분권자가 스스로는 특허발명 전부를 자기실시 할 수 있지만, 공유자 전원의 동의가 없는 한 제 3 자에 통상실시권을 허락할 수 없다(특허법 제99조 제 4 항). 만약 침해자에 대해 공유자 전원이 손해배상을 청구하는 경우라면 문제될 것이 없지만, 지분권자 일부만이 자기 지분에 응해서 손해배상을 청구하면서, 양도수량을 근거로 계산한 손해배상액 외에[100] 잔존부분에 대해 실시권 설정의 기회 상실을 근거로 복합산정에 기한 합리적 실시료 배상까지 청구한다면 침해자로서는 특허법 제99조 제 4 항 및 제128조 제 2 항 제 2 호의 해당부분을 근거로 이를 배척하는 항변을 할 수 있을 것으로 본다.

3) 복합산정의 제외사유: 기여율을 넘는 부분(비기여분)

특허법 제128조는 복합산정의 대상으로서 침해품 판매수량 가운데 특허발명이 기여하지 않은 부분(비기여분)의 취급에 대해서는 명확히 규정하지 않고

99) 만약 이미 甲과 전용실시권자가 시장을 분점하고 있는 상태였다면, 침해자의 양도수량에 권리자의 시장점유율을 반영한 수량만큼이 권리자의 일실 양도수량이 되며, 복합산정시 침해품의 양도수량에 그 나머지 비율을 곱해 나오는 수량에 대해서만 합리적 실시료이 청구가 가능할 것이다.

100) 물론 이 손해액 역시 지분에 응해서만 인용될 것이다.

있으며 특허법 제128조 제2항 제2호 괄호부분은 복합산정의 제외사유로 '통상실시권 설정이 불가능했던 수량'이라고만 하는 바, '비기여분' 또한 당연히 여기에 해당한다고 보아야 한다.[101] 침해품의 총 판매수량 가운데 특허발명과 인과관계 있는 매출은 [침해품 판매수량 × 특허발명의 기여율(A%)] 일뿐, 기여율을 넘는 수량은 '해당 특허발명의 역할이 없이 이루어진 추가매출'이어서 그에 대해 실시료를 매길 여지도 없기 때문이다.

반면, 판매불가능 사정에 의한 감액은 이와 논리적 구조를 달리한다. 즉, '침해품의 매출 전부에 특허발명이 전적으로 기여'한 것은 사실이고, 다만 그 수량 전부를 권리자가 판매할 수 있었던 수량으로 돌릴 수는 없게 하는 사정(어차피 권리자가 그 수량 전부를 스스로 판매할 수 없었던 사정. 권리자의 생산능력한도 초과분도 여기에 포함됨은 물론이다)이 인정되어 그만큼을 배상 대상에서 감축하는 것이며, 이 때 침해자가 그 감축 수량에 대해 적어도 권리자에게 실시료를 지급하지 않은 것 또한 사실이므로 이를 배상토록 하는 것이다. 특허법 제128조 제2항 제2호는 이런 법리를 입법화 한 규정이다.

4) 소송법적 문제

제2항 내지 제4항에 제5항을 복합하여 손해산정을 구하는 것은 사실심 변론 종결 이전까지만 가능하다고 해야 한다. 권리자가 제128조 제2항 또는 제4항의 손해를 주장하였는데 침해자의 양도수량 중 공제가 인정되거나 추정이 일부 복멸되어 결국 '일부 인용'으로 판결이 확정되었다면, 동일한 침해를 이유로 한 손해배상 판결의 기판력은 공제 부분에 대한 실시료 상당 손해(일부 기각 부분)에 대해서도 미치기 때문이다.[102] 따라서 권리자로서는 처음부터 제2항에 기한 손해산정을 구하는 외에 예비적으로 공제 부분이 있다면 제5항을 추가 적용할 것을 주장하거나, 1심에서 공제로 인한 일부 기각 판결을 받

---

101) 우리나라보다 먼저 동일한 내용으로 복합산정 규정을 도입하면서 법문(일본 특허법 제102조 제1항 제2호)에 같은 표현을 사용하고 있는 일본에서도 이를 침해품에 대한 특허발명의 기여율을 넘는 부분처럼 권리자에게 침해로 인한 손해배상을 인정하는 것이 부당한 경우를 염두에 둔 입법이라고 설명하고 있다(일본 특허청, 令和元年法律改正 (令和元年法律第3号) 解説書, 第1章, 17~18면).

102) 제2항에 기해 산정되는 손해이든, 제5항에 기해 산정되는 손해이든 공히 침해행위로 인한 권리자의 '소극적 손해(일실이익)'이기 때문에 판례처럼 손해 3분설(적극적 손해, 소극적 손해, 정신적 손해)을 따르더라도 마찬가지 결론에 이른다.

으면 항소심에서 그에 대해 제 5 항의 추가 적용 주장을 해야 할 것이며, 일부 인용 판결이 확정된 이후 별소로 이를 주장하는 것은 부적법하다. 독일에서도 이런 법리는 확고하게 인정되고 있다. 독일에서는 특허 침해로 인한 손해배상 소송에서 복합산정 자체를 인정하지 않고, 일실이익, 침해자 이익반환, 합리적 실시료의 3가지 유형 가운데 하나만을 선택하여 주장할 수 있지만,[103] 사실심 변론종결 이전까지 당사자는 선택한 유형을 자유롭게 변경할 수 있다.[104] 그러나 일단 판결이 확정되어 기판력이 생겨버리거나 침해자가 배상액을 변제하여 채무 자체가 소멸되어 버리면 변경의 여지는 없어지게 된다.[105] 즉, 권리자는 별소를 통해 다른 산정방법을 주장하면서 확정판결 손해액과 차액에 해당하는 추가손해배상을 구할 수 없고, 변제를 통해 급부를 소멸시킨 침해자를 상대로 다른 손해액 산정방법을 동원해 추가배상을 구할 수 없다.

3. 제128조 제 2 항 손해액의 감면 사유로 제 4 항 원용 가부

제128조 제 2 항에 의해 산정된 손해액에 대하여, 피고가 자신이 침해행위로 인해 실제로 얻은 이익이 적거나 없다는 사정을 주장·증명하여 위 손해액을 다툴 수 있는가. 특허법 제128조는 침해자의 '실제이익'을 손해액 번복의 사유로 두고 있지 않을뿐더러, 제 2 항과 제 4 항은 어디까지나 권리자의 손해 증명을 용이하게 하기 위한 규정이므로, 침해자가 제 4 항을 원용하여 권리자가 내세우는 제 2 항의 손해액을 다툴 수는 없다고 해야 한다. 판례 역시 부정경쟁방지법 위반 사건에서 그런 법리를 설시한 바 있고,[106] 디자인권 침해로

103) Kühnen, *Patent Litigation Proceedings in Germany A Handbook for Practitioners 7th edit.* Heymanns, 2015, p. 696; Haedicke/Timmann, *Patent Law A Handbook*, C. H. Beck, 2014, p. 908 등. 판례로는 BGH 13. 07. 1962- I ZR 37/61(GRUR 1962, 580) 등.

104) Haedicke/Timmann, *Patent Law A Handbook*, p. 908; BGH 22. 04. 1993-I ZR 52/91(GRUR, 1993, 757).

105) Kühnen, *Patent Litigation Proceedings in Germany A Handbook for Practitioners 7th edit*, p. 696; BGH, 17. 06. 1992 - I ZR 107/90(GRUR 1993, 55, 57); BGH, 22. 09. 1999 - I ZR 48/97(GRUR 2000, 226, 227); BGH, 09/25/2007 - X ZR 60/06 (GRUR 2008, 93).

106) 대법원 2009. 8. 20. 선고 2007다12975 판결: 피침해자가 부정경쟁방지법 제14조의 2 제 1 항에 의하여 손해액을 청구하여 그에 따라 손해액을 산정하는 경우에 침해자로서는 같은 항 단서에 따른 손해액의 감액을 주장할 수 있으나, 같은 조 제 1 항에 의하여 산정된 손해액이 같은 조 제 2 항이나 제 3 항에 의하여 산정된 손해액보다 과다하다는 사정을 들어 같은 조 제 2 항이나 제 3 항에 의하여 산정된 손해액으로 감액할 것을 주장하여 다투는 것

인한 손해배상에서 그런 법리에 입각한 하급심 판결례도 있다.[107]

Ⅳ. 침해자 이익액에 근거한 손해산정(제128조 제4항)

제1항에 따라 손해배상을 청구하는 경우 특허권 또는 전용실시권을 침해한 자가 그 침해행위로 인하여 얻은 이익액을 특허권자 또는 전용실시권자가 입은 손해액으로 추정한다.

1. 일반론

(1) 법적 성질

특허법 제128조 제4항의 추정의 성질은, '법률상 사실추정'으로서 권리자가 ① 침해의 존재, ② 손해의 발생, ③ 침해자의 이익액을 주장·증명하면, 침해로 인한 권리자의 손해액이 침해자의 이익액에 상응한다는 사실이 추정되고, 침해자인 피고는 다시 권리자에게 실제 발생한 손해가 그에 미치지 못한다는 사실(침해자의 이익액 전부를 권리자의 손해액으로 하는 것이 부당한 사정)을 증명하여 위 추정을 복멸하는 구조를 취하게 된다.[108] 판례[109] 역시 "침해로 인하여 입은 손해의 배상을 청구하는 경우에 그 손해의 액을 증명하는 것이 곤란한 점을 감안하여 권리를 침해한 자가 그 침해행위에 의하여 이익을 받은 때에는 그 이익의 액을 손해의 액으로 추정하는 것일 뿐이고, 침해가 있는 경

은 허용되지 아니한다.

107) 서울동부지방법원 2011. 4. 20. 선고 2010가합14023 판결: 디자인권자가 침해자의 양도수량에 기한 손해액(구 디자인 보호법 제64조 제1항)을 주장한 데 대하여 피고가 침해자의 이익을 권리자의 손해로 추정하는 규정(구 디자인 보호법 제64조 제2항)을 원용하면서 "피고는 고객에 대한 서비스차원에서 이 사건 식탁 등을 원가 79,600원을 들여 단가 80,000원에 납품하여 이익을 거의 얻지 못하였으므로 원고의 손해액도 거의 없다"고 다투었다. 법원은 "불법행위로 인한 손해액을 산정함에 있어 불법행위자가 얻은 이익액을 한도로 해야 하는 것도 아니고, 디자인권자는 디자인보호법 제64조 각 규정에 의한 손해액 산정방법을 선택적으로 주장할 수 있는 것이므로, 피고의 위 주장은 이유 없다"고 배척하였다.

108) 학설상, 우리나라와 일본의 통설이라고 할 수 있다.

109) 대법원 2006. 10. 12. 선고 2006다1831 판결; 대법원 1997. 9. 12. 선고 96다43119 판결.

우에 그로 인한 손해의 발생까지를 추정하는 취지는 아니다."라고 하여 이런 시각을 보인다.

특허법 제128조 각 항 가운데 일반조항으로서의 성격이 가장 강한 제 4 항의 해석은 다른 항에 비해 다분히 정책적 함의를 지닌다. 제 4 항의 존재의의를 권리자의 강력한 보호에서 찾는 시각일수록 제 4 항의 요건인 '권리자의 손해발생'의 의미를 유연하게 해석하여 이를 다양한 형태로 인정하고, 심지어 침해가 있는 이상 손해는 자동적으로 발생하는 것이라는 입론을 하기도 한다.[110] 그것이 침해자의 추정복멸이 쉽지 않다는 현실적 사정과 맞물리면 결과적으로 제124조 제 4 항은 침해로 얻은 이익 자체를 환수하거나 침해를 사전에 단념케 하는 일반예방 수단으로 기능하게 된다. 그러나 특허법 제128조가 기본적으로 권리자의 손해증명 곤란을 덜어주고 적정한 범위에서 피해회복을 도모하기 위한 제도라고 이해하는 이상, 제 4 항의 해석론을 앞서와 같은 시각에서 전개하는 것은 부적절하다.

(2) 제 2 항과의 관계

특허법 제128조 제 2 항이, 침해자가 특허품의 양도라는 형태의 침해를 하고 권리자 역시 특허품 또는 적어도 대체품의 판매라는 실시행위를 하는 경우에 한해 적용이 있는 반면, 제 4 항은 그런 제한이 없이 특허침해가 존재하고 그로 인해 권리자의 손해가 발생한 경우라면 일반적으로 적용될 수 있는 규정이다. 따라서 물건발명은 물론 방법발명 특허의 침해에 대해서도 적용이 있으며, 실시의 구체적 형태 역시 묻지 않는다. 결국 제 2 항과 제 4 항 모두 권리자의 일실이익이라는 손해액의 산정을 위한 장치이되, 제 2 항이 제 4 항보다 더 구체적인 산정방법을 제시하고 있는 것이라고 해야 한다. 권리자의 입장에서 제 4 항은, ⅰ) 침해자의 이익이 자신의 이익보다 크거나, ⅱ) 제 2 항의 적용을 위해 자신의 제품단위 당 이익 등 영업실태를 드러내고 싶지 않을 때 우선적으로 활용될 수 있을 것이다.[111]

110) 田村善之, 知的財産権と損害賠償[新版], 弘文堂, 2004, 11~21면; 정상조·박성수 공편, 특허법주해 Ⅱ, 220면.

111) 안원모, 특허권의 침해와 손해배상, 199면.

2. 권리자의 손해 발생

(1) 손해의 실체에 관한 견해 대립

특허법 제128조 제 4 항에 의하더라도 손해의 발생까지는 추정되지 않음을 전제로 할 때, 권리자가 주장·증명해야 하는 '손해 발생'의 실체가 무엇인가가 문제된다. 제128조 제 4 항의 손해는 '권리자의 매상감소로 인한 일실이익'으로 보는 것이 우리나라와 일본의 다수설이다.[112] 한편, 손해의 실체를 '시장기회 상실'이나[113] '기술독점의 훼손'[114]과 같은 추상적·규범적 개념으로 파악하는 시각도 있다. 구체적으로는 권리자가 스스로 실시주체여야 손해가 발생하는가, 실시주체가 아닌 권리자에게도 손해가 발생할 수 있는가의 점에서 차이가 생긴다.

(2) 권리자의 실시 필요 여부

권리자가 제 4 항을 원용하기 위해서는 스스로 실시의 주체여야 하는지가 문제된다. 엄밀히 말하자면, ① 권리자가 특허발명과 동일한 발명을 실시하는 경우, ② 권리자가 특허발명과 경합(대체) 기술을 실시하는 경우, ③ 권리자 스스로는 실시를 하지 않고 그와 일정한 관계에 있는 제 3 자(대리점, 통상실시권자 등)가 특허발명과 동일하거나 경합(대체) 기술을 실시하는 경우, ④ 권리자나 그의 허락을 받은 제 3 자 누구도 특허발명과 동일하거나 경합(대체)기술을 실시하지 않는 경우로 나누어 볼 수 있다.

1) 실시 필요설

제128조 제 4 항의 손해를 '권리자의 매상감소로 인한 일실이익'으로 보는 다수설은 위 규정을 적용받기 위해서는 권리자의 실시가 필요하다고 한다.[115]

---

112) 다수설로 분류되는 우리나라의 견해들에 대한 열거는, 특허법원, 지적재산소송실무(제 4 판), 574면; 일본의 견해와 재판례들에 대한 열거는, 中山信弘·小泉直樹 編, 新·注解[第 2 版](中), 1910~1912면.

113) 田村善之, 知的財産權と損害賠償[新版], 297~301면.

114) 정상조·박성수 공편, 특허법주해 Ⅱ, 179~180면.

115) 송영식외 6, 지적소유권법[제 2 판](상), 667면; 전효숙, 앞의 글("특허권 침해로 인한 손해배상"), 27면; 권택수, 앞의 글("특허권침해로 인한 손해배상"), 557면; 안원모, 특허권의 침해와 손해배상, 203면 등.

판례[116] 또한, 특허법 제128조 제 4 항은 권리자에게 손해가 발생한 경우에 그 손해액을 평가하는 방법을 정한 것에 불과하고 손해의 발생 자체를 추정하는 것은 아니어서 침해행위에도 불구하고 특허권자에게 손해가 없는 경우에는 적용될 여지가 없다고 한다. 그러면서, "다만 침해로 인한 손해 발생의 사실은 경업관계 등으로 인해 그 염려 내지 개연성이 있음을 주장·증명하면 족하다"고 한다. 이처럼 판례는 손해의 발생 자체는 원고가 주장·증명해야 하는 요건사실이며 이를 위해서는 경업관계 등 권리자의 실시가 필요하되, 경업관계 등이 증명되면 구체적인 손해의 발생은 개연성을 통해 사실상 추정될 수 있다는 논리이다.[117] 이로써 판례가 위 ①, ② 유형을 포섭하는 한편, ④ 유형을 배제하는 것을 알 수 있다. 한편 이에 대하여, 위 판례는 특허권의 침해가 있으면 규범적 의미에서 당연히 손해가 발생함을 천명한 것이고 특허권자가 특허발명을 실시하지 않더라도 손해의 발생이라는 요건은 충족될 수 있다고 하면서, 위 판례가 "특허권자는 침해로 인해 손해발생의 염려 내지 개연성을 주장 증명하는 것으로 족하다"고 한 것이 바로 그런 의미라고 주장하는 예가 있다.[118] 그러나 "손해 발생의 염려 내지 개연성을 증명하는 것으로 족하다"는 판시는 '손해는 규범적으로 당연히 발생하는 것이어서 증명할 필요가 없다'는 것과 다르다. 이는 문언 그대로, 손해의 구체적 발생은 필요하고 이를 특허권자가 증명해야 하지만, 경업관계 등 전제 사실에 사실상 추정효를 부여함으로써 그 필요한 증명의 정도를 완화한 것으로 보아야 할 것이다.[119] 일본에서도

116) 대법원 2006. 10. 12. 선고 2006다1831 판결.

117) 특허권자가 실시여부를 불문하고 침해 자체가 손해의 발생을 의미한다고 설시하지는 않음에 유의.

118) 정상조·박성수 공편, 특허법주해 Ⅱ, 171~172면, 220~221면.

119) 정상조·박성수 공편, 특허법주해 Ⅱ, 223면(박성수 집필부분)은, 서울고등법원 2009. 2. 3. 선고 2008나17757 판결을 들면서, "위 판결이 권리자의 특허발명 실시는 특허법 제128조 제 2 항의 적용의 적극적 요건은 아니라고 판시하였고, 그 상고심인 대법원 2009. 10. 15. 선고 2009다19925 판결이 특별한 법리 설시 없이 상고를 기각하여 원심의 결론을 지지하였다"고 적고 있으나, 이는 부적절한 서술로 보인다. 위 서울고등법원 판결의 해당부분 원문은 "침해행위에도 불구하고 특허권자에게 손해가 없는 경우에는 적용될 여지가 없으며, 다만 손해의 발생에 관한 주장·증명의 정도에 있어서는 경업관계 등으로 인하여 손해 발생의 염려 내지 개연성이 있음을 주장·증명하는 것으로 충분하고(대법원 2006. 10. 12. 선고 2006다1831 판결 참조), 권리자의 특허발명 실시는 특허법 제128조 제 2 항 적용의 적극적 요건은 아니라고 할 것"이다. 이처럼 위 판결은 기존 대법원 판례의 논지를 그

실시 필요설이 다수의 학설·판결례이다.[120)]

2) 실시 불요설

시장기회 상실설이나 기술독점 훼손설을 주장하는 입장에서는 발명을 실시하지 않는 권리자에게도 특허권 침해 자체만으로 추상적·규범적 의미에서 손해가 발생하기 때문에 ①, ②는 물론, ③, ④의 경우에도 제 4 항에 따라 침해자의 이익을 손해로 추정할 수 있다고 하게 된다. 다만 침해자는 권리자의 생산능력이나, 침해가 아니라도 판매할 수 없었던 사정 등 반대사실의 증명으로 추정을 복멸할 수 있을 뿐이라고 한다.[121)]

3) 검토 : 실시의 필요

특허발명을 일절 실시하지 않은 채 특허권을 보유만 하고 있는 권리자가 실시료 상당액을 넘어 침해자의 이익 전부를 손해배상으로 획득하게 하는 것은 그 자체로 과잉배상의 문제를 낳는다. 제 4 항이 침해자의 이익액을 권리자의 손해액으로 추정하는 것 자체가 기본적으로는 양자의 규모 사이에 어느 정도의 등가성이 인정되는 상황을 출발점으로 한 것이라고 보아야 한다. 무엇보다 비실시 권리자를 위해 제 5 항에 실시료 상당 손해 배상규정이 별도로 마련되어 있음에 비추어 그러하다. 따라서 제 4 항이 적용되기 위해서는 권리자가 스스로 실시의 주체일 필요가 있고, 그 손해의 실체는 기본적으로 침해로 인

대로 재 기술하면서, 특허권자는 경업관계 등 손해의 발생 개연성이 있는 사실을 주장, 증명하는 것으로 족하고, 반드시 스스로 "특허발명을" 실시하고 있다는 점과, 그로 인해서 구체적으로 손해가 발생했다는 사실을 증명해야 하는 것은 아니라고 하고 있을 뿐, 경합품이나 대체품을 포함하여 권리자의 실시가 일절 없더라도 특허법 제128조 제 2 항의 손해는 당연히 발생한다고 설시한 것이 아니다. 심지어 위 판결은 바로 이어서, "원고가 1985년경부터 … 이 사건 특허발명을 이용한 제품을 판매하였음은 앞에서 본 바와 같은바, 경업관계에 있는 피고가 이 사건 특허권을 침해하는 제품을 제조·판매함으로 인하여 손해를 입을 염려 내지 개연성이 있다고 추단된다"고 하여 오히려 특허권자인 원고가 국내에서 스스로 실시행위를 하면서 피고와 경업관계에 있었음을 인정하고, 그로 인해 원고에게 손해가 발생한 사실을 추정하고 있다. 이 사건의 상고심이 "원심판결에는 피고가 상고이유로 주장하는 바와 같은 손해배상액 산정에 관한 법리오해 등의 위법이 없다"고 하여 원심을 지지한 것은 이런 경위에 따른 자연스러운 결과일 뿐이며, 이를 두고 원심이 구 특허법 제128조 제 2 항의 적용 요건으로 특허권자의 실시 자체가 불필요하다는 법리를 밝혔다거나, 심지어 대법원이 그런 법리를 묵시적으로 지지하였다고 설명하는 것은 납득되기 어렵다.

120) 中山信弘·小泉直樹 編, 新·注解[第 2 版](中), 1910~1912면.

121) 정상조·박성수 공편, 특허법주해 Ⅱ, 180면, 223면.

한 매출 감소라고 보아야 한다. 한편, ③의 경우, 권리자가 대리점 등을 통해 간접적으로 실시를 하고, 침해로 인한 매출 감소가 곧바로 권리자의 손해로 이어지는 경우라면 제 4 항을 적용해도 무방할 것이나,[122] 단지 권리자가 스스로는 실시함이 없이 제 3 자에게 통상실시권을 설정한 경우에 불과하다면 비록 침해로 인해 러닝로열티의 감소 등 간접적 손해가 발생하더라도 제 4 항을 적용하기는 어려울 것이며, 그러한 침해에 대해서는 제 5 항의 실시료 상당 손해배상을 구해야 할 것이다.

제 4 항의 적용을 위해서는 권리자가 침해의 모든 기간 동안 실시를 하고 있어야 하는가도 문제 된다. 권리자가 침해로 인해 실시를 중단하더라도 제 4 항의 적용을 받는 데 지장이 없다는 견해도 있고,[123] 권리자의 실시 중단 이후에는 손해가 없으므로 제 5 항의 적용만 가능하다며 반대하는 견해도 있다.[124] 생각건대, 방법발명처럼 실시의 중단 시점이 명확한 경우에는 후자가 더 타당할 것이나, 물건발명은 권리자가 제조, 판매 중이던 물건의 재고가 소진될 때까지 침해품과 시장에서 경합이 계속 존재하여 현실적으로 어느 시점에 법적으로 실시가 중단된 것인지 확인하기 어려운 수도 많다. 따라서 물건발명에 대해서는 원칙상 전자의 입장을 따르되, 침해자가 자신의 침해품 판매로 인한 이익을 더 이상 권리자의 손해로 보아서는 안 되는 시점이나 사유를 증명한 경우에는 이를 달리 봄이 상당하다.

---

122) 일본의 知財高裁 平25年. 2. 1. 大合議判決의 사안이 이런 경우에 속한다 : 원고가 영국에 상주하면서 대리점 업자를 통해 특허물품을 일본으로 수입 · 판매하는 상태에서 피고가 침해품을 중국에서 일본으로 수입·판매한 것이 문제된 사건에서, 일본 특허법 제102조 제 2 항(우리 특허법 제128조 제 4 항과 동일)이 적용되기 위해서는 특허권자 스스로 실시자일 필요는 없고, 침해가 없었더라면 어떤 형태로든 얻을 수 있는 이익이 있었음에도 침해로 인해 그 이익이 상실된 바 있다면 손해의 발생은 인정되어 일본 특허법 제102조 제 2 항에 의한 손해액 추정이 가능하다고 판시하는 한편, 실제 손해액이 피고의 이익액에 미치지 못한다는 점은 피고의 추정복멸사유라고 하였다. 이를 통해 일본의 재판실무는 위 ①, ②는 물론, ③의 한 유형으로서 제 3 자를 통해 간접적으로 발명을 실시하고 있는 유형에까지 특허법 제102조 제 2 항의 적용범위를 확장하고 있다. 한편, 위 판례의 사정거리가 특허권자 스스로는 실시를 하지 않고 통상실시권만을 설정한 경우에까지 미치는지, "특허권자 스스로 실시자일 필요는 없다"는 표현이 특허권자가 간접적으로조차 특허발명이나 그 경합(대체)발명을 실시하지 않는 경우(④)까지도 포함하는 것인지에 대해서는 아직 정설(定說)이 없다.

123) 中山 編, 注解(上), 1024면.

124) 안원모, 특허권의 침해와 손해배상, 208면.

(3) 특수한 유형들

1) 권리자가 특허기술이 아닌 대체·경쟁기술을 실시하는 경우

제2항에서 본 것과 마찬가지 이유로 권리자가 특허발명과 동일한 기술 대신 대체기술이나 경쟁기술을 실시하고 있더라도 침해로 인해 그 매출이 감소하는 등 손해가 발생하였다면 제4항을 적용할 수 있다고 본다. 우리나라에서 이를 명시적으로 반대하는 견해는 보이지 않고, 일본의 학설과 재판례도 이런 추세라고 한다.[125]

2) 권리자와 침해자가 모두 특허발명을 실시하고 있지만 서로 대체·경쟁관계에 있지 않은 경우

예컨대, 권리자는 특허품을 자동차 부품으로 사용하는 반면, 침해자는 동일한 침해품을 청소기 부품으로 사용하는 경우를 생각할 수 있다. 제128조 제2항의 적용 국면에서는 이는 '침해행위 외의 사유로 판매할 수 없었던 사정'으로 침해자가 주장·증명해야 하지만, 제4항의 적용 국면에서는 권리자가 '손해의 발생' 자체를 주장·증명해야 하기 때문에 문제가 된다. 우리나라의 학설은 제4항의 적용을 위해 특허품과 침해품 사이에 대체·경합관계가 필요하다고 하고[126] 일본에서도 그것이 일반적인 학설과 재판례라고 한다.[127] 생각건대, 권리자의 실시와 침해자의 실시 간에 원칙상 경합관계가 필요하지만, 권리자와 침해자가 동종의 영업을 하고 있거나 시장에서 경쟁하는 상황 또는 그 구체적 가능성 등이 증명되면 구체적인 손해의 발생은 개연성을 통해 사실상 추정될 수 있다 할 것이며,[128] 이를 번복하는 사실에 대한 주장·증명책임을 침해자가 지는 것이 합당하다.[129] 양자가 완전히 일치하지 않더라도 동종

---

125) 中山信弘·小泉直樹 編, 新·注解[第2版](中), 1920, 1924면.

126) 권택수, 앞의 글("특허권침해로 인한 손해배상"), 559면; 안원모, 특허권의 침해와 손해배상, 208면.

127) 中山信弘·小泉直樹 編, 新·注解[第2版](中), 1926~1927면.

128) 대법원 2006. 10. 12. 선고 2006다1831 판결.

129) 따라서 예컨대 A가 '물건을 세척하는 특수한 방법'에 관한 권리자이고 이를 '중고차 부품 세척'에 이용하는 상태에서, B가 같은 방법을 '식당용 조리기구 세척'에 이용한다면, A는 자신과 침해자가 널리 '기계장비 세척'이라는 시장에서 경쟁관계에 있다든지, 자신이 식당용 조리기구 세척에까지 영업범위를 확대할 구체적 가능성이 있음을 주장·증명하면 제4항의 적용을 받을 수 있다. 침해자는 자신이 특허발명을 이용하여 '식당용 조리기구 세척'을 하는 것이 A '중고차 부품 세척' 영업에 아무런 영향을 미치지 않는다거나, 자신의 이익 전부가 A의 손해로 될 수는 없는 사정을 주장·증명하여 제4항의 추정을 번복할 수

의 영업에 해당하는지, 시장에서 경업관계를 형성하는지 등에 관해서는 다양한 스펙트럼이 존재할 수 있으므로 이는 개별 사건에서 사실인정의 문제로 돌아가게 된다. 결국 권리자는 침해로 인한 이익 감소가 존재한다는 점을 들어 제128조 제 4 항의 손해추정을 주장할 수 있고, 침해자가 그 실시태양이 다른 점과 그 정도를 반대사실로 주장·증명하여 추정복멸을 시도해야 할 것이다.[130] 그 결과 실시태양의 차이에 따라 추정의 일부만이 복멸되어 손해액이 감경되는 일도 생길 수 있다.

3) 권리자와 침해자의 영업 분야가 서로 다른 경우

예컨대, 권리자가 스스로 특허품을 제조·도매하는 상황에서 침해자가 침해품을 외국에서 수입·소매하는 경우, 침해자의 이익을 제 4 항에 따라 그대로 권리자의 손해로 추정할 수 있는가이다. 비록 구체적 실시 태양은 다르더라도 침해행위로 인해 제조·도매 이익이 잠식되는 이상 제 4 항의 적용이 있다고 본다. 이는 침해자가 간접침해품을 제조, 판매하는 경우에도 마찬가지이다. 엄밀히 권리자와 침해자의 실시태양은 다르지만 간접침해품의 제조, 판매로 인해 권리자의 손해가 발생한다는 관계는 인정될 수 있으므로 원칙상 제 4 항의 적용이 가능하다고 볼 것이다. 물론, 어느 경우에나 침해자는 반대사실의 증명을 통해 위와 같은 손해추정을 복멸할 수 있다. 만약 침해자의 실시태양이 달라서 권리자의 이익에 아무런 영향이 없음이 증명된다면, 그 한도에서는 마치 권리자가 스스로 실시를 하지 않는 것과 동일한 결과가 된다.

4) 부수품이나 부수적 서비스의 판매가 개재된 경우

이 경우에도 특허법 제128조의 손해액 산정 특칙이 적용되어야 함은 제128조 제 2 항의 해당 부분에서 설명하였으므로, 여기서는 제128조 제 4 항이 적용되는 구체적 모습만 언급한다.

① 원고가 〈특허품 + 부수품〉을 판매하는 상태에서 피고가 침해품을 판매한 경우 현실적으로는 ⅰ) [침해자가 침해품을 판매하여 얻은 이익]보다, ⅱ) [권리자의 〈특허품 + 부수품〉 판매 감소로 인한 손해]가 더 큰 경우가 많을 것이므로 이 규정이 적용될 유인(誘因)이 줄어들지만, 제128조 제 2 항 요건사실의 증명이 어렵거나 예외적으로 ⅰ)이 ⅱ)보다 큰 경우 제 4 항의 적용

있을 것이다.

130) 中山信弘·小泉直樹 編, 新·注解[第 2 版](中), 1928면.

은 권리자에게 여전히 의미가 있다.

② 원고가 〈특허품 + 부수품〉을 판매하는 상태에서 피고가 〈침해품 + 부수품〉을 판매한 경우 피고의 〈침해품 + 부수품〉 판매이익과 원고의 〈특허품 + 부수품〉 일실이익이 상호 대응관계에 놓이는 일이 많을 것이므로 피고의 이익을 원고의 손해로 추정하는 해당 규정의 취지가 대체로 잘 작동하게 된다. 피고가 그럼에도 불구하고 원고의 〈특허품 + 부수품〉의 일실이익이 자신의 〈침해품 + 부수품〉 판매이익보다 작다는 사실의 증명을 통해 추정을 복멸할 수 있음은 물론이다. 예컨대, 피고가 제공하는 침해품이나 부수품의 품질이 월등하다든가, AS 서비스가 원고의 것보다 우수하여 자신의 매출 규모가 더 큰 것이라는 점 등이 대표적이다.

③ 원고가 특허품만을 판매하는 상태에서 피고가 〈침해품 + 부수품〉을 판매한 경우 침해에 수반한 부수품 판매로 얻은 침해자의 이익 역시 일단은 '침해행위로 인하여 얻은 이익'에 해당하므로 이를 포함한 전부를 권리자의 손해액으로 추정할 수 있을 것이다. 다만, 피고는 그 이익 전부가 권리자의 손해로 돌아가서는 안되는 특별한 사정을 증명하여 위 추정을 뒤집을 수 있으며, 해당 이익에서 침해품의 기여도를 넘는 부분이 그 대표적 요소가 된다.[131] 일본에서도 마찬가지 입장을 취하면서 결국 기여율 판단의 문제로 귀결된다는 견해가 유력하다.[132]

④ 원고가 특허품을 판매하지 않는 상태에서 피고가 〈침해품 + 부수품〉을 판매한 경우 원고가 실시주체가 아닌 이상, 특허권자의 실시를 전제로 하는 특허법 제128조 제4항이 적용될 여지는 없으며, 합리적 실시료 배상인 제128조 제5항의 적용만이 문제된다.

3. 침해자의 이익

(1) 순이익설과 한계이익설

권리자의 손해로 추정되는 침해자 이익에 대하여는, 크게 ① 침해자의 매

---

131) 독일도 침해이익 환수형 손해배상 모델에서, 침해품 외에 부수품이나 부수적 서비스의 판매이익도 모두 환수대상인 침해자의 이익으로 취급하는 한편, 그 경우 다양한 기여율 요소를 참작하여 배상액을 감액한다.

132) 中山信弘 編, 注解特許法(上)[第3版], 青林書院(2000), 1039면.

출액에서 제조원가와 변동경비 외에 판매비, 일반관리비 등 고정비용까지 공제한 순이익을 말한다는 입장(순이익설)과 ② 매출액에서 제조원가와 변동경비 등 오로지 침해를 위해 새롭게 소요된 비용만을 공제한 한계이익을 말한다는 입장(한계이익설)이 있다. 순이익설은 공제범위가 상대적으로 넓어 침해자에게 유리하고, 한계이익설은 공제범위가 상대적으로 좁아 권리자에게 유리하다고 할 수 있다. 대법원은 과거 순이익설을 취했다가[133] 2008년 한계이익설을 따르는 판시를 하였다.[134] 근래 하급심 판결들 역시 한계이익설을 취하는 것이 많고,[135] 특히 관할 집중 이후 특허법원 판결례들은 이런 추세가 강한 것으로 보인다.[136]

그러나 여전히 실무는 통일되어 있지 않다. 근래 한계이익설을 따르는 판결례들이 많이 등장하고 있고, 최근에는「매출액 － 변동비 = 한계이익」대신「매출액 － (직접변동비 + 간접변동비) = 공헌이익」이라는 개념을 적용하는 판결도 보이지만,[137] 여전히 순이익설의 입장을 취하는 수도 있고, 그에 가까운 편의적 방법으로 침해자 이익액을 산출하는 경우도 있다. 침해자 매출액에 업종별 표준소득율(1-단순경비율)을 곱해 단순하게 이익액을 산출하는 것이 그 예인데,[138] 이를 지지하는 대법원 판례도 있다.[139] 그 밖에 명확히 분류하기

133) 대법원 1997. 9. 12. 선고 96다43119 판결: "상표권자가 상표법 제67조 제 1 항에 의하여 상표권을 침해한 자에 대하여 손해배상을 청구하는 경우에, 침해자가 받은 이익의 액은 침해 제품의 총 판매액에 그 순이익률을 곱하거나 또는 그 제조판매수량에 그 제품 1개당 순이익액을 곱하는 등의 방법으로 산출함이 원칙이지만, … 특별한 사정이 없는 한 침해자의 위 순이익률은 상표권자의 해당 상표품 판매에 있어서의 순이익률보다는 작지 않다고 추인할 수 있으므로, 침해자의 판매액에 상표권자의 위 순이익률을 곱하는 방법으로도 침해자가 받은 이익의 액을 산출할 수 있다."

134) 대법원 2008. 3. 27. 선고 2005다75002 판결: "상표권자 혹은 전용사용권자로서는 침해자가 상표권 침해행위로 인하여 얻은 수익에서 상표권 침해로 인하여 추가로 들어간 비용을 공제한 금액, 즉 침해자의 이익액을 손해액으로 삼아 손해배상을 청구할 수 있다."

135) 의정부지방법원 2011. 9. 8. 선고 2009가합7325 판결; 특허법원 2017. 5. 19. 선고 2016나1370 판결; 특허법원 2017. 7. 7. 선고 2016나1202 판결; 특허법원 2019. 5. 9. 선고2018나1701 판결 등.

136) 다음 표 참조.

137) 특허법원 2024. 1. 18. 선고 2021나1787 판결.

138) 수원지방법원 2003. 4. 18. 선고 2002가합9304 판결; 서울고등법원 2004. 6. 22. 선고 2003나12511 판결; 서울고등법원 2005. 3. 16. 선고 2004나53922 판결; 서울중앙지방법원 2010. 11. 12. 선고 2010가합34123 판결; 서울고등법원 2013. 1. 17. 선고 2012나54302

어려운 방식도 있다. 주요경비(매입비용, 임차료 및 인건비)는 납세자가 수취한 증빙서류에 의하고, 나머지 비용은 국세청이 고시한 기준경비율 만큼 인정하는 예 등이다.[140] 이익률에 관해서도, 침해자의 이익률이 통상 권리자의 이익률보다는 높다는 경험칙에 근거하여 권리자의 이익률을 침해자의 이익률로 보아 손해액을 산정한 예도 보인다.[141] 이처럼 제128조 제4항의 적용 시 다양한 산정방법이 혼용되는 것은 그만큼 침해자의 이익액 인정이 까다롭고 개별 사건의 특수성에 좌우되기 쉬우며, 증명책임의 분배만으로는 적정한 해결이 어렵다는 점을 보여준다.

대표적인 하급심 판결들을 유형별로 정리해 보면 다음과 같다.

순이익설	한계이익설	기타
① **이익액= 침해제품 매출액 × 이익율** – 수원지방법원 2003. 4. 18. 선고 2002가합9304 판결(위 원칙을 확인하는 한편, 당해 사건에서는 침해제품 매출액에 원고의 순이익율을 곱함) – 서울중앙지방법원 2009. 10. 7. 선고 2007 가합33960 판결 – 서울중앙지방법원 2017. 11. 3. 선고 2016가합525478 판결	– 특허법원 2024. 1. 18. 선고 2021나1787 판결(총매출액 중, 직접 변동비만을 공제한 「한계이익」 대신, '직접변동비 + 간접변동비'를 공제한 「공헌이익」이 제128조 제4항의 이익이라고 함) – 특허법원 2019. 8. 29. 선고 2018나1893 판결(총매출 5304억 중 한계이익 890억을 다툼 없는 사실로 인정하고, 특허발명 기여율을 4%로 봄) – 특허법원 2019. 5. 9. 선고 2018나1701 판결 ㉠ 총매출액: 1,856,886,074	① **이익액= 침해제품 매출액 – 침해제품에 관련된 주요경비(매입비용+임차료+인건비) – (침해제품 매출액×기준경비율)** – 서울고등법원 2005. 12. 7. 선고 2003나38858 판결 – 수원지방법원 2010. 4. 22. 선고 2008가합23845 판결 – 광주지방법원 2016. 7. 21. 선고 2014가합1616 판결
② **이익액= 침해제품 매출액 × 표준소득율(1–단순경비율)** – 특허법원 2024. 10. 31. 선고 2023나11276 판결(원칙 상 한계이익액이 기준이 되어야		② **침해자가 침해품 판매와 관련하여 세무서에 신고한 소득금액 전부를 침해자의 이익액으로 본 예** – 서울고등법원 2009. 2. 3. 선고 2008나17757 판결

판결; 특허법원 2017. 4. 21. 선고 2016나1745 판결; 특허법원 2024. 10. 31. 선고 2023나11276 판결 등.

139) 대법원 2014. 7. 24. 선고 2013다18806 판결.

140) 특허법원 2017. 5. 19. 선고 2016나1561 판결.

141) 대법원 1997. 9. 12. 선고 96다43119 판결; 수원지방법원 2003. 4. 18. 선고 2002가합9304 판결 등.

함을 설시하면서도, 해당 사안에서 구체적 한계이익액의 확정이 곤란하며 이 방법으로 산정한 이익액이 한계이익보다 크지 않을 것임을 이유로 제시) – 서울중앙지방법원 2004. 7. 2. 선고 2002가합63652 판결 – 서울고등법원 2004. 6. 22. 선고 2003나12511 판결 – 서울고등법원 2013. 1. 17. 선고 2012나54302 판결 – 특허법원 2017. 4. 24. 선고 2016나1745 판결 – 특허법원 2017. 11. 24. 선고 2017나1346(본소) 2017나1353(반소)(단, 이 방법으로 계산한 금액을 제128조 제4항이 아닌 제7항에 따른 손해액이라고 설시) – 특허법원 2017. 12. 1. 선고 2017나1155 판결	㉡ 변동비(재료비, 인건비, 운송비, 타부대비용, 금형설계 디자인비, 금형제작수리비): 1,584,955,650 ㉠－㉡:한계이익 271,930,424(실제로는 공유지분 1/2) – 특허법원 2017. 5. 19. 선고 2016나1370 판결(침해자의 이익액은 순이익이 아닌 한계이익을 기준으로 산정해야 하며, 이 사건 침해행위 기간인 2010. 9. 16.부터 2013. 1. 29. 사이 침해품 판매로 피고가 얻은 한계이익은 2,219,649,687원이라고 판시) – 의정부지방법원 2011. 9. 8. 선고 2009가합7325 판결(침해자의 이익은 '침해행위로 인한 매출금액에서 그 제품의 판매를 위해 추가로 지출하였을 것으로 보이는 필요한 변동경비, 즉 재료비, 노무비, 경비를 공제한 금액'이라고 판시)	

(2) 검 토

특허법 제128조 제 2 항의 '단위수량당 이익'의 의미와 관련한 논의는 기본적으로 제 4 항의 침해자 이익에도 그대로 타당하다. 침해자가 지출하는 고정비용은 침해와 무관하게 지출되는 것일 수도 있으므로 이를 자동으로 침해 매출액에서 공제하는 것은 합당치 않고, 그것이 침해행위와 직접적 관계에서 지출된 것임이 인정되는 때에 한해 공제되어야 한다.[142] 그러나 고정비용과 변동비용의 구분은 분명한 것이 아니며, 그 결과 순이익과 한계이익의 경계

142) 독일의 재판 실무도 그렇다고 한다(Thomas F. Cotter, *Comparative Patent Remedies*, Oxford Univ. press, 2013, p. 263).

또한 항상 명확한 것이 아니라는 점도 고려되어야 한다. 이처럼 고정비와 변동비는 개별 사건의 특성에 따라 달라지고 아래에서 보는 증명책임이 중요할 것이지만, 일응 대표적인 변동비와 고정비를 들어보면 다음과 같다. ① 변동비 : 침해에 관련된, 원재료비·가공비·금형 등 설비비·외주 제작비·포장비·보관비·운송비·광고비 등 ② 고정비 : 근로자 급여, 이용후생비, 일반적으로 지출되는 연구·개발비, 범용 설비의 구입비, 감가상각비, 임대료, 공과금, 세금, 보험료, 기업이나 제품에 대한 일반 광고비 등

(3) 주장 · 증명책임

1) 논의의 실태

제 4 항의 이익의 내용을 순이익 또는 한계이익 중 무엇으로 볼 것이냐와, 실제 소송에서 구체적 요소에 대한 증명책임을 누구에게 어느 정도까지 부담시키느냐는 별개의 문제이다. 침해자의 매출액에서 '변동비' 만을 공제하든(한계이익설), '변동비+고정비' 를 공제하든(순이익설), 실제로는 그 공제의 대상이 되는 구체적 요소를 누구에게 어디까지 주장·증명시킬 것인가가 중요하다. 구체적으로는 i) 이익액이나 비용액을 반드시 침해자를 기준으로 주장·증명시킬 것인가, 권리자 측을 기준으로 주장·증명하면 일단 족하다고 할 것인가, ii) 권리자가 어느 정도까지 공제대상액을 주장·증명해야 하는가가 각각 문제된다. 이에 관해 우리나라에서는, 막연히 침해자의 이익액은 제128조 제 4 항을 적용하기 위한 요건사실이므로 권리자가 주장·증명해야 한다는 입장과,[143] 권리자는 조이익(粗利益: 매출액 − 제조·매입원가)만 주장·증명하면 되고, 이를 넘어 추가로 공제되어야 하는 항목과 그 이유는 침해자가 증명해야 한다는 견해가 보인다.[144] 일본에서는, 침해자의 이익을 '한계이익' 이라고 보면서도[145] 그 산출을 위해 침해자 매출액으로부터 공제되어야 하는 변동비에 관해서는, ㉠ 권리자는 조이익(매출액 − 제조·매입원가)만 증명하면 되고, 침해자가 추가적

143) 특허법원, 지적재산소송실무(제 4 판), 576면(이 문헌은 그러면서 '침해자의 이익에서 비용을 공제하는 형태로 제128조 제 4 항을 적용할 때 그 비용의 계산방식은 주요사실이 아니므로 법원이 당사자의 주장에 구애됨 없이 적정하게 채용할 수 있다' 고 한다).

144) 전효숙, 앞의 글("특허권 침해로 인한 손해배상"), 29면; 안원모, 특허권의 침해와 손해배상, 217~218면.

145) 근래에는 한계이익설이 일본의 다수설이자 주류적 판례의 입장이라고 한다(中山信弘·小泉直樹 編, 新·注解[第 2 版](中), 1939~1940면).

으로 공제되어야 할 변동비를 증명해야 한다는 입장, ㉡ 권리자가 공제되어야 할 변동비를 증명해야 하지만, 그 금액은 권리자를 기준으로 하면 족하다는 입장, ㉢ 권리자가 공제되어야 할 변동비를 증명해야 하고 그 금액 역시 침해자를 기준으로 해야 한다는 입장 등이 대립하고 있으며, 재판례 역시 사안에 따라 혼재하는 것으로 평가된다.[146] 우리 실무에서는 앞서 본 것과 같이 침해자의 이익률이 통상 권리자의 이익률보다는 높다는 경험칙에 근거하여 권리자의 이익률을 침해자의 이익률로 보아 손해액을 산정한 예들이 있는바,[147] 침해자 이익액의 주장·증명에 대한 곤란을 덜어주기 위해 권리자 측의 이익액을 근거로 침해자 이익액 규모를 사실상 추정하려는 의도를 엿볼 수 있다.

2) 검 토

생각건대, 침해자 이익에 관한 모든 자료가 침해자에게 있는 현실에서 권리자로 하여금 침해자의 매출액 외에 그로부터 공제되어야 하는 변동비나 고정비까지 증명하도록 하는 것은 불합리하고, 무엇보다 공제대상 비용이 존재함은 침해자에게 유익한 사항이므로 이를 침해자가 주장·증명함이 상당하다. 요컨대, 1)의 ㉠과 같이 권리자는 '매출액(a)'과 그로부터 통상적으로 공제되어야 할 '제조·매입원가(b)'를 주장·증명함으로써 침해자 이익액에 대한 증명책임을 다한 것으로 보고, 그 밖에 추가로 공제되어야 하는 비용들(변동비나, 명목상 고정비에 해당하지만 제품의 판매와 직접적으로 관련되어 증가했다거나, 제품 생산을 위해 설비 증설이나 인력 채용이 불가피하였다는 등 실질적으로 변동비의 성격을 가지는 것)은 침해자의 주장·증명에 따라 반영하는 것이 합당하다. 한편, (b)를 침해자가 아니라 권리자를 기준으로 인정하면 족하다는 입장은, 법문의 근거 없이 권리자의 편의를 위해 경험칙을 남용하는 것이 될 우려가 있고,[148] 특허법이 침해자의 적극부인의무, 자료제출명령 등 손해의 증명을 돕는 제도를 새로 마련한 취지와도 어울리지 않는다. 따라서 (b)는 실제 침해자가 지출한 제조·매입 원가액을 기준으로 산정됨이 상당하다. 아울러, 권리자와 침해자 사

---

146) 中山信弘·小泉直樹 編, 新·注解[第 2 版](中), 1939~1944면.

147) 대법원 1997. 9. 12. 선고 96다43119 판결; 수원지방법원 2003. 4. 18. 선고 2002가합9304 판결; 특허법원 2017. 11. 24. 선고 2017나1346(본소) 2017나1353(반소) 등.

148) 아울러, 대법원 1997. 9. 12. 선고 96다43119 판결이 권리자 측을 기준으로 인정한 것은 '이익율'이지 침해품에 대한 '제조·매입원가' 등 구체적 비용이 아니다.

이에 이처럼 배분된 증명책임에 따라 심리를 진행한 결과, 당사자 일방이 증명을 다 하지 못하였다 해도, 변론 전 취지에 비추어 수긍할 만한 점이 있거나 합리적 판단의 근거가 있다면 특허법 제128조 제7항에 따라 상당한 손해액 산정으로 나아가는 것이 합당하다.

4. 추정의 복멸

제128조 제4항이 침해자의 이익을 권리자의 손해로 추정하는 이상, 피고는 그 추정을 번복하고 권리자가 실제로 얻을 수 있었던 이익이 침해자의 이익액보다 적다는 점을 주장할 수 있으며, 그 증명책임은 침해자 측에 있다.[149)]

(1) 사　　유

제2항 제1호의 '권리자의 생산능력이 침해자의 그것에 미치지 못하는 사정'은 제4항에서도 대표적인 추정복멸 사유가 된다.[150)] 아울러 '권리자가 침해행위 이외의 사유로 판매할 수 없었던 사정(판매 불가능 사정)'과 '기여율 요소' 역시 대체로 제4항의 추정복멸 사유가 될 수 있다. 판매 불가능 사정으로는, ㉠ 특허품 생산에 불가결한 부품 공급의 차질, ㉡ 특허권자에 의한 실시가 법적으로 금지된 사정,[151)] ㉢ 신기술의 개발로 특허발명이 진부화(陳腐化)하여 시장성이 한계를 보인 점, ㉣ 권리자 제품과 침해품의 시장(市場)이 서로 완연히 다른 점,[152)] ㉤ 특허품에 대한 대체품의 존재, 시장점유율 등이 대표적이고 기여율 요소에 해당하는 추정복멸 사유로는 ㉠ 침해품 판매가 침해자의 시장개발 노력, 광고·선전, 브랜드 가치에 힘입은 사정, ㉡ 침해품 판매가 침해품 품질의 우수성이나 가격 경쟁력에 힘입은 사정, ㉢ 침해품 판매가 특허발명 이외에 다른 구성을 갖춘 것에 힘입은 사정 등이 대표적이다. 판례는[153)] 상표권

149) 대법원 2006. 10. 13. 선고 2005다36830 판결; 대법원 2008. 3. 27. 선고 2005다75002 판결; 특허법원 2019. 8. 29. 선고 2018나1893 판결; 특허법원 2018. 11. 30. 선고 2017나1315 판결 등.

150) 中山信弘·小泉直樹 編, 新·注解[第2版](中), 1978면.

151) 예컨대, 특허권자가 행정적 제재 등으로 인해 일정 기간 특허발명을 실시할 수 없었던 경우를 생각할 수 있을 것이다.

152) 예컨대, 권리자는 그 발명을 이용하여 TV를 제조·판매하는 반면, 침해자는 그 발명을 이용하여 라디오를 제조·판매하는 경우(中山信弘, 特許法[第4版], 400면).

153) 대법원 2023. 6. 1. 선고 2020다238639(본소), 2020다238646(반소) 판결.

침해로 인한 손해배상액 산정 시 침해자의 이익을 권리자의 손해로 추정하는 규정(상표법 제110조 제 3 항)과 관련하여, "침해자 상품의 품질과 기술의 우수성, 침해자 고유의 신용, 영업능력, 판매정책, 광고 · 선전 등으로 인하여 부정경쟁행위나 상표권 등 침해와 무관하게 얻은 이익이 있다는 특별한 사정이 있는 경우에는 위 각 규정에 따른 추정의 전부 또는 일부가 뒤집어질 수 있다. 추정을 뒤집기 위한 사유와 그 범위에 관해서는 침해자가 주장 · 증명을 해야 한다"고 하는 바, 이는 특허침해 사건에서도 마찬가지로 볼 것이다. 그 밖에 기여율 요소로는, ⅰ) 전체 상품의 가격에서 침해부분이 차지하는 가격비율, ⅱ) 전체상품의 제조원가 대비 침해부분의 원가, ⅲ) 침해부분이 포함된 물품과 그렇지 않은 대체품과의 차별성 정도, ⅳ) 침해부분이 포함된 것을 광고 등을 통해 특징으로 내세우고 있는지 여부, ⅴ) 특허발명 자체의 기술적 가치 등이 종합적으로 고려되어야 할 것이다.

(2) 판매불가능 사유 등과 기여율의 구별

'판매불가능 사유 등과 기여율 요소'는 모두 제 4 항에 있어서는 추정복멸 사유가 되기 때문에 종래에는 양자를 개념상 명확히 구분하지 않고 일괄하여 감액비율을 정해 손해액에 곱해왔다. 그러나 5. 에서 자세히 보는 대로 특허법 제128조 제 4 항의 추정복멸 부분에 대해서도 실시료액의 복합산정 배상이 가능하다고 보는 이상, 판매불가능 사유에 해당하는 추정복멸 사유(복합산정 가능)와 기여율 요소에 해당하는 추정복멸 사유(원칙상 복합산정 불가능)를 구분해야 함은 여기서도 마찬가지가 되었다.[154)]

154) 일본의 학설 가운데는, 별도로 기여율이라는 개념을 도입할 필요가 없고, 이는 추정 복멸 사유에 해당할 뿐이므로, 침해와 손해 사이의 인과관계 단절 문제로 취급하면 족하다는 견해들도 유력하였다(大渕哲也 外4 編, 専門訴訟講座 ⑥ 特許訴訟(下巻), 民事法研究會, 2012, 369~370면; 기여율이라는 용어를 사용하는 것 자체가 불필요한 혼선을 초래하여 부적절하다는 견해로는, 田村善之, "特許權侵害に對する損害賠償額の算定-裁判例の動向と理論的な分析-", パテント Vol. 67, No. 1, 2014, 141 및 143면). 그러나 일본의 재판실무 역시 기여율을 감안하여 손해액을 산정하고 있으며, 그런 재판례는 우리나라에 비해 훨씬 손쉽게 발견된다(2006년~2014년 사이에 특허침해 소송에서 기여율을 반영한 총 83건의 판결을 찾아 분석하고 있는 문헌으로, 吉田和彦, 寄與率について考える, 現代知的財産法 實務と課題, 發明推進協會, 2015, 780~787면). 무엇보다, 일본 역시 2019년 특허법 개정을 통해 복합산정 제도를 도입한 이상, 기여율에 기한 감액과 기타 추정복멸 사유를 명확히 구분해야 할 필요가 생겼으므로 위 주장은 더이상 타당하지 않다.

판매불가능 사유와 기여율이 모두 복멸사유가 되는 경우에는 제 2 항에서와 마찬가지로 침해자의 이익액에 전자를 곱해 감액한 뒤, 다시 그 금액에 기여율을 곱하는 편이 합당할 것이다.

(3) 추정의 일부복멸

제 4 항에 의한 추정복멸을 전부 또는 전무(All or Nothing)의 문제로 보는 것은 불합리하고, 이는 어차피 손해액 산정의 문제이므로 당연히 일부 복멸도 가능하다고 보아야 하며,[155] 이는 결국 법관의 판단 재량으로 귀결된다. 추정이 일부 복멸되는 경우, 제128조 제 4 항에 인정된 침해자의 전체 이익액에서 복멸 비율만큼을 감액하여 최종 손해액을 산정하게 된다.

(4) 제4항 적용시 기여율 반영의 구체적 모습

ⅰ) 특허법원 2019. 8. 29. 선고 2018나1893 판결 : '내솥 뚜껑이 분리가능한 압력 밥솥으로서, 뚜껑이 분리된 상태에서는 작동하지 않도록 하는 안전장치를 갖춘 것' 이 발명의 대상이 된 사건으로서, 대법원 판례의 기준에 따라 전체 침해품에서 특허기술이 차지하는 ① 불가결성, ② 중요성, ③ 가격비율·양적비율, ④ 특허발명의 실시 외에 판매이익의 발생 및 증가에 기여한 기타 요소를 고려하여 기여율을 산출하는 모범을 보여주고 있다. 판시에서, '전체 전기밥솥을 구성하는 주요 기술과 그에 대한 중요도(①) 비중은 ㉠ 기구(본체, 40%), ㉡ 전기전자 부품(15%), ㉢ 전기 전자 부품 제어 프로그램(15%), ㉣ 조리법 구현 알고리즘(30%)이고, 그중 ㉠의 기구(본체) 부분은 ⓐ 윗 뚜껑(22%), ⓑ 내솥(23%), ⓒ 본체(28%), ⓓ 하부(27%)의 구성과 중요도로 구성된다. 이 사건 발명은 '㉠-ⓐ' 에 해당하는데, 밥솥 뚜껑 부분에 대한 수요자 관심의 면에서 50%의 중요도를 가진다. 따라서 이 사건 발명이 전체 제품에서 차지하는 총 기여율은 4.4%(=40%×22%×50%)이고, 그 중 피고의 광고 활동이나, 피고 실시제품에 적용된 디자인 등의 요소(④)가 피고 실시제품의 판매이익의 발생 및 증가에 다소 기여한 점을 감안하면 최종적으로 기여율은 4%' 라고 하였다.

155) 같은 취지, 안원모, 특허권의 침해와 손해배상, 223면; 정상조·박성수 공편, 특허법주해 Ⅱ, 236면. 일본에서도 이런 견해가 일반적이다(中山信弘·小泉直樹 編, 新·注解[第2版](中), 1974~1978면).

이 판결은, 불가결성(①) 요소는 특허발명 부분을 이용하지 않더라도 전기 압력밥솥 제조가 가능했으리라는 이유로 고려하지 않고(만약 고려되었다면 기여율을 증가시키는 요소가 되었을 것이다), 가격비율·양적비율(③) 요소는 인정할 증거가 없다는 이유로 배제한 채 ②, ③ 만을 반영하여 기여도를 산출하고 있다. 또한, 결과적으로 반영되지는 않았지만, 이 판결은 기여율의 판단 시, 침해품에 피고의 기술이 반영되어 있는 부분, 대체품의 존재, 시장 점유율 등이 고려될 수 있음도 암시하고 있다.

ii) 특허법원 2017. 4. 21. 선고 2016나1745 판결: "… 제품 전체에서 피고 실시 제품인 모터 체결기구가 차지하는 불가결성이나 중요도, 제품 전체의 구조 또는 기능에 따른 모터 체결기구와 다른 부분의 상대적인 가치 평가, 제품 전체에서 침해자의 독자적 기술 유무 등에 비추어 보면, 제품 전체에서 RC 가속기가 갖는 특징적인 기술요소가 있다고 보기 어렵고 피고 실시 제품 부분에 그 기술적 특징이 있다고 보이는 점, 각 제품 전체의 생산비용 측면에서는 피고 실시 제품인 모터 체결기구의 생산비용이 차지하는 비중이 상대적으로 낮다고 할 수 있지만, 위와 같은 기술적 특징으로 인하여 제품 전체에 대한 수요자의 선택 동기 및 고객 흡인력 등 전체 매출성과에 있어서 피고 실시 제품이 제품 전체의 매출에 영향을 미치는 중요도가 훨씬 높다고 할 것인 점, 기타 제반 사정 등을 종합하면, 피고가 제품을 판매하여 얻은 이익에 대한 피고 실시 제품의 기여도는 70%로 봄이 상당하다."

iii) 기타 하급심: ㉠ 특허발명이 드럼세탁기의 여러 구성부분 중 구동부에 관한 것이고, 침해품의 판매에는 침해자의 브랜드가치, 마케팅 등 다른 사정도 기여한 점, 권리자와 침해자의 드럼세탁기 시장 점유율이 40% 정도로 유력한 경쟁자가 있는 점 등을 이유로 기여도를 20%로 산정한 예,[156] ㉡ 피고 제품의 일부에만 원고 특허가 포함된 점을 인정하면서 피고의 판매이익에 대한 기여율을 10%로 인정한 예,[157] ㉢ 특허의 핵심 기술인 '감광드럼의 일단부에 마련된 비틀린 돌출부가 주 조립체 기어의 비틀린 구멍과 맞물려 회전함으로써 감광드럼의 축 방향 위치의 고정을 통한 회전속도의 정확성·균일성이 개선되고 구동력이 확실하게 전달되며, 카트리지의 위치 정렬 및 인쇄화질

156) 서울중앙지방법원 2009. 10. 14. 선고 2007가합63206 판결.
157) 서울중앙지방법원 2012. 8. 31. 선고 2011가합13369 판결.

을 개선하는' 기능이 피고의 실시제품에 의해 그대로 구현된 한편, 피고의 자본, 영업능력 등의 요소가 이 사건 감광드럼의 판매이익의 발생 및 증가에 기여하였다는 점을 인정할 만한 증거는 없다는 이유로 기여율을 100%로 본 예[158] 등이 있다.

5. 실시료 상당 손해 복합산정 문제

개정 특허법은 침해자 양도수량에 근거한 손해(제 2 항 제 1 호)에 대해서만 합리적 실시료에 의한 복합산정을 규정하고 침해자가 침해로 인해 얻은 이익을 권리자의 손해로 추정하는 규정(제 4 항)을 적용한 결과 그 추정이 복멸된 부분에 대해서도 합리적 실시료의 복합산정이 가능한지에 대해서는 언급하지 않고 있다.[159] 법 개정 이전에 복합산정 여부를 논의함에 있어 제 4 항에 의해 침해자의 이익을 권리자의 손해를 추정하는 경우에도 추정이 복멸된 부분에 대해서는 제 2 항에 의한 손해배상액 산정에서와 마찬가지로 제 5 항에 의한 복합산정이 가능하다고 보는 견해가 일반적이었으며,[160] 일본에서도 긍정설이 학설과 재판례로서 유력하였다.[161]

생각건대, 침해자가 특허발명을 실시하여 일정 규모의 이익을 취하면서도 권리자의 허락을 받지 않은 이상, 권리자는 적어도 그에 대해 실시권을 허락할 기회를 잃은 손해를 입었음이 분명하다. 이런 기초 위에서 권리자가 침해자의 이익을 손해배상으로 지급받는다면 그만큼은 손해가 보전된 것이지만, 추정이 복멸되어 배상을 받지 못한 부분이 있다면 그만큼은 여전히 상응하는 실시료 상당의 배상이 이루어지지 않은 것이므로 결국 이 경우에도 복합산정을 통한 보충적 배상청구가 가능하다고 해야 한다. 구체적으로는 복멸된 규모

158) 서울고등법원 2005. 12. 7. 선고 2003나38858 판결; 수원지방법원 2012. 5. 24. 선고 2010가합17614호 판결(항소를 거쳐 대법원 2014. 7. 24. 선고 2013다18806 판결로 확정되었다).

159) 이는 일본 개정 특허법 제102조에도 마찬가지인데, 입법과정에서 이를 두고 논의가 있었다고 하며, 일본 특허법 제102조 제 2 항(우리 특허법 제128조 제 4 항에 해당)의 추정 복멸 부분에 대해 별도로 복합산정이 가능하다는 규정을 두지 않더라도 당연히 해석상 그렇게 운용될 것이라는 이유로 별도 규정을 두지 않은 것이라고 한다(日本 特許廳, 令和元年法律改正 (令和元年法律第3号) 解説書(2019), 第1章, 25면).

160) 정상조·박성수 공편, 특허법주해 Ⅱ, 216면; 안원모, 특허권의 침해와 손해배상, 187면(각 제128조 제 2 항에 관한 서술이나, 제 4 항에 대해서도 같은 논리인 것으로 보인다).

161) 中山信弘·小泉直樹 編, 新·注解[第 2 版](中), 1978면.

의 이익액에 합리적 실시료율을 곱하는 형태가 될 것이다(다만, 대체로 '매출액 > 이익액'이 경험칙임을 고려하면 침해자의 '이익액'에 곱하는 합리적 실시료율은 '매출액'에 곱하는 실시료율보다는 높아야 할 것이다). 또한, 추정 복멸 사유가 '특허발명이 침해제품의 일부에만 포함된 사정' 등 앞서 본 '기여율' 때문인 경우에는 복멸된 부분에 대해 합리적 실시료 복합산정의 여지가 없는데, 권리자는 어차피 자신의 특허발명이 관련되지 않은 매출분에 대해 실시료를 지급받을 수 없기 때문이다. 그 밖에 특허권자 등이 실시권을 설정할 수 없었던 사유가 있는 경우에도 마찬가지이다.

이처럼 당장은 해석상 유추적용으로 해결하더라도, 앞으로는 특허법 제128조 제 4 항의 추정이 복멸된 부분에 대해서도 복합산정이 가능하다는 점을 입법으로 명확히 해 둠이 바람직할 것이다. 또한, 복합산정을 통한 제 5 항의 보충적용은 사실심 변론 종결 전까지만 주장할 수 있고, 일단 제 4 항의 추정복멸을 받아들인 판결이 확정되면, 복멸된 부분에 대해 새삼 제 5 항을 주장하여 별소를 제기하는 것이 기판력에 저촉됨은 제 2 항 제 2 호의 설명에서 본 바와 같다.

6. 제128조 제 2 항을 통한 제 4 항의 추정번복 가부

침해자가 권리자의 실제 손해가 자신이 거둔 이익보다 적다는 점을 주장·증명하는 과정에서 스스로 특허법 제128조 제 2 항에 따라 권리자의 손해액을 주장할 수 있는지를 두고 긍정·부정의 견해 대립이 있다.[162] 생각건대, 특허법 제128조의 추정은 실존하는 경험칙의 반영이라기보다는 권리자의 손해 증명 편의를 도모하고 침해로 인해 얻은 이익을 반환토록 하려는 정책적·규범적 장치들이라고 해야 한다. 그러므로 비록 제 2 항이 제 4 항에 비해 구체적 손해액에 가까운 진일보한 규정이기는 하나, 권리자가 제 4 항을 택하여 주장·증명한 손해액을 침해자가 제 2 항을 원용해 감액받는 것은 부적절하며, 침해자로서는 다만 제 4 항의 추정 번복에 의지해야 할 것이다.[163] 판례도 부정경쟁

162) 국내에서 긍정설의 예로는, 안원모, 특허권의 침해와 손해배상, 198~199면, 부정설의 예로는, 정상조·박성수 공편, 특허법주해 Ⅱ, 237면. 일본에서의 견해 대립 상황은, 中山信弘·小泉直樹 編, 新·注解[第2版](中), 1879~1880면(일본에서는 긍정설이 다수설로 보인다).

163) 종래 제 2 항과 제 4 항에 의해 산정된 손해액이 다른 경우에는 전자에 의해야 한다는 긍정설에서 부정설로 개설(改說)한다.

방지법 사건에서 같은 취지를 밝히고 있다.[164]

Ⅴ. 합리적 실시료에 근거한 손해산정(제128조 제 5 항)

제 1 항에 따라 손해배상을 청구하는 경우 그 특허발명의 실시에 대하여 합리적으로 받을 수 있는 금액을 특허권자 또는 전용실시권자가 입은 손해액으로 하여 손해배상을 청구할 수 있다.

1. 법적 성질

권리자는 침해자에게 그 특허발명의 실시에 대하여 합리적으로 받을 수 있는 금액(이하 '합리적 실시료'라고 한다)[165]을 손해액으로 하여 배상을 청구할 수 있다. 타인이 자신의 특허발명을 임의로 실시한 경우, 권리자는 적어도 그에 상응하는 실시료를 지급받지 못한 손해를 입은 것이 자명하므로 침해와의 인과관계는 비교적 쉽게 인정될 수 있다. 제128조 제 5 항은 제 6 항과 결합하여 특허발명의 실시료 상당액을 최소한도의 배상액으로 보장한다는 점에서도 의의가 있다. 합리적 실시료 배상 규정은 손해의 발생 자체를 간주한 것이라는 설(손해발생 간주설)과, 손해의 발생까지 간주되지는 않고 최저한도의 손해액이 법정된 것일 뿐이라는 설(손해발생 추정설, 손해액 계산규정설)의 대립이 있다. 논의의 실익은, 제128조 제 5 항에 기한 배상청구에 대해 침해자가 '손해불발생 항변'을 할 수 있는지 여부에 있다. 우리나라에서는 손해발생 추정설이 다수설이라고 할 수 있다.[166] 일본에서도 마찬가지라고 한다.[167] 이 경우

---

164) 대법원 2009. 8. 20. 선고 2007다12975 판결: "피침해자가 부정경쟁방지법 제14조의2 제 1 항에 의하여 손해액을 청구하여 그에 따라 손해액을 산정하는 경우에 침해자로서는 같은 항 단서에 따른 손해액의 감액을 주장할 수 있으나, 같은 조 제 1 항에 의하여 산정된 손해액이 같은 조 제 2 항이나 제 3 항에 의하여 산정된 손해액보다 과다하다는 사정을 들어 같은 조 제 2 항이나 제 3 항에 의하여 산정된 손해액으로 감액할 것을 주장하여 다투는 것은 허용되지 아니한다."

165) 종래 '통상적으로' 받을 수 있는 금액이라고 규정되어 있던 것을 2019. 1. 8 특허법 개정 시 '합리적으로' 받을 수 있는 금액으로 개정하였다. 이는 미국의 'reasonable royalty'라는 용어를 직역한 것으로 보인다.

166) 전효숙, 앞의 글("특허권 침해로 인한 손해배상"), 31면; 안원모, 특허권의 침해와 손해배상, 236면; 정상조 · 박성수 공편, 특허법주해 Ⅱ, 241면.

167) 中山信弘 · 小泉直樹 編, 新 · 注解[第 2 版](中), 1991~1992면.

'권리자의 불실시'는 손해 발생의 추정을 번복하는 사유가 되지 않고, 권리자가 침해자에게 실시료 청구를 할 수 없는 법적 지위에 있는 사정만이 항변 사유가 될 수 있다.[168] 전용실시권의 설정이 대표적 예이다. 판례는,[169] 상표권 침해 사건에서 "상표권자는 권리침해 사실과 통상 받을 수 있는 사용료를 주장·증명하면 되고 손해의 발생 사실을 구체적으로 주장·증명할 필요는 없지만, 상표권자가 상표를 등록만 해 두고 실제 사용하지는 않았다는 등 손해 발생을 부정할 수 있는 사정을 침해자가 증명한 경우에는 손해배상책임을 인정할 수 없다"고 함으로써 상표의 사용료 상당 손해에 관해서 '불사용의 항변'을 인정하고 있다. 한편 위 판결은 "상표권은 특허권 등과 달리 등록되어 있는 상표를 타인이 사용하였다는 것만으로 당연히 통상 받을 수 있는 상표권 사용료 상당액이 손해로 인정되는 것은 아니"라고 하여, 특허의 경우에는 침해가 성립하는 이상 권리자가 해당 특허발명을 실시하지 않더라도 실시료 상당 손해가 발생할 수 있음을 간접적으로 밝히고 있다. 제 5 항은 침해자가 침해로 인해 실제 이익을 얻었는지 여부를 불문하고 적용이 있다. 따라서 예컨대 침해자가 특허실시품을 판촉용으로 무상 제공하였다고 해도 적용에 문제가 없다.

2. 실시에 대하여 합리적으로 받을 수 있는 금액

'합리적으로 받을 수 있는 금액'을 당해 사안에서 개별 구체적인 요소를 모두 고려하여 정해야 한다는 입장도 있지만,[170] '당해 산업분야에서 객관적으로 예측되는 실시료액'이나, '침해 전 타인과 실시계약을 체결하였다면 권리자가 지급받았을 금액' 정도로 설명하는 예도 있다.[171] 그러나 침해로 인한 배상으로서의 합리적 실시료는 다음과 같은 이유로 거래계 실시료 혹은 해당 특허발명에 대해 이미 이루어졌던 실시계약 상의 실시료보다는 높게 책정되어야 합당하다. 즉, ⅰ) 거래상 실시료는 해당 특허의 유, 무효나 실시자의 실시형태가 권리범위에 속하는지 여부가 정해지지 않은 상태에서 책정되는 것이

168) 中山信弘·小泉直樹 編, 新·注解[第 2 版](中), 1993면.
169) 대법원 2016. 9. 30. 선고 2014다59712 판결.
170) 안원모, 특허권의 침해와 손해배상, 237~238면.
171) 전효숙, 앞의 글("특허권 침해로 인한 손해배상"), 32면; 권택수 앞의 글("특허권 침해로 인한 손해배상"), 569면.

어서 이런 불확실성이 실시료를 낮추는 요인이 되는데 비하여, 배상 실시료는 그런 불확실성이 모두 제거된 사후적 상태를 전제로 하기 때문에 거래상 실시료보다 높은 기준으로 산정함이 합당하고, ii) 침해로 인해 권리자는 침해자에 대해 실시허락을 해 줄지 여부를 판단할 수 있는 기회 자체를 상실한 불이익을 입었으며, iii) 보통 실시계약에는 최저 보증료의 선불, 해제의 제한 등 다양한 제약조건이 실시권자에게 부과되는 수가 많은데 침해자는 계약이 없이 발명을 실시함으로써 이런 제약을 모두 회피한 것이므로 그에 따른 불이익이 추가되어야 한다. iv) 무엇보다, 특허법 제128조 제5항의 손해액을 거래계의 실시료 등을 기준으로 산정한다면, 침해자로서는 권리자와의 교섭 대신 무단 침해를 통해 발명을 실시하고 사후에 침해로 인정되면 비로소 실시료 상당액을 배상하면 되므로 침해를 조장할 수 있어 부당하다. v) 또, 특허는 언제든 사후에 등록무효로 될 수 있고, 실제 무효로 된 경우 이미 지급한 약정 실시료는 반환받을 수 없는데,[172] 그렇다면 정당한 실시계약 아래 발명을 실시한 자는 기지급 실시료를 돌려받지 못하는 반면, 무단으로 발명을 실시한 자는 실시료 상당의 손해배상금만 지급하면 되고 그나마 특허가 무효로 되면 기지급 손해배상금을 부당이득으로 반환받을 수 있으므로 적법한 실시계약에 기해 실시료를 지급하는 자가 오히려 불리해진다. 이상의 점들을 고려하면 특허법 제128조 제5항의 '실시에 대하여 합리적으로 받을 수 있는 금액'은 침해자가 정상적인 실시권 설정 계약자와 비교하여 같거나 유리한 지위에 놓이지 않도록 조정된 금액이어야 한다. 미국 특허 침해소송에서 합리적 실시료율은 거래상 실시료 보다 높게 설정되는 것이 당연한 것으로 받아들여져 오고 있고,[173] 독일과 프랑스 법원들 역시 실시료 상당의 손해배상을 명하는 과정에서 배상액을 상향 조정하고 있으며,[174] 일본에서도 그것이 다수설이고, 같은 입장의 재판례가 여럿 있다.[175]

---

172) 이에 관한 상세한 내용은 조영선, 특허의 무효를 둘러싼 민사상의 법률관계, 법조 제55권 제3호, 2006, 61면 이하; 판례로는, 대법원 2014. 11. 13. 선고 2012다42666 판결.

173) 대표적 실증조사 자료로, Mark A. Lemley & Carl Shapiro, "Patent Holdup and Royalty Stacking", *Texas Law Review, Vol. 85(2007)*, pp. 2020, 2032~2033.

174) 독일-Thomas F. Cotter, *Comparative Patent Remedies*, p.269~270; 프랑스-TGI Paris, July 6 1984, PIBD 1985,360, Ⅲ,18 등.

175) 東京地裁 平13. 10. 30. 平成 11年(ワ) 第14338号; 大阪地裁 平15. 10. 9. 平成14年(ワ)

3. 합리적 실시료 판단의 기준 시점과 고려사항

(1) 판단 기준 시점

판례[176]는 "…(상당 실시료 손해액은) 변론종결시까지 변론과정에 나타난 여러 가지 사정을 모두 고려하여 객관적, 합리적인 금액으로 결정하여야 한다"고 하여 변론종결시를 기준으로 상당한 실시료를 판단하고 있다. 위에서 언급한 제반사정을 고려하여 유연하게 실시료액을 정하기 위해서는 변론종결시를 기준으로 함이 타당하다. 미국에서는 법원이 특허침해에 대한 합리적 실시료를 산정할 때 침해개시 직전을 시적 기준으로 한 가상의 실시계약을 상정하지만, 근래에는 사안에 따라 침해개시 당시는 물론 그 이후의 사정까지 합리적 관점(Book of Wisdom)에서 고려하기도 한다.[177] 독일 판례 역시 상당실시료를 판결시를 기준으로 '사후적 · 객관적으로' 산정하고 있다.[178]

(2) 판단 시 고려사항

1) 실무의 상황

판례[179]는 합리적 실시료의 결정 시, ① 특허발명의 객관적인 기술적 가치, ② 당해 특허발명에 대한 제 3 자와의 실시계약 내용, ③ 당해 침해자와의 과거의 실시계약 내용, ④ 당해 기술분야에서 같은 종류의 특허발명이 얻을 수 있는 실시료, ⑤ 특허발명의 잔여 보호기간, ⑥ 특허권자의 특허발명 이용 형태, ⑦ 특허발명과 유사한 대체기술의 존재 여부, ⑧ 침해자가 특허침해로 얻은 이익 등을 고려요소로 예시하고 있다. 당해 특허발명에 대하여 특허권자가 제 3 자와 사이에 실시계약을 맺고 실시료를 받은 바 있다면 그 계약 내용을 침해자에게도 유추적용하는 것이 현저하게 불합리하다는 특별한 사정[180]이

第9061号; 東京高裁 平16. 9. 30. 平成16年(ネ) 第1367号 등. 학설의 소개는 中山信弘 · 小泉直樹 編, 新 · 注解[第 2 版](中), 2035~2037면.

176) 대법원 2006. 4. 27. 선고 2003다15006 판결.

177) Fromson v. Western Litho Plate & Supply Co., 853 F.2d 1568, 1575(Fed. Cir. 1988) 등.

178) 대표적 예로, Fersenabstützvorrichtung (BGH 24.11. 1981, GRUR, 1982, 286).

179) 대법원 2006. 4. 27. 선고 2003다15006 판결.

180) 그 사용료가 특별히 예외적인 사정이 있어 이례적으로 높게 책정된 것이라거나 침해로 인한 손해배상청구 소송에 영향을 미치기 위하여 상대방과 통모하여 비정상적으로 고액으로 정한 것이라는 등의 사정이 거론된다(대법원 2001. 11. 30. 선고 99다69631 판결).

없는 한 실시계약에서 정한 실시료를 참작하여 위 금액을 산정하여야 하며, 그 유추적용이 현저하게 불합리하다는 사정에 대한 증명책임은 그러한 사정을 주장하는 자에게 있다고도 한다.

합리적 실시료 배상에 관한 하급심 판결의 유형을 보여주는 대표적인 것들을 선별해 소개하면 다음과 같다.

사 건	주요 내용	비 고
서울중앙지방법원 2018. 12. 13. 선고 2016가합502475(본소), 2016가합575398(병합)	침해자인 피고 B의 침해기간 동안 전체 매출액은 7,920,474,181원이고 같은 기간 동안 당기 순이익합계는 713,027,443원 – 원고는 소외 X, Y 등과 사이에 청구항 발명에 대해 특허권 실시계약을 체결하였는데, 위 각 실시계약에서 정해진 실시료는 출고가(통상 판매가의 40%정도)의 4~6% 정도임 – 원고가 피고 B와 실시료율 4%를 기준으로 실시계약을 체결하였다면 침해기간 동안 받을 수 있었던 실시료는 약 285,000,000원(피고의 실시제품 총 판매량 약 70만개 × 피고 실시제품 중 침해제품이 차지하는 추정비율 약 88% × 개당 판매가 29,000원 × 출고가 비율 40% × 실시료율 4%) – 위 사정과 변론에 나타난 여러 사정을 종합한 손해배상액 (제7항에 따라) 280,000,000원	선행 실시계약의 예를 고려, 제7항(상당 손해액) 적용
서울남부지방법원 2003. 2. 13. 선고 96가합6616 판결	– 이 사건 특허를 두고 제3자 간에 매출액의 3%가 실시료율로 제시되었던 한 전례 – 원고와 공동원고 사이에 제품별로 0.3%~3.5%의 기술사용료율이 적용된 전례 등을 근거로 – 상당실시료율을 제품 순 매출액의 2.5%로 인정	제3자 및 당사자간 계약 예를 기준으로 산정
특허법원 2019. 10. 2. 선고 2017나2585 판결	① 특허청과 한국지식재산연구원이 2017. 12.에 발간한 "지식재산분쟁 현황조사 연구·국내 특허 라이선스 실태조사"에서 이 사건 제1항 발명이 속한 건설업 관련 특허의 업종별 및 기술유형별 평균 실시료율은 '업종 분류'로는 약 6.2%, '기술유형별 분류'로는 약 5.6%인 점 ② 산업통상자원부에서 발간한 기술가치평가 실무가이드(2017. 12.)에 의하면, 어스앵커브라켓의 제조와 관련된 '기타 기계 및 장비 제조업'의 평균 로열티율은 평균 3.4%인 점 ③ 한국과학기술정보연구원이 기술 또는 특허의 경제적 가치를 평가할 목적으로 구현한 온라인 기술가치평	해당 기술분야에 대한 거래계 실시료율을 다양하게 거시하여 상당 실시료율을 산정

	가시스템 스타-밸류 5.0에서 제공하는 업종별 로열티율 정보에 의하면, '기타 기계 및 장비 제조업'의 경상 로열티율은 평균 3.7%인 점 등을 종합하여 이 사건 특허권에 관한 실시료율은 5%로 보고, 7,605,648원(= 152,112,960원(총매출액) × 5%)을 실시료 상당 부당이득으로 인정	
서울중앙지방법원 2012. 9. 14. 선고 2008가합107370 판결	"드럼 세탁기는 ① … ⑩ 등 약 10개 부분으로 구성되어 있고, 이 사건 특허발명은 위 구성부분 중 ②에 관한 특허로서, 이는 개척발명이 아니라 개량발명인 점, 피고가 피고 제품을 생산·판매하여 매출소득을 얻은 것은 이 사건 특허발명 뿐 아니라 피고의 브랜드 인지도, 유통망, 외관의 디자인, 마케팅 등의 자본적, 경영적 요소가 기여하였다고 인정되는 점, 피고 제품의 세탁기 전체 판매가는 평균 약 45만 원인데 비해 드럼 내부에 설치된 리프트의 제조원가는 900원 내지 2000원에 불과한 점, 이 사건 변론종결 당시 전기전자 제품에 관한 판매금액 대비 국내 실시료율은 평균 4.2% 정도인 점 등을 종합하면 피고의 별지 목록 기재 드럼 세탁기 제품의 판매액에 대한 이 사건 특허발명의 실시료율은 0.5%로 봄이 상당"	거래계의 평균 실시료율을 근거로 하되, 발명의 기술적 가치와 침해품 전부에 대한 기여율을 결정적 인자로 반영하여 감액
의정부지방법원 2009. 2. 6. 선고 2007가합187 판결	침해기간 동안의 상당 실시료를, 피고의 매출신고 합계액 4,203,113,000원 × 침해기간 동안의 매출액 영업이익률 평균치 0.0303 × 기술기여도 0.25 × 평가지표요소 반영률 0.71 = 22,605,392원으로 산정	'기술요소법'을 통해 특허발명 자체의 기술적·경제적 가치를 산출한 뒤, 이를 기초로 실시료율을 정함

실시료율의 판단요소 가운데 증액요소로는, ① 계약 선례에 나타난 실시료율이 당사자 간 우호적 관계나 장기간 거래, 발명 사업화의 부담 등 사정으로 인해 일반적인 경우보다 낮게 책정되었던 점, ② 특허권자가 해당 발명을 스스로 실시하려는 계획을 가지고 있었던 점, ③ 특허권자가 폐쇄적 실시허락 정책을 쓰고 있는 점, ④ 특허권자가 해당 발명이나 제품 및 시장 개발에 기울인 노력이 큰 점, ⑤ 침해품과 경합하는 제품이 가격이 높은 점, ⑥ 침해자가 여러 가지 대체 가능한 기술 가운데 굳이 해당 특허발명을 선택한 점, ⑦ 침해자 스스로 특허발명의 장점을 자신의 제품의 장점으로 선전 광고한 점 등을 들 수 있다, 감액요소로는, ① 개별적인 사정 때문에 선행 실시계약에서 실시료가 통상적인 경우보다 높게 책정되었던 점,[181] ② 특허권자 스스로 해

181) 이는 대법원 2001. 11. 30. 선고 99다69631 판결에서도 언급된 바 있다.

당 발명을 실시하지 않고 실시허락도 하지 않은 채 방치하고 있는 점, ③ 특허권자가 개방적 실시허락 정책을 쓰고 있는 점, ④ 침해품이 간접침해품인 점, ⑤ 침해에 이용된 특허의 수가 많은 점, ⑥ 침해자의 시장에서 지명도가 높은 점, ⑦ 침해로 인해 침해자가 얻는 이익이 낮은 점, ⑧ 해당 기술분야에서 복수의 특허에 포괄적 실시허락이 이루어지는 일이 많은 점 등이 고려될 수 있다.

2) 기타 문제들

㈎ 복수 특허의 침해로 인한 실시료 과적(過積: Royalty Stacking) 등

IT 분야 등에서 하나의 제품이 표준특허나 특허 풀을 구성하는 여러 특허를 동시에 침해하는 경우가 흔하다. 합리적 실시료 산정 시 이런 사정을 감안하지 않은 채 개별 특허권마다 실시료 배상액을 누적 산정하면 실시료의 과적이 일어나 제품 가격을 넘는 경우도 발생한다. 따라서 이를 감안하여 개별 실시료 배상액을 감액 인정해야 할 필요가 있다. 구체적으로는 ⅰ) 피침해 표준기술이 전체 표준기술에서 차지하는 중요도나 위상을 참작하고, ⅱ) 침해품 매출을 통해 침해자가 얻을 수 있는 이익액을 누적 실시료 배상액의 상한선으로 두는 방법 등이 제안되고 있다.[182)]

㈏ 고정효과(Lock-in effect) 등의 고려

IT분야 등을 중심으로, 일단 특허발명을 실시하고 난 이후에는 기술에 대한 고정효과가 생겨서 침해를 중단하고 대체기술을 도입하려 해도 막대한 교체비용 때문에 부득이 침해가 계속되는 경우가 많다는 점도 지적되고 있다. 그 결과 실시료율 역시 비정상적으로 높아져 침해자에게 가혹하고 권리자가 이를 악용하는 수가 있으므로 실시료 배상액 산정 시 이를 감안해야 한다는 것이다.[183)]

3) 기여율 등

합리적 실시료 배상에는 어차피 권리자의 실시가 요건이 아니므로 제2항이나 제4항에서 문제된 '판매불가능 사정'은 고려될 여지가 없고, 기여율의

---

182) In re Innovatio IP Ventures, LLC Patent Litigation, WL 5593609 (N.D. Illinois, Eastern Division, 2013).

183) William F. Lee & A. Douglas Melamed, "Breaking the Vicious Cycle of Patent Damages", *101 Cornell L.Rev.(2016)*, p.412.

산정 근거가 되는 요소들은 대체로 실시료를 산정하는데 반영되기 마련이다.

기여율 참작을 두고, 일본에서는 기여율을 로열티 베이스에 독립적으로 반영해야 한다는 입장과 실시료율을 산정할 때 종합적으로 반영하면 족하다는 입장이 있다.[184] 우리 판례[185]와 하급심 판결례[186]는 대체로 로열티 베이스가 아닌 실시료율에 일괄적으로 반영하는 입장을 보인다. 합리적 실시료가 고정실시료 기반으로 산정되는 때에는 특별히 문제될 것이 없고, 「로열티 베이스 × 실시료율」의 경우에도 기여율을 어디에 곱하든 수학적으로는 같은 결과가 될 것이다. 그러나 판결의 객관성 및 예측가능성을 감안하면, 특허발명 구성이 매출액 등 로열티 베이스에 미치는 영향이 충분히 증명되면 로열티 베이스에 우선 반영하고, 그렇지 않을 때 실시료율에 종합 반영함이 상당할 것이다.

4) 침해자가 특허품의 부수품이나 부수적 서비스를 판매하는 경우

이 경우에도 특허법 제128조의 손해액 산정 특칙이 적용되어야 한다는 점과, 침해자가 침해로 인해 침해품 외에 부수품 판매이익도 얻는 점이 실시료 상당 손해액 책정 시 증액요소로 고려되어야 함은 앞서 설명하였다. 구체적으로 이를 '로열티 베이스'에 반영할 것인지, '로열티율'에 반영할 것인지가 문제된다. 이를 정면으로 다룬 판결례는 보이지 않지만, 복합제품의 일부에만 특허권이 개재된 상태에서 전체 복합제품의 판매를 대상으로 합리적 실시료를 책정할 때, 법원은 대체로 기여율을 로열티율에 반영하는 경향을 보인다.[187]

184) 中山信弘·小泉直樹 編, 新·注解[第2版](中), 2042~2045면.

185) 대법원 2003. 3. 11. 선고 2000다48272 판결 역시, 당해 사건에서 배상의 근거가 된 실시료율에 기여율이 반영되어 있다고 인정하고 있다.

186) 서울중앙지방법원 2012. 9. 14. 선고 2008가합107370 판결은, 상당 실시료에 의한 손해배상을 인정하면서 "피고 제품에는 이 사건 특허발명 외에도 피고가 권리를 가지고 있는 39개의 특허 및 실용신안 기술이 결합되어 있으며, 이 사건 특허발명은 위 구성부분 중 일부에 관한 특허로서 이는 개척발명이 아니라 개량발명인 점, 피고가 피고 제품을 생산·판매하여 위 매출소득을 얻은 것은 이 사건 특허발명 뿐 아니라 피고의 브랜드 인지도·유통망·외관의 디자인·마케팅 등의 자본적, 경영적 요소가 기여하였다고 인정되는 점, 피고 제품의 세탁기 전체 판매가는 평균 약 45만 원인데 비해 드럼 내부에 설치된 리프트의 제조원가는 900원 내지 2000원에 불과한 점, 이 사건 변론종결 당시 전기·전자제품에 관한 판매금액 대비 국내 실시료율은 평균 4.2% 정도인 점 등을 종합하면, 피고의 별지 목록 기재 드럼 세탁기 제품의 판매액에 대한 이 사건 특허발명의 실시료율은 0.5% 라고 인정함이 상당하다"고 하여 기여율을 별도 반영하지 않고 실시료율 산정에 일괄 반영하고 있다.

187) 특허법원 지적재산소송 실무연구회, 지적재산소송실무(제4판), 박영사2019), 586~587면; 서울중앙지방법원 2004. 5. 21. 선고 2002가합71707 판결; 서울중앙지방법원 2008. 6.

생각건대, 우리 실무가 실시료 '감액'의 근거가 되는 요소를 실시료율에 반영하는 입장을 보이는 이상, 실시료 '증액'의 근거가 되는 요소 역시 실시료율에 반영하는 것이 일관된 태도라고 할 것이다. 따라서 침해품 외에 부수품의 판매로 피고가 추가이익을 얻게 되는 사정 역시 특허 침해에 대한 합리적 실시료율에 반영하는 것이 타당하다.

Ⅵ. 손해배상에 관한 제128조의 기타 규정과 법리들

1. 합리적 실시료액을 넘는 부분에 대한 배상(제128조 제 6 항)

제 5 항에도 불구하고 손해액이 같은 항에 따른 금액을 초과하는 경우에는 그 초과액에 대해서도 손해배상을 청구할 수 있다. 이 경우 특허권 또는 전용실시권을 침해한 자에게 고의 또는 중대한 과실이 없을 때에는 법원은 손해배상액을 산정할 때 그 사실을 고려할 수 있다.

(1) 특허법 제128조 제 6 항 전단

특허법 제128조 제 5 항에도 불구하고 권리자가 입은 손해액이 실시에 대하여 통상적으로 받을 수 있는 금액을 넘는 경우에는 그 초과액에 관하여 배상을 청구할 수 있다. 상당 실시료액이 배상의 최하한을 정한 것인 이상, 이를 넘는 손해가 있고 그 증명에만 성공한다면 그 초과액을 배상받을 수 있음은 당연하다. 결국 특허법 제128조 제 6 항 전단은 특별한 의미를 가지지 아니하는 주의적 규정에 불과하다고 할 것이다.

(2) 배상액의 감경(제128조 제 6 항 후단)

1) 규정의 취지

현실에서는 예컨대, 침해자가 나름대로 권리범위를 해석하여 침해를 구성하지 않는 것으로 믿고 실시에 나아갔으나 결국 침해를 구성하는 것으로 판단되는 경우도 있고, 도·소매상들처럼 침해품의 유통에 관여한 실시자들이 무과실 증명을 다하지 못하는 경우도 있다. 아울러 막대한 규모의 배상으로 침해

13. 선고 2007가합75902 판결; 서울중앙지방법원 2012. 11. 30 선고 2010가합91614 판결; 서울중앙지방법원 2012. 9. 14. 선고 2008가합107370 판결 등.

자의 영업이 좌절되어 사회 경제적으로 불이익한 결과가 발생하는 수도 있으므로 법원으로 하여금 침해에 이르게 된 경위, 당사자의 주의의무와 그 정도 등을 개별·구체적으로 고려하여 침해가 단지 경과실에 의해서만 저질러진 경우에는 적절한 규모로 배상액을 감액할 수 있게 재량을 부여한 것이다.

2) 적용범위

법문상 '이 경우'는 제128조 제 6 항 전단의 '합리적 실시료를 초과하는 손해배상을 명하는 경우'임이 분명하므로 민법 제750조, 특허법 제128조 제 2 항 및 제 4 항에 기한 배상을 명하는 때는 모두 128조 제 6 항 후단의 적용이 있다. 한편, 합리적 실시료를 '초과하는' 금액에 관한 배상을 명할 때에 관한 규정이므로 합리적 실시료에 대해서는 특허법 제128조 제 6 항 후단의 경과실 참작 여지가 없다.

3) 실태와 문제점

등록 특허의 침해에 대하여는 과실이 추정되며(제130조), 실무상 위 과실 추정의 복멸은 거의 인정되지 않는 실정이다.[188] 그리고 우리나라의 실무는 특허법 제128조 제 6 항 소정의 '경과실 감액' 조차도 거의 인정하지 않고 있다.[189] 그렇지만 침해자의 어떤 사정이 과실추정을 '번복'할 정도는 못되더라도 그로 인해 과실의 '감경'이 고려되어야 하는 경우는 많다. 그럼에도 실무가 침해의 과실 인정을 전부(全部) 아니면 전무(全無)의 형태로만 취급하여 손해액 산정 시 적절한 재량권의 행사에 관심을 두지 않는 것은 부적절하며, 이는 특허법 제128조 제 6 항의 입법 의도에도 반한다.[190]

---

188) 추정의 복멸을 위해서는 특허권의 존재를 알지 못하였다는 점을 정당화할 수 있는 사정이 있다거나 자신이 실시하는 기술이 특허발명의 권리범위에 속하지 않는다고 믿은 점을 정당화할 수 있는 사정이 있다는 것을 침해자가 주장·증명하여야 하는 바(대법원 2006. 4. 27. 선고 2003다15006 판결). 이를 만족하여 추정이 복멸된 판례는 아직 발견되지 않는다.

189) 다만, 최근 개별 사건의 특수성에 따라 특허법 제130조의 과실 추정을 뒤집고 과실 자체를 부정하는 하급심 판결들이 나오고 있다(특허법원 2019. 2. 19. 선고 2018나1220, 2018나1237(병합) 판결 등). 일본에서 지적재산권 침해에 대하여 경과실 감액조항을 적용한 예로는 水戸地判 昭48年 2. 22. 昭40(ワ)221号 判決; 大阪地判 昭59年 2. 28. 昭58(ワ)27号 判決; 大阪地判 平14年 6. 26. 平13(ネ)2385号 判決 등이 있다. 아울러, 경과실 감액 규정의 취지가 몰각되지 않도록 실무상 보다 유연하고 적극적으로 위 규정을 적용할 필요가 있다는 설명으로는, 中山信弘·小泉直樹 編, 新·注解[第 2 版](中), 2062~2063면.

190) 특허법 제128조 제 6 항 후단은 특허법이 제128조 제 2 내지 5 항으로 특허권자에게 강력한 보호수단을 제공하는 것에 상응하여, 사안의 특성상 침해자의 보호가 필요한 경우 법원이

4) 경과실 감액을 고려할 수 있는 경우

특허침해에 관한 경과실 감액의 사유는 결국 개별 사건에서 제반 사정을 종합적으로 고려해 판단될 일이다. 예컨대, ① 침해의 성립 여부에 다툼 여지가 있는 사안에서 피고에게 균등책임을 인정할 때,[191] ② 동일한 발명에 중복특허가 이루어졌다가 나중에 그중 하나가 무효로 되고, 소급무효로 된 특허권자인 피고가 그 특허권이 존속하는 동안 선의로 실시한 부분에 대해 침해책임을 추궁당한 때,[192] ③ 동일한 특허발명을 두고 심급 사이에 침해 여부의 판단이 엇갈리거나 심판의 결과와 소송의 결과가 달리 나온 때,[193] ④ 기능적 청구항처럼 특허청구범위의 외연이 불분명하거가 비침해로 해석될 여지가 있고 실제로 피고가 나름대로의 합리적 청구범위 해석의 결과 비침해로 판단하고 실시에 나간 때, ⑤ 피고가 침해품의 유통과정에 있는 도·소매업자이거나, 선의로 침해 부품이 포함된 물건을 구매하여 사용하는 업자인 경우처럼 침해를 인식하기가 상대적으로 어려운 처지인 때,[194] ⑥ 자신이 공급하는 물품이

적절한 재량권을 행사할 수 있도록 균형장치를 마련한 것이다(中山, 注解(上), 1097면; 上野英夫, 特許法102條 4項の適用の意義(高林 龍 編), 知的財産權侵害と損害賠償, 成文堂, 2011, 129면).

191) 판례(대법원 2010. 1. 14. 선고 2008도639 판결)는, "당초 침해고안이 특허발명의 문제점을 개선할 목적으로 이루어졌으며 그 출원 명세서에도 특허발명을 '종래기술'로 기재하고 있는 점, 균등침해의 판단은 통상의 기술자에게도 쉽지 않으며 일반인의 경우는 매우 어려운 점, 침해 고안을 개발한 후 변리사에게 자문을 구해 비침해라는 대답을 들은 점, 위와 같이 특허발명을 명세서에서 종래기술로 명시하였음에도 심사관이 기술평가절차에서 실용신안등록 유지결정을 한 점 등에 비추어 보면, 피고인들에게 이 사건 특허발명에 대한 침해의 인식이 있다고 보기 어렵다"고 하였다. 위 이유 가운데 "균등침해의 성립 판단은 일반인에게 까다로운 문제여서 침해의 인식 판단에 부정적 요소로 고려될 수 있다"고 한 점이 눈에 띈다.

192) 판례(대법원 2009. 1. 30. 선고 2007다65245 판결)는 A의 실용신안(X)과 동일한 내용의 고안에 대하여 B의 실용신안(Y)이 병존하는 상태에서 B가 자신의 고안 Y를 실시하는 것이라고 믿고 X와 동일한 제품을 생산·판매하였다가 나중에 Y가 등록무효로 된 경우에도, B의 X 침해에 대한 과실추정이 번복되지 않는다고 한다. 그러나 이런 태도는 사실상 결과책임을 묻는 것과 다름없어 부당하다.

193) 법원조차 특허청구범위의 해석이나 특허요건 판단에 관하여 서로 다른 판단에 이르고, 그 결과 침해와 비침해의 결론이 갈릴 정도였다면, 스스로 비침해로 믿고 실시를 한 당사자에게 강한 비난을 가하는 것은 부적절 할 수 있다.

194) 예컨대, 택시의 부품 가운데 침해품이 포함되어 있다고 해서, 택시회사에게 침해여부의 조사의무를 다하지 않은 책임을 묻기 곤란하다는 설명으로, 中山信弘, 特許法[第4版], 392면.

특허침해에 사용되는 전용품(專用品)임을 알지 못하고 직접침해자로부터 의뢰받아 제작·납품한 간접침해자인 때 등을 생각할 수 있다. 이상의 경우들에서 만약 권리자로부터 침해경고가 있었다면 그 이후의 실시행위에 고의나 과실이 인정될 가능성이 더 높아지겠지만, 그에도 불구하고 자신의 실시행위가 침해에 해당하지 않는다고 믿을 상당한 이유가 인정된다면 배상액 감액의 여지는 여전히 남는다고 할 것이다.

2. 상당한 손해액의 인정(제128조 제 7 항)

법원은 특허권 또는 전용실시권의 침해에 관한 소송에서 손해가 발생된 것은 인정되나 그 손해액을 증명하기 위하여 필요한 사실을 증명하는 것이 해당 사실의 성질상 극히 곤란한 경우에는 제 2 항부터 제 6 항까지의 규정에도 불구하고 변론 전체의 취지와 증거조사의 결과에 기초하여 상당한 손해액을 인정할 수 있다.

(1) 규정의 성질

민사소송법 제202조의 2에도 동일한 내용이 있다.[195] 제 7 항의 성질에 대하여 법관에게 손해인정의 재량을 인정한 것이라는 견해(재량평가설)와 단지 증명도의 경감만을 인정한 것이라는 견해(증명도 경감설)의 대립이 있으나 판례는[196] "…이는 자유심증주의 하에서 손해가 발생된 것은 인정되나 손해액을 증명하기 위하여 필요한 사실을 증명하는 것이 해당 사실의 성질상 극히 곤란한 경우에는 증명도 · 심증도를 경감함으로써 손해의 공평 · 타당한 분담을 지도원리로 하는 손해배상제도의 이상과 기능을 실현하고자 하는 데 취지가 있는 것이지, 법관에게 손해액 산정에 관한 자유재량을 부여한 것은 아니다"라고 하여 증명도 경감설의 태도를 분명히 하였다.

한편, 특허법 제128조 제 7 항은 법원이 제 2 항 내지 제 6 항에 기한 손해액 심리를 다하는 것을 전제로 그에 보충적으로 적용될 수 있는 규정이며, 위

---

195) 민사소송법 제202조의 2(손해배상 액수의 산정) : 손해가 발생한 사실은 인정되나 구체적인 손해의 액수를 증명하는 것이 사안의 성질상 매우 어려운 경우에 법원은 변론 전체의 취지와 증거조사의 결과에 의하여 인정되는 모든 사정을 종합하여 상당하다고 인정되는 금액을 손해배상 액수로 정할 수 있다.

196) 대법원 2011. 5. 13. 선고 2010다58728 판결.

각 규정과 선택적으로 적용되거나 심지어 먼저 적용될 수는 없다. 판례의 입장 역시 같은 것으로 이해된다.[197] 따라서 법원은 제7항을 적용하더라도, 제128조 제2항, 제4항, 제5항 또는 민법 제750조 중 어느 것에 따라 손해액 산정을 위한 노력을 하고 가능한 모든 사실인정을 해야 한다.[198] 그럼에도 불구하고 그것만으로 원고의 손해액을 완전히 확인할 수 없을 때 비로소 제7항에 기한 손해액 인정에 나아가고, 앞서 인정한 사실들을 구체적 금액 인정의 근거로 활용함이 상당하다.

손해액을 증명하는 것이 극히 곤란한 경우로는 침해물건의 원재료비, 제조 및 판매경비, 침해제품의 판매량, 운송료, 관리비, 이익률, 문제가 된 특허품이 상품의 일부를 이루는 부품인 경우 당해 상품의 전체 판매에 대한 특허의 기여율, 침해품이 시장에 나와 공급물량이 증가함에 따른 제품 가격의 하락 폭, 침해품이 시장에 나옴으로 인한 로열티 금액의 감소분 등을 생각할 수 있다.[199]

한편, 침해자인 피고가 손해액 산정에 필요한 자료의 제출을 거부하거나 제출하지 못하는 경우 상당한 손해액의 인정으로 이어지는 일이 많다. 그러나 이런 경우 특허법 제132조의 자료제출명령이 발동될 수 있고, 자료제출명령을

197) 판례는 "법원은 손해액에 관한 당사자의 주장과 증명이 미흡하면 적극적으로 석명권을 행사하여 증명을 촉구하여야 하고 경우에 따라서는 직권으로라도 손해액을 심리 판단하여야 한다"는 태도를 견지해 오고 있다(대법원 1987. 12. 22. 선고 85다카2453 판결, 대법원 1991. 7. 23. 선고 90다9070 판결, 대법원 2002. 5. 28. 선고 2000다5817 판결, 대법원 2008. 2. 14. 선고 2006다37892 판결, 대법원 2011. 7. 14. 선고 2010다103451 판결, 대법원 2012. 6. 14. 선고 2012다20819 판결 등).

198) 특허법원, 지적재산소송실무(제4판), 591면.

199) 특허법원 2018. 11. 8. 선고 2018나1275(본소), 2018나1282(반소) 판결: 피고가 원고의 특허권을 침해하는 골프연습 장치를 제조 판매한 사건에서, 원고가 '피고의 매상 총액 − (제품 1개당 제조원가 × 제품 판매 수량) = 피고의 이익'이라고 주장하면서, 특허법 제128조 제4항에 따라 해당 금액을 손해로 배상 청구하였다. 이에 대하여 법원은, '원고가 주장하는 제품 1개당 제조원가 66,652원은 피고 제품에 소요되는 부품의 단순 합계액에 불과할 뿐, 이에 따른 인건비, 공장시설 유지 운용비, 포장과 배송 등 물류비용 및 광고비용 등이 아울러 고려되어야 하고, 피고가 제조·판매한 물건의 여러 부품 가운데 피고의 특허 기술이 적용된 것으로 볼 수 있는 부분도 있어 이 부분을 감안하여 기여도를 산정하여야 하며, 피고회사의 인지도나 전체적인 판매 현황, 규모, 피고회사가 제품 및 시장개발을 위해 지출한 비용, 물류 및 광고 등에 지출한 비용 역시 참작할 필요가 있는 바, 이런 요소를 인정할 자료가 없다'고 하면서, 제7항에 따라 변론 전취지에 의한 손해액 4,000만원을 인정하였다.

받은 당사자가 정당한 이유 없이 자료를 제출하지 않으면 법원은 i) 자료의 기재에 대한 신청인의 주장을 진실한 것으로 간주할 수 있고(특허법 제132조 제 4 항), ii) 신청인이 해당 자료의 기재 내용을 구체적으로 특정하기가 현저히 어렵고 요증사실을 뒷받침할 다른 증거도 없는 경우에는 아예 요증사실에 대한 신청인의 주장을 진실한 것으로 간주할 수도 있으므로(같은 조 제 5 항), 만연히 상당한 손해액 인정에 의지하기 보다는 해당 규정을 적극적으로 활용화는 것이 바람직할 것이다.

(2) 재판의 실태

재판례 가운데 상당 손해액을 인정한 사례는 매우 흔하다. 근래 선고되는 하급심 판결들 가운데는 막연히 상당손해액을 결정하는 대신 i) 소송에 현출된 자료를 근거로 특허법 제128조 제 2 항 내지 제 4 항의 방법에 따라 손해액을 산정해 가면서 그 구체적 수치에 추정치를 대입하거나, ii) 제 2 항 내지 제 4 항의 요소에 따라 전체 금액을 계산한 뒤 그것만으로는 원고의 손해액이 완전히 특정되었다고 보기 어렵다고 하면서 그중 일부를 상당한 손해액으로 인정하는 예가 많다.[200] 이는 판례가 "법원은 손해액 산정의 근거가 되는 간접사실들의 탐색에 최선의 노력을 다해야 하고, 손해액에 관한 당사자의 주장과 증빙이 미흡하더라도 적극적으로 석명권을 행사하여 증명을 촉구하여야 하며, 경우에 따라서는 직권으로라도 손해액을 심리·판단하여야 한다"고 하여[201] 특허법 제128조 제 7 항의 적용 시 법원의 심리의무를 엄격히 하는 것과 관련 있어 보인다. 실무에서는 제128조 제 4 항이 손해를 제 7 항에 따라 산정하는 경우가 특히 많다.[202][203]

200) 특허법원 2017. 2. 17. 선고 2016나 1271 판결, 특허법원 2017. 2. 24. 선고 2016나1608 판결, 특허법원 2017. 5. 19. 선고 2016나1370 판결, 특허법원 2017. 5. 19. 선고 2016나1561 판결; 특허법원 2017. 11. 24. 선고 2017나1346(본소) 1353(반소) 판결 등.

201) 대법원 2016. 11. 24. 선고 2014다81528 판결.

202) 예컨대 특허법원 2019. 11. 1. 선고 2018나2063 판결; 특허법원 2019. 9. 6. 선고 2018나2087 판결; 특허법원 2018. 11. 8. 선고 2018나1275(본소) 1282(반소) 판결; 특허법원 2018. 9. 7. 선고 2017나 2448 판결; 특허법원 2017. 12. 1. 선고 2017나1155 판결; 특허법원 2017. 11. 24. 선고 2017나1346(본소) 1353(반소) 판결; 특허법원 2022. 2. 17. 선고 2020나2011 판결; 특허법원 2023. 12. 6. 선고 2022나1654 판결; 특허법원 2024. 9. 5. 선고 2023나11009 판결 등.

203) 제128조 제5항(합리적 실시료)에 의한 손해 산정과 관련하여 제7항을 적용한 예로는, 특

⇨ 특허법원 2019. 11. 1. 선고 2018나2063 판결

① 피고가 'D'를 운영하면서 발생한 수입에 대해 과세관청에 신고한 총수입금액 및 소득금액에는 피고 실시제품 판매로 인한 매출액 외에도 점검구, 악취저감 가림막 등 다른 제품 판매로 인한 매출액과 임대료 및 차량매매대금 수입 등이 포함되어 있으며, 이들과 피고 실시제품으로 인한 수입이 구분되지 않고, 나아가 피고 실시제품 매출에 관련된 필요경비가 특정되지 않은 상태에서 소득금액이 산정되었음을 알 수 있다. 따라서 위 인정 사실과 같이 피고가 과세관청에 신고한 총수입금액과 소득금액만으로는 피고가 그 실시제품으로 인해 얻은 매출액 및 이익액을 다른 영업행위로 인한 매출액 및 이익액과 구분하여 특정하기에 부족하므로 제128조 제4항에 의한 손해액을 산정할 수 없다. ② 따라서 특허법 제128조 제7항에 따른 상당한 손해액을 피고가 과세관청에 신고한 소득금액을 일응의 기준으로 하여 정하기로 한다. 피고의 소득금액에서 공제되어야 할 피고 실시제품 이외의 제품 등에 의한 소득을 특정하는 것은 곤란하나, 피고가 신고한 위 기간의 소득금액 762,285,513원에 기여하는 바 역시 높지 않을 것임이 추측된다. ③ (변론에 나타난 제반 사정을 종합하면) 피고 실시제품의 매출액 및 그로 인한 이익액에 대해 이 사건 특허발명이 기여하는 비율은 대략 50% 정도로 보는 것이 타당하다. 따라서 피고는 원고에게 이사건 특허침해로 인한 손해배상으로 3억 6,000만원 및 지연손해금을 지급할 의무가 있다.

⇨ 특허법원 2019. 1. 10. 선고 2018나1152 판결

① 원고가 제출한 자료만으로는 이 사건 특허제품의 단위수량당 이익액을 산정할 수 없고, 원고의 특허는 침해품의 일부만을 구성하므로 피고 제품의 매출액에 단순경비율 부분을 공제한 금액을 '특허권을 침해한 자가 그 침해행위로 인하여 얻은 이익'으로 볼 수도 없다. 또한 이 사건 침해제품에서 특허침해부분의 기여율을 산정할 자료도 없다. 그렇다면, 제출된 자료들만으로는 침해행위로 인하여 피고가 얻은 이익액을 구체적으로 산정하기 어려워 제128조 제2, 4항 대신 제7항을 적용한다. ② 문제가 된 기간 동안 피고의 매출액 합계는 46,331,298,054원이고, 원고의 특허기술은 침해품 제조시 노무비 절감의 효과를 가져오나 그 구체적 수치를 인정할 증거가 부족하다. 따라서 원고 측의 수치에 의하면 단위수량당 매출액 대비 노무비의 비중은 0.266%에 불과하고, 피고의 경우에도 이와 비슷할 것으로 추정된다. ③ 침해된 특허기술에는 대체기술이 존재하고 피고는 원고특허를 침해하지 않았으면 어렵지 않게 위 대체기술을 사용하였을 것으로 보이며 그로 인해 비용이 크게 증가하지도 않았을 것으로 보인다. ④ 이상의 사정을

허법원 2024. 9. 26. 선고 2023나10938 판결.

종합적으로 고려하면, 이 사건 제 1 항, 제 3 항 발명을 피고제품에 실시함에 따라 조립 공정에서의 시간 단축 및 편의성 증대, 그로 인한 비용감소 및 제품 판매단가 절감 등의 효과가 있더라도, 그 효과가 현저히 크지는 않을 것으로 보인다. 따라서 피고는 원고에게 이 사건 특허침해로 인한 손해배상으로 6,000만원 및 그에 대한 지연손해금을 지급할 의무가 있다.

⇨ 특허법원 2017. 2. 17. 선고 2016나1271 판결

① 이 사건 특허침해로 인한 손해배상액 산정을 위해 제128조 제 2 항을 적용해 보면, ② 침해품인 이단 피목 로프제품에 대한 원고의 판매단가는 170만원이고, 제품 1개의 추가 생산에 드는 재료비는 69,637원, 인건비는 150,000원, 기타경비 232,900원(기준경비율에 의해 판매단가의 13.7%로 추산)이다. 따라서 단위수량 당 한계이익은 1,247,463원(1,700,000-69,637-150,000-232,900)이다. ③ 그러나 이 사건에서 침해품이 양도수량을 구체적으로 인정할 증거가 없다. 따라서 부득이 제 7 항에 따라 손해액을 산정한다. 제반 자료에 의하면 판매되었을 것으로 추인되는 번지점프용 로프의 수량은 위 두 개 업체의 경우만 보더라도 적어도 75개 이상이라고 보아야 하고, 그 판매이익은 앞서 본 원고들의 단위수량당 이익액 1,247,463원에 곱하면 75,367,556원이 된다. ③ 여기에 기타 변론에 나타난 사정을 종합하면 원고들에게 지급해야 할 손해배상액은 피고 C, D이 7,000만 원, 피고 오버클래스, E는 2,000만 원 정도로 보는 것이 옳다.

3. 고의 침해에 대한 증액배상(제128조 제 8 항, 제 9 항)

2019. 1. 8. 개정 특허법(법률 제16208호) 제128조 제 8, 9 항을 통해 고의적 특허침해에 대한 증액배상제도가 도입되었다. 이른바 '징벌적 손해배상'으로 불리는 증액배상제도는 2011년 하도급거래 공정화에 관한 법률에 처음 도입된 것을 시작으로 여러 개별법에 도입되어 오고 있다. 한편, 우리 특허법에 징벌적 배상제도가 도입됨으로 인해, 향후 미국 등 외국에서 국내 기업이 특허침해로 막대한 징벌적 배상을 명받은 경우 그 확정판결이 국내에서 제한 없이 승인·집행될 가능성이 높아지게 되었다.[204)]

204) 판례는 종래 민사소송법 제217조 제 1 항 제 3 호를 근거로, 외국 법원의 징벌적 배상판결의 국내 집행을 '공서양속 위반'으로 배척해 왔다(대법원 2016. 1. 28. 선고 2015다207747 판결 등). 그러나 우리나라가 특허침해에 대한 징벌적 배상제도를 도입한 이상, 외국 판결이 징벌적 배상을 명했다는 이유로 우리 공서양속에 반한다는 논리는 성립할 수

(1) 제 8 항과 제 9 항의 관계

제 8 항에 따르면, 침해가 고의적인 것으로 인정되는 경우, 제 2 내지 7 항에 의해 산정된 금액의 5배 범위 내에서 배상액을 증액할 수 있다.[205] 제 9 항에 열거된 고려요소들은 제 8 항의 주관적 용태와 결합하여 전체적 비난가능성의 크기를 결정하게 된다. 그러므로, 예컨대 주관적 용태는 미필적 고의에 해당하더라도, 침해자가 우월적 지위를 악용하였거나(제 1 호), 침해로 인한 권리자의 피해가 크거나(제 3 호), 침해로 인한 침해자의 이익이 크거나(제 4 호), 침해행위의 기간이 길거나 횟수가 많은 경우(제 5 호)에는 그런 요소가 없는 단순 고의의 침해보다 더 높은 배상책임을 질 여지가 있다. 반대로, 높은 비난가능성을 띤 고의 침해라도 그 밖에 제 9 항의 증액요소가 결합되어 있지 않거나 적게 결합되어 있다면 그보다 낮은 증액배상이 부과될 수 있을 것이다.

(2) 고의적 침해(제 8 항)

특허법 제128조 제 8 항이 굳이 '고의적'이라는 용어를 쓴 것은 일반적 의미의 고의보다 유연하고 넓은 주관적 용태들을 포섭하기 위함이다. 즉, i) '결과의 발생을 인식 · 인용하면서 행위하는 심리상태'라는 일반적 의미의 고의는 물론, ii) 거기에 다른 부정한 의도가 더해져 비난 가능성이 더 높거나 iii) 미필적 고의처럼 결과의 인식 정도가 상대적으로 낮은 심리적 용태를 모두 염두에 둔 것으로 볼 것이다.

1) 확정적 고의 · 미필적 고의

확정적 고의는 ① 실시자가 결과의 발생을 바라고 실시를 하거나 ② 적극적으로 바라지는 않더라도 결과의 발생이 실질적으로 명백하다는 사정을 알면서 실시를 하는 경우에 인정된다.[206] ①은 '상대방을 해할 의도'가 포함된 비

없게 되었다. 아울러 판례는, 확정재판을 승인한 결과가 선량한 풍속이나 사회질서에 어긋나는지를 심리한다는 명목으로 실질적으로 그 확정재판의 옳고 그름을 전면적으로 재심사하는 것은 '집행판결은 재판의 옳고 그름을 조사하지 않고 해야 한다'고 규정한 민사집행법 제27조 제 1 항에 반한다고 하는바(대법원 2015. 10. 15. 선고 2015다1284 판결), 외국에서 확정된 징벌적 배상액의 다과(多寡)를 국내의 집행단계에서 다투는 것 또한 당연히 이 규정에 저촉될 것이다.

205) 당초 증액한도가 3배로 입법되었으나, 2024. 2. 20. 개정 특허법(법률 제20322호)은 그 한도를 다시 5배로 높였다.

206) 우리 특허법이 증액배상제도의 모델로 삼은 미국은 Restatement of Torts(3rd, 2010) §1은

난가능성이 높은 고의, ②는 '단순 고의' 정도로 파악할 수 있을 것이다. 미필적 고의는 ① 실시자가 스스로 특허를 침해하고 있는 것이 거의 확실하다고 인식하면서도 의도적으로 이를 확인하지 않거나,[207] ② 결과 발생을 의도하지는 않았더라도 의도적으로 결과 발생의 위험을 무시하거나, ③ 결과 발생의 위험을 알게 될까봐 의도적으로 그런 사정에 대한 고려를 회피한 경우에 인정될 수 있다.[208] 그 결과 예컨대 권리자로부터 특허침해의 통지를 받은 피고가, 자신의 실시가 종국적으로 침해일지 여부에 확신이 없지만 혹 침해로 확정되더라도 이미 시작된 영업을 중단할 수는 없으니 고려하지 않고 실시를 계속하기로 했다면 미필적 고의를 구성한다.[209]

2) 고의의 정도에 대한 판단

악의적 고의, 단순 고의, 미필적 고의는 어차피 주관적 용태이므로 간접사실을 통해 추단될 수밖에 없고 상호 간의 경계 또한 분명하지 않은 경우가 대부분이다. 그렇더라도 가급적 그 판단 기준을 객관화하고 예측가능성을 부여하는 일은 매우 중요하다. 또한 악의든, 고의 혹은 미필적 고의든 그것이 단순히 '있거나 없다'로 끝나는 것이 아니라 개별 사건에서 그 비난가능성을 어느 정도로 차별화 할 것이냐가 핵심이다. 이는 징벌적 손해배상제도가 본질적으로 침해자의 주관적 용태 및 그에 결부되는 객관적 사정에 대한 총체적 비난가능성 문제이기 때문이다. 실무상 고의의 정도를 판단하는 간접사실로 고려될 수 있는 것들을 검토해 보면 다음과 같다.

㈎ 고의의 비난가능성을 높이는 요소들

첫째, 권리자의 경고 여부이다. 실시자가 권리자로부터 침해의 경고를 받고도 실시를 계속하였다면 고의가 추단되기 쉬움은 물론이다. 실무상으로도 이는 실시자를 적어도 미필적 고의에 빠뜨리는 중요한 수단으로 활용되고 있다. 다만, 그럼에도 불구하고 특허가 무효라거나 피고의 실시가 권리범위에

확정적 고의(Intent)를 그와 같이 정의하고 있다.

207) 이른바 의도된 부지(Willful Blindness: Global-Tech Appliances, Inc. v. SEB S.A., 563 U.S. 754 (2011)).

208) Restatement of Torts(3rd, 2010) §2, Comment. c.(이른바 '무모한 무관심: Reckless Indifference).

209) 김성기, "특허침해 손해배상액 3배 증액 입법: 고의의 인정과 증액 고려요소", 「산업재산권」 제60호(2019), 27면.

속하지 않는다고 믿을 객관적 사정이 많을수록 예외일 것이다. 그 밖에 특허권의 행사가 공정거래법에 저촉될 수 있는 경우, 민법상 권리남용에 해당할 사정이 뚜렷함에도 침해경고를 반복하는 경우처럼 권리 행사에 하자가 있는 때도 마찬가지이다.[210] 이런 예외적 사정에 대한 증명책임은 피고에게 있다.

둘째, 실시자 스스로 침해 여부를 판단할 수 있는 내부 역량을 갖추었는지 또는 전문가 자문 등을 통해 이를 확인했는지 여부이다. 피고에게 침해 여부를 판단할 수 있는 내부 전문가 등 인적자원이 충분하였다면, 결과적으로 침해가 인정되는 한 고의를 강하게 추단할 수 있다. 피고가 침해의 성립가능성을 알고도, 고의 침해가 되는 상황을 피하기 위해 판단을 의도적으로 회피한 것으로 인정되면 미필적 고의를 인정할 수 있으며, 앞서 본 무모한 무관심 혹은 의도된 부지 개념이 유용한 참고가 될 수 있다. 피고가 내, 외부 전문가로부터 비침해의 조언을 얻었다면 고의를 부정하는 인자로 고려할 수 있겠지만, 실무에서는 전략적으로 비침해라는 조언을 미리 구해둠으로써 이런 사정을 악용하는 경우도 많다는 점 역시 간과되어서는 안 된다. 따라서 조언의 객관성, 실질성, 조언자의 권위 등을 종합적으로 검토해서 결론을 내려야 하며 단순히 비침해의 조언을 얻었다는 사정만으로 좌우될 일은 아니다.[211]

셋째, 침해에 대한 은폐 시도 여부이다. 물건 발명에서 특허발명의 핵심 요소를 그대로 모방하면서도 중요성이 낮은 요소를 생략하거나, 방법발명에서 발명의 효과에는 영향을 주지 않으면서 권리범위를 벗어나도록 과정을 부가·변경하는 것을 생각할 수 있다. 일반적인 경우라면 그런 요소를 생략할 이유가 없음에도 생략이 이루어지고, 그럼에도 불구하고 여전히 특허발명의 요소가 결여된 기술보다는 우월하거나 시장에서 경쟁력이 있다면 의도적으로 침해를 은폐하려는 목적 아래 특허발명을 모방한 것으로 보기 쉬울 것이다. 합리적 이유 없이 생산이나 영업을 비밀리에 수행하거나 원료 구입·매출 등 영업 관련 자료를 은닉·폐기하여 손해액 산정을 곤란하게 하는 등 장차 침해소송

210) 이런 침해 경고는 그 자체로 불법행위를 구성할 수 있다(조영선, "특허침해 경고의 법률문제 - 비교법적 현황과 그 시사점을 중심으로" 「사법」 제30호, 2014, 59면).

211) 판례 가운데, 실용신안권자가 제3자를 상대로 침해를 이유로 가처분을 하였다가 본안에서 패소한 사안에서, 비록 권리자가 가처분 과정에서 변리사로부터 침해성립의 조언을 얻은 일이 있다고 하더라도 부당 가처분이라는 불법행위의 과실을 면하는 근거가 될 수 없다고 판시한 것이 있다(대법원 2002. 9. 24. 선고 2000다46184 판결).

등 책임 추궁에 대비하는 행위도 마찬가지다.

넷째, 균등침해의 성립이 쉽게 인정되는가이다. 현실에서 고의침해자는 오히려 문언침해 형태를 극력 피하는 것이 보통임을 감안하면 간단한 구성요소의 치환만으로 이루어진 균등물의 실시는 문언침해를 회피하기 위한 고의의 발현으로 인정될 여지가 많다.

다섯째, 간접침해자가 말단 소비자에게 부품이나 소모품을 공급하여 특허침해가 이루어지도록 하는 경우이다. 권리자의 경쟁업체나 중간 제조업자 등으로부터 단순히 특정 사양 부품의 제작·납품을 의뢰받아 공급하는 경우와 달리, 대중적으로 소비되는 특허물건의 전용부품을 스스로 제조 혹은 구매하여 소비자에게 직접 공급하는 자는 대상 부품의 용도와 특허에서 차지하는 기술적 의미 등을 정확히 알고 있는 수가 많아 고의 침해의 가능성이 크다.

여섯째, 침해자가 특허명세서에는 없는 발명 관련 정보를 아울러 활용하는 경우이다. 만약 침해자가 거래나 고용관계 등을 통해 특허발명에 관련된 추가정보에 접근할 가능성이 있었고, 실제로 명세서에는 없는 그런 정보를 활용하고 있다면 고의로 특허를 침해하고 있을 가능성이 크다.

일곱째, 특허침해로 판단 받은 전례가 있는 경우이다. 침해자 스스로 혹은 제3자에 의해 동일하거나 유사한 특허발명에 대해 무효시도가 좌절된 전례, 권리범위에 속한다는 판단을 받은 전례 등이 있다면, 대상 특허의 유효성 혹은 침해의 가능성을 알고도 실시에 나간 것이므로 고의가 인정될 여지가 높다.

(나) 고의의 비난가능성을 낮추는 요소들

첫째, 해당 특허의 무효가능성이 있는 경우이다. 분쟁 중인 특허가 무효로 될 가능성이 클수록, 당사자가 그 유효성을 다툴 객관적 이유가 많을수록, 해당 발명을 실시하는 자는 적법한 권리를 침해한다는 고의가 낮을 것이다.[212] 관련된 특허의 무효를 전제로 하는 심판이나 판결이 이미 존재한다면 더욱 그러하다. 아울러 해당 특허발명이 결국 유효로 확정되었더라도, 침해 당시 위와

212) 미국에서도 의도성 인정과 관련해서 매우 중요한 사유로 취급되고 있다. 대표적 사례로는, SRI Int'l, Inc. v. Advanced Tech. Labs., Inc., 127 F.3d 1462 (Fed. Cir. 1997) ; AptarGroup, Inc. v. Summit Packaging Sys., 178 F.3d 1306, 1998 WL 791707 (1998) ; Spectralytics, Inc. v. Cordis Corp., 649 F.3d 1336, 1348, 99 U.S.P.Q.2d 1012 (Fed. Cir. 2011) 등.

같은 사정이 존재하였다면 이를 침해자 고의를 낮게 고려함이 상당하다.

둘째, 청구범위의 외연이 불명확한 경우이다. 특허청구범위의 외연이 불분명하거가 비침해로 해석될 여지가 있고, 실제로 피고가 나름의 합리적 청구범위 해석의 결과 비침해로 판단하고 실시에 나간 경우, 고의 가능성을 낮게 보아야 한다. 기능적 청구항이 일반적인 소프트웨어 발명이나, 기술의 조밀도가 높고 서로 다른 기업 사이에 유사 발명에 관해 좁은 권리범위로 '특허덤불(patent thicket)'을 형성하는 예가 많은 IT 산업에서는 '선의의 이중발명'이 빈발하므로 특히 그러하다.[213] 실시자가 청구범위를 일정한 근거 아래 달리 해석하고 실시에 나아간 것이라면 법률의 착오와 유사한 상태가 발생하기 때문에 그러한 착오에 어느 정도의 정당성을 부여할 수 있는지에 따라 고의의 강도도 달라져야 한다.[214]

셋째, 피고의 우회설계 시도 여부이다. 실시자가 해당 특허발명에 대한 우회설계를 시도하였다는 점은, 침해책임을 교묘하게 회피하면서 모방의 목적을 달성하려는 태도로 받아들여져 심정적으로 높은 비난가능성을 부여하기 쉽지만, 현실적으로 특허발명에 대한 다양한 우회설계는 합법적이고 흔한 경쟁행위이다. 비록 충분한 우회설계에 실패하여 침해로 판단되었더라도 실시자가 우회설계를 시도하였다는 점은 그런 시도조차 없이 단순모방을 하거나 손쉬운 균등침해로 나아간 경우에 비해 고의를 경감시키는 요소로 평가될 수도 있다.[215]

---

213) 이 점에 대한 분석과 구체적 언급을 하고 있는 문헌으로, Christopher A. Cotropia & Mark A. Lemley, "Copying in Patent Law", *N.C. L. REV. Vol.87(2009)*, p. 1456 ; Mark A. Lemley, "The Myth of the Sole Inventor", *MICH. L. REV. Vol.110(2012)*, pp. 712~715 등.

214) 형사법에서는 금지의 착오에 관해 정당한 이유가 있는 경우에는 불가벌로, 그렇지 않은 경우에는 고의범으로 보는 등 일도양단의 취급을 하지만(박재윤 대표편집, 「주석형법(제2판)」, 한국사법행정학회, 2011, 407~408면), 이는 정당한 이유가 있는 경우에 한해 법률의 착오를 불가벌로 규정한 형법 제16조의 해석론이기도 하고, 죄형법정주의에 따라 과실범은 처벌규정이 있어야만 처벌 가능하기 때문이기도 하다. 따라서 고의와 과실의 준별 필요가 적은 민사 불법행위에서 금지의 착오에 관해 그와 같은 이분법에 따를 이유는 없으며, 개별 사건에서 고의와 과실에 걸쳐 층위를 다양하게 인정할 수 있을 것이다.

215) 이런 법리를 밝힌 미국의 사례로는, Westvaco Corp. v. International Paper Co., 991 F.2d 735, 745 (Fed. Cir. 1993); State Indus., Inc. v. A.O. Smith Corp., 751 F.2d 1226, 1235-36 (Fed. Cir. 1985); WMS Gaming Inc. v. International Game Technology, 184 F.3d 1339 (Fed. Cir. 1999); Hoechst Celanese Corp. v. BP Chems. Ltd., 78 F.3d 1575, 1583 (Fed. Cir. 1996).

넷째, 균등침해가 어렵게 인정되었는지 여부이다. 결과적으로 균등침해가 인정되었더라도, 과제해결원리의 동일성이나 치환자명성 등 균등침해 요건에 대한 다툼의 여지가 충분하였다면 높은 정도의 침해 고의를 인정하기 어려울 것이다. 예컨대 판례[216]는 실용신안권자인 피고인이 선행 특허발명에 대한 균등침해의 형사책임을 지는지가 문제 된 사건에서, ① 균등침해의 판단은 통상의 기술자에게도 쉽지 않으며 일반인의 경우는 더욱 어렵고, ② 피고인이 실시 전 변리사에 대한 자문에서 비침해라는 언질을 받았으며, ③ 실용신안 명세서에 문제가 된 특허발명을 종래기술로 명시하였음에도 심사관이 기술평가 절차에서 실용신안등록 유지 결정을 한 점 등을 이유로 특허발명에 대한 침해의 고의를 인정하지 않은 바 있다. 이 사건이 고의범만을 처벌하는 형사사건이고, 대법원의 이런 판단이 곧 과실까지도 부정하는 것인지는 알 수 없지만, 판례가 '균등침해의 성립 판단은 간단한 문제가 아니므로 침해자에게 결과만으로 손쉽게 책임을 묻기 어렵다'고 지적한 부분은 눈여겨 볼 필요가 있다.

다섯째, 실시자가 후속 이용자인 경우이다. 1차적으로 특허를 침해하는 당사자와 달리, 하류의 거래에 관여하는 당사자는 자신이 거래하는 물품이 침해품인지 인식하지 못하고 실시를 시작하는 경우가 많으며, 일단 영업을 시작한 이후에는 비록 침해사실을 알게 되더라도 비난가능성을 높게 보기 어려운 경우가 많다. 예컨대 물건(X)의 제조 · 판매업자인 乙이 기계 제조업자인 甲으로부터 X의 생산에 쓰이는 기계를 납품받아 사용하고, 甲이 납품한 기계가 특허 침해품이라면 乙이 X를 생산하기 위해 해당 기계를 가동하는 행위 역시 특허침해를 구성하지만 해당 사안에서 甲과 乙의 침해 고의를 동일한 평면에서 다루는 것은 부적절하고, 후자의 경우 비록 특허권자로부터 침해 경고 등을 받아 고의가 인정되는 경우에도 그 비난가능성은 낮게 평가해야 할 것이다.

여섯째, 생산자로부터 부품 등을 주문받아 납품하는 간접침해자의 경우이다. 부품의 제조 납품업자인 乙이 침해자인 甲으로부터 특정한 사양의 부품이나 제품의 제조 · 납품을 요구받고 단순히 그에 따라 납품한 것뿐이라면 결과적으로 그 부품이나 제품이 甲의 특허권 침해에 사용되어 간접침해책임을 지게 되더라도 고의는 낮게 평가해야 할 가능성이 있다. 만약 乙이 제공한 물품

216) 대법원 2010. 1. 14. 선고 2008도639 판결.

이 다른 용도도 가진 중성품이라면 결과적으로 그것이 甲에 의한 특허권 침해에 사용되었다 하더라도 乙은 간접침해자가 아닌데, 현실에서 전용품과 중성품의 구별이 언제나 명확한 것은 아니라는 점도 고려되어야 한다.

일곱째, 침해 여부나 특허의 유효성에 대한 선행 판단에 혼선이 있는 경우이다. 동일한 특허발명을 두고 그 유효성 여부나 침해성립 혹은 권리범위와 관련하여 심판의 결과가 소송에서 뒤바뀌거나 심급 사이에 판단이 엇갈리는 일이 있다. 이처럼 특허청구범위의 해석이나 신규성·진보성 판단, 명세서 기재요건의 충족 여부에 대해 선행 판단들이 상반되는 정도였다면, 침해자가 그 중 하나인 비침해라는 결론에 의지하여 실시에 나아간 사정에 비난 가능성이 높은 고의를 인정하기는 어려울 것이다.[217]

마지막으로, 실시자가 자신의 실시가 정당하다고 믿을 만한 합리적 근거가 있는 경우이다. ① 실시권 범위에 대한 계약 해석을 달리하거나, ② 침해에 관하여 자유기술의 항변의 여지가 있거나, ③ 각종 법정실시권의 성립 여지가 있거나, ④ 특허의 효력이 미치지 않는 경우에 해당할 여지가 있거나, ⑤ 특허권의 행사가 기타 권리남용(독점규제법 위반)에 해당한다고 믿을 만한 사유가 있는 경우 등에는 각 침해의 고의를 낮게 평가해야 할 것이다.

(3) 증액배상의 고려요소들(제 9 항)

1) 개별 요소들

(가) 침해행위를 한 자의 우월적 지위 여부(제 1 호)

증액배상 제도를 도입한 우리나라의 법률들 가운데 특허법과 부정경쟁방지법에서만 발견되는 요소이다. 거래 과정에서 대기업에 의한 중소기업의 기술탈취가 빈번하게 이루어지고 있는 현실이 입법에 고려된 것으로 보이며, 이로써 일반예방적 효과를 기대할 수 있다.

(나) 고의 또는 손해발생의 우려를 인식한 정도(제 2 호)

(3)과 같이 다양하게 평가될 수 있는 고의의 양과 질이 구체적·개별적으로 반영되어야 함을 명시한 규정이다. 이는 제 9 항의 나머지 고려요소들과 결합하여 증액배상의 최종 규모를 결정하는 공통 인자가 된다. 제 8 항이 '고의'

---

217) 유사한 지적으로는, 강명수, "특허침해죄와 고의 입증" 「부산대학교 법학연구」 제55권 제 3 호, 2014, 176면.

가 아닌 '고의적' 이라는 표현을 사용한 것 자체가 이미 다양한 고의의 강도 내지 비난가능성을 염두에 둔 것으로 파악됨은 앞서 지적한 바와 같다.

㈐ 침해행위로 인하여 권리자가 입은 피해 규모(제 3 호)

손해의 객관적 크기는 물론이고, 동일한 금액이라도 피해자의 영업 규모에 따라 실제 타격의 크기가 다를 수 있다. 아울러, 시장에서의 경쟁력 상실, 투하한 연구개발 비용의 손실, 인적자원의 유출, 시장 회복의 곤란 등 금전으로 평가하기 곤란한 손해들을 배상에 반영할 수 있는 법문상 근거가 된다. '손해 규모' 라는 용어 대신 '피해 규모' 라는 포괄적 용어를 사용한 것도 이런 이유라고 이해된다.

㈑ 침해행위로 인하여 침해한 자가 얻은 경제적 이익(제 4 호)

우리 특허법은 예컨대 독일처럼 침해자의 이익 전부를 권리자에게 환수시키는 형태의 배상모델을 취하지 않는다. 제128조 제 4 항도 침해자의 이익을 권리자의 손해로 추정하고, 침해자가 그를 번복하는 사정을 주장·증명하여 구체적 손해액을 확정하는 구조로 되어 있을 뿐이다. 그 결과 생산능력이나 시장지배력 등에서 권리자를 크게 능가하는 자가 침해를 하는 경우 손해배상 이후에도 여전히 상당한 이익을 보유할 가능성이 있다. 이 규정으로 침해로 얻은 경제적 이익 가운데 제 4 항에 의해 배상되지 않는 부분도 개별 사정에 따라 증액배상으로 추가 회수할 수 있는 가능성이 확보되었다. 일반예방적 효과도 상당부분 기대할 수 있을 것이다.

㈒ 침해행위의 기간·횟수 등(제 5 호)

침해행위의 비난가능성을 가늠할 수 있는 가장 객관적인 지표들이다.

㈓ 침해행위에 따른 벌금(제 6 호)

침해자가 형사처벌로 이미 금전형을 받았다면, 동일행위에 징벌적 금전배상을 추가로 명하는 것은 침해자에게 이중의 경제적 부담을 지우는 것이어서 가혹할 여지가 있다. 따라서 이미 선고된 벌금의 규모 등을 감안하여 증액배상의 여부나 규모를 정할 필요가 있다. 이 규정의 도입취지가 이처럼 침해자가 벌금형을 이미 받은 경우 '이중처벌' 의 비판을 피하기 위해 증액배상 시 감액 요소로 고려하기 위한 것이었다는 시각도 있다.[218)]

---

218) 이주환, "우리 특허법상 증액손해배상제도의 도입과 실무적 운영방안 – 미국 특허법상 증액손해배상제도와 비교를 중심으로 –", 「산업재산권」 제60호(2019), 119면.

(사) **침해행위를 한 자의 재산상태(제 7 호)**

침해자의 재산상태를 고려하지 않고 징벌적 배상을 명하는 경우, 자칫 침해자를 재기불능의 상태로 만드는 등 바람직하지 않은 결과를 초래할 수도 있다. 또한, 동일한 금액이라도 침해자의 재산상태에 따라 억제효과는 현저히 다를 것이므로 이를 고려하여 상대적 기준을 적용하는 것이 합당하다.[219)]

(아) **침해행위를 한 자의 피해구제 노력의 정도(제 8 호)**

침해자에 대한 비난가능성을 측정할 수 있는 좋은 계량지표이다. 침해자가 침해소송이 제기되자 스스로 제조·판매를 중단하는 것 등을 예로 들 수 있다.[220)]

2) 증명책임

우리나라에서 증액배상을 도입하고 있는 법률들에는, 증액배상의 대상이 아니라는 점에 대한 증명책임을 가해자에게 부과하는 유형과,[221)] 증액 배상요건에 대한 증명책임을 피해자에게 부과하는 유형이[222)] 모두 존재한다. 특허법 제128조는 이에 대해 특별히 언급하고 있지 않다. 생각건대, 제 9 항 제1 내지 5호까지의 사실은 원칙상 증액배상을 요구하는 권리자(피침해자)가 증명책임을 진다고 볼 것이다. 반면, 제 9 항 제6, 7, 8호는 침해자에게 유리한 요소이고 관련 자료 또한 대개 침해자에게 있을 것이므로 원칙상 이를 침해자가 주장·증명함이 상당하다.

---

219) 미국에서도 대체로 침해자의 재산 규모가 크지 않을수록 징벌적 배상액을 축소하고, 반대의 경우에는 확대하는 것이 실무로 보인다(St. Regis Paper Co. v. Winchester Carton Corp., 410 F. Supp. 1304, 1309 (D. Mass. 1976); Bott v. Four Star Corp., 229 U.S.P.Q. 241, 254 (E.D. Mich. 1985), aff'd in part and rev'd in part, remanded for clarification of damage amount, 807 F.2d 1567 (Fed. Cir. 1986); Lightwave Techs., Inc. v. Corning Glass Works, 19 U.S.P.Q.2d 1838, 1849 (S.D.N.Y. 1991); Kori Corp. v. Wilco Marsh Buggies & Draglines, Inc., 561 F. Supp. 512, 533 (E.D. La. 1981), aff'd, 761 F.2d 649 (Fed. Cir. 1985), cert. denied, 474 U.S. 902, 106 S. Ct. 230, 88 L. Ed. 2d 229 (1985) 등.

220) 그런 이유를 징벌적 배상액 산정에 반영한 미국 판결례로는, Intra Corp. v. Hamar Laser Instruments, Inc., 662 F. Supp. 1420, 1439 (E.D. Mich. 1987), aff'd without op., 862 F.2d 320 (Fed. Cir. 1988), cert. denied, 490 U.S. 1021, 109 S. Ct. 1746, 104 L. Ed. 2d 183 (1989).

221) 예컨대 하도급거래 공정화에 관한 법률, 가맹사업거래의 공정화에 관한 법률 등.

222) 예컨대, 환경보건법, 기간제 및 단시간근로자 보호등에 관한 법률 등.

⇨ 특허법원 2024. 10. 31. 선고 2023나11276 판결

> 2015. 11. 30.부터 2022. 10. 31.까지의 이 사건 침해행위에 관하여 특허법 제128조 제4항에 의해 산정된 손해액이 762,737,016원임은 앞서 본 바와 같다. …(중략) … 각 기재 및 변론 전체의 취지에 의해 인정되는 아래에서 살펴보는 모든 사정들을 고려하여, 이 사건에서 2019. 7. 9.부터 2022. 10. 31.까지의 침해행위에 대한 특허법 제128조 제8항에 따른 배상액은 앞서 인정한 위 기간 동안의 손해액 87,927,040원의 2배인 175,854,080원(= 87,927,040원 × 2)으로 정하기로 한다.

4. 물건의 일부에만 특허가 관련되는 경우의 처리

(1) 손해배상

예컨대 甲이 특정 물건을 제조함에 있어, 그 물건에 사용되는 일부 부품에 관하여 乙이 특허권을 가지고 있는 경우, 甲의 실시행위로 인하여 乙이 배상받을 수 있는 손해액은 어떻게 산정할 것인지가 문제된다. 이 경우에는 물건 전체에서 특허품이 차지하는 기술적 공헌도나 가격의 비율, 전체 물품의 구매 동기 중 가운데 그 특허부품이 유발한 비중 등을 종합적으로 판단하여 '기여율'로 평가한 뒤, 물건 전체가 특허의 대상이 되는 경우에 산정되는 손해액에 위 기여율을 곱하여 계산되는 금액을 손해배상액으로 하는 것이 일반적이다. 상세는 제128조 각 항에 대한 설명 중 '기여율' 부분 참조.

(2) 금지청구

제품의 일부만을 이루는 부품이나 그 생산방법에 대한 특허권자가 침해를 이유로 제품 전체를 상대로 금지권을 행사하는 수가 있다. 생각건대, 이는 침해행위의 금지(법 제126조 제 1 항)와 침해행위를 조성한 물건의 폐기 등(같은 조 제 2 항)으로 나누어 살펴야 한다. 부품에 특허권이 존재하는 이상, 허락 없이 그러한 부품을 사용하여 완제품을 생산한다면 침해를 구성하기 때문에 완제품 생산자는 특허권자로부터 실시허락을 얻거나 대체 부품을 사용해야만 하며, 침해부품을 사용한 제품의 생산은 중지하여야 한다. 다만, 특허부품이 대체품 없는 필수설비이고 특허권자가 시장지배적 지위를 가지거나 실시허락의 거부가 부당한 거래거절에 해당하는 등 독점규제법 위반에 해당한다면 침해자가 이를 항변사유로 삼을 수 있음은 물론이다. 아울러 특허권자가 합리적 이유 없

이 실시계약을 거절하고 오로지 완제품의 생산이나 판매금지만을 요구하는 등 특수한 사정이 있다면 그로써 특허권자의 주관적 해의(害意)가 추단되어 권리남용을 구성할 여지도 있다.[223] 한편, 부품 특허권자가 완제품 전부의 폐기를 청구하는 경우, 특허부품과 완제품이 분리가능하고 재고상태로 존재한다면 특허부품만의 폐기를 인용하고 나머지 청구를 기각하면 족하다.[224] 그러나 만약 그 부품의 분리나 폐기로 인해 완제품의 기능이 본질적으로 손상될 정도라면 특허부품의 폐기는 사실상 완제품 전체의 폐기로 이어지며, 이는 특허권의 구제범위를 넘어 타인의 재산권을 침해하는 결과를 낳는다. 그러한 완제품은 특허법 제126조 제2항에 따라 '폐기'의 대상이 되는 '침해행위를 조성한 물건'에 해당하지 않는다고 해석함이 상당하고,[225] 부품 특허권자 등은 이 경우 완제품에 대한 폐기청구를 할 수 없으며 특허침해로 인한 손해배상이나 부당이득 청구만이 가능하다고 봄이 상당하다. 이를 판단함에 있어서는 특허부품이 완제품에서 차지하는 비중, 완제품 전체의 폐기로 발생하는 이익과 손해의 균형, 완제품 생산자의 침해 고의의 정도와 침해제품 생산의 동기, 완제품의 폐기 외에 권리자를 위한 다른 구제수단이 존재하는지 여부 등을 종합적으로 고려하여 판단함이 상당하다. 그 밖에 경우에 따라 특허권자의 완제품 폐기 청구가 권리남용에 해당할 수도 있음과 그 사유는 앞서와 같다.

Ⅶ. 복수주체가 관여된 특허침해의 손해배상

1. 침해자가 복수인 경우

(1) 복수주체의 특허침해가 횡적(横的)으로 연결된 경우

1) 원칙과 문제점

발명은 모든 구성요소가 유기적 일체로 이루어진 것이므로 특허의 침해는 침해자가 특허청구범위의 모든 구성요소를 실시하는 경우에만 성립하며, 그중

223) 대법원 1993. 5. 14. 선고 93다4366 판결 등 참조.

224) 유사한 취지의 일본 판결례로 東京地裁 平15年 4. 14. 平成14(ワ)9503 판결 참조.

225) 본디 완제품의 부품만이 특허침해물건인 경우에는 그 부품만이 '침해행위를 조성한 물건'이고 그 나머지 부분은 여기에 해당하지 않는다(같은 취지를 명확히 한 일본 판결례로, 東京地裁 昭63年 12. 9. 判時1295号 121頁 판결 참조).

일부만을 실시하는 행위는 원칙적으로 침해가 아니다(구성요소 완비의 원칙). 그런데 이 원칙을 고수하면 복수의 침해자가 행위 분담을 통해 사실상 침해의 목적을 달성하면서도 책임을 면하는 일이 생길 수 있기 때문에, 권리자의 합리적 보호를 위해 이에 대응하는 해석론이 필요하다.[226] '하나의 행위자'라고 하는 것은 규범적 개념이며 침해의 태양과 당사자의 관여 정도에 따라 아래와 같이 구체적 판단이 달라질 수 있다.[227]

2) 단독침해와 동일시 할 수 있는 경우

㈎ **공모공동정범 형**

각 공동행위자가 단일한 침해의 주관적 공모 하에 객관적으로 행위를 분담하여 유기적 일체로서 침해행위를 수행하는 경우에는 각 공동행위자 모두를 일체로 인정하여 일부 구성요소만의 실시에 대해서도 전체 발명에 대한 침해책임을 물을 수 있다. 특허법원 판결례 가운데 "피고 B는 당초 의료용 실 제조업체인 주식회사 X를 운영하던 자임에도 피고 A과 함께 피고 실시제품을 납품할 목적으로 자신의 배우자를 대표로 하여 새로운 업체(Y)를 설립하였고, 위 각 제품의 생산을 위하여 여러 생산업자들을 물색하여 그 제작을 의뢰하였으며, 그들로부터 제품을 납품받아 피고 C에 Y 명의로 납품하였음을 알 수 있는바, 피고 B는 피고 A과 공동의 의사 아래 유기적으로 분담하여 위 각 제품의 생산에 관여하였다고 할 것이다. 따라서 피고 A, B는 원고의 제3특허를 침해하였는지 여부를 판단함에 있어 하나의 주체로 봄이 타당하다"고 하여 같은 취지를 밝힌 것이 있다.[228]

㈏ **지배·관리 형**

방법특허의 전부 또는 일부 구성이 타인에 의해 수행되었더라도, 전체적

---

226) 이에 관한 상세한 논의는 조영선, 복수주체에 의한 특허침해의 법률문제, 법조 제57권 제10호, 2008, 208면 이하 참조.

227) 한편, 복수주체가 침해에 관여된 경우 침해자 판단이 문제되는 일은 물건발명 보다는 방법발명에서 빈번하게 일어난다. 왜냐하면 예컨대 A+B+C의 구성으로 이루어진 물건을 甲, 乙, 丙이 각 A, B, C를 분담하여 제조한다면, ⅰ) 각 구성을 최종적으로 결합하는 단계에서 '생산'이 이루어지므로 최종 결합자만이 침해자로 되거나, ⅱ) 甲, 乙, 丙이 공모·공동으로 인해 전체 침해의 주체로 인정되거나, ⅲ) 구성 A, B, C 가운데 '전용품(專用品)'이 있다면 이를 제공하는 자가 간접침해자로 되는 것 중 어느 하나이기 때문이다. 그 밖에 일부 침해자가 '간접정범 형'에 해당하여 단독책임을 지는 수도 있다.

228) 특허법원 2019. 2. 19. 선고 2018나1220, 1237(병합) 판결.

경위에 비추어 그것이 오로지 특정인의 지시나 주도에 기인하고 타인은 마치 수족이나 단순 협조자에 불과한 것으로 평가된다는 이유로 그 특정인을 침해자로 본 예가 있다.[229] 일본에서도 시스템 발명의 실시에 복수의 주체가 관여된 사건에서, 발명의 실시자가 누구인지는 그 시스템을 지배관리 하는 자가 누구인지에 따라 결정된다고 한 재판례가 있다.[230] 그 밖에 발주처와 하청업자 간, 모회사와 자회사 간, 본인과 대리인 간, 계약상 의무나 계속적 거래관계 등 강한 인적결합이 있는 경우 지배·관리관계를 인정하여 특정인만을 직접 침해자로 볼 수 있다는 견해도 있다.[231]

㈐ 간접정범 형

① 타인을 도구로 이용하는 경우 예컨대 甲이 복수의 공정으로 이루어진 발명 가운데 마지막 공정을 의도적으로 생략한 채 이를 그런 의도를 모르는 구매자인 乙로 하여금 실시하게 하는 것처럼, 스스로는 발명의 구성요소 일부만을 실시하고 나머지 구성은 다른 사람을 도구로 이용하여 실시함으로써 사실상 발명 전부를 실시하는 효과를 얻는다면 규범적으로는 타인을 도구처럼 이용한 자를 침해의 완전한 주체로 보아도 좋을 것이다.[232]

229) 서울고등법원 2003. 2. 10. 선고 2001나42518 판결 : "피고가 사용한 스탬퍼는, 오로지 피고의 의뢰에 따라, 피고가 원하는 데이터를 담은 CD를 생산하기 위하여, 피고가 원하는 수량만큼만 제작되고, 오로지 피고에게만 인도되는 점 등에 비추어 보면, 에스케이씨 등 음반제작업체들이 피고의 의뢰에 따라 스탬퍼를 제작하기 위하여 이 사건 특허발명을 실시하는 것은, 이를 피고가 이 사건 특허발명을 실시하는 것으로 평가하여야 할 것이다. 설사 그렇지 않다고 하더라도, 피고는 에스케이씨 등 음반제작업체들의 스탬퍼 제작·판매행위를 교사한 자로서 그들과 함께 공동불법행위자로서의 책임을 부담한다."(상고심인 대법원 2006. 4. 27. 선고 2003다15006 판결로 유지됨).

230) 東京地判 平19年 12. 14. 平16(ワ) 25576号.

231) 전수정·전성태, "특허권 공동침해법리에 관한 소고", 정보법학 제20권 제３호(2017), 75면.

232) 일본의 판결례(東京地判 平13年 9. 20. 平12(ワ) 20503号) : '전착화상(電着画像)의 형성방법'이라는 방법특허의 모든 공정을 실시한 피고가 그중 최종 공정을 마치지 않은 채 문자판(文字板) 제조업자들에게 미완성의 물건을 판매하고, 그와 같은 침해의 사정이나 침해자의 의도를 모른 채 이를 구입한 문자판 제조업자가 구입한 물품 이면의 박리지(剝離紙)를 떼어 문자판에 첨부하는 마지막 공정을 실시하도록 한 사안에서, 비록 피고는 특허발명의 마지막 공정을 스스로는 실시하지는 않았으나 문자판 제조업자들을 '도구로' 이용하여 실질적으로는 자신이 전 공정을 실시(침해)한 것이나 다름없어 단독의 침해책임을 부담한다고 판시하고 있다. 이는 마치 형법상의 간접정범과 유사한 행위태양으로서, 규범적으로는 타인을 도구처럼 이용한 자를 침해의 완전한 주체로 보아서 그에 대해 금지청구권 및 손해배상 청구권을 인정할 수 있다는 것이다.

② **방법특허에서 '업으로써' 실시하지 않는 자를 이용하는 경우**[233] 특허권의 침해는 '업으로써' 타인의 특허를 실시하는 경우에만 성립하는바(특허법 제94조), 의도적으로 방법특허의 일부를 업으로써 실시하지 않는 자로 하여금 수행케 하여 침해를 완성하는 수가 있다.[234] 이 경우 나머지 실시자는 방법의 일부 구성만 실시하고 있더라도 전체로서 침해의 주체라고 함이 상당하다.

3) 네트워크에서의 공동침해의 경우

㈎ **문제의 소재**

특히 BM 특허를 둘러싸고 네트워크에서 복수의 주체가 침해에 관여된 경우가 문제된다. 복수 주체가 시스템을 구축하거나 서버를 제공하고, 이를 불특정 다수인에게 다양한 온라인 활동의 인프라로 제공하는 일이 흔한 현실에서, 구성요소의 일부 만에라도 가담하였다는 이유로 특허의 공동침해자로 본다면 시스템이나 서버 등 정보통신 인프라 관련 사업을 크게 위축시킬 우려가 있다. 반면에 단일 주체로서 구성요소 모두를 실시하거나 공모 공동의 일체로서 구성요소를 분담 실시한 경우에 한해 침해를 인정한다면 손쉽게 BM 특허를 우회 침해할 수 있어 문제이다.

㈏ **학 설**

이에 대해서는 i) 구성요소완비의 원칙을 강조하여 원칙적으로 단일 침해자가 전 구성요소를 실시하지 않는 이상 침해는 성립하지 않으며 적어도 복수

---

233) 물건특허라면 '업으로써' 실시하지 않는 자를 통해 직접침해를 완성시키는 행위는 특허법 제127조 제 1 호의 간접침해로 처리되는 경우가 많다.

234) 예컨대, 특허 X가 ① 데이터베이스로 지도정보를 구축하는 단계, ② 단말기가 위치한 장소의 지도정보를 얻기 위하여 휴대단말기로 정보제공을 요청하는 단계, ③ 지도정보의 요청신호를 받아 그 단말기의 위치정보를 파악한 뒤, 지도정보를 구축하고 있는 자에게 위 위치정보를 송신하는 단계, ④ 지도정보를 구축하고 있는 자는 위와 같이 송신된 위치정보에 상응하는 지도정보를 추출하여 직접 휴대단말기에 송신하는 단계로 이루어져 있는 상태에서, A가 일반 이용자들에게 휴대단말기를 제공하는 한편 스스로 지도정보의 데이터베이스를 구축·유지하고, B는 휴대단말기의 위치정보를 파악할 수 있는 시스템을 구비한 뒤, 일반 이용자들이 자신이 있는 곳의 지도를 보고자 할 때 휴대단말기로 B에게 송신을 하면 B는 그 신호로부터 단말기의 위치정보를 추출하여 A에게 발신하고, A는 그 위치에 상응하는 지도정보를 추출하여 일반이용자에게 송신함으로써 휴대단말기에 이용자의 현 위치에 대한 지도정보가 나타나도록 하는 시스템을 무단으로 구축·운영하고 있다고 하자. 일반이용자들은 특허 X의 구성요소 ② 단계를 수행함으로써 A, B와 함께 특허 X의 침해에 관여하고 있으나, 그 자신이 '업으로써' 위와 같은 행위를 하는 것은 아니므로 특허침해를 구성할 여지가 없게 된다(조영선, "복수주체에 의한 특허침해의 법률문제", 218~219면).

주체 중 일부가 나머지 주체들을 계약관계 등을 통하여 주도적으로 지시 혹은 통제하는 지위에 있어야 한다고 보는 입장, ii) 일반 공동불법행위의 성립요건에 관한 통설적 견해를 유추하여 복수의 행위자들이 각 시행하는 침해의 구성요소가 객관적 관련공동성을 가지고 있으면 전체로서 침해를 구성하는데 문제가 없고, 침해자들 사이에 주관적인 의사공동 등은 필요치 않다는 입장(객관적 공동설), iii) 공동침해행위에 객관적 공동성만이 있는 것으로는 부족하고, 적어도 침해자 사이에 주관적 공동실행이라는 의사와 객관적 공동실행의 사실이 존재하는 등 형법상 공동정범에 유사한 결합관계가 있어야 한다거나, 각 침해자가 침해에 대한 공모까지는 하지 않더라도 모두가 자신들이 공동하여 실행하는 시스템의 전체 구성, 처리에 대한 인식은 공유하고 있어야 한다는 입장(주관적 공동설) 등 견해의 대립이 있다. i)에 가까운 주장을 하는 예도 없지 않으나,[235] 대체로 iii)의 입장이 유력하다.[236] 일본에서도 iii)이 유력한 견해이다.[237]

㈐ **미국 판례의 태도**

① BMC Resources Inc. v. Paymentech L.P. **판결**[238] CAFC는 2007년 위 사건에서 "단일주체가 특허발명의 모든 구성요소를 실시해야만 특허침해를 구성한다. 다만, 특허발명의 모든 구성요소를 단일한 침해자가 시행하는 대신 그중 일부 구성요소를 제3자가 실행하는 경우, 침해자가 계약 등을 통해 실질적으로 제3자를 지시 또는 감독(direct or control)하는 관계에 있는 때에 한하여 예외적으로 이를 직접침해와 같이 취급할 수 있다"고 하는 등 복수주체에 의한 공동 직접침해의 성립요건을 엄격히 설정했었다.

② Akamai Tech., Inc. v. Limelight Networks, Inc. **사건 일련의 판결들** CAFC는 우선 위 사건에 대한 2012. 8. 31. 전원합의체 판결[239]에서 2007년 BMC Resources Inc. v. Paymentech L.P. 판결의 취지를 일부 뒤집으면서,

---

235) 예컨대, 김관식, "복수주체에 의한 특허발명의 실시와 특허권 침해", 사법 제32호(2015), 182~184면.

236) 학설의 정리 소개는, 전수정·전성태, 앞의 글("특허권 공동침해법리에 관한 소고"), 59~62면.

237) 竹田 稔 · 松任谷 優子, 知的財産權訴訟要論(特許編), 207~208면.

238) 498 F.3d 1373(Fed. Cir. 2007).

239) Akamai Technologies, Inc. v. Limelight Networks, Inc. and McKesson Technologies, Inc. v. Epic Systems Corp., 692 F.3d 1301 (Fed. Cir. 2012)(en banc).

"유도침해의 전제로 되는 직접침해의 경우에는 단일주체가 아닌 복수주체에 의한 공동침해 형태로도 성립될 수 있다"고 판시하였다. 그러나 연방대법원은 2014. 6. 2. 상고심 판결[240]을 통해 "유도침해의 전제로 되는 직접침해라도 역시 단일의 주체가 전 구성요소를 수행하는 형태로만 이루어질 수 있고 복수주체에 의한 공동침해의 형태로는 성립할 수 없다"고 하면서 CAFC의 위 전원합의체 판결을 파기환송 하였다. 그러나 CAFC는 2015년 위 사건의 파기환송심 전원합의체 판결에서[241] "방법특허의 실시에 있어 특정 주체가 다른 주체의 행위를 어떤 식으로든 '지시 또는 통제'를 하는 경우, 또는 복수 주체 사이에 '공동 사업'의 관계가 존재하는 경우라면 비록 단일주체에 의해 방법특허의 구성 전부가 실시되는 경우가 아니라도 직접침해가 성립할 수 있다"고 판시하였다. 이는 복수주체에 의한 공동 직접침해의 성립요건을 크게 완화한 것이며 공동 직접침해의 성립 기준을 보통법상의 공동불법행위 성립요건으로 회귀시킨 것으로 평가되고 있다. 한편, Akamai 판결의 '지시 또는 통제' 기준은 복수주체가 관여된 특허침해에서 그 중 실질적 역할을 한 단일 주체에게 침해책임을 귀납시키는 우리나라나 일본의 '지배·관리형' 또는 '간접정범형' 책임귀속과, '공동사업' 기준은 복수주체에게 공동 침해책임을 인정하는 '공모공동형' 책임귀속과 각 유사하다는 분석이 있다.[242]

(2) 복수주체의 특허침해가 종적(縱的)으로 연결된 경우

예컨내 A가 특허물건을 생산·양도하고, 도매업자인 B, 소매업자인 C가 순차로 그 유통에 관여하는 경우처럼 침해행위가 종적으로 연결되어 있는 경우, 권리자의 A, B, C에 대한 손해배상청구에는 다음과 같은 점이 문제된다.

1) 공동 불법행위의 성립 여부

동일한 침해품에 대하여 생산, 판매 등 유통과정에 A, B, C의 행위가 일련되어 있다는 객관적 사정만으로 곧바로 이를 공동불법행위로 파악함은 부적절하며, 침해자들이 주관적 의사연락 아래 침해행위를 하는 등 밀접한 관련이 있는 경우에 한해 예외적으로 공동불법행위가 성립한다고 보아야 할 것이다.

---

240) 134 S. Ct. 2111 (2014).

241) No. 2009-1372, -1380, -1416, -1417, 2015 U.S. App. LEXIS 14175 (Fed. Cir. Aug. 13, 2015) (En banc).

242) 전수정·전성태, 앞의 글("특허권 공동침해법리에 관한 소고"), 73면.

A, B, C에 대해서는 다음과 같이 손해배상책임 관계가 구성된다.

2) 침해의 종적 연결과 손해배상

(가) 특허법 제128조 제2항에 기한 청구

권리자는 A, B, C 중 누구라도 상대로 하여 '침해자의 양도수량 × 침해행위가 없었다면 판매할 수 있었던 물건의 단위수량당 이익액'을 손해배상으로 청구할 수 있다. 1개의 특허제품에 관하여 권리자가 배상을 구할 수 있는 일실이익은 최대로 하더라도 침해품 1개분에 대한 이익액을 넘을 수 없기 때문에 침해제품이 전전유통 되더라도 특정 침해자로부터 특허법 제128조 제2항에 의해 이미 손해배상을 받은 권리자는 동일 침해제품에 관하여 다시 다른 침해자에 대하여 같은 항에 기한 손해배상을 구할 수 없다.[243] 결과적으로 제128조 제2항에 기한 청구를 하는 경우 A, B, C는 부진정연대 관계에 있는 셈이 된다. 그 결과 A, B, C간 공동불법행위의 성립 여부를 따지는 것은 큰 실익이 없다.

비록 설례와 동일한 사안은 아니나, 특허법원 판결례는,[244] 甲의 특허물건 A를 乙이 임의로 생산·판매하고 丙이 乙로부터 A를 구입하여 영업상 사용한 사안에서 乙·丙의 배상책임과 관련하여, i) 특허법 제128조 제4항에 따라 乙의 영업이익을 甲의 손해액으로 인정하고, ii) 丙이 A를 사용함으로 인해 甲이 입은 (실시료 상당) 손해는 (원고가 청구하는 바에 따라) 적어도 乙이 A를 丙에게 판매함으로써 얻은 이익액에 상응하는데, iii) 이는 하나의 침해품 판매를 통해 발생한 복수의 손해여서 그 금액이 중복되는 한도에서 부진정연대 관계에 있다고 판시한 바 있다.

(나) 특허법 제128조 제4항에 기한 청구

권리자는 A, B, C를 상대로 저마다의 이익액을 손해로 청구할 수 있다. A, B, C가 공동불법행위자로 파악되는 경우에는 그 합계액에 대하여 부진정연대채무를 부담한다.[245]

---

243) 田村善之, "複數の侵害者が特許侵害製品の流通に關與した場合の損害賠償の算定について", 知的財産法政策學研究 Vol. 7(2005), 7~9면; 水上 周, 新裁判實務大系4 — 知的財産關係訴訟法, 青林書院, 2001, 342면.

244) 특허법원 2017. 11. 24. 선고 2017나1346 판결.

245) 中山信弘·小泉直樹 編, 新·注解[第2版](中), 2087~2088면.

㈐ **특허법 제128조 제 5 항에 기한 청구**

일본의 학설과 재판례는, ① A, B, C, 각각에 대하여 해당 실시료를 청구할 수 있다는 입장, ② A, B, C의 실시료 가운데 포괄적으로 정해진 하나의 금액 만에 대하여 부진정연대 채무가 발생한다는 입장, ③ 개별 사안에 따라 업계에서의 실시료 수수 실태에 따라 판단해야 한다는 입장 등으로 나뉘어 있다.[246] 생각건대, 만약 권리자가 A에게 실시허락을 하였다면 그 이후 이루어지는 B, C의 양도행위에 대해서는 침해주장을 할 수 없다(권리소진). 그렇다면, A, B, C의 행위가 침해를 구성한다고 하여 권리자가 중복하여 실시료 상당액을 손해배상 받는 것은 과잉배상에 해당한다. 따라서 권리자는 A, B, C 중 누구를 상대로도 실시료 상당 손해배상을 구할 수 있되, 포괄적으로 하나의 실시료에 해당하는 금액을 지급받으면 나머지 침해자는 중복 범위에서 실시료 상당의 배상책임을 면한다고 봄이 상당하다(사실상 부진정연대 관계).

⑶ 간접침해자가 있는 경우

타인의 특허발명의 생산·실시에만 사용되는 물건의 제공행위는 침해로 간주되므로(특허법 제127조), 고의·과실에 의한 간접침해자는 제128조에 따라 손해배상 책임을 진다. 간접침해 행위에 특허법상 손해배상의 특칙 적용을 부정하는 견해[247]도 있지만, 권리자에게는 간접침해로 인한 손해 역시 그 범위의 증명이 곤란하다는 점에 차이가 없으므로 달리 취급할 이유는 없다.[248] 간접침해가 개재된 경우 구체적 책임의 범위는 아래와 같은 유형화를 통해 개별적으로 정해지는 것이 합당하다.[249]

1) 권리자와 직접침해자가 모두 특허품의 생산 · 판매를 하는 경우

이때는 간접침해 물건의 공급을 통해 직접침해가 실제로 가능해지고 그것이 권리자의 생산·판매 이익의 상실로 연결된다. 따라서 간접침해자는 권리자가 특허법 제128조 제 2 내지 제 4 항에 기해 직접침해자에게 청구할 수 있는

246) 中山信弘·小泉直樹 編, 新·注解[第 2 版](中), 2089~2091면.

247) 대표적으로, 中山 編, 注解(上), 970면(松本重敏, 安田有三 집필부분).

248) 일본에서도 긍정설이 통설이자 다수 판례라고 한다(中山信弘·小泉直樹 編, 新·注解[第 2 版](中), 1838~1839면, 1908~1910면).

249) 이에 대한 구체적 검토는, 조영선, "특허권 간접침해로 인한 손해배상", 사법 제36호(2016), 337면 이하 참조.

손해액 전부에 관하여 부진정연대의 배상책임을 진다. 다만 이 경우 특허법 제128조 제6항의 적용여지를 살펴 손해배상액을 적절히 감경함으로써 실제로 전체 침해에 기여한 비율에 상응하는 배상책임만을 귀속시킴이 바람직할 것이다.

2) 권리자만 특허발명 전부를 실시하고 간접침해자가 전용품을 판매하는 경우

이는 권리자의 실시 대상(전체 특허품 또는 방법)과 침해자의 실시 대상(전용품)이 서로 종류를 달리하는 경우에도 여전히 특허법 제128조 제2항 내지 4항이 적용될 수 있는지의 문제이기도 하다. 표면적으로 특허의 전체 실시품과 전용품은 동일·동종의 물건이 아니지만, 그렇다고 해서 전용품의 판매가 전체 실시품의 수요를 대체하는 관계가 아니라거나 전용품 판매 이익을 권리자가 입은 손해와 인과관계 없는 것이라고 판단하는 것은 부적절하며, 이때도 특허법 제128조 제2 내지 제4항을 적용해야 한다. 시장에서 간접침해품(전용품)이 판매된다는 것은 이를 이용하는 직접침해품이 판매되고 있다는 점에 대한 추단 근거가 되고, 구체적으로는 전용품 1개가 판매되면 결국 그것이 직접침해품 1개에 투입되어 특허실시품 1개의 잠재적 수요를 대체한다 볼 수 있기 때문이다. 이는 간접침해자가 판매한 전용품이 별도의 직접침해품이 아닌 바로 권리자가 제조·판매한 실시품에 투입되는 경우에도 마찬가지이다.[250] 이처럼 간접침해품의 양도 수량에 응하여 권리자는 전체 실시품에 대한 일실이익이 생기기 때문에 제128조 제2항에 따라 '(간접)침해품의 양도수량 × 그 침해행위가 없었다면 판매할 수 있었던 물건(특허실시품)의 단위 수량당 이익액'을 손해로 주장할 수 있다.[251] 침해자는 제128조 제2항 제1호에 따라 이를 뒤집을 수 있는 사정을 주장·증명할 책임을 부담한다.[252] 특허법 제128조 제4항의 손해 추정 국면에서도 침해자가 간접침해로 인해 얻은 수익은 전부를

250) 권리자의 판매품에 투입되어 수명을 연장하고, 그 결과 신품의 수요를 잠식하기 때문이다(조영선, 앞의 글("특허권 간접침해로 인한 손해배상"), 353~354면).

251) 조영선, 앞의 글("특허권 간접침해로 인한 손해배상"), 354면.

252) 飯村敏明 외 1, 知的財産關係訴訟, 205면은, 자동차 전체가 특허의 대상인 상태에서, 간접침해자가 전용부품을 판매하였다고 하여, 판매된 부품 수에 권리자가 자동차 1대를 판매하여 얻을 수 있는 이익을 곱해 손해액을 산정함은 균형을 잃은 것이라 할 수 있지만, 이런 사정은 특허법이 이미 예정하고 있는 것이며, 그렇기 때문에 간접침해자가 그 감액에 필요한 사정을 주장, 증명 하도록 제도설계 되어 있는 것이라고 한다. 같은 취지의 서술로는 田村善之, 知的財産權と損害賠償[新版], 312면.

권리자가 입은 손해로 추정할 수 있다. 간접침해로 인해 권리자에게 일실이익이 발생한 것은 분명하고, 특허발명 전부를 실시한 침해자가 얻은 이익 전체가 권리자의 손해로 추정되는 이상 특허발명의 일부를 실시한 간접침해자가 얻은 이익은 '大는 小를 포함한다'는 논리상 당연히 권리자의 손해로 추정될 수 있기 때문이다.[253] 독일에서도 권리자는 간접침해자를 상대로 간접침해행위로 인해 얻은 이익을 손해배상으로 청구할 수 있다고 한다.[254]

3) 권리자와 간접침해자가 전용품을 두고 경합하는 경우

예컨대 이미 판매된 특허물건의 유지·보수 부문에 시장이 형성되고 권리자 스스로 전용품을 생산·판매하는 상태에서, 간접침해자가 전용품을 생산하여 소비자나 특허물건의 유통업자에게 판매하는 때가 여기에 해당한다. 이 때 권리자와 간접침해자는 시장에서 서로 동일·동종의 제품을 두고 경쟁하는 입장에 있기 때문에 간접침해자의 양도 수량은 그런 침해행위가 없었더라면 시장에서 권리자가 양도할 수 있었던 수량에 해당하고(특허법 제128조 제 2 항), 간접침해자가 그런 행위를 통해 얻은 이익은 권리자의 손해로 추정할 수 있다(제 4 항). 따라서 직접침해에서와 마찬가지로 간접침해품 자체의 양도수량 내지 판매이익을 대상으로 특허법 제128조 제 2, 제 4 항을 적용하면 될 것이다. 일본에서도 권리자 스스로 전용품을 제조·판매하는 상황에서 간접침해자가 전용품으로 시장에서 경합하는 경우 일본 특허법 제102조 제 1 항(우리 특허법 제128조 제 2 항에 상응) 및 일본 특허법 제102조 제 2 항(우리 특허법 제128조 제 4 항에 상응)을 적용할 수 있다고 봄이 일반적이다.[255]

4) 권리자는 생산 · 판매를 하지 않고 직접침해자만 전체 물품의 생산 · 판매를 하는 경우

권리자는 발명을 실시하지 않고, 직접침해자만 특허발명 전부를 실시하는 경우이다. 이때는 권리자에게 생산·판매량 감소를 이유로 한 일실이익이 발생

---

253) 조영선, 앞의 글("특허권 간접침해로 인한 손해배상"), 355면.

254) Haedicke/Timmann, *Handbuch des Patentrechts*, §10:140; BGH GRUR, 2007, 679, 684–*Haubenstretchautomat*.

255) 高林 龍, 標準特許法[第 5 版], 有斐閣, 2014, 177면; 大渕哲也 外4 編, 専門訴訟講座 ⑥ 特許訴訟(下巻), 396면; 그와 같은 태도를 보이는 판결례들을 정리·소개하는 자료로는, 神谷厚毅, "特許權の間接侵害における特許法102條1項及び同條2項の適用について", 現代知的財産法實務と課題, 發明推進協會, 2015, 548, 550면.

할 여지는 없기 때문에 직접침해자는 특허법 제128조 제5항에 따라 실시료 상당액의 손해배상 의무만을 지게 되는바, 간접침해자는 직접침해자에게 전용품을 제공하여 그러한 손해의 발생이 가능하게 하였기 때문에 역시 특허 전체의 실시료 상당 손해에 대하여 직접침해자와 부진정연대의 배상책임을 진다.

5) 권리자도 직접침해자도 생산 · 판매를 하지 않는 경우

권리자가 특허물건에 대한 새로운 생산·판매를 하지 않고 기존 특허물건의 유지·보수에 관해서만 시장이 형성된 상태에서 간접침해자가 특허물건의 전용부품을 소비자에게 직접 혹은 유통에 관여하는 자[256]에게 판매하는 경우가 여기에 해당한다. 이때에는 간접침해 물건을 기준으로 하여 특허법 제128조 제5항의 상당 실시료액을 산정하여 배상을 명함이 상당하다. 권리자가 얻을 수 있었던 이익이 전용부품의 생산·판매를 위한 실시료 상당액을 넘지 않기 때문이다.

2. 권리자가 복수인 경우

(1) 공유특허권인 경우

공유자가 각각 제128조를 내세워 침해자의 양도수량 전부 혹은 이익 전액을 저마다의 손해산정에 원용하는 것은 허용되지 않고, 침해자의 양도수량이나 이익액을 공유자에게 안분해서 손해액을 산정해야 한다는 견해가 다수이다.[257] 구체적으로는 다음과 같이 경우를 나누어 살펴보아야 한다.

1) 공유자가 특허법 제128조 제2항에 기한 청구를 하는 경우

예컨대 특허권 X가 甲, 乙의 공유이고 甲, 乙 모두 생산, 판매를 하는 중에 丙이 특허물건 X를 생산, 판매하자 甲 또는 乙이 丙을 상대로 특허법 제128조 제2항에 기해 손해배상청구를 한 경우이다. 이에 대해서는 ① 丙의 양도수량을 甲, 乙의 '공유지분 비율'로 나눈 뒤 각각에 甲 또는 乙의 단위당 이익액을 곱해 저마다의 손해액을 정하는 견해, ② 丙의 양도수량을 甲, 乙의 '판매수량 비율'로 나눈 뒤 각각에 甲 또는 乙의 단위당 이익액을 곱해 저마

256) '양도'의 형태로 특허발명을 실시하는 자이지만, 대부분 권리소진으로 인해 침해를 구성하지 않을 것이다.

257) 안원모, 특허권의 침해와 손해배상, 280면; 권택수, 앞의 글("특허권 침해로 인한 손해배상"), 578면.

다의 손해액을 정하는 견해, ③ 丙의 양도수량을 甲, 乙의 '매상고 비율'로 나눈 뒤 각각에 甲 또는 乙의 단위당 이익액을 곱해 저마다의 손해액을 정하는 견해 등이 있다.[258] 생각건대, 특허법 상 공유특허권자는 지분비율에 관계없이 발명 전부를 실시할 수 있으므로(특허법 제99조 제 3 항) 일단 제128조 제 2 항에 따라 침해자의 양도수량 전부에 대해 자신의 단위당 이익액을 곱한 금액을 손해배상으로 청구할 수 있다 할 것이다. 다만 그렇더라도 시장에서 다른 공유자 역시 실시를 통해 판매수량의 형태로 시장을 분점하고 있는 상태이므로, 침해자는 그와 같은 분점비율을 특허법 제128조 제 2 항 제 1 호의 "권리자가 침해행위 외의 사유로 판매할 수 없었던 사정"으로 주장할 수 있고, 결국 ②와 같은 결론에 이르게 될 것이다.

2) 공유자가 특허법 제128조 제 4 항에 기한 청구를 하는 경우

공유특허권자는 지분비율에 관계없이 발명 전부를 실시할 수 있으므로 일단 제128조 제 4 항에 따라 침해자의 이익 전부를 자신의 손해라고 주장할 수 있다. 다만 이때에도 침해자는 공유특허권자의 실 손해액이 그에 미치지 않는 반대사유를 들어 추정을 뒤집을 수 있기 때문에 1)에서와 유사한 논리로 침해자의 이익 가운데 일부만이 공유특허권자의 손해로 산정된다. 공유자들이 실제로 시장에서 특허발명을 실시해 얻고 있는 이익의 비율로 침해자의 이익을 나누어 각각의 손해로 삼는 것이 합당할 것이나, 특허법원 판결은 제128조 제 4 항에 의해 권리자의 손해액으로 추정되는 침해자의 이익액을 단순히 공유자의 지분비율로 나누어 손해액으로 하고 있다.[259] 그러나 특허권의 공유자는 지분비율에 관계없이 발명 전부를 실시할 수 있을뿐더러, 원고만이 실시자이고 나머지 공유자는 아예 실시를 하지 않는 경우도 있음을 고려하면, 기계적으로 지분 비율에 의해 실시공유자의 손해를 인정하는 것은 적절해 보이지 않는다.

3) 공유자가 특허법 제128조 제 5 항에 기한 청구를 하는 경우

㈎ 공유자 중 누구도 실시를 하지 않는 경우

동일한 내용의 특허발명을 실시하면서 복수의 공유자로부터 이중으로 실시계약을 체결하는 것은 경험칙에 반하므로 침해자는 하나의 실시료에 해당하

258) 견해 대립의 상세는 中山信弘·小泉直樹 編, 新·注解[第 2 版](中), 2069~2070면.

259) 특허법원 2019. 5. 9. 선고 2018나1701 판결(이 사건에서는 공유지분에 대한 주장·증명이 없다는 이유로 민법 제262조 제 2 항에 따라 균등한 것으로 보고 있다).

는 배상만을 하면 된다. 예컨대 일본에서는 공유자들이 각자의 지분에 따라 위 실시료 상당 손해액을 청구할 수 있다고 보는 것이 다수설이자 다수 판결례이다.[260] 그러나 공유자들의 위와 같은 실시료 상당액은 연대채권으로 다루어야 한다는 판결례도 있다.[261]

(나) 일부 공유자(甲)는 특허법 제128조 제 2 항이나 제 4 항에 기한 청구를, 일부 공유자(乙)는 제 5 항에 기한 청구를 하는 경우

일본에는 ① 甲에게는 제 2 항 또는 제 4 항에 의해 산정된 손해액에 그 지분비율을 곱한 금액을, 乙에게는 제 5 항의 상당 실시료액에 그 지분비율을 곱한 금액의 배상을 명해야 한다는 입장,[262] ② 乙에게 실시료 상당 손해배상을 명하고, 甲에게는 제 2 항 또는 제 4 항에 의해 산정된 손해액에 실시료 상당액을 공제한 금액의 배상을 명해야 한다는 입장[263] 등이 있다. 그러나 일본에서의 이런 입론들은 우리 특허법 제99조를 감안하면 다소 비현실적이다. 공유특허권자는 다른 공유자 전원의 동의가 없으면 제 3 자에게 실시권을 설정할 수 없다(제99조 제 4 항). 한편, 스스로 실시를 하는 공유자라면 다른 공유자의 제 3 자에 대한 실시허락에 동의하지 않는 수가 많을 것이다(만약 甲이 乙의 丙에 대한 실시허락에 동의하였다면 丙의 실시는 권원에 기한 것이어서 적법하고, 甲으로서는 丙을 상대로 침해주장을 할 여지가 없다). 이런 현실은 침해로 인한 손해배상의 경우에도 반영되어야 한다. 따라서 실시자인 甲의 丙에 대한 특허법 제128조 제 2 항 또는 제 4 항의 청구가 인용된다면 乙은 丙을 상대로 실시료 상당 손해배상을 받을 여지가 없다고 해야 한다. 乙은 어차피 甲의 동의 없이 적법한 실시허락을 할 수 없었으므로, 그를 전제로 한 실시료 상당액의 배상은 생각하기 어렵기 때문이다. 다만, 예컨대 乙이 甲으로부터 丙에 대한 실시권 설정의 동의를 내부적으로 얻어 둔 상태에서 丙이 甲, 乙 누구로부터의 허락도 없이 실시행위를 한 경우라면 甲과 乙이 공히 丙을 상대로 침해를 주장할 수 있을 것이다. 이런 경우라면 甲은 乙에 대한 동의를 통해 제 3 자와 시장에서 경합하는 것까지 이미 용인한 상태이므로 제 2 항 또는 제 4 항에 의해 산정된 손해

260) 中山信弘·小泉直樹 編, 新·注解[第 2 版](中), 2078면.

261) 東京地判 平13年 3. 21. 平11(ワ)6807号.

262) 中山 編, 注解(上), 1099 및 1101면.

263) 田村善之, 知的財産權と損害賠償[新版], 258면.

액에서 乙의 실시료 상당액 전부를 먼저 공제하고 잔액을 배상받아도 무방할 것이다. 결과적으로 이때는 위 ②와 같은 결론이 된다.

(2) 실시권자가 있는 경우

1) 전용실시권이 설정된 경우

(가) 특허권자의 손해배상 청구권

전용실시권을 설정한 특허권자는 그 범위에서 스스로 특허발명을 실시할 권원이 없기 때문에 침해로 인한 손해배상을 구할 권원 또한 없음이 원칙이다.[264] 제 3 자에 대한 실시권 설정의 권한 또한 없으므로 원칙상 실시료 상당 손해배상을 청구할 여지도 없다 할 것이다. 다만, 아래에서 보는 대로 전용실시권자와의 사이에 러닝로열티 약정이 있다면, 침해로 인한 전용실시권자의 판매 감소가 러닝로열티 감소로 이어지는 한도에서는 그에 상응하는 손해배상을 청구할 수 있고, 실시 권한이 유보되는 등 예외적 사정이 있으면 침해에 대한 손해배상 청구권 또한 여전히 가지게 된다.

(나) 전용실시권자의 손해배상 청구권

① 특허권자에게 고정로열티를 지불하는 경우 　　전용실시권자는 자신의 이름으로 침해자에게 특허법 제128조 제 2, 4 항의 손해배상을 전액 청구할 수 있음은 물론, 특허권자로부터 재허락의 동의를 받아 두었다면[265] 상당 실시료의 손해배상을 청구할 수도 있다. 한편, 특허권자는 침해자에게 손해배상을 청구할 수 없는 것이 원칙이므로, 침해자가 실시료 상당 손해를 특허권자에게 직접 배상하는 상황을 상정하여 전용실시권자에 대한 배상액에서 전용실시권자가 특허권자에 지급할 고정로열티 상당액을 공제할 여지는 없을 것이다. 이는 침해자가 특허권자에게 실시료 상당손해를 직접 배상할 여지가 있는 독점적 통상실시권 침해에서와 다른 점이다.

② 특허권자에게 러닝로열티를 지불하는 경우

㉮ 손해를 제128조 제 2 항에 의해 산정하는 경우 　　기본적으로 '침해자

---

264) 상표권에 전용사용권을 설정한 상표권자는 제 3 자의 상표권 침해가 있더라도 스스로 입는 손해가 없다는 판례로는, 대법원 2002. 10. 11. 선고 2002다33175 판결. 특허권에 대해 같은 취지의 설시를 하는 예로, 서울중앙지방법원 2018. 10. 12. 선고 2016가합558003 판결.

265) 특허법 제100조 제 4 항.

의 양도수량 × 전용실시권자의 단위당 이익액'이 전용실시권자의 일실이익이다. 만약 특허권자와 전용실시권자 사이에 러닝로열티가 약정되어 있다면, 전용실시권자는 침해로 인해 판매이익이 감소하였지만 동시에 그에 비례하여 특허권자에게 지불해야 하는 실시료도 감소하였으므로 그 금액만큼은 위와 같이 산정된 손해액에서 공제함이 상당하다. 특허권자가 전용실시권을 설정했더라도 침해로 인해 상실한 러닝로열티 액만큼 침해자에게 손해배상을 청구할 수 있다는 것에 상응한다.[266][267]

㈏ 손해를 제128조 제 4 항에 의해 산정하는 경우　　특허법 제128조 제 4 항은 단지 침해자의 '이익액'을 권리자의 '손해액'으로 추정하는 규정에 불과하기 때문에 전용실시권자가 특허법 제128조에 제 4 항에 의한 손해배상을 청구할 때 특허권자가 상실한 러닝로열티액을 어떻게 산정해 공제할 것인지가 문제 된다. 이와 관련하여 ⅰ) 전용실시권자의 이익액[268]에서 러닝로열티가 차지하는 비율[=(매상고 × 러닝로열티율)/이익액]을 확정한 뒤 이를 침해자의 이익액에 곱해 얻어지는 금액을 특허권자가 상실한 러닝로열티로 보는 입장,[269] ⅱ) 침해자의 이익액에 특허권자와 전용실시권자 간 약정실시료율을 곱한 금액이 특허권자의 손해, 그 나머지가 전용실시권자의 손해라고 보는 입장[270] 등이 있다. 일본의 판결례는 침해자의 매상고나 판매이익에 특허권자와 전용실시권자 간 약정실시료율을 곱한 금액을 공제하는 것이 주류라고 하며, 유력한 견해 또한 같은 결론을 취한다.[271] 생각건대, ⅰ)은 논리적으로 정치(精緻)하고 타당하나, 현실 소송에서 일실 로열티를 주장하는 특허권자가 침해

266) 中山信弘·小泉直樹 編, 新·注解[第 2 版](中), 2080~2081면.

267) 그러나 특허권자와 전용실시권자 사이의 약정실시료는 어디까지나 당사자 사이의 내부관계이고 제 3 자인 침해자가 이를 원용할 수 있는 것이 아니기 때문에 침해자는 전용실시권자에게 일실 수입 전액을 배상해야 하고(부진정 연대채권), 다만 감소된 러닝로열티 상당액을 특허권자에게 이미 손해배상 하였다면 예외적으로 공제항변을 할 수 있을 뿐이라는 견해도 있다(吉原省三, 損害(5)−複數の權利者, 裁判實務大系 9卷, 靑林書院, 1985, 368면).

268) '판매수량'이나 '매상고'가 아니다.

269) 위 견해는 그와 같이 보는 근거로, 침해자의 이익률이 권리자의 이익률보다 낮은 경우가 많아 약정실시료율을 그대로 침해자의 이익액에 곱하면 침해자에게 불리하다는 점을 들고 있다{美勢克彦, 損害(5)−複數の權利者 新裁判實務大系『知的財産關係訴訟法』, 靑林書院, 2001, 353~354면}

270) 안원모, 특허권의 침해와 손해배상, 287면.

271) 中山信弘·小泉直樹 編, 新·注解[第 2 版](中), 2083, 2085면.

자의 이익 외에 전용실시권자의 이익까지 주장·증명하는 것은 매우 어려워 이를 손해액 산정의 유일한 방법으로 함은 문제가 있다. 한편, ii)는 논리적 완결성은 떨어지나 간명한 해결이 장점이고, 특허법 제128조 제 4 항은 침해자가 얻은 이익을 전용실시권자의 손해(일실이익)로 추정하기 때문에 침해자가 얻은 이익에 약정실시료율을 곱하여 나온 금액을 특허권자가 상실한 약정실시료 상당액으로 보는 것 또한 나름의 합리성이 있다. 결국, i)을 원칙으로 하되, 현실적으로 그와 같은 구체적 증명이 극히 곤란한 경우에는 ii)에 의한 해결을 하더라도 무방하다고 생각된다.

③ 특허권자에게 실시권이 유보된 경우 등 특허권자는 전용실시권을 설정하는 이상 실시권을 유보할 수 없다는 견해도 있으나, 약정을 통한 실시권 유보는 가능할 것이다.[272] 그 효과에 대하여, 불법 침해자에 대해서는 유보에 대한 대항요건도 필요로 하지 않고 대외적으로 마치 특허권자와 전용실시권자가 공유관계에 위와 같은 것과 같이 취급하면 된다는 견해,[273] 실시권은 유보할 수 없는 것이 원칙이며, 만약 실시권을 유보하였다면 이는 특허권자가 전용실시권자로부터 비독점적 통상실시권을 설정받은 것과 마찬가지로 다루어야 한다는 견해[274]등이 있다. 생각건대, 전용실시권의 설정등록이 있는 이상, 침해자로서도 전용실시권자만을 유일한 실시권자로 받아들이는 것이 보통일 것이며, 특약으로 특허권자에게 실시권이 유보되었다면 이는 성질상 전용실시권에 가해진 '제한'으로 파악해야 할 것이다. 따라서 특허법 제101조 제 1 항 제 2 호에 따라 이를 등록하여 공시 요건을 갖추면 특허권자도 침해자에게 침해를 주장할 수 있다고 생각된다. 이로써 특허권자와 실시권자는 시장에서 경쟁위치에 있을 것을 상호 용인한 것이며, 침해자에 대한 특허법 제128조의 적용에 있어 마치 특허가 '공유'이고, 공유자 전원이 특허를 실시하고 있는 경우와 유사하게 처리하면 될 것이다.

그 밖에 i) 특허권자는 허락권을 가지고, 전용실시권자만 실시하는 경우 ii) 특허권자가 실시하고 전용실시권자는 허락권만을 가지는 경우, iii) 특허

---

272) 中山 編, 注解(上), 1102면.

273) 吉原省三, 앞의 글("損害(5)-複數の權利者, 裁判實務大系 9卷"), 369면; 美勢克彦, 앞의 글("損害(5)-複數の權利者", 新裁判實務大系『知的財産關係訴訟法』), 357면.

274) 中山 編, 注解(上), 1102면; 안원모, 특허권의 침해와 손해배상, 290면.

권자와 전용실시권자가 모두 허락권을 가진 채 아무도 실시하지 않는 경우를 생각할 수 있다. 살피건대, 특허권자나 전용실시권자에게 허락권이 유보되었다는 것은, 특허권자나 전용실시권자가 각각 다른 제3자(예컨대 특허권자는 A에게, 전용실시권자는 B에게)에게 추가로 실시허락을 하여 각각 실시료를 얻을 수 있다는 의미일 뿐, 동일한 침해자의 침해행위에 대하여 특허권자와 전용실시권자가 2중으로 배상을 받을 수 있다는 의미는 아니다. 따라서, i) 실시료 상당의 손해액의 경우, 침해자로서는 동일한 발명에 관하여 특허권자와 전용실시권자와 각각 실시계약을 맺고 실시료를 이중으로 지급할 리 없는 만큼 동일한 특허에 대한 특허권자와 전용실시권자 중 누구에게라도 실시료 상당액을 배상하면 나머지 권리자의 채권도 소멸한다고 보아야 하며, ii) 특허권자에게 허락권이 유보되고 전용실시권자는 실시만을 하고 있는 경우라면 침해자는 특허권자에게 실시료 상당액을 배상하면 실시권자에 대한 일실수입 상당 배상액에서 이를 공제 주장할 수 있고(실시권자에게 일실수입 전액을 배상하면 이로써 특허권자의 실시료 상당 손해배상 청구에도 항변할 수 있다), iii) 특허권자가 실시하고 전용실시권자는 허락권을 부여받은 경우에도 침해자는 전용실시권자에게 실시료 상당액을 배상하면 특허권자에 대한 일실수입 상당 배상액에서 이를 공제 주장할 수 있다(특허권자에게 일실수입 전액을 배상하면 이로써 전용실시권자의 실시료 상당 손해배상 청구에도 항변할 수 있다). 결국 실시료 상당액의 배상이 중복되는 한도에서는 특허권자와 전용실시권자는 부진정연대채권의 관계에 있다고 볼 것이다.

④ **전용실시권에 그 밖의 제한이 있는 경우** 특허권자는 전용실시권 설정계약시 시간적, 지역적, 내용상의 범위를 한정할 수 있다(특허법 제100조 제2항 참조). 전용실시권의 설정에 있어 특허발명의 실시 형태 중 '판매'만을 허락하고 '제조'는 여전히 특허권자가 행하는 경우를 예로 들어 보면, 침해자의 양도수량에 특허권자는 '제조'로 인한 단위수량당 이익액을, 전용실시권자는 '판매'로 인한 단위수량당 이익액을 각 곱하여 저마다 손해로 주장할 수 있고(특허법 제128조 제2항), 침해자의 이익을 제조이익과 판매이익으로 나누어 저마다의 손해 추정을 주장할 수 있다(특허법 제128조 제4항). 침해자가 제조·판매를 모두 행하고 제조이익과 판매이익을 나누어 평가하기 어려운 경우에는

부득이 침해자의 총 이익액을 안분하는 수밖에 없을 것이며, 그때 안분비율은 저마다의 순이익 비율에 따르는 것이 무난할 것으로 생각된다. 제128조 제5항에 의한 상당 실시료 손해액을 청구함에 있어서는, 침해자의 실시 규모에 대하여 특허권자는 제조에 관한 상당실시료, 전용실시권자는 판매에 관한 상당실시료 액을 저마다 청구할 수 있다.

2) 독점적 통상실시권이 설정된 경우

㈎ 특허권자의 손해배상 청구권

독점적 통상실시권을 설정한 특허권자도 대외적으로는 독점적 실시권을 상실하는 것이 아니기 때문에 여전히 침해자에게 손해배상 청구권을 행사할 수 있다.[275] 이는 전용실시권 설정의 경우와 구별되는 점이며, 아래와 같이 경우를 나누어 보아야 한다.

① 특허권자 스스로 실시하는 경우 실질적으로 특허권자가 실시권을 유보한 채 전용실시권을 설정한 경우와 유사하므로, 마치 공유자 전원이 특허발명을 실시하는 경우에 준하여 손해배상액을 산정하면 될 것이다. 침해자는 실시권자와 특허권자의 시장 분점을 각각 제2항 제1호의 권리자가 생산·판매할 수 없었던 사정 혹은 제4항 추정의 일부 복멸 사유로 다툴 수 있을 것이다.

② 특허권자가 스스로 실시하지 않는 경우 비록 독점적 통상실시권을 설정한 특허권자라 해도 실시권자와의 내부관계에서 채권적 의무를 부담함은 별론으로 하고, 대외적으로는 여전히 실시권을 잃지 않는다 할 것이므로 실시하지 않는 특허권자도 원칙상 침해자를 상대로 합리적 실시료의 배상을 청구할 수 있다.[276] 이로 인해 침해자의 입장에서는 독점적 통상실시권자에게 일실이익과 특허권자에게 합리적 실시료를 이중으로 배상할 가능성이 생긴다. 따라서 침해자의 실시권자에 대한 배상액에서 특허권자에게 지불할 실시료 상당액을 공제해야 하는지 문제될 수 있다. 다만, 독점적 통상실시권 설정계약에 특허권자 스스로도 발명을 실시하지 않기로 하는 약정이 포함되어 있다면 (이른바 완전 독점적 통상실시권), 이는 실질적으로 전용실시권이 설정된 것과 마찬가지로 취급하여 특허권자에게 실시료 상당 배상청구권을 인정하지 않고,

275) 中山信弘·小泉直樹 編, 新·注解[第2版](中), 1905면.

276) 中山信弘·小泉直樹 編, 新·注解[第2版](中), 2002~2003면.

실시권자에 대한 배상액에서 실시료 상당액도 공제하지 않는 것이 합당하다.

(나) 독점적 통상실시권자의 손해배상 청구권

독점적 통상실시권자는 권리자를 상대로 제3자의 침해행위를 배제해 줄 것을 요구할 수 있는 채권을 가지므로, 제3자가 독점적 통상실시권의 존재를 알면서도 당해 발명을 실시함으로써 위와 같은 이익을 해한다면 구체적 경위와 위법성에 따라 '제3자에 의한 채권침해'가 성립할 수 있으며,[277] 특허의 독점적 통상실시권자를 해하는 사정을 알면서도 법규를 위반하거나 공서양속에 반하는 위법행위로 실시권자의 이익을 해한 경우 불법행위 책임을 인정한 특허법원 판결례도 있다.[278] 그 경우 독점적 통상실시권자의 배상청구에는 특허법 제128조 제2항, 제4항을 유추적용 할 수 있을 것이다. 일본에서도 유추적용을 인정하는 것이 통설이자 주류적 판례이다.[279] 실제로 독점적 통상실시권 침해로 제128조 제2항과 제4항을 적용하는 내용은 앞서 본 전용실시권 침해의 경우와 동일하게 취급하면 된다.

한편, 독점적 통상실시권자가 침해자에게 손해배상을 구할 수 있는 것과 별개로, 특허권자 역시 침해자에게 실시료 상당 손해배상을 구할 수 있는 점을 감안하면, 침해자가 실시권자에게 지급해야 할 손해배상액으로부터 실시권자가 특허권자에게 지급할 실시료 상당이 공제되어야 하는지가 문제된다. 이를 긍정하는 입장도 있고,[280] 이는 특허권자와 실시권자의 내부적 문제에 불과하므로 침해자에게 각자 손해배상 청구권은 독립하여 성립하되, 부진정 연대채권의 관계에 있다는 입장도 있다.[281] 살피건대, 이 문제는 특허권자와 독점적 통상실시권자 사이에 ⅰ) 고정 로열티가 약정된 경우와 ⅱ) 러닝로열티가 약정된 경우를 나누어 살펴보아야 한다. 침해자에 대해 특허권자와 독점적 통상실시권자는 모두 손해배상을 청구할 수 있는바, ⅰ)의 경우 실시권자는

277) 판례 역시 甲에게 제품을 제조·납품하는 乙이 甲과 丙 사이에 위 물품에 대한 독점판매 대리점 계약이 존재함을 알면서도 甲에게 전량 납품해야 할 물건의 일부를 제3의 판매업자에게 공급함으로써 丙의 독점 대리점주로서의 이익을 해친 사안에서 구체적 사정과 공급자의 악의 등 주관적 요소를 고려하여 乙에게 丙과의 관계에서 제3자에 의한 채권침해 책임을 인정하고 있다(대법원 2003. 3. 14. 선고 2000다32437 판결).

278) 특허법원 2018. 2. 8. 선고 2017나2332 판결 등.

279) 中山信弘·小泉直樹 編, 新·注解[第2版](中), 1826 및 1906면.

280) 美勢克彦, 앞의 글("損害(5)–複數の權利者", 新裁判實務大系『知的財産關係訴訟法』), 351면.

281) 高部 眞規子, 特許關係訴訟[第3版], 269면.

침해로 인한 매출 감소에도 불구하고 여전히 특허권자에게 고정된 로열티를 지급해야 하기 때문에 손익상계가 성립할 수 없으므로 침해자는 손해배상 청구에 대해 공제주장을 할 근거가 없다. 그러나 만약 침해자가 '이미' 특허권자에게 실시료 상당 손해배상을 하였다면 독점적 통상실시권자는 특허권자로부터 약정실시료의 지급을 청구받을 때 이를 원용할 수 있으므로,[282] 침해자는 독점적 통상실시권자의 손해배상 청구에 대하여 해당 금액을 공제할 것을 요구할 수 있다고 본다. 이때는 결과적으로 특허권자와 독점적 통상실시권자가 부진정연대채권 관계에 있는 것처럼 된다. 반면, 특허권자가 침해자에 대해 실시료 상당 손해배상 청구를 하는 경우에는 원칙상 침해자는 특허권자에게 대항할 여지가 없을 것이다. 다만 침해자가 이미 독점적 통상실시권자에게 손해배상을 하고 독점적 통상실시권자 또한 특허권자에게 고정실시료를 지급 완료 하였다면 침해자는 특허권자를 상대로 손해 불발생의 항변을 할 수 있을 것으로 생각된다.

ii)의 경우에는 독점적 통상실시권자는 침해로 인한 매출감소의 손해를 입지만 동시에 그에 상응하여 특허권자에게 지급해야 할 러닝로열티액이 감소하는 이익도 발생하므로 손익상계의 법리가 적용된다. 따라서 독점적 통상실시권자의 침해자에 대한 손해배상 청구에 대해서는 감소된 러닝로열티 상당액이 공제됨이 상당하다. 특허법원 판결례도 같은 취지이다.[283] 특허권자는 침해자를 상대로 실시료 상당 손해배상을 청구할 수 있지만 위와 같은 일실 러닝로열티와 중복청구를 할 수는 없으며 둘 중 큰 금액의 배상으로 손해는 전보된다고 본다.

---

282) 특허권자는 독점적 통상실시권자와의 관계에서는 제 3 자에게 실시권 설정을 할 수 없음에도 침해자로부터 실시료 상당액을 배상받음으로써 마치 실시권을 설정하고 실시료를 받은 것과 같이 된다. 그럼에도 특허권자가 독점적 통상실시권자로부터 별도로 약정 실시료를 지급받는 것은 부당하다(결국 침해자가 독점적 통상실시권자의 실시료를 중복되는 한도에서 대위변제한 것과 같다).

283) 특허법원 2018. 2. 8. 선고 2017나2332 판결("(독점적 통상실시권자인) 원고가 특허권자인 일라이 릴리에 이 사건 특허발명에 대한 실시료로 원고 제품 매출액의 27% 상당액을 지급하는 사실은 앞서 본 바와 같다. 위 인정 사실에 의하면, 피고의 침해행위로 인해 매출액이 감소됨으로써 원고는 일라이 릴리에 지급할 실시료 12,676,550원(= 46,950,188원 × 27%)을 지급하지 않는 이익을 얻었으므로, 위 금원 상당액이 손해배상액에서 공제되어야 한다").

3) 비독점적 통상실시권이 설정된 경우

특허권자가 배타권 행사를 독점하는 것이 원칙이다. 특허권자가 비독점적 통상실시권을 설정하고 스스로 특허발명 혹은 그와 대체기술을 실시하고 있는 경우에는 제2 내지 제4항이, 스스로 실시를 하지 않고 있는 경우에는 제5항이 적용될 것이므로 그에 대한 설명을 참조할 수 있다. 다만 제2 내지 제4항이 적용되는 경우에는 통상실시권자에 의해 시장이 분점되어 있는 사정이 손해액 추정에 대한 중요한 복멸사유가 될 수 있을 것이다. 비독점적 통상실시권자는 권리자를 상대로 타인의 실시에 대하여 배타권을 행사해 줄 것을 요구할 채권적 근거가 없기 때문에 자신의 이름으로는 물론 권리자를 대위해서도 침해자를 상대로 손해배상을 구할 권원이 없다.

Ⅷ. 침해에 대한 그 밖의 구제수단

1. 부당이득반환청구권

(1) 일반적 사항

민법상 부당이득이 성립하기 위해서는 ① 타인의 재산이나 노무로부터 이익을 얻었을 것, ② 그 이득으로 말미암아 그 타인에게 손해를 주었을 것, ③ 이득과 손해 사이에 인과관계가 있을 것, ④ 그 이득에 법률상 원인이 없을 것이라는 요건이 충족되어야 하는바,[284] 특허권 침해에 위와 같은 요건이 만족되는 이상 부당이득반환청구권이 성립함은 물론이다. 부당이득반환 청구권 행사에는 침해자의 고의·과실을 증명할 필요가 없고 민법 제162조에 따라 10년의 소멸시효에 걸리는 것이 장점인 반면, 특허법 제128조와 같은 추정규정

284) 통설이며 판례의 주류이다. 부당이득반환제도를 '공평'이라는 사상적 기초에 의해 통일적으로 이해하는 전제에서 그 요건을 위와 같이 4가지로 설명하는 한편, 부당이득반환제도는 형식적, 법률적으로 일응 수익자에게 귀속하는 이득 내지 수익을 손실자에 대한 관계에서도 그대로 갖게 하는 것이 공평, 정의에 반하는 것을 바로잡기 위한 것이라고 설명한다(곽윤직 대표편집, 민법주해(17), 채권(10), 박영사(2005), 154면). 한편, 부당이득제도를 위와 같이 공평의 이념에 입각하여 통일적으로 이해하는 방법론을 비판하면서, 부당이득을 그 실질에 따라, 급부부당이득, 침해부당이득, 비용부당이득 등으로 유형화하여 각각 고유의 법리로 해결하는 비통일설(유형설)이 근래 유력, 다수설이다.

이 없다는 단점이 있다. 불법행위에 기한 손해배상청구권과 부당이득반환 청구권은 경합관계에 있으므로 손해배상청구에 대해 3년의 단기 소멸시효가 완성된 경우에 대비해서 예비적으로 부당이득반환청구를 하는 경우도 있다. 다만, 위와 같이 부당이득 반환에는 특허법 제128조처럼 손실이나 인과관계를 추정하는 규정이 없기 때문에 실제로는 실시료 상당의 이익을 반환청구하는 경우에 주로 활용되고, 그 이상의 금전배상을 청구하는 경우에는 민법 제750조 내지 특허법 제128조 제 2, 4 항에 기한 배상청구가 주로 이용된다. 허락 없이 타인의 특허발명을 실시한 자는 특허권자에 대하여 적어도 실시료를 지급하지 않은 이득을 얻고, 권리자는 그 금액에 상응하는 손실을 입었음이 분명하며, 그 사이에 인과관계 역시 대체로 자명하다. 따라서 적어도 특허침해로 인한 실시료 상당의 손해에 관해서는, 인정요건에 차이가 없는 반면 소멸시효 기간이 더 긴 부당이득반환이 유리한 선택이 될 수 있다.[285)][286)]

(2) 특허법 제128조의 유추적용 가부

1) 견해의 대립

특허침해에 대해 부당이득반환청구를 하는 경우 특허법 제128조를 유추적용할 수 있는지가 문제된다. 이에 대해서는 i) 특허법 제128조가 침해로 인한 손해배상에 관한 특칙이어서 이를 부당이득에 적용할 근거가 없다는 이유로 부정하는 입장이 대부분이고[287)] 이를 명시적으로 언급하는 특허법원 판례도 나와 있지만[288)] ii) 부당이득의 요건사실 역시 침해자의 이익으로 인한 권리자의 손실이고, 양자 사이에 인과관계가 필요하나 그 증명이 곤란하다는 점은 마찬가지이므로 권리자 보호를 위해 부당이득반환 청구에도 특허법 제128조를 유추적용할 수 있다는 입장도 있다.[289)] 또한, iii) 원칙상 유추적용이 불

285) 中山信弘, 特許法[第 4 版], 435~436면.

286) 피고의 특허권 침해로 인한 원고의 손해배상청구권이 3년의 단기시효로 소멸하였다고 하는 한편, 부당이득반환에 관한 예비적 청구를 인용하여 실시료 상당액(실시료율 5%)에 대한 부당이득반환을 명한 예로, 특허법원 2019. 10. 2. 선고 2017나 2585 판결이 있다.

287) 특허법원, 지적재산소송실무(제 4 판), 606면; 일본에서도 그렇다고 한다(中山信弘·小泉直樹 編, 新·注解[第 2 版](中), 2102~2103면).

288) 특허법원 2019. 10. 2. 선고 2017나2585 판결.

289) 일본의 소수설이다(예컨대, 馬瀨文夫 "特許の無斷實用化と不當利得", 不當利得·事務管理の研究 Ⅰ, 273면). 우리나라의 하급심 판결 가운데, 부정경쟁행위로 인한 부당이득반환

가하나, 수익자(침해자)가 악의여서 이익 반환 외에 손해배상까지 하는 경우(민법 제748조 제2항)에는 실질적으로 불법행위 책임과 동일하므로 제128조 제4항 적용이 가능하다는 견해도 있다.[290)]

2) 검 토

특허법 제128조 제2항은 '침해자의 양도수량 × 권리자의 단위당 이익 = 권리자의 손해'로 볼 뿐 침해자의 이익이 아예 문제되지 않기 때문에 부당이득반환 청구에 원용될 여지가 없다. 제5항의 '합리적 실시료' 역시 앞에서 살펴본 대로, 그 실질이 '객관적 실시료액'과 다르므로 부당이득반환 청구에서 이 조항이 적용될 여지는 없다(다만, 객관적 실시료액이 그 자체로 부당이득의 내용이 될 수 있음은 별론으로 하며, 이는 뒤에서 자세히 본다). 문제는 제4항 및 제7항의 유추적용이 가능한지인데, 유추적용을 인정하는 견해에 일견 설득력이 있어 보이는 것도 사실이다. 그러나 불법행위에 기한 손해배상 청구권과 부당이득반환 청구권은 목적·요건·효과를 달리하는 별개의 제도로서, 손해배상청구는 고의·과실로 인한 위법행위를 전제로 하고, 과실상계가 가능하며, 단기소멸시효(3년)의 적용이 있는 반면, 부당이득반환은 고의·과실을 묻지 않고, 과실상계의 여지가 없는 한편, 수익자의 선의·악의에 따라 이익반환의 범위가 달라지는 차이가 있다. 결국, 제128조의 손해액 산정은 손해배상의 체계 내에서 권리자 보호를 위해 마련된 특칙이라 해야 하므로 이를 부당이득반환 청구에 임의로 유추적용하는 것은 부적절하다.

무엇보다, 유추적용론에는 다음과 같은 법리상 문제가 있다. 부당이득반환에 관한 '통일설'에 의하면 반환의 대상이 되는 이익은 손실을 한도로 하고,[291)] 이익과 손실의 구체적 액수는 모두 요건사실이지만, 그렇다고 하여 거기서의 손실이 반드시 '손해'와 동일한 개념은 아니다. 판례에 의하면 부당이

청구 사건에서 '피고들의 부정경쟁행위로 인한 손해액을 확정하거나, 피고들의 영업이익과 원고의 매출액 감소에 피고들의 부정경쟁행위가 기인한 정도를 산술적으로 산정하기는 어려운바, 부정경쟁방지법 제14조의2 제5항의 손해액 추정 규정을 원고의 손실액 산정에 유추 적용할 수 있다'고 하면서 이를 피고들 영업이익의 10%로 보는 등, 부당이득반환청구 사건에서 법 제14조의2 제5항의 손해액 추정 규정을 유추 적용한 예가 있다(수원지방법원 안산지원 2015. 7. 23. 선고 2013가합20776(본소), 2014가합2911(반소) 판결).

290) 안원모, 특허권의 침해와 손해배상, 343면.

291) 대법원 1997. 7. 11. 선고 96다31581 판결.

득반환에서 손실은 '사회통념상 손실자가 당해 재산으로부터 통상 수익할 수 있을 것으로 예상되는 이익 상당'이며,[292] 양자는 대개 표리의 관계에 있는 것으로 받아들여지고 있다. 한편, '비통일설(유형설)'에 따르면 침해 부당이득의 경우 권리자에게 할당된 배타적 이익이 타인에게 돌아갔다면 타인이 그로 인해 얼만큼의 이익을 얻었는지 상관없이 그 이익에 대한 객관적 대가를 부당이득으로 반환해야 하고 침해로 인해 권리자가 손해를 입었는지 여부는 부당이득의 성립을 좌우하지 못한다고 한다.[293][294] 결국 특허권 침해로 인한 침해부당이득에서 반환되어야 할 이익은 침해된 특허권의 객관적 대가, 즉 '실시료 상당액'이 될 것이다.[295] 그러므로 이런 점들을 도외시하고 부당이득반환 사건에서 침해자의 이익 전부를 권리자의 손실로 추정하는 것은 부당이득의 기본 법리와 충돌한다. 권리자로서는 위와 같은 통상의 규모를 넘어 추가로 반환받아야 할 이득이 존재한다면 그 근거와 규모를 스스로 주장·증명해야 한다. 또한, 불법행위와 부당이득은 별개의 소송물로 취급되고, 판례에 의하면 그중 하나의 청구권을 행사하여 완전한 만족을 얻지 못한 권리자는 다른 청구권을 행사하여 다시 소를 제기할 수도 있다.[296][297] 그렇다면 권리자는 불법행위로 인한 손해배상에 인정된 제도적 특례(특허법 제128조)를 부당이득 반환에 유추적용 할 것이 아니라 민법 제741조의 요건사실에 대한 주장·증명을 통해 민법의 테두리 내에서 부당이득 반환을 구해야 합당하다.[298]

---

292) 대법원 2014. 7. 16. 선고 2011다76402 전원합의체 판결.

293) 곽윤직 대표편집, 민법주해(17), 채권(10), 245면.

294) 비통일설(유형설)에서는 이 경우 손실은 현실적·구체적 손해가 아니라 손실자에게 배타적으로 할당된 이익을 누릴 가능성을 빼앗겼다는 사실 그 자체라고도 한다(지원림, 민법강의(16판), 홍문사, 2018, 1655면).

295) 田村善之, 知的財産權と損害賠償[新版], 269면; 長野史寬, "知的財産權侵害における不當利得返還請求-侵害利得と不法行爲が交錯する一場面-", 京都大學 法學論叢 第180卷 第5,6号(2017), 629면.

296) 대법원 2013. 9. 13. 선고 2013다45457 판결 등.

297) 따라서 예컨대 침해로 인한 손해배상 청구권에 3년의 단기 소멸시효가 완성된 경우, 권리자는 다시 동일한 침해를 이유로 10년의 소멸시효 아래에서 부당이득반환 청구를 할 수 있다.

298) 그렇지 않으면, 요건사실 증명에서 특허법 제128조와 같은 추정효를 누릴 수 있고, 고의·과실도 필요하지 않은 데다가 3년의 단기소멸시효 대신 10년의 소멸시효를 보장받을 수 있는 부당이득반환청구가 불법행위에 기한 손해배상 청구를 대신하게 되어 특허법 제128조의 존재 의의는 훼손될 것이다.

수익자가 악의인 경우 손해를 배상해야 하므로(민법 제748조 제2항) 이때는 특허법 제128조 제4항 등을 유추할 수 있다는 입장에 대해 살펴보면, 민법 제748조 제2항은 어디까지나 부당이득 체계 내에서 공평한 손실분담을 위해 수익자가 악의인 경우 가중된 반환 범위를 인정한 것일 뿐, 그로 인해 그 규율이 실질이 불법행위로 바뀌는 것은 아니다.[299] 따라서 수익자가 선의이든 악의이든 부당이득반환은 민법 제741조의 틀 안에서 해결되어야 할 문제이지 악의의 수익자라 해서 당연히 불법행위에 관한 특허법 제128조가 적용되는 것은 아니다.

한편, 이 주제와 관련된 입법론으로서, 침해자가 특허침해로 얻은 이익액 전부를 권리자에게 반환하는 형태의 손해배상 모델을 새롭게 인정하자는 일각의 논의도 있다.[300] 우리 법제와의 정합성 등 그 타당성은 차치하고, 만약 이런 행태의 입법이 이루어진다면 실질적으로 현행 특허법 제128조 제4항의 내용을 부당이득반환의 국면에 적용하는 것과 동일한 결과가 될 것이다.

2. 신용회복청구권

법원은 고의 또는 과실에 의한 침해로 인하여 특허권자 등의 업무상의 신용을 떨어뜨린 자에 대하여 손해배상에 갈음하거나 손해배상과 함께 권리자의 신용회복에 필요한 조치를 명할 수 있다(특허법 제131조). 침해품의 품질이 조악하여 소비자 사이에서 권리자의 평판을 해치고 그로 인하여 권리자의 향후 영업에 관하여 나쁜 영향을 미치게 되는 경우가 그 대표적인 예이다. 신용회복에 필요한 조치로는 침해가 인정된 민·형사상 판결의 취지를 신문, 잡지 등에 게재하는 것이 대표적인 방법이다.

3. 형사벌

특허권 또는 전용실시권을 침해한 자는 7년 이하의 징역 또는 1억원 이하

---

299) 김용담 대표편집, 주석민법, 채권각칙, 한국사법행정학회, 2016, 제4장 734면. 한편, 안원모, 특허권의 침해와 손해배상, 343면은 악의의 수익자의 부당이득 반환에 특허법 제128조 제4항을 적용해야 한다고 하면서도, 그 소멸시효는 여전히 부당이득채권에 따라 10년이라고 한다.

300) 예컨대, 2018. 12. 28. 의안번호 제2017894호로 제출되었으나 입법에 반영되지 않고 사후 수정된 특허법 개정안에 이런 내용이 포함되었던 바 있다.

의 벌금에 처하고(특허법 제225조, 침해죄), 법인의 대표자, 법인 또는 개인의 대리인·사용자 기타 종업원이 그 법인 또는 개인의 업무에 관하여 침해죄, 허위표시의 죄(특허법 제228조) 또는 거짓행위의 죄(특허법 제229조)의 위반행위를 한 때에는 그 법인이나 개인에 대하여도 일정한 벌금형을 병과하며(특허법 제230조, 양벌규정), 법원은 침해죄에 해당하는 침해행위를 조성한 물건 또는 그 침해행위로부터 생긴 물건은 이를 몰수하거나 피해자의 청구에 의하여 그 물건을 피해자에게 교부할 것을 선고하여야 하고, 피해자는 이에 따라 물건을 교부받은 경우에는 그 물건의 가액을 초과하는 손해액에 한하여 배상을 청구할 수 있다(특허법 제231조, 몰수 등).

4. 세관 및 무역위원회의 조치

많은 나라들이 특허권 침해 물품을 그 수입이나 수출 통관 단계에서 걸러내는 제도를 마련하고 있으며,[301] 우리나라의 경우, 관세법이나 불공정무역행위 조사 및 산업피해구제에 관한 법률이 그러한 역할을 하는 대표적 법률들이다. 세관장은 특허권 등 지적재산권을 침해하는 물품에 대한 통관을 보류하거나 필요한 조치를 취할 수 있다(관세법 제235조). 불공정무역행위 조사 및 산업피해구제에 관한 법률에 의하면 ⅰ) 특허권 침해물품을 국내에 수입하거나 수입된 침해물품을 국내에서 판매하는 행위는 금지되며(법 제 4 조 제 1 호 가. 목), ⅱ) 무역위원회는 신청 또는 직권에 의해 수입물품이 특허권 침해를 구성하는지 판정하고(법 제 5 조, 제 9 조), ⅲ) 수입품이 침해품으로 판정되면 산업통상자원부 장관의 의견을 들어 수입의 중지나 물품의 폐기 등 시정조치를 명할 수 있으며(법 제10조), 수입업자에게 과징금을 부과할 수도 있다(법 제11조).

이처럼 세관장이나 무역위원회의 조치는 수입 단계에서 물품의 국내 반입 및 유통을 원천봉쇄할 수 있다는 점에서 즉각적이고 막대한 영향력을 가지는 것이 사실이며, 특히 선진국에서 특허권자가 외국 경쟁제품의 자국 반입을 저지하는 수단으로 널리 활용되고 있기 때문에, 그 판정과 조치를 담당하는 기관의 역할과 위상도 강해지고 있는 추세이다.[302]

---

301) 이는 TRIPs 협정상 의무사항이기도 하다.

302) 이는 특히, 미국 등 선진국에 물품을 수출하거나 제 3 국에서 OEM 방식으로 물품을 제조·반입시키는 일이 많은 우리나라 기업의 입장에서는 더욱 그러하다.

Ⅸ. 특허침해 소송에서의 특칙들

1. 권리자 구제를 돕는 규정

(1) 구체적 행위태양(내용 · 방식 · 형태) 제시의무[303)]

특허침해소송의 피고는 원고가 주장하는 구체적 침해행위를 부인하는 경우, 단순부인에 그쳐서는 안 되고 그에 상응하여 자신의 실시행위의 모습을 구체적으로 제시하여야 한다(특허법 제126조의2 제1항).

1) 규정의 취지와 활용 국면

피고가 침해행위를 하고 있다는 혐의는 있으나 원고가 구체적으로 그 행위태양을 적시하기 어려운 경우, 피고가 원고의 주장과 달리 침해와 무관한 내용으로 실시하고 있다는 점을 밝히게 함으로써 특허 침해소송에서 원인사실에 대한 권리자의 증명 부담을 덜어 주고 재판의 신속을 도모하기 위한 것이다. 피고가 원고의 침해주장에 대해 시종 단순부인으로만 일관하여 원고가 결국 자료제출명령 등 후속조치에 나아갈 수밖에 없게 하는 등, 소송의 신속을 방해하는 것은 민사소송법 상 신의칙 위반여지가 있다고 보기도 한다.

침해소송에서 문제된 것이 '물건'이고 원고가 피고의 실시제품을 입수하여 그 구성을 확인할 수 있다면 이를 직접 특허 청구항 구성과 대비하면 될 것이고, 물건을 생산하는 방법에 대한 특허 침해가 문제되는 경우에는 생산방법 추정 규정(특허법 제129조)에 의해 오히려 피고가 비 침해의 방법으로 물건을 생산한다는 사실을 증명해야 하므로, 소송에서 이 조항은 주로 그 밖의 경우에 활용될 수 있다.[304)]

---

303) 이 주제에 대한 상세한 논의는, 조영선, "특허법 상 구체적 행위태양 제시의무에 대한 검토-법 개정 제안을 포함하여-", 사법 제68호(2024. 6), 541면 이하 참조.

304) 예컨대 ⅰ) 원고가 특정한 물건(A)의 「제조장치(B)」에 대한 특허권자이고, 피고가 물건 A를 제조 · 판매하고 있으며 그것이 제조장치 B에 의해 제조되고 있다는 혐의가 있으나, 정작 제조장치가 피고의 공장 내에 위치하여 이를 확인할 수 없는 경우, ⅱ) 원고가 특정한 기술적 목적을 달성하기 위해 「A-B-C 단계로 수행하는 방법(예컨대 측정방법이나 이용방법)」의 특허권자이고, 피고가 동일한 기술적 목적 달성을 위해 동일한 방법을 사용한다는 혐의가 있으나, 원고로서는 실제로 이를 증명하기 곤란한 경우, ⅲ) 원고가 특정 프로그램 발명의 특허권자인데, 피고가 사용하는 프로그램이 해당 원고의 특허를 침해한 혐의가 있으나 원고로서는 피고 프로그램의 원시코드를 알기 어려운 경우 등을 들 수 있다.

2) 규정의 내용

㈎ **행위태양 제시의무의 성립**

구체적 행위태양 제시 의무의 정도는 원고가 청구원인에서 피고의 침해행위 태양을 구체적으로 적시한 정도에 상응하여 부과된다고 볼 것이다. 법문 역시 "특허권자 또는 전용실시권자가 주장하는 침해의 구체적 행위태양을 부인하는 당사자는 자기의 구체적 행위태양을 제시하여야 한다"고 하여 이런 취지이다. 그렇게 보지 않으면 원고가 막연한 사실만을 근거로, 혹은 피고의 실시태양이나 영업비밀 등을 알아내기 위한 모색적 방편으로 침해소송을 제기하면서 이 규정을 악용할 여지가 있기 때문이다.[305] 일본에서는, 원고가 청구원인에서 특정해야 하는 피고의 침해행위를 상품명, 형식, 거래처, 실시장소 등으로 특정 하는 한편, 인식하고 있는 구체적 구성요소를 그 근거와 함께 주장할 필요가 있다고 설명된다.[306]

㈏ **비밀심리(In Camera) 절차의 보장**[307]

원고의 구체적 행위태양 제시요구에 대해 피고가 이를 거부할 정당한 이유가 있다고 주장하는 경우에 법원은 피고 주장의 당부를 판단하기 위해 자료의 제출을 명할 수 있다(제126조의2 제2항 본문). 피고가 이에 따라 자료를 제시하면 법원은 이를 다른 사람에게는 비밀인 상태에서 검토해야 한다(제126조의2 제3항, 제132조 제2항 준용).

한편, 특허법 제126조의2 제2항 단서는, '피고가 해당 자료의 제출을 거절할 정당한 이유가 있으면 그러하지 아니하다'고 규정하고 있으나, 이처럼

305) 예컨대 독일의 경우, 침해소송의 피고는 민사소송법 제138조(1)에 의해 적극부인 의무를 부담한다. 원고가 특허 청구항의 구성과 그에 상응하는 피고의 실시구성을 구체적으로 지적할수록, 피고 역시 막연히 침해사실이 없다는 부인을 하는 데서 그칠 수 없고 자신의 구체적 실시구성을 제시해야만 적법한 부인으로 인정받을 수 있다. 그렇기 때문에 원고의 청구권인에 기재된 피고의 실시형태가 추상적일수록 피고가 자신이 실시 태양을 구체적으로 적시해야 할 의무도 상응해서 약해진다고 할 수 있다(Thomas Kühnen, *Patent Litigation Proceedings in Germany – A Handbook for Practitioners(7th Edit)*, pp.451~452).

306) 竹田 稔·松任谷 優子 著, 知的財産權訴訟要論(特許編), 318면.

307) In Camera는 라틴어로 '판사실'을 뜻하며, 영어로는 'in private' 정도로 의역된다. 이는 소송 중 필요가 있는 경우 비공개로 심리를 행하는 것을 의미한다. 'In Camera'는 그 자체로는 정확한 뜻을 알기 어려우며, 직역하면 오해의 소지조차 있으므로 이를 그 실질대로 '비밀심리' 정도로 번역하여 부르면 좋을 것이다.

제출거부의 정당 사유 유무를 판단하기 위한 사전 절차에 조차 자료제시를 거부할 수 있도록 하는 것은 제도의 취지와 모순되는 입법적 오류이므로[308] 삭제하는 대신, 제 1 항을 자료제출명령에 관한 제132조 제 1 항처럼 "특허권 또는 전용실시권 침해소송에서 특허권자 또는 전용실시권자가 주장하는 침해행위의 구체적 행위태양을 부인하는 당사자는 자기의 구체적 행위태양을 제시하여야 한다. 다만, 그 당사자가 행위태양의 제시를 거절할 정당한 이유가 있으면 그러하지 아니하다."로 개정하는 것이 합당하다.

(다) 제시거부의 이유

구체적 행위태양 제시를 거부할 수 있는 정당한 이유의 예로는 영업비밀이 포함되어 있다든지, 원고가 당초 피고의 침해행위를 추상적으로만 주장하고 있다든지, 기타 원고의 청구가 신의칙에 반하는 것 등을 생각할 수 있다.[309] 다만, 영업비밀이라고 하더라도 그것이 피고의 침해사실 인정에 반드시 필요하다고 판단되는 경우에는 행위태양 제시거부의 사유가 되지 않는다(제126조의 2 제 3 항). 현행 특허법 제126조의 2 제 3 항은 자료제출명령에 관한 대응규정인 제132조 제 3 항[310]을 준용하면서, "침해의 증명 또는 손해액의 산정에 반드시 필요한 때(제132조 제 3 항)"를 "구체적 행위태양을 제시할 수 없는 정당한 이유의 유무 판단에 반드시 필요한 때"로 치환하고 있지만, 이 역시 입법상의 오류라 할 것이므로, "침해 사실 인정에 반드시 필요한 때"로 해석되어야 하고, 향후 그와 같은 내용으로 법이 개정됨이 상당하다.[311]

---

308) 특허법 제126조의 2 제 2 항은 피고에게 구체적 행위태양 제시의무를 부과하는 한편, 피고가 이를 거부할 이유가 있다고 주장하면, 법관이 피고가 제출한 자료를 비밀리에 심리하여 과연 그러한지를 판단하는 사전 절차(In Camera)를 보장한 것이다. 그러므로 피고는 일단 In Camera를 위한 자료제시 명령에는 반드시 응해야 하며, 법관이 그 자료를 근거로 피고의 구체적 행위태양 제시를 관철할 것인지, 피고의 주장을 받아들여 제시를 명하지 않을 것인지 판단할 수 있게 해야 한다. 그럼에도 In Camera 절차에조차 협조하지 않을 여지가 있는 듯이 규정한 것은 부당하고 In Camera 절차에 관한 다른 규정들인 민사소송법 제347조 제 4 항 및 특허법 제132조 제 2 항과도 상충된다. 따라서 이는 명백한 입법상 오류라고 해야 한다(구체적 내용에 대해서는, 조영선, "특허법 상 구체적 행위태양 제시의무에 대한 검토-법 개정 제안을 포함하여-", 사법 제68호(2024. 6), 553~555면).

309) 中山信弘, 特許法[第 4 版], 423~424면.

310) 제 1 항에 따라 제출되어야 할 자료가 영업비밀에 해당하나 '침해의 증명 또는 손해액의 산정에 반드시 필요한 때에는' 제1항 단서에 따른 정당한 이유로 보지 아니한다.

311) 제126조의 2 제 3 항의 취지는 '비록 영업비밀에 해당하더라도 침해사실 증명에 반드시 필

㈑ **의무위반의 효과**

당사자가 정당한 이유 없이 자기의 구체적 행위태양을 제시하지 않는 경우에는 법원은 권리자가 주장하는 침해행위의 구체적 행위태양을 진실한 것으로 인정할 수 있다(제126조의2 제 4 항).

㈒ **제시된 행위태양에 대한 비밀 보호**

법원은 제시명령에 따라 본안에 현출된 구체적 행위태양 관련 자료에 대해서 열람할 수 있는 범위 또는 열람할 수 있는 사람을 지정하여야 한다(제126조의2 제 3 항에 의해 준용되는 제132조 제 3 항). 한편, 명문상으로는 본안에 현출된 구체적 행위태양 관련 자료에 대해 법원이 비밀유지명령을 발할 근거가 마련되어 있지 않은 바, 향후 이를 보완하는 법 개정이 필요하다.[312]

(2) 생산방법의 추정

물건을 생산하는 방법의 발명에 관하여, 그 물건과 동일한 물건은 특허출원 전에 국내에서 공지되거나 공연히 실시된 것 또는 국내나 국외에서 간행물

요하다면 행위태양 제시 강제를 통해 소송에의 현출을 관철하겠다는 것이다. 그러나 현행 제126조의2 제 3 항을 문언대로 해석하면, 이는 '비록 영업비밀에 해당하더라도 행위태양 제시거부의 정당성 여부 판단에 반드시 필요하다면 제출해야 한다'는 무의미한 내용이고, 비밀심리절차(In Camera)에의 현출 거부를 허용하는 제2항 단서의 부적절한 내용을 다시 한번 반복하는 것에 불과하며 본래의 법 취지와 무관한 결과가 된다.

312) 특허법 제126조의2 제 3 항이 자료제출명령에 관한 제132조 제 2, 3 항을 준용하고 있으므로 법원은 제시명령의 목적 내에서 관련 자료를 열람할 수 있는 범위를 지정하게 된다(특허법 제132조 제 3 항 참조). 그러나 비밀유지명령에 관한 특허법 제224조의3는 준용대상에서 누락되어 있고, 같은 조 제1항은 비밀유지명령의 대상과 요건으로서, "이미 제출하였거나 제출하여야 할 준비서면, 이미 조사하였거나 조사하여야 할 증거 또는 제132조 제 3 항에 따라 제출하였거나 제출하여야 할 자료"로만 대상을 한정하고 있다. 결국 명문으로는 구체적 행위태양 제시의무에 따라 현출된 자료에 대해서는 비밀유지명령의 근거규정이 없는 셈이다. 그러나 제126조의2 제 1 항에 따라 피고가 제시한 구체적 행위태양이나 그 과정에서 법원에 제출한 자료에 피고의 영업비밀이 포함되어 있다면 이를 보호해 주어야 할 필요는 자료제출명령에서와 전혀 차이가 없으므로 제224조의3을 개정하여 이를 비밀유지명령의 대상으로 해야 함은 당연하다. 한편, 특허법 제132조 제 3 항은 비밀유지명령에 대해 명시적으로 언급하고 있지는 않지만, 법문(法文)이 "법관은 열람대상자와 범위를 한정해야 한다"고 하는 이상, 그와 같이 한정된 열람 내용에 대해서 비밀유지 의무를 부과해야 하는 것은 당연한 전제라고 보고 이를 임의 규정인 특허법 제224조의3에 대한 특칙이라고 해석할 여지도 있다(이어서 특허법 제126조의2 제 3 항에 따라 제132조 제 3 항을 구체적 행위태양 제시에도 준용). 그러나 이는 어디까지나 차선의 방책이고, 법으로써 이를 명확히 하는 것이 최선임은 물론이다.

공지된 것을 제외하고는 그 특허된 방법에 의하여 생산된 것으로 추정한다(특허법 제129조).[313] 방법특허의 권리자로서는 침해자가 실제로 사용하고 있는 제조방법을 증명하는 것이 곤란한 경우가 많으므로 이 경우 실시품과 특허품이 동일하다는 점만을 주장·증명하면 그것이 특허된 방법이 아닌 다른 방법에 의하여 제조된 것이라는 것을 침해자로 하여금 증명하도록 하여 증명책임을 전환함으로써 권리자의 부담을 경감하고 있는 것이다.

⇒ 대법원 2005. 10. 27. 선고 2003다37792 판결

특허법 제129조에 의하면, 물건을 생산하는 방법의 발명에 관하여 특허가 된 경우에 그 물건과 동일한 물건은 그 특허된 방법에 의하여 생산된 것으로 추정하되, 다만 그 물건이 특허출원 전에 국내에서 공지되었거나 공연히 실시된 물건 또는 특허출원 전에 국내 또는 국외에서 반포된 간행물에 게재된 경우에는 그러하지 아니하다고 규정하고 있어 동일한 물건이 위 규정에 따라 생산방법의 추정을 받으려면, 그 출원 전에 공개되지 아니한 신규한 물건이라야 할 것인데, (중략) 이 사건 부직포와 같이 비통기성 수지 필름이 한쪽 면에 열융착되어 코팅된 코팅층을 갖고 통기구멍이 연속적으로 형성된 것을 주된 기술사상으로 하는 직포 또는 부직포는 이미 이 사건 특허출원 전에 공지되었거나 공연히 실시되었던 것임이 분명하므로, 이 사건 특허발명에는 특허법 제129조의 추정 규정을 적용할 수 없고 이 사건 특허권의 침해를 주장하는 채권자로서는 채무자가 이 사건 특허발명인 니이들 장치 또는 니이들 방법을 사용하여 이 사건 부직포 등을 생산하였다는 점을 증명하여야 할 것이다.

(3) 과실의 추정

타인의 특허권 등을 침해한 자는 그 침해행위에 대하여 과실이 있는 것으로 추정한다(특허법 제130조). 특허는 등록에 의하여 발생하고 특허의 내용은 공보를 통하여 공중에게 공개되므로, 제 3 자는 당연히 등록특허의 내용을 알고 있는 것으로 추정하는 것이 권리자 보호를 위하여 타당하며 그와 같은 과실추정의 원칙은 상표,[314] 저작권[315] 등의 경우에도 유사하게 적용되고 있다.

313) 이는 신규성 상실사유로서 공지, 공연이든 간행물 공지이든 공통적으로 국내, 국외를 불문하는 특허법 제29조 제 1 항과 입법의 균형상 문제가 있다.

314) 상표법 제112조, 단 상표법은 특허법, 디자인보호법, 저작권법과는 달리 상표권 침해의 과실까지는 추정하지 않고, '당해 상표가 등록된 사실을 알았다는 점'만을 추정한다.

315) 저작권법 제125조 제 4 항.

침해자는 위 추정을 벗어나기 위해서는 특허권의 존재를 알지 못하였다는 점을 정당화할 수 있는 사정이 있다거나 자신이 실시하는 기술이 특허발명의 권리범위에 속하지 않는다고 믿은 점을 정당화할 수 있는 사정이 있다는 것을 주장·증명하여야 한다.[316] 법이 이처럼 등록특허에 대한 침해에 일률적으로 과실을 추정하지만, 사안에 따라서 그 추정의 정도를 달리 보아야 할 때가 많을 것이다. 예컨대, A와 B가 동종 제품에 관한 경쟁업자인 상태에서 B가 A의 특허를 침해하는 물건을 제조·판매하였다면 B의 특허침해 행위에는 과실이 강하게 추정될 것이다. 그러나 만약 기계제조·판매업자인 B가 물품 제조업자인 C에게 기계를 납품하고, C가 이를 가동한다고 할 때, 그 기계의 일부 부품이 A의 특허를 침해한 것이라면 C 역시 A 특허에 대한 침해자이지만 그 침해에 과실을 인정하는 것은 비현실적이다. 물론 이 경우 A가 C를 상대로 침해의 경고를 한 뒤부터는 C의 기계 가동행위에 침해의 고의나 과실이 인정될 여지가 많겠지만, 그러한 경고 이전의 가동행위에 대하여도 과실 침해로 인한 손해배상 청구가 가능하기 때문에 문제가 남는다. 결국 이러한 경우에는 침해에 대한 과실 추정에 번복가능성을 강하게 부여함이 상당할 것이며, 가령 과실이 인정되어 손해배상책임을 지우더라도 경과실 감액(특허법 제128조 제 6 항)의 여지가 많을 것이다.

⇨ 대법원 2006. 4. 27. 선고 2003다15006 판결

특허법 제130조는 타인의 특허권 또는 전용실시권을 침해한 자는 그 침해행위에 대하여 과실이 있는 것으로 추정한다고 규정하고 있고, 그 취지는 특허발명의 내용은 특허공보 또는 특허등록원부 등에 의해 공시되어 일반 공중에게 널리 알려져 있을 수 있고, 또 업으로서 기술을 실시하는 사업자에게 당해 기술분야에서 특허권의 침해에 대한 주의의무를 부과하는 것이 정당하다는 데 있는 것이고, 위 규정에도 불구하고 타인의 특허발명을 허락 없이 실시한 자에게 과실이 없다고 하기 위해서는 특허권의 존재를 알지 못하였다는 점을 정당화할 수 있는 사정이 있다거나 자신이 실시하는 기술이 특허발명의 권리범위에 속하지 않는다고 믿은 점을 정당화할 수 있는 사정이 있다는 것을 주장 · 증명하여야 할 것이다.

316) 판례는, 카테터 등 관련 의료기기 제작을 전문으로 하는 업체인 피고가 단순히 직접침해자인 공동피고의 요구에 따라 이 사건 카테터를 제작, 공급하였고, 다른 사람에게는 판매한 사정이 없다는 등의 사정만으로는 원고 특허권에 대한 간접침해에 관하여 과실 추정이 번복되지 않는다고 한다(대법원 2019. 10. 17. 선고 2019다222782, 222799 판결).

➾ 대법원 2003. 3. 11. 선고 2000다48272 판결

> 피고들은 지관 제조업 분야에 종사하는 자로서 지관가공의 전 공정을 최초로 자동화한 원고들의 이 사건 등록고안이 존재한다는 사실을 알 수 있는 위치에 있었다고 볼 수 있을 뿐만 아니라, 비록 원고가 ○○○으로부터 지관가공장치를 구입하여 사용하여 왔고 또 이 사건 등록고안의 침해사실을 안 때로부터 4년 이상이나 위 ○○○에 대하여 아무런 이의를 제기하지 않았다고 하더라도, 그와 같은 사정만으로 피고들이 위 ○○○으로부터 매수하여 사용한 ㈏호 고안에 의한 지관 가공장치가 이 사건 등록고안의 권리범위에 속하지 아니한다고 믿은 데 대하여 상당한 이유가 있다고 보기 어려우므로, 결국 피고들에게 과실이 없다거나 위 과실의 추정을 번복할 사유가 된다고 볼 수 없다.

(4) 자료제출명령

특허법 제132조의 자료제출명령은 침해소송에서 권리자의 구제 편의를 위해 도입된 민사소송법 상 문서제출명령의 특칙이다.[317] 문서제출명령과 달리, 자료제출명령은 소송 당사자에게만 적용이 있고(제 1 항), 정당한 이유가 없는 한 영업비밀이라는 이유로 제출을 거부할 수 없으며(제 3 항 전단), 불제출에 대한 법적 효과 역시 민사소송법과 다르게 규정되어 있기 때문이다(제 4 항, 제 5 항). 한편, 특허법은 제 3 자를 상대로 한 자료제출명령이라든가 자료제출명령 자체의 신청 방식 · 허부의 재판과 불복 · 제출문서의 보관 등에 대하여 규정하지 않고 있으므로 이런 사항들에 대해서는 민사소송법이 적용되어야 한다.[318]

1) 제출의 대상

제출의 대상은 '자료'이다. 문서는 물론, 데이터, 파일, 사진, 동영상 등이 포함되며, 시제품 등 침해 관련 물건도 널리 여기 포함된다. 침해로 인한 손해액 산정에 필요한 자료는 물론, 침해 자체의 성립을 증명하는데 필요한 자료도 대상이 된다. 침해의 증명을 위한 자료로는 상대방의 실시 제품, 시제품, 제품 원료, 설계도, 시방서 등이 대표적일 것이고, 손해액 산정을 위한 자료로는 침해제품의 생산량, 판매량, 단가, 매출액, 원가, 경비 등에 대한 자료, 영업보고서, 손익계산서, 대차대조표, 거래처별 원장, 원가명세서, 경

317) 실용신안 침해사건에 대해서도 준용된다(실용신안법 제30조). 부정경쟁방지법에는 별도의 조문이 있으며(제14조의 3), 특허법보다 간략하다.

318) 中山信弘 · 小泉直樹 編, 新 · 注解 特許法[第2版](中), 青林書院(2017), 2230면.

비명세서, 매출전표, 출고전표, 재고표 등을 생각할 수 있다.[319] 상업장부의 경우, 법원은 상법에 의해서도 당사자에게 제출을 명할 수 있다(상법 제32조).

2) 제출의무자

침해소송의 상대방 당사자이다. 민사소송법 상 문서제출명령에서는 소송당사자(원, 피고)는 물론 일정한 요건 아래 해당 문서를 소지한 제 3 자에게도 제출의무가 있는 것에 비하여, 특허법 상 자료제출의무자는 침해소송에서 침해자로 지목된 당사자로 한정된다.

3) 자료제출 명령의 요건

침해의 증명 또는 침해로 인한 손해액의 산정에 필요한 것이어야 한다(특허법 제132조 제 1 항). 필요성의 판단 요소로는 i) 해당 자료의 증거로서의 중요성, ii) 대체증거의 유무, iii) 실체적 진실발견과 재판의 신속 등이 거론된다.[320] 침해소송의 심리를 ① 침해판단 단계와 ② 손해액 산정 단계로 이원화한다면, 아직 침해 여부가 확인되지 않은 ① 단계에서는 자료제출 명령이 상대방의 기술내용 등을 알아내는 모색적 소송의 수단으로 악용될 여지도 많아 주의를 요한다. 한편, 일단 침해의 성립이 인정되어 손해액 산정으로 넘어간 ② 단계에서는 필요성에 대한 소명은 이루어진 것으로 보고, 상대방에게 자료제출명령을 거부할 정당한 사유에 관해 소명의 부담이 넘어간다고 해도 무방할 것이다.

4) 자료제출명령의 절차

특허법에 별도의 규정이 없으므로, 특허법 규정에 반하지 않는 한도에서 민사소송법 상 문서제출명령의 관련 규정이 적용된다.

5) 비밀심리(In Camera) 절차

자료제출명령을 받은 상대방이 제출을 거부할 정당한 이유가 있음을 주장

---

319) 민사소송법 제344조 제 2 항은, i) 변호사 · 변리사 등의 직무상 비밀의무 관련 문서 ii) 자기이용문서, iii) 공무원이 직무상 보관하는 문서에 제출의무를 면제하고 있다. 그러나 특허법은 제출의무의 대상이 되는 자료에 제한을 두고 있지 않으므로 업체의 내부자료, 서신, 업무지시서 등 자기이용문서라도 침해의 성립과 손해의 증명에 필요한 자료라면 제출 대상이 되며, 실제로 특허침해의 특성에 비추어 자기이용문서 가운데 증거가치가 있는 것들도 많을 것이다. 반면, 자료제출의무자는 '침해소송의 상대방'이므로 iii) 공무원 보관문서가 제출의 대상이 되는 일은 생각하기 어렵다.

320) 中山信弘 · 小泉直樹 編, 앞의 책, 2230면.

하는 경우, 법관은 명령으로 비밀심리 절차를 개시할 수 있고(제132조 제2항), 자료의 소지인에게 해당 자료의 제시를 명하여 다른 사람에게는 비밀로 한 상태에서 그 주장의 당부를 판단한다. 정당한 이유로는 영업비밀 누설의 우려가 가장 대표적이다. 다만, 그 자료가 침해의 증명 또는 손해액 산정에 반드시 필요한 경우에는 영업비밀이라고 하더라도 제출거부의 정당한 이유가 되지 못한다(제132조 제3항). 조문의 구조상 제출거부의 정당한 이유에 대한 소명책임은 피고(신청 상대방)에게 있다. 정당한 이유의 유무를 판단할 때에는, ⅰ) 소송의 경과 내지 단계(침해 여부가 아직 인정되지 않은 단계인지, 침해가 이미 인정되고 손해액을 산정하는 단계인지), ⅱ) 원고의 증명필요와 자료제출로 인한 피고의 불이익, ⅲ) 대체적 증거의 존부, ⅳ) 요증사실과의 거리 및 신청범위의 적정성, ⅴ) 자료제출로 제3자에게 미치는 불이익[321] 등 제반 사정을 두루 고려해야 한다.

6) 자료제출신청에 대한 결정과 불복

특허법 제132조에 별도의 규정이 없으므로, 민사소송법이 적용된다. 자료제출신청에 대한 허가 여부는 재판(결정)으로 하되, 변론(준비)절차 등에서 의견 진술의 기회가 실질적으로 부여되어야 한다.[322]

7) 자료 불제출의 효과

자료제출명령을 받은 당사자가 정당한 이유 없이 자료를 제출하지 않으면 법원은, ⅰ) "자료의 기재에 대한" 신청인의 주장을 진실한 것으로 간주할 수 있고(제132조 제4항), ⅱ) 신청인이 해당 자료의 기재 내용을 구체적으로 특정하기가 현저히 어렵고 요증사실을 뒷받침할 다른 증거도 없는 경우에는 아예 "요증사실에 대한" 신청인의 주장을 진실한 것으로 간주할 수도 있다(제132조 제5항).[323]

---

321) 제출명령의 대상이 된 자료에 제3자의 영업비밀이 포함된 경우가 대표적이다.

322) 예컨대, 제출명령의 요건에 대한 별다른 심리도 없이 신청 바로 다음 날 이루어진 제출명령은 위법하다(대법원 2009. 4. 28.자 2009무12 결정 참조).

323) 문서제출을 명받은 당사자가 정당한 이유 없이 문서를 제출하지 않거나 고의로 이를 훼손하는 등 사용을 방해한 경우 법원이 그 문서의 기재에 대한 상대방의 주장을 진실한 것으로 간주할 수 있도록 하는 내용은 민사소송법에도 존재하나(민사소송법 제349조, 제350조), 일정한 요건 아래 요증사실의 존재 자체를 간주해 버리는 규정은 특허법을 통해 처음 도입된 것이다.

8) 자료제출명령과 비밀유지명령(특허법 제224조의 3)과의 관계

ⅰ) 영업비밀에 대해 자료제출명령을 하는 경우 법원은 제출명령의 목적 내에서 열람할 수 있는 범위 또는 열람할 수 있는 사람을 지정하여야 한다(제132조 제 3 항). 한편, ⅱ) 피고는 자료제출명령에 따라 제출하였거나 제출할 자료에 대해서 비밀유지명령을 신청할 수 있고, 법원은 대상자와 범위를 정해 비밀유지명령을 할 수 있다(특허법 제224조의3 제 1 항 제 1 호). 두 규정 사이의 관계는 분명치 않으나, 결국 명령의 절차, 취소, 위반의 효과 등에 대해 규정한 특허법 제224조의 3이 일반조항으로서 적용되고, 특허법 제132조 제 3 항은 법원이 당사자의 신청이 있으면 신청에 따라, 아니라면 직권으로라도 자료제출명령시 비밀유지명령을 필요적으로 발해야 한다는 특별규정으로 이해함이 합당하다.

⑸ 손해액 산정을 위한 감정인 등의 활용

특허침해로 인한 손해배상액을 산정함에 있어서는 고도의 회계·경리상의 전문지식을 필요로 하는 경우가 대부분이므로, 법원으로서는 당사자의 신청에 의하여 공인회계사 등을 감정인으로 선정하여 손해액 산정에 관한 전문적 지식을 활용하는 방안을 강구하는 것도 바람직하다. 다만, 위와 같이 손해액의 산정을 위한 전문 감정인이 선정된 경우에도 민사소송법상 침해자인 당사자가 그와 같은 감정인의 업무에 협조해야 할 명문의 규정이 없다면 손해사정의 근거가 되는 회계장부나 그 내용이 담긴 전산자료 등이 충분히 제공되지 않을 가능성이 있고, 그 경우 감정인 선임을 통하여 기대한 효과를 제대로 얻기 어려운 난점이 있다.[324] 특허법은 이를 고려하여, 침해소송에서 법원이 손해액 산정을 위해 감정을 명한 경우 당사자는 감정에 필요한 사항을 설명하도록 의무를 도입하였다(특허법 제128조의 2).

2. 비밀유지 조치

법원은 특허권 등의 침해소송 과정에서 당사자의 영업비밀이 침해되지 않도록 비밀유지명령을 내릴 수 있다(특허법 제224조의 3 내지 제224조의 5).

324) 竹田 稔, 知的財産權侵害要論(特許·意匠·商標編) [第 5 版], 438면.

(1) 비밀유지명령의 신청(특허법 제224조의3 제1항, 제2항)

비밀유지명령은 특허권 또는 전용실시권(이하 '특허권 등'이라고만 한다) 침해소송의 당사자가 i) 소송의 준비서면이나 증거, 법원으로부터 자료제출명령을 받은 자료(특허법 제132조 제3항)에 영업비밀[325]이 포함되어 있다는 점, ii) 그 영업비밀이 소송수행 이외의 목적으로 사용 또는 공개되면 영업에 지장을 줄 우려가 있다는 점, iii) 그 방지를 위해 사용이나 공개를 제한할 필요가 있다는 점을 소명하여 법원에 신청한다. 신청의 상대방은 소송당사자(법인인 경우에는 그 대표자), 소송대리인, 기타 소송으로 인해 영업비밀을 알게 된 자이다. 신청은 명령의 대상이 되는 상대방과 영업비밀을 특정하여 서면으로 한다.

(2) 비밀유지명령의 발동

법원은 위 요건의 충족을 판단하여 결정의 형식으로 상대방에게, i) 영업비밀을 소송 수행이외의 목적으로 사용하거나 ii) 제3자에게 공개하지 않을 것을 명할 수 있다(특허법 제224조의3 제1항). 다만, 상대방이 소송에 사용되는 준비서면이나 증거 이외의 방법으로 그 영업비밀을 이미 알고 있는 경우에는 그렇지 아니하다.[326] 비밀유지명령은 그 결정서가 상대방에게 송달된 때부터 효력이 있다(같은 조 제3항, 제4항).

(3) 비밀유지명령 위반죄(특허법 제229조의2)

국내외에서 정당한 이유 없이 비밀유지명령에 위반한 자는 5년 이하의 징역이나 5,000만원 이하의 벌금에 처한다. 이는 친고죄이다.

(4) 비밀유지명령의 취소(특허법 제224조의4)

비밀유지명령을 신청한 당사자나 상대방은 (1)에서 본 비밀유지명령신청의 요건이 갖추어지지 않았거나 소멸된 경우 법원에 비밀유지 명령의 취소를 신청할 수 있다. 취소 역시 결정의 형태로 하고, 확정되어야 효력이 발생함은 물론이며, 취소법원은 그 밖에 비밀유지명령의 상대방이 있다면 그에게도 즉시 취소사실을 알려야 한다.

325) 부정경쟁방지 및 영업비밀보호에 관한 법률 제2조 제2호의 영업비밀을 말한다.

326) 이 경우에는 특허법 상 비밀유지명령에 의한 보호가 아니라 부정경쟁방지 및 영업비밀보호에 관한 법률에 따른 일반적 영업비밀보호가 가능할 것이다.

(5) 기타 비밀유지명령의 실효성을 확보하기 위한 조치(특허법 제224조의 5 : 소송기록 열람 등의 청구 통지 등)

민사소송 기록에 당사자의 영업비밀이 포함되어 있는 경우, 당사자는 법원에 신청하여 제 3 자의 열람·복사 등을 제한할 수 있지만(민사소송법 제163조 제 1 항 제 2 호), 이 경우에도 상대방 당사자에 의한 열람·복사 등은 제한되지 않는다. 따라서, 예를 들어 상대방 당사자가 법인인 경우, 그를 상대로 특허법 상 비밀유지명령을 받았더라도 법인의 종업원이 위임을 받아 소송기록의 열람·복사를 행하면 사실상 영업비밀을 자유롭게 알 수 있기 때문에 종업원을 상대로 추가의 비밀유지명령을 받지 않으면 명령의 실효성이 반감된다. 특허법은 이런 경우를 대비하여, 앞서의 종업원처럼 비밀유지명령을 받지 않은 자가 기록의 열람·복사 등을 청구한 때에는 법원사무관 등은 일단 열람·복사 자체를 불허하고, 영업비밀 보유자인 당사자에게 즉시 그 청구 사실을 통지하여 소정의 기간 내에 그 자를 상대로 비밀유지명령을 신청할 수 있게끔 말미를 부여한다(특허법 제224조의5 제 1 항, 제 2 항). 다만, 당사자 쌍방이 열람·복사에 관하여 합의가 된 경우에는 이러한 별도 조치를 취할 필요가 없음은 물론이다(같은 조 제 3 항).

⇨ 대법원 2004. 6. 11. 선고 2002다18244 판결

구 저작권법(2000. 1. 12. 법률 제6134호로 개정되기 전의 법률) 제93조 제 2 항은 저작재산권자가 고의 또는 과실로 그 권리를 침해한 자에 대하여 손해배상을 청구하는 경우에 그 권리를 침해한 자가 침해행위에 의하여 이익을 받았을 때에는 그 이익액을 저작재산권자가 입은 손해액으로 추정하도록 규정하고 있는바, 물건의 일부가 저작재산권의 침해에 관계된 경우에 있어서는 침해자가 그 물건을 제작 · 판매함으로써 얻은 이익 전체를 침해행위에 의한 이익이라고 할 수는 없고, 침해자가 그 물건을 제작 · 판매함으로써 얻은 전체 이익에 대한 당해 저작재산권의 침해행위에 관계된 부분의 기여율(기여도)을 산정하여 그에 따라 침해행위에 의한 이익액을 산출하여야 할 것이고, 그러한 기여율은 침해자가 얻은 전체 이익에 대한 저작재산권의 침해에 관계된 부분의 불가결성, 중요성, 가격비율, 양적 비율 등을 참작하여 종합적으로 평가할 수밖에 없다.

이러한 법리에 따라 원심판결 이유를 기록에 비추어 살펴보면, 피고 대원 등이 원고가 작곡한 이 사건 곡을 타이틀곡으로 한 음반을 제작 · 판매함에 있어서 이

> 사건 곡이 80년대 초반의 인기곡이었다는 사정 이외에 가수의 인기도와 위 음반에 대한 홍보 등도 상당한 영향을 미친 사정 등을 고려하여 피고 태원 등이 위 음반을 제작·판매하여 얻은 이익에 대한 이 사건 곡의 기여도는 30%로 봄이 상당하다고 한 원심의 사실인정과 판단은 정당한 것으로 수긍이 되고, 거기에 상고이유에서 주장하는 바와 같은 채증법칙 위배로 인한 사실오인 등의 위법이 있다고 볼 수 없다.

Ⅹ. 특허권의 행사와 관련된 특수문제들

1. 부당한 침해경고와 특허권자의 책임[327)]

(1) 책임 부과의 필요성

특허침해에 대한 경고행위는 형사고소나 민사상 가처분 혹은 본안 소송의 전 단계가 되기도 하지만, 침해 경고 그 자체가 가져오는 여러 현실적 효과로 인해 그보다 훨씬 빈번하고 광범위하게 이루어지는 것이 현실이다. 그러나 예컨대 중소기업이나 개인이 막강한 힘을 가진 대기업으로부터 침해경고를 받게 되면 권리관계에 대한 다툼을 지레 포기하고 적절한 선에서 타협을 도모하는 수가 있고, 침해경고나 소송의 위협이 일종의 불공정거래의 수단이 되거나 그 자체로 부정한 경쟁행위를 구성하는 일도 생긴다. 무엇보다, 특허권자가 경쟁기업의 거래처를 상대로 침해품의 취급을 중지하라는 경고를 하는 경우, 그 거래처가 분쟁에 휘말리지 않기 위해 거래 상대방을 바꾸어 버림으로써 경쟁자의 영업에 장애가 초래되거나 거래처가 탈취되는 일도 생길 수 있다. 따라서 근거 없이 특허침해의 경고를 남발한 경고자에게는 그로 인해 경쟁자 등이 입은 손해를 보전(補塡)케 하는 등 법적 제재를 가함으로서 부당한 경고의 남발을 통제할 필요가 있다.

(2) 외국의 예

독일의 경우, 특허권 자체가 무효이거나 실시행위가 침해를 구성하지 않음에도 경고가 이루어진 경우, 침해 경고 행위에 권리의 과장이나 기망적 요소가

327) 이에 대한 상세한 논의는, 조영선, "특허침해 경고의 법률문제 – 비교법적 현황과 그 시사점을 중심으로 –", 사법 제1권 제30집(2014), 35면 이하 참조.

개재되는 등 부당한 경고로 인해 상대방에게 손해를 입힌 경우 민법상 불법행위로 다루어 오고 있고,[328] 부정경쟁 방지법(2023)은 침해 경고를 할 권리가 없음을 알거나 과실로 알지 못하고 경고를 한 경우, 상대방은 경고자가 요구한 배상액의 한도에서 자신이 그 방어를 위해 지출한 비용의 배상을 청구할 수 있다고 한다.[329] 프랑스 지적재산권법 Art. L615-1에 따르면, 특허권자가 직접 생산자가 아닌 유통업자나 고객 등 소위 '2차적 침해자'들에 책임을 묻기 위해서는 먼저 그들에게 침해사실을 알려야 하는데, 그 과정에서 단순한 침해 가능성의 통지를 넘어 침해의 중단을 요구한 행위가 부정경쟁행위나 신용훼손에 해당하는 것으로 판명되면 프랑스 민법 제1382, 제1383조 소정의 불법행위 책임을 묻는다. 영국은 특허법 제70조에 '근거 없는 특허 침해경고와 그에 대한 구제'에 관한 상세한 규정을 두고 있으며, 특히 부당 경고가 유통업자나 고객 등 2차적 침해자들에게 이루어진 경우 보다 엄격한 책임이 부과됨을 명시하고 있다. 일본은 부당한 특허 침해경고로 경쟁자에게 손해를 입히는 행위를 부정경쟁방지법 제 2 조 제 1 항 제14호 소정 부정경쟁행위인 '영업비방 행위'[330]로 파악해 오고 있으며, 같은 법 제 4 조는 '고의 또는 과실에 의한 부정경쟁행위로 타인의 영업상 이익을 침해한 자는 그로 인한 손해를 배상할 책임이 있다'고 규정하고 있다. 실제로 일본에서는 부당한 침해경고로 인한 부정경쟁방지법 상 배상책임을 다룬 판례들이 상당히 많다. 미국은 권리자가 악의로 근거 없는 침해경고를 함으로써 상대방의 영업에 지장을 초래한 경우에는 부정경쟁행위나 민사상 불법행위로 취급되어 손해배상책임 등이 뒤따르게 된다. 즉, 권리자가 악의로 근거 없는 침해 경고를 하거나(accusation), 그와 같은 내용을 공중에 유포(publicize)한 경우에는 상대방은 i) 부정경쟁행위의 법리에 근거하거나 ii) 불법행위법 상 부당한 영업간섭(tortuous interference)의 법리에 근거하거나 iii) 영업비방(trade/business libel)을 주장하여 그로 인한 손해배상을 청구할 수 있게 된다.[331]

---

328) Christian Von Bar(浦川道太郎 驛), "ドイツ 不法行爲法の發展と債權法の改正", 比較法學 20(1), 早稻田大學(1986. 3.) 15면.

329) 독일 부정경쟁방지법(2023) 제13조 제 5 항.

330) 일본 부정경쟁방지법 제 2 조 제 1 항 제14호는 '경쟁관계에 있는 타인의 영업상의 신용을 해하는 허위의 사실을 고지 · 유포하는 행위'를 부정경쟁행위로 규정한다.

331) Robert A. Matthews, Jr., *Annotated Patent Digest (Matthews)*, Thomson Reuters(2014),

(3) 우리나라의 실태

우리나라는 종래 특허권 행사를 위한 보전처분이나 제소가 권원 없는 것으로 판명된 경우 민사상 책임의 문제가 주로 관심의 대상이었고, 부당한 경고로 인한 책임은 본격적으로 다루어지지 않아 왔다. 부당경고가 문제된 국내 사례로는, ⅰ) 거래처를 상대로 한 경고에 민사상 책임을 인정한 것,[332] ⅱ) 거래처를 상대로 한 경고에 형사상 책임을 부정한 것,[333] ⅲ) 거래처를 상대로 침해의 경고를 한 사안에서 책임을 부정한 것,[334] ⅳ) 경쟁자를 상대로 침해의 경고를 한 사안에서 책임을 부정한 것,[335] ⅴ) 경쟁자를 상대로 침해의 경고를 한 사안에서 책임을 인정한 것,[336] ⅵ) 거래처를 상대로 침해의 경고를 한 사안에서 책임을 인정한 것[337] 등이 있으며, 아직 대법원 판례를 통해 부당 경고의 성립 요건이나 그 효과에 대한 기준이 통일적으로 제시되어 있지는 않다.

(4) 부당한 침해경고의 성립요건

부당한 침해 경고가 초래하는 현실적 영향과 다른 나라들이 이 문제를 중요하게 취급하는 태도들을 감안하면, 우리나라 역시 부당한 침해경고로 인한 책임의 판단기준을 보다 구체적으로 확립하는 노력이 필요하다. 생각건대, ⅰ) 특허권에 무효사유가 명백하거나 실시형태가 특허의 권리범위에 속하지 않는 사정이 명백할수록, ⅱ) 침해경고가 경업자 본인을 상대로 이루어진 경우보다 경업자의 거래처나 일반 소비자 등 공중을 상대로 한 것일수록, ⅲ) ㉠ 특허 청구항이나 저촉되는 실시형태를 특정함이 없이 모호하고 막연하게 행위의 중지를 요청하거나, ㉡ 침해의 성립에 사법적 판단이 있었던 것처럼 가장하거나, ㉢ 복수의 청구항 가운데 일부에 대해서만 침해가 성립함에도 불구하고 특허 청구항 전체에 대하여 침해를 주장하거나, ㉣ 실제로 법적 절차

§34:59.

332) 대법원 2001. 10. 12. 선고 2000다53342 판결.

333) 대법원 2010. 10. 28. 선고 2009도4949 판결.

334) 서울고등법원 2007. 10. 10. 선고 2006나65257 판결.

335) 서울고등법원 2000. 5. 16. 선고 99나59971 판결.

336) 서울고등법원 1994. 9. 2. 선고 94나3836 판결.

337) 대전지방법원 2009. 12. 4. 선고 2008가합7844 판결.

에 나아갈 의사가 없으면서도 이를 빙자하여 경고의 반복을 압박 수단으로 악용하는 등 경고행위 자체에 흠결이 있을수록, ⅳ) 그 여파로 상대방이 입는 손해의 규모가 클수록 부당한 경고에 가까워진다 할 것이다.

한편, 특허법원 판결[338]은 원고(반소피고)가 피고(반소원고)의 거래처인 온라인 쇼핑몰 등을 상대로 '피고의 제품을 판매하는 행위는 원고의 디자인권을 침해할 수 있다'는 단정적 통지를 보냄으로써 피고와의 거래를 중단하게 만든데 대하여, ⅰ) 원고는 피고가 판매하는 물건이 원고 디자인권의 권리범위에 속하지 않고, 오히려 원고 디자인권에 무효사유가 있다는 사정을 알았거나 잘 알 수 있었던 점, ⅱ) 생산자 거래처를 상대로 판매·광고에 대해 침해 경고를 할 때는 생산자의 영업상 신용을 훼손할 우려가 크므로 생산자에게 경고를 할 때보다 침해 여부 판단에 더욱 세심하고 높은 주의가 요구되는 점 등을 들면서 원고의 행위가 부당 경고로서 불법행위를 구성한다고 판단하고 있다.[339] 이는 법원이 지적재산권 침해의 부당경고로 인한 불법행위 책임을 앞서 본 구체적 기준에 따라 판단한 긍정적 선례로 평가된다.[340]

(5) 부당경고의 효과와 입법의 필요성

부당한 특허침해의 경고행위는 고의·과실의 정도 및 그 개별적 위법성에 따라 민법상 불법행위나 형법상 업무방해를 구성할 수 있다. 나아가 외국의 입법례들처럼 이를 부정경쟁행위의 일환으로 규정하여, 손해배상은 물론 금지청구나 기타 필요한 예방조치, 신용회복 조치 등 더 적절한 구제가 가능해지도록 입법을 검토할 필요도 있다 할 것이다.

2. 특허괴물(Patent Troll)

(1) 특허괴물(Patent Troll)의 의의

제품의 생산은 하지 않으면서 유용한 원천기술들을 사들여 포트폴리오를 구성한 뒤 이를 근거로 영업을 하는 특허관리전문기업들이 급증하고 있다. 그

338) 특허법원 2018. 10. 26. 선고 2017나2417(본소), 2017나2424(반소) 판결.

339) 다만, 손해액은 이를 구체적으로 산정할 증거가 부족하다는 이유로 민사소송법 제202조에 따라 변론 전취지를 근거로 1억 3,000만원을 인정하고 있다.

340) 그 밖에 디자인권 침해에 관해 같은 법리를 근거로 불법행위 책임을 인정한 예로, 특허법원 2019. 8. 23. 선고 2018나2018 판결.

중 상당수는 특별한 생산시설 및 영업조직을 두지 않고, 소수의 발명자, 기술전문가 및 특허소송 변호사를 채용하여 특허를 둘러싼 소송을 통해 막대한 이익을 얻고 있는데, IT 분야를 중심으로 특허를 투망식으로 출원하거나, 중소기업, 폐업한 회사, 개인 발명가 및 특허 경매를 통하여 상당한 가치가 있지만 저평가되거나 사장(死藏)된 특허를 헐값에 구입한 뒤 이를 이용하여 이미 시장에서 활동 중인 대기업을 상대로 로열티를 요구하거나 침해주장을 하여 합의금을 받아내는 영업전략을 사용하고 있다. 이른바 특허괴물(Patent Troll)이란, 이러한 활동을 하는 회사 중에 특히 거액의 합의금을 목적으로 상대방 기업을 공격하여 곤란에 빠뜨리는 회사를 빗대어 일컫는 말이다.[341] 특허괴물은 주로 특허권자 우대의 전통이 강하고 분쟁에 휘말릴 경우 막대한 소송비용이 들며, 패소 시 경제적 위험부담이 매우 높은 미국에서 제도의 특수성을 토양으로 생겨나고 번성해 왔지만, 근래에는 유럽에서도 특허괴물의 활동이 보고되는 등 세계적으로 확산되는 추세이다.

(2) 문 제 점

특허법의 목적은 발명을 보호·장려하고 그 이용을 도모함으로써 기술의 발전을 촉진하여 산업발전에 이바지하는 것이며(특허법 제1조) 특허라는 독점권 또한 이를 위하여 제도적으로 고안된 권리이다. 그러나, 특허괴물에게 있어 특허권이라는 제도는 기술발전이나 산업발달이라는 본래의 목적에 봉사하는 대신 거액의 합의금을 중심으로 전략적인 영리추구의 수단으로 악용된다는 데 문제가 있다.

특허괴물은 물론 침해로 인한 금전적 손해배상을 구하기도 하지만 특허괴물에게 가장 강력한 무기는 특허권자로서의 금지청구권이다. 특정기업의 실시행위가 침해로 인정되는 경우 금지청구권의 행사에 따라 침해기업은 침해로 제조한 물건의 폐기는 물론 침해행위에 제공된 설비의 제거 기타 침해의 예방에 필요한 조치까지 명령 받게 되어(특허법 제126조) 막대한 영업상의 타격을 입게 된다. 게다가 금지청구권은 침해자의 고의·과실을 요건으로 하지도 않아

341) Patent Troll이라는 용어는 2001년 당시 Intel의 변호사였던 Peter Detkin이 상대편 업체인 TechSearch를 '특허발명을 현재 실시하고 있지도 않고, 미래에도 실시할 의사도 없으며 또한 대부분의 경우에 과거에도 결코 실시한 적이 없으면서 특허권을 가지고 막대한 돈을 벌려고 하는 Patent Troll(특허괴물)에 불과하다'고 지칭한 데서 비롯되었다.

손해배상에 비하여 침해자에게 한층 가혹한 결과를 초래한다.

(3) 특허괴물을 규제하기 위한 논의

1) eBay v. MercExchange 사건(2006)

앞서 본 이유 때문에 특허괴물에 대한 통제수단으로 가장 먼저 생각할 수 있는 것이 금지청구권 행사요건을 엄격히 하는 방법이다. 실제로 미국 연방대법원은 2006년 eBay v. Merc Exchange 사건[342]에서 "특허를 침해하였다고 하더라도 자동적으로 침해금지명령을 내려야 하는 것은 아니며, i) 침해금지명령을 발하지 않으면 특허권자의 손해가 너무 커서 회복 불가능할 것, ii) 법적으로 다른 적절한 구제수단이 없을 것, iii) 원고가 얻는 이득보다 피고가 받는 손해가 형평에 어긋날 정도로 크지 아니할 것, iv) 침해금지명령을 내리는 경우 일반소비자에게 해를 끼치는 등 공익에 반하지 않을 것 이라는 4가지 형평법상 요건을 충족해야만 침해금지명령을 내릴 수 있다"고 판시함으로써 종래 특허침해가 인정되면 다른 요건을 따지지 않고 금지명령을 발령[343]하여 오던 연방순회항소법원(CAFC)의 태도를 바로잡았다. 연방대법원의 위 eBay 판례는, 미국은 물론 세계 각국에서 특허권 침해의 법적효과인 금지청구권에 경우에 따라 일정한 제한을 부여할 수 있다는 논의에 힘을 실어주게 되었다.

2) 가능한 논의들

위와 같이 금지청구권을 중심으로 특허권이 악용되는 경우에 대처하기 위하여, i) 권리행사가 독점규제법 상 개별 위법성 요건을 충족하는 경우 이를 독점규제법을 통해 규율하거나, ii) 민법상 권리남용의 원칙을 적용하여 권리의 행사 자체를 제한하거나, iii) 일정한 요건 아래 침해자에게 강제실시권을 인정하거나, iv) 특허권 남용의 정도가 심한 경우 이를 이유로 특허를 취소할 수 있도록 하는 등의 방법 등이 제안되고 있다.

그러나 가장 큰 문제는 이른바 특허괴물과 정당한 특허권의 행사를 구분 지을 수 있는 명확한 기준이 존재하지 않으며, 그 구분이 현실적으로 매우 어렵다는 점에 있다. 저평가되거나 사장된 기술들을 발굴하여 이를 개량기술의 발판이 되도록 다듬는 것은 국가 경제적으로도 바람직한 결과를 낳을 뿐더러,

---

342) eBay Inc. v. MercExchange, L.L.C. 547 U.S. 388(2006).

343) 이는 금지청구권에 관한 현행 우리 특허법 제126조의 입장과 일치한다.

다양한 영업 전략의 일환으로 특허를 확보하고 활용하는 것은 어떤 면에서 정상적인 기업활동의 일부이기 때문이다.[344] 이 때문에 근래에는 '특허괴물'이라는 감정적 표현 대신 NPE(Non Practicing Entity : 비실시 주체)라는 용어를 주로 사용하게 되었다.[345] 또한 특허괴물의 권리행사를 제한하기 위한 앞서의 각 논의 가운데 '권리남용'은 대표적인 불확정 개념으로서 이를 만연히 적용할 경우 특허권의 본질적 효력을 무력화할 수 있어 신중한 접근이 필요하다. 결국 판례의 축적을 통하여 그 내용과 적용요건을 유형화하고 예측가능성을 확보하는 것이 바람직하며, 그 과정에서 기존의 '권리남용'에 대한 판단 기준과 정합성을 유지하는 것도 중요하다.

생각건대, 위 i) 내지 iv) 외에 이 문제에 대한 합리적 해결책 중 하나는 금지명령에 의한 구제의 '상대화'이다. 즉, 필요에 따라 특허 침해에 손해배상 청구권만을 부여하고 금지를 허용하지 않거나, 일정한 기간 동안만 금지권을 인정하거나, 금지권 행사에 조건을 붙이는 등 개별화 하는 것이다. 특허법 제126조는 '특허권자 등은 침해자에 대하여 그 침해의 금지나 예방을 청구할 수 있다'고만 하고 있을 뿐, 침해의 효과로 금지명령을 필수로 규정하고 있지는 않다. 따라서 법관은 종래 침해가 인정되면 금지명령을 절대적으로 발령하던 소위 '물권적 청구권' 도그마에서 벗어나, 금지명령에 합리적 재량을 발휘할 필요가 있다. 미국 eBay 사건(2006)에서 연방대법원이, 특허침해가 인정되면 자동으로 금지명령을 내려 주던 CAFC의 관행에 제동을 건 것도 바로 이런 취지임은 앞서 본 대로이다. 아울러, 궁극적으로는 우리 특허법 제126조를 개정하여 특허침해로 인한 금지명령 자체를 법관의 합리적 재량판단 사항으로 명시하는 것도 고려될 필요가 있다.[346]

---

344) 실제로 IBM, 삼성, LG 등 다양한 국내외의 기업들도 막대한 자금과 노력을 기울여 이와 유사한 영업 모델을 개발, 수행하고 있는 실정이다.

345) 뒤에서 보는 대로, 공정거래위원회는 지식재산권의 부당한 행사에 대한 심사지침에서 이를 '특허관리전문사업자'로 부르며, 최근에는 미국을 중심으로 Patent Troll들이 소송 등 특허침해 주장을 통해 활동하는 면을 강조하여 PAE (Patent Assertion Entity)라고 부르기도 한다.

346) 이상의 점에 대한 상세한 논의는, 조영선, "특허침해로 인한 금지권의 상대화(相對化)에 대하여", 경영법률 제25집 제4호(2015), 425면 이하 참조.

3. 특허권의 행사와 독점규제

(1) 특허권과 독점규제법

특허권은 법으로 인정된 대표적 독점권이고, 독점규제 및 공정거래에 관한 법률은 사업자의 시장지배적 지위의 남용과 과도한 경제력의 집중을 방지하는 법이다. 한편, 독점규제 및 공정거래에 관한 법률 제117조는 '이 법의 규정은 저작권법, 특허법, 실용신안법, 디자인보호법 또는 상표법에 의한 권리의 정당한 행사라고 인정되는 행위에 대하여는 적용하지 아니한다'고 하고 있다. 위 규정의 의미와 성질을 어떻게 파악하는지에 따라 특허권의 행사와 독점규제에 대한 이해가 달라지게 된다.

(2) 견해의 대립

특허권을 포함한 지적재산권의 행사와 독점규제법의 상호관계는 독점규제법이 지적재산권의 행사에도 적용될 수 있는지, 있다면 적용한계는 어디까지인지를 둘러싸고 문제되며, 이에 관하여 전면적용설, 적용제외설, 절충설 등 다양한 견해가 있다. 우리나라의 통설은 지적재산권의 '정당한' 행사에는 독점규제법이 적용되지 않는 반면 지적재산권의 '부당한' 행사에는 독점규제법이 적용되며, 따라서 독점규제법 제117조는 당연한 사리를 확인한 데 지나지 않는다고 한다.[347] 공정거래위원회의 지적재산권의 부당한 행사에 대한 심사지침[348] 역시, "지식재산권에 의한 정당한 권리행사에는 법 제117조의 규정에 따라 이 법의 적용이 배제된다. 그러나 외형상 지식재산권에 의한 권리의 행사로 보이더라도 그 실질이 제도의 본질적 목적에 반하는 경우에는 이 법 적용 대상이 될 수 있다. 지식재산권에 의한 정당한 권리 행사에 해당하는지는 특허법 등 관련 법령의 목적과 취지, 당해 지식재산권의 내용, 당해 행위가

347) 전면적용설의 입장에 서면서도, ⅰ) 지적재산권의 독점성이 곧 '시장지배력'을 의미하지는 않으며, ⅱ) 지적재산법은 발명이나 창작에 독점적 권리를 부여하여 공공재인 기술이나 표현의 생산을 자극하고 축적하려는 동태적 효율성을 목표로 하는 반면, 독점규제법은 본질적으로 정태적 시장 안정성을 추구하는 성격을 가지고 있어 양자가 '조화적으로' 상호 포섭될 수 있도록 하는 해석론이 필요하고, ⅲ) 따라서 기술분야의 성질, 원천기술 여부 등에 따라 독점성 인정의 융통성을 개별적으로 판단해야 한다는 견해도 유력해지고 있다.

348) 2021. 12. 30. 공정거래위원회예규 제389호

관련 시장의 경쟁에 미치는 영향 등 제반 사정을 종합적으로 고려하여 판단한다"고 하고 있다.

독점권으로서의 특허가 본래의 취지를 벗어나 관련 기술의 이용이나 새로운 기술혁신을 억압하는 수단으로 부당하게 사용되면 지속적인 기술혁신의 유도를 통해 사회 복리를 증진한다는 특허법 본연의 목적을 달성할 수 없게 되므로 이를 규제하는 수단이 반드시 필요하다는 점을 생각하면 특허권과 독점규제법의 관계를 위와 같이 이해함은 타당하다. 여기서의 '부당한' 권리행사란 결국 지적재산권 행사를 통한 시장에서의 경쟁 제한 효과가 그로 인한 효율성 증대효과를 상회하는 것을 의미한다.[349]

(3) 지식재산권의 부당한 행사에 대한 심사 지침의 주요 내용

공정거래위원회는 독점규제법 제117조를 받아, 지식재산권의 행사가 정당한 것인지 여부를 판단하는 지침을 마련하고 부당한 행사에 해당하는 유형을 예시하고 있다. 지식재산권의 행사가 독점규제법에 위반하는 것이기 위해서는 독점규제법이 규제하고 있는 시장 지배적 지위의 남용행위(제5조), 기업결합행위(제9조), 부당한 공동행위(제40조), 불공정거래행위(제45조), 사업자 단체행위(제51조) 및 재판매가격 유지행위(제46조) 등 규제 대상 행위 어느 것에 해당하고 그 위법성을 충족해야 함은 물론이다. 심사지침 역시, 이는 지식재산권의 행사가 시장지배적 사업자의 남용행위 및 복수 사업자 사이의 부당한 공동행위에 해당하는지 여부에 대한 판단기준을 제시하기 위한 것이며, 원칙적으로 사업자가 단독으로 지식재산권을 행사하는 경우에는 그 사업자가 시장지배력을 보유한 경우에 한하여 적용됨을 분명히 하고 있다.[350]

주목할 것은, 위 심사지침이 '특허소송의 남용' 및 '특허분쟁과정에서의 부당한 합의' 등을 포함시키고 있다는 점이다(한편, 이 부분에 관한 지침의 내용은 매우 추상적이고 간단하다). 생각건대, 외견상 법에 보장된 권리의 행사를 권리남용으로 판단하여 허용하지 않거나 경우에 따라 그 결과책임을 묻는 것은 사법의 기초와 관련되는 문제로서 매우 신중한 접근이 필요하다. 판례 또한 엄

349) 위 심사지침 Ⅱ. 2. 라.

350) 심사지침 2. 나 : 특히 사업자가 지식재산권을 행사하면서 단독으로 행하는 거래거절, 차별취급, 현저히 과도한 실시료 부과는 원칙적으로 이를 행하는 사업자가 압도적인 시장지배력을 보유한 경우에 적용된다고 한다.

격한 요건 아래에서만 이를 제한적으로 인정해 오고 있음은 주지의 사실이다. 하물며 독점규제법 위반으로 판단되는 행위에는 과징금이나 형사 벌 등 심각한 불이익이 뒤따르는바, 특허소송의 제기나 유지를 선불리 독점규제법으로 규제하게 되면 폐해는 한층 더 클 수밖에 없다. 따라서 그에 대하여 엄격한 사법적 통제가 이루어져야 함은 물론, 특허의 무효가 의심의 여지없이 명백하고 특허소송을 제기한 자가 그런 사정을 알면서도 소권을 남용하는 등 객관적·주관적 요건을 갖추었을 때 한하여 제한적으로 운용되어야 마땅할 것이다.

지식재산권의 부당한 행사에 대한 심사지침의 요지는 아래와 같다.

1) 특허권의 취득 관련

① 주요 영업부문에 해당하는 특허권의 양수

주요 영업부문에 해당하는 특허권의 양수나 배타적 실시허락 계약을 통해 법 제9조 소정의 부당한 기업결합의 효과를 낳는 경우

② 그랜트 백(Grant-Back)

실시허락의 조건으로 실시자가 개량한 관련기술을 특허권자에게 넘기도록 강제하는 조항(Grant Back) 등을 두고, 이로 인해 부당하게 경쟁제한의 결과가 초래되는 경우

2) 소송을 통한 특허권의 행사 관련

① 특허가 기만적으로 취득된 것임을 알면서도 특허 침해소송을 제기하는 행위

② 특허침해가 성립하지 않는다는 사실(해당 특허가 무효라는 사실 등)을 알면서도 침해소송을 제기하는 행위

③ 특허침해가 성립하지 않는다는 사실이 사회통념상 객관적으로 명백함에도 불구하고 침해소송을 제기하는 행위

3) 실시권 설정계약 관련

(가) 실시료 관련

① 부당하게 다른 사업자와 공동으로 실시료를 결정·유지 또는 변경하는 행위

② 부당하게 거래상대방 등에 따라 실시료를 차별적으로 부과하는 행위

③ 부당하게 실시 허락된 기술을 사용하지 않은 부분까지 포함하여 실시

료를 부과하는 행위

④ 부당하게 특허권 소멸이후의 기간까지 포함하여 실시료를 부과하는 행위

⑤ 실시료 산정방식을 계약서에 명시하지 않고 특허권자가 실시료 산정방식을 일방적으로 결정 또는 변경할 수 있도록 하는 행위

(나) **실시허락의 거절**

① 정당한 이유 없이 자기와 경쟁관계에 있는 다른 사업자와 공동으로 특정사업자에 대하여 실시허락을 거절하는 행위

② 부당하게 특정사업자에 대하여 실시허락을 거절하는 행위

③ 특허권자가 부과한 부당한 조건을 수용하지 않는다는 이유로 실시허락을 거절하는 등 다른 부당한 행위의 실효성을 확보하기 위하여 실시허락을 거절하는 행위

(다) **실시범위의 제한**

① 실시허락과 연관된 상품(이하 '계약상품') 또는 기술(이하 '계약기술')과 관련된 실시수량, 지역, 기간 등을 제한하면서 특허권자와 실시권자가 거래수량, 거래지역, 그 밖의 거래조건에 부당하게 합의하는 행위

② 부당하게 거래상대방 등에 따라 계약상품 또는 계약기술과 관련된 실시수량, 지역, 기간 등을 차별적으로 제한하는 행위

(라) **실시허락 시 부당한 조건의 부과**

① 계약상품 가격의 제한 : 부당하게 계약상품의 판매가격 또는 재판매 가격을 제한하는 행위

② 원재료 등의 구매상대방 제한 : 부당하게 계약상품 생산에 필요한 원재료, 부품, 생산설비 등을 특허권자 또는 특허권자가 지정하는 자로부터 구입하도록 하는 행위

③ 계약상품의 판매상대방 제한 : 부당하게 실시권자가 계약상품을 판매(재판매)할 수 있는 거래상대방 또는 판매(재판매)할 수 없는 거래상대방을 지정하는 행위

④ 경쟁상품 또는 경쟁기술의 거래 제한 : 부당하게 계약상품을 대체할 수 있는 경쟁상품이나 계약기술을 대체할 수 있는 경쟁기술을 거래하는 것을 제한하는 행위

⑤ 끼워팔기 : 부당하게 해당 특허발명의 실시를 위해 직접 필요하지 않은 상품 또는 기술을 함께 구입하도록 하는 행위

⑥ 부쟁의무(不爭義務) 부과 : 무효인 특허의 존속 등을 위하여 부당하게 실시권자가 관련 특허의 효력을 다투는 것을 금지하는 행위

⑦ 기술개량과 연구 활동의 제한 : i) 계약상품 또는 계약기술의 개량, 이와 관련된 연구 활동을 부당하게 제한하는 행위, ii) 계약상품 또는 계약기술과 관련하여 실시권자가 독자적으로 취득한 지식과 경험, 기술적 성과를 부당하게 특허권자에게 제공하도록 하는 행위

⑧ 권리 소멸 후 이용 제한 : 특허권이 소멸된 후에 실시권자가 해당 특허발명을 실시하는 것을 제한하는 행위

⑨ 계약해지 규정 : 실시료 지급불능 이외의 사유로 특허권자가 적절한 유예기간을 부여하지 않고 일방적으로 계약을 해지할 수 있도록 하는 행위

4) 특허풀(Patent Pool)[351] 및 크로스 라이센스 관련

① 특허풀 운영과정에 이와 관련된 거래가격, 수량, 지역, 상대방, 기술개량의 제한 등의 조건에 부당하게 합의하는 행위

② 부당하게 특허풀에 참여하지 않은 다른 사업자에 대한 실시를 거절하거나, 차별적인 조건으로 실시계약을 체결하는 행위

③ 특허풀 운영과정에 다른 사업자가 독자적으로 취득한 지식과 경험, 기술적 성과 등을 부당하게 공유하도록 하는 행위

④ 부당하게 특허풀에 무효인 특허 또는 공동실시에 필수적이지 않은 특허를 포함시켜 일괄실시를 강제하는 행위

⑤ 특허풀에 포함된 각 특허의 실시료를 합산한 금액보다 현저히 높은 일괄실시료를 부과하여 실시권자에게 과도한 불이익을 제공하는 행위(위 ① 내지 ③은 크로스 라이센스에도 적용이 있다)

351) 특허풀이란 복수의 특허권자가 각각 보유하는 특허를 취합하여 상호간에 또는 제 3 자에게 공동으로 실시하는 협정을 의미한다. 특허풀은 보완적인 기술을 통합적으로 운영함으로써 관련 기술분야에 대한 탐색비용, 복수의 특허권자에 대한 교섭비용 등을 절감하고, 침해소송에 따른 기술이용의 위험을 감소시켜, 관련 시장의 효율성을 제고하고 기술의 이용을 촉진시키는 장점이 있다.

5) 표준기술 관련 특허권의 행사

(가) 표준특허 관련 특허권 행사 일반

① 표준기술 선정을 위한 협의과정에서 이와 관련된 거래가격·수량, 거래지역, 거래상대방, 기술개량의 제한 등의 조건에 부당하게 합의하는 행위

② 표준기술로 선정될 가능성을 높이거나 실시조건의 사전 협상을 회피할 목적 등으로 부당하게 자신이 출원 또는 등록한 관련 특허 정보를 공개하지 않는 행위

③ 관련 시장에서의 독점력을 강화하거나 경쟁사업자를 배제하기 위하여 FRAND 조건으로의 실시허락을 부당하게 회피·우회하는 행위

④ 부당하게 표준필수 특허의 실시허락을 거절하는 행위

⑤ 부당하게 표준필수 특허의 실시조건을 차별하거나, 비합리적인 수준의 실시료를 부과하는 행위

⑥ 표준필수 특허의 실시허락을 하면서 실시권자가 보유한 관련 특허권의 행사를 부당하게 제한하는 조건을 부과하거나 부당하게 실시권자가 보유한 비표준 필수특허에 대한 상호실시허락의 조건을 부과하는 행위

(나) 침해금지청구 관련

FRAND 조건으로 실시허락할 것을 확약한 표준필수 특허권자가 실시허락을 받을 의사가 있는 잠재적 실시권자에 대하여 침해금지청구를 하는 행위, 표준필수 특허권자가 성실하게 협상의무를 이행하지 않고 금지청구에 나아가는 행위

6) 특허분쟁과정의 부당한 합의

특허분쟁과정의 부당한 합의는 무효인 특허의 독점력을 지속시키고 경쟁사업자의 신규진입을 방해함으로써 소비자 후생을 저해하는 결과를 초래할 수 있다. 따라서 특허무효심판, 특허침해소송 등의 특허분쟁과정에서 부당하게 시장진입을 지연하는 데 합의하는 등 관련 시장의 공정한 거래를 저해할 우려가 있는 행위는 특허권의 정당한 권리 범위를 벗어난 것으로 판단할 수 있다.[352]

352) 대법원 2014. 2. 27. 선고 2012두24498 판결(“이 사건 합의는 원고들이 자신들의 특허권을 다투면서 경쟁제품을 출시한 ○○제약에게 특허 관련 소송비용보다 훨씬 큰 규모의 경제적 이익을 제공하면서 그 대가로 경쟁제품을 시장에서 철수하고 특허기간보다 장기간

특히 합의 당사자가 경쟁관계에 있는 경우, 합의의 목적이 관련 시장의 경쟁제한과 관련되는 경우, 특허권이 만료된 이후의 기간까지 관련 사업자의 시장 진입을 지연시키는 경우, 특허와 직접적으로 관련되지 않은 시장에서 관련 사업자의 진입을 지연시키는 경우, 분쟁의 대상이 된 특허가 무효임을 합의 당사자가 인지한 경우 또는 무효임이 객관적으로 명백한 경우 등에는 해당 특허 분쟁과정의 합의를 부당한 것으로 판단할 가능성이 크다.

7) NPE(특허관리 전문사업자)에 의한 특허권 행사 관련

NPE가 다음과 같은 행위를 하는 경우에는 부당한 특허권 행사로 판단할 가능성이 높아진다.

① 통상적인 거래관행에 비추어 현저히 불합리한 수준의 실시료를 부과하는 행위
② 제 3 자로부터 취득한 특허권에 대해 통상적인 거래관행에 비추어 불합리한 수준의 실시료를 부과하면서 종전 특허권자에게 적용되던 FRAND 조건의 적용을 부인하는 행위
③ 컨소시움을 통해 특허관리전문 사업자를 설립한 복수의 사업자들과 함께 컨소시움에 참여하지 않은 사업자들에게 특허의 실시허락을 부당하게 거절하거나 차별적인 조건으로 실시계약을 체결하기로 합의하는 행위
④ 상대방이 특허관리전문 사업자의 특허권 행사에 대응하는 데 필요한 중요한 정보를 은폐 또는 누락하거나 오인을 유발하는 등 기만적인 방법을 사용하여 특허소송을 제기하거나 특허침해 경고장을 발송하는 등의 행위
⑤ 특허권자가 특허관리전문 사업자에게 특허권을 이전하고 특허관리전문 사업자로 하여금 다른 사업자에 대하여 ①, ② 등의 행위를 하도록 하는 행위[353]

그 출시 등을 제한하기로 한 것으로서 특허권자인 원고들이 이 사건 합의를 통하여 자신의 독점적 이익의 일부를 ○○제약에게 제공하는 대신 자신들의 독점력을 유지함으로써 공정하고 자유로운 경쟁에 영향을 미친 것이라고 할 수 있으므로, 이는 '특허권의 정당한 행사라고 인정되지 아니하는 행위'에 해당하여 공정거래법의 적용대상이 된다").

353) 이를 "사 나포선(私 拿捕船)" 행위라고 통칭하기도 한다. 권리자의 위임을 받아 권리행사를 대신하는 주체를 빗댄 말로서 16~17세기 유럽에서 민간 선박이 교전 당사국의 위임을 받아 상대국 선박을 공격하거나 나포하는 일이 흔하였던 데서 비롯되었다.

4. 특허의 등록무효를 둘러싼 민사상 법률관계

특허가 등록무효로 된 경우, 그 특허권은 처음부터 없었던 것으로 본다(특허법 제133조 제3항). 이로 인해, ① 그 특허가 존속하는 동안 이미 지급된 실시료나 양도대금 등을 반환청구할 수 있는지, ② 무효인 특허를 근거로 한 권리행사로 인하여 제3자가 손해를 입은 경우 불법행위, 부당이득을 구성하는지 여부와 그 요건, ③ 특허의 유효를 전제로 한 화해계약의 효력과 ④ 특허의 무효를 이유로 한 재심 등이 문제된다. 실제로는 당사자는 실시권 설정계약시 특허가 사후에 무효로 되는 등 권리에 문제가 생기거나 특허발명이 기술적으로 실시불가능한 때에, 이미 지급하였거나 향후 지급할 실시료를 어떻게 처리할 것인지에 관하여도 정하는 것이 보통이고 그 내용이 공정거래법 등 관련법규에 어긋나지 않아 유효하다면 그에 따르면 된다. 다만, 실시권설정계약시 위와 같은 구체적 약정을 하지 않았거나, 그 의미내용이 불분명한 경우에는 다음과 같은 문제가 발생한다.

(1) 실시료를 둘러싼 문제[354)]

1) 이미 지급한 통상실시료

㈎ 외국에서의 논의

미국에서는 특허가 등록무효로 된 경우 실시료의 처리를 둘러싸고, 판례는 실시권자가 특허무효소송을 제기하거나 실시료지급 청구 소송에서 특허의 무효를 다투기 시작한 시점을 기준으로 삼아 실시권자는 그 이후의 실시료는 지급할 필요가 없고, 특허권자도 그 이전까지 수령한 실시료는 반환할 필요가 없으나 특허의 무효가 확정되기까지 실시권자가 실시료의 지급거절을 함으로써 계약법상의 채무불이행 책임을 지는 것은 별개의 문제라는 태도를 취하고 있다.[355)] 일본의 학설 가운데는 특허가 무효로 되면 이를 기초로 한 통상실시권 설정계약도 당연히 무효가 된다는 것을 전제로 하는 예가 많다.[356)] 이에

354) 이에 관한 상세한 논의는 조영선, "특허의 무효를 둘러싼 민사상의 법률관계," 법조(2006년 3월호), 61면 이하 참조.

355) 미국 연방대법원, Lear v. Adkins(1969) 사건 판결 및 그 후속 연방법원 판례들; 조영선, 앞의 글("특허의 무효를 둘러싼 민사상의 법률관계"), 66~69면.

356) 일본의 학설 및 판례의 상세는 조영선, 앞의 글("특허의 무효를 둘러싼 민사상의 법률관계"),

따라 당연히 이미 지급한 실시료도 부당이득으로 반환해야 한다는 견해도 있으나, 통설[357]은 특허가 무효로 되더라도 실시권자는 그때까지 사실상 특허권자로부터 금지청구를 당하지 않고 당해 특허를 실시하면서 시장에서 이익을 얻어 온 이상 이미 지급한 실시료를 반환받는 것은 부당하다고 한다(손해불발생설). 혹은 당사자 사이에 실시료 불반환의 묵시적 합의가 있는 것으로 보아 이를 반환할 필요가 없다는 견해도 있다(화해계약유사설). 이는 결과적으로 특허가 무효로 되더라도 이미 지급한 실시료를 반환치 않는다는 점에서 마치 기존의 설정계약을 유효한 것으로 다루는 것처럼 보이지만 자세히 살펴보면 논리적으로는 실시권 설정계약의 소급무효를 당연한 전제로 하고 있는 것이다. 특허의 무효에도 불구하고 그때까지의 실시권 설정계약은 유효하다면 위와 같은 논리를 동원할 필요도 없이 이미 지급한 실시료는 법률상 원인에 기하여 적법하게 지급된 것이어서 '당연히' 반환청구를 할 수 없는 것이기 때문이다.[358]

㈏ **검 토**

통상실시권 설정계약에서 특허권자가 계약에 따라 부담하는 급부의무의 핵심은 통상실시권자가 발명을 실시하는 데 대하여 금지청구권이나 손해배상청구권 등 배타적 권리를 행사하지 아니할 부작위의무이므로 통상실시권이 설정되어 유지되어 오던 중에 특허가 소급하여 무효로 되었다고 하더라도, 위와 같은 부작위의무가 원시적 불능에 빠진다고 볼 수는 없으며, 오히려 그와 같은 급부는 이미 이행이 완료된 경우가 대부분일 것이다.

이에 대하여는, 등록특허가 무효로 되면 어차피 당해 특허의 내용은 자유기술의 영역에 있었던 것이기 때문에 그러한 자유기술의 실시에 대하여 금지권을 행사하지 않기로 하는 내용의 통상실시권 설정계약 역시 무효여서 부작위급부의 성립이나 이행을 생각할 수 없다는 주장도 있다. 그러나 i) 부작위

71~74면.

357) 中山信弘, 特許法, 423면 : 한편, 일본의 통설은 전용실시권과 통상실시권의 구별 없이 같은 논리를 취하고 있다.

358) 한편, 실시권 설정계약의 계속적 계약관계로서의 속성을 중시하여, 임대차계약의 해제의 장래효를 규정하고 있는 일본 민법 第620조 등을 유추하여(우리 민법에는 그와 같은 규정이 없음은 물론이다) 특허무효가 확정되기 전까지의 실시권 계약은 유효하고, 무효가 확정되면 '장래에 향하여' 실시권 계약이 무효라고 봄이 합당하다는 견해도 있다(石村 智, 實施契約, 新·裁判實務大系 4, 知的財産訴訟實務, 青林書院 2001, 365면).

급부약정의 근거가 된 기술내용이 자유실시의 영역에 있었는지 여부는 당해 약정의 '동기' 및 그에 대한 착오의 문제는 될 수 있을지언정, 그 자체가 당연히 부작위 급부의 '내용'이 아님은 분명하고, ii) 실시권 설정 이후 특허가 무효로 되기 이전에 금지권을 행사할 수 있는 법률적 지위에 있던 특허권자가 금지청구권을 행사하지 아니한 결과 통상실시권자가 아무런 방해 없이 당해 특허발명을 실시할 수 있었다는 점은 명백히 '부작위 급부'에 대한 이행 및 그 결과로서, 이러한 부작위 급부의 이행이 없었다면 실시권자는 비록 자유기술이라고 하더라도 당해 발명의 실시가 불가능했을 것이라는 점, iii) 예컨대, 甲이 타인 소유 혹은 무주(無主)의 물건이 자신의 소유라고 믿고 관리하여 오던 중 이를 乙에게 임대하여 사용, 수익하게 하고 차임을 지급받아왔다면, 사후에 甲이 목적물의 소유자가 아니었다는 이유로 乙과의 임대차계약이 무효라고 하거나 乙이 물건 사용수익의 대가로 이미 지급한 차임의 반환을 청구할 수는 없을 것이라는 점과 비교해 보면, 위와 같은 주장은 부당하다. 무엇보다, 실무에 있어 통상실시권 설정계약에는 특허권자의 부작위의무라고 하는 주된 급부 이외에도 노하우 제공, 제3자의 침해에 대한 금지청구권 행사, 설비에 대한 A/S를 통한 사실상의 실시보장 등 여러 가지 종된 급부의무가 부가되는 경우가 대부분이며 특허가 무효로 되기 이전에 이러한 형태의 적극적 급부는 이미 이행되었거나 이행 중임이 보통이라는 점도 간과되어서는 아니 된다.

결국 특허에 관하여 통상실시권이 설정된 경우, 특허의 등록무효가 확정되더라도 통상실시권 설정계약이 소급하여 무효로 된다고 볼 근거는 없으며 비록 특허가 무효로 되더라도 이미 지급한 실시료를 반환할 의무는 없다. 비록 이와 결론에 있어서는 동일하지만 그 근거로서 실시권 설정계약이 당연히 무효로 됨을 전제로 하면서 실시료의 반환청구권을 부정하는 위 손해불발생설이나 화해계약 유사설은 타당하다고 할 수 없다. 아울러, 위와 같은 급부의 내용에 대한 채권법적 분석을 망각한 채 '계속적 채권관계의 속성'이라든가 '법률관계 정리가 간편하다'는 이유에 근거하여 특허의 무효확정 이전의 계약은 유효하고 그 이후의 계약은 무효라고 하는 견해 또한 부당함은 물론이다.[359] 오히려 무효확정 이후에는 뒤에서 보는 바와 같이 당사자가 사정변경

359) 특히 우리 민법에는 일본 민법 제620조에 해당하는 조문이 없어 그와 같은 유추해석도 불가능함은 앞서 본 바와 같다.

에 의한 해지권을 취득하는 것으로 이론 구성함이 타당하다.

(다) 판례(대법원 2014. 11. 13. 선고 2012다42666, 42673 판결)

판례 역시 '① 특허발명 실시계약의 목적이 된 특허발명의 실시가 불가능한 경우가 아닌 한 특허무효의 소급효에도 불구하고 그와 같은 특허를 대상으로 하여 체결된 특허발명 실시계약이 계약 체결 당시부터 원시적으로 이행불능 상태에 있었다고 볼 수는 없고, 다만 특허무효가 확정되면 그때부터 특허발명 실시계약은 이행불능 상태에 빠지게 된다고 보아야 한다.[360] ② 따라서 특허발명 실시계약 체결 이후에 특허가 무효로 확정되었더라도 특허권자가 특허발명 실시계약에 따라 실시권자로부터 이미 지급받은 특허실시료 중 특허발명 실시계약이 유효하게 존재하는 기간에 상응하는 부분을 실시권자에게 부당이득으로 반환할 의무는 원칙상 없다'고 하여, 같은 태도를 보이고 있다. 즉, 판례는 반환부정설의 입장을 분명히 하면서, 사후에 특허가 소급무효된 것과 별개로 통상실시권 설정계약의 급부는 이미 이행되어 있다는 점을 근거로 들고 있다. 다만, 계약 대상이 된 발명에 실시불가능의 하자가 있는 경우에는 예외적으로 실시계약이 원시불능으로 인해 무효라고 한다. 한편, 해당 판례는 특허가 무효로 된 경우 ⅰ) 장래 실시료의 지급 의무를 면하는 법적 근거와, ⅱ) 특허권이 양도되거나 전용실시권이 설정된 경우 이미 지급된 양도대금 및 전용실시료의 취급에 대하여는 판단을 제시하지 않고 있다.

2) 미지급 통상 실시료

특허가 무효로 되기 이전의 실시료 가운데 미지급된 것과, 특허가 무효로 된 이후의 실시료로 나누어 살펴보는 것이 타당하다.

(가) 특허 무효의 확정 전

통상실시권자가 특허의 무효를 주장할 수 있는 것과는 관계없이 통상실시권 설정계약이 유효한 이상 통상실시권자는 실시료를 지급할 계약상의 의무가 있다. 따라서 특허권자는 계약에 기한 실시료 지급청구권이 있으며, 통상실시권자가 이를 지급하지 않으면 특허권자는 소구(訴求)도 가능하다 할 것이다.

특허의 유·무효가 다투어지고 있는 과정에서 실시료의 지급과 그것이 종국적으로 누구에게 귀속될 것인가는 특허권자와 통상실시권자 사이에 이해관

360) 같은 취지로, 대법원 2019. 4. 25. 선고 2018다287362 판결.

계가 첨예하게 대립되는 문제이다. 즉, 특허무효심판이 청구되기만 하면 실시권자가 실시료에 관하여 지급 거절권 또는 연기적 항변권을 가지게 된다고 하면 실시권자가 특허무효심판 청구를 남발하거나 무효심판이나 소송에서 지연책을 씀으로써 부당하게 대가의 지급을 면하거나 연기 받으면서 기술을 실시하게 되는 부작용이 있을 수 있다. 반면에, 특허무효가 확정되기 전까지는 특허권자가 실시료를 아무런 제한 없이 지급받을 수 있다고 하면 특허권자 역시 무효심판이나 소송에서 지연책을 씀으로써 부당하게 실시료 상당의 이득을 도모할 우려가 있을 뿐 아니라, 나중에 무효로 될 가능성이 많은 특허에 기하여 아무런 제한 없이 실시료를 수령할 수 있도록 하는 것은 형평에도 맞지 아니한다.

생각건대, 통상사용권 설정계약이 유효한 한 실시권자에게 실시료에 대한 지급거절권이나 연기적 항변권을 인정할 근거는 없으나, 실시권자가 ⅰ) 적어도 당해 특허의 유효를 다툴 의사를 대세적, 객관적으로 명백히 한 시점인 무효심판 청구일 이후에, ⅱ) 이의를 유보하고 실시료를 지급하였다면 일종의 조건부 변제행위로 보아 차후 특허무효심결이 확정된 경우, 반환을 청구할 수 있는 것으로 보면 타당할 것이다.[361)]

다만, 채권자가 이를 채무의 내용과 달리 조건이 붙은 변제라는 이유로 수령을 거절하고 실시권자의 채무불이행을 이유로 미지급 실시료에 관한 집행권원을 얻어 일반재산에 강제집행을 한다면 달리 방법이 없을 것이나, 그와 같은 채권자의 행위는 불법행위를 구성할 여지가 있다.

한편, 실시권자가 특허에 무효사유가 있음을 들어 실시료 지급을 거절한다면 특허권자로서는 실시료 미지급을 이유로 실시권 설정계약을 해지하고 이후의 특허실시를 금지할 수 있음은 물론이다.

(나) 특허무효의 확정 후

실시계약 이후 특허의 무효가 확정되었다면 계약의 전제가 되었던 사정의 변경이 있었고, 실시권자로서는 그와 같은 사정의 변경을 예견하는 것이 불가

361) 그 근거로는, 급부목적에 대한 채권자와 채무자 사이의 합의까지는 필요하지 않더라도 적어도 채무자가 채권과 급부를 결부시키는 사실상의 의사는 존중되어야 하며, 채무자가 지정한 목적과 부합하지 않는 급부는 무효의 변제로서 부당이득반환의 대상이 된다고 하는 근래의 유력설인 '목적적 급부실현설'에 입각하거나, 변제 자체는 사실행위이므로 변제자가 채권소멸의 의사를 가질 필요까지는 없으나 적어도 채무의 이행으로서 급부한다는 의사(사실적 의사)는 필요하다는 입장을 들 수 있다.

능하며 그것이 실시권자의 책임도 아니므로 원래의 계약내용을 그대로 유지하는 것은 부당하다. 따라서 이 경우 사정변경의 원칙[362)]을 적용하여 실시권자에게 해지권을 부여함으로써 장래의 계약관계, 특히 실시료의 지급의무에서 벗어나게 함이 타당하다.[363)]

⇒ 대법원 2014. 11. 13. 선고 2012다42666 판결

특허발명 실시계약이 체결된 이후에 계약 대상인 특허가 무효로 확정되면 특허권은 특허법 제133조 제 3 항의 규정에 따라 같은 조 제 1 항 제 4 호의 경우를 제외하고는 처음부터 없었던 것으로 간주된다. 그러나 특허발명 실시계약에 의하여 특허권자는 실시권자의 특허발명 실시에 대하여 특허권 침해로 인한 손해배상이나 금지 등을 청구할 수 없게 될 뿐만 아니라 특허가 무효로 확정되기 이전에 존재하는 특허권의 독점적·배타적 효력에 의하여 제 3 자의 특허발명 실시가 금지되는 점에 비추어 보면, 특허발명 실시계약의 목적이 된 특허발명의 실시가 불가능한 경우가 아닌 한 특허무효의 소급효에도 불구하고 그와 같은 특허를 대상으로 하여 체결된 특허발명 실시계약이 계약 체결 당시부터 원시적으로 이행불능 상태에 있었다고 볼 수는 없고, 다만 특허무효가 확정되면 그때부터 특허발명 실시계약은 이행불능 상태에 빠지게 된다고 보아야 한다. 따라서 특허발명 실시계약 체결 이후에 특허가 무효로 확정되었더라도 특허발명 실시계약이 원시적으로 이행불능 상태에 있었다거나 그 밖에 특허발명 실시계약 자체에 별도의 무효사유가 없는 한 특허권자가 특허발명 실시계약에 따라 실시권자로부터 이미 지급받은 특허실시료 중 특허발명 실시계약이 유효하게 존재하는 기간에 상응하는 부분을 실시권자에게 부당이득으로 반환할 의무가 있다고 할 수 없다.

---

362) 계약이 성립할 때 기초로 삼았던 사정이나 환경이 그 후 변경됨으로써 처음에 정한 내용을 그대로 유지, 강제하는 것이 신의칙상 부당한 결과를 가져오는 경우 계약 내용을 변경하거나 계약의 해제, 해지를 통하여 구체적 사안에 적합하게 계약관계를 정리하는 것이 사정변경의 원칙인바, 이를 인정하는 것이 다수설이며, 판례 또한 계속적 보증과 같은 계속적 법률관계에 관하여 사정변경에 따른 계약해지권을 인정하고 있다.

363) 한편, 특허의 무효가 확정되면 그때부터 장래에 향하여 특허권자의 채무, 특히 제 3 자의 특허실시를 배제하여 통상사용권자의 이익을 보장해 주어야 할 의무가 확정적으로 이행불능에 빠지고 통상사용권자는 이로 인하여 계약에 대한 법정해지권을 취득하며, 특허권자에게 계약의 해지통고를 함으로써 향후 실시료의 지급의무를 면한다고 볼 여지도 있다. 실제로, 판례는 이런 입장을 전제하는 것으로 보인다. 그러나 특허의 무효에서 비롯된 급부의 이행불능이 채무자인 특허권자의 고의·과실에 의하지 않는 경우가 많기 때문에 이러한 입론(立論)은 문제이다.

> 특허는 성질상 특허등록 이후에 무효로 될 가능성이 내재되어 있는 점을 감안하면, 특허발명 실시계약 체결 이후에 계약 대상인 특허의 무효가 확정되었더라도 특허의 유효성이 계약 체결의 동기로서 표시되었고 그것이 법률행위의 내용의 중요부분에 해당하는 등의 사정이 없는 한, 착오를 이유로 특허발명 실시계약을 취소할 수는 없다.

(2) **특허권의 양도 대금 및 전용실시료의 반환 문제**[364)]

특허에 대해 통상실시권이 설정되어 실시가 이루어지다가 해당 특허가 소급무효로 된 경우에 관한 앞서의 논의와는 달리, 특허권 자체가 대가를 받고 양도되거나 그에 대해 전용실시권이 설정되었다가 소급무효된 경우는 법리적·현실적으로 전자와 구조를 달리할 수밖에 없다.

1) 판례의 태도

이 문제에 대해 우선 특허법원 판결은[365)] 특허권이 양도된 후 특허가 무효로 되었더라도, 특허는 원래 상시 무효로 될 가능성을 가지고 있는 것이므로 당사자들 역시 이를 감수하고 계약을 하는 것으로 보아야 한다는 점 등을 들어, 특허권의 양도로 계약의 이행은 종료되고 이후 무효의 위험은 양수인에게 이전된다고 하였다.[366)] 이후 대법원은[367)] 상표권이 강제집행의 대상이 되어 민사집행법에 따른 집행절차가 모두 종료되고 매각 대금에 대한 배당까지 이루어진 후 해당 상표권의 등록이 무효로 되자 매각결정에 따라 상표권을 이전등록받았던 당사자가 배당금 수령자들을 상대로 법원의 매각결정이 무효라고 주장하면서 부당이득 반환을 구한 사건에서, '상표권에 대한 집행절차의 내용과 성격, 집행절차의 안정적인 운영 필요성 등을 종합하여 보면, 집행절차가 종료된 후 상표등록 무효심결의 확정에 따라 그 상표권이 처음부터 없었던 것으로 간주되더라도, 법원의 매각결정에 따른 배당금 수령을 법률상 원인 없는 것으로 보기 어렵고, 이미 완료된 집행절차를 무효로 하면서까지 상표권 매수

---

364) 이에 대한 상세한 논의는, 조영선, "특허권의 양도·전용실시권 설정 후 무효심판이 확정된 경우의 법률관계, 사법 제71호(2025), 607면 이하 참조.

365) 특허법원 2023. 7. 20. 선고 2021나 2021나1398(본소), 2022나1227(반소) 판결.

366) 위 판결은 상고심에서 심리불속행 기각되었다[대법원 2023. 12. 7. 선고 2023다271712(본소), 2023다271729(반소) 판결].

367) 대법원 2023. 12. 28. 선고 2022다209079 판결.

인이나 양수인을 보호할 필요성이 있다고 단정하기 어렵다'고 하였다.[368)]

2) 법리의 검토와 문제점

양도계약의 대상인 특허권이 소급하여 무효가 되었다면 민법 제535조에 따라 계약이 무효라고 해야 한다. 통상실시권 설정계약 이후 특허가 무효로 된 경우에는 이미 급부가 이행완료 되었고 무효 이후의 급부만 이행불능이 되는 것과 달리, 특허권을 완전히 이전해 주고 이후 온전한 권리 유지에 장애가 되는 하자를 담보해야 하는 양도계약은 특허의 소급무효로 인해 급부가 원시적 · 객관적 불능에 빠지기 때문이다. 특허청구범위 일부가 무효인 경우에는 계약은 유효하고 특허권자는 하자담보책임을 진다. 계약 무효의 효과로서 양도인은 수령한 대금을, 양수인은 무효 시까지 해당 특허권을 통해 얻은 수익을 각 부당이득으로 반환해야 한다. 특허권의 양도가 없었다면 적어도 특허가 무효로 되기까지 이런 지위를 양도인이 누렸을 것이기 때문이다.[369)] 특허권자가 특허권의 양도에 수반하여 노하우나 영업비밀 등을 제공하거나 기타 재산적 가치가 있는 부수적 급부를 이행하였고 실제로 양수인이 인과관계 있는 이익을 얻었다면 이 또한 반환 대상이다. 계약 무효로 양수인이 반환해야 할 수익은 대체로 실시료 상당액에 수렴한다. 나아가, 특허권의 매매대금은 '한시적 권리'인 특허권에 대한 교환가치이므로 양수인이 특허권자의 지위를 누리는 채로 존속기간이 만료되었다면 이후 특허의 소급소멸과 관계 없이 반환해야 할 대금도 소진되었다고 보아야 한다.[370)]

---

368) 강제집행 목적물에 대한 매각절차는 매매의 성질을 보유하고 있기는 하나, 다른 한편으로는 법원이 소유자의 의사와 관계없이 그 소유물을 처분하는 공법상 처분이라는 점, 실제로 해당 판례가 부당이득반환 청구권을 부정하는 주요 이유로 '집행절차의 안정성'을 들고 있는 점 등을 감안하면, 강제집행 과정에서의 법원의 매각결정을 사인 간의 매매와 동일한 차원에서 바라보는 것은 부적절하고 위 판례를 특허권의 양도나 전용실시권 설정 후 특허권이 무효로 된 경우 대가 정산문제에 관한 선례로 삼기 부족하다고 볼 여지도 있다.

369) 종래 필자는 양수인이 민법 제201조 선의점유자의 과실수취권에 따라 특허권에 대한 사용이익이라는 법정과실을 보유할 수 있다는 입장을 취하였으나, 이와 같이 개설(改說)한다. 전자는 점유의 목적물이 본권 보유자에게 반환되는 물권적 회복 상황에서의 부당이득 정산의 특칙인 반면, 무효로 된 특허발명은 공중의 영역으로 들어가 자유기술이 될 뿐, 양도인에게 반환되는 것이 아니어서 양자는 구조를 달리하므로, 민법 제201조를 그대로 원용하는데 한계가 있다.

370) 위 특허법원 판결은, 특허권이 존속기간 만료로 소멸한 후에도 무효심판의 대상이 되는데(특허법 제133조 제 2 항), 특허무효로 양도계약이 소급 무효로 된다고 하면 양수인이 언

특허권 양도 후 특허가 무효로 된 경우 정산 등 법률관계를 판단할 때는 특허무효의 구체적 사유와 그에 대한 당사자의 귀책, 무효에 대한 자료와 정보가 주로 양도인에게 편중되는 현실, 해당 특허권의 잔존기간 및 양도 후 무효에 이르기까지의 기간, 양수인이 무효 전까지 해당 특허를 활용하여 거둔 이익의 규모 등 다양한 요소가 고려되어야 하는데 이런 여러 변수들을 모두 도외시한 채, '특허권의 상시 무효가능성'이라는 모험적 요소만을 강조하여 계약 당사자의 의사를 일방적으로 양도인에게 유리하게 해석하는 것은 논리칙과 경험칙에 부합한다고 보기 어렵다.

특히, 계약무효론에 따르면 무효의 가능성을 알고 있는 양도인은 어차피 받은 대금을 반환해야 하므로 이를 숨기고 계약에 나갈 유인이 줄어들고, 양수인이 그 가능성을 알고 계약하였더라도 향후 매매 대금에서 어차피 자신의 이용분에 대한 대가를 공제받아야 하므로 양수인 역시 이를 숨기고 계약에 나갈 실익이 적은 반면, 특허 무효에도 불구하고 매매가 유효하게 종료된 것이라고 하면 양도인은 무효 사유를 숨기고 양도에만 성공하면 이후 무효가 되더라도 대금반환 의무나 담보책임을 부담함 없이 양수인에게 그 위험을 전가할 수 있게 되므로 '도덕적 해이(moral hazard)'에 놓이기 쉬운 바, 판례의 태도는 이런 부조리한 결과를 조장할 우려가 크다. 따라서, 특허무효(하자)로 인한 위험은 민법의 일반원칙에 따라 양도인이 부담하고 개별 사안에서 양도인이 그러한 위험을 부담하지 않기로 한 경우에 한해 예외적으로 달리 보아야 한다.

전용실시권은 비록 '실시권'이기는 하지만, 등록을 통해 발명의 실시에 관한 대세적 독점 · 배타권을 가진다는 점에서 실질적으로는 기간이나 지역적 범위 등에 제한이 붙은 특허권과 흡사하다. 특허법이 특허권의 행사에 관한 모든 규정에서 "특허권자 또는 전용실시권자는"이라고 하여 양자에게 동일한 권리와 의무를 부여하고 있는 점이 이를 잘 보여준다. 따라서 앞서 특허권의 양도 후 특허가 무효로 된 경우의 법률관계는 특단의 사정이 없는 한 전용실시권 설정 후 특허가 무효로 된 경우에도 그대로 적용된다고 보아야 한다.

제까지라도 양도인에게 매매대금을 추급할 수 있게 되어 양도인의 지위가 지나치게 불안해진다고 하나, 이처럼 특허권이 존속기간 만료로 소멸하면 이미 지급된 매매대금 또한 모두 소진되는 이상, 그런 일은 발생하지 않는다.

⑶ 착오에 의한 의사표시 취소의 문제

계약 당사자는 특허란 본디 무효로 될 여지를 안고 있다는 점을 알고 계약에 나아가지만, 실제로 특허가 무효로 되는 경우에 관한 당사자의 내심의 의사는 통상실시권 설정 계약과 특허권의 양도 · 전용실시권 설정계약에서 같다고 보기 어렵다. 따라서 착오에 의한 의사표시 취소에서도 양자는 다른 접근이 필요하다.

1) 통상실시권 설정계약의 경우

실시계약에서 일반적으로 실시권자의 내심의 의사는 실시료의 대가로 특허발명을 간섭 없이 활용하고, 만약 특허가 무효로 되면 그 이후에는 실시료를 지급하지 않겠다는 것이라고 보아야 한다. 따라서 실시계약에서는 특허의 무효 가능성이 의사표시의 중요부분에 해당한다고 보는 것은 무리가 있으며, 선불리 통상실시권자에게 착오에 기한 의사표시의 취소권을 인정하여 계약관계로부터 소급하여 벗어나고 이미 지급한 실시료를 반환받거나 미지급 실시료의 지급을 거절할 수 있도록 하는 것은 부당하다. 판례[371]도 같은 취지이다.

2) 양도 · 전용실시권 설정계약의 경우

달리 약정한 바가 없다면 양수인의 내심의 의사는 '대가를 지급하고 특허권을 양수하였으므로, 향후 해당 특허가 무효로 되면 이미 지급한 대가 또한 돌려 받는 것이 마땅하되, 다만 그때까지 해당 특허를 활용한 이익만큼은 반환 받을 대가에서 공제되어도 무방하다'는 것이라고 해석함이 자연스럽다. 전용실시권자 역시 해당 특허권에 관한 물권적 실시권을 취득하여 제 3 자에 대해 독점 · 배타적 지위를 확보하는 것이 내심의 의사라는 점에서 단지 '간섭 없이 해당 발명을 실시하는 것'이 의사의 주된 내용인 통상실시권과 구별되어야 한다. 결국, 판례의 입장처럼 본래 무효 가능성 있기 마련인 특허권을 양수한 이상, 그 후 실제로 해당 특허가 무효로 되더라도 양수인은 양도인에게 아무런 정산을 요구할 수 없고 무효로 인한 위험과 불이익을 일괄 인수해야 한다고 당사자의 의사를 해석함은 경험칙에 반한다.[372] 따라서 양도 · 전용실

371) 대법원 2014. 11. 13. 선고 2012다42666 판결.

372) 양수인이 존속기간이 매우 길게 남아 있는 특허권을 잔존 기간을 감안하여 충분한 대가를 지불하고 양수하였는데, 채 이를 활용할 기회도 없이 양수 직후 해당 특허가 무효로 되어 버린 경우를 상정하면 이런 처리의 부당함은 쉽게 알 수 있다.

시권 설정계약에서 특허의 유효성은 착오 취소의 대상이 될 수 있는 의사표시의 중요부분이라고 해야 한다.

게다가 계약 당사자가 착오를 이유로 의사표시를 취소할 수 있는지의 문제와, 계약이 객관적 급부 불능으로 인해 무효로 되거나 당사자가 담보책임을 지는 것은 차원을 달리하는 별개의 문제이다.[373] 따라서 특허권의 양도 및 전용실시권 설정 이후 특허가 무효로 됨으로써 계약목적이 원시적 급부불능으로 되는 이상, 양수인으로서는 만에 하나 계약에 대한 의사표시 자체는 착오를 이유로 취소할 수 없다고 하더라도 민법 제535조에 따라 계약의 소급무효를 주장하거나 민법 제570조 등에 따라 담보책임을 묻는데 여전히 지장이 없다고 해야 한다.

⑷ 부당이득, 불법행위의 문제

특허권의 행사 후 특허의 무효가 확정되면, 특허가 무효로 되기 전에 침해를 주장하여 제 3 자로부터 임의로 지급받은 금전은 법률상 원인 없이 취득한 급부부당이득에 해당하므로 반환하여야 한다. 무효로 된 특허권의 행사로 인하여 타인에게 손해를 가하면 불법행위가 성립할 수 있다. 판례[374]는, "가압류나 가처분 등 보전처분은 법원의 재판에 의하여 집행되는 것이기는 하나, 실체상 청구권이 있는지 여부는 본안소송에 맡기고 단지 소명에 의하여 채권자의 집행 하에 하는 것이므로, 그 집행 후에 집행채권자가 본안소송에서 패소확정 되었다면 그 보전처분의 집행으로 인하여 채무자가 입은 손해에 대하여는 특별한 반증이 없는 한 집행채권자에게 고의 또는 과실이 있다고 추정되고, 따라서 그 부당한 집행으로 인한 손해를 배상할 책임이 있다"고 하여 무효인 권리의 행사에 기하여 제 3 자에게 손해를 입힌 경우 불법행위의 성립 판단에 있어 과실의 추정을 인정하는가 하면, 개별적인 사정을 종합하여 불법행위를 성립시키는 고의·과실이 없다고 보기도 한다.[375] 따라서 불법

373) 한국사법행정학회, 주석민법 제5판, 채권각칙(2)(2021), 318면. 판례도 의사표시의 취소와 담보책임은 별개의 문제로서 선택적으로 행사될 수 있다고 한다(대법원 2018. 9. 13. 선고 2015다78703 판결).

374) 대법원 2002. 9. 24. 선고 2000다46184 판결.

375) 대법원 2007. 4. 12. 선고 2006다46360 판결 : 판시는 다음과 같다.
이 사건 가처분신청 당시 피고들은 원고의 이 사건 후행발명에 관한 실시가 선행발명에

행위의 성립요건을 둘러싼 이율배반을 적절히 조화하는 것이 중요하며, 이를 위하여 특허권의 등록 이후 존속기간, 특허권의 존속 기간 동안 제3자로부터 특허의 무효가 다투어진 일이 있었는지 여부, 특허권자가 권리를 행사할 때 특허의 등록무효심판이 제기된 상태였는지, 특허권자가 권리를 행사할 때 특허의 유·무효가 다투어지고 있었다면, 그 당시 공지기술로 지목된 자료와 실제로 특허등록무효심판이나 그 후의 소송에서 당해 특허를 무효로 하는 근거가 된 공지기술이 일치하는지 여부, 특허권자가 권리행사를 하기 이전에 변리사 등 전문가로부터 충분한 조언을 들었는지 여부, 당해 특허의 시장에서의 성공여부, 시장규모 및 실시권 획득을 위한 경쟁의 정도, 특허권자가 권리를 행사함에 있어 필요한 조사를 다했는지, 진실의무를 다했는지, 상대방이 불필요한 손해를 입지 않도록 충분히 배려하였는지 등의 사정을 종합적으로 고려하여야 한다.

⑸ 화해계약의 문제

민법상 화해계약은 창설적 효력이 있고(민법 제732조), 화해계약은 당사자

관한 피고회사의 특허권을 침해한 것이거나 후행발명이 피고 회사에게 속하는 권리라고 믿었고, 그와 같이 믿을 만한 충분한 근거가 있었으며, 더욱이 이 사건 가처분의 경우에는 법원이 그 결정 전에 쌍방의 주장과 입장을 듣고 충분히 심리한 후에 가처분결정 여부를 결정하였다고 보이는 점 등을 고려하여 보면, 피고들이 이 사건 가처분신청을 하고 그 집행을 함에 있어서 어떠한 고의나 과실은 없었다고 봄이 상당하다고 판단하여 원고의 부당가처분으로 인한 손해배상청구를 배척하였는바, 원고와 피고 회사 사이의 이 사건 선행발명에 관한 양도계약의 내용, 원고와 피고 회사 사이의 그 동안의 분쟁의 경과, 피고 회사가 이 사건 가처분신청을 하게 된 경위 등 기록에 나타난 제반 사정에 비추어 보면, 원심의 위와 같은 조치는 옳은 것으로 수긍이 가고, 거기에 상고이유의 주장과 같은 부당가처분의 고의·과실에 관한 법리오해나 판단누락, 채증법칙 위배 등의 위법이 있다고 할 수 없다.
또한 원심은, 원고의 부당가처분으로 인한 손해배상청구 외의 나머지 손해배상청구에 관하여, 피고 회사가 원고의 거래처에게 이 사건 가처분결정이 있은 사실과 손해배상청구소송이 진행중인 사실 등이 적힌 통지문을 발송한 것은 그 당시 상황에 비추어 보면 사회통념상 용인되는 범위 내의 정당한 행위이어서 위법성이 없다는 이유로 이를 배척하였는바, 기록에 비추어 살펴보면, 원심의 이러한 조치 역시 옳은 것으로 수긍이 간다. 피고소인이 고소인이 고소한 피의사실로 수사의 대상이 되어 무혐의처분을 받았다고 하더라도 그 고소가 권리의 남용이라고 인정될 수 있는 정도의 고의 또는 중대한 과실에 의한 것이 아닌 이상, 고소인의 행위가 불법행위라고 단정할 수도 없는바(대법원 1994. 1. 25. 선고 93다29556 판결, 2006. 4. 28. 선고 2005다29481 판결 등 참조), 기록상 피고들의 형사고소가 권리의 남용이라고 인정될 정도의 고의 또는 중대한 과실에 의한 것이라고 보이지는 아니하므로 피고들의 불법행위를 인정하지 아니한 원심의 결론은 결과적으로 옳다.

의 자격이나 화해의 목적인 분쟁이외의 사항에 착오가 있는 때를 제외하고는 착오를 이유로 취소하지 못한다(민법 제733조). 특허의 유·무효를 두고 다툼을 벌이던 당사자가 상호 양보하여 그 중 일방이 타방에 대하여 실시료를 지급하고 발명을 실시하기로 화해계약을 한 뒤, 특허의 무효가 확정되었다면, 실시권자는 착오를 이유로 화해 약정을 취소하고 실시료의 지급을 거절하거나 이미 지급한 실시료의 반환을 청구할 수 없다고 보아야 한다. 왜냐하면, 그 경우 특허의 유·무효는 다툼의 대상이 되었던 사항 그 자체이기 때문이다.

(6) 재심의 문제 및 정정의 재항변

판결의 기초가 된 재판 또는 행정처분이 뒤에 변경된 경우 재심사유가 되고(민사소송법 제451조 제1항 제8호), 행정처분의 변경은 판결확정 후 확정적이고 소급적인 변경에 한하며[376] 그 처분의 변경이 확정판결의 사실인정에 영향을 미칠 가능성이 있어야 하는바, 특허가 유효함을 전제로 한 금지나 침해소송이 확정된 뒤 특허의 무효가 확정되면 위 요건을 충족하는 행정처분의 변경이 있는 때에 해당하므로 재판의 상대방은 재심청구를 할 수 있다.

다만, 소송 과정에서 피고가 해당 특허의 무효심판청구를 하거나 적어도 무효 사유가 명백함으로 이유로 권리남용의 항변을 하는 등 적절하게 방어책을 구사할 수 있었음에도 아무런 조치를 취하지 않아 원고 청구를 인용하는 판결이 확정된 뒤, 사후에 제3자의 무효심판 청구로 해당 특허가 무효로 되었음을 들어 재심을 청구한다면 해당 재심청구는 소송상 신의칙에 위반하는 것으로 인정되어 부적법하다고 보아야 할 경우도 있을 것이다.[377] 다른 한편으로, 특허권자인 원고가 침해소송 과정에서 피고의 무효 주장에 대응하여 정정심판을 청구하지도 않고, '정정의 재항변'[378]도 하지 않은 채 해당 청구항의 유지를 시도하다가 결국 사실심에서 특허가 무효로 되자 비로소 정정심판을 청구하여 권리범위를 확보한 뒤 패소판결의 결과를 다투는 경우에도 이런

---

376) 대법원 1981. 1. 27. 선고 80다1210, 1211 판결.

377) 이런 논의에 대한 상세는, 조영선, "침해소송의 판결 후 특허의 정정·무효로 인한 법률문제 – 재심 허용에 대한 재검토를 중심으로 –", 저스티스 통권 제170호(2019. 2), 109면 이하.

378) 침해소송의 피고가 해당 특허에 무효사유가 명백함을 이유로 권리남용의 항변을 하는 경우, 원고가 그에 대한 재항변 사유로서, '장차 정정을 통해 해당 특허의 무효사유가 치유될 것이 명백하다'는 점을 내세우는 것을 말한다.

법리가 필요하다. 이런 사안에서는 특허권자를 위해 정정의 재항변을 정면으로 인정하는 한편, 그것이 가능했음에도 정당한 이유 없이 사실심 변론 종결 전까지 이를 제출하지 않은 특허권자에게 불이익을 부여할 필요가 있다.

제9장

특허심판제도

Ⅰ. 개 설

1. 의의 및 성질

① 특허의 출원에 대하여 등록이 거절된 경우, ② 이미 등록된 특허에 관하여 등록무효의 사유가 있는 경우, ③ 제3자의 실시형태가 등록 특허의 권리범위에 속하는지 여부가 문제된 경우, ④ 등록된 특허에 관하여 명세서나 도면을 정정할 필요가 있는 경우 등에는 특허권자나 이해관계인은 특허심판원에 그와 같은 청구취지를 밝혀 ① 거절결정불복심판, ② 등록무효심판, ③ 권리범위확인심판, ④ 정정심판을 청구할 수 있다. 그 밖의 심판의 유형으로 존속기간연장등록 거절결정 불복심판(특허법 제132조의 17), 특허권 존속기간연장등록의 무효심판(특허법 제134조), 정정무효심판(특허법 제137조), 통상실시권 허락의 심판(특허법 제138조) 등이 있다.

위와 같이 특허심판은 일반 행정심판제도의 특칙으로서, 특허법이 정한 일정한 사유에 관하여 특허심판원이 심리절차를 거쳐 '심결'이라고 하는 행정처분을 하는 제도이다. 특허심판은 특허심판원에 소속된 심판관 합의체에 의하여 이루어지는 행정상의 쟁송절차이지만, 민사소송에 준하는 엄격한 절차(특허법 제132조의 16 내지 제185조에 상세히 규정되어 있다)를 따르는 준 사법적(準 司法的)성격을 가진다.

심판절차의 심리는 구술 또는 서면으로 진행되며(특허법 제154조 제1항),

당사자·참가인 또는 이해관계인의 신청에 의하여 혹은 직권으로 증거조사를 할 수 있고 증거조사에는 민사소송법의 규정이 준용된다(특허법 제157조). 한편, 심판에서는 당사자나 참가인이 신청하지 아니한 이유에 대하여도 직권으로 심리할 수 있지만, 그 경우 의견진술의 기회가 부여되어야 한다(특허법 제159조 제 1 항). 직권심리가 가능한 것은 청구취지를 뒷받침하는 '이유'에 한하고, 청구인이 신청하지 아니한 청구의 취지에 대하여는 직권으로 심리할 수 없다(특허법 제159조 제 2 항).

특허심판에는 일반 행정심판과는 달리 ① 사정재결[1)](행정심판법 제44조)과 같은 판단 재량의 여지가 없음은 물론, ② 당사자는 심판청구의 사유가 있는 경우 심결을 거치지 않고서는 다른 방법으로 권리구제를 받을 수 없고(필요적 전치, 특허법 제186조 제 6 항), ③ 심결에 대하여는 특허법에 정하여진 절차에 따라 특허법원에 불복소송을 제기하는 이외에 행정심판법이나 행정소송법 등 다른 법률에 의하여 불복할 수 없다(특허법 제224조의 2 제 1 항).

특허법이 심판절차에 의하도록 특별히 규정한 것을 제외한 사항은 일반원칙에 따라 해결하여야 하므로, 예컨대, 서류의 불수리 처분(특허법시행규칙 제11조), 절차의 무효처분(특허법 제16조)에 대한 불복 등 특허법이 불복을 금지[2)]하지 않으면서 특허법에 고유의 불복방법도 마련되어 있지 아니한 경우에는 행정심판, 행정소송 등 행정상의 일반 쟁송절차에 따른다(특허법 제224조의 2 제 2 항).

2. 유 형

(1) 당사자계 심판

심판의 당사자로 청구인과 피청구인의 대립구조를 갖는 특허심판으로서, 등록무효심판, 정정무효심판, 존속기간연장등록의 무효심판, 권리범위확인심판, 통상실시권 허락심판이 여기에 속한다. 행정소송의 유형 중 당사자소송과

1) 행정심판 청구가 이유 있다고 인정되지만 공공복리 등을 고려하여 그 청구를 받아들이는 것이 적절하지 않다고 인정될 때 심판청구를 기각하는 심결을 하는 것을 말한다.

2) 특허법상 불복이 금지되는 처분으로는 다음이 있다 : 보정각하 결정에 대한 독립적인 불복(단, 거절결정 불복 시 아울러 하는 경우는 제외 · 특허법 제51조 제 3 항), 제척·기피신청에 대한 불복(특허법 제152조 제 4 항), 참가신청에 대한 결정에 대한 불복(특허법 제156조 제 5 항) 등.

같이 국가 이외의 권리주체를 당사자로 한다.

(2) 결정계 심판

청구인과 피청구인의 대등한 당사자 대립구조를 취하지 않고 청구인이 특허청을 피청구인으로 하여 그 처분의 당부를 다투거나 특정한 처분을 구하는 심판유형이며, 거절결정에 대한 불복심판 및 정정심판이 그 예이다.

3. 특허권 등이 공유인 경우의 심판청구

공유인 특허권의 특허권자에 대하여 심판을 청구하는 경우에는 공유자 전원을 피청구인으로 하여야 하고(특허법 제139조 제2항), 특허권 또는 특허를 받을 수 있는 권리의 공유자가 그 공유인 권리에 관하여 심판을 청구하는 때에는 공유자 전원이 공동으로 청구하여야 한다(특허법 제139조 제3항). 이처럼 특허권 등이 공유인 경우의 심판은 고유필수적 공동심판이기 때문에 공유자 중 일부 당사자에 대하여 분리 심결하는 것은 허용되지 않고, 공유자 중 일부만이 거절결정에 대한 불복심판을 청구하는 것은 부적법하며 아직 불복기간이 도과하기 전인 경우에 한하여 나머지 공유자를 추가하는 심판 청구서의 보정이 가능할 뿐이다.[3)]

Ⅱ. 심판의 종류와 내용

특허법에 규정된 심판의 종류로는 거절결정불복심판, 등록무효심판, 권리범위확인심판, 정정심판, 정정무효심판, 통상실시권 허락심판, 특허권 존속기간연장등록의 무효심판 등이 있는바, 아래에서는 그 중 중요한 특허 거절결정불복심판, 등록무효심판, 권리범위확인심판, 정정심판에 관하여 차례로 본다.

1. 특허거절결정에 대한 불복심판(특허법 제132조의17)

(1) 의의와 제기절차

특허거절결정을 받은 자가 불복이 있는 때에는 그 결정등본을 송달받은

3) 대법원 2007. 4. 26. 선고 2005후2861 판결.

날부터 3개월 이내에 불복심판청구를 할 수 있다. 다만, 특허청장은 청구에 따라 또는 직권으로 거절결정불복심판의 청구기간을 1회에 한하여 30일 이내에서 연장할 수 있다. 다만, 도서벽지 등 교통이 불편한 지역에 있는 자의 경우에는 그 횟수 및 기간을 추가로 연장할 수 있다(특허법 제15조 제1항). 심판을 청구하는 자의 책임질 수 없는 사유로 심판 청구 기간을 준수할 수 없을 때에는 그 사유가 소멸한 날부터 2개월 이내에 지키지 못한 절차를 추후 보완할 수 있다. 다만, 그 기간의 만료일부터 1년이 지났을 때에는 그러하지 아니하다(특허법 제17조).

(2) 성 질

특허거절결정에 대한 심판은 거절결정절차가 동일성을 유지한 채 심판이라는 절차를 통하여 속행되는 것이라고 볼 수 있다. 따라서, 심사에서 밟은 특허에 관한 절차는 그대로 심판절차에서도 효력이 있고(특허법 제172조), 심판절차에서도 보정 및 보정각하가 이루어질 수 있으며(특허법 제170조 제1항에 의하여 준용되는 법 제47조 제1항 제1, 2호, 제51조), 특허심판원은 심리 결과 특허거절결정의 이유와 다른 거절이유를 발견한 경우에는 새로운 거절이유를 통지하고 상당한 기간을 정하여 의견서를 제출할 수 있는 기회를 주어야 한다(특허법 제170조, 제63조). 위와 같은 절차를 적법하게 거친 이상, 거절결정에서의 이유와 다른 이유를 들어 등록을 거절하는 심판도 가능하다. 한편, 거절결정불복심판 또는 그 심결취소소송에서 특허출원 심사 또는 심판 단계에서 통지한 거절이유에 기재된 주 선행발명을 다른 선행발명으로 변경하는 경우에는, 일반적으로 출원발명과의 공통점 및 차이점의 인정과 그러한 차이점을 극복하여 출원발명을 쉽게 발명할 수 있는지에 대한 판단 내용이 달라지므로 출원인에게 이에 대해 실질적으로 의견제출의 기회가 주어졌다고 볼 수 있는 등 특별한 사정이 없는 한 이미 통지된 거절이유와 주요한 취지가 부합하지 아니하는 새로운 거절이유에 해당한다.[4)]

➾ 대법원 2003. 12. 26. 선고 2001후2702 판결

구 특허법 제62조는 심사관은 특허출원이 소정의 거절사유에 해당하는 때에는

4) 대법원 2019. 10. 31. 선고 2015후2341 판결.

> 거절사정을 하여야 하고, 같은 법 제63조는 심사관은 제62조의 규정에 의하여 거절사정을 하고자 할 때에는 그 특허출원인에게 거절이유를 통지하고 기간을 정하여 의견서를 제출할 수 있는 기회를 주어야 한다고 규정하고 있으며, 같은 법 제170조 제2항은 거절사정에 대한 심판에서 그 거절사정의 이유와 다른 거절이유를 발견한 경우에 제63조의 규정을 준용한다고 규정하고 있고, 이들 규정은 이른바 강행규정이므로, 거절사정에 대한 심판청구를 기각하는 심결 이유는 적어도 그 주된 취지에 있어서 거절이유 통지서의 기재 이유와 부합하여야 하고, 거절사정에 대한 심판에서 그 거절사정의 이유와 다른 거절이유를 발견한 경우에는 거절이유의 통지를 하여 특허출원인에게 새로운 거절이유에 대한 의견서 제출의 기회를 주어야 하지만(대법원 2003. 10. 10. 선고 2001후2757 판결 참조), 거절사정에서와 다른 별개의 새로운 이유로 심결을 한 것이 아니고, 거절사정에서의 거절이유와 실질적으로 동일한 사유로 심결을 하는 경우에는 특허출원인에게 그 거절이유를 통지하여 그에 대한 의견서 제출의 기회를 주어야 하는 것은 아니다(대법원 1997. 11. 28. 선고 97후341 판결 참조).

(3) 심 결

거절결정불복심판의 청구가 이유 없다고 인정되는 때에는 심판청구를 기각한다. 심판 청구가 이유 있다고 인정되는 때에는 심결로서 거절결정을 취소하고(특허법 제176조 제1항), 심판관 합의체가 직접 특허결정을 하거나(특허법 제170조 제1항, 제66조) 심사관에게 환송할 수 있다(특허법 제176조 제2항).

2. 특허등록무효심판

(1) 제도적 의의

특허등록무효심판은 일단 유효하게 발생한 특허권을 행정관청인 특허청의 행정처분에 의하여 소급적으로 소멸하도록 하는 쟁송절차로서, 무효심결이 확정되면 특허권은 소급적으로 소멸하여 형성적, 대세적 효력이 발생하고 재심사유가 없는 한 누구라도 더 이상 이를 다툴 수 없는 확정적 효력을 가진다. 입법은 특허의 등록에 관여한 전문기관인 특허청으로 하여금 그 등록의 유효 여부 또한 심리, 판단하도록 하는 내용으로 국가기관의 권한을 분배하고 있다고 볼 것이다.

그러나, 앞서 특허침해소송에서의 특허무효항변 부분에 대한 설명에서도 언급한 바와 같이 등록특허의 유·무효가 침해 등 재판의 전제가 된 경우에는 침해자는 특허의 기재불비 및 신규성 부재를 들어 권리범위를 부인하거나 진보성 결여 등을 들어 권리남용의 항변을 하거나 자유기술의 항변을 함으로써 특허의 등록무효 없이도 당해 사건에 관하여 사실상 그 등록이 무효로 된 것과 같은 결론을 이끌어 낼 수도 있으므로, 결과적으로 위와 같은 권한분배의 원칙이 예외 없이 관철되고 있다고 보기는 어렵다.

(2) 등록무효심판의 당사자적격

이해관계인 또는 심사관은 등록무효심판을 청구할 수 있는 당사자적격이 있다(특허법 제133조 제 1 항).[5]

여기서의 이해관계인이란 당해 특허발명의 권리존속으로 인하여 그 권리자로부터 권리의 대항을 받거나 받을 염려가 있어 그 피해를 받는 직접적이고도 현실적인 이해관계가 있는 사람을 말하고, 이에는 당해 특허발명과 같은 종류의 물품을 제조·판매하거나 제조·판매할 자도 포함되며, 이해관계인에 해당하는지 여부는 심결 당시를 기준으로 판단하여야 한다.[6] 심사관에게 당사자적격을 인정한 것은, 공익의 대표자로서 등록무효의 사유를 안고 있는 특허권을 소멸시키기 위해서이다.

등록무효심판의 피청구인은 특허권자이며, 공유인 특허권의 특허권자에 대하여 심판을 청구하는 때에는 공유자 모두를 피청구인으로 하여야 한다(특허법 제139조 제 2 항).

동일한 특허에 대하여 등록무효를 주장하는 자가 2인 이상 있는 때에는 모두가 공동으로 심판을 청구할 수 있으며(특허법 제139조 제 1 항), 심리종결시까지 청구인으로서 그 심판에 참가할 수도 있다(특허법 제155조 제 1 항). 또한, 심판의 결과에 대해 이해관계를 가지는 자는 심리가 종결될 때까지 당사자의 어느 한쪽을 보조하기 위해 그 심판에 참가할 수 있다(특허법 제155조 제 3 항).

공유 특허권에 대하여 일부 지분만의 무효심판을 청구하는 것은 허용되지 않는다. 특허처분은 하나의 특허출원에 대하여 하나의 특허권을 부여하는 단일한 행정행위이므로 그 결과 공유 특허권이 부여되었다고 하더라도 그 무효

---

5) 단, 모인출원을 이유로 한 무효심판은 정당한 권리자만이 이해관계인으로서 당사자적격이 있다(특허법 제133조 제 1 항 괄호부분).

6) 대법원 1987. 7. 7. 선고 85후46 판결; 대법원 2009. 9. 10. 선고 2007후4625 판결; 대법원 2010. 1. 28. 선고 2007후1022 판결.

는 행정행위 전체에 대해서만 청구할 수 있기 때문이다.[7)]

⇒ 대법원 1987. 7. 7. 선고 85후46 판결

기록에 의하면, 심판청구인은 축산 양돈업자로서 이 사건 특허의 발명내용인 균체효소 사료의 제조방법에 따라 제조한 사료의 효능을 시험한 뒤 자신이 사육하여 판매하려는 돼지의 사료로 사용하기 위하여 제조공장을 마련하는 등 생산채비를 하고 있다는 것이므로 결국 심판청구인은 업으로서의 위 균체효소 사료의 제조방법에 의하여 생산된 물건을 사용하거나 사용하려는 자로서 이 사건 심판청구를 함에 있어 이해관계인으로서 적법한 당사자적격이 있다.

⇒ 대법원 2010. 1. 28. 선고 2007후1022 판결

특허무효심판을 청구할 수 있는 이해관계인이란 당해 특허발명의 권리존속으로 인하여 그 권리자로부터 권리의 대항을 받거나 받을 염려가 있어 그 피해를 받는 직접적이고도 현실적인 이해관계가 있는 사람을 말하고, 이에는 당해 특허발명과 같은 종류의 물품을 제조·판매하거나 제조·판매할 자도 포함된다. 위 법리와 기록에 비추어 살펴보면, 피고가 명칭을 '반도체디바이스 시험장치'로 하는 이 사건 특허발명(특허번호 제355422호)과 같은 종류의 반도체디바이스 시험장치를 제조·판매하거나 같은 방법의 반도체디바이스 검출방법을 실시하고 있음을 알 수 있고, 이와 같이 피고가 이 사건 특허발명과 같은 종류의 반도체디바이스 시험장치를 제조·판매하거나 같은 방법의 반도체디바이스 검출방법을 실시하고 있는 이상, 이 사건 특허발명의 특허청구범위 제 2 항, 제 3 항, 제21항, 제23항, 제24항의 구성과 같은 형태의 물품을 제조·판매하거나 같은 형태의 방법을 실시하고 있어야만 위 청구항들에 대하여 특허무효심판을 청구할 수 있는 이해관계를 인정할 수 있는 것도 아니다.

(3) 등록무효의 사유

특허법상 등록무효의 사유는 한정적으로 열거되어 있다. 따라서 누구라도 그 외의 사유에 관하여 특허등록이 당연무효라는 법리 등을 들어 등록무효심판을 청구하는 것은 허용되지 아니한다.

1) 특허법 제133조 제 1 항 제 1 호 : ① 권리능력 없는 외국인에게 특허가 부여된 때(특허법 제25조), ② 신규성·진보성, 산업상 이용가능성이 없거나 확

7) 대법원 2015. 1. 15. 선고 2012후2432 판결.

대된 선원 규정에 위반된 발명에 관하여 특허가 부여된 때(특허법 제29조), ③ 공서양속에 반하는 발명에 특허가 부여된 때(특허법 제32조), ④ 선원주의에 위반하여 특허가 부여된 때(특허법 제36조 제 1 내지 3 항), ⑤ 명세서 기재불비에 해당하는 때(특허법 제42조 제 3, 4 항. 단, 배경기술 기재의무위반의 경우는 제외).

2) 특허법 제133조 제 1 항 제 2 호 : ① 발명을 한 자 또는 그 정당한 승계인이 아님에도 특허를 부여받은 때(특허법 제33조 제 1 항 본문), ② 공동발명이어서 특허를 받을 수 있는 권리가 공유임에도 공유자 전원이 출원하지 않은 발명에 대하여 특허가 부여된 때(특허법 제44조, 제33조 제 2 항). 단, 이는 정당한 권리자만이 주장할 수 있고, 모인출원자 스스로는 모인출원을 이유로 무효심판을 청구할 당사자적격이 없다(특허법 제133조 제 1 항 괄호 부분). 또한, 모인출원에 대한 정당한 권리자의 구제로서 특허법 제99조의2 제 2 항에 따른 특허권 이전등록이 이루어지면, 그 이후에는 모인출원이었음을 이유로 무효심판을 제기할 수 없다(특허법 제133조 제 1 항 제 2 호 단서).

3) 특허법 제133조 제 1 항 제 3 호 : 특허청 직원 또는 특허심판원 직원이 상속 또는 유증의 경우가 아님에도 재직 중에 특허를 받은 때(특허법 제33조 제 1 항 단서).

4) 특허법 제133조 제 1 항 제 4 호, 제 5 호 : 특허된 후 그 특허권자가 제25조의 규정에 의하여 특허권을 누릴 수 없는 자로 되거나 그 특허가 조약에 위반된 때.

5) 특허법 제133조 제 1 항 제 6 호 : 신규사항추가에 해당하는 보정이 있었음에도 이를 간과하고 특허등록이 이루어진 때(특허법 제47조 제 2 항 전단).[8)]

6) 특허법 제133조 제 1 항 제 7 호 : 최초 출원서에 첨부된 명세서나 도면에 기재되지 아니한 신규사항추가에 해당하는 분할출원이나 분리출원(제52조 제 1 항에 따른 범위를 벗어난 분할출원 또는 제52조의2 제 1 항 각 호 외의 부분 전단에 따른 범위를 벗어난 분리출원)임을 간과하고 등록된 때.

7) 특허법 제133조 제 1 항 제 8 호 : 최초 출원서에 첨부된 명세서나 도면에 기재되지 아니한 신규사항을 내용으로 한 변경출원이 간과되어 등록된 때(특허법 제53조 제 1 항).

---

8) 특허법 제47조 제 3 항에 위반한 보정에 대하여는 이를 독립한 등록무효의 이유로 삼을 수 없다.

(4) 청구기간

이해관계인이나 심사관은 심판청구의 이익이 있는 한 언제라도 등록무효심판청구를 할 수 있다. 유의할 것은, 특허권의 소멸 후에도 무효심판청구를 할 수 있다는 점이다(특허법 제133조 제2항). 여기서 특허권이 소멸된 경우란, 특허취소결정이나 무효심결로 인해 특허권이 소급적으로 소멸되는 경우를 제외한 경우를 말한다고 해석된다. 특허권이 존속기간 만료나 특허료의 불납 등으로 인하여 소멸하더라도 그 존속기간동안 발생한 침해행위에 대한 손해배상청구권은 여전히 존재하고, 침해자는 이를 배상해야 할 의무가 있으므로, 침해자 등 제3자로서는 위와 같이 이미 소멸한 특허권에 대하여도 그 등록무효심판을 구하여 이를 소급적으로 소멸시킴으로써 배상책임으로부터 벗어날 이해관계가 있기 때문이다.

(5) 특허무효심판 절차에서의 특허의 정정

1) 의 의

무효심판이 특허심판원에 계속되어 있는 동안에는 특허권자는 독립한 정정심판청구를 할 수 없고(제136조 제2항 제2호) 무효심판청구에 대한 답변서를 제출할 수 있는 기간 이내(특허법 제147조 제1항) 또는 직권심리에 의한 의견서 제출기간 이내(특허법 제159조 제1항 후단)에 '정정청구'를 할 수 있을 뿐이다(특허법 제133조의2 제1항). 특허취소신청이 제기된 경우 그 결정이 확정될 때까지도 정정청구만이 가능하다(특허법 제136조 제2항 제1호).[9)]

2) 입법이유

정정심판은 특허에 대한 등록무효심판이 청구되었을 때 권리자가 특허의 등록무효를 피하기 위하여 스스로 명세서 또는 도면을 정정하는 독립된 절차로서, 정정심판청구가 받아들여질 경우 그 명세서는 정정된 내용대로 당초부터 그 내용대로 등록된 것으로 보기 때문에(특허법 제136조 제10항) 정정심판의 내용 여하에 따라 등록무효심판의 운명이 좌우되기도 하며 결과적으로 등록무효심판 절차의 지연을 초래하는 폐단이 있어 왔다. 특허법은 이를 바로잡기 위하여 특허심판원에 등록무효심판이 계속되어 있는 동안에는 별도의 정정심판

---

9) 구체적으로 가능한 기한은 심판장이 부여한 의견서제출기간 내이다(특허법 제132조의3 제1항, 제132조의13 제2항).

청구를 할 수 없도록 하는 대신 이를 등록무효심판 안으로 끌어들여 '정정청구'의 형태로 하도록 하고, 등록무효심판에서 이를 특허의 등록무효사유와 함께 심리, 판단하도록 한 것이다.

특허무효심판절차에서 정정청구가 있는 경우 정정의 인정 여부는 무효심판절차에 대한 결정절차에서 함께 심리되는 것이므로, 독립된 정정심판청구의 경우와 달리 정정만이 따로 확정되는 것이 아니라 무효심판의 심결이 확정되는 때에 함께 확정된다.[10)]

⇨ 대법원 2009. 1. 15. 선고 2007후1053 판결

특허무효심판절차에서 정정청구가 있는 경우, 정정의 인정 여부는 무효심판절차에 대한 결정절차에서 함께 심리되는 것이므로, 독립된 정정심판청구의 경우와 달리 정정만이 따로 확정되는 것이 아니라 무효심판의 심결이 확정되는 때에 함께 확정된다 할 것인바(대법원 2008. 6. 26. 선고 2006후2912 판결 참조), 위에서 본 바와 같이 원심판결 중 이 사건 정정청구 및 이 사건 제1, 2, 4, 5항 발명의 특허무효에 관한 부분에 대한 피고들의 상고는 이유 없다 할 것이나, 원심판결 중 이 사건 제3항 발명의 특허무효에 관한 부분에 대한 피고들의 상고를 받아들이는 이상, 이와 함께 확정되어야 할 이 사건 정정청구에 관한 부분도 파기를 면할 수 없다. 한편, 특허의 등록무효 여부는 청구항별로 판단하여야 하더라도, 특허무효심판절차에서의 정정청구는 특별한 사정이 없는 한 불가분의 관계에 있어 일체로서 허용 여부를 판단하여야 할 것인데, 이 사건 정정청구는 그 정정사항이 이 사건 제1항 내지 제5항 발명 전체에 걸쳐 있으므로, 원심판결 중 이 사건 제1, 2, 4, 5항 발명의 특허무효에 관한 부분도 따로 확정되지 못한 채 이 사건 정정청구에 관한 부분과 함께 파기되어야 할 것이어서, 결국 원심판결 전부가 파기되어야 할 것이다.

한편, 앞서 본 바와 같이 정정심판 청구는 무효심판청구에 대한 답변서 제출기간이나 직권심리에 응한 의견서제출 기간 내에만 할 수 있는 것이 원칙이지만, 무효심판청구인이 심판청구 시 제출하지 않았던 새로운 무효증거를 그 이후의 심판과정에서 제출하거나, 새로운 무효사유를 주장하였다면 피청구인은 예외적으로 앞서 본 답변서제출기간 이후에도 심판장의 판단에 따라 추가

10) 대법원 2011. 2. 10. 선고 2010후2698 판결.

로 정정청구를 할 수 있다(특허법 제133조의2 제1항 후단). 특허에 대한 공격자인 무효심판청구인은 답변서 제출기한 이후에도 심판과정에서 당초 제기하였던 무효사유 이외의 새로운 무효사유를 주장할 수 있기 때문에(제140조 제2항) 형평상 방어자인 특허권자의 입장에서도 이에 때맞추어 특허의 정정청구를 할 필요가 있기 때문이다.

3) 정정청구의 사유 등 일반조항

대체로 뒤에서 설명하는 정정심판(특허법 제136조)과 동일하므로(특허법 제133조의2 제4항 : 준용규정) 이에 대한 설명부분으로 미룬다. 다만, 정정심판의 경우 정정명세서 또는 도면에 대한 보정은 심리종결 통지 이전에 할 수 있으나, 정정청구의 보정은 답변서 제출기한, 직권심리에 기한 의견서 제출기한 혹은 심판관의 정정거절이유에 대한 의견서 제출기간 내에 할 수 있고(제133조의2 제4항 후단), 정정청구의 경우에는 정정심판에 관한 제136조 제5항(독립특허요건 : 정정 후의 청구범위에 적혀 있는 사항이 특허출원을 하였을 때에 특허받을 수 있는 것일 것)이 적용되지 않는 차이가 있다(특허법 제133조의2 제6항).[11]

심판관은 정정청구가 특허발명의 명세서 또는 도면에 기재된 사항의 범위를 벗어난 것일 때에는 특허권자에게 그 이유를 통지하고 의견서를 제출할 수 있는 기회를 주어야 하는바(특허법 제133조의2 제4항, 제136조 제3항, 제6항 참조), 특허권자에게 의견서 제출 기회를 부여한 바 없는 별개의 사유를 들어 정정청구를 배척하는 심결을 하거나 심결에 대한 취소청구를 기각하는 것은 위법하다.[12]

(6) 실시권 설정계약과 등록무효심판의 문제

1) 부쟁약정의 유효 여부

특허에 대한 실시권 설정계약 시, 실시권자가 스스로 계약의 대상이 된 특허의 무효심판청구를 하지 않기로 약정하는 이른바 부쟁조항(不爭條項)을 두는 경우가 흔히 있다. 이는 소송법적으로는 부제소특약(不提訴特約)에 해당하는 것이어서 특약이 유효하다면 등록무효심판은 이익이 없다고 해야 한다.

11) 또한 특허법 제133조의2 제4항은 '정정심판은 특허권이 소멸된 후에도 이를 청구할 수 있다'는 특허법 제136조 제7항을 정정청구에 준용하고 있지 아니하다.

12) 대법원 2012. 7. 12. 선고 2011후934 판결.

특허실시계약 상 부쟁조항이 유효한지 여부를 두고 우리나라에는 이에 관한 판례는 없으나 일본의 통설은 그 유효성을 인정하고,[13] 일본 판례는 상표사건에서 유사한 입장을 전제로 한 것이 있다.[14]

생각건대, ⅰ) 사적 자치를 존중하여 실시권자에게 부쟁조항의 구속력을 인정하더라도 실시권자 이외에 이해관계가 있는 제3자는 언제라도 무효심판을 청구할 수 있기 때문에 결과적으로 공공의 이익에 가해지는 손실이 적은 점, ⅱ) 실무상, 특허침해소송에서 특허권자는 상대방에 대하여 특허권 침해를 주장하지 않고, 상대방도 특허의 무효 주장을 하지 않기로 하는 내용의 화해가 성립되는 경우가 있어 부쟁조항에 구속력을 인정할 실익이 있는 점, ⅲ) 부쟁조항의 유효성을 인정함으로써 특허실시계약의 체결이 원활해져 권리의 이용을 촉진할 수 있는 점 등을 고려하면 그 유효성을 인정하는 것이 타당하다. 다만, 그와 같은 계약이 체결되는 과정에서 공서양속에 반하는 행위가 있는 경우에는 특약이 무효라 할 것이고, 부쟁조항의 내용이 시장에서의 경쟁질서에 악영향을 미치는 것으로 평가되는 경우에는 불공정거래행위에 해당할 여지가 있다.

한편, 미국에서는 1969년 연방대법원의 Lear. Inc. v. Adkins 사건[15] 이후 실시권 설정계약의 부쟁조항은 무효로 취급되고 있으며 특허의 실시권자는 부쟁조항의 유무에 관계없이 실시 기간 중 특허의 무효를 주장할 수 있다.[16] 그 경우 실시료에 상당하는 금액은 공탁하게 되며, 그 반환청구권은 특허가 유효로 확정되면 특허권자가, 무효로 확정되면 실시권자가 각 취득하는 실무관행이 성립되어 있다고 한다.[17] 또한, 종래 미국 판례는, 실시권자가 실시료에 대하여 그러한 소치를 취하는 대신 이를 특허권자에게 지급하고 있다면 당해 특허의 무효확인을 소구할 이익(분쟁의 현존)이 없다고 하였으나, 2007년 연방대법원은 MedImmune Inc. v. Genentech, Inc. 사건[18]에서 이를 뒤집고 "실시권자는 특허권이 무효라고 주장하면서도 특허권자로부터의 금지청구 등을 모

---

13) 竹田 稔, 知的財産權侵害要論(特許·意匠·商標編) [第5版], 536면.

14) 最高裁 昭61年 4. 22. 昭和58(行ツ)31 판결.

15) 395 U.S. 653(1969).

16) 구체적으로는 특허의 무효확인을 구하는 소송(Declaratory Judgement)의 형태를 취하는 경우가 많다.

17) 村上政博·淺見節子, 特許·ライセンスの日美比較(第4版), 弘文堂(2004), 179면.

18) 549 U.S. 118(2007).

면하기 위하여 실시료를 지급하는 수가 있으므로 실시료의 지급이 있다고 하여 무효확인 소송의 요건인 '분쟁의 현존'이 없다고 단정해서는 안 된다"고 판시하였다.

2) 부쟁약정이 없는 경우 실시권자의 부쟁의무(不爭義務) 여부

특허 실시권자가 계약상의 부쟁의무를 부담하지 않는다면 스스로 특허의 무효심판을 제기하는 것이 허용되는지가 문제된다. 이는 주로 실시권자가 특허무효심판 청구의 적격이 있는 이해관계인에 해당하는지의 형태로 논의되어 왔는데, 실시권자가 특허발명을 실시하여 이익을 얻는 한편으로 그 등록무효를 주장하는 것은 신의칙에 반한다는 등의 이유로 청구인 적격을 부인하는 견해도 있으나, 우리나라와 일본의 통설[19]은 실시권자도 무효심판청구를 할 수 있는 것으로 새기며, 일본의 판례[20]는 실시권자의 무효심판 청구권을 인정한다.

살피건대, 무효사유가 있는 특허의 존속을 방지하는 것은 특허제도의 본질에 관련된 공익적 필요에 속하고, 실시권자는 특허의 유효성에 대한 부쟁의무를 부담하는 특약이 없는 이상 특허 무효를 통해 실시료 지급의무를 면하는 등 고유의 이해관계를 가지기 때문에 일반론으로서 실시권자에게 부쟁의무를 인정할 이유는 없다고 본다. 다만, 개별적·구체적 사정에 따라 실시권자가 특허무효를 다투는 것이 신의칙에 반하는 경우가 있을 수 있으나, 이는 사안별로 판단할 문제이다. 우리 대법원 역시 최근 전원합의체 판결[21]을 통해 'ⅰ) 실시권자에게는 실시료 지급이나 실시 범위 등 여러 제한이 부가되는 것이 일반적이므로 무효심판을 통해 이런 제약에서 벗어날 수 있고, ⅱ) 특허에 무효사유가 있는 것으로 생각되어 임의로 실시하고자 하는 사람이라도 일단은 실시권을 설정 받아 실시하면서 추후에 그 무효를 다투기로 하는 경우도 있어, 실시권을 설정 받았다는 것이 곧 해당 특허의 무효 여부를 다투지 않겠다는 의사를 표시한 것으로 단정할 수 없다'고 하면서 실시권자 역시 무효심판을 청구할 수 있는 이해관계인에 해당한다고 판시하였다.[22]

---

19) 송영식 지적소유권법(상), 육법사(2008), 468면, 731면; 中山信弘, 特許法[第二版], 248면.

20) 東京高裁 昭60年 7. 30. 昭和59(行ケ)7 판결.

21) 대법원 2019. 2. 21. 선고 2017후2819 전원합의체 판결.

22) 이 사건에서 특허권자와 실시권자 사이에 명시적인 부쟁약정은 존재하지 않았던 것으로 보인다.

(7) 등록무효심판의 효력

등록무효심판이 확정된 때에는 그 특허권은 처음부터 없었던 것으로 본다(특허법 제133조 제 3 항 본문). 다만, 특허된 후 그 특허권자가 제25조의 규정에 의하여 특허권을 향유할 수 없는 자로 되어 비로소 특허무효의 사유가 생긴 때에는 그에 해당하게 된 때부터 특허가 존재하지 않는 것으로 본다(특허법 제133조 제 3 항 단서).

그 밖에 특허등록무효가 민사상 법률관계에 미치는 효력에 대해서는 제 8 장 X. 4.를 볼 것.

3. 권리범위확인심판

(1) 의의와 성질

권리범위확인심판은 어떠한 기술의 실시형태가 특허등록된 발명의 특허청구범위에 포함되는지 여부를 판단하는 심판을 말한다(특허법 제135조 제 1, 2 항). 이는 단지 발명의 범위라고 하는 사실상태를 확정하는 것이 아니라 그 권리의 효력이 미치는 범위를 대상물과의 관계에서 구체적으로 확정하는 것이다.[23] 특허청구범위는 해석의 대상이 되는 추상적 문언이므로, 구체적으로 특정한 발명의 실시형태가 등록특허의 권리범위에 속하는지 여부는 개별 사안마다 특허청구범위와 실시형태의 구성대비를 통하여 이루어져야 하는데, 그와 같은 역할을 담당하는 것이 곧 권리범위확인심판 제도이다. 이처럼 권리범위확인심판은 개별 실시형태를 대상으로 하지만, 어디까지나 문제된 특허청구범위의 효력범위에 그러한 개별실시형태가 포함되는지 여부를 판단할 뿐 개별 실시행위가 궁극적으로 권리침해를 구성하는 지까지 고려하는 절차가 아니라는 점에 주의를 요한다. 판례[24]는 피고가 실시하는 A'가 A특허청구범위에 속하는지가 문제된 적극적 권리범위확인 사건에서 이 점을 지적하면서, "A특허권은 이미 피고와의 관계에서는 '권리소진 되었으므로' 피고를 상대로 권리범위 확인을 구할 이익이 없다"는 주장을 배척하고 그와 같은 사정은 특허권 침해소송에서 항변으로 주장될 수 있을 뿐이라고 하였다.

23) 대법원 1991. 3. 27. 선고 90후373 판결.

24) 대법원 2010. 12. 9. 선고 2010후289 판결 참조.

(2) 존재 의의 및 침해소송 등과의 관계

실무상으로는 특허 침해로 인한 손해배상 등의 소송 과정에서 선결문제인 특허침해여부를 먼저 확정받기 위하여 권리범위확인심판청구를 제기하는 경우가 대부분이다.[25] 법률적으로 침해소송과 권리범위확인심판 및 그에 대한 불복소송은 별개·독립의 소송으로서 동시에 계속되더라도 중복소송이 아님은 물론, 한쪽의 결론이 다른 쪽에 기속력을 가지지도 아니한다.[26]

(3) 권리범위확인심판의 종류

권리범위확인심판은 특허권자가 주체가 되어 타인의 기술실시가 자신의 특허의 권리범위에 속함을 확인해 달라고 요청하는 적극적 권리범위확인심판과, 타인이 주체가 되어 자신이 실시하는 기술이 등록특허의 권리범위에 속하지 아니함을 확인해 달라고 요청하는 소극적 권리범위확인심판이 있다.

(4) 심판청구의 적법요건

1) 당사자적격

특허권자, 전용실시권자 또는 이해관계인은 권리범위확인심판을 청구할 수 있는 당사자 적격이 있다(특허법 제135조 제1, 2항). 다만, 여기서의 이해관계인은 무효심판에 있어서의 이해관계인보다 그 범위가 좁다. 등록특허의 무효심판은 다분히 대세적, 공익적 성격을 가지므로 그 심판청구를 할 수 있는 자의 범위를 제한할 필요가 적지만 권리범위확인심판청구는 성격상 특정 개인 간의 분쟁을 전제로 하여 그에 대한 대답을 하여 주는 제도이므로 그러한 법률상의 분쟁을 즉시 확정할 만한 구체적인 이익이 필요하기 때문이다.

2) 확인의 이익

㈎ 소멸된 특허에 대한 권리범위확인

특허등록무효심판은 특허권의 소멸 후에도 심판청구가 가능하나(특허법 제133조 제2항), 권리범위확인심판에는 아무런 규정이 없다. 판례[27]는 특허권의

---

25) 일본의 판정제도 : 일본은 종래 우리나라와 같은 권리범위확인심판제도를 두고 있다가 오래 전에 이를 폐지하는 대신 '판정제도'를 신설하였다. 어떤 기술이 특허발명의 기술적 범위에 속하는지 여부에 대한 다툼이 있는 경우 당사자는 특허청에 대하여 이를 판정해 달라는 청구를 할 수 있는데, 판정은 특허청이 행하는 감정으로서 법적 구속력이 없고 따라서 당사자가 이에 불복할 여지도 없다는 점에 특징이 있다.

26) 대법원 2002. 1. 11. 선고 99다59320 판결.

27) 대법원 2021. 4. 29. 선고 2020후11592 판결; 대법원 2010. 8. 19. 선고 2007후2735 판결;

권리범위확인의 심판청구는 현존하는 특허권의 범위를 확정하는 것을 목적으로 하는 것이므로, 일단 적법하게 발생한 특허권이라 할지라도 무효심결이 확정되거나 존속기간이 만료되는 등 특허권이 소멸되었을 경우에는 그 이후에는 권리범위확인의 이익이 없다고 한다. 아울러 판례[28]는 권리범위확인심판이 계속 중 그 대상이 되는 실용신안권이 포기에 의하여 소멸한 경우에도 권리범위확인을 구할 이익이 없다고 한다.

⇨ 대법원 2002. 4. 23. 선고 2000후2439 판결

실용신안권의 권리범위확인심판의 청구는 현존하는 실용신안권의 범위를 확정하려는 데 그 목적이 있으므로, 일단 적법하게 발생한 실용신안권이라 할지라도 그 권리가 소멸된 이후에는 그에 대한 권리범위확인을 구할 이익이 없어진다(대법원 2002. 2. 22. 선고 2001후2474 판결; 2001. 6. 15. 선고 99후1706 판결; 1996. 9. 10. 선고 94후2223 판결 등 참조). 이 사건 실용신안(등록번호 제49770호)에 대한 권리범위확인심판에서 (가)호 고안이 그 권리범위에 속하지 아니한다는 심결이 이루어지고 그 취소를 구하는 이 사건 소에서 원고의 청구가 기각되었는데 이에 대한 상고심 계속 중인 2002. 4. 20. 이 사건 실용신안권은 존속기간이 만료되어 소멸하였으므로, 이 사건 심결의 취소를 구할 법률상 이익이 없어졌고, 따라서 이 사건 소는 부적법하게 되었다. 그러므로 원심판결을 파기하고 이 사건 소를 각하한다.

⇨ 대법원 2010. 8. 19. 선고 2007후2735 판결

특허권의 권리범위확인심판의 청구는 현존하는 특허권의 범위를 확정하려는 데 그 목적이 있으므로, 일단 적법하게 발생한 특허권이라 할지라도 그 권리가 소멸된 이후에는 그에 대한 권리범위확인을 구할 이익이 없어진다. 기록에 의하면, 명칭을 "X선 발생장치 및 이것을 사용한 정전기 제어기"로 하는 이 사건 특허발명(특허번호 제465346호)의 특허청구범위 제 1 항(이하 '이 사건 제 1 항 발명'이라 한다)은 이 사건 소가 상고심에 계속 중이던 2009. 9. 24. 진보성이 인정되지 아니한다는 이유로 그 특허가 무효로 확정되었음을 알 수 있다. 그렇다면 이 사건 제 1 항 발명에 대한 특허권은 처음부터 없었던 것이 되었다고 할 것이다. 이와

대법원 2003. 11. 27. 선고 2001후1563 판결; 대법원 2001. 5. 8. 선고 98후1938 판결; 대법원 1996. 9. 10. 선고 94후2223 판결 등.

28) 대법원 2007. 3. 29. 선고 2006후3595 판결.

같이 이 사건 제1항 발명의 특허권이 소멸된 결과 이 사건 심판의 심결 중 이 사건 제1항 발명에 관한 부분은 그 취소를 구할 법률상 이익이 없어졌다고 할 것이므로 이 사건 소 중 이 사건 제1항 발명에 관한 부분은 부적법하게 되었다.

(나) 당사자의 합의로 인한 확인의 이익 소멸

특허권자와 확인대상발명의 실시자 사이에서 침해와 관련된 민·형사소송을 제기하지 않거나 이미 제기한 소나 고소를 취하하기로 하는 합의가 이루어졌다면 권리범위확인심판을 청구할 이해관계 역시 소멸하여 권리범위확인심판은 부적법하다는 것이 주류적 판례이다.[29] 다만, 구체적 사안에 따라 합의의 내용 및 당사자의 의사해석에 따라 권리범위확인심판 청구의 이익이 여전히 존재한다고 본 예도 있다.

➩ 대법원 2002. 4. 12. 선고 99후2853 판결

피고가 원고의 의뢰를 받고 이 사건 등록고안 제품을 제작하여 원고에게 납품을 하여 오다가 원고와 거래가 중단되어 1996. 1. 11. 위 제품의 제작금형을 반납하고 거래비용을 정산하였으며 1996. 1. 17. 에는 이 사건 등록고안의 침해가 되는 물건에 대하여는 생산하지 않을 것을 약속한 서약서를 원고에게 교부한 사실, 원고는 그 이후 피고가 이 사건 등록고안을 침해하는 물건을 생산, 판매한다는 이유로 제주지방법원에 손해배상청구소송을 제기하여 현재에 이르기까지 이 사건 등록고안에 관한 분쟁이 있어 온 사실을 각 인정한 후, 위 서약서의 취지는 피고가 이 사건 등록고안의 침해가 되는 물품을 생산하지 않겠다는 약속을 한 것에 불과할 뿐, 이 사건 등록고안이 공지공용의 고안으로서 그 권리범위를 인정할 수 없거나 (가)호 고안이 공지공용의 고안이어서 이 사건 등록고안의 침해로 되지 아니하는 경우에까지 (가)호 고안을 생산하지 않겠다는 약속을 한 것으로 볼 수는 없으므로 결국 위와 같은 사정만으로 동종의 영업에 종사하고 있는 피고에게 이 사건 권리범위확인심판을 청구할 이해관계가 없다고 할 수 없다.

(다) 민사소송과 권리범위확인심판의 확인의 이익

판례[30]는, 특허 침해소송이 계속 중이어서 그 소송에서 특허권의 효력이

29) 대법원 1997. 9. 5. 선고 96후1743 판결; 2001. 9. 28. 선고 99후2808판결; 대법원 2007. 5. 11. 선고 2005후1202 판결 등.

30) 대법원 2018. 2. 8. 선고 2016후328 판결.

미치는 범위를 확정할 수 있더라도 이를 이유로 침해소송과 별개로 청구된 권리범위확인심판의 심판청구의 이익이 부정된다고 볼 수는 없다고 한다.

아울러 판례[31]는 상표사건에 관한 것이기는 하나, "법이 권리범위확인심판과 그 심결취소소송을 명문으로 인정하고 있는 이상, 권리범위확인 심판에 불복하는 당사자는 비록 침해사건의 법원이 당해 심판과 같은 내용으로 권리범위를 판단하여 그 판결이 확정된 바 있더라도 당초 권리범위확인심판에 대한 불복소송을 제기할 소의 이익을 여전히 가진다"고 판시하면서, 침해소송이 확정되었다는 이유로 권리범위확인소송의 이익을 부인한 원심판결[32]을 파기환송하였다.

3) 권리 대 권리 간의 권리범위확인심판의 허용 여부

권리 대 권리 간의 적극적 권리범위확인심판 청구는, 상대방의 등록권리를 등록무효절차 없이 사실상 부인하는 것이 되어 부적법하다는 것이 확고한 판례이고,[33] 다만, 양 발명이 이용관계에 있어 확인대상발명의 등록의 효력을 부정하지 않고도 권리범위의 확인을 구할 수 있는 예외적인 경우[34]에는 권리 대 권리 간의 적극적 권리범위확인도 허용된다고 한다.[35]

반면에, 권리 대 권리의 소극적 권리범위확인심판 청구는, 인용된다고 하더라도 청구인의 등록된 권리가 피청구인의 등록된 권리의 범위에 속하지 않음을 확정하는 것일 뿐 이로 말미암아 피청구인의 등록된 권리의 효력을 부인하는 결과가 되지는 않으므로 적법하다는 것이 판례이다.[36]

⇨ 대법원 2007. 10. 11. 선고 2007후2766 판결

특허권의 권리범위확인은 등록된 특허권을 중심으로 어떠한 확인대상발명이 적

31) 대법원 2011. 2. 24. 선고 2008후4486 판결.

32) 특허법원 2008. 10. 10. 선고 2008허6406 판결.

33) 대법원 1986. 3. 25. 선고 84후6 판결; 대법원 1985. 5. 28. 선고 84후5 판결; 대법원 1996. 12. 20. 선고 95후1920 판결; 대법원 2007. 10. 11. 선고 2007후2766 판결; 대법원 2016. 4. 28. 선고 2013후2965 판결 등.

34) 앞서 본 바와 같이 이용발명이 성립하더라도 이용발명이 특허등록되어 있다면 그 등록 자체는 무효로 되는 것이 아니고 다만 그 이용의 한도에서 선행발명에 대한 침해를 구성할 뿐이다.

35) 대법원 2002. 6. 28. 선고 99후2433 판결; 대법원 2016. 4. 28. 선고 2015후161 판결.

36) 대법원 2007. 10. 11. 선고 2007후2766 판결; 대법원 1996. 7. 30. 선고 96후375 판결; 대법원 1992. 4. 28. 선고 91후1748 판결 등.

극적으로 등록 특허발명의 권리범위에 속한다거나 소극적으로 이에 속하지 아니함을 확인하는 것인바, 선등록 특허권자가 후등록 특허권자를 상대로 제기하는 적극적 권리범위확인심판은 등록무효절차 이외에서 등록된 권리의 효력을 부인하는 결과가 되어 부적법하나, 후등록 특허권자가 선등록 특허권자를 상대로 제기하는 소극적 권리범위확인심판은 후등록 특허권자 스스로가 자신의 등록된 권리의 효력이 부인되는 위험을 감수하면서 타인의 등록된 권리의 범위에 속하는지 여부에 대한 판단을 구하는 것이어서 적법하다고 할 것이다.

(5) 확인대상발명의 특정 문제

'확인대상발명'은 명칭의 편의상 '발명'이지만 실질에 있어서는 특허발명의 특허청구범위와 대비되는 구체적 사실로서의 '실시형태'를 의미한다. 특허법은 권리범위확인 심판청구인으로 하여금 확인대상발명을 특정하기 위한 설명서와 필요한 도면을 첨부하도록 하고 있으며(특허법 제140조 제3항), 이는 청구취지의 일부가 된다.

실무상 확인대상발명의 특정은 다음과 같은 단계에 따라 수행된다. 즉, ① 먼저, 확인대상발명이 그 자체로 사회통념상 다른 것과 구별될 수 있도록 특정되어 있는지 확인하고, ② 확인대상발명이 특허발명과 서로 대비할 수 있을 정도록 구체적으로 특정되었는지 확인한 후, ③ (적극적 권리범위확인 심판청구라면) 상대방이 실시하고 있지 않은 발명을 대상으로 한 확인심판청구는 아닌지를 따져보는 것이다. 위와 같은 판단을 순서대로 진행하여 어느 하나에라도 해당하면 해당 심판청구는 부적법한 것이 된다.[37] 그런데 확인대상발명을 특허청구범위의 대응 구성과 비교해 너무 세부적으로 특정하면 향후 심판에서 승소하더라도 상대방이 대응구성의 일부만을 삭제하거나 바꾸는 것만으로 심결의 효력을 벗어날 수 있어 부당하고, 이를 너무 상위개념으로 추상화 하면 향후 확정심결의 효력 범위가 모호해져서 심결이 실효성을 잃게 될 우려가 있다. 결국 이상의 점들을 모두 고려하여 확정심결의 실질적 효력을 담보하고 일사부재리에 저촉되지 않는 합리적 획정(劃定)이 요구된다.

확인대상발명의 특정과 관련하여, 적극적 권리범위확인심판이냐 소극적 권리범위확인심판이냐에 따라 심판청구 적법 여부에 대한 판단 기준이 크게

37) 대법원 2023. 12. 28. 선고 2021후10725 판결.

다르다. 즉, 적극적 권리범위확인심판 청구에서 주장된 실시형태가 피청구인이 실제로 실시하고 있는 형태와 다르다면 심판에서 승소하더라도 피청구인의 실시주장발명을 금지할 수 있는 기판력이 없으므로 결국 심판의 이익이 없다는 것이 판례의 태도이고,[38] 이는 확인대상발명과 실시주장발명이 비록 '요지가 동일한' 관계에 있다고 하더라도 마찬가지라 하므로[39] 결국 확인대상발명은 피청구인의 실제 실시형태와 엄격히 일치하여야만 한다. 반면, 소극적 권리범위확인심판과 관련하여 판례[40]는 '소극적 권리범위확인심판을 청구할 수 있는 이해관계인은 대상물을 현재 제조·판매·사용하는 자에 한하지 아니하고 업무의 성질상 장래에 그러한 물품을 업으로 제조·판매·사용하리라고 추측할 수 있는 자도 포함된다'고 하여 확인대상발명과 실제의 실시발명이 구체적으로 일치하지 않더라도 '장래에 실시할 수도 있는 가능태'라는 관념 아래 비교적 폭넓게 심판청구의 적법성을 인정하고 있다.[41]

판례는,[42] 확인대상발명의 내용이 불분명한 경우 특허심판원은 심판청구의 요지변경이 아닌 한도에서 그 보정을 명해야 하고, 확인대상 발명의 적법한 특정 여부는 특허심판의 적법요건으로서 심판원이나 법원의 직권 조사사항이라고 한다. 한편, 적극적 권리범위확인심판에서 확인대상발명 특정의 어려움을 감안하여 특허법은, 심판청구인이 심판 단계에서 확인대상발명을 피청구인의 실시주장 발명과 일치시키기 위하여 하는 청구서의 보정은 금지의 대상이 되는 심판청구의 '요지변경'으로 보지 아니한다(특허법 제140조 제 2 항 제 3 호).

또한, 판례는[43] 침해로 인한 금지청구 소송에서와 마찬가지로 권리범위확

38) 대법원 2003. 6. 10. 선고 2002후2419 판결; 대법원 2012. 10. 25. 선고 2011후2626 판결.

39) 대법원 1996. 3. 8. 선고 94후2247 판결.

40) 대법원 1987. 7. 7. 선고 85후46 판결; 대법원 1990. 2. 9. 선고 89후1431 판결; 대법원 2000. 4. 11. 선고 97후3241 판결; 대법원 2010. 8. 19. 선고 2007후2735 판결; 대법원 2023. 1. 12. 선고 2020후11813 판결.

41) 그러나 심판청구인이 장래 실시할 예정이라고 주장하면서 특정한 확인대상발명이 특허권의 권리범위에 속하지 않는다는 점에 관하여는 아무런 다툼이 없는 경우라면, 그러한 확인대상발명을 심판대상으로 하는 소극적 권리범위확인심판은 심판청구의 이익이 없어 허용되지 않는다(대법원 2016. 9. 30. 선고 2014후2849 판결).

42) 대법원 2005. 4. 29. 선고 2003후656 판결; 대법원 2013. 4. 25. 선고 2012후85 판결.

43) 대법원 2011. 9. 8. 선고 2010후3356 판결.

인심판에서도 청구취지와 청구원인에서 확인발명의 특정은 개념상 구분된다고 하면서, '청구취지의 확인대상발명은 일사부재리의 효력이 미치는 범위를 명확히 할 수 있을 정도로 사회통념상 다른 물건과 구별될 수 있도록 구체적으로 특정되어야 한다'고 하나, 그 의미가 반드시 명확한 것은 아니다. 금지청구 소송의 청구취지에는 판결의 집행 등에 대비하여 피고 제품을 거래상 명칭, 형식번호 등과 같이 현물(現物) 위주로 특정하되, 청구원인에는 해당 물건의 어느 구성이 청구범위의 어느 구성과 대응하여 침해를 구성하는지를 문장으로 설명하는 일이 흔하다. 그러나 권리범위확인심판은 특정한 실시형태의 개별구성이 특허청구범위의 개별구성과 일대일로 대응하는지 여부를 가리는 절차이므로, 청구취지에서도 거래상 명칭, 형식번호 등과 같은 현물(現物)을 기준으로 특정하는 것은 부적절하고 개별 구성의 일대일 대응을 통한 특정이 필요하며, 그것이 설명서와 도면을 동원해 이루어지게 된다(특허법 제140조 제3항). 결국 위 판례에도 불구하고 권리범위확인심판에서는 청구취지냐 청구원인이냐에 따라 확인대상발명의 특정 방법이 달라진다고 보기는 어렵다.[44]

⇨ 대법원 2013. 4. 25. 선고 2012후85 판결

이 사건 제1항 발명의 구성 1에는 "그물의 상하면에는 제1, 2 로프가 미싱기계에 의해 각각 박음질로 부착되되"라고 되어 있는바, 여기에서 "박음질"의 사전적 의미는 좁게는 '바느질의 하나로서 실을 곱걸어서 튼튼하게 꿰매는 것'이지만, 넓게는 '재봉틀로 박는 일'을 뜻한다. 그런데 이 사건 특허발명의 상세한 설명 …을 참작하면 이 사건 제1항 발명 구성 1에서의 '미싱기계에 의한 박음질'은 '미싱기계의 바늘이 로프와 그물을 상하로 관통하면서 꿰매는 방식'을 의미한다고 봄이 상당하다. 한편 이는 확인대상발명 구성 ⓐ, ⓑ의 '미싱기계에 의해 오버로크 봉제'되는 구성과 대응되는바, 확인대상발명의 위 구성에 관한 설명서에는 그 구체적인 구성에 대하여 아무런 기재를 하지 아니하고 있다. 그런데 오버로크는 흔히 '옷감의 가장자리를 휘감아서 바느질 하는 방법'을 의미하지만, 오

44) 다만, 실효성 측면에서 권리범위확인심판에서도 확인대상발명을 청구취지에서는 거래상 명칭, 형식번호 등과 같이 현물(現物) 위주로 특정하고, 청구원인에서는 청구범위 구성과 대응구성 위주로 특정하는 것이 바람직하다는 실무자들의 제언도 있기는 하다(이혜진, "권리범위확인심판 제도에 대한 검토", 특허법원 개원 20주년 기념논문집, 특허법원(2018), 493~494면; 김동규, "심결취소소송의 절차에 관한 특허법 규정 등의 개선방안" 지식재산과 혁신 제4호, 특허청(2021. 9.), 9~10면 등).

> 버로크 방식이라고 하여 반드시 실이 그물과 로프를 함께 완전히 감싸는 형태로만 결합된다고 볼 수는 없고, 그물의 끝단과 로프가 맞닿은 부분을 따라 미싱기계의 바늘이 로프를 관통하면서 오버로크가 이루어질 수도 있을 뿐만 아니라, 용례에 따라서는 미싱기계에 의해 로프와 그물이 상하 지그재그로 연결된 형상으로 박음질이 이루어지는 것을 오버로크로 지칭하는 경우도 있다고 보인다. 만약 확인대상발명에서의 오버로크 방식이 실이 그물과 로프를 함께 완전히 감싸는 형태로 결합되는 경우를 지칭하는 것이라면, 이 사건 제1항 발명 구성 1의 '미싱기계에 의한 박음질' 방식과는 결합 형태는 물론 결합력과 바늘 파손의 염려 등 그 작용효과에도 차이가 있어 서로 동일하거나 균등한 구성이라고 할 수 없는 반면에, 그 나머지의 경우들을 지칭하는 것이라면 구성 1과 동일하거나 균등한 구성이라고 볼 여지가 있으므로, 결국 확인대상발명은 이 사건 제1항 발명과 대비하여 그 권리범위에 속하는지 여부를 판단할 수 있을 만큼 구체적으로 특정되었다고 할 수는 없다. 그렇다면 특허심판원으로서는 확인대상발명에 대한 보정을 명하는 등의 조치를 취하였어야 함에도 불구하고 본안으로 나아가 심결(2011. 5. 20.자 2010당3081호)에 이른 잘못이 있다 할 것이며, 원심으로서는 당사자의 명시적인 주장이 없더라도 의심이 있을 때에는 이를 직권으로 조사하여 밝혀보았어야 할 것이다.

위 판례는 권리범위확인심판에서 발명의 설명을 참작하여 청구범위에 사용된 용어를 그 사전적 의미보다 좁게 해석한 예를 잘 보여주고 있다.

(6) 권리범위확인 심판에서의 진보성 판단

종래 대법원은, "그 일부 또는 전부가 출원 당시 공지공용인 특허까지 독점·배타권을 인정할 수는 없으므로 이 경우 무효심결의 유무에 관계없이 권리범위를 부정할 수 있다"고 하여, 권리범위확인심판에서 신규성 판단을 인정해왔다.[45] 반면, 권리범위확인심판에서의 진보성 판단에 대하여는 이를 허용한 판례[46]와 부정한 판례[47]가 혼재하고 있었는데, 대법원은 2014. 3. 20. 선고 2012후4162 전원합의체 판결에서 이를 부정하는 것으로 입장을 통일하였다.

45) 대법원 1983. 7. 26. 선고 81후56 전원합의체 판결; 대법원 1998. 12. 22. 선고 97후1016, 1023, 1030 판결 등.

46) 대법원 1991. 3. 12. 선고 90후823 판결; 대법원 1991. 12. 27. 선고 90후1468, 1475(병합) 판결; 대법원 1997. 7. 22. 선고 96후1699 판결; 대법원 1998. 2. 27. 선고 97후2583 판결 등.

47) 대법원 1992. 6. 2.자 91마540 결정; 대법원 1998. 10. 27. 선고 97후2095 판결; 대법원 1998. 12. 22. 선고 97후1016, 1023, 1030 판결 등.

그 주된 논거로는 ⅰ) 권리범위확인심판은 오로지 확인대상발명이 특허권의 효력이 미치는 객관적인 범위에 속하는지 여부를 확인하는 심판이므로, 그 절차에서 특허발명의 진보성 여부를 판단하는 것은 제도의 본질에 반한다는 점, ⅱ) 권리범위확인심판에서 진보성을 판단할 수 있게 하면 특허의 무효가 마치 선결문제처럼 다루어져 특허법이 마련하고 있는 무효심판제도의 본래적 기능을 약화시킬 우려가 있다는 점 등이 제시되었다.

그러나 이에 대하여는, 특허의 무효사유 가운데 신규성 부재와 진보성 부재를 구별할 필연적 근거가 없고, 대법원이 침해소송에서는 진보성 부재를 이유로 한 권리남용의 항변을 인정하는 것과 균형이 맞지 않으며, 동일한 특허에 대하여 침해소송과 권리범위확인 심판의 결론이 상충할 수 있고 분쟁의 1회적 해결 등 당사자 이익에 저촉된다는 등의 문제가 있다.[48] 판결의 논거 중 ⅱ)와 관련해서는 다음과 같은 비판도 가능하다. 당해 발명에 진보성이 없어 무효라고 생각하는 이해관계인이라면 어차피 소극적 권리범위확인 심판을 청구하기보다는 궁극적·대세적으로 특허권을 부정할 수 있고 그로 인해 특허권자와의 사이에서 훨씬 높은 협상력을 가질 수 있는 무효심판 청구를 선호할 가능성이 높다. 따라서 권리범위확인 심판에서 진보성 판단을 허용하는지 여부가 무효심판에 미치는 영향은 소극적 권리범위확인 심판과 관련해서는 생각보다 크지 않을 것이다. 반면에, 적극적 권리범위확인 심판에서 진보성 판단을 허용치 않는다면, 특허권자로서는 자유롭게 적극적 권리범위확인 심판을 청구하더라도 그 절차에서 상대방의 진보성 부재 주장으로 특허가 무효라는 판단을 받게 될 위험이 사라지고, 이는 적극적 권리범위확인 심판절차를 이용하는데 강한 매력요인이 될 것이다. 요컨대 위 전원합의체 판결은 무효심판 절차의 유지·활성화에 기여하는 면보다는 적극적 권리범위확인 심판을 중심으로 권리범위확인 심판제도의 활성화에 봉사하는 면이 더 큰 것으로 보인다. 결국 위 전원합의체 판결은 앞서 본 법리상 문제점을 감수하면서 필요 이상으로 권리범위확인 심판제도의 독자성을 강조한 결과가 되었다.

그런데 위 전원합의체 판결 이후에도 판례[49]는 권리범위확인심판에서 피고는 특허권 침해소송에서와 마찬가지로 자신의 실시형태가 선행의 자유기술

48) 실제로 위 전원합의체 판결의 반대의견은 이러한 점들을 상세히 거론하고 있다.

49) 대법원 2017. 11. 14. 선고 2016후366 판결; 대법원 2018. 7. 24. 선고 2016후2904 판결.

로부터 용이하게 이를 수 있는 것이어서 원고 특허발명의 권리범위에 속하지 않는다고 다투는 것이 허용되며, 이는 침해의 형태가 문언침해인 경우에도 마찬가지라고 판시하였다. 이는 실질적으로 해당 발명에 진보성 부재로 인한 무효사유가 있다는 항변과 다르지 않은 바, 권리범위확인심판에서 진보성 부재를 이유로 한 무효여부를 판단할 수 없다고 한 위 전원합의체 판결은 이로써 그 입지가 극도로 축소되었다고 할 수 있다.

4. 정정심판

(1) 의의 및 제도의 취지

정정심판은 등록된 특허의 청구범위를 감축하거나, 명세서나 도면에 잘못이 있거나 그 기재 내용이 불분명한 경우에 특허권자가 이를 바로잡기 위하여 청구하는 심판이다(특허법 제136조).

특허청구범위가 지나치게 넓게 기재되어 있거나, 잘못 기재되어 있거나, 분명하지 않게 기재되어 있어 등록무효로 될 처지에 놓인 권리자로서는 뒤늦게나마 명세서의 기재나 도면을 바로잡아 등록무효를 면할 필요가 있고, 한편으로 그와 같이 명세서나 도면에 잘못이 있거나 그 기재내용이 명확하지 않아 특허발명의 유·무효가 문제되는 상태로 두는 것은 제 3 자에게도 바람직하다고 할 수 없다. 다만, 명세서나 도면의 정정에 소급효가 있는 이상, 이를 함부로 허용하는 것은 특허에 대한 공적 신뢰나 제 3 자의 권리안전을 해칠 수 있다. 따라서, 특허법은 일정한 요건과 제한 하에서만 특허의 정정을 허용하고 있다.

실무상, 특허의 정정심판은 등록무효심판이 제기된 경우, 종래 넓은 범위의 특허청구범위를 가지고 있던 특허권자가 이를 감축함으로써 등록무효를 피하기 위한 방어수단으로서 널리 사용되고 있으며, 그로 인한 절차 지연이나 최초 명세서 기재의 부실화를 조장하는 부작용도 없지 않은 실정이다.

(2) 정정심판청구의 요건

1) 시　　기

특허가 존속하고 있는 동안은 물론, 특허가 존속기간 만료나 특허료 미납 등의 이유로 인하여 이미 소멸하였더라도 정정심판청구를 할 수 있다(특허법

제136조 제7항 본문).[50] 다만, 특허취소결정이 확정되거나 특허가 등록무효심판의 확정을 통하여 소멸된 경우에는 특허권은 소급하여 존재하지 않은 것이 되므로 정정심판을 청구할 여지가 없고(특허법 제136조 제7항 단서),[51] 특허취소신청이 제기되어 확정 전이거나, 특허무효심판이나 정정의 무효심판이 특허심판원에 계속 중인 경우에는 별도의 정정심판을 청구할 수 없으며(특허법 제136조 제2항), 특허취소신청 절차나, 특허무효심판이나 정정의 무효심판에서 정정청구만을 할 수 있을 뿐이다(특허법 제132조의3 제1항, 제133조의2 제1항, 제136조 제2항, 제137조 제3항).

한편, 특허무효심판이나 정정 무효심판의 심결에 대한 불복소송이 특허법원에 계속 중인 경우에는 그 변론종결일까지 정정심판을 청구할 수 있다(특허법 제136조 제2항 제1호 단서).[52]

---

50) 특허권이 소멸한 후에도 정정청구를 할 수 있도록 한 것은, 제3자가 특허권이 존속기간의 만료, 등록료의 불납 등의 사유로 소멸한 후에도 등록무효심판청구를 할 수 있도록 한 것에 대응하여 특허권자로 하여금 그에 상응하는 방어수단을 마련해 주기 위한 것이라고 설명되고 있다. 이미 특허권은 소멸하였더라도 그 소멸 전에 이루어진 침해로 인한 손해배상청구권은 특허권의 소멸과 관계없이 이미 발생하여 존속하고 있는 것이므로 침해자로서는 그와 같이 현존하는 손해배상청구권의 행사로부터 자신을 방어하기 위하여 소멸한 특허가 본래 무효사유를 안고 있었다는 점을 주장·증명할 필요가 있다는 점은 수긍될 수 있다. 그러나 그에 대응하여, 이미 소멸한 특허 명세서 내용을 사후에 정정한다는 것은 정정의 대상이 이미 존재하지 않는다는 점을 생각하면 이치상 납득하기 어려운 면이 있다.

51) 따라서 소급효가 없는 무효(특허법 제133조 제1항 제4호의 사유에 의한 무효)심판에 대하여는 확정 후에도 정정심판을 청구할 수 있다.

52) 이는 2017년 특허법에 새로 추가된 내용이다. 이처럼 특허법원 변론종결 시까지 정정심판을 허용하는 이유는, 종래 특허법원이 무효심판에 대한 불복소송 중에 해당 특허에 대하여 정정심판이 제기되면 우선 정정심판의 결과를 지켜본 뒤 그에 따라 무효사건을 처리하거나, 두 심판에 대한 불복소송을 동시에 심리하여 결론을 내는 실무관행을 유지해 오고 있어 일회적 해결이 가능하고 결론의 저촉위험이 적기 때문이다. 한편, 위 단서 규정을 도입한 보다 근본적인 이유는, 대법원에서 무효사건의 상고심 진행 중에 정정심판청구가 이루어져 인용 · 확정되면, 판결의 대상이 소급적으로 변경된 것이라는 이유로 원판결이 파기 · 환송되는바(뒤에서 설명하는 '정정심결의 효과' 부분 참조), 그로 인한 절차의 지연과 혼란을 원천봉쇄하기 위해 아예 상고심 단계에서는 정정심판청구를 금지하기 위한 것이라고 한다(특허청, 특허법 일부개정안 설명자료). 그러나 특허법원의 변론 종결 시까지의 정정심판청구는 어차피 인정되어 오던 것이고, 단지 이를 재확인하는 내용의 단서를 추가한 것만으로 당연히 '무효심판에 대한 소가 대법원에 계속 중인 때에는 해당 특허에 대한 정정심판청구가 허용되지 않는다'는 해석으로 연결되는지 의문이며, 그 불명료성으로 인해 입법기술상으로는 재고(再考)의 여지가 있는 규정형태라 생각된다. 한편, 뒤에서 보는 대로

⇨ 대법원 2005. 3. 11. 선고 2003후2294 판결

구 특허법(1990. 1. 13. 법률 제4207호로 전문 개정되기 전의 것) 제63조 제 8 항에서 "정정허가심판은 특허권이 소멸된 후에도 청구할 수 있다. 다만, 제97조 제 1 항 제 1 호의 심판에 의하여 무효가 된 후에는 예외로 한다"고 규정한 것은 유효하게 존속하였던 특허권이 존속기간의 만료, 등록료의 불납 등의 사유로 소멸한 후에도 특허를 무효로 할 수 있도록 한 규정(같은 법 제69조 제 4 항)에 대응하여, 특허권자에게 정정에 의하여 특허의 무효사유를 소급적으로 해소할 수 있는 권한을 예외적으로 부여한 것이고, 위 규정의 단서 조항은 그러한 취지에서 무효심결이 확정된 경우 더 이상 정정을 할 수 없다는 취지를 명확히 한 것일 뿐, 무효심결의 확정 전에 청구된 정정의 허가 여부를 판단하여야 한다는 취지의 규정이라고 할 수는 없다.

2) 주 체

정정심판청구권자는 특허권자이다. 다만 특허권자는 전용실시권자, 질권자 및 제100조 제 4 항, 제102조 제 1 항 및 발명진흥법 제10조 제 1 항에 따른 통상실시권자의 동의를 얻지 않으면 정정심판청구를 할 수 없다(특허법 제136조 제 8 항 본문). 당해 발명의 특허청구범위가 어떻게 달라지는지에 따라 실시권의 내용이나 담보가치가 달라지기 때문에 이해관계인인 이들의 동의를 얻어야만 정정심판청구를 할 수 있도록 한 것이다. 단, 위 동의권자들이 스스로 무효심판을 청구한 경우라면 특허권자는 그들의 동의 없이도 정정심판을 청구할 수 있다(특허법 제136조 제 8 항 단서). 한편으로, 실시권자로서는 특허가 무효로 되면 실시료 지급의무를 면하고 동일한 기술에 대한 자유실시가 가능해지기 때문에 정정심판에 동의하지 않거나 특허권자와의 실시계약의 내용을 자신에게 유리하게 변경하는 것 등을 조건으로 내세울 가능성도 있다. 이 경우 특허권자로서는 적시에 청구범위를 감축 정정함으로써 무효를 면할 수 있음에도 그러한 기회를 박탈당할 위험에 빠지거나 부당하게 불리한 내용으로 실시계약을 변경해야 하는 수가 있다. 일본에는 이처럼 양자의 대립하는 이해관계를 조절하기 위하여, 입법론으로서 합리적 이유가 있으면 약정실시권자의 동의 없이

대법원은 이 규정의 해석론과 별개로 2020년 전원합의체 판결을 통해, '사실심 변론 종결 이후 정정이 확정되더라도 상고심에 계속 중인 해당 특허권의 효력에 관한 재심 사유를 구성하지 않는다'고 하여 이 문제의 일각을 판례로써 해결하였다.

도 정정심판청구가 가능하도록 하되, 특허청구범위 감축에 따른 실시권자의 불이익은 실시료 감액청구권, 경우에 따른 계약 해제권이나 손해배상청구권 등을 통해 해결하는 것이 옳다는 견해가 있고,[53] 실시권자가 약정을 통해 특허의 유효에 대한 부쟁의무를 부담하고 있으면서도 정정심판청구에 동의하지 않는 것은 신의칙에 반하여 허용되어서는 안 된다는 견해[54]도 있다.

3) 실체상의 적법요건

정정심판청구는 ① 특허청구범위를 감축하는 경우, ② 잘못 기재된 사항을 정정하는 경우, ③ 분명하지 아니하게 기재된 사항을 명확하게 하는 경우에 한하여 할 수 있다(특허법 제136조 제1항). 또한, ④ 명세서 또는 도면의 정정이 신규사항추가에 해당하여서는 아니 되고[55](특허법 제136조 제3항 본문), ⑤ 명세서 또는 도면의 정정을 통하여 특허청구범위를 실질적으로 확장하거나 변경하는 것이어서는 아니된다(특허법 제136조 제4항). 마지막으로, ⑥ 특허청구범위를 감축하는 정정과, 잘못된 기재를 바로잡는 정정은 정정 후의 청구범위에 기재된 사항이 특허출원을 하였을 때에 이미 특허받을 수 있는 것이어야 한다(특허법 제136조 제5항). 이는 정정된 청구항을 상대로 새로운 무효심판이 청구되고, 다시 그에 상응하는 만큼만 청구항을 감축 정정하는 일이 반복되는 것을 막기 위해 심판관이 정정허부 단계에서 미리 가능한 무효사유를 스스로 찾아 적용하는 것이다. 그 결과 특허권자는 아예 처음부터 가능한 최대한도로 특허청구범위를 감축하여 1회에 정정을 마무리 지어야 할 필요를 느끼게 된다.

➾ 대법원 2005. 9. 30. 선고 2004후2451 판결

구 특허법(1997. 4. 10. 법률 제5329호로 개정되기 전의 것) 제136조 제1항 제2호의 '오기의 정정'이라 함은 '명세서 또는 도면 중의 기재 내용이 명세서 전체의 기재에 비추어 보아 명백히 잘못 기재된 것을 본래의 올바른 기재로 정정'하는

53) 野口良光 著, 石田正泰 補訂, 特許實施契約の實務(改訂增補版), 發明協會(2002), 130면.

54) 牧野利秋 등 編, 知的財産法の理論と實務 特許法[1], 400면.

55) 여기에서 신규사항추가 여부의 판단 대상이 되는 것은 '정정심판 청구 당시의' 명세서 및 도면이다. 따라서, 출원 이후 보정이나 정정을 한 사실이 있더라도 그것이 적법하여 받아들여진 이상 문제가 되지 아니한다. 그러나 잘못된 기재의 정정(특허법 제136조 제1항 제2호)인 경우에는 정정심판 청구 당시의 명세서 및 도면이 아니라 '최초출원 당시의' 명세서 및 도면이 기준이 된다(특허법 제136조 제3항 단서).

것을 의미하는바, 원심이, 원고가 이 사건 정정심판청구에 의하여 명칭을 '신규 종말분화의 잠재성 유도체 및 그것의 이용방법'으로 하는 이 사건 특허발명(특허번호 제263264호)의 특허청구범위에 추가하고자 하는 특허청구범위 제34항 내지 제37항은 이 사건 특허발명의 출원과정에서 1997. 10. 2. 자 보정에 의하여 그 특허청구범위에 추가되었다가 1999. 10. 30. 자 보정에 의하여 누락된 사실, 그 후 2000. 1. 24. 자 보정에서도 이에 관하여 아무런 언급 없이 다른 청구항에 대하여만 보정이 된 후에 이 사건 특허발명에 대한 특허등록이 이루어진 사실을 인정한 다음, 위 특허청구범위 제34 내지 제37항을 추가하는 형태의 정정은 등록된 특허청구범위에서 탈루된 청구항을 새로이 추가하는 것이어서 오기의 정정에 해당하지 아니한다고 본 것은 정당하다.

⇨ 대법원 2014. 5. 16. 선고 2012후238 판결

의약용도발명에서는 특정 물질과 그것이 가지고 있는 의약용도가 발명을 구성한다. 약리기전은 특정 물질에 불가분적으로 내재된 속성에 불과하므로, 의약용도발명의 특허청구범위에 기재되는 약리기전은 특정 물질이 가지고 있는 의약용도를 특정하는 한도 내에서만 발명의 구성요소로서 의미를 가질 뿐, 약리기전 그 자체가 특허청구범위를 한정하는 구성요소라고 볼 수 없다.

… 피고들은 이 사건 특허발명 중 특허청구범위 제 1 항의 '앨러지성 안질환을 치료하기 위한 국소적으로 투여할 수 있는 안과용 조성물'을 '인간 결막 비만세포를 안정화하여 인간에서 알러지성 결막염을 치료하기 위한 국소 투여 안과용 조성물'로 정정하는 내용으로 이 사건 정정청구를 하였다. … 그런데 이 사건 제1항 발명의 유효성분 중 하나인 올로파타딘은 그 고유한 특성으로서 '항히스타민' 약리기전과 '인간 결막 비만세포 안정화' 약리기전을 가지는 것이고, 위 두 가지 약리기전은 모두 올로파타딘에 불가분적으로 내재되어 올로파타딘이 '인간 알레르기성 결막염 치료'의 의약용도로 사용될 수 있도록 하는 속성에 불과하다. 따라서 이 사건 정정청구에서 부가된 '인간 결막 비만세포 안정화'라는 약리기전은 올로파타딘의 '인간 알레르기성 결막염 치료'라는 의약용도를 특정하는 이상의 의미를 갖지 아니한다. 그렇다면 이 사건 정정청구는 전체적으로 특허청구범위에 '인간 알레르기성 결막염 치료'라는 의약용도를 부가하면서 '인간 결막 비만세포 안정화'라는 약리기전을 덧붙여 동일한 의약용도를 또다시 기재하는 내용으로 되어 있어, 특허법 제136조 제 1 항 각 호에서 특허발명의 명세서 등에 대하여 정정심판을 청구할 수 있는 요건으로 정한 특허청구범위를 감축하는 경우, 잘못 기재된 것을 정정하는 경우, 또는 분명하지 아니하게 기재된 것을 명확하게 하는 경우에 해당한다고 볼 수 없다.

4) 정정과 보정의 적법요건 대비

정정의 요건 가운데 ① 내지 ④는 대체로 보정의 적법요건과 동일하므로 앞서 '명세서의 보정'에서의 설명으로 갈음한다. 다만 ①과 관련하여 보정에서는 '청구항을 한정 또는 삭제하거나 청구항에 부가하여 청구범위를 감축하는 경우(특허법 제47조 제3항 제1호)'로 되어 있어 특허청구범위 감축의 유형이 보다 구체적으로 적시되어 있는 차이가 있다. 한편, 2009년 특허법이 보정의 요건을 완화하면서 보정에서는 ⑤, ⑥의 요건을 삭제함에 따라 이는 정정의 적법요건으로만 남게 되었다.

㈎ **명세서 또는 도면의 정정을 통하여 특허청구범위가 실질적으로 확장되거나 변경되지 않을 것**(특허법 제136조 제4항)

예컨대, 발명의 설명에 'a+b+c의 구성요소로 이루어진 장치'가 기재되어 있고 청구범위는 'a+b로 이루어진 장치'로 기재하였다가, 정정을 통하여 청구범위를 'a+b+c로 이루어진 장치'로 바꾸는 경우, 청구범위가 감축된 것이기는 하지만,[56] 위 정정은 종래의 청구범위에는 없었던 구성요소 c를 특허청구범위에 추가시켜 유기적 일체를 이루게 한 것이고, 이로 인하여 정정 전 청구범위가 가진 발명의 '구체적 목적'이 달라지게 되면 청구범위가 실질적으로 변경된 것으로 본다.[57] 일본에서도, 발명의 목적·구성·효과가 명세서의 필수기재사항으로 되어 있다는 점을 근거로, 보정을 통하여 특허청구범위가 실질적으로 변경된 것인지 여부를 판단하는 가장 중요한 기준은 보정을 거친 특허청구범위의 내용이 '최초출원서의 특허청구범위가 내포하고 있는 발명의 구체적 목적의 범위 내에 있는지' 여부라고 한다.[58]

보정의 허용 범위를 어떻게 설정할 것인지는 '기술적 의미 있는 발명을 한 출원인에게 그에 부합하는 권리를 부여한다'는 실체적 가치와 '신속하고 적절

56) 최초 명세서에 a+b+c의 구성요소가 나타나 있었으므로 특허청구범위에 c를 추가하는 것이 신규사항의 추가가 아님은 분명하고, 출원인으로서는 'a와 b'의 구성요소만 포함하고 있는 장치라면 모두에 대하여 특허권의 권리범위를 주장할 수 있었으나, 보정을 통하여 'a와 b, 그리고 c까지' 모두 포함하고 있는 장치에 대해서만 권리범위를 주장할 수 있게 되는 것이므로 형식상 특허청구범위는 정정을 통하여 감축된 것이다.

57) 구 특허청 심사지침서(2008), 제4부 제2(B)장 제5절 3.2.3. 참조; 구체적 예로는 대법원 2005. 4. 15. 선고 2003후2010 판결 참조.

58) 中山 編, 注解(下), 1363면.

한 심사의 진행을 도모하고 출원인이 보정제도를 악용하거나 절차를 지연시키는 수단이 되지 못하도록 한다'는 절차적 가치 사이에서 타협점을 찾는 문제이기도 하다. 이를 잘 보여주는 것이 '명세서 또는 도면의 보정을 통하여 특허청구범위가 실질적으로 확장되거나 변경되어서는 아니 된다'는 종래의 제한규정을 둘러싼 논의이다. '특허청구범위의 실질적 변경'이라는 것은 그 개념이 불명확할 뿐 아니라 실제로 그러한 보정은 '특허청구범위의 감축보정'에 해당하는 경우가 허다하다. 위와 같이 특허청구범위의 감축임이 명백한 보정까지 '청구범위의 실질적 변경'이라는 이유로 허용하지 않는다면 사실상 가능한 보정의 여지가 매우 축소되어 출원인의 권리를 필요 이상으로 해칠 우려가 있다. '실질적 변경'에 해당하는 보정을 허용하지 않은 이유로는, ⅰ) 이를 통해 때늦은 보정을 엄격히 통제함으로써 출원인이 심사과정에서 적절한 감축보정을 게을리 하며 절차를 지연시키는 것을 방지할 수 있고, ⅱ) 당초 출원인이 'a+b'와 같이 넓은 청구범위의 출원을 하였으나 이미 'a+b'로 이루어진 공지기술이 존재하는 경우, 제3자로서는 위 출원이 공지기술 때문에 결국 등록거절될 것으로 믿고 'a+b+c' 구성의 실시할 수 있는바, 사후에 출원인이 감축보정을 통해 'a+b+c'의 특허를 획득하면 결과적으로 제3자의 실시형태가 특허침해를 구성하게 되며, 이는 제3자가 출원과정에서 얻게 된 신뢰에 반한다는 점 등이 거론되고 있었다. 그러나 위 ⅰ) ⅱ)의 어느 논거도 기술적 가치가 있는 발명을 한 출원인에게 그에 합당한 권리를 부여하여야 한다는 특허법 본래의 당위에 앞설 수는 없는 것들이다. 2009년 이후 특허법은 위와 같은 비판을 수용하여 적어도 출원인이 아직 권리를 취득하기 이전인 '보정' 단계에서는 명확히 특허청구범위의 감축에 해당하는 이상 '실질적 변경'을 이유로 함부로 보정을 배척하지 못하도록 제도를 개선하였다. 한편 출원인이 이미 획득한 권리를 사후에 '정정'을 통하여 변경하는 국면에서는 그러한 공시를 신뢰하여 권리관계를 형성한 제3자가 있을 가능성이 매우 크기 때문에 그 허용에 '보정'보다 한층 더 엄격한 기준을 적용할 필요가 있다. '특허의 정정'에 관하여는 '특허청구범위의 실질적 변경 금지' 원칙이 여전히 유효한 이유가 여기에 있다.

그 밖에 '명세서 또는 도면의 정정을 통하여 특허청구범위가 실질적으로 확장되거나 변경되는' 예로서, 발명의 설명 기재를 정정하고 이로 인하여 특허청구범위에 사용된 용어의 해석에 영향을 줌으로써 특허청구범위가 형식상으로는 변함이 없으나 그 내용이 실질적으로 확장, 변경되는 경우도 생각할 수 있다.[59]

판례[60]는 실질적 변경이 아니기 위해서는, i) 특허청구범위의 정정이 청구범위의 감축에 해당될 것, ii) 발명의 목적이나 효과에 어떤 변경이 없을 것, iii) 발명의 설명 및 도면에 기재되어 있는 내용을 그대로 반영한 것이어서 제3자에게 불측의 손해를 줄 염려가 없을 것을 들고 있다.

⇨ 대법원 2005. 4. 15. 선고 2003후2010 판결(정정으로 인하여 청구범위가 실질적으로 확장·변경된다고 한 예)

이 사건 등록고안은 그 실용신안등록 청구범위에 기재된 "금속제로 된 이음쇠 몸체의 일측에 형성된 끼움홈에 합성파이프가 끼움 걸림되는 걸림부의 주면에 있어서, 걸림부의 주면에 다수의 링홈을 형성하여 이 링홈에 내열성 수지로 된 오링을 끼움한" 구성만을 필수구성요소로 하는 고안으로서, 위 필수구성요소만으로는 고온·고압에서 사용되는 합성파이프 이음쇠의 "수밀효과(水密效果)"를 높이는 목적 및 효과를 달성할 수 있을 뿐임에 반하여, 정정 후의 이 사건 등록고안은 이 사건 등록고안의 필수 구성요소에 "끼움홈 내측단에 형성된 요홈과 위 요홈에 끼워지는 절연링"이라는 구성을 추가함으로써 "전식현상방지(電蝕現象防止)"라는 새로운 목적 및 작용효과를 갖게 되었는바, 이 사건 등록고안의 명세서 또는 도면에는 불명료한 기재가 존재하지 아니하고, 이 사건 등록고안의 상세한 설명 및 도면에는 정정 후의 이 사건 등록고안의 실용신안등록 청구범위에 새로이 추가된 구성과 그로 인한 작용효과에 관한 내용이 기재되어 있기는 하지만, 이 사건 등록고안의 명세서 전체 내용과 관련하여 볼 때 위 기재 내용은 원고가 이 사건 등록고안의 출원에 앞서 출원한 다른 고안의 구성 및 작용효과에 관한 설명에 불과하여 이 사건 등록고안의 구성 및 작용효과로 볼 수 없고, 이와 같은 정정은 제3자에게 예측하지 못한 손해를 입힐 가능성도 배제할 수 없으므로, 이는 실용신안등록 청구범위의 실질적 변경에 해당하여 허용할 수 없다.

⇨ 대법원 2011. 12. 13. 선고 2011후2060 판결(정정으로 인하여 청구범위가 실질적으로 확장·변경되지 않는다고 한 예)

정정사항 2에 의하여 추가된 내용은 이 사건 특허발명의 명세서 중 발명의 상세

59) 中山信弘·小泉直樹 編, 新·注解 特許法 [第2版](下), 青林書院(2017), 2564면.

60) 대법원 2011. 12. 13. 선고 2011후2060 판결; 대법원 2017. 3. 22. 선고 2016후342 판결; 대법원 2019. 2. 28. 선고 2016후403 판결.

한 설명에 기재되어 있던 '침체의 기능'을 특허청구범위에 추가한 것에 불과하고, 이 사건 특허발명의 특허청구범위 제 1 항 내지 제 4 항에는 '침체'의 구성이 이미 기재되어 있다. 결국 위 정정사항 2는 이 사건 특허발명의 명세서 중 발명의 상세한 설명에 있던 '침체의 기능'을 특허청구범위에 기재하여 이미 특허청구범위에 기재되어 있던 '침체'의 기능을 명확하게 한 것에 불과할 뿐 정정 전의 명세서에 없던 새로운 구성을 특허청구범위에 추가한 것이라고 할 수 없다. 또한 위 정정사항 2의 정정으로 인하여 정정 전 침체가 가지고 있던 목적 및 효과를 벗어나 새로운 목적 및 효과가 발생하였다고 볼 수 없고, 제 3 자에게 예상하지 못한 손해를 입힐 염려가 있다고 볼 수도 없다. 따라서 위 정정사항 2는 특허청구범위를 실질적으로 확장하거나 변경한 경우에 해당되지 아니한다.

㈏ 정정 후 청구범위에 기재된 사항이 특허출원을 하였을 때에 특허를 받을 수 있을 것(특허법 제136조 제 5 항)[61]

특허권자가 특허등록무효를 피하기 위하여 정정심판청구를 하고 그 청구가 받아들여지면 정정의 소급효에 의하여 특허는 정정된 내용대로 출원 및 등록된 것으로 보게 된다(특허법 제136조 제10항). 그러나 위와 같이 정정된 내용의 특허에 대하여 다시 등록무효심판이 제기되고 실체심사를 한 결과 역시 무효사유가 있는 것으로 판명된다면 결국 정정은 무용한 절차를 진행한 것에 지나지 않게 된다. 한편으로는 특허권자가 등록특허의 무효확정을 지연시키기 위해 정정심판 청구를 반복하는 형태로 제도를 악용할 가능성도 있다. 그러한 폐단을 막기 위하여 특허법은 아예 정정심판청구의 요건으로서 '정정 후 특허청구범위에 기재된 사항이 출원시에 특허를 받을 수 있을 것'을 요구하고, 정정심판 단계에서 특허성까지 판단하여 그 요건을 충족하지 못하면 아예 정정청구를 받아들이지 않도록 한 것이다. 한편, 특허등록무효심판에서 행하는 특허의 정정청구에 관하여는 독립특허요건인 특허법 제136조 제 5 항이 준용되지 않는다(특허법 제133조의2 제 6 항). 등록무효심판에서 정정청구가 있으면 독립특허요건을 별도로 요구할 필요 없이 정정을 받아들인 다음 정정 후의 청구항이 특허 무효사유에 해당함을 판단하면 어차피 1회적 해결이 가능하기 때문이다.[62]

61) 특허청구범위를 감축하는 정정과 잘못 기재된 것을 바로잡는 정정에 한한다.
62) 특허법원, 지적재산소송실무(제 4 판), 379면.

(3) 의견제출 기회의 부여

심판관은 정정심판청구가 ① 특허청구범위를 감축하는 경우, ② 잘못된 기재를 정정하는 경우, ③ 분명하지 아니한 기재를 명확하게 하는 경우에 각 해당하지 않거나 ④ 명세서 또는 도면의 정정이 신규사항추가에 해당하거나, ⑤ 명세서 또는 도면의 정정을 통하여 특허청구범위가 실질적으로 확장 또는 변경되거나, ⑥ 특허청구범위를 감축하는 정정과, 잘못된 기재를 정정하는 정정에 있어 정정 후의 특허청구범위에 기재된 사항이 특허출원을 한 때에 이미 특허받을 수 없는 경우에는 이를 통지하고 청구인에게 일정한 기간을 정하여 의견을 제출할 기회를 부여하여야 한다(특허법 제136조 제6항). 정정심판이나 그 심결취소소송에서 정정의견제출 통지서를 통하여 심판청구인에게 의견서 제출 기회를 부여한 바 없는 사유를 들어 정정심판청구를 기각하는 심결을 하거나, 심결취소청구를 기각하는 것은 위법하다. 정정심판을 기각하는 이유가 선행고안에 의하여 고안의 진보성이 부정된다는 취지라면 특허청장이 취소소송절차에 이르러 비로소 제출한 자료들은, 선행고안을 보충하여 출원 당시 해당 고안과 동일한 기술분야에 널리 알려진 주지관용기술을 증명하기 위한 것이거나, 정정의견제출 통지서에 기재된 선행고안의 기재를 보충 또는 뒷받침하는 것에 불과한 경우라고 인정될 때만 판단의 근거로 삼을 수 있다.[63] 청구인은 의견제출 기회부여에 응하여 정정심판 청구서에 첨부한 정정 명세서나 도면의 내용을 요건에 맞도록 다시 손볼 수 있다(특허법 제136조 제11항).

(4) 정정심결의 효과

1) 정정의 소급효

특허심판원은 심리 결과 정정심판 청구가 이유 있는 경우에는 정정심결을 하게 되고, 위 심결이 확정되면 그 정정 후의 명세서 또는 도면에 의하여 특허출원, 출원공개, 특허결정 또는 심결[64] 및 특허권의 설정등록이 된 것으로 본다(특허법 제136조 제10항).

다만, 침해자가 정정 전의 특허를 침해하였고 특허법 제130조에 의하여

63) 대법원 2019. 7. 25. 선고 2018후12004 판결.

64) 여기서의 심결은 등록거절결정에 대한 불복심판청구에서 특허를 등록하기로 하는 심결을 의미한다고 해석된다(일본 특허법 제128조 참조).

그 침해에 과실이 추정되는 마당이라면, 비록 그 뒤 당해특허에 대한 정정심결이 확정되더라도 어차피 정정을 전후한 특허청구범위에는 실질적 변경이 없는 것이므로 위와 같은 침해의 과실추정 역시 변화가 없다.[65)]

한편, 특허법원에 등록무효심판이 계속 중에 정정심결이 확정되면 특허법원은 그 소급효에 따라 정정된 특허청구범위를 대상으로 하여 심리를 계속하는 것이 실무의 추세인 것으로 보인다.[66)]

2) 정정심결의 확정이 다른 절차에 미치는 영향

㈎ 특허 무효심판 사건에 미치는 영향

종전에 대법원은 특허 무효소송이 상고심에 계속 중이거나 특허권 침해를 원인으로 하는 손해배상 사건에서 특허 무효 사유가 있다는 이유로 청구를 기각한 판결이 상고심에 계속되어 있던 중 당해 특허의 정정심결이 확정되면, 그 특허발명은 확정된 정정심결의 소급효에 따라 민사소송법 상 '판결의 기초가 된 민사나 형사의 판결, 그 밖의 재판 또는 행정처분이 다른 재판이나 행정처분에 따라 바뀐 때'에 해당하는 재심사유가 있다는 이유로 원심법원에 파기 환송해 왔다.[67)] 다만, 예외적으로 정정된 사항이 특허무효사유의 유무를 판단하는 전제가 된 사실인정에 영향을 미치는 것이 아니라면 재심사유가 아니라고 했을 뿐이다.[68)]

그러나 대법원은 2020. 1. 22. 선고 2016후2522 전원합의체 판결을 통해 이런 입장을 변경하면서, 특허무효 소송의 사실심 변론종결 이후 해당 특허에 정정이 확정되더라도 재심사유에 해당하지 않는다고 하였다.[69)] 그 핵심 근거는, ⅰ) 민사소송법 제451조 제 1 항 제 8 호의 재심사유인 '판결의 기초로 된 행정처분이 다른 행정처분에 의하여 변경된 때'란 판결의 심리 · 판단 대상이 되는 행정처분 그 자체가 그 후 다른 행정처분에 의하여 확정적 · 소급적으로 변경된 경우를 말하는 것이 아니라, 확정판결에 법률적으로 구속력을 미치거

---

65) 대법원 2009. 10. 15. 선고 2009다19925 판결.

66) 특허법원, 지적재산소송실무(제 4 판), 387~388면.

67) 대법원 2008. 7. 24. 선고 2007후852 판결; 대법원 2001. 10. 12. 선고 99후598 판결; 대법원 2004. 10. 28. 선고 2000다69194 판결.

68) 대법원 2007. 11. 30. 선고 2007후3394 판결.

69) 특허무효심판에 대한 불복소송에서 진보성이 부정되어 해당특허를 무효로 하는 판결이 선고되자 특허권자가 정정심판을 청구하여 상고심 진행 중 정정이 확정된 사안이다.

나 또는 그 확정판결에서 사실인정의 증거자료가 된 행정처분이 다른 행정처분에 의하여 확정적 · 소급적으로 변경된 경우를 말하는 것이다. ⅱ) 심결과의 관계에서 원처분으로 볼 수 있는 특허결정은 심결취소소송에서 '심리 · 판단해야 할 대상'일 뿐 '판결의 기초가 된 행정처분'으로 볼 수는 없다. 따라서 사실심 변론종결 후에 특허발명의 명세서 등에 대해 정정심결이 확정되어 그 정정 후의 명세서 등에 따라 특허결정, 특허권의 설정등록이 된 것으로 보더라도 판결의 기초가 된 행정처분이 변경된 것으로 볼 것은 아니다. ⅲ) 특허권자는 특허무효심판 절차에서는 정정청구를 통해, 그 심결취소소송의 사실심에서는 정정심판 청구를 통해 얼마든지 특허무효 주장에 대응할 수 있음에도 사실심 변론종결 후에 확정된 정정심결에 따라 청구의 원인이 변경되었다는 이유로 사실심 법원의 판단을 다툴 수 있도록 하는 것은 소송절차뿐만 아니라 분쟁의 해결을 현저하게 지연시키는 것으로 허용되어서는 안 된다는 것이다.[70]

따라서 앞으로는 특허무효 소송의 사실심 변론종결 이후에 정정이 확정되었다고 하여 재심사유를 이유로 원심을 파기하는 일은 없게 되었으며, 상고심이 정정 전 특허를 기준으로 심리한 결과 원심의 무효판결이 확정되면 정정과 무관하게, 해당 특허번호를 가진 특허는 무효로 소멸한다.[71] 한편, 상고심이

70) 그 밖에, ⅰ) 특허의 정정은 특허무효 절차에서 특허권자의 주된 방어방법으로 활용되고 있고, 특허무효 분쟁은 필연적으로 정정의 무효심판절차까지 이어지게 마련이어서 결국 정정 전의 명세서 등에 따른 특허의 무효 여부는 여전히 특허권자와 제3자 사이에는 계속하여 특허무효 분쟁의 대상으로 남아 있는 것이므로, 정정을 인정하는 내용의 심결이 확정되었다고 하여, 정정 전의 명세서 등에 따른 특허발명의 내용이 그에 따라 '확정적으로' 변경되었다고 단정할 수도 없다는 점. ⅱ) 확정된 정정심판의 소급효는 정정 후 명세서 등에 일체성을 유지하면서 절차를 승계시킴으로써 특허심사 · 심판절차와 조화를 유지하면서 정정제도의 실효성을 추구하고 특허권자가 정정으로 인해 불이익을 받지 않도록 한 것이지, 정정 전의 명세서 등에 따라 발생된 모든 공법적, 사법적 법률관계를 소급적으로 변경시킨다는 취지로 해석하기 어렵다는 점. ⅲ) 특허무효 판결이 확정되면 특허는 소급 무효로 되고, 설사 그 정정심판이 확정되지 않고 소송 계속 중이더라도 정정에 관한 소는 존재하지 않는 특허를 대상으로 하는 것이어서 부적법하게 되는 바, 특허 무효가 상고심에서 확정되기 전에 정정이 먼저 확정되었다고 하여 종전 무효소송에 재심사유가 있다고 파기환송 하면, 특허무효소송과 정정심판 중 어떤 것이 먼저 확정되느냐는 우연한 사정에 따라 정반대의 결과가 초래되어 부당하다는 점 등도 언급되고 있다.

71) 대법관 이기택의 다수의견에 대한 보충의견. 그런데, 대상 판결의 별개의견은 상고심에서 무효가 확정되더라도 확정된 정정을 통해 무효사유를 극복한 해당 특허는 별도로 유효하게 존속한다는 취지를 밝히고 있다. 생각건대, 무효가 소급적으로 확정된 특허에 대해 정

원심의 결론과 달리 정정 전 특허가 유효였다고 하여 원심을 파기하면, 환송심은 정정 후의 특허를 기준으로 유, 무효를 다시 판단하게 될 것이다. 대상 판결은 정정심판 청구가 사실심 변론 종결 이후에 행해진 경우는 물론, 그 이전에 이루어졌더라도[72] 변론 종결 이후에 정정이 확정된 이상 마찬가지로 취급하고 있다. 결국 특허무효심판 청구에 대한 방어수단으로서의 정정은 해당 무효심판에 대한 불복소송의 변론종결 전까지 완료되어야 하고, 또 그런 기회를 부여하는 것으로 특허권자의 보호는 충분하다는 취지이다.

살피건대, 대상 판결이 ① 특허무효소송의 사실심 변론종결 이후 확정된 정정이 재심사유를 구성하지 않는다는 논거로서 무효심결의 대상이 된 특허등록 처분을 '판결의 기초가 된 행정처분'이 아니라 '심리 · 판단해야 할 대상'일 뿐이라고 단정한 점의 법리상 당부(當否), 이런 근거를 무효심결 취소소송을 넘어 침해소송 판결이 확정된 경우에까지 일반화한 점, ② 대상 판결의 효과로서 중요한 사항인 '정정 후 청구항의 존속 가능성'에 관하여 판결 내에서 서로 다른 해석을 제시하고 있는 점, ③ 특허권자가 책임지기 어려운 사유로 무효소송 중 뒤늦게 정정심판 청구를 하게 되어 변론 종결 이후 정정이 확정된 경우까지 일률적으로 다루고 있는 점[73] 등은 검토와 비판의 여지가 있다. 그러나 대상판결을 통해 정정제도가 특허 무효를 둘러싼 소송에서 지연수단으로 악용되어 온 관행을 근절하려는 의지를 명확히 하는 한편, 특허의 정정 후에도 정정 전 명세서에 대한 실체적 판단 여지를 확보함으로써 분쟁의 종국적 해결과 소송경제를 도모하려 한 점에서 의미를 찾을 수 있다고 본다.

(나) 특허침해소송 등에 미치는 영향

① 대상판결의 판시 대상 전원합의체 판결은, "(A) 이러한 법리는 특

정이 성립할 여지는 없으므로(특허법 제136조 제 7 항 단서 및 대법원 2005. 3. 11. 선고 2003후2294 판결 참조)이는 타당한 입론이라 보기 어렵다.

72) 적어도 법문상으로는 정정심판은 해당 특허의 무효소송이 제기된 경우 특허법원의 변론종결 이전까지만 청구할 수 있도록 되어 있기도 하다(특허법 제136조 제 2 항 제 1 호 단서).

73) 대상판결은 이 점을 의식하여, "특허권자가 사실심 변론종결 전에 정정심판을 청구하면서 정정 후 명세서 등에 따라 판단해 달라고 요청한 경우 사실심 법원으로서는 정정사유의 구체적 내용, 정정이 받아들여질 경우 심결취소소송의 결론에 영향을 미치는지 여부, 과거 정정내역, 정정할 기회가 보장되었는지 여부, 정정심판을 청구한 주된 목적이 소송을 지연하기 위한 것인지 여부 등을 종합적으로 고려하여 변론을 종결할지 여부를 합리적으로 결정할 필요가 있다는 점을 덧붙여 둔다"고 설시하고 있다.

허권의 권리범위 확인심판에 대한 심결취소소송과 특허권 침해를 원인으로 하는 민사소송에서도 그대로 적용되어야 한다. (B) 특히, 특허권에 기초한 침해금지 또는 손해배상 등을 구하는 소송에서 그 특허가 무효로 될 것임이 명백하여 특허권자의 청구가 권리남용에 해당한다는 항변이 있는 경우 특허권자로서는 특허권에 대한 정정심판청구, 정정청구를 통해 정정을 인정받아 그러한 무효사유를 해소했거나 해소할 수 있다는 사정을 재항변으로 주장할 수 있다. 특허권 침해를 원인으로 하는 민사소송의 종국판결이 확정되거나 그 확정 전에 특허권자가 정정의 재항변을 제출하지 않았음에도 사실심 변론종결 후에 정정심결의 확정을 이유로 사실심 법원의 판단을 다투는 것은 허용되지 않는다"고 하여 위 (가)에서의 논거가 침해소송에 관해서도 그대로 적용됨을 분명히 하고 있다. 그 결과 침해소송의 사실심 변론 종결 이전에 문제가 된 특허권의 정정이 확정되거나 적어도 특허권자가 침해소송에서 해당 특허권이 장차 정정되어 권리를 유지할 것임이 명백하다는 점을 주장·증명해 두지 않았다면, 그 이후 정정이 확정된 사정 등을 이유로 확정된 침해소송 판결에 대해 새삼 재심사유를 주장할 수 없다는 것이다.

② 대상 판결 이전의 논의 특허권자는 침해소송의 과정에서 해당 특허의 무효가 예상되는 경우 이를 피하기 위해 정정심판청구(혹은 정정청구)를 할 수 있다. 또한, 침해소송의 피고가 해당 특허에 무효사유가 명백함을 이유로 권리남용의 항변을 하는 경우, 그에 대한 재항변 사유로서, '장차 정정을 통해 해당 특허의 무효사유가 치유될 것이 명백하다'는 점을 내세울 수도 있다 (이른바 '정정의 재항변').[74] 문제는 특허권자가 침해소송의 사실심 변론 종결전까지 해당 특허의 정정을 청구하거나 무효사유가 명백함을 주장하는 피고의 항변에 대해 정정의 재항변을 하지 않았다가, 침해소송에서 패소한 이후 해당 특허가 정정되었음을 이유로 상고심에서 혹은 판결 확정 이후 재심사유를 주장하는 것을 허용할지 여부이다.

---

74) 무효사유가 명백한 특허권 행사를 권리남용이라고 한 대법원 2012. 1. 19. 선고 2010다95390 전원합의체 판결은, 그런 특허권의 행사는 '특별한 사정이 없는 한' 권리남용에 해당한다고 하는바, 그런 '특별한 사정'의 대표적인 예가 '장차 해당 특허권이 정정을 통해 무효를 극복할 수 있다는 사정'이다. 우리나라 하급심 판결들 가운데 정정의 재항변이 가능함은 전제로 한 것들로는, 서울고등법원 2014. 5. 29. 선고 2013나7079 판결; 서울고등법원 2014. 5. 1. 선고 2013나2025765 판결 등이 있다.

이와 관련하여 다음과 같은 주장이 개진된 바 있다.[75] i) 침해소송의 사실심이 종결되기 전까지 정당한 이유 없이 무효나 정정의 절차를 밟거나 관련되는 주장을 하지 않은 당사자에게는 신의칙상 그에 따르는 불이익을 부여하는 것이 타당하다. 이를 통해 분쟁의 일회적 해결을 도모하고 절차의 지연을 방지할 수 있다. ii) 비교법적으로도 침해소송에서 특허의 무효 등을 다툴 수 있도록 하는 나라는 대부분 침해소송의 판결 후 이루어진 특허의 무효나 정정을 이유로 침해소송의 결론을 다툴 수 없도록 하고 있다.[76] iii) 실제로 특허권자인 원고가 침해소송 과정에서 피고의 무효 주장에 대응하여 정정심판을 청구하지도 않고, 정정의 재항변도 하지 않은 채 해당 청구항의 유지를 시도하다가 결국 무효 사유가 인정되어 청구기각을 당하자, 비로소 정정심판을 청구하여 권리범위를 확보한 뒤 패소판결의 결과를 다투는 경우 이런 법리가 특히 필요하다. iv) 다만, 그 법리상 근거와 관련하여, 특허의 무효·정정을 이유로 한 확정판결에 대한 재심청구는 일률적으로 인정되거나 부정되어서는 안 되고 침해소송의 전 과정에 걸친 당사자의 인식이나 태도, 무효심판청구나 무효사유의 주장, 정정심판 청구나 정정사유의 주장을 하지 않거나 게을리한 이유, 그 비난 가능성, 상대방에게 주는 불의의 타격이나 절차 지연과의 관계 등을 종합적으로 고려하여 법관의 '신의칙 위반 여부' 판단에 따라 결정됨이 상당하다.

③ **대상 판결의 평가와 문제점** 대상 판결은 침해소송에서 특허권자가 '정정의 재항변'을 할 수 있음을 분명히 하고 있다. 또한, 특허무효 소송에서는 물론, 침해소송에서도 적시에 정정절차 등을 취하지 않은 특허권자가 사실심 변론 종결 이후 이루어진 정정을 근거로 판결의 효력을 다투어 법적 안정성을 해쳐선 안 된다는 점을 분명히 하였음도 의의가 있다.

그러나 대상 판결이 재심 대상성을 부정하는 근거로서 (A) 부분과 같이 특허등록 처분이 '판결의 기초가 된 행정처분'이 아니라 '심리 · 판단해야 할 대상'일 뿐이라고 하는 점은 침해소송 판결에 관해서는 타당하다고 보기 어렵다. 해당 특허 자체의 유 · 무효가 문제 되는 무효소송과 달리, 침해소송의 소송물을 생각하면 해당 특허의 유 · 무효와 그 내용은 분명히 '판결의 기초가

75) 조영선, 앞의 글("침해소송의 판결 후 특허의 정정·무효로 인한 법률문제 – 재심 허용에 대한 재검토를 중심으로 –"), 109면 이하 참조.

76) 조영선, 위 논문, 113~116면.

된 행정처분'일 뿐, '심리·판단해야 할 대상'이 아니기 때문이다. 그렇다면, 같은 결과를 도출하기 위한 법적 근거로는, 재심의 보충성 규정을 유추하거나,[77] 재심사유에는 해당하되, 침해소송에서 특허권자가 적시에 정정심판을 청구하거나 정정의 재항변을 할 수 있었음에도 하지 않은 것이 소송상 신의칙 위반이라는 점에서 찾아야 합당하였을 것이다.[78] 대상 판결의 (B) 부분은 소송상 신의칙을 언급한 것으로 해석될 수 있지만, 주된 논거인 (A) 부분을 함께 보면 결국 양립하기 어려운 논거를 병렬시킨 셈이며, 특허침해소송의 변론종결 후 정정이 확정된 경우에 대해서는 명백히 (B)만을 근거로 제시하면서 소송상 신의칙 위반 여부가 결정적 요소임을 밝혔어야 할 것이다. 결국, 대상 판결은 결론에 있어서는 타당하지만, 그 근거에는 법리상 문제의 소지를 안고 있으며 향후 대법원의 추가적 입장 규명이 필요한 부분이 포함되어 있다.

Ⅲ. 확정심결의 효력

1. 일사부재리

(1) 의의 및 제도의 필요성

심결이 확정된 때에는 그것이 각하심결인 때를 제외하고는 그 사건에 대하여는 누구든지 동일사실 및 동일증거에 의하여 다시 심판을 청구할 수 없다(특허법 제163조). 이를 일사부재리의 효력이라고 한다.

확정된 심결은 대세적 효력이 있기 때문에, 동일한 권리에 관하여 반복적인 쟁송이 가능하도록 한다면 심결의 모순, 저촉이 발생할 수 있고, 권리자로서도 매번 쟁송에 응하여야 하는 어려움을 겪게 되므로 제3자라 하더라도 일단 확정된 심결의 효력을 부정할 수 없도록 할 필요가 있다. 그러나 이를 예외 없이 관철할 경우, 확정심결의 형성과정에 관여할 기회가 없었던 제3자의 입장에서 보면 종전 심판의 당사자가 심판의 수행을 제대로 못하여 필요한 증거

---

77) 민사소송법 제451조 제1항 단서: "당사자가 상소에 의하여 그 사유를 주장하였거나, 이를 알고도 주장하지 아니한 때에는 그러하지 아니하다."

78) 조영선, 앞의 글("침해소송의 판결 후 특허의 정정·무효로 인한 법률문제 – 재심 허용에 대한 재검토를 중심으로 –"), 124~126면.

를 제출하지 못함으로써 그 특허무효심판청구가 배척된 경우에도 새로운 증거를 갖추어 무효임을 증명할 수 있는 기회를 봉쇄당하게 되므로 불합리하고, 그 결과 특허 적격이 없는 발명에 대하여 특허를 부여하는 것이 되어 특허제도의 취지나 공익에도 부합하지 않는다. 특허법은 위와 같이 상반되는 이해관계를 절충하여 원칙적으로 특허 등에 관하여 심결이 확정되면 제 3 자라 하더라도 이를 다시 다툴 수 없도록 하되, 새로운 사실 또는 새로운 증거를 근거로 확정심결의 내용과 다른 심판청구를 하는 경우에는 일사부재리에 해당하지 않는 것으로 하고 있다. 확정심결에는 확정판결과 같은 기판력 제도가 없고, 심결이 판결을 통해 확정되더라도 그 판결의 기판력은 당해 심결의 취소청구권에 관하여만 발생하기 때문에 동일한 당사자라 하더라도 동일 증거만 아니라면 동일한 권리에 대한 확정심판의 결과를 다시 다툴 수 있다.

한편, 일사부재리는 실질적으로는 무효심판을 배척하는 심결에 한해서만 의미가 있는데, 무효심판이 받아들여져 특허등록이 말소되어 버린 후에는 일사부재리가 문제될 여지가 없기 때문이다.

(2) 일사부재리의 효력이 미치기 위한 요건

일사부재리의 효력은 '누구든지', '동일사실 및 동일증거'에 의하여 다시 심판청구를 하는 경우에 미친다. 따라서 동일사실에 관한 심판청구라도 다른 증거에 의하여 하는 것이나 이와 반대로 동일한 증거에 의한 것이라도 다른 사실에 관하여 새로운 심판청구를 하는 것은 금지되지 아니한다.

1) 주관적 범위

일사부재리의 효력은 당사자나 그 승계인은 물론이고 제 3 자에 대하여도 미침이 법문상 명백하다. 판례[79] 또한, "일사부재리의 효력은 당사자를 달리하거나 증거의 해석을 달리한다는 것만으로 위 원칙이 배제되는 것이 아니다"라고 판시하고 있다.

2) 동일사실

동일사실이라 함은 법규상 구성요건을 이루는 각각의 사실을 의미하는 것으로 해석된다. 예컨대, 특허법상 등록무효 사유로서의 명세서 기재불비, 산업상 이용가능성 결여, 신규성 결여(공지 · 공연실시, 간행물공지 등), 진보성 결여,

79) 대법원 1990. 7. 10. 선고 89후1509 판결.

선원주의 위배 등이 그것이다.[80)]

3) 동일증거

판례는, "동일증거라 함은 그 사실과 관련성을 가진 증거로서 전에 확정된 심결의 증거와 동일한 증거뿐만 아니라 그 확정된 심결을 번복할 수 있을 정도로 유력하지 아니한 증거까지 포함한다,"[81)] "동일증거라 함은 전에 확정된 심결의 증거와 동일한 증거가 부가되는 것도 포함하는 것이므로 확정된 심결의 결론을 번복할 만한 유력한 증거를 새로이 제출한 경우에는 일사부재리의 원칙에 저촉된다고 할 수 없다"[82)]고 하는 등 증거가치를 중시하는 입장을 취하여(이른바 중요 증거설), 비록 형식상으로는 확정된 심결에서와 다른 증거가 제출되었다 하더라도, 심리 결과 그 증거로 인하여 실제로 확정심결의 결론을 뒤집지 못한다면 결국 이는 확정심결에서의 증거와 동일한 증거로 취급받아 일사부재리의 적용을 받는다고 한다. 결국 현실적으로 일사부재리의 원칙은 심판청구의 절차상 적법요건이라기 보다는 그 심리를 거친 후에 해당여부가 판가름 나는 실체상의 적법요건으로 취급되고 있는 셈이다.

⇨ 대법원 2000. 10. 27. 선고 2000후1412 판결

이 사건 심판에서는 전 심판에서 제출되지 아니한 일본국 공개실용신안공보 소52-91245호와 일본국 공개실용신안공보 소53-56255호가 추가로 제출되었는데, 위 일본국 공개실용신안공보 소53-56255호는 이 사건 등록고안(등록 제38042호 '교습용 흙 공작물 성형구'에 관한 실용신안)의 성형요입부에 관한 구성이 개시된 것일 뿐, 반죽요입부와 성형요입부 및 공구가 일체로 형성된 구성이 개시된 것이 아니므로 위 항고심판의 심결에서 성형요입부에 관한 것에 불과하여 이 사건 등록고안을 무효로 할 수 없다고 판단된 증거들과 실질적으로 동일하고, 위 일본국 공개실용신안공보 소52-91245호에는 위와 같은 성형요입부 이외에 주판의 각틀부 안쪽에 소형돌기를 형성하고 세공주걱을 끼워놓는 구성이 있어 전 심판에서 제출되었던 증거들과 형식적으로 동일하지는 않으나, 위와 같은 구성은 이 사건

80) 특허법원 2007. 12. 5. 선고 2007허1787 판결(확정) : 종전의 확정심결에서 문제된 진보성 결여와 당해 심판청구 사건에서의 미완성 발명 내지 기재불비는 동일사실이 아니라고 판시.

81) 대법원 2001. 6. 26. 선고 99후2402 판결; 대법원 2013. 9. 13. 선고 2012후1057 판결; 대법원 2017. 1. 19. 선고 2013후37 전원합의체 판결.

82) 대법원 2005. 3. 11. 선고 2004후42 판결; 대법원 1991. 11. 26. 선고 90후1840 판결; 대법원 1991. 1. 15. 선고 90후212 판결; 대법원 1990. 2. 9. 선고 89후186 판결 등.

> 등록고안에서 성형구의 양측 주연부에 공구를 분리시킬 수 있게 일체로 연설하여 사출하는 구성과는 기술적 구성이 상이하고 반죽요입부에 대한 구성이 개시되어 있지 아니하므로, 이는 위 확정 등록된 항고심판의 심결을 번복할 수 있을 정도로 유력한 증거라 할 수 없으므로 결국 이 사건 심판청구는 일사부재리의 원칙에 위반되는 것이다.

4) 동일심판

법문에는 위와 같은 동일사실 및 동일증거에 의하여 '그 사건에 관하여 … 다시 심판을 청구할 수 없다'라고 규정하고 있는데, 여기에서 말하는 '심판'은 청구취지가 동일한 심판, 즉 청구취지의 대상이 되어 있는 권리가 동일하고 종류가 동일한 심판이라고 해석된다. 판례[83]는 "비록 본건의 심판청구는 소극적 확인심판이고 건 외 사건은 적극적 확인심판이기는 하나 양자는 본건 고안에 대한 동일한 확인대상고안 도면과의 확인심판사건이므로 양자는 동일사실과 동일증거에 의한 청구로 귀결되는 것"이라고 판시하여 동일한 심판의 범위를 비교적 넓게 보고 있다.

⇨ 대법원 2006. 5. 26. 선고 2003후427 판결

> 일사부재리 원칙을 규정한 구 상표법(1990. 1. 13. 법률 제4210호로 전문 개정되기 전의 것) 제51조에 의하여 준용되는 구 특허법(1990. 1. 13. 법률 제4207호로 전문 개정되기 전의 것) 제147조에서 말하는 동일 사실이라 함은 원칙적으로 당해 상표권과의 관계에서 확정이 요구되는 구체적 사실이 동일함을 말하는 것이고, 등록상표에 대한 권리범위확인심판에서 확정이 요구되는 구체적인 사실은 적극적 권리범위확인심판에서의 그것과 소극적 권리범위확인심판에서의 그것을 달리 볼 것이 아니므로 적극적 권리범위확인심판의 심결이 확정 등록된 때에는 그 일사부재리의 효력이 소극적 권리범위확인심판 청구에 대해서도 그대로 미친다.

5) 일사부재리 판단의 기준이 되는 시점

종래 판례는 일사부재리의 판단 기준시점을 새로운 심판청구에 대한 심결시로 보았고, 그로 인해 설령 새로운 심판청구를 제기하던 당시에는 앞선 심판청구에 대한 심결이 확정등록된 바 없더라도 새로운 심판청구에 대한 심결을

83) 대법원 1976. 6. 8. 선고 75후18 판결; 대법원 2006. 5. 26. 선고 2003후427 판결.

할 때 앞선 심판청구에 대한 심결이 확정되었다면 새로운 심판청구는 일사부재리에 의하여 부적법한 것으로 처리해 왔다. 그러나 대법원은 2012. 1. 19. 전원합의체 판결을 통해, "관련 확정 심결의 등록이라는 우연한 사정에 의하여 심판청구인이 자신의 고유한 이익을 위해 진행하던 절차가 소급적으로 부적법하게 되는 것은 헌법상 보장된 국민의 재판청구권에 대한 과도한 침해이고, 누구든지 동일사실 및 동일증거에 기하여 '심판을 청구할 수 없다'라는 특허법 제163조의 명문에도 반한다"는 등의 이유를 들어 심판청구의 일사부재리 요건을 판단하는 기준시점을 '심판청구 시'로 바로잡았다.

⇨ 대법원 2012. 1. 19. 선고 2009후2234 전원합의체 판결

종래 대법원은 구 특허법(2001. 2. 3. 법률 제6411호로 개정되기 전의 것, 이하 같다) 제163조에서 정한 일사부재리의 원칙에 해당하는지는 심판의 청구시가 아니라 심결시를 기준으로 판단해야 한다고 해석하였다. 이와 같은 종래의 대법원판례에 따르면, 동일특허에 대하여 동일사실 및 동일증거에 의한 복수의 심판청구가 각각 있은 경우에 어느 심판의 심결(이를 '제1차 심결'이라고 한다)에 대한 심결취소소송이 계속하는 동안 다른 심판의 심결이 확정 등록된다면, 법원이 당해 심판에 대한 심결취소의 청구가 이유 있다고 하여 제1차 심결을 취소하더라도 특허심판원이 그 심판청구에 대하여 특허법 제189조 제1항 및 제2항에 의하여 다시 심결을 하는 때에는 일사부재리의 원칙에 의하여 그 심판청구를 각하할 수밖에 없다. 그러나 이는 관련 확정 심결의 등록이라는 우연한 사정에 의하여 심판청구인이 자신의 고유한 이익을 위하여 진행하던 절차가 소급적으로 부적법하게 되는 것으로 헌법상 보장된 국민의 재판청구권을 과도하게 침해할 우려가 있고, 그 심판에 대한 특허심판원 심결을 취소한 법원 판결을 무의미하게 하는 불합리가 발생하게 된다. 나아가 구 특허법 제163조는 일사부재리의 효력이 미치는 인적 범위에 관하여 "누구든지"라고 정하고 있어서 확정 등록된 심결의 당사자나 그 승계인 이외의 사람이라도 동일사실 및 동일증거에 의하여 동일심판을 청구할 수 없으므로, 함부로 그 적용의 범위를 넓히는 것은 위와 같이 국민의 재판청구권의 행사를 제한하는 결과가 될 것이다. 그런데 구 특허법 제163조는 '그 심판을 청구할 수 없다'라고 규정하고 있어서, 위 규정의 문언에 따르면 심판의 심결이 확정 등록된 후에는 앞선 심판청구와 동일사실 및 동일증거에 기초하여 새로운 심판을 청구하는 것이 허용되지 않는다고 해석될 뿐이다. 그러함에도 이를 넘어서 심판청구를 제기하던 당시에 다른 심판의 심결이 확정 등록되지 아니하였는데 그 심판청구에 관한 심결을 할 때에 다른 심판의 심결이 확정 등

> 록된 경우에까지 그 심판청구가 일사부재리의 원칙에 의하여 소급적으로 부적법하게 될 수 있다고 하는 것은 합리적인 해석이라고 할 수 없다. 그렇다면 일사부재리의 원칙에 따라 심판청구가 부적법하게 되는지 여부를 판단하는 기준시점은 심판청구를 제기하던 당시로 보아야 할 것이고, 심판청구 후에 비로소 동일사실 및 동일증거에 의한 다른 심판의 심결이 확정 등록된 경우에는 당해 심판청구를 일사부재리의 원칙에 의하여 부적법하다고 할 수 없다.

그런데 그 이후 판례[84]는, 이런 법리는 예컨대 동일한 특허에 대해 등록무효심판(A)이 제기되어 아직 확정되지 않은 상태에서 또 다른 등록무효심판(B)이 제기되어 B의 심결 전에 비로소 A 심결이 확정된 경우에 예외적으로 적용되는 것이며,[85] 기본적으로 일사부재리 여부의 판단 기준시는 '(후행 심판의) 심결 시' 임을 다시 확인하였다. 그렇기 때문에 예컨대 동일한 특허에 대해 A 심판청구가 이미 확정된 뒤 비로소 B 심판청구가 제기된 경우, B 심판청구의 심결일을 기준으로 일사부재리 여부를 판단해야 하고, B 심판청구인이 심결일 이전에 일사부재리 적용을 피하기 위해 A 심판청구에서와 다른 사실을 주장하거나 다른 증거를 제출하는 내용으로 이유를 보정한다면 B 심판청구는 일사부재리를 면할 수 있다는 것이다. 다만, 위 판례는 이미 B 심판에서 일사부재리 판단이 이루어져 심판청구를 각하한 심결에 대한 불복소송에서 새로운 사실이나 증거를 제출하는 것은 허용되지 않는다고 한다.[86]

아울러 판례[87]는, 동일한 특허에 대한 중복심판 청구인지 여부를 판단할

84) 대법원 2020. 4. 9. 선고 2018후11360 판결.

85) B 심판 청구인으로서는 심판 청구 시에는 일사부재리 저촉이 없었음에도 우연히 자신이 청구한 심판의 심결 시에 A가 확정되어 있다는 이유로 느닷없이 일사부재리 적용을 받게 되어 부당하다는 이유이다.

86) 그러면서 해당 판결은 '심결에 대한 불복 소송인 심결 취소소송은 항고소송에 해당하여 그 소송물은 심결의 실체적 · 절차적 위법성 여부이므로, 당사자는 심결에서 판단되지 않은 처분의 위법사유도 심결 취소소송 단계에서 주장 · 입증할 수 있고, 심결 취소소송의 법원은 특별한 사정이 없는 한 제한 없이 이를 심리 · 판단하여 판결의 기초로 삼을 수 있다'는 법리를 설시하고 있다. 해당 사건과 직접 관련되지 않는 이런 법리를 굳이 적은 것은, '일사부재리 위반을 이유로 한 각하심결에 대한 불복소송에서 새로운 사실과 증거를 제출하거나 판단할 수 없다'는 판시가 자칫, 심판과 소송 사이의 관계에서 '제한설'을 천명한 것으로 읽힐까 경계한 것으로 추측된다.

87) 대법원 2020. 4. 29. 선고 2016후2317 판결.

때도 후속 심판청구의 심결 시를 기준으로 해야지 심판 청구시를 기준으로 해서는 안 된다고 한다. 따라서 동일 특허에 대한 무효심판(A)이 이미 청구된 상태에서 같은 내용의 심판청구(B)가 이루어졌더라도 B 심판청구의 심결 시 이미 A 심판청구가 취하·각하 등으로 소멸되었다면 비록 B 심판청구 시에 중복심판 청구였더라도 B 심결 시 부적법 사유는 없다고 한다.

(3) 일사부재리에 위반된 경우의 효력

일사부재리에 반하는 새로운 심판청구는 부적법하므로 각하되어야 한다(특허법 제142조 참조).

2. 구속력, 확정력

심결이 확정되면 당사자는 물론 일반 제 3 자에게도 대세적 효력이 미치고(구속력), 재심사유가 없는 한 소멸, 변경되지 아니한다(확정력, 특허법 제178조). 일반 행정처분이 고도의 공익적 요구가 있는 때에는 취소, 변경이 가능한 것과 달리 심결은 강력한 확정력을 가진다.

제 10 장

심결취소소송

Ⅰ. 심결취소소송의 의의와 성질

특허심판원의 심결이나 특허취소결정에 불복하는 자는 특허법원에 취소소송(이하 편의상 '특허소송'이라 부른다)을 제기할 수 있고, 이는 특허법원의 전속관할에 속한다(법원조직법 제28조의 4, 특허법 제186조 제 1 항, 실용신안법 제33조, 디자인보호법 제166조 제 1 항 및 상표법 제162조). 일반 행정소송이 행정심판과의 관계에서 심급으로서의 연결 관계가 없듯, 특허소송 역시 특허심판과 심급관계에 있지 않다. 따라서, 심판절차에서의 절차행위가 소송에 연결되거나 영향을 미치지 아니함은 물론, 당사자는 심판절차에서 제출한 자료라도 소송에서 별도로 제출하여야 한다. 특허소송은 성질상 행정소송이며, 특허소송 중 특허청장을 피고로 하는 결정계 사건은 행정소송법 제 3 조 제 1 호 소정의 항고소송이고, 특허권자 또는 이해관계인을 상대로 하는 당사자계 사건은 항고소송의 실질을 가지는 형식적 당사자소송의 성질을 가진다. 판례[1]는 당사자계 사건이라 하더라도 심결은 행정처분에 해당하므로 그에 대한 불복 소송인 특허소송은 항고소송이라고 판시하고 있다.

1) 대법원 2002. 6. 25. 선고 2000후1306 판결.

Ⅱ. 특허소송의 종류

특허와 관련된 심결취소소송 역시 그 대상이 되는 불복심판의 종류에 상응하여 ① 거절결정 불복소송, ② 등록무효소송, ③ 권리범위확인소송, ④ 정정소송 등으로 나눌 수 있으며, 그 유형 또한 결정계 소송과 당사자계 소송으로 분류할 수 있다. 한편, 특허취소결정은 심판관 합의체가 하고 그 불복소송이 특허법원의 전속관할에 속하며, 특허청장이 피고가 된다는 점에서 ①과 유사한 실질을 가지는 새로운 결정계 소송으로 분류할 수 있을 것이다.

Ⅲ. 특허소송의 소송물

판례[2)]는 항고소송의 소송물은 행정처분의 위법성 일반(행정처분의 주체, 내용, 절차, 형식의 모든 면에서의 위법)이라고 한다. 즉 항고소송은 하나의 행정처분을 전체로 하여 그 위법성을 다루는 불복소송이고 구체적으로 어느 점이 위법한가는 단지 공격방어방법에 지나지 않으므로 전심 절차에서 주장하지 아니한 처분의 위법사유도 소송에서 새롭게 주장할 수 있다. 특허소송의 소송물 역시 행정처분으로서의 심결의 위법성 일반이다.

Ⅳ. 특허소송의 당사자적격

1. 원고적격

특허소송에 있어서 원고적격을 가지는 자는 특허취소결정을 받은 자, 심판(재심)의 당사자 · 참가인 또는 특허취소신청의 심리나 심판(재심)에 참가신청을 하였으나 그 신청이 거부된 자로 한정되어 있다(특허법 제186조 제2항). 일반적으로 행정소송에서는 처분 등의 취소를 구할 법률상의 이익이 있는 자가

---

2) 대법원 2004. 7. 22. 선고 2004후356 판결; 대법원 2009. 5. 28. 선고 2007후4410 판결.

원고적격을 가지므로 행정처분의 직접 상대방 이외의 제3자라도 당해 행정처분에 의하여 법률상의 이익이 침해되는 때에는 그 처분의 취소를 청구할 수 있지만, 특허소송에서는 심결에 의하여 자기의 법률상의 이익이 침해되는 자라도 그 모두에게 원고적격이 인정되는 것이 아니고 위에서 본 바와 같이 원고적격을 가지는 자의 범위를 제한하고 있다.

2. 피고적격

(1) 특허청장

거절결정불복심판과 특허취소결정 등 이른바 결정계 사건의 심결 · 결정 및 특허취소신청서 · 심판청구서 또는 재심청구서의 각하결정에 대한 취소를 구하는 특허소송의 피고는 특허청장이다(특허법 제187조 본문). 심결이라는 행정처분의 주체는 심판관 합의체 또는 심판장이므로 원칙상 심판관 또는 심판장이 피고로 되어야 하지만, 소송의 통일적, 효율적 수행 등 합목적적 고려에서 특허법은 특허청장으로 피고적격을 제한하고 있다.

(2) 심판(재심)의 청구인 내지 피청구인

특허의 무효심판, 권리범위확인심판, 정정무효심판, 통상실시권 허락심판 등 당사자계 심판의 심결 또는 그 재심 심결에 대한 소송의 피고는 심판 또는 재심의 청구인 또는 피청구인이다(특허법 제187조 단서). 이는 당사자계의 심판에서는 불이익한 심결을 받은 측이 원고가 되고 그 상대방이 피고가 된다는 취지를 정한 것으로, 심판청구를 인용한 심결에 대한 특허소송의 피고는 심판청구인이고, 반대로 심판청구를 기각한 심결에 대한 특허소송의 피고는 심판피청구인이다.

3. 공동 심판에 기초한 취소소송의 당사자적격

(1) 특허권이 공유인 경우

공유인 특허권의 특허권자에 대하여 심판을 청구하는 때에는 반드시 공유자 모두를 피청구인으로 해야 하고(고유필수적 공동심판, 특허법 제139조 제2항), 특허권 또는 특허를 받을 수 있는 권리의 공유자가 그 공유인 권리에 관하여 심판을 청구하는 때에도 공유자 모두가 공동으로 청구하여야 한다(고유필수적 공동심판, 특허법 제139조 제3항). 그런데, 그 심결에 대한 취소소송의 제기에 대하여는 규정이 없고 해석에 맡겨져 있다. 예컨대 甲(제3자), A·B(공유자)가 당사자일 때, 논리상 이에 대하여는 ⅰ) 甲의 심판청구가 인용되어 A·B가 취소소송을 제기하는 경우, ⅱ) 甲의 심판청구가 기각되어 甲이 취소소송을 제기하는 경우, ⅲ) A·B의 심판청구가 인용되어 甲이 취소소송을 제기하는 경우, ⅳ) A·B의 심판청구가 기각되어 A·B가 취소소송을 제기하는 경우를 상정할 수 있다. 우선, ⅰ), ⅳ)처럼 공유자가 심결취소소송을 제기하는 경우를 둘러싸고는, 발명은 1개의 기술사상의 창작이므로 그것이 공유에 속하는 경우 그 유·무효 여부 등은 항상 공유자 전원에게 획일적으로만 확정되어야 한다는 견해(고유필수적 공동소송설)와, 특허권의 공유는 본질상 민법의 공유이므로 공유자 1인의 심결취소소송 제기도 방해배제의 보존행위로서 적법하다는 견해(보존행위설 또는 유사필수적 공동소송설) 등이 있지만, 판례[3]는 후자의 입장이다. ⅱ), ⅲ)에 관하여는 국내에서 특별한 논의가 눈에 띄지 아니하나, 제3자로 하여금 공유 특허권자 전원을 상대로만 심판을 제기하여 권리관계를 합일확정하도록 강제하는 특허법 제139조 제2항의 취지와, 실제로 원고가 심판 피청구인들인 공유자들을 그대로 피고로 삼아 취소소송을 제기하는 데는 그 반대의 경우보다 큰 어려움이 없다는 점을 고려하면 고유필수적 공동소송이라고 봄이 상당하다.

(2) 동일한 특허에 대한 복수의 심판청구와 취소소송

한편, 2인 이상이 동일한 특허권에 관하여 등록무효 심판, 권리범위확인 심판 등을 제기하는 경우에는 모두가 공동으로 심판을 청구할 수 있다(특허법 제139조 제1항). 이러한 공동심판 청구 및 그에 대한 취소소송의 성질에 관하여는 통상공동심판(소송)으로 보는 견해, 유사필수적 공동심판(소송)으로 보는 견해 등이 대립하나 우리나라의 통설은 후자이며 공동심판 청구인들이 취소소송의 원고가 되는 경우와 피고가 되는 경우 모두 '절차상 합일확정의 필요'를 이유로 그와 같이 본다.[4] 판례[5] 역시 유사필수적 공동소송설을 취한 것으로

---

3) 대법원 2004. 12. 9. 선고 2002후567 판결.

4) 그 결과, 심결이 있은 후 공동심판청구인 전원에 대하여 출소기간이 경과하여야 심결이 확정되므로 1인이라도 심결취소소송을 제기하면 심결은 확정되지 않고(특허법원, 지적재산소송실무(제4판), 25면), 원고(특허권자)는 공동심판의 인용 심결에 대하여 공동심판청

이해된다.

V. 특허소송의 심리범위

1. 심리범위의 제한 여부

(1) 의 의

일반 행정처분의 취소를 구하는 소송에 있어서는 행정처분의 절차, 내용 등의 모든 요건에 대하여 처분 시에 객관적으로 존재하는 모든 위법성이 소송물로 되며, 구체적으로 어느 점이 위법한가는 단지 공격방어 방법에 불과하므로 전심절차에서 주장하지 않은 처분의 위법사유도 소송에서 새롭게 주장할 수 있는 것이 원칙이다.

그러나 일반 행정사건과 달리 특허소송의 대상이 되는 심결은 특허청 내의 기관으로서 기술에 관한 전문가들로 구성되어 있는 특허심판원에서 행하여지고, 민사소송절차에 준하는 엄격한 심판절차에 의하여 행하여지고 있는바, 이로 인하여 특허소송에서는 일반 행정소송과 달리 당사자는 특허심판원의 심판절차에서 심리·판단된 위법사유에 한하여 주장할 수 있고, 특허법원 역시 그러한 사유만을 심결의 위법사유로서 심리·판단할 수 있는 것이 아닌가 하는 의문이 있을 수 있다. 이는 현실적으로는 특허소송에 있어서 심판단계에서 주장된 거절이유 또는 무효사유와 다른 사유가 주장되고 이 주장을 증명하기 위한 새로운 증거가 제출되는 경우, 이를 소송에서 어떻게 취급할 것인가 하는 문제로 나타난다.

(2) 제 한 설

특허소송에 심판전치구조를 취하고 있는 점에 특별한 의미를 두어 심리·판단의 대상을 제한하려는 견해로서, 취소소송을 특허심판에 대한 사후심(事後審)으로 파악한다. 심판의 준사법적 절차성 및 심판전치와 심급생략제도에 비

구인 중 일부 또는 전부를 피고로 취소소송을 제기할 수 있으며, 일부 피고에 대한 제소가 별도로 이루어진 경우 중복제소로 각하되지 않고 병합하여 처리된다(전지원, "특허무효의 공동심판 및 그 심결취소소송의 법적 성격," 특허판례연구(개정판), 박영사(2012), 869면).

5) 대법원 2009. 5. 28. 선고 2007후1510 판결.

추어 볼 때 심결에서 판단되지 아니한 특허요건을 법원에서 판단하는 것은 심결서에 이유를 붙이게 한 취지를 무의미하게 하고 당사자의 전심 경유의 이익을 박탈하는 결과가 되며 특허청과 법원의 권한분배 원칙, 다시 말하여 특허부여의 여부 및 특허효력의 유무의 종국적 판단은 특허청의 권한이고 법원은 단지 특허청이 이미 심판을 행한 특허부여의 당부 및 특허효력의 유무만을 판단하여야 한다는 원칙에 반한다고 한다. 일본 판례[6]와 다수설의 입장이다.

(3) 무제한설

특허소송의 소송물이 심결에 존재하는 위법성 일반이라는 점을 중시하여 행정처분에 대한 항고소송과 마찬가지로 특허소송에서 사실심리의 범위에 대한 제한이 없고, 당사자는 심결에 포함되지 않았던 일체의 위법사유를 주장·증명할 수 있을 뿐만 아니라 새로운 증거를 포함한 일체의 증거를 제출할 수 있으며, 법원도 이를 채용하여 판결의 기초로 할 수 있다는 견해이다. 이는 심결취소의 소송형태를 복심(覆審)으로 보는 견해에 기초하고 있다.

무제한설에 대하여는 제한설의 입장에서, 독립한 준사법기관인 특허청의 기능을 무시하게 되고, 당사자에게는 심급이익으로서 보장된 특허청에서의 심판을 받을 권리를 침해하게 되며, 소송을 담당한 법관에게 지나친 부담을 주고, 나아가 심판 자료를 모두 다시 제출할 수 있으므로 소송경제에도 반한다는 비판이 가해지고 있다. 그러나 무제한설은 이에 대하여 심결의 성질, 법관의 부담, 심판제도의 구조와 운영상의 문제, 전심 판단을 경유할 이익 등 제한설이 내세우는 어떠한 이유도 법원에 의한 행정처분의 전면심사라는 헌법상의 원칙에 대한 예외를 인정할 충분한 근거로 되지 못한다고 반박한다.

2. 판례와 실무

현재 특허법원의 실무는, 당사자계 사건에 관하여는 무제한설을, 결정계 사건에 관하여는 제한설을 각 취하고 있으며, 이는 대법원 판례에 의하여 확고하게 지지되고 있다.

---

6) 日本最高裁 昭51年 3. 10. 전원합의체 판결.

(1) 당사자계 사건의 경우(무제한설)

판례[7]는, "특허심판원의 심결에 대한 불복의 소송인 특허소송은 항고소송에 해당하여 그 소송물은 심결의 실체적·절차적 위법성 여부라 할 것이므로, 당사자는 심결이 판단하지 아니한 것이라도 그 심결을 위법하게 하는 사유를 특허소송절차에서 새로이 주장·증명할 수 있고 특허소송의 법원은 특별한 사정이 없는 한 제한 없이 이를 심리·판단하여 판결의 기초로 삼을 수 있으며, 이와 같이 본다고 하여 심급의 이익을 해한다거나 당사자에게 예측하지 못한 불의의 손해를 입히는 것이 아니다"라고 한다. 다만, 무제한설을 취한다고 하여도 동일한 소송물의 범위 내에서 새로운 공격방어방법을 추가할 수 있다는 것이지, 예컨대 특허무효심판절차에서 주장하지 않았던 새로운 청구항에 대하여 무효를 주장하는 것까지 허용되는 것은 아니다.

(2) 결정계 사건의 경우(제한설)

판례[8]는, "거절사정에 대한 심판청구를 기각하는 심결 이유는 적어도 그 주된 취지에 있어서 거절이유통지서의 기재 이유와 부합하여야 하고, 거절사정에 대한 심판에서 그 거절사정의 이유와 다른 거절이유를 발견한 경우에는 거절이유의 통지를 하여 특허출원인에게 새로운 거절이유에 대한 의견서 제출의 기회를 주어야 한다"고 함으로써 결정계 사건에 있어서는 심사나 심판 과정에서 당사자에게 의견제출의 기회가 주어지지 아니한 새로운 사실이나 증거를 소송에 이르러 제출할 수 없다고 한다.[9]

한편, 판례[10]는 특허거절결정의 이유 중에 심사관이 통지하지 아니한 거절이유가 일부 포함되어 있다 하더라도, 특허거절결정에 대한 심판청구를 기각하는 심결이유가 심사관이 통지하지 아니한 거절이유를 들어 특허거절결정을 유지하는 경우가 아니라면 그와 같은 사유만으로 심결이 위법하지는 않다고 한다. 또, 거절결정에 대한 불복소송에서 새로운 자료가 제출되었더라도

7) 대법원 2002. 6. 25. 선고 2000후1290 판결; 대법원 2003. 10. 24. 선고 2002후1102 판결; 대법원 2009. 5. 28. 선고 2007후4410 판결 등.

8) 대법원 2003. 12. 26. 선고 2001후2702 판결 등.

9) 다만, 이러한 제한은 특허청장에 대해서만 적용이 있고, 출원인은 심판절차에서 제기하지 않은 사유와 증거를 자유롭게 제출할 수 있다.

10) 대법원 2009. 12. 10. 선고 2007후3820 판결.

그것이 심사 또는 심판 단계에서 의견제출 기회를 부여한 거절이유와 주요한 취지에서 부합하여 이미 통지된 거절이유를 보충하는 데 지나지 않는다면 이를 심결의 당부를 판단하는 근거로 삼을 수 있다고 한다.[11]

⇨ 대법원 2009. 12. 10. 선고 2007후3820 판결

원심이 인정한 사실과 기록에 의하면, 심사관은 2004. 12. 8. 원고에게 최초 출원 당시의 이 사건 출원발명(출원번호: 제10-2003-17247호) 특허청구범위 제1 내지 26항은 공지된 선행기술로부터 용이하게 발명할 수 있어서 구 특허법(2006. 3. 3. 법률 제7871호로 개정되기 전의 것) 제29조 제2항에 의하여 특허를 받을 수 없으니 의견이 있으면 제출하라는 내용의 의견제출 통지를 하였고, 이에 원고는 2005. 2. 1. 최초 출원 당시의 특허청구범위에 제27 내지 29항을 신설하여 추가하는 등의 명세서 등 보정서를 제출하였으나, 심사관은 2005. 6. 4. 위 의견제출통지서에 기재된 거절이유가 여전히 해소되지 않았고, 추가된 특허청구범위 제27 내지 29항은 보정 전의 청구항들과 동일하다는 이유로 특허거절결정을 한 사실, 원고가 2005. 7. 26. 자로 특허청구범위를 보정하여 개시된 심사전치 절차에서는 2005. 9. 5. 자로 보정각하결정이 있었고 원결정이 유지되었으며, 특허심판원은 2006. 11. 29. 보정각하결정 당시의 특허청구범위 제1항은 공지된 선행기술로부터 용이하게 발명할 수 있어 진보성이 없으므로 위 보정각하결정은 정당하다고 한 다음, 특허거절결정 당시의 특허청구범위 제1항은 보정각하결정 당시의 특허청구범위 제1항과 실질적으로 동일하여 진보성이 없다는 이유를 들어 특허거절결정을 유지하는 심결을 한 사실 등을 알 수 있다.

앞서 든 법리 외에도 특허청구범위가 여러 개의 청구항으로 되어 있는 경우 그 하나의 항이라도 거절이유가 있는 때에는 그 출원이 전부 거절되어야 하는 법리에 비추어 보면, 이 사건 심결에서는 보정각하결정 당시의 특허청구범위 제1항은 진보성이 없어 위 보정각하결정은 정당하다고 한 다음, 심사절차에서 추가된 특허청구범위 제27항이 진보성이 없다는 점은 거절이유로 들지 아니하고 거절이유의 통지가 있었던 특허거절결정 당시의 특허청구범위 제1항이 진보성이 없다는 이유를 들어 특허거절결정을 유지하는 심결을 하였으므로, 이러한 경우 원심으로서는 위 보정각하결정 및 특허거절결정 당시 각 특허청구범위 제1항은 진보성이 없다고 한 심결의 위법 여부에 관하여 심리판단하지 않은 채, 특허청구범위 제27항에 대한 거절이유를 통지하지 않았다는 사유만으로 심결을 위법하다고 판단할 수는 없다.

11) 대법원 2003. 2. 26. 선고 2001후1617 판결; 대법원 2003. 10. 10. 선고 2001후2757 판결; 대법원 2013. 9. 26. 선고 2013후1054 판결 등.

Ⅵ. 특허소송에서의 주장·증명책임

1. 법규의 적용 구조

특허소송은 성질상 행정소송의 일종이므로 특허법에 특칙이 있는 경우를 제외하면 행정소송법이 적용됨은 당연하고, 특허법 및 행정소송법에 특별한 규정이 없는 사항에 대하여는 법원조직법과 민사소송법 및 민사집행법의 규정이 준용된다(행정소송법 제 8 조). 행정소송에 있어 법원은 필요하다고 인정할 때에는 직권으로 증거조사를 할 수 있고, 당사자가 주장하지 아니한 사실에 대하여도 판단할 수 있으나(행정소송법 제26조),[12] 판례[13]는 행정소송법 제26조에서 규정한 직권탐지주의는 아무런 제한 없이 당사자가 주장하지 아니한 사실을 판단할 수 있다는 의미가 아니고 행정소송의 특수성에 연유하는 처분권주의·변론주의에 대한 일부 예외이며, 법원이 필요하다고 인정할 때에 한하여 청구의 범위 내에서 해당 사건의 기록에 나타나 있는 사항에 관하여 직권으로 증거조사를 하고, 이를 기초로 당사자가 주장하지 아니한 사실을 판단할 수 있음을 허용한 규정일 뿐이라고 하고 있으므로, 특허소송에서도 같은 원칙이 적용된다.

2. 특허소송에 있어서의 주장책임

행정소송에 있어서 행정처분의 위법을 들어 그 취소를 구하는 경우에 그 취소를 구하는 원고가 위법사유에 해당하는 구체적 사실을 먼저 주장하여야 한다.[14] 특허소송에서 심결취소를 구하는 자는 심결의 최종 결론에 이르기까지의 과정, 즉 특허청에서의 절차 진행경위, 해당 발명 및 이와 대비되는 비교대상발명 등에 관한 사실관계, 심결이유 등을 기재한 뒤 그 심결을 취소하여야 하는 사유에 관하여 구체적인 위법사유를 주장하여야 한다.

12) 대법원 2008. 5. 15. 선고 2007후2759 판결; 대법원 2010. 1. 28. 선고 2007후3752 판결.
13) 대법원 1982. 7. 27. 선고 81누394 판결; 대법원 1995. 2. 24. 선고 94누9146 판결; 대법원 1989. 8. 8. 선고 88누3604 판결 등.
14) 대법원 2000. 3. 23. 선고 98두2768 판결.

3. 특허소송에 있어서의 증명책임

(1) 증명책임 분배의 일반원칙(법률요건 분류설)

행정소송에 있어서의 증명책임에 관하여 판례[15]는 민사소송에서와 같은 법률요건 분류설의 입장을 취하여 실체법규를 일정한 권리발생을 규정한 권리근거규정과 그 권리의 발생을 방해하는 사유를 규정한 권리장애규정 및 권리의 소멸사유를 규정한 권리소멸규정으로 나누며, 권리의 존재를 주장하는 자는 권리근거규정의 요건사실을, 그 부존재를 주장하는 자는 권리장애규정과 권리소멸규정의 요건사실을 증명하도록 하고 있다. 특허소송에서도 같은 원칙이 적용되며, 처분으로서의 심결의 위법을 주장하는 원고가 심결의 위법 사유 전부에 대한 주장·증명책임을 져야 하는 것이 아님은 물론이다.

(2) 구체적 검토

1) 중요한 권리 발생사유

① 발명의 성립(특허법 제29조 제1항 본문, 제2조 제1호), ② 특허출원이 명세서 기재요건을 충족하고 있는 사실(특허법 제42조 제2 내지 4항, 제6, 8, 9항), ③ 출원인이 발명자가 아닐 때에는 그 발명에 대하여 특허를 받을 권리를 승계한 사실(특허법 제38조 제1항), ④ 신규성 결여사유(특허법 제29조 제1항 제1, 2호)가 있는 때에는 이에 대한 예외사유(특허법 제30조 제1항 각호)가 존재하는 사실 등.

2) 중요한 권리 장애사유

① 특허출원 전에 공지된 발명이어서 신규성이 없다는 사실(특허법 제29조 제1항), ② 특허출원 전에 그 발명이 속하는 기술분야에서 통상의 지식을 가진 자가 쉽게 발명할 수 있어 진보성이 없다는 사실(특허법 제29조 제2항), ③ 동일한 발명에 대하여 이미 선출원이 있다는 사실(특허법 제36조 제1항 내지 3항), ④ 당해 발명이 공공의 질서 또는 선량한 풍속을 어지럽히거나 공중의 위생을 해할 염려가 있는 발명이어서 특허를 받을 수 없는 사실(특허법 제32조) 등.

3) 거절결정불복심판에 대한 특허소송의 경우

특허등록을 거절한 결정이 부당함을 다투는 소송에서는 출원인이 1)의 사

---

15) 대법원 1984. 7. 24. 선고 84누124 판결 등.

유를, 특허청장이 2)의 사유를 각 주장·증명하여야 한다.

4) 등록무효심판에 대한 특허소송의 경우

무효심판청구가 인용된 경우에는 위 1)의 사유는 무효심판 피청구인(원고, 특허권자)이, 위 2)의 사유는 무효심판 청구인(피고)이 각 주장·증명책임을 부담한다. 무효심판청구가 기각된 경우에는 1)의 사유는 무효심판 피청구인(피고, 특허권자)이, 2)의 사유는 무효심판 청구인(원고)이 주장·증명책임을 부담한다. 한편, 어느 주지관용의 기술이 소송상 공지 또는 현저한 사실이라고 볼 수 있을 만큼 일반적으로 알려져 있지 않다면 그 주지관용의 기술은 심결취소소송에 있어서는 증명을 필요로 하나, 법원은 자유로운 심증에 의하여 증거 등 기록에 나타난 자료를 통하여 주지관용의 기술을 인정할 수 있다.[16)]

Ⅶ. 특허소송에서의 자백과 자백 간주

1. 민사소송법의 자백 또는 자백 간주 규정 준용

행정소송에서도 자백의 구속력이 인정된다. 판례도 "행정소송에서도 원칙적으로 변론주의가 적용되고, 행정소송법 제8조 제2항에 의하여 민사소송법이 규정하는 자백에 관한 법칙이 적용된다,"[17)] "행정소송인 특허소송에서도 원치적으로 변론주의가 적용되며, 따라서 자백 또는 자백 간주도 인정된다"[18)]고 판시하고 있다.

2. 자백의 대상

특허소송에서 심결의 취소를 구하는 당사자인 원고는 소장 등에서 심결을 특정하여야 하고, 일반적으로 심결이 성립하게 되기까지 특허청에서의 절차, 심결에서 결론에 이르게 된 구체적인 이유 등의 '사실'을 특정하는데, 그러한 사실이 자백 또는 자백 간주의 대상이 됨은 당연하다. 그러나 원고가 그러한 사실을 토대로 하여 주장하는 구체적인 심결의 위법사유는 대개 원고의 '법적

16) 대법원 2008. 5. 29. 선고 2006후3052 판결.
17) 대법원 1992. 8. 14. 선고 91누13229 판결 등.
18) 대법원 2000. 12. 22. 선고 2000후1542 판결.

판단 내지 평가'를 거친 것이므로 피고가 이를 시인하거나 명백히 다투지 않는다고 하더라도 그 사항에 관하여는 자백의 효력이 발생한다고 볼 수 없다. 즉, 심결취소사유로 주장되는 것들 가운데 발명의 신규성·진보성, 특허청구범위의 해석 내지 권리범위 확정 등은 법적 평가의 대상이지 사실의 문제가 아니므로 자백의 대상이 되지 아니한다.[19] 한편, 특허발명의 진보성 판단에 제공되는 선행발명이 어떤 구성요소를 가지고 있는지는 주요사실로서 당사자의 자백의 대상이다.[20] 판례[21]는, 특허침해소송에서 상대방이 제조하여 해당 특허발명과 대비 대상이 되는 제품이 '~ 구성요소를 가지고 있다'라는 표현이 사실에 대한 진술인지, 아니면 그 구성요소가 특허발명의 구성요소와 동일 또는 균등하다는 법적 판단 내지 평가에 관한 진술인지는 당사자 진술의 구체적 내용과 경위, 변론의 진행 경과 등을 종합적으로 고려하여 판단하여야 한다고 하면서, 전자로 파악되면 자백의 대상이어서 구속력이 발생하고, 후자라면 자백의 대상이 아니라고 한다.

⇨ 대법원 2000. 12. 22. 선고 2000후1542 판결

이 사건 등록서비스표가 상표법 제7조 제1항 제11호에서 정하고 있는 서비스업의 품질오인을 일으키게 할 염려가 있다는 원고의 주장에 대하여, 피고는 공시송달에 의하지 아니한 소환을 받고도 사실심 변론기일에 출석하지 않고 답변서 등을 제출하지 아니하였음을 이유로 원심은 행정소송법 제8조 제2항, 민사소송법 제139조 제1항에 따라 이 사건 등록서비스표의 구성('삼보곰탕'), 그 지정서비스업(곰탕전문음식점경영업, 곰탕전문식당체인업, 음식조리대행업, 음식조리지도업) 및 출원등록에 대하여 의제자백에 인한 사실인정을 한 다음, 이 사건 등록서비스표가 상표법에서 규정하는 서비스업의 품질오인을 일으키게 할 염려가 있는지 여부에 대하여는 의제자백으로 처리하지 아니하고 지정서비스업별로 품질오인의 염려가 있는지 여부를 검토하여 이에 해당하는 '음식조리대행업' 및 '음식조리지도업'에 대한 등록만이 무효라고 본 조치는 정당하다.

19) 대법원 2006. 6. 2. 선고 2005후1882 판결; 대법원 2006. 8. 24. 선고 2004후905 판결 등.

20) 대법원 2006. 8. 24. 선고 2004후905 판결.

21) 대법원 2022. 1. 27. 선고 2019다277751 판결.

⇨ 대법원 2006. 8. 24. 선고 2004후905 판결

행정소송의 일종인 심결취소소송에서도 원칙적으로 변론주의가 적용되어 주요 사실에 대해서는 당사자의 불리한 진술인 자백이 성립한다고 할 것인바(대법원 2000. 12. 22. 선고 2000후1542 판결, 2006. 6. 2. 선고 2005후1882 판결 등 참조), 특허발명의 진보성 판단에 제공되는 선행발명이 어떤 구성요소를 가지고 있는지는 주요사실로서 당사자의 자백의 대상이 된다고 할 것이다(중략) 어떤 게임의 '체험판 CD'가 그 후 발매된 '정본 CD'의 기술구성 중 특허발명과 대비되는 내용을 모두 갖고 있을 것이라고 단정할 수 없을 뿐 아니라, 피고는 원심 제2차 변론기일에서 '인용발명 1, 4는 위 구성 11을 구비하고 있지 않다'는 취지로 진술한 바 있고 피고가 말하는 인용발명 1, 4는 이 사건 특허발명의 진보성 판단에 제공된 원심 판시의 선행발명 1, 2를 가리키는 것으로 볼 여지가 있으므로, 원심으로서는 피고의 위 진술이 원심 판시의 선행발명 1, 2의 기술내용에 관한 것인지를 살펴, 만일 그렇다면 피고의 자백에 반하는 판단을 하여서는 아니 된다 할 것이다. 그럼에도 원심이 이를 생략한 채 위와 같이 판단한 것은 발명의 진보성 판단 및 자백의 구속력에 관한 법리를 오해하고 심리미진의 위법을 저질러 판결의 결과에 영향을 미쳤다고 할 것이다.

Ⅷ. 확정된 판결의 기속력

1. 의의 및 성질

특허소송을 통하여 심결을 취소하는 판결이 확정된 때에는 심판관은 다시 심리를 하여 심결 또는 결정을 하여야 하고, 그 경우 취소의 기본이 된 이유는 그 사건에 대하여 특허심판원을 기속하는바(특허법 제189조), 이를 취소판결의 기속력이라고 하며, 이는 일반 행정소송에 있어 취소판결의 기속력을 규정하고 있는 행정소송법 제30조[22]에 대한 특칙이다.

---

22) 제30조(취소판결등의 기속력)

① 처분 등을 취소하는 확정판결은 그 사건에 관하여 당사자인 행정청과 그 밖의 관계행정청을 기속한다.

② 판결에 의하여 취소되는 처분이 당사자의 신청을 거부하는 것을 내용으로 하는 경우에는 그 처분을 행한 행정청은 판결의 취지에 따라 다시 이전의 신청에 대한 처분을 하여야 한다.

③ 제2항의 규정은 신청에 따른 처분이 절차의 위법을 이유로 취소되는 경우에 준용한다.

2. 기속력의 내용

(1) 취소에 따른 재심리의무

심결 또는 결정의 취소판결이 확정된 경우에는 그 심결 또는 결정을 행한 심판관은 심판청구인의 새로운 신청을 기다리지 않고 취소판결의 취지에 따라 다시 심리하여야 한다(특허법 제189조 제2항).

(2) 반복금지효

취소소송에서 심결을 취소하는 판결이 확정되면 특허심판원은 동일 사실관계 아래에서 동일 당사자에 대하여 동일한 내용의 처분을 반복할 수 없다. 다만, 취소판결의 사유가 심판절차의 위법이나 형식상의 흠인 경우에는 그 확정판결의 기속력은 취소사유로 된 절차의 위법에만 미치므로 특허심판원이 적법한 절차나 형식을 갖추어 다시 동일 내용의 심결을 하는 것은 가능하다.

(3) 취소의 기본이 된 이유에의 기속

기속력은 심결의 위법성 일반에 대해서가 아니라 심결 또는 결정의 개개의 위법 원인에 대하여 생기는 것이므로[23] 판결에 표시된 위법사유와 다른 이유에 의하여 동일한 심결 또는 결정을 하는 것은 무방하다. 취소된 종전의 심결의 기본이 된 거절·무효사유와 다른 새로운 거절·무효사유에 의하여 다시 거절결정을 유지하거나, 권리를 무효로 하는 심결을 하는 것은 취소의 기본이 된 이유와 다른 이유에 기한 판단이므로 가능하고, 특허심판원은 심결취소판결의 사실심 변론종결 이후에 발생한 새로운 사유를 내세워 다시 종전과 같은 심결 등을 하여도 무방하다.[24]

판례는, 기속력은 취소의 이유가 된 심결의 사실상 및 법률상 판단이 정당하지 않다는 점에 있어서 발생하는 것이므로, 취소 후의 심리과정에서 새로운 증거가 제출되어 기속적 판단의 기초가 되는 증거관계에 변동이 생기는 등 특단의 사정이 없는 한, 특허심판원은 위 확정된 취소판결에서 위법이라고 판단된 이유와 동일한 이유로 종전의 심결과 동일한 결론의 심결을 할 수 없으며,[25]

---

23) 대법원 1997. 2. 11. 선고 96누13057 판결.

24) 대법원 1999. 12. 28. 선고 98두1895 판결; 대법원 1985. 3. 12. 선고 84후61 판결.

25) 대법원 2002. 1. 11. 선고 99후2860 판결.

여기에서 새로운 증거라 함은 적어도 취소된 심결이 행하여진 심판절차 내지는 그 심결의 취소소송에서 채택, 조사되지 않은 것으로서 심결취소판결의 결론을 번복하기에 족한 증명력을 가지는 증거라고 보아야 한다고 하였다.[26)]

아울러 판례는,[27)] 청구항 1, 3, 5에 대한 무효심판에서 모든 청구항에 대해 정정청구가 받아들여졌으나, 특허법원이 그중 청구항 1에 대한 정정청구는 부적법하고, 청구항 3, 5에 대한 정정청구는 적법하지만 원심결을 분리하여 취소하는 것이 불가능하다는 이유로 심결 전체를 취소한 바 있다면, 확정된 심결취소소송의 기속력은 취소의 이유가 된 판단에 대해서만 존재하고 이는 제1항 정정발명에 진보성 부재의 무효사유가 있어 정정이 부적법하다는 것이므로, 후속 심판에서 제3, 5항 정정발명이 유효하다는 판단을 하는 것은 확정판결의 기속력에 반하지 않아 정당하다고 한다.

⇒ 대법원 2002. 11. 26. 선고 2000후2590 판결

등록상표 "PLENITUDE HYDRAMATT"의 중요부분을 'PLENITUDE'와 'HYDRAMATT'로 인정하고 그 중 'HYDRAMATT'가 인용상표 'MATT'와 동일·유사하다고 할 수 없다는 이유로 종전의 등록무효심결을 취소하는 판결이 확정된 후 다시 진행된 심판절차에서 등록상표의 중요부분이 'MATT'라는 주장을 하면서 그에 관한 증거를 제출하는 것은 위 확정된 심결취소판결에서 인정한 사실을 번복하기에 족한 정도의 새로운 주장이나 증거제출이라고 할 수 없다.

⇒ 대법원 2002. 12. 26. 선고 2001후96 판결

논노상사나 피고가 제1차 심결에서 제출하였던 증거를 제출하지 않은 탓에 논노상사의 이 사건 등록상표의 사용사실을 인정할 만한 증거가 없다는 이유로 제1차 심결이 취소되었고 이 심결취소판결이 그대로 확정된 이상, 피고가 제1차 심결에서 제출되었던 증거를 특허심판원의 재심리과정(이 사건 심결의 심판절차)에서 다시 제출하는 것은 새로운 증거의 제출이라고 보기 어렵고, 또한 특허심판원이 직권탐지주의를 채택하고 있다는 이유만으로 취소 전 심판단계에서 제출되어 재심리하는 심판기록에 그대로 편철되어 있는 증거를 다시 원용하여 취소 전 심결과 같은 결론에 이르는 것은 심결취소판결의 기속력의 법리에 비추어 더

26) 대법원 2002. 12. 26. 선고 2001후96 판결; 대법원 2008. 6. 12. 선고 2006후3007 판결.
27) 대법원 2021. 1. 14. 선고 2017후1830 판결.

더욱 허용되지 않는다고 할 것이므로, 이 사건 심결에서 피고가 새로운 증거를 제출하였고 직권탐지주의에 의해 제1차 심결에서 제출된 증거를 채용할 수 있다는 전제 아래 위 확정된 심결취소판결과 다른 판단을 한 것은 심결취소판결의 기속력에 반하는 것으로서 위법하다.

3. 기속력에 위반된 심결의 효력

제2차 심결이 판결의 기속력에 반하는 판단을 하는 경우에는 그 자체로 제2차 심결은 위법하여 취소사유로 된다. 그리고 제1차 심결을 취소한 판결 확정 후의 심판절차에 있어서 새로운 주장·증명이 없는 이상, 그대로 판결의 기속력에 좇은 판단을 한 심결은 적법하고 그에 불복하는 당사자는 원칙적으로 그 기속력에 따른 인정판단이 잘못되었다는 것을 제2차 심결의 취소사유로서 주장해서는 아니 되며, 그와 같은 주장은 그 자체로 이유가 없다.

Ⅸ. 확정판결의 형성력과 기판력

심결을 취소하는 판결이 확정되면 취소된 심결은 자동적으로 효력을 잃게 되는바, 그러한 법적 지위의 변동을 낳는다는 의미에서 확정판결은 형성력을 가진다.

판결의 기판력과 관련하여서는 일사부재리의 원칙 및 소송물 이론 등을 둘러싸고 어려운 문제가 있다. 예컨대 이해관계인 甲이, 乙의 등록특허 A가 선행기술 a에 기하여 신규성이 없다는 이유로 등록무효심판을 제기하였다가 기각되고 그에 대한 불복소송에서도 패소하여 판결이 확정되었다고 하자. 甲이 이번에는 A가 선행기술 b에 비하여 진보성이 없다는 이유로 등록무효심판을 제기한다면 이는 동일사실 동일증거에 기한 심판청구가 아니므로 일사부재리 원칙에 반하지 않아 적법한 심판청구가 된다. 이에 심판절차에서 甲의 청구가 기각되고 甲이 불복소송을 제기한다면, 그 소송의 운명은 어떻게 될 것인가. 이에 대하여는 다음과 같은 입론이 가능하다.

i) 기판력에 저촉된다고 보는 입장 : 당사자계 소송인 등록무효심판에 대

한 불복소송에서 무제한설을 취하는 이상, 전소(前訴)에서 주장되지 않았던 선행기술 b에 기한 진보성 부재의 사유 또한 전소(前訴)의 잠재적 심리대상이었고, 특허소송을 포함한 항고소송의 소송물은 처분의 위법성 일반이며 구체적인 위법의 사유는 공격·방어방법에 지나지 않기 때문에 전소(前訴)에서의 소송물에 대한 판단에 저촉되는 甲의 재소(再訴)는 기판력에 반한다고 본다.

ii) 기판력에 저촉되지 않는다고 보는 입장 : 전소(前訴)의 소송물은 '특허 A가 선행기술 a에 비하여 신규성이 없다고 한 심결의 당부'이며, 전소에서 주장 및 판단되지 아니한 새로운 사유인 'A가 선행기술 b에 비하여 진보성이 없다는 점에 대한 심결의 당부'는 별개의 소송물이므로 전소의 기판력이 미치지 아니한다고 본다.

iii) 기판력의 문제가 생기지 아니한다는 입장: 특허법의 일사부재리 원칙과(특허법 제163조) 확정판결의 심결에 대한 기속력(특허법 제189조 제3항) 규정은 확정판결의 차단효에 대한 특칙으로 해석되어야 하므로 결과적으로 기판력의 문제가 생길 여지가 없고, 甲의 후소(後訴)는 적법하다고 본다.

iv) 검토 : 살피건대, 특허법이 행정소송의 일종인 심결취소소송에 관하여 특칙인 일사부재리의 원칙을 운용하고 있는 취지는, 대세효를 가지고 있는 등록특허의 효력 유무나 그 범위 등에 관하여 적정을 확보하기 위한 것이고, 이를 위해 동일사실·동일증거만 아니라면 동일 당사자라도 등록특허의 효력 유무나 그 범위 등을 재차 다툴 수 있도록 한 것이다. 그럼에도 설례에서 甲의 두 번째 심판청구 및 심결은 적법하지만 그에 대한 불복소송은 전소(前訴)의 기판력에 반한다는 이유로 허용하지 않는다면 특허법이 일사부재리 원칙을 마련한 취지와 충돌한다.[28] 결국 사안에서 A가 선행기술인 b에 비하여 진보성이 없다는 심판 청구 및 이에 대한 불복소송은 모두 적법하다고 해야 할 것이다.

---

28) 다른 각도에서, 소송물에 관한 판례의 태도인 구 소송물론에 따른다면 각 당부 판단의 대상이 된 심결의 구체적 위법사유가 다른 이상 전·후소(前·後訴)의 소송물도 다르다고 해야 하므로 후소(後訴)는 전소(前訴)의 기판력에 저촉되지 아니한다.

제11장

특허에 관한 국제조약과 국제출원

Ⅰ. 특허에 관한 주요 국제조약

1. 파리조약(1883)

특허를 중심으로 하는 산업재산권은 그 속성상 보급과 복제가 손쉬워 국경을 자유로이 넘나들며 세계 각국에서 동시다발적으로 이용될 수 있기 때문에 일찍이 국제적 보호 및 이용촉진의 필요성이 대두되어 왔으며, 그 결과 1883년 파리회의(Paris Convention)에서 산업재산권의 국제적 보호를 위한 조약이 체결되기에 이르렀다.

파리조약은, ① 동맹국 국민이 권리능력 및 권리침해에 관하여 자국민과 동일한 보호를 받을 수 있도록 하고(내·외국인 평등의 원칙), ② 산업재산권의 속지주의를 인정하여 각국별로 성립된 특허는 그 국가에서만 효력을 가지며, 다른 나라에서 특허의 보호를 받기 위해서는 그 나라에서 별도로 특허를 받아야 하되(각국 특허 독립의 원칙), ③ 동맹국 내에서 정규출원을 한 자 또는 그 승계인이 우선기간 내에 다른 동맹국에 동일한 발명을 출원하는 경우에는 선원 및 특허요건의 판단에 있어서 그 우선권의 기초가 되는 출원의 출원일로 소급하는 것(우선권제도)을 핵심적인 내용으로 한다.

우리나라는 1980년 파리조약에 가입하였으며, 현재는 세계 대부분의 국가가 위 조약에 가입한 상태이다.

파리조약 제19조는 파리조약의 내용을 보충하는 특별협정을 체결할 수 있도록 하고 있으며, 이에 터잡아 그 이후 산업재산권에 관한 일반조약으로서의 성질을 가지는 파리조약의 내용을 분야별로 구체화하거나 보충·발전시킨 다양한 형태의 지적재산권 조약이 탄생하게 되었다.[1] 그 중 특허분야에 관하여 대표적인 것으로는 국제특허출원절차에 관한 특허협력조약(PCT, 1970) 및 IPC 특허분류에 관한 스트라스부르그 협정(1971), 특허절차상 미생물기탁의 국제적 승인에 관한 부다페스트조약(1977) 등이 있다.

2. WIPO(World Intellectual Property Organization)의 설립

1886년에는 '문학 및 예술 저작물 보호를 위한 베른협약'이 체결되어 1883년의 산업재산권보호를 위한 파리협약과 함께 지적재산권의 국제적 보호를 위한 양대 규범으로 자리 잡게 되었는바, 위 두 조약의 운영을 위하여 산업재산권기구와 저작권 기구가 각각 설치 운영되다가 1893년 지식재산권보호를 위한 국제사무국(BIRPI)로 통합되었고, 이는 이후 창설된 WIPO의 모태가 되었다.

1967년 스톡홀름에서 개최된 외교회의를 통하여 그동안 BIRPI가 관장해 오던 지적재산권 관련 다자간 조약들을 보다 효율적으로 운영, 관리하는 국제적 지적재산권 기구의 설립을 위한 협약이 조인되었는데, 이것이 세계지적재산권기구(WIPO ; World Intellectual Property Organization) 설립 협약이다. 위 협약은 필요한 비준을 얻은 후 1970년 발효되었고, 우리나라는 1979년 WIPO에 가입하였다.

WIPO는 1974년에 UN전문기구의 하나가 되었고, 지적재산권을 범 세계적으로 효과적으로 보호하기 위한 노력의 일환으로 국제적 규범의 확립과 조약의 체결을 주도하고 지적재산권 분야에 있어 연구업무를 지원하며, 지적재산권에 관한 법률적·제도적 도움을 필요로 하는 나라들에게 필요한 자료를 공급하거나 교육기회를 제공하는 등의 일을 해 오고 있다. WIPO가 주도한 대표적인 지적재산권 관련 국제규범들로는, 무역관련 지적재산권에 관한 협정(TRIPs, 1994), WIPO 저작권조약(WCT), 실연음반조약(WPPT) 등이 있으며,

---

1) TRIPs 협정은 파리조약의 실체규정을 전 체약국이 준수해야 하는 최저보호수준(minimum standard)로 정해야 한다고 하며, 위와 같이 파리조약의 내용을 기본으로 삼는 태도를 "Paris Plus Approach"라고 호칭하고 있다(박희섭·김원오, 특허법원론(제 4 판), 세창출판사(2009), 69면).

특허에 관하여는 특허법조약(PLT)이 2000년에 체결·발효되어 있고, 특허실체법조약(SPLT)을 체결하기 위한 논의가 현재 진행 중이다.

3. PCT 조약

별도로 설명한다.

4. TRIPs 협정

TRIPs 협정은, 관세 및 무역에 관한 일반협정(GATT)의 우루과이라운드에서 교섭·체결되어 1994년 WTO(World Trade Organization)의 부속서 형태로 채택된 후 1995. 1. 1. 발효된 협정으로서, 지적재산권의 국제적 보호를 국제무역의 측면에서 규율하고 있다. 특허와 관련된 주요 내용으로, 특허의 보호대상을 규정함과 아울러 (§27 ①) 의료행위에 관한 발명과 미생물 이외의 동·식물을 특허의 대상에서 제외하고 있고, 본질적으로 생물학적인 방법을 특허대상에서 제외하고 있다. 그 밖에 출원요건, 부여되는 특허권의 내용(§28), 강제실시권(§31), 특허권의 보호기간(§33) 등에 관한 내용이 포함되어 있다. 우리나라도 TRIPs 협정의 국내법 반영을 위하여 특허, 실용신안, 상표, 디자인, 저작권법을 개정하였으며, 특허권의 존속기간, 불특허사유, 강제실시권 제도 등에 관한 규정을 정비한 바 있다.

5. 특허법조약(Patent Law Treaty : PLT)

PLT는 WIPO 특허법 상설위원회(SCP)에서의 논의와 검토를 거쳐 2000. 6. 1. 체결되고 2005. 4. 28. 발효되었으며 EPO와 53개국이 당사자가 된 다자간 조약이다. 특허와 관련된 절차적 사항의 통일화(Harmonization), 단순화(Streamlining)를 모토로 하고 있으며, 2012. 5. 현재 32개국에서 비준을 얻어 규범적 효력을 발휘하고 있지만, 우리나라, 일본, 중국은 조약에 미가입 상태이며 미국 역시 의회의 비준이 없어 도입되지 않고 있다.

PLT는 절차에 관하여 규율할 뿐 신규성·진보성, 명세서 기재요건 등 특허실체법과 관련된 사항을 규율하지 않으며, 그 주된 내용은 출원일의 간편한 설정(제 5 조), 출원양식의 통일(제 6 조), 대리인 선정의 비강제(제 7 조), 출원인이 특허청에 제출하는 각종 서류의 양식과 제출방식의 표준화(제 8 조), 기간혜택규제(제11조), 과실 없이 절차를 준수하지 못함으로 인하여 상실된 권리의 복원(제12조), 우선권주장의 정정 또는 추가(제13조) 등으로 이루어져 있다.

6. 특허실체법 조약안(Draft Substantive Patent Law Treaty : SPLT)

2000. 6. PLT를 채택한 이후 WIPO는 제 4 차 SCP(2000. 11.)에서 전 세계적인 특허실체법의 통일화를 위한 본격적 논의를 시작하여, 사무국이 작성한 Draft SPLT를 제 5 차 SCP(2001. 11.)에 상정하였고, 그 후 여러 차례 회의가 진행되었다. Draft SPLT에는 총 16개 조문(Treaty)과 16개 규칙(Regulations) 및 실무지침(Practice Guidelines)이 제안되어 있는데, 그 주요내용은 특허대상, 신규성·진보성을 포함한 특허요건, 선행기술의 정의, 유예기간, 명세서 기재사항, 보정·정정, 특허의 무효 및 취소사유 등 특허실체법상 거의 대부분의 쟁점을 아우르고 있다. 내용이 방대한 만큼 각국의 이해관계 또한 첨예하게 대립되어 논의에 큰 진전을 보지 못한 채 2005년 이후 상당기간 소강상태를 면치 못하고 있었다. 그러던 중 2010. 10. WIPO의 노력으로, 향후 상설위원회(SCP : Standing Committee on the Law of Patents)에서 '특허권의 예외와 제한, 특허에 대한 이의, 특허와 보건, 기술의 이전' 등 개발도상국의 이익을 반영하는 주제들을 논의 대상에 폭넓게 포함시키기로 하는 합의가 도출됨으로써 SPLT의 추진은 다시금 활기를 띠게 되었다.

Ⅱ. 특허협력조약(PCT) 및 그에 따른 국제출원절차

1. 개 요

속지주의 원칙에 따르면 각국의 특허는 서로 독립적이므로, 동일한 발명에 대하여 여러 나라에서 특허를 받고자 하는 출원인은 각 나라마다 그 나라의 특허권을 취득하여야 하며, 이러한 1국 1특허의 원칙 때문에 해외출원이 필요하다. 해외출원을 하는 방법에는 직접 해당 국가별로 출원을 하는 전통적 출원방법과 PCT 국제출원방법이 있다. PCT는 특허출원의 방식과 내용을 세세적으로 통일함으로써 국제협력을 통해 출원인 및 각국 특허청의 중복된 노력을 경감하기 위하여 1970년 체결되고 1978. 1. 24. 발효되었으며, 우리나라도 이에 가입하여 1984. 8. 10. 부터 국내에 그 효력이 발생하였다. PCT에 따르면, 출원인이 소정의 방식에 따라 지정국을 표시하여 하나의 국제출원을 수리관청에 제출하면 각 지정국에 있어서 위 국제출원일에 정규의 출원이 있었던 것으로 효력을 인정받게 되는바, 이와 같이 하나의 발명을 다수국에 출원함으로써 발명자가 출원을 원하는 나라마다 별도로 특허출원을 하여야 하는 수고와 비용을 덜 수 있다는 것이 PCT의 가장 큰 장점이다. 특허법 제199조는 이를 반영하여, PCT에 의하여 국제출원일이 인정된 국제출원 중 대한민국을 지정국으로 지정한 출원은 그 국제출원일에 국내에도 출원된 것으로 본다(제1항). 또한 이에 관하여는 특허법 제42조의2(특허출원일), 제42조의3(외국어 특허출원) 및 제54조(조약우선권) 규정을 적용하지 아니한다(제2항).

PCT에 의한 국제출원절차는 국제단계와 국내단계로 분류되고, 국제단계는 ① 국제출원, ② 국제조사, ③ 국제예비심사[2]로 이루어져 있다. PCT 국제출원이 있으면 국제조사기관[3]에 의한 선행기술의 조사가 이루어지고, 그 결과 국제조사보고서가 작성되어 출원인 및 WIPO의 국제사무국으로 송부된다. WIPO 국제사무국은 조사보고서와 국제출원을 지정국 관청에 송부하고, 우선일부터 18개월이 경과한 뒤 위 조사보고서와 국제출원을 국제공개한다.

출원인은 위 국제조사보고서에 나타난 선행기술의 내용 등을 검토하여 출원을 유지할 것인지 여부를 결정하고, 출원을 유지하기로 하는 경우에는 국제출원의 번역문을 지정국 관청에 제출하고 요금을 납부한다. 이로써 지정국 관청은 자국의 국내법에 기초한 특허부여절차를 개시한다.

한편, 우리나라와 같이 국제예비심사제도를 채택하고 있는 경우에는 출원인은 예비심사기관[4]에 예비심사를 청구하고, 특허요건에 관하여 예비적 판단을 청구할 수 있다. 이 국제예비심사보고서도 출원인이 선택하는 선택국 관청

2) 국제예비심사절차는 채택 여부가 각국의 선택에 달려 있다.

3) 우리나라는 1999. 12. 1. 부터 국제조사기관으로 활동을 개시하였다 : 특허법 제198조의2 참조.

4) 출원된 발명의 실체심사(신규성 · 진보성 · 산업상 이용가능성)를 수행하는 기관으로 국제예비심사보고서를 발간하여 출원인 및 WIPO에 송부한다. 우리나라는 1999. 12. 1. 부터 국제예비심사기관으로 활동을 개시하였다 : 특허법 제198조의2 참조.

에 송부된다. 국제예비심사보고서는 선택국 관청에 대한 법적 구속력은 없으나 사실상 존중되고 있다. 이러한 의미에서 국제출원제도는 실체적 요건에 대한 속지주의의 원칙을 사실상 수정하는 것이며, 심사능력이 부족한 개발도상국을 원조하는 측면을 가지고 있다.[5)]

2. PCT 출원절차[6)]

국제출원절차는 출원인이 국제출원서를 수리관청에 제출함으로써 시작되고, 각 지정국에서 특허권을 획득하거나 특허등록이 거절됨으로써 끝난다. 이러한 절차의 흐름에서 분기점은 각 지정국에 대한 번역문 제출절차이다. 지정국에의 번역문 제출 이전까지는 국제출원에 대한 모든 절차가 PCT에 따라 일률적으로 진행되지만, 이 절차 이후에는 각 지정국의 국내법에 따라 독립적으로 진행되기 때문이다. 따라서 번역문제출 이전 단계의 절차를 '국제단계', 그 이후의 절차를 '국내단계'라 한다.

우리나라는 PCT를 반영하는 특별입법을 하는 대신, 특허법에 별도의 장(제10장)을 두고, 국제단계에 관련된 절차(제1절), 국제단계에서 국내단계로의 진입 및 국내단계에서의 절차(제2절)에 관하여 규정하고 있다.[7)]

(1) 국제단계

국제단계는 출원인에 의한 국제출원, 그 출원에 대한 수리관청의 방식심사 및 처리, 국제조사기관에 의한 국제조사보고서 및 견해서의 작성, 국제사무국에 의한 국제공개, 국제예비심사기관에 의한 국제예비심사보고서의 작성, 출원인의 보정 등으로 이루어져 있다.

1) 국제출원

(가) 국제출원을 할 수 있는 자

대한민국 국민(특허법 제192조 제1호), 국내에 주소 또는 영업소를 가진 외국인(같은 조 제2호), 위 1, 2호에 해당하는 자를 대표자로 하여 국제출원하는 자(같은 조 제3호), 대한민국 국민이나 국내에 주소 또는 영업소를 가진 외국

5) 박희섭 외 1인, 앞의 책, 80면.

6) 아래에서는, 우리나라에서 PCT 출원을 하는 경우를 상정하여 설명하기로 한다.

7) 그 밖에 출원인이 국제사무국 조사기관에 대하여 할 절차는 규정하고 있지 않으며 이는 출원인이 조약에 따라 직접 밟아야 한다.

인과 공동으로 국제출원하는 자(같은 조 제4호, 특허법시행규칙 제90조)이다.

㈏ **보호의 대상**

국제출원은 발명을 그 보호대상으로 한다. 우리나라는 특허와 실용신안만을 인정하고 있으며, 출원인이 특허 이외의 출원형식으로 출원을 하려면 지정국이나 선택국의 국내단계를 밟을 때에 희망하는 권리의 종류를 표시하여야 한다.

㈐ **국제출원서류**

국제출원을 하려는 자는 한국어, 영어 또는 일본어로 작성한 출원서와 발명의 설명·청구범위·필요한 도면 및 요약서를 특허청장에게 제출하여야 한다(특허법 제193조 제1항, 특허법시행규칙 제91조).

2) 국제출원의 방식심사

국제출원의 방식심사란, 국제출원에 관련된 절차상의 흠결유무를 점검하는 것을 말한다. 수리관청은 방식심사결과 이상이 없으면 국제출원일을 인정하고, 하자가 있으면 보정 또는 보완할 것을 출원인에게 통지한다.

㈎ **국제출원일의 인정**(특허법 제194조)

특허청장은 국제출원이 특허청에 도착한 날을 국제출원일로 인정해야 하지만(법 제194조 제1항 본문), ⅰ) 출원인 적격이 없는 자에 의한 출원이거나 ⅱ) 출원서가 법에서 요구하는 언어로 작성되어 있지 않거나 ⅲ) 발명의 설명 또는 청구범위가 제출되지 않았거나 ⅳ) 국제출원이라는 표시, 보호가 요구되는 체약국의 지정, 출원인의 성명이나 명칭을 적지 않은 경우에는 기간을 정하여 그러한 흠결의 보완을 명하고(같은 조 제2항), 이를 준수한 서류가 특허청에 도달한 날을 국제출원일로 본다(같은 조 제4항). 수리관청으로부터 국제출원일을 인정받으면 모든 지정국에 정규의 국내출원이 제출된 것과 동일한 효과가 발생한다.

㈏ **보정명령**(특허법 제195조)

특허청장은 국제출원이, ⅰ) 발명의 명칭이 기재되지 아니하거나, ⅱ) 요약서가 제출되지 아니하거나, ⅲ) 행위능력에 관한 특허법 제3조 또는 변리사 대리의 원칙에 관한 특허법 제197조 제3항을 위반하거나, ⅳ) 출원서의 서식 등에 관하여 정한 특허법시행규칙 제101조를 위반한 경우에는 기간을 정하여 보정을 명하여야 한다.

(다) **국제출원의 취하 간주**(특허법 제196조)

국제출원인이 i) 위 (나)의 사유에 해당하여 보정명령을 받고도 기간 내에 보정하지 않거나, ii) 국제출원에 관한 수수료를 산업통상자원부령이 정하는 기간 내[8]에 납부하지 아니하여 PCT 제14조(3)(a)에 해당하게 되거나, iii) 특허법 제194조에 의하여 국제출원일이 인정된 국제출원에 관하여 산업통상자원부령이 정하는 기간 내[9]에 그 국제출원이 제194조 제1항 단서 각호의 어느 하나에 해당되는 것이 발견된 경우에는 국제출원은 취하된 것으로 본다(법 제196조 제1항). 아울러 국제출원에 관하여 납부하여야 할 수수료의 일부를 산업통상자원부령이 정하는 기간 내에 납부하지 아니하여 PCT 제14조(3)(b)에 해당하게 된 경우에는 수수료를 납부하지 아니한 지정국의 지정은 취하된 것으로 본다(같은 조 제2항).

3) 국제조사

국제조사란 출원된 발명에 관련된 선행기술을 조사하는 것[10]을 주된 내용으로 하며, 그 결과는 국제조사보고서로 작성되어 출원인 및 국제사무국에 송부된다. 이 국제조사보고서는 출원인이나 지정관청을 구속하는 효과는 없으나 각 지정국에 대한 본격적인 출원절차를 개시하기 전에 출원인에게 자신의 출원과 관련된 관련 선행기술의 존재여부를 미리 알려주어 절차진행의 계속여부를 결정하는 데 참고자료로 활용할 수 있게 한다. 국제조사기관은 선행기술 조사와 더불어 신규성·진보성 및 산업상 이용가능성의 특허성에 대한 판단을 행하고 이를 견해서로 작성하여 출원인에게 이후의 절차진행에 대한 판단자료를 제공한다.[11]

---

8) 특허청장이 조약규칙 16bis. 1(a)에 의하여 수수료 미납부에 대한 보정을 명한 날부터 1개월(특허법시행규칙 제106조 제1항).

9) 국제출원일부터 4개월(특허법시행규칙 제106조 제2항).

10) 우리나라 특허청을 수리관청으로 하는 출원인은 국제조사기관으로 한국·오스트리아·호주·일본 특허청 중 하나를 선택할 수 있다.

11) 2004. 부터는 국제조사기관에서도 특허성 여부를 판단한다. 따라서 그동안 선행기술조사가 주 기능이었던 국제조사기관의 기능이 대폭 확대되어 신규성·진보성·산업상 이용 가능성 여부까지 판단하게 되었고 그 결과는 '국제조사기관의 견해서'라는 보고서로 작성된다.

4) 청구범위의 보정

출원인은 청구범위를 보정하면 권리획득에 유리하다고 판단될 경우에는 국제조사보고서를 받은 후 국제조사보고서 송부일부터 2개월 이내에 또는 우선일부터 16개월 이내에 1회에 한하여 국제사무국에 청구범위 보정을 신청할 수 있다. 출원인은 위 보정 이외에 국제예비심사를 청구하고 그 청구기한과 동일한 기간 내에 국제조사기관의 견해서에 기초하여 출원의 명세서, 청구범위 및 도면에 대하여 보정서 및 의견서를 국제예비심사기관에 제출할 수 있다.

5) 국제공개

국제사무국은 수리관청이 송부한 국제출원서류 즉, 출원서, 명세서, 청구범위, 도면(필요한 경우), 요약서와 국제조사기관이 보내온 국제조사보고서를 합하여 국제공개를 행하고, 이를 출원인 및 각 지정관청에 송부한다. 국제공개는 원칙적으로 우선일부터 18개월이 경과한 후에 국제사무국에 의하여 행해진다. 그러나 국제사무국은 우선일부터 18개월 전이라도 출원인이 조기공개신청을 하면 즉시 공개를 행하여야 한다.[12] 국제공개의 효과는 각 지정국(선택국)의 국내법에 정한 바에 의하며, 그 효과의 발생시기는 PCT 제29조에서 정한 시기 중에서 선택적으로 행한다. 일반적으로 국제공개된 출원은 국제공개일부터 선행기술의 일부를 구성한다.

6) 국제예비심사

국제예비심사는 출원인의 선택에 따라 거칠 수 있는 절차로서, 출원인이 국제조사보고서(또는 부작성 선언서) 및 국제조사기관의 의견서 발송일부터 3개월 또는 우선일부터 22개월 중 늦은 때까지의 기간 이내에 수수료를 지불하고 국제예비심사를 신청하면 국제예비심사기관[13]은 국제출원의 청구범위에 기재된 발명의 특허성, 즉 신규성·진보성 및 산업상 이용가능성에 관하여 심사한 후, 그에 대한 예비적이고 비구속적인 판단을 국제예비심사보고서의 형태로 작성하여 출원인 및 국제사무국에 송부한다. 국제조사단계에서와는 달리 국제예비심사기관과 출원인은 심사과정에서 상호 의견을 교환할 수 있고, 국제예

12) 국제공개언어는 아랍어, 중국어, 영어, 불어, 독어, 일어, 러시아어, 스페인어, 한국어, 포르투갈어이며, 이들 언어로 출원된 경우에는 각각 이들 언어로 공개된다.

13) 우리나라 특허청을 수리관청으로 하는 출원인은 국제예비심사기관으로 한국 · 오스트리아 · 일본 특허청 중 하나를 선택할 수 있다.

비심사기관은 출원발명이 특허요건을 갖추지 못한 것으로 판단되는 경우에는 보고서의 작성 이전에 견해서(written opinion)를 작성하여 출원인에게 송부하며, 출원인은 이에 응하여 보정서 또는 의견서를 제출할 수 있다. 국제예비심사보고서는 우선일부터 28개월, 국제예비심사착수부터 6개월 또는 국제예비심사를 위한 번역문 접수일부터 6개월 중 늦은 날까지 작성되어 출원인 및 국제사무국에 송부된다.

출원인은 예비심사결과를 검토하여 특허성이 없는 것으로 판단되는 경우 이후의 국내단계절차를 밟지 않음으로써 출원비용을 절감할 수 있다. 예비심사결과의 통지로써 PCT 국제단계에서의 절차는 종료되고 출원인의 번역문을 제출하면 PCT 국제출원을 송달 받은 지정관청(선택관청)이 그 나라의 국내법에 의해서 특허여부를 심사, 결정하는 국내단계의 절차가 남게 된다.

(2) 국내단계

출원인은 국제조사보고서 또는 국제예비심사보고서 등을 토대로 각 지정국 또는 선택국에서 국내단계를 개시할 것인 지의 여부를 결정한다. 출원인이 국내단계 절차를 밟기로 결정한 지정국에 대하여는 국제출원의 번역문 제출, 수수료납부, 대리인 선임 등 지정국의 국내법에 따른 국내출원 절차를 밟아야 한다. 출원인으로부터 번역문 등을 제출받은 각 지정관청(선택관청)은 국제조사보고서 및 국제 예비심사보고서를 참고로 국내법에 따라 심사한 후 특허 여부를 결정하게 된다.

PCT에 의하여 국제출원일이 인정된 국제출원 중 대한민국을 지정국으로 지정한 출원은 그 국제출원일에 국내에도 출원된 것으로 본다(특허법 제199조 제1항). 그 결과, 국제특허출원일까지 제출된 출원서는 정규의 국내 출원서(특허법 제42조 제1항의 출원서)로 보고, 그 때 제출된 발명의 설명, 청구범위 및 도면 역시 정규의 국내 출원서(특허법 제42조 제2항)에 따른 최초 명세서 및 도면으로 본다(특허법 제200조의2 제1, 2항).

1) 번역문 등 제출

국제출원을 외국어로 한 출원인은 우선일[14]부터 2년 7개월 이내에 국제

14) PCT 제2조(XI)의 우선일 :

(a) 국제출원인이 PCT 제8조에 의한 우선권주장을 한 경우에는 그 우선권주장의 기초로

출원일까지 제출한 발명의 설명·청구범위·도면(도면 중 설명부분에 한한다)의 국어 번역문 및 국제특허출원 요약서의 국어 번역문을 특허청장에게 제출하여야 한다(특허법 제201조 제1항).[15] 국내서면 제출기간 내에 위 발명의 설명 및 청구범위의 국어 번역문 제출이 없는 경우에는 그 국제특허출원은 취하된 것으로 본다(같은 조 제4항).

2) 국내수수료 납부 및 소정 서면의 제출

출원인은 특허료 등의 징수규칙 소정의 해당수수료를 납부하여야 하고, 국내서면 제출기간 내에 특허법 제203조 제1항 소정의 사항을 기재한 서면을 제출하여야 한다.

3) 특　　례

원칙상 국제출원이 국내단계로 진입한 이후에는 각국의 국내법절차에 따라 심사가 진행되나, 특허법은 PCT의 특성상 국내법을 그대로 적용할 수 없는 경우에 대처하기 위하여 다양한 특례조항을 마련해 두고 있다. 이에 관하여는 특허법 제10장 2절(법 제199조 내지 214조)의 각 조문을 참조할 것.

된 출원일.

(b) 국제출원인이 PCT 제8조에 의한 2 이상의 우선권주장을 한 경우에는 그들 우선권주장의 기초가 된 출원 중 가장 빠른 출원일.

(c) 우선권주장을 하지 않은 경우에는 그 출원의 국제출원일.

15) 다만, 국어번역문의 제출기간을 연장하여 달라는 취지를 제203조 제1항에 따른 서면에 적어 국내서면제출기간 만료일 전 1개월부터 그 만료일까지 제출한 경우(그 서면을 제출하기 전에 국어번역문을 제출한 경우는 제외한다)에는 국내서면제출기간 만료일부터 1개월이 되는 날까지 국어번역문을 제출할 수 있다(같은 항 단서).

색　인

저자약력

고려대학교 법학과 졸업
사법연수원 21기 수료
특허법원 등 판사, 부장판사
University of North Carolina(V.S.)
現 고려대학교 법학전문대학원 교수

주요저서

지적재산권법, 박영사
Intellectual Property Law in South Korea(Wolters Kluwer, Netherlands) 등
지적재산소송실무(공저), 박영사

주요논문

특허쟁송과 당업자의 기술수준 - 두 가지의 새로운 제안 (2005)
특허의 무효를 둘러싼 민사상의 법률관계 (2006)
상표의 사용개념에 대한 입법론적 고찰 (2008)
특허실시권자의 손해배상 및 금지청구권 (2009)
공동저작자의 저작재산권 - 저작권법 제48조의 해석론 (2010)
상표침해소송에서의 무효 및 불사용 취소 항변 (2011)
저작권 침해로 인한 법정손해배상 - 개정 저작권법 제125조의 2에 대한 검토 (2012)
불사용 상표에 대한 침해와 손해배상 (2013)
선의의 저작권 침해에 관한 법률문제 (2014)
특허권 침해로 인한 금지권의 상대화에 대하여 (2015)
영업비밀 침해로 인한 국제소송에 관한 검토 - 준거법문제를 중심으로 - (2017)
디지털 저작물의 이용과 일시적 복제 (2018)
인터넷을 통한 특허권의 침해유형과 그 책임 (2018)
인공지능과 특허의 법률문제 (2018)
4차 산업혁명과 의료기술의 특허법적 문제 (2019)
종업원에 의한 직무발명의 사용 · 공개와 영업비밀 침해 (2019)
직무발명 보상금 청구권의 소멸시효에 관한 법률문제 (2020)
특허침해로 인한 징벌적 배상의 실무상 운용방안 (2020)
핀테크 특허침해를 둘러싼 법적 문제들에 대한 검토 (2022)
메타버스에서의 디자인보호 (2023)
특허권 소진의 성립 범위에 대한 검토 (2023)
특허침해 소송에서의 부수품 판매와 관련된 손해액 산정 (2024)
특허권의 양도 · 전용실시권 설정 후 무효심판이 확정된 경우의 법률관계 (2025)
외 다수

제9판
특허법 4.0

초판발행 2006년 11월 30일
제9판발행 2025년 7월 25일

지은이 조영선
펴낸이 안종만 · 안상준

편 집 한두희
기획/마케팅 김한유
표지디자인 이영경
제 작 고철민 · 김원표

펴낸곳 (주) 박영사
서울특별시 금천구 가산디지털2로 53, 210호(가산동, 한라시그마밸리)
등록 1959. 3. 11. 제300-1959-1호(倫)
전 화 02)733-6771
f a x 02)736-4818
e-mail pys@pybook.co.kr
homepage www.pybook.co.kr
ISBN 979-11-303-2450-0 93360

정 가 40,000원